临西县志

LINXIXIANZHI

（1979-2008）

临西县地方志编纂委员会　编

方志出版社
Publishing House of Local Records

图书在版编目（CIP）数据

临西县志. 1979—2008 / 临西县地方志编纂委员会编. --北京 ：方志出版社，2019.1
ISBN 978-7-5144-3649-5

Ⅰ.①临… Ⅱ.①临… Ⅲ.①临西县—地方志—1979—2008 Ⅳ.①K292.24

中国版本图书馆CIP数据核字（2019）第055427号

临西县志（1979—2008）

编　　者：临西县地方志编纂委员会
责任编辑：王　品
出 版 人：冀祥德
出 版 者：方志出版社
地址　北京市朝阳区潘家园东里9号（国家方志馆4层）
邮编　100021
网址　http://www.fzph.org
发　　行：方志出版社发行中心
电话（010）67110500
经　　销：各地新华书店
印　　刷：山东黄氏印务有限公司
开　　本：889×1194　1/16
印　　张：50.5
字　　数：1 500千字
版　　次：2019年1月第1版　2019年1月第1次印刷
印　　数：0001～3000册
ISBN 978-7-5144-3649-5　定价：580.00元

临西县地方志编纂委员会

（2006.12—2010.5）

主　任：葛兴敏

副主任：郑金峰　侯志贵

委　员：修晓冰　张祥华　张延先　孙连涛　胡士成　兴振然
魏少勇　张士华　王书祥　王法扬　吴桂真

（2010.5—2011.7）

主　任：葛兴敏

副主任：张西军　侯志贵

委　员：修晓冰　崔书昌　王振乾　孙连涛　张玉宝　马学东
付秀峰　张士华　王书祥　史瑞泉　侯晓慧

（2011.7—2014.4）

主　任：张西军

副主任：郑金峰　刘金英　孙连涛

委　员：孟庆勇　张有人　崔书昌　王振乾　张士华　张自立
付秀峰　路福全　王书祥　史瑞泉　侯晓慧

（2014.4—2017.4）

主　任：李亚林

副主任：郑金峰　段书玲

委　员：杜明辉　胡培聚　崔书昌　孟庆海　郭立志　张士华
张自立　付秀峰　王振乾　刘广军　范晓静　侯晓慧

（2017.4—2018.6）

主　任：孟宪鹏

副主任：杨俊川　段书玲

委　员：谭金贵　闫万春　马庆水　王其良　孟庆海　张士华
范晓静　张自立　宋万强　曹连振　傅学凯　侯晓慧
崔书昌

（2018.6—　　）

主　任：孟宪鹏

副主任：杨俊川　段书玲

委　员：胡培聚　闫万春　马庆水　王其良　孟庆勇　张延武
范晓静　张自立　张金章　曹连振　傅学凯　侯晓慧
刘保林

《临西县志（1979—2008）》终审专家名录

王广才　任丽英　徐振田　阴记东　贾辉铭

杨胜旗　王　蕾

《临西县志（1979—2008）》省评审专家名录

张英聘　任丽英　孙继胜　孙进柱　孟朋文

杨军放　马计军　耿尚斌

《临西县志（1979—2008）》市评审专家名录

张西服　李中宁　孟朋文　杨军放　马计军

耿尚斌　尤春兴　张太明　耿增华　谷华池

戴旺学　李　靖　杨京佩　于茹虹　梁秀丽

魏亚静　贾雪芬　赵　方　宋帅民　武丽珍

《临西县志（1979—2008）》编辑部

主　　编　崔书昌

副 主 编　刘保林

执行主编　孙晓林

编　　辑　孙晓林　张子亮

曾参加编修　张祥华　方海滨　杨遵义

文印校对　刘桂莲　邴保康　徐　娅　王建娟

《临西县志（1979—2008）》供稿人员名单

（排名不分先后）

孙志勇　沈善杰　潘万强　龚加宗　任友健　谭庆昌　卢庆霞

范晓静　修金全　邱振强　董立静　胡耀勇　赵之国　曹来敬

许　涛　白子生　孟丽华　李树周　张东元　郝　莉　李绍达

王振刚　江秋云　王广波　司敬莉　胡　辉　张双霞　李　强

方海军　叶思贵　刘宏勇　赵新国　胡成江　刘兴华　陈继华

吴心志　常春玉　唐志强　王守超　韩东霞　冯春青　李保国

王榕生　王建光　黄立才　吴秀平　李兴洲　王　华　张翠兰

姜炳祥　冯云鹏　马磊磊　孟宪东　赵振勇　宗之云　肖庆斌

李凤林　马登霞　侯　亮　刘德胜　刘印启　郭　杰　马庆水

孙芳田　张西华　付少辉　张广志　卢桂华　郜景涛　王海波

纪旭生　李兴旺　杨　涛　胡延云　牛永生　王永辉　龚志超

郝红琳　马俊海　马建民　孟祥贞　卢宏祥　丰志国　孙明远

尹丰春　李兴隆　潘怀东　张新民　代耕荣　马恩厚

序

中共临西县委书记　王海军

修志存史是中华民族的优良传统，它对于借鉴历史、服务当代、启迪后人、继往开来具有重要的现实意义和深远的历史意义。《临西县志（1979—2008）》的编修，历经十载寒暑，数易其稿，今将付梓出版，这是全县史志领域中的一件大事，也是临西文化建设中的一项重大成果，必将对全县的经济社会发展产生积极而深远的影响。在此，谨向付出辛勤劳动的全体编修人员、供稿部门、单位和给予指导的各级方志专家表示诚挚的谢意！

临西县这方热土，历史悠久，物产丰饶，人文荟萃。改革开放以来，临西大地发生了翻天覆地的变化。县域经济迅猛发展，经济门类由传统的单一农业嬗变为工农业并举，机电、纺织、制药、化工、建筑、农副产品加工等六大产业蓬勃发展的新格局，被国家有关部门命名为“中国轴承之乡”；城乡面貌发生深刻变化，正在步入城乡一体化发展的新阶段，县城从原来邯临路边一个村镇建设成为河北省省级园林县城；社会事业快速发展，人民生活初步实现小康；民主法制建设进程不断加快，保持了积极向上、安定和谐的良好局面。这些巨大变化和辉煌成就，是全县人民共同奋斗的结果，凝聚着社会各界和关心支持临西发展的各界人士的心血和汗水。将这一时代的业绩载入史册，是历史赋予我们的光荣使命。

修志是一项系统而浩繁的文化工程。参编人员上下同心、多方协力、不畏艰辛、甘于清苦、拼搏奉献，较好地完成了这一艰巨任务。这部县志内容全面，详略得体，简明流畅，严谨切实，真实记载了临西30多年来改革开放的光辉历程，客观记录了临西人民励精图治、奋发图强的动人事迹，全面反映了全县人民上下求索、激情拼搏的鲜活经验，为我们稽古揆今提供了珍贵的历史资料，是临西长远发展的宝贵精神财富，不失为一方自然与社会科学文献史料、一部爱国爱乡的好教材，必

临西县人民政府县长　孟宪鹏

将起到“资政、存史、教化”的重要作用。

修志识史，贵在致用。习近平总书记曾就方志工作讲话强调：“要高度重视修史修志。把历史智慧告诉人们，激发我们的民族自豪感和自信心，坚定全体人民振兴中华、实现中国梦的信心和决心。”当前，县委、县政府正高举“发展、团结、奋斗”旗帜，围绕“富民、强县、升位”六字目标，大力实施“转型发展、跨越发展、绿色发展”三大主体战略，发挥“区位、产业、平台、环境、人脉、文化”六方面优势，强力推进“项目建设、招商引资、协同发展、产业强县、城乡建设、民生和谐”六大突破，全力加快“经济强县，美丽临西”建设，经济发展势头强劲，社会事业蓬勃发展。在此大好形势下，望我全县人民脚踏实地、躬体力行，站在建设、发展、繁荣临西的战略高度，重视历史，读志用志，坚定信心，顽强拼搏，弘扬玉兰精神，撸起袖子加油干，为实现“经济强县，美丽临西”的奋斗目标，为实现中华民族伟大复兴之梦，做出新的更大贡献，谱写更加灿烂辉煌的篇章。

是为序。

中共临西县委书记 王浩军

临西县人民政府县长 孟宪鹏

2018年12月6日

卫运河

1996年10月9日，河北省省长叶连松（前右二）到临西视察棉花生产，县委书记刘力（前右三）等陪同

2001年1月3日，河北省省长钮茂生（前右二）在白庄轴承市场视察，市委书记柳宝全（前左一）、县委书记张栋才（前左二）、县长鞠朝武（后排中）陪同

2002年4月20日，原中央组织部部长、党建研究会会长张全景（前左一）就党建工作到临西调研

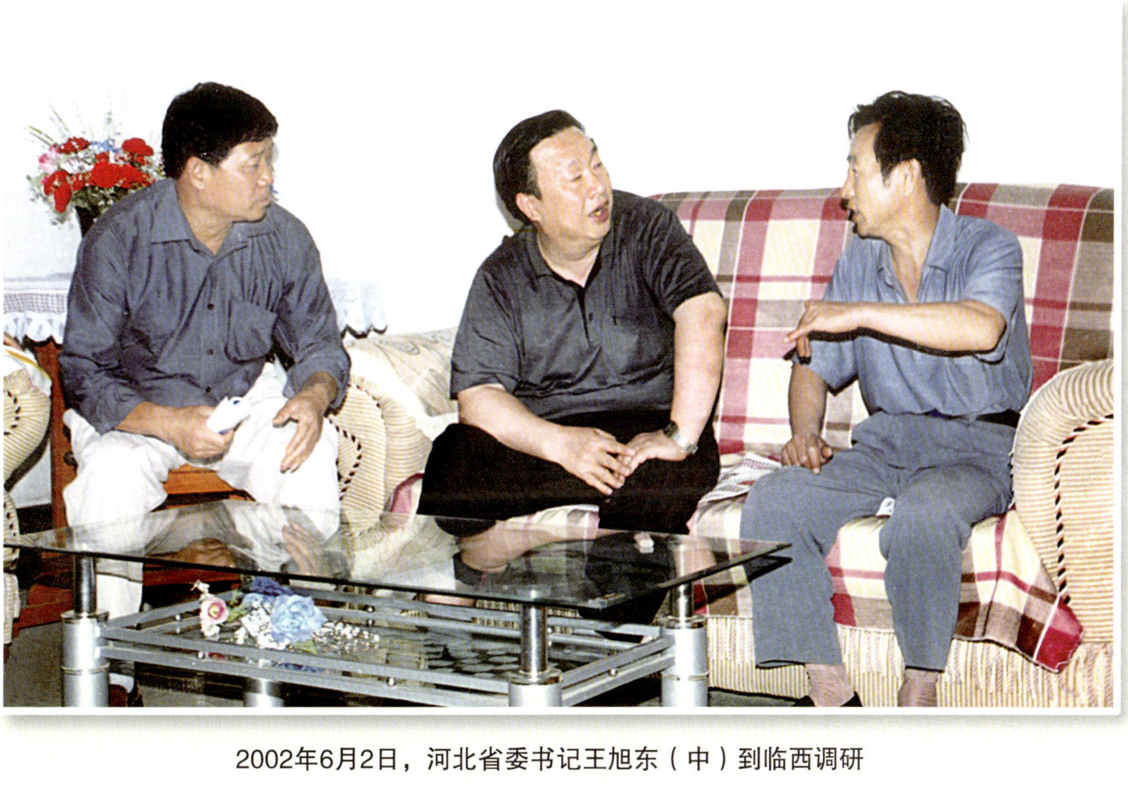

2002年6月2日，河北省委书记王旭东（中）到临西调研

2002年10月21日，河北省政协主席吕传赞（前中）来临西调研考察

2003年10月26日，河北省军区政委张连仁少将（右二）在邢台军分区司令员朱建臣陪同下来临西视察工作

中国（临西）轴承大世界

鑫泰轴承锻造有限公司生产线

河北光扬轴承制造有限公司

恒泰瑞欣轴承公司生产车间

河北书浩轴承有限公司生产车间

①	②	③
④	⑤	⑥

① 河北飞龙轴承有限责任公司生产车间

② 河北华春液压汽配有限公司生产车间

③ 河北银光化工有限公司车间一角

④ 河北复临药业有限公司车间一角

⑤ 河北隆润纺织有限公司生产车间

⑥ 中国（临西）国际轴承展示中心

轴承展示中心
BEARING EXHIBITION CENTER

④|⑤|⑥

④ 果棉间作双丰收（2008年摄）

⑤ 农林间作

⑥ 家庭养猪场

金银花种植

芦笋种植

①|②|③

① 小麦是临西县作为国家粮食生产基地县的主产粮食品种

② 棉花是临西县作为国家棉花生产基地县的主产经济作物

③ 林地养鸡场

国家实行补贴政策，农民踊跃购买农机，农业耕种收割大部分实现机械化（2006年摄）

位于珠江西路的县财政局（孙晓林摄）

位于泰山东路的国税局办公楼

位于泰山东路的住房和城乡建设局

坐落在县城珠江路（曾称泰山路）上的县委、县人大、县政府、县政协机关（2012年摄）

位于珠江西路的县国土资源局（孙晓林摄）

位于玉兰西路的教育局（左）和建设银行临西县支行（孙晓林摄）

位于珠江东路的电力局（2007年摄）

县城珠江路

邢临高速公路

①	②	
③	④	⑤

① 县城北入口阳光大街

② 京九铁路卫运河桥（2006年摄）

③ 明珠广场夜景

④ 快速便捷的武馆路（2007年摄）

⑤ 畅洁绿美的县级公路（2009年摄）

位于玉兰东路的翡翠城小区

位于玉兰西路的佳祥苑小区（孙晓林摄）

位于阳光大街的盛世名门小区

东留善固新农村小区

位于珠江西路的恋日花都小区

位于珠江东路的友谊宾馆（孙晓林摄）

环卫规范管理

位于珠江西路的政务服务大厅

位于阳光大街的北一超市（孙晓林摄）

青少年活动中心

临西第一中学

临西实验中学

临西职教中心

临西第二中学

玉兰学校（孙晓林摄）

县直第一幼儿园（孙晓林摄）

临西教育系统少儿合唱团

图书馆（孙晓林摄）

潭腿研究会及武馆（孙晓林摄）

周惊湖书法艺术研讨会

首届硬笔书法大赛

春节乡艺汇演（2009年摄）

在明珠广场参加文体活动的人们

玉兰公园一角（胡成江摄）

四·二九烈士纪念碑

四·二九烈士陵园

吕玉兰纪念馆

小芦天主教堂

洪官营清真寺

刘墉为洪官营清真寺题扁

吕寨古槐

鲧堤

北魏临清县衙旧址

唐代水陶

商代水器

临清旧城遗址出土文物

泥塑

石佛

铜佛

周惊湖书法

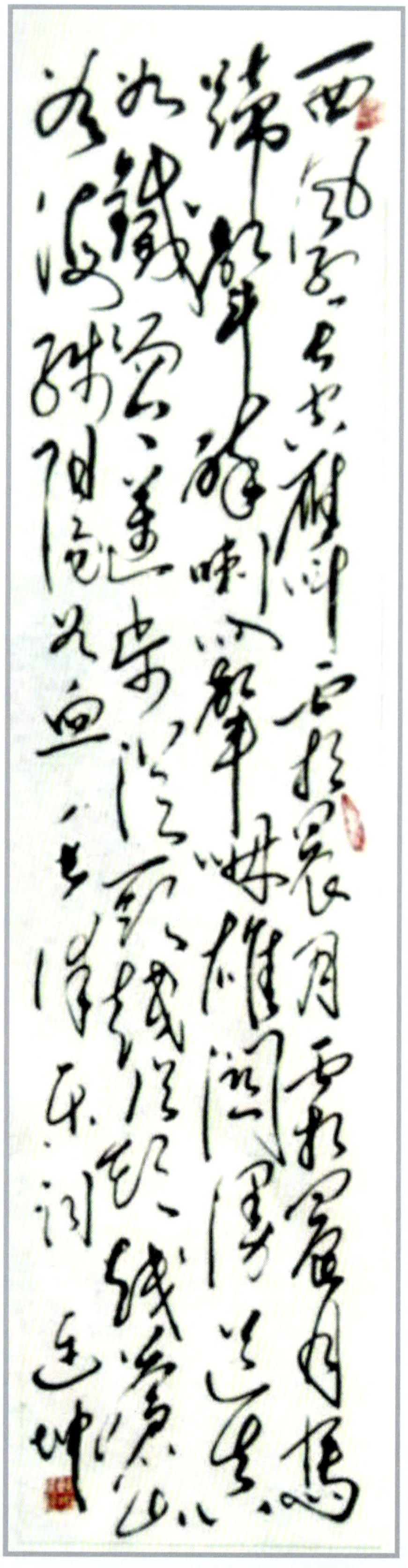

王连坤书法（2008年孙晓林摄）

卢庆生画作

赵炳坤书法（孙晓林摄）

任启政书法

王西文书法（孙晓林摄）

董文修书法（孙晓林摄）

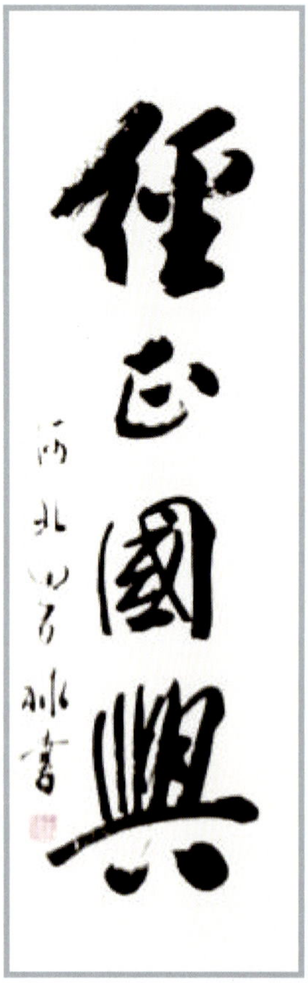

田百禄书法

孙晓林书法

李安君作品

孙玉琢书法(孙晓林摄)

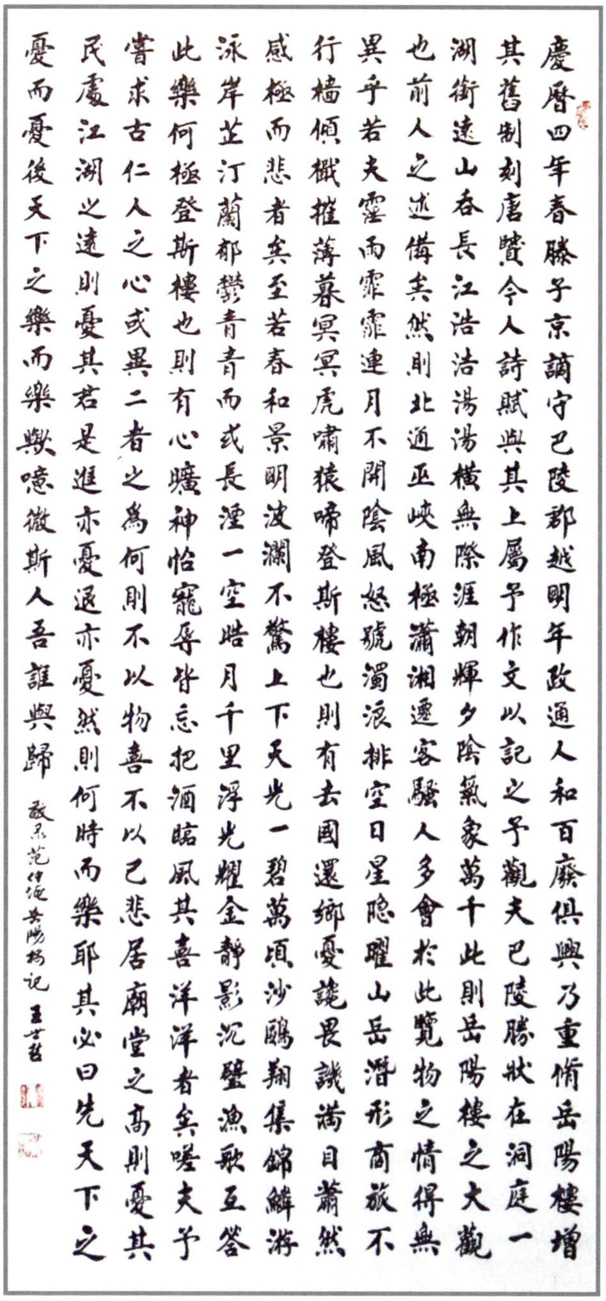

王世哲书法（孙晓林摄）

陈潇作品

杨云城画作

蔡益柱作品

刘其斌绘画（孙晓林摄）

临西县第二轮《临西县志》修志动员会（2006年12月摄）

《临西县志》稿征求意见座谈会合影

前排左起：孙连涛、乔友恒、杨继平、赵金荣、李铁民、宗振荣、赵炳坤、王西文、郑金锋、刘金英
后排左起：张子亮、侯晓慧、孙晓林、孟庆勇、夏明奎、崔书昌、张有人

参加《临西县志（1979—2008）》市级评审会议的领导、专家、编辑部成员合影

前排左起：孙晓林、张太明、李中宁、侯志贵、张西服、孟朋文、耿增华、张祥华
中排左起：赵 方、尤春兴、杨京佩、李 靖、戴旺学、谷华池、马计军、耿尚斌、邴保康
后排左起：宋帅民、吕思远、杨军放、张子亮、于俊祥、梁秀丽、修丽娜、魏亚静、于茹虹、刘桂莲

参加《临西县志（1979—2008）》省级评审会议的领导、专家和编委会、编辑部成员合影

前排左起：马计军、刘金英、孟朋文、王西文、陈德礼、任丽英、张西军、张英聘、李亚林、孙进柱、李金行、杨军放、耿尚斌
中排左起：崔书昌、谭金贵、张有人、杜明晖、王永波、王振乾、张士华、王聚卫、李恒坤、武丽珍、范晓静、孙晓林
后排左起：高学磊、徐世磊、梁朝晖、付少辉、郭立志、王其良、侯晓慧、李秀芝、邴保康、邴金良、张晓博、刘桂莲

凡例

一、指导思想：以马克思列宁主义、毛泽东思想、邓小平理论、“三个代表”重要思想、科学发展观和习近平新时代中国特色社会主义思想为指导，秉笔直书、实事求是、客观全面地记述临西县改革开放30年来政治、经济、社会、文化等领域的发展状况，在突出时代性和地方性的同时，力求思想性、科学性和资料性的统一。

二、时间断限：本志为《临西县志》(1996年版)的续志。遵照省市二轮县志编修安排，记述时间断限以1979年至2008年为主体。个别事物记述时间偶有上溯或下延，与前志时间叠合部分的内容注意吸纳和补充完善相结合。

三、记述范围：以2008年临西县行政区划为记述范围，少数内容因追溯源流、叙述因果适当兼及现境之外、旧境之内事项。

四、篇目结构：篇目设置坚持科学分类和社会分工相结合，采用编章节目体。卷首设总述、大事记。志文部分设政区建置、自然环境、人口、基础设施、经济总情、农业、工业、轴承产业、商贸服务业、金融保险、财政税收、综合经济管理、中国共产党临西县委员会、临西县人民代表大会、临西县人民政府、政协临西县委员会、社会团体、政法、军事、综合政务管理、教育科技、文化、卫生体育、社会生活、人物等共二十五编，编下酌设章、节、目等层次。卷末设附录。

五、体裁运用：采用述、记、志、传、图、表、录等体裁，以志为主。图片除部分设于志首外，其余随文设置。大事记采用编年体和记事本末体相结合的方法。

六、语言文字：采用规范的现代汉语语体文、记述体。文字力求简洁、严谨、朴实、流畅。

七、纪年方法：中华人民共和国成立前为历史纪年，之后为公元纪年。

八、称谓表述：采用第三人称。地名以现行标准地名为准，使用历史地名括注今名；政区、党派、组织、机构、会议、文件等首次出现时使用全称，同时括注简称，而后可用简称。

九、数字、计量：数字使用遵照国家技术监督局2012年发布的国家标准《出版物内数字用法的规定》，计量单位名称和符号使用遵循国家技术监督局1993年发布的国家标准《量和单位的规定》。

十、入志人物：人物传坚持“生不立传”原则，主要记载已故的临西县籍和非临西籍但长期在临西工作生活的县处级及以上党政军领导、革命烈士、省级及以上劳动模范及在县内有重大影响的知名人士；人物表主要记录临西县籍在外地工作的党政军地师职及以上干部、临西县各行业省级及以上劳动模范、人大代表、政协委员、先进个人和副高级及以上专业技术人才等。

十一、资料来源：资料主要来源于县档案局、统计局、县直各供稿单位、有关部门和有关史料、报刊、调查记录等，经考证甄别选用，并且所采用资料一般不注明出处。

目 录

第五编　经济总情

第六编　农业

第十编　金融　保险

第十一编　财政　税收

第十二编　综合经济管理

第十四编　临西县人民代表大会

第十五编　临西县人民政府

第十六编　政协临西县委员会

第十七编　社会团体

第二十一编　教育　科技

第二十二编　文化

第二十三编　卫生　体育

总述

一

临西县位于河北省东南部、邢台市东部，卫运河中游左岸，东经115°18′—115°45′，北纬36°44′—36°57′之间地带，辖域总面积542平方公里，北邻清河县、威县，西接邱县，南邻馆陶县，东隔卫运河与山东省临清市相望。2008年末，县辖5镇4乡6个工作站，299个行政村，人口35.6万。县政府驻地临西镇。县城西距邢台市90公里，偏西北距省会石家庄市158公里，北距首都北京344公里。

临西县地处华北平原南部、环渤海经济区和晋冀鲁豫毗邻地区四省五市中原经济区腹地，东临卫运河，西靠106国道，邢（台）临（西）公路、邯（郸）临（西）公路、邢（台）临（西）高速东西贯穿、（北）京九（龙）铁路、肃（宁）临（西）省道、武（邑）馆（陶）县道南北通行，区位优势明显。这里地势平坦，气候宜人，自然风光秀美，经济潜力深厚。县域经济工农并举。工业门类以机电设备、棉纺、制药、化工和建筑业为主，轴承加工制造是支柱特色产业，这里是驰名中外的“中国轴承之乡”，是中国三大轴承加工制造产业基地之一。这里是全国商品粮生产基地县、棉花生产基地县和平原绿化先进县，是个充满魅力和活力的地方。

临西建县于1965年，但这片热土所承载的历史文化厚重而久远。今临西县域，夏属兖州，商为纣地，战国时期为赵辖，秦时归属巨鹿郡。西汉初置清渊县。330年后赵在此设立临清县，并在仓集（今临西县城东南郊）设治所797年，直至金天会五年（1127年），临清县治所东迁至现址，辖区扩至卫运河以东。千年文明古城临清在这片热土上孕育成长。1965年3月国务院批准析临清辖区之卫运河以西部分设立临西县并划归河北省邢台专区管辖。一个年轻县份的发展画卷在这里展开。

临西西接太行之雄伟，东临泰岳之神韵，五千年人类文明的积淀，造就了一方人文沃土，创造了灿烂的物质文明和精神文明，留下了宝贵的文化遗产。五百平方公里的土地上先人们敦本农耕，创启工商，崇尚文化，生生不息。鲧堤长龙、水（永济渠）岸古（临清）城、月洼（净域）名寺、廉颇武庙、尖冢码头、贡砖官窑、銮坛笛笙、龙潭北腿、官营古寺、吕寨古槐等十大历史景观声播遐迩、名垂青史。历史上从这里走出31位文科进士，8位武科进士，25位文科举人，12位武科举人，哺育了一代代英杰隽士，不仅有汉代大将路博德、唐代谱学大家路敬淳、北宋尚书令王彦超、临清潭腿创始人昆仑大师、元代良吏盖苗、明代文学家谢榛、清代名将孙维统、理学大家胡源澧、书法名流张东瀛等一批文官武将、名士墨客，廉能杰出、才学盖世、功勋卓著、名扬华夏，成为时代栋梁，为后人垂范，为桑梓增光。而且有抗日英烈杨宏明、孙毅民、全国著名劳动模范吕玉兰、解放军少将鲍奇辰、著名力学家孟昭礼、草根书法家周惊湖、见义勇为英雄郭春辉等一批革命志士、军政楷模、各界精英。他们忠贞报国、艰苦奋斗、敬业进取、弘扬中华民族优良传统，为新中国的建立，为社会主义革命和建设，为推进经济社会不断发展做出了杰出的贡献，在人们心中树立了不朽的丰碑。

临西人民勤劳、智慧、勇敢、坚毅，在源远流长的历史岁月中，谱写了不朽的时代篇章。新中国成立后，临西人民在中国共产党和人民政府领导下，自力更生、艰苦奋斗，使临西大地焕发了勃勃生机。特别是从党的十一届三中全会以来，临西人民解放思想，改革开放，开拓进取，农业基础更加巩固，农、林、牧全面发展。国有产业如凤凰涅槃，改革转制，浴火重生，稳固鸿基大业，民营经济如雨后春笋，茁壮成长，贡献斐然，撑起半壁江山。全县经济社会各项事业迅猛发展，实现了历史性的新突破，经济实力和人民生活水平显著提高。2008年，实现生产总值31.1亿元，民营经济增加值26.23亿元，民营经济实缴税金5365万元，全社会固定资产投资完成19.59亿元，全部财政收入1.05亿元，城镇居民人均可支配收入10536元，农民人均纯收入4360元。金融机构各项存款25.2亿元。生产总值、财政收入分别是1979年的69倍、217倍。综合经济实力位居全市第二平台前列。

二

临西县历史上是个传统的农业县，全县59万亩耕地，20世纪80年代以前，土地盐碱瘠薄，农业以种植业为主，农作物主要有小麦、玉米、高粱、谷子、红薯等，并且单位产量低，经济总量小，农民衣食拮据，生活困难。1979年全县农业总产值2900万元，粮食总产67950吨，棉花总产1228吨。党的十一届三中全会后，随着各种形式的承包责任制的实行，农业生产力得到极大的解放，调动了广大农民生产积极性，推动了农业生产的迅速发展。到1990年农业生产总值达1.45亿元，粮食总产达118546吨，棉花种植较快发展，面积达24.4万亩，总产达1.3万吨，果品产量达3240吨。从1991年至2008年，临西县大力推进农业基础设施建设，推广先进生产技术，调整农业产业结构，农业生产水平大大提高，农林牧全面发展的农业生产格局逐步形成，促进了农业经济的进一步发展。2008年，全县70%的耕地实现了井渠双配套，90%的耕地实现了旱涝保丰收和耕、种、收机械化。农业生产总值14.56亿元，粮食总产24.48万吨，棉花总产1.66万吨，分别是1979年的26倍、3.6倍和13.5倍。林木覆盖率达到21%，林业产值1004万元；肉类总产量1.23万吨。农林牧渔生产总值占全县生产总值的43.15%。林果业、畜牧业在农业生产总值中的比重，经济作物产值在种植业产值中的比重都有较大幅度上升，产业结构调整成效显著。先后被国家确定和授予全国粮食生产基地县、粮食生产先进县、棉花种植基地县、造林绿化百强县。

临西境内的工业，新中国成立前仅有打铁、竹编、陶冶、皮毛加工、酱菜加工、砖瓦烧制等简陋的作坊式手工业。中华人民共和国成立后，真正意义上的工业生产开始发展。到70年代末，临西县有火柴厂、砖瓦厂、油棉厂、拖修厂、化肥厂等十余家小型国营工业企业和棉织厂、五金厂等十家县办集体工业企业，年规模以上工业企业增加值仅有800多万元，利税100万元左右。工业基础仍十分薄弱，并且封闭的经济体制，导致企业缺乏生机，裹足不前。改革开放以来，临西围绕工业先后进行几次大的改革，1987年推行经营承包责任制，打破企业长期吃国家大锅饭的局面。1991年，推行政企职责分开，实行厂长（经理）负责制，进一步焕发了企业活力。1996年起，工业企业进入了以建立现代企业制度为目标的企业改制阶段，全县采取出售、租赁、兼并、破产重组等形式，进行产权制度改革，至2003年全县国有、集体企业改制为股份公司或有限责任公司。进入21世纪，临西县进一步强化工业立县意识，制定落实优惠政策，优化投资融资环境，大力招商引资，狠抓项目建设，促进了县域工业的快速发展。临西工业形成了轴承、棉纺、建材、化工、制药、食品等六大门类，涌现出以鑫泰锻造、华春汽配、光扬轴承、隆润纺织、复临制药、银光化工为代表的一大批龙头企业。2008年，全县共有年销售收入500万元以上的工业企业184家，全县实现工业增加值29.16亿元，规模以上工业企业利税总额1.27亿元。

轴承制造业是临西的新兴特色产业，产业基础雄厚，发展优势明显，生产体系完备，经销辐射全国，已成为县域经济的重要支柱。2008年，全县有轴承加工企业386家，其中规模较大的186家。有轴承专业交易市场4个，轴承工业园区4个。在全国各地设有轴承经销门店3600多家。有44家企业的产品打入国际市场，畅销世界50多个国家和地区，年出口总值3.5亿元，占全国同类产品出口额的76.5%。全县轴承业实现销售额48亿元，已形成中国三大轴承加工制造基地之一。临西的轴承产业已被河北省授予“十强特色产业”，临西县被中国技术市场协会命名为“中国轴承之乡”。

经过三十年的改革发展，临西县商贸流通空前活跃，城镇化率持续攀升，基础设施建设日臻完善。20世纪70年代，国营和县属集体商业为全县商品流通的唯一渠道。1979年，全县社会商品零售总额4185万元，改革开放后，到八十年代末，国有集体商业主导地位逐步弱化，个体私营商业日趋兴旺，继而到九十年代，随着流通体

制改革不断深入，商业、物资、粮食、供销、外贸等主体流通系统陆续改制，集市贸易、市场经营陆续放开，民营、私营商业迅速发展壮大。到九十年代中后期，国营集体商业基本退出流通市场，个体私营商贸服务业成为流通市场主体。轴承、木材、钢材、牲畜、蔬菜等各类专业市场陆续建立，服装、餐饮、装修、家电、文具、烟酒、副食等各类商业服务门店遍布城乡。商贸流通空前活跃。既改善和方便了人民生活，又促进了经济社会发展。2008年，社会消费品零售总额达到13.02亿元，出口总值1300万美元。

基础设施不断发展完善。1965年建县伊始，县城设在河西街（今河西镇驻地），1970年县治所迁至童村公社（今临西镇）驻地，当时机关单位都是沿邯（郸）临（西）公路两侧而建，建筑皆为平房，唯一的街道实际就是过境的邯临公路。1978年，县城面积1.8平方公里，人口只有0.55万人。改革开放以来，伴随着社会生产方式的进步，农村剩余劳动力开始向城镇转移。一部分通过政府疏导组织被吸纳和输入到外埠城镇打工创业，仅2004至2008年就组织劳务输出2.9万人。一部分到县内城镇务工经商置业，加之城镇自身的发展，加速了县域城镇化进程。到2008年，全县城镇化率达到30.49%，县城城区面积达到8.5平方公里，人口6.5万人，分别是1978年的4.72倍和11.82倍。县城道路成网，高楼林立，政务区、商业区、住宅区、轴承产业区、工业园区划分有致、异彩纷呈。城市道路、供电、供水、供热、供气、排污以及教育、文化、餐饮、娱乐等基础服务设施配套齐全。以南环路、玉兰路、运河路、泰山路、北环路、平安大街、阳光大街、东环路为主干的“五纵五横”城区道路网的形成；以安居工程、隆兴花园、恋日花都、盛世名门、祥安家园、国泰锦绣城、佳祥苑为代表的9个住宅小区、20万平方米的高档住宅小区先后建成；以澳琪超市、华联超市、天润商城、北国超市、旺多家具为代表的大中型购物中心陆续投入运营；以新村饭店、博利大饭店、中源大酒店、泰山大酒店、盛世商务酒店为代表的餐饮服务机构先后投入使用；以明珠广场、文化活动中心、六处街心绿地公园为代表的休闲、娱乐场所闪亮“登场”，县城的综合服务功能大大增强。城区绿地面积达到80万平方米，绿化覆盖率达到35%。临西县城已在开拓中嬗变为一个宜居宜业的绿色之城。

交通建设从70年代末全县仅有60多公里渣油公路起步，90年代全县大力开展建设乡级公路和提高县内干线公路等级、改善公路质量攻坚战。1995年京九铁路在县域东部过境并设立客货站。2005年邢临高速公路临西段竣工。2003年至2007年先后投资5亿元，新建公路430公里，是之前五十年公路建设里程的1.5倍。到2008年全县公路里程723公里，是1979年公路里程的12倍，实现了“有铁路、有高速、村村通油路”。电力事业由弱到强快速发展。1979年全县仅有35千伏变电站3座，年用电量1755万度。1999年起实施了为期三年的第一期农村电网建设与改造工程，2002年进行了第二期农村电网建设与改造，2004年实施县城电网建设改造工程，2006年进行了电网标准化建设，实现了临西电力的跨越发展。2008年全县共有110千伏变电站2座、35千伏变电站8座、35千伏线路13条98公里、10千伏线路63条1066公里，变压器2667台，全县年用电量2.16亿度。通讯事业发展迅速，移动通讯异军突起。2008年全县电话交换机容量达5.5万门，固定电话用户4.2万户，移动电话用户13万户，互联网用户1.3万户。

在狠抓经济建设的同时，临西县十分重视推进各项社会事业持续发展。大力推进科学技术发展，推进科技研发和科技推广，开展农业科技示范户和争创科技型企业活动，加快了科技助力经济的步伐。2008年，被中科协评为全国科普惠农先进单位。大力发展教育事业，教育投入不断加大，教学质量不断提高。1986年开展全面集资办学，1993年通过普及初等教育验收；1997年被命名为河北省幼教工作先进县；1998年普及九年义务教育工作通过省级验收，并被评为“河北省‘普九’工作先进县”；2006年农村中小学全面开通现代远程教学；2008年起城乡义务教育学生全部免除书杂费。2008年全县共有完全高中2所，职业高中1所，初中11所，小学46所，教学点

137个，民办中学2所，民办小学3所，在校学生总数59295人，教师2633人，高等院校招生考试本科上线率40%，专科上线率81%。三十年间考取大专及以上院校11201人。大力发展医疗卫生事业，县乡村三级医疗卫生服务体系基本建成，人人享有初级卫生保健目标基本实现，2007年实施新型农村合作医疗，2008年参合农民达24.9万人，参合率85.5%。门诊补偿人数4.3万人，补偿金额101万元。住院补偿人数1.6万人次，补偿金额1222万元。2008年，全县有县级医院3家，乡镇卫生院12家，村级卫生所479家，民营私立医院1家，城镇诊所19家，形成了以县级医院为中心，乡镇卫生院为辅助，民营医院、村级卫生所为补充的三级医疗机构服务网络。不断加强社会主义精神文明建设，开展爱国主义、优良传统教育，倡导诚信、博爱、进取、奉献等良风美德，坚持开展国防教育和双拥共建活动，1996年起连续13年被评为河北省双拥模范县。不断加强干部队伍作风建设，自觉树立公仆意识，坚持开展普法宣传教育，提高全民遵纪守法观念，坚持不懈地加强党风廉政建设和社会治安综合治理，严厉打击各种违法犯罪活动，为人民群众的安居乐业、为建设经济强县，推动经济社会各项事业健康发展，营造良好的社会环境。

三

临西县紧紧围绕发展这一主题，解放思想，坚持改革，抢抓机遇，发挥优势，拼搏实干，积极调整产业机构，大力招商引资，建设工业园区，培育优势产业和产业集群，同时坚持打牢农业基础，坚持以工促农，扎实推进社会主义新农村建设和小城镇建设，走出一条工农齐头并进、城乡统筹发展的路子，给人们和历史留下深刻启示。

坚持推进改革，增强发展活力。从1982年实行家庭联产承包责任制后，临西县不断推进各个领域的改革，特别从90年代末，开始大刀阔斧进行了以产权制度改革为核心，以企业职工身份置换和企业产权性质置换为重点的县属国有集体企业改革，系统地进行了财税体制改革，成立县政府采购中心，成立投资评审机构，推行部门预算改革，实行农村税费改革。2002年开始积极推进投融资体制改革，组建了投资公司，成立县招标投标领导小组，规范了融资程序，提高了融资效率，同时还进行了县属机构改革、干部管理制度改革等。通过全面、系统不断深入的改革，一个基本适应社会主义市场经济发展要求的经济社会运行机制逐步形成，为全县发展注入强大的源源不断的生机和活力。

坚持工业立县，培育特色产业。党的十一届三中全会以来，随着中央鼓励发展乡镇企业政策的出台，临西县结合实际，确立了工业立县的经济发展思路，促进了乡镇企业的快速发展。1992年起，县委、县政府先后做出了加快工业化进程和把机电产品、化工、制药、食品、棉纺、建材作为重点发展的六大行业，并把轴承加工制造作为主导产业重点培育的决定。于2000年起开始大力发展工业园区和轴承加工园区建设，促进行业集中，产业集聚。经过数年努力，打造出了县域的品牌和主导产业，形成了具有地方特色和竞争优势的轴承产业集群，带动了县域经济的全面发展。

坚持狠抓农业，扎实推进“三农”工作。在积极推进工业化的同时，坚持加强农业基础地位不动摇，以工业反哺农业，以县城带动农村，加大科技投入，提升粮食生产、畜禽养殖等传统产业，以市场为导向，着力发展棉花、蔬菜、林果等特色农业；以工补农，不断加强交通、水利等农村基础设施建设，推进了农业经济、农村建设、农民生活水平的持续攀升，跨入河北省小康县行列。

坚持兴县富民，努力改善民生。临西县在加快经济发展的同时，高度关注民生问题，出台了一系列政策措施，着力解决人民群众最关心、最直接、最现实的利益问题，千方百计让发展成果惠及广大人民群众。不断加大对教育、卫生、文化等社会事业的投入，不断建立和完善新型农村合作医疗、农村低保、农村“安居工程”等社会保障体系，不断加强对城镇下岗失业人员和农村剩余劳动力的技能培训，积极引导、疏导扩大就

业和农村劳动力转移就业，不断提高广大人民群众的生活水平，促进了社会和谐发展。

“冀南明珠放光芒 / 卫运河畔我家乡 / 大田成方林成网 / 河灌井浇禾苗壮 / 夏麦金黄浪千顷 / 秋棉洁白似海洋 / 林茂粮丰果蔬鲜 / 鸡鸭满坡猪羊壮 / 轴承产销誉中外 / 织染药业达三江 / 水绿天蓝环境美 / 安居兴业胜康庄……” 正如这首诗歌咏唱的一样，经过三十年改革开放、三十年拼搏奋进，临西县经济社会发生了巨大变化，各项事业硕果累累，政治稳定、经济发展、社会进步、人民生活水平显著提高，实现更快发展、更大飞跃的基础框架和良好态势已经形成。展望未来，前程似锦，群情振奋，豪情满怀。三十六万临西人民将继往开来，团结奋进，深化改革，加快发展，在社会主义现代化建设的道路上攀登新高峰，再铸新辉煌。

卫运河畔，一个更加富裕、文明、和谐、优美的现代化临西指日可待。

冀南平原，一颗更加璀璨夺目的魅力之珠将光耀大地。

大事记

1979 年

1 月 18—19 日　临西县妇女联合会第二次代表大会在童村公社礼堂召开。会上，传达了全国妇女联合会第四次代表大会和河北省妇女联合会第六次代表大会精神，通过了临西县妇女联合会第一届委员会工作报告，选举产生了临西县妇女联合会第二届委员会。

1 月 24 日　成立临西县革命委员会（以下简称“县革委”）沼气办公室。

3 月 9 日　设立中国人民建设银行临西县支行，主要管理基本建设投资拨款。

3 月 20 日　县“五·七”干校停办。

4 月 20 日　成立县革委统计局。

是月　免去刘庆山县革委主任职务，焦振友任县革委主任。

是月　成立县计划委员会。

7 月 10 日　县革委印发《关于实行计划生育的若干规定》(草稿)，提倡一对夫妇只生一个孩子，最多两个。

8 月 9 日　恢复设立中国农业银行河北省临西县支行。

8 月 22 日　成立县农业自然资源调查和农业区划工作委员会。

10 月 18 日　县革委在基层干部和青少年中开展扫盲工作。

10 月 30 日　中共临西县委员会印发通知安排学习《中共中央关于加快农业发展若干问题的决定》，要求联系实际，开展真理标准大讨论。

是月　北杏园大队妇女联合会被评为“全国先进集体”。

11 月 11 日　县革委转发文教局《关于中等教育结构改革的意见》，全县办重点普通高中 1 处、国办普通高中 2 处、社办普通高中 4 处，其余 11 处社办高中，逐步改成农业高中。

12 月 22 日　恢复县人民武装委员会，设主任 1 名、副主任 3 名。

是月　设立县革委人事局、县革委劳动局。

是年　按照中央精神，贯彻农业联产承包责任制，全县 1222 个生产队实行了联产承包责任制，占生产队总数的 92%。

是年　全县总人口 231675 人，其中城镇人口 7138 人。粮食总产 6795 万公斤。棉花总产 123 万公斤。农业总产值 4967.8 万元。工业总产值 2950 万元。社会商品零售总额 4784.6 万元。财政收入 484.4 万元，财政支出 731.3 万元。全县存款 667.1 万元，城镇储蓄存款 62.9 万元。

1980 年

1 月 10 日　临西县教师进修学校成立。

2 月　成立中共临西县委统一战线工作部。

3 月 1 日　成立县革委经济委员会、农业办公室、财贸办公室；撤销县革委生产指挥部、农业学大寨办公室、工业学大庆办公室。

5 月 31 日　县革委发出一对夫妇终生只要 1 个孩子的号召。

7 月 16—19 日　县委召开落实政策会议，参会人员 194 人。会上传达了省地领导的讲话和县落实政策工作的意见。

10 月 9 日　成立中共临西县委农村工作部。

10 月 16 日　成立临西县地名领导小组，下设地名办公室。

11 月 13 日　成立临西县海河流域规划工作领导小组。

12 月 18 日　县委印发《关于加强思想政治工作的意见》，提出各级领导要加强新时期的思想政治工作，动员全县人民齐心协力干四化。

1981 年

1 月 6 日　经中共邢台地区委员会批准，开放洪官营清真寺。

2 月 3 日　共青团邢台地区委员会受中国共青团中央委员会委托，向荣获“全国先进团支部”称号的仓上大队团支部颁奖，并赠送 1 台 24 英寸黑白电视机。

2 月 17 日　成立临西县司法局。

3 月 31 日　副省长杨乃俊到汪江扬水站考察

指导水利建设工作。

4月2日 成立工业、农业系统技术职称评定委员会。

5月5日 成立临西县物价委员会。

5月27日 县委根据落实知识分子政策的有关规定，将因“侯王”建议（“文化大革命”初期，山东小学教师侯振民、王庆余建议把农村公办教师下放到大队，报酬由工资改为工分）下放的313名教师全部转为公办教师；将“文化大革命”中下放的112名老中医，除43人病故外，其余人员全部恢复工作；将原划为右派的92人，全部给以改正。

6月22日 成立临西县少年儿童工作领导小组。

8月11日 成立临西县第三次人口普查工作领导小组。

8月15—16日 县境内普降大到暴雨，平均降水218毫米，尖冢降水在320毫米，23.7万亩农田积水。

8月21日 县委印发《关于进一步稳定和完善生产责任制的几个问题的决定》（讨论稿）。

9月22日 仓上大队团支部书记张志刚出席团中央、林业部联合召开的全国绿化表彰大会，被授予“绿化祖国突击手”称号。

10月 县二中学生孙福寿参加全国田径运动会，获5000米第五名、10000米第六名。

12月25日 县委召开落实政策大会，平反了一批冤假错案。

1982年

1月18日 地委决定免去刘庆山中共临西县委第一书记职务；焦振友任中共临西县委书记。

2月1日 根据中共中央〔1982〕1号文件精神，县委印发《关于贯彻落实中共中央〔1982〕1号文件稳定完善农业生产责任制的意见》。是年，全县1348个生产队中，专业承包的19个，占1.4%；联产到劳的60个，占4.4%；大包干的1269个，占94.2%。

2月13日 成立县整顿党风领导小组。

2月23日 县委转发中宣部《关于深入开展五讲四美活动的报告》，号召全县人民开展“全民文明礼貌月”活动。

3月3—7日 临西县第八次人民代表大会召开。出席会议代表216人，大会听取、讨论、通过了县革委及财政、检察、法院工作报告。以无记名投票方式选举杨其震为临西县人大常委会主任，刘广强、孙洪恩、郭华轩、郝元夫、王波、杨玉修、景永忱（回族）、胡景然、赵荫池为副主任。选举曹同权为临西县人民政府县长。赵信良、李高明、夏树平（女）、单林峰、侯殿峰、赵桂华、谭定华为副县长。

3月8日 撤销县革命委员会，成立临西县人民政府。

3月13—16日 中国共产党临西县第二届党员代表大会召开。会议选举产生了新一届中共临西县委员会，并召开县委一次会议选举产生县委领导班子。焦振友为县委书记，赵信良、曹同权、岳申贵、杨其震为县委常委、副书记，程化芳、常洪顺、刘明渠、宗振荣、曲文祥、周保卫为县委常委。

5月4日 姚楼公社蔡辛庄大队团支部成绩显著，受到团中央表彰，获赠长虹牌电视机1台。

6月18日 县政府召开殡葬改革会议。强调在全县范围改革土葬，实行火葬。

8月19日 设立临西县物价委员会、建设局。

8月29—31日 共青团临西县第三届代表大会召开。

9月20日 设立县工农教育办公室。

10月5—10日 县委组织召开原宏毅县革命斗争史座谈会，邀请老干部、老党员50余人参加。

10月10日 成立县科学技术协会。

10月30日 成立县老干部管理局。

12月15日 县委、县政府召开落实知识分子政策会议，提高知识分子的政治生活待遇。

是年 全县农业大丰收。粮食总产8053万公斤，比上年增长7.2%；棉花总产796.5万公斤，比上年增长105%；油料总产50.5万公斤，比上

年增长33%。社员人均收入200元，比上年增长127元。仅棉花一项就增加收入2368万元，每人平均增加收入104元，创历史最高水平。社员储蓄达302万元，比上年增长113万元。全县有170个农户实现万斤粮、万斤棉、收入过万元，人均收入超千元。

1983年

1月25日 成立县委政法委员会。

4月 樊村公社王庙修桂兰、尖冢公社蔡辛庄陈桂玲被评为全国五好家庭代表；单屯公社瓜场徐玉平、樊村公社妇联主任郑淑英被评为全国三八红旗手；北杏园妇女联合会被评为全国先进集体。

5月18日 成立临西县审计局。

5月26—28日 召开临西县第三届妇女代表大会，选举主任1名、副主任1名、常委11名、委员27名、候补委员4名。

5月27日 成立临西县“五讲、四美、三热爱”活动委员会。

5月28日 建立临西县农业技术中学和临西县师范学校。

6月17日 开放东枣园公社八里圈、水波公社殷庄、老官寨公社黑庄、姚楼公社小芦4座清真寺。

9月14日 成立临西县个体工商业者协会。

9月25日 县委印发《关于清除和抵制精神污染的意见》。

9月30日 地委决定免去焦振友中共临西县委书记职务；滑福恒任中共临西县委书记；宗振荣任代理县长。

是年 全县教师改为由公社、大队和学校招聘，教育经费由公社、大队筹集。后又恢复财政拨款。

1984年

1月1日 成立中国人民保险公司临西县支公司。

1月6日 按邢办（1984）12号文件精神，县委工作机构设办公室、组织部、宣传部、统战部、政策研究室、政法委员会、老干部局7个部门；县政府工作机构设办公室、民政局、司法局、公安局、物价局、劳动人事局、税务局、商业局、粮食局、审计局、交通局、文教局、体育运动委员会、卫生局、科学技术委员会、计划生育委员会、农业局、林业局、水利局、计划委员会、经济委员会21个部门；人民团体设工会、团县委、妇联会、科学技术协会4个部门。

3月30—31日 县委、县政府召开商品信息服务中心成立大会，并宣布为全县1400余名“土外交”正名，摘掉“投机倒把”帽子，同时聘请224名“土外交”为该中心信息员。

4月10—12日 召开临西县政治协商会议，选举政协临西县第一届委员会，岳申贵任主席。

5月1日 根据上级指示，除先锋桥镇不变，童村公社改为城关镇，其余13个公社统一改为乡。

6月2日 县政府印发《关于改革科技工作的几点意见》，部署建立县技术服务中心，发展乡镇技术服务公司，培养科技示范户。

6月3日 县政府印发《关于放宽政策搞活国营小型企业和集体企业的规定》。

7月11日 设立县乡镇工业局。

7月23日 各乡、镇设立计划生育办公室。

8月1日 设立县广播电视局、农业区划办公室、新能源办公室。

8月7日 设立县委智力开发领导小组，滑福恒任组长；复设县工农教育委员会，宗振荣任主任。

8月8日 单屯乡东温大队发现首例副霍乱病人。到8月23日，累计确诊33例，检出带菌人员15例，疫情波及单屯乡、大刘庄乡、吕寨乡、城关镇的7个村庄。县政府组织了扑疫小分队，深入疫情村，开展灭疫活动。

8月18日 县委、县政府印发《关于体制改革的若干暂行办法》，部署下放人事管理权、扩大企业自主权、放宽经济政策、搞活市场、广招人才、聘贤任能、转变领导作风、建立健全经济体制。

8月28日 县委、县政府出台《关于乡镇企业管理的十项制度》。一、乡镇企业领导机构设置；二、全面推行经济承包责任制；三、干部实行选聘制；四、工人实行考核录用合同制；五、实行浮动工资制；六、实行有奖信息制；七、下放权力给厂长、经理；八、实行集资办厂制；九、大胆给企业"松绑"；十、广招人才、聘任贤能，开展技术引进。

9月15日 县政府发出通知，将吕寨烈士祠、下堡寺惨案井、贺伍庄烈士墓群、仓上月洼寺遗址列入县重点文物保护单位。

10月11—14日 召开临西县第九届人民代表大会第一次会议。会议选举赵信良为人大常委会主任，刘广强、郝元夫、赵荫池、赵桂华、夏树平为副主任，常务委员9名；选举宗振荣为县长，单林峰、谭定华、孙松滋、李凤朝为副县长。

10月20日 成立县专业技术干部家属"农转非"领导小组。

10月23日 成立临西县地方志和地名委员会，下设地方志、地名办公室。

10月29日 县政府印发《关于大队改建村民委员会的意见》。

1985年

1月6日 吕寨个体鞭炮加工户因操作不慎发生爆炸，造成7人重伤，烧毁房屋5间。

1月20日 县委、县政府召开临西县经济工作会议，传达学习中共中央〔1985〕1号文件《关于进一步活跃农村经济的十项政策》，并提出36条落实措施。

2月10日 省委第一书记高扬为"四·二九"革命烈士墓题写碑铭。

3月11日 县委、县政府给12户三代从事教育事业的家庭颁发了"教育世家"的光荣匾。

3月21日 县委、县政府举行授奖仪式，表彰王树仁等8名获得河北省优秀园丁奖的教师，同时授予9名教师县园丁奖。

4月5日 位于县城东部的"四·二九"革命烈士纪念碑落成。

4月23—25日 中共临西县第三届代表大会召开。选举产生了中共临西县第三届委员会。召开中共临西县第三届委员会第一次会议，选举滑福恒、宗振荣、李铁民、张金铸、付学礼、李增渠、甄志国、单清波、赵炳坤为县委常委。选举滑福恒为县委书记，宗振荣、李铁民、张金铸为县委副书记。

是月 县委印发《关于在县直单位开展整党工作的安排意见》。决定用6个月时间，通过学习文件、对照检查、集中整改党员登记和总结验收四个步骤，达到中央提出的"统一思想、整顿作风、加强纪律、纯洁组织"的整党要求。

5月25日 尖冢乡、下堡寺乡撤乡设镇，镇政府驻地和辖区不变。

6月24日 设立县标准计量局。

7月 临西各界妇女给对越自卫反击战前线部队写慰问信1120封，赠送毛巾4511条，鞋垫1128双。

8月4日 白地乡王庄发现一座古墓，出土有陶罐、陶灶。据邢台地区文物管理所专家鉴定为东汉时期墓葬。

9月10日 临西县召开第一个教师节庆祝大会，会议在县影剧院举行，县主要领导和全县数百名教师代表参加了会议。

9月24日 邢台地区重点建设项目之一，位于县城北部的临西县第一座110千伏变电站建竣运行，容量为2万千伏安，该站的建成大幅度改善了临西县用电条件。

10月20日 中共临西县委印发《关于广泛开展"创业立功"活动的决定》。

11月29日 省委常委、常务副省长李锋到临西县考察指导经济工作。

1986年

1月20日 县委印发《关于党员干部端正党风的十项规定》。主要内容是：克服官僚主义、严禁弄虚作假、发扬廉洁作风、严禁以权谋私、杜绝宗派活动、严守组织纪律等。

1月23日 县委、县政府印发《关于领导干

部春节前慰问教师的安排意见》。要求不搞形式，不送礼品，不搞吃喝，注意调查解决教师待遇、师生取暖、校舍桌凳等方面的实际问题。

1月27日　县城北大街综合市场开业，县委书记滑福恒为开业剪彩。该市场摊位800余个，集日客流量1万余人次。

2月18日　临西县国库券推销领导小组成立。

2月22日　县委、县政府召开全县经济工作会议。指出“七五”期间，全县经济社会发展总的指导思想是：坚持改革、狠抓效益、立足本地优势、实行重点突破，促进经济工作持续、稳定、协调地向前发展。

是月　县档案局编写的《临西县大事记（1964—1985）》出版。

4月20日　人武部由部队移交县人民政府。

5月17日　成立县文联、教育委员会、文化局、畜牧局，撤销文教局。

5月20日　前堤口小学新建教学楼竣工。该教学楼投资12万元，建筑面积831平方米，是临西县第一座小学教学楼。

5月22—23日　县九届人大三次会议在县宾馆召开。听取并通过了县政府和计划、财政、法院、检察院工作报告。

5月27日　县政府发出《关于支持轴承行业发展的通知》。

5月28日　临西县遭受暴雨和冰雹的袭击，摇鞍镇乡、白地乡、尖冢镇、下堡寺镇、黎博寨乡5个乡镇26个村灾情最重，小麦受灾面积1.78万亩，棉花受灾面积0.74万亩。

6月25日　县制药厂研制生产的中成药“通便灵”通过省级鉴定，填补了国家中成药治疗便秘的空白。

7月9日　下堡寺出土一座古墓，内有灰瓷碗、白玉石珠、紫玉石珠、铜镜。

7月14日　县委、县政府做出《关于加快工业发展的暂行规定》，大力推进横向经济联合、搞活工商企业。

7月15日　行署副专员贾长锁来临西检查防汛工作，对险工清障提出了指导意见。

7月16日　县政府集资12.7万元，兴建县育才小学教学楼。

7月30日　据《临西县1986年小麦生产总结》公布小麦生产刷新最高记录，28万亩小麦，平均单产221公斤，总产6183万公斤。

8月15日　千户庄35千伏变电站建成投运。

9月8日　县政府印发了《关于做好今年棉花收购工作的几项规定》，提出要严格执行国家收购政策，防止压级压价、抬级抬价。

9月20日　在摇鞍镇乡贺伍庄北举行“四·二九”烈士陵园奠基仪式，省、地、县领导及当地群众1800余人参加了奠基仪式。

10月26日　老官寨乡中学教学楼竣工。该教学楼由乡集资14万元，建筑面积486平方米，是临西县第一座农村中学教学楼。

10月28日　县政府召开会议部署全县财税物价大检查工作。

11月4日　邢台地区殡葬改革现场会在临西召开。临西县在会上做了典型发言。

11月25日　临西县纠正农村错划阶级成分领导小组成立。

12月8日　县委、县政府召开三级干部大会，学习清河县经验，发展家庭工业，促进乡镇企业。

是年　是“七五”计划第一年。全县工农业总产值19533.6万元。工业产值9618.6万元，乡镇村工业产值3049万元。农业总产值9915万元，粮食总产10161万公斤，创历史新高；夏粮一季完成国家定购任务925万公斤；棉花因种植面积减少和各种灾害影响产量下降，总产912万公斤；林牧副渔四业产值占农业总产值的19%；农村人均收入334.26元。财政收入730.2万元。商品购进总额6168万元，商品销售总额5948万元。

1987年

1月7日　成立县土地管理局。

3月9—10日　中国少年先锋队临西县第一次代表大会召开。会议选举产生了中国少年先锋队临西县首届工作委员会。

4月30日　“四·二九”烈士陵园落成典礼暨“四·二九”反扫荡胜利45周年纪念大会在贺

伍庄村北的“四·二九”烈士陵园举行，缅怀在1942年“四·二九”反扫荡中牺牲的英烈们。大会由河北省顾问委员会副主任王东宁主持。河北省委书记邢崇智、原冀南区党委组织部长张策为陵园落成揭幕，原冀南军区司令员王光华、原冀南区党委组织部长郭森、河北省委书记邢崇智、常务副省长叶连松向烈士纪念碑敬献花圈。常务副省长叶连松和原八路军新四旅参谋长陈明义先后致辞。

5月5—7日 临西县第十届人民代表大会第一次会议在县一招召开。会议选举赵信良为县人大常委会主任，单林峰、夏树平、侯殿锋、赵桂华为副主任；选举张金铸为临西县人民政府县长，孙松滋、阎九旭、张增才、张素华为副县长。

5月5—7日 政协临西县第二届委员会第一次会议在县一招召开，会议选举宗振荣为政协主席，李增渠、葛友明、任殿启、李凤朝为副主席。

5月13日 临西县5名中学教师、11名小学教师荣获省“优秀园丁”称号。

5月21日 先锋桥镇、东枣园乡、单屯乡、水波乡近50个村庄遭受雹灾。

5月26日 先锋小学学生穆连卫获“全国优秀少先队员”称号。

6月17—18日 中国地名委员会秘书长兼办公室主任王际桐一行3人来临西指导地名工作。

6月19—25日 樊村乡赵庄残疾青年、共青团员杨云城在北京举办“徒步考察万里长城写生汇报展”。受到团中央书记处书记李源潮、北京市顾委副主任王纯的接见。中央人民广播电台、《中国青年报》等十几家新闻单位报道了他的事迹。共青团邢台地委授予他“新长征突击手标兵”称号。

6月25日 各乡镇成立经济联合委员会。

6月28日 在县境内邯临公路114.227公里处发生红星小货车与解放拖挂车相撞，造成死亡3人及重、轻伤3人的严重交通事故。

7月21—22日 共青团临西县第四次代表大会召开。

7月30日 县委召开县直单位集资助学会议，要求统一行动，捐资助学。

9月13日 县委、县政府召开深化工商企业改革大会，部署全面展开工商企业实行承包经营责任制工作。

10月13日 临西县劳动鉴定委员会成立。

11月10日 东干二支渠扩控工程开工，至17日竣工。动用6个乡镇民工8000人，动土16.5万立方米。

12月1日 尖庄引卫干渠第一期工程施工，工段长7.85公里，动用9个乡镇民工2.7万人，动土26.5万立方米。

12月14日 省人大常委会主任孙国治、秘书长李铁，在地委秘书长王世岑的陪同下到临西指导工作。

12月15日 尖冢杨水站改建工程完工。共安装15台机组，装机3225千瓦，提水量达29.85立方米/秒。

12月23—24日 临西县总工会第四次代表大会在县一招召开，出席会议代表202名，选举产生主席1名、常委9名。

是月 县委党史资料征集办公室编写的《宏毅县革命斗争史》出版。

1988年

1月1日 县政府印发《关于进一步完善果园承包责任制意见》，部署进一步完善多种形式的果园承包责任制。

1月11日 县监察局成立。

1月27日 临西县建成开通河北省农村第一套微波通讯电话工程——童村至先锋桥24路微波工程。

2月24日 县政府下发《关于城镇乡村设置地名标志的通知》。

3月24日 县文化馆绘画创作员卢庆生和张金良徒步考察太行山启程。此次活动历时4个月，行走2300公里，写生132幅、摄影500余幅。

4月16—29日 台胞李湘亭（原名李毓芳）回到离别50多年的家乡仓上与亲人团聚，受到县政府及有关部门的热情接待。

4月17日 临西县维护少年权益理事会（全

国第一家）第一次代表大会召开，团省委副书记王新勇、团地委书记刘洪恩、县委副书记李铁民出席会议并讲话。会议选举理事长1名、副理事长2名、常务理事7名。

4月28日 县委、县政府印发《关于深化卫生体制改革的意见》，部署全面推行院长负责制、招聘制，实行多渠道办医，改革管理分配制度。

5月22日 县政府作出《关于在全县中小学全面推行校长负责制的决定》。

6月22日 水利部海河委员会副主任董光鉴一行来临西考察研究卫运河尾工处理，县政府领导陪同。

7月24日 邢台地区第一家现代化啤酒生产企业——临西县啤酒厂举行投产典礼。省直、地区有关部门、青岛啤酒厂等单位领导出席仪式。该厂于1987年3月兴建、历时16个月，总投资800万元。采用青岛啤酒酿造工艺，年产“临瑰”牌青艺啤酒1万吨。

8月1日 张立孔任中共临西县委书记。

9月16—17日 临西县第四次妇女代表大会召开。会议选举妇联主任1名、副主任2名、常委9名。同时，选举产生临西县妇联会维护妇女儿童合法权益理事会。

9月20日 县制药厂生产的通便灵，在全国首届中成药健康杯评选中荣获“优秀奖”。

10月4日 县成立颁发居民身份证领导小组。同时，制定下发《临西县颁发居民身份证工作实施方案》。

11月10日 邢台地区农村专业技术人才培训现场会在临西县召开。

11月12日 邢台地区平原13县农田水利建设现场会在临西召开。

11月17日 启动全县土地资源调查工作，该项工作至1989年10月21日结束。通过调查，全县共有土地面积813927.3亩，其中耕地597166.3亩、园地13382.3亩、林地5364.1亩、居民点自然村占地76518.8亩、道路占地23027亩、水域占地19261亩、其它土地面积16780.4亩。

1989年

1月18日 县政府印发《关于做好春节物资供应的通知》，安排粮、油、肉、糖等主要供应品种和数量。

3月6日 县政府被省政府命名为“改善办学条件先进单位”。

3月10日 省政府授予临西县“职业教育先进单位”称号。

3月30日 共青团河北省委在临西县召开共青团维权工作现场会，会议历时3天。共青团中央书记处书记张宝顺，省委常委、组织部长曲维镇，邢台地委书记李明珠，团省委书记栗战书、副书记王新勇到会并讲话。

3月31日 邢台地区工业战线光荣榜登报。临西县氮肥厂、火柴厂获利税超百万企业；氮肥厂生产的卫河牌碳酸氢铵、新兴炉具厂生产的JL多用炉、抛光砂轮厂生产的PVA抛光砂轮获河北省优秀产品。

4月1日 先锋桥镇更名为河西镇、城关镇更名为临西镇。

4月6日 县城站北路龙旺商业街动工兴建。投资500万元，建筑面积1.4万平方米，1992年竣工。

5月2日 省长岳岐峰到临西县视察工作，对工业生产、小麦棉花种植、财税收入等工作提出了指导性意见。

6月29日 县政府发出《关于切实搞好清收个人拖欠公款和贷款的通知》，全县开始大规模的清欠活动。

7月17日 白地乡、临西镇、摇鞍镇乡遭受暴风雨袭击。暴雨持续5小时，降雨170毫米，大风10级左右，摧毁房屋524间、树木6320棵、线杆2259根，毁坏粮食作物2500亩、棉花3000亩，造成严重的经济损失。

7月25日 县政府印发《关于加强狂犬病预防控制工作的通知》，提出为捕灭狂犬病，在全县开展捕杀野犬和制止违章养犬工作。

8月16日 水利部总工程师何璟带领的国家

引黄入淀线路审查工作队一行50人，在行署副专员杨湘荣和地区水利部门领导陪同下到临西查看卫西干渠现状，调查有关情况。

9月10日 县二中教师杨家楣、县一中教师张佰柱和育才小学教师于润和被评为全国优秀教师。

9月11日 联合国世界银行以艾萨博士为团长的4人专家团来临西县对利用世界银行贷款项目进行初评估，考察了尖冢扬水站、王庄氨化养牛、张白地棉麦一体种植和下堡寺镇综合技术服务站。

9月26日 白地供销社主任修宗文被评为全国商业系统劳动模范，受到商业部和中国财贸工会表彰。

10—11月 县委、县政府组织15个乡镇5万多名农村劳动力，出动几百辆推土机、拖拉机，开展农田水利基本建设。修整扩挖渠道148条，新打机井200眼，修复旧井300眼，修建防渗设施200公里。

11月16日 临西县残疾人联合会成立。

11月21日 行署专员徐金在来临西视察农田水利建设工作。

11月24—25日 中共临西县第四次代表大会召开。会议选举产生了新一届中共临西县委员会，并召开了县委一次会议，选举产生了县委领导班子。张立孔为县委书记，张金铸、郭凤集、阎九旭为副书记。

11月29日 县人大常委会举行第十八次会议。会议审议通过了县人大常委会《关于更正县人民代表大会届次的决议》，即：县人民代表大会届次从建县算起。1966年1月26—28日召开的县第六届人代会改为第一届人代会；1982年3月3—7日召开的县第八届人代会改为第二届人代会；1984年10月11—14日召开的县第九届人代会改为第三届人代会；1987年5月6—7日召开的县第十届人代会改为第四届人代会。1990年后召开的县人代会按更正后的届次顺延排序。

12月12日 县体育总会建立，同时设立13个单项体育协会，并制定了《临西县体育总会章程》。

是月 县镰刀厂生产的“王一摸”牌机制平口镰刀被评为省优产品；白地供销社、县第二油棉厂被省政府命名为省级先进企业。

1990年

1月4日 经县委研究决定在全县15个乡镇建立政协工作联络组，联络组定为乡局级。

1月12日 中共临西县委印发《关于向白地供销社学习开展助农兴农活动的决定》。

1月12日 《河北日报》载：临西县生产的临西牌日月安全火柴、星泉牌通便灵胶囊荣获河北省优质产品。

2月8日 县政府印发《关于对独生子女父母奖励办法的通知》。规定独生子女的父母，分别由所在单位每月发给5元钱的奖金，直至孩子14周岁止。

2月22—23日 地委、行署在临西县召开全区学习推广白地供销社先进经验现场会，参会人员为各县市的县市长、各县市委分管农业的副书记、农工部长、供销社主任、农业局长及基层供销社负责人计170多人。地委、行署领导李明珠、徐金在等出席了会议，省农研室、供销社的领导应邀到会指导。会上，介绍了白地供销社的经验，行署专员徐金在作了总结讲话。

3月1—3日 政协临西县第三届委员会第一次会议在县一招召开。会议选举李铁民为政协主席，李增渠、葛友明、任殿起、李凤朝、宋秀华、董文修为副主席。

3月14—16日 临西县第五届人民代表大会第一次会议在县招待所召开。会议选举宗振荣为县人大常委会主任，单林峰、侯殿峰、赵桂华、赵金荣为副主任；选举张金铸为县人民政府县长，孙松滋、杜荣征、史振荣、王仁信为副县长，陈金昌为科技副县长。

3月16日 县人民银行办公大楼落成，位置在西大街，建筑面积1000平方米。

4月2日 召开全县人口普查工作会议。

4月26日 成立临西县勘界领导小组。

5月1日 县农业银行营业大楼落成，地址

在北大街。

5月8日 县纺织印染厂“割染车间填平补齐增加印花设备”技改项目，经省计经委批准立项，并在建设银行支持下，同年建成投产。

7月1日 县政府发布全县第四次人口普查结果：总人口283475人，其中男143451人、女140024人；农业人口269395人；非农业人口为13472人；集体户282户、家庭66665户。

7月1日 摇鞍镇乡、下堡寺镇的15个村庄先后遭受不同程度的雹灾。

8月14日 全县城镇建设工作会议召开，安排部署文明城建设。

8月29日 县政府印发《关于当前经济体制改革工作的安排意见》，部署稳定、充实、完善各种改革措施，安排新一轮企业承包。

9月6日—13日 临西县举办庆丰收农民运动会。全县15个乡镇的827名运动员参加了篮球、田径、自行车、举重等9个项目的比赛。

9月15日 白庄轴承市场投资280万元进行扩建。扩建后市场占地5.8万平方米，集日流量万人以上，年成交额突破1亿元。

10月15日 县邮电局开通3条半自动全国直拨电话线路。

11月14—15日 行署在临西县召开全区政府系统公文规范化工作现场会。

12月25日 临西县抛光砂轮厂生产的PVA抛光砂轮，获国家科技进步三等奖。

是年 社会生产总值（1980年不变价）38295万元，国民生产总值16912万元，工农业总产值35089万元，工业总产值22245万元，农业总产值12844万元，乡镇企业总产值24400万元，粮食总产118546吨。人均国民收入791元，农民人均收入501元。财政收入1286万元，财政支出1437万元。社会商品零售总额10352万元。居民年末存款余额7727万元。

1991年

1月5日 县委、县政府印发《关于向全社会集资，改善县直学校办学条件的意见》，要求落实省政府指示，达到九年义务办学条件标准。

1月7日 县委、县政府印发《关于集资建设临西县乡级公路的意见》，要在3年内完成乡乡通公路的建设目标。

1月22日 县委、县政府、县人武部印发《关于在全县开展向丰德贵同志学习活动的决定》。丰德贵为县武装部训练基地职工，他奋不顾身抢救落水儿童的事迹先后受到县委和军分区表彰。

2月4—5日 共青团临西县第五次代表大会召开。

3月20日 团县委被团中央授予“全国维权先进集体”称号。

4月24日 县人民商场发生重大火灾，全部物品烧毁，房屋倒塌，直接经济损失20余万元。

5月5日 县文化馆画家卢庆生和梁建平徒步考察黄河启程，地委书记李明珠、行署副专员郝志华等在邢台为其送行。

5月31日 河西医院更名为临西县第二人民医院。

6月7日 全县15个乡镇遭暴风雨袭击，降雨量100毫米、阵风七级，造成严重灾害。

6月18—20日 省供销社主任李美锋到临西县白地、大刘庄供销社指导工作。

6月25日 县编委研究决定，在县财政局内设立县国有资产管理局。

7月5日 国家商业部副部长何济海等到白地供销社考察指导工作。

7月10日 河北省中南部地区夏播棉生产现场会在临西县召开，省农业厅副厅长李明出席会议并讲话。

7月12日 摇鞍镇乡前屯、后屯、姚尔庄、南杏元、白地乡杨黄营等十多个村庄遭受严重风雹灾害。雹体大如鸡蛋小如核桃，姚尔庄、南杏元平地冰雹达半尺深。受灾棉田12400亩、粮田2900亩、果林220亩，经济损失约1500万元。

8月2日 省“双学双比”协调领导小组副组长、妇联主任王焕臣一行4人到临西县检查“双学双比”工作。

9月12日 省人大常委会副主任岳宗泰由省农业厅副厅长魏义章陪同到县原种场视察百亩棉

花人工杂交制种“杂29”生产成果。

9月12日 县政府投资160万元，动工兴建县一中教学楼，教学楼建筑面积3600平方米。

9月30日 县二中英语教师文宏勃被评为全国优秀教师。

10月25日 地委、行署在临西召开全区农村电影工作现场会。地委书记李明珠，地委宣传部长刘清杰，行署副专员郝志华出席会议。中影公司放管处长汤汝新、省文化厅副厅长韦野莅临大会指导。

12月 《临西县地名志》出版。

是年 童村至尖冢、西张堤至摇鞍镇、周楼至姚楼乡级油路修通，总长26.8公里。

1992年

1月20日 《邢台日报》报道：临西县西温农民寿金章研制的丝网印刷空心铝制网框，在第三届全国技术新产品展销会上获国家级铜牌奖，填补了国内丝网印刷空白。

3月8日 高级农艺师、县农业技术站站长刘海云，获全国“三八”红旗手称号。

3月10日 位于北环路南侧的县工商局新办公楼落成。

4月12—14日 河北省群文工作改革现场会暨纪念学会成立10周年大会在临西县召开。文化部群文司副司长郭沫勤、省文化厅副厅长韦野、陈宝蓉出席会议。

4月30日 临西县对外开放工作会议召开，部署开放搞活十二条措施。主要内容是创造条件、引进人才、引进技术、引进资金、创办开发区、改善软环境等。

6月1日 位于河西镇北侧的卫运河新大桥建成通车。

6月20日 省委副书记李炳良到临西县白地供销社进行考察。

7月10日 地委领导张春富、郭庚茂、刘清杰在地委小礼堂接见徒步考察黄河的卢庆生、梁建平、卢士奇3位美术工作者。

8月6日 投资160万元，建筑面积2400平方米的中国工商银行临西县支行新建办公楼在原址落成。

8月8日 临西县第一家合资企业“河北康宝保健品有限公司”投产。企业由第二油棉加工厂、香港欧亚发展公司合建，主要生产卫生巾等。

9月29日 京九铁路临西段破土动工，境内长5.22公里。同时，京九铁路临西站开始建设，占地203.07亩。

10月10日 县水利工程土地划界任务完成，共确权划界水利工程21处，其中扬水站5处、排水站1处、节水闸8座、主要排水渠5条（长29950米）、试验站1处、仓库1处，订立协议书26份。

10月20日 中国人民建设银行临西县支行在原址兴建的办公楼落成。该楼位于西大街西段南侧，投资100万元，建筑面积1600平方米。

11月8日 县人民医院院长任殿启被评为“全国优秀县医院院长”。

11月23日 临西县人民政府被评为1991年度全国保险先进县。

是年 干旱和棉花虫害严重。自1991年8月至1992年6月干旱少雨，1—6月仅降水60毫米，天气持续干燥，旱情持续发展，是1942年以来未曾遇到的特大干旱。棉花一代棉铃虫发生虫量大，二代棉铃虫虫源基数高，且二、三、四代棉铃虫连续发生，棉花大幅度减产，部分棉田绝产。

1993年

1月8日 县政府印发《关于严格禁止乱占滥用耕地的紧急通知》。

1月13日 县政府印发《关于切实减轻农民负担的紧急通知》。

2月6日 临西县组织举办首次元宵灯展，各乡镇、县直单位在县城东西大街划区布展。机关单位、城乡上万人次参观了灯展。并且之后每年如期统一组织举办灯展和乡艺会演。2004年后灯展改由各单位酌情安排。

3月1—2日 中共临西县第五次代表大会召开。会议选举产生了新一届中共临西县委员会，

并召开了县委一次会议，选举产生了县委领导班子。会议选举刘力为县委书记，武振坡、阎九旭、史振龙、焦生辰为县委副书记。

3月3—4日 临西县第六届人民代表大会第一次会议在县电教中心召开。选举张金铸为县人大常委会主任，付学礼、刘登九、孙松滋、赵金荣、葛友明为副主任；选举武振坡为县人民政府县长，史振荣、毕世杰、杨继平、姜桂莲、范永丰为副县长。

3月3—4日 政协临西县第四届委员会第一次会议召开。选举李铁民为政协主席，李增渠、宋秀华、李凤朝、董文修、侯志贵为副主席。

3月24日 县委、县政府印发《关于搞好对外引进工作促进经济发展的暂行规定》。鼓励引进人才、引进资金、引进技术、引进项目、引进物资、引进信息。

3月31日 全国著名劳模、原中共河北省委书记吕玉兰在石家庄病逝。

4月7日 邢台地区行署专员连振经来临西县对棉花生产进行调研。

5月22日 邢台地区行署副专员赵云秋来临西县进行工业生产调研，指出：要抓重点、抓外联、抓改革。

5月25日 临西县人才劳务市场开业典礼。

7月1日 邢台地区和邢台市合并为邢台市。临西县归邢台市所辖。

7月12日 临西县连续第九年实现夏季一季完成全年粮食定购任务。

7月22日 临西县仓上轴承市场建立。市场占地6.7万平方米，设摊位1500余个，集日客商流量过万人，年成交额1亿多元。

8月1日 京九铁路在东枣园乡简庄南施工时发现一大型古墓群，南北长250多米、东西宽100余米，有13座古墓，墓室距地表6米左右，为方形砖墓室和圆形砖墓室。出土文物有陶器、瓷器、铜器、石器。专家称此为隋唐墓群，有较高的历史文化研究价值。

9月9日 县邮电局开通无线寻呼业务。

9月9日 县二中教师王旭亭被评为1993年度“全国优秀教师”。

10月1日 樊村乡西赵庄周广印创建第一所私立小学，首次招生57名。

10月5日 “引黄入冀”工程开工。该工程由刘口入境，在牛庄出境，境内长18公里。工程总土方量130万立方米，总投资2400万元，设计过水65个流量，通水年限15年，每年11月到次年2月通水，输水量5亿立方米，临西县分配1000万立方米。

10月30日 临西镇供销社发生储油罐爆炸事故，造成2名职工严重烧伤，直接经济损失4.29万元。

11月3日 县委、县政府召开大打计划生育翻身仗动员大会。市长邹本真、副市长刘清云、县委书记刘力出席会议。

11月20日 各乡镇设立计划生育委员会。

11月20—26日 临西县遇到自有气象资料70年来从未有过的寒冷天气，21日最低气温 -19.7℃，连续数天气温都低于 -11℃，全县生产生活受到不同程度影响，2万亩果树受到严重冻害。

12月6日 县委、县政府制定出台《关于加快县办工业发展步伐的暂行规定》。主要内容有：下放权力、转换机制、重点支持骨干企业等。

12月26日 临西县开展了纪念毛泽东诞辰100周年活动。举办了毛泽东像章、图片展览和赞颂毛泽东同志的大型文艺演出。

1994年

1月1日 县人民保险公司营业楼竣工。营业楼位于北环路中段路北，投资127万元，建筑面积1700平方米。

2月22日 县编委批复同意，下堡寺中学更名为临西县第三初级中学，城关中学更名为临西县第四初级中学，先锋中学更名为临西县第五初级中学。

3月31日 吕玉兰雕像安放仪式在东留善固举行，省、市领导李永进、周欣、徐纯性、徐金在等以及兄弟省市代表、县五套班子领导、东留善固村民共2000余人参加了仪式。倪志福、赵朴初、吕传赞、叶连松、李文珊打来电话、电报或题词致意。

是月 《临西县水利志》出版。

4月20日 省委副书记李炳良在市委、市政府领导张春富、连振经、崔宝玉、杨湘荣的陪同下来临西县对小康建设和棉花生产进行考察。

5月18日 东枣园乡政府由东枣园村内迁至村西700米处。新址占地5808平方米，建房80间，建筑面积1600平方米。

6月 京九铁路临西段竣工。15日，京九铁路卫运河大桥竣工，引桥14孔32米，全长665米，宽10米。

7月1日 民办教师工资实行乡征县管，解决了工资拖欠问题。

7月5日 邢台市人民政府命名首批乡镇企业家。临西县有陈维志、张清奎、腾正申、邱希中、马之荣、刘传才、卢香亭、叶长铎、赵明文、周广学、吕廷祥、王忠臣入选。

7月20日 卫运河最大洪峰流量400立方米/秒。

7月25日 啤酒厂实施破产。

8月1日 童村综合市场开业。位于北环路北侧，投资500万元，占地5.7万平方米。设摊位800余个，集日客流量1万余人次。

8月17日 临西县税务局分设为临西县国家税务局和临西县地方税务局。地方税务局在各乡镇设立税务所。

9月20日 临西县火柴厂晋升为国家中型二档企业。

10月1日 邮电局电信大楼竣工使用。1993年5月动工，投资260万元，建筑面积2550平方米。

10月9日 省长叶连松带领省直有关部门负责人，在市委书记张春富、代市长王建忠陪同下来临西县检查指导棉花收购工作。

10月15日 “引黄入冀”工程竣工。10月18日，通过省水利厅专家验收，被评为优质工程。11月11日，通水典礼仪式在临西县刘口串卫枢纽工程现场举行，国家开发办、水利部、海河水利委员会领导、河北省副省长顾二熊、山东省水利厅和邢台市领导出席仪式并剪彩。此工程协议约定，每年由山东位山黄河闸口给河北输水5亿立方米，送水时间15年。

是月 县制药厂获省振兴经济奖、科技进步奖。该厂连续6年人均利税居全省中药行业之首，年利税额每年递增36%。复方芦荟胶囊出口日本、新加坡、丹麦等10多个国家。

11月22—23日 省纪委副书记高荣、市纪委书记齐耀增来临西县指导信访工作。

12月16日 县政府印发《关于切实抓好减轻农民负担工作的通知》。

1995年

1月13日 县政府作出《关于加快畜牧业发展的决定》。主要内容：确立奋斗目标、优惠政策扶持、兴办畜牧业实体、搞好良种繁育、加强服务等。

3月21日 临西县委印发《关于设立临西县驻外联络处的通知》，决定在天津、武汉、济南、东莞、哈尔滨、通辽、贵阳、文登、成都设立联络处，以促进改革开放和招商引资工作。

3月28日 焦生辰任临西县人民政府县长。

3月30日 临西县委、县政府印发《关于加快小康建设的意见》。提出当年建成小康村60个；1996年至1997年建成小康村120个；2000年前建成小康县。

是月 县政府先后作出《关于增加教育投入的决定》《临西县1995—2000年教育发展规划》和《临西县关于普及九年义务教育的实施决定》。

4月4日 投资5000万元的尖冢灌区配套工程，通过市水利局验收。

4月14日 省委副书记李炳良、副省长顾二熊来临西考察指导农业生产。

4月21日 县公安局被评为全省优秀公安局。

5月4日 泰山路破土动工，至8月竣工。该路东起龙旺村北，西至郭村村南，全长1600米，路面宽18米，该路的建设标志着县城框架向北发展的决策开始实施。

5月12—13日 建设银行总行、新华社、《金融时报》《建设银行报》领导同志和记者一行9

人，在省市县政府和建行负责同志陪同下考察京九铁路临西段，对铁路建设和建行投资工作给予充分肯定。

6月24日 县邮电局交换设备更新为西班牙S1240型交换设备，固定电话容量可达6100门，该项目投资95万美元，由建设银行贷款支持。

7月1日 县委党史研究室编写的反映临西县抗日战争、解放战争时期革命斗争史的《卫运河畔的烽火》一书出版。

7月1日 县氮肥厂万吨甲醇技改项目竣工投产。

7月11日 共青团临西县第六次代表大会召开。

7月13日 省农业厅厅长李荣刚、副厅长马占云到临西县指导农业生产。

7月13日 临西县第五次妇女代表大会召开。

8月21日 下午3时许，下堡寺镇、摇鞍镇乡遭受风雹灾害，3万亩农作物和6000亩林果受灾。

8月29日 县政府制定印发《临西县招商引资若干试行办法》，共四章三十四条。

9月9日 县二中教师陈宝贵获1995年度“全国优秀教师”称号。

10月 县人民医院被卫生部评定为“二级甲等医院”。

11月29日 市委书记王建忠一行到临西考察指导农业综合开发工作。

12月15日 建立临西县电视差转台。

是年 全县国民生产总值7.7亿元，工农业生产总值20.3亿元。粮食总产1.7亿公斤，其中小麦总产9980万公斤，亩产322公斤；棉花总产755万公斤；果品总产860万公斤，肉类总产2016万公斤。农业总产值7.5亿元，工业总产值12.8亿元，农民人均收入1492元。全县财政收入3243.9万元，社会消费品零售总额2.2亿元，地方固定资产投资1.7亿元。

1996年

1月23日 县委、县政府召开并乡扩镇工作会议。落实省委、省政府安排部署，在原有15个乡镇的基础上，实行并乡扩镇，形成4镇5乡的行政区划。

3月27日 县举行首届万人长跑活动。县五套班子机关、县直各单位、学校、企业的100多个方队，在县城主干道上进行了长跑。之后每年春节后组织举办，直至2004年。

4月10日 县政府印发《关于大力扶持轴承行业上档次、上规模、上水平暂行规定》。主要内容是实施“龙头”带动，实行优惠政策，加大激励力度，推动轴承行业健康发展。

4月10日 县委、县政府在全县推行村务公开制度，公开内容有：财务收支、宅基地发放、电价电费、婚姻登记、计划生育、征购提留。

5月9日 中国美术家协会理事、中央美术学院教授闻立鹏（闻一多之子）一行3人到临西采风。

5月26日 摇鞍镇乡、下堡寺镇、尖冢镇的45个村遭受暴风雨灾害，受灾农田4万亩。

5月28日 全省小麦统一供种现场会在临西县召开。11个地市、20个小麦生产重点县的农业局长参加会议。省农业厅和邢台市政府领导到会，部分县市作了经验介绍。

6月15日 临西县工业经济联合会成立，省工经联副会长张岐山、市工经联会长刘永德及市领导到会并讲话。宗振荣任县工业经济联合会会长。

7月1日 县内第一所民办中学——育英中学建立。法人代表刘春华。

7月2日 市政府在临西召开县办工业无亏损现场会。会上，临西县介绍了经验，市委副书记孙彦敏、副市长董锡琪参加会议并讲话。

8月8日 因上游汛情卫运河临西段行洪流量达1800立方米/秒，河水水面高程35.6米。至当日15时5.1万亩河滩地全部淹没。县五套班子领导、沿河乡镇、县直部门300多名干部带领20000多名民工上堤驻扎，日夜守堤抢险，直至11日水位回落。

8月9日 邢台市委书记王建忠、军分区副司令员李怀德一行冒雨来临西尖冢卫运河大堤考察指导防汛工作。

8月18日 临西县人才劳动力交流中心大楼落成。位于泰山路中段北侧，建筑面积4200平方米，投资600万元。

8月19日 县委、县政府印发《临西县党政机构改革和实施国家公务员制度的安排意见》《临西县县直党政机构设置和人员编制实施方案》和《临西县党政群机关人员分流实施意见》。

10月1日 首部《临西县志》出版发行，全书150万字，编纂成书历时10年。

10月10日 临西县书画研究会成立，县委常委、组织部长、省书协会员赵炳坤任会长。

10月16日 县技工学校综合教学大楼落成。位于泰山路中段北侧，建筑面积6900平方米。

11月22日 由河北省作协主办的《散文百家》月刊和县国税局联合举办的“国税杯”全国散文比赛颁奖典礼在临西县举行。浙江省作协主席叶文玲的《我叫格桑卓玛》、省国税局办公室主任梁文贤的《大山音韵》获一等奖。

11月26日 邢台市农村学前教育现场会在临西县召开，副市长刘清云到会并讲话，肯定了临西县重视学前教育、加大资金投入、实行标准化管理的做法。

12月6日 县第一完全小学被全国少工委授予“全国少先大队红旗大队”称号。

12月8日 临西县公安局新建办公大楼落成。位于泰山路中段南侧，建筑面积2000平方米。

12月15日 中国农业发展银行临西县支行成立。主要职能是负责粮棉油收储购销企业和农业综合开发的资金供应与管理。

12月16日 临西县广播电视局广播电视塔千瓦发射机投入运行，33频道电视信号正式开通，覆盖半径50公里。

12月25日 县气象局“121”气象服务台开通。

12月31日 市长郭庚茂来临西县检查指导工作。在听取了县委、县政府领导的工作汇报后，对农业开发和9家国有企业进行了考察，提出了指导性意见。

是月 县氮肥厂被省化工厅评为利税超千万企业，被市政府评为全市县办工业十强企业。

是年 旱情严重，从1995年冬至1996年春，半年时间全县降水量仅为1.2毫米，是多年未遇的干旱天气。针对旱情，全县组织10万劳力，投入劳动力248万个，投资850万元，扩挖疏浚渠道24条140公里，运土150万立方米，新打机井610眼，新增和改善灌溉面积13万亩。

是年 县城面积发展到3.6平方公里，人口2.1万人，人均道路面积10.6平方米。

1997年

1月1日 中国人寿保险公司临西县业务部成立。

3月13日 中央综合治理委员会地方指导组组长佟福星一行来临西调研，认为临西的综合治理工作认识水平高，工作力度大，基础夯的牢。

3月14日 临西县被授予“全国平原绿化先进单位”“全国造林先进单位”“河北省首批甲级绿化县”称号。

4月7日 县供电局、制药厂、烟草公司、第一油棉厂、第二油棉厂、第三油棉厂、火柴厂、大刘庄砖厂等被授予1996年邢台市纳税模范单位称号。

4月20日 县政府印发《临西县轴承行业发展规划》。提出要以发展加工制造为根基，以“龙头”带动为动力，以壮大市场为主线，以提高质量为保证，促进轴承行业上规模、上效益。

4月20日 《临西县大事记》编委会成立，县长焦生辰任主任。

4月25日 邯（郸）临（清）公路临西段改扩建工程开工，工程总长度20公里，总投资5000万元，全部按二级公路标准建设，扩建后将有效改善晋冀鲁大通道的交通状况。

5月7日 省人大常委会副主任李永进，在市委书记王建忠、市人大常委会主任贾长锁的陪同下来临西指导农业综合开发工作。

6月16日 县委、县政府新建办公大楼投入使用。该楼位于泰山路中段北侧，建筑面积8824

平方米，1995年11月动工兴建。

6月25日 临西县老年大学成立。宗振荣任校长。

8月12日 邢台市创建“三讲”文明机关工作经验交流现场会在临西县召开。

9月4日 常务副市长王珽玖到临西县就困难企业职工解困再就业、机构改革和人才开发等项工作进行调研。

10月20日 县政府印发《临西县城镇居民最低生活保障线暂行办法》《临西县农村居民最低生活保障线暂行办法》和《临西县农村社会保障试行办法》。

12月20日 县国税局被评为“全国税务先进集体”。

1998年

2月16—17日 临西县第七届人民代表大会第一次会议召开。会议选举赵炳坤为县人大常委会主任，付学礼、乔有恒、王耀东、梁之才、侯志贵、秦兴贵、龚长芹为副主任；选举鞠朝武为县人民政府县长，毕世杰、姜桂莲、郭廷增、王西文、刘明磊为副县长。

2月16—17日 政协临西县第五届委员会第一次会议召开。会议选举杨继平为县政协主席，任伍章、李凤朝、董文修、王长生、马一骏、王潍为副主席。

2月18—19日 中共临西县第六次代表大会召开。会议选举产生了新一届中共临西县委员会，召开了县委一次会议，选举产生了县委领导班子。会议选举刘力为县委书记，鞠朝武、邢之剑、任树堂为副书记。

3月8日 河西镇邮电支局151兆、152兆两频点无线寻呼基站建成。

3月28日 河西镇邮电支局900MTACS模拟基站建成。

4月8日 县政府召开全县“普九”工作动员大会。

4月15日 县委印发《关于在全县开展向张立成同志学习活动的决定》。张立成任县制药厂厂长20年，带领职工艰苦奋斗，把一个小厂发展成为产值超千万、创利税400多万元的重点骨干企业。

4月21日 县政府决定，在全县范围内公开选拔老官寨、大刘庄、摇鞍镇3个乡的乡长，此为人事制度改革以来首次公开选拔正科级干部。

4月28日 临西县企业改革委员会、县办工业企业改制工作领导小组成立。

6月11日 县政府召开粮食流通体制改革会议，部署推进全县粮食流通体制改革。后于10月9日和11月12日先后印发了《关于批转〈临西县粮食局粮食企业减员分流工作实施意见〉的通知》《关于县粮食局〈关于撤销15个粮站（库）和组建10个粮食收储企业及6个粮油经营有限公司的请示〉的批复》。

6月21日 县政府印发《关于深化流通体制改革加快流通企业改制步伐的实施意见》，流通企业除粮食政策性业务和国家专卖经营外全部放开、放活，全面推行流通企业改革、改制、改组。

7月7日 全省棉花管理现场会在临西县召开。省农业厅副厅长胡木强、副市长李英民及科研单位、市、县农业局领导100余人参加会议。

7月16日 县人民银行新办公楼投入使用，位于泰山路中段南侧，建筑面积2100平方米。

7月17日 省民政厅副厅长王大印率省“双拥”检查组来临西检查“双拥”落实情况。

8月7—12日 县政府先后印发关于对临西县二轻供销公司、火柴厂、砂轮厂、纺织印染厂、五金厂、木器厂、酿造厂、氮肥厂、汽车配件供应站、建筑工程公司、镰刀厂、建筑安装公司、砖瓦厂、饮食公司、农机供应公司、农机修造厂、石油化工站、食品公司、糖烟酒公司、食品加工厂、人民商场、百货商场、经贸公司、金属材料公司、木材公司、燃料公司等26家企业实施破产的批复。

8月27日 省农业厅厅长李荣刚一行来临西老官寨农业开发区考察抗虫棉万亩高产示范方。

8月28日 由水利局改称后的临西县水务局挂牌。省水利厅厅长李志强、副市长李英民为临西县水务局揭牌。

8月29日 临西县被国家民族宗教事务委员会命名为民族团结进步先进县。

9月8日 临西县邮政局成立。

是月 临西一中教师党耕全被评为全国优秀教师。

10月10日 县委、县政府决定，按照县级领导包乡、各部门干部包村的原则，抽调600名机关干部进驻乡村开展“搞调研、保稳定、抓班子、抓建设”工作。

11月25日 省委副书记赵金铎一行在市长马兰翠的陪同下到临西县进行调研，考察了老官寨乡、东留善固、浸出油厂、鑫泰轴承有限公司及农业开发区，就落实党的十五届三中全会精神提出了指导性意见。

12月9—13日 卢庆生创作的黄河画卷《母河吟》在中国美术馆展出。

1999年

1月27日 1999年度引黄济津结束，本次历时56天，引黄河水2.7亿立方米。

2月1日 临西县获得河北省拥军优属模范县荣誉称号。

2月26日 县政府印发《关于搞好农村电网整改的实施意见》，提出力争三年内完成全县农村低压电网建设改造任务。

3月27日 市委书记臧胜业、市委秘书长石玉春到临西调研，参观了东留善固、农业开发项目和部分轴承加工企业。提出了抓特色产业，加快经济发展步伐，再上新台阶的要求。

4月9日 临西县中低产田改造通过省市验收。全县13.5万亩中低产田全部得到改造，实现了方田林网化、浇地管道化、耕作机械化、种植区域化。粮食亩产净增120公斤。

5月11日 县成立整顿农村合作基金领导小组，制定清欠方案。

5月20日 县城主要街道安装10部IC卡亭和20部IC卡话机。

6月1日 县广播电视中心大楼启用。

7月12日 副市长李英民到临西检查卫运河防汛工作。

7月14日 市长马兰翠来临西调研指导工作，考察了火柴厂、冀东轴承厂、制药厂等7家企业，提出要“扬长补短，大力发展特色经济”。

8月6日 全县加快开放发展三级干部大会召开。县长鞠朝武代表县政府在会上作了题为《举全县之力，走开放之路，促进全县经济快速健康发展》的报告。

11月8日 县政府常务会议决定，县城各街、路、巷即日起启用新的名称。

12月8日 由河南省地矿厅地质勘探公司投资100万元，在环城西路开发的高村温泉井钻探成功，井深1300米、水温48°C，具有较高的开发利用价值。

12月13日 山东省聊城市书画界向玉兰纪念馆赠送百幅书画作品，作品在一招多功能厅展示、交接。

12月21日 为庆祝澳门回归祖国，临西县农民画家陈龙飞创作了16米长卷《金龙巨腾》，并经由省政协港澳台侨委会转赠澳门特区政府。

12月28日 张栋才任中共临西县委书记。

2000年

1月10日 临西—石家庄（618次）公交化直达旅客列车正式开通。这是临西县有史以来第一次开通旅客列车。

1月10日 县政府召开防治“五号病”紧急会议。针对涉及9个乡镇、110个村的710头牛、380只羊、86头猪感染五号病的情况，加大防治措施。

1月17日 引黄济冀下午3时刘口关闸，此次引水历时45天，引水2.07亿立方米。

1月21日 范八里35KV变电站投运。

2月13—14日 市委副书记王三堂来临西调研。察看了县制药厂、高新农业示范园、鑫宇轴承有限公司、摇鞍镇波尔羊改良基地等单位，提出调农、强工、活商、建城、重教、创新的工作要求。

2月16日 县委、县政府印发《临西县2000

年工作指导纲要》。提出“一年起步、两年跨越、三年建成经济强县”的战略目标。

3月1日 县委、县政府作出《关于表彰奖励县第一中学的决定》。1999年第一中学教学成绩显著，高考升学率57%，126名考生被高等院校录取，名列全市前茅。应届毕业生秦江、彭吉辉分别考取清华大学、南开大学，实现了恢复高考以来，县内学生直接考取清华、南开零的突破。

3月18日 新兴轴承厂厂长王立兴，应邀携产品“中低速碳钢轴承”，赴阿联酋参加首届中国轻工产品中东展览会。

3月27日 县政府决定将三岔河、牌子、洪疃头、三教堂4个自然村设为行政村。

4月23日 市委书记臧胜业到临西县进行调研。指出临西县要进一步解放思想，开拓进取，加快发展。

4月25日 巴基斯坦客商考察团到临西考察轴承生产情况。

4月29日 团县委书记王树祥获“全国优秀共青团干部”称号。

4月30日 临西县“中国轴承大世界”建设指挥部成立，县委书记张栋才任政委、县长鞠朝武任指挥长。

5月7日 《燕赵都市报》就临清、临西、馆陶群众在卫运河尖冢一带挖掘地下文物进行连续报道。

5月8日 县委、县政府作出《关于把我县建设成优质羊饲养基地的决定》。指导思想是以发展小尾寒羊和白山羊为重点，壮大专业市场、兴建畜产品加工企业，逐步形成以市场带龙头，以龙头带基地，以基地带农户的产业化格局。

5月12日 省政协副主席郭洪歧深入临西县五大轴承市场进行调研，对建设“中国轴承大世界”的决策给予充分肯定。

5月30日 省委农工部副部长梁凤军带队来临西县验收小康县建设。

7月8日 卫运河发生汛情。凌晨2点，尖冢扬水站流量达500立方米/秒。

8月8日 “中国轴承大世界”举行奠基仪式，市领导贾长锁、陈雪、刘清云出席仪式。该项目由临西县与上海发源房地产开发中心共同投资2.28亿元兴建，占地800亩，建筑面积22万平方米，设有轴承加工区、门店区、大棚交易区和生活配套设施，将成为全国最大的轴承集散地。

8月8日 县政府研究决定，对临西县面粉厂、饲料公司、物资储运公司、恒温库、第二粮油食品公司、淀粉厂、信临果蔬食品有限公司依法实施破产。

8月16日 省军区司令员陈玉田、参谋长方文平，在邢台军分区主要领导陪同下来临西调研。对临西武装部的工作给予了充分肯定，提出了指导意见。

8月17日 市委副书记齐耀增来临西就优化农业产业结构、加快农业产业化进程进行调研。

8月28日 投资2200万元兴建的农民进城一条街竣工，该街吸引温州等外来客商100余家，实行整条街租赁，并于当日开业。

9月7日 临西县第一个小尾寒羊交易市场开业典礼暨首届赛羊大会在下堡寺镇北镇举行。

9月18日 引黄济津工程临西段正式开工。

9月20日 县制药厂生产的复方芦荟胶囊在欧洲国际中药销售科研评比会上获得金奖。

9月22日 在邯临公路县城东15公里处，一临清拖挂车与临西县一面包车相撞，造成死亡4人、重伤2人、轻伤16人的特大交通事故。

10月8日 市政府常务副市长张洪义来临西调研。在县领导的陪同下考察了摇鞍镇波尔山羊改良基地、邢台联洋化工有限公司和中国轴承大世界。

10月9日 上午，副省长郭庚茂、水利厅副厅长韩乃义在市县领导陪同下到临西考察引黄工程。下午，水利部副部长翟浩辉一行在省市县领导的陪同下，来临西考察验收引黄工程。

10月18日 投资1300万元的老官寨110千伏变电站投入运行。

10月30日 从县城到各乡镇的客运班车开通。

10月31日 临西县被全国绿化委、国家林业局评为“全国造林绿化百佳县”。

11月28日 位于泰山路中段南侧的县城中

心广场一期工程竣工并投入使用。广场占地27000平方米，其中硬化面积15000平方米，绿化面积12000平方米，安装各种大型灯具36盏。

12月13日 临西县摄影家协会成立。同时，在县二招举办首届摄影展。

12月18日 临西县城管综合执法大队成立。

12月23日 设立尖冢镇樊村办事处、吕寨乡姚楼办事处、摇鞍镇乡白地办事处、大刘庄乡黎博寨办事处。

12月28日 临西县迎接新世纪清风书画展在邢台艺宝堂开展，市委副书记王三堂等市县领导和书画界人士100余人参加开幕式。展出结束后，评选出优秀作品百余幅，结集出版了临西县第一本书画集《清风吟》。

12月31日 市委书记柳宝全到临西县东留善固、波尔山羊养殖有限公司、联洋化工公司、制药厂、轴承大世界进行调研。

是年 全县国民经济继续保持良好发展势头，全县GDP完成176114万元，其中，一、二、三产业分别完成51014万元、76600万元和48500万元。农业结构调整成效明显，粮食种植面积减少至66.6万亩，总产21.5万吨，棉花总产11455吨。5000亩小拱菜棚、730多个双孢菇大棚效益明显。小尾寒羊存栏达9.8万只。43家国有集体企业改制面达100%，工业产值84706万元，工业增加值30250万元，经济效益明显回升。乡镇个体私营经济进一步发展，轴承特色产业进一步壮大，乡镇企业营业收入617661万元，全县财政收入完成6635万元。

2001年

1月3日 省长钮茂生带领省政府办公厅、省计生委等部门在市委书记柳宝全陪同下视察了白庄轴承市场、隆达轴承厂、东留善固、临波羊业公司。

1月3日 设立河西镇单屯办事处、老官寨乡水波办事处。

2月14日 省计委副主任王爱群、中国建设投资总公司河北分公司副总经理张兆仲受省长钮茂生委托向东留善固小学捐赠10台微机，用于改善办学条件。

3月1日 县委在电教中心召开“三个代表”重要思想学习教育活动动员大会。市督导组、县四大班子领导出席大会并做动员报告。

3月2日 上午9时，邯临公路白庄段一辆保定市满城县拖挂车与威县郭庄农用三轮相撞，造成死亡3人、重伤3人的重大交通事故。

3月8日 国家计委、国家粮食局专家组一行8人，对临西县省级粮食储备库扩建为国家粮食储备库进行考察。

3月10日 临西县被省委、省政府确定为“河北省小康县”。老官寨乡被评为省级农村基层民主政治建设先进乡。东留善固村被评为省级基层民主政治建设先进村。

4月5日 人民银行临西县支行被天津大区分行授予“双文明单位”称号，是邢台辖内唯一获此荣誉的县人民银行。

4月17日 中纪委监察局局长范玉刚一行3人在省、市纪委有关领导陪同下来临西调研。

4月24日 由江泽民总书记题写校名的“宏毅八一希望小学”在摇鞍镇乡贺伍庄举行揭牌仪式。

5月11日 省工商局局长谢建增来临西县指导规范整顿市场秩序工作。

5月28日 玉兰公园奠基仪式在东留善固举行。

6月27日 市委副书记王三堂来临西指导小城镇建设工作。

7月29日 常务副市长王金廷来临西检查防汛工作。

9月5日 全市乡镇企业工作会议在临西县召开。市委副书记王三堂、副市长陈雪、各县市区主管领导及乡镇企业局长参加会议。

9月9日 中共中央政治局委员、山东省委书记吴官正到临西视察工作。

9月10日 县一中教师江银昌获“全国优秀教师”称号。

9月11日 任树堂任临西县政府代县长。

10月6日 临西县第二中学举行建校50周

年庆典，市、县领导、各届学子代表5000余人出席庆典仪式。并在县影剧院举办校庆文艺晚会，著名歌唱演员董文华、王秀芬、程志、克里木等献艺演出。

11月30日 全市经济团体联合会建设现场会在临西县召开。省工经联副会长李士元、市委副书记石玉春出席会议。

12月11—13日 省政府教育督导室主任韩军一行5人，对临西县普及九年义务教育巩固提高工作进行了验收。

2002年

1月1日 县政府集中支付中心成立。

1月8日 省委副书记刘德旺，市领导柳宝全，省驻市学教督导组组长郭羊成到临西县指导“三个代表”重要思想学习教育活动。

1月22日 总投资1590万元的省级重点项目临西县省级国家粮食储备库扩建工程举行开工仪式，至12月6日工程竣工。通过验收，被评为优良工程。

3月15日 清（河）临（西）公路由县级道路升级为省级道路改建工程开工，境内道路长11公里，总投资3000万元。

3月15日 经县政府研究决定，将临西镇的高村、仓上、龙旺、潘村、郭村、童村及河西镇的北队、南队、黄庄、大米庄的14000名农民由农村户口转为城市户口，全县城市人口达到40300人。

4月5日 省委副书记赵世居、市委书记柳宝全、市政法委书记李剑方来临西县调研社会治安综合治理情况。

4月20日 中央组织部原部长、全国党建研究会会长张全景来临西县进行党建调研，省委组织部部长付志方、市委书记柳宝全、市委组织部长张增良及县主要领导陪同进行调研。

4月28日 临西县行政机构改革动员大会在县影剧院召开，对行政机构改革作出部署，同时要求行政副科50周岁、正科52周岁的工作人员全部离岗，并适当增加工资，享受在职待遇。

4月28日 临西县金马城区客运公司正式挂牌运营。

5月28日 临西县中国轴承大世界举行开业庆典。省、市领导龚焕文、郭洪岐、柳宝全、张洪义、任延廷、陈雪、胡朝元及哈尔滨轴承集团等百家国内厂商代表，兄弟县市区的领导，县四大班子主要领导和各界人士3万多人出席和参加庆典。

6月2日 省委书记王旭东，带领省计委、省乡镇企业局、省农开办、省农业厅、省水利厅负责人在市委书记柳宝全及县领导陪同下，先后考察了县制药厂“GMP”异地改造项目、中国轴承大世界、鑫泰轴承有限公司和东留善固。

6月14日 韩国国际园艺种苗株式会社社长李承智一行3人来临西县考察原种场和苗木基地。

7月8日 省委副书记冯文海、市委书记柳宝全、市长张洪义、市委副书记王三堂带领省市水务部门负责人来临西县检查指导卫运河防汛工作。

是月 县一中应届毕业生周鑫以697分的成绩荣居高考理科河北省第三名、邢台市第一名并被清华大学录取。

9月9日 临西县棉花协会成立。

10月11日 邢台市县级依法治理暨基层民主政治建设研讨会在临西县召开。市领导王雁飞、齐耀增、苏宏阳，省地方人大建设研究会副会长张士英、市人大工作研究会名誉会长贾长锁、会长赵云秋及县委书记张栋才、县人大主任赵炳坤、县长任树堂出席会议。

10月21—22日 省政协主席吕传赞、市委书记柳宝全、市政协主席任延廷到临西制药厂等单位考察工作。

10月31日 水利部副部长张基尧到临西县考察引黄济津输水工程。

11月11日 邢台军分区司令员朱建臣来临西检查指导征兵工作。

12月1日 县政协编纂的《临西文史》第五辑出版发行。

2003年

1月8日 县中医院搬迁至泰山西路南侧。

2月18日 临西县发展养羊业誓师大会暨首届赛羊节在中国轴承大世界举行。副市长任保伦、市畜牧局局长李志国及临清市政府、清河县政府领导莅临大会指导，临西县政府领导做了动员报告，并同参加会议的数千名群众共同观看了赛羊表演。

3月19日 任树堂任中共临西县委书记。

3月20日 高建民任临西县人民政府代县长。

4月2日 河北农业大学良种羊高技术示范区在摇鞍镇乡举行揭牌仪式，省市畜牧部门、河北农大及县四大班子领导出席了揭牌仪式。

4月18日 县政府召开卫生、经贸部门参加的防治非典型性肺炎（以下简称“非典”）工作会议。

4月19日 中共临西县第七次代表大会召开，会议选举产生了新一届中共临西县委员会，并召开了县委一次会议，选举产生了县委领导班子。会议选举任树堂为中共临西县委书记，高建民、曹明印、郑金锋、景卫平为副书记。

4月21日 县领导及各部门负责人在县电信局二楼参加全省加强防治非典型肺炎工作电话会议。会后，县委书记任树堂就如何做好全县防疫工作讲了重要意见。

4月27日 政协临西县第六届委员会第一次会议在电教中心召开。会议选举甄志国为政协主席，马一骏、王禄峰、吴凤陀、由诗京、徐金鹏为副主席。

4月28日 临西县第八届人民代表大会第一次会议在电教中心召开。选举任树堂为人大常委会主任，秦兴贵、龚长芹、夏洪祥、赵安荣、段书玲为副主任；选举高建民为临西县人民政府县长，王西文、单清波、马凤阁、杨清江、李金行、侯志贵为副县长。

5月1日 临西县防“非典”模拟应急实战演练在民兵训练基地进行，市委秘书长王离湘督导观看演练。

5月4日 全县各界为工作在“防非”一线的医护人员捐款10万元，县财政拨款100万元作为防治“非典”专项基金。19日，人寿保险公司临西支公司向“防非”一线的50名医护人员无偿提供250万元的人身保险。

5月13—14日 省、市“防非”督查组到临西县督导检查“防非”工作。由于采取了组织专业队伍、确定定点医院、交通道口设卡、加强全民预防等一系列防控措施，临西县未发生“非典”病例。

5月21日 河西镇常园村支部书记周长明在晚间检查“防非”哨卡时，突发心脏病去世。22日，县委下发向周长明学习的决定。6月30日，周长明被市委授予“优秀党支部书记”称号。

5月22日 市委书记董经伟、秘书长王离湘来临西县调研。

6月24日 市委书记董经纬、副市长李英民、任保伦带领参加全市民营经济工作现场会的各县（市）书记、县（市）长到轴承大世界观摩。

7月5日 临西县发展民营经济三级干部大会在影剧院召开，县委书记任树堂代表县委发表了题为《解放思想、开阔视野、掀起大上民营经济新高潮》重要讲话。

7月30日 19时—22时，临西县东枣园、河西、老官寨、大刘庄、樊村、单屯等乡镇办事处遭龙卷风和暴雨袭击，致使10人受伤，受灾人口10.2万人，18831棵树木断折倒伏，291个电线杆、29000米电线、1台变压器受到严重损坏，950余间房屋、3741米围墙倒塌，农作物受灾面积97500亩，造成直接经济损失3670万元。

8月16日 王铎寺村民谭美媛为抢救落水少年王新军、王新民英勇献身。22日，县委、县政府召开8.16舍己救人先进集体、先进个人表彰大会，号召全县开展向谭美媛同志学习的活动。市妇联授予谭美媛“三八红旗手”称号。

9月11日 省政府顾问郭世昌、市委副书记王增明来临西县检查项目建设、民营经济、企业改革、对外开放工作。

10月10日 省动物防疫体系座谈会在临西县召开。副省长宋恩华、省畜牧局局长李忠文、省农业厅副厅长李大北、邢台市副市长任保伦、邯郸市常务副市长赵凤楼及省市政府办、农业局、畜牧局有关领导出席座谈会。

10 月 14 日 国际水资源管理所、美国农业部经济研究所、中国科学院农业政策研究中心专家来临西县考察微咸水处理利用情况。

10 月 14—15 日 邢台市推进城镇化进程现场观摩会在临西县召开。

10 月 26 日 省军区政委张连仁、市军分区司令员朱建臣到临西县调研国防教育工作情况。

11 月 27 日 县委、县政府在电教中心召开授予制药厂厂长张立成同志“临西功臣”表彰大会。

12 月 11 日 临西县举办纪念毛泽东主席 110 周年诞辰书画笔会。

2004 年

3 月 1 日 中国机械工业联合会、中国轴承进出口公司、沈阳轴承研究所有关专家联合对临西县轴承市场进行调研、洽谈贸易。县领导任树堂、高建民等陪同调研、参加座谈。

3 月 11 日 县政府召开企业改制工作会议，会议要求改制工作 6 月底全部完成。

3 月 28 日 重组上海复星临西药业有限公司签约仪式在县制药厂举行。上海复星医药产业发展有限公司董事长汪群斌、临西县经贸局长李金奎代表双方参加签约仪式。

4 月 2—3 日 省妇联副主席刘保平及市妇联主席牛晓平等来临西县围绕基层组织建设、妇女科技致富、妇联活动开展等情况进行调研。

5 月 10 日 市长张洪义、秘书长鞠朝武在县领导的陪同下深入到大刘庄乡前阎、河西镇大米庄查看粮食直补落实情况。

6 月 16 日 位于县城泰山东路新建的县电力生产调度大楼落成并投入使用。

6 月 24 日 下午 6 时 50 分，临西县遭受狂风暴雨和冰雹袭击，冰雹持续 20 分钟，最大雹径 5 厘米，平均直径 2.8 厘米左右。持续降雨 30 多分钟，降雨量 39.1 毫米。全县 11 个乡镇办事处的 143 个村 14 万多群众受灾，近千间房屋受损，农作物受灾面积达 23.71 万亩，其中 8 万亩棉田绝收。部分电力、通信设施和树木被毁，造成经济损失 1.5 亿元。

7 月 3 日 位于县城泰山东路新建的临西汽车站启用。新站占地 24 亩，投资 616 万元，按照二级站标准修建。

9 月 10 日 临西县第一台自动取款机在农业银行临西县支行正式启用。

10 月 18 日 县委组织部门通过公开选拔考试，选派 39 名大学生到农村担任“村官”。

10 月 25 日 县老年书画研究会成立，赵炳坤任会长。

11 月 2 日 省水利厅副厅长刘凯军等一行 4 人来临西检查引黄济津应急调水工程。

12 月 9 日 邢台市代市长姜德果来临西县调研。

12 月 12 日 临西县诗词协会成立，马一骏任会长。

2005 年

1 月 8 日 临西县第八届人民代表大会第三次会议，选举葛兴敏为临西县人民政府县长。

2 月 17 日 县委召开保持共产党员先进性教育活动动员大会，县委书记任树堂，市委督导组组长芦聚海出席会议并讲话。

3 月 4 日 县委、县政府召开招商引资和项目建设会议。会上印发了《中共临西县委、临西县人民政府关于项目建设及招商引资工作的考核奖励办法》。

4 月 30 日 东留善固村党总支书记吕廷祥当选为全国劳动模范。

6 月 13 日 临西县荣获河北省“工会组织建设先进县”称号。

6 月 14 日 撤销水波、姚楼、白地、樊村、黎博寨、单屯六个办事处，改设工作站。

6 月 26 日 市委书记董经纬、市人大常委会主任齐耀增来临西县调研指导项目建设。

是月 首部《临西金融志》出版。

7 月 12 日 东枣园乡遭受冰雹袭击，降雹时间持续 30 分钟，冰雹最大直径有 2 厘米，受灾棉花 6309 亩，其中绝产 4000 亩；受灾粮食作物

4340亩。

是月 根据省委、省政府《关于县级机构改革意见》进行了县政府机构改革，通过调整职能整合机构，临西县政府设工作部门20个、部门管理机构1个、直属事业机构4个。

8月17日 市委书记董经纬来临西县调研。提出各级领导干部要更新观念、解放思想、学习借鉴山东经验，强力推进县域经济发展。

9月28日 县内第一家典当行——利民典当有限公司开业。

10月12日 临西县青年联合会成立。

是月 正式启动城镇职工医疗保险办法。

11月16日 市委副书记、市长姜德果到临西考察邢临高速公路建设和项目建设情况。

11月29日 县内第一家出租汽车公司——临西通达出租汽车有限公司开业，公司一次性投资200万元，购吉利美日轿车20辆投入运营。

12月26日 市长姜德果带领部分县（市、区）长来临西就2005年市级重点项目进行观摩指导。

是年 国民生产总值完成252041万元，第一、二、三产业分别完成71147万元、104270万元和76624万元。粮食总产223354吨，棉花总产13745吨，蔬菜总产38438吨，水果总产6440吨，当年造林867公顷，大牲畜5.2万头，猪15.3万头，羊26.2万只，家禽679万只。肉类产量3307吨，禽蛋产量2104吨，水产品产量150吨，农业总产值145291万元，种植业产值60440万元，林业产值1541万元，牧业产值55737万元。销售收入500万元以上工业企业总产值88009万元。社会消费品零售总额92000万元，财政收入7151万元，农村人均收入3540元。

2006年

2月13日 老干部局诊所副主任医师赵世通被评选为“全国优秀基层医生”。

2月23日 市委决定，尹全峰任中共临西县委书记。

4月6日 县八届人大四次会议选举尹全峰为临西县人大常委会主任。

4月25日 召开党政联席会议，传达全国打黑除恶会议精神，研究部署加强社会治安和县城综合治理工作。

5月30日 全市“万村千乡”市场工程启动仪式在临西举行。“万村千乡”市场工程由国家商务部发起，旨在全国乡村建立连锁超市，服务农村生产生活。

6月15—16日 中共临西县第八次代表大会召开，会议选举产生了新一届中共临西县委员会，并召开了县委一次会议，选举产生了县委领导班子。会议选举尹全峰为中共临西县委书记，葛兴敏、郑金锋、范存江为副书记。

8月3日 省计生委主任赵新在县领导陪同下到老官寨乡调研。

8月27日 总投资3.6亿元、占地309亩的河北隆润纺织有限公司举行投产庆典。

8月29日 国家林业局防沙办、省林业局及市林业局领导来临西县调研指导防沙造林工作。

9月26日 县总工会作为全国县级工会组织的代表参加了全国工会工作会议，并在大会上作了典型发言。

10月19日 东留善固引资5000万元兴建的河北全能集团金牛股份有限公司水泥厂临西分厂正式投产。

11月28日 山东银光化工集团对县氮肥公司（氮肥厂）进行整体收购。

12月12日 召开第二轮修志工作动员大会，县长葛兴敏做了动员报告。

2007年

1月15日 县内首座老年公寓在县民政局敬老院落成。

1月30日 县政府发布临西县新型农村合作医疗制度实施方案。

2月1日 新型农村合作医疗启动仪式在县人民医院举行。

3月19日 全县开始实行对农村义务教育阶段学校全部免除学生杂费。

4 月 18 日　政协临西县第七届委员会第一次会议在电教中心召开。会议选举秦兴贵为县政协主席，王禄锋、吴凤陀、由诗京、徐金鹏为副主席。

4 月 20 日　第九届人民代表大会第一次会议选举王西文为县人民代表大会常务委员会主任，马一骏、夏洪祥、赵安荣、吕燕伟为副主任。选举葛兴敏为人民政府县长，范存江、安庆杰、单清波、李金行、韩建敏、侯志贵为副县长。

6 月 5 日　邢台市总工会帮助和指导职工签订劳动合同现场会在临西县召开。

6 月 18 日　县红十字会在农村开展的农村特困儿童医疗救助活动，已为 13 名 18 岁以下的“先心病”患者做了补救手术。

6 月 19 日　《河北共产党员》杂志社、市委组织部在东留善固举行《吕廷祥工作方法论》发行仪式。

7 月 12 日　位于泰山路的临西县行政服务中心大楼建成并投入使用。

11 月 8 日　位于万庄的万和宫作为中国首座和谐文化宫，参加了第三届中国北京国际文化创意产业博览会。

2008 年

1 月 9 日　临西县举行阳光宾馆暨阳光小区开工奠基仪式。该项目由北京祺洋房地产开发公司投资兴建，是县 2008 年确定的重点城建工程之一。

1 月 15 日　县委书记尹全峰主持召开全县领导干部警示教育大会。市纪委副书记王自勤出席会议。县四大班子成员、各乡镇工作站党政一把手、县直单位主要负责人参加了会议。

1 月 23 日　老官寨乡撤乡设镇。

2 月 13 日　县四大班子、县直各单位踊跃向南方遭受雨雪冰冻灾害地区捐款，开展“献爱心送温暖”活动。

3 月 31 日　临西县在东留善固村玉兰公园举行吕玉兰纪念馆开馆仪式。全国党建研究会顾问、原中组部部长张全景，省人大常委会副主任、省工会常务副主席马兰翠，原省人大常委会副主任李永进，周恩来总理的亲属周秉钧、周秉华，市委书记董经纬及市人大、市政府、市政协主要领导，省直、市直有关单位的领导，县四大班子成员，各级新闻单位等出席了开馆仪式。

4 月 9 日　首届十强企业命名表彰大会召开。复临药业、电力局、隆润公司、金牛水泥、华春液压、银光化工、鑫泰轴承、大华纺织、润园棉纺、贝林轴承入选十强企业。

5 月 7 日　召开庆“五四”先进集体、先进个人、青年企业家表彰会议。授予郭继明等十名同志首届“临西县杰出青年企业家”、曲俊旺等九名同志“临西县优秀青年企业家”荣誉称号。

5 月 14 日　19 名市直机关干部来临西下基层，以“帮民富、解民忧、促和谐、迎奥运”为主旨入驻部分乡镇农村。

5 月 14 日　县四大班子领导率先开展向四川地震灾区捐款活动，当场捐款 2 万余元。并随后召开全县向地震灾区捐赠工作会议，安排部署全县捐助工作。

5 月 25 日　晚 20 时，经过 27 小时昼夜兼程，临西县支援四川地震灾区过渡安置房建设队抵达四川省崇州市怀远镇，并立即投入到援建工作中。

7 月 8 日　临西县阳光轴承产业园区在轴承大世界挂牌成立。

7 月 11 日　临西县召开支援四川抗震救灾先进集体、先进个人表彰大会。

7 月 16 日　公安局出入境管理大队顺利通过上级公安机关检查验收，正式获得受理护照的授权，开始办理公民申领护照业务。

8 月 21 日　县政府召开常务会议。会议研究讨论了县阳光工业园区管理办法、招商引资优惠政策、轴承大世界北区开发方案和阳光工业园区规划编制工作。

8 月 28 日　省委副书记车俊在市委书记董经纬、市长姜德果等陪同下，来临西县就书记大接访和安保稳定工作进行调研。

9 月 25 日　在市政协主席石玉春陪同下，原河北省委副书记李炳良、原邢台地委领导王林、张士英等到吕玉兰纪念馆参观。

11月6日 临西县咸淡水混浇项目通过省市联合验收组验收。

11月10日 市委副书记、代市长刘大群、副市长张砚平来临西县调研经济发展情况。

11月26—28日 省政府教育督导室主任贾晓庞一行6人来临西县就教育工作进行督导评估。

12月11日 国家级督学、省政府教育巡视员韩清林，市教工委书记、市教育局长张军来临西县检查指导教育工作。

12月19日 县召开领导干部警示教育大会，省市纪委有关领导应邀出席。

第一编 政区建置

1964 年 12 月，国务院决定以卫运河和四女寺减河为冀鲁两省省界，临清县卫运河以西区域由山东省划归河北省邢台专区管辖，并于 1965 年 3 月 27 日正式批准设立临西县。1966 年 7 月，将原 5 个行政区、29 个公社和城关镇调整为 14 个公社和 1 个镇，即老官寨、枣园、水波、吕寨、姚楼、下堡寺、摇鞍镇、白地、尖冢、樊村、童村、大刘庄、黎博寨、单屯公社和城关镇。下辖 296 个生产大队。1968 年，全县生产大队调整为 293 个。

从 1979 年至 2008 年，临西县政区没有发生变化。建置变化主要有三次：一是 1984 年将辖区内人民公社改建为乡、镇人民政府，将原人民公社下辖的大队改建为村民委员会；二是 1996 年并乡扩镇，将县辖 15 个乡镇改建为 4 镇 5 乡；三是 2000 年将于 1996 年撤并的 6 个乡再次析出设为办事处。2005 年办事处改为工作站。

第一章　行政区划

第一节　地理位置

临西县地处东经115°18′—115°45′、北纬36°44′—36°57′之间，位于华北平原和河北省东南部，邢台市东部。县境东和东南部隔卫运河与山东省临清市相望；西南毗邻馆陶县；西倚邱县、威县；北接威县、清河县。县境东西宽34公里，南北长19公里，总面积542平方公里。境域板块呈西高东低，平均海拔高度33米。西部最高海拔为36米；东部最低海拔为27米。临西县城地处东经115°29′、北纬36°51′，驻地临西镇，北距首都北京344公里，偏西北距石家庄158公里，西距邢台90公里，东距山东省临清18公里。

第二节　建置沿革

1979年，临西县下辖城关镇、枣园、水波、老官寨、吕寨、姚楼、下堡寺、摇鞍镇、白地、尖冢、樊村、童村、大刘庄、黎博寨、单屯15个人民公社，293个生产大队。

1980年，老官寨公社的郑湾由胡小庄大队析出，成立郑湾大队。

1981年，樊村公社的徐屯设立行政建置，成立徐屯大队。

1981年12月，位于河西先锋北街的城关镇人民公社更名为先锋桥镇人民公社。

1982年，为与威县枣园公社相区别，枣园人民公社更名为东枣园人民公社。

1984年4月，童村人民公社更名为城关镇人民公社。

1984年5月，按照国家行政体制变化要求，将人民公社改建为乡、镇人民政府；将大队改建为村民委员会。改建完成后，全县共设2个镇13乡，辖295个村民委员会。2个镇即城关镇、先锋桥镇，13乡即东枣园乡、水波乡、老官寨乡、吕寨乡、姚楼乡、下堡寺乡、摇鞍镇乡、白地乡、尖冢乡、樊村乡、大刘庄乡、黎博寨乡、单屯乡，乡镇驻地、辖域与人民公社时期无异。

1984年8月，省政府批准，城关镇更名为临西镇。

1985年5月，下堡寺乡、尖冢乡撤乡设镇。

1989年4月，先锋桥镇更名为河西镇。

1996年1月，按照省、市人民政府要求实行并乡扩镇，将原来的15个乡镇改建为4镇5乡，具体情况是：撤销樊村乡，并入尖冢镇管辖；撤销单屯乡，并入河西镇管辖；撤销姚楼乡，并入吕寨乡管辖；撤销水波乡，并入老官寨乡管辖；撤销黎博寨乡，并入大刘庄乡管辖；撤销白地乡，并入摇鞍镇乡管辖。临西镇、下堡寺镇、东枣园乡辖区不变。

1996年10月29日，县政府印发《关于成立县城居民管理区的规定》，县城内共分4个管理区，每区设区长1名、文书2名，隶属县建设环保局。四个区的划分是：一区，东大街以北，北大街以东的居民住宅区；二区，南大街以东，东大街以南的居民住宅区；三区，西大街以南，南大街以西的居民住宅区；四区，西大街以北，北大街以西的居民住宅区。管理区划分后有4名离休老干部负责4个区域的卫生管理工作。行政职能由临西镇政府代管。

2000年12月23日，经县政府研究决定，将1996年1月23日已并入相邻乡镇的樊村乡、姚楼乡、黎博寨乡、白地乡，再次析出，分别设立尖冢镇樊村办事处、吕寨乡姚楼办事处、大刘庄乡黎博寨办事处、摇鞍镇乡白地办事处，并恢复原行政辖区和行政职能。2001年3月，将原单屯乡、水波乡辖区再次析出，设立河西镇单屯办事处和老官寨乡水波办事处。

2003年3月27日，经县政府常务会议研究决定，将河西镇刘口村民委员会所辖的三岔河析出，设立三岔河村民委员会；将尖冢镇郝庄村民委员会所辖的牌子析出，设立牌子村民委员会；将摇鞍镇乡柴庄村民委员会所辖的洪疃头析出，设立洪疃头村民委员会；将吕寨乡孟村村民委员会所辖的三教堂析出，设立三教堂村民委员会。至此，全县有村民委员会299个。

2005年7月10日，县政府决定，将单屯、樊村、姚楼、黎博寨、白地、水波办事处，改设为工作站，隶属、辖区、职能不变。

2007年12月3日，经省民政厅批准，老官寨乡撤乡设镇。

第三节 区划勘界

为了明晰县域边界，每隔数年都要在上级测量规划部门指导帮助下进行一次区划勘界工作。

2004年1—4月，对临西与周边相邻的威县、清河县、临清市、夏津县、邱县、馆陶县共207.374公里的边界进行重新勘察，并绘制图册、设置界桩。周边共设置两面桩7个、3面桩2个。具体桩址如下：

两面桩：临西县吕寨乡司寨与威县枣园乡于化接壤处；临西县姚楼办事处小芦与威县固献乡鸡泽屯接壤处；临西县下堡寺镇万户庄与威县固献乡赵庄接壤处；临西县东枣园乡常庄与清河县辛集乡东潘接壤处；临西县水波办事处云冯与清河县孙庄乡田庄接壤处；临西县摇鞍镇乡西郭七寨与邯郸市馆陶县宋尔庄接壤处；临西县单屯办事处江村与山东省临清市朱庄乡接壤处。

三面桩：临西县东枣园乡汪江与山东省夏津县白马湖乡和山东省临清市石槽乡权庄接壤处；临西县下堡寺镇东留善固与邯郸市邱县香城堌乡西留善固和威县成志庄乡南郭庄接壤处。

第二章 乡镇概况

临西县曾于1996年，按照省市并乡扩镇的要求，撤销6个乡，分别并入相邻乡镇，全县由15个乡镇变为9个乡镇。2000年12月县政府决定将1996年撤并的6个乡再次析出设为办事处，2005年7月改为工作站。2007年12月老官寨乡撤乡设镇。至此全县共下辖5镇、4乡、6个工作站，辖299个村民委员会。5镇即临西镇、河西镇、下堡寺镇、尖冢镇和老官寨镇；4乡即东枣园乡、大刘庄乡、吕寨乡和摇鞍镇乡；6个工作站为单屯工作站、水波工作站、黎博寨工作站、姚楼工作站、樊村工作站和白地工作站。

第一节 镇

临西镇

临西镇位于临西县中部，东临大刘庄乡，西邻下堡寺镇，南接樊村、白地工作站，北接吕寨乡、姚楼工作站，总面积40.8平方公里。下辖西马鸣堂、东马鸣堂、庄科、周楼、倪庄、陈林、史洼、王路寨、林沟、高村、仓上、陈庄、潘村、郭村、童村、前堤口、后堤口、龙旺等18个行政村。2008年，有6660户、27732人、32927.2亩耕地，农民人均纯收入4380元。

临西镇境内鲧堤在中部纵穿南北，地势西高东低。镇东南部有新清临西干渠南北流过；中西部有临威渠纵穿；西部有临馆渠东流汇入临威渠；南部有联结渠东西沟通临威渠、新清临西干渠，水利条件优越。主产小麦、玉米、谷子、棉花等农作物。工业发展较快，主要以轴承、棉纺两大产业为主，投资百万元至千万元的企业有玉良轴承滚动体有限公司、河北蓝天汽车轴承有限公司、大华纺织有限公司、润兴纺织有限公司、西马面粉厂、仓上砖瓦厂等65家，从业人员8900多人。社会事业全面发展。

邯（郸）临（清）公路横贯全境，童吕公路、童尖公路、高速引线纵贯南北。村村通公路、通自来水、通有线电视，大部分家庭安装了固定电

话。建有镇办中学1所，镇办完小1所，村办小学16所，镇敬老院1处，镇卫生院1所，村医疗点30个。

镇驻地位于县城运河西路，设有派出所、国税所、地税所、信用社、供电所、供销社等单位。辖区内驻有中共临西县委、县人民政府等党政机关及企事业单位，为全县政治、经济、文化中心。镇驻地东南约1.5公里处存有后赵和北魏两次所建“水东水西”(临清县治所）和净域寺（月洼寺）遗迹。

河西镇

河西镇位于临西县东部。东邻山东省临清市、南接单屯工作站、西界老官寨镇、北邻东枣园乡。镇政府驻地北队，位于北纬36°51′、东经115°40′，在县城东17公里处。辖18个村民委员会，两个居委会：南队、北队、邢庄（辖齐店）、李元、隋五里、柏庄、路庄、方庄、孟五里、朱庄、黄庄、大米庄、岗楼、常园、南三里、南五里、教场、初庄、南居委、北居委。2008年，有4573户、20599人（其中南北居委会非农业3949人）、17842亩耕地，农民人均纯收入4140元。

1979年，为先锋桥镇人民公社。1984年4月4日，改称先锋桥镇人民政府。1989年3月14日，更名为河西镇。1996年1月，单屯乡并入，辖33个行政村和两个居民委员会，仍称河西镇。2001年3月设单屯办事处，原单屯乡15个行政村重新划归单屯办事处管辖。2005年7月，改单屯办事处为单屯工作站，职能、辖区不变。

河西镇境内地势东高西低。东干渠、东干一支渠、东干二支渠于镇境西南部汇流。卫运河从东部边界流过，沿河建有3座扬水站。有耕地17842亩，其中水浇地17220亩。主产小麦、玉米、棉花。林业发展较快，有林地1500亩、果园150亩，主产苹果及桃。镇域经济主要有轴承加工经销出口、液压件制造、机械配件加工、建筑建材、酒精制作、食品油加工、物流、商贸、纺织等行业。共有民营、私营、个体企业610个，从业人员6080人。2008年，工农业总产值8.7142亿元，农民人均纯收入4140元。

邯（郸）临（清）、邢（台）临（清）、清（河）临（西）公路在河西镇区交汇，北邻邢（台）临（西）高速公路。

有县办中学1所、镇办中学1所、县办完小1所、村办小学17所；县直医院1处（县二院）、私立医院1处（福雨医院）、村医疗点26个；镇驻地设有县工会、药材公司、网通分公司、邮电支局、税务分局、工商行政管理分局、公安分局、粮站、银行、信用社等单位。

河西镇经济发展较快，商贸流通活跃，中心街区有商铺店面4850间，主要经营五金、食品、服装、建材、药品等。2003年，被授予“省级重点镇”。2006年，被确定为“全国小城镇改革发展试点”。

农历二、七为集日，主要交易轴承、机件、布匹、服装、鞋帽、日杂等。街区建筑多为钢混结构，以楼房为主。农村住宅多为砖木结构、砖混结构，以“抱厦”和“北京式”为主。

下堡寺镇

下堡寺镇位于临西县西部，东与临西镇、吕寨乡接壤，西界邱县香城固乡，南临摇鞍镇乡，北接威县固献乡。镇人民政府驻地北镇，位于县城西偏南10.1公里，地处北纬36°51′、东经115°22′。下辖30个村民委员会：东留善固、张三寨、西王庄、西倪庄、务头、邵庄、李六寨、孙楼、肖子堌、修子堌、宋子堌、刁庄、侯庄、赵子堌、闫子堌、李子堌、彭子堌、三圣庙、北镇、南镇、肖大寨、海尔寨、丁庄、马庄、东王庄、北胡庄、北杏园、东高尔庄、西高尔庄、万户庄。2008年，全镇有8643户、34265人、59626亩耕地，农民人均纯收入3399元。

1979年时，为下堡寺公社，辖30个行政村。1984年5月，改称下堡寺乡。1985年5月更名为下堡寺镇，辖域不变。

境内地势平坦。卫西干渠、临馆渠、下堡寺渠流经大部分村庄。西邻106国道、东邻武馆路，邯临公路自西向东横贯全境。“四·二九”专线公路在镇西南穿过，交通便利。2004年，实现了村村通公路。90%的村安装了自来水、有线电视和电话。

下堡寺镇办公楼（2010 年摄）

经济上以粮、棉生产为主，是临西县第一棉花生产大镇。近年棉花面积均保持在 5.5 万亩以上。畜牧、林业、果业发展较快，是远近闻名的小尾寒羊养殖、繁育基地。境内有优质林果 2000 多亩。乡镇企业基础雄厚，以东留善固实业总公司为龙头，已发展成为棉花加工、纺纱、水泥建材、酿酒四大主导产业。

镇内有县办中学 1 所、镇办初中 2 所、村办小学 30 所、村医疗点 30 个。镇驻地设有下堡寺卫生院、邮电支局、第三油棉加工厂、信用社、工商行政管理所、供销社、法庭、公安派出所、粮站等单位。镇区沿路两旁有商业门市数十家。

北镇“惨案井”为县级重点文物保护单位。

尖冢镇

尖冢镇位于临西县南部。东部紧靠卫运河，北接樊村工作站，东邻黎博寨工作站，南邻邯郸市馆陶县，西接白地工作站，位于两省三县交界处。镇政府驻地尖冢（东尖），地处北纬 36º 45′、东经 115º 28′，位于县城驻地南 9 公里处，是临西县的南大门。辖 12 个村民委员会：东尖、西尖、乔屯、东张堤、西张堤、蔡辛庄、商庄、卢庄、常圈、赵圈、初圈、李圈。2008 年，全镇有 4047 户、21109 人、27256 亩耕地，农民人均纯收入 3036 元。

1979 年，为尖冢公社，辖 12 个行政村。1984 年，改称尖冢镇，辖域未变。1996 年 1 月，合乡并镇，将樊村乡并入，仍称尖冢镇，辖 25 个行政村。2000 年 12 月，设立樊村办事处，原樊村乡 13 个行政村重新划归樊村办事处管辖。2005 年 7 月，改樊村办事处为工作站，职能、辖区不变。

尖冢镇有着得天独厚的水利和地理优势，是县主要产粮区之一。主要农作物有小麦、玉米、谷子、大豆、棉花等。畜牧业发展较快，猪、牛、羊、鸡存栏均达到一定规模。企业有东尖、西尖、乔屯、东堤、西堤、蔡辛庄 6 个砖厂，振华玻璃厂（4 个分厂）、春光木纹纸板厂、银华纸业、祥利轴承厂、京卫空心挂面厂等 8 个规模企业，其中振华玻璃厂固定资产达 3000 多万元，是临西县玻璃生产的集中地和重点企业。

境内有童（村）尖（冢）公路、张（堤）摇（鞍镇）公路两条县道。2004 年，全镇实现了村村通公路，所有村庄安装了自来水、有线电视，约 70% 的家庭安装了固定电话。近年来，个体商住户逐渐向童尖公路和张摇公路两侧发展。2006 年，商户已达 200 余户。

全镇有镇办中学 1 所、村办小学 9 所、私立小学 1 所、卫生院 1 处、村卫生所 12 处，镇驻地设派出所、地税所、国税所、信用社、供电所、网通营业分公司、粮站、扬水站、邮电所等单位。

老官寨镇

老官寨镇位于临西县东北部，东邻东枣园乡、河西镇，南界单屯、黎博寨工作站，西邻大刘庄乡、吕寨乡，北接水波工作站。镇政府驻地老官寨（西寨），地处北纬 36º 52′、东经 115º 36′，距县城 12 公里。辖 20 个村民委员会：姚庄、胡小

庄、郑湾、窦庄、赵疃、杜洼、老官寨（含东寨、西寨、前寨三个行政村）、倪庄、杨楼、千户庄、钟庄、汪庄、项庄、黑庄、洪官营、曲庄、白庄、仁庄。2008年，有5755户、22705人、41904亩耕地，农民人均纯收入4498元。

1979年，为老官寨公社，辖20个行政村。1984年，改称老官寨乡，辖域未变。1996年1月，水波乡并入，仍称老官寨乡，辖43个行政村。2001年3月，设水波办事处，原水波乡23个行政村重新划归水波办事处管辖。2005年7月，改水波办事处为水波工作站。2007年12月3日，经省民政厅批准改老官寨乡为镇。

老官寨镇境内地势平坦，东清临渠、赵疃渠分别由中部、西部纵穿，东干一支渠横切南部，形成排灌网络。是优质小麦和优质棉花基地，主产小麦、玉米、谷子、大豆、棉花等农作物。工业以轴承业为主，产业基础雄厚，拥有成交额上亿元的轴承专业市场—白庄轴承市场。有轴承制造加工、汽车液压配件、机床附件、标准件制造等百万至千万元产值的企业30余家。轴承专业户近千家，从业人员8000余人。200余个轴承经销站点分布在全国各大、中城市，是临西县轴承业的发源地和重点镇。

邢临、邯临公路和邢临高速公路横跨东西，白（庄）水（波）公路纵贯南北。2004年，实现了村村通公路。所有村庄安装了自来水、有线电视，部分家庭安装了电话。

有镇办中学2所、村办小学19所、乡敬老院1所、县医院分院1处。镇驻地设派出所、国税所、信用社、供电所、粮站、供销社等站所。

洪官营有伊斯兰教清真寺1座。郑湾、仁庄各有500年以上树龄的古槐1棵。

第二节　乡

东枣园乡

东枣园乡位于临西县东北部。乡人民政府原驻地东枣园，地处北纬36°54′、东经115°43′，在县城东偏北21.5公里处。东邻卫运河，与山东省临清市隔河相望，西邻老官寨镇，南界河西镇，北接清河县。总面积44平方公里，辖23个村民委员会：东枣园、唐庄、东杨庄（含新杨庄自然村1994年后始建）、柳庄（含小周庄自然村）、陈窑、汪江（含汪江新村自然村）、北孟庄、东高庄、东常庄、张庄、简庄、牛庄、周马、后冯、前冯、简店、大十二里、范八里、北三里、八里圈、东郑庄、贺庄、琉庙。2008年，有6286户、25974人、38591亩耕地，农民人均纯收入3910元。

1979年，为枣园公社，辖23个行政村。1982年3月，更名为东枣园公社。1984年5月，改称东枣园乡，辖域未变。1994年5月，乡政府驻地由东枣园村迁至今址。近年，又有东杨庄的一批商户向枣（园）水（波）路沿线发展，形成了一个新的自然聚落。

东枣园乡地处清凉江局部大洼—南坡洼，地势由东南往西北倾斜。卫运河从乡东沿自南而北流过。东干渠、机排引渠等渠道纵横交错，水利条件优越，有丁家码头21立方米/秒排灌站，陈窑国营扬水站和北三里、东郑庄、汪江、东枣园4处乡村扬水站，是优质小麦和优质棉花基地。盛产小麦、玉米、棉花等农作物。畜牧业发展较快，猪、牛、羊、鸡的存栏都达到一定规模。特种养殖以獭兔养殖为主。有乡砖厂和村砖厂7座及清临面粉厂、众一铸造厂、农机修造厂、润园纺织厂等企业，从业人员8000余人。

有乡办初中1所、村办小学23所、乡卫生院1所、村医疗点43个。乡驻地设派出所、税务所、供电所、信用社、粮站、供销社等单位。

清（河）临（西）公路、京九铁路自乡境纵穿，南邻邢（台）临（西）高速公路，交通便利。2004年，实现了村村通公路，所有村庄全部安装了自来水、有线电视，部分家庭安装了固定电话。

境内八里圈有伊斯兰教清真寺1座。简庄村东北有东汉耿贵人墓、莲花池等汉代遗址，村西北有“曹家岗”汉墓。周马庄村东北有东汉遗址“斗鸡台”。

大刘庄乡

大刘庄乡位于临西县中部。乡政府驻地大刘

庄，在县城东6公里处，位于北纬36°50′、东经115°33′，东邻老官寨镇，西接临西镇，南界黎博寨工作站，北界吕寨乡。总面积29.3平方公里，2008年有4279户、16930人。辖15个村民委员会：大刘庄、来店、纪庄（含小纪庄）、马刘庄、肖庄、卫罗庵、马店（含小黑庄）、蔺庄、陈辛庄、胡庄、王菜瓜庄、花牛张庄、前闫、后闫、田庄。

1979年，为大刘庄公社。1984年5月，改称大刘庄乡。1996年1月，黎博寨乡并入，仍称大刘庄乡。2000年12月，设黎博寨办事处，原黎博寨乡所辖村庄重新划归黎博寨办事处。2005年7月，黎博寨办事处改设黎博寨工作站，履行原黎博寨办事处的职能。

大刘庄乡地势平坦。西干渠、赵疃渠、马刘庄渠，赵圈、大营两条排灌渠纵横交错。东干一支渠沿邯临公路南侧横贯全境，水利条件优越，极利于农作物种植。有耕地28845亩，其中水浇地22300亩。主产小麦、棉花、玉米等。林地面积1000亩。乡属企业有乡砖瓦厂，个体私营企业有贝林轴承有限公司、鑫泰轴承有限公司、鑫铭轴承有限公司、邢台航天轴承有限公司、鑫宇轴承有限公司等大型规模企业，轴承加工遍及全乡各村，是轴承加工、经销重点乡之一。有乡村联户、私营企业630家，从业人员3520余人，占劳动力总数的30%。2008年，工农业总产值1.44亿元，农民人均纯收入4110元。

有乡办中学1所、村办小学14所、卫生院1处（以治疗精神疾病擅长）、村医疗点15个，乡驻地设有供销社、粮店、公安派出所、信用社等单位。

邯（郸）临（清）公路由中部横穿全境。2004年，实现了“村村通”公路。15个行政村，全部接通了电话、有线电视，安装了自来水。

吕寨乡

吕寨乡位于临西县北部。东邻老官寨镇，南界临西镇，西与下堡寺镇相邻，北与威县枣园乡接壤。乡政府驻地吕寨，在县城北7.5公里处，位于北纬36°54′、东经115°31′，辖26个村民委员会：吕寨、陆村、西夏庄、司寨、杨集、小刘庄、王铎寺、大庙、孟村、三教堂、梁村、河西岗、曹村、东村、高庄、后寨、杨圈、石佛寺、前张八庄、后张八庄、蒋庄、常庄、宁庄、黄夏庄、秦夏庄、郑楼。2008年，有5655户、23408人、43818亩耕地，农民人均纯收入2645元。

1979年，为吕寨公社，辖25个行政村（含4个自然村）。1984年，改称吕寨乡，辖域未变。1997年，三教堂设立村民委员会。1996年1月，姚楼乡并入，称吕寨乡，辖40个行政村。2000年12月，设姚楼办事处，原姚楼乡14个行政村重新划归姚楼办事处管辖。2005年7月，姚楼办事处

吕寨乡办公楼

改为姚楼工作站，职能不变。

吕寨乡地势西高东低，中部有鲧堤南北纵穿，西部为堤上，东部为堤下，其海拔高度有明显区别。临威渠纵切西缘，形成排灌网络。是优质小麦和优质棉花生产基地。盛产小麦、玉米、棉花等农作物。工业上有轴承制造、胶垫、纸业印刷等百万至千万元资产的企业10余家。在外轴承经销站点500余家，分布在全国各大、中、小城市，是县内轴承经销的重点乡镇。

邢临公路和邢临高速公路横跨东西。童吕公路连接县城，临（西）清（河）高速引线贯穿南北。2004年，实现了村村通公路，大部分村庄安装了自来水、有线电视，部分家庭安装了固定电话。

有乡办中学1所、村办小学16所、县医院分院1处，乡驻地设有公安派出所、国税所、信用社、工商所、供销社、粮站等单位。

吕寨有烈士祠1座，石佛寺有佛教寺庙1座。

摇鞍镇乡

摇鞍镇乡位于临西县西南部。东邻白地工作站，南界馆陶县路桥乡，西邻邱县香城固，北接下堡寺镇。乡政府驻地摇鞍镇（后镇），位于东经115º20′、北纬36º48′，在县城西南15公里处。辖25个村民委员会：前镇、后镇、东郭七寨、西郭七寨、东贺伍庄、西贺伍庄、中贺伍庄、柴庄、洪疃头、林庄、车庄、李庄、任颇庙、王颇庙、杨颇庙、李颇庙、马尔寨、南杏园、姚尔庄、前大屯、后大屯、前胡官庄、后胡官庄、前于林、后于林。2008年，有3925户、18009人、36416亩耕地，农民人均纯收入1195元。

1979年，为摇鞍镇公社。1984年5月，改称摇鞍镇乡，辖域未变。1996年1月，白地乡并入，仍称摇鞍镇乡。2000年12月，设白地办事处，原白地乡27个行政村重新划归白地办事处管辖。2005年7月，白地办事处改为白地工作站，职能不变。

摇鞍镇乡境内地势平坦，引卫一分干渠在乡境南部横切，卫西干渠、临馆渠分别由乡境中部、东部纵穿，形成较好的排灌网络，是优质小麦和优质棉花基地，主产小麦、玉米、棉花等农作物。养殖业基础雄厚，拥有规模在3000至5万只的养鸡场6家，1000只以下的小型养鸡场和50头以上的养猪场30余家，30只以上的养羊户40余家。有个体、联户企业456家，从业人员5000余人。2000年农历正月十八，成立摇鞍镇商业街集贸批发市场，入驻商户84家，农历三、八为集日。

境内有“四·二九”专线公路。2005年，实现了村村通公路，所有村庄安装了自来水，大部分农户安装了有线电视、固定电话。

有乡办中学1所，村办小学和完全小学13所，乡卫生院1处，合作医疗点33个。乡驻地设有公安派出所、粮站、信用社等单位。国税所、地税所于2005年撤销。供销社于2002年撤销。乡敬老院于2003年撤销。

贺伍庄村北建有“四·二九”烈士陵园，为县级重点文物保护单位。1998年，由中央军委投资，县、乡、村集资，新建青少年革命传统教育基地“八一完全小学”1所。

第三节 工作站

单屯工作站

单屯工作站位于临西县东南部。东南与山东省临清市隔卫运河相望，西邻黎博寨工作站，西北接老官寨镇，东北倚河西镇。站驻地单屯，位于东经115º37′、北纬36º49′，在县城东南12.2公里处。辖16个村民委员会：丁村、江村、马村、赵村、西温、东温（含小东温自然村）、刘口、三岔河、相庄（含史厂自然村）、瓜厂、小屯、八里庄、时庄、常屯、单屯、郑庄。2008年，有4169户、17213人、24060亩耕地，农民人均纯收入4120元。

1979年，为单屯公社，辖16个行政村。1984年5月，改称单屯乡。1996年1月，并入河西镇。2001年3月，设单屯办事处，原单屯乡的16个行政村仍划归单屯办事处管辖。2005年7月，单屯办事处改设为河西镇单屯工作站，职能、辖区不变。

单屯工作站境内地势平坦，丁村支渠由乡境

西部纵穿，引黄渠、东干渠、东干二支渠在境内呈“丁”字形分布，丁村、江村、刘口、三岔河建有扬水站，形成以卫运河为依托，贯通全境的排灌网络。由丁村至三岔河的卫运河左堤形成了长6公里、宽80米的绿化带。

主要农作物有小麦、玉米、棉花、谷子、大豆等。特种种植有黄金梨、冬枣。养殖业有奶牛场1个、养鸡场1个，另外养兔、养羊、养鸭专业户分布广泛。

工业以轴承产业为主，是临西县有名的轴承之乡，依托轴承产业形成了“一园四区多厂”的发展格局。有轴承制造加工、液压配件、机床附件、标准件制造等千万元产值的企业10多家，轴承专业户近千家。

乡级公路有洪（官营）相（庄）路、单（屯）江（村）路。2004年，实现了村村通公路，所有村庄全部安装了有线电视、电话。除东温、西温外，全部安装使用上了自来水。

有乡办中学1所、村办小学16所、乡卫生院1处、村医疗所16个及派出所、信用社、供销社等单位。

水波工作站

水波工作站位于临西县东北部。东邻东枣园乡，西接吕寨乡，南与老官寨镇毗邻，北与清河县孙庄乡搭界。工作站驻地东水波，位于北纬36°55′、东经115°36′，在县城东北12.7公里处。辖23个村民委员会：东水波、西水波、殷庄、毕庄（含小李庄）、北郑庄、魏庄、尹户山、冯庄、马龙庄、西袁庄、东袁庄、樊庄、苇子园、西杨庄、十八里堡、姜庄、小马庄、扈十二里、孙槐庄、于庄、云冯、高洼（含小高洼、胡岗）、范付庄（含付庄）。2008年，有3461户、15207人、32195亩耕地，农民人均纯收入2770元。

1979年，为水波公社，辖23个行政村。1984年，改称水波乡，辖域未变。1996年1月，并入老官寨乡。2001年3月，设水波办事处，原水波乡的23个行政村归办事处管辖。2005年7月，改水波办事处为老官寨乡水波工作站，职能、辖区不变。

经济以农为主，工业为辅。境内地势平坦、低洼。清临西干渠、东清临渠分别由境内中部、东部纵穿，于庄沟与东干渠相连。全乡有深井30眼、浅井445眼，形成地表水、地下水综合利用的配套体系，农业生产条件优越。西部5个村，浅井水质较差，对农作物不能重复灌溉，更不适宜人、畜直接饮用。主要农作物有小麦、玉米、谷子、大豆、棉花等。有水波农场1处，占地550亩，主要从事苗木生产。有东水波、云冯、殷庄、扈十二里、苇子园5座砖厂，东水波有免烧砖厂1座。有双力钢球厂、长青制钉厂、圣邦化工厂、佳美豆制品园区4家规模企业。

邢临高速公路、袁（庄）水（波）公路横跨东西，白（庄）水（波）公路纵贯南北。2005年，实现了村村通公路，开通了临清至水波的客运专线。2007年，开通了临西至水波的客运专线，23个村安装了自来水、有线电视，部分家庭安装了固定电话。

1979年，中原油田在樊庄村北300米处试钻，探明油层较深，储量不明。

有乡办中学1所、村办小学22所、卫生院1处、村医疗所25个。驻地设有派出所、信用社等单位。

境内殷庄有伊斯兰教清真寺1座。高洼、西水波、马龙庄各有天主教堂1座。高洼有树龄500年的古槐1棵。

黎博寨工作站

黎博寨工作站位于临西县东南部。站驻地黎博寨，在县城东南8.7公里处，位于北纬36°48′、东经115°33′，南隔卫运河与山东省临清市唐园镇相望，北接大刘庄乡，东邻单屯工作站，西界樊村工作站和尖冢镇。面积35.6平方公里。辖19个村民委员会：黎博寨、南曹村、孙庄、东尚庄、前尚庄、后尚庄、孟庄、江庄、南付庄、大营、小营、大黄庄、小黄庄、李楼、东台庄、西台庄、大张庄、小张庄、老军营。2008年，有5279户、21322人、34163亩耕地，农民人均纯收入3965元。

1979年，为黎博寨公社。1984年5月1日，置乡。1996年1月，并入大刘庄乡。2000年12

月，设立黎博寨办事处，原黎博寨乡的19个行政村仍划归办事处管辖。2005年7月10日，改办事处为大刘庄乡黎博寨工作站，职能、辖区不变。

经济以农业为主，是临西县主要产粮区之一。同时，也是县内林果之乡、养殖大乡。主要农作物有小麦、玉米、大豆、花生、地瓜、棉花等。东干二支渠、大营灌渠和赵疃渠在境内流过。2001年以来，辖区进行农业综合开发1.8万亩，新打深水井16眼、浅水井200余眼，新装变压器100余台，装配机井160眼，埋地下防渗管道5万米，修田间路2万米。几年来，采取河渠造林、坑塘造林、林网植树、林粮复合种植等多种形式，累计植树30余万株，辖区内林木存活量达到60万株，人均拥有树木30株。孟庄、李楼、小张庄、老军营已形成蛋鸡养殖专业村，养殖总量达10万多只。前尚、后尚、东尚、江庄、孟庄形成规模养猪基地，活猪存栏量达到5000头。大营、小营、大黄庄、小黄庄、付庄已形成牛、羊养殖专业村，牛、羊存栏量分别达到6000头和2万头。

2001年以来，区域民营经济发展迅速，逐渐形成了轴承、铸造、建材、铁工艺、棉花加工五大主导产业。建成了环通、腾达、贷泽、兴明、奥申等一批乡镇龙头企业，培育和壮大了黎博寨、东尚、小营三个商贸物流中心。

2004年，实现了村村通公路，区域内形成了“井”字状公路交通网络体系。目前，辖区内有80%的村完成了主街道硬化，100%的村安装上了自来水、有线电视和固定电话，建通讯塔10座。

有乡办中学1所、完全小学6所、村办小学7所、卫生院1处、农合医疗所19个。工作站驻地设有敬老院、供销社、信用社、粮店、网通营业室、公安派出所等单位。

姚楼工作站

姚楼工作站位于临西县西北部，站驻地姚楼，在县城西北偏南6公里处，位于北纬36°53′、东经115°26′。东倚吕寨乡，西靠下堡寺镇，南界临西镇，北连威县枣园乡。面积27.8平方公里。辖14个村民委员会：姚楼、小芦、贾村、郝村、百户寨、北蔡辛庄、樟柳寨、马兰、太平庄、西窦庄、指挥屯、西段、东段、韩楼。2008年，有4489户、15724人、27996亩耕地，农民人均纯收入2644元。

1979年，为姚楼公社，辖14个行政村。1984年，改称姚楼乡，辖域未变。1996年1月，并入吕寨乡。2000年12月，设立姚楼办事处，原姚楼乡的14个行政村归办事处管辖。2005年7月，改设为吕寨乡姚楼工作站，职能、辖区不变。

经济上农、工、商并举，以农业为主。境内有下堡寺渠西南、东北穿过，机井密布，水质好，水利条件优越，是县“优质棉种植基地”，村民主种棉花。发挥资源优势，建有棉花收购、加工企业20家。有规模养鸡场、养猪场6家，砖厂3家。

县道武（邑）馆（陶）公路纵贯南北，邢临高速公路在境内穿过。2004年，实现了村村通公路。全部村庄安装了自来水、有线电视，接通了固定电话。

有乡办中学1所、村办小学14所、乡卫生院1处、村医疗所14个。县派出机构有派出所、粮站等。

小芦村有天主教堂1座。

樊村工作站

樊村工作站位于临西县南部。工作站驻地赵樊村，在县城南3.9公里，东邻黎博寨工作站、大刘庄乡，西界白地工作站，南接尖冢镇，北依临西镇。面积27.8平方公里。2008年，有4589户、17126人，耕地面积25937亩，农民人均纯收入3070元。辖13个村民委员会：赵樊村、龙潭、郝庄、牌子、何寺、东赵庄、西赵庄、侯寨、王庙、徐樊村、东苟庄、西苟庄、徐屯。

1979年，为樊村公社，辖11个行政村。1984年5月1日，置乡，辖域未变。后徐屯、牌子两个自然村相继改为行政村，行政村增至13个。1996年1月，与尖冢镇合并。2000年12月，设立樊村办事处，原樊村乡的13个行政村仍归樊村办事处管辖。2005年7月，改设为尖冢镇樊村工作站，职能、辖区不变。

工作站中部有古鲧堤纵穿南北将全境分成堤上（西部）、堤下（东部）两部分。境内有马刘庄渠、申街分洪渠、跃进渠，地上水、地下水可综合利用，生产条件优越。

经济以农业为主。主要农作物有小麦、玉米、谷子、大豆、棉花等。林地280亩，果园84亩。“王一摸”镰刀，为赵樊村王姓祖传工艺，相传6世，近200年历史。其产品与北京“王麻子”剪刀、保定“王三能”菜刀齐名，为历史名牌产品，畅销全国15个省市。境内有乡、村、联户、个体企业345个。有王庙朋来海泰特种有限公司、东旺塑料制品厂2个规模企业。

有乡办中学1所、小学13所、卫生院1处、村医疗所13个。县直派出机构有派出所、粮站、信用社、供电所等单位。

童（村）尖（冢）公路纵贯全境。2004年，实现村村通公路，全部村庄安装了电话、自来水，90%的村安装了有线电视。

白地工作站

白地工作站位于临西县西南部。东邻樊村工作站，南界馆陶县，西依摇鞍镇乡，北接下堡寺镇。工作站驻地秦白地，位于东经115°24′、北纬36°48′，在县城西南10.2公里处。辖27个村民委员会：秦白地、王白地、张白地、常白地、赵白地、修老官寨、修枣科、万庄、西周庄、史庄（含刘园）、张堂、范庄（含刘庄）、罗庄、大老官寨、小老官寨、何老官寨、吴老官寨、指挥墓、王庄、西曲庄、张黄营、杨黄营、杨庄、党尔寨、西来寨、东来寨、林麻寨。2008年，有5785户、22666人、39420亩耕地，农民人均纯收入1120元。

1979年，为白地公社，辖27个行政村。1984年5月，改称白地乡，辖域未变。1996年1月，并入摇鞍镇乡。2000年12月，设立白地办事处，原白地乡的27个行政村仍划归白地办事处管辖。2005年7月，改设为摇鞍镇乡白地工作站，职能、辖区未变。

经济以农业为主，是临西县主要产粮区之一。主要农作物有小麦、玉米、谷子、大豆、棉花等。特色种植主要有蔬菜、中草药和苗木。畜牧业发展较快，猪、牛、羊、鸡（肉鸡、蛋鸡）的存栏都达到一定规模。有吴老官寨、小老官寨、乡办、林麻寨、何老官寨5个机制砖厂，有华飞服饰、兴霞轴承厂和昌源轴承厂3个规模企业。

县道武（邑）馆（陶）公路、乡道庆丰路纵贯南北，乡道张（堤）摇（鞍镇）路横穿东西。2004年，实现了村村通公路，90%的村安装了自来水、有线电视和电话。

引卫一分干渠在境南部横切，二支渠、三支渠纵贯南北，与深、浅机井形成了地表水、地下水综合利用的配套体系，农业生产条件优越。

有乡办中学1所、村办小学27所、乡卫生院1处、村医疗所27个，县直派出机构有派出所、供电所、信用社和供销社等单位。

第三章　村庄简介

第一节　各镇所辖村庄

临西镇下辖村庄

西马鸣堂　至2008年末，全村共有595户、2366人、3916.6亩耕地。1980年，安装使用了自来水。1996年以来，陆续安装了电话、有线电视。村内硬化了主要街道，6条东西街直通武馆公路。2004年，被县命名为文明生态村。农历四月初一有庙会。有村办完全小学1所。村西有面粉加工厂2家，纸箱厂、砖厂各1家。

东马鸣堂　至2008年末，全村共有130户、554人、1092亩耕地。1985年，安装使用了自来水。1996年以来，陆续安装了电话、有线电视。庆丰路从村中心通过，村内主要街道全部硬化。

有村办小学校1所。

庄科　至2008年末，全村共有388户、1434人、2244亩耕地。1982年，安装使用了自来水。2000年以来，陆续安装了电话、有线电视。村内有小学1所。因村紧邻邯临公路，村庄向公路沿线发展较快，有油棉加工厂1家、轴承加工厂1家、塑料制品厂1家。

周楼　至2008年末，全村共有377户、1522人、1999亩耕地。1998年以来，陆续安装使用了自来水、电话和有线电视。有村办小学1所。2004年，筹资30万元新建教学楼1座，增添了教学仪器、设备。因村紧邻邯临公路，近年，商住户逐渐向沿路一线发展。

倪庄　至2008年末，全村共有204户、936人、1406亩耕地。1985年，安装使用了自来水。1997年以来，陆续安装了电话、有线电视。庆丰路穿村而过，村内主要街道已硬化。近年来，养殖业发展较快，猪、羊存栏达到一定规模，形成养殖专业村。有小学1所。

陈林　至2008年末，全村共有359户、1304人、1430亩耕地。1986年以来，陆续安装使用了自来水、电话和有线电视，硬化了村内主要街道。有小学1所。村南紧邻邯临路，公路两侧建有商住楼。

史洼　至2008年末，全村共有265户、1047人、1327亩耕地。1985年，安装使用了自来水。1993年以来，陆续安装了电话和有线电视，硬化了村内主要街道。有小学1所，冷冻厂1座。近年以来，村内商住户向邯临公路两侧发展，形成了一定规模，故新住户、老住户自然形成了南北两个居住区。

王路寨　至2008年末，全村共有253户、922人、1565亩耕地。1985年安装使用了自来水。1993年以来，陆续安装了电话、有线电视。有小学1所。因村北紧邻县城玉兰西路，沿路两侧商住建筑初具规模。

林沟　至2008年末，全村共有263户、1255人、1141亩耕地。1990年以来，陆续安装使用了自来水、电话、有线电视。有小学1所。2004年，村内主要街道实现硬化、美化、绿化、亮化，为县“文明生态示范村”，有纺织厂1座。

高村　至2008年末，全村共有360户、1512人、1339亩耕地。1984年，安装使用了自来水。1990年以来，陆续接通了电话、有线电视。村内主要街道全部硬化。村内有小学1所。因村紧邻县城玉兰西路，沿路两侧都已建起商住楼，并形成建材经销一条街。

仓上　原址在村南老槐树处。1979年北迁，1984年全部迁建完毕。北与县城相接。至2008年末，全村共有915户、3837人、3174亩耕地。1982年，安装使用了自来水。1990年以来，农户陆续安装了电话、有线电视。村内所有街道已全部硬化、绿化、美化、亮化。2005年，投资30万元扩挖境内跃进渠、联结渠近5公里。2006年，建成村民活动广场，并整修了村影剧院。2007年，对东西南北主要街道进行了扩修，进一步改变了居民生活环境，被县命名为“文明生态示范村”。农历一、三、六、八为集日。农历三月十八、九月十三有庙会。有完全小学1所、幼儿园1所。1993年，在村东建起仓上轴承专业市场，市场周边、童尖公路两侧建起了轴承商贸街，一批商户在此投资兴业，形成了颇具规模的商贸区。村有砖瓦厂、百货大楼、建筑公司、养鸡场等企业。村南有500年以上树龄的古槐1棵。净域寺（月洼寺）位于新村东南。

陈庄　至2008年末，全村共有338户、1457人、3324亩耕地。1993年，接通了电话。2007年，安装了自来水和有线电视。2004年，村村通公路直达村口。有小学1所。

潘村　至2008年末，全村共有182户、907人、1676亩耕地。1988年以来，陆续安装使用了自来水、电话、有线电视。村内街道全部硬化。村东紧邻轴承大世界，有轴承企业1家。

郭村　至2008年末，全村共有284户、1171人、1148亩耕地。1987年以来，陆续安装使用了自来水、电话、有线电视，硬化了村内主要街道。有小学1所，养鸡场4个。

童村　位于县城驻地内。至2008年末，全村共有146户、626人、21亩耕地。1981年，安装使用了自来水。1970年，接通了电话。1993年，安装了有线电视。村内街道全部硬化、绿化、亮化。村民以经商为主。

前堤口 至2008年末，全村共有501户、2239人、2308亩耕地。1982年，安装使用了自来水。1996年，陆续接通了电话、有线电视。村内主要街道已硬化。有小学1所。因村西邻童吕路，沿路两侧已建成商业街。有轴承加工企业2家。村西北有新修天主教堂1座。

后堤口 至2008年末，全村共有505户、2139人、3985亩耕地。1992年以来，陆续安装使用了自来水、电话、有线电视。村内主要街道已硬化。有小学1所。有轴承加工企业1家。村东北有明万历壬辰科进士、太仆寺少卿李本固墓。

龙旺 至2008年末，全村共有595户、2477人、1340亩耕地。1992年以来，陆续安装使用了自来水、电话、有线电视。村内主要街道已硬化、绿化、亮化。有小学1所。村西紧邻童吕路，沿路两侧已建成商业街。

河西镇下辖村庄

邢庄 至2008年末，全村共有191户、875人、701亩耕地。1995年以来，陆续安装使用了自来水、电话、有线电视，硬化了主要街道。有小学1所。有部分村民从事轴承加工及奶牛养殖业。村北有明代邢秉仁、邢邦、邢其任、邢泰吉“一门四进士”的邢氏墓地。

李元 至2008年末，全村共有134户、642人、537亩耕地。2004年以来，安装了电话、有线电视和自来水，硬化了主要街道。有小学1所。

隋五里 至2008年末，全村共有266户、1228人、1537亩耕地。1979年以来，陆续安装了电话、有线电视和自来水，硬化了主要街道。有完全小学1所。有部分村民从事豆制品加工及废旧钢材购销。2005年，被县命名为“文明生态村”。

柏庄 至2008年末，全村共有207户、955人、984亩耕地。2001年以来，安装使用了自来水、电话和有线电视。有小学1所。紧靠清临公路，是轴承加工和废旧钢铁购销集散地。村有明嘉靖壬寅科进士、德清知县柏光斗墓地。

路庄 至2008年末，全村共有48户、217人、254亩耕地。邻近清临公路，村村通公路直达村口。

方庄 至2008年末，全村共有88户、404人、596亩耕地。2004年以来，安装使用了自来水、电话。有小学1所。2005年，实现了村通公路。

孟五里 至2008年末，全村共有176户、846人、1134亩耕地。2004年，实现了村通公路，主要街道已全部硬化，安装了自来水、电话和有线电视。有小学1所。村民大多从事建筑业。

朱庄 至2008年末，全村共有147户、670人、835亩耕地。1993年以来，安装使用了自来水、电话和有线电视，硬化了主要街道。有小学1所。村有养猪、养鸡户和建筑工程队。因村北紧靠邢临公路，电子衡器、液压件、石料场、材料加工等企业分布在公路两侧。

黄庄 至2008年末，全村共有197户、865人、762亩耕地。1985年，安装使用了自来水。1995年，安装了电话和有线电视。有完全小学1所。地处集市，个体经商户较多，商户多分布在公路两侧。2005年，被县命名为“文明生态村”。

大米庄 至2008年末，全村共有94户、438人、329亩耕地。1979年以来，安装使用了自来水、电话、有线电视和路灯，硬化了所有街道和胡同。因村位于邯临和邢临公路交汇处，商贸经营比较发达。2004年，建成农民文化乐园，被县命名为“文明生态村”。村内有轴承、管业、经贸、餐饮、服务等行业。

岗楼 至2008年末，全村共有246户、1214人、1941亩耕地。1985年以来，安装使用了自来水、电话和有线电视，硬化了主要街道。有完全小学1所。

常元 至2008年末，全村共有139户、582人、910亩耕地。1979年以来，安装使用了自来水、电话和有线电视，硬化了所有街道和胡同。有小学1所。村内有轴承加工业和养鸡专业户。

南五里 至2008年末，全村共有219户、987人、1568亩耕地。1979年以来，安装使用了自来水和电话。2003年，硬化了主要街道。有完

全小学1所，集体窑场1座。村有果树种植、轴承加工、养羊专业户等。

南三里　至2008年末，全村共有264户、1259人、1912亩耕地。1990年以来，陆续安装使用了自来水、电话和有线电视，硬化了主要街道。有小学1所。有轴承加工企业。

教场　至2008年末，全村共有275户、1242人、1448亩耕地。1996年，安装使用了自来水。2005年，安装了电话和有线电视。2002年，硬化了主要街道。有完全小学1所。有轴承加工企业。2006年，被县命名为“文明生态村”。临西县第二中学位于村东。

北队　河西镇政府驻地。至2008年末，全村共有392户、1924人、595亩耕地。1984年，安装使用了自来水。1995年，安装了电话和有线电视。大街小巷全部硬化。有完全小学1所。因居邯临、邢临、清临公路交汇处，村民多从事商贸经营、交通运输、餐饮服务。

南队　至2008年末，全村共有314户、1349人、517亩耕地。1989年，安装使用了自来水。1995年，安装了电话和有线电视，村内道路全部硬化。有小学1所。村内有轴承加工、商贸经营、餐饮服务等行业。农历三月初一有庙会。

初庄　至2008年末，全村共有189户、893人、1282亩耕地。1995年，安装使用了自来水。2000年，安装了电话和有线电视，硬化了主要街道。有完全小学1所，砖窑1座。村内有轴承加工企业。在科技推广中，建设沼气池91个。2006年，被县命名为“文明生态村”。

下堡寺镇下辖村庄

东留善固　至2008年末，全村共有558户、2356人、3371亩耕地。农村规划布局合理，村内主要街巷、胡同全部实现了硬化、绿化，家家户户安装使用了自来水、电话、有线电视。村建有水泥厂、纺纱厂、食用菌厂、酿酒厂、橡胶注剂厂、运输公司等企业。每逢四、九为集日，主要街道两侧常住商户100多家。有“玉兰”完全小学1所、“玉兰”公园1处，公园内建有“玉兰纪念馆”。村西南有古井旧称“琉璃井”。

张三寨　至2008年末，全村共有436户、1926人、2583亩耕地。村南紧邻邯临公路，主要街道已实现硬化。村内安装了自来水、电话和有线电视。有小学1所。农历八月二十四是传统庙会。近年，村庄逐渐向村南沿邯临公路发展。

西王庄　至2008年末，全村共有156户、638人、873亩耕地。村畜牧养殖发展较快，有养殖场3家、养羊专业户20余户。有小学1所。

西倪庄　至2008年末，全村共有302户、1120人、1815亩耕地。村北紧临邯临公路，村内主要街道实现了硬化，安装了自来水和有线电视。村有油嘴加工企业数家，从业人员300多人。2000年，在村东建成油泵油嘴加工工业小区。有小学1所。农历十一月十二有庙会。

务头　至2008年末，全村共有280户、1180人、1599亩耕地。村内安装了自来水，硬化了主要街道。有砖瓦厂1座，小学1所。农历十一月初八有庙会。

邵庄　至2008年末，全村共有405户、1500人、3457亩耕地。村内安装了自来水、电话和有线电视。有砖瓦厂1座，小学1所。农历十一月十八有庙会。

李六寨　至2008年末，全村共有280户、1060人、2141亩耕地。村内安装了自来水、电话和有线电视。有小学1所，镇办中学建在村南邯临路北侧。

孙楼　至2008年末，全村共有160户、645人、1583亩耕地。村东紧邻“四·二九”公路。村内安装了自来水、电话和有线电视。有小学1所。村东有清初名将孙维统墓。农历十一月十六有庙会。

肖子堌　至2008年末，全村共有225户、898人、1419亩耕地。2006年，建标准化明德小学教学楼一座。2007年，建成子堌联村供水站。农历十月十五有庙会。

修子堌　至2008年末，全村共有168户、679人、1051亩耕地。村内安装了自来水、电话和有线电视。村西有砖瓦厂1座，有小学1所。农历十月十五有庙会。

宋子堌　至2008年末，全村共有123户、

493人、859亩耕地。村内安装了自来水和有线电视。有小学1所。

刁庄　至2008年末，全村共有263户、1051人、1624亩耕地。村内安装了自来水和有线电视。有小学1所。

侯庄　至2008年末，全村共有244户、1030人、1979亩耕地。2001年，被确定为全县首批生态文明村。村主要街道实现了硬化、绿化，安装了自来水和有线电视。有小学1所、文化广场1处。

赵子堌　至2008年末，全村共有173户、649人、969亩耕地。安装了自来水和有线电视。农历十月十五有庙会。

闫子堌　至2008年末，全村共有145户、497人、914亩耕地，安装了自来水和有线电视。农历十月十五有庙会。

李子堌　至2008年末，全村共有115户、425人、978亩耕地，安装了自来水、电话和有线电视。农历十月十五有庙会。

彭子堌　至2008年末，全村共有171户、595人、1242亩耕地，安装了自来水、电话和有线电视。农历十月十五有庙会。

三圣庙　至2008年末，全村共有189户、686人、1296亩耕地，安装有自来水、电话和有线电视。村西有砖瓦厂1座，有小学1所。农历十月十五有庙会。

北镇　镇政府驻地。至2008年末，全村共有430户、1699人、2542亩耕地。1990年以来，陆续安装了自来水、电话、有线电视，硬化了主要街道，开发了北镇商贸一条街，入驻商户90家。农历二、五、七、十为集日。有小学1所。1979年，中原油田在村西北钻探，探明地下有石油矿藏。

南镇　至2008年末，全村共有498户、1778人、3071亩耕地。近年，陆续安装了自来水、电话、有线电视，硬化了村中主要街道。村东南有砖瓦厂1座。2004年，投资50万元，兴建了南镇小学教学楼。村西南有元兵马大帅路通尸骨冢。

肖大寨　至2008年末，全村共有341户、1410人、2228亩耕地。村内安装了自来水、电话和有线电视。有小学1所。

海尔寨　至2008年末，全村共有195户、825人、1597亩耕地。武馆路从村东通过，安装有自来水、电话和有线电视。有小学1所。

丁庄　至2008年末，全村共有587户、2468人、3730亩耕地。安装有自来水和有线电视。有小学1所。

马庄　至2008年末，全村共有425户、1880人、2702亩耕地。村内安装了自来水、电话和有线电视。村西有35千伏变电站1座。有屠宰加工户8家、轴承加工户20家。有小学1所。

东王庄　至2008年末，全村共有375户、1330人、3289亩耕地。村内安装有自来水、电话和有线电视。有小学1所。村中有清初石羊一头。

北胡庄　至2008年末，全村共有179户、683人、1583亩耕地。村内安装有自来水、电话和有线电视。有小学1所。有棉花加工企业1个。

北杏园　至2008年末，全村共有398户、1540人、2648亩耕地。连接邯临公路的公路直通村内。安装了自来水、电话和有线电视。有小学1所。该村是棉花良种繁育和加工基地。2004年，在村南投资兴建了棉花加工工业园区，入驻棉花加工企业22家。

东高尔庄　至2008年末，全村共有205户、779人、1296亩耕地。村内主要街道已硬化。安装有自来水、电话和有线电视。有小学1所。

西高尔庄　至2008年末，全村共有399户、1550人、3125亩耕地。乡间公路通过村内，安装有自来水、电话和有线电视。2006年，投资兴建小学教学楼1座。村北有棉花加工企业1家。

万户庄　至2008年末，全村共有218户、895人、1788亩耕地。村内安装有自来水、电话和有线电视。有小学1所。

尖冢镇下辖村庄

东尖　至2008年末，全村共有613户、3066人、3134亩耕地。童尖公路直通村内。有传统特产空心挂面厂数家。有小学1所、砖厂1座。1979年以来，陆续安装了自来水、电话、有线电视。经济以农业为主，部分村民从事轴承及配件

制造加工。农历四、九为集日，农历三月初四、九月二十九有庙会。

西尖　至2008年末，全村共有593户、2965人、2821亩耕地。以农业为主。部分村民从事轴承安装、制造及经营。有小学1所、个体砖厂1座、个体轴承加工厂1个。1979年以来，陆续安装了自来水、电话、有线电视。农历四、九为集日，农历四月初九、九月二十九有庙会。

乔屯　至2008年末，全村共有630户、3142人、4260亩耕地。1995年以来，陆续安装了电话、有线电视、自来水。有小学1所、幼儿园1所、砖厂1座，个体民营企业有银化纸业、春光木纹纸板厂、振华玻璃厂（4个分厂）。村东、村南两面被童尖公路环绕，交通便利。2004年，筹资60多万元，硬化了全村各条街道。

东张堤　至2008年末，全村共有493户、2469人、4000亩耕地。村西紧邻童尖公路，每天下午有集市。1995年以来，陆续安装了自来水、电话、有线电视。有砖厂1座、小学1所、私立小学1所。有张氏祠堂1座。

西张堤　至2008年末，全村共有245户、1229人、2171亩耕地。有与蔡辛庄联办小学1所，有砖厂1座，村东有童（村）尖（冢）公路，村南、村西被张（堤）摇（鞍镇）公路环绕，交通便利。村西有分洪渠。1993年以来，陆续安装了电话、有线电视和自来水。

蔡辛庄　至2008年末，全村共有134户、669人、1500亩耕地。1993年以来，陆续安装了电话、有线电视、自来水。2005年，硬化了村内主街，与童尖公路连接。有砖厂1座、养鸡场1个。

商庄　至2008年末，全村共有163户、814人、1500亩耕地。村东南有与卢庄合建小学1所。村内主要街道已硬化。村内部分农户有火炕育红薯苗的传统，商庄红薯苗在全县较有名气。1997年以来，陆续安装了电话、自来水、有线电视。

卢庄　至2008年末，全村共有252户、1762人、2857亩耕地。村西北有商庄、卢庄联办小学1所。村内主要街巷全部修成水泥路。1997年以来，陆续安装了电话、自来水、有线电视。

常圈　至2008年末，全村共有217户、1062人、1132亩耕地。有小学1所。2004年，村内主要街道硬化，修通了公路。1998年以来，陆续安装了自来水、电话和有线电视。2005年，被县命名为“文明生态村”。

赵圈　至2008年末，全村共有262户、1308人、1092亩耕地。有小学1所。1997年以来，陆续安装了电话、自来水、有线电视。2004年，修通了公路。2006年，硬化了村内主要街道。

李圈　至2008年末，全村共有208户、1031人、770亩耕地。有小学1所。1997年以来，陆续安装了电话、有线电视、自来水。2004年，修通了公路，硬化了村内街道。2005年，被县命名为“文明生态村”。全村60%的群众从事轴承安装、加工、销售。

初圈　至2008年末，全村共有237户、1186人、1260亩耕地。有小学1所。1997年以来，陆续安装了电话、有线电视、自来水。2004年，修通了公路，硬化了村内街道。2005年，被县命名为“文明生态村”。

老官寨镇下辖村庄

姚庄　至2008年末，全村共有576户、2293人、4481亩耕地。1993年以来，陆续安装了自来水、电话、有线电视。2004年，村内主要街道全部实现了硬化。有小学1所。因村南邻邢临公路，村庄向公路沿线发展较快，农历三、八为集日。

胡小庄　至2008年末，全村共有254户、1113人、2228亩耕地。1995年以来，陆续安装了自来水、电话和有线电视。2005年，修通了公路。有小学1所。

郑湾　至2008年末，全村共有119户、485人、873亩耕地。1993年以来，陆续安装了自来水、电话和有线电视，硬化了村内主要街道。有小学1所。村内有500年以上树龄的古槐1棵。因村北紧邻邢临公路，商住户向北发展较快。

窦庄　至2008年末，全村共有118户、426人、1094亩耕地。1979年以来，陆续安装了电话和有线电视。2004年，修通了公路。有小学1所。

赵疃　至2008年末，全村共有189户、697

人、1543 亩耕地。1996 年以来，陆续安装了自来水、电话和有线电视。2004 年，修通了公路。有小学 1 所。

杜洼 至 2008 年末，全村共有 338 户、1376 人、2025 亩耕地。1997 年以来，陆续安装了自来水、电话和有线电视，硬化了村内主要街道。有小学 1 所。村东建有工业园区。2006 年，有十几个轴承加工厂入住，是县内轴承加工的重点村。

老官寨 含西寨、东寨、前寨 3 个行政村，镇政府驻地。至 2008 年末，全村共有 907 户、3476 人、6788 亩耕地。1990 年以来，陆续安装了自来水、电话、有线电视，硬化了村中主要街道。在镇政府驻地，沿邢临公路建起了商业一条街，入驻商户百余家。农历一、六为集日。有学校 2 所（中学 1 所、小学 1 所）。西寨有古圆觉寺遗址，有清末翰林庶吉士张东瀛墓。

倪庄 至 2008 年末，全村共有 114 户、444 人、211 亩耕地。1996 年，安装了电话。2005 年，安装了自来水和有线电视，修通了公路。

杨楼 至 2008 年末，全村共有 339 户、1276 人、2835 亩耕地。1986 年，安装了自来水。2000 年，接通了电话和有线电视。2004 年，修通了公路，硬化了村内主要街道。因村南靠近邢临公路，邢临路两侧发展商住户 18 户、90 人。

千户庄 至 2008 年末，全村共有 175 户、643 人、847 亩耕地。1985 年，安装了自来水。1991 年，接通了电话和有线电视。2004 年，修通了公路，硬化了村内主要街道。有小学 1 所。村南有 35 千伏变电站 1 座。邢临公路两侧，有部分商住户。

钟庄 至 2008 年末，全村共有 327 户、1202 人、2524 亩耕地。1979 年以来，陆续接通了电话、有线电视。2004 年，修通了公路。有小学 1 所。

汪庄 至 2008 年末，全村共有 149 户、547 人、1279 亩耕地。1988 年以来，陆续接通了电话、有线电视，修通了公路。2006 年，安装了自来水。有小学 1 所。

项庄 至 2008 年末，全村共有 144 户、495 人、986 亩耕地。1996 年以来，陆续实现了通电话、通自来水、通公路。有小学 1 所。

黑庄 至 2008 年末，全村共有 336 户、1334 人（其中回族 300 人）、2127 亩耕地。1985 年以来，陆续安装了自来水、电话和有线电视，修通了公路。有小学 1 所，清真寺 1 座。

洪官营 至 2008 年末，全村共有 636 户、2566 人（其中回族 1700 人）、3946 亩耕地。1991 年以来，陆续安装了自来水、电话、有线电视，修通了公路，硬化了主要街道。有小学 1 所。有清真寺 1 座，保存完好。

曲庄 至 2008 年末，全村共有 302 户、1058 人、2583 亩耕地。1978 年以来，陆续接通了自来水、电话和有线电视。2004 年，硬化了村内主要街道。有小学 1 所，砖场 1 座。

白庄 至 2008 年末，全村共有 373 户、1456 人、2287 亩耕地。1988 年以来，陆续安装了自来水、电话和有线电视，硬化了村内主要街道。有小学 1 所。在村西邯临公路北侧，建有白庄轴承专业市场，年成交额上亿元。农历二、七为集日。一批商户在此投资兴业，形成了商贸区。

仁庄 至 2008 年末，全村共有 359 户、1436 人、2647 亩耕地。1992 年以来，陆续安装了自来水、电话和有线电视，修通了公路，硬化了村内主要街道。有小学 1 所。村东白（庄）水（波）公路两旁新增住户 10 余家，有轴承加工企业 2 家、面粉加工厂 1 家、养殖专业户 1 家，有私立春雨学校 1 所。村内有树龄 500 年的古槐 1 棵。

第二节 各乡所辖村庄

东枣园乡下辖村庄

东枣园 至 2008 年末，全村共有 687 户、3048 人、3346 亩耕地。1995 年，村内主要街道全部实现了硬化，陆续安装了自来水、电话、有线电视。有小学 1 所。农历五、十为集日。1994 年以前为东枣园乡政府驻地。1994 年 5 月迁出。

唐庄 至 2008 年末，全村共有 55 户、238 人、347 亩耕地。村内街道已全部硬化，安装了自来水和有线电视。有小学 1 所及乡办中学 1 所。

东杨庄 至2008年末，全村共有137户、599人、705亩耕地。1995年以来，陆续安装了自来水、电话和有线电视，硬化了主要街道。有小学1所。近年，一批商住户向北往枣水路沿线发展，形成了新的居落，习称新杨庄。

周柳庄 小周庄和柳庄的合称。至2008年末，全村共有126户、508人、648亩耕地。村内主要街道全部实现了硬化，陆续安装了自来水、电话、有线电视。有小学1所。

陈窑 至2008年末，全村共有208户、953人、813亩耕地。是传统的蔬菜种植村。1997年以来，陆续安装了自来水、电话和有线电视，硬化了主要街道。有小学1所。

汪江 至2008年末，全村共有724户、3183人、2790亩耕地。1996年以来，陆续安装了自来水、电话和有线电视，硬化了主要街道。有小学1所。卫运河东有该村部分耕地，1972年，在河东建管材加工和机电工业园区，并逐渐形成了一个新的居落，习称汪江新村。农历二、七为集日。

北孟庄 至2008年末，全村共有419户、1936人、1833亩耕地。2004年，安装了自来水和有线电视，硬化了主要街道。有小学1所。

东高庄 至2008年末，全村共有230户、992人、1528亩耕地。2004年以来，陆续安装了自来水和有线电视，修通了公路，硬化了主要街道。有小学1所。

东常庄 至2008年末，全村共有240户、1020人、2072亩耕地。1997年以来，陆续接通了电话、有线电视和自来水。有小学1所。

张庄 至2008年末，全村共有161户、680人、990亩耕地。1993年以来，陆续修通了公路，接通了自来水、电话和有线电视。有小学1所。农历一、六为集日。

简庄 至2008年末，全村共有167户、610人、1401亩耕地。1995年以来，陆续安装了自来水、电话和有线电视，硬化了主要街道。有小学1所。村东北有汉耿贵人墓、莲花池等遗迹。村西北有“曹家岗”东汉墓。

牛庄 至2008年末，全村共有131户、505人、1419亩耕地。2004年，安装了自来水和有线电视，硬化了主要街道。有小学1所。村东有东汉牛总兵墓。

周马 至2008年末，全村共有115户、500人、1083亩耕地。村内街道已全部硬化，安装了自来水和有线电视。有小学1所。村东北有“斗鸡台”遗址。

后冯 至2008年末，全村共有166户、727人、1953亩耕地。1997年以来，陆续接通了电话、有线电视和自来水。2004年，硬化了主要街道。有小学1所。

前冯 至2008年末，全村共有257户、1103人、2687亩耕地。1995年以来，陆续安装了自来水、电话和有线电视，硬化了主要街道。有小学1所。近年，商住户向东沿清临公路发展较快。

简店 至2008年末，全村共有182户、776人、1412亩耕地。1995年以来，陆续安装了自来水、电话和有线电视。有小学1所。近年来，商住户沿紧邻的清（河）临（西）公路发展较快。

大十二里 至2008年末，全村共有389户、1613人、4172亩耕地。1997年以来，陆续接通了电话、有线电视和自来水。2006年，硬化了主要街道。有小学1所。农历三、八为集日。

范八里 至2008年末，全村共有456户、1929人、3147亩耕地。1995年以来，陆续安装了自来水、电话和有线电视，硬化了主要街道。有小学1所。近年，商住户沿村西紧邻的清（河）临（西）公路两侧发展较快。村南建有棉纺工业园区。农历四、九为集日。村西南有清顺治乙丑科进士胡悉宁墓。

北三里 至2008年末，全村共有313户、1437人、1575亩耕地。2004年，安装了自来水和有线电视，硬化了主要街道。有小学1所。

八里圈 至2008年末，全村共有97户、419人（全部为回族）、499亩耕地。1997年以来，陆续接通了电话、有线电视和自来水。有小学1所。村西有伊斯兰教清真寺1座，保存完好。

东郑庄 至2008年末，全村共有199户、763人、915亩耕地。2004年，安装了自来水和有线电视，修通了公路，硬化了主要街道。有小学1所。

贺庄 至2008年末，全村共有247户、980人、1839亩耕地。1997年以来，陆续接通了电话、有线电视和自来水。2004年，硬化了主要街道。有小学1所。

琉庙 至2008年末，全村共有214户、918人、1417亩耕地。1997年以来，陆续安装了自来水、电话和有线电视，硬化了主要街道。有小学1所。

大刘庄乡下辖村庄

大刘庄 至2008年末，全村共有499户、2251人、3027亩耕地。1993年以来，陆续安装了自来水、电话和有线电视。1998年，硬化了村内主要街道。有小学1所。村北邻邯临公路，村庄向公路沿线发展。农历二、七为集日。

来店 至2008年末，全村共有293户、1262人、1958亩耕地。1994年以来，陆续安装了自来水、电话和有线电视。2001年，硬化了村内主要街道。有小学1所。

纪庄（含小纪庄） 至2008年末，全村共有337户、1456人、3015亩耕地。1997年以来，陆续安装了自来水、电话和有线电视。2003年，修通了公路。有小学1所。

马刘庄 至2008年末，全村共有358户、1535人、2752亩耕地。1997年以来，陆续安装了自来水、电话和有线电视。1999年，修通了公路。有小学1所。

肖庄 至2008年末，全村共有133户、586人、695亩耕地。1994年以来，陆续安装了自来水、电话和有线电视。1999年，硬化了村内主要街道。

卫罗庵 至2008年末，全村共有208户、973人、1974亩耕地。1991年以来，陆续安装了自来水、电话和有线电视。1997年，硬化了村内主要街道。有小学1所。2005年，被县政府命名为“文明生态村”。村南工业园区有鑫泰轴承有限公司和鑫 铭轴承有限公司。村东北有“卫罗寺”1座，2007年重建。

马店（含小黑庄） 至2008年末，全村共有289户、1163人、2505亩耕地。1997年以来，陆续安装了自来水、电话和有线电视。2004年，修通了公路。有小学1所。

蔺庄 至2008年末，全村共有88户、420人、718亩耕地。1995年以来，陆续安装了自来水、电话和有线电视。2001年，硬化了村内主要街道。

陈辛庄 至2008年末，全村共有133户、579人、1139亩耕地。1991年以来，陆续安装了自来水、电话和有线电视。2001年，硬化了村内主要街道。村东南有百年以上杜梨树1棵。

胡庄 至2008年末，全村共有147户、654人、1238亩耕地。1995年以来，陆续安装了自来水、电话和有线电视。2001年，硬化了村内主要街道。

王菜瓜庄 至2008年末，全村共有253户、1077人、1900亩耕地。1995年以来，陆续安装了自来水、电话和有线电视。2001年，硬化了村内主要街道。

花牛张庄 至2008年末，全村共有161户、725人、942亩耕地。1993年以来，陆续安装了自来水、电话和有线电视。2001年，硬化了村内主要街道。

前阎 至2008年末，全村共有174户、686人、1082亩耕地。1993年以来，陆续安装了自来水、电话和有线电视。1999年，硬化了村内主要街道。有小学1所。2005年，被县政府命名为“文明生态村”。农历五、十为集日。因南邻邯临公路，村庄向南发展较快。村南建有前闫开发区，有60余家商户入住。

后阎 至2008年末，全村共有337户、1432人、2622亩耕地。1993年以来，陆续安装了自来水、电话和有线电视。1995年，硬化了村内主要街道。有小学1所。因南邻邯临公路，村庄向南发展较快。

田庄 至2008年末，全村共有396户、1598人、3278亩耕地。1993年以来，陆续安装了自来水、电话和有线电视。2004年，硬化了村内主要街道。有小学1所。因北邻邯临公路，村庄向北发展较快。村内建有“树德书屋”，由该村在外作家田树德于1998年出资兴建，收藏各类图书3万余册。

吕寨乡下辖村庄

吕寨村 至2008年末，全村共有518户、2362人、2891亩耕地。1989年，接通了电话。2003年，安装了有线电视。1998年，硬化了街道。有小学1所。因邢（台）临（西）公路、童（村）吕（寨）公路都从村中通过，村内沿街商住门店和商户较多。农历二、七为集日，村东北设有专业集贸市场。农历三月二十七有庙会。村内有600年以上树龄的古槐1棵。有烈士祠1座。

陆村 至2008年末，全村共有477户、1691人、2625亩耕地，蔬菜种植运销是该村的特色。1993年以来，陆续安装了电话、有线电视。2007年，修通了公路，硬化了街道。有小学1所。有轴承生产、预制件生产厂各1家，蜂窝煤厂3家。

西夏庄（含小田庄自然村） 至2008年末，全村共有248户、951人、1341亩耕地。1996年，安装了电话。1999年，硬化了道路。2006年，接通了有线电视。有公办、民办小学各1所，轴承生产厂2家。

司寨村 至2008年末，全村共有280户、1175人、1461亩耕地。1986年，安装了自来水。2001年，修通了公路。1995年，接通了电话。2006年，安装了有线电视。有小学1所。农历六月二十四有庙会。

杨集 至2008年末，全村共有190户、745人、1260亩耕地。1991年，安装了自来水。1997年，接通了电话。1999年，硬化了道路。2006年，接通了有线电视。有小学1所。农历三月初三有庙会。

小刘庄 至2008年末，全村共有76户、325人、705亩耕地。1993年以来，陆续安装了电话、有线电视。2001年，村道路硬化。

大庙（含于楼自然村） 至2008年末，全村共有330户、1346人、2317亩耕地。1991年，安装了自来水。1997年，安装了电话。2004年，修通了公路。2006年，接通了有线电视。有完全小学1所。

王铎寺 至2008年末，全村共有438户、1731人、2658亩耕地。1993年以来，陆续安装了电话、有线电视和自来水，硬化了道路。2006年，接通了有线电视。有完全小学1所。

孟村 至2008年末，全村共有95户、440人、238亩耕地。1989年，安装了自来水。1998年，接通了电话。2004年，修通了公路。2003年，安装了有线电视。

三教堂 至2008年末，全村共有102户、447人、649亩耕地。1997年，建立三教堂村民委员会。2000年，接通了电话。2004年，安装了自来水。2006年，安装了有线电视。农历四月初八有庙会。村中有“三教堂”寺庙1座。

梁村 至2008年末，全村共有217户、888人、1886亩耕地。1992年，安装了自来水。2001年，安装了有线电视。2004年，修通了公路。有小学1所。

河西岗 至2008年末，全村共有111户、434人、670亩耕地。1996年，安装了电话。2005年，修通了公路，安装了有线电视。

曹村 至2008年末，全村共有177户、586人、1046亩耕地。1984年，安装了电话。1988年，安装了自来水。2002年，修通了公路。2006年，安装了有线电视。有完全小学1所。农历六月十三有庙会。村后有清初进士曹振邦墓。

东村 至2008年末，全村共有102户、455人、427亩耕地。1990年以来，陆续安装了电话、有线电视，硬化了村内街道。

高庄 至2008年末，全村共有58户、246人、345亩耕地。1995年以来，陆续安装了电话、有线电视，修通了公路。

后寨 至2008年末，全村共有169户、692人、830亩耕地。1986年，安装了电话。2000年，安装了自来水。2002年，硬化了街道。2003年，安装了有线电视。有完全小学1所。

杨圈 至2008年末，全村共有196户、977人、1892亩耕地。1986年，安装了电话。2000年，安装了自来水。2002年，硬化了街道。2003年，安装了有线电视。有完全小学1所。有钢球厂、彩印厂各1家。因西邻童吕公路，近年，商住户沿路发展较快。

石佛寺 至2008年末，全村共有284户、1336人、2614亩耕地。1995年以来，陆续接通了电话、有线电视，硬化了村内主要街道。有完全小学1所。1996年，重建石佛寺。农历四月初八有庙会。

前张八庄 至2008年末，全村共有160户、658人、1470亩耕地。1995年以来，陆续接通了电话、有线电视。

后张八庄 至2008年末，全村共有329户、1470人、2150亩耕地。1998年，硬化了街道。1995年，安装了电话。1999年，接通了有线电视。有完全小学1所。有面粉加工厂1家，合作医疗点1个。

常庄 至2008年末，全村共有155户、581人、1198亩耕地。1997年，通电话。2005年，通自来水。2006年，通公路，接通有线电视。有小学1所。农历三、八为集日。

蒋庄 至2008年末，全村共有333户、1362人、2082亩耕地。1997年，硬化了村主要街道。1993年，通电话。2004年，安装有线电视。有完全小学1所。农历五、十为集日，农历三月二十八有庙会。村东有清光绪年间立“议会碑”一块，保存完好。

宁庄 至2008年末，全村共有258户、1017人、1819亩耕地。2000年，通电话。2004年，通有线电视。2002年，通公路。有完全小学1所。

黄夏庄（含张夏庄自然村） 至2008年末，全村共有160户、662人、1297亩耕地。1996年，通电话。2002年，通公路。有平垫制造企业1家。

秦夏庄 至2008年末，全村共有60户、273人、496亩耕地。1996年，通电话。2002年，通公路。2005年，安装有线电视。

郑楼 至2008年末，全村共有132户、558人、951亩耕地。1996年，通电话。2003年，通公路。2004年，安装有线电视。2006年，接通自来水。有小学1所。

摇鞍镇乡下辖村庄

前镇 至2008年末，全村共有329户、1564人、3058亩耕地。1982—1991年，陆续安装了自来水、电话。2002年，安装了有线电视。2005年，硬化了村中主要街道。有合作医疗点1个。

后镇 乡政府驻地。至2008年末，全村共有201户、980人、1865亩耕地。1982—1991年，陆续安装了自来水、电话。2002年，安装了有线电视。2004年，硬化了主要街道。是年，由县、乡投资、村集资，与前镇村联办完全小学1所。有合作医疗点3个。农历三、八为集日，农历二月初二有庙会。

东郭七寨 至2008年末，全村共有208户、920人、1729亩耕地。1991年以来，陆续安装了电话。2005年，安装了有线电视。2002年，修通了乡村公路。2006年，修建了通往武（邑）馆（陶）公路的乡村公路。有小学1所、合作医疗所1个。

西郭七寨 至2008年末，全村共有129户、587人、1239亩耕地。1982—1991年，陆续安装了自来水、电话。2005年，安装了有线电视。2002年，硬化了村主要街道、修通了乡村公路。有小学1所、合作医疗所1个。村东北有车震墓。

东贺伍庄 至2008年末，全村共有114户、545人、1234亩耕地。1982—1991年，陆续安装了自来水、电话。2005年，安装了有线电视。2002年，硬化了村主要街道，修通了乡村公路。有合作医疗所1个。

西贺伍庄 至2008年末，全村共有148户、627人、1419亩耕地。1982—1991年，陆续安装了自来水、电话。2005年，安装了有线电视。2002年，硬化了村主要街道。有合作医疗所2个。

中贺伍庄 至2008年末，全村共有178户、654人、1341亩耕地。1982—1991年，陆续安装了自来水、电话。2005年，安装了有线电视。2002年，硬化了村主要街道。1998年，由中央军委和县、乡投资建希望工程“八一完全小学”教学楼1座，供东、西、中三个贺伍庄儿童上学。有合作医疗所4个。

1987年4月30日，“四·二九”烈士陵园在中贺伍庄村北落成。近几年，东贺伍庄、西贺伍庄、中贺伍庄三个村已连成一个自然村。农历三月十五有庙会，四月初三、十三、二十三和十月

十五为商品交易会。

柴庄　至2008年末，全村共有136户、582人、1033亩耕地。1991年，安装了电话。2005年，安装了有线电视。2004年，修通了乡村公路。有小学1所。农历十一月二十八为商品交易会。

洪疃头　至2008年末，全村共有67户、271人、477亩耕地。1991年，安装了电话。2005年，安装了有线电视。2004年，修通了乡村公路。有合作医疗所1所。

林庄　至2008年末，全村共有135户、601人、1091亩耕地。1991年，安装了电话。2005年，安装了有线电视。有小学1所、合作医疗所2个。“四·二九”公路在村西由北向南环村绕行，交通便利。

车庄　至2008年末，全村共有202户、910人、1991亩耕地。1987—1991年，陆续安装了自来水、电话。2005年，安装了有线电视。2004年，硬化了村内主要街道，修通了乡村公路。有小学1所、合作医疗所2个。农历腊月十五有庙会。

李庄　至2008年末，全村共有139户、584人、1348亩耕地。1985—1991年，陆续安装了自来水、电话。2005年，安装了有线电视。2004年，修通了乡村公路。有小学1所、合作医疗所1个。

任颇庙　至2008年末，全村共有145户、668人、1229亩耕地。1984—1991年，陆续安装了自来水、电话。2005年，安装了有线电视。有合作医疗所1个。张（堤）摇（鞍镇）公路在村南穿过，公路两侧，商住户上百家，使任、王、杨、李四个颇庙连成了一个自然村。农历二月二十八有庙会。

王颇庙　至2008年末，全村共有71户、341人、459亩耕地。1986—1991年，陆续安装了自来水、电话。2005年，安装了有线电视，并修通了乡村公路。有合作医疗所1个。

杨颇庙　至2008年末，全村共有62户、256人、486亩耕地。1991年，安装了电话。2004年，修通了乡村公路。2005年，安装了有线电视。2007年，安装了自来水。张摇公路在村北穿过。有合作医疗所1个。

李颇庙　至2008年末，全村共有90户、455人、621亩耕地。1991年，安装了电话。2004年，修通了乡村公路。2005年，安装了有线电视。张（堤）摇（鞍镇）公路在村北穿过。2007年，安装了自来水管道。有合作医疗所1个。

马尔寨　至2008年末，全村共有346户、1853人、3727亩耕地。1991—2005年，陆续安装了自来水、电话。2004年，修通了乡村公路。2005年，安装了有线电视。2006年，由县投资，乡、村集资，与任、王、杨、李颇庙5村联合新建完全小学1所。有合作医疗所3个。农历二月初十有庙会。2001年农历八月十五，由村民代表提请，经市宗教局批准，建真武庙1座。2001年9月19日动工，2002年5月15日建竣。

南杏园　至2008年末，全村共有88户、406人、810亩耕地。1991年，安装了电话。2004年，县水务局实施“饮水解困工程”，支援打深机井1眼，安装使用了自来水。2004年，修通了乡村公路，硬化了村内主要街道。2005年，安装了有线电视。有合作医疗所1个。

姚尔庄　至2008年末，全村共有254户、1152人、2301亩耕地。1991—2003年，陆续安装了电话、自来水。2004年，修通了乡村公路。2005年，安装了有线电视。2003年，由县投资，与南杏园共同集资新建小学1所，有合作医疗所2个。

前大屯　至2008年末，全村共有165户、645人、1703亩耕地。1991—1995年，陆续安装了电话、自来水。2001年，修通了乡村公路，硬化了村内主要街道。2002年，由县、乡投资，与后大屯共同集资新建完全小学1所。2005年，安装了有线电视。有合作医疗所1个。村东北有后寺遗址。农历九月初九有庙会，后改为农历十月初六。

后大屯　至2008年末，全村共有182户、769人、2034亩耕地。1991—1995年，陆续安装了电话、自来水。2001年，修通了乡村公路。2005年，安装了有线电视。有合作医疗所1个。

前胡官庄　至2008年末，全村共有190户、851人、1778亩耕地。1983—1991年，陆续安装了自来水、电话。“四·二九”公路在村东穿过。2001年，由县投资，与后胡官庄共同集资联合新建完全小学1所。2005年，安装了有线电视。有合作医疗所2个。农历正月二十为商品交易会。

后胡官庄　至2008年末，全村共有163户、655人、1656亩耕地。1990年以来，陆续安装了自来水、电话。2001年，修通了乡村公路。是年，与后于林共同集资联合新建小学1所。2005年，安装了有线电视，硬化了村内主要街道。

前于林　至2008年末，全村共有92户、392人、971亩耕地。1990年以来，陆续安装了自来水、电话。2005年，安装了有线电视。

后于林　至2008年末，全村共有99户、444人、816亩耕地。1990年以来，陆续安装了自来水、电话。2005年，安装了有线电视。

第三节　各工作站所辖村庄

单屯工作站下辖村庄

丁村　至2008年末，全村共有164户、611人、822亩耕地。经济以农为主。家家安装了自来水和有线电视。有小学1所。村东卫运河岸有扬水站1座。

江村　至2008年末，全村共有370户、1511人、2154亩耕地。经济以轴承加工和农业为主。个体企业有五贵轴承厂、长德轴承厂及河西镇江亿轴承厂。家家安装了自来水、电话和有线电视。村东建有通往临清的桥梁1座。村西南有扬水站1座。2003年，建高标准完全小学1所。

马村　至2008年末，全村共有333户、1435人、1599亩耕地。经济以轴承加工和农业为主。特色种植有冬枣。村内主要街道已硬化，安装了路灯、自来水、有线电视、电话。有小学1所。2005年，被县命名为“文明生态村”。

赵村　至2008年末，全村共有241户、968人、1030亩耕地。经济以轴承加工和农业种植为主。个体经济发展迅速，建有村工业小区。村内主街全部硬化、美化、绿化。家家安装了自来水、电话和有线电视。有小学1所。2006年，被县命名为“文明生态村”。

西温　至2008年末，全村共有251户、1048人、1002亩耕地。经济以轴承加工和农业为主。村东西主街已硬化，家家安装了电话和有线电视。有小学1所。

东温（含小东温）　至2008年末，全村共有206户、845人、643亩耕地。经济以轴承加工和农业为主。村东西主街已硬化，家家安装了固定电话和有线电视。2006年，被县命名为“文明生态村”。

刘口　至2008年末，全村共有96户、409人、90亩耕地。经济以农业种植和轴承加工为主。村主街已硬化，家家安装了自来水、电话和有线电视。有小学1所。

三岔河　至2008年末，全村共有113户、503人、210亩耕地。2003年3月，设立行政村。2007年4月，村主要街道全部硬化，户户安装了自来水，95%以上的户安上了电话和有线电视。因紧邻山东省临清市，蔬菜经营、运输户较多。

相庄　至2008年末，全村共有298户、1271人、822亩耕地。系县首批“文明生态村”之一。自来水、电话、有线电视普及率达到95%以上。建成沼气池60多个。依托轴承产业基础，建成了相庄工业园区。村内主要街道全部硬化、绿化、亮化。有完全小学1所。

瓜厂　至2008年末，全村共有466户、1956人、2375亩耕地。1995年以来，陆续安装使用了自来水、电话和有线电视。2005年，村内主要街道全部实现了硬化。2006年，投资40余万元，建完全小学1所。投资3000余万元，建成了瓜厂工业园区，入驻商户6家，是临西县轴承加工重点村。村有砖瓦厂1座。村西新建寺庙1座、天主教堂1座。

小屯　至2008年末，全村共有98户、407人、1120亩耕地。1993年以来，陆续安装了电话、有线电视。2003年，打深井1眼，解决了村内及瓜厂的饮水问题。村内所有道路全部硬化。有小学1所、砖厂1座。

八里庄 至2008年末，全村共有146户、566人、1060亩耕地。1998年以来，陆续安装了电话、有线电视和自来水。2003年，修通了公路并硬化了村内主要街道。有小学1所。

时庄 至2008年末，全村共有234户、963人、1643亩耕地。1995年以来，陆续安装了自来水、电话和有线电视，主要街道实现了部分硬化。近年来，形成了以黄金梨种植为龙头的高效农业。有小学1所。

常屯 至2008年末，全村共有565户、2396人、4310亩耕地。1995年以来，陆续安装了自来水、电话和有线电视。2004年，硬化了村南、村北两条主街。有完全小学1所。轴承加工户较多，是轴承加工重点村。

单屯 至2008年末，全村共有438户、1747人、3508亩耕地。1993年以来，陆续安装了电话、有线电视。2002年，打深井1眼，安装了自来水。沿洪相公路两侧新建商户40余家。农历三、八为集日。

郑庄 至2008年末，全村共有150户、577人、1672亩耕地。1998年以来，陆续安装了自来水、电话、有线电视。2006年，硬化了村北主街，打深井1眼，有小学1所。

水波工作站下辖村庄

水波（含东水波、西水波2个行政村） 东水波为工作站驻地。至2008年末，全村共有551户、2300人、4957亩耕地。1993年以来，陆续安装了自来水、电话和有线电视。2004年，村内主要街道全部实现了硬化。有学校2所（中学1所、完小1所）、医疗所2处。豆制品加工是水波村的支柱产业，建有“佳美”豆制品加工园区，有40多个加工户入驻。生产的臭豆腐产品远销省内外。在白（庄）水（波）、袁（庄）水（波）两条乡级公路的汇合处，村庄向公路沿线发展，商住户在公路两旁建起两层楼房。农历五、十为集日。1997年10月（农历十月二十），成立商品交易会。2005年10月，在五、十大集的基础上又增加农历三、八小集。

殷庄 至2008年末，全村共有66户、262人、892亩耕地。全村均为回族。1997年以来，陆续安装了自来水、有线电视。2002年，修通了公路，硬化了村内主要街道。有小学1所、医疗所1个。村西有清真寺1座，保存完好。

毕庄（含小李庄，两村合称李毕庄） 至2008年末，全村共有103户、394人、769亩耕地。1997年，修通了公路。2003年以来，陆续安装了自来水、有线电视。有小学1所、医疗所1个。

北郑庄 至2008年末，全村共有165户、829人、1690亩耕地。村村通公路直达村口。2001年以来，陆续安装了自来水、有线电视。有小学1所、医疗所1个。为临清至水波的客运终点站。

魏庄 至2008年末，全村共有215户、994人、1947亩耕地。村村通公路从村东经过。2002年以来，陆续安装了自来水、有线电视。有完全小学1所、医疗所1个。

尹户山 至2008年末，全村共有68户、332人、616亩耕地。1998年以来，陆续安装了自来水、有线电视。2003年，硬化了村内主要街道。有小学1所、医疗所1个。

冯庄 至2008年末，全村共有51户、225人、488亩耕地。袁（庄）水（波）公路直达村口。2000年以来，陆续安装了自来水、有线电视。有小学1所、医疗所1个。

马龙庄 至2008年末，全村共有189户、888人、1768亩耕地。袁（庄）水（波）公路从村东经过。2004年以来，陆续安装了自来水、有线电视。有完全小学1所、医疗所1个。竹编是该村传统手工艺，有一百多年历史，主要产品有：风门、笹子、竹筐、竹篮、竹排等。

西袁庄 至2008年末，全村共有134户、633人、1239亩耕地。是全县最早的新农村建设样板之一。1991年，安装了自来水。1997年，修通了公路，硬化了村内主要街道。2000年，安装了有线电视。2005年，被市授予“文明生态村”。建有沼气池30座。有小学1所、医疗所1个。因南邻邢临公路，近年来商住户逐渐向沿路一线发展。

东袁庄 至2008年末，全村共有159户、

768人、1366亩耕地。1997年，修通了公路，硬化了村内主要街道。2002年以来，陆续安装了自来水、有线电视。有小学1所、医疗所1个。

樊庄 至2008年末，全村共有155户、620人、1868亩耕地。村村通公路直达村口。2005年以来，陆续安装了自来水、有线电视。有完小1所、医疗所1个。

苇子园 至2008年末，全村共有208户、995人、2108亩耕地。1998年修通了公路，硬化了村内主要街道。2000年以来，陆续安装了自来水、有线电视。有小学1所、医疗所1个。

西杨庄 至2008年末，全村共有94户、367人、1047亩耕地。1998年，修通了公路，硬化了村内主要街道。2002年以来，陆续安装了自来水、有线电视。有小学1所、医疗所1个。

十八里堡 至2008年末，全村共有151户、568人、1111亩耕地。1997年，硬化了村内主要街道。2005年以来，陆续安装了自来水、有线电视。有小学1所、医疗所1个。村西有明弘治年间重修的崇兴寺遗址，古碑、古树尚存。2006年，经市民政宗教部门批准，重修崇兴寺庙1座。

姜庄 至2008年末，全村共有238户、1031人、2007亩耕地。1996年，硬化了村内主要街道。2004年以来，陆续安装了自来水、有线电视。有完全小学1所、医疗所1个。

小马庄 至2008年末，全村共有109户、492人、841亩耕地。村村通公路直达村口。2002年，硬化了村内主要街道。2006年以来，陆续安装了自来水、有线电视。有小学1所、医疗所1个。

扈十二里 至2008年末，全村共有116户、494人、960亩耕地。1990年以来，陆续安装了自来水、有线电视。2001年，修通了公路，硬化了村内主要街道。有小学1所、医疗所1个。

孙槐庄 至2008年末，全村共有126户、601人、1401亩耕地。2004年，硬化了村内主要街道，并陆续安装了自来水、有线电视。有完小1所、医疗所1个。缚笤帚是该村传统手工艺，已有150余年的历史。1974年，参加河北省农产品展销会。近年，该产业日渐萧条。

于庄 至2008年末，全村共有95户、430人、950亩耕地。1997年以来，陆续安装了自来水、有线电视。有小学1所、医疗所1个。

云冯 至2008年末，全村共有164户、644人、1774亩耕地。1993年以来，陆续安装了自来水、有线电视。2005年5月，硬化了村内主要街道。有小学1所、医疗所1个。

高洼 至2008年末，全村共有223户、987人、1775亩耕地。村村通公路从村西经过。2006年以来，陆续安装了自来水、有线电视。有小学1所、医疗所1个。高洼原含小高洼和胡岗两个自然村。小高洼于20世纪80年代后与高洼发展成为同一个自然村；胡岗于90年代后，弃村迁入高洼。2002年，在村北发现了唐代墓群，其中一翟氏墓志记载为唐清阳县地。

范付庄（范庄与付庄两村合称范付庄，是一个行政村）至2008年末，全村共有81户、353人、621亩耕地。2004年“村村通”公路分别直达2个村口。有小学1所、医疗所2个。

黎博寨工作站下辖村庄

黎博寨 工作站驻地。至2008年末，全村共有236户、953人、1508亩耕地。村内主要街道已全部硬化，家家安装了自来水和有线电视。逢五、十为大集日，农历二月十五、三月二十五、十月十五有庙会，有完全小学1所。近几年，黎博寨市场基础设施日益完善，建成临街商业楼200余间，常驻商户达300家，市场沿十字大街延伸发展，成为当地最大的商贸物流中心。

南曹村 至2008年末，全村共有146户、617人、828亩耕地。村内街道已全部硬化，安装了自来水和有线电视，有医疗所1个。村内有铸造企业10余家，轴承经销户100余家，是民营经济发展的先进村。2003年，个体投资100万元，建成临西县兴明轴承厂。

孙庄 至2008年末，全村共有290户、1197人、1941亩耕地。东邻张黎公路，村内主要街道已全部硬化，家家安装了自来水和有线电视，有小学1所、医疗所1个。有轴承加工厂4个，轴承经销户200余家。2003年，个体投资50万元，

建立奥申轴承厂。

东尚庄　至2008年末，全村共有165户、711人、902亩耕地。村内主要街道已全部硬化，安装了自来水和有线电视。2002年以来，村东北张黎公路两侧形成一商贸小区，常驻商户100余家，集餐饮、洗浴、农资、修配、铁工艺、文化、教育于一体。有小学1所。

前尚庄　至2008年末，全村共有327户、1305人、2415亩耕地。村内主要街道已硬化，安装了自来水和有线电视。有小学1所、医疗所1个。有养猪户100多家，是养殖专业村。

后尚庄　至2008年末，全村共有253户、991人、1467亩耕地。村内主要街道已硬化，安装了自来水和有线电视。有医疗所1个。养猪户50多家，是养猪专业村。1998年，个体投资200万元，建立环通轴承厂。

孟庄　至2008年末，全村共有354户、1552人、2090亩耕地。村内主要街道已硬化，安装了有线电视和自来水。有小学1所、医疗所1个。有规模养鸡场10家，是养鸡专业村。

江庄　至2008年末，全村共有449户、1768人、1775亩耕地。村内主要街道已硬化，安装了有线电视和自来水。有完全小学1所、医疗所1个。

南付庄　至2008年末，全村共有327户、1350人、2068亩耕地。村内主要街道已硬化，安装了自来水和有线电视。有小学1所、医疗所1个。有规模养牛场2家。

大营　至2008年末，全村共有655户、2699人、3422亩耕地。村内主要街道已全部硬化，安装了自来水和有线电视。有完全小学1所、医疗所1个。2003年，个体投资100万元，建立贷泽机械配件厂。

小营　至2008年末，全村共有216户、936人、1682亩耕地。村内主要街道已硬化，安装了自来水和有线电视。近年来，在村北公路两侧逐渐发展形成一个工贸小区，工商住户50余家。2003年，个体投资200万元，建立腾达棉花加工厂。

大黄庄　至2008年末，全村共有172户、677人、1253亩耕地。村内主要街道已全部硬化，居民全部安装上自来水和有线电视。有医疗所1个。2004年，被县命名为“文明生态村”，村内实现了硬化、绿化、亮化、美化目标。2006年，建沼气池517个，被县政府授予“新农村建设排头兵”称号。

小黄庄　至2008年末，全村共有70户、267人、590亩耕地。村内主要街道已硬化，并安装了路灯、自来水和有线电视。有医疗所1个。

李楼　至2008年末，全村共有142户、594人、1309亩耕地。居民全部安装了自来水和有线电视。有医疗所1个。有规模养鸡场4家，是养鸡专业村。

东台庄　至2008年末，全村共有181户、750人、1664亩耕地。居民安装了自来水和有线电视。有医疗所1个。

西台庄　至2008年末，全村共有211户、878人、2112亩耕地。村内主要街道已硬化，安装了自来水和有线电视。有小学1所、医疗所1个、华联连锁店1个。

大张庄　至2008年末，全村共有437户、1934人、3070亩耕地。村内主要街道已硬化，安装了自来水和有线电视。有完全小学1所、医疗所1个、华联连锁店2个。

小张庄　至2008年末，全村共有105户、415人、847亩耕地。村内主要街道已硬化，安装了自来水和有线电视。有医疗所1个，有规模养鸡场3家。

老军营　至2008年末，全村共有336户、1497人、3220亩耕地。村内安装了自来水和有线电视。有完全小学1所、医疗所1个。有砖厂1座，规模养鸡场7家。

姚楼工作站下辖村庄

姚楼　工作站驻地。至2008年末，全村共有648户、2267人、4323亩耕地。村内主要街道已全部硬化，村民全部安装了自来水和有线电视。农历二、七为集日，农历八月二十九、腊月十四有庙会。有完全小学1所。西邻武馆路，近年来商住户逐渐沿路发展。

小芦　至2008年末，全村共有453户、1586

人（其中回族589人）、2785亩耕地。1992年以来，陆续安装了自来水、电话和有线电视，硬化了主要街道，并安装了路灯。有小学1所。村西有清真寺1座，保存完好；村中有天主教堂1座，1989年重建。

贾村 至2008年末，全村共有309户、1083人、1977亩耕地。1982年以来，陆续接通了自来水、电话和有线电视。2004年，硬化了村内主要街道，并安装了路灯。有小学1所。2005年，被县命名为"文明生态村"。

郝村 至2008年末，全村共有578户、2022人、4137亩耕地。1989年以来，陆续安装了自来水、电话和有线电视，修通了公路，硬化了主要街道。农历五、十为集日，农历二月初十、七月初十、十月初十有庙会。2006年，投资110万元，建完全小学1所，教学设施齐全。

百户寨 至2008年末，全村共有79户、279人、500亩耕地，"村村通"公路直通村口。有小学1所。

北蔡辛庄 至2008年末，全村共有415户、1454人、2063亩耕地。2004年，修通了公路，主要街道已全部硬化并安装了路灯、自来水和有线电视。有小学1所。做水豆腐是该村的传统产业，产品销往临西、威县十多个乡镇。

太平庄 至2008年末，全村共有374户、1309人、2400亩耕地。2004年，修通了公路，安装了电话和有线电视。2006年，安装了自来水。农历四、九为集日，农历正月十八有庙会。有小学1所。

马兰 至2008年末，全村共有328户、1150人、1906亩耕地。1992年以来，陆续安装了自来水、电话和有线电视。有小学1所。

樟柳寨 至2008年末，全村共有304户、1065人、1974亩耕地。2004年修通了公路，并安装了电话和有线电视。2006年，安装了自来水。农历四、九为集日，农历正月十八有庙会。有小学1所。

西窦庄 至2008年末，全村共有273户、957人、1770亩耕地。2004年，修通了公路，村内主要街道已全部硬化。2007年，安装了自来水。有小学1所。

指挥屯 至2008年末，全村共有269户、941人、1548亩耕地。2000年，修通了公路。2002年，安装了自来水。2007年，硬化了村内主要街道。有小学1所。

西段 至2008年末，全村共有184户、646人、1153亩耕地。2004年，修通了公路。有完全小学1所。

东段 至2008年末，全村共有160户、562人、894亩耕地。2004年，修通了公路，并硬化了村内主要街道。有小学1所。

韩楼 至2008年末，全村共有115户、403人、566亩耕地。2004年，"村村通"公路直达村口。有小学1所。

樊村工作站下辖村庄

龙潭村 至2008年末，全村共有340户、1319人、2222亩耕地。"村村通"公路直达村口，居民全部安装了自来水。有小学1所、医疗所1个。2002年，硬化村中东西主街1000米。古龙潭寺遗址在村东北角，2002年，北京潭腿协会立潭腿（发源地）纪念碑一块。

郝庄 至2008年末，全村共有388户、1499人、2083亩耕地。2005年，硬化了村中主要街道，被县命名为"文明生态村"。居民全部安装了有线电视，用上了自来水。有医疗所1个。

牌子 至2008年末，全村共有223户、917人、1092亩耕地。村村通公路直达村口，与郝庄共建小学1所。居民全部安装使用了自来水。有医疗所1个。

何寺 至2008年末，全村共有260户、996人、1699亩耕地。"村村通"公路直达村口。有小学1所、医疗所1个。居民全部安装使用了自来水。农历正月十八有庙会。

东赵庄 至2008年末，全村共有328户、1295人、2283亩耕地。农历二、七有集日。村村通公路直达村口。有小学1所、医疗所1个。居民全部使用了自来水。苗木种植和红薯种植是该村的特色农业。

西赵庄 至2008年末，全村共有472户、

1800人、3141亩耕地。村村通公路直达村口，村内主街已经硬化。有小学1所、医疗所1个。居民全部用上了自来水。村民有种植苗木和红薯的习惯。

侯寨 至2008年末，全村共有385户、1489人、2473亩耕地。村村通公路直达村口。有小学1所、医疗所1个。居民全部用上了自来水。村东北有明代赐进士出身、奉政大夫、山西清吏司郎中林琼所书侯文聪墓及墓碑。

王庙 至2008年末，全村共有356户、1404人、1934亩耕地。村村通公路直达村口。有小学1所、医疗所1个。村内有工业园区。居民全部安装上了自来水。20世纪80年代，村民以卖镰刀和五金为业，在全国各大城市开设近百家五金门市。

徐樊村 至2008年末，全村共有380户、1454人、1956亩耕地。除彝族1人外，均系汉族。“村村通”公路直达村口。有小学1所、医疗所1个。居民全部安装使用上了自来水。

赵樊村 至2008年末，全村共有580户、2183人、3363亩耕地。“村村通”公路直达村口。村内大街全部硬化。有小学1所、医疗所1个。居民全部安装了有线电视、自来水。2006年，被县命名为“文明生态村”。因村紧邻童尖公路，近年在公路两侧建起商住楼百余间，已形成了一个商贸小区。“王一摸”镰刀，享誉全国，历史悠久，是该村传统手工业产品。

东荀庄 至2008年末，全村共有263户、1018人、1531亩耕地。有小学1所、医疗所1个。“村村通”公路直达村口，村内街道全部硬化。居民全部用上了自来水。2006年，被县命名为“文明生态村”。

西荀庄 至2008年末，全村共有258户、1070人、1743亩耕地。有小学1所、医疗所2个。除满族1人外，均系汉族。村村通公路直达村口，村内街道全部硬化。居民全部用上了自来水。

徐屯 至2008年末，全村共有96户、366人、417亩耕地。有小学1所、医疗所1个。除满族1人外，均系汉族。村村通公路直达村口，村内大街已全部硬化。居民全部安装了有线电视和自来水。2005年，被县命名为“文明生态村”。村民农耕之余，以屠宰为业。

白地工作站下辖村庄

秦白地 工作站驻地。至2008年末，全村共有401户、1508人、1826亩耕地。村内主要街道已全部硬化，家家安装了自来水和有线电视。农历二、七为集日，农历十月二十七有庙会。有完全小学1所。因东邻武（邑）馆（陶）路，南邻张（堤）摇（鞍镇）路，近年商住户逐渐沿路向南、向东发展。

王白地 至2008年末，全村共有112户、452人、634亩耕地。村村通公路直达村口。有小学1所。因村后紧邻张（堤）摇（鞍镇）路，商住户逐渐向沿路一线发展。

常白地 至2008年末，全村共有182户、615人、951亩耕地。2004年，修通了公路，村内主要街道已全部硬化，并安装了路灯、自来水和有线电视。有小学1所。2005年，被县命名为“文明生态村”。

张白地 至2008年末，全村共有282户、1148人、1765亩耕地。“村村通”公路直达村口，村内主要街道已全部硬化，居民全部安装上自来水和有线电视。有小学1所。

赵白地 至2008年末，全村共有82户、342人、514亩耕地。“村村通”公路直达村口。有小学1所。

修老官寨 至2008年末，全村共有232户、996人、1749亩耕地。“村村通”公路直达村口。有小学1所。因东邻武馆路，近年商住户逐渐向沿路一线发展。

修枣科 至2008年末，全村共有307户、1143人、2010亩耕地。西邻武馆路。2004年，修通了公路，村内街道全部硬化，安装了自来水和有线电视。有小学1所。

万庄 至2008年末，全村共有192户、754人、1167亩耕地。村内街道已全部硬化，安装了自来水和有线电视。有小学1所、医疗所1个。2006年，该村籍企业家王殿明投资修建“万和宫”和谐文化旅游点1处，全村正在由农业经济向旅游经济发展。

西周庄 至2008年末，全村共有122户、466人、699亩耕地。村村通公路直达村口，村内安装了自来水和有线电视。有小学1所。

范庄（含刘庄） 至2008年末，全村共有172户、714人、1490亩耕地。村内街道已全部硬化，安装有路灯、自来水和有线电视。有完全小学1所。农历五、十为集日。被县命名为“文明生态村”。村北公路连接武馆路和庆丰路。近年来，商住户逐渐向东、向北发展。

史庄（含刘园） 至2008年末，全村共有208户、925人、1760亩耕地。“村村通”公路直达村口，村内安装了自来水和有线电视。有小学1所。

张堂 至2008年末，全村共有190户、712人、1140亩耕地。村内主要街道全部硬化，庆丰路纵穿村中，安装了自来水。有小学1所。

罗庄 至2008年末，全村共有108户、422人、666亩耕地。村内主要街道全部硬化，安装了自来水和有线电视。有小学1所。20世纪90年代前，生产鞭炮是村中传统产业，故每年正月二十二举办焰火晚会。

吴老官寨 至2008年末，全村共有165户、612人、896亩耕地。庆丰路从村中穿过，村内街道已全部硬化，安装了自来水和有线电视。有小学1所。被县命名为“文明生态村”。

大老官寨 至2008年末，全村共有101户、314人、629亩耕地。庆丰路从村东通过，村内主要街道实现了硬化，安装了自来水和有线电视。有小学1所。

何老官寨 至2008年末，全村共有128户、574人、750亩耕地。庆丰路从村西穿过，村内主要街道实现了硬化，安装了自来水和有线电视。有小学1所。

小老官寨 至2008年末，全村共有165户、564人、1050亩耕地。庆丰路穿村而过，村内主要街道全部硬化，安装了自来水和有线电视。有小学1所。近年来，商住户向南往张摇路沿线发展。

指挥墓 至2008年末，全村共有208户、860人、1794亩耕地。“村村通”公路直达村口。有小学1所。村北有明末清初临清卫指挥龚能衣冠冢。

王庄 至2008年末，全村共有151户、530人、1219亩耕地。“村村通”公路直达村口。村内安装有自来水和有线电视。有小学1所。

西曲庄 至2008年末，全村共有198户、711人、1588亩耕地。“村村通”公路直达村口。村内安装有自来水和有线电视。有小学1所。

张黄营 至2008年末，全村共有108户、422人、726亩耕地。“村村通”公路直达村口。村内安装有自来水和有线电视。与杨黄营合建小学1所。

杨黄营 至2008年末，全村共有245户、962人、1680亩耕地。武馆路在村西通过，“村村通”公路横贯村北。村内安装有自来水和有线电视。与张黄营合建小学1所。农历十一月二十一有庙会。

党尔寨 至2008年末，全村共有420户、1777人、3638亩耕地。村西有武馆路通过，村内主要街道全部实现了硬化，安装有自来水和有线电视。有完全小学1所。农历九月十五有庙会。

杨庄 至2008年末，全村共有151户、588人、842亩耕地。武馆路从村东通过，村村通公路直达村口。安装有自来水和有线电视。有小学1所。

东来寨 至2008年末，全村共有270户、1200人、2232亩耕地。张摇路从村后穿过，村内主要街道全部硬化，安装有自来水和有线电视。有小学1所。近年来，商住户逐渐向北沿张摇路发展。村东有清乾隆年间清河道尹吴兆熊墓。

西来寨 至2008年末，全村共有198户、749人、1237亩耕地。张摇路从村北经过。村内主要街道实现了硬化，安装有自来水和有线电视。近年来，商住户沿张摇路发展，与乡办中学、乡办砖厂逐渐形成了一个新的小区。有小学1所。

林麻寨 至2008年末，全村共有681户、2606人、4768亩耕地。村北有张（堤）摇（鞍镇）路通过。村内街道全部硬化，安装有自来水和有线电视。有完全小学1所。农历一、六为集日，农历五月二十八有庙会。近年来，商住户逐渐向村北张摇路沿线发展。

第二编 自然环境

临西县地处华北平原东南端，境内地势平坦，四季分明，光照充足，土地肥沃，水资源丰富，具有发展农、工、商业的优良条件。但是，从90年代中后期以后，工业化、城镇化进程加快，在经济迅速发展的同时，也对自然环境造成一定的影响。土地综合肥力降低，自然降水减少，地下水位下降，卫运河大部分时间断流。与此同时，政府部门和广大人民群众也在不断提高环境保护意识，采取综合措施，不断改善自然环境，为经济社会可持续发展奠定坚实基础。

第一章　地质地貌

第一节　地质

一、地层岩性

临西县处于华北平原的邢衡隆起及临清拗陷带上，属于沉积物较厚的第四系覆盖层。是一套成因类型复杂的松散亚砂土、亚黏土、黏土、中夹粉沙—粗沙的沉积地带，土层总厚度在470—600米之间，按其时代成因分为：下更新统（Q1）、中更新统（Q2）、上更新统（Q3）、全更新统（Q4）。其岩性为：下更新统为河湖相的黏土夹沙层，底板埋深在470—600米左右；中更新统为冲洪积—冲湖积的亚黏土夹沙层组成，底板埋深在340—400米左右；上更新统为冲洪积—冲湖积亚砂土、亚黏土、亚黏土夹中粗沙层，底板埋深在180—260米左右；全更新统为冲洪积—冲湖积的亚砂土、亚黏土夹沙层，底板埋深在30—60米左右。

此类地层结构贫于矿藏，但土层深厚，无障碍层，富含水肥，是农业生产良好的土壤基础。20世纪70年代，经国家地质部门勘探，境内地下深层有丰富的天然气和石油资源。

二、地质构造

临西县位于河北省东南部的华北平原沉降区。在地质构造上，处于华北新华夏第二沉积带的东部边缘。按地质分区，属华北地台区的渤海台向斜。西靠太行山隆起带，东与华北平原断裂带接触，跨居邢衡隆起及临清拗陷两个三级构造单元，基底发育是晚中生代和第三纪时形成的北北东向晚近期活动断带，并割裂成冀州、南宫凹陷四级构造单元。基底构造控制着第四系沉积厚度。

华北平原的东南部，自上古时代（石炭一二迭）之后，处于上升隆起阶段，到第三纪早期（古新世）始终遭受剥蚀，各地上升缓慢均衡，没有造成相对的隆起和凹陷。因此，也没有相应时代的沉积，只有在局部原始的低洼地区有少量的侏罗一的垩系的陆相堆积。在北北东（或北东）向断裂的控制下，形成了一系列相间排列的地垒、地堑构造，如冀中凹陷、临清凹陷、沧县隆起、黄骅凹陷等。在凹陷内沉积了较厚的第三纪湖堆积物，临西县就跨居临清凹陷东翼上。

影响县域地层变化的主要断裂带有：

1、沧东断裂：为沧县隆起及其南延部位的武城凸起与黄骅拗陷及其南延部分的吴桥、德州凹陷的边界大断裂。走向北北东，倾向南东，倾角在南皮—沧州—中旺一段十分平缓，仅20°—30°左右，往南、往北均较陡，达50°。该断裂在南皮、东光一带为一些北西向断裂切割。新生代时期沧东断裂的活动由南向北发展，下降盘一侧形成南坡、沧东、板桥沉降中心，向南、向北迁移，在沧东一带始，新统低面落差达300米。

2、明化镇断裂：构成南宫凹陷的东界，控制南宫凹陷的发育，是下第三系沙四段和孔店组为主的“东断西超”单边断陷，南北两个深凹的展布，都受明化镇断裂活动的控制。

3、衡水断裂带：从无极、藁城一带，经束鹿至衡水，为北西（或北西西）的断裂。该断裂形成较晚，错断了许多北东（或北北东）向断裂，属于近代强行断裂，近代活动十分明显。

4、大名至磁县断裂带：位于磁县北部，为北西西向断裂，其东段是内黄隆起的新北部边界断裂，为一组倾向北的高度正断层，最大落差第三系底界达1000多米，该断裂带成斜裂式，向西经磁县及涉县更乐一带，延伸至山西境内。

新生界沉积厚度一览表

表 2–1 单位：米

构造单元	第四系	第三系	下第三系	新生界地层总厚度
冀中拗陷	250—600	1100—2600	1200—1800	2500—500
临清拗陷	300—450	500—1350		2000
沧县隆起	200—300	600—900		800—1200
黄骅拗陷	500	1500—2500	2000—3000	8000

三、县城区域工程地质

临西县属远山河流冲积湖积平原区，基底埋深深厚，表面为巨厚的第四系沉积物所覆盖。地势平坦，地质变化不大，地层主要是第四纪冲洪积粉土、黏土、沙土和人工杂填层。经勘测，地基土质自上而下可分五层：1、新近土层。由杂填、素填土和轻亚黏粘土构成，土质湿、析水、呈软塑状，为中压性土，厚 2—2.5 米，容许承载 10 吨 / 平方米，底板埋深 2—2.5 米；2、亚黏土层。黄褐、棕红色夹薄层轻亚黏土，土质湿，呈可塑一流型状，为中压缩性土，厚 1.5—2 米，容许承载 13 吨 / 平方米左右，底板埋深 3.5—4 米；3、轻亚黏粘土层。黄褐色，土质稍湿，局部析水，呈可塑—流塑状，为中压缩性土，厚 1.7—2.4 米，容许承载 11 吨 / 平方米左右，底板埋深 5.5—6 米；4、轻亚黏土层。黄褐色，结构较松散，土质湿、析水，呈可塑—软塑状，为中压缩性土，厚 1.5—2.1 米，容许承载 15 吨 / 平方米左右，底板埋深 7—8.1 米；5、亚黏土、轻亚黏土层。亚黏土为褐色，含姜石和螺壳，土质湿、析水，呈可塑—流塑状，为中压缩性土。该层未揭穿，容许承载 16 吨 / 平方米左右。

县城规划区内，地面以下≤ 15 米内基本为黏性土、粉土和少部分粉沙土。各土层静载力标准值的加权平均值 fk ≤ 200kp2。由于土层平均剪切波速在 140—250 之间，则县城规划区土地的类型基本为中软土。因城区场地覆盖层厚度均在＞ 80 范围内，查表可知，县城规划区内基本属于二类场地。

第二节 地貌

一、地貌特征

临西地处华北平原东南部，是冀南平原的一部分，为黄河历次泛滥和冲积而成的冲积面平原，相当于黄河古冲积扇的北斜面，其现代地貌与地质构造之间的联系，既符合于拗陷区又符合由冲积、沉积而形成的微域起伏、岗坡洼相间的黄河古河道的遗迹。总的看，全境地势平坦广阔而微有起伏，大致西南高而东北低，中部有一黄河古堤（自尖冢镇起，经张堤、仓上、堤口、吕寨入威县界），由南而北直贯县境中部，愈北愈高，至堤口以北，堤上、堤下悬殊至数丈，沿堤一带俗名堤岗。相传，此堤与馆陶之金堤同为汉时所筑，故亦名金堤。1987 年《黄河史志资料》第 4 期考记，认为该堤起源于战国，是赵魏堤。此堤纵贯南北，把全县分割成堤上缓岗、堤下低平二坡洼地的不同地貌区。西部堤上海拔高度 33 — 36 米，坡降 1/5000；东部堤下海拔高度 28 — 33 米，坡降为 1/6000。

二、地貌类型

临西地貌属于松散沉积物构成的黄泛平原类型，黄河古道纵贯全境，堤上、堤下相差 2 — 3 米，加上近代诸条古河道的作用，境内形成了岗、坡、洼相间的三类微地貌类型。

（一）缓岗高地

为古河道漫滩形成的两个缓岗带，其地势相对较高，面积 98 平方公里，占全境总面积的

18%。分别分布在县境中部的汉代屯氏别河故道，南自尖冢、张堤、仓上、龙旺、堤口、石佛，北至吕寨、陆村（南段为今跃进渠，北段俗称外河），并存有古堤，向威县、清河县境延伸而去；西与三国时曹操所开凿的白沟（今上段为卫西干渠，下接老沙河），形成堤上西部缓岗地貌。范围：东西宽16公里，南北长15公里。包括摇鞍镇乡、下堡寺镇及姚楼工作站，连成县境西部的南北缓岗带。另外，由尖冢镇北部接樊村工作站、下堡寺镇及姚楼工作站，连成县境西部的南北缓岗带。同时，由尖冢镇北部接樊村工作站、临西镇中部，北至吕寨乡西部，连成古堤岗带，相应成为两个褐化潮土带。

（二）缓平坡地

位于岗洼之间坡地，地形起伏不大，地段平缓，面积342平方公里，占全境总面积的63.1%。主要分布在自尖冢镇入境的古堤以东，原汉代屯氏河段（今卫运河）以西，所构成半扇形的堤下低平地貌区域。堤下的两条古河道，尤其是宋庆历八年（1048年），黄河北流和卫运河数险要处共作用于堤下微地貌的形成。由尖冢至北孟庄长达36.52公里的卫运河段，向河左岸境内伸延1—2公里，形成沙壤地带，且在黎博寨工作站的孟庄东、前尚庄南、江庄西、南付庄西南分布着零星的小沙丘，由此向北处于两古河旁，南起樊村工作站东部与大刘庄乡，北至临西镇东部、吕寨乡东南部及老官寨镇，形成了境内二坡地和小二坡地；另外，在白地工作站东部接于尖冢镇西部，北连樊村工作站西南部，也有数里的二坡地段。这些地段常有盐化可见。

（三）浅平洼地

为河流决口后的淌道所形成的不连贯的带状背河槽状洼地和河流泛滥尾水缓流或静水沉积而成的河间浅平洼地。地势低洼，易遭洪涝灾害，面积102平方公里，占全境总面积的18.9%。河间浅平洼地，主要分布在县境东北部，与卫运河沙壤带尽端的南坡洼、白坡洼，与清河、威县部分区域共同形成封闭的清凉江局部大洼。洼底地面高程仅27.8米，地表水排泄不畅，地下水很浅。背河槽状洼地，则分布在堤上两缓岗带间，受西南段朱家河与另一条古河流作用，在下堡寺镇东南部、白地工作站北部、临西镇西南部形成一片碟状洼地，易积水成涝，表土轻壤至中壤或间层夹粘。

第二章 气候物候

第一节 气候

临西县属于温带大陆性季风气候，具有四季分明的特点：春季干旱多风，夏季炎热多雨，秋季冷暖适中，冬季干燥寒冷。

春季（3—5月），是由冷变暖的过渡季节。一方面，由于太阳直射点北移，辐射逐渐增强，气温升高较快。3月中旬，气温升高到7℃；4月中旬，则达到14.8℃。另一方面，北方冷空气仍不断南下，造成天气时暖时寒，干燥多风，平均风速和大风日数均为四季之冠。春季降水量为69.4毫米左右，约占年总降水量的13%，加上蒸发量大，形成十年九春旱的特点。

夏季（6—8月），主要受热带海洋性气团控制，形成高温高湿，降水集中，雨热同季的气候特点。季平均气温为26℃，平均相对湿度为71%，平均降水量361.4毫米，占年总降水量的67.6%，且主要集中在7月下旬到8月上旬，两旬降水量为133.7毫米，占全年的25%。夏季降水日数占年总降水日数的43.9%，较大降水多集中在7月下旬至8月上旬，俗称“七下、八上”，是临西县防洪的主要时段。

秋季（9—11月），是由热变冷的过渡季节。9月以后，太平洋副热带高压后退减弱，临西县受不太强烈的极地大陆气团控制，气温明显下降，一场秋雨一层寒。10月份，平均气温降到14.6℃。降水日数日趋减少，全季降水量为89.2毫米，占全年总降水量的16.7%。多数年份，风速较小，天气稳定、晴好，呈现风和日丽、秋高气爽的天气。

冬季（12—2月），受强大的蒙古冷高压影响，盛行自大陆吹向海洋的冬季风。寒冷干燥，雨雪稀少，季平均气温为-13℃，降水量为4.9毫米，仅占全年总降水量的2.8%。

（以上季节的划分，以气象部门通用时段为标准）。

临西县四季起止时间、天数表

表2-2

季节	春	夏	秋	冬
初终日期	24/3—18/5	19/5—8/9	9/9—4/11	5/11—23/3
持续天数	56	113	57	139

一、光照

临西县日照比较充足。1967—2006年，平均日照时数为2453.7小时/年，各月份中5月最多，为259.3小时；12月份最少，为167.8 小时；3—10月份均在200小时以上，为冬小麦和大秋作物提供了比较充足的光照资源。

实照时数与可照时数之比为日照百分率。临西县日照百分率平均为55 %。以5月和10月日照百分率最高，为59%。7月份最低，为46 %。

日照百分率表

表2-3

月份	1	2	3	4	5	6	7	8	9	10	11	12
实照时数	175.7	170.0	205.1	230.0	259.3	243.5	206.0	216.7	204.8	204.4	170.4	167.8
日照百分率（%）	57	56	55	58	59	56	46	52	55	59	56	56

二、辐射

临西县太阳辐射资源丰富，累计年均辐射量为119.2千卡/平方厘米。各自辐射量5月最多，为14.7千卡/平方厘米；12月最少，为5.8千卡/平方厘米。按季节分，夏季最多，为37.6千卡/平方厘米，占年辐射总量的31.5%；春季次之，为36.5千卡/平方厘米，占年辐射总量的30.6%；6—9月，总辐射量为48.2千卡/平方厘米。

月平均总辐射量

表2-4 单位：千卡/平方厘米

月份	1	2	3	4	5	6	7	8	9	10	11	12
总辐射量	6.25	7.17	9.90	11.94	14.68	13.77	12.18	11.65	10.59	9.04	6.30	5.81

三、气温

临西县（1979—2008年）年平均气温为13.3℃。最高的年份为14.3 ℃（1998年）；最低的年份12.2 ℃（1984年），年际变幅为2.1 ℃。最热的7月份为26.8 ℃，最冷的1月份为-2.3℃，年较差29.1 ℃。极端最高温度为41.7 ℃，出现在2005年6月23日；极端最低气温为-19.9 ℃，出现在

1985年12月8日。

1979—2008年度年平均气温表

表2-5

年度	气温（℃）	年度	气温（℃）	年度	气温（℃）
1979	13.0	1989	13.4	1999	13.8
1980	12.7	1990	13.1	2000	13.2
1981	13.0	1991	12.9	2001	13.4
1982	13.4	1992	13.2	2002	13.8
1983	13.5	1993	12.8	2003	13.5
1984	12.2	1994	13.9	2004	13.7
1985	12.6	1995	13.2	2005	13.2
1986	12.05	1996	12.8	2006	13.7
1987	13.4	1997	13.6	2007	14.0
1988	13.0	1998	14.3	2008	13.6

1979—2008年月平均气温表

表2-6

月份	气温（℃）	月份	气温（℃）	月份	气温（℃）
1	-2.3	5	20.3	9	20.5
2	1.3	6	25.6	10	14.4
3	7.5	7	26.8	11	6.1
4	14.7	8	25.3	12	-0.4

临西县各界限温度的初终日期、持续天数、积温统计表

表2-7

单位：℃

界限温度	初日			终日			间隔日数			累计积温		
	平均	最早	最晚	平均	最早	最晚	平均	最多	最少	平均	最多	最少
≥0℃	24/2	6/2	13/3	5/12	20/11	23/12	285	309	261	4941.1	5190.0	4684.7
≥3℃	7/3	21/2	23/3	21/11	6/11	11/12	260	285	243	4877.9	5178.1	4602.5
≥5℃	15/3	26/2	26/3	16/11	5/11	26/11	247	273	230	4810.7	5053.8	4463.7
≥10℃	4/4	27/3	19/4	29/10	10/10	4/11	210	227	196	4503.0	4764.3	4241.5
≥15℃	25/4	14/4	8/5	7/10	25/9	19/10	166	182	151	3929.1	4659.2	3483.5
≥20℃	17/5	28/4	31/5	14/9	22/8	28/9	121	41	95	3105.1	3889.4	2591.8

四、降水

临西县1979—2008年，年平均降水量为513.3毫米。但由于各年季风活动与高空西风带槽脊活动情况各异，故造成各年降水量差别很大。2003年降水最多，为831.4毫米；其次是1990年827.0毫米；1992年最少为202.8毫米。年内各季降水分布极不均匀，干湿季分明，夏季降水量最多，冬季降水量最少。各月降水量变化呈单峰型，峰值在7月份，为153.8毫米，谷值在1月份，为3.7毫米。

历年一日最大降水量为273.5毫米（1981年8月16日），最大过程量为278.5毫米，最长连续降水日数为9天（1985年9月9—17日），降水量为99.0毫米。最长连续无降水日数为104天，为1998年12月2日至1999年3月15日。

1979—2008年历年降水量统计表

表2-8　　单位：毫米

年度	降水量	年度	降水量	年度	降水量
1979	401.9	1989	419.4	1999	482.6
1980	478.6	1990	827.0	2000	701.8
1981	570.8	1991	460.3	2001	427.4
1982	606.3	1992	202.8	2002	323.8
1983	587.9	1993	769.9	2003	831.4
1984	542.7	1994	462.7	2004	536.1
1985	617.2	1995	467.9	2005	592.7
1986	387.5	1996	494.1	2006	383.5
1987	547.8	1997	320.0	2007	361.1
1988	530.3	1998	531.9	2008	530.3

1979—2008年月平均降水量表

表2-9　　单位：毫米

月份	降水量	月份	降水量	月份	降水量
1	3.7	5	41.0	9	46.6
2	7.0	6	70.0	10	37.2
3	15.2	7	198.5	11	13.2
4	24.8	8	116.3	12	5.8

五、气压

临西县历年平均气压为1012.7百帕。最高年份为1014.3百帕，最低年份为1011.8百帕。极端最高气压为1045.6百帕，出现在1970年1月4日；极端最低气压为987.8百帕，出现在1985年6月8日。在全年12个月中，1月份最高，平均为1023.3百帕；7月份最低，平均为999.3百帕。

六、风

风向：由于受季风环流的影响，临西县多偏南风和偏北风，以偏南风为主要风向，而偏东风和偏西风概率很小。

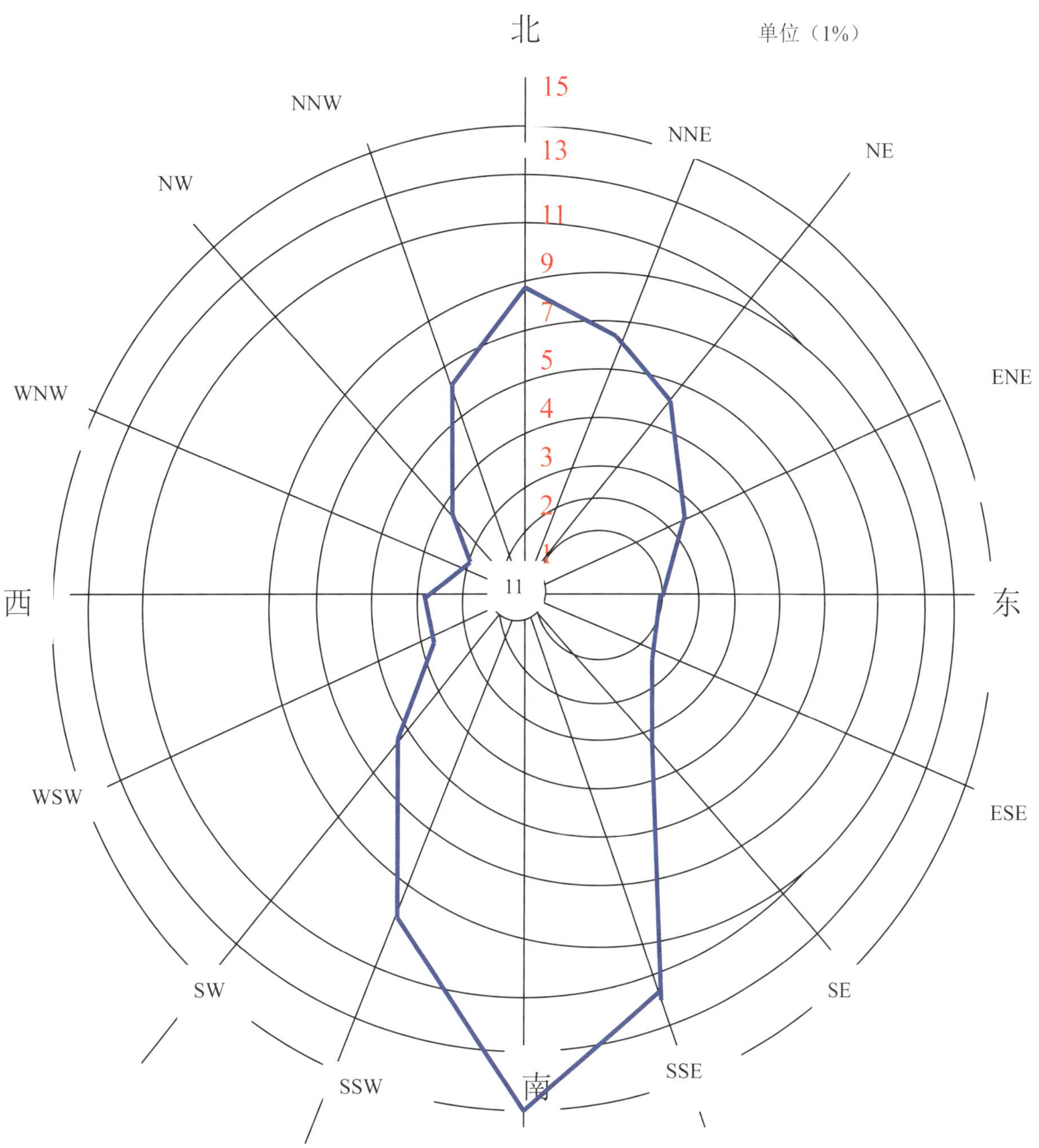

临西风向频率玫瑰图

风向：N NNE NE ENE E ESE SE SSE S SSW SW WSW W WNW NW NNW C

频率：8 7 6 4 3 3 4 12 15 9 4 2 2 1 2 5 11

风速：临西县历年平均风速为 3.1 米 / 秒。最大的年份为 3.8 米 / 秒；最小的年份为 2.2 米 / 秒。各月中 4 月份最大，为 4.3 米 / 秒；8 月份最小，为 2.2 米 / 秒。县内极端最大风速为 22.0 米 / 秒，出现在 1977 年 5 月 13 日。

1979—2008 年月平均风速表

表 2-10 单位：米 / 秒

月份	1	2	3	4	5	6	7	8	9	10	11	12
平均风速	2.1	2.5	3.1	3.4	3.0	2.8	2.2	1.7	2.0	2.0	2.1	2.1

七、地温

按照科学规范的要求，临西县气象站观测记录地面及土壤 5、10、15、20 厘米深度的浅表层地温。

1979—2008 年各月地面、地中温度

表 2-11 单位：℃

月份	1	2	3	4	5	6	7	8	9	10	11	12
地面	-2.6	1.2	9.6	18.1	26.2	31.3	31.1	28.9	23.8	15.7	6.4	-0.8
5cm	-1.3	0.9	7.5	15.6	22.3	27.3	28.5	27.2	22.2	15.2	6.9	0.2
10cm	-1.3	1.1	7.2	15.0	17.8	26.9	28.1	26.7	21.6	15.5	7.4	1.1
15cm	-0.5	0.7	7.1	14.5	21.6	26.3	27.5	26.7	22.3	16.4	8.4	1.9
20cm	-0.2	1.0	6.8	14.2	21.4	26.0	27.4	26.5	22.3	16.6	8.6	2.3

八、霜冻

春秋季节，当地面温度降到小于等于 0℃时，使作物受到冻害，人们通常把它作为霜冻的指标温度。出现在秋季的第一次霜冻为初霜冻；出现在春季的最后一次霜冻为终霜冻；初、终霜冻之间的间隔日数叫无霜冻期。初霜冻一般出现在寒露、霜降两个节气内，历年平均日期为 10 月 24 日，最早为 10 月 9 日；终霜冻历年平均日期为 4 月 14 日，最早为 4 月 2 日，最晚为 4 月 28 日。无霜冻期历年平均为 192 天，最长 217 天（1983 年），最短 173 天（1988 年）。

第二节 物候

物候是植物生长期间各个时期所发生的各种变化以及相应的温度。临西县气象局 1980—1983 年时段设有农业气象站，并连续 4 年对临西县种植的主要农作物冬小麦、夏玉米、春播棉进行了跟踪调查，调查结果列表如下。

临西县部分作物物候调查表

表 2-12

名称	品种	年度	播种期	出苗期	三叶期	分蘖期	停长期	返青期	起身期	拔节期	孕穗期	抽穗期	开花期	乳熟期	黄熟期	成熟期
冬小麦	冀麦23	1980	10月6日 17.2℃	10月11日 15.1℃	10月22日 16.2℃	10月28日 10.5℃	11月12日 1.0℃	2月20日 5.0℃	3月29日 11.5℃	4月19日 15.1℃	5月1日 19.1℃	5月9日 20.8℃	5月13日 21.5℃	5月31日 24.2℃	6月10日	6月 12日
	冀麦23	1981	10月2日 19.2℃	10月8日 14.7℃	10月21日 10.4℃	12月6日 5.8℃	12月11日 －0.5℃	2月24日 6.5℃	3月19日 11.8℃	4月10日 15.5℃	4月22日 19.9℃	4月29日 20.1℃	5月2日 20.5℃	5月13日 22.4	5月31日 19.2℃	6月 2日
	冀麦7	1982	10月10日 14.0℃	10月18日 9.8℃	11月3日 2.4℃	12月7日 －0.3℃	12月19日 －1.8℃	2月20日 6.8℃	3月15日 9.6℃	4月9日 16.0℃	4月23日 19.0℃	4月28日 18.6℃	5月2日 19.0℃	5月15日 26.9	5月31日 23.5℃	6月 2日
	冀麦7	1983	9月30日 19.2℃	10月7日 19.5℃	10月14日 13.9℃	10月24日 7.0℃	12月5日 0.5℃	2月27日 5.6℃	3月20日 11.9℃	4月9日 15.0℃	4月23日 17.5℃	5月2日 18.5℃	5月6日 21.0℃	5月17日 23.3	6月3日 25.4℃	6月 5日
夏玉米	郑单2	1980	5月31日 23.4℃	6月5日 24.1℃	6月8日 26.6℃	6月21日 26.2℃	7月6日 26.5℃	7月21日 28.4℃	7月28日 25.5℃	8月1日 26.3℃	8月1日 24.6℃	8月16日 23.5℃	9月7日			
	郑单1	1981	6月15日 29.1℃	6月18日 23.6℃	6月21日 26.1℃	7月1日 27.3℃	7月13日 27.4℃	7月30日 27.4℃	8月4日 23.9℃	8月7日 27.9℃	8月8日 24.9℃	8月30日 22.3℃	9月12日			
	沧三1	1982	6月13日 23.3℃	6月17日 23.3℃	6月24日 25.1℃	7月5日 25.9℃	7月18日 25.5℃	7月26日 26.4℃	8月3日 26.1℃	8月4日 27.5℃	8月7日 25.9℃	8月22日 22.1℃	9月8日			
	沧三1	1983	6月15日 26.3℃	6月20日 27.8℃	6月24日 27.1℃	7月5日 26.2℃	7月20日 28.4℃	7月28日 27.3℃	8月6日 24.9℃	8月7日 24.9℃	8月7日 25.7℃	8月20日 24.1℃	9月4日			
春播棉	鲁棉1	1980	4月26日	5月6日 18.7℃	5月27日 19.9℃	6月3日 24.1℃	6月21日 26.3℃	7月17日 26.1℃	7月24日 28.7℃	9月3日 24.6℃	9月5日 21.6℃	9月10日 20.9℃	10月31日 16.2℃			
	鲁棉1	1981	4月21日	4月28日 20.1℃	5月22日 19.9℃	5月27日 26.0℃	6月15日 24.7℃	7月14日 26.6℃	7月19日 25.8℃	9月6日 25.8℃	9月7日 22.3℃	9月15日 20.1℃	10月23日 15.9℃			
	鲁棉1	1982	4月21日	4月30日 18.8℃	5月20日 20.0℃	5月25日 27.9℃	6月8日 25.7℃	7月4日 24.4℃	7月14日 25.0℃	8月21日 26.2℃	8月24日 24.0℃	8月25日 24.0℃	11月2日 17.9℃			
	鲁棉1	1983	4月19日	5月1日 17.3℃	5月24日 21.1℃	5月31日 24.5℃	6月13日 26.1℃	7月4日 27.1℃	7月11日 27.0℃	8月17日 26.8℃	8月18日 23.8℃	8月23日 23.8℃	11月10日 17.3℃			

说明：表内所标气温为当日平均气温

临西县主要农作物适宜温度表

表 2–13

作物品种	生长阶段	适宜温度（℃）	作物品种	生长阶段	适宜温度（℃）
玉米	发芽	30—35	大豆	发芽	15—25
	幼苗	15 以上		生长	22—27
	生长	24—25		开花	25—28
	开花授粉	26—27	花生	发芽	25—18
	成熟期	20—24		出苗	18 以上
高粱	发芽	18—20		结荚	20 以上
	生长	25—30	棉花	发芽	20—25
	抽穗—成熟	20—25		发芽—现蕾	20—30
谷子	发芽	24		现蕾	25—30
	苗期—拔节	22		开花	20—25
	幼穗—开花	24—25	红薯	育苗	28—30
	开花—成熟	20		扦插	18—20
小麦	发芽	12—16		生长	25—35
	分蘖	13—18		长块	22—24
	越冬			储藏	13—16
	返青	6—10			
	拔节	12—16			
	抽穗	18—20			
	开花	20—22			
	成熟	20—22			

物候谚语：

1、燕来不过三月三，燕走不过九月九。
2、枣芽发，种棉花。
3、谷雨前后，点瓜种豆。
4、有钱难买五月旱，六月连阴吃饱饭。
5、四月芒种前，五月芒种后（麦收）。
6、冷在三九，热在中伏。
7、头伏有雨，伏伏有雨。
8、八月十五云遮月，正月十五雪打灯（好年景）。
9、头伏萝卜二伏菜，三伏种荞麦。
10、一九二九不出手，
三九四九凌上走，
五九半凌条散，
春打六九头，
七九六十三，走路君子把衣担。（七九河开）
八九七十二，遍地使牛日。（八九燕来）
九九杨花开，栽蒜种大麦。
11、麦收八、十、三场雨，六月还要下。
12、立了秋，把扇丢。
13、腊七腊八，冻死叫化。
14、七月十五见新花（棉花），七月十五枣红圈。
15、蛤蟆打哇哇，四十天吃疙瘩。
16、大雪不封地，不过三五日。
17、春分秋分，昼夜平均。
18、冬至日日长，夏至天天短。
19、麦子掉了头，高粱灭了牛，
谷子甩大叶，棉花二棚楼。
20、地冻三尺寒，丰收待来年。
21、大雪如棉被，枕着馒头睡。
22、七月十五定旱涝，八月十五定干戈。
23、春冷四十五，春冷不收麦。
24、要吃豆腐，泥里咕嘟。

第三章　水文　土壤　植被

第一节　水文

临西县是全市水土保持、利用较好的县。地下水年平均总量4959.5万立方米，地表水11.1亿立方米。全县浅层淡水区面积483.5平方公里，占全县总面积的87.9%。其中淡水底板埋深10—20米的面积为67.5平方公里；20—30米深的面积为143.5平方公里；大于30米深的面积为272.5平方公里。

一、地表水

径流量。天然降水是地表水的主要来源，其降水特点是年内分配不均，年际变化较大，呈逐年减少的趋势。据县气象站测报，1979—2008年，平均降水518.1毫米。其中最大降水年份2003年，降水831.4毫米；最小降水年份1992年，降水202.8毫米，年度相差628.6毫米，最高值是最低值的4倍以上。3—5月，平均降水75.5毫米，占全年平均降水量的14.6%；6—9月，平均降水量408.2毫米，占年平均降水量的78.8%。按年平均降水量518.1毫米计算，全年总降水量为28495.5万立方米。天然降水除少部分补充地下水外，大部分转化为土壤水，供农作物吸收及自然蒸发。

客水。主要是卫运河季节性来水。卫运河来水呈逐年减少趋势。1979年，流量为9.64立方米/秒，年径流量3.04亿立方米。最大年份为1982年，流量为72.2立方米/秒，年径流量22.75亿立方米。

1996年7月卫运河发生特大洪峰，流量达每秒1790立方米

1998年后，每年只有6—9月有小流量通水。2002年后，卫运河断流。

二、地下水

地下水分为浅层地下水和深层地下水。临西县浅层地下水资源主要由天然降水和灌溉回归水及河道入渗补给水、含水砂层的静储水组成。第一层淡水或咸水临界面以下的深层地下水是承压水，补给来源较少，主要靠侧面径流补给和浅层地下水越界补给；深层地下水是一种静储量。目前，工业和人畜饮水均为开采深层地下水。

含水层。临西县第四纪覆盖地层，自上而下分为4个含水组。

第一含水组，底板界面埋深10—60米，分布面积433.5平方公里，其中小于10米的66.5平方公里，大于20米的198.35平方公里，咸水矿化度2—5克/升，此含水组内粉细砂层厚度5—20米，单位涌水量1—8.3立方米/时·米；第二含水组，为承压水类型，上部为咸水，下部为淡水，无开采价值；第三含水组，顶板埋深180—230米，为深层地下水，砂层厚30米左右，单位涌水量2—12立方米/时·米，为深层地下水的主要开采段，水质呈碱性；第四含水组，顶板埋深250—300米，比第二含水组砂层薄，单位涌水量5立方米/时·米。

咸淡水分布。临西县具有浅层淡水成井条件的村庄198个，面积272.5平方公里，其中有耕地30.15万亩，呈4个西南、东北走向的条状带，分布在古河道区域及西侧。主要包括姚楼、下堡寺、白地、摇鞍镇东部；吕寨、县城、樊村、尖冢东部；水波、东枣园及卫运河北一带。此区域内浅层地下水矿化度小于2克/升，水质较好，化学类型为重碳酸—钠镁型及重硫酸—钠镁型，属于第一含水层，岩性主要为中细砂、细砂、粉砂，厚度在10—25米，单井出水量在20—40吨/时。

微咸水区（矿化2—5克/升），面积211平方公里，其中耕地21.32万亩，主要分布在下堡寺、河西、黎博寨东南及东枣园西、水波东北、吕寨及县城沿临威渠两侧、尖冢西部、摇鞍镇西部、老官寨东西两侧。该区域内砂层薄、岩性差，以粉砂为主，单管井出水量1—2.5立方米/时·米。

咸水区分布为10片，涉及12个乡镇工作站，66.5平方公里，有耕地5.9万亩。面积较大的乡镇工作站有白地、樊村、大刘庄、老官寨。

资源总量。根据多年观测，年降水补给3146.3万立方米，河灌溉回归1281.8万立方米，井灌溉回归531.36万立方米，允许开采量4959.66万立方米。

第二节 土壤

境内土壤为黄河冲积而成，地势平坦，土层深厚，土体结构良好，无障碍层次，上轻下重，表层地质以轻壤为主，适种作物广，发展农业生产潜力很大。但盐碱地面积较大，土壤养分含量较低。

一、土壤类型

根据土壤发生学的原则，1983年第二次土壤普查结果，全县共分为1个潮土土类，褐化、潮土、盐化3个潮土亚类，8个土属，26个土种。西部黄河故道堤上缓岗带，正向着褐化潮土发展、转化，东部堤下低洼区为典型潮土和盐化潮土的主要区域。

（一）土类

全境属潮土土类，是半干旱气候条件下，在河流冲积母质上，经地下水的直接参与和人为多年耕作熟化而发育形成的较年轻的土壤类型。主要特征为：地势低平，土体冲积层次明显，土层深厚，肥力较低，地下水位较浅，直接参与成土过程，心土毛管作用较强，土色发暗，呈灰棕色，底土有锈纹锈斑。适种作物广泛，但有盐化威胁。

（二）亚类

典型潮土　典型潮土亚类面积最大，共计60.1万亩，占全县总土地面积的74%。主要特征同潮土土类，它分布于冲积平原的平坦、较低洼、排水较难的缓平坡地和浅平洼地地带，土体冲积层次分明，质地层次沙、壤、黏俱全，以轻壤质为主，呈带状分布，且适种性广。潮土亚类下分沙质、壤质、黏质3个土属，沙质潮土、沙壤质

潮土、轻壤质潮土、轻壤质夹黏潮土、轻壤质腰粘潮土、轻壤质体粘潮土、轻壤质底沙潮土、轻壤质底黏潮土、中壤质潮土、中壤质底壤潮土和黏质体壤潮土共11个土种。

褐化潮土　褐化潮土亚类面积14.5万亩，占总土地面积的17.8%。集中分布于西部地势较高的堤上两缓岗地带。主要特征为：内外排水良好，地下水位较深，上层土壤脱离地下水作用，淋溶作用较强，土体上部出现假菌丝体状的钙质沉积现象或黏化层，底土层有锈纹锈斑。此类土壤土色深褐，土层深厚，无盐化威胁，易旱不易涝，宜种棉花及耐旱作物。褐化潮土亚类下分1个壤质土属，沙壤质褐化潮土、轻壤质褐化潮土、轻壤质腰黏褐化潮土和壤质底黏褐化潮土共4个土种。

盐化潮土　盐化潮土亚类分布于潮土中低洼地区边缘的缓平坡地上。排水困难，地下水位偏高，地下水矿化度较大，造成地表不同程度的积盐或盐斑，水、气、热不协调，土壤肥力偏低，目前多属轻度盐化，主要呈现在轻壤质潮土和轻壤质底黏潮土中，面积在6.7万亩，占总土地面积的8.2%。盐化潮土亚类下分氮化物壤质属、硫酸盐壤质属、氯化物为主壤质属、硫酸盐为主壤质属4个土属，11个土种，可归并为轻壤质轻化盐化潮土、轻壤质中盐化潮土、轻壤质重盐化潮土、轻壤质夹黏轻盐化潮土、轻壤质底黏轻盐化潮土和轻壤质底黏重盐化潮土6个土壤类型。

二、土壤分布

（一）按土体构型分

土体构型即土体内不同质地层次的排列状况。全县土壤有10种土体构型，可归纳为4种基本类型。

蒙金型　包括腰黏、薄黏腰及黏底土种，其表土质地适中，耕性好，宜种作物广，保水保肥能力强，俗称“蒙金地”，是农业生产上最理想的土壤，面积16.6万亩，占全县总土地面积的20.5%。主要分布在水波工作站的魏庄、殷庄、樊庄、水波、西杨庄、东袁庄、高洼、云冯等北中部；东枣园乡的前冯、后冯、简庄、常庄、琉庙等西北部；大刘庄乡的陈辛庄、蔺庄、胡庄、王菜瓜庄、大刘庄、花牛张庄、前阎、后阎、田庄等中北部；老官寨镇的窦庄、杨楼、倪庄、洪官营、项庄、黑庄等绝大部分；河西镇的常园、南五里；单屯工作站的八里庄等地带；还有林麻寨、李子堌、郝村、西马鸣堂、潘村、石佛寺等局部地带。

壤质适种型　指轻壤均质，其结构较好，质地沙黏适中，水、肥、气、热协调，耕性好、适种广，但保水保肥性较差，是临西县面积最大、种植业较理想的土壤，面积53.8万亩，占总土地面积的66.4%。主要分布于姚楼、摇鞍镇、白地、吕寨、樊村、临西、下堡寺、尖冢等乡镇和单屯、黎博寨、东枣园、河西镇等乡镇的部分地域。

黏重型　包括中壤均质和黏质体壤土种，地处坡洼地，保肥力强，养分含量高，但质地黏重，适耕期短，易涝成灾，面积4.3万亩，占总土地面积的5.3%。主要分布在水波工作站东南的东水波、十八里堡、高洼、孙槐庄、小马庄、扈十二里一带，东枣园乡的大十二里、于庄、前冯一带和下堡寺、摇鞍镇、白地3个乡镇工作站交界处的肖子堌、宋子堌、修子堌、阎子堌、彭子堌、王颇庙、任颇庙、李颇庙、杨颇庙、侯庄、马尔寨、张白地一带。

漏透型　包括沙均质、沙壤均质和轻壤厚沙底。质地疏松，透水性较好，容易耕作，但土体构型无黏层，肥水易渗漏，养分含量低，面积6.3万亩，占总土地面积的7.8%。主要分布在东留善固、西王庄、东尚庄、孟庄、南付庄及沿卫运河一带的村庄。

（二）按表层质地分

境内成土母质为黄河冲积物，由于黄河、卫运河历代多次泛滥决口、改道，形成不同的土壤层次和质地，有“紧出沙，慢出淤，不紧不慢出两合”的成土规律。全县土壤表层质地有松沙、沙壤、轻壤、中壤、黏土5种，以轻壤质为主，面积达70.3万亩，占总土地面积的86.5%；沙壤质次之，面积有6.2万亩，占总面积的7.6%，分布于卫运河沿岸及老沙河一带；中壤质4.3万亩，占总面积的5.3%，主要集中在县境东北部的水波和东枣园低洼地带和下堡寺、摇鞍镇、白地3个乡镇工作站交界处洼地；还有5000亩的沙质土，占总面积的0.6%，主要分布在黎博寨工作站的孟庄东、尚庄南、江庄北、黎博寨西南、南付庄西和下堡寺镇的东留善固北半部。

三、土壤肥力

土壤肥力是指土壤供给作物生长发育的各种生长因素，主要是指土壤水、肥、气、热。是指土壤的水热状况、土壤的保肥供肥性能、土壤通气性和土壤反应等。土壤养分是土壤肥力的标志，它的高低以及它们之间的比例与作物产量有着密切的关系。土壤养分主要是指土壤的有机质和氮、磷、钾，此外钙、镁、硫、铁和微量元素硼、铜、锌、钼等。

自实行土地联产承包到户以来，对氮、磷、钾等化肥的投入逐年增加，但各种养分之间比例失调，氮肥、磷肥施用过多（特别是磷酸二铵施用过量），而钾肥施用不足，忽视了微肥的施用，造成土壤养分中氮元素、磷元素充足过量，钾元素、微量元素缺乏。从1983年到2008年，土壤中全氮增加64%，速效磷增加3.5倍，速效钾减少54%，铁、锌、锰等减少30%—50%。

部分年度土壤养分含量调查表

表2–14

年度	全氮（PPM）	速效磷（PPM）	速效钾（PPM）	铁（PPM）	锌（PPM）
1983	41.4	5.3	159.3	5.72	0.53
1998	67.8	22.3	76.3		
2006	68.1	23.8	73.3	3.95	0.27

土壤中的有机质是土壤固体的重要组成，含有作物生长必需的氮、磷、钾等各种营养元素，它能促进团粒结构形成，改善土壤耕性，提高土壤保肥、保水能力，促进作物生长和微生物活动，是评价土壤肥力水平高低的重要指标之一。增加有机质的方式有：积肥沤肥、发展畜牧养殖和秸秆还田。其中秸秆直接还田是最重要的一项。1992—1996年，为小面积推广阶段，面积达到2—3万亩，主要为玉米秸秆还田；1997—2001年，面积达到8—9万亩；2002—2006年，面积每年保持在17—19万亩左右，占玉米种植面积的85%—95%。在河西镇、东枣园乡、大刘庄乡等东部几个乡镇近乎达到100%。经过多年秸秆还田，临西县土壤有机质从1983年的平均0.72%，增加到2008年的平均0.98%，增长34.7%。

第三节 植被

一、林木植被

境内为古老的低平原农业区，土地垦殖率较高，原始林木植被和自然林木植被已全部为人工林木所替代。现有的乔木植被主要有：杨、柳、榆、槐、椿、苦楝、桐等。果树植被有：苹果、梨、桃、杏、枣、山楂等。林木覆盖率达到21%。

二、灌木植被

境内灌木植被也全部为人工植被所替代，主要有柽柳、杞柳、紫穗槐、白蜡等。

三、草木植被

境内的草本植被可分为人工栽培的农作物植被和自然草本植被。农作物植被主要有：小麦、棉花、玉米、谷子、花生、豆类、瓜菜类等。自

然草本植被主要有：茅草、芦苇、结缕草、狗尾草、苍耳、麦蒿、马齿苋、车前草、旋复花、苋菜、益母草、扫帚蒿、蒺藜秧、灰菜、节节草、细叶米口袋、芦草、稗草、三棱草、猪毛菜、菟丝子等。

第四章　自然资源

第一节　土地资源

临西县土地总面积 54777.71 公顷，据 1996 年土地利用变更调查资料，全县土地利用现状结构如下：

农用地面积共计 41905.17 公顷，占全县土地总面积的 76.5%。其中，耕地面积为 39364.07 公顷，占全县土地总面积的 71.9%；园地面积为 877.83 公顷，占全县土地总面积的 1.6%；林地面积为 351.71 公顷，占全县土地总面积的 0.6%；水面面积为 1311.56 公顷，占全县土地总面积的 2.4%。

在各类用地中，耕地所占比重最大，垦殖率高达 71.9%，高出全市平均值 19.4 个百分点。历年粮食播种面积占农作物总播种面积的 70% 左右，棉花播种面积占 20%，是河北省的粮、棉生产基地。

建设用地面积 10248.26 公顷，占全县土地总面积的 18.7%。其中，居民点及工矿用地面积 6433.75 公顷，占全县土地总面积的 11.8%；交通用地面积 1654.87 公顷，占全县土地总面积的 3.0%；水利设施用地面积 2159.64 公顷，占全县土地总面积的 3.9%。

全县非农业建设用地占土地总面积的 11.8%，主要是农村居民宅基用地。农村居民点用地占非农业建设用地的 75.3%。

未利用地面积 2624.28 公顷，占全县土地总面积的 4.8%。

在外延开发方面，全县未利用地 2624.28 公顷，需因地制宜合理开发利用。在内涵开发方面，全县中、低产田比重较大，增加对农业的投入，改善农业生产条件，提高土地生产力，是土地开发的主要方面。

土地资源破坏和浪费现象：一是砖瓦窑用地致使大量土地资源遭到破坏，复垦难度大；二是土地污染在一定范围内存在，使土地资源遭到不同程度的破坏；三是部分农村建房无规划，占地超标，形成一些“空心村”，造成土地资源的浪费。

第二节　水资源

临西县的水资源主要由地表水（天然降水、卫运河水）、地下水组成。临西属华北暖温带大陆性季风气候，降水较少。年际变化大，分布不均匀。卫运河为季节性来水，可用不可靠。地下水超采，水位年年下降，全县地下水缺乏。

一、地表水

临西境内的地表水主要来自天然降水和卫运河水。

天然降水是临西的主要水资源。境内降水量年内分配不匀，年际变化大。据临清水文站、气象站、临西气象站、临西灌溉试验站的实测资料分析：1919 年至 1990 年，平均降水量为 538.3 毫米，1991 年至 2008 年，平均降水量为 493.24 毫米，各年份变化较大。1979 年以来，最大降水量是 2003 年的 830.4 毫米，最小降水量是 1992 年的 202.8 毫米，相差 4.09 倍。每年中，3—5 月春灌期平均降水 84.60 毫米，6—9 日汛期平均降水 336.86 毫米，其他时段降水为 70.28 毫米。全县地表水每年平均总量为 11.1 亿立方米。

临西县客水主要是卫运河季节性来水。卫运河是临西县与山东省临清市界河，由尖冢村南入境折而东流，又于东温村南折而往北，在东枣园乡的北孟庄村东出境，境内河长36.52公里。据临清水文站历年实测流量统计，1919年至1990年平均径流量为23.84亿立方米，1991年至2008年平均径流量为5.654亿立方米，两者相比较，近10年和之前相比，平均每年上游来水减少了18亿立方米。卫运河水春旱时无水可提，雨季不用水时，大流量来水又用不上，可用不可靠，并且现已基本断流。

二、 地下水

地下水分为浅层地下水和深层地下水。

浅层地下水主要由天然降水、灌溉回归水、河道入渗补给水以及含水砂层的静储水组成。县域内农业用水多是开采浅层淡水或浅层微咸水、咸水。深层地下水是承压水，补给来源很少，主要侧向径流补给和浅层地下水越层补给，是一种静储量。全县浅层水面积483.5平方公里。地下水平均年降水补给3146.3万立方米，河灌回归1281.8万立方米，井灌回归531.36万立方米。地下水年平均为4959.5万立方米，允许开采量为4959万立方米。

1979—2008年浅层地下水平均埋深调查表

表 2-15

单位：米

观测点	观测井位置（村、方位）	丁庄	东张堤	高村	杨圈	尚庄	后阎	来店	魏庄	西台	胡小庄	常屯	岗楼西南	大十二里	东高庄	西庄	岗楼南	前冯
	设立日期（年、月）	1979.1	1974.3	1979.1	1982.7	1979.7	1979.1	1979.7	1981.6	1974.3	1974.3	1979.1	1976.1	1981.6	1974.3	1979.1	1976.1	
	井深（米）	30	39	30			30.1			34	27	37	27	30	37	340	545	
	附近地面（米）	35.12	35.03	34.71	31.24	36.64	31.16	32.51	29.41	31.82	30.24	32.5	31.15	28.83	29.61	34.65	30.89	
年平均地下水深（米）	1979	5.15	5.54	6.51			3.24			3.31		2.58	3.18		4.69	11.27		
	1980	6.07	4.99	8.43		3.28	3.58	3.33		4.1		3.25	3.97		4.65	13.19	3.54	
	1981	7.73	5.69	8.58		3.45	3.49	2.98		4.05		3.29	3.81		4.78	18.14	11.43	
	1982	7.75	6.18	8.41		3.02	3.7	2.91	3.35	4.55	3.35	3.08		3.1	5.77	20.19	13.65	
	1983	8.79	6.45	8.36	5.7	2.78	3.67			4.03		2.79	3.35	2.67	5.9	21.89	14.13	
	1984	3.51	6.73		5.67		4.45	3.06	3.89	4.43	3.89	3.06	3.3	3.08	5.18	23.62	14.86	
	1985	8.85	7.1	8.65	5.58			2.91		3.96		3.26	3.22	2.89	4.93	22.64	16.15	
	1986	10.5	8.22	8.69	5.98	3.84	3.78		5.14	5.19	5.14	4.24	3.87		5.4	23.06	17.91	
	1987	12.95	8.58	9.48	6.62		3.91	3.15		6.35		4.78	4.34		4.08	26.34	25.41	
	1988	12.42	9.21	9.74	7.08	3.4	3.37	3.64		6.28		5.03	4.19		5.52	26.41	26.75	
	1989	13.65	10.03	9.62	7.43		3.64	3.81	4.89	6.6	4.89	5.14	3.99	6.8	7.09	28.57	28.66	
	1990	14.54	8.9	10.12	7.24		3.46	3.19	2.65	5.89	2.65	4.68	4.02	7.38	6.8	29.48	30.45	
	1991	14.62	7.74	8.35						5.7			3.92		6.29		32.04	
	1992	16.23	10.47	10.22						6.5			5.12		8.38		35.61	
	1993	17.45	9.74	11.92						6.61			5.4		8.04		35.97	
	1994	18.17	9.9	10.94						6.5			4.64				36.43	
	1995	19.95	10.1	11.1						6.41			5.15	8.85			38.02	

续表

观测点	观测井位置（村、方位）	丁庄	东张堤	高村	杨圈	尚庄	后阎	来店	魏庄	西台	胡小庄	常屯	岗楼西南	大十二里	东高庄	西庄	岗楼南	前冯
	设立日期（年、月）	1979.1	1974.3	1979.1	1982.7	1979.7	1979.1	1979.7	1981.6	1974.3	1974.3	1979.1	1976.1	1981.6	1974.3	1979.1	1976.1	
	井深（米）	30	39	30			30.1			34	27	37	27	30	37	340	545	
	附近地面（米）	35.12	35.03	34.71	31.24	36.64	31.16	32.51	29.41	31.82	30.24	32.5	31.15	28.83	29.61	34.65	30.89	
年平均地下水深（米）	1996	19.68		11.2						8.2			5.46				39.22	32.31
	1997	20.81		12									5.03				46.41	32.93
	1998	20.45		11.9									5.27				46.5	32.12
	1999	21.05	21	12.3									5.5				44.6	37.05
	2000			13.7														37.63
	2001			13.8														37.6
	2002			13.9														37.6
	2003			13.8														37.45
	2004			13.8														47.46
	2005			13.95														51.01
	2006			13.05														50.03
	2007			14.66														54.5
	2008			14.02														55.6

第三节 动物资源

1、昆虫类

临西县昆虫分害虫和害虫天敌（益虫）两大类。害虫种类繁多，常见的达到80余种，主要有蝗虫、蝼蛄、蛴螬、螟虫、瓢虫、种蝇、蓟马、地老虎、盲蝽象、棉铃虫、红蜘蛛、象甲虫、金针虫、麦叶蜂、菜青虫、造桥虫、食心虫、金龟子、金花虫、吉丁虫、蚜虫、天牛、毛虫、虱子、象虫、蚂蚁、蟋蟀、蝈蝈、蜻蜓、牛虻、蟑螂、螳螂、萤火虫、纺织娘、蜂（蜂巢入药）、蝉（蝉蜕为药材）、蚊、蝇等。1995年，新传入国际检疫性生物美洲斑潜蝇，对蔬菜生产造成了很大损失。1997—1998年，玉米瑞典蝇、耕葵粉蚧在临西县开始发生。

害虫天敌资源非常丰富，目前查清定名的就有2个纲、18个目、51个科、205种。其中捕食性瓢虫（七星瓢虫、多异瓢虫、龟文瓢虫、深点食螨瓢虫）20种，草蛉（叶花草蛉、丽草蛉、中华草蛉、大草蛉）5种，虎甲、步甲虫18种，食蚜蝇23种，胡蜂5种，食蚜蝽（小花蝽、华姬猎蝽、窄姬猎蝽、大眼长蝽）13种，螨类1种，蜻蜓5种，蜘蛛（草间小黑蛛、丁纹豹蛛、三突花蛛）32种。寄生性：茧峰（蚜茧蜂、赤眼蜂）19种，瘿小蜂1种，黑卵蜂1种，姬蜂1种，小蜂37种。菌类（蚜霉菌、青虫菌、白僵菌）8种。

2、家畜类

主要有马、驴、骡、牛、驴骡、梅花鹿、貂、水獭、猫、猪、狗、羊、兔等。由于机械化水平的提高，马、驴、骡等役用牲畜逐年减少，牛由原来的役用型改为肉食或奶牛。养殖方式也由原来的分散养殖改为专业养殖。

3、家禽类

主要有鸡、鸭、鹅、鸽子、鹌鹑等。

4、野生类

主要有狐狸、獾、蛇、家鼠、田鼠、仓鼠、鼹鼠、蝙蝠、黄鼠狼、大眼贼、野兔、蜥蜴、壁虎、蝎子、刺猬。

5、鱼类

主要为水塘养殖的淡水鱼，6目、9科、27属、30个品种。自然生殖鱼有刀鲚、泥鳅、马口鱼、鳑鲏、麦穗、铜鱼、棒花、由椒鳘、黄颡、黄鳝、鲶鱼、鳜鱼等。

6、飞禽类

主要有乌鸦、喜鹊（花、灰）、麻雀、野鸽子、野鹌鹑、布谷鸟、啄木鸟、猫头鹰、燕子、山雀、黄莺、黄鹂、鹦鹉、八哥、画眉、百灵、翠鸟、靛颏儿（红、蓝）、鹰、鸠、鹳、鸨、雁等。

7、节肢软体环节类

节肢类主要有大青虾、河蟹、蝎子、蜈蚣、蜂蛛；软体类主要有螺、河蚌、蚬、蜗牛；环节类主要有蚯蚓、水蛭（蚂蝗）等。

8、两栖爬行类

两栖类主要有青蛙、虎纹蛙、雨蛙、蟾蜍；爬行类主要有蜥蜴、壁虎、菜花蛇、锦蛇、龟、鳖等。

第四节 植物资源

1、农作物类

粮食作物 以小麦、玉米、谷子、大豆为主，其次为高粱、地瓜、黍稷及小杂豆等16种作物。

经济作物 以棉花为主，其次是花生、芝麻、蔬菜、瓜类、红麻、烟叶及苇、藕等。1990年后，示范推广食用菌、牛蒡、芦笋等。

2、药用植物类

临西县植物性中药材有100多个品种，主要分布在沙壤质地的西部、西北部地带。目前主要收购的55种中，根茎类12种、全草类10种、果实类23种、皮类4种、花类3种、叶类3种。其中野生药用植物22种，主要有半夏、车前子、菟丝子、蒲公英、益母草、红茜草、小蓟、马齿苋、茅根、桑白皮、霜桑叶、葶苈子、香附、硬蒺藤、椿根皮、白丑、黑丑、青蒿、艾叶、茵陈、苍耳子、天花粉等。人工栽培33种，主要有生地、菊花、红花、枸杞、白藏、草决明、黄芪、牛子、麦芽、白术、苏子、薏米、白扁豆、白芍、丹皮、小茴、怀牛膝、黑芝麻、韭菜籽、板蓝根、大青叶、鸡冠花、石榴、莱菔子、杏仁、槐米、荆芥、芥穗、紫苏、薄荷、冬瓜皮、丝瓜络、瓜蒌等。

3、野生植物类

野生植物资源种类繁多，主要有稗草、蔓子草、节节草、芦苇草等，是发展畜牧业的良好牧草；苦苦菜、刺儿菜、蒲公英、酸溜溜、马齿苋、茴茴菜、猪毛菜、麦柞子等野菜，是猪、羊、兔等家畜的饲草饲料；打碗花、沙蓬、三棱草、盐蒿、桑耳、羊奶棵等杂草，可做烧柴和沼气资源；自然生殖的水浮萍、紫背萍、马来眼子藻、轮叶黑藻、苦菜、荆三棱等水生植物，是草食性鱼类的好饲料。2000年后，由于地区间调种，在麦田中出现了节节麦、野燕麦等恶性野生杂草。2004年，又出现了黄顶菊恶性野生杂草。

第五章　自然灾害

第一节　生物灾害

生物灾害主要有虫灾、病灾两大类。为了防止病虫害的发生，人们采取了深翻土地、杀卵诱蛾、种子包衣、喷洒农药、生物灭病等多种方式，以期达到保证农业丰收的目的。

1、虫灾。农作物虫灾每年都有发生，只是轻重程度不同。经常发生的有棉蚜虫、玉米钻心虫、棉铃虫、金花虫等。群众在生产斗争中不断总结经验，近年各类新型专用农药的出现，对于防治虫灾起到了积极的作用，由虫灾造成的危害越来越小。

1993年夏，在小麦灌浆结实期，发生大量棉铃虫啃食麦穗的现象，最多每个麦穗有棉铃虫3—5头，麦拢内遍布被咬下来的麦粒。有群众用脸盆到麦田中磕打麦穗，每晌捉虫2—3公斤。

1998年6月，王铎寺、吕寨、石佛、蒋庄、常庄、黄夏庄、宁庄、郑楼等村的大田里发生蝗灾，数量超过防治极限，市农业局派员来临西指导灭蝗工作，县政府发出《关于迅速除治蝗虫的紧急通知》，号召全力以赴，开展全民灭蝗运动。经过共同努力，扑灭了蝗灾。

2、病灾。常见的农作物病害有小麦黑丹病、黄枯病、棉花枯萎病等，如防治不及时，很容易造成农作物减产。80年代以来，加强了防范技术，其发病率越来越低，由于防治措施得力，一般很难造成灾害。然而，在大棚蔬菜的种植中，时有新的病情发生，防控方法也在不断更新。

第二节　气象灾害

1、水灾

1981年8月15—16日，全县普降暴雨，平均降水218毫米，降水最多的尖冢达322毫米。粮田积水23.7万亩。

1996年5月26日，摇鞍镇乡、下堡寺镇、尖冢镇的45个村庄遭受暴风雨灾害。受灾面积4万余亩，成灾3.15万亩，减产3—5成的粮田1.5万亩，5—8成的2万亩。

大雨后的阳光大街（孙晓林2005年摄）

2、旱灾

1979年，旱情严重，卫运河7次断流。7月降雨113.3毫米，比历年平均值200.5毫米少87.2毫米；8月降雨51.2毫米，比历年平均值158.7毫米少107.5毫米。全县47万亩农作物受旱灾减产3—5成的农田8万亩，绝产1.1万亩。

1980年7月降水62.6毫米，是历年平均降水量的三分之一，全县受灾面积37万余亩，其中7万亩粮田受灾严重。

1981年，卫运河断流，砖井干涸，15.7万亩小麦受灾减产，7万亩绝产。

1986年秋，遭遇严重旱灾，31万亩秋粮及18万亩棉田受灾严重。

1995年10月至1996年3月，全县累计降水1.2毫米，出现严重的干旱气象。

3、雹灾

1982年6月16日17时，全县6个公社的64个大队遭受风雹袭击，风力10级左右，降雹10多分钟，成灾面积4.8万亩。

1986年5月28日21时30分至22时，摇鞍镇乡、白地乡、尖冢镇、下堡寺镇、黎博寨乡的26个村遭受七级以上大风和雨雹的袭击。小麦受灾1.78万亩，棉花受灾7400亩。

1987年5月31日9时5分，先锋桥镇、东枣园乡、老官寨乡、单屯乡、水波乡的50个村庄遭受雹灾。降雹中心在邢庄、李元、隋五里、路庄、孟五里、北队、黄庄、初庄和县园艺场。最大雹径3厘米，受灾面积32650亩。其中，粮田1.4万亩、棉田1.54万亩、果林2650亩、蔬菜600亩。

1990年7月1日凌晨4时30分，全县遭受严重雹灾。连续降雹20多分钟，最大雹体有3厘米，受灾面积2万余亩，成灾7320亩。春播棉减产8成以上的1365亩；5—8成的1690亩；3—5成的2565亩。夏播棉减产3—5成的1700亩。预计棉花减产86.5万公斤。

1991年7月12日14时40分 至15时10分，摇鞍镇乡的前大屯、后大屯、姚尔庄、南杏园等10个村庄和白地乡的杨黄营一带遭受严重风雹灾害。持续降雹30多分钟，雹体大如鸡蛋，小如核桃。姚尔庄、南杏园等重灾区地面降雹半尺多深。两个乡受灾面积2万余亩，成灾面积1.552万亩，其中棉田1.24万亩、粮田2900亩、果林220亩。受灾棉田减产3—5成的2500亩；5—8成的2000亩；绝产7900亩。预计籽棉减产210万公斤。受灾粮田减产3—5成的300亩，绝产2600亩，预计减产粮食30万公斤。减产水果66万公斤。损坏树木1万余棵、房屋150间、电线杆5根，总计经济损失1500万元以上。

1995年8月21日下午3时，下堡寺镇、摇鞍镇乡遭受风雹灾害。持续降雹30余分钟。3万亩农作物、6000亩果林受灾。成灾面积1.8万亩，其中棉花8000亩，减产1—3成的2000余亩；3—5成的3000余亩；5—8成的3000余亩。受灾粮田1万余亩，减产1—3成的4000余亩；3—5成的4000余亩；5—8成的2000余亩。

1999年4月22日晚10时，吕寨乡的26个村庄遭冰雹袭击。持续降雹2分钟，雹径1厘米左右，并伴有大风，800余亩小麦倒伏减产。

1999年8月30日下午2点，吕寨乡的陆村、吕寨、蒋庄、常庄遭受冰雹袭击，持续降雹15分钟，20000余亩农田受灾严重。

2004年6月24日下午，狂风、暴雨、冰雹袭击县域，持续降雹20多分钟，最大雹径5厘米，平均2.8厘米。持续降雨30分钟，降雨量39.1毫米。全县11个乡镇、办事处的143个村受灾，近千间房屋受损，50多人被砸伤。棉花、玉米、谷子等农作物受灾面积23.71万亩，其中8万亩棉田绝产。部分电力通信设施被毁，造成经济损失1.5亿元以上。

2005年7月12日上午11时15—45分，东枣园乡遭受冰雹袭击，持续降雹30分钟，最大雹径2厘米。受灾严重的有汪江、东枣园、北孟庄、唐庄、琉庙、东杨庄。受灾面积10649亩，其中棉花6309亩，绝产4000余亩，粮食作物4340亩。

4、风灾

1989年7月17日，白地乡、临西镇、摇鞍镇乡的部分村庄遭受暴风雨袭击。持续降雨5个小时，平均降雨量170毫米。同时，刮起10级左右的龙卷风。仅白地乡的10个村房屋揭顶524

间、伤43人；刮倒、刮断树木6320棵、电杆259根、围墙1.6万米，涉及417户；室内进水、房屋倒塌损毁小麦16万公斤，直接经济损失45万元以上。同时，损坏粮食作物2500亩，棉花3000余亩。

1991年6月7日，全县遭受暴风雨袭击。日降水量100毫米，阵风7级，小麦严重倒伏，受灾农田28.3万亩。

1993年7月9日，第三油棉加工厂遭受暴风雨袭击，大风刮倒围墙200余米，50余间仓库受损。

2001年4月19日上午8时，刮起七级以上大风，全县蔬菜及棉田地膜被刮起，仅东枣园乡就有67个西瓜大棚的棚膜、棚架被吹毁，15000亩地膜覆盖苗被吹毁，1500多棵树木被刮折、刮歪。

2003年7月30日，东枣园乡、河西镇、老官寨乡、大刘庄乡、樊村办事处、单屯办事处的村庄遭龙卷风袭击。10人受伤，受灾人口10万人，9.75万亩农作物受损，950间房屋倒塌，直接经济损失3671.9万元。

5、霜冻

1993年11月20—26日，临西县遭遇有气象资料70年以来，最大的寒流袭击。21日，最低气温在零下19.7℃，到24日，气温一直在零下11℃之下。1万亩1—7年生幼树绝大多数冻死；1万亩10年以上果树的新生枝全部冻死。影响果品生产3—4年，直接经济损失在3000万元以上。

表2-16　　历年气象灾害一览表

一、暴雨

出现日期	地点范围	强度	受灾程度
1988年7月19日		24小时降水量142.5毫米	
1989年7月7日		日降水量128.2毫米	造成局部沥涝
1989年7月17日3时	白地、摇鞍镇乡和临西镇遭受暴风雨的袭击		白地乡的10个村庄受灾，倒塌房屋67间，房屋揭顶524间，砸伤43人，刮倒和折断树木6320棵，刮倒电杆259根，刮倒围墙1.6万米，浸泡损失小麦16万公斤
1990年8月26日		日降水量117.5毫米	造成局部沥涝
1991年6月7日	全县15个乡镇遭受暴风雨的袭击	日降水量100毫米，阵风7级	小麦倒伏严重，受灾面积28.3万亩，成灾面积6.7万亩，预计小麦减产750万公斤
2000年9月5日		日降水量100.7毫米	
2003年10月		日降水量214.2毫米	
2005年8月1日20时—21时	出现了大风和强降水天气	瞬时风速达20米/秒以上，1小时降水34毫米	受灾人口：13.251万人；受害农作物面积：7397公顷，绝收面积为6380公顷；主要受损农作物有：玉米、谷子、大豆、棉花；直接损失：4799.1万元

二、大风

出现日期	地点范围	强度	受灾程度
1978年8月18日		风力7-8级，阵风9级	
1989年	白地乡、临西镇部分村庄	瞬时风速达10级以上	造成部分房屋倒塌，树木毁坏，人员受伤，损失相当严重

三、高温

出现日期	地点范围	强度	受灾程度
1997 年	全县		是年气温高，降水少，尤其夏季出现了历史罕见的连续高温天气，仅 6 月份的最高温度≥ 35℃日数 11 天，7 月份为 16 天。夏季降水量不足历年平均值的 1/3，给大秋作物的种、管、收造成了很大影响，致使大面积减产

四、低温

出现日期	地点范围	强度	受灾程度
1987 年 11 月	全县	强低温	对小麦越冬特别是对未及时收获的大白菜造成了严重冻害，损失严重
1993 年 11 月 21 日	全县	最低 -19.7℃	给大白菜收获和全县的果树造成了很大的危害，给农业生产带来了很大损失

五、连阴雨

出现日期	地点范围	强度	受灾程度
1985 年 7 月 22 日—31 日	全县	10 天连阴雨	
1985 年 9 月 8 日—17 日	全县	出现低温连阴雨	
1988 年 8 月 12 日—16 日	全县		
1989 年 6 月 10 日—14 日	全县		使收货的小麦发霉、变质，部分未收割的小麦在棵上生芽
1995 年 8 月 29 日—9 月 9 日	全县	12 天连阴雨	对大秋作物尤其是棉花生产影响较大，造成了减产
2003 年	全县	整个秋季连阴雨少日照	对大秋作物的生长成熟收获很不利，造成农作物减产
2004 年 7 月 15 日 -17 日 2004 年 8 月 25 日 -27 日	全县		

六、冰冻

出现日期	地点范围	强度	受灾程度
1982 年 3 月 25 日	全县		使小麦叶片受冻

七、寒潮

寒潮			
出现日期	地点范围	强度	受灾程度
1987 年 3 月底	全县	强寒流	对小麦造成冻害
1993 年 11 月 20 日—26 日	全县	临西县遭到自有气象资料 70 年来从未有过的寒流袭击，21 日最低温度降到 -19.7℃，一直到 24 日都在 -11℃以下	全县 2 万亩果树遭到严重的冻害

八、干旱

出现日期	地点范围	强度	受灾程度
1979 年			受灾：90833 亩 成灾：24512 亩
1981 年			受灾：47487 亩 成灾：17433 亩
1983 年			受灾：150623 亩 成灾：42817 亩
1985 年			受灾：115573 亩 成灾：7329 亩
1986 年			春旱、伏旱给农业生产造成影响
1986 年秋			31 万亩秋粮和 18 万亩棉田受灾
1987 年 7 月 15 日后			持续干旱
1988 年			冬季和春前的干旱对农业生产造成了不同程度的影响；严重的秋旱，对冬小麦播种造成了很大困难
1992 年 6 月		自 1991 年 8 月 1 日至 1992 年 6 月底，共降水 176.2 毫米，比常年少 206.2 毫米，1-6 月份仅降水 60.6 毫米，比常年少 85.6 毫米	天气持续高温，旱情继续发展，形势急剧恶化，是继 1942 年以来未曾遇到的特大干旱
1994 年			伏旱明显，局部地块旱象严重，给农业生产带来一定损失
1995 年			四季降水比历年偏少，全年旱象较为严重，给农作物带来一定损失
1999 年			冬夏季降水少，旱象明显
2000 年			春旱严重，对小麦和棉花的播种不利
2002 年			气温较高，降水偏少，旱象严重

九、干热风

出现日期	地点范围	强度	受灾程度
1982 年 5 月			干热风造成小麦枯熟

十、积涝

出现日期	地点范围	强度	路径	受灾程度
1980 年			雨	受灾：1196 亩 成灾：1196 亩
1981 年			雨	受灾：5398 亩 成灾：1556 亩
1982 年			洪	受灾：15000 亩 成灾：6743 亩
1985 年			雨	受灾：9964 亩 成灾：8744 亩
1989 年 7 月 7 日		日降水量 128.2 毫米		造成局部沥涝
1990 年 8 月 26 日		日降水量 117.5 毫米		造成局部沥涝

十一、冰雹

出现日期	地点范围	强度	受灾程度
1982 年 6 月 16 日 17 时	6 个公社的 64 个大队		成灾面积 4.84 万亩
1982 年 9 月 8 日		最大直径达到 9.6 毫米	未造成灾害
1984 年 5 月 26 日 5 月 27 日		最大直径为 3 毫米 最大直径为 5 毫米	未造成灾害
1985 年 4 月 15 日		最大直径达 5 毫米	未造成灾害
1986 年 5 月 28 日 21 点 30 分—22 点	摇鞍镇、白地、尖冢、黎博寨	遭受了暴雨冰雹和 8 级大风，降雹时间 20 分钟，冰雹最大直径 4 厘米	26 个村庄受灾，受灾较严重的 7 个村，小麦受灾总面积 1.78 万亩，减产 134.55 万公斤；棉花受灾面积计 7400 余亩
1987 年 5 月 31 日 9 点 5 分	先锋桥镇、东枣园乡、老官寨乡、单屯乡、水波乡的近 50 个村庄受灾		受灾面积 32650 亩
1990 年 7 月 1 日 凌晨 4 时 30 分	摇鞍镇乡、下堡寺镇的 15 个村庄受灾	降雹时间持续 20 分钟，最大雹体大如核桃	受灾面积 2 万余亩，成灾 7320 亩，春播棉减产 8 成以上的 1365 亩；5-8 成的 1690 亩；3-5 成的 2565 亩。夏播棉减产 3-5 成的 1700 亩，预计减产棉花 86.5 万公斤，折款 236 万元
1991 年 4 月 24 日和 7 月 12 日	摇鞍镇、白地一带		对农业生产造成一定损失
1991 年 7 月 12 日 14 时 40 分—15 时 10 分	摇鞍镇乡前大屯、后大屯、姚尔庄、南杏园等 10 个村庄和白地乡杨黄营一带受灾	雹体大如鸡蛋，小如核桃，姚尔庄、南杏园等重灾区周围平地冰雹达半尺深	受灾面积 2 万亩，成灾面积 1.5 万亩，其中棉田 1.24 万亩、粮田 2900 亩、果林 220 亩。损坏数木 1 万株，房屋 150 间，电线杆 5 根，共计造成损失 1500 万元以上
1993 年 6 月 8 日、16 日、27 日和 9 月 11 日	涉及全县 6 个乡镇		秋粮受灾面积 2.57 万亩
1993 年 8 月 18 日		最大直径达 3 毫米	
1993 年			全县先后发生旱、雹、虫灾，有 4 万多亩棉花造成毁种或绝收
2004 年 6 月 24 日 18 时 48 分—58 分	11 个乡镇	最大直径 28 毫米，平均重量 3 克	棉花受灾面积 19.592 万亩，粮食农作物受灾 4.12 万亩，直接经济损失 1.5 亿元以上
2005 年 7 月 12 日上午 11 时 15 分至 45 分	临西县东枣园乡汪江、枣园两村灾情最为严重	冰雹最大直径 20-30 毫米	全乡受灾总人口 10466 人；农作物受灾面积达 10649 亩，其中棉花面积 6309 亩，绝产 4000 亩，主要分布在汪江、东枣园、北孟庄、唐庄、琉庙、东杨庄一线；粮食作物面积 4340 亩，直接经济损失达 990 万元

第六章 环境保护

第一节 组织机构

1982年，县计划委员会建设股，工作内容包括环保工作。1988年，县建设局设环境保护监督管理站。1990年5月，成立临西县环境保护委员会。1994年4月，改称临西县环境保护工作领导小组。1995年，取消环境保护监督管理站，成立县环境保护局（二级局）隶属县建设局。1999年，环境保护局升为独立的事业机构，工作人员15名。2002年7月，县环境保护局列为政府职能部门，下设办公室、法制宣教股、污染控制股。2007年4月，增设环境监察大队（事业编制15人）、环境监测站（事业编制8人）。

大气污染防治行动誓师动员会（2013年摄）

第二节 环境状况

临西县在发展经济的同时，注重环境保护。全县大气环境质量稳定，饮用水达标率100%，固体废物处置规范，区域噪声达到标准要求。但是水污染、大气污染和固体废物污染等仍不同程度地存在，治理工作任重道远。

一、水污染

1989年，全县工业用水1072.45万吨，有水污染企业9家（氮肥、造纸、印染、建材等）。全年工业废水排放量1034.52万吨，其中氮肥厂排放废水997万吨，化验有害物质含量：悬浮物485.32吨、氰化物6.54吨、COD78.12吨。大部分废水未经过处理直接排入河流，渗回大地。企业废水排放8项指标监测，有5项指标超过国家规定的废水排放标准，最高超出37倍。使部分河流、渠道不同程度地受到污染，给人民生活、动植物生长造成了一定的危害。随着环境保护工作的不断加强，企业生产流程不断改进、产生废水和外排废水的企业相对减少。2006年，全县工业用水500.05万吨，全年工业废水排放量480.05万吨。无悬浮物和氰化物排放，含COD44.16吨，给部分河道造成一定程度的污染。

二、大气污染

煤是临西县主要生活能源之一，一年四季家庭做饭大多用蜂窝煤，冬季取暖家庭多用土暖气，单位多用锅炉，均以烧块煤为主。煤的燃烧方式和使用管理相对落后，大量的粉尘、炭粒、二氧化硫等有害物质排入大气中，造成大气污染，给人们的生产、生活带来一定影响。1989年，全县共有工业锅炉15台、窑炉83座、生活用锅炉21台，加之饮食服务、生活用煤，每年耗煤量达6.3万吨，排放到大气中的废气达55531万标立方，含有害物质8092吨，其中二氧化硫1053吨、一氧化碳3280吨、烟尘3179吨。采取烟尘治理的企业仅占8%。烟尘主要排放企业有：氮肥厂，年排烟尘368.1吨；火柴厂，年排烟尘35.2吨；印染厂，年排烟尘65.8吨；木器厂，年排烟尘23.2吨。到2006年，虽然工业企业结构发生了变化，但仍有工业锅炉5台、窑炉75座、生活锅炉42台，能源结构以煤为主，以电为辅。年耗煤量达12.71万吨，排放到大气中的废气达98875.4万标立方，含有害物质1.5万吨，其中二氧化硫570.12吨、一氧化碳4564.8吨、烟尘5218.7吨，采取烟

尘治理的企业占50%，其中烟尘主要排放企业为洗浴业锅炉及冬季采暖锅炉。

三、固体废物污染

工业固体废物和城镇生活垃圾排放量逐年增多，由1982年的3400吨，增加到1989年的1.45万吨。2006年，为4.56万吨，是影响城镇生活环境的一项重要因素。

第三节　环境监测

因县环境保护局尚未设定环境监测机构，临西环境监测依靠邢台市环境监测站。

一、水质监测

由于自然因素的影响，县内没有湖泊，河流、坑塘常年干涸，地表水水量极少。水质监测的重点是监测卫运河临西段水质和造纸厂等重点水污染企业。邢台市监测站每年定期来提样监测。卫运河临西段出境口水质好于入境口，造纸厂工业排放水质达标。

二、大气质量监测

临西县没有严重污染大气的企业大户，经市环境监测站监测，除大风扬尘天气外，全年空气质量全部在Ⅱ级和Ⅱ级以上。

环保局工作人员到银光化工检查督导工作（2007年摄）

三、重点污染源监测

临西县重点污染源为造纸厂和氮肥厂，邢台市环境监测站不定期对两个企业进行监测，监测结果均为达标排放。

四、汽车尾气监测

汽车尾气监测，由市环境监测站实施。

第四节　环境治理

1979年9月，《中华人民共和国环境保护法（试行）》颁布实施以来，全县对“三废”治理逐步加强。1989年开始，对污染物超标排放单位征收排污费，同时健全环保机构，加大了对排污企业的治理力度。

1984年，通过设备更新，使镰刀厂车间得到治理。1986年，县氮肥厂投资7.5万元，新上工艺脱硫装置。1988年，投资26.7万元，完成了工艺废水处理工程。1989年12月，通过了国家验收，使局部水污染得到了控制。1988年，县砖瓦厂投资98万元，建起12条烘干洞，利用回收余热烘干砖坯，既防止了烟尘污染，又提高了经济效益。1986—1990年，全县共完成烟尘治理工程11项，其中7项达到国家规定的排放标准。1988年10月，关闭了临西县电镀厂和几家乡镇造纸厂。县纺织印染厂、火柴厂破产，使局部污染得到缓解。2000年，全国“一控双达标”工作中，县造纸厂投资380万元，新上造纸废水处理设施，年底通过市环保局验收。全县34家砖瓦厂采取增加内燃，使用白煤新工艺，通过达标验收。2000年底，全县57家工业企业通过达标。1993年，氮肥厂对生产废水采用双水闭路循环处理，减少了废水排放。2003年，投资180万元，新上环保型循环硫化床锅炉一台，同时投资20万元新上双

环保部门拆除砖厂（2009年摄）

桶麻石除尘器一座，解决了废气炉渣的污染问题；2004年，投资360万元，对硝铵尾气进行回收治理，转化为硝酸盐和亚硝酸盐两种副产品，既解决了30年冒黄烟的问题，又增加了经济效益。2002年，尖冢镇乔屯熟料纸厂，投资20万元对造纸废水进行治理，并通过达标验收。2003年，县制药厂为通过GMP生产和质量管理规范认证，由城区搬迁，新建厂区从设施到工艺都有很大提高，顺利通过省清洁生产试点验收。1999年以后，在征收排污费方面，严格落实有关法规，对排污企业做到了应缴尽缴。通过几年的努力，使环保工作逐步纳入规范化。城区内更换环保锅炉6台，实施烟尘治理的锅炉8台，使县城大气污染得到缓解。2000年，取缔了东留善固6家小造纸。2004年、2005年、2006年连续3年开展“查处违法排污企业保障群众健康环保专项行动”，取缔小化工厂1家、小炼油厂2家、小造纸厂7家。

2000年以后，加大环境执法力度，督促重点企业对污染源进行治理，严格查处环境违法行为和群众环境信访举报案件。对造纸厂、氮肥厂、制药厂等污染企业加大监管力度，使其逐步走向环保生产。在控制新污染源产生方面，严格执行环境影响评价审批制度，控制新的污染源产生。要求新、改、扩建设项目，治污设施必须与主体工程同时设计、同时施工、同时投产使用，有效地控制了新污染源的产生。2007年，在全县开展了《整治违法排污企业保障群众健康环保专项行动》，加大了全县地表水环境的整治，特别是对卫运河、引黄入冀工程的整治，取缔了所有排污口，保证了两河水质在境内不被污染。2008年，全力加强城区大气环境质量整治，对城区采暖、洗浴锅炉采取了“治、拆、换”等措施，确保了城区大气质量的改善。同时，注重水环境工程治理，督促河西隆利达养殖公司、老官寨德源明胶公司、尖庄振华玻璃公司、春光木纹板纸厂对生产废水实施处理。年底，县政府全面启动县城污水处理厂、生活垃圾填埋场工程建设。

第三编 人口

1979年，临西县总人口231675人，到2008年末增长到356393人，30年净增长124718人。全县人口保持和巩固了“低出生、低死亡、低增长”的发展态势；生育率实现了由高向低的转变并稳定在较低的水平上；出生人口素质明显提高，性别比趋于正常；计划生育工作方式由单纯行政约束发展为与教育引导、奖励政策、惠民政策相结合的新型机制，确保了人口增长的科学发展。

第一章 人口状况

第一节 人口数量

纵观全县30年人口发展概况可见，随着人们生育观方面思想觉悟的提高和政府部门计划生育工作的深入开展，全县人口出生率和自然增长率明显下降，并保持了较低的生育水平，相对减少了出生人口的数量，提高了人口素质，为经济增长提供了有利条件。

1979—2008年全县人口总量变化一览表

表3-1

年度	总户数	总人口	其中	
			男	女
1979	55704	231675	117546	114129
1980	56321	234841	119161	115680
1981	56907	239294	121765	117529
1982	56840	243500	124309	119191
1983	57436	246529	125695	120834
1984	58176	249945	127709	122236
1985	59413	252870	129120	123750
1986	60658	255948	130147	125801
1987	61887	258776	131838	126938
1988	65228	262277	133119	129158
1989	64601	264192	134472	129720
1990	68732	286224	145634	140590
1991	69161	288656	146153	142503
1992	70714	292624	148438	144186
1993	72444	294889	150958	143931
1994	73660	296813	150743	146070
1995	766228	300978	153269	147709
1996	79559	302998	156405	146593
1997	79418	304825	157350	147475
1998	79959	307365	155185	152180
1999	79959	309091	156396	152695
2000	79243	313465	159227	154238

续表

年度	总户数	总人口	其中	
			男	女
2001	78046	316130	161113	155017
2002	79990	322965	164613	158352
2003	93485	327910	167169	160741
2004	95258	330632	169206	161426
2005	96582	330858	169192	161666
2006	97649	338855	173625	165230
2007	100200	347054	178046	169008
2008	102623	356393	182927	173466

第二节　人口结构

一、性别结构

1982年，第三次人口普查资料显示，全县总人口237850人，其中男性121658人，占总人口的51.1%；女性116192人，占总人口的48.9%。性别比例为104.7∶100。1990年，第四次人口普查，总人数为283475人，其中男性143451人，占总人口的50.6%；女性140024人，占总人口的49.4%。男女性别比例为102.5∶100。2000年，第五次人口普查，总人数为313118人，其中男性159328人，占总人口的50.9%；女性153790人，占总人口的49.1%。男女性别比例为103.6∶100。

二、年龄结构

根据1982、1990、2000年，三次人口普查资料显示，全县人口年龄结构变化比较明显。

（一）从几次人口普查的情况来看：少年儿童数量变化较大。1982年第三次人口普查，0至15周岁的少年儿童为77096人，占总人口的32.41%；1990年第四次人口普查，0至15周岁的少年儿童为93505人，占总人口的33.0%，比1982年增加了16409人；2000年第五次人口普查，全县0至15周岁的少年儿童为89417人，占总人口的28.6%，比1990年减少了4088人，其中0至5岁儿童比1990年减少了18837人。

（二）劳动适龄人口呈马鞍形发展。1982年，全县劳动适龄人口（16–60岁）139160人，占总人口的58.5%；1990年，适龄人口100725人，占总人口的35.53%；2000年，适龄人口198193人，比1990年增加了97468人，占总人口的63.3%。

第三、四、五次人口普查年龄统计表

表3–2　　单位：人

年龄分组	第三次普查		第四次普查		第五次普查	
	各年龄组人数	占总人口（%）	各年龄组人数	占总人口（%）	各年龄组人数	占总人口（%）
0-5岁	28962	12.18	41168	14.52	22331	7.13
6-10岁	20199	8.50	32543	11.48	29684	9.48
11-15岁	27935	11.74	19794	6.98	37402	11.95

续表

年龄分组	第三次普查		第四次普查		第五次普查	
	各年龄组人数	占总人口（%）	各年龄组人数	占总人口（%）	各年龄组人数	占总人口（%）
16-20 岁	27581	11.60	24556	8.66	32870	10.50
21-25 岁	17451	7.34	30093	10.62	20332	6.49
26-30 岁	22567	9.48	22867	8.07	22723	7.26
31-35 岁	17887	7.52	21172	7.47	30751	9.82
36-40 岁	11290	4.75	21608	7.62	25127	8.02
41-45 岁	10217	4.30	16130	5.68	20399	6.51
46-50 岁	12492	5.25	9008	3.18	20980	6.70
51-55 岁	10334	4.34	10800	3.81	15934	5.09
56-60 岁	9341	3.92	10481	3.71	9077	2.90
61-65 岁	7411	3.12	8382	2.96	8660	2.76
66-70 岁	6409	2.70	6491	2.29	7626	2.44
71-75 岁	4296	1.80	4334	1.53	4927	1.57
76-80 岁	2550	1.07	2606	0.91	2762	0.88
81-85 岁	691	0.29	1105	0.39	1083	0.35
86-90 岁	210	0.09	302	0.11	364	0.12
91 岁以上	27	0.01	35	0.01	86	0.03
总人口	237850	100	283475	100	313118	100

三、民族结构

全县共有 12 个民族，以汉族为主，其次是回族。第五次人口普查资料显示，汉族 309757 人，回族 3241 人，分别占总人口的 98.93% 和 1.04%，其他 10 个民族共 120 人。

临西县各民族人口一览表

表 3-3　　　　单位：人

民族名称	1982 年人口普查数	1990 年人口普查数	2000 年人口普查数
合　计	237850	283495	313118
汉　族	235079	280341	309757
回　族	2762	3085	3241
蒙古族	—	2	62
藏　族	—	—	11
维吾尔族	—	—	1

续表

民族名称	1982年人口普查数	1990年人口普查数	2000年人口普查数
苗族	—	3	11
壮族	1	13	6
布依族	—	2	2
朝鲜族	—	—	20
侗族	—	—	4
哈尼族	—	—	2
羌族	—	—	1
彝族	—	25	—
满族	8	22	—
瑶族	—	1	—
土家族	—	1	—

四、文化结构

1982、1990、2000年，三次人口普查资料显示，全民文化水平在逐渐提高。截至2000年11月1日，具有大学文化程度的人员已由1982年的288人增加到2189人。

临西县居民文化结构一览表

表3-4　　单位：人

文化程度	1982年		1990年		2000年	
	人数	占总人口的%	人数	占总人口的%	人数	占总人口的%
大专以上	288	0.12	733	0.26	2189	0.70
中专、高中	11636	4.89	11589	4.09	18707	5.98
初中	36800	15.47	54944	19.38	106365	33.97
小学	83436	35.08	120283	42.43	127398	40.69

第三节　人口分布

由于在地域上没有发生变化，随着时间的延伸，人口的增多，人口密度不断加大。特别是城乡建设占地、工业占地、商业占地的增多，人均耕地面积不断减少。县城区的仓上、童村人均耕地仅0.2亩左右。全县人均耕地不足2亩，从而也推动了劳动力由农业向工商业的流动。

1979—2008 年全县人口密度变化表

表 3-5　　　　单位：人 / 平方公里

年度	人口	密度	年度	人口	密度	年度	人口	密度
1979	231675	427	1989	264192	487	1999	309091	570
1980	234841	433	1990	286224	528	2000	313465	578
1981	239294	442	1991	288656	532	2001	316130	583
1982	243500	449	1992	292624	539	2002	322965	595
1983	246529	455	1993	294889	544	2003	327910	605
1884	249945	461	1994	296813	547	2004	330632	610
1885	252870	467	1995	300978	555	2005	330858	610
1986	255948	472	1996	302998	559	2006	338855	625
1987	258776	477	1997	304825	562	2007	347054	631
1988	262277	484	1998	307365	567	2008	356393	647

1980、1990、2000、2006 年度乡镇工作站人口密度表

表 3-6　　　　单位：人 / 平方公里

乡镇（工作站）名称	面积	1980		1990		2000		2006	
		人口	密度	人口	密度	人口	密度	人口	密度
临　西	40.8	22324	547	31520	773	39577	970	49089	1203
河　西	23.9	16927	708	20270	848	37248	705	23925	1001
单　屯	28.9	11910	412	14774	511			16833	582
下堡寺	60.5	25288	417	29777	492	31878	526	33716	557
尖　冢	32.3	14857	459	17713	548	34538	575	20040	620
樊　村	27.8	11873	427	14460	520			15847	570
东枣园	44.0	18211	413	22437	510	24406	554	25275	574
水　波	32.7	12062	368	14464	442			16167	494
吕　寨	39.9	17627	441	21385	536	37712	557	23848	597
姚　楼	27.8	11800	424	13520	486			16056	577
摇鞍镇	36.4	13378	367	15457	425	37523	484	17277	474
白　地	41.0	16709	407	19528	476			22160	540
大刘庄	29.3	10950	373	13738	469	34863	537	16247	554
黎博寨	35.6	15144	425	18309	514			20567	577
老官寨	41.0	15166	369	18872	460	35720	484	21781	531
合计（平均）	542	234234	432	286224	528	313465	578	3389855	625

第四节 人口姓氏

据1990年第四次人口普查，全县有单姓472个、复姓1个，姓氏在5000人以上的有：张姓30682人，是临西县人口最多的大姓，依次为王姓29392人、李姓21237人、刘姓18157人、赵姓10752人、孙姓9850人、杨姓8811人、陈姓7238人、马姓6482人、徐姓5339人。居住区域较广的姓氏有于、马、王、牛、尹、田、申、史、傅、白、冯、邢、吕、曲、朱、任、刘、许、孙、李、杜、苏、杨、吴、肖、邱、何、邵、沈、宋、张、陈、范、林、周、郑、孟、赵、胡、郝、钟、修、侯、姜、洪、耿、秦、袁、夏、贾、徐、倪、高、郭、唐、阎、黄、曹、崔、常、梁、董、蒋、彭、韩、程、靳、潘、魏，共计69个姓氏，分布于全县15个乡镇（工作站）。

姓氏特点：一是人口众多的姓氏分布较广，如张、王、李、刘、赵等，遍布全县；二是人口较少的姓氏，一般聚居于几个相邻村庄，如冯、朱、谭、黑、方、滕等；三是近年来新增的姓氏，多为跨省区婚姻所形成，如欧阳、闽、么、匹、历、云等；四是历史上本地的复姓已改为单姓，如澹台，在民国时期仍用，现已改为单姓台。

第五节 人口寿命

随着社会的进步，由于人民生活水平的提高和医疗条件的改善，居民平均寿命不断延长。1982年，全县61—80岁的老年人为20666人，81岁以上高龄的老人为928人；1990年，61—80岁的老年人为21813人，81岁以上高龄的老人为1442人；2000年，61—80岁的老年人为23975人，81岁以上高龄的老人为1533人。从三次人口普查统计数字来看，每次高龄老人的数量都在递增。

长寿的老人多与家族基因和居住地及生活习俗有关。近年来发现，水波工作站的高洼是个长寿村，这个1000多人的村庄，80岁以上的老年人有10余人，90岁以上的老人也有5人。这些老年人多数不嗜烟酒、生活平淡、勤劳且生活有规律并有长寿家史。

百岁老人基本情况统计表

表3-7

姓名	村庄	性别	时间	年龄
王金平	商庄	女	1899－2001	102
郭如禹	贾村	男	1900－2001	101
张秀文	陆村	女	1898－2001	103
张兰英	前堤口	女	1903－2003	100
洪泽龙	小芦	男	1906－2007	101
车一兰	西高尔庄	女	1904－2007	103
郑玉梅	西高尔庄	女	1905－2007	102
吴梦秀	赵子堌	女	1907－2007	100
杨俊英	北镇	女	1907－2007	100
常玉娥	姚庄	女	1905－2007	102

第二章　计划生育

第一节　机构设置

1979年，县革委计划生育办公室为局级单位，有工作人员4名，各公社配有专职计划生育协助员。1980年1月，县计划生育办公室改建为计划生育委员会，工作人员增至17名，下设办公室、宣传指导站、技术服务站、药具管理站（简称“三站”）。1981年，各公社有12名专职计划生育协助员转为国家干部，改称计划生育助理员。1984年上半年，各公社均建立了计划生育办公室。是年底，县、乡共有计划生育专职干部78名，其中招聘44名。1987年，按照上级要求，县委、县政府配备主管计划生育工作副书记、副县长和书记助理、县长助理；各乡镇配备主抓计划生育工作的副书记、副乡镇长和乡镇长助理。县、乡镇招聘人员全部实行合同制管理。县计划生育委员会增设县直单位计划生育股。县投资20万元，在榆阳北街南段东侧建起县计划生育综合服务中心楼，作为“三站”办公楼，建筑面积1200平方米。1990年底，县计划生育委员会有工作人员31名，县、乡两级共有专职干部128名，村以下健全了计划生育福利委员会、计划生育协会和育龄妇女小组等服务组织，初步形成了系统的计划生育工作网络。1995年9月，县计划生育委员会更名为县计划生育局，工作人员增至46名，办公地址从县政府院内搬迁到运河东路北侧的计划生育服务楼。1996年11月，县计划生育局内设人秘股、政策法规股、规划统计股、县直计划生育股4个直属机构及宣传指导站、技术服务站、药具管理站三个事业机构。2002年，撤销县直计划生育股，乡镇级保留计划生育办公室，村级普遍设立计划生育办公室，配备主任、送药员。村计生办主任享受正村级干部待遇，全县各村设立育龄妇女小组并配齐了小组长。2003年11月，临西县计划生育局更名为临西县人口和计划生育局，保留原有基层机构。

县计划生育局（孙晓林摄）

第二节　人口政策

1979年下半年开始，提倡“一对夫妇只生育一个孩子”，实行少生、优生、优育的政策，全县有208对夫妇自愿报名终生只要一个孩子。是年底，1846对夫妇报名领取了“独生子女光荣证”，占3552对一孩育龄夫妇的52%。1980年，根据上级要求，贯彻落实“书记挂帅、全党动手、宣传教育、典型引路、加强科技、提高技术、措施落实、持之以恒”的计划生育工作方针，和《中共中央致全体共产党员、共青团员的公开信》，鼓励一对夫妇只生一个孩子，实行“生育证”发放，申请生育。是年，全县报名终生只要1个孩子的育龄夫妇达到3960对，共产党员、共青团员起了带头作用。全县的1胎率由1979年的49.68%，提高到60.08%；超计划多胎生育率由10.5%下降到9.35%。1980年开始，对一些确有困难、符合规定条件的已婚育龄夫妇，批准照顾生育第二胎。在计划生育工作中克服“行政命令一刀切”的做法，引导群众自觉落实避孕节育措施。是年，人口出生率比上年有所下降，人口自然增长率达7.84‰。1985—1987年，继续贯彻执行“稳定政策、抓紧工作”的管理方针，超计划多胎生育明显下降。

第三节 管理措施

一、提倡晚婚晚育

1979年6月，修订晚婚年龄，城镇青年男26周岁、女24周岁。1980年，初婚男性1961人、女性1439人，全部达到晚婚年龄。

1981年，新《婚姻法》规定：结婚最低年龄男22周岁、女20周岁，使婚龄人群增加。规定男女按法定婚龄推迟三年以上为晚婚。是年，结婚2773对，比1980年增加809对，晚婚人数稳中有升。1990年，晚婚人数为4600人。

二、普及节育措施

1979年下半年开始，逐步普及节育措施。国家免费发放避孕药具。1984年6月，建立县计划生育药具管理站，各乡镇设避孕药具发放点。到1990年，有11874名已婚育龄妇女使用节育环、2991对夫妇使用避孕药具，占已婚育龄妇女人数的6.7%。1995年，各乡村医生兼职避孕药具发放员。1996年，城乡均设免费领取点，各点配有专、兼职医师指导避孕药具使用。2005年，各乡镇设立避孕药具室，设专职药管员。

1985年4月，在榆阳北街南段东侧建1200平方米县计划生育综合服务中心楼，县技术服务站从医疗部门调配主治医师，配备了200毫安X光透视机、心电图机、无影灯、万能手术床，开设了手术室、门诊、化验室和药房，后又添置B超机、多功能激光机、心功能检查仪、动态心电图机。对乡镇计划生育办公室配备小型X光机、妊娠检查仪及成套的小型手术器械，日常开展节育手术。

1991—2008年人口出生增长情况表

表3-8

年度	出生人数（人）	出生率（%）	自然增长率‰
1991	4008	13.94	7.69
1992	3701	12.73	6.15
1993	4107	13.98	5.59
1994	3190	10.79	4.67
1995	2469	8.26	2.24
1996	1912	6.33	0.32
1997	1736	5.72	1.35
1998	2742	9.00	3.38
1999	2470	8.03	3.11
2000	2563	8.29	3.21
2001	3116	10.03	4.50
2002	3192	10.20	3.70

续表

年度	出生人数（人）	出生率（%）	自然增长率‰
2003	3349	10.62	4.77
2004	3472	10.93	5.22
2005	4207	13.13	6.77
2006	4161	12.91	7.17
2007	4403	12.64	7.61
2008	4510	13.66	8.03

三、实行考核奖惩

对单位实施考核。1979年始，每年度对各单位、各公社的计划生育工作进行检查考核，评出先进，予以表彰。1990年始，每年度省市对县计划生育工作进行考核验收。1991年6月，成立人口调查队（隶属统计局），经常性地对乡镇进行解剖调查。1994年，县委下发临发〔1994〕8号文件，规定：乡镇在省市进行的年终抽查考核中，完成本年度出生率、计划生育率、合法结婚率、求实率及其他指标，综合考评排队贡献大，使全县排名跨入全省前80名的，发给乡镇奖金1万元。党委书记、乡镇长、主管副职、计生委主任晋升一级固定工资；副乡级以上其他领导干部上浮一级工资，并定为全县计划生育工作先进乡镇。同时，对于完成年度人口与计划生育目标好的单位及个人，均给予适当的物质奖励。1998年4月，县重新修订了计划生育工作考核奖惩办法，实行晋档升级制，设“先进、达标、基本达标、不达标”四个档次。每年对先进档次的单位及负责人进行表彰奖励。1994年8月，县委、县政府规定：对计划生育工作后进单位进行处罚。对完不成人口与计划生育责任目标或被国家、省、市考核抽查中出现严重问题的单位及相关负责人，给予“黄牌警告”及经济处罚。问题严重的就地免职。包乡镇的县级领导干部与乡镇同奖同罚。1998年4月，修订奖惩办法，对人口计生工作倒排第一、二、三名的乡镇，定为重点管理乡镇。同时，给予党政主要负责人、计生部门负责人免职警告，一年内不安排同级职务，降一档职务工资。2002年9月，重新修订奖惩规定：对党政一把手和主管领导在任期内出现的问题实行终身负责制，追究责任不受时限限制。对年度计划生育工作落后的单位实行“一票否决”，取消年度先进单位、先进个人评选资格及入党、入团、晋级晋职、提拔重用资格。1996年，全省县级计划生育检查排队，临西县全省排名第8位，进入市先进县行列。1997年，市对各乡镇、办事处进行检查排队，老官寨乡进入全市前20名。1998年，白地办事处、尖冢镇进入全市前20名。2003年，县计生工作经市考核检查，位居全市一档达标。2005年，进入全市一档先进行列。2006年，保持了一档先进位次。

对落实计划生育的家庭、个人进行奖励。1979年8月2日，按照省革委〔1979〕122号文件规定：对自愿报名终生只要一个孩子的夫妇，由县计生办发给《独生子女光荣证》，子女可凭证优先入托、入学、入伍、就医。国家和集体单位的干部、职工（包括合同工、临时工）从领证之日起至14周岁止，每年发给儿童保险费，男孩5元、女孩6元，如男方没工作，由女方单位发给。若一方在全民所有制单位，一方在集体单位或农村，由全民所有制单位发给。夫妇系农村社员的，由所在生产大队按月记儿童保健工分20分；终生只生一个孩子的，每月记30分；只生一个女孩的记40分。独生子女口粮按成年人标准分配。1981年5月1日，根据省有关文件精神规定，对男女双方按法定婚龄推迟3年以上的晚婚夫妇，由县人民政府发给“晚婚光荣证”。干部、职工实行晚婚的，增加婚假半个月。凡生育第一个孩子后，在产假期间报名终生只要一个孩子的干部、职工增加产假1个月。24周岁以上生育第一胎的晚育产妇，再增加产假45天。假期内工资照发，不影响评全勤奖。农村社员给予适当照顾或物质奖励。对实行晚婚晚育的夫妇，在同等条件下，优先分配住房和宅基地。对独生子女父母，除给予表扬和政治荣誉外，干部、职工所在单位，社员所在社队，均给予一定的保健现金和保健工分奖励，发给一次性保健费或保健工分。干部、职工夫妇双方每人每年200元；农村社员夫妇每人每年200个劳动日或相当于当年劳力平均收入70%—100%的现金；一方是职工、一方是农民或城镇居民的，由职工单位全部承担。城镇的正式职工或居民，由街道居委会给予适当照顾或补助。女干部、女职工经本人申请，由所在单位批准，可享受育儿假1年，工资照发。育龄夫妇实行节育手术，按规定给予适当休息时间，在规定时间内，工资照发。农村社员工分照记或给予适当照顾和经济补助。因节育手术休息，不影响评全勤奖。育龄夫妇实行节育手术后，因独生子女意外死亡，如要求再生育，免费作吻合复通手术。各个单位在评选先进集体、先进个人、提拔干部和入党、入团时，均把落实计划生育政策作为一项重要的条件。1985年，有3人获得国家计划生育委员会的表彰和奖励。之后，每年都进行上报评选。到2007年，全县获国家人口计划生育委员会表彰、颁发奖牌人数达到8人。1982年5月3日，县委〔1982〕21号文件规定，对男女青年晚婚的给予表扬，晚育的发给30—40元奖金或等价的粮食。独生子女可享受下列之一的奖励：①多分一份责任田、自留地；②降低全家包产定额的15%—20%；③适当减少全年承包地的集体提留；④发给一次性儿童保健费，夫妇双方每人150—200元或等价的粮食。1983—1998年期间，计划生育工作奖惩力度逐渐加大。1989年3月，执行《河北省计划生育条例》规定，对自愿只生一个孩子的夫妻，从领取“独生子女证”之日起，到子女14周岁止，由独生子女父母双方所在单位每月分别发给不低于5元的奖金，在产假期间领取“独生子女证”的，对产妇增加奖励假30天。1994年9月2日，对按法定婚龄推迟3年以上结婚的晚婚夫妇，奖励婚假15天。24周岁以上，第一次生育的晚育者，奖励产假45天，奖励婚、产假期间，享受正常婚、产假待遇。其后，“独生子女证”改为“独生子女父母光荣证”。

2003年10月，按照重新修订的《河北省人口与计划生育条例》规定，对农村领取“独生子女父母光荣证”的夫妇每月发给10元奖金。2005年，按照国家对农村部分计划生育家庭奖励扶助规定，对农村独生子女父母和“双女户”夫妇，每年给予600元奖励。是年9月，对361名符合奖抚条件的给予奖励。2007年，确认全县具备奖抚资格的有114个家庭。

与此同时，制定了一系列处罚措施。1979年8月，省革委〔1979〕122号文件规定：凡干部、职工计划外生育第三个或3个以上孩子的，按父母双方工资总额征收5%的抚养费，产期扣5%的工资，住院费、检查费和医疗费用一律自理；农村社员夫妇双方扣一年工分总额5%的工分。生4个孩子的扣6%，生5个孩子的扣7%，依次类推。所生孩子不能享受统筹医疗、合作医疗和企业有关劳保待遇。城镇户口孩子14周岁前的口粮按议价粮供应，除布票外，不发给各种商品票、副食品票，生活困难不予补助。城镇不增加住房面积。农村户口的孩子不增加宅基地、自留地。1982年5月，县委〔1982〕21号文件规定：凡计划外生育的夫妇，必须深刻检查认识错误。超生第二胎的，男女双方必须落实绝育措施，征收计划外生育二胎的超生子女费600—800元；3胎及以上的，征收1200—1500元，超生子女费一次交清，确有困难的经过批准可分期缴纳。对拒不缴纳者，干部、职工扣发工资，农村社员采取减粮、减地办法予以兑现。并且不分给超生婴儿自留地、责任田。对计划外生育二胎的，扣回一人份自留地、责任田；3胎及以上的，扣回2人份自留地、责任田。国家干部、职工各降一级工资，并扣发夫妇双方当年奖金，调资时再各免调一级。党、团员出现计划外生育的，给予直至除名的纪律处分。

凡违反计划生育政策的夫妇不能提职、入党、入团、转正、转干。凡合同工、临时工、民办教师、赤脚医生一律辞退，任何国家机关和企事业单位不得重新录用。干部不能进领导班子，是领导班子成员的一律撤销职务。1985 年 11 月，县委规定：农村党、团员计划外生育 2 胎的，给予直至开除党、团籍处分；生育 3 胎以上的一律开除党、团籍，是领导干部的，撤销职务。国家干部、职工计划外生育 2 胎的，给予行政开除留用 1–2 年的处分，留用期间每月发生活费 30 元；生多胎及以上者，一律开除公职。1989 年 3 月，河北省人民政府颁布《河北省计划生育条例》，其后的奖惩办法依据条例修订实施。2003 年 10 月，依据新修订颁布的《河北省人口与计划生育条例》进行奖惩，人口和计划生育工作进入依法行政、优质服务、村民自治和知情选择节育措施的新阶段。

第四节 宣传服务

一、宣传教育

从 1979 年起，人口和计划生育工作贯彻宣传教育为主、避孕为主、经常工作为主（简称“三为主”）的方针，始终把宣传教育放在人口和计划生育工作的首位。1980 年 9 月，《中共中央致全体共产党员、共青团员的公开信》发表，临西县掀起了宣传热潮，街头巷尾刷写标语，共产党员、共青团员纷纷带头报名，终生只要 1 个孩子。有 103 名共产党员、67 名共青团员领取了“独生子女光荣证”。1981 年，县委、县革委召开“全县计划生育表彰大会”，奖励报名终生只要 1 个孩子、领取“独生子女光荣证”的育龄夫妇，向 201 名领证夫妇发放了奖品和奖状。1983 年 3 月，全国开展计划生育宣传月活动，县、社两级出动了宣传车，村庄利用广播喇叭、粉刷标语大造声势，起到了良好的宣传效果。1984 年，县计生办设宣传站，配制了电影机、幻灯机、广播喇叭等影像设备，巡回乡村放映计划生育的电影、幻灯片。1987 年，贯彻中央 7 号文件精神，制止在计划生育中强迫命令现象。1989 年 2 月，乡镇配备专职计划生育宣传员，村设兼职宣传员。1999 年，县宣传站被评为省计划生育优秀宣传站。2000 年 5 月，开展了“婚育新风进万家”宣传活动。2002 年，举办了第一届新型生育文化节。其后，每年举办 1 次。2003 年，开展了“创建新型生育文化县”活动，各乡镇、办事处普遍建设新型生育文化大院，村级建设了活动室。各乡镇、办事处粉刷绘制了“新型生育文化街”。县宣传站增配了录像机、照相机等宣传器材。2006 年 9 月，在邢临路临西段，举办第五届“新型生育文化节”，营造了新型生育文化宣传带，装制了永久性宣传牌，喷绘了大型宣传图画。各乡镇、工作站组织了文艺宣传队，设置了宣传咨询台。通过广泛持久的宣传，收到了很好的效果。

二、搞好服务

1、落实独生子女待遇

1979 年 8 月，河北省革命委员会冀革〔1979〕122 号文件规定：独生子女父母领取“独生子女证”后，发给儿童保健费或补贴工分。全民所有制和集体所有制单位的干部、职工儿童保健费每年 40 元，农村社员每年奖励 300—400 个工分，至孩子 14 周岁止。独生子女可优先入托、入学、就医。在招工中，独生子女父母符合条件的优先安排。要求参军而又符合入伍条件的独生子女，尽量予以照顾。招收女兵，照顾有女无儿户。1981 年 4 月，县委规定：从领取“独生子女光荣证”之日起，至孩子年满 14 周岁止，由夫妇双方所在单位（或生产大队、生产队），分别发给儿童保健费（或保健工分）。干部、职工每人每月 2—2.5 元；农村社员每人每年 150—200 个工分，或相当于当年劳力平均收入的 7%—10% 的现金。

发给一次性的儿童保健费：干部、职工夫妇双方每人 200 元；农村社员夫妇双方每人 1500—2000 个工分，或相当于当年劳力平均收入的 70—100% 的现金。

领取“独生子女光荣证”的女干部、女职工，经本人申请，所在单位批准，可享受育儿假 1 年，工资照发，不影响全勤奖。如果独生子女单靠人工喂养，经男女双方单位协商，也可由男方享受育

临西县人口与计划生育会议

儿假。

1982年4月，根据冀发〔1982〕39号文件精神，县委、县政府规定：生育第一个孩子后，女方在产假期间报名终身只要一个孩子并领取“独生子女光荣证”的，奖励产假2个月。农村调整自留地时，独生子女按一个半至两个孩子分配；招工和社队副业用工，优先录用独生子女及其父母；分配住房和宅基地，优先安排独生子女家庭。

1989年3月，《河北省计划生育条例》规定了独生子女待遇。其后的《河北省人口与计划生育条例》也规定了独生子女的待遇。

1998年，实施对农业户口“独生子女光荣证”的独生子女在高考和中考中照顾增加20分的规定，至2007年，全县有193名农村独生子女受惠考入大学。

2005年，给农村独生子女父母每月各发10元奖励，全县1757名农村独生子女父母享受到此项待遇；708名城镇非农业独生子女保健费由父母双方各5元增加到各10元；361名非农业户口的独生子女父母和“双女户”父母，享受国家奖励扶助政策，每人每年奖金600元，直至其亡故为止。

2007年执行，凡独生子女母亲退休时，享受一次性补贴3000元，此款由县财政支付。

2、落实少数民族生育政策

认真执行国家“少数民族也要提倡计划生育，在要求上可适当放宽一些”的政策。夫妇均系少数民族的，可以生育二胎，生育间隔4年以上，但不得生育3胎。临西县除汉族与壮族的生育2胎条件相同之外，其他少数民族允许生育2胎。1989年3月20日，执行《河北省计划生育条例》规定：夫妻双方均为少数民族，只有一个子女，要求生育的，可有计划地再安排生育一个。1994年9月明确规定，“夫妻双方均为全国1000万人以下人口的少数民族，只有一个子女的，可以申请生育第二胎”。至2007年，临西县有1263对少数民族夫妻批准生育第二个孩子。

3、落实证件办理

临西县自1980年开始，办理“独生子女光荣证、一胎准生证、二胎准生证、结扎证”等计划生育证件。1986年，开始发放“准孕证”。农业户口的育龄夫妇办理“一胎准生证”由乡镇审核发放；非农业户口家庭由县计生部门审核发放。符合规定条件，申请生育第二个孩子的，由乡、村两级初审上报县计生局，县组织鉴定小组成员集体“会诊”，符合条件的上报到市主管部门审核发证。1988年2月，对全县已婚至49周岁的育龄妇女普遍发放“已婚育龄妇女普查证”。1989年，实施《河北省计划生育条例规定》，对各种证件实施规范化管理，“独生子女光荣证”改作“独生子女父母光荣证”。对农村“独女户”申请生育2胎的，由县计生主管部门负责审核发证；第一个孩子为病残儿童的，仍由市批准发放“第二个孩子生育证”。自2002年起，对外出务工、经商等流动的育龄夫妇，由县、乡分别发放《流动人口婚育证明》。2005年，对农村实行计划生育年满60周岁、符合国家规定奖励条件的发放“奖励扶助光荣证”。是年，发放光荣证361本。

第四编　基础设施

临西县在坚持不懈地实施改革开放、推进经济建设的同时，十分重视发展社会事业，不断加大建设投入，改善和提升基础设施水平。城乡规划、建设管理、城市管理水平不断提高。县城建设突飞猛进，县城面积由1978年的1.8平方公里，扩大到2008年的8.5平方公里。县城路网交织，高楼林立，住宅小区星罗棋布，商贸文化服务设施日臻完善，城区绿化覆盖率达到35%，县城已在不断建设中成长为一个宜居宜业的绿色之城。交通建设从70年代全县60公里渣油公路起步，到2008年全县公路里程达到723公里，实现了通铁路、通高速、村村通公路。电力设施，1974年全县仅有35千伏变电站3座，2008年全县110千伏变电站2座、35千伏变电站8座、输电线路1100多公里。水利设施建设有了长足发展。通讯事业快速发展，移动通讯异军突起，到2008年末全县电话交换机容量达5.5万门，移动通讯用户达到13万户。

第一章　城乡建设

临西县1982年成立城建局。1984年城建局并入计划委员会，设为建设股，负责城建管理工作。1988年5月，成立建设局，负责城镇、乡村的规划、建设、管理和环境保护工作，下设规划管理股、施工管理股、办公室、城管监察大队、环保站、房产公司、市政工程公司，有干部职工194名。1991年3月，设立村镇建设管理股，各乡镇设助理员1名。1993年5月，施工管理股更名为质监站，增设房地产开发公司。1995年成立环境保护局（二级局）仍隶属建设局。1999年环境保护工作从建设局划出。2000年12月城管工作从建设局划出成立城管综合执法大队，2003年6月在城管综合执法大队的基础上组建成立临西县城市管理局，下设办公室、园林股、城管执法大队、卫生队、市政工程公司等，担负城市环境卫生、县城绿化、市政设施维护、治理违章建筑、查处占道经营、处理突发事件等城市综合管理职能。2007年7月规划工作从建设局划出成立规划局，负责城乡建设规划管理工作。随着分工不断明细，工作力度不断加大，临西县城乡建设规划管理和城市综合管理工作有了长足发展。

第一节　县城建设

一、县城变迁

1965年临西县初建时县城设在河西街（今河西镇）卫运河左堤外侧的米市、青龙、临卫街一带，后因卫运河往西扩挖，原城今已不复存在。

根据工作需要，经河北省革命委员会批准，临西县城于1970年12月迁至童村（今址），在童村与仓上之间的邯（郸）临（清）公路两旁依路而建，建筑多为土木结构的平房。县委、县革委位于东西大街西段南侧。

1979年后，县城建设纳入了规划，加快了建设速度，先后对童（村）吕（寨）路、北环路（今运河路）、农民进城一条街（今友谊大街）、东西大街（今玉兰路）、南北大街（今阳光大街）等县城街道进行了改造、扩建、硬化。城南仓上村整体北移向县城靠拢，城东龙旺村沿站北街进行商业街开发，仓上村沿站南街进行商业街开发，拓展了县城的面积。1985年，完成建县以来第一版总体规划。到1990年，县城面积达到2.45平方公里。其范围东至龙旺、西至高村、南至仓上、北到童村。以东西大街（今玉兰路）与南北大街（今阳光大街）交叉十字街为中心。东大街向东至公路站，街北侧依次驻有童村供销社、五金公司、县招待所、法院、县医院、乡镇工业局、汽车站、交通局、公路站、建筑公司等单位；街南侧依次驻有百货商场、育才小学、农业局、林业局、畜牧局、水利局、广播局、科委、饮食公司等单位。西大街向西至西环路口，街北侧依次驻有新华书店、童村供销社饭店、粮食局、邮电局、工商银行、武装部、教育局、农机局、电力局、商业局等单位；街南侧依次驻有工业品公司、县供销社、县政府、县委、县影剧院、体委、人民银行、城

县城中北部（2011年王永强摄）

建局、药材公司、制药厂、建设银行、工商局、土产公司、种子公司等单位。北大街向北至北环路，西侧驻有文化馆、一粮店等单位，东侧驻有棉麻公司、城关派出所、农业银行等单位。南大街向南至仓上村，东侧驻有电影公司、中医院等单位，西侧驻有第一棉花加工厂、公安局、县中队等单位。

进入20世纪90年代后，随着经济社会的全面发展，县城建设进入了快速发展时期。县委、县政府制定了新的县城发展规划，加大了城区道路建设和城市改造力度，到2002年末实现了城区道路"五纵五横"的蓝图，搭建了县城发展的框架。

五条东西走向的街、路：

南环路，建于2002年，东起月洼寺，西至林沟，全长5125米；玉兰路（原东西大街），1997年重修。东起浸出油厂，西至西外环路口，全长6000米；运河路，1997年重修，东起榆阳北街、西至高村造纸厂，全长4700米；泰山路，修建于1995年，东起东环路，西至育英中学，全长5400米；太行路（北外环），建于2001年，东起前堤口，西至王铎寺，全长5400米。

五条南北走向的街、路：

东环路，建于2002年，北起太行路，南至南环路，全长3100米；平安大街，北起太行路，南至仓上玻璃厂，全长3300米；阳光大街，北起太行路，南至南环路，全长3100米；农民进城一条街（今友谊大街），北起泰山路，南至玉兰路，全长1150米；西环路，建于2002年，全长1400米。以泰山路为依托建成了政治文化中心。

与此同时，加快了政治文化街区和商贸服务街区的规划建设。

政治文化街区：

结合城市改造，辅以政策鼓励，将原在玉兰路的机关单位分期、分批迁至泰山路。先是将规模较大、有迁建计划和能力的单位迁往泰山路。到2005年陆续迁到泰山路及运河路的有县委、县政府、县人大、县政协、县纪律检查委员会、人武部、法院、检察院、公安局、电力局、邮政局、人民银行、土地管理局、建设局、工商局、计划生育局、人民保险公司、民政局等单位，一批现代化的办公楼在泰山路、运河路两侧拔地而起。对其余一些政府部门单位采取了处置原址、集中资金、在泰山路新建政务服务中心的办法，到2007年政务中心落成，有关单位全部迁入中心办公，使泰山路街区成为全县政治文化中心。

商贸服务街区：

结合各单位原址的处置，对玉兰路两侧的建筑进行了大规模改造，新建和改建了博利商城、清泉市场、澳琪超市、玉兰日化、三联家电、天润商城为代表的一批商城、商店、药店市场，以及一些服务类门店，形成了以玉兰路为依托的大型商贸服务街区。

同时，随着县城建设的加快，加大了基础设施和公共设施的建设力度。建设了以明珠广场为代表的一批公共设施，以安居工程、隆兴花园、恋日花都、盛世名门为代表一批居民住宅区。加上由玉兰东路、平安大街、阳光大街中段、运河路东段形成的矩形范围内县城最大的平房居住区，由建设街向南两侧较大的平房居住区等。到2008年末，县城面积已达8.5平方公里，人口6.5万人。

县城西北部（2005年王永强摄）

二、城区新貌

（一）道路建设

1、主要街道

县城北部阳光大街两侧（2011 年王永强摄）

玉兰路，分为玉兰东路和玉兰西路。玉兰东路：西起阳光大街，东至浸出油厂；玉兰西路：东起阳光大街，西至邯临公路交叉路口。全长 3100 米，两侧排水管道 5317 米。街道两侧以二层楼房为主，间有三、四层楼房。玉兰路是建县以来的行政、商业中心。目前，仍是县城内主要的商业街，以经营家电、自行车、摩托车、日用百货、服装鞋帽等中高档商品为主。

运河路，西起建设大街，东至平安大街。以二、三层楼房为主，间有高层建筑。两旁有行政单位、事业单位、学校及商贸门市，全长 2438 米。2006 年，改建为 30 米宽的混凝土路面，街灯整齐，排水畅通。

泰山路，全长 2988 米，宽 60 米。路两侧主要以三至六层的高层办公楼为主，两侧绿化带栽植冬青、侧柏、月季等草木花卉。南侧的明珠广场与县委、县政府大楼相对，环境优雅，是县城内最宽的中心街道。

太行路，西起建设大街，东至前堤口，全长 5000 米，红线宽 60 米，主路面宽 18 米，非机动车道 2 条，各宽 5 米。2001 年建成。南侧是临西中国轴承大世界，北侧为工业园区。路北建有国税局、建设局、城管局等单位。

富康路，东起朝阳大街，西至林沟。全长 2100 米，宽 35 米。2002 年建成。

建设大街，北与太行路相连，南与玉兰路相通。全长 3010 米，宽 60 米。2001 年建成。两旁以居民区为主，路灯明亮，环境舒适。

朝阳大街，北与太行路相连，南与富康路相通。全长 2080 米，宽 60 米。2001 年建成。

县城西部玉兰路两侧（2005 年王永强摄）

阳光大街，全长 2980 米，宽 25 米，两侧为商住楼，临街门市以小吃、日用品为主，是临西县比较繁华的商业街和县城的中轴街道。

平安大街，全长 2980 米，宽 27—41 米不等，两侧为仓上、龙旺开发建设的二层商住楼，门市以五金、轴承、农机配件、小食品、日杂批发为主，为临西县的商品批发街。

文化大街，两侧以二层楼房为主。间有县直幼儿园、文体活动中心、老干部局、电教中心。

门市以经营文体用品、服装、鞋帽为主。

友谊大街，南起玉兰西路，北至泰山西路。长1900米，宽30米，两侧建设二层商住楼1000间，建筑面积3.7万平方米，修建排水沟2000米。2001年8月竣工。

阳光大道，南起太行路，北至邢临路，全长5000米，宽80米，2005年竣工。两旁为临西县的工业园区，建有纺织、轴承等企业。

迎宾大道，南起泰山路，北至邢临路，全长6000米，宽40米。

2、道路命名

1997年，根据县城发展变化的需要，由县建设局、地名办公室共同对街道进行了更名、命名工作。其更名、命名的原则是好懂、易记、有历史和纪念意义及地方特征。县城东西大街更名为玉兰路，分为玉兰东路、玉兰西路，为纪念临西县著名劳动模范吕玉兰而设；南北大街更命为永济街，分为永济南街、永济北街，因唐代两设永济县，本域为永济县管辖；站南街、站北街更名为榆阳街，分为榆阳北街、榆阳南街，因汉代在今吕寨一带曾设榆阳侯国；影院南路、影院北路更名为清泉街，分为清泉南街、清泉北街，因历史上曾为清泉县辖；农机路更名为清渊街，因历史上曾为清渊县地；农民进城一条街更名宏毅大街，因1942年，境内曾设宏毅县。

2002年12月，县政府对县城道路再次进行了更名、命名，并发布了《临西县人民政府关于县城主要街道重新命名的公告》。同时，制作了街、路、巷碑。

东西向道路自南往北依次为：

南环路，更名为富康路；

玉兰路，名称未变更；

一环路，仍为运河路；

二环路，仍为泰山路；

三环路，命名为太行路；

县城规划中的北环路，命名为兴临路（未建）。

南北向道路自东往西依次为：

环城东路，命名为朝阳大街；

榆阳南街、榆阳北街、迎宾路，统一更名为平安大街；

永济南街、永济北街、大世界中心街，统一更名为阳光大街；

清泉南街、清泉北街，统一更名为文化大街；

宏毅大街，更名为友谊大街；

环城西路，命名为建设大街。

（二）公共事业建设

1、明珠广场。位于县城中北部，南至龙兴路，与商贸城一路相隔，北至泰山路与县政府大楼隔路相望，西至文化大街，东至阳光大街。周围有党政机关、事业单位和住宅小区环绕。广场占地6.2万平方米，以中心喷泉为轴心，东西对称布局，石板路面和绿地相间，造型别致。广场安装有庭院灯、礼花灯、节日红灯、人造绿化景观和音乐喷泉。西南设欧式白玉凉亭一座。东边的文化长廊镶嵌着黑色花岗岩名人书法雕刻。南边栽种乔木，与商贸城形成绿色屏障。北边有8根多头节能灯组成的白玉灯柱。广场内安置健身器材26套，长石条橙90张。2001年，竣工投入使用。广场是县城的文化中心，是居民游览、休闲、娱乐的综合场所。

2、文体娱乐中心。位于文化大街中部西侧，清渊街中部东侧。为了活跃群众文化生活，1997年以来，相继投资300万元，建成了县文体娱乐中心。该中心占地68亩，内设儿童游乐场、旱冰场、游泳场、露天舞厅、篮球场、人工湖、健身馆、渔场等活动场馆，是居民休闲、消夏、游乐的场所。

3、澳琪购物广场。位于县城玉兰路，阳光大街相交的十字街口东南角。前身为1972年始建、1992年重建的临西人民商场。2005年，对外承包，扩大建筑面积，更名为澳淇购物广场，是县城最大的日用品超市。

4、第一百货大楼。位于玉兰东路与平安大街交叉路口的西南角。1987年，由仓上集资修建，为二层砖混结构楼房。占地面积4000平方米，建筑面积1570平方米。主营家电、自行车、家具等。2004年，被个体承包，北院经营家电，南院经营家具。

5、玉兰商厦。位于玉兰东路北侧，原为县第

一招待所。1973年建成。为3层砖混结构楼房，建筑面积3353平方米，内设床位500张。院内有高级客房、多功能厅、停车场、餐厅、小会议室、娱乐室等设施，是县委、县政府的公务接待和会议中心。2003年，由政府拍卖，临街门市改建为玉兰商厦。主建筑为3层砖混结构楼房，共计26间，建筑面积4212平方米。主营家电、自行车、电动车、日化等商品。内部规划为住宅区。

6、第二招待所，又名泰山大酒店。位于泰山路东段北侧。1996年建成。占地9500平方米，有三层、四层楼房各1座，内设普通客房、豪华客房、总统套房、各式餐厅、会议室等，是一所高标准对外接待场所。

7、新汽车站。位于泰山东路与迎宾大街交叉口的东南侧，三层混砖结构大楼。共计27间，占地面积12亩。2004年6月建成，并投入使用。

8、县人民医院。位于玉兰东路北侧，建二层门诊楼1座，四层病房楼2座，是县内最大的医疗机构。

9、县中医院。位于泰山路南侧，建三层综合楼1座，2001年建成。2003年抗击“非典”之后，国家拨款，建二层传染病房楼1座，各种设备配置齐全，承担着全县传染病、突发病的防治任务。

（三）商贸区建设

1、临西中国轴承大世界。位于县城北部，泰山路与太行路之间的黄金地带。阳光大道从中心穿过，直通邢临高速路口，北延直通清河县城。占地500亩，建筑面积46万平方米，道路面积9.25万平方米，地下管网6.6万米，排水管道7万米，供水管道6万米。建筑以现代风格商住楼为主。一期工程于2002年建成投用。二期工程于2006年底竣工。现吸纳商户700家，主要经营各类轴承，年交易额20亿元。

2、商贸城。位于运河路北侧，明珠广场以南，阳光大街与文化大街之间，占地面积103.7亩，楼房建筑面积2.6万平方米。设计为轴承、家具、瓜果蔬菜于一体的综合性商贸市场。2000年竣工投入使用。设有北国商城超市、水暖、食品、服装、装修等门市。

3、博利商城。位于玉兰西路南侧，阳光南大街西侧。2002年，在一棉厂、县供销联社原址开发建设而成。全部为二层商住建筑。是集服装、鞋帽、布匹为一体的商贸市场。内设博利饭店及洗浴中心。

4、仓上轴承市场。位于平安大街南端东侧。占地面积60亩，摊位3000个，年交易额1.2亿元。

5、蔬菜市场。位于金仓东路，两旁全部为蔬菜门市和摊点。一年四季，各种蔬菜齐全，并有牛、羊、猪肉及生鸡、鲜鱼经营摊位和门市。

（四）工业区建设

太行路以北、阳光大道两侧为规划的工业园区。目前，入驻企业有中天轴承有限公司、河北隆润纺织有限公司等规模企业。

（五）住宅区建设

1、安居工程。为县城第一处集中住宅区建筑，2000年建成。有4栋4层高的楼房，建筑面积1.2万平方米。小区内道路硬化，水、电、暖配套齐全，由县供暖公司统一供暖。

国泰温泉城小区（孙晓林摄）

2、恋日花都。北靠泰山路，南临运河路，东接中医院，西至友谊大街。占地8.4公顷，建筑面积12万平方米。一期工程于2007年6月竣工。分为别墅式、单梯跃层式和单元式，建筑面积80—190平方米不等。实行集中供暖、供气和物业管理。

3、隆兴花园。位于阳光南大街北部，商贸城东侧，占地3公顷，建筑面积2.2万平方米，该小区为别墅式住宅建筑。

4、水利局家属楼。位于玉兰东路，共有两栋，第一栋4层3个单元24户；第二栋6层3个单元36户。于2006年1月建成，建筑面积4262平方米，由水利局统一供暖。

5、地税局住宅楼。位于清泉街北段西侧，分为单元住宅楼和别墅住宅楼。2005年10月建成，建筑面积4930平方米。

6、县医院家属楼。共三栋4层楼房，建筑面积4000平方米，2000年建成。由县医院统一供暖和管理。

7、阳光家园。位于阳光大街西侧（原面粉厂地址）两栋6层住宅楼，建筑面积1.27万平方米。2008年，竣工并交付使用。

第二节 建设管理

一、城市建设管理

1、建筑队伍管理。1979年，全县只有临西县建筑公司一家建筑公司。后建设局成立市政建设工程公司。到1990年，全县共有建筑施工队伍210个，有工人、技术人员5660名，其中县建筑工程公司为三级施工企业，城关镇建筑工程公司、东大街建筑工程公司、临西县市政工程公司为四级建筑施工企业。2001年8月，县建设局报请县政府批准，把全县6家建筑企业重组合并成一家建筑企业，成立临西县建筑工程有限责任公司。公司拥有员工2200名，各类专业技术人员169名，占职工总数的7.7%。其中高级职称技术人员2名、中级职称技术人员29名、初级职称技术人员139名，管理人员42名。2005年，拥有搅拌机、喷浆机、电锯、电刨等机械设备1615台，固定资产1299万元。县内较大的村庄都组织有民房建筑施工队，农闲施工、农忙种地。

2、建设资质管理。1993年开始，对从事建设工程勘察、设计活动的单位实行资质管理制度。建设工程勘察、设计单位必须在其资质等级许可的范围内承揽建设工程勘察、设计业务。禁止建设工程勘察、设计单位超越其资质等级许可的范围或者以其他建设工程勘察、设计单位的名义承揽建设工程勘察、设计业务。禁止建设工程勘察、设计单位允许其他单位或者个人以本单位的名义承揽建设工程勘察、设计业务。对从事工程勘察、设计活动的专业人员，实行执业资格注册管理制度。建设工程勘察、设计单位资质证书和执业人员注册证书，由建设行政主管部门统一制作。建设局对全县的建设工程勘察、设计活动实施监督管理，对施工图、设计文件中涉及公共利益、公众安全、工程建设强制性标准的内容进行审查。县内招投标的重大工程建筑勘察、设计主要由河北省石家庄信达规划设计院、石家庄诚信建筑规划设计事务所承揽。

3、招投标管理。1993年，成立招投标办公室，工作人员3名，评标专家18名。按照《招投标法》，境内大型基础设施、公用事业等社会公共利益、公众安全的项目，全部或者部分使用国有资金投资或者国家融资的项目的勘察、设计、施工、监理以及工程建设必须进行招标。全县纳入报建的应公开招标工程的公开招标率为100%。邀请招标，符合法律法规要求并经项目审批部门核准。公开招标项目，在工程建设信息网上发布公告，评标专家随机抽取，中标项目按规定时间进行公示。招投标工程合同及备案资料归档率达到100%。

4、建设工程质量管理。1993年，成立建筑工程质量监督站，有技术人员3名。按照《建设工程质量管理条例》的要求，对新建、改建、扩建的房屋建筑和市政基础设施工程进行质量监督；对建设单位、勘察单位、设计单位、施工单位、工程监理单位和有关机构履行质量责任的行为以及工程实体质量进行监督检查。对恋日花都、隆

兴花园、政务中心、阳光家园、地税局家属楼、国税局大楼、中医院综合楼、县医院病房楼等工程项目进行了质量监督。建筑工程质量监督覆盖率达100%，建筑工程质量合格率达100%。

5、建设工程安全生产管理。1993年，成立安监站，技术人员3名。按照《建设工程安全生产管理条例》，对从事建设工程的新建、扩建、改建和拆除等有关活动及实施对建设工程安全生产的监督管理、建设工程安全管理，保证建设工程安全生产。建筑工程安全监督覆盖率达100%，建筑工程安全合格率达100%。

6、建筑节能管理。2006年，设立建筑节能办公室，按照建设部《关于在民用建筑工程节能质量监督管理办法》《河北省节约能源条例》，加强对建筑节能政策法规、技术措施等工作监督管理，推行新型墙体材料和节能产品，推广节能型建筑。河西镇有两家生产粉煤灰烧结砖和混凝土空心砌块，为低能耗、低污染、高性能、高强度的新型墙材企业。恋日花都、地税局家属楼、政务中心大楼使用了内墙保温砂浆、窗中空玻璃、屋面聚苯板保温板、屋面发泡混凝土、地板采暖等节能材料。

二、房产管理

1、房屋产权管理

根据《中华人民共和国城市房地产管理法》，加强对城市私有房屋的管理，保护房屋所有人和使用人的合法权益，发挥私有房屋的作用。国家实行房地产权属登记发证制度。房产公司代表政府对房屋所有权以及由上述权利产生的抵押权、典权等房屋其他项权利进行登记，并依法确认房屋产权归属关系的行为。

2006年底，已登记房屋建筑面积174.6万平方米。其中，住宅面积57.13万平方米、办公楼面积2.15万平方米、商业营业用房面积93.23万平方米、工业仓储用房面积21.98万平方米、其他0.09万平方米。

房屋权属登记按受理登记申请、权属审核、公告、核准登记并颁发房屋权属证书等程序进行，同时又分总登记、土地使用权初始登记、房屋所有权初始登记、转移登记、变更登记、他项权利登记、注销登记7种。

2、房地产交易管理

按国家规定，房产公司开展了三项房地产交易基本制度，即：房地产价格申报制度、房地产价格评估制度、房地产价格评估人员资格认定制度，并以法律的、行政的、经济的手段，对房地产交易活动行使指导、监督等管理职能。房地产交易活动管理的范围包括各种所有制房屋的买卖、租赁、转让以及在其他房地产流通过程中的各种经营活动。目前，办理的主要业务是房地产交易后的过户手续和房地产抵押中的评估手续。

三、村镇建设管理

1991年，成立村镇建设管理服务站，人员3名。主要职责是根据《村庄和集镇规划建设管理条例》，编制全县村镇规划，包括乡（镇）建设规划、集镇建设规划和村庄建设规划。

负责全县村镇建设选址意见书的发放。

办理全县村镇公共设施、公益事业和村镇企业建设用地的规划审批及其开工许可证。

组织相关部门对村镇建设中跨度、跨经在9米以上或高度在4.5米以上的厂房、公共设施和公益事业建设项目以及二层以上的住宅竣工进行验收。

对村镇规划区未按规划审批程序批准，违反规划的建设项目依法进行查处。全县共设5镇（临西镇、河西镇、下堡寺镇、尖冢镇、老官寨镇），4乡（东枣园乡、大刘庄乡、吕寨乡、摇鞍镇乡），6个工作站（水波、樊村、姚楼、黎博寨、单屯、白地），其中河西镇、下堡寺镇、尖冢镇、东枣园乡、老官寨镇、吕寨乡于2001年，由石家庄诚信建筑规划设计事务所作了建设规划编制。大刘庄乡、摇鞍镇乡于2004年11月，由石家庄信达规划设计院作了建设规划编制。各乡镇驻地的建设，按照设计要求，严格控制非规划用地，逐步形成较为集中的商贸物资交流中心。在新农村建设中，东留善固、仓上、大米庄、西马鸣堂等村规划有序、建筑布局合理。部分农村仍有乱占耕地或承包地盖房的现象。2008年初，河

北省政府出台了100套新农村建设设计样图，为　新农村建设的规划提供了很好的模式和蓝本。

县城重点建筑工程一览表

表4-1

单位名称	建筑项目	楼高（层）	建筑面积（平方米）	建设时间	坐落位置	备注
行政服务中心	办公楼	6	9364	2007	泰山路北侧	
政府大楼	办公楼	5	8800	1995	泰山路北侧	
土地局办公楼	办公楼	4	2769	2005	泰山路北侧	
地税局办公楼	办公楼	4	2857	1996	泰山路南侧	
公安局	办公楼	5	2036	1995	泰山路南侧	
检察院	办公楼	3	2050	1999	泰山路北侧	
法院	办公楼	3	2060	1999	泰山路北侧	
农业局服务中心	办公楼	5	2534	1999	运河路北侧	
四完小	教学楼	5	3537	1998	泰山路北侧	
民政局	办公楼	2	893	2003	运河路北侧	
工商局	办公楼	3	2530	1998	运河路南侧	
人　行	营业楼	2	318	1997	阳光大街东侧	
一　中	办公楼	3	1330	1998	运河路南侧	
汽车站	营业楼	3	2900	2005	泰山路南侧	
国税局	办公楼	6	4180	2004	太行路北	
武装部	办公楼	4	2000	1998	泰山路北侧	
建设局	办公楼	6	4224．96	2001	太行路北侧	
县医院	门诊楼	5	6199	2009	玉兰东路北侧	
教育局	综合楼	5	2513	2009	玉兰西路南侧	
新华书店	营业楼	3	1800	2008	玉兰路北侧	

县城街、路基本情况一览表

表4-2

街道名称	起止点名称	长度（米）	宽度（米）	面层结构	新建、改建时间	备注
玉兰路	建设路至平安大街	2438	35	沥青、混凝土	1973、2003	
运河路	建设路至平安大街	2438	30	混凝土	1979、2006	
泰山路	建设路至朝阳路	2988	60	沥青	1994	

续表

街道名称	起止点名称	长度（米）	宽度（米）	面层结构	新建、改建时间	备注
太行路	建设路至朝阳路	2988	60	沥青	2001	
长江路	阳光大街至童吕路	355	40	混凝土	2006	
黄河路	阳光大街至童吕路	355	40	混凝土	2006	
南环路	林沟至小桥	2100	35	混凝土	2001	
平安大街	南环路至太行路	2980	27 至 37	沥青、混凝土	1988、2007	
阳光大街	南环路至太行路	2980	25	沥青、混凝土	1973、1986、2005	
文化大街	南环路至泰山路	2050	35	混凝土	1988、1994	
友谊大街	玉兰路至泰山路	2080	30	混凝土	2000	
建设大街	玉兰路至太行路	3010	60	沥青	2000	
朝阳大街	泰山路至玉兰路	2080	60	沥青	2001	
清渊街	玉兰路至运河路	650	15	沥青	1995	
顺泰街	平安街至泰山路	830	13	混凝土	2006	
顺利路	清渊街至平安大街	1020	12	沥青	1993	
平安路	阳光大街至平安大街	375	12	沥青	1993	
龙兴路	文化大街至平安大街	720	15	混凝土	2006	
龙华路	文化大街至平安大街	720	15	混凝土	2006	

第二章　建设规划

第一节　县城总体规划

1985 年，临西县组织编制了临西建县以来的第一版总体规划。1998 年，由邢台市规划设计院对 85 版总体规划进行了一次修编。2005 年初，开始了第三轮临西县城总体规划的修编。县建设局委托河北诚致规划建筑设计有限公司承担了临西县新一轮总体规划的编制工作。2006 年 4 月，《临西县城总体规划》通过了市规划编制评审委员会的评审。

一、县城性质和规模

县城是临西县的中心城市，全国较大的轴承集散基地。是以轴承、医药化工、棉纺为主的工贸型小城市。2010 年，发展到 8.5 万人；2020 年，发展到 14 万人；二十一世纪中叶，达到 20 万人。

二、县城发展方向

2020 年前，县城建设用地的发展方向重点向北、西、东北方向发展，适当向东南方向发展，禁止向南发展。远景城市建设用地向北发展。

三、规划构思及空间布局结构

1、城区发展思路

轴向发展：县城主发展方向为向北，确定阳光大街为城市南北向轴，同时也是轴承产业发展轴心，是未来用地布局的主要方向；以泰山路为东西向发展主轴，靠城市中心职能的延展推动发展。

中心疏散：疏散旧城区原有功能，保留玉兰路为商业街，在阳光大街与泰山路交叉口一带建设城市中心，体现县域中心的职能；在北部新区布置次中心，带动北部新区的发展。

2、城区用地布局

“一带”：指环城绿化景观带。

“二轴”：即轴向发展中阳光大街与泰山路两个发展轴。

“三心”：南部旧城区的次中心，以传统商业服务为主；中部主中心为县城的核心区，以行政办公、文体娱乐为主，以体现中心风貌；北部居住区次中心，以商贸服务为主。

“六组团”：城区总体布局中的四个居住组团；城区西部的教育科研组团；东部的工业组团。

四、用地布局规划

1、居住用地分为四个居住区：A、城南居住区（玉兰路以南、阳光大街以西），主要安排多层住宅及现有居住建筑改造。B、城西居住区（玉兰路以北、阳光大街以西），以中高档住宅为主。C、城东居住区（泰山路以南、阳光大街以东），主要以中档住宅为主，建设多层住宅和进行城中村改造，新规划住宅可作为周转用地。D、城北居住区（泰山路以北、阳光大街以西）。主要以中高档住宅为主，建设高层，为轴承产业配套居住区。在环境较好地段可建高档住宅，为引进高层管理人才提供住宅用地。

2、工业园区：在城区东北部建设二类工业园区，以轴承产业为主，作为“临西轴承产业基地”，并逐步建成河北省东南部重要的工业基地。

3、教育科研用地：搬迁县一中高中部至城西（初中部位置不变），保留其他学校，在城西县职教中心处设置教育科研中心。同时，安排各类文化设施用地，构成县城的科教文化区。

4、行政办公：在县委、县政府建设行政中心，在北部新区阳光大街与太行路交叉口处新建行政办公场地，配套绿化广场。

五、城区道路网规划

1、路网结构：县城主干路整体路网结构为“三横”“四纵”“一环”。“三横”由太行路、泰山路、玉兰路组成；“四纵”由友谊大街、阳光大街、平安大街、朝阳大街组成；“一环”为环绕城区的外环。

2、道路等级及建设要求：规划道路红线宽度。干道30—40米、支路15—24米。

六、绿地规划

县城的绿化网络结构为“一环、二横、一纵、多点”。

一环：利用城区外围的干渠规划环城绿环。

二横：沿泰山路和太行路建设带状绿地。

一纵：沿阳光大街建设带状绿地。

多点：在城市内按服务半径布置大型城市公园、区级游园和街头小游园。

在工业区外围设置绿化防护带，减少对城区的干扰；在环城路两侧设置绿化隔离带，保证交通畅通；在城区东部布置生产绿地，作为花卉、苗圃生产基地。

七、环境保护与生态建设规划

2010年，主要污染物排放总量控制在国家和省规定的总量指标之内；所有污染源均实现达标排放；县城大气环境质量基本达到国家二级标准；环境噪声基本达标；饮用水水源符合国家规定的标准；县城绿化覆盖率达到30%。2020年，污染企业全部实现关、停、并、转；环境污染和生态破坏得到控制；县城大气环境质量稳定达到国家二级标准；县城污水全部集中处理，地表水水环境达到国家Ⅳ类水体标准；噪声环境全面达标；饮用水水源符合国家规定的标准；县城绿化覆盖率达到45%；建成环境优美的生态绿色示范城镇。

第二节　城乡建设规划

2008 年，临西县辖 5 镇 4 乡 6 个工作站 299 个村。乡镇密度为每 60.2 平方公里 1 个；村庄密度为每 1.8 平方公里 1 个。城镇体系规划目标：实现点轴带动区域整体发展，建立起整体性强、层次结构分明、关联性好、分工合理的开放性城镇体系格局。按照临西县社会经济发展战略，结合城镇体系特征现状，确定城镇化发展战略为“极化中心、点轴发展、区域带动”。县域城镇发展布局将在现有基础上逐步构建“一个中心城市（县城）、两条轴线（邢临、邯临公路城镇发展轴）、三个等级（一级为县城、二级为河西镇、三级为其他乡镇）”梭状的布局结构。城镇发展战略为“轴向发展、双城带动”。到 2010 年，城镇人口设计为 13.5 万人左右，城市化水平为 39.1%；2020 年，城镇人口设计为 20.8 万人左右，城市化水平为 53.0%。2010 年，全县设计人口为 34.5 万人；2020 年，全县设计人口为 38.0 万人。

城镇规模、等级、职能一览表

表 4–3

城镇名称	主要职能	等级
县城	临西县中心城市，全国重要的轴承集散基地	一级
河西镇	河北省重点发展城镇，县域次中心。县城东部以轴承加工为主的工贸重镇，是联系临清市的门户	二级
下堡寺镇	县西端的建制镇，以发展食品加工、棉花加工及养殖业为主小城镇	三级
尖冢镇	县南大门，以发展玻璃加工、食品加工及养殖业为主的小城镇	
老官寨镇	县轴承行业的生产基地	
东枣园乡	以交通运输业及服务业为主，发展种养加工业的一般乡镇	
摇鞍镇乡	以发展养殖和种植业为主的一般乡镇	
大刘庄乡	以养殖业及良种种植业和轴承加工为主的一般乡镇，是小麦、玉米良种繁育基地	

县域乡镇人口等级结构序列表

表 4–4

城镇	等级	人口规模	所含村庄数量	备注
临西镇	中心城镇	14.0	58	规划建议：吕寨乡与临西镇合并。表中河西镇为省级重点镇
河西镇	次中心城镇	5.0	34	
下堡寺镇	一般乡镇	0.8	30	
尖冢镇		0.8	25	
老官寨镇		0.8	43	
东枣园乡		0.5	23	
摇鞍镇乡		0.5	52	
大刘庄乡		0.5	34	

第三节 基础设施规划

一、道路规划

省级干线公路全部达到二级标准；县级二级以上公路达到70%；乡级公路全部达到四级以上标准，其中三级公路达到60%以上。实现“县城到乡由二级以上公路相连，乡镇到中心村由三级以上公路相连，村村通油路”的目标。

二、电力规划

近期，增设张三寨、白地、范八里、洪官营4座35千伏变电站；远期兴建5处35千伏变电站。逐步形成两座110千伏变电站，9座35千伏变电站组成的供电网络。

三、通信规划

电信：2005—2020年，建立完善的通信网络。建立以光缆为主、数字微波和卫星通信为辅的传输干线网。各乡镇、工作站独立设置模块支局，提高移动通信服务质量。

邮政：2005—2020年，各乡镇及中心村单独设立邮政网点，提高各邮政网点的服务质量，加强基层邮政设施建设，方便基层群众邮递。

第三章 城市管理

第一节 城市照明

90年代初，在县城东西、南北四条大街安装有铁杆单头路灯。2006年，路灯管理由电力局移交给城管局，时有铁杆双面路灯105基，每基5个灯头，单杆2000W。轴承大世界南北街有白色铁杆双面双灯头路灯40基，小区内有白色铁杆单头路灯101基。阳光大街有白色铁杆路灯233基，双灯头466盏，中间黑色草坪灯116基。农民进城一条街（友谊大街）有铁杆双面普通灯56基。此后，在城管局的管理下，对城市照明进行了改造。2006年3月，投资89.1万元，对文化大街（玉兰路—泰山路段）安装白色铁杆双面路灯66基。5月，投资54万元，对玉兰路（平安大街—文明大街）安装白色铁杆双面双灯头路灯40基。投资79.2万元，对阳光大街（玉兰路—泰山路段）安装白色铁杆单头路灯66基。同时，投资9.6万元，在隆兴西路安装彩色铁杆双头路灯9基。2007年，投资89万元，在运河路安装彩色铁杆双面海豚型带尾灯78基；投资130万元，在平安大街安装彩色铁杆双面双尾鱼式带尾灯142基。

第二节 城市绿化

1979年，东西、南北四条大街种有法桐；站南街两旁全部为速生杨。运河路修建后，两旁种植了垂柳。2004年，开始对城市进行绿化、美化。当年投资86.7635万元，在泰山路种植冬青球227棵、金叶女贞球227棵，小叶黄杨、金叶女贞、红叶女贞共计1.3万平方米，滦树800棵；投资18.265万元，对广场进行了绿化，种植草坪1.2万平方米，小叶黄杨、金叶女贞、红叶女贞300平方米，冬青球30棵、剑麻30棵、法桐58棵、滦树30棵。2005年，投资29万元，美化文化大街，种小叶黄杨、金叶女贞850平方米，千头椿410棵。2006年，投资116万元，美化阳光大街，两旁种植垂柳4000棵、柏树640棵，红叶小波、小叶黄杨、金叶女贞、地锦2.7万平方米。2007年，投资34万元，进行了平安大街绿化改造。玉兰路新植合欢树75棵、运河路新植国槐500棵、阳光大街新植高杆女贞717棵。2008年，投资23万元，在平安大街种植法桐515棵，广场更新草坪1万平方米，新植红碧桃、美人梅、榆

叶梅、百日红、樱花、海棠、枫树、柳树、丁香、龙爪槐、高杆女贞、竹子共计 3800 棵，月季 1 万余株。投资 13 万元，在行政服务中心大楼门前种植滦树 17 棵、高杆女贞 980 平方米、蜡梅 12 棵、樱花 6 棵、百日红 6 棵、海棠 6 棵、迎春花 6 株及红叶小波、金叶女贞、冬青等苗木。

第三节　城市供排水

1982 年，在县一招北侧打深井 1 眼，结束了单井泵供水的被动局面。1983 年，供水站由县财政局转为建设局管理，同时，将河西供水站并入县供水站。1984 年，改称自来水公司，实行企业化管理。1987 年，自来水公司在原河西面粉厂西侧的供水井处征地 4.8 亩，建营业办公地址。1989 年，为适应县城日益扩大，供水量与日俱增的需要，在市政公司打深井 1 眼，并网使用，同时在该处征地 4.38 亩，盖泵房、配电室、宿办室等配套建筑。1994 年，河西办公处盖营办楼 7 间，改善了工作条件。1994 年，经与童村村委会协商，将商贸城内童村的浇地深井借给自来水公司有偿使用，以解决县城北部建成区的供水问题。1995 年，公司与第二中学协商，将学校深井划归自来水公司配套并网使用，以满足第二中学、教场村及河西镇南部区域的正常供水。1997 年，为满足县城发展需要，与潘村村委会协商，购买其村前深井，并网使用。是年，完成泰山路主管道全部供水管道的铺设任务。2002 年，自来水公司在商贸城西部占地 2.96 亩，建营办楼 42 间。2003 年，自来水公司（包括河西）有职工 76 名，深井 8 眼，日供水能力 6000 吨，直径 75 厘米以上供水管网 21000 米，固定资产 386 万元。供水面积为县城、河西镇及周边的 11 个村庄。2006 年，自来水公司划归县水务局管理，仍承担县城及河西镇的生活和商业用水的供水工作。

1974—1999 年，县城排水一直用雨污合流的砖砌下水道，只有主干街道修有排污设施，较窄街道排水不畅，环境很差。2000 年后，政府加大了道路和排污建设，改建、新建的街道两旁都设有排污管道，逐步改建为管式下水道。目前，改建后的下水道总长度 28 万米。雨水、污水通过下水道排入联结渠。

第四节　市容管理

城管局成立之前，县城市容市貌和环境卫生由城管综合执法大队管理。2004 年 4 月，县政府第十四次常务会议通过了《临西县县城容貌和环境卫生管理实施办法》，明确县城市管理局是市容管理的行政管理部门，促进了县城容貌整治力度。2004 年，在河北省城市容貌综合评比活动中，位列邢台市第一名。2006 年，再获全市第一名。

在市容管理上，将县城主要街道划分四片，分工负责，坚持开展县城容貌、环境卫生综合治理。一是治乱。①规范占路市场。对城区主要街道沿街摊点进行全面整顿，人行便道上一律不准摆摊设点，沿街门市一律不准店外经营。按照疏堵结合、建管并举的原则，确保摊点退路进店，入市经营，严格实行画线、定位管理。②整治户外广告、牌匾。拆除粗制滥造、影响县城形象的户外广告，设计制作规范精美的门面招牌。③整治违章棚亭。对违章搭建的各类棚亭，限期拆除；对不服从管理、暴力抗法、逾期不拆除的强制拆除。④整治脏破建筑。县城主要街道两侧凡是破旧肮脏的建筑物，原则上粉刷建筑，装修断壁，规范牌匾。⑤治理出租车乱停乱放阻碍交通问题。二是治脏。按照创建省级卫生城的要求，实现治脏工作的制度化、长效化，对违反“门前五包”和街道两旁乱倒脏水、污物、垃圾的行为严管重

环卫车在作业

罚，对私拉乱倒、无证清运的彻底取缔。彻底清理城区内外各种生活垃圾和建筑垃圾，加强对城区街道出入口、城乡结合部的重点治理。三是制度化管理。与沿街单位、门店签订“门前五包”协议，卡死责任，使“门前五包”落到实处。对道路清扫、保洁、垃圾清运、公厕清淘实行划片、分段，采取定人、定岗、定责，与工资挂钩的管理方式。四是城区街道垃圾清运。由城管局集中清运、统一管理，任何单位和个人不准私自清运。街道实行每日早晚两清扫，日产日清，全天候保洁，实行定时定点收集，采取覆盖运输，防止二次污染。

第四章 水利

第一节 机构设置

一、常设机构：1977年8月，按邢台行署要求，临西县将原水电局中水利管理职能析出设立水利局，下设行政、工管、设计施工、打井4个小组。1983年，打井组改为打井公司。同年10月，海河指挥部并入水利局。1998年8月，水利局更名为水务局，设办公室和水利管理股，行政编制10人、工勤编制1人。2005年11月，自来水公司的管辖权限由县建设局划归水务局。

二、临时机构：1. 每年汛期设防汛抗旱指挥部，由县委书记任政委或顾问，县长任指挥长，分管水利的副县长、县武装部长、卫运河邢衡管理处副处长、水利局长任副指挥长。2. 1981年，为天津送水，建立了引黄济津指挥部。3. 1993年12月，成立临西县引黄入冀工程协调领导小组。

第二节 卫运河治理

一、卫运河概况

卫运河，是流经临西县的主要河流。由县境东、南边界流过，是河北省与山东省及临西县与临清市的界河（临西县仍有两个小自然村，汪江新村、小东温在河的右岸）。卫运河与上游的漳河、卫河，下游的南运河、漳卫新河是海河流域的五大水系之一。卫运河和卫河、南运河明代统称卫河，由古代的清河、屯氏河、白沟、永济渠、御河演变而来。它上源漳河、卫河，两河于馆陶县徐万仓汇流后称卫运河。

卫运河由馆陶县申街北到尖冢入临西县境，折而东流，经尖冢镇的初圈、李圈、赵圈、常圈，黎博寨工作站的孟庄、江庄、南傅庄、大营，单屯工作站的丁村、江村、马村、赵村、西温、东温，在东温村东南折而北流，经刘口、相庄、三岔河，河西镇的教场、南队、北队、齐店、邢庄、李园，东枣园乡的北三里、八里圈、东郑庄、陈窑、东枣园、汪江、北孟庄出境入清河县。境内河长36.52公里，左堤境内长39.20公里。

卫运河河口宽150米左右，河深6—7米。大堤堤顶宽8－10米，大堤高出地面3米。保证流量4000立方米/秒，强迫行洪为5500立方米/秒，结冰期40天。沿河有尖冢、赵圈、大营、丁庄、陈窑5处国营扬水站及汪江排灌站。加上乡村扬水站，有水时全县均能用河水灌溉。境内河上建有尖冢、大营、丁村、江村、马村、西温、东温、刘口、三岔河、汪江10处渡口。从2001年起，由于河水断流，渡口全废。

1979—2001 年卫运河临清站历年各月平均流量统计表

表 4-5　　流量：立方米 / 秒　　集水面积：37200 平方公里

年度	各月平均流量												年平均流量	年径流量（亿立方米）	6—9月平均流量	年最大			年最小		
	1	2	3	4	5	6	7	8	9	10	11	12				流量	日期 月	日期 日	流量	日期 月	日期 日
1979	22.5	16.7	1.86	28.1	1.60	0.09	32.6	1.19	1.47	6.90	0	0	9.64	3.04	8.76	83.0	7	6	0	2	18
1980	0	0	0	0	0	2.48	34.0	21.3	19.2	25.3	15.4	3.12	10.1	3.19	19.2	69.7	8	3	0	5	15
1981	11.8	4.85	0	0	0	1.74	13.6	33.6	12.0	34.3	55.7	85.2	21.1	6.66	15.2	154	8	21	0	4	23
1982	46.4	3.36	0.19	0	0	6.0	1.26	450	165	116	83.5	54.5	72.2	22.75	15.56	1230	8	5	0	2	15
1983	17.5	6.34	0.95	1.75	12.2	12.3	15.1	22.0	59.1	60.5	60.9	23.3	24.4	7.79	27.4	147	9	13	0	2	19
1984	14.4	19.5	1.83	0.33	0	22.5	39.7	80.5	60.1	54.0	38.6	40.3	31.0	9.78	50.7	199	8	13	0	3	5
1985	43.6	43.5	12.9	0.72	14.6	10.9	6.15	17.0	57.6	50.4	54.0	23.8	27.9	8.81	22.9	158	9	21	0	4	18
1986	22.8	11.5	5.58	2.50	6.99	8.15	9.46	13.5	3.88	4.92	7.62	6.93	8.7	2.75	8.8	35.6	8	10	0	2	22
1987	19.7	4.72	9.97	4.20	0.036	12.1	8.58	9.62	14.3	6.75	13.8	14.5	9.9	3.12	11.2	41.6	1	19	0	2	8
1988	7.45	1.39	3.29	0.75	4.29	4.35	9.8	13.2	27.5	10.5	16.9	5.93	13.7	5.90	43.4	474	8	18	0	2	14
1989	20.7	4.47	10.6	1.31	1.53	15.0	71.1	64.1	16.9	0.021	11.3	2.09	18.3	5.78	41.8	397	7	28	0	2	22
1990	8.5	23.5	13	21	8	14.4	181	75	29	3.5	23	21	35.2		74.85	494	7	6			
1991	16.5	2	9.5	19	0.3	26	12.5	9.8	12.5	0	3	1.5	10.8		15.2	76.2	6	26			
1992	9.5	0	0.09	0.04	0.01	0	0.1	11	7.5	15.7	9.8	0.2	4.5		4.65						
1993	6.8	13	0.51	0.2	2.9	1.1	32.5	31	21						21.4						
1994			0	0	0.08	1.15	88	26	15						32.5						
1995					0	0	12.3	35	38						21.3						
1996	9.7	2.37	0.32	0.3	0.04	2.57	18.3	518	131	11.2	132	47.5	81.2		167.5						
1997	29.1	41.6	47.7	9.1	2.03	0.27	5.03	0	0	0	1.87	3.83	11.7		1.33						
1998						2.6	19	68	32						30.4						
1999						2	30	0.4							8.1						
2000						0	105	37	33						43.75						
2001						0	15.0	50.0	5.80						17.7						

注：2001 年后，河床干涸。

卫运河临西段堤防经村统计表

表 4–6

地点	桩号	长度（公里）	河道				堤防			护堤地宽	
			河底高程（主槽）	河宽（米）	水位（米）		堤顶高	堤外	堤内	临河	背河
					校核洪水	设计洪水		地面高	滩地高		
尖冢	41+800	0.8	28.93	1350	40.7	39.2	41.52	33.1	33.95	3	5
初圈	46+200	4.4	28.34	1300	40.504	39.004	41.004	33.8	35.55	3	5
赵圈	47+700	1.5	28.18	2000			41.3	33.2	35.27	3	5
江庄	51+600	3.9	27.8	1400	40.24	38.74	40.95	34.8	34.62	3	5
大营	55+650	4.05	27.4	950	39.89	38.39	40.9		35.38	3	5
江村	59+000	3.35	27.03	700	39.48	37.98	40.4	33.8	33.4	3	5
马村	60+000	1	26.79	850	39.33	37.83	40.4	33	33.6	3	5
西温	63+000	3	26.58	850	38.91	37.41	39.41	32.6	33	3	5
刘口	64+500	1.5	26.44	1600	38.65	37.15	39.5	32.8	33.23	3	5
河西	68+000	3.5	26.74	650	38.3	36.8	39.36	33.38	33.03	3	5
邢庄	70+500	2.5	26.49	650	38	36.5	39.011	32.24	31.6	3	5
北三里	72+500	1.5	26.35	900	37.86	36.36	38.69	21	31.8	3	5
八里圈	73+000	1	26.25	850	37.74	36.24	38.53	30.63	31	3	5
陈窑	75+000	2	26.84	650	37.539	36.04	38.36	30.48	30.51	3	5
枣园	76+000	1	26.79	1000	37.4	35.9	38.24	31.75	29.66	3	5
汪江	77+000	1.6	26.69	720	37.28	35.78	38.1	30.06	31.03	3	5

卫运河临西段桥梁建设情况一览表

表 4–7

桥名	地点	桩号	桥长	设计标准	堤顶高程（米）	建成时间
孟口生产桥	尖冢南	40+508	100		41.40	1994
冯圈生产桥	江庄				41.00	1987
先锋大桥	河西镇	68+060	586	汽—13	38.78	1958
卫运河大桥	河西镇北	69+240	622	汽—20	38.78	1992
京九铁路桥	陈窑	74+100	650		38.36	1994

二、卫运河治理

由于河道水流的淘刷，卫运河在临西县境内形成尖冢、孟庄、丁家码头、汪江4处无滩地单堤和尖冢、孟庄、江庄西、赵圈、铁窗户、先锋桥、邢庄、陈窑、丁家码头、汪江10处险工陡岸，长7.71公里。历史上，卫运河多次在境内决口，冲毁庄稼、民舍，造成巨大损失。因此，卫

运河防洪治理是临西县抗洪防汛任务的主要内容。

为了提高卫运河的行洪抗洪能力，近30年来，临西县会同有关部门对卫运河进行了多次不同规模的治理。

1979年7月，在赵圈扬水站左侧，修建了钢筋混凝土井柱网格坝，打井柱12根，完成钢筋混凝土138.45立方米。同年10月，又完成了丁家码头钢筋混凝土井柱坝3排，铅丝笼块石丁坝3道和邢庄钢筋混凝土桩基干砌石护坡。

1982年春，江庄口子门堤顶出现下沉塌陷，形成漏洞9处。加外戗400米，并进行了堤坝整修包胶、邢庄险工固基、丁家码头黄泥浆砌工程。

1983年4月，组织尖冢、黎博寨、单屯、先锋桥镇4个公社的民工对20.24公里堤顶包胶和先锋桥南坑塘填垫，动土3.66万立方米。同时，进行了丁家码头险工险段下游抛石固基。同年9月，完成了北孟庄排水涵洞拆除工程。11月22日—12月7日，水利局打井队在江庄口子门钻孔24个，总进尺239.6米，布孔钻堤长度110米，投资3840元。初步探明了堤内情况，查出了隐患。

1984年5月19—23日，在江庄口子门内戗开挖探坑。查明当时堵口用的材料大部分尚未腐烂。内戗台顺堤75米内，5米以下，柴草厚达5—5.5米。同年7—9月，邢衡卫运河管理处在江庄口子门进行了充填式压力灌浆。灌孔3118个，灌入土方803立方米，提高了堤防的整体性和抗渗性。

1985年，卫运河管理段专业队，在尖冢扬水站东侧进行护坡翻修60米，动土3000立方米，用料1000立方米。

1987年6月，单屯乡刘口、东温按照各级防汛指挥部的要求，将河滩地上340亩树杈全部清除。7月，东枣园乡在陈窑背河坑塘加戗运土3500立方米，县卫运河管理段在尖家险工进行了固基工程，抛石310立方米，投资1.68万元。9月，水利局工程队清除了大营扬水站滩地高渠，埋设混凝土输水管道1000米。

1988年3月，水利局对大营、南郑庄村办站，丁村、陈窑国营站卫运河滩地高渠进行处理。

1989年5月，卫运河管理段投资1.37万元，在邢庄险工护基抛石200立方米。同年，拆除了北孟庄穿堤管道。

1990年5月，卫运河管理段投资10.64万元，在邢庄险工抛石固基100米，动土600立方米，抛石1100立方米，用工4100个。7月，沿河5个乡镇组织护堤员在堤内外戗台打畦田600米，平垫堤顶3.3万米，整修土牛971个，动土4540立方米。

1997年进行了南孟庄老河道土坝加固，投资30万元；1998年进行了邢庄险工护坡翻修，投资50万元；1999年进行了丁家码头险工护坡翻修及抛石，投资120万元；2003年完成卫运河临西段水毁工程修复投资5万元，岁修工程投资5万元；2004年完成岁修工程投资28万元；2005年进行了汪江险工护坡翻修，投资125万元；2006—2007年完成维修养护，投资330万元；2008年完成维修养护，投资217万元。

卫运河境内薄弱堤段统计表

表4–8

村庄名称	起点桩号	止点桩号	长度（米）
江庄	49＋500	52＋000	2500
江村	57＋700	59＋000	1300
东温至西温	64＋100	65＋450	1350
铁窗户	67＋200	67＋900	700
先锋桥北	69＋100	71＋800	2700

卫运河左堤境内险工段统计表

表 4-9

村庄名称	桩号	结构形式	长度	警戒水位	设计水位	备注
尖冢	41 + 200	干砌石	700	31.5	39.2	
李圈	46 + 000		120	35.39	39.0	背河有坑塘
赵圈	46 + 500	钢筋砼网格坝	865	35.39	39.0	
南孟庄	49 + 000		720	35.27	38.74	老河槽
江庄	50 + 000	砖石护坡	700	35.27	38.74	
铁窗户	66 + 300	干砌石	1300	33.00	36.24	
先锋桥	69 + 000	干砌石	900	33.00	36.24	
邢庄	70 + 000	干砌石	780	33.00	36.40	1998 年干砌石 200 米
丁家码头	76 + 300	砼网格坝、浆砌石	922	31.03	36.10	1999 年浆砌 200 米、抛石 400 米
汪江	77 + 250	干砌砖、石	400	31.03	35.78	

卫运河临西段穿堤建筑物统计表

表 4-10

闸涵名称	桩号	结构	闸管尺寸	闸、孔底高程	堤顶高程	建成时间
跃进闸	41 + 900	砼	1.5×1.5	29.19	41.52	1977
汪江排水闸	76 + 400	砼	1.8×1.9	33.00	38.11	1974
汪江引水闸	76 + 500	砼	1.7×1.9	26.00	38.10	1974
穿卫引水闸	63 + 950	砼	4×3.3	27.26	39.47	1994
西尖	41 + 000	砌石	Φ1.4			1973
尖冢	41 + 800	砌石	2×1.4	36.56	41.52	1973
赵圈	47 + 900	砌石	Φ1.5	33.93	41.30	1973
江庄	50 + 900	砼	Φ1.0	35.11	40.95	1973
大营	54 + 100	砌石	Φ1.5		40.92	1972
大营	54 + 900	砼	Φ0.6	30.08	40.90	1973
李圈	46 + 500	砌石	Φ1.0	33.18	40.70	1972
丁村	57 + 300	砌石	Φ1.0	33.18	40.70	1972
江村	58 + 100	砼	Φ0.6	33.10	40.40	1973
赵村	60 + 300	砼	Φ1.0	33.81	39.41	1973
西温	62 + 700	砼	Φ1.0	33.49	39.41	1972
南三里	66 + 400	砼	Φ1.0	33.49	39.39	1972
北队	69 + 100	砌石	Φ0.6	32.86	39.36	1973

续表

闸涵名称	桩号	结构	闸管尺寸	闸、孔底高程	堤顶高程	建成时间
邢庄	70 ＋ 100	砌石	φ1.0	32.48	39.01	1973
北三里	72 ＋ 100	砼	φ0.6	33.06	38.69	1973
郑庄	73 ＋ 150	砼	φ1.0	33.33	38.53	1973
陈窖	74 ＋ 150	砌石	φ1.5	32.16	38.45	1972
枣园	76 ＋ 300	砼	φ1.0	32.31	38.24	1973
汪江	78 ＋ 200	砼	φ1.0	32.53	38.10	1973

卫运河堤防分界长度及新堤表

表 4–11

乡镇、工作站	起止桩号		起止地点		长度（米）	新堤长度（米）	起止桩号	
	起	止	起	止			起	止
合计	40+508	79+710	尖冢	北孟庄	39202	16810		
尖冢镇	40+508	48+782	西尖冢	常圈	8274			
黎博寨工作站	48+782	56+596	孟庄	大营	7814	2000	52+800	54+800
单屯工作站	56+596	65+506	丁村	刘口	8910	9500	56+100	58+700
							59+700	66+600
河西镇	65+506	71+223	教场	李园	5717	2800	67+200	70+000
东枣园乡	71+223	79+710	北三里	北孟庄	8487	2510	74+800	75+700
							78+100	79+710

三、卫运河抗洪

卫运河是流经临西县的一条古老河道，900多年来在境内决口 46 次，加之上游漳河决口淹及临西，据不完全统计，临西共遭受洪灾 100 多次。1979 年以来，也出现过若干次严重汛情，由于措施得力，未造成重大损失。

1982 年 8 月 5 日，卫运河临清站流量达到 1230 立方米 / 秒。由于水量大、势猛、速度快，县防汛指挥部立即启动防汛预案，确保了卫运河安全度汛，但仍有 1.5 万亩河滩地被淹，绝产 7684 亩、减产 7316 亩。

1996 年 8 月，卫运河遭遇特大洪水。近万名干部群众上堤保护，最终战胜洪水，保证了县内堤防安然无恙。但 1.5 万余亩滩地绝产。6 日早 7 时，尖冢水位达到 32.3 米，越过扬水站机房 0.3 米。上午 10 时，水位迅速上涨到 33.2 米，防汛指挥部将上堤人数由 480 人增加至 2000 人。晚 10 时 40 分，东枣园乡汪江排灌站引水涵洞漏水，防汛指挥部立即派技术人员到现场指挥抢救；7 日早 5 时，河水偎堤。8 时，临清站流量达 970 立方米 / 秒。晚 12 时，县直青壮年共 1100 人组成抗洪抢险突击队，集中食宿，整装待发；8 日凌晨，临清站流量达到 1504 立方米 / 秒。沿河乡镇按县防汛指挥部要求，将上堤常备队增至 2 万人，抢险队 2252 人，全县堤段搭起临时用棚 930 个。9 时，在尖冢镇乔屯堤防段，桩号 42 公里处，迎水坡脚 10 米外的滩地弃土上发现两个獾洞，镇防汛指挥部立即组织 150 人进行开挖、回填、夯实，在洞前用编织袋装土打起围堰，动土 150 立方米；9 日

早8时，尖冢扬水站水位涨至36.97米，临清站流量达到1600立方米/秒。晚9时，河西镇邢庄涵洞拍门漏水，镇防汛指挥部立即组织150名抢险队员用250条麻袋在涵洞前打起了围堰，并把拍门重新加垫、封死。晚10时，尖冢扬水站水位达到37.20米，临清站流量达1660立方米/秒。晚10时50分，丁村扬水站涵洞拍门两处漏水，防汛指挥部立即组织了200多人的抢险队，利用涵前打围的办法，共用白灰8吨、编织袋80个、麻袋50条，动土100立方米，奋战7个多小时排除了险情；10日9时，尖冢扬水站水位达到37.35米，临清站流量达到1710立方米/秒；11日凌晨4时，尖冢扬水站水位达到37.35米，临清站流量达到了最大洪峰的1790立方米/秒。此时之后，洪水水位渐渐回落；至13日8时，临清站流量下降至1270立方米/秒，洪水险情解除。

卫运河临西段堤防防汛有关数据

表4–12

村庄名称	桩号	堤顶高程（m）	设计水位相应流量 4000m³/s	警戒水位相应流量 1150 m³/s	历史最高水位
尖冢	41+800	41.52	39.20	35.20	38.84
初圈	46+200	41.00	39.00	35.55	38.69
江庄	51+600	40.95	38.74	35.27	38.60
江村	59+000	40.04	37.98	35.30	37.75
西温	63+000	39.41	37.41	33.00	37.15
河西	68+000	39.36	36.8	33.00	36.77
八里圈	73+000	38.53	36.24	31.80	36.204
汪江	77+600	38.10	35.78	31.03	35.75

附：

临西县2008年卫运河防洪预案

临汛字〔2008〕2号

为坚持防汛抗旱并举，实现控制洪水向管理洪水转变，促进人与自然的和谐相处，本着对党和人民高度负责的精神，结合临西县卫运河现状，制定2008年卫运河防洪预案。

一、卫运河基本情况

卫运河地处冀、鲁边界，是海河南系一条重要的行洪河道，是邢台市一级防洪河道，沿河经尖冢、黎博寨、单屯、河西、东枣园五个乡镇、工作站三十二个自然村，堤防长度39.202公里，其中有在1973至1974年扩大治理时的新堤段16.81公里，险工10处，长7708米，各类涵闸23处，跨河桥梁6座，河底纵坡1/8650至1/9280，堤顶高程41.52米至38.1米，自“96·8”以来，再未出现大的洪水，连年的干旱人的思想比较麻痹，因此，要千方百计地增强人们的防洪意识和水患意识。

二、防洪任务

河道设计防洪标准为五十年一遇，保证水位：临清桥上36.78米，如超保证水位，沿河各级政府须加强防守，充分利用河道强迫引洪，当河道堤防发生严重险情，为避免堤防决口，请示上级部门采取应急措施。以上措施仍不能解决超标准洪水时，要启动应急预案，确保卫运河左堤安全。

三、存在问题

1、河道淤积，洪水威胁增大。因河道自身的变化和上游来水挟沙等原因造成河道淤积，抬高了河床，洪水到来会出现高水位小流量的情况。

2、穿堤闸涵存在隐患，23处水闸和涵管，有部分毁坏，有的个别拍门丢失，有的多年弃之不用无人管理，有的启闭设备失灵，“96.8”曾多次

出现险情。尖冢、刘口引黄、汪江三座引排水闸全部在警戒水位以下。

3、江庄口子门险工没有彻底处理，1981 年汛期口子门堤顶出现下沉、塌陷，1982 年加了外戗，1983 年进行钻探，查出了隐患，1984 年在口门内戗开挖探坑，查明当时堵口的杂料大部分还未腐烂，于是进行了压力灌浆，单孔最大吃浆量达 13.74 立方米，1987 年邢衡处和县政府共同写报告提出彻底处理，但至今仍没实施，隐患仍然存在。

4、险工老化失修，10 处险工（其中 1 处为隐患），多数在 70 年代修建，经过多年使用，目前已老化严重，有的砌石护坡已脱落掏空，使险工不能有效地抗御洪水。

5、阻水障碍存在，河上的 8 座浮桥多与滩地平齐，桥头两端有土体引桥阻水，形成了阻水障碍。

6、新堤未经洪水考验，能否抗御大的洪水，心中无数。

7、沿河有 10 处背河坑塘。分别是：初圈、李圈、赵圈、江庄、江村、赵庄、铁窗户、邢庄、陈窑、汪江均有背河坑塘，一旦发生洪水，将会使坑塘处的堤段腹背受敌，十分危险。

8、因发生洪水的次数少，有经验的抢险人员严重缺乏。随着各级政府的换届，领导干部新人较多，缺乏抗洪经验。

四、防汛抗洪责任

为全面贯彻执行国家有关防汛抗旱工作的方针、政策、法规、法令和国家防总、海委及局的决定、调度命令。县四套班子领导和有关科局领导及技术人员防汛责任制已经落实，内容包括堤防工程建设、汛前准备、防汛检查、抢险队伍组织、物资储备、防洪调度、人员转移安置、抢险救灾、相机引水等工作，都要一包到底，确保在现有防洪标准情况下不出现人为的事故灾害，在超标准洪水的情况下要严防死守，确保人民生命财产安全。掌握雨情、水情、工情，必要时发布水情预报和警报，掌握水利工程的运行状况，当好领导参谋。负责防汛抢险培训，组织防汛宣传，推广防汛经验。

五、防汛队伍

为夺取防汛抢险斗争的胜利，除发挥工程设施的防汛能力外，更重要的是组织好防汛抢险队伍，总结历史上防汛成败经验是“河防在堤，守堤在人，有堤无人，与无堤同”。因此，汛前要组织一支“召之即来，来之能战”的防汛队伍。

1、专业队

又称常备汛工，是防汛抢险的技术骨干力量，由各级管理部门工作人员组成。主要负责：工程日常管理和养护，水情、工情搜集汇报，通信联络，工程防守和紧急抢险的技术指导。要求每公里 2 人，全县 78 人，以护堤员为基础进行配备，以乡（镇）护堤队为单位集中使用，定期巡查水情，发现险情及水事案件及时报告。

2、常备队

又称防汛基干班，是群众性防汛队伍的基本组成形式，由沿河道、工程周围的乡、村、城镇街道居民中的民兵或青壮年组成。常备防汛队伍组织要健全，汛前登记造册编成班组，汛期按规定在达到各种防守水位时，分批组织出动。全县 19000 人，当洪水漫坡偎堤时调用，每公里配备 500 人，主要任务是调动物料、备足土牛、抢修堰土、处理各种隐患等。

3、预备队

预备队是防汛的后备力量，是防御较大洪水或紧急抢险时，为补充加强一线防守力量而组建的。人员和范围可以更宽一些，如扩大到距河道、堤防、闸坝较远的县、乡、城镇等，但要落实到户到人。组织 20000 人，从人力物料上对口支援五个沿河乡镇、办事处的抗洪抢险工作。

4、抢险队

汛前，从群众防汛队伍中选拔有抢险经验的人员组成抢险队，当汛期发生险情时，立即抽调组成的抢险队员，配合专业队投入抢险。所有参加人员，必须服从命令听指挥。由沿河乡村组织，全县 850 人，当水位上涨，接近警戒水位时，按上级通知，按计划分批上堤，主要任务对险工、险段、闸涵的防守、抢护，由乡镇防指统一指挥。人员配备，险工段 50 至 80 人，扬水站 10 至 30 人，引水闸 40 至 60 人。

5、机动抢险队

为了提高抢险效果，要建立机动抢险队，承

担重大险情的紧急抢险任务。机动抢险队要与管理相结合。平时结合管理养护，学习提高技术，参加培训和实践演习。机动抢险人员要相对稳定，并配备必要的交通运输和施工机械设备，人员500人。

6、中国人民解放军和武警部队是抗洪抢险的突击力量，必要时通过市防指同有关部队联系，或根据上级防指的命令，同有关部队协同，共同完成急、重、险、难任务。

六、各级洪水的防御措施

1、警戒状态：12小时内按上游水情，完成闸涵封堵，每孔备土50立方米；草袋、编织袋放在闸涵附近。此时洪水为设计排涝水位及以下洪水局部漫滩偎堤，防汛人员必须密切注意跃进闸、刘口引黄闸、汪江引水闸、汪江排水闸可能出现的漏水情况，并认真对险情进行分析，必要时要用草袋、麻袋或编织袋在闸前进行封堵，尖冢、黎博寨、单屯、河西、东枣园五个乡镇、工作站的防汛指挥部上堤办公，电信局给乡镇指挥部安装电话，县供电局要安装大堤抢险照明，沿河村庄的抢险队600人，常备队按10米1人共4000人上堤，每200米要搭一个汛棚。主要任务是：搞备土、填浪窝、筑护堤堰、抢护出现的险情，封堵滩地机井，封堵各涵洞口。尖冢、赵圈、大营、丁村扬水站的机电设备要全部运出。根据上游来水量，组织群众沿河槽筑子埝，力保滩地农作物。

2、紧张状态：水位基本达到堤防戗台，大部分穿堤涵闸都在水下，可能出现洞壁外渗水、新堤段及新、老堤结合可能出现渗漏、脱坡、裂缝等险情，穿堤涵闸漏水。人员配备：扬水站穿堤涵洞10至30人，引水闸40至50人，由所在乡镇指挥部安排，共上抢险队员850人，19000人常备队全部上堤。每50米一个汛棚，每人一张锨、一个编织袋，斧锯、锤等工具要全部运堤上，临西河务处的常备料，县直有关单位的储备料和交通车辆要有专人负责，昼夜值班，听候调遣。群众号料由乡镇、工作站指挥部统一掌握。

抢险队伍主要是对各险工、涵闸、新堤段、薄弱堤段的防守抢险；常备队主要是昼夜值班、巡堤查险、消除隐患、平整堤顶、填垫水沟、处理獾洞、浪窝等。

3、紧急状态：水位距堤顶只有2米，闸涵全部淹没水下，所有险工和新堤，薄弱堤段可能出险，按防汛要求，要严防死守大堤，保证不决口，此时20000人的后备队上堤，县直各职能部门到防汛指挥部办公，指挥部每一小时发布一次汛情、雨情通报，并及时绘出水情、水位示意图，及时编发抗洪抢险简报。宣传部、广电局要上堤宣传报道，公安、政法部门要维护好防汛秩序和社会治安，物价、工商部门要严格控制物价、市场，卫生部门搞好防疫灭病，粮食部门安排好抗洪抢险人员生活，交通部门安排好上堤道路和抗洪抢险的运输工具。

4、危险状态：水位距堤顶只有0.5米，此时全县告急，要军民联防，全社会总动员，严防死守，水涨堤高，做到有限保证，无限负责。

七、防汛物料

防汛物料包括临西河务的常备料和群众号料，汛前都要落实，尤其群众号料，要登记造册、明码标价、让户主明白，做到有备无患。

附表：

1、卫运河堤防分界长度及新堤。

2、各类水情上堤人数。

3、群众号料任务。

4、各类水情用料。

5、防汛屋、常备队、抢险队应备工具。

6、各乡镇、工作站编织袋任务表。

二〇〇八年五月二十一日

临西县2008年内地除涝预案

临汛字〔2008〕3号

临西县地处黑龙港流域清凉江水系，历史上深受旱涝、洪灾之苦，为战胜可能出现的沥涝，保障我县工农业生产可持续发展，特制订本预案。

一、除涝任务

临西县总面积550平方公里，分为堤上（247平方公里）和堤下（303平方公里）两个区域，堤下又有二坡地和低洼地两部分，堤上与堤下地面高程相差3至8米，县内地面西南高，东北低。

堤上区四条行洪渠在保证客水138.6立方米/秒的前提下，排出本区沥水，保证不串水、不决口、不漫溢。堤下区本着排、灌、蓄相结合的原则，做到抗旱、除涝两手抓，实现闸涵合理调度，除涝标准为内地不成灾，尽量多蓄水。机井、建筑物责任到人，做到有限保证、无限负责。

二、除涝标准

目前，临西县仍然沿用80年代制定的三日降雨250毫米不淹地的除涝标准。但是从1996年以来，连续八年干旱，所以说天上水是宝贵的，近几年临西县地下水位下降严重，补充地下水是主要的，要求各乡镇、工作站，下了雨不要惊慌，要听从县防汛抗旱指挥部的命令，接不到命令一律不准开闸放水，宁可局部损失也要多蓄水，补充地下水资源，为今后抗旱服务。如果下了大雨情况特殊，再临时处理，按照实际情况对待。

三、排涝方式

内地除涝原则是：堤上、堤下分排、堤下高低水分排。

1、堤上区的卫西干、临馆、分洪渠、临威渠四条骨干渠道承担本区排涝，又承担客水，汛期需关闭或封堵摇鞍镇和引卫一分干渠道闸（尖冢闸），防止客水由引卫一分干入跃进渠。开启司寨、王铎寺闸，保证临馆渠、分洪渠、下堡寺渠水入临威渠出县。下堡寺西部和摇鞍镇沥水经卫西干渠排出。关闭司寨偏闸、吕寨西闸，防止堤上沥水由石佛渠入堤下区。

2、堤下区的高低水分排

（1）以清临东干渠和沿邯临公路南侧的东干一支、二支渠为高排区，关闭堤口闸、闫庄闸、白庄闸，不让高排区的沥水流入低洼区，提开东干一支渠常园闸，东干二支渠小屯闸，东干渠岗楼闸，使高排区的沥水经清临东干渠，在牛庄闸下入清临渠达清凉江排出。

（2）低排区。堤下邯临公路以北的低洼区，在雨水较大时需要加高堤埝，同时提开袁庄两闸，让赵町渠下段和石佛渠的水流入清临西干渠，提开水波闸、牛庄闸，使区域内的沥水由新清临干渠排入清凉江。

结合水利工程现状和灌、排、蓄相结合的运用原则，县防汛指挥部安排闸板损坏、启闭不灵的闸由所在乡镇负责封堵，排渠内的土坝除县安排的以外，乡村自行打的土坝在汛前必须拆除，这是一条防汛命令，请各乡镇办事处认真执行。

四、存在问题

1、县内多数骨干排灌渠道的渠堤被烧窑、垫宅基取土拉掉，有的甚至挖到地面以下，降低了排涝行洪标准，尤其地处低洼区的大刘庄、吕寨、老官寨、水波、东枣园5个乡镇、工作站，要从排涝的角度高度重视，破坏的渠堤要坚决修复，以防沥水从渠内漫溢淹地。

2、由于引卫一分干渠的开挖，临馆渠、分洪渠客水串入跃进渠，跃进渠高程与引卫一分干渠相差2.5米，尖冢镇、临西镇要密切注意防护；卫西干渠承担馆陶、邱县两县的客水，但威县境内的蔡寨闸，使卫西干渠的水归到摇鞍镇，这就相应提高了水位，迎接客水时下堡寺镇、摇鞍镇乡要严加注意。

3、地处河灌区的一些地方，地下水位相对较高，汛期要注意排水，防止水位过高，土地盐碱。

4、堤下涝洼区和堤上一些封闭洼地要考虑安排排水机群，尤其是老官寨镇、水波工作站、东枣园乡地处南坡洼，莲花池在清凉江顶托时必须利用机排。

五、几项要求

1、要贯彻建重于防，防重于抢，抢重于救的方针，对要求复堤、堵口的取土地点要求7月1日前完成。

2、按照省提出的“以防为主，蓄泄结合，全力抢险，保安全，多蓄水”的要求，既保证防洪安全，又最大限度的利用雨水资源、汛期多蓄水。

3、安排机井度汛，垒井台或加井盖争取汛期不淤一眼机井。

4、对安全度汛有问题的四属五保户，中小学的危房，要提前采取加固或其他措施。对河西镇、临西镇居民区以及各村的排水出路要尽早安排，如因措施不利，造成人员伤亡，要追查责任，严肃处理。

各乡镇、工作站对内地除涝不要掉以轻心，要高度重视，一旦局部发生暴雨，在现有的环境

下，可能造成局部的重大损失，因此要认真检查、部署，尽最大努力减少灾害损失。

二〇〇八年五月二十一日

临西县2008年卫运河抗洪抢险预案

临汛字〔2008〕4号

临西县地处卫运河中游左岸，历史上卫运河多次在境内决口，海河流域是防汛工作的重点之一，为避免洪涝灾害损失，立足于防大汛、抢大险、救大灾，做到有备无患，特制订2008年卫运河抗洪抢险预案。

一、组织领导

抗洪抢险要层层落实行政首长负责制。县四套班子领导分别到县防汛抗旱指挥部和各乡镇防汛指挥部参加抗洪抢险，以加强对防汛抗洪的领导，县防汛指挥部分成两条线，一条外线、一条内线，外线就是组织技术人员奔赴到尖冢、黎博寨、河西镇、单屯、东枣园五个乡镇、工作站堤防，现场指挥抗洪抢险；内线就是县防汛指挥部负责全面指挥的人员，调集县直有关部门的力量，充实县防汛办公室，组建汛情综合组、工程调度组、后勤服务组、灾情统计组、宣传报道组。无论前方还是后方，都要严阵以待，坚持快事快办，急事急办，特事特办，一切服务于抗洪抢险工作。

沿河五个乡镇工作站的防汛指挥部都要上堤办公。从县领导到村支部书记，从县长到村委主任，各级干部和广大军民一起坚守最危险的堤段。

二、上堤人数

水位上涨接近警戒水位（局部漫滩）时，全县组织600名（尖冢150、黎博寨150、单屯100、河西镇100、东枣园100）抢险队；4000名（尖冢850人、大刘庄800人、单屯800人、河西镇700人、东枣园850人）常备队上堤巡堤检查，消除隐患，筑沿河护水埝。

水位超过警戒水位后，全县要组织1000名（尖冢200、黎博寨200、单屯200、河西镇200、东枣园200）抢险队；20000名（尖冢4000、黎博寨4000、河西镇4000、单屯4000、东枣园4000）常备队。

接近保证水位，流量超过3000立方米每秒，全县总动员，上堤人数不少于40000人，并争取人民解放军和武警部队的支援，除1000人抢险队，2000人常备队，再组织2万人的后备队，其中摇鞍镇4000人到尖冢，吕寨4000人到黎博寨，下堡寺、老官寨各4000人到河西镇，单屯、临西镇4000人到东枣园。人员上堤后要分工负责，一部分人监视水情、巡护大堤，看有没有塌方、漏洞和水位上涨情况；一部分人拉土加筑堤坝，保证做到水涨堤高，确保万无一失；再一部分人从内地向大堤上运送抢险物料，准备一些必要的防汛抢险物资。

超过保证水位，也要严防死守，水涨堤高，全党动员，全民发动，全力以赴，做到万无一失。

三、后勤保障

根据汛情发展，将成立由县委、人大、政府、政协、纪检、人武部有关领导参加的抗洪抢险后勤保障小组，及时召集县直有关部门负责人参加的后勤保障调度会，以保证抗洪前线需要什么，后方就支援什么，各部门各单位都要不讲价钱，不分份内份外，全力以赴，服务于抗洪抢险工作。县电信局负责防汛电话畅通；供电局负责抗洪抢险用电；卫生局负责抗洪抢险防病灭病；粮食局要安排好抗洪抢险的生活，保证所有抗洪抢险人员吃上饭，喝足水；县商务局、供销联社、粮食局、氮肥厂的防汛物料足额调运；公安系统维护抗洪抢险的社会治安；物价、工商负责抗洪抢险期间的市场和物价的稳定；宣传部门要上堤采访、录像、搞好宣传报道；交通部门要组织车辆负责抗洪物料及人员的调运并安排好上堤通道，确保抗洪抢险期间上堤道路畅通；民政局要安排好汛情紧急时，人民群众的转移，搞好灾情调查和抗洪救灾。

二〇〇八年五月二十一日

第三节 水利设施

一、骨干渠道

境内共有渠道21条，总长195.54公里。1987

年后，为实现尖冢扬水站配套，骨干排渠全部改造为排灌两用渠，临西县基本上实现了排灌一体化。境内主要渠道有清临渠、临威渠、临馆渠和卫西干渠。

1、清临渠

清临渠由临清（临西）、清河两县共同开挖，总长 50.93 公里。清凉江除涝配套工程开始后，清临渠作为清凉江的一条主要渠道，按 3 日降雨 250 毫米不成灾的标准扩挖渠道。通过开挖东清渠、赵疃渠，使县域东部堤下 303 平方公里的沥水都可通过清临渠排入清凉江。

2、临威渠

临威渠（原名申街分洪渠），流经馆陶、临西、威县，从馆陶木官庄到申街（馆陶县境内长 17.3 公里）进入临西、威县，全长 47.1 公里。

3、临馆渠

临馆渠是为承担馆陶 25.5 平方公里的排沥任务开挖的渠道。动土 92.66 万立方米，临西境内总长 14.2 公里。

4、卫西干渠

卫西干渠系馆陶县境内的一条灌溉输水渠道的延伸。动土 124.4 万立方米。由徐万仓经李桥到木官庄，折而东北经清阳城、魏僧寨到申街入临西，临西境内长 9.94 公里。

临西县骨干渠道统计表

表 4–13

渠名	起止地点	长度（米）	水力要素						控制面积（平方公里）	设计流量立方米（每秒）	备考
			底宽	边境	纵坡	设计水深	一段渠深	设计渠底高程			
二支	乔屯—岗楼	16000	2	2.5	1/10000	3	5	31.42—26.4	47.5	10	未达到设计
			1	3	15000						
跃进渠	东尖—陈庄	9175	29	4	1/10000	1.6	5.5	29.19—28.27		引水 30	陈庄闸底 28.27 米，3×1.8 米
联结渠	陈庄—史洼	4225	19	4	1/11000	1.6	6	28.27—27.89		引水 30	史洼防洪闸 27.8 米，3×1.5 米
东清临上段	台庄—曲庄	3.8	2	3	1/1000	3	3.8	27.68—27.30	10.9	7.2	
下段	曲庄—云冯	10.486	3	3	1/4500	3	4.2	36.30—23.46	46.4	31	于庄陡坡跌 0.85 米 ×2.0 米孔
			2		10000	5					
赵町渠上段	尚庄—张庄	5680	2	3	1/10000	3	4.4	28.27—27.70	21	13.9	
下段	前阎—袁庄	6186	2.5	3	1/10000	2.95	4.6	26.70—26.03	25	16.5	袁庄陡坡跌落高差不够
石沸渠	司寨—吕寨	9450	3	3	1/10000		4.1	27.40—26.25			堤上部分为相机使用，汛期严闭吕寨闸
	—袁庄										
马刘庄渠	卢庄—马刘	7200	1	2.5	1/5000			28.42—27.40			
机排引渠	牛庄—北孟	7200	5	3	1/15000	4	5	23.19—22.75	140	36	拟随孟庄站扩挖
卫西干渠	西贺—留善固	9941	6	3	1/9000	4.5	7	30.1—29.4	453.5	81	前镇闸底板 30.0 米，邯郸 409.3 平方公里
临威渠	史洼—司寨	8800	21	3	1/9000	4	6	27.89—27.0	325.5	146	司寨闸底 27.4 米，8×2.5 米
			26								邯郸 99.3 平方公里
临馆渠	东贺—史洼	14163	2.5	3	1/10000	4	6.2	29.9—27.89	77.1	50.9	邯郸 25.5 平方公里
引卫—分干	尖冢—前镇	13165	3.5	3	1/1000	3	4.5—5	32.0—30.8		20/30	申街分洪道以上为 30 立方米 / 秒，以下为 20 立方米 / 秒
下堡寺渠	下堡寺—百户寨	8404	2—4	3	1/10000	4	4.5	29.2 平底	49	32.3	

续表

渠名	起止地点	长度（米）	水力要素：底宽	水力要素：边境	水力要素：纵坡	水力要素：设计水深	水力要素：一段渠深	水力要素：设计渠底高程	控制面积（平方公里）	设计流量立方米（每秒）	备考
申街分洪道	西尖—史洼	10650	2—5	3	1/10000	4	5.5	30.64—27.89	140.4	81.3	未达到设计，邯郸 73.8 平方公里
赵王河	河西岗 王铎寺　陆村	4832	2	3	1/10000		4.2	28.22—26.74		14.5	
新清临渠	牛庄以下	到清凉江 24850	23	2.5	1/15000	5	5	23.19—21.6	210.75	138	
西干	陈庄—牛庄	22150	4-1.5 4—9	3	1/5000 3660 15000	5 6	5.7 4.5	28.27—23.19	111.5	71	牛庄闸底 23.19，4 米×4.5 米，堤口跌 1.9 米高
东干	岗楼—牛庄	11600	15 8	3	1/8000 10000	4	5.3	26.00—23.19	176	1020	
一支	龙旺—岗楼	13400	5.4	3	1/2410	4	4.3	27.75—26.00	75	49.5	马刘庄渠口底高 7.21 米

二、扬水站

临西县的扬水站均建在卫运河左堤，用于提水灌溉。

尖冢扬水站灌区。尖冢灌区是全省最大的平原提水灌区，也是黑龙港流域最大的提水泵站，以灌溉面积大、建站早而闻名于省内外。

该站原为木轮泵站。因河水泥沙过大，木轮泵损坏严重和柴油机动力成本高，1985年、1987年分两期进行改建。木轮泵改为轴流泵，柴油机改为电动机。一期工程进行了基础加固处理、防渗墙加固、框架改建、机房、配电室新建和水泵管道安装；二期工程进行了泵站框架加固及新建140平方米厂房及水池底板加固、压力池防渗墙、底板、护坡加固、10孔跃进闸启闭机维修、闸板更换及闸后涵洞护砌、输变电配套工程。两期工程总计投资122.34万元，安装36寸、28寸立式轴流泵，配有155千瓦电动机15台，总装机为2325千瓦，设计提水能力为29.85立方米/秒。1988年，完成了部分田间配套。1989年、1990年两年提水15037万立方米，浇地76.19万亩次。1993年，争取到了70万元的水波闸修建工程，提高了尖冢灌区的调蓄能力，控制面积10万亩。2006年，尖冢灌区改造项目列入《河北省灌区改造十一五规划》，项目总投资4600万元，分5年实施。项目已由邢台市水务局勘测设计处完成初步设计方案并报省水利厅。尖冢灌区“十一五”规划的实施，将使尖冢灌区的灌溉面积由现在的28万亩增加到48万亩。

赵圈扬水站灌区。赵圈扬水站位于赵圈村南，卫运河左岸。灌区内主干渠1条，长12.5公里，输水能力5立方米/秒；分干渠3条，总长13.1公里；支渠32条，总长41.5公里。总投资27.3万元（全部国家投资）。渠道均为地上渠，自流灌溉尖冢、黎博寨、樊村、大刘庄4个乡镇、工作站的22个村庄。设计灌溉面积8.5万亩，实际灌溉1.2万亩。

大营扬水站灌区。大营扬水站位于大营村西南，卫运河左岸。灌区内有主干渠1条，长8.8公里，输水能力3立方米/秒；分干渠2条，长7公里；支渠39条，总长47公里。配有支渠节制闸6座、进水口26座。1987年，扬水站卫运河堤内干渠改建为混凝土管道。

丁村扬水站灌区。丁村扬水站位于丁村东南，卫运河左岸。主干渠1条，长11.3公里，输水能力3立方米/秒；支渠18条，总长28公里。初时可灌溉单屯、老官寨、黎博寨3个乡24个村的2.4万亩耕地。进入80年代以来，卫运河经常断流，加上设备老化，渠道失修，目前只有丁村、江村、大黄庄、常屯、单屯、郑庄6个村的1.5万亩土地能够浇灌。

陈窑扬水站灌区。陈窑扬水站位于陈窑村东，卫运河左岸。由于卫运河主流迁移，该站提水几率减少，浇地面积递减。目前，仅能浇灌陈窑、琉庙、郑庄3个村1800亩土地。

1979—2008年临西县引卫灌溉统计表

表4–14　　单位：万立方米、万亩

年度	总提水量	实灌面积
1979	6211.0	36.7
1980	4724.0	24.4
1981	1402.4	8.0
1982	2468.56	12.34
1983	514.4	18.4
1984	9571.66	21.6

续表

年度	总提水量	实灌面积
1985	4076.0	8.1
1986	4688.2	22.6
1987	2131.81	12.0
1988	5193.3	28.8
1989	9740.22	49.2
1990	7336.46	37.14
1991	8900.00	44.95
1992	8792.00	44.40
1993	7465.00	37.70
1994	8796.00	44.42
1995	7548.00	38.12
1996	8260.00	41.72
1997	12300.00	62.12
1998	10600.00	53.54
1999	9897.00	49.98
2000	9335.00	47.15
2001	1210.00	61.11
2002	1150.00	58.08
2003	6864.00	34.67
2004	1170.00	59.09
2005	7609.00	38.43
2006	9002.00	45.46
2007	5230.00	35.63
2008	10583.00	71.2
合计	192769.01	1147.05

三、闸涵

境内有与配合扬水站使用的穿堤涵洞19处，这些涵洞在引卫灌溉中发挥了很大作用。为了解决灌溉与排水的矛盾，在地上输水干渠与地下排水渠交叉处兴建了一批渡槽。不仅使全县基本实现了排灌一体化，而且在防汛排涝中发挥了重要作用。

卫运河临西段闸涵一览表

表 4–15

闸涵名称	地点	性质	堤防桩号	孔数	结构形式	闸底高程	河底高程	设计流量	启闭形式		建成时间
									形式	启闭力	
跃进闸	尖冢	引水	41+900	10	砼	29.19	28.93	30	手	10	1977
汪江排水闸	丁家码头	排水	76+400	2	砼	33	26.69	30	手		1974
汪江引水闸	丁家码头	引水	76+500	2	砼	26	26.79	15	手		1974
穿卫引水闸	刘口	引水	64+500	3	砼	27.26		75	电	2×50	1994

卫运河临西段穿堤涵洞一览表

表 4–16

地点		结构型式	主要用途	孔数	规格		闸门形式	闸门高程	修建时间
所在村庄	桩号				管长（米）	孔径（米）			
西尖冢	41+000	砌石	引水	1	43	1.4	铁板门	35.95	1973
东尖冢	41+800	砌石	引水	2	27	1.4	直升木门	36.56	1973
赵圈	47+900	砌石	引水	2	44	1.5	铁板门	33.94	1973
江庄	50+900	混凝土	引水	1	44	1	铁板门	35.17	1973
大营西	54+100	砌石	引水	1	46	1.5	铁板门	34.24	1972
大营	54+900	混凝土	引水	1	45	0.6	铁板门	34.08	1973
李圈	46+500	砌石	引水	1	45.5	1	铁板门	35.14	1973
丁村	57+300	砌石	引水	1	44.5	1	铁板门	33.18	1972
江村	58+100	混凝土	引水	1	44	0.6	铁板门	33.11	1973
赵村	60+300	混凝土	引水	1	44	1	铁板门	33.82	1973
西温	62+700	混凝土	引水	1	43.5	1	铁板门	33.49	1972
南三里	66+400	混凝土	引水	1	43.5	1	铁板门	33.49	1972
北队	69+100	混凝土	引水	1	44	0.6	铁板门	32.86	1973
邢庄	70+000	混凝土	引水	1	47	1	铁板门	32.48	1973
北三里	72+150	混凝土	引水	1	45	0.6	铁板门	33.34	1973
郑庄	73+150	混凝土	引水	1	44	1	铁板门	33.07	1973
陈窑	74+150	砌石	引水	1	40	1.5	铁板门	32.16	1972
枣园	76+300	混凝土	引水	1	46	1	铁板门	32.32	1973
汪江	78+200	混凝土	引水	1	44	1	铁板门	32.33	1973

四、河道桥梁

临西县共有生产桥 176 座，大多为双曲拱桥。由于年久失修，90% 以上已不能适应群众的生产生活需要，2004 年以来，多方引资进行修建，共修建新桥 12 座。2006 年，把加强农村水利建设作为新农村建设的有效载体，有计划、有步骤地进行小型农田水利建设，修建了畜牧场桥、孙槐桥、东倪庄桥、北孟庄桥和何老官寨桥，是水务局有史以来修桥最多的一年，解决了当地群众过河难、过桥险的问题。

2004—2007 年修桥一览表

表 4–17　　单位：万元

桥名	投资	规格及标准	竣工时间
范八里桥	44.8	宽 5.2 米，长 58 米，汽—10	2004.06
牛庄桥	39.5	宽 5.2 米，长 58 米，汽—10	2004.06
初庄桥	45.4	宽 5.2 米，长 58 米，汽—10	2004.06
洪官营桥	32.0	宽 5.0 米，长 40 米，汽—10	2005.12
黎博寨桥	32.0	宽 5.0 米，长 40 米，汽—10	2005.12
水波东桥	32.0	宽 5.0 米，长 40 米，汽—10	2005.12
孙槐桥	35.5	宽 5.75 米，长 40 米，汽—10	2006.08
东倪庄桥	44.7	宽 5.75 米，长 50 米，汽—10	2006.08
北孟庄桥	38.7	宽 5.75 米，长 40 米，汽—10	2006.09
车庄桥	41.45	宽 5.75 米，长 40 米，汽—10	2007.05
水波桥	50.89	宽 5.75 米，长 50 米，汽—10	2007.05
苟庄桥	41.86	宽 5.75 米，长 40 米，汽—10	2007.05

五、机井

机井分深井和浅井两个类型。

1、浅井。浅机井开采浅层地下水。80 年代后，临西县浅机井保有量逐年上升，农业生产责任制后，农民自发地个体、联户打井，以解决责任田的灌溉问题。每年新打浅机井 400 多眼。到 2007 年 4 月底，全县实有浅机井 6726 眼，其中配套井 6000 眼。

2、深井。为解决贫水区和咸水区的群众饮水问题，由国家出资或补贴打深井，开采深层地下水。1979 年，打深井 43 眼；1980 年，打深井 40 眼。由于大量打深井，地下深层水难以补给，深层水下降明显加快，县水利部门对打深井开始控制。1981—1985 年，每年打深井不超过 20 眼。1986 年以后，每年只打 5 ~ 6 眼深井，主要用来解决人畜饮水。到 2007 年 4 月底，全县打深井 335 眼，除了淘汰、报废，深井保有量 331 眼。

六、引黄工程

引黄济津是国务院重大决策，是河北省一项重大工程。引黄入冀总干渠在临西县境内长 17.6 公里，其中渠首新开段 2.97 公里、二支渠扩挖段 3.5 公里、东干渠清淤段 11.35 公里。该工程于 1994 年 11 月 11 日正式动工。

1994 年 4 月，海委和河北省水利厅领导先后来临西县查看引黄济冀的引水路线，临西县组织工程技术人员对境内的引水线路进行了测量。为扩大引黄浇地范围，设岗楼枢纽工程一处，每年引水大约 3 亿多立方米。为保证临西县东北部低洼地区的排涝，重建了简店倒虹吸，维修了牛庄闸。1997年，完成了倪庄蓄水闸的兴建。同时，把倪庄闸田间配套列入县重点工程。2002年，引黄济津工程投资8万元建小屯闸、维修常园闸；投资119万元进行河道清淤工程。2003年，对岗楼闸维修加固。2006年，“引黄补淀”工程正式启动。此次引黄补淀是白洋淀历史上首次跨流域补水，输水线路全长397公里，临西境内长17.77公里，总入冀水量约3.38亿立方米。

第四节　水资源管理

临西县是水资源比较缺乏的地区，加之近年来自然降水减少、地下水超采严重，卫运河基本断流。人均水资源不足、时空分布不均，已成为制约经济社会发展的主要原因之一。临西县水资源管理的重点是科学利用，节约用水。

一、加强宣传教育

加强节约水资源的教育宣传工作。利用广播、电视、报纸、杂志、互联网等，广泛、深入、持久地开展节水宣传，倡导节俭文明的生活方式，在全社会形成自觉节水、监督节水的良好风尚。加强舆论监督，建立健全举报机制，对浪费水资源、破坏水资源的不良行为公开曝光，使全民了解县情、水情，掌握科学的用水知识，树立正确观念，自觉节约水、爱护水、保护水。

二、建立相关机制

1、建立水资源有偿使用制度。建立健全以水资源费为基础、水资源有偿使用为核心的用水总量控制、取水许可、排污许可、水环境容量有偿使用、超计划超定额累进加价等制度。加大水费征收力度，适时调整水资源费征收标准。水资源费要计入供水企业成本，实行价内征收。运用价格杠杆调整用水结构，引导水资源的合理配置，从1989年起征收水资源费。

2、建立合理的水价机制。根据市场供求关系、产业调整方向、用户承受能力和供水成本，合理核定基本水价。非农业用水价格要尽快调整到“补偿成本，合理盈利”的水平。深化农业水费制度和供水管理制度改革，建立供水成本约束机制，规范供水经营管理行为，切实减轻农民水费负担。城市供水遵循“补偿成本、合理收益、公平负担、促进管理”的原则。按照居民用水保本微利、公用水适当利润、高消费用水合理利润的尺度调整城市供水价格。建立多层次供水价格体系，加快推进对居民生活用水实行阶梯式计量水价制度，充分发挥市场机制在水资源配置中的基础性作用。

3、建立节水投入机制。坚持“谁投资、谁受益，谁污染、谁治理”的原则，进一步拓宽节水治污投融资渠道，引导企业和公众加大节水治污投资，鼓励民间资本参与节水治污产业开发。

三、推广节水灌溉

1、硬塑料输水管道。1981年，水利局在后阎庄农场埋设了100米地下硬塑料输水管道、进行防渗灌溉试验。其后，仓上、东马鸣堂等村也相继进行了硬塑料管地下防渗。1986年，大米庄自筹资金铺设2000米硬塑料地下输水管道，防渗效果显著。

2、喷灌。1998年，水务局将排灌两用渠道扩挖，作为水利建设的重点。同时，实施地下防渗管道等节水措施，在全县发展喷灌1000亩。

3、节水灌溉示范项目。2003年，实施节水灌溉示范项目，该项目投资160万元（其中国补80万元、自筹80万元）。项目涉及下堡寺、大刘庄、黎博寨3个乡镇、办事处的西高尔庄、北杏园、陈辛庄、前闫、黎博寨5个村，共5000亩耕地。在白地工作站范庄实施节水示范工程。范庄有村民700人，有深井2眼、浅井15眼，耕地1760亩。目前，已安装地下管道6000米，水浇地面积达到1600亩，年节约用水5万立方米。

4、万亩管灌工程。2004年，投资100万元（其中国补30万元、自筹70万元），实施1万亩管灌工程，涉及姚楼、樊村、黎博寨3个办事处的9个村。

5、咸淡水混浇工程（利用浅层咸水、微咸水资源与深层淡水混合浇地）。为节约深层淡水资源

东留善固咸淡水混浇工程设施

和浇地费用，让群众转变浇地方式，投资 39.54 万元，选用咸、淡水混浇与管道输水一体化技术，涉及大刘庄乡、老官寨镇、白地工作站、水波工作站的 19 个村。此工程为临西县节约地下深层淡水资源开辟了有效途径。

6、“小白龙”灌溉法。“小白龙”是指用聚乙烯塑料软管代替垄沟输水，浇地时将管子装上伸铺到地头，浇完地将管子盘起存放，即节水、又方便。1990 年后很快在全县农村得到普及。

附：

临西县水资源管理委员会
关于水资源费征收暂行规定

第一条 为了合理开发利用和统一管理全县水资源，根据《中华人民共和国水法》和《河北省县城及以下地区征收水资源费暂行规定》，结合临西县实际情况，制定本规定。

第二条 县水利局是县政府的水行政主管部门，负责征收临西县境内（包括城镇用水的水源地）的水资源费。凡在临西县境内取用水资源的机关团体、部队、学校、工商、企事业单位、乡镇企业（包括集体、联户、个体办厂摊）等都必须执行本规定。

第三条 生活和农田灌溉用水及卫生防疫、医疗单位用水暂免征收水资源费。对新建（未正式投产）或长期亏损的工业企业（含乡镇企业）持免税证明，经县政府批准，可适当减征或缓征水资源费。

第四条 各用水单位必须严格按照国家和省制定的用水定额标准，制定年度用水计划，报县水利局审批。水利局按照批准的用水计划，计量供水并征收水资源费。

第五条 征收水资源费按以下标准执行：

（一）凡利用地下水供工副业生产的，每立方米征收水资源费 6 分。

（二）凡利用地表水（系指河水）供工副业生产用水的，每立方米征收水资源费 5 分。

（三）凡机关、团体、部队、工商企业、学校和国营农场从事农、林、牧、渔业生产的用水，地表水每立方米征收水资源费 1.5 分，地下水每立方米征收水资源费 3.5 分。

第六条 地下水应分井（或分处）安装量水设施，按取水量计征。未安装量水设施的按水井的设计取水量计征；引用地表水的，按实际用水量征收。

第七条 水资源费征收后，由县水利局直接上交县财政，列入预算内资金，专款专用。各用水单位应按期缴纳，不得拖欠。用水单位无故拒缴或拖欠水资源费，按日加征 1‰的滞纳金；情节严重者，水利局有权封闭其水源工程。

第八条 对用水单位实行节奖超罚：

（一）超计划用水 30%，超过部分按原价加一倍收费；超计划用水 40%—50%，超过部分按原价加三倍收费；超计划用水 60%，对超过部分按原价加五倍收费。对加收的水资源费和滞纳金，由单位的自有资金支付，不得摊入成本或费用。

（二）节约用水 30%，所用水量减少水资源费的 10%；节约用水 30—50%，所用水量减收水资源费 20%；节约用水 60% 以上，所用水量减收水资源费 30%。

第九条 水资源费主要用于水资源的管理、科研、节约用水综合性措施和重点节水措施补救及节水奖励等，结合资金可结转下年使用。

第十条 本规定自发布之日起施行。

一九八九年十一月六日

第五节 安全饮水工程

临西县位于黑龙港流域，属黄河冲积平原。

由于地理位置特殊，决定了浅层水高氟、高咸、高污染的水质特点。部分村庄农民常年喝苦咸水，农村饮水困难问题非常突出。2000年以来，临西县把解决农村饮水问题作为政府主要工作之一，采取了有力措施。先后建联村供水站16处、单村供水站41处，解决了4.7万人的饮水困难。2005年，实施农村饮水安全工程以来，按照建设社会主义新农村的要求，构建长期稳定的农村供水安全保障体系，最终实现“农村供水城市化，城乡供水一体化，供水范围规模化，经营管理企业化，服务体系专业化”的发展目标。结合县城实际情况，积极探索城乡供水工程管理新模式，实行“联村建站集中供水，明确产权、分级投资、水表入户、计量收费、统一管理、企业化经营”的联村集中供水工程，实现了饮水工作良性发展。

2001年，共完成各类工程15处，其中联村供水工程6处，单村供水工程5处，完善配套工程4处，解决了23个村的供水问题，受益群众达1.09万人，大牲畜2319头。完成投资304.7万元，其中使用国家资金197万元、群众自筹资金107.7万元。

2002年，共完成各种类型饮水工程24处，其中联村集中供水工程1处，单村集中供水工程17处，完善配套工程5处，受益群众1.16万人，大牲畜1946头。工程项目完成投资348.45万元，其中使用国家专项资金192万元、群众自筹资金156.4万元。

2003年，共完成各种类型饮水工程4处，均为单村集中供水工程，受益群众0.15万人，大牲畜299头。完成投资60.4万元，其中使用国家专项资金44万元、群众自筹资金16.4万元。

2004年，饮水解困工程共分两批进行，第一批完成两个单村集中供水工程，受益群众908人，大牲畜132头，完成投资29.9万元，其中使用国家专项资金13万元、群众自筹资金16.9万元；第二批共完成各种类型集中供水工程3处，其中联村供水工程1处、单村供水工程2处，解决饮水困难群众1780人，大牲畜320头，共完成投资51.4万元，其中使用国家专项资金35万元、群众自筹资金16.4万元。

2005年，共完成各种类型集中供水工程9处，其中联村集中供水工程3处、单村集中供水工程6处，受益群众5000人，大牲畜380头。项目投资175万元，其中使用国家专项资金82万元、群众自筹资金93万元。

2006年，共完成各种类型集中供水工程10处，投资482万元（其中：国补232万元），解决了20个村、15000人的饮水安全问题。新建联村集中供水站5处（北孟庄、琉庙、贺伍庄、三教堂、马尔寨），单村集中供水工程4处（范庄、东枣园、黄庄、于庄），配套1处（郑楼），让群众吃上了洁净的自来水。

吕寨乡供水总站

2007年，共完成各种类型集中供水工程22处。其中联村集中供水工程13处，单村集中供水工程9处。解决了40个村、37802人的饮水安全问题。项目投资587万元，其中国家专项投资332万元、地方自筹资金255万元。

2008年，共完成各种类型集中供水工程9处，其中联村集中供水工程6处，单村集中供水工程3处。解决了28个村、26697人、906头大牲畜的饮水安全问

题。项目投资455万元，其中国家投资240万元、地方自筹215万元。

第五章　电力

改革开放以来，伴随着国民经济的快速发展和人民群众生活水平的提高，临西电力事业得到长足发展。1978年以前，临西县有尖冢、吕寨、下堡寺、氮肥厂四座35千伏变电站，35千伏主变6台，总容量为11350千伏安。到2008年底，全县共有110千伏变电站2座，总容量123兆伏安，110千伏线路三条，境内线路长度25.23千米；35千伏变电站8座，双电源35千伏变电站4座，总容量80.6兆伏安；35千伏线路12条，长度89.28千米；10千伏线路63条，总长1066千米；配电台区2649台，总容量216956千伏安。

第一节　机构设置

1978年，电力管理从原水电局分离出来，成立临西县电力局。下设政工组、生产组、财务组，有干职工45名。1983年，设立三电（计划用电、节约用电、安全用电）办公室，下设临西镇、河西镇、尖冢镇、吕寨乡、下堡寺镇供电所。1984年1月，电力局改称电力公司。下设办公室、财会股、用电股、生技股。同年4月复称供电局。1987年，设调度室。1994年12月，改称临西县电力局。2000年6月，设立农电科。2000年7月，撤销15个乡镇电管站，重组为9个供电所。2002年12月，撤销行政科、三电办公室，其职能划归办公室、用电科管理。2006年7月，撤销信息中心，其职能归新设的经营管理科、调度信息中心。9月，撤销电力派出所，职能归安检科。2007年3月，全局机构调整，科室改为部室。下设办公室、农村用电部、营销部、生产技术部、财务部、安全监察部、监察审计部、人力资源部、输变运行工区、思想政治部、调度所等11个部室；同时，撤销经营管理科，职能划归办公室。

电力局机关（2008年摄）

第二节　电力设施

一、电力设施建设

经过三十年的不懈努力，临西电力建设发生了巨大变化。1979年以前，境内没有110千伏线路及设备。到2008年，境内有110千伏变电站2座，总容量123兆伏安，110千伏线路三条，境内线路长度25.23千米；35千伏变电站8座，是改革开放前的2倍，其中有4座35千伏变电站具备双电源。35千伏主变容量是改革开放前的7倍；10千伏线路是改革开放前的5倍。

临西电力建设大体经过三个阶段：起步阶段、调整完善阶段和快速发展阶段。

第一、起步阶段（1983年以前）

受区域经济发展和行政区划的影响，临西电力逐渐由最初的山东临清供电转为河北南网供电。电力应用也由最初的农业灌溉，逐渐普及到人们生产生活的各个领域。

农网改造施工现场（2009年摄）

1963年前临西县用电全部从山东临清输电。1963年春，建尖冢35千伏变电站，装机容量1台/1000千伏安，架设35千伏线路22.8公里，10千伏线路46公里，沿河村庄开始用电力排灌和照明。1971年，尖冢、吕寨两个35千伏变电站建成投运，先后架设章台至吕寨、尖冢35千伏线路34公里，10千伏线路105公里。1974年，下堡寺（马庄）35千伏变电站建成投运，装机容量1台/1800千伏安。1975年，氮肥厂建成投产，用电量增加，为解决氮肥生产用电，架设氮肥厂至章台35千伏线路35.9公里。1976年，氮肥厂35千伏变电站建成投运，装机容量1台/1800千伏安。到1982年底，全县有35千伏变电站4个，高压线路568公里，其中35千伏线路104.8公里、10千伏线路463.2公里。是年，购电2334.7万千瓦时，售电1965万千瓦时，全县270个村用电，电力排灌面积达42万亩。

第二、调整完善阶段（1984—1993）

1984年至1993年的十年，是临西电网逐渐调整完善的10年。临西县拥有了自己的110千伏电源，并结束了由山东购电的历史。

1984年2月，临西110千伏变电站开始兴建，1985年9月，正式投入运营。该工程投资200万元，其中地区拨款150万元，县财政自筹50万元，是当时县里的重点工程，在施工进度和质量上，创全区电力施工的最好佳绩。1986年8月，千户庄35千伏变电站投入运营，装机容量1台/3200千伏安，总投资35万元。该站的建成，缓解了河西镇区和老官寨一带的用电矛盾。同时，结束了由山东购电的历史。该年度，投资55万元，架设临西110千伏变电站至千户庄35千伏变电站、临西110千伏变电站至下堡寺35千伏变电站两条35千伏线路。1988年，增装10千伏线路补偿电容器23台/2300千瓦，检修改造10千伏线路300公里，新架线路28.6公里。低压线路整改477公里，完成了下堡寺、吕寨两站供电区域内10千伏线路“两线一地”改“三线”输电线路整改150公里。1991年10月，投资45万元，建成吕寨35千伏变电站。吕寨35千伏变电站，是临西办电以来，首次自行设计、自购设备、自己施工的一项电力工程，它标志着临西电力局自身实力的增强和技术水平的提高，也标志着临西电力由初创走向成熟。1993年，全县拥有110千伏变电站1座，35千伏变电站4座，总容量73750千伏安，配电变压器951台，总容量71105千伏安；有110千伏线路39千米、35千伏线路49.7千米、10千伏线路550.5千米，合计639.2千米，有低压线路767千米。

第三、快速发展阶段（1994—2008）

1994年以来，国家进行农村电气化建设和农网改造，加大电力投资力度，大刀阔斧地进行农网改造，临西电力得到了前所未有的发展。此间，临西县通过了农村电气化建设、电力三为服务、电网调度自动化三个部级电力达标。通过改造、规范和完善供电设施，形成了经济科学的供电网络。

从1995年到1998年，在农村电气化建设中，

全县共完成电力投资5068万元，完成了尖冢变电站异地增容迁建任务，新建了枣园（范八里）35千伏变电站，改造35千伏变电站4座，新架35千伏线路（临下线、临氮线）两条，新建、改造、调整10千伏线路328公里；对县城电网进行了大规模整改，新增公用配电变压器5台，为泰山路、迎宾路安装了路灯，美化靓化了城市环境；实现了调度自动化，进行了点对点扩频通讯工程建设，实现了尖冢、吕寨、枣园三个无人变电站值班自动化管理；建成用电标准村180个。1997年，投资1100万元，建成清（河）临（西）110千伏线路25公里，该线路的建成，形成了由清河、南宫两个220千伏变电站向临西双电源供电的格局，有效地提高了供电可靠率和供电质量。1998年，投资324万元，进行了千枣、临尖35千伏线路的建设。

1999年至2001年，临西县进行了第一期农网建设与改造的一期工程。实际完成投资4871.62万元，完成了全县299个行政村的低压电网改造任务，共计完成工程项目349个，建成了老官寨110千伏变电站1座和白地35千伏变电站1座。对吕寨35千伏变电站进行了增容改造，对县城的电力设施进行了改造，新增公变14台/1510千伏安，实施了自动化抄表系统和IC卡预付费系统，优化了县城居民的生活环境。同时，为私营企业和县、乡重点企业增容配变43台。

2002年，投资1655万元，开展了农村电网建设与改造的二期工程。新建10千伏线路14.4公里，改造10千伏线路215.89公里，新架0.4千伏低压线路35.31公里，新增配电变压器119台/8450千伏安，整改配变台区631个，淘汰高耗能配变421台/22340千伏安。同时，自筹资金169万元，改造临吕35千伏线路4.2公里，临下35千伏线路6.4公里。一、二期农网改造工程总计投资6692.7万元，新建变电站3座，增容扩建4座，新建高低压线路3050公里，低压改造299个村，同时进行了河西镇城网改造、大刘庄乡排灌电网改造，累计工程项目621个，建设总量超过临西办电以来的总和。

2002年至2005年，临西县电力局实施了城网改造工程。新建大刘庄、下堡寺35千伏变电站，新建35千伏线路9千米。新建县城内10千伏线路23.5千米。改造10千伏线路14.5千米。新增42台配变，改造配变38座。建设与改造低压线路73千米，9760户城镇居民实现一户一表。2006年，为官寨110千伏变电站增加主变1台，容量4万千伏安。

二、变电设施

尖冢35千伏变电站　1963年春，建尖冢35千伏变电站，位于尖冢镇东北部，由临清供电公司投资建成。当时装设主变1台，容量1000千伏安。架设35千伏线路22.8千米、10千伏线路46千米。1970年，增容主变1台，容量1800千伏安，总容量达到2800千伏安。1971年，架设章台至尖冢35千伏线路。至此，尖冢35千伏变电站电源由临清供电改为华北南网供电。1995年，尖冢变电站异地增容迁建，站址移至尖冢镇龙潭村南，童尖公路东侧。占地4.1亩，主变2台，容量分别是3150千伏安、5000千伏安，总容量达8150千伏安。有10千伏出线6条，总长148千米。

吕寨35千伏变电站　1971年吕寨35千伏变电站建成投运，

临西11万千伏安变电站

位于吕寨乡吕寨村南童吕线西侧。装机容量为1800千伏安主变1台，后增容1800千伏安主变1台，总容量达到3600千伏安。1991年，对该站进行增容改造，将1台1800千伏安主变更换为3150千伏安，总容量达到4950千伏安。1996年，将另一台1800千伏安主变更换为3150千伏安，总容量达到6300千伏安。建设10千伏线路5条，总长78.4千米。

马庄35千伏变电站 1974年马庄35千伏变电站建成投运，位于下堡寺镇西马庄村西，邯临公路南约1公里处，占地2.1亩。初建时，装机容量为1800千伏安主变1台。1984年，增容1800千伏安主变1台，总容量达到3600千伏安。1987年，将1台1800千伏安主变更换为3150千伏安，总容达到4950千伏安。1996年，将另1台1800千伏安主变更换为3150千伏安的主变，总容量达到6300千伏安。同时，还装有35千伏和10千伏站变各1台，容量均为50千伏安，架设10千伏出口线路4条。

临西110千伏变电站 1985年临西110千伏变电站建成投运，位于临西县城北部，迎宾大道西侧，占地15亩。初建时，主变1台20000千伏安。1992年增容主变1台31500千伏安，总容量达到51500千伏安，供电范围覆盖全县。同时，还装有35千伏和10千伏站变各1台，容量均为50千伏安。继电保护方面，35千伏及以上的电力设施采用最先进的晶体管式保护装置，10千伏电力设施采用常规电磁式保护装置。35千伏出线5条，总长44.2千米。10千伏出线8条，总长89.95千米。

临西氮肥厂35千伏变电设备 1985年县氮肥厂变电设施建成投运，主变5台，分别是容量为4000千伏安、1600千伏安、1000千伏安各一台，3150千伏安主变2台，总容量为9300千伏安，供给本厂生产用电。

千户庄35千伏变电站 1986年千户庄35千伏变电站建成投运，位于河西镇西约3公里处，邢临公路北侧，占地4.2亩。初建时，装设主变1台，容量为3200千伏安。1987年，增容主变1台3200千伏安，总容量达到6400千伏安。1993年，将其中1台3200千伏安主变更换为6400千伏安。1995年，将另1台3200千伏安主变更换为6400千伏安，总容量达到12600千伏安。架设10千伏出口线路8条，总长146千米。

枣园35千伏变电站 1999年枣园35千伏变电站建成投运，位于东枣园乡范八里村北，清临公路西侧，占地9.2亩，站内装设容量为3150千伏安主变2台，还装有35千伏和10千伏站变各1台，容量均为50千伏安，总容量为6300千伏安。继电保护设备，采用了先进的集遥信、遥测、遥控、遥调“四遥”功能于一体的集成式保护装置。架设10千伏出口线路4条，总长56.7千米。

官寨110千伏变电站 2000年8月官寨110千伏变电站建成投运，位于老官寨乡政府西约3公里处，邢临公路北侧，为一期农网改造的建设项日，占地15亩，站内主变1台，容量31500千伏安。35千伏出线口2条，总长14.4千米；10千伏出口线路6条，总长91.93千米。同时，还装有35千伏和10千伏站变各1台，容量均为50千伏安。2006年3月，增容主变1台40000千伏安。35千伏出线口增加到3条，总长18.99千米；10千伏出线口增加到10条。供电范围覆盖老官寨、水波、东枣园、河西、单屯等5个乡镇办事处。

白地35千伏变电站 2001年8月白地35千伏变电站建成投运，位于白地乡秦白地村西约1公里处，白地至摇鞍镇乡公路北侧。该站为第一期农网建设与改造工程，占地4.6亩，建筑面积260平方米。该站为临西县第一座箱式变电站，施工简便、技术先进。装有主变1台，容量为6300千伏安。装有35千伏站变1台，容量为50千伏安。继电保护设备，采用了先进的集遥信、遥测、遥控、遥调“四遥”功能于一体的电脑控制式保护装置。架设10千伏出口线路4条，总长为77.2千米。

下堡寺35千伏变电站 2005年下堡寺35千伏变电站建成投运，位于下堡寺镇西面邯临公路北侧，占地面积4.6亩。该站为站所合一建筑，建筑面积237.25平方米。装机容量为6300千伏安主变2台，总容量为12600千伏安。同时，还装有35千伏站变1台，容量为50千伏安。10千伏出

口线路8条，总长156.03千米。该站建成后，替代马庄变电站，成为临西县西部供电的主站。

大刘庄35千伏变电站　2005年大刘庄35千伏变电站建成投运，位于大刘庄乡大刘庄村东1.5公里处，邯临公路北侧，占地面积2.6亩，建筑面积167.05平方米。装设容量为6300千伏安主变2台，总容量为12600千伏安。同时，还装有35千伏站变1台，容量为50千伏安。10千伏出口线路8条，总长121.87千米。

三、输电设施

章吕35千伏线路　1970年筹建章吕35千伏线路，1971年投运，始于威县章台110千伏变电站，终于临西县吕寨35千伏变电站，全长35千米，运行电压35千伏，采用水泥电杆，导线型号LGJ—70，与临吕线互为备用。

贺临110千伏线路　1984年筹建贺临110千伏线路，1985年投运。始于南宫220千伏变电站，终于临西110千伏变电站，途经威县章台110千伏变电站。全长49千米，采用水泥电杆，运行电压为110千伏。

临吕35千伏线路　1985年临吕35千伏线路建成投运，运行电压为35千伏，线路长4.38千米，导线型号为LGJ—70，采用水泥电杆。至此，吕寨站由威县章台站供电改为由临西110千伏变电站供电。由于城建规划需要，于2002年9月该线路改变走径，全长为4.52千米，电杆为水泥线杆和钢管电杆并用，与章吕线互为备用。

临尖35千伏线路　1985年临尖35千伏线路建成投运，由临西110千伏变电站供电，线路长12.5千米，运行电压为35千伏，采用水泥电杆，导线型号为LGJ—70。1995年，尖冢站迁移到龙潭村南，改造线路长度2.25千米。1998年，由于城建需要，临西110千伏变电站——尖冢（龙潭）变电站北1.1千米改变走径，改造线路8.2千米，导线型号为LGJ—95，水泥电杆和铁塔并用。

临千35千伏线路　1985年临千35千伏线路建成投运，自临西110千伏变电站至千户庄35千伏变电站，运行电压35千伏，全长13.6千米，导线型号为LGJ—70，采用水泥电杆，运行电压为35千伏。

临下35千伏线路　1985年临下35千伏线路建成投运，自临西110千伏变电站至下堡寺（马庄）变电站，运行电压为35千伏，全长10.32千米，导线型号为LGJ—70，采用水泥电杆。至此，下堡寺站由原威县李家寨供电改为由临西110千伏变电站供电。1997年7月，由临西110千伏变电站至原线路13号杆改变走径，导线型号为LGJ—95，使用铁塔架线，长度3.05千米。2002年9月，由11#塔至原临下线路49#杆改变走径，改造长度为5.75千米，水泥电杆和钢管电杆并用。

临氮35千伏线路　1985年临氮35千伏线路建成投运，自临西110千伏变电站至县氮肥厂，全长5.89千米，导线型号为LGJ—70，运行电压为35千伏，采用水泥电杆。至此，氮肥厂由原威县章台供电改为临西110千伏变电站供电。1997年，由110千伏站至原线12#杆改变走径，改造长度为2.8千米，导线型号为LGJ—95，使用铁塔架线，此塔与临下线共用，为双回架设。

尖杨35千伏线路　1995年尖杨35千伏线路投入运行，由尖冢35千伏变电站向尖冢扬水站送电，线路长5.17千米，导线型号LGJ—70。

清临110千伏线路　1997年9月清临110千伏线路开工建设，1997年12月投运，始于清河220千伏变电站至临西110千伏变电站。线路总长24.8千米，导线型号为LGJ—120，电压等级为110千伏。至此，临西110千伏变电站由单电源供电建成为双电源供电。

清官110千伏线路　2000年清官110千伏线路建成投运，始于清河县八营220千伏变电站至官寨110千伏变电站，全长6.98千米，导线型号为LGJ—120，运行电压为110千伏。

官千35千伏线路　2000年官千35千伏线路建成投运，自官寨110千伏变电站至千户庄35千伏变电站，全长5.5千米，其中1#塔至26#杆与官枣线同杆架设，运行电压为35千伏。

官枣35千伏线路　2000年官枣35千伏线路建成投运，自官寨110千伏变电站至枣园35千伏变电站，全长8.9千米，其中1#塔至26#杆与官千线同杆架设，运行电压为35千伏。

临马35千伏线路 2001年9月临马35千伏线路建成投运，自临西110千伏变电站到马庄35千伏变电站，导线型号为LGJ—70，线路全长1.57千米，运行电压35千伏。

临白35千伏线路 2001年9月临白35千伏线路建成投运，自临西110千伏变电站到白地35千伏变电站，导线型号为LGJ—95，线路全长6.23千米，运行电压35千伏。

官大35千伏线路 2006年4月官大35千伏线路建成投运，自官寨110千伏变电站到大刘庄35千伏变电站，导线型号为LGJ—120，线路全长4.6千米，运行电压35千伏。

大尖35千伏线路 2008年大尖35千伏线路建成投运，自大刘庄35千伏变电站至尖冢35千伏变电站，导线型号为LGJ—120/20，线路全长10.6千米，运行电压35千伏。

第三节 电力供应

临西县办电初期由临清发电厂供电，年用电量较少。自华北电网章台110千伏变电站输送电力后，用电量逐年增加，1978年全县用电量达到1755万千瓦时。到2008年全县用电量增加到21500万千瓦时，是1978年的12倍。

一、工业用电

70年代，县氮肥厂、造纸厂等相继建成投产，工业用电逐年增多。1971年用电45万千瓦时。改革开放后，农村碾米磨面、轴承加工等小作坊发展较快，用电量迅猛增长。1990年后，轴承产业的发展壮大及纺织工业的发展，工业用电量激增。2002年，工业用电量达5976万千瓦时。2008年，达到10907万千瓦时。

二、农业用电

60年代，临西农业用电范围仅限于河西镇沿河少数村庄。1972年，网电供电增加，全县175个村庄用电，年用电量364万千瓦时，电力灌溉面积23万亩，占全县总耕面积的42%。1981年，全县295个行政村用电，年用电量2068万千瓦时，电灌面积32万亩，占总耕地面积的58%。2002年，全县299个行政村均用上网电，年用电量9228万千瓦时，占全县总用电量的64.8%，有效电灌面积35.5万亩，占总耕地面积的65%。2008年排灌用电量达到3929万千瓦时，有效电灌面积达40.8万亩，占总耕地面积的74%。

三、生活用电

1972年开始，中西部地区由华北电网供电，当年用电量21万千瓦时。之后，生活用电逐步由县城向乡村扩展，用户及用电量逐年增加。进入上世纪80年代，随着人民生活水平的提高，城乡生活用电逐步由照明向家用电器等多功能方面发展。2008年，用电量达6763万千瓦时。

临西县电力局1968—2008年售电量、用电负荷统计表

表4–18

年度	用电量（万千瓦时）	最高负荷（千瓦时）	年度	用电量（万千瓦时）	最高负荷（千瓦时）
1968	18．6	680	1989	5167	23600
1969	25．3	720	1990	5373	25400
1970	36．6	760	1991	5434	26100
1971	84．2	1020	1992	5921	27300
1972	401．6	1700	1993	6026	29400
1973	561	2770	1994	6887	30900

续表

年度	用电量（万千瓦时）	最高负荷（千瓦时）	年度	用电量（万千瓦时）	最高负荷（千瓦时）
1974	812	3120	1995	7871	32500
1975	985	3540	1996	8527	34200
1976	1100	3720	1997	8967	36200
1977	1400	5510	1998	9620	38500
1978	1755	8490	1999	10247	40720
1979	2143	9570	2000	10850	42300
1980	2540	10940	2001	11510	44700
1981	2608	13400	2002	12128	47220
1982	2862	15020	2003	14842	47830
1983	3180	17060	2004	14961	43410
1984	3416	18060	2005	14533	51550
1985	3618	18780	2006	17031	53900
1986	4123	19770	2007	19067	56000
1987	4351	20800	2008	21500	69830
1988	4676	21700			

第四节　电价电费

电费收缴是电力系统仅次于安全运行的第二大任务，是以电养电、保证电力事业持续快速发展的手段之一。电费收取方式有：走收、坐收、银行托收、预付费、保证金、滞纳金等 7 种方式。同时，为了加强线损管理、减少窃电现象，还执行了每月 5、10、15、20、25 日每五日抄表一次的监控制度。

临西县电价均经上级有关部门批准后执行。从办电至 1989 年之前，电价无大变化。1989 年购电价：工业用电 0.064 元 / 度、农业用电 0.03 元 / 度、生活照明用电 0.10 元 / 度。售电价：工业用电 0.08 元 / 度、农业用电 0.058 元 / 度、照明用电 0.145 元 / 度。

自 1989 年 4 月，国家、省、市、县有关部门多次对电价进行调整，电价逐渐市场化，国家对电价进行了细化。为了适应市场变化和支持国家电力事业建设，先后出现电力基金、煤运加价、城市附加、电力集资、办电集资、配变集资等附加费用，从而使电价调整极为频繁。同时，国家对不同行业、不同用户制定了分类电价，分别有：居民生活、非居民照明、商业、非工业及普通工业、中小化肥、大工业、电石合成氨、农业生产、贫困县农业排灌用电 9 种，并根据用电电压等级制定了各种电价，以调整国民经济。其中临西县涉及到的电价种类有：照明电价，非、普工业电价，大工业电价，农业电价，非居民照明电价，商业电价，综合电价 7 种。

照明用电的执行始自 1965 年。此时，购临清电厂电价 0.07 元 / 千瓦时，照明售电执行河北省电热价格 0.15 元 / 千瓦时。1965 年至 2008 年电价出现先提高或降低，也曾在短时间内出现农村电价高于城市的现象，但是在 2003 年农村与城市同网同价。非、普工业电价执行始于 20 世纪 60 年代，自70年代至1992年20多年的时间里，其电价基础价格未变，1993年以后，电价调整进入了高峰期。大工业电价自1977年开始执行，其属于两部制电价，由电度电价、基本电价和功率因数调整电费三部分组成，电价逐渐提高。农业电价是临西县1965年后，用电的主要价格因素，办电初期的价格为0.06元/千瓦时。1991年后，一直执行省批综合电价。非居民照明电价自1993年4月开始执行，并伴随着通货膨胀，逐渐提高。商业电价自2000年1月开始执行，其收取范围是：凡是从事商品交换或提供商业性、金融性、服务性的有偿服务所需的电力，不分容量大小，不分动力照明，均实行商业用电电价。临西县自1991年开始执行综合电价，综合电价严格来说是根据国家目录电价进行综合测算，经省及以下物价部门批准的地方电价。

第五节　电业管理

电力部门围绕可靠供电、安全用电，狠抓机构建设和队伍建设，为全县电业发展进而推动经济发展奠定了基础。

一、生产管理

伴随着全县电网的发展，生产管理机构也逐渐细化分解。从最初单一的生技股，逐渐发展到生产技术部、工区、调度所、安全监察部等四个部室，除此之外，供电所协助上述部室完成10千伏及低压线路的部分工作。

生产技术部具体负责输变配电、通信、自动化设备的生产安全技术管理及生产调度；农网发展规划、企业发展规划，以及生产经营计划、综合计划、技术改造和大修计划的编报；节能降耗、科技管理、环境保护、技术改造、技术监督和可靠性管理；负责公司输变配电设备运行、维护、大小修和抢修管理；无功、线损和电能质量的生产技术管理；制定电力生产各项反事故措施并组织落实；农网建设及小型基建投资计划管理和电网基建项目管理；全面质量管理和标准化管理；生产物资的归口管理。

安全监察部负责健全安全生产的监督体系；安全生产的监督检查与评价；交通安全、防灾减灾和防汛的监督检查；安全技术劳动保护措施计划的编制实施，特种作业人员的考试、考核和取证；安全生产突发事件应急处理预案编制和监督实施；安全生产教育、培训和考试；事故的调查、分析、处理、统计及上报；电力设施保护和消防管理；安全保卫和综合治理；安全工器具的购置、保存、使用和检验。

调度所负责所辖电网及设备的安全、优质、经济运行，依法对所辖电网实施统一调度；指挥本电网的事故处理，分析电网事故，并参与制定提高电网安全运行水平的措施；编制和执行调度管辖范围的年度运行方式和月度生产调度计划；所辖电网网损管理；批复或平衡所辖设备检修的停电计划、申请；所辖电网的继电保护、自动装置定值的整定计算及专业管理、技术监督；通信、调度自动化系统的运行维护，以及通信、自动化管理；所辖电网并网电厂和专线直供用户的联系、协调；低频、低压减载方案和事故拉闸顺序表的编制；信息化建设、网络和应用系统的安全、应用及运行管理。

输变电工区负责所属35千伏输电线路、变电站内设备的运行、维护、检修和事故处理，参与相关工程项目的验收投运；所属35千伏输电线路的安全管理，开展防止电力设施被盗，依法清除树障和违章建筑；所辖设备台账、资料、资产、信息数据和技术管理。

供电所负责供电区域内10千伏及以下电网的运行、维护和检修管理；客户电能计量装置（含负控装置）的安装、更换、维护和管理；电力客户的用电检查和安全用电宣传，指导客户安全用电、节约用电、依法用电。

二、经营管理

伴随着电力市场的逐渐扩大，经营管理也逐渐从粗放式管理模式向精细化、精益化管理迈进。从最初的“包路制”、到“抄核收”分离，再到营销工作“五分离”。

包路制，是指以10千伏线路为单位，将线损

等指标具体承包给电力职工中的某一人，由其具体负责线路故障处理，并通过管理措施和技术措施降低线损，亏则自负，盈则存留。

抄核收分离是指抄表、核算、收费工作实行分离制度，不得一人兼办。严禁一人自抄自收；严格执行国家电价政策，不得违反国家规定在电价外加收或代收任何费用，不得减免国家规定加收的基金和加价。做到应收必收、收必合理；国家批准的各类用电的销售电价标准，各供电营业所必须在用电营业场所进行上墙公布；农村电力营销实行“五统一”（统一电价、统一发票、统一抄表、统一核算、统一考核），“四到户”（销售到户、抄表到户、收费到户、服务到户），“三公开”（电量公开、电价公开、电费公开）和农村用电一户一表，增强电费电价的透明度。

营销“五分离”指抄表和管理、核算、收费、稽查、计量分离，进一步堵塞企业管理漏洞，提高企业标准化管理水平。

从包路制到抄核收分离，是有效地加强对10千伏线路及设备的管理力度，从而有效地堵住在10千伏过程中的经营管理漏洞，增强企业效益。从抄核收分离到营销“五分离”，其目的在于将企业直管范围延伸用电管理的最底层，全面管理包括农村低压及排灌用电的抄表、收费、业务扩展等各项工作，从而进一步有效地提高企业管理水平和企业效益。

三、队伍管理

随着全县电力事业发展，企业队伍逐渐壮大。1990年，全县共有电工320人，到2008年底，临西县电力局共有正式职工208人，农电工366人。临西县电力局每年定期开展业务技能、安全生产等培训和考试，同时加强对职工的职业道德、作风纪律等建设，企业连年在省市行业评比考核中受到表彰。

农村实行家庭联产承包责任制以前，农村电工报酬由生产队按同等劳动力记工分。农村实行家庭联产承包责任制以后，该记工分制为工资补贴制。1982年始，乡村电工的工资、劳保、福利等由各乡电管站负责管理发放。伴随着企业管理的规范，从1999年起，农村电工各种待遇逐渐转为电力局统一发放。

对基层供电的管理大体分为两个阶段。1999年电力体制改革以前，基层电力管理组织以电管站为主。电管站是乡镇一级的派出机构，同时也是电力部门的下属机构，受乡镇及电力局的双重领导。1980年，全县各公社全部建立了安全用电管理委员会，协助供电局完成农村的用电安全和电网建设工作。同年，成立了先锋镇、童村、吕寨、尖冢、下堡寺5个供电管理站。1986年，在大刘庄乡进行了乡站建设试点，到1988年，建成12个乡镇电管站。1991年，大刘庄、河西、东枣园、水波、老官寨、尖冢、黎博寨、樊村、童村、白地、摇鞍镇、下堡寺、姚楼、吕寨、单屯15个乡镇全部建立了乡镇电管站。乡镇电管站设站长、副站长、会计各1名，由一名副乡镇长主抓此项工作。1994年15个乡镇电管站的站长、副站长改由电力系统的正式职工担任，其管理权归属县供电局。1995年，设县城、河西、童村、吕寨、尖冢、下堡寺6个供电所。1999年，设东枣园供电所。自电力体制改革以后，电管站改称供电所，其人、财、物管辖权，统一归电力局。2000年7月，根据国家电力部门的要求，撤销15个乡镇电管站，组建城区、童村、吕寨、老官寨、河西、东枣园、尖冢、白地、下堡寺9个基层供电所，并将所辖35千伏变电站归属供电所管理。后又撤销童村供电所，新建大刘庄供电所。近年来，伴随着农电标准化建设步伐的迈进，对供电所管理更加严格。供电所财务执行收支两条线，供电所人员及机构进一步规范，对其进行了定员定编管理，执行“一长三员三班组”制度：每个电所设所长一名，专（兼）职安全员、技术员、营销员各一名，设营业班（组）、配电班（组）和业务受理班（组）。

第六章 交通 运输

临西县是沟通冀、豫、鲁、晋的重要交通枢纽，随着改革开放的不断深入，临西的交通运输进入了快速发展阶段。邯临公路、邢临公路的改造，京九铁路、邢临高速公路的开通，“村村通”工程的实施，使临西的交通运输业迈上了一个新的台阶。全县公路通车总里程达到670公里，乡镇村村通公路率达到100%。

第一节 机构设置

一、交通局：1979年，县交通局下设公路站、车辆监理站和汽车站，办公地点在玉兰东路东段北侧。1984年4月，交通局下设办公室、计财股，成立征费股，公路站改称路政股，运输管理站改称运输管理股。1986年9月，路政股改为公路管理站。10月，征费股改为公路养路费稽征站。1987年2月，邢台地区运输公司在临西县设立分公司，汽车站划归分公司领导。3月，交通监理站划归公安局领导，改为公安交通警察大队。1989年3月，公路管理站、公路养路费稽征站的人事、财政上划市交通局管理。1998年5月，办公地点迁至迎宾路北段东侧。2000年，交通局下设公路管理站、公路养路费稽征站、公路运输管理站、办公室、审计股、计财股和汽车队、搬运公司两个企业单位。2008年，交通局共有干部职工186名。

二、运输管理站：1980年7月，成立临西县车辆管理办公室，办事员3名，负责检查、签发跨省营运证。1981年4月，车管办由先锋桥镇（今河西镇）迁至童村（今县城驻地），主要工作是封车节油，办理跨省证。1984年10月，更名为交通局运输管理股，人员增至8名。1985年10月5日，更名为交通局运输管理站，负责审批道路客货运输、搬运装卸、运输服务和三类汽车维修业户的开业、停业及年度审验；核发经营许可证、道路运输证；审批县境内客货运输线路，征收道路运输费，对道路运输市场的运输质量、经营行为进行监督检查；组织实施重点物资、大宗物资、重点港站集散物资和指令性抢险、救灾、战备物资的运输；配合上级运政部门做好车辆投放、车辆结构和技术进步的调控和站点布局、建设、管理工作；组织日常性运输市场调查，收集各种信息，开展咨询服务和市场预测，制定行业规划；对运输业户进行指导，对运输从业人员进行培训、考核、发证。1997年8月，站址由榆阳街迁至迎宾北路，与交通局同院办公，办公楼面积864平方米，设业务大厅、办公室、会议室、娱乐室、图书室、职工宿舍。2006年底，有干职工15名，设站长1名、副站长1名。

三、运输公司：1987年2月，邢台地区运输公司在临西县设立运输分公司，地址在县汽车站北院，有干职工24名。1992年，分公司迁到河西镇。2002年11月，邢台运输总公司改制为河北邢台交通运输有限公司，临西分公司是邢台交通运输有限公司的分支机构，具有经营权力，但不具备法人资格。2004年7月，县城新汽车站建成，分公司迁回县城并在新汽车站内办公。同年，按照邢台交通运输有限公司股东代表大会通过的《关于组建子公司的指导意见》，改制重组邢台交通运输有限公司临西分公司，通过资产评估、清产核资、资产界定、股权设置、募集股金、机构设置、定员定编、召开股东大会、选举执行董事、监事、经理层和验资、注册等项工作，组建了临西县交通运输有限公司。公司募集到一个法人股，即邢台交通运输有限公司，入股81.6万元、占总股本的51%；自然人股39人，入股78.4万元，占总股本的49%。

第二节 道路建设

一、铁路

1994年6月15日，京九铁路临西段建竣，

该路段由中铁三局承建。中心里程：DK346—736（即北京—东枣园）。铁路由临西县东枣园乡穿过，越卫运河入临清市。

火车站设于东枣园乡张庄，距北京站369公里＋294米、距清河站15公里＋273米、距临清站9公里＋973米、距临西县城35公里。该站有8条线路，为国家三等站。

火车站占地面积26300平方米，建筑面积2678平方米，建有养路2区、车站派出所、电务值勤点、铁通住站点，有工作人员50余名。车站办公区有候车室、办公室、职工宿舍，建筑面积624平方米，运输室60平方米。货站位于站北侧，设粮库2个，建筑面积1447平方米，办公用房1200平方米。铁路车流量140—150/日。有临西—石家庄班车、临西—霸州班车。

临西县运出的物品主要有玉米、面粉、废钢铁。运进的物品以东北大豆为主，每年发货量4.5万吨左右。2007年，货站停运。

卫运河京九铁路大桥包括引桥和主桥。全长665.1米（主桥130米），宽10.1米。

二、高速公路

邢（台）临（清）高速公路是河北省“五纵六横七条线”公路网主骨架的重要组成部分，河北省“十五”期间重点公路建设项目，全长104.6公里，总投资27.2亿元。

邢（台）临（清）高速临西段，全长21.387公里（K84公里+00米至K105公里+387米），分两个标段。由邢台路桥建设总公司和中铁四局承建。2004年4月25日开工，2005年12月21日竣工通车，历时1年零8个月。高速公路西起姚楼工作站贾村，东至东枣园乡北三里，直通卫运河大堤。途经姚楼、吕寨、水波、老官寨、河西、东枣园6个乡镇工作站的25个村庄。境内有大型桥梁1座、中型桥梁7座、小型桥梁57座、涵洞通道20个、互通式立交桥27座、天桥5处，设收费站2处、服务区1处。设计为双向四车道全封闭式，行车速度为100公里/小时。

1、收费站。临西收费站和运河西收费站分别位于吕寨西K86（公里）+180米处、河西镇柏庄北K101（公里）+865（米）处。收费站于2006年1月1日试收费，2月1日正式收费。

2、服务区。设在东枣园乡北三里K130（公里）+080（米）处，占地160余亩，分别在高速公路两侧，结构为三层、二层水泥框架建筑，建筑面积5000余平方米。设有餐厅、超市、加油站、停车场、维修部，服务设施齐全。因卫运河高速特大桥待修，尚未与山东高速连接，车流量相对较小，故服务区暂未启用。

3、高速连接线。阳光大道（邢临路南），全长4.7公里，占地282亩，投资3000万元。2005年3月动工，11月竣工，由邢台市路桥建设工程处施工；清临连接线（邢临路北，直通清河），境内长2.9公里，2007年3月开工，10月20日竣工。该线沟通了临西、清河两县间的联系，给群众生活带来很大方便。

三、省级公路

1、邯（郸）临（清）公路

邯（郸）临（清）公路系河北省一级省道，编号311。西起邯郸市，途经邯郸县、永年县、鸡泽县、曲周县、邱县、临西县至山东省临清市，全长120公里。境内长35.85公里，东起河西镇，经黄庄、李元、洪官营、白庄、大刘庄、县城、高村、王路寨、陈林、氮肥厂、周楼、庄科、下堡寺、西倪庄、张三寨、务头入邱县香城堌。

该路原为土路。1973年改造成柏油路面，路基宽10米，路面宽5米。沿途有杨树3万余棵，桥梁8座，涵洞17道，倒虹吸56个，系省三级公路。1985年，加宽先锋桥至黄庄路的路面，长900米。1986年4月，将先锋桥左坡1980平方米的路面改建成为9×200米的水泥路面。1997年10月重修，重修后的路基宽13米，路面宽12米，同时将两旁的棵木进行了更新，升为省二级公路。

2、邢（台）临（清）公路

邢（台）临（清）公路系河北省一级省道，编号326。该路是邢台平原区主要的东西公路干线，邢台市与鲁西间的主要通道之一。西起邢台市，途经邢台县、南和县、平乡县、广宗县、威县、临西县至临清市。全长120公里，境内长

19.5公里，西起吕寨、后张八庄、东袁庄、姚庄、郑湾、老官寨、千户庄、河西镇过卫运河入山东省临清市。1978年，邢台地区交通局投资70.1万元，将临西段19.5公里由土路改建成为柏油路面。路面宽7米，路肩宽2米×1米。1996年于该线北侧重修道路，路基宽12米，路面宽11米。改修后为省二级公路，原路线仍保留，作为副路行驶农用车辆。

3、肃（宁）临（西）公路

肃（宁）临（西）公路起点为肃宁，终点为临西。途经饶阳、衡水、枣强，终点为临西。

该路原名清（河）临（西）公路。由临西县河西镇北行，途经隋五里、范八里、简店、牛庄入清河县，过辛集、杜林至清河县城（葛仙庄），全长22.31公里，境内长9.31公里。途中有桥梁3座，倒虹吸13道，路树4500余棵。原为能行驶汽车的土公路，1987年，地区交通局投资63.29万元，改建成为柏油路面。路基宽8.5米，路面宽7米，路肩宽0.75米×2米，同时升为省二级道路。

四、县级公路

县级公路共两条，总长38.321公里。

1、武（邑）馆（陶）线：长17.984公里，分两期建设。一期（邯临线—邯郸界）长12.5公里，2004年完成，二级公路；二期（邢临线—邯临线）长5.484公里，2005年完成，二级公路。

2、吕（寨）尖（冢）线：长20.337公里。吕寨—童村段，1998年建成，长8.137公里，二级公路；童村—尖冢段，2005年建成，长9.8公里，四级公路；尖冢—邯郸界段，2007年建成，长2.4公里，四级公路。

五、乡级公路

1、童尖路（童村—尖冢）：1991年3月19日动工，总投资106万元。由沈阳市政工程公司承建，地基为20厘米白灰土，上罩3厘米的混凝土面层。路基宽7米，路面宽5米，全长12.3公里。

2、张摇路（张堤—摇鞍镇）：1991年建，总投资74万元。地基为20厘米白灰土，上罩3厘米沥青砼面层。路基宽6米，路面宽4米，全长10.5公里。2004年进行改造，改造后路基宽7米，路面宽5米，为沥青碎石路面。

3、苗圃路：1991年建成，路面宽4米，柏油路面。2000年，改造为水泥路面。

4、周姚路（周楼—姚楼）：1991年8月18日动工，9月12日竣工，由沈阳市政工程公司承建，总投资28万元。基层为20厘米的白灰土，上罩3厘米沥青砼面层。路基宽4米，全长4.1公里。

5、黎闫路（黎博寨—闫庄）：1992年建，基层为20厘米白灰土，上罩3厘米沥青砼面层。路基宽6米，路面宽4米，全长6.3公里。2000年，改造成18厘米厚水泥路面。

6、袁范汪路（袁庄—范庄—汪江）：1992年建，基层为20厘米白灰土，上罩3厘米沥青砼面层。路基宽6米，路面宽4米，全长18.3公里。2006年，改造成18厘米厚的水泥砼路面。

7、洪单路（洪官营—单屯）：1992年建，基层为20厘米白灰土，上罩3厘米沥青砼面层。路基宽6米，路面宽4米，全长3.2公里。2007年，改造成18厘米厚的水泥砼路面。同时，铺设单屯至相庄路段5.64公里，路基为2层15厘米白灰稳定土，过村路段为土灰碎石基层。

8、白老路（白庄—老官寨）：2001年建，基层为15厘米白灰土，上罩3厘米沥青碎石面层。路基宽6米，路面宽4米，长3.6公里。

9、大陈路（大刘庄—陈辛庄）：2001年建，基层为15厘米白灰土，上罩3厘米沥青碎石面层。路基宽6米，路面宽4米，全长2.8公里。

10、乔常商路（乔屯—常圈—商庄）：2001—2005年建，基层为15厘米白灰土，上罩5厘米沥青碎石面层。路基宽5米，路面宽3米，全长5.6公里。

11、五高路（五里窑—高洼）：全长9.2公里，路基宽5米，路面宽3米，全部为水泥砼路面。

12、常郑路（常庄—郑楼）：全长3.48公里，路基宽6米，路面宽4米，全部为水泥砼路面。

13、张单路（张堤—单屯）：2004年建，基层

为15厘米白灰土，上罩5厘米沥青碎石面层。路基宽5米，路面宽4米，全长17.4公里。

14、四·二九专用线（张摇路）：1986年10月中旬至11月下旬完成路基工程。1987年4月中旬完成路面工程，4月27日正式通车。全长9.87公里，为2.5厘米沥青面层。2007年，改造为6米宽、18厘米厚的水泥砼面层，局部路基为二灰碎石基层。

15、老水路（老官寨—水波）：1996年铺设，为15厘米白灰稳定土基、4米宽的沥青碎石面层公路。2007年，进行改造。在旧路基础上进行二灰碎石挖补，上罩18厘米厚的水泥砼面层，路面宽4米。

施工中的农村公路（2006年摄）

六、村级公路

2002年底，临西县乡村公路只有341.1公里。2003年，修建村级公路7.652公里；2004年，修建村级公路116.775公里，当年实现了全县村村通公路，使113个村告别了不通公路的历史。2005—2007年，新建、改建乡村道路80.738公里，改变了本县交通落后的局面。

2003—2005年，修建乡村公路的标准：路面宽3.5米、厚15厘米、路基宽6米；2006—2007年，修建乡村公路的标准：路面宽4米、厚18厘米、路基宽6米。

七、公路桥梁

在新建、改造农村公路的同时，加大了对公路桥梁的改造力度。2003年，改建县道童尖线仓上桥；2004年，改建县道童尖线尖冢桥、乡道张摇线林麻寨桥、任颇庙桥，新建西马鸣堂桥、杨黄营桥；2005年，新建指挥屯桥。

临西县2003—2007年新建改建乡村道路桥梁一览表

表4–19

桥梁名称	所在路线	行政等级	结构类型	桥梁长度（米）	修建时间	总投资（万元）
仓上桥	童尖线	县道	简支板桥	43	2003年	68
尖冢桥	童尖线	县道	简支板桥	35	2004年	55
林麻寨桥	张摇线	乡道	简支板桥	42	2004年	65
任颇庙桥	张摇线	乡道	简支板桥	12	2004年	19
西马鸣堂桥	武馆线	县道	简支板桥	34	2004年	80
杨黄营桥	武馆线	县道	简支板桥	57	2004年	110
指挥屯桥	武馆线	县道	简支板桥	34	2005年	53
摇鞍镇桥	四·二九线	乡道	简支板桥	44	2007年	70

第三节 路政管理

1993年，成立公路站路政股，负责公路管理工作（维护路权，保护路产），管理邯临线、邢临线、肃临线65.868公里，过村路段20个，设有4名专职路政人员。当年，依法拆除路界内违章建筑4处175平方米，清理各种摊点13个。1994年，拆除违章建筑3处68平方米，拆除红线内违章建筑5处185平方米，清除违章摊点13个，迁移路集4处，治理排放污水两处。11月，集中力量治理过村路段“脏、乱、差”现象，成效显著。1995年，实现路政管理工作正规化、法制化、现代化，达到省级路政管理达标标准。拆除控制红线内违章建筑14处11200平方米，修建邢临、邯临线排水沟4818米，签订“一低四包”(“一低”房前地面要低于公路路肩20厘米。“四包”包门前公路卫生，包门前绿化，包门前公路设施，包门前浆砌排水沟畅通。）协议49份，各种标识、标号齐全，其中里程碑72块、百米桩720块、路界桩146块、红线控制碑34块，路政档案取得省二级档案管理合格证书。1996年，控制违章建筑4处，新建排水沟4300米，清理杂草、垃圾4063立方米，签订“一低四包”协议书50余份，各种标志、标号齐全，路政事件查处率92%以上、结案率99%以上。1997年，增添4名路政人员，分工包线，责任到人，县政府下发了《关于临西县公路管理暂行规定的通知》。加大了执法力度，路政事件查处率92%以上、结案率99%，控制违章建筑9处，清理堆积物700立方米，麦收和秋收期间无一处在公路打场、晒粮现象，确保了临西公路安全、畅通。1998年，路政股变更为路政执法大队。4月6日，成立公路派出所，负责协助路政执法处理。执法大队下设两个中队，24小时上路巡查，共拆除旧违章建筑16处869平方米，自筹资金建隔离墙10段2100米，清除堆积物7680立方米，处理路损案件986起，结案率95%以上。1999年，以治理过村路段、平交道口、超载车辆为重点，24小时上路巡查。控制新违章建筑6处450平方米，拆除旧违章建筑4处240平方米，清理路界内堆积物4300平方米，清理违章摊点30余处，清理杂乱招牌143块，路政发案结案316起，保证了公路的“畅、洁、绿、美”，提高了公路的综合服务功能。2000年，实行“定员、定执法路段”，7名外勤路政人员负责维护69公里的路产路权，制定路政执法制度9条22款。处理违章案件5343多起，及时结案率100%，挽回路产损失费20万元。2001年，下发《关于进一步加强公路管理有关问题的通知》，完成治理过村路段17公里，动用挖掘机6次，清挖排水沟5公里，动用铲车150小时，铲除垃圾堆积物3万余立方米，制止拆除违章建筑7处，恢复私开道口15处，回收公路用地40亩。2002年，完成过村治理17公里，修建排水沟480米，清除垃圾、堆积物183处8470立方米，清理非交通标志107块，制止并拆除违章建筑3处192平方米，堵截私开道口3处，处理路政违章案件55起，结案率100%。

2003年3月，在肃临线开工前，向沿线乡镇、村委和群众印发《关于肃临公路红线控制区新规定的通知》，防止在公路建设中违章建筑的出现和填垫平交道口案件的发生。7月，县政府办公室印发《临西县集中整治公路两侧和过街（村）路段违法违规问题实施方案》，与6个乡镇、6个部门联合行动，成立了联合执法大队，对路政违法行为进行了彻底治理。路政内业工作逐步实现数字化、网络化、信息化。2004年回收公路用地20余亩，清理非交通标志50块，制止私开道口5处，动用挖掘机清挖3处，处理路损案件1070起，结案率100%，索赔率99%以上，收缴路损费9.203万元。同时，对邯临和邢临17公里过街路段的排水沟进行了彻底清理，清理路界内堆积物36处2520立方米。投资15万元，修建肃临、邢临线隔离花墙3000多米，维修隔离花墙780米、排水沟650米。6月开展了第二次治理超载工作。2005年，出动路政车辆，利用城乡集贸市场和沿路巡回广播140次，散发宣传材料2000余份，刷写、悬挂标语68条，制止违建2处，动用铲车挖掘私开道口23处，审批平交道口21处，审批广告宣传牌1处，清理堆积物68处5200立方米，清挖排水沟2200立方米，清理杂乱招牌51

块，回收公路用地 3 亩，新修隔离墙 5120 米、排水沟 3321 米。处理路产损失事件 24 起，挽回路产损失 89526 元，查处率 100%，索赔率达 96% 以上。2006 年，制止违建 2 处，动用铲车挖掘私开道口 20 处，审批平交道口 16 处、待批 2 处，审批广告宣传牌 4 处，清理堆积物 71 处 2630 立方米，清挖排水沟 9112.5 立方米，清理杂乱招牌 49 块，新修隔离墙 3000 米，修筑平交道口八字墙 341.4 米，完成肃临线排水沟盖板 500 块，硬化平交道口路面 364 平方米，处理路产损失事件 24 起，挽回路产损失 8.9526 万元，查处率 100%，索赔率 96% 以上。

第四节　养路费征收

1979 年 10 月，征费工作归交通监理站。1984 年 10 月，成立征费股并增设车辆购置附加费征收业务。1986 年 10 月 5 日，改称公路养路费稽征站。1986 年，全站有稽征员 9 名，完成养路费征收 99.7 万元，超年计划 15.3 万元，占年计划的 118.13%，被地区交通局评为文明站。1987 年，改坐等收费为上门办公，到边远村庄送证上门，公开收费标准，并建立了文明号监督台和意见箱，自觉接受群众的监督，年征收养路费 120.47 万元，其中汽车 116.3 万元、拖拉机 2.6 万元、罚款 1.57 万元，占全年任务的 122.2%，超任务 21.91 万元。1988 年，地区下达征费任务 98.5 万元，实际完成 143.27 万元，占全年任务的 145.45%。

1988 — 1990 年，大货车养路费按每月每吨 110 元征收，拖拉机按每马力 5.5 元征收，大型客车按每月每个座位 6 元征收，中型客车按每月每个座位 8 元征收，小型客车按每月每个座位 10 元征收，越野车和轿车按每月 110 元征收（每辆均按 0.5 吨计算）。

1989 年 4 月机构改革，人事、财务上交地区交通局，行政由县交通局代管。是年，下达征费任务 151 万元，完成 176.98 万元，其中汽车 171.18 万元、拖拉机 1.96 万元、罚款 3.82 万元，占年任务的 117.2%。

1992 年 10 月 6 日，《河北省公路养路费征收管理办法》发布实施，规定客车每吨每月 160 元，货车和其他车辆每吨每月 150 元。是年，征收养路费 300 万元。

1996 年 10 月 1 日，冀财综字［1996］第 9 号文件颁布，客车养路费每吨每月 210 元，货车和其他车辆每吨每月 190 元。是年，征收养路费 540 万元。养路费票证有两种形式：（1）人工式；（2）微机式。

1998 年，投资 36 万元建成养路费征收办公大楼，建设面积 430 平方米，于当年 7 月 1 日启用。随着地方经济的快速发展，运输市场日趋繁荣，社会车辆大幅增加，养路费征收额大大提高。2000 年，汽车养路费征收完成 670 万元，小拖养路费征收完成 9.9 万元，征费以 5% 的幅度逐年递增。

2005 年，养路费征收实现了微机管理，征收工作更加快捷、方便、准确、规范。2006 年底，年征收汽车养路费 870 万元、小拖 32 万元。

第五节　公路运输

一、客运

1、汽车站

临西县汽车站：1974 年，在县城玉兰东路东段北侧建临西县汽车站，占地 7 亩，建筑面积 817 平方米，为临街二层楼房，一层为售票大厅和候车室，二层是办公用房。2002 年，车站迁建。新车站位于县城迎宾大街与泰山路交汇的东南角，车站坐南面北，占地 20 亩，为三层临街大楼 24 间，一层是售票大厅及候车室，二、三层是办公用房及职工宿舍。2004 年 7 月建竣投运。2006 年 5 月，老车站改造为发往临西县各乡镇的客运始发站。

河西汽车站：位于河西镇原先锋大桥南侧。1995 年 6 月，在冀鲁两省交界的河西镇北环路东首北侧新建客运站一处。车站占地 20 亩，主体四层，一层是售票大厅及候车室，其上为办公用房及职工宿舍。

2、客运量

1988 年，在“开放、搞活”经济政策的推动下，个体客运车辆迅速发展，参加客运车辆增加到38部，其中童村—临清的小客车18部，比1987年增加13部。当年，完成客运量21.2万人次，占年任务的136.74%，完成客运周转量1968.6841万人/公里，占年任务的217.28%。1989年，客运任务19.2万人，实际完成25.9万人，占年计划的134.97%，客运周转量任务1440万人/公里，实际完成2218.9261万人/公里，占年计划的154.09%。1994年，完成客运2517万人，客运周转量18605.4万人/公里。1995年6月，河西汽车站北移，在北环路东头北侧建站。旧站址作为县城与河西的停车点，继续使用。1998年，完成客运2613.3万人，客运周转量18439.6万人/公里。2001年，完成客运2708.5万人，客运周转量19111万人/公里。2004年，县汽车站迁至泰山路与迎宾大道交叉路口东南建站。2005年，完成客运2817万人，客运周转量25200万人/公里。2006年5月，完成老站改造工程，成立“临西县城乡客运站”，吸纳乡镇客车进站发车。是年，完成客运4.5万人，客运周转量1312.5万人/公里。

客运线路：1978年，开辟了临西—邢台线路；1979年，开辟了童村—邯郸线路；1981年，开辟了临西—北京、临西—石家庄线路；1984年，开辟了临西—长治线路；1985年，开辟了童村—德州、童村—天津线路；1986年，开辟了临西—邯郸、临西—石家庄线路；1989年，开辟了临西—峰峰线路；1990年，开辟了临西—济南线路。1990年底，全县拥有客运线路6条。1992年，开辟了临西—聊城线路。1995年，开辟了临西—临沂的线路。2002年，中共十六大提出了“城乡一体化”发展战略，交通部、省交通厅相继实施了“村村通”公路和“村村通”客车两项民心工程，临西县被列为全省农村客运网络化建设暨“村村通客车”试点县。2005年，全县开辟客运班线33条，班车90部，其中农村线路15条，农村班车37部。农村客运网络覆盖15个乡镇（工作站）的299个行政村，乡镇和行政村通车率均达到了100%。同时，在人口密集的乡镇、主要干线建立了6个简易客运站、14个候车亭、95个招呼牌。形成了以县城为中心，辐射城、乡、村的农村客运网络。随着县域经济的发展，客运、出租车行业迅速发展起来。首家城乡客运公司临西县兴临客运有限公司，成立于2000年10月。首批购置16辆小型客车，计240个座位。2001年8月增加8辆，共计360个座位，设有6条线路。2005年10月新增24辆360个座位，增加线路10条，共计16条。第二家城乡客运公司——临西县捷安道路运输服务公司，成立于2005年3月，购置6辆小型客车，90个座位，设有3条线路。第一家出租车公司——临西县通达出租有限公司，2005年10月购置20辆吉利牌小型轿车，投入运营。

1987—2008年客运车辆、线路、车次及客运流量表

表4-20　　单位：万人

年度	客车（辆）	线路	客运量	客运周转量	车次
1987			19.65	213.56	
1988	5	3	21.2189	1968.6841	临西—北京　1班次/日 临西—石家庄　1班次/日 临西—邢台　3班次/日
1989	16	4	25.9151	2218.9261	临西—邢台　13班次/日 临西—峰峰　1班次/日（增） 其他未变
1990	14	5	6.5	389	临西—邢台　14班次/日 临西—济南　1班次/日（增） 其他未变

续表

年度	客车（辆）	线路	客运量	客运周转量	车次
1991	13	5	6.8	408	临西—邢台　9 班次 / 日 其他未变
1992	16	6	7.2	432	临西—天津　1 班次 / 日（增） 临西—邢台　11 班次 / 日 其他未变
1993	13	6	7.8	465	临西—邢台　8 班次 / 日 其他未变
1994	13	6	8	482	临西—石家庄 2 班次 / 日 临西—邢台　7 班次 / 日 其他未变
1995	18	6	8.5	507	临西—北京　2 班次 / 日 临西—邢台　11 班次 / 日 其他未变
1996	21	7	9.1	547	临西—石家庄 3 班次 / 日 临西—邯郸　3 班次 / 日（增） 临西—邢台　10 班次 / 日 其他未变
1997	28	7	9.6	576	临西—邢台　17 班次 / 日 其他未变
1998	28	6	11	678	临西—邯郸线路（减） 临西—邢台　20 班次 / 日 其他未变
1999	28	6	13	750	同上
2000	35	5	14	812	临西—天津线路（减） 临西—邢台　28 班次 / 日 其他未变
2001	35	5	15	912	同上
2002	35	5	17	1036	同上
2003	36	6	19	1126	临西—太原　1 班次 / 日（增） 其他未变
2004	31	6	23	1406	临西—邢台　23 班次 / 日 其他未变
2005	31	6	26	1564	同上
2006	31	6	30	1822	同上
2007	32	7	33	1982	临西—邯郸　1 班次 / 日（增）
2008	32	7			同上

2008 年临西县汽车站客车发车时刻表

表 4–21

起止地	时间	备注
临西—德州	7:00	

续表

起止地	时间	备注
临西—北京	7:10	
临西—榆次	7:30	
临西—济南	7:30	
临西—石家庄	6:30	
临西—石家庄	7:00	
临西—石家庄	8:00	
临西—石家庄	14:00	
临西—石家庄	15:00	
临西—邢台	6:10	每隔15分钟发一班车
临西—邯郸	6:20	每隔20分钟发一班车
临西—太原	9:00	
临西—泰安	9:20	
沙河—莱芜	11:00	

二、货运

中共十一届三中全会以来，交通运输出现了国营、集体、个体多种经营局面。1982年，全县运输车辆汽车有40多部、拖拉机70多台。1986年，参加货运的车辆增加到209部，936个吨位。其中汽车108部，825个吨位；大型拖拉机5台，15个吨位；小型拖拉机96台，96个吨位。年完成货运量23.5万吨，完成货物周转量2057万吨/公里。1987年，参加营运车辆492部，2259个吨位。其中汽车287部，1984个吨位；拖拉机205台，275个吨位。年完成货运量21.24万吨，占年任务的123.08%，完成货物周转量2293.97万吨/公里，占年任务的160.21%。1988年，参加货运车辆407部，其中汽车154部、拖拉机253台，年完成货运量24.15万吨，占年任务的118.2%，完成货物周转量2173.5万吨/公里，占年任务的178.59%。1989年，货运车辆416部，其中汽车319部、拖拉机97台，完成货运量18.9万吨，占任务的108.7%，完成货物周转量2062.5万吨/公里。1994年，参加货运车辆467部，其中汽车347部、拖拉机120台，年完成货运量21.6万吨，完成货物周转量3184.4万吨/公里。2000年，参加货运车辆472部，年完成货运量29.03万吨，完成货物周转量3812万吨/公里。2005年，参加货运车辆481部，年完成货运量30.03万吨，完成货物周转量3984.4万吨/公里。2006年，参加货运车辆502部，年完成货运量32.8万吨，完成货运周转量4102万吨/公里。

2007—2008年临西共有货运企业8个，分别是临西县冀鲁货运有限公司、临西县捷安运输服务有限公司通达车队、临西县三友物流快运公司、临西县畅顺汽车运输有限公司、临西县通达汽车运输有限公司、临西县万顺达汽车运输有限公司、临西县捷安运输服务有限公司危货车队、临西县八超物流有限责任公司（货运站场）。共有运输车辆175辆，运量3850吨，年货运量3.2725万吨，年货运周转量392.7万吨/公里。临西县八超物流有限责任公司年货运吞吐量2万余吨。

临西县 1979—2008 货运统计表

表 4–22

年度	车辆（辆）	吨位（吨）	运量（吨）	周转量（吨/公里）
1979	14	105	1080	108000
1980	23	165	1680	168000
1981	32	249	2580	258000
1982	46	344	3516	351600
1983	72	613	6252	625200
1984	81	694	7080	708000
1985	98	820	8364	836400
1986	108	922	9404	940400
1987	166	1270	12954	1295400
1988	209	1510	15240	154000
1989	264	1900	19380	1938000
1990	312	2160	22032	2203200
1991	336	2210	22542	2254200
1992	342	2245	22900	2290000
1993	346	2280	23256	2325600
1994	367	2410	24582	2458200
1995	370	2430	24786	2478600
1996	385	2520	25700	2570000
1997	396	2620	26724	2672400
1998	412	2750	28050	2805000
1999	405	2710	27642	2764200
2000	396	2656	27091	2709100
2001	276	2078	21195	2119500
2002	323	2358	24051	2405100
2003	364	2544	25949	2594900
2004	420	3150	32130	3213000
2005	443	3245	33099	3309900
2006	477	3356	34231	3423100
2007	531	3533	36037	3603700
2008	624	4410	44982	4498200

三、托运

随着国家运输政策的放开，1997年以来，县内相继成立了八方物流有限公司、八超物流有限公司、冀鲁货运有限公司、顺利货运有限公司和冀东机电有限公司货运车队、捷安道路运输服务有限公司通达车队等专门托运企业。他们拥有自己的车辆、客户，定时把各种货物运向四面八方，加强了临西县与全国各地的物流联系，加快了本县与外地的物资流通，方便了广大工商企业的物流。

临西县物流公司、车队一览表

表4-23

货运公司、货运（站）场名称	建立时间	货运车辆数	经营线路
冀东机电有限公司货运车队	1997年6月	26	临西至 北京、济南、沈阳、长春、哈尔滨、成都、重庆、西安、兰州、包头、广州、郑州、南京、武汉、杭州、桂林
八方物流有限公司	2001年5月	42	
八超物流有限公司	2001年5月	7	
冀鲁货运有限公司	2005年12月	48	
顺利货运有限公司	2006年4月		
捷安道路运输服务有限公司通达车队	2006年4月	42	
三友物流有限公司	2006年8月	17	

第六节　交运工具

一、交通工具

改革开放之前，城乡群众的代步工具以自行车为主。名牌自行车需凭票购买，在城乡道路上行驶的自行车大多老旧。机关干部中，时兴50年代进口的德国自行车，其品牌有钻石、白人头、飞鹰等。90年代一辆成色较好的钻石牌自行车其价在千元至数千元之间。改革开放以来，县内较早出现的机动代步工具是日本进口的80型雅马哈摩托车，相继出现的是70、90、100、125、250等型号的各种品牌的进口、国产摩托车。同时，出现了适应女青年驾驶的踏板型小摩托车。90年代末，摩托车普及到大多数家庭。2000年以后，由于汽油价格不断上升，机动车辆挂牌、年审、强险、驾照管理越来越严格，电动自行车应运而生。由于价格适中且品牌较多、样式美观，很受群众的欢迎，在短途出行中成为群众首选的代步工具。同时，衍生的还有电动三轮和电动摩托等代步工具。电动车已遍及到城乡的大多数家庭，仅临西县出售电动车的门市就有数十家，每家代理一个或几个品牌。

改革开放之初，大部分单位没有汽车，少数有车单位也多以北京“212”吉普车为主。全县只有县委、县政府有一辆上海760、一辆旧华沙轿车，是县主要领导外出开会的代步工具。进入90年代，各机关单位相继购买小轿车，先是波兰乃斯、苏制伏尔加、拉达而后有国产桑塔纳等。近年来，有些经济条件较好的单位和企业，购买轿车的品牌不断提升，出现了红旗、奥迪、现代、日产、帕萨特等高档车辆。2000年，所有的乡镇、科局都配置了机动车辆。近年来，汽车进入私人家庭且发展势头日益强劲，先是价格不很高的“昌河、大发”等小面包车，继而是国产、合资生产的家用轿车逐渐成为私家车选购目标。

二、运输工具

1979年前，人、畜力车是当地的主要运输工具，农业种植以肩挑、人力车为主，临西县80%以上的农户备有“地拉车”和独轮手推车。县内

短途运输以毛驴为主，县运输公司组织有毛驴运输车队。1980年，全县尚有胶轮大车983辆、地拉车10956辆、独轮手推车5540辆。

改革开放以来，机动运输车辆不断增加，逐步取代了人力运输。农民购置了机动三轮（本地称为三马）、小四轮拖拉机，农忙时扶助农业生产，农闲时办证照跑运输。1980年，全县有货车125辆、三马2辆。1990年，全县有货车324辆、拖拉机49辆、三马28辆。2000年，小四轮拖拉机和机动三马发展到数千辆，农村家庭90%以上有机动车辆，农民彻底告别了肩挑、手推、毛驴拉车等运输工具。部分先富起来的农民，购买号称“拉煤王”的斯太尔大车组成运输队从事运输经营，在县城汽车站，停满了待租用的各种型号的货车。

到2008年，全县拥有货运车辆1256部，长途班车35部，城乡班车40部，城区公交车30部，出租车20部。

第七章　邮政　电信

三十年来，临西县的邮政通讯事业发生了巨大变化。为方便人民生活、促进经济发展做出了重大贡献。1979年至1997年为邮电合营时期，1998年起以邮电分营为标志，邮政通讯事业进入了快速发展时期。邮政服务在巩固传统项目的同时，推出了特快专递和国际特快等一大批新的服务项目。电信方面，固话通讯迅速增长、移动通讯异军突起。1979年时，全县拥有固定电话650门，到2008年末固定电话达到4.2万门，为1979年时的64.6倍，移动电话用户10万户，互联网用户达到7600户。

第一节　邮政

一、机构设置

1979—1998年，邮政通信业务统一由县邮电局管理。1998年临西县邮电局内设综合办公室、邮政股、电信股，下设白地、河西、东枣园、下堡寺、吕寨、老官寨、尖冢7个邮电支局，共有职工120名。

1998年9月，邮、电分营，设临西县邮政局。1999年9月28日，邮政局迁至泰山路与阳光大街（永济南街）交汇路口东南角，局内设综合办公室、经营业务服务部，下辖速递公司、发投公司、联运公司和河西、老官寨、吕寨、尖冢、下堡寺5个支局以及河西邮政储蓄所、县局邮政储蓄所。共有员工95名，其中固定工49名、劳务工46名，大专以上文化员工15名、中专文化员工30名、高中文化员工40名、初中文化员工10名，中级职称人员20名、初级职称人员30名。

二、邮政业务

1、机要业务：机要通信业务是国家保密通信的重要组成部分，是国家赋予邮政部门的一项特殊的政治任务。从1951年至今，国家将部分机要业务交邮政部门办理，服务对象是县级及以上党政机关。主要任务是：传递国家秘密载体。机要通信部门遵循国家保密安全管理规定，坚持“通信质量第一、政治服务第一、社会效益第一”的指导思想和“保密安全、准确迅速”的工作方针，以机要通信质量为核心，确保全县机要文件畅通无阻。对全县党、政、军、机关秘密载体的寄递、查询、撤回、改寄等工作负责。确保了党、政、军、机关及国家经济各部门之间秘密载体的准确寄递。

2、邮政函件业务：新中国成立后，邮政部门于1949年对函件业务进行了新的分类，分别为：平常函件、挂号邮件、特种挂号邮件，其中特种挂号邮件于1990年取消。函件业务是我国《邮政法》规定由邮政企业专营的一项主要业务。信函适用交寄书面通信，各种公文和书籍、报纸、期刊、教材及各种资料；各种事务性通知、稿件、提货单、请柬、征订单、协议、合同、票据、入场券、邮票、照片、报表等。

函件业务主要有以下几种：

（1）平常信函：邮局收寄时不付予收据，且平常信函中不准夹寄非纸质性物品。

（2）挂号信函：适用于交寄重要的书信、证券、料等，邮局收寄时付予收据，以便查询。挂号信函内准予附寄适于装在信封内、不妨碍加盖日戳的轻小耐压的物品。

（3）商业信函（1985年6月开办）：是指区别于具有个人通信性质等零散交寄的信件，面向社会各类用户的邮政大宗商务性信息服务的函件。

商业信函包括各类有名址与无名址广告信函、帐单及其它商务信函。商业信函是为企业传递商务信息的信函，它也是邮政信函业务的一种，随着市场经济的发展，商业信函越来越被单位、商业部门和个体经商户所采用，因其对象明确，灵活性高，投入与收益相比新闻等媒体广告有着一定优势，具有方便、经济、针对性强、信息量大的特点，非常适合于企事业单位及商业部门进行业务联系、沟通信息、介绍、推销新产品等商务往来和贸易活动。目前，邮局可以从广告设计、制作、邮件封装、寄发、信息反馈等提供一条龙服务，需要办理商业信函业务的用户，可以根据自己的实际情况，选取部分或全部工作到附近邮局办理。办理商业信函业务时，应提供需要发寄的单位类别、数量、范围等事项，邮局按客户要求在地址库内筛选符合条件的地址进行加工制作，予以发寄。

2001年以来，临西邮政局投资25万元购置了全自动邮政商函打印机，投资3万元购置了800万的全国商用地址库，并免费提供给客户选择使用，先后为各类企业发送商函2000万件，为企业创造利润达3亿元。

3、邮政包裹业务：邮政包裹业务属于邮政部门的经营性业务，是利用邮政通信网遍布城乡的优势，辅助交通运输部门适应商品流通和个人寄递物品需要的一项邮政服务，是邮政四大传统业务之一。中华人民共和国成立后主要经办个人物品寄递，1952年开办，当年业务量为1000件，1985年增加商业包件业务，时限分为普通包件、快递包件和国际快包邮件，2004年开通了中邮快货业务至今。随着国民经济和人民生活水平的提高，包裹业务的发展呈现出比较明显的变化趋势：

（1）在计划经济体制下，邮政部门曾遵循以普通小包为主，兼收商品包裹的方针经营包裹业务，主要体现在邮政部门与交通运输部门的分工上。就运送物品而言，邮政收寄的物品，以适于邮寄的容量为限，而交通运输部门运送的物品，则以货物行李为主；就服务对象而言，邮政以个人为主，而交通运输部门则以工农生产部门和商业部门为主。

（2）改革开放以后，我国城乡经济蓬勃发展，特别是大量乡镇企业的崛起，对商品流通提出了新的要求。多数乡镇企业地处农村，交通不便，产品批量小，销地分散，不便利用铁路等进行运输，而较适宜采用邮政寄递。1980年邮电部门提出要适应商品经济发展的需要，大量揽收商品包裹。在这一经营方针指导下，商品包裹业务量急剧增长。1982年邮政包裹的经营方针调整为“积极办好，量力而行”，并采取多渠道运输，增辟自办邮路，组织专线运输，增加处理场地和使用自动化设备等措施，使邮政包裹业务得到正常发展。

（3）进入90年代以来，新技术、新工艺不断诞生，特别是90年代中后期，随着计算机技术的飞速发展，网络时代即将来临，对邮政传统业务的发展产生了巨大冲击，但同时也为包裹业务的发展提供了新的机遇。点对点商包直运业务、邮购业务都已成为传统包裹业务的新的增长点。

4、邮政储蓄业务：中国邮政办理储蓄业务始于1919年，于1953年停办。1986年，邮电部与中国人民银行根据国务院的指示恢复开办了邮政储蓄业务。1985年至2006年前开办的只是存款业务，分为：活期存款、定期存款。服务对象是城乡居民，自2007年又增加了质押贷款和小额信用贷款业务至今。客户在邮政储蓄可以开立个人结算账户和储蓄账户。邮政储蓄异地通存通取、转账业务，为广大客户提供了方便、快捷、安全的存取款和支付结算服务。2007年3月正式成立邮政储蓄银行。截止到2008年，邮政储蓄网点存款余额为1.77亿元，贷款余额为310万元。

5、报刊业务：报刊业务是邮政部门利用遍布全国的邮政通信网络点多、线长、面广等特点，将报刊出版单位出版的报纸、杂志以订阅或零售方式发送给读者的业务。1980 年之前，主要征订、投送党报党刊，1980 年后陆续对居民开放订阅报刊，1995 年实现全区收订报刊联网，投递速度和质量得到了进一步提高。截至 2008 年，邮政局报刊期发份数已达 3.2 万份。

6、邮政特快专递业务：邮政特快专递（Express Mail Service）简称 EMS，是由万国邮政联盟创办，受各国法律保护，由专人收寄、专门机构处理，选择最佳的邮路，最快速、有效地赶班发运，直接将物品送到收件人手中的邮政特种业务。EMS 目前主要经营：国际、国内、同城特快专递业务；国际、国内礼议专递业务；国内代收贷款业务；国际、国内其他实物传递业务以及延伸服务。该业务于 1995 年在临西县开办，当年业务量 2600 件，现以每年递增 15% 的速度发展。于 1999 年开通了国际业务。2008 年业务量为 30 万件。先后投资 40 万元用于中国邮政 EMS 的全方位改造，开通 11185 特服电话，配备专用服务车辆，准时上门免费服务，赢得了广大客户的信任。

1979—2008 年度邮政业务收入一览表

表 4–25　　单位：元

项目/时间	全年业务收入	其中							
		函件	包件	汇兑	特快	机要	报刊	储蓄	集邮
1979-1985	235000	33800	55600	18500	22800	190	39600	59300	5210
1986-1990	830000	95400	169700	32000	60930	510	153000	300500	17960
1991-1993	1687800	186200	338300	59400	94300	500	266000	729500	13600
1994-1997	2650000	308215	551600	79125	138620	450	358570	1060000	153420
1998	2656241	349517	571850	78159	139682	500	318869	1075379	122285
1999	2861874	227617	433012	84828	207939	642	297576	1504005	106255
2000	3178939	250516	791976	72282	320185	550	288500	1318812	136118
2001	4080263	400580	915100	10895	338312	1500	386450	1994500	32926
2002	4766117	456121	1008115	43951	403129	900	423929	2153141	276831
2003	5251127	517126	1105000	150120	484200	3200	489520	2457900	44061
2004	5385752	238911	1629494	60516	694897	1200	240000	2482095	38639
2005	5659579	310048	1245841	54384	814266	1200	307000	2754390	172450
2006	6640062	704060	1523700	193000	689500	6000	558300	2923500	42002
2007	7099576	1419827	1568791	54466	1248561	600	343048	2248175	216108
2008	5670046	1407664	1090549	31942	1256045		281147	1419107	183592

1979—2008 年部分年度邮政业务统计表

表 4–25

年度	函件（件）	机要（件）	包裹（件）	汇票（张）	报纸期发（份）	杂志期发（份）
1979	206494	205	5990	1890	2050	1200

续表

年度	函件（件）	机要（件）	包裹（件）	汇票（张）	报纸期发（份）	杂志期发（份）
1984	377944	484	27681	7535	8032	6823
1990	642320	740	28982	11825	25890	8400
1995	102380	1100	59800	15000	30000	9918
2000	123500	2000	82300	19820	35920	12760
2003	208800	3500	105000	20052	40090	19200
2006	399000	5000	110000	20500	50000	22000
2007	780000	4300	108500	20679	60263	39875
2008	863800	3800	92000	20935	67735	44773

三、投递线路

邮政投递是将用户交寄的邮件和订阅的报刊按规定的时限和方式投交给收件人的过程，是邮政通信的最后一道环节。投递工作在邮政通信生产过程中具有十分重要的地位，是邮政工作质量的最终体现。投递质量的好坏，关系到邮件传递全过程的成败，直接影响邮政信誉和邮政业务的发展。投递方式有两种：按址投递和局内投交。

1980—2008 年邮政投递线路表

表 4–26

时间	城市投递线路		农村投递线路	
	线路（条）	长度（公里）	线路（条）	长度（公里）
1980-1983	2	20	8	794
1984-1988	3	30	13	771
1990-2000	4	43	18	900
2002-2008	5	50	25	1500

四、新业务

随着邮政用户的需求多层次化、个性化趋势日益明显，传统的业务种类已难以满足用户工作和生活的需要。根据市场需求，不断提高一些传统业务的服务水准，开发新的邮政业务和服务，逐步形成了以核心业务为主导，以多元化业务为补充的业务结构。目前，邮政业务除了传统的信函、邮政汇兑、包裹、报刊发行、特快专递、集邮、邮政储蓄外，又衍生出商业信函、《中邮专送

2008 年 5 月 17 日电讯日移动公司上街进行业务宣传

广告》、邮资广告明信片、企业拜年卡及账单等业务。加强了报刊零售业务的发展力度；新开办了电子汇兑业务；新增了代办业务，主要包括代理保险、IC 卡及代放号、代发工资和养老金、代缴税金、代收电信资费等业务。新开办了电子邮政（E-POST）业务和物流配送业务。电子邮政主要包括网上邮局、电子汇兑、电子商函、网上银行等；物流配送业务是目前重点发展的新业务之一。

第二节　电信

一、网通公司

1、机构设置

建县之初临西县邮电局设在河西，辖尖冢、吕寨、童村、下堡寺、老官寨 5 个邮电所，共有员工 28 名。通讯业务是其主要工作之一。1972 年，邮电局随县城搬迁，迁至童村玉兰西路中段北侧，河西原县局办公地点改设为河西邮电支局。1985 年，增设枣园邮电所，有通信员工 54 名。1998 年 9 月 8 日，邮政、电讯分开经营，邮政单设、移动剥离，同时成立临西电信局，下设办公室、电信股、机线班、机务班、营业班、工程队、河西支局、老官寨支局、吕寨支局、下堡寺支局、尖冢支局、黎博寨支局，共有电信员工 83 名。2002 年，临西县电信局更名为河北省通信公司临西县分公司，下设综合办公室、营销服务部、运行维护部、机线部、机务班、营业班、设备维护班、工程队、河西营业部、老官寨营业部、吕寨营业部、下堡寺营业部、尖冢营业部、黎博寨营业部，共有员工 87 名。2004 年 9 月，河北省通讯公司临西县分公司更名为中国网通（集团）有限公司临西县分公司，下设综合部、营销服务部、维护部、营业部、管线维护班、机务班、社区经理班、客户经理班、河西营业部、老官寨营业部、吕寨营业部、下堡寺营业部、尖冢营业部、黎博寨营业部。2005 年，增设城区营业部。2008 年 12 月，临西网通和临西联通合并为中国联通公司临西县分公司，下设综合部、营销服务部、建设维护部和集团客户中心，共有员工 40 名。

2、业务发展

临西县邮电局建局之初，安装天津产中天磁石交换机 4 台，容量 350 门，电话线路 135.1 公里。1978 年，磁石交换机被淘汰，新装杭州产 905 纵横式自动交换机，10 月 11 日开通。1989 年 3 月，县局与河西支局建成微波通信塔两座，开通微波 24 路。同年，河西支局磁石交换机淘汰，更新为九江产全电子 300 门自动交换机。1990 年，县局安装日本进口大型集装箱纵横制自动交换机 1000 门，河西支局安装全电子自动电话交换机 200 门，全县实现了电话自动化。1996 年，县局将纵横制交换机更换为西班牙西萨公司 9—1240 数字程控交换机，增加了三方通话、来电显示、呼叫等待、闹钟等新功能。同年，先后为河西支局、老官寨支局、尖冢支局、吕寨支局、下堡寺支局、黎博寨支局架设改造通信架空电缆 1000 多皮长 / 公里。年底，实现全县村村通程控电话，架空明线、地埋四芯电缆全部淘汰。

1998—1999 年，扩建通信电缆线路 2000 皮长 / 公里。2000 年，建成环绕全县区域的东西两个 SDH 传输光环线路，架设 24 芯通信光缆 246 皮长 / 公里，改造扩建县局及吕寨、老官寨、下堡寺、尖冢、河西支局交换设备，建设农村无人值守交换点 35 个：轴承大世界、后堤口、摇鞍镇、河西开发区、汪江、硫庙、江庄、李楼、胡庄、后张八、北杏园、隋五里、黑庄、江村、牌子、胡小庄、西倪庄、初圈、闫庄、东留善固、姚楼、樊村、白地、大刘庄、相庄、瓜厂、单屯、东枣园、常庄、杨圈、黎博寨、胡庄、水波、白庄，安装交换机 35 台，扩容 175 门，配置了成套设备。2001 年，修建城区至河西地下通信管道 25 公里，竖起 120 个 IC 卡公用电话亭，安装卡式电话 120 部，建起了一座 80 米高的通信塔，开通 ISDN 数据通信业务。2002 年，开通 ADSL（宽带）业务，新建开通 10 个交换点，交换机扩容 3000 门，全部接通入网设备、低压电源设备、相控电源设备，完成改造更新。2003 年，新建开通 6 个交换点（罗庄、子堌、尹户山、史洼、太平庄、范八里）。在河西、县政府新建开通两套 ADSL 宽带设备。县公司对宽带设备进行了扩容。为国税局、地税局、县政府、机要局、交警队架设了通信光缆专线。2004年，安装小灵通基站120座，开通了县城与河西镇的小灵通业务。新建教场、来寨、孙槐、孙庄4个交换点。2005—2006年，建党尔寨、十八里堡、贺伍庄、前大屯4个交换点。全县均具备了宽带安装的条件。2007—2008年，光进铜退工程后，新建73个交换点，使全县电话交换机容量达5.5万门，扩建通信光缆169.65皮长/公里，光缆总投资952.968万元。

自开通电信业务以来，业务量逐年增长，收入逐年递增，服务面越来越广泛、越深入、越普及，服务质量越来越快捷、越方便、越畅通，资费越来越低廉，电子通信已成为人们工作、生活中重要的信息交流渠道，成为科技进步、时代发展的主要特征。

1965—2008年部分年度通信业务量统计表

表4-27

年度	电报（份）	长话（次）	本地网电话（市话、农话）
1965	8000	9500	146500
1970	8275	9223	149500
1980	29420	34616	201814
1990	47415	60860	186375
2000	3239	2670223	9280637
2006		4053736	50029639
2007		4079586	51016324
2008		5077328	53929427

1965—2008年部分年度通信业务收入统计表

表4-28

年度	收入（元）	年度	收入（元）
1965	78000	1997	9224403
1970	101023	2000	10615406
1976	139552	2004	23397000
1984	339117	2006	24000000
1990	1011981	2007	25100000
1994	2883938	2008	27000000

注：1997年前为邮电局时期的业务收入，其后为电信专营的业务收入。

1965—2008年部分年度通信设备统计表

表4-29

年度	交换局（点）数	线路长度（公里）	线路条数（对/公里）	电缆长度（对/公里）	交换机容量（门）	实装电话用户数（部）	数据用户数（ISDN ADSL）	小灵通（部）
1965	6	93.5	160.5	20.897	730	141		

续表

年度	交换局（点）数	线路长度（公里）	线路条数（对/公里）	电缆长度（对/公里）	交换机容量（门）	实装电话用户数（部）	数据用户数（ISDN ADSL）	小灵通（部）
1970	6	93.5	166.5	20.897	730	163		
1976	7	87.9	147.96	20.96	530	274		
1978	7	28.9	36.99	169.49	650	331		
1990	6	539.9	64.9	124.9	1000	570		
1994	7	600	36	144.5	3000	1344		
1998	11	750		850	15000	9500	40	
2003	42	1160		1250	35000	29500	750	1200
2005	53	1265		1356	46000	43210	1996	3550
2006	57	1350		1420	50000	45000	3433	4623
2007	58				49824	42414	4129	
2008	131				49702	32558	7360	

2008年通信交换局（点）一览表

表4-30

序号	交换局（点）名称	所在地	规模	
			容量（门）	安装户数
1	县公司中心局交换机房	县城玉兰西路	6896	6033
2	河西交换机房	河西	3344	3091
3	老官寨交换机房	老官寨	1280	1180
4	吕寨交换机房	吕寨	1024	765
5	下堡寺交换机房	下堡寺	1376	1273
6	尖冢交换机房	尖冢	1696	1047
7	黎博寨交换机房	黎博寨	1000	474
8	汪江交换点	汪江	544	523
9	琉庙交换点	琉庙	544	505
10	枣园交换点	东枣园	1104	1039
11	范八里交换点	范八里	544	464
12	隋五里交换点	隋五里	976	848
13	河西开发区交换点	河西	720	383
14	水波交换点	水波	976	518
15	黑庄交换点	黑庄	640	578
16	胡小庄交换点	胡小庄	768	559

续表

序号	交换局（点）名称	所在地	规模	
			容量（门）	安装户数
17	尹户山交换点	尹户山	512	459
18	常庄交换点	常庄	768	480
19	张八庄交换点	张八庄	512	427
20	孟村交换点	孟村	384	283
21	杨圈交换点	杨圈	768	548
22	堤口交换点	堤口	880	799
23	轴承大世界交换点	轴承大世界	1000	808
24	县城西交换点	史洼	912	732
25	周楼交换点	周楼	944	814
26	姚楼交换点	姚楼	1360	921
27	太平庄交换点	太平庄	512	373
28	北杏园交换点	北杏园	384	252
29	东留善固交换点	东留善固	512	237
30	西倪庄交换点	西倪庄	640	598
31	子堌交换点	子堌	448	350
32	摇鞍镇交换点	摇鞍镇	832	762
33	任颇庙交换点	任颇庙	640	596
34	白地交换点	白地乡政府院内	1488	990
35	罗庄交换点	罗庄	432	363
36	大刘庄交换点	卫罗庵	976	760
37	闫庄交换点	闫庄	432	383
38	胡庄交换点	胡庄	512	426
39	江庄交换点	江庄	512	475
40	李楼交换点	李楼	768	727
41	江村交换点	江村	544	523
42	单屯交换点	单屯	928	883
43	瓜厂交换点	瓜厂	416	400
44	洪官营交换点	洪官营	384	347
45	白庄交换点	白庄	1232	1165
46	樊村交换点	赵樊村	1088	1027
47	龙潭交换点	龙潭	720	686

续表

序号	交换局（点）名称	所在地	规模	
			容量（门）	安装户数
48	初圈交换点	初圈	624	550
49	教场交换点	教场	976	858
50	来寨交换点	来寨	704	638
51	孙槐交换点	孙槐	512	478
52	孙庄交换点	孙庄	720	498
53	相庄交换点	相庄	1440	700
54	党尔寨交换点	党尔寨	512	500
55	十八里堡交换点	十八里堡	512	500
56	贺伍庄交换点	贺伍庄	384	300
57	前大屯交换点	前大屯	384	240

二、移动公司

1、机构设置

临西移动分公司是1999年从临西电信局分离新组建的国有企业，隶属中国移动通信河北有限公司邢台分公司。设报账员、业务员、巡视员、营业班，共有员工7名。2003年，更名为河北移动通信有限责任公司临西分公司，开通河西镇海河合作营业厅，有员工11名。2004年，开通下堡寺国际通合作营业厅、摇鞍镇万通合作营业厅、老官寨飞航合作营业厅，员工增至14名。2005年，下设综合部、业务部、营业班，开通了吕寨宇通营业厅、尖冢金鑫营业厅、东留善固超越营业厅、单屯广联营业厅，有员工16名。2006年，更名为中国移动通信集团河北有限公司临西分公司，设综合部、业务部、营业班，增设县城第二营业厅、轴承大世界营业厅、白庄营业厅、姚楼营业厅、大刘庄营业厅、东枣园营业厅、白地营业厅、黎博寨营业厅，并在282个村庄设立了充值服务站。2006年底，共有营业厅16个，农村服务站282个，在册员工22名。2007年，增设黎博寨区域营销中心、白地区域营销中心、张堤区域营销中心、下堡寺区域营销中心、河西镇区域营销中心，在册员工30名。

2、网络建设

1999年，建有河西、尖冢、老官寨、黎博寨、吕寨、下堡寺5个基站；1999—2001年，增建常屯、大刘庄、大十二里、东留善固、姚楼、摇鞍镇、赵樊村、白地、东枣园基站；2002年，增设相庄基站；2004—2005年，增建县城2、白庄、初庄、东倪庄、东郑庄、贺伍庄、纪庄、孟村、水波、西袁庄、修子堌、张堂、赵圈基站；2005年，建北杏园、林麻寨、蔺庄、汪江、务头基站；2006年，增建岗楼、丁村、丁庄、老军营、陈窑、张堤、任颇庙、卫罗庵、东赵庄、西温、县城3、县城4、姜庄、太平庄、后冯（广度覆盖）、郑楼（广度覆盖）、邢庄（广度覆盖）、高洼（广度覆盖）基站；2007年，增建千户庄、南五里、后大屯、张黄营、赵疃、侯庄、邮政局、邵庄、杨圈、县城7（仓上水塔）、县城5（高村）基站。到2008年底，基站数量由分营初期的河西镇、尖冢镇、老官寨、黎博寨、吕寨、下堡寺5个基站，发展到65个基站，共183个小区，载频数达413个，话音信道2592个。

3、业务范围

分营初期，经营业务主要有“全球通”数字移动电话业务、模拟移动电话业务、“本地通”移动电话业务和“燕赵行”卡业务。同时，向客户提供中文消息、主叫号码显示、呼叫转移、呼叫等待、语音信箱、三方通话等多种新功能。1999年底，临西最后一部模拟移动电话退出历史舞台，进入数字化通信时代。随着数字化的发展，移动公司由以前单一的语音功能向多元化发展，主要经营移动电话通信（包括语音、数据、多媒体等）、IP电话及互联网接入服务等业务。拥有“全球通”“神州行”“动感地带”等服务品牌，用户号码段“139”“138”“137”“136”“135”“134”“159”“158”“150”为首的号码。为彻底解决河西与临清（省界）边际漫游问题，2006年7月，经与临清移动公司协商，签订了小区互免协议。近年来，临西分公司推出的优惠业务有：为教师推出“校园卡”、在行政部门推广“集团网”、适应农村客户的“欢乐家园”集团网。到2008年末，用户由分营之初的850个发展到8.5万个。

三、联通公司

中国联通临西营业厅，是邢台联通分公司在临西设置的工作机构。2001年5月正式成立。2007年，有员工20名。2008年12月与网通合并为中国联通公司临西县分公司。

1、业务发展

成立之初，经营移动电话（GSM）和无线寻呼。2000年经营的业务有：移动电话（GSM、CDMA）、长途电话、本地电话、数据通信（包括因特网业务和IP电话）、电信增值业务及其与之相关的业务。中国联通临西营业厅在全县各个乡镇（工作站）均设有服务网点，形成了覆盖全县的销售服务网络。

2002年4月8日，联通新时空CDMA全国统一放号运营。CDMA能平滑过渡到3G，并具有无辐射、通话质量高、保密性强、接通率高、不易掉话等优势。联通CDMA一期工程容量达到1500万。2002年底，随着CDMAIX网络的建成，为用户提供多媒体、高速数据业务。2005年，用户发展3000户；2007年，发展用户5000户。2008年，拥有各种用户2万多个，年收入200多万元。

2、基站建设

2000—2002年，建成基站5个；2002—2004年，建成基站4个；2004—2007年，建成基站6个。至此，信号覆盖全县的每一个角落，无论在任何位置，都能享受到优质的通话服务。至2008年共建有基站13个：武装部基站、仓上基站、河西基站、大刘庄基站、水波基站、姚楼基站、摇鞍镇基站、白地基站、单屯基站、东枣园基站、黄庄基站、瓜厂基站、西马鸣堂基站。

第五编　经济总情

1979年后，临西县大力推行经济体制改革，宏观经济逐步跨入健康发展轨道，经济总量持续增长，经济结构不断优化，经济投入不断加大，投资与消费协调拉动，多种经济成分竞相发展，财政收入大幅增长，人民生活水平日益提高。经济体制由计划经济逐渐转变为社会主义市场经济，消费品市场及物价由计划调配和统一定价逐步走向市场调节，根据社会需求市场自然进行资源配置的机制日趋成熟，消费品市场繁荣活跃。全县经济社会逐步由农业社会向工业社会转化。

第一章　经济体制改革

第一节　农村经济体制改革

一、推行家庭联产承包责任制

临西县的经济体制改革首先从农村开始。1979 年 4 月，中共中央批转了国家农委党组《关于农村工作问题座谈会议纪要》，提出在坚持生产资料集体所有、劳动力统一使用、生产队统一核算、统一分配的前提下，由各地社员讨论决定，因地制宜的实行责任制。当年底，全县有 1222 个生产小队实行了联产承包责任制，占生产小队总数的 92%。主要有两种形式：一是包产到户。即在生产资料集体所有和基本核算单位不变的前提下，将土地按人口、劳动力（多数大队按劳动力比例进行）比例承包到户，以地定产，以产定工，以工计酬，超产奖励，减产受罚。二是联产到劳。即在生产队统一经营、统一核算、统一分配的前提下，根据生产需要和每个劳动者的具体情况，把生产任务承包给劳动者，联系产量计算报酬。实行“五定一奖”（定劳力、定地块、定产量、定投资、定工分；超产奖励、减产受罚）。也有的生产小队实行定人员、定时间、定数量、定质量、定报酬的劳动定额管理和小段包工责任制。但是，这种按农活轻重、劳力强弱定工分（报酬）的责任制仍是“三级所有，队为基础”，难以避免吃“大锅饭”现象。

1980 年 3 月，省委、省政府印发了《关于落实农村经济若干问题的意见》，提出要普遍实行责任制，具体办法由社员讨论确定，因队制宜，不搞一刀切。针对当时有些人对实行家庭联产承包责任制持有不同看法，认为是走回头路，临西县委及时组织全县干部、群众进一步学习贯彻上级有关文件精神，介绍外地先进经验，端正认识，统一思想。在此基础上，在全县农村开始推行家庭联产承包责任制。土地分给农户自主经营，集体的财产（包括中小型农具、库房、存粮、棉花、畜牧和牲口棚等）全部折价归户，价款归集体。“三级所有，队为基础”的生产管理体制完成了其历史使命，一家一户成了最基层的经济实体和基本核算单位。为了稳定和完善农业生产责任制，1981 年 8 月临西县委印发了《关于进一步稳定和完善生产责任制的几个问题的决定》，1982 年 2 月临西县委印发了《关于贯彻落实中共中央〔1982〕1 号文件稳定完善农业生产责任制的意见》。是年底，全县 1348 个生产队全部实行了生产责任制，其中实行专业承包的 19 个，占 1.4%；实行联产到劳的 60 个，占 4.4%；实行大包干（即家庭联产承包责任制）的 1269 个，占 94.2%。

1984 年将公社改建为乡（镇），将大队改建为村民委员会，生产队改为村民小组，农村集体土地由过去的队为基础改由村民集体所有，村民以家庭为生产单位承包的土地，对村民委员会负责，所生产的各种农产品，除完成村民委员会下达的税、费和提留外，全部归农民个人所有。延续 26 年之久的人民公社体制被一种新的体制所代替。

二、完善家庭联产承包责任制

家庭联产承包责任制的实行，极大地调动了农民的生产积极性，促进了农村经济的发展。但到 90 年代初，人地不均的矛盾日益显现，有的农户男孩多、结婚生育后家庭人口猛增，有的农户女孩多、女儿出嫁后家庭人口锐减，但不论增人减人承包土地不变，造成人口和承包土地比例失调。

为了进一步完善土地承包，稳定农民思想，根据省、市有关文件精神，1999 年县委、县政府出台了《关于进一步稳定完善农村土地承包关系的实施意见》，进行了第二轮土地延包。其总体要求是：保持现状，顺延承包，逐户发证，促进稳定。并明确指出二轮土地延包必须遵循原生产队

界限。人地矛盾特别突出的，经县农委审批后可在全村范围内调整土地。如在生产队范围内进行调剂，必须经大多数群众同意。承包期自上次土地承包时算起，向下顺延30年。已进行新一轮土地承包，承包期不足30年的，一律延长到30年。土地承包经营权证采用全国统一样本，一户一证。承包合同书要由发包方、承包方、鉴证方（乡镇）等共同存档。并强调今后要确保土地承包的长期稳定，“增人不增地，减人不减地”，承包期内新增人口和劳动力，要通过发展二、三产业等措施解决人地矛盾。不准再搞新的“两田制”，也不准再留新的机动地。这次土地延包，平稳过渡，大多数村没有进行土地调整。到1999年底，土地延包工作全部完成。

三、农村税费改革

2002年，临西县在全县范围内开展农村税费改革试点工作。农村税费改革以切实减轻农民负担为基本出发点，规范国家、集体和农民之间的分配关系，合理确定农民负担水平，并在较长时间内保持稳定，从根本上治理对农民的各种乱收费、乱集资和乱摊派，维护农民切身利益，巩固农村基层政权，调动和保护农民生产积极性，促进农村经济健康发展和农村社会长期稳定。

农村税费改革试点的主要内容：

（一）取消乡统筹费、农村教育集资等所有专门面向农民征收的行政事业收费、政府性基金和集资。原由乡统筹费开支的乡村两级的九年义务教育、计划生育、优抚和民兵训练支出，由各级政府通过财政预算安排。修建乡村道路所需资金不再固定向农民收取，乡级道路建设资金由各级政府负责安排，村级道路建设资金由村民大会或村民代表大会民主协商决定。乡镇卫生医疗事业逐步实行有偿服务，各级政府适当补助。取消农村教育集资后，农村中小学危房改造所需资金，由财政预算安排。所有专门面向农民收取的行政事业性收费、政府性基金和集资项目一律取消。

（二）取消屠宰税。原在生产和收购环节征收的屠宰税以及随屠宰税附征的税费项目一律取消，严禁以任何名义变相收取屠宰税。

（三）逐步取消统一规定的劳动积累工和义务工。2002年至2005年，农田水利基本建设和修建道路、植树造林等集体生产公益事业所需劳务，每个劳动力每年承担劳动积累工和义务工不超过20个工作日。从2006年起，村内集体公益事业所需劳务，一律实行一事一议，由村民大会或村民代表大会民主讨论决定，但要实行上限控制，每年每个劳动力承担劳务不超过15个工作日。执行此规定后，除遇到特大防洪、抢险、抗旱等紧急任务，经县级以上人民政府批准可临时动用农村劳动力外，任何地方和部门均不得无偿动用农村劳动力。自此，严禁以任何名义强行以资代劳。

（四）调整农业税政策。农业税按照农作物常年产量、计税土地面积、省政府统一规定的计税价格和经批准确定的税率依法征收。

（五）调整农业特产税政策。根据农业税和农业特产税不重复交叉征收的原则，对在非农业税计税土地上生产的农业特产品，继续征收农业特产税。对在农业税计税土地上生产的农业特产品，农业特产品集中产区只征收农业特产税，非集中产区征收农业税，严禁两税重复征收。

（六）改革村提留征收和使用办法。对村干部报酬、五保户供养和村办公经费，除由集体经营收入开支的仍继续保留外，原由农民上缴村提留开支的，统一采用新的农业税附加方式收取。农业税附加比例最高不超过征税的20%。由农业税征收机关负责统一征收，实行乡管村用，在乡镇财政按村设账，分村核算，专款专用，乡镇不得截留，村级之间不得平调，由乡镇经营管理部门监督管理。

实行农村税费改革试点后，村内兴办其他集体生产公益事业所需资金，采取一事一议的办法解决。需要筹资时，由村民委员会提出预算，经村民大会或村民代表大会民主讨论决定。村内一事一议的集体生产公益事业集资，一般每人每年不超过15元；经济条件较好的村，每人每年最高不得超过20元。通过村内一事一议收取集体生产公益事业筹资时，必须使用省农民负担监督管理部门统一印制或监制的农民负担监督卡进行登记。监督卡由村民委员会组织发放到农户。对村一事

一议筹资款的收支情况，实行政务公开、村民监督和上级审计。村内一事一议集体公益事业筹资筹劳的具体管理，按《河北省农村集体生产公益事业筹资筹劳管理暂行办法》执行。

原由乡村集体经营收入负担村提留和乡统筹费的，实行农村税费改革试点后，可以采取适当方式继续实行以工补农。对不承包土地并从事工商业、渔业等生产经营活动的农村居民，可以按照权利义务对待的原则，在本村原乡统筹费和新的农业税附加的水平内，经村民大会或村民代表大会民主讨论确定后，村委会向其收取一定数额的资金，但必须纳入村内财务管理，用于村内集体生产公益事业。

（七）农业税及附加的征收管理。农业税及附加继续实行征收代金的办法，统一由财政机关负责征收，使用省财政部门统一印制或监制的专用票据，农民可以直接缴纳现金，也可以由粮食部门在收购粮食、结算粮款时代扣代缴。农业税及附加的具体征收管理，按《河北省农业税征收管理办法》执行。

四、实行粮食和农资综合直补

2004年，中央以“一号文件”的形式宣布农村新政策：用五年的时间逐步取消农业税，取消烟叶以外的农林特产税，增加对农业的投入，实施直接补贴政策，逐步扩大对农民的补贴范围。

临西县2004年开始实行粮食直补及农资综合直补政策，并逐步加大对种粮农民的农资综合直补力度。粮食直补及农资综合直补的范围原则上为全县适宜种植粮食的区域，已实行退耕还林的区域不予补贴；补贴的对象为补贴区域范围内的种粮农户。

五、取消农业税

2005年12月29日，第十届全国人大常委会第19次会议经表决决定，《农业税条例》自2006年1月1日起废止。农业税是国家对一切从事农业生产、有农业收入的单位和个人征收的一种税，俗称“公粮”。农业税起源于春秋时期，是封建时代国家财政收入的主体。到了工业时代，农业税在国家财政收入中所占比重越来越小。2006年起，完全取消了农业四税（农业税、屠宰税、牧业税、农林特产税）。

第二节 工业经济体制改革

一、国有集体工业企业改革

临西县国有工业企业和县办集体工业企业改革，大体经历了实行承包经营责任制和产权制度改革两个阶段。

1982年以前，工业企业实行计划经济管理机制。改革开放以后，先是实行了厂长（经理）负责制。1987年底，县政府出台了《关于在县属工商企业推行承包经营责任制的决定》，在工业企业中推行承包经营责任制，实行“包死基数、确保上交、超收多留、欠收自补”的经营方针。把县造纸厂作为县改革试点企业。全县工商企业的厂长（经理）通过竞标的方式产生，形成了能者上、庸者下的竞争氛围。1988年，全县96%的企业较好地完成了承包目标任务，企业职工收入大幅度提高。1991年开始，从转换企业机制入手，打破企业内部用工制度，推行“破三铁”（打破铁交椅、铁工资、铁饭碗）和“满负荷”工作法，实行工人岗位技能工资、效益工资等分配办法，极大地调动了企业职工的积极性。企业承包经营、租赁经营及多种形式的用工分配方式，虽然推动了企业进步，但并未触及企业制度，特别是产权制度等深层的问题，企业经营体制未能实现转换。因此，出现了“以包代管”、拼设备、轻投资、轻技改的现象，造成了国有资产的损失和流失。到1996年，县属企业亏损面仍达50%以上，加之设备、技术的落后，部分企业处于停工停产状态。

面对企业负债率增加、净资产减少、生产举步维艰的状况，为了实现企业改革的根本目的，1998年，经过深入调查，参考先进地区改制的经验，县委、县政府采取了“先破产，后改制”的工作思路，出台了5个推进企业产权制度改革的文件，对进行产权制度改革明确了方针。1996年，根据国家有关文件和企业生产经营状况，首先对造纸厂实施破产重组，获得了成功，受到省、市的肯定。1998 年，对资产存量少、负债率高、停产、半停产和产品经营单一符合破产条件的企业进行了破产。然后采取股份制、股份合作制及整体拍卖的形式，实行了企业资本的“国退民进”（国有资本退出、民营资本进入）。当年就有火柴厂、制药厂、氮肥厂、织染厂、一机厂、二机厂、服装厂等 43 家国有企业实施了破产。随后按照企业的生产状况，实行“一厂一策”的改制方法，先后对制药厂进行了股份制改造，对氮肥厂、浸出油厂、面粉厂实行了“国退民进”的改制，对砂轮厂进行了整体租赁经营，对停产、产品单一、扭亏无望的企业，面向社会整体转让，收回国有资产。2003 年，企业改制力度最大、成效最高。全县国有、集体企业全部完成了改制，有近万名全民、集体职工置换了身份，领取了企业改制、破产生活安置基金。制药厂与上海复兴药业进行合资联营，氮肥厂整体出让给山东银光集团。随着改制工作的深入，企业改革在不断地完善，新的民营企业、合资企业、外资企业日益成为临西县工业经济的新亮点。

二、乡镇工业企业改革

70 年代，临西县的乡镇企业规模小、设备差、产品简单，企业负责人均由乡、镇、村任命，生产经营者与企业之间责、权、利脱节，企业发展缓慢。

1984 年县委印发《关于发展乡镇企业的意见》。1987 年，受农村土地联产承包责任制的启发，并借鉴当时县属企业推行的承包经营责任制的改革经验，部分乡镇企业开始试行承包经营。县委、县政府及时总结了基层的经验并加以推广，由此迈开了临西县乡镇企业改革的步伐。

1993 年县委制订了《关于加速发展乡镇企业的意见》。1995 ~ 2001 年，临西县的乡镇企业继续坚持“改革开放、多轮驱动、强化管理、调整结构、持续发展”的方针，立足资源和区位优势，解放思想，全民发动，招商引资，上规模、上项目、上水平，有力推动了乡镇企业向健康、规范的方向发展。县委、县政府结合全县实际，多次出台发展乡镇企业的文件，制定发展规划，采取有力措施，放宽政策，优化环境，继续推行承包经营、租赁经营、股份制经营、个体经营等经营形式，大力发展民营经济。进一步加强乡镇企业管理，对乡镇经委主任实行了竞争上岗招聘制，对重点项目实行目标考核制。在继续发展农机修造、建筑、建材等行业基础上，又先后发展了轴承、棉纺等行业。在抓好特色行业的同时，大力发展科技型企业。乡镇企业逐步实现由地下向地上、资源型向科技型、内向型向外向型、粗放型向精细型四大转移，进入了快速发展时期，成长出一批民营骨干企业。

第三节　商贸流通体制改革

一、国有商业体制改革

（一）管理机构职能改革

1979 年临西县商业局隶属于县革命委员会，1982 年县革命委员会改为县人民政府，县商业局为县人民政府行政部门。1996 年商业局更名为商业总公司，由原来的政府行政部门改为企业。2000 年，商业总公司改为商贸行业办公室，由企业改为事业。2005 年 8 月组建临西县商务局。

临西县商务局作为主管全县内外贸易的政府工作部门，经过数次改革其工作职能发生了很大变化，到 2008 年其主要职能包括：制定全县流通业的发展规划，提出流通体制改革意见，推进流通产业结构调整和连锁经营、物流配送、电子商务等现代流通方式的发展；研究拟定规范市场运行、流通秩序的政策，培育发展城乡市场；负责商品流通的行业管理，监测、分析市场运行和商品供求状况，负责重要消费品市场调控，制定市场应急预案，保障市场安全和稳定；负责重要生产资料的流通管理，负责对成品油、酒类、调味品等主要生活用品的流通管理；负责旧机动车交易和报废汽车管理工作，负责全县畜禽定点屠宰的监督管理；负责生活服务业的行业管理；协调商业中心、特色商业街和各类商品交易市场的规划与建设；统筹管理商品进出口和技术贸易工作，

负责进出口经营权、进出口商品配额及加工贸易合同的管理；负责全县对外经济合作工作，拟定并执行对外经济合作政策，指导和监督对外承包工程、劳务合作等业务的管理；发布外商投资政策导向和全县招商项目，组织和参与各项招商活动，扩大横向联合和对外联络。

（二）商品供销计划改革

1979 年实行计划调节与市场调节相结合，以计划调节为主。1981 年各种主要日用商品仍按政策定量供应办法，但市场调节成分越来越大。1983 年 12 月棉布取消布票，敞开供应。在此之前临西县的商品供销计划一直由商业局下属各公司编制，商业局汇总上报，计划指标有初期库存，国内购进、调入，国内销售、调出、期末库存等。1985 年生猪放开经营。到 1990 年所有商品全部取消了凭证、凭票供应，计划分配政策取消。

（三）商品价格体制改革

1979 年，商业局设专职物价员，按照国家有关政策负责商业物价的确定、调整和实施。重要物价政策的制定和调整需报上级主管部门批准后执行。当年提高了生猪、鲜蛋的收购价格，收购价格提高后，销售价格未作相应调整，购销倒挂造成政策性亏损。1980 年根据国务院的决定，提高猪肉、鲜蛋的销售价格，同时发给职工副食品提价补贴。1981 年降低了棉布价格，同时提高了烟酒的价格。1983 年，棉花收购多次提价后，对纺织品价格进行有升有降的调整，再次降低涤布的价格，提高棉布的销售价格。

1985 年，价格改革以开放为主，在放开小商品价格基础上，放开了冰箱、自行车、黑白电视机、洗衣机、录音机等工业消费品价格。1988 年放开名烟、名酒价格。1991 年放开服务价格及搪瓷制品价格、鞋类商品价格。1992 年放开糕点价格，彩电、洗衣机、服务业价格。1993 年，商品价格基本全部开放。

（四）商品批发体制改革

1979 年，县日用品批发部为三级批发部，有百货、纺织品批发部，五金、交电、化工批发部，糖烟酒批发部。随着经济体制改革的逐步深化和“三多一少”（多种经济成分，多种经营方式，多种流通渠道，少环节）流通格局的形成，县三级批发商业失去了原有的作用和优势，批发业务量逐渐减少。1982 年，商业批发改革，将百货、纺织品、各类商品，分设批发站。1994 年后，随着“三多一少”流通格局的形成和社会主义市场经济的逐步确立，集体、个体、私营及其他商业发展迅速，工业自销、直销进一步增多，县国有批发商业自行撤销。

（五）商业经营体制改革

1979 年，国有商业在计划体制下形成的经营机构“官商作风”“等客上门”“大锅饭”现象普遍存在。1986 年，县国有商业开始实行承包经营责任制，承包原则是：“国家所有，集体经营，照章纳税，自负盈亏。”但多数企业没有坚持下来，原有经营机制和分配上的平均主义没有得到解决。1987 年，根据国务院对小型商业企业改革提出“改、转、租、赁”四种形式后，全县商业门店基本是实行租赁承包。1988 年，实行出租柜台的改革，1993 年实行了“国有民营”的改革，同时也实行了兼并、破产、拍卖等不同形式的改革。1998 年，商业系统下属百货公司、五金公司、纺织品公司、食品公司、饮食公司、人民商场、河西百货商场、食品加工厂等单位实行了破产重组。2003 年对停产、半停产的企业实行了租赁、拍卖，商业市场的主体继而被更具活力的股份制商业企业、民营商业企业和个体商业门店摊点所取代。

二、供销体制改革

（一）改革经营模式

1983 年至 1999 年，临西县供销系统围绕改革企业经营模式进行了一系列改革。1、县供销社对下属企业实行法人代表任期目标责任制。对公司经理、厂长、基层供销社主任，下达年度购、销、利任务目标。凡完成或超额完成任务的准予连任并给予奖励。第一年未完成任务的给予警告；第二年仍未完成任务者，就地免职。2、企业内部实行经营承包责任制。由各企业与下属门市、班组订立经营承包合同，一定 3 年。执行个人收入上不封顶、下不保底的工薪制度。3、实行设施租赁、抽本经营。首先在 14 个基层供销社和零售门

市、饭店进行试点，将社有资产（设施）租给本单位职工，1-3年把社有资金全部抽回。承租者每半年或一年向本企业缴清租金，赚多赚少全部归己。同时，还开展了向农民租赁铡草机、柴油机、电动机、喷雾器、小汽车等业务。4、开展多向联营。各公司及基层供销社，在经营体制改革中，普遍开展了不同形式的联营。如：商商联营、厂商联营、纵向联营、横向联营等。1986年，县联社与县氮肥厂联营销售氢铵，与县种子公司联营销售种子；1987年至1992年，临西镇供销社与仓上村委会联营“临西供销第一百货大楼”；1987年，县联社与姚楼乡建筑公司联合成立“临西县建筑联合公司”；1987年在北京设驻京供销办事处。5、创办专业合作社。1987年以来，先后办起吕寨、单屯供销社养猪、尖冢供销社养狐、下堡寺供销社肉鸽养殖专业合作社以及轴承加工、木材加工、面粉加工、棉花收购等18个专业合作社。6、多种经营。1984年县供销社在县五里窑兴建棉站。1992年县棉麻公司、土产杂品公司，与浙江苍南合资生产经营腈纶毛毯和玻璃纤维布。1995年县社创建第一供销劳动服务公司。1996年第一油棉加工厂兼营轴承购销业务。1996年县社兴办供销大饭店，组建第二供销劳动服务公司。

（二）变革企业机制

为从根本上彻底扭转企业负债经营的局面，县供销社按照县委、县政府的部署，实施“三个置换”（即：置换企业性质、置换产权关系、置换职工身份），依法对企业实施破产重组。

1、对亏损、负债企业依法破产。2001－2003年，先后对酱菜厂、副食果品公司、土产杂品公司、第一供销劳动服务公司、第一油棉加工厂、生产资料公司等13家企业实行破产，依法减除企业沉淀资产包袱1.62亿元。

2、对企业固定资产进行盘活开发。1998－2006年，进行房地产开发的企业有单屯、尖冢、东枣园、河西镇、城镇供销社、酱菜厂、第一油棉加工厂，共计开发面积168亩，建房1460间。2002年县联社投资3400万元，在第一油棉加工厂及县社机关原址开发，兴建占地70亩集商贸、餐饮、娱乐、洗浴、住宿为一体的博利商城。

3、职工身份置换。按照临政[2003]2号文件规定，2003年、2004年分两批，对供销系统的合同制职工、固定工、干部实行“双解”（即：解除劳动关系、解除经济关系）。全系统共有干部职工2864名，“双解”2400多名（含纺纱厂工人），发放补偿金1100万元。在“双解”上分别执行“承诺等退和一次性经济补偿买断”的方法，凡连续工龄男满30年、女满25年者，由原单位缴纳养老保险金直到职工退休年龄为止；不够等退条件者，按本人连续工龄，每满一年发给月平均工资423元计算，最多不超过36个月的补偿费。“双解”中，属等退职工387名，一次性“买断”职工2021名。到2006年，县联社有干部职工456名。

4、兴办龙头企业。2005年，县社投资3.6亿元，建立合资企业河北隆润纺织有限公司。分两期建成10万锭纺纱和两条织布生产线。一期工程投资1.2亿元，占地106亩，上6万精纺纱锭。年产高档精梳、普梳纱线11000吨，高档面料1889万米，年销售收入2.3亿元。对于吸纳系统人力资源、搞活系统经营、促进县域经济发展起到了重要作用。

（三）棉花流通体制改革

1993年以前，国家对棉花实行统购统销政策，县以下不准自销，所收棉花统一上调市级经营。当时临西县棉花统购上调一直由县供销社系统负责。县棉麻公司和15个基层供销社所收棉花一律调到地区棉麻公司，由地区公司拨付手续费，所需收棉资金由企业到负责发放棉花贷款的银行办理借贷事宜。1994年至1998年，国家对棉花信贷政策进行调整，每个县只对棉麻公司一家企业放贷，由棉麻公司统贷统还。此间开始允许收棉企业开展自营自销业务。适应新形势，棉麻公司改为棉麻总公司，总公司下设有9个基层棉站。收棉资金由棉麻总公司到县农发行统一借贷，统一发放，统一还贷。1999年起，棉花市场放开，收棉企业开始自主经营，自我发展。棉麻总公司和基层供销社棉站都成了独立的经营单位。由于体制变化，棉花收购企业需要自找市场、自筹资金、自负盈亏，购销数量逐年下降，直至陆续停业或另辟业务门路。

三、粮食流通体制改革

（一）购销政策改革

1978年，临西县按照省市规定开始允许农村征购余粮进入集市贸易，同时允许国营粮食部门在完成征收任务的前提下开展粮食、油料议购议销。1980年打破省内购销限制，开展了粮食出省采购和运销省外的业务活动。1982年河北省对各地实行粮食征购包干一定三年不变的政策，从而稳定了农民的征购负担，鼓励农民增产的余粮进入市场，增加收入。1983年根据中共中央《关于印发〈当前农村经济政策的若干问题〉的通知》精神，省政府明确规定，对完成国家征购任务后的粮食，允许国营商业、供销合作社、农村其他合作商业组织和农民个人开展多渠道经营。从此粮食流通走向“双轨制”，即国家统购统销和市场议购议销并行的体制，打破了国家统购统销的一统局面。同时，为适应农村商品经济发展的要求，将粮食中的12种小杂粮退出统购。1984年为支持农村产业结构调整，大青豆、黄豆也退出统购。1984年4月1日起，实行了30多年的统购统销取消，改为合同定购制。1987年，根据冀政〔1987〕67号文件《关于1987年度实行粮食购销调拨和财务包干的通知》精神，邢台市政府主管部门对县实行了购销调拨和财务包干，粮食定购任务超购部分市分成40%，县留成60%，经市批准少购的部分由县购买议价粮弥补，其议购价格高于比例价的差价款，由市财政负担60%，县财政负担40%。对市政府下达的定购数，县政府逐级分解和农民签订“粮食定购合同”，粮食部门根据合同收购粮食、油料，定购以外的粮食可以自由上市，形成了计划与市场结合的“双轨”制。同年，对国家合同定购的粮油，实行“粮食定购与化肥、柴油、预购定金挂钩”为内容的“三挂钩”政策，并根据需求可预付定购金。1991年将“合同定购”改称为“国家定购”，并对统销价格进行调整，取消地区差价，实行全省统一价。1993年起临西县根据国家粮食政策，粮价全部放开，改粮食定购为市场收购，取消向农民定购平价粮任务。粮价放开后，国家对城镇职工给予适当补贴。1994年，国家市场粮价出现较大波动，1995年国家恢复粮食定购政策。1997年，国家出台了粮食收购保护价，要求粮食部门按保护价敞开收购农民余粮，不得以任何理由限收、拒收和停收；定购和保护价格由省政府确定。1998年5月，国务院下发《关于进一步深化粮食流通体制改革的决定》，明确规定了深化粮食流通体制改革要遵循“实行政企分开、中央与地方责任分开、储备与经营分开、新老财务账目分开和完善粮食价格机制”的基本原则，坚持贯彻按保护价敞开收购农民余粮、国有粮食购销企业实行顺价销售、农业发展银行收购资金封闭运行三项政策，加快国有粮食企业自身改革。为加快粮食生产结构调整，促进粮食供求总量的平衡和结构的优化，按照国务院的部署，从2000年起，省政府规定除国有粮食购销企业积极落实敞开收购农民余粮政策之外，允许经省粮食局会同省工商行政管理局审核批准的大型农业产业化龙头企业、粮食加工、饲料、轻工、医药等用粮企业，在本省范围内收购自用粮。2001年3月，国家粮食局宣布从当年5月1日起取消《市镇居民粮食供应转移证明》，标志着计划经济条件下形成的城镇居民口粮供应体制正式结束。同时，根据省、市有关规定，从2002年秋粮上市起，将玉米退出保护价收购范围，价格由市场调节。2003年4月起，小麦退出保护价收购。2004年5月，国务院颁布修订后的《粮食流通管理条例》并正式施行，1998年国务院发布的《粮食流通管理条例》和《粮食购销违法行为处罚办法》同时废止。

（二）粮食企业改革

1979年，粮食局负责全县粮油收购、储存、调运、城乡供应等项职能，下属企业有童村粮站、大刘庄粮站、黎博寨粮站、单屯粮站、河西（原先锋桥）粮站、枣园粮站、水波粮站、老官寨粮站、吕寨粮站、姚楼粮站、下堡寺粮站、摇鞍镇粮站、白地粮站、樊村粮站、尖冢粮站。各粮站负责本公社粮油收购、供应。为保证城镇居民粮油供应，在县城、河西分别设立了第一粮油供应店、第二粮油供应店。改革开放以后，粮食部门由单一的粮油收购、供应向多种经营转化，先后设立了第一粮油食品厂、第二粮油食品厂、河西面粉加工厂、饲料公司等企业。1992年，国家放开粮油购销，粮食系统改革不断深化，多种经营格局逐渐形成，粮食系统为了创收增效，先后设立了石化销售公司、家电公司、建筑安装公司、果蔬脆片厂、冷库、淀粉厂、浸出油厂、面粉厂。全系统共有独立核算企业26家，员工近3000名。其中果蔬脆片厂是临西县第一家合资企业。2003年，随着粮食体制改革的进一步深化，下属企业陆续实施改制、重组、破产，仅保留10家具有粮食收储资格的企业：省级临西储备粮库、吕寨粮油购销有限责任公司、老官寨粮油购销有限责任公司、东枣园粮油购销有限责任公司、河西粮油购销有限责任公司、黎博寨粮油购销有限责任公司、临西镇粮油购销有限责任公司、尖冢粮油购销有限责任公司、摇鞍镇粮油购销有限责任公司、下堡寺粮油购销有限责任公司。

四、物资流通体制改革

1978年至1984年物资流通体制改革起步。这一阶段改革内容主要包括调整和改革生产资料流通体制和价格体系，改变了钢材、木材、煤炭等物资由县物资局及下属公司独家经营的状况，初步形成了多种经济成分、多条流通渠道、多种经营方式并存的局面。即调整物资部门部分商品的供应，发展定量定点供应、配套承包供应、凭票供应等多种供应形式，扩大市场调节商品范围。在此期间，钢材统配比重由77%下降到62%；煤炭由58%下降到51%；木材由85%下降到44%；水泥由35%下降到24%；五种有色金属由68%下降到56%。

1985年至1991年物资流通进入有计划的商品经济阶段。重点为改革企业内部体制、批发体制，正式形成了生产资料价格双轨制。改革企业行政管理体制，逐步扩大企业经营管理自主权，取消统购、派购，改革物资购销政策。实行双轨价格并行的制度。扩大市场调节范围，1991年底，统一分配的生产资料由256种减少到30种，物资局由分配物资的政府管理部门转为物资经营企业，并开始实行经销、代销、联销、经济协作等多种经营形式。

1992年至2008年，物资流通体制改革进一步深化，经营主体更为多元化，物资流通渠道更加多样化，企业经营管理制度日益现代化、科学化，产品价格逐步市场化，社会主义的商品市场体系初步框架基本建立。形成了国有、集体、个人及私营、外资多种所有制结构，多种业态、连锁代理等多种经营方式共同发展的新型物资流通格局。这一阶段的物资流通体制改革主要是围绕着提升农村流通网络和规范流通市场展开。

第二章 经济总量

1979年至2008年，临西县经济经历了一个在改革统领下由恢复、调整、转型到快速发展的历史阶段，经济发展持续稳健，经济总量连续翻番，主要经济指标成倍增长，年财政收入由400多万元增长到突破亿元，县域经济实力明显增强，跨入全市经济第二平台前列。

第一节 生产总值

1979年，全县实现生产总值4500万元，1996年生产总值超过10亿元，2003年突破20亿元，2008年生产总值突破30亿达到31亿元，是1979年初的69倍。30年间，全县经济稳步发展，综合实力不断提升。其发展过程大致分为以下几个阶段。

第一阶段（1979—1990年）通过落实一系列宏观改革措施和各项经济体制改革措施，实现了社会主义市场经济体制初步确立，县域经济摆脱长期以来体制性制约因素束缚，经济发展潜力进一步释放，发展活力不断增强。特别在农村全

面实行了家庭联产承包等各种形式的土地承包办法，极大地调动了广大农民的生产积极性，农业生产力迸发出了强大的活力，农业经济迅猛发展，进而支撑和促进了全县经济的发展。1979 年全县生产总值 4500 万元，到 1990 年全县生产总值实现 2.5 亿元，年均增长 17.5%，比 1979 年增长 4.6 倍。

第二阶段（1990—2000 年）随着改革的不断深入，社会主义市场经济体制逐步完善，完成由计划经济向市场经济转轨，特别是通过对工商企业的改制、转制，国有经济浴火重生，民营经济迅猛发展，促进了县域经济全面增长。1996 年全县生产总值突破 10 亿元，2000 年生产总值达到 17.6 亿元，1990 年至 2000 年年均增长 20.5%。

第三阶段（2000—2008 年）进入“十五”以后，全县经济进入持续快速发展阶段，主导产业日益突出，经济结构日益优化，特别是工业、服务业发展迅速。2008 年生产总值 31 亿元，是 1979 年的 69 倍，2000 年至 2008 年年均增长 7.6%，1979 年至 2008 年年均增长 16%。人均生产总值从 1979 年的 193 元增加到 2008 年的 8735 元，增长 44 倍。

第二节　财政收支

党的十一届三中全会后，随着改革开放的不断深入，县域经济持续发展，临西县的财政收入和支出增长速度明显加快。财政运行模式由计划经济时期的生产建设财政逐步转变为社会主义市场经济条件下的公共财政，为推动经济建设、社会发展和人民生活水平提高奠定了坚实的物质基础。

一、财政收入

1979 年，财政收入 484 万元，1990 年财政收入 1286 万元，比 1979 年增长 166%，2000 年为 6635 万元，比 1990 年增长 416%，2008 年财政收入达到 10520 万元，比 2000 年增长 59%，是 1979 年的 217 倍。1979 年至 2008 年年均增长 10.7 %。

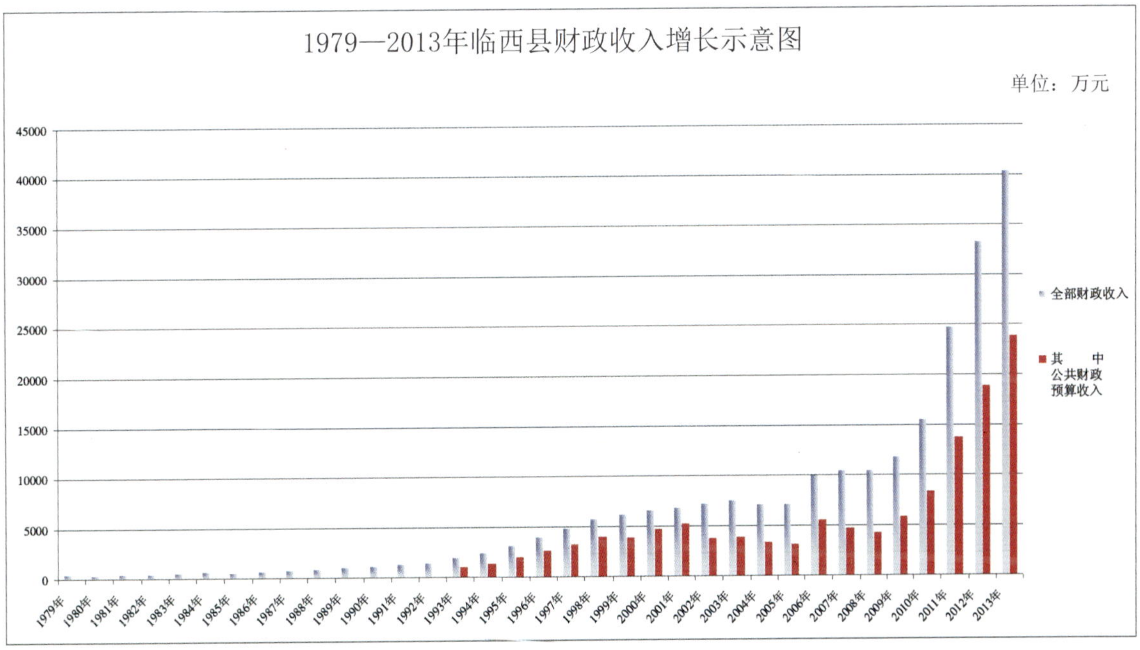

二、财政支出

1979 年，全县财政支出为 731 万元。1990 年财政支出 1438 万元，比 1979 年增加近一倍。2000 年财政支出为 6966 万元，是 1990 年的 4.8 倍。2008 年财政支出为 44336 万元，是 2000 年的 6.6 倍，是 1979 年的 61 倍。

1979—2004年临西县国民生产总值增长示意图

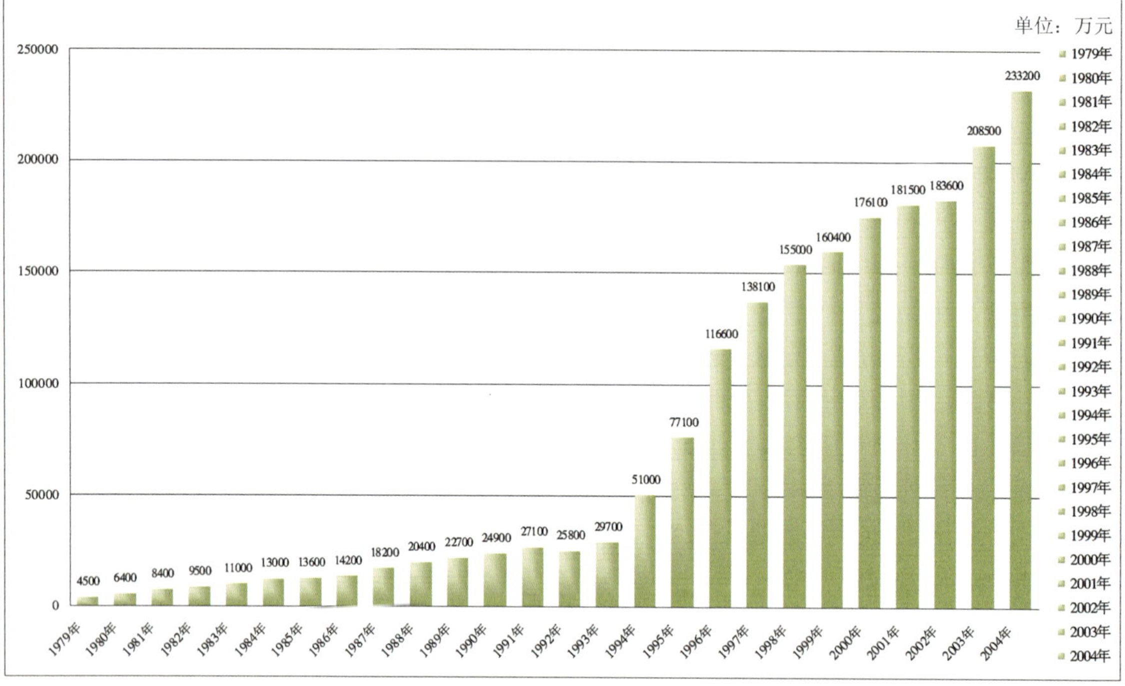

第三节　居民储蓄

随着经济的快速发展，人民生活水平不断提高，金融机构城乡居民储蓄余额增长较快，1979年末，全县金融机构城乡居民储蓄余额150万元，1990年增至7717万元，10年增长50多倍，年平均增幅为44 %。2000年为100624万元，1990年至2000年平均增长31 %。2008年城乡居民储蓄增至207652万元，比2000年增长107028万元，年平均增幅为8.9%，比1979年增长207502万元，年平均增幅29.1 %。

第四节　固定资产投资

改革开放以后，临西县始终重视投资对经济增长的拉动作用，不断加大固定资产投资力度，千方百计增上项目，为经济发展注入活力。特别是进入“十五”时期后，通过建设特色园区、实施全民创业、领导分包项目、绩效考核等一系列措施，以项目建设为抓手，不断增加投资总量，改善投资结构，实施大项目带动战略，固定资产投资稳步增长，有力地推动了临西经济社会发展。

一、投资规模

1979至1984年临西县全社会年度固定资产投资一直徘徊在100万元左右，1987年突破1000万元，进入九十年代后，随着招商引资力度不断加大，和各项社会事业的加快发展，固定资产投资快速增长，年度固定资产投资到1993年突破6000万元，1995年突破2亿元，之后基本以每年增长1亿多元的速度递增，2008年全社会固定资产投资实现19.6亿元，一年的固定资产投资额相当于1979年到1998年20年的投资总和。

二、投资结构

从投资主体看，改革开放后，随着国家关于民间投资政策的逐步落实和政府出台的一系列鼓励民间投资措施的逐步到位，非国有投资呈现出持续快速发展的良好态势，投资领域进一步扩大，比重不断提高，投资主体呈现多元化，打破了国有经济一统天下的局面，并且国有经济投资比重逐年下降，非国有经济投资逐年增长并逐步占据

了主导地位。

从产业结构看，第一产业投资总量有了很大提高，但比重降低，第二产业比重增长较快，并且总量增长了数百倍，第三产业总量和比重都有很大提高，显示了县域投资结构日趋优化。

从行业布局看，临西的工业实现了历史性跨跃，工业化进程不断加快，工业投资大踏步前进，形成了轴承、棉纺、建材、化工、制药、食品等六大工业门类，培育了鑫泰锻造、华春汽配、光扬轴承、隆润纺织、复临药业、银光化工等一大批骨干龙头企业，工业经济总量跃上新台阶，有力地推动了全县经济产业结构的调整和优化。同时，基础设施建设投资不断加大，农村电网改造、农村道路建设明显加快，乡镇和行政村公路通达率达100%。城镇建设全面发展，房地产开发业蓬勃发展，县城小区建设、道路建设、广场公园绿地建设、城市电网改造、供排水工程、垃圾处理厂、污水处理厂、集中供暖等项目陆续实施。道路交通建设投资不断加大，实现了“有铁路、有高速、村村通公路”，改善了城乡面貌和生产生活条件，提升了城市品位。

1979—2008 年临西县主要经济指标明细表

表 5-1

年度	人口（万人）	耕地面积（公顷）	国民生产总值（万元）				单位生产总值能源消耗（吨标煤/万元）	民营经济增加值（万元）	粮食总产量（吨）	棉花总产量（吨）	财政收入（万元）		财政支出（万元）	社会消费品零售总额（万元）	全社会固定资产投资（万元）	职工年平均工资（元）	农民人均纯收入（元）	城镇居民人均可支配收入（元）	实际利用外资（万美元）	城镇化率（%）	年末城乡居民储蓄存款余额（万元）
				一产（万元）	二产（万元）	三产（万元）						公共财政预算收入									
1979	23.2	38272	4500	2900	900	700	—	—	67950	1228	484	—	731	4185	128	561	54	—	—	—	150
1980	23.5	38273	6400	4100	1200	1100	—	—	74650	4100	432	—	507	4919	31	622	67	—	—	—	232
1981	23.9	38271	8400	4600	1600	2200	—	—	75110	3665	510	—	444	5516	26	653	89	—	—	—	250
1982	24.4	38268	9500	5300	1700	2500	—	—	80530	7572	529	—	497	5589	110	673	136	—	—	—	650
1983	24.7	38267	11000	6100	2100	2800	—	—	85480	11444	636	—	581	6338	87	760	276	—	—	—	901
1984	25.0	38259	13000	7000	2400	3600	—	—	95754	15984	697	—	656	6495	73	810	355	—	—	—	1443
1985	25.3	38265	13600	6900	3200	3500	—	—	95853	9809	676	—	767	6559	210	895	294	—	—	—	1757
1986	25.6	38250	14200	6800	3800	3600	—	—	101613	9126	730	—	874	7618	298	1055	334	—	—	—	2413
1987	25.9	38233	18200	10400	4100	3700	—	—	101913	13959	848	—	888	7135	1278	1157	409	—	—	—	2535
1988	26.2	38233	20400	12500	3800	4100	—	—	108361	13158	982	—	1138	7961	1294	1394	446	—	—	—	3862
1989	26.4	38224	22700	13300	4700	4700	—	—	112031	12033	1143	—	1191	7290	473	1695	480	—	—	—	5160
1990	28.6	38226	24900	14500	5400	5000	—	—	118546	13010	1286	—	1438	5068	267	1857	501	—	—	—	7717
1991	28.9	38218	27100	15400	6200	5500	—	—	118560	13679	1429	—	1586	13292	4365	1694	577	—	—	—	17969
1992	29.3	38198	25800	13100	6600	6100	—	—	94957	6548	1582	—	1727	12853	3791	1893	472	—	—	—	20044
1993	29.5	38194	29700	13400	9500	6800	—	—	121844	4015	2032	1075	2280	16358	6700	2182	500	—	—	—	22865
1994	29.7	38129	51000	20800	18400	11800	—	—	141339	7402	2544	1355	2635	19500	19381	3207	930	—	143	—	33387
1995	30.1	38109	77100	34700	27700	14700	—	—	170210	7550	3244	1985	3284	22055	23188	2537	1480	—	24	—	45194
1996	30.3	37937	116600	44000	48100	24500	—	—	206049	7878	4039	2621	4056	27890	35516	3345	1920	—	125	—	50683

续表

年度	人口（万人）	耕地面积（公顷）	国民生产总值（万元）				单位生产总值能源消耗（吨标煤/万元）	民营经济增加值（万元）	粮食总产量（吨）	棉花总产量（吨）	财政收入（万元）		财政支出（万元）	社会消费品零售总额（万元）	全社会固定资产投资（万元）	职工年平均工资（元）	农民人均纯收入（元）	城镇居民人均可支配收入（元）	实际利用外资（万美元）	城镇化率（%）	年末城乡居民储蓄存款余额（万元）
				一产（万元）	二产（万元）	三产（万元）						公共财政预算收入									
1997	30.5	37934	138100	50200	56600	31300	—	—	232263	10800	4881	3275	4560	36500	44147	4013	2269	—	201	—	68791
1998	30.7	37934	155000	53600	65700	35700	—	—	230199	11698	5840	4005	5720	41500	53091	4473	2450	—	121	—	86748
1999	30.9	37934	160400	53000	66600	40800	—	—	231600	9304	6268	3877	6117	46550	55341	5407	2476	—	167	—	96331
2000	31.4	37894	176100	51000	76600	48500	—	—	215000	11455	6635	4662	6966	51600	59300	5752	2578	—	311	—	100624
2001	31.6	37894	181500	51900	79200	50400	—	—	191177	14400	6844	5173	9242	57400	67680	6433	2668	—	152	—	115524
2002	32.3	34647	183600	50000	76000	57600	—	—	191177	14400	7280	3789	10821	64805	74019	7055	2760	—	114	—	109334
2003	32.8	34657	208500	54500	81100	72900	—	—	191200	12681	7651	3895	11613	71510	86410	9697	2912	—	241	—	120677
2004	33.1	39456	233200	64800	97100	71300	—	—	191210	14224	7161	3340	13905	81000	109000	8350	3218	—	311	—	133588
2005	33.1	39456	252041	71147	104270	76624	0.513	247739	221781	14956	7151	3127	17668	92000	130555	10517	3540	—	450	—	146756
2006	33.9	39335	287305	73683	122858	90764	0.572	228136	223354	19745	10058	5480	32912	95727	129864	11138	3760	—	660	28.28	155615
2007	34.7	39335	291900	69400	115900	106600	0.5592	229800	237516	15720	10516	4689	36447	111802	132180	13897	4030	—	691	28.91	172318
2008	35.6	39338	310730	73976	109423	127331	0.4952	263208	244803	16614	10520	4252	44336	130165	195864	18490	4360	9407	668	30.49	207652

注：财政收支为预算内收支。

第三章　经济结构

中共十一届三中全会以后，随着改革开放步伐的逐步加大，临西县的私营经济得到恢复和发展，逐渐形成了国有、集体和其他多种经济成分并存的所有制结构形式。

第一节　所有制结构

一、全民所有制

1979年，全县共有工业企业78家，工业总产值2950万元。其中，全民所有制工业企业19家，工业总产值1569万元，占全县工业总产值的61%。1991年全县有工业企业3104家，工业总产值31590万元，其中全民企业19家，年产值7706万元，占全县工业总产值的24%。到2008年，临西县共有规模以上工业企业30家，工业总产值932451万元，其中国有企业1家，年产值108308万元，占全县工业总产值的11.6%；国有经济所占比重大幅降低。

二、集体所有制

1979年，临西县共有集体所有制工业企业59家，总产值1380万元，占全县工业总产值的46.8%，其中县属集体企业10家，人民公社及街道工业49家。1991年，县办集体工业达到14家，乡镇办工业47家，村办工业92家，集体所有制工业总产值12570万元，占全县工业总产值的39.8%，企业数量有所增加，产值占比下降7个百分点。到2008年，全县规模以上集体企业3家，产值99964万元，占全县工业总产值的10.7%，企业个数和产值占比大幅度减少和降低。

三、民营经济

1979年时全县经济体制是公有制一统天下，没有私营民营企业。改革开放后，随着对民营经济的松绑和市场经济的建立，民营经济迅猛增长，到1991年全县个体工业企业达到2750家，总产值6041万元，占全县工业总产值的20%。到2008年，全县规模以上私营工业企业20家，年产值444837万元，企业个数、年产值分别占全县规模以上工业企业个数和工业总产值的71%和51%。私营经济从无到有，迅猛发展，已成长为县域经济的主力军。

四、外商投资企业

随着国家经济政策的改革和招商引资力度的加大，从90年代末和21世纪初，陆续有外资投资项目落户临西。到2008年，临西有规模以上中外合营企业2家，年产值56931万元，占全县工业总产值的6%，是县域经济发展的一支新生力量。

第二节　产业结构

1979年以后，临西历届县委、县政府始终坚持解放思想、改革开放、发挥优势、积极调整产业结构，在大力发展工业经济的同时，坚持打牢农业基础，大力培育第三产业，使三次产业结构不断合理优化。

1979年，全县国民生产总值4500万元，其中一、二、三产分别为2900万元、900万元和700万元，一、二、三产分别占比为64%、20%、16%，农业生产总值占了全县国民生产总值的绝大部分，工业、商贸服务业都很薄弱。到1991年，全县国民生产总值27100万元，其中一、二、三产分别为15400万元、6200万元和5500万元，占比分别为57%、23%、20%，二、三产占比有了明显增长。到2008年全县国民生产总值310730万元，其中一、二、三产分别为73976万元、109423万元和127331万元，占比分别为24%、35%、41%，经济的高速发展，尤其是二、三产业的发展带动了产业结构优化，三次产业增加值在宏观经济中的比例关系依次由1979年的“一、二、三”格局，调整到2008年的“三、二、一”格局。和1979年相比，第一产业的增加值比重下降了40个百分点，第二、三产业的增加值比重分别上升了15个百分点和25个百分点。第一产业在全县经济增长中的推动力逐步弱化，第二产业的主导地位更加稳固，第三产业正在成为国民经济新的重要的增长点。

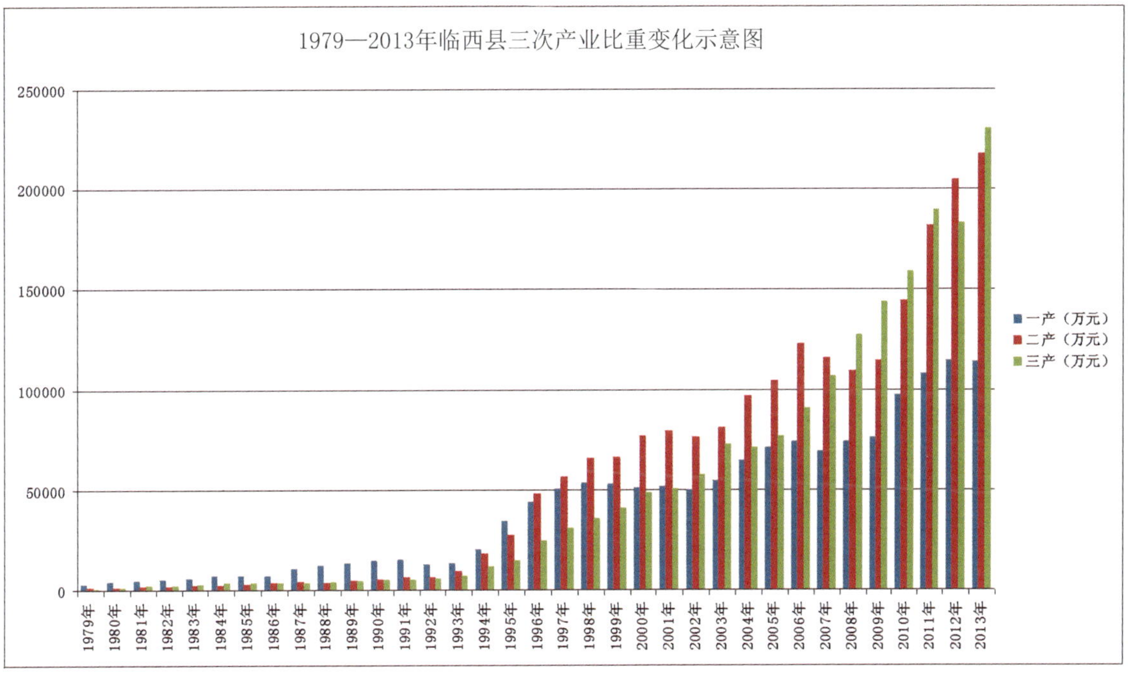

第四章　招商引资

第一节　招商政策

1999年5月，临西县委、县政府制定下发了《临西县内外开放实施细则》。2000年8月，为了进一步推进本县对外开放的力度，促进县域经济的发展，实现县委、县政府制定的“一年起步，两年跨越，三五年建成经济强县”的工作目标，县委、县政府联合制定下发了《关于进一步加大招商引资力度的决定》。该决定围绕对外开放，加大了宣传力度，明确了工作责任，强化了软环境建设，扩充了优惠条件，提高了奖励标准。2000年8月，随着京九铁路临西火车站的建成，县委、县政府决定成立“临西县火车站产业园区”，出台了《关于临西县火车站产业园区的投资优惠政策和管理规定》，建立了产业园区管理委员会，对引进人才、项目、资金制定了优惠政策，对园区建设进行了具体规定。同年，县委、县政府决定将紧邻山东省临清市的河西镇确定为本县对外开放示范镇，并将权力下放给河西镇政府，由镇政府具体实施和落实。2001年7月，结合本县在改革开放中县城、乡镇、村庄中科技工业园区的建设情况，为进一步拓展产业优势，县政府制定下发了《关于建设县科技园区的政策规定》，对进入园区的企业，在用地、设计、建设、管理等方面作出了具体的规定。2006年12月，为了推进项目建设，县委、县政府制定了《关于鼓励招商引资的八项规定》，实行了力度更大的激励办法。凡内外客商在临西投资兴建千万元以上生产性企业，县政府帮助办理名称核准、项目立项、规划选址、消防环评、工商注册、土地征用等各种手续；凡投资兴建生产加工型企业，若能在两年内固定资产投资达到3000—5000万元（或300—500万美元）者，投资者每投1000万元（或100万美元），县政府奖励企业80万元，用于支持企业技术改造和环保设施建设，扶持资金在投资完成验收后，由县财政一次性拨付；凡固定资产投资超过5000万元（或500万美元）的，可“一事一议”“一企一策”，给予更大的资金扶持；对新建成的固定资产投资超过1000万元、不足3000万元的“双高”（高新技术、高附加值）企业，三年内年平均纳税不低于500万元的，县政府一次性奖励400万元，如年均纳税额超过500万元，可酌情增加奖励。奖励资金第一个纳税年度后兑付，用于扶持企业发展。如后两年度没有完成约定的上缴税额，企业应无条件退回所得奖金；凡固定资产投资3000万元（或300万美元）以上的生产型项目，企业建成后，形成的县级财政所得部分原则上第1—2年100%返还企业，支持企业发展，第3—5年50%返还企业用于扩大再生产；凡固定资产投资在1000万元（或100万美元）以上的企业，自注册之日起到投产之日止，凡属县级地方征收的行政事业性收费一律免交；凡引荐国内外客商来我县直接投资或合股经营的，县政府按引进投资额的一定比例给予奖励，具体标准为：引进投资1000—3000万元的，按固定资产投资总额的2‰予以奖励；3000万元以上的，按3‰进行奖励。引荐者身份凭与投资单位签订的引荐协议为准，引荐的项目建成投产经验资、评估确认后，由县政府一次性给予奖励，奖金由县财政支付。由于上述办法的实施，进一步激发了全县广大干部群众参与招商引资的积极性，增强了对内外客商和投资人的吸引力，促进了招商引资工作的不断发展。

第二节 招商成果

1996年，临西县在原经济技术协作办公室基础上组建临西县招商局。承担全县的内外开放、招商引资、人才技术交流、合资合作和优惠政策的制定、执行及解释，并代表县政府对合资合作企业行使管理、协调、服务等职能。1998年始，先后设立临西县政府驻北京、上海、广州、石家庄等联络处及办事机构，依托大中城市及发达地区经济优势，发挥对外窗口作用，争取更多招商合作机会。同时，利用本县在外经商人员多、分布广的优势，在全国各地进行广泛联系，建立商会性质的招商网络，并覆盖全国。为加快开放创造良好的投资环境，先后出台了《临西县内外开放实施细则》《临西县关于进一步加大招商引资力度的决定》《临西县关于建设县科技工业园区的政策规定》《临西县火车站产业园区的投资优惠政策和管理规定》《将河西镇确定为对外开放示范镇的决定》《关于鼓励招商引资的八项规定》等一系列政策规定，为临西县的开放招商工作，奠定了坚

澳大利亚考察团来河北银光化工有限公司考察（2010年摄）

东留善固工业园区招商签约仪式（2011年摄）

实基础。同时，采用“走出去，请进来”的方式，开展系列招商活动：组团参加东北亚暨环渤海国际商务节暨（5·18）国际商务节、中国（厦门）投资贸易洽谈会、邢台市（北京）经济文化合作交流活动周、邢台市苏浙沪招商活动、2002 年河北省（河内）经济贸易洽谈会、河北省（香港）投资洽谈会等国内外的经贸洽谈活动，同时还自主举办各种形式的招商引资活动，编辑《临西县招商引资文件汇编》《临西县招商项目汇编》《临西县籍在外工作人员联络手册》，建立了“项目库、人才库、招商引资资料档案”等。通过不懈努力，先后有 20 多个国家和地区的 500 多名客商来临西考察、洽谈投资项目，并先后建成邢台信临果蔬脆片有限公司、邢台航天轴承有限公司、河北贝林轴承制造有限公司等七家中外合资项目和临西“中国轴承大世界”、上海复星临西药业有限公司、河北隆润纺织有限公司、河北金牛能源有限公司临西水泥厂、山东银光集团临西氮肥有限公司等十余家引进内资项目，累计引进外资 1736 万美元，引进国内县外资金 26 亿元人民币。

第六编 农业

临西县是国家粮食、优质棉生产基地县，农业在全县经济中占有重要位置。改革开放30年来，县委、县政府认真贯彻落实中央各项方针、政策，特别是在农村全面实行农业承包责任制，极大地激发了农民的生产积极性，加之不断增加农业投入和强化农业基础建设，稳步推进农业产业结构调整，不断提高农业科学技术水平，促进了农业生产得以持续、稳定、协调、快速发展。2008年，全县粮食总产244803吨，棉花总产16614吨，分别比1979年增产168179吨和15370吨；林业产值1004万元，畜牧业产值43552万元，分别比1979年增加729.1万元和42762.1万元；农业机械总动力541917千瓦，比1979年增加481725.7千瓦。

第一章 农业区划与开发

第一节 农业区划

1983年3月，成立临西县区划办公室，为科级单位。当年4月，按照省、市统一部署，抽调农口各局主管领导和技术人员180余人，按照专业对口的原则，设土地、水利、气候、种植业、林业、畜牧水产、乡镇企业、农机、村镇建设和综合农业区划等13个专业组，对全县15个乡镇全面开展农业资源调查和农业区划工作，1985年5月结束，根据调查成果编写了《临西综合农业区划》。1996年8月，区划办公室并入农业局，为股级单位，对外仍称临西县农业区划办公室。

依据“自然资源和社会经济条件的相似性，农业生产基本特点和发展方向的一致性，建设途径和关键措施的共同性，保持村界和适当照顾乡界的完整性”的原则，采取三段命名法（地理位置、地貌类型、主导生产部门），临西县划分为五个农业区。

一、东部沿河粮棉油果区

位于县城东部卫河沿岸，包括东枣园、河西、单屯、黎博寨、尖冢5个乡镇（工作站）的大部分村庄，共52个村，农业人口5.7万人，占全县农业人口的19.7%。总面积为78.3平方公里（折合11.8万亩），其中耕地7.3万亩，占全县耕地的12.7%。人均耕地1.28亩，比全县人均耕地1.98亩少0.7亩，是临西县耕地最少的区域。但地表水资源条件较好，是粮棉油果稳产高产综合发展区。土壤质地以沙壤为主，堤坡渠道较多，果园面积最大，是以苹果为主的果品生产基地。充足的粮食、大量的秸秆，草丰林茂，为畜禽养殖提供了丰富的饲料、饲草资源，适合喂养牛、羊、猪、兔、鸡等家禽。编织、木器加工等工副业有着悠久历史，也是临西县的蔬菜生产区。

二、西北堤上棉粮油果区

位于县境西北部，包括姚楼工作站全部和临西镇、吕寨乡、下堡寺镇、摇鞍镇乡等4个乡镇（工作站）的部分村庄，共71个村。农业人口7.6万人，占全县农业人口的26.2%。总面积146.8平方公里（折合22.02万亩），其中耕地15.5万亩，占全县总耕地的27%。人均耕地2.04亩，居全县平均水平。为井灌区，水浇地面积11.7万亩，占区内耕地的75.8%。此区地势干燥，土质以轻壤为主，排水、通透性好，适种性广，因而棉粮面积最大，产量较高，在全县5个区中居第二位。果林面积仅次于一区，是全县粮棉油果重点产区。充足的粮食、大量的秸秆，为发展猪、鸡生产与养牛业提供了充足的饲草、饲料。

三、东北洼地粮食产区

位于县境东北部，包括水波工作站以及东枣园乡的西北部和吕寨乡东北部的部分村庄，共计53个村。农业人口4.8万人，占全县人口的16.5%。总面积87平方公里（折合13.05万亩），其中耕地9.2万亩，占全县总耕地的16%。人均耕地1.92亩，居全县中等。是县内的低洼沥涝区，经济基础差，生产水平低，土壤较为黏重，作物种植以粮为主。近年，涝灾解除，旱象上升。

小麦丰收

该区井、河双灌，水浇地达70.7%，是粮食主要产区。小麦单产在400-500公斤以上，秋季以玉米、大豆为主。适应发展猪、鸡、牛、羊等养殖。

四、西南堤上粮食产区

包括白地工作站、樊村工作站、尖冢镇西部堤上部分及摇鞍镇乡绝大部分和下堡寺镇南部少数村庄，共69个村庄。农业人口6.0万人，占全县农业人口的20.7%。总面积112.3平方公里（折合16.845万亩），其中耕地12.7万亩，占全县耕地面积的22.2%。人均耕地2.21亩，高于全县平均水平。但生产条件差，经济收入低，适种粮食作物，小麦、玉米单产都在500公斤左右。

五、中部棉粮果牧区

位于县城东部，包括大刘庄乡以及临西镇堤下部分，吕寨乡邢临公路南侧和樊村工作站的东半部，黎博寨工作站、单屯工作站的北部，河西镇西南部，共54个村庄。农业人口4.9万人，占全县农业人口的16.7%。总面积115.6平方公里（折合17.34万亩），其中耕地12.7万亩，占全县总耕地的22.1%。人均耕地2.6亩，是全县人均占有耕地最多区域，但生产条件最差，经济基础单薄。近年来，河灌和深井发挥了较大的作用，粮棉产量逐年增加，小麦单产在500公斤左右，籽棉在250公斤左右。

第二节 农业开发

1989年，成立县农业开发办公室。下设综合服务股、外资股、内资股3个职能股室。2002年，改外资股为多经股。2008年，下设综合服务股、多经股、内资股。主要开展的农业开发项目有：

一、中低产田改造项目

1989年至2008年，全县改造中低产田27.15万亩，总计投资5083.28万元，其中中央拨款1790万元、省配套资金632.5万元、市配套资金410.20万元，县配套资金554.60万元、银行贷款373.30万元、群众自筹资金1322.68万元。完成的主要工程有：建设桥涵506座、新打机井1231眼、维修机井217眼、安装变压器90台、架设低压电线11.79万米、安装地下防渗管道57.56万米、修整田间道路725.6公里、植树90.55万株、购农机具2329台。

二、利用世界银行贷款开发的农业项目

1990年至2008年，利用世界银行贷款，在全县范围内进行农业项目开发工作。总计完成投资2438.4万元，其中世界银行贷款1056.55万元、省配套资金236.17万元、市配套资金9.58万元、县配套资金1.23万元、项目自筹资金1134.87万

棉田如海

元。主要建设项目：①水利，建节制闸6座、维修闸5座、建扬水站20座、建生产桥18座、打机井216眼；②农业，改造良种场1处、棉花加工厂1处、改建县农技服务中心1处、新建乡镇农技服务中心2处；③畜牧，在全县扶持养殖专业户208户。

1989——2008年临西县农业开发土地治理项目主要工程量一览表

表6-1

期别	桥涵（座）	新打井（眼）	维修井（眼）	变压器（台）	低压线路（万米）	防渗管道（万米）	农机具（台）	修路（公里）	植树（万株）	新增折粮（万公斤）	新增粮食（万公斤）	新增棉花（万公斤）	新增油料（万公斤）	新增产值（万元）	人均增收（元）
一期	66	46	55			2.12	75	30	10.05	227.2	136.8	11.3		205	
二期	22	71	48	12	0.68	2.22	131	60	5						
	15	120	40			4	151	50	5	1704.6	723.5	22.65	4.5	1168.8	169.6
	27	145	32			1.35	112	40	5						
三期	58	5	25			2.5	110	38	4						
	116	104	2	8	0.51	3.76	470	105	11.5	1641.8	1440.2	25.2	105	2462.7	
	80	65	1	2		4.48	252	76.6	8.8						
四期	25	142	4	7	1.25	6.1	372	80	10.5						
	12	71		4	1.95	4.8	371	50	7	1329	1162.6	20.8	93	2278	222
	15	50		6		3			3						
五期	13	88		4	1	2.5	252	55	5						
	10	44	3	5	1	3	4	30	3.5		660	19	33	899	206
	18	52	2	7	1	7.92	27	55	4						
六期	9	64	2	15	1.5	1.5		20	2.5						
	3	28		5	0.5	2.5	2	15	2		234.9	24.33		607.2	274
	9	84	2	11	2.1	3.81		15	2.5						
七期	8	52	1	4	0.3	2		6	1.2						
合计	506	1231	217	90	11.79	57.56	2329	725.6	90.55						

1989——2008年农业开发土地治理项目规模资金表

表6-2　　单位：万元

期别	规模（万亩）	总投资	市以上拨款			中央拨款	省配套	市配套	县配套	贷款	自筹	项目地点（乡、镇）
			小计	有偿	无偿							
一期	2	195.5	90.2	45.1	45.1	64.4	12.9	12.9	38.6	31.8	34.9	老官寨、吕寨、大刘
二期	1.5	194.98	76.3	38.15	38.15	60.5	8.6	7.2	35.6	30.2	52.58	吕寨、临西镇
	1.5	175.0	75.9	37.95	37.95	59.5	6.4	9.6	36	30.2	33.3	摇鞍镇、白地
	1.5	174.3	75.6	37.8	37.8	60.2	7	8.4	35.7	30.1	32.9	尖冢、樊村

续表

期别	规模（万亩）	总投资	市以上拨款			中央拨款	省配套	市配套	县配套	贷款	自筹	项目地点（乡、镇）
			小计	有偿	无偿							
三期	1	144	88	38.8	49.2	51.4	20.6	16	17	19	20	下堡寺
	3.05	477.5	277.1	117.8	159.3	163	64	50.1	53.4	35	112	下堡寺
	2.3	349	211	89.7	121.3	124	52	35	38	33	67	下堡寺、临西镇
四期	2.8	528	264	109	155	156	63	45	47	59	158	临西镇、老官寨
	1.7	402	195	72	123	118	43	34	36	34	117	老官寨
	3.8	569	322	132	190	190	74	58	57		190	下堡寺、临西镇
五期	1.5	370	178	56.5	121.5	108	41	29	33	51	108	东枣园
	1	300	178	26	152	105	41	32	32		90	老官寨、水波
	1.32	369	234	35	199	150	59	25	61		74	黎博寨、东枣园
六期	0.7	286	192	19	173	126	40	23	34		63	姚楼、东枣园
	0.5	156	106		106	71	28	7			50	水波
	0.65	249	170		170	113	46	11			79	黎博寨、东枣园
七期	0.33	144	103		103	70	26	7			41	黎博寨
合计	27.15	5083.28	2836.1	854.8	1981.3	1790	632.5	410.2	554.6	373.3	1322.68	

第二章 农机农具

第一节 传统农具

传统农具分木制、竹制、荆制、铁制、石制及铁木、石木、荆木混制等种类，1980年前在农村仍被广泛使用。随着农业机械化程度的不断提高，到2008年，传统农机具已基本淘汰，部分农具虽有遗存，但已改作他用，失去了农具的作用。

耕整农具：镢头、镐、铁锨、木犁、铁犁、双铧犁、平耙、雁耙、耢等。

播种农具：耧、砘子、楼钓等。

管理农具：大锄、二锄、勺子、耘锄、扒锄等。

收获工具：三齿、板镢、镰刀、花柴钳、削谷刀。

打轧农具：石磙、刮板、木锨、杈、搂筢、簸箕等。

运输工具：铁轮大车、胶轮大车、地拉车、小推车、单脚、太平车、扁担、筐、挎篮、篓子、箩头等。

灌溉农具：水桶、木筲、辘轳、手摇水车、三轮水车、五轮水车等。

饲养农具：铡刀、石槽、木槽、捞缸、筛子、扫帚等。

加工农具：石磨、石碾、风车、木油榨、轧花车、弹花弓等。

第二节 农业机械

一、农机总动力

1979年以后，农村土地承包责任制调动了农民的生产积极性，农民收入逐年提高，购置各种动力机具不断增多，农机总动力不断增加。1979年，全县农机总动力是6.01万千瓦，1990年是15.59万千瓦，2000年增加到44.87万千瓦，2008年，达到54.57万千瓦。

1、**拖拉机** 1979年后，由于土地的分户经营，地块比较零散，不适宜大中型拖拉机田间作业，小型拖拉机得以迅速发展。全县大中型拖拉机拥有量：1979—1985年拥有200—270台，1986—1998年下降并维持在150台左右。1999年以后，随着承包地块由小向大调整和农村外出务工人员的增多，以及土地的合理流转，大中型拖拉机又有所发展，1999年是225台，到2008年增加到397台；小型拖拉机，1979年全县有330台，1989年达到1815台，1999年发展到5888台，到2008年增加到6810台。

2、**柴油机** 由于土地的分户经营，柴油机逐年增多，并存有重复购置一井多机的问题。全县柴油机拥有量：1979年是3017台，1989年增加到6763台，1999年发展到16958台，到2008年达到17041台。

3、**电动机** 1979年以后逐年增加，也存在着重复购置和一井多机的问题。全县电动机拥有量：1979年是2579台，1989年增加到6440台，1999年发展到14040台，2008年是13714台。

二、耕作机具

1、**耕整机具** 1979年以后，耕整机具逐年增加，1997年前，主要是小型拖拉机的机引犁耙。之后，随着大中型拖拉机的增多，大中型机引耕具得到发展，主要推广了旋耕机和秸秆还田机。1997年，全县有机引犁146部，旋耕机3台，秸秆还田机6台；到2008年，机引犁达到347部，旋耕机39台，秸秆还田机115台。全县农田机耕面积：1979年是39万亩；1989年是48万亩；1996年以后，全部实现了机耕。

2、**播种机具** 1979年，农业生产还是以生产队为单位集体进行，机播面积9.2万亩。1980后，随着农业生产责任制的推广，以农户为单位进行生产活动，农机具使用率大幅下降，1984年机播面积降到4080亩，绝大部分是人畜用耧播种。1990年以后，各类拖拉机数量增多，播种机也在增加。1990年，全县有播种机11部，1999年增加到27部，2008年达到357部。机播面积：1990年是6.9万亩；1999年是40.5万亩；2008年达到80.7万亩。

三、收获机具

1969年，始用收获机具，其中小麦脱粒机较为普遍。1980年后，小型割晒机得以推行，1985年后迅速增加。90年代初期，小麦大型联合收割机逐年增多，脱粒机、割晒机逐步淘汰。

1、**脱粒机** 1969年，有脱粒机63台，1975年增加到818台，到1984年减少到454台。1990年，有脱粒机637台。2008年，有脱粒机1711台。

2、**小麦联合收割机** 1975年，全县有收割机2台。1984年，达到21台，机械收获面积为3000亩。1990年，拥有收割机37台，机械收获面积3.14万亩。2008年，达到294台，收割面积29万亩。

3、**玉米联合收割机** 2005年以前以人工收获为主。2006年，首次推广5台大型玉米联合收割机（三台背负式、两台自走式），经济效益良好。2008年达到20台，另有玉米专用收割机11台。

四、运输工具

90年代初期，出现了以柴油机为动力的农用三轮、四轮车，因车型比较符合农村现状，得以迅猛发展。1990年，全县保有量106台。2000年，达到6961台。2008年，全县拥有农用机动运输车辆12234台。

第三节 管理机构

一、县级机构

1965年5月，成立农业机械化管理局（简称农机局），下设办公室、机务组、排灌组，局属企事业单位有拖拉机站、农机修造厂、农机供应公司、农机化研究所、农机培训班。1984年4月，农机局与农机供应公司合并，更名为农机服务公司，撤销国营拖拉机站、农机研究所、农机培训班，公司内设办公室、经营管理股（含农机安全监理站、农机培训班，保留两个牌子）、技术管理股、油料管理股，所属企业单位有农机修造厂。1986年1月，恢复农机安全监理站、农机化研究所、农机培训班。1987年，国有企业实行承包，恢复农机供应公司，撤销经营管理股。1990年，农机服务公司内设办公室、农机安全监理站、技术管理股、油料管理股、农机培训学校、农机化研究所，所属企业单位有农机修造厂、农机供应公司。1996年10月，恢复农机局，内设人秘股、管理股，直属事业单位有农机监理站、农机技术推广站，所属企业有农机供应公司、农业机械厂，撤销农机培训学校，培训职能并入农机监理站。2002年，农机局与农业局合并，办公地点迁至县城运河西路北侧，直属事业单位有农机安全监督管理站、农业机械化技术推广站。

（1）**农机安全监督管理站** 1984年建立，主要管理拖拉机及其配套农具。1998年，根据省政府44号文件精神，农用三轮、四轮运输车管理权正式划归农机监理。2005年，根据《道路交通安全法》，农用三轮、四轮运输车管理权划归公安交警，农机监理负责拖拉机的牌照及安全监督。

（2）**农机技术推广站** 由农机化研究所更名而来。开展的主要工作有，①试验示范机具：双圆盘开沟机、小麦穴播机、深松机。②引进改制成功机具：谷物播种机。③研制成功机具：多用独腿耧。④引进推广机具：小麦联合收割机、小麦精密播种机、小麦免耕覆盖播种机、还田机、旋耕机、节水施肥铺膜播种机、玉米联合收割机等。

二、乡镇级机构

1975年，全县15个公社全部建有农机管理站，各公社配有农机管理站专职副站长。1984年，设专职农机管理员，负责公社范围内的农机管理工作。1996年，机构改革时，设农业综合服务站，含农机员1－2名。2006年至2008年，各乡镇、工作站农机管理人员范围无变化。

三、农机队伍

随着农机具的增加，通过以师带徒和国家分配，农机队伍逐年扩大。1990年，达到5714人。2008年，农机队伍达到11600人。

第四节 农机管理服务

一、农机管理

农机管理经历了国营、集体、个体和联户三种形式：

（一）国营

1983年以前，拖拉机和其它大型农业机械、机具全部由县拖拉机站经营，有大中型拖拉机26台，机引农具58部，在全县范围内调配作业。1984年，拖拉机站撤销。

（二）集体经营

1980年以前，全县15个公社均建有农机站，每站有大中型拖拉机2－11台，由各公社组织调配作业。1980年后，大多数转入社会运输业务。1984年底，尚有4个农机站经营大中型拖拉机28台。后农机站改为乡镇农机修造厂，逐渐由个人承包或联户经营。

（三）个体和联户经营

1980年始，个体和联户购置拖拉机和其它机具，其后发展迅速。1984年，全县个体、联合拖拉机拥有量为367台，其中大中型拖拉机31台、小型拖拉机336台。1990年，达到2417台，其中大中型拖拉机96台、小型拖拉机2321台。2006年，达到7147台，其中大中型拖拉机348台、小

型拖拉机6799台。个体、联户购置的农机具农闲运输、农忙耕作，农田作业价格由经营户根据当地行情自定。

二、农机服务企业

（一）农机公司

1979年，由河西镇迁至县城环城北路北侧。1986年以前，国家政策扶持，企业以微利经营为主。1987年实行承包，经济效益明显，到1994年，累计上缴利润16.9万元，超额5.6万元，完成承包基数11.25万元的承包任务 。1994年后，因市场、资金等原因，企业效益逐年下滑。2003年企业改制，职工身份全部置换，国有资产整体拍卖。

（二）农业机械厂

1972年，建农机修造厂。1985年，设立第一汽车修理厂。1987年实行承包，研制矿山防爆器材。1992年，下设汽车维修车间、汽车配件公司。1996年，更名为农业机械厂。建厂以来，主要生产东方红40拖拉机发动机缸体、谷物播种机、榨油机、单铧深耕犁、小麦精密播种机等。2003年企业改制，职工身份全部置换，国有资产整体拍卖。

1979—2008年临西县农机发展统计表

表6–3

年度	总动力（千瓦）	拖拉机		柴油机（台）	电动机（台）	大中型拖拉机引具（部）				小型拖拉机引具（台）	脱粒机（台）	机耕面积（亩）	机播面积（亩）
		大中型	小型			机具引具总数	犁	耙	播种机				
1979	60150	189	330	3017	2579	296	150	11	38	358	994	390138	92126
1980	66029	242	339	2934	2954	354	184	8	48	362	1040	375047	58200
1981	66754	270	321	3075	3291	382	189	10	46	344	856	277100	66000
1982	75681	267	303	3141	3624	385	185	8	49	302	730	196800	40200
1983	83526	226	303	3521	3280	276	132	39	9	198	433	298213	21971
1984	96167	203	528	4564	4556	151	110	24	8	292	454	244262	4080
1985	98236	207	747	5219	4763	152	125	27	6	419	568	244889	6095
1986	122609	185	957	3682	5344	105	93	11	4	902	569	305331	10285
1987	121301	168	1242	5667	5916	122	969	23	3	971	570	194688	33812
1988	119480	166	1546	5976	6417	97	78	18	4	1320	668	211100	32300
1989	133837	158	1815	6763	6440	100	85	10	5	1460	658	481100	60000
1990	155893	146	2326	7135	4446	169	117	51	11	2726	637	315300	69400
1991	160249	145	2421	7492	4622	184	132	63	18	3144	635	369964	71609
1992	163119	145	2550	7700	4825	230	145	84	25	3485	1000	370500	70500
1993	179982	145	2892	8404	5056	201	55	145	27	3496	1977	370500	139995
1994	200540	145	3245	9333	5894	249	44		30	3945	2474	370500	90000
1995	268006	145	3722	12067	9548	329	145	60	31	6117	1572	414435	111975
1996	305085	146	3901	14114	10168	318	145		31	6082	1573	546000	198000
1997	349834	147	4299	15757	11273	324	146		32	6995	1981	547500	229500

续表

年度	总动力（千瓦）	拖拉机		柴油机（台）	电动机（台）	大中型拖拉机引具（部）				小型拖拉机引具（台）	脱粒机（台）	机耕面积（亩）	机播面积（亩）
		大中型	小型			机具引具总数	犁	耙	播种机				
1998	398775	188	5394	16593	12949	346	147	6	27	7746	2093	547500	300000
1999	428716	225	5888	16958	14040	452	156		27	8280	2128	547500	405000
2000	448682	248	6050	17071	14178	569	231		83	8769	2129	530000	421995
2001	485105	254	6636	17072	14351	523	243		141	9895	1761	533850	465900
2002	496365	287	6797	17063	13488	587	274		215	9131	1761	533850	492285
2003	505919	294	6798	17031	13607	620	286		268	9269	1662	492045	578055
2004	525925	298	6798	17031	13607	644	295		293	9834	1662	509445	709830
2005	534000	318	6798	17031	13607	666	303		318	10154	1667	509445	678690
2006	538500	348	6799	17033	13608	716	344		348	10173	1691	519855	732345
2007	544700	383	6807	17035	13609	741	346		352	10202	1711	519855	744630
2008	545724	397	6810	17041	13714	743	347		357	10472	1711	523500	807000

第三章 种植业

第一节 管理机构

1977年11月13日，农林分设，成立临西县农业局。

1982年，在原种场建设良棉厂。

农业技术咨询活动（2008年摄）

1983年，畜牧股并入农业局，下设办公室、农业技术推广中心站、农业经营管理股、畜牧兽医股、种子公司、原种场。

1985年底，畜牧兽医股划出，成立畜牧水产局。

1987年2月，土地管理股划出，成立土地管理局。

2002年7月，林业局、农机局并入农业局，林业局对外保留牌子。

2003年10月，县新能源办公室由县经贸局划归农业局。

2005年，畜牧局并入农业局，对外称畜牧办公室。

2006年，农业局内设办公室、技术站、土肥站、植保站、农经股、区划办公室、新能源办公室、科教股、农业广播学校、农业执法大队，共有51人，其中高级农艺师10名、农艺师9名、助理农艺师15名。

第二节　农业劳动力

农业劳动力是指男18~60岁、女18~55岁的有劳动能力的人。

1979年，全县总人口为231675人，其中农业人口221581人，占总人口的95.6%，劳动力人口为84018人，占全部农业人口的37.9%；1989年，全县总人口264192人，其中农业人口248514人，占总人口的95%，劳动力人口为95918人，占全部农业人口的38.6%；1999年，全县总人口309091人，其中农业人口286829人，占总人口的92.8%，劳动力人口为123968人，占全部农业人口的43.2%；2008年，全县人口总数为356393人，其中劳动力人口142577人，占全县总人口的40%。

1978年以前，全县农村劳动力基本以种地为主，之后，随着商品经济的发展，部分劳动力半商半农或弃农经商。从事种植业的劳动力，占劳动力总数的比例越来越少，1984年占81.3%，1988年占84.5%，1998年占55%，到2008年占44.2%。特别是2000年以后，由于农业机械化水平提高，农村剩余劳动力增多，部分农民长年外出打工，到2008年，全县外出打工者达12522人，成为农民增加收入的重要来源。

1979—2008年临西农村劳动力情况统计表

表6–4　　单位：人

年度	劳动力	男劳力	女劳力
1979	84018	46825	37193
1980	84335	47246	37089
1981	87109	48785	38324
1982	90136	50414	39722
1983	91989	51410	40579
1984	94897	52910	41987
1985	95570	52963	42607
1986	95550	53117	42433
1987	96487	53778	42709
1988	95799	53024	42775
1989	95918	52834	43084
1990	100725	55139	45586
1991	106082	58223	47759
1992	113158	61641	51517
1993	116206	61762	54444
1994	118359	61313	57046
1995	120794	62107	58687
1996	121480	62205	59275
1997	122104	62444	59660

续表

年度	劳动力	男劳力	女劳力
1998	123163	62814	60349
1999	123968	63488	60480
2000	129710	66581	63129
2001	131050	67130	63920
2002	132222	68000	64222
2003	133288	68612	64676
2004	135100	69913	65187
2005	136344	70354	65990
2006	137502	70381	67121
2007	139260	70699	68561
2008	142577	72951	69626

第三节 耕地

随着社会的发展，城市用地、道路用地、河渠占地、工业用地、农村扩建用地逐年增加，耕地面积逐年退减。县委、县政府加强了各方面的用地管理，规范了用地审批程序，并开展了废旧窑场地的复耕工作，使土地面积的递减有所缓解。随着新农村建设政策的出台，农村住宅建设向楼房化、多功能化发展，土地的保护、利用出现了良好的势头。粮食产量的大幅增产弥补了耕地减少和人口增多的矛盾。

1979—2008年临西县农村耕地面积统计表

表6–5　　单位：亩

项目 年度	耕地面积	水浇地	旱地
1979	574083	415786	158297
1980	574071	421340	152731
1981	574071	421340	152731
1982	574017	415201	158816
1983	574010	409173	164837
1984	573891	417052	156839
1985	573891	417052	156839
1986	573746	425897	147741
1987	573638	431255	142247
1988	573502	431255	142247

续表

年度＼项目	耕地面积	水浇地	旱地
1989	573367	438000	135367
1990	573367	438000	135367
1991	573367	418000	155276
1992	572970	428070	144900
1994	591840	518400	80000
1995	591840	518400	80000
1996	591840	518400	80000
1997	591840	528400	70000
1998	591840	528400	70000
1999	591840	528400	70000
2000	591840	538400	60000
2001	591840	538400	60000
2002	591840	538400	60000
2003	590025	540025	50000
2004	590025	540025	50000
2005	590025	540025	50000
2006	590025	540025	50000
2007	590025	540025	50000
2008	590025	540025	50000

第四节　农作物

临西县农作物主要有小麦、玉米、谷子、大豆、高粱、红薯、小杂粮、棉花、芝麻、花生、蔬菜、瓜果等类。随着农田水利基本建设的发展和农业技术水平的提高，粮食作物逐步转为以小麦、玉米、大豆为主，其次为谷子、红薯。

一、主要农作物

（一）粮食作物

小麦　秋种夏收，为临西县主要粮食作物。1979年以来，随着优良品种和先进管理技术的推广普及，小麦生产水平逐步提高。小麦单产：1979年106.8公斤，1985年突破200公斤，1995年突破300公斤，1997年达到400公斤，2000年以后，面积稳定在30万亩左右，平均单产在370公斤左右。

玉米　玉米俗称“棒子”，是临西县仅次于小麦的第二大粮食作物，为秋粮之首，但种植面积始终不稳定。1978年后，面积稳定在15万亩以上，总产连年递增。1985—1994年，由于夏播棉面积的扩大，玉米面积减少，保持在7—9万亩左右。1994年后，由于夏播棉面积的减少，玉米面积又有所回升。2008年，达到24.7万亩，平均单产479公斤，高产能达600公斤以上。

谷子 在种植面积上次于玉米，是占第三位的主要粮食作物。1979年以后，由于优良高产品种的推广，播种面积逐渐扩大，年播种4–8万亩。1998—2000年，稳定在10万亩左右。2001年以后，受经济效益的影响，播种面积锐减。2008年，降到3.288万亩，亩产286公斤，仅满足于农民自种自用的水平。

高粱 1979年后，种植面积逐年减少。1991—1999年，保持在千亩左右。2001年降到30亩，主要用于牲畜饲料。2002年后，在田埂、地头偶有点种，不再统计，但其价格高于其他粮食。

大豆 1979年，种植大豆2万亩。之后，由于效益较高，面积逐渐扩大。1989年，播种7.2万亩，亩产110.8公斤，总产806万公斤。此后，受质优价廉的外来大豆的冲击，面积逐年减少。2006年，降到1.4万亩。2008年，只有6360亩。

红薯 1979—1980年在3万亩左右；1981—2000年在万亩左右；2001年后降到万亩以下；2007年只有550亩。进入21世纪以来，红薯成为城乡调剂生活的食品，其品种改良后收成较好，其价格直追成品粮。

（二）经济作物

棉花 1978年后，棉花种植面积逐年扩大，产量逐年提高。植棉面积1979年9万亩，1982年，全县播种棉花16万亩，亩产皮棉13.8公斤。1984年增加到18.53万亩，亩产皮棉由13.8公斤增加到86.26公斤，总产达1598.36万公斤。1983年、1984年，全县棉花大丰收。1985年，出现“卖棉难”。其后两年，播种面积减少。而后，随着棉麦间作技术的推广，夏播棉面积逐年增加，棉花播种面积开始回升。1990年播种24.38万亩，亩产皮棉53.36公斤，总产1301万公斤。1992—1996年，由于棉铃虫严重发生，面积减少。1993年，降到10万亩，单产降至百斤以下。1997年后，随着抗虫棉的示范推广，面积和产量逐年增加。2004年，达到27.2万亩。2008年，种植21.4万亩，单产皮棉78公斤。2005年以来，由于皮棉价格的不断攀升及抗虫棉的推广，姚楼工作站、下堡寺镇的部分村庄，弃粮种棉，在管理上总结出一系列的经验，年年都有好收成。

油料 ①花生，花生是临西县的主要油料作物。1979年种植花生1131亩，亩产13.3公斤。以后种植面积逐年回升，2003年达到2.7万亩。以后几年受种植效益低的影响，种植面积又有所下降。2008年1.335万亩，单产23.4公斤。②芝麻，适应性强，但产量低，很少大面积种植，多采用间作或棉田缺苗时点种。1980年种植面积1623亩，1985年播种6150亩，亩产42.1公斤，总产25.9万公斤，为临西县历史最高年份，以后逐年下降。2001年后，降到千亩以下。2007年350亩，单产129公斤。③油菜，一般在沟边地头零星种植。

蔬菜 主要有白菜、菠菜、大葱、大蒜、辣椒、韭菜、香菜、花椰菜、洋葱（葱头）、冬瓜、南瓜、萝卜、大头菜、豆角、黄瓜、西红柿、西葫芦等。1979年后，临西县商品菜格局基本形成。临西镇的龙旺、陈庄、河西镇的邢庄、老官寨乡的杨楼、东枣园乡的陈窑等村成为当时临西县主要产菜区，面积在1–2万亩之间。蔬菜种植由露地栽培逐步向保护地栽培转变。1985年，保护地栽培占蔬菜总面积的38.9%，亩产2360公斤，但仍不能满足群众的需求，仍有外来蔬菜补充市场。2000年以后，由于棉花种植面积的扩大，种菜面积减至1–1.5万亩，而且专业村减少，农户种菜多为自种自用，蔬菜市场上货源主要来自外地。2008年，种植蔬菜1.2万亩，总产2.86万吨。

县领导调研蔬菜生产

瓜果　主要有西瓜、面瓜、甜瓜等。多数年份在1000-2000亩之间。1983年后，种植面积逐渐扩大。2002年，达到6875亩，之后又有下降。2008年，种植瓜果1425亩，总产达到3135吨。

二、良种繁育

临西县历来就有选种留种的良好习惯，并十分重视优良品种的引进和推广工作。八九十年代大搞“四化一供”（即品种布局区域化、种子生产专业化、种子质量标准化、种子加工机械化、实行全县统一供种），由县种子公司统一安排繁种供种，1990—1996年，邢台市每年的“统繁统供”现场会都在临西县召开。2002年以后，随着种子市场的放开经营，繁种供种工作由各供种企业负责，县农业局监管，每次的品种更新都有效促进了农作物单产水平的提高。1976年，住县农科所技术员宋晓晶，在引进的日本谷中培育出的“铁杆黄”，抗倒、早熟、适宜夏谷，从此开始了临西县播种夏谷高产的历史；由下堡寺镇宋子堌村农民赵连玺，1981年引进的“安316”夏谷和1985年引进的“宁黄1号”（鲁豆2号）大豆；1988年由县科委付秀峰引进的“D0809”（中绿一号）绿豆；1996年由县原种场曲俊学引进的美国抗虫棉33B等都为临西农业的发展做了很大贡献。

1994—2008年临西县粮棉油面积产量统计表

表6-6

年度	粮食			棉花			油料		
	面积（亩）	亩产（公斤）	总产（吨）	面积（亩）	亩产（公斤）	总产（吨）	面积（亩）	亩产（公斤）	总产（吨）
1994	583020	242.5	141382.35	219375	17	3729.375	9750	59.5	580.125
1995	579201	29	16796.829	209635	36	7546.86	10949	188	2058.412
1996	638716	312	199279.392	186043	42	7813.806	14857	198	2941.686
1997	643865	361	232435.265	187890	57	10709.73	18315	201	3681.315
1998	673320	342	230275.44	152250	77	11723.25	18210	236	4297.56
1999	698970	331	231359.07	126000	74	9324	18975	242	4591.95
2000	666515	331	220616.465	154800	74	11455.2	20400	235	4794
2001	592529	323	191386.867	200000	72	14400	2190	235	514.65
2002	592442	323	191358.766	200200	72	14414.4	22406	245	5489.47
2003	575087	332	190928.884	216680	59	12784.12	28195	228	6428.46
2004	473475	404	191283.9	272099	52	14149.148	18025	229	4127.725
2005	567150	394	223457.1	211600	65	13754	16970	224	3801.28
2006	562300	394	221546.2	217995	69	15041.655	17370	225	3908.25
2007	584400	417	243694.8	199150	75	14936.25	13650	237	3235.05
2008	587350	417	244924.95	214050	78	16695.9	13350	243	3244.05

1979—2008年种植业产值统计表

表 6-7

单位：万元

年度	种植业产值	占农业总产值%	年度	种植业产值	占农业总产值%
1979	6220.4	40.7	1994	37982.0	77.7
1980	8184.6	49.2	1995	49006.0	65.1
1981	7803.3	64.4	1996	59755.0	66.5
1982	10319.4	67.4	1997	67610.0	70.2
1983	13451.9	86.4	1998	67997.0	70.0
1984	17172.4	85.4	1999	60227.0	66.3
1985	14065.9	83.3	2000	59402.0	67.3
1986	14298.8	81.0	2001	61919.0	67.0
1987	17386.9	82.3	2002	62988.0	67.3
1988	17343.4	81.3	2003	52633.0	41.1
1989	16619.4	78.7	2004	52965.0	39.3
1990	17644.0	78.5	2005	60423.0	41.6
1991	17893.0	77.1	2006	62675	41.9
1992	11284.0	65.7	2007	73463	41.6
1993	16161.0	81.4	2008	72368	49.7

1979—2008年临西县小麦、玉米、棉花主要品种一览表

表 6-8

年度	主推品种		
	小麦	玉米	棉花
1979—1984年	泰山1号、冀麦7号、津丰1号	郑单2号、京单7号、鲁原单4号	鲁棉1号、冀棉11号、中棉所10号（夏棉）
	昌乐五号	聊玉5号	辽棉9号（夏棉）
1985—1990年	冀麦23、冀麦24、80—3	沧31、丹玉13、掖单4号	冀棉8号、冀棉11、中375（夏棉）
	河农812		
1991—1995年	冀麦26、石4185、5144、4678	掖单13、掖12、掖单19、西玉3号	89—1、冀棉22、中棉30（夏棉）
			中棉42（夏棉）
1996—2000年	邯4564、邯3475、邯6172	掖单20、郑单14、泰玉2号、冀丰58	冀岱33B、DP99B、20B
	藁优8901—11	农大108	
2001—2005年	邯6172、邯麦9号、石家庄8号	鲁单50、郑单958、农大108	GK—12、冀杂566、冀棉668
	石麦12号		

续表

年度	主推品种		
	小麦	玉米	棉花
2006—2008 年	良星 99、石麦 14、石麦 15	郑单 958、浚单 20、锐步 1 号	鲁棉研 28、冀棉 616、邯 4549、冀丰 1056
	济麦 22、师栾 02—1	高优 1 号、粟王 2 号	

第五节 耕作技术

一、种植制度

种植制度包括熟制、轮作制、间作制、套种制、混作制等。

1、熟制 80 年代，粮食复种指数达到 75%，全县 24 万亩冬小麦，全部为一年两熟，9 万亩春粮田，大部分是两年三熟。90 年代以来，随着水肥条件的改善，复种指数有所提高，全县近 30 万亩冬小麦全部为一年两熟（小麦＋夏播粮食或油料），基本取消了春粮田；棉花作为主导产业，仍是一年一熟。

2、轮作制 1990 年，实行小麦与棉花轮作，棉花与蔬菜轮作，棉、瓜轮作等方式。随着一年两熟、两年三熟制的推广，倒茬轮作出现困难。不少棉田已连续重茬十几年以上，从而加剧了棉花病虫害的发生，影响了产量的提高。

3、间作制 1979 年以后，间作种植越来越多，常见的有高粱与大豆、玉米与大豆、高粱与谷子、玉米或谷子与绿豆等间作方式。以玉米或高粱与大豆间作面积最大。80 年代，推广小麦与棉花、玉米与大豆、玉米与绿豆、棉花与地瓜等间作。90 年代后，棉花与西瓜、棉花与甘蓝、棉花与洋葱等间作，以棉花与西瓜间作面积最大。2006 年，达到 5 万亩。

4、套种制 主要有小麦套种棉花、小麦套种花生等方式，1989 年，麦棉套种 5.3 万亩，随着夏直播品种的推广，套种方式已不多见。

5、混作制 传统的混作方式有谷子带豇豆、棉花带芝麻、地瓜带萝卜等。80 年代以后，混作种植越来越少。2000 年以来，只是在缺苗断垄的棉田种些大豆、玉米等作物。

二、栽培管理

随着生产条件的改善和农作物品种的不断改良，以及农业科学技术的普及，各类作物的栽培管理技术不断提高。1990 年后，以规范栽培为主，其管理方法是：配方施肥、合理密植、浇好关键水、科学管控、综合防病治虫。

小麦 1980 年后，临西县麦田普遍推广了底施化肥。尤其是氮磷协调的施入，改变了土壤严重缺磷的状况，单产明显提高。

1983—1985 年，推广中低产综合增产栽培技术，年推广面积 10 万亩。在栽培上重施底肥、突出磷肥、协调氮磷比例。在管理上突出返青期肥水的运用。1985 年，临西县 24.76 万亩小麦，亩产达到 212.2 公斤，总产达到 5254.2 万公斤，单产比 1982 年增加 93.4 公斤。

1985—1988 年，推广小麦模式化栽培技术。在分类指导的前提下，将各单项栽培技术进行合理组合配套，以达到高产、稳产、优质、低成本、高效益的目的。这一栽培技术在 1985 年推广 10 万亩。1986 年、1987 年，各推广 20 万亩。1988 年后，开始大面积推广。1990 年，播种 33 万亩，平均亩产 250 公斤，总产 8250 万公斤。

1990 年后，随着机械化耕作的普及和新品种的更新，小麦的种植形式由“三密一稀 4×8”寸逐渐改为 1.35～1.8 米的宽幅机播种植。每亩基本苗一般在 20 万～30 万株。此间，全县推广了麦棉一体化栽培和晚麦高产配套技术，麦棉两熟栽培面积达到 10 万亩以上。实施了“1751”工程，即实行麦棉两熟套作种植 10 万亩，一般亩产350公斤小麦、250公斤籽棉，亩收入1000元，缓解了粮棉争地矛盾，提高了复种指数，增加了单位面积的经济效益。

2006年后，随着灌溉设施的增加和节水意识的增强，小麦栽培管理推广“造足底墒、半精量播种和合理运筹肥水”的成套栽培管理技术。在适宜播种期内亩播种量控制在7-9公斤，在施足底肥、配方施肥的基础上，因苗制宜，浇好封冻水，春季施好起身肥，浇好起身水及灌浆水等关键肥水。同时，在小麦栽培管理上逐步由产量型种植向产量与品质并重方向转变。推广优质专用麦及配套技术，如氮肥后移、减少浇水次数、叶面喷肥等改善品质的配套技术，发展了“订单农业”，提高了经济效益。2006年，推广示范节水型栽培技术5000亩。仓上300亩示范方，生育期内只浇一水，平均亩产小麦500余公斤。村技术员董廷世指导的5亩“石麦15”示范田，经县农业技术专家组田间验收，亩产602公斤，获“河北省大地丰收杯擂台赛”二等奖。

棉花　70年代，为了保证棉花出苗，对黎博寨、东枣园、水波、老官寨公社等旱地棉田推广了挖坑坐水点种（即“水种包包”），及开沟溜水点种的抗旱播种方法。80年代后，随着灌溉条件的改善，十几万亩棉田适时造墒播种，在棉花生育期间遇旱浇水，使亩产皮棉超过百斤。随着生产责任制的实行，科学植棉得到推广。在栽培技术上，播前造墒，机耕机播，提高了播种质量。施足底肥，突出磷肥，满足棉花生长对肥料的需求。加强管理，本着“时到不等枝，枝到不等时”的原则，及时整枝，单株留果枝10个左右。1981年，在庄科、张白地、杨楼、胡庄试验示范棉花地膜覆盖1000余亩，平均亩产皮棉97.5公斤，增产10%以上。1984年，推广地膜覆盖1万多亩。1990年后，棉花栽培管理实行合理密植、配方施肥、防病治虫、科学管控、肥水调控等栽培措施，棉花产量进一步提高，品质逐步改善，地膜覆盖技术得以普遍推广。

在夏播棉管理上，采取了配套栽培技术，即选用优良夏播品种，适期早播，突出苗期管理，早间定苗，早中耕灭茬，早浇水追肥；适时早打顶尖，单株留果枝8—10个；及时拔棉柴促后熟等措施，保证了夏播棉稳产优质。2005年，在县原种场、东高尔庄示范种植夏直播短季棉，在小麦收割后6月10日前进行贴茬播种，亩留苗密度8000—10000株，一般亩产籽棉150—200公斤。

玉米　70年代，每亩2500株以上。80年代，春播面积逐渐减少，代之以夏播玉米为主。夏播玉米在种植上以套种和平播两种形式并存，每亩定苗3000株以上。后推广大小行种植，大行2尺以上、小行1.5尺左右，以边行优势，增加玉米产量。在管理上采取苗期适当深中耕蹲棵促根，喇叭口期追肥促棵，抽穗期遇旱及时浇水等措施。1987年，在李子堌、肖子堌试验示范玉米施锌技术1万亩，解决了玉米因缺微量元素而出现的白叶病的问题，施锌地块增产15%以上。1988年，施锌面积2万亩。1989年，施锌面积2.5万亩。1987年，肖子堌、龙潭试验示范玉米田铺麦秸技术。不但有效地抑制了田间杂草的生长，还能保墒、增加土壤有机质、培养地力，使玉米增产10%以上。1996年后，以夏播玉米为主。随着水利条件的改善和玉米高产品种的不断更新，夏玉米种植密度有所增加，一般每亩定苗3500株以上，仍实行大小行种植。在田间管理上采取苗期适当深中耕，蹲棵促根，重追拔节肥，浇拔节攻棵水、抽雄攻穗水和灌浆攻粒水。

1990年后，普及推广玉米田化学除草应用技术，省工、省时，除草效果好。同时，推广玉米化学药剂控长技术，降低株高、防止倒伏，在适当密植的情况下，茎秆粗壮、穗大粒满、增产显著。

其它　谷子、大豆、地瓜、花生、蔬菜、西瓜等作物在80年代后逐渐由春季栽培改为夏季栽培。除地瓜外，谷子、大豆作物由原来的不追施肥料到科学施肥，产量都有明显提高。蔬菜、西瓜采用地膜覆盖，即增加了产量，又提早了上市时间。

第六节　植物保护

一、病虫害及其防治

病虫害种类　县内病虫害种类有记载者约有50余种，其中对农业危害最大的有：棉蚜、棉铃

虫、棉盲蝽、棉花红蜘蛛、棉花枯黄萎病、棉花铃病、麦蚜、小麦红蜘蛛、吸浆虫、杂谷螟虫、白粉病、锈病、纹枯病、根腐病、黑穗病、全蚀病等。

病虫害危害　1980年后，病虫害极为严重，给农业生产造成很大危害，主要有：①棉花枯黄萎病。80年代初，由于鲁棉系列品种的引进，检疫措施不到位，造成枯黄萎病大范围暴发，全县棉田普遍被传染蔓延。由于防治受技术水平的限制，难以在田间消灭，全县棉花造成损失平均在10%—20%之间。1993年、1994年，病田率达100%，病株率在90%以上，产量损失平均在50%以上；②棉铃虫。由于种植结构的变化，1980年始，连续多年在临西县大面积发生。一般每年发生4代，1991—1995年，出现了第5代，为历史上的高峰时期。1991—1993年，在麦田出现了第1代棉铃虫暴发成灾的现象，棉铃虫幼虫的粪便在麦田地表就如撒上了一层二铵颗粒，人们戏称“麦乳精二铵”。群众自制工具进行扑杀，每亩捉虫数洗脸盆。每年因棉铃虫防治每亩投入在100—120元，高者达150—160元。由于棉铃虫的危害，导致1994—1995年棉花生产滑到最低谷；③小麦白粉病。该病在麦田发生比较普遍。1991—1992年，在田间暴发流行，产量损失较大；④小麦丛矮病。1986年，该病在县域首次暴发，许多地块小麦未能正常抽穗；⑤小麦纹枯病、根腐病。典型土壤传病害，过去只在水稻田发生。1996年5、6月份，在麦田出现部分枯白穗。1997年，在麦田暴发。1998年在所有麦田流行，每亩产量损失在30%—50%。后发病率转轻，成为麦田的一种常发性病害；⑥小麦赤霉病。2006年大面积发生，病穗率达50%—70%，病粒率近4%；⑦小麦全蚀病，2005—2006年，在麦田发生，对小麦产量危害严重；⑧小麦腥黑穗病。为国际检疫性病害。1995年，在西段村繁种田中出现，后随种子扩散到周边乡镇，发病地块损失在30%左右，人畜食用易中毒。

病虫害防治　病虫害的防治经历了三个阶段：

1、以化学防治为主向多种防治手段过渡阶段。1980－1990年，主要是以化学农药进行除治病虫害。80年代初，引进上海产“杀灭菊酯”“速灭杀丁”等高效速效菊酯农药，防治大田害虫主要采用化学防治法进行。

2、多措并举，综合防治阶段。由于长期单一使用菊酯类农药，造成害虫产生抗药性，防治效果急剧下降，用药成本不断增加。鉴于此种情况，1990年，技术指导站推广多措并举、综合防治的方法，化防、生防、农业措施一齐上。提倡冬耕冬灌、棉田释放赤眼蜂、种植玉米诱集带、抹卵捉虫、应用新型植保机械。这一时期的植保任务主要是防治棉铃虫不断高发。1993年，推广高压电网诱杀棉铃虫成虫。1994年，引进高压汞灯1260盏，诱集棉铃虫蛾，再做深埋处理。1995年，县财政拨款20万元，采购300台山东临沂农业机械厂生产的“泰山—A”型机动喷雾喷粉机，奖励植棉大户，开启了全县施药机械的先河。

3、无公害综合治理阶段。进入21世纪后，无公害农产品成为热门，推广高效低毒农业投入、生产绿色农产品成为植保工作的中心。植物原农药、抗生素类农药被广泛应用。苦参碱、吡虫啉是常用农药。

病虫害测报及植保机构

1974年，由地区农业局拨款在县城西（现种子公司东院）建立病虫测报站，编制2人。1983年5月17日，改为植物保护公司，迁至县农科所（现职教中心）编制5人。1985年，更名为植保植检站。1989年4月，迁至县城棉花技术中心大楼，改建植物医院。随着机构的强化，加强了对病虫害的测报和防治工作。每年在病虫害发生前，植保单位及时发布测报资料，并通过举办植保训练班，召开病虫害防治现场会，进行试验、示范，推广植保技术和各种常用化学农药使用知识。1989年，植物医院设立了门诊，开设出诊、巡诊、技术咨询、技术培训和农药器械等服务项目，解决了植保推广中的断层矛盾，加速了新技术、新农药的推广、普及，促进了农业生产的发展。

病虫测报与防治技术推广工作由县植物保护检疫站（简称植保站）承担。1995年，县植保站成为全国农作物重大病虫测报网区域测报站，担负全县的病虫测报与防治工作。配备了“佳多”

牌全自动测报灯、小气候仪、解剖镜、显微镜、数码相机、微机等设备，测报数据通过互联网向全国农技中心测报处、省植保总站、市植保站汇报，为各级领导决策提供科学依据。

二、草害防治

1980年以后，新的草类品种不断出现，农田杂草发生越来越严重。麦田野麦草、雀麦、狗尾草、马唐劲草等发生面积和发生密度惊人。2004年，有害生物黄顶菊发生。2006年，全县8个乡镇发现黄顶菊，面积达5000亩。2007年，发展到6000亩，主要发生区域为县城、临西镇、大刘庄乡、东枣园乡、姚楼工作站。

1990年前，对农田杂草的除治一直沿袭传统农事操作的人工拔除和机械性除治方法。90年代初开始，推广除草剂化学防治法。小麦春季除草推广2.4－丁类除草剂。1996—1997年，在玉米田大面积推广乙阿合剂，推动了县域化学除草向多作物、多品种发展。临西县化学除草技术每年推广面积80多万亩，其中小麦30万亩、棉花20万亩、玉米20万亩、其他作物2万亩。

第七节　农资服务

一、种子管理

县农业局种子监督管理站成立于1986年，有工作人员5名，隶属于县种子公司，负责全县种子生产、经营的检查监督工作。2001年，政企分离，种子监督管理站脱离种子公司为农业局下属机构。2006年12月，根据上级主管部门的要求，对执法机构及人员进行重新整合，撤销种子监督管理站，其职能划入农业综合执法大队。

二、农药管理

县农业局农药监督管理站成立于1997年，有工作人员11名，与植保站一套人马两个牌子，负责全县农药的检查监督工作。2006年，其职能划入综合执法大队，负责全县的农药、化肥、种子的检查监督工作。综合执法大队编制5人，事业单位。在每年的春播、夏种和秋种前，对全县各农资经营站点进行检查，查处违法行为，维护农民权益。

三、服务机构

随着农资市场的开放，全县以经营种子、化肥、农药为主的服务门市近百家，其中注册资金百万以上的服务机构有6家。

1、**县原种场**　始建于1966年，有土地500余亩。1978年扩大到1100亩。主要任务是繁育农作物良种，供全县农业生产用种。1982年，增建良棉加工厂，1988年，建立河北省农作物品种试验站，承担全省及国家农作物新品种的试验工作。保证了全县小麦、玉米、棉花三大作物的原种生产、试验、加工。建场以来，始终发挥着推广优种的作用，坚持慎重引种、科学试验、认真示范、积极推广，为全县及周边县提供了大量的优良品种，曾荣获农业部“良种繁育先进单位”称号，多次被省、市农业部门评为“良种繁育工作先进单位”。2003年，对原种场进行了改制。

2、**种子公司**　1965年，建立县种子站，1978年，更名为种子公司，属企业化管理的事业单位。建有稳定的良种繁育基地，每年供种在100万公斤以上。随着种子市场的放开，民营种子企业的发展，县种子公司的经营渐弱。2007年6月，县种子公司因改制而撤销。

3、**旺丰种业有限公司**　是由县原种场改制后组建的集良种示范、繁育、生产、加工、推广、服务一体化的农业股份制企业。注册资金100万元，有员工26名，专职技术人员13名（其中高级职称6名、中级职称3名、初级职称4名），省级种子检验员2名，种子加工、繁育、仓储人员各1名，库房1000平方米，晒场2000平方米，引进国内一流种子加工流水线两条，良种棉加工设备及种子检验设备齐全。固定资产500多万元。建有40亩的省级品种试验站1个，担负着国家、省棉花新品种区域试验工作。建有稳定的繁种基地，其中小麦繁种基地6000亩、棉花繁种基地5000亩，形成了完善的管理控制体系。2005－2006年，连续两年承担全县小麦良种补贴供种任务。在激烈的市场竞争中，依靠雄厚的科研技术力量和诚实守信的经营，每年为临西县及周边市县直接和间接提供小麦、棉花、玉米良种 500 多万公斤。

4、**全丰种业有限公司** 成立于 2001 年，是临西县第一家注册资金 100 万元的民营股份种子企业。公司在县内设有两家分公司，经营门市面积 400 多平方米，仓储面积 800 多平方米，建立固定营销网点 100 多个。有员工 14 名，其中高、中级技术人员 5 名。拥有先进的种子检验测试仪器和稳固的良种繁育基地 2000 多亩。每年生产、经营小麦良种 50 多万公斤、棉花良种 5 万多公斤、玉米杂交种子 25 万多公斤。全丰种业成立以来，与种子科研部门和知名种业公司建立了长期的合作伙伴关系，形成育、繁、推一体化的营销公司。公司生产的良种销往冀、鲁、豫等 10 多个省、市，多次被市、县工商部门、农业主管部门授予“守信用、信得过”企业。

5、**农华种业有限公司** 成立于 2000 年 8 月，注册资金 100 万元，有员工 36 名，其中高、中级专、兼职技术人员 11 名，拥有面积 300 多平方米的多功能超市（教室）1 座，办公、配货、专用车 3 辆，固定资产 1000 余万元。公司由小到大，由弱到强，发展成为一个集科研、生产、加工、销售、技术推广服务为一体的综合服务性公司。该公司实行电脑自动化管理，网络式销售，经营范围涉及种子、化肥、农药。2003 年，注册成立了临西县农业技术协会，开展新型农民科技培训，发展会员 5000 多名。

农华种业举办玉米种植培训会

6、**金峰种业有限公司** 成立于 2006 年 6 月，位于玉兰东路南侧。注册资金 100 万元，有高级农艺师 2 名、农艺师 5 名、农业技术员 132 名，从事农药、化肥和农作物良种的经营服务。公司以河北农科院和河北华丰种业开发公司为依托，建有小麦、棉花繁种基地 2000 亩，年供种 150 吨以上。

第八节 特色种植

1990 年以后，在上级科技部门的指导下，为改变临西县的种植结构，扩大经济效益，先后引进种植了一些新的经济作物。由于地理气候不适，管理经验不足，多数未取得成功。

一、大棚蔬菜

1994 年，县政府决定，每个新建大棚给予 4000 元贷款扶持，全县发展蔬菜日光温室近 300 个，并从山东省寿光聘请技师搞技术指导，但由于当年 11 月份起连续 40 多天的连阴天和大雾天气，严重影响到黄瓜生长，后改种西葫，但收益甚微，从而影响了农民发展大棚的积极性。1999 年，县原种场利用农业开发项目资金近 70 万元建设日光温室 14 个，种植了黄瓜、青椒、西葫、香菇等。由于管理技术欠佳，收益不大，后闲置。2000 年，县委、县政府多次组团到山东寿光参观学习，再次发动、发展蔬菜大棚，当年全县建设蔬菜大棚 200 多个，组织全县财政供养人员每人集资 200 元，在县原种场建设蔬菜大棚 45 个，并由专人承包经营种植黄瓜，因当年黄瓜市价偏低，造成亏损。2003 年县原种场因改制，所建蔬菜大棚全部拆除。到 2008 年，全县蔬菜大棚所剩无几。

二、牛蒡

2000年，尖冢镇蔡辛庄、下堡寺镇东留善固、县苗圃场示范种植牛蒡300多亩，因管理技术不到位，产量低，且质量差，造成一定的经济损失。

三、油葵

2000年，临西镇、下堡寺镇的部分村示范种植油葵1万多亩。由于疏于管理和病虫害的影响，产量低下，造成一定的经济损失。

四、辣椒

2002年，老官寨乡政府与外商签订合同，在仁庄、白庄推广种植辣椒数百亩。前两年，商家均按合同进行收购，经济效益可观。2004年，由于收购不及时，收入不好，影响了农民的种植热情。2007年，东留善固与加工商签订望天椒种植合同，外商收购后从中提取有关元素，当年种植80亩，每亩收入2500元，2008年扩大到百亩以上。

五、芦笋

2006年，东留善固引进种植芦笋600余亩，春、秋两季进行采摘，随着时间的推移，产量逐年增加，经济效益越来越好。

六、山药

摇鞍镇乡白地工作站修枣科、林麻寨、杨黄营等村，2006年种植山药300多亩，后因市价较低，到2008年下降到100多亩。

七、金银花

2001年，白地工作站东来寨等村，种植金银花100亩，到2008年发展到400多亩，取得了较好的经济效益。

第四章 林果业

第一节 管理机构

1979年时，县设农林局。1981年11月，县农林局分设，成立林业局，下设办公室、林业技术推广站、森林病虫防治检疫站，11个公社设有林业技术员，有干职工25人。1984年，设林产品公司，林业局辖国营园艺场、国营苗圃、林产品公司3个事业单位，有干职工130名，其中技术干部18名。1985年，林业局迁址到县城玉兰东路老汽车站斜对过，建房34间。1990年，增设林政股。1993年，林产品公司破产。1996年11月，办公室变更为人秘股，森林植物检疫站变更为果树站，行政编制8人，事业编制7人。2004年，国营苗圃场改制。2005年机构改革，并入农业局，对外保留林业局名称。2006年12月8日，迁入农业局行政办公楼，2008年，有林业干职工14名、园艺场干职工52名。

第二节 林木品种

临西县有柳、榆、槐、椿、杨5大类树木，并有少量的桑、柏、苦楝等，多为自然选育品种。1988年，水波乡樊庄村引进种植杜仲，并用杜仲叶喂养鸡鸭猪牛羊等禽畜。

随着林业科技的不断推广，林木品种不断更新换代，树种不断丰富，到2008年底，全县林木品种共有24个科，37个属，140个品种。其中速生杨树品种中林46、欧美107、欧美108、无性系毛白杨、三倍体白杨占绝对优势。

临西县林木科、属、种一览表

表 6-9

科名	属名	种名
杨柳科	杨属	毛白杨、加拿大杨、沙兰杨、银白杨、太青杨、69 杨、意大利 214 杨、中林 46、欧美 107、欧美 108、中菏 1 号
	柳属	旱柳、垂柳、龙爪柳、杞柳、金丝柳
榆科	榆属	白榆、春榆
蝶形花科	槐属	国槐、龙爪槐
	紫穗槐属	紫穗槐（绵槐）
	刺槐属	刺槐（洋槐）
苦木科	臭椿属	臭椿
楝科	香椿属	香椿
	苦楝属	苦楝树
桑科	桑属	黑果桑树、白果桑树、大叶桑树
	榕属	无花果
鼠李科	枣属	波枣、不落枣、小枣、长枣、椒枣、酸枣、冬枣、金丝大枣、梨枣
葡萄科	葡萄属	玫瑰香、龙眼、巨峰、先锋、牛奶、美国红提
芸香科	花椒属	花椒
	皂椒属	皂椒
含羞草科	合欢属	合欢树
悬铃木科	悬铃木属	法国梧桐
锦葵科	木槿属	白花木槿、紫花木槿、扶桑
玄参科	泡桐属	紫花泡桐、蓝花泡桐
夹竹桃科	夹竹桃属	红花夹竹桃、白花夹竹桃
松科	雪松属	雪松
柏科	圆柏属	桧柏
	侧柏属	侧柏、龙柏、竖柏
木犀科	白蜡属	白蜡
柽柳科	柽柳属	柽柳（红荆）
柿树科	柿树属	磨盘柿子、黑枣（迁君子）
银杏科	银杏属	银杏

第三节　林木培育

一、育苗

1973年，在河西五里窑建立县苗圃，育苗50亩。1977年，迁至樊村公社苟庄西南跃进渠东侧，占地1052亩。社队苗圃在1980年、1981年先后停办，1989年，仅存下堡寺、水波两处社办苗圃场，育苗面积220亩。1983年，姚楼公社窦庄村民丛书芹在责任田育毛白杨2亩、沙兰杨2亩，产苗1.2万株，纯收入7000多元，开个体育苗之先河。1983年冬，县林业局与育苗户签订苗木包销合同，每亩补助周转金100元，进一步促进了个体育苗的发展。是年，仓上、张三寨、郭村、大黄庄、江庄等村的23个个体育苗户，繁育毛白杨100亩、沙兰杨40亩、泡桐15亩。随着育苗工作基地化、市场化的发展，全县个体育苗迅速发展。2008年，全县个体育苗已发展到1200多户，育苗面积2600多亩，并在西赵庄、西苟庄、侯寨、范庄、东马鸣堂等村形成了个体育苗基地。所育苗木主要有速生杨、毛白杨、垂柳等，年产各类绿化用苗400多万株。

二、新品种引进

1975年，从河北林专引进唐柳、沙兰杨、72杨、69杨、北京杨、大农杨等138个杨树品种，在仓上林科所进行品种对比实验。1985年，从磁县、定县调进毛白杨苗70万株。1993年，从沙河、临城引进毛白杨优良无性系，在县苗圃进行繁育。1995—1996年，先后从威县和山东冠县引进毛白杨三倍体10多万株。1997—2000年，先后从山东省巨野、河北省魏县引进中林46杨树20万株。2003年，从山东省临清市引进欧美107杨树30万株。2004年后，陆续引进了欧美108、2001、中荷1号等速生杨品种。相继引进的品种经过数年的栽培观察，加拿大杨、毛白杨、沙兰杨、中林46、欧美107、欧美108、唐柳、泡桐、荆槐等树木品种适宜本县发展，优质速生。中林46、欧美107、欧美108等速生杨树成为替代其他杨树的主要品种。72杨、69杨、大农杨、北京杨、太青杨、平柳等因成活率低、材质差、生长速度慢而逐步被淘汰。

附：临西县苗圃场

临西县苗圃场始建于1973年7月，原址在县砖瓦厂西邻，经营土地200亩，有干部职工12人，年出圃苗木7万株左右。1977年，县委、县革委决定在樊村公社西赵庄西北另建县苗圃场，争得上级拨款7万元，县财政拨款3万元，征地500亩。1979年春，苗圃再扩大土地面积552亩，总面积达1052亩，并重新调整了一般苗木及优种苗木的占地比例，育苗面积达到770亩，当年出圃苗木81万株。1980年，临西苗圃被国家林业部授予“全国育苗先进单位”称号。苗圃场认真贯彻中共中央关于“努力办好国营农场……尽快建成农、工、商联合企业”的指示，大搞一种、二养、三加工。先后开办了酱菜、榨油、编织、饲养（羊、牛、猪、鱼、鹿、鸡、骆驼）、运输、砖厂、重柴油脱蜡、花卉，冰糕加工，在县城建立了两个门市部，共十几项副业摊点，年收入15万元以上。1984年，被评为“河北省林业建设模范单位”。1987年，被省政府命名为“省绿化先进单位”。

90年代初，苗木滞销，苗圃经营一度出现滑坡。领导班子大胆改革，裁减工作人员、干部参加劳动、推行苗木生长期阶段管理承包制，当年跨入“省十佳苗圃”先进行列。

县苗圃始终把科技育苗、培育优种作为发展的主要目标。1990年以来，先后与河北农大、山东农科所等科研单位挂钩，引进培育了毛白杨优良无性系741、1414、1316、1319等10个品种，推广了地膜覆盖技术，缩短了育苗周期，提高了苗木质量。建圃以来，累计培育优质壮苗1500万株，除用于临西县以外，还销往北京、天津、山东、河南、宁夏、山西、甘肃等省、市、自治区。1997年，被评为“省国有苗圃先进单位”。

2000—2003年，县苗圃先后投资36万元翻新了干职工宿舍，房前屋后、道路两旁栽植了花草及观赏树，建立了阅览室，增建了乒乓球、羽毛

球、台球、篮球场等体育活动设施。2004年，县苗圃场实行改制，除部分接近退休的干部职工以外，全部置换了干部职工身份，所有土地进行了整体承包。

第四节 造林绿化

境内群众在房前屋后、宅旁隙地植树造林的习惯由来已久。1977—1979年，下堡寺、姚楼、樊村、童村、黎博寨5个公社按照6×60米的株行距推广粮桐间作7.3万亩，栽植泡桐11万株。1986年，利用林业周转资金分别在下堡寺西高尔庄和大刘庄乡大刘庄营造高标准农田林网9000多亩。西高尔庄全部栽种易县雌株毛白杨，植树5000多株，使用周转资金6000元；大刘庄栽植沙兰杨4000多株，使用周转资金4000多元。1990年，全县实现了平原绿化达标，林地面积达到9.647万亩，林木覆盖率达到11.9%，其中农田林网控制面积达到49.3万亩，林网控制率达到86.1%，公路河渠绿化率达到85.7%，村庄林木覆盖率达到38.4%。1990年后，林业进入了提质增效发展时期，逐步由单纯的生态林业向生态与效益兼顾的方向发展。对原有的传统树种、林种进行了更新换代。大规模引进良种，提高林木质量和效益，并加大了工程造林力度。2000年，被全国绿化委员会授予“全国造林绿化百佳县”。此后，随着营林机制的不断创新，在造林形式上逐步由国家集体造林向私有林业发展，形成国家、集体、个人一起上的林业发展格局。2008年，全县林地面积16.9万亩，林木覆盖率达到21%，农田林网控制率达到91%。

义务植树

1979年2月23日，五届全国人大常委会第六次会议决定每年3月12号为全国“植树节”。县成立了绿化委员会。每年植树节，县委、县政府动员开展全民义务植树活动。县领导分工包片，指导义务植树活动，要求每个适龄公民每年完成3—5棵的义务植树任务。县、乡干部职工每人每年交绿化费2元。1991年始，县绿化委员会办公室每年统一组织县直干部职工在植树节前后，统一进行义务植树活动。先后在吕寨、樊村、白地、姚楼、水波、下堡寺、黎博寨、临西镇等安排义务植树现场16个，共植树14万多株。每年全县参加义务植树的人数均在10万人以上，年均义务植树30多万株。

绿化工程

1、“森林资源发展和保护”项目建设工程 该工程系世界银行贷款扶持的速生丰产林建设工程，自1994年开始，至1998年完成，共实施项目造林3990.6亩。项目总投资534.78万元，其中

沙地绿化（2006年摄）

世行贷款294.2万元，占总投资的55%。1996年，在项目实施过程中，本县代表中国北方接受世行专家组的检查评估，受到世行专家的高度评价。

2、平原治沙示范县建设工程 2001年，实施省林业重点治沙工程3375亩，涉及下堡寺镇和单屯乡的50个造林小班，其中防护林小班44个，2424亩；经济林小班6个，951亩。项目总投资254.2万元，其中国家无偿补助资金15万元。

3、退耕还林工程 2003年，实施国家退耕还林工程。到2008年底，累计完成退耕还林3.8万亩，其中退耕地造林1万亩、荒地匹配造林2.8万亩。按照国家退耕还林条例规定，国家每年每亩向退耕地造林群众补贴原粮100公斤、生活零用钱20元，生态林连续补助8年、经济林连续补助5年。2005年，被评为河北省十五期间退耕还林先进集体。

4、黄河故道沙化土地综合治理工程 是利用国家农业开发资金建设的重点生态建设项目。临西县是国家林业局确定的项目建设单位之一。自2004年开始，到2008年底，累计完成建设规模1.9万亩，其中2004年完成3000亩、2005年完成8000亩、2007年完成8000亩。国家累计投资175万元。2006年8月，国家治沙办公室副主任藏春林在河北省林业局党组副书记、副局长白顺江陪同下考察了临西县沙地治理工程，给予高度评价。2006年10月31日，全国黄河故道沙地治理现场观摩会在临西县召开，国家治沙办公室副主任王信伟及河北、山东、安徽、江苏、河南等5省28地市的60余名领导和专家现场观摩了东留善固沙地治理工程，赢得普遍赞誉。

第五节 果木品种及改良

一、果木品种

70年代，果树是大冠长枝、稀疏种植，每亩20棵左右。苹果品种主要有红星、黄金帅、青香蕉、秦冠、倭锦、红玉、红祝、国光、印度；梨品种主要有鸭梨、雪花梨；桃品种主要有五月鲜、六月白；葡萄品种主要有龙眼、玫瑰香；枣品种以紫枣为主。1979年全县有苹果树592公顷、苹果总产2970吨，梨树92公顷、梨总产300吨，葡萄19公顷、葡萄总产40吨，枣树20公顷、红枣总产860吨，桃树60公顷、桃总产51吨，杏树25公顷、杏总产59吨。

80年代，开始种植短枝型果树。苹果树品种有新红星、金矮生、乔纳金、红富士；梨树品种仍以鸭梨、雪花梨为主；桃树品种以晚熟大久保为主；葡萄品种主要是巨峰。

1990年至2008年，苹果效益下降，栽培面积逐渐萎缩，没有新品种产生；梨有黄金梨、皇冠梨；桃新增油桃；葡萄新引进了少量美国红提、红地球新品种；枣树种植了鲜食品种冬枣。2008年，全县园林水果654公顷、总产5883吨。其中苹果165公顷、总产2245吨，梨152公顷、总产2390吨，桃80公顷、总产246吨。和1979年相比，梨、桃种植面积和产量都大幅度增加。

二、品种改进与改良

县内大果园多数始建于六七十年代，品种老化，跟不上市场的需要。2002年，分别在摇鞍镇的前胡官庄和临西镇的王路寨村建造了3个早熟油桃大棚。并分别在下堡寺的东留善固、摇按镇的姚尔庄、单屯的马村、时庄栽植了1300多亩冬枣，每年聘请专家进行技术指导，已见果。2006年，马村的冬枣园亩产4000多公斤，产值3000多元；2002年，东留善固对1000多亩老梨树进行改良，全部嫁接成新品种黄金梨、皇冠梨、水晶梨；河西园艺场种植了100多亩黄金梨，2005年结果，2006年，亩产达到1000多斤，产值2000多元；2005年冬，在县园艺场栽植了100亩极早熟油桃一极早518。

三、果园

六七十年代，是果园发展时期，以苹果园为主，其次为梨园、桃园、葡萄园。80年代初，果园承包到户。由于开始时承包费低，加之承包户的精心管理，果园效益大幅度提高，致使部分群众出现波动心理，个别村出现了哄抢果园的现象。后经协调，得到了妥善处理。

80年代末期，引进了小冠密植短枝型品种，属于短期枝型品种，结果早、效益高，群众种植果树的积极性很高。此时，全县有三分之二的村庄有果园，下堡寺镇和姚楼乡村村有果园。1993年统计，全县有果园192个。

90年代末，果园到了衰果期，产量下降，群众自发种的个体果园管理粗放，品质下降，效益降低，出现了果农刨果树复耕的现象。2008年，苹果园已所剩无几。

附：临西县园艺场

临西县园艺场始建于1959年，地处卫运河左岸，河西镇北侧。当时为落实农业政策，各级领导带领干部职工和广大群众在沙荒地上兴修水利、平整土地、压沙治荒、封沙育林，经过几年的艰苦奋斗，从山东省烟台市引进第一代苹果树数万株，使沙荒变绿洲。初建面积2000亩，干部职工88人，退耕还田后减少到745亩。1965年初见成效。经过精心管理，苹果产量逐年增加，产值逐年递增，累计上缴财政资金达百万元以上。1984年10月，实行集体经营，职工得到了实惠，发展势头良好。1986年，投资65万元兴建贮量500吨温库一座，扭转了“旺季烂、淡季断”的局面。1990年，国家修建邢临、邯临公路征用土地，减少面积450亩。1993年，根据场情和区位优势，建造了40余间商务楼。

第六节　林木保护

一、森林检疫

1986年，建县森林病虫防治检疫站，负责全县森林植物的病虫害防治和检疫。到2008年国内有20种检疫对象，河北省有7种，还有15种为河北补充检疫对象。本县有6种检疫对象，分别是日本龟蜡蚧、苹果棉蚜、光肩星天牛、桑天牛、白杨透翅蛾、梨小食心虫。森林植物检疫分为产地检疫和调运检疫。每年产检苗木2000多亩、果品75万公斤；检疫检查站每年检疫应检车辆25000余辆、木材27万余立方米、水果10万吨、各种苗木60余万株，有效防御了外来检疫对象侵入传播。

二、病虫害防治

（一）病虫害种类

临西县有林业害虫30余种，危害比较大的有榆蓝金花、杨树舟蛾、杨树天牛、白杨透翅蛾。榆蓝金花虫从1974年开始大量发生，1985年，每株树平均减少生长量0.004立方米，全县年约损失150余万元。域内榆树资源逐渐减少，杨树资源不断增加且品种单一，对病虫害的自控抵御能力较差，极易发生虫害，传播蔓延。

果树虫害以蚜虫、红蜘蛛、顶梢卷叶蛾最常见。红蜘蛛危害严重时叶片焦枯，严重影响当年和来年的产量。

林木病害有杨树根瘤、杨树溃疡病、泡桐丛枝病等。

危害果树的主要病害有15种，最严重的是苹果腐烂病，造成果树早衰，缩短果树生长周期，甚至死亡。其次为苹果炭疽病、苹果褐斑病、苹果软纹病、梨黑星病等，严重降低果实品质。

（二）病虫害防治

1981年，林业局设置了病虫害标本室，此后陆续配置了实验室、档案室，购置了一些必备的仪器、药械，建立了有害生物信息传输处理系统。在全县设立10个测报点、34个监测点，监测覆盖率95%以上。招聘、培训一些兼职测报员，和主要测报员一起经常观察，定期发布虫情预测预报，指导群众开展病虫害防治工作。

1974—1985年，榆蓝金花虫大面积发生，林业部门发放农药，组织群众除治。在生产实践中，群众创造了很多防治方法，如：树干割环、涂氧化乐果、根部埋呋喃丹等，在一定程度上减少控制了病虫害。近几年，杨树资源不断增加，在病虫害防治中又探索出新机制：（1）按照“谁受益，谁防治”的责任制，限期让责任人进行防治；（2）在群防群治的同时组建防虫专业队，实行专业队防治和群防群治相结合；（3）重点区域以专业承包防治为主，建立防治示范区，辐射带动面上的防治工作。由于方法适当，防治得力，县域内果

木病虫害没有成灾，保障了林业生产的安全。

第七节　林木管理

一、林木管护

1990年6月，省林勘院组织专业人员对全县299个行政村进行样点抽查，按照公里网横三竖四，共布点45个。抽查结果显示：林木资源达到9.6747万亩，森林覆盖率达到11.9%。其中，果树3.4万亩，实现了林业达标。

1994年6月15日，县政府批转林业局《关于加强树木管护及采伐更新工作报告》，提出了林木管护八条意见。1995年3月10日，县委、县政府出台了《关于对乡镇领导干部实行挂牌管护树木的通知》，要求乡镇党委书记、乡镇长、主管农业的副书记和副乡镇长，每人承包当年栽植（长度500米以上、植树1000株以上）的路旁树木，挂牌管护、填表入档。次年2月进行了检查评比，对保存率在85%以上的前10名给予第一名奖金1000元、第二名奖金800元、第三名奖金500元、4—6名每人奖金300元、7—10名每人奖金100元。保存率在70%以下，且在后3名者，给予通报批评，每人罚款1000元。2000年6月，县政府出台了《关于加强林木管护工作的规定》，在责任明确、群防群护、严明奖惩方面做出了具体规定。

2001年2月，河西镇单屯办事处江村发动群众投标，把村西800米的河渠分四段拍卖承包给4户村民，每户200米，每户向村委会交纳承包资金1万元，承包期为20年，并与村委会签订了承包合同。中标者采取挖大坑、栽优质壮苗、浇大水、培大土堆等管理方法，当年植树保存率100%，成活率达95%以上。2003年，在全县范围内大力推广这一做法。县政府出台了《关于对路渠及荒废地实行拍卖承包造林的规定》，规定拍卖承包范围和拍卖承包形式。

到2008年底，全县有198条乡村道路、23条河渠和46个废弃窑坑地实行了不同形式的承包造林，共植树43万多株。

二、采伐管理

1、林木更新采伐审批程序。采伐的单位及个人更新林木前需交林木采伐更新申请书，写明更新树种、数量、更新用途，由村委会和乡镇政府盖章，乡（镇）长签署意见后报县林业局，由林业局林政股到采伐现场勘验核实品种、株数算出林木材积，公示10天后，核发林木采伐许可证。

2、林木采伐更新。林业局按照采伐量低于生产量三分之二的要求，完成市林业局分配的采伐限额指标。2004年，临西县被河北省林业局确定为2004—2007年河北省平原县采伐更新造林试点县。

第五章　养殖业

1979年至2008年，畜牧养殖业有了较快发展。1979年，临西县牧业产值790万元，渔业产值0.1万元。1991年牧业产值2688万元，渔业产值46万元。2008年牧业产值44580万元，渔业产值125万元。

第一节　管理机构

1977年，设临西县畜牧局，1982年，内设畜牧组、水产组、办公室，下设县畜牧兽医站、畜禽改良站和畜牧场，有干职工22名。

1984年3月，撤销畜牧局并入农业局，局内设畜牧水产股，下设县畜牧兽医站、畜禽改良站和联营牧场（承包给奶牛专业户王继英）。

1986年5月18日，恢复县畜牧局建制。1994年，局内设办公室、畜牧股、渔政股，下设县畜牧兽医站、动检站、畜禽改良站和联营牧场（1994年5月承包给吴元杰）。

1996年10月15日，更名为畜牧水产局。

2002年4月25日，更名为县畜牧局。

2004年7月，根据省政府办公厅《关于建立健全乡镇动物防疫体系意见的通知》（冀政办〔2003〕35号文件）的要求，设立临西县动物防疫监督站和下堡寺、尖冢、老官寨、大刘庄4个分站，设立公路动物防疫监督检查站，聘用33名技术人员，工资全额纳入县财政。原15处乡镇畜牧兽医站改制为经营性兽医服务实体。

2005年8月1日，撤销畜牧局并入农业局。设畜牧办公室，为县畜牧兽医行政管理机构，承担县一级兽医行政管理职能。设办公室、畜牧水产股、兽医防疫股、饲料工业办公室，下设临西公路动物防疫监督检查站、动检站、动物检疫监督站和下堡寺、尖冢、老官寨、大刘庄、河西5个分站，联营牧场继续由吴元杰承包。

第二节 家畜饲养

临西县饲养家畜主要有牛、马、驴、骡、猪、羊、兔、狗等。

牛 1986年以前，养牛为役用，全县牛存栏在万头左右。1986年—1993年，为役肉兼用期，全县牛存栏在1.2—1.8万头。1994年以后，由于农业机械化水平的提高，肉牛发展越来越快，到2008年，全县牛存栏达到7.61万头。2000年以来，随着居民生活水平的提高，牛奶需求量增大，奶牛养殖逐年发展。2008年，全县奶牛养殖由1999年的26头增加到834头。

临西县存栏200头以上奶（肉）牛规模养殖（小区）情况调查表

表6-10

名称	地址	占地（亩）	常年存栏（头）	主要销售地	业主
宗英奶牛场	河西镇邢庄	10	288		史宗英
玉华奶牛场	河西镇单屯	10	260		秦玉华
振宝奶牛场	临西镇高村	6	230		曹振宝
振友奶牛场	临西镇高村	6	220		曹振友
希信肉牛场	姚楼工作站太平庄	16	300		邱希信
凤祥肉牛场	大刘庄乡大刘庄	7	150		商凤祥

说明：每头牛年纯利润300—400元；每头奶牛年纯利润5000元。

马 1980年前，养马作为运输役用牲畜。1980年，全县养马1965匹。随着农业机械化的发展，运输由农用车代替，加之养马费草料、疫情多、抗病力差，此后逐年减少。2008年，全县养马800匹。

驴 实行联产承包责任制后，以节草、省料、病少、便于役用深受农民青睐，养驴数量逐年增加。1979年，全县养驴5701头。2000年，养驴达到32300头。随着农业机械化的发展，养驴数量有所下降。2008年，养驴降到15000头。

骡 因配种准胎率低、耗粮多，全县骡存栏较少。1980年，全县骡存栏377头。1982年，引进“蒙古马”与杂种驴配种繁育驴骡。驴骡体型小、耐粗饲、抗病力强、易管理，便于农户小规模经营土地和运输，发展速度快，2008年，全县养驴骡1300头。

猪 1979—1982年，全县猪存栏在4—5万头，1983—1993年稳定在2—3万头，1994年以后，随着瘦肉型猪品种引进，逐年发展，是年，达到4.31万头，1995年达到7.08万头，到2007年达到11.08万头，出栏15.1万头。

2008年临西县存栏300头以上生猪规模养殖场情况调查表

表6–11

名称	地址	占地（亩）	常年存栏（头）	其中		年出栏（头）	业主
				种公猪（头）	可繁母猪（头）		
泽辉猪场	临西县东枣园	20	1200	20	300	3000	孙尚辉
顺鑫猪场	下堡寺镇三庙	5	800	8	160	1950	吴玉文
广涛猪场	吕寨乡杨圈村	5	368	5	60	650	杨广涛
顺发猪场	摇鞍镇乡前镇	6	358	6	48	500	杨守梅
冀南利民猪场	摇鞍镇乡贺伍庄	7	356	5	40	600	王振岭
西段猪场	姚楼工作站西段	4	350	2	35	500	张贵文
清普猪场	下堡寺镇西王庄	4	310	6	80	600	王清普
继燕猪场	黎博寨工作站李楼	4	303	4	36	500	李继燕
立江猪场	吕寨乡宁庄村	5	300	4	58	500	张立江
风利猪场	临西镇前堤口	5	300	4	50	500	王风利
风全猪场	临西镇西马村	5	300	5	48	500	牟风全
八方猪场	河西镇岗楼村	4	300	4	46	500	郭继泉
文辉猪场	老官寨镇仁庄	5	300	4	38	500	王文辉
江云猪场	尖庄镇西尖	4	300	3	30	500	孙江云
广岭猪场	临西镇党尔寨	4	300	4	35	600	李广岭
珍英猪场	白地工作站曲庄	3	300	4	35	500	曲珍英
万路猪场	水波乡姜庄	3	300	4	60	500	姜万路
子元猪场	临西镇郭村	2	300	4	35	500	赵子元
风群猪场	摇鞍镇乡杏元	2	300	2	28	500	孙风群
俊斗猪场	下堡寺镇李六寨	5	300	4	48	500	张俊斗
子河猪场	下堡寺镇彭子堌	6	300	4	80	600	齐子河
金平猪场	下堡寺镇李六寨	4	300	2	26	300	石金平
元生猪场	姚楼工作站姚楼	5	300	4	68	500	丁元生
康宁猪场	姚楼工作站小芦	4	300	2	36	500	马康宁
世清猪场	河西镇南五里	3	300	2	24	500	董世清
宝荣猪场	老官寨镇千户庄	3	300	3	26	500	陈宝荣
庆军猪场	枣园乡孟庄	4	300	4	50	500	孟庆军
新华猪场	水波乡十八里	4	300	5	60	500	赵新华
金田猪场	摇鞍镇乡洪滩头	4	300	6	50	500	张金田

续表

名称	地址	占地（亩）	常年存栏（头）	其中		年出栏（头）	业主
				种公猪（头）	可繁母猪（头）		
春荣猪场	下堡寺镇海尔寨	5	300	5	45	500	王春荣
金相猪场	樊村工作站徐屯	5	300	6	29	500	尹金相
朝珍猪场	摇鞍镇乡西郭	5	300	5	26	500	孙朝珍
张林猪场	吕寨乡宁庄村	4	300	3	35	520	张　林

说明：每头猪年纯利润 200 元。

羊　养羊饲料以饲草为主，投资小，见效快，是农民致富的有效途径。1979 年羊存栏 5.17 万只，到 1993 年基本稳定在 5—6 万只，1994 年之后，随着居民生活水平的提高，羊肉的需求量增多，养羊业快速发展，1995 年全县羊存栏 14.19 万只。2000 年，县委、县政府出台了《关于大力发展小尾寒羊和白山羊改良的通知》《关于把临西县建设成优质羊饲养基地的决定》《关于加大工作力度，促进养羊业发展的实施意见》，鼓励大力发展养羊业，并对 500 只以上的养羊场给予奖励，有力地促进了养羊业的发展。到 2005 年，全县羊存栏达到 27.5 万只，之后，受市场因素影响，有所下滑，2008 年全县羊存栏 20.14 万只。

2008 年临西县养羊大户统计表

表 6–12　　单位：只

村名	户名	数量（只）	村名	户名	数量（只）
陆　村	王保平	30	常　屯	廉金华	30
陆　村	陆敬河	40	常　屯	王厚祥	33
杨　集	牟春山	33	马　村	李保印	32
河西岗	张佩岭	42	东　温	王金元	36
后张八庄	兴连进	34	东　温	吕金玉	46
王铎寺	庹金柱	34	东　温	卢文义	40
王铎寺	王兴才	45	东　温	唐振中	40
秦夏庄	高庆春	51	东　温	王长俊	43
曹　村	侯登江	35	东　温	王建华	32
高　庄	高金河	30	刘　口	张启明	36
仓　上	隋振元	58	三岔河	石振荣	37
仓　上	隋保立	58	西　温	寿金栋	30
后堤口	李洪恩	33	王菜瓜庄	王保田	43
后堤口	李建锋	41	王菜瓜庄	丰德贵	59
后堤口	王秀入	35	王菜瓜庄	向春福	35

续表

村名	户名	数量（只）	村名	户名	数量（只）
后堤口	李庆东	33	王菜瓜庄	王书文	41
潘　村	潘玉岗	49	王菜瓜庄	王书华	48
西马鸣堂	史继敏	39	花牛张庄	张立武	42
西马鸣堂	史凤明	32	纪　庄	卢金海	38
西马鸣堂	史方普	38	田　庄	徐克中	31
西马鸣堂	袁俊明	32	马刘庄	王法明	35
西倪庄	李再文	44	马刘庄	马文举	39
前堤口	李福贵	31	胡　庄	胡安成	38
龙　旺	张五振	47	邵　庄	王金桥	30
郭　村	郭殿法	32	丁　庄	马贵荣	37
郭　村	刘春岭	30	北　镇	修金祥	35
郑　庄	单绍广	32	合　计		2024

说明：每只羊年纯利润300—400元。

兔　主要有獭兔、长毛兔、黑优兔、青紫蓝兔和华北柴兔。1979年，全县养兔存栏2.31万只，年出栏11.26万只。1980年，威县冷冻厂建成后，大量收购活兔，临西县养兔业发展加快，1997—2000年全县兔存栏都在10万只以上。之后受市场因素影响逐年减少，2008年，全县养兔存栏6.24万只，年出栏8.76万只。

狗　1979年，全县养狗数量7600多条，以守门为主。随着生活水平的提高，猎狗、宠物狗增加，养狗数量越来越多。2008年，全县养狗数量18800条，主要有看门犬、宠物犬、追逐猎犬。2002—2008年，引进藏獒360多条。养狗数量及品种逐渐增多。县城、白庄、河西、东温还建有赛狗场。

第三节　家禽饲养

县内饲养的家禽主要有：鸡、鸭、鹅、鸽等。

鸡　1979年，全县养鸡存栏14.58万只，均为华北柴鸡。1980年后，引进高产蛋鸡“来享”“星杂288”“939”“海兰灰”“罗漫”“尼克”等优良品种。2008年，鸡存栏323.54万只，全县有养鸡大户234户。其中5000只以上蛋鸡养殖场达86个，3000只以上肉鸡养殖场16个。近几年，每只蛋鸡年纯利润10—12元，每只肉鸡纯利润1—1.2元，年可养2—3批。境内养蛋鸡最多的是尖冢镇李圈王孟祥养鸡场，年存栏蛋鸡45000只，占地50亩，年纯利润40万元。养鸡场主要分布在临西县西部的摇鞍镇乡等地。

2008年临西县蛋鸡规模养殖场情况表

表6-13　　单位：只

名称	地址	常年存栏	品种
玉国鸡场	摇鞍镇乡南杏元村	35000	海兰灰
泽路鸡场	白地工作站小寨村	30000	海兰灰

续表

名称	地址	常年存栏	品种
祖海鸡场	黎博寨工作站孟庄村	29000	海兰灰
俊明鸡场	临西镇童村	27000	海兰灰
保忠鸡场	河西镇黄庄村	27000	海兰灰
学明鸡场	临西镇仓上村	27000	海兰灰
春来鸡场	临西镇龙旺村	25000	海兰灰
金福鸡场	临西镇郭村	23000	海兰灰
宗林鸡场	黎博寨工作站孟庄村	22000	海兰灰
金海鸡场	临西镇郭村	21000	罗曼粉
金河鸡场	临西镇郭村	20000	海兰灰
继国鸡场	黎博寨工作站李楼	19000	海兰灰
广平鸡场	黎博寨工作站老营村	19000	海兰灰
玉林鸡场	河西镇南五里村	19000	海兰灰
建品鸡场	水波工作站樊庄	15000	海兰灰
冠祥鸡场	姚楼工作站樟柳寨	15000	海兰灰
佰庆鸡场	白地工作站曲庄	15000	海兰灰
金华鸡场	摇鞍镇乡西郭村	14000	海兰灰
清文鸡场	尖庄镇西尖村	14000	尼克粉
春田鸡场	摇鞍镇乡前胡	13100	海兰灰
维生鸡场	单屯工作站单屯村	13000	伊莎
兴国鸡场	下堡寺镇海尔寨	13000	海兰灰
占武鸡场	下堡寺镇东留善固	13000	海兰灰
发堂鸡场	白地工作站修寨	12000	海兰灰
学芝鸡场	白地工作站修寨	12000	海兰灰
广亮鸡场	临西镇前堤口	11860	罗曼粉
秀芹鸡场	尖庄镇西尖村	11500	海兰灰
东申鸡场	摇鞍镇乡前胡	11500	尼克粉
文录鸡场	黎博寨工作站孟庄村	11290	海兰灰
佰瑞鸡场	尖庄镇西尖村	11200	罗曼粉
连坤鸡场	黎博寨工作站老营村	11200	尼克粉
洪涛鸡场	尖庄镇西尖村	11170	罗曼粉
宗峰鸡场	黎博寨工作站孟庄村	11150	罗曼粉

续表

名称	地址	常年存栏	品种
清华鸡场	尖庄镇西尖村	11150	罗曼粉
宗存鸡场	白地工作站修寨	11130	海兰灰
海波鸡场	摇鞍镇乡西郭村	11100	海兰灰
跃河鸡场	黎博寨工作站孟庄村	11100	尼克粉
金全鸡场	枣园乡琉庙村	11100	尼克粉
艳华鸡场	尖庄镇西尖村	11100	尼克粉
增海鸡场	尖庄镇西尖村	11100	罗曼粉
宗磊鸡场	白地工作站秦白地	11100	尼克粉
宗河鸡场	白地工作站秦白地	11100	尼克粉
家坤鸡场	白地工作站东来寨	11060	尼克粉
保友鸡场	白地工作站林麻寨	11040	海兰灰
凤河鸡场	白地工作站杨黄营	11000	海兰灰
金亮鸡场	单屯工作站常屯村	11000	伊莎
文礼鸡场	河西镇常园村	11000	罗曼粉
淑兰鸡场	摇鞍镇乡南杏元村	11000	海兰灰
福明鸡场	枣园乡陈窑村	11000	尼克粉
占兴鸡场	下堡寺镇东留善固	11000	海兰灰
跃珍鸡场	尖庄镇李圈村	11000	罗曼粉
玉荣鸡场	尖庄镇西尖村	11000	罗曼粉
怀勇鸡场	白地工作站指挥墓	11000	海兰灰
友明鸡场	老官司寨镇姚庄	11000	海兰灰
百庆鸡场	下堡寺镇邵庄	11000	海兰灰
林全鸡场	尖庄镇商庄	11000	罗曼粉
文征鸡场	吕寨乡王铎寺	10500	伊莎
生海鸡场	白地工作站曲庄	10100	海兰灰
济峰鸡场	摇鞍镇乡南杏元村	10100	海兰灰
玉宗鸡场	吕寨乡陆村	10050	伊莎
安云鸡场	大刘庄乡后闫	10000	尼克粉
振江鸡场	白地工作站西来寨	10000	海兰灰
珍林鸡场	白地工作站曲庄	10000	海兰灰
云海鸡场	白地工作站曲庄	10000	海兰灰

续表

名称	地址	常年存栏	品种
云涛鸡场	白地工作站曲庄	10000	海兰灰
云河鸡场	白地工作站曲庄	10000	海兰灰
云旺鸡场	白地工作站曲庄	10000	海兰灰
云奎鸡场	白地工作站曲庄	10000	海兰灰
占芳鸡场	白地工作站曲庄	10000	海兰灰
仁堂鸡场	白地工作站曲庄	10000	海兰灰
长江鸡场	樊村工作站何寺	10000	海兰灰
云娥鸡场	白地工作站秦白地	10000	海兰灰
庆军鸡场	临西镇西马	7000	海兰灰
玉恩鸡场	摇鞍镇乡西郭村	7000	海兰灰
朝河鸡场	摇鞍镇乡西郭村	7000	海兰灰
雪荣鸡场	河西镇前冯	6000	海兰灰
元春鸡场	摇鞍镇乡前胡	6000	海兰灰
兴奇鸡场	下堡寺镇海尔寨	6000	海兰灰
福山鸡场	下堡寺镇务头	6000	海兰灰
生强鸡场	白地工作站秦白地	6000	海兰灰
王刚鸡场	下堡寺镇海尔寨	5600	海兰灰
景录鸡场	下堡寺镇海尔寨	5300	海兰灰
春山鸡场	白地工作站秦白地	5200	土鸡
成新鸡场	下堡寺镇东高尔庄	5200	海兰灰
兴检鸡场	白地工作站秦白地	5000	海兰灰
文良鸡场	白地工作站秦白地	5000	海兰灰

2008 年临西县肉鸡规模养殖情况调查表

表 6–14　　单位：只

名称	地址	常年存栏	品种
呈祥肉鸡场	黎博寨李楼	50000	尼克
月峰肉鸡场	河西镇南五里	3500	尼克
志强肉鸡场	河西镇南五里	3500	尼克
玉军肉鸡场	河西镇南五里	3500	尼克
延刚肉鸡场	姚楼工作站百户寨	3500	尼克
五生肉鸡场	老官寨镇千户庄	3500	尼克

续表

名称	地址	常年存栏	品种
树新肉鸡场	大刘庄乡田庄村	3300	尼克
长春肉鸡场	大刘庄乡大刘庄村	3200	尼克
庆山肉鸡场	大刘庄乡前闫村	3200	尼克
玉林肉鸡场	河西镇南五里	3100	尼克
芳修肉鸡场	大刘庄乡前闫村	3100	尼克
云波肉鸡场	姚楼工作站窦庄村	3000	尼克
继领肉鸡场	临西镇前堤口村	3000	尼克
德荣肉鸡场	大刘庄乡田庄村	3000	尼克
云生肉鸡场	大刘庄乡田庄村	3000	尼克
常宝肉鸡场	单屯工作站单屯村	3000	尼克

鸭 1979年，全县养鸭存栏3981只，主要有康贝尔鸭和本地白鸭。2006年，全县养鸭存栏29.34万只，以小户散养为主。

鹅 1979年，全县养鹅存栏1438只，主要有北京鹅。由于鹅生长速度快、产蛋率高，故养殖发展较快。2006年，全县养鹅3万只，以家庭散养为主。

鸽 1979年，全县养鸽存栏5800只，均为观赏鸽、通信鸽。近年来，肉鸽业发展较快，并获得了良好的经济效益。2001年，全县养鸽存栏达到41560只，以肉鸽为主。

第四节 渔业

1978年，全县养鱼面积583亩，投放鱼种33万尾，年产鱼12.1吨。1980年，随着农村联产承包责任制的落实，坑塘承包给养鱼专业户。渔业管理部门大力宣传落实《渔业法》，强化监督管理，充分发挥养鱼专业户积极性，养鱼产量逐年增加。1983年，捕捞产量6.1吨；1987年，捕捞产量20吨；1990年，捕捞产量60.3吨；2006年捕捞产量150吨。

第五节 特种养殖

境内特种养殖业主要有梅花鹿、狐狸、蜜蜂。

梅花鹿：80年代初，临西镇潘村潘长才引进梅花鹿48头，其中公鹿8头。2006年，鹿茸滞销，价格下降，卖掉转产。2008年，河西镇泽辉养殖场尚存栏梅花鹿24头。

狐：饲养品种有蓝狐、雪狐、银狐、银蓝狐。1996年，本县狐存栏2858只，主要分布在大刘庄乡卫罗庵、黎博寨工作站大营、下堡寺镇东留善固。2003年，因“非典”影响和毛皮价格低落，养狐业呈下降趋势。2006年，县内只有大营村尚有存栏824只。

蜜蜂：蜜源植物种类有刺槐、枣树、棉花、芝麻、葵花、油菜等。刺槐花蜜呈水白色，透白、不易结晶、气味芳香、质地优良，列为上等佳品。棉花蜜为琥珀色，易结晶、质地硬、香味淡为二等蜜。姚楼工作站蔡辛庄退休干部、农艺师王文学从事养蜂多年，经验丰富。2006年，养蜂18箱。

特种养殖行情不稳定，价格经常大起大落。炒种者效益可观，养殖户效益极微。从1979—2008年的养殖市场行情分析，全县特种养殖业，

时有时无，没有形成产业。

第六节 动物疫病防治

一、机构队伍

2005年，临西县争取国家专项资金116万元，建立了县动物防疫监督站和下堡寺、尖冢、老官寨、大刘庄、河西5个分站，县站定编6人、分站定编4人。原乡镇兽医站人员走向市场，创办经营性兽医站、宠物医院19处，从业人员22人，村协防员303名。2006年，国家增拨专项资金97万元，完善了县、乡兽医实验室建设，加强了新技术应用，增强了对动物疫病的基础控制能力，提高了科学防治水平。

二、防疫检疫

（一）防疫

畜禽传染病主要有高致病性禽流感、口蹄疫、猪瘟、鸡新城疫、狂犬病等。为严格控制疫病发生，按照农业部实施方案，集中力量，组织县、乡、村、场四级防疫人员，不漏村、不漏（场）户、不漏针，每年春秋两次全面开展突击免疫工作。

禽流感防疫。严格按照免疫方案对所有家禽（鸡、鸭、鹅、鸽等）实行强制免疫，对新补栏家禽做到及时补免。

口蹄疫免疫。对所有偶蹄（牛、羊、猪）家畜实行强制免疫。牛、羊使用O型－亚洲Ⅰ型口蹄疫二价灭活疫苗进行免疫，猪使用O型口蹄疫灭活疫苗进行免疫。

其它动物疫病免疫。贯彻国务院“加强领导、密切配合、依靠科学、依法防治、群防群治、果断处置”的方针，积极开展猪瘟、鸡新城疫、狂犬病、猪流行性乙型脑炎春、秋集中免疫，及时进行免疫效果和疫情监测，定期通报免疫密度，规范免疫档案，严格动物监管，有效地防控禽流感等重大动物疫情。全县连续8年没有动物疫情发生，保障了畜牧业健康发展和人民群众的身体健康。

（二）检疫

加强产地检疫和屠宰检疫。对于出栏、出售的畜禽，动物防疫监督机构（动检站）坚持派人到场、到户检疫；对于屠宰的动物，坚持驻厂（点）同步检疫，做到有宰必检，检疫率达到100%。加强对饲养、屠宰、经营、加工、运输、储藏的动物和动物产品的监督管理。充分发挥县公路动物防疫监督检查站作用，加强流通环节的监督检查，发现可疑疫情，马上确认处理。加强市场、仓储等环节和场所的监督检查，对逃避或抗拒检疫、免疫，以及贩卖病死动物的，依法从严处理。按照国办发〔2006〕89号文件精神，加强了活畜交易市场监管，严格检疫监督。通过动物及其产品的检疫，消毒灭源、内防外堵、严防死守，强化了防控工作。

三、传染病防治

畜禽传染病危害较为严重的有：高致病性禽流感、口蹄疫、猪瘟、鸡新城疫、狂犬病。

高致病性禽流感发病率和死亡率很高。根据家禽饲养周期短、出栏补栏快的特点，实行高致病性禽流感常年免疫、月月补针的免疫程序。规模养殖场按免疫程序进行免疫，对散养家禽实施集中免疫，对新补栏的家禽及时补针。

7—21日龄时，使用禽流感—新城疫重组二联活疫苗初免。第一次免疫后3周，用禽流感—鸡新城疫重组二联活疫苗进行一次加强免疫；开产前（120—160日龄），用重组禽流感灭活疫苗（H5N1亚型）进行第二次加强免疫。

第七节 饲草饲料

大牲畜：农村实行联产承包责任制后，农业生产连年丰收，饲草饲料资源丰富，大牲畜逐年增加。1988年，利用黄淮海农业开展资金52万元，推广秸秆开发，增加社会载畜量，养牛数量猛增。2008年，产饲草2.2亿公斤、饲料粮2366万公斤，秸秆开发8.8万吨，人工种草400余亩。

家畜家禽：野生杂草和人工种植的紫穗槐、苜蓿及各种树叶是羊、兔、鹅的饲草。全县年产

各种饼类2600万公斤、糠麸1581万公斤。1984年后，实行科学配方，猪、鸡饲养降低了成本，提高了经济效益，促进了家畜家禽发展。

一、饲草储备

野生杂草和苜蓿晒干打捆垛堆储备，农作物秸秆用粉碎机粉碎后储备。1986年开始，推广秸秆青贮、微贮、氨化技术，提高了饲草利用率，减少了饲草资源浪费，加快了畜牧业发展。

二、饲料加工

2002年，临西县把发展畜牧业作为农村第一主导产业，制定了一系列相应政策，在良种引进、基础设施建设方面增加了政策性投资。全县300多个规模养殖场都配备了饲料加工机械，降低了饲料和能源消耗，提高了健康养殖水平。

第八节 动物品种改良

1980年前，县内所养牛均为冀南黄牛，1980年，引进“英国短角、夏洛来、西门塔尔”等种公牛冷冻精液，采取人工授精技术改良冀南牛。杂交牛比冀南牛发育快、体型大、产肉多，全县养牛业由役用型向肉役兼用型转化。2008年，全县8个改良站点黄牛改良、配种3.7万头，准胎3万头，当年产犊牛2.45万头。

1983年前，县内养猪均为脂肪型品种。1984年以后，引进瘦肉型“杜洛克、汉普夏、长白猪”逐步改良杂交猪，黑猪减少，白猪增多，改良后的杂种猪生长速度快，繁殖能力强，瘦肉率、出栏率高。

1994年，从山东省梁山县引进小尾寒羊1400只，1999年引进波尔山羊优良品种对本地山羊进行改良，2004年引进杜泊绵羊品种。同时，搞好良种示范，科技培训，推广肉羊高产技术，实现了良种繁育规范化。

第九节 科学喂养

生猪、蛋鸡、肉鸭养殖模式由散养向规模化专业场模式逐步转移。在养殖管理上，一是圈舍卫生，保持冬暖夏凉、温度适宜、干燥清洁、阳光充足。二是科学喂养，定时定量，精粗饲料合理搭配，供给充足卫生的饮水。三是精心管理，科学防治，坚持“预防为主，防重于治”的原则，搞好各种疫病免疫接种和驱虫工作。四是按规定适时出栏，提高经济效益和肉的品质。五是适龄配种，多胎高产，及时淘汰久配不孕、产仔率低、泌乳力下降的母畜，减少经济损失，提高经济效益。

第十节 站场简介

一、畜禽改良站

1971年，建县畜禽改良站，初址在王路寨村内租赁民房。1972年5月迁到王路寨村北，原名为临西县畜牧配种站。1986年更名为临西县畜禽改良站。占地面积28亩，投资1.5万元，建房15间，有种畜8头（匹），其中种公马3匹、种公驴2头、种公牛3头。1974年，引进英国短角肉牛9头（种公牛6头，种母牛3头）、西门塔尔牛2头（种公牛1头，种母牛1头）。

1975年，培训34名黄牛改良技术员，推广人工授精技术，各公社建立人工授精点14个。到1978年，共改良牛3500头。

1981年，从济南市引进肉鸡“白洛克”和鸡蛋“200”，改良站自己孵化优种鸡，并建立起小型饲料加工厂。

1984年，开始实行冷冻颗粒精液配种。1987年，增设了3个冷配点，年冷配牲畜500头以上。

2004年，畜禽改良站迁入畜牧场。

二、畜牧场

县畜牧场建于1975年，地方国营事业单位。建场投资5.7万元，征地207.1亩，建房50间，猪圈33个，打深机井1眼、浅机井2眼。

1979年，有干职工20名。奶牛存栏24头，西门塔尔牛2头，英国短角肉牛6头，苏维埃马1匹，渤海驴1头，纯种大约克夏种猪36头，优

质牧草地（合草、苜蓿）2 亩。

1984 年，承包给陈庄村民王继英，每年上缴承包费 6000 元，承包期 10 年。因大胆改革、强化管理、效益提升，曾被树为企业改革先进典型。

1994 年，转包给吴元杰，每年上缴承包费 22000 元。

1999 年，农业开发多种经营项目批复资金 200 万元，先后购奶牛 140 头，存栏达到 200 头，建青贮池 1920 平方米、牛舍 1650 平方米、库房 250 平方米，购置变压器 1 台，建配电室 1 座，配发电机组 1 台、冷槽 2 个、挤奶机 4 台、粉碎机 4 台、供水设备 1 套，围栏 1500 平方米。2000 年 3 月全部竣工，完成项目规划建设，并验收达标。

三、临西县波尔山羊有限公司

摇鞍镇乡政府西 1 公里偏南处。1999 年 11 月建场，占地面积 500 亩、建筑面积 11000 平方米，其中羊舍 5000 平方米，总计投资 1100 万元。

该公司是河北省规模最大的波尔山羊繁育基地，被定为河北省重点养羊场、河北省肉羊杂交改良技术推广中心、河北农业大学教学、科研与生产三结合基地、河北农业大学“肉羊繁殖技术研究”试验基地。

公司利用澳大利亚纯种波尔山羊做供体，以关中奶山羊做受体，利用胚胎移植，培育纯种波尔山羊。为了加快发展，采用“公司＋基地＋农户”的发展模式，年培育纯种波尔山羊 1500 余只。公司后因亏损而倒闭。

四、河北隆利达食品有限公司

位于河西镇西 1.5 公里，邢临公路南侧，建于 2006 年 8 月，占地 28 亩，总投资 2100 万元，其中固定资产 1517 万元，是一家集种鸭孵化、鸭苗放养、饲料供应、毛鸭回收、屠宰、肉食品加工、销售为一体的股份制企业，注册资金 1000 万元。

2007 年 8 月投产至 2008 年底，公司发展养殖户 120 个，并与养殖户签订了长期稳定的保底价回收合同。回收、屠宰、加工肉鸭 360 万只，生产鸭产品 9180 吨，利润 320 万元，带动养殖户增收 400 多万元。产品主要销往武汉、郑州、石家庄、南京、聊城、泰安等地，与 100 多家销售单位建立了长期稳定的供销关系。2008 年被评为“邢台市农业产业化重点龙头企业”，该公司的樱桃谷肉鸭养殖及加工项目被河北省列为 2008 年省重点建设项目。

1979—2008 年畜禽养殖变化情况统计表

表 6-15

年度	大牲畜合计	其中役畜	其中				生猪		羊存栏（只）	其中		兔		狗存栏（只）	鸡（只）	鸭（只）	鹅（只）	鸽（只）	畜牧产值（万元）
			牛（头）	马（匹）	驴（头）	骡（头）	存栏（头）	出栏（头）		山羊（头）	绵羊（头）	存栏（只）	出栏（只）						
1979	18944	14864	11027	1728	5701	469	50402	23112	51706	21030	30676	23080	112600	7600	145790	3981	1438	5800	790
1980	19633	16251	10994	1965	6287	377	52592	20405	73722	22756	51016	23943	108420	7680	179009	5476	9263	5900	931.3
1981	21154	17681	9953	1956	8837	404	41088	20164	73316	22864	50452	17407	85635	7960	170089	5476	9263	6200	428.8
1982	25813	22069	9846	2003	13265	695	41021	21330	85040	68341	16699	13405	74684	8100	177699	9695	14430	6800	510
1983	25694	22024	9211	1889	13659	932	32461	12705	46062	18046	2816	11523	75568	8150	188178	9025	11204	6900	875.3
1984	28695	25255	9838	1779	15891	1186	20593	13650	42632	18888	23744	11967	87568	8225	234135	10745	10689	7100	431.7
1985	30199	25493	10366	1638	16861	1333	31878	14669	35419	18205	17214	12350	98584	8356	319938	11702	8917	7200	478.9
1986	32661	27250	12160	1600	17400	1500	27600	16540	61670	33270	28400	12143	98482	8546	353007	10436	6460	7340	578
1987	32592	26622	12918	1284	16876	1513	23570	21161	63728	36489	27239	11865	96524	8654	436571	9480	9654	7650	680

续表

年度	大牲畜合计	其中役畜	其中				生猪		羊存栏（只）	其中		兔		狗存栏（只）	鸡（只）	鸭（只）	鹅（只）	鸽（只）	畜牧产值（万元）
			牛（头）	马（匹）	驴（头）	骡（头）	存栏（头）	出栏（头）		山羊（头）	绵羊（头）	存栏（只）	出栏（只）						
1988	34350	26887	15245	1237	16275	1593	24313	18543	53165	32439	20726	10934	87530	9621	391096	24740	22000	7750	681
1989	34262	26367	15530	1002	15933	1797	24370	20311	53512	32499	21013	9856	75476	9840	400330	11438	10000	7840	676
1990	34864	27046	16329	1064	15211	2260	24456	22064	50029	30211	19818	8786	72375	13000	434757	15470	10000	7960	764
1991	35711	27608	16635	1108	15323	2645	26608	25012	52293	30749	21544	13246	98542	13200	482207	37580	10000	8120	2453
1992	35600	26900	17200	1000	14600	2800	22800	26600	42800	26100	16700	17869	23438	13400	114700	20000	10000	8215	2284
1993	38062	28823	18965	1181	14969	2947	27150	26141	52881	31929	20952	25875	24821	13800	590000	20000	20000	8330	3408
1994	45800	33700	24400	1100	17200	3100	43100	63400	83500	49500	34000	53100	43600	14200	980000	32000	25000	8425	6907
1995	87600	38600	61500	2000	20300	3800	70800	93400	141900	92700	49200	87300	136800	15240	2820000	60000	18700	8350	15458
1996	93000	52200	56900	2400	28400	5300	75600	100700	167200	99800	67400	92600	134700	15862	2946200	60000	20000	8450	16170
1997	98200	56300	60300	2300	30100	5500	80100	106400	182000	108600	73400	104900	91700	16654	3178000	62334	24615	8500	16491
1998	101700	59200	63400	2600	31100	4600	85200	115100	189600	116900	72700	115100	94900	16840	5169700	621000	38500	9600	27390
1999	104700	61000	65700	2500	31600	4900	87800	120300	199100	117100	82000	102200	114600	17100	5479900	60000	40100	11200	28180
2000	106800	56300	66900	2400	32300	5000	89400	125100	208800	111500	97300	109100	269000	17506	5420100	70000	87200	38600	20617
2001	97800	35100	67100	2000	25400	3300	91100	129000	209600	108700	100900	96400	199400	17664	5648300	100000	145900	41560	29318
2002	93900	17200	65700	1900	22900	3400	97900	156900	228200	128200	100000	96900	215200	17826	2925100	155200	146400	3950	30217
2003	102400	30000	75100	1600	21900	3800	101000	142000	250000	129400	115900	69300	157000	17996	2938200	167800	234000	21200	44574
2004	104900	17400	76600	2300	21900	4100	104800	147200	262000	156200	105800	88500	213400	18666	3087100	160000	202900	15400	47815
2005	105900	15500	79500	1500	21300	3600	108500	153500	275000	163800	111200	65700	178500	18754	3210000	160000	200000	8600	55738
2006	97900	24400	78600	1200	15900	2200	111600	153200	271400	166600	104800	62400	87600	18850	3235400	293400	300000	8400	55738
2007	96800	16000	77500	1200	15900	2200	110800	151000	262000	162000	100000	60000	90000	18800	2260000	280000	200000	8400	56000
2008	34100	15000	76100	800	15900	1300	78600	73200	201400	80000	121400	4000	12000	18800	1890000	300000	170000	7000	56580

第七编 工业

80年代，临西县的工业开始由计划经济模式向市场经济模式转轨。1987年临西县政府出台《关于在县属工商企业推行经营承包责任制的决定》，先后在全县工业企业中推行承包经营责任制、股份制、股份合作制、兼并重组、破产、出售、拍卖转让、租赁等形式的企业制度改革。到2003年，乡镇办集体企业已全部出售转让；县属工业企业绝大部分国有资本已经退出，转制为民营企业。2008年，全县共有工业企业6426 家，其中民营企业6383家。销售收入亿元以上的13家、5000万元以上的78家、3000万元以上的26家。创利税500万元以上的67家。全县实现工业增加值25.3亿元，规模以上工业企业利税总额1.27亿元。

第一章　国有企业

第一节　管理机构

1979 年，国有工业企业的管理机构为工业局，内设办公室、工业科、手管科、计财科、供销经营部，局机关有工作人员 30 名。1980 年，改设为经济委员会（简称“经委”），内设办公室、人事科、计财科、生产科。1990 年，增设技术科。1996 年 9 月，改称经济贸易局，内设办公室、人事科、计财科、生产科、保卫科。2005 年 6 月 1 日，改设为工业促进局，有工作人员 22 名。

第二节　发展历程

1970 年之前，全县共有农机修配厂、童村油棉厂、下堡寺油棉厂、第一机械厂 4 个县办工业企业，共有职工 950 名，年工业总产值 890 万元。1970 年后，建临西煤矿、石英石矿、面粉厂、制药厂、二机厂、城关棉花加工厂等县办工业企业 13 家。1972 年，共有企业职工 1994 名，9 家独立核算的工业企业年产值 730.4 万元。到 1982 年，全县共有氮肥厂、火柴厂、制药厂、棉织厂、抛光矿轮厂、二机厂、酒厂、砖瓦厂（五里窑）、造纸厂、啤酒厂等工业企业 16 家，干部职工 3050 名，年产值 2816 万元。此后，一机厂、临西煤矿、石英石矿、酒厂、化肥厂（沙河）因经营等原因，先后关闭。同时，引进资金、技术先后办起了抛光砂轮厂、东风化工厂、啤酒厂。1989 年时，县属国有工业企业共有 19 家，1990 年，实现产值 6971 万元。之后，随着经济体制改革的不断深入，啤酒厂、东风化工厂先后关闭，部分企业实行整体出售或承包经营，部分企业进行了股份制改造。2004 年，全县所有的国有企业破产改制完毕，传统的国有工业企业计划管理体制被新的现代企业制度所代替。2008 年，县内国有工业企业 43 家，占工业企业总数的 0.7%。

临西面粉厂

临西浸出油厂

第三节　重点企业

一、临西煤矿

始建于 1970 年，地址在沙河县白涧村，生产烟煤。1970 年 8 月开建，1971 年 4 月投产，当年产煤 4229 吨，年产值 7.4 万元。1975 年，产煤 3.5 万吨，产值 59.3 万元。1982 年，有干职工 273 名、固定资产总值 158.9 万元，主要设备有矿车 40 辆、矿灯 80 个、煤电钻 12 台、排风设备 11 套、通风设备 11 套、运输设备 8 台。因地处沙河境内，与属地群众时有矛盾，经营难度大，于 1982 年将煤矿整体转卖给沙河县白涧村，干职工回县安置。

二、第一机械厂

1968年8月，由河西白灰厂改建为农机厂，生产碾米机、钻机、铡草机。1974年始称第一机械厂，有车床15台、钻床3台、台钻6台、磨床2台、齿轮及螺杠机床4台、铣床1台、刨床4台、砂轮及抛光机5台、简易机床11台，动力机械总能力505.7千瓦，主要生产C615车床。1980年，产品滞销，改产汽车配件，因产品积压，于1982年关闭。厂内设备调给二机厂、五金厂、农机厂，厂址改为木器加工厂，人员在企业内部分流。

三、第二机械厂

1974年在河西兴建第二机械厂，占地7382平方米，建筑面积2392平方米，主要生产C615、C616车床、脱粒机、中耕器、轧面机等产品。1981年，改产出口产品果树锯。1983年，产销5400把；1989年，产销9.7万把。产品销往欧美及东南亚。1990年，有干部职工69名，其中技术人员11名，固定资产63万元。此后，转为承包经营，因连年亏损，于2000年5月破产，资产、厂房拍卖，职工分流。

四、临西沙河化肥厂

1978年，国家将4100部队的军工企业，位于沙河县西南部的化肥厂转交给临西经营。该厂占地7万平方米，建筑面积8000平方米，固定资产164.89万元，年产合成氮3000吨。1979年5月29日，经邢台地区批准停产。其设备、人员全部撤回，并入临西县氮肥厂。

五、氮肥厂

1975年开建，1977年投产，为国家支援临西农业生产的大型工业项目。位于县城西3.8公里的陈林村南，邯临公路北侧，占地10.34万平方米，建筑面积1.22万平方米。设有化工、机修、原料等4个车间和生产供销、财务、运输、政工、保卫等15个科室。主要设备有10Tn煤粉锅炉2台、φ2260造汽炉3台、L型压缩机7台、φ500铜液洗塔1台、φ500合成氨塔1座、汽车18部。设计年生产合成氨5000吨，技术改造后生产能力达1万吨。建厂初期，产品供不应求，农民凭分配指标购买，产销两旺。改革开放后，取消分配供销，产品畅销本省及山东各地。1981年，获省委、省政府嘉奖。1982年，获化工部奖励。

1986年，扩大生产规模，增加硝铵产品，企业更名邢台恒达化工集团。1990年，生产合成氨1.4万吨、碳铵5.88万吨，产值1724.9万元，利润21万元。后因原料涨价、设备老化、成本价格不断攀升，出现生产困难，期间改产甲醇。1987年，转为承包经营，未能扭转局面。2000年5月，通过招商引资，由美籍华人刘振赢以200万美元购买企业，改称邢台联洋化工有限公司。后因效益下滑，交付资金不到位等原因，2001年终止协约，转由原厂车间主任吴元杰承包经营。2005年，被山东银光集团收购，组建河北银光化工有限公司。2008年公司员工300人，年产碳铵、合成氨和硝铵6000吨，销售收入7100万元，利税770万元，为县重点企业和纳税大户。

六、火柴厂

原为临清复聚卷烟厂，1949年转产火柴。1961年，迁至卫运河左堤外石灰厂旧址。1962年，转为国营企业。1965年建县后，称临西火柴厂。1972年，卫运河扩大治理，迁址于今河西镇顺河街中段东侧。1990年，固定资产原值572.8万元，净产值476.6万元。设制梗、制造、成品、制盒4个车间。厂内设有人事、保卫、供销、财务、生产、设备、质检、总务、计量9个科室。有大型设备32台（套），年产火柴40万件。产品畅销河北、河南、山东等省市。主导产品“兴临”火柴获“河北省优质产品”称号。

1995年后，由于原材料（木材）涨价、设备老化、离退休人员增多等原因，出现成本上升，加之打火机的普及，销量递减，企业生产陷入困境。1998年4月，实施破产。7月，经邢台市经委“搭桥”，以国有资产划转的方式并入沧州市泊

临西纺织印染厂

头火柴（集团）有限责任公司。人员、财产由该公司接收，注册成立泊头火柴（集团）有限责任公司临西分公司。后由于资金不足、销售困难，于2001年再度停产。2004年，企业实施破产。

七、纺织印染厂

位于河西镇临卫街西侧，占地4.66万平方米，建筑面积2.796万平方米。

1970年，购置自动织布机，织造灯芯绒坯布，时称临西棉织厂。1975年，生产华达呢布。1977年，投资20万元，改造厂房600平方米，扩大生产。1981年，同织染厂联营，先后进行了布机填平补齐、建割染车间、印染车间、5000枚纱锭纺纱车间等5期较大的技术改造，完成投资1200万元，形成了纺织、印染一条龙生产线。1990年，更名为纺织印染厂，固定资产原值1237.8万元、净值1049.1万元。主要设备有：细纱机7台（5000枚纱锭）、1511型自动布机336台，并有线机、浆纱机等辅助设备15台，印花设备1套，2吨、4吨锅炉各1台，160千瓦发电机组3组，其他动力设备303台，职工1104名，年生产能力600万米。主导产品灯芯绒布获"河北省优质产品"称号，产销旺盛。是年，产值2446.8万元、利税226.4万元。1993年后，企业经营下滑，累计负债近千万元。1999年4月30日，宣布破产。

2000年8月，经招商引资，宁波投资商与该厂联合，成立临西县海沙纺纱厂，并由原经贸局划归县供销社管理。后因宁波投资方没有履行合同，于12月底，双方终止合作。该厂移交县供销社时，在册干部职工700名。2000年，第一批"买断"300名；2005年，第二批"买断"（给予一次性经济补偿、解除劳动合同）300名、等退80余名、被新一轮承包者聘用10多名。

2001年2月10日，与临清市民营个体经营者签订5年的租赁合同，每年租金100万元。2006年2月期满，合同终止。

2006年2月10日，启动新一轮承包。企业法人与县供销社签订了30年承包经营合同。经营体制为：厂长、工人集资入股，集体办厂，自负盈亏。新一轮承包后，返聘技术工人20名，新招聘工人180名，共有职工200余人。固定资产总值300万元，流动资金200万元。原1.3万纱锭已启动1万锭，生产32支纱，日产量3吨，年产量600吨，产值1020万元。

八、造纸厂

1974年，县砖瓦厂建造纸车间，1975年投产。1983年，从砖瓦厂析出，成为独立的核算单位，取名临西县造纸厂，因产品滞销，9个月后关闭。1986年9月恢复生产，由原来生产瓦楞纸、包装纸改为一号有光白纸。主要设备有：4吨锅炉1台、320千伏安变压器2台、配电盘15个（容量550千瓦）、25立方米蒸球机1台、自制高频震动筛1台、单缸单网单毯和单缸单网双毯造纸机各1台、1092切纸机1台，年生产能力900

吨。1992年再次停产。1995年，由个人承租，组建民营企业“临西县兴隆纸品厂”。经技术改造、设备更新，年产能力达到万吨。同时，上马了部分污水治理设施。因治污不达标，生产时停时续。2001年，政府重新收为国有。2003年，建立股份制企业“兴隆纸业有限公司”。

九、砖瓦厂

1957年兴建，因位于临清城西5华里始称“五里窑”。1965年取名砖瓦厂。占地50.4万平方米，建筑面积1.15万平方米，有大型轮窑两座，年产机制红砖3000万块、方瓦1000万块。1978年，获“河北省优质产品”称号，是县重点企业之一。1987年，实行承包经营。1990年，产值233万元，利税30.7万元。2000年4月，实施破产，职工身份进行置换。破产后进行资产重组，成立临西县建材厂，实行对外租赁经营。

十、制药厂

1971年，县医药公司创办制药生产班组。1974年，有职工26名，固定资产9100元。1981年，从医药公司析出，成立临西县制药厂。1990年，有职工70名，固定资产95.9万元，净值95万元。主要设备有：动力设备20台、制剂设备15台、汽车3部。生产蜜丸、水丸、胶囊3个剂型的25种中成药产品。主导产品复方芦荟胶囊（原名通便灵）属国内首创，年产150万瓶，行销全国各地，远销新加坡、泰国、马来西亚等7个国家和中国港澳地区。1986年，获省科技进步四等奖、省优秀产品二等奖、省医药公司科技进步二等奖。1987年，获全国“健康杯”评比优秀奖。1989年，获“河北省优质产品”称号。2000年，进入国家中药制药五十强企业，利税占全县财政收入的三分之一。2004年，企业改制，与上海复星实业股份有限公司联营，组建股份制企业，更名为上海复星临西药业有限公司。公司注册资金6200万元，上海公司占股60%，临西县占股40%，职工身份全部进行了置换。2005年，临西将40%的股份中的25%转卖给上海复星药业，保留15%的股份。2008年，公司员工210人，年产复方芦荟胶囊等胶囊型产品8亿粒、片剂4亿片，年销售收入5000万元，上缴税金1000万元，列全国中药行业50强之一。

十一、啤酒厂

1987年开建，1988年投产。位于县城东南部，占地4万平方米，建筑面积1.2万平方米，为

临西县砖瓦厂

临西啤酒厂

全民所有制企业，生产“临瑰牌”青艺啤酒。有职工291名，固定资产814万元。厂内建有生产区、生活区，设有办公室、供销科和动力、酿造、维修、包装4个车间，设计年生产能力1万吨。1988年，通过省级技术鉴定，质量达到4927—85国家标准，产品一度畅销山东、山西、河北、陕西等省及北京、天津、广州、沈阳等大中城市。1990年，生产啤酒2587吨，产值310万元。此后，因管理、质量和销售滑坡，连年亏损，1992年8月停产关闭。

第二章 集体企业

第一节 管理机构

1984年12月，成立手工业合作社联合社，始有集体企业的管理机构，内设办公室、生技股、人事股、计财股，有干部职工18名。1987年9月，改称第二轻工业管理局（简称“二轻局”）。1996年6月，改称二轻工业总公司。1997年7月，机构撤销，职能并入经贸局。

第二节 发展历程

集体企业起步较早，是国有企业的补充，由公社或街道自行组织建立，以从事手工制作为主，实施自负盈亏的经营方式。由于集体企业具有管理上的灵活性，在发展中不断转轨变型，时兴时衰。1976年，全县较有规模的集体企业10家，职工500余人，年工业总产值800多万元，利润31.13万元。

1979年，改革开放以来，贯彻落实“调整、改革、整顿、提高”工业发展的8字方针，部分经营不善的企业相继倒闭，而有生产实力的企业随着经营承包和厂长责任制的推广而得到发展壮大。1990年，全县有县属集体企业14家，职工1978名，年产值7843万元。此后，公社、村办集体企业迅猛增长。1990年，有乡镇集体企业93家、村办集体企业169家，仅砖瓦厂就有72家，其中乡镇15家、村办57家。随着改革开放的深入，民营资本的壮大，乡、村集体企业转为个体承包经营的民营企业。2000年5月，建筑工程公司、预制件厂、纸箱厂、皮麻厂、日用化工厂、电器厂等县属集体企业全部宣告破产，其经营场所进行了拍卖、租赁，人员分流或下岗。

第三节 重点企业

一、五金厂

位于河西镇西部邢临公路南侧，占地1.7万平方米，建筑面积3100平方米。1955年，为老官寨区的铁业合作社。1958年，改为火箭人民公社联合厂。1965年，为县农具合作工厂。1967年始称五金厂。主要设备有空汽锤7台、冲床4台、160磨擦压力机1台、夹杆锤1台、砂轮机12台、抛光机12台、万能铣床1台、车床刨床18台。1980年前，生产脱粒机、中耕器、轧面机等农具。此后，生产出口斧头、锛头。1989年，主打产品“钻石牌”斧头获轻工业部铜牌奖。产品远销美国、伊朗、苏联、新西兰等国家。1990年产值60万元，利税4.8万元。1995年后，因产品滞销而停产。2000年4月，企业破产。

二、镰刀厂

位于河西镇黄庄村西，占地2.6万平方米，建筑面积4400平方米。1952年，为赵樊村组成的40多人的镰刀生产组。1954年扩大生产，成立“王一摸”镰刀社，又称“红旗镰刀社”。1965年迁至河西，取名临西县镰刀厂。1990年，有干部职工104名，固定资产原值74万元，净值18万元。主要设备有：1054千瓦开式压力机1台、弯曲校正机1台。是年，产值92万元、利税11.7万元。

“王一摸”牌机制平口镰，1966年被轻工部、农业部、供销总社联合评定为名牌产品，与北京“王麻子”剪刀齐名。1979年、1984年，分别被评为地区、省优质产品，产品畅销全国，出口东南亚国家。随着农业机械化的发展，镰刀滞销，企业转为小型轧钢厂。因技术设备落后，连年亏损，于2000年5月宣告破产。

三、酱菜厂

位于河西镇，分东、西两厂。东厂在河西镇米市街东侧；西厂在河西镇西5公里邢临公路南侧，于1987年投资87万元新建。两厂占地3.24万平方米，建筑面积6233平方米。

该厂初为临清济美酱园的一个生产车间，1965年因建县成立酱菜厂。1985年，移交给县供销联社。1990年，有干职工86名，其中技术人员26名，固定资产原值122万元、净值114万元。设酿造、腌制、豆制品加工、出口蒜米4个生产车间及供销科、计财科、生产科、人事科、办公室5个科室。主要设备有：201—8型锅炉1台、135型柴油发电机1组，小型设备20余台。设大腌池36个、腌缸2100口，年生产能力3200吨。1990年，完成产值72万元，创汇7.47万美元，利税3.3万元。2000年破产。

四、服装厂

位于河西镇大米庄，占地4400平方米，建筑面积1200平方米。1965年为十几人的街道缝纫组。1974年更名为服装社。1978年始称服装厂。有职工45名，固定资产42.6万元、净值28.3万元。主要对外加工服装和生产劳保用品。1985年，服装加工陷入困境，改行生产豆腐乳、臭豆腐及辣椒制品。1990年，产值36.4万元，亏损3.2万元。2000年4月破产。

五、木器加工厂

位于河西镇西2.5公里处，邢临公路南侧。占地1.96万平方米，建筑面积3694平方米。1974年，试生产活性碳成功。1975年，有职工84名，固定资产38万元、净值18万元。1990年，生产木制家具1414件、活性炭1042吨，产值166万元，利润0.7万元。其生产的活性碳直供华北制药厂。后因市场萎缩，经营困难，于2000年4月实施破产并入造纸厂。

第三章 民营企业

民营企业是伴随着改革开放的不断深入而发展起来的。1979年，落实“改革、开放、搞活”的工业发展方针，一部分临西县农民开始务工经商，使乡镇企业得到迅速发展。1983年前，乡镇企业仅限于公社、大队所办企业。1984年，增加了联户、个体企业。是年，企业摊点发展到3970个，从业人员1.7318万人。

1985—1988年，是乡镇企业、个体企业发展较快的时期，全县形成了建筑建材、轻纺化工、轴承加工、交通运输、农副产品加工、商业服务6大支柱产业。1989年，全县有乡、村、个体企业摊点6226个，从业人员2.9万人，占全部农业劳动力的30.8%，上缴税金501万元，是县财政总收入的43.8%，成为县域经济来源的重要组成部分。

其后，联户、个体性质的民营企业异军突起，发展迅速。主要以轴承、建材、纺织为主，企业数量和规模逐年扩大，产品质量效益逐年上升。2008年，全县民营工业企业6383家，年销售收入500万元以上的184家，上缴税金5365万元，占全县财政总收入的51.4%。

企业经营管理培训会

第一节　管理机构

1977年9月，成立县社队企业管理局，设办公室、财务股、生产指导股及地方产品公司、农副产品公司、联运公司。1983年3月，增设商品生产办公室（正科级），1984年12月撤销。1984年春，更名为乡镇企业局。股室编制为办公室、财务股、生产指导股及地方产品公司和联运公司。2002年机构改革，只保留局办公室。2005年6月1日，县经济贸易局与县乡镇企业局合并为临西县工业促进局。2005年8月，设立临西县中小企业局，与工业促进局一套人马两块牌子，下设综合股、能源管理监测站、墙体材料改革办公室。各乡镇也设有机构，1977年，各公社设社队企业管理站。1984年，改称农工商联合公司，后又改为乡镇企业管理站。1986年，撤销乡镇企业管理站，成立经济联合委员会（简称“经联委”）。

第二节　发展概况

1979年，临西县落实中共十一届三中全会提出的“改革、开放、搞活”的方针，大力推行联产承包责任制，调动了全县农民的积极性，一部分农民走向了务工经商的道路，使乡镇企业迅速发展起来。1985—1988年，是乡镇、村、个体企业蓬勃发展的时期，临西县充分利用当地资源、技术和人才优势，大力发展乡镇企业，以建筑建材、轻纺化工、轴承加工、交通运输、农副产品加工、商业服务为主的6大骨干行业初步形成。1998年，企业摊点发展到4552个，从业人数达31397人，占全县劳力总数的32.8%，总产值达到18884万元，工业产值10033万元，利润318万元，税金463万元。

近10年来，由于乡镇企业改制、联户、个体企业发展，促进了民营企业的成长，呈现出发展健康稳定、效益不断攀升的良好势头，使民营企业成为农村经济、县域经济的重要支柱和新的增长点，为农村剩余劳力就业，活跃城乡市场，增加县域财政收入作出了重要贡献。2008年，全县已有民营工业企业、摊点6383个，从业人员6万人。实现增加值23.16亿元，上缴税金4200万元，占全县财政收入的48.6%。

第三节　工业门类

2008年底，全县共有工业企业摊点6426家（有一定规模的企业426家），其中轴承企业4104家，占总数的63.9%。规模以上轴承企业258家，占规模企业总数的60.6%；出口企业46家，占总数的13.8%；棉纺和棉花加工企业133家，占规模企业总数的31%；棉纺企业10家、建筑建材业78家，占总数的20%；其他行业2111家，占总数的32.9%。

一、轴承产业

轴承产业是临西县的特色主导产业。经过30多年的发展，已成为县财政增长的支柱，农民增收的亮点，在民营经济发展中占有半壁江山。

截至2006年底，全县共有轴承生产加工企业167家（其中规模企业113家），其中固定资产

1000万元以上的企业18家（鑫泰、中天、中迪、蓝天、瑞日瓦、岗山、联友、临汾、鑫雨、凯达、洪海、江裕）；500—1000万元的25家；50—500万元的124家。全县轴承企业固定资产达5.2亿元，产业工人4.6万人；能生产六大类1260多个型号的轴承产品，年生产轴承3.82亿套，吞吐钢材46万吨，年产值达19.6亿元，占全县生产总值的59.9%。

二、棉纺服装业

随着全球纺织品配额的取消和棉花市场的开放，县委、县政府充分发挥临西县棉花资源大县的优势、劳动力优势，引进项目、引进技术、引进人才，新上了一批规模大、设备一流的棉纺、服装企业，使全县纺织、服装产业进入了一个新的发展阶段。2006年底，全县纺织、服装业共有棉纺织、棉花加工、服装企业131个，其中棉纺8个，拥有纱锭22万枚；服装企业2个，年生产各类服装16万件；梳绒企业1个，有设备33台（件），年加工羊绒10吨；棉花加工企业120个，加工设备132台，年加工皮棉89600吨。2006年，实现销售收入6.7亿元以上，实现利税4160万元。

临西县民营经济棉纺、服装企业基本情况一览表

表7–1　　单位：亩、平方米、枚、万元、人

序号	企业名称	企业法人	企业性质	企业概况						
				占地面积（亩）	建筑面积（平方米）	设备	固定资产（万元）	流动资金（万元）	用工人数（人）	建厂时间
1	枣园润园棉纺有限公司	叶　倩	私营				3700	2000	140	2004
2	邢台路达棉纺有限公司	隋保录	私营	20.1	8730	1.5万枚	1000	600	120	2005
3	润兴棉纺有限公司	段文国	私营	24.3	3330	7000枚	1000	700	180	2005
4	隆润棉纺有限公司	邱希树	股份	106	40000	6万枚	1.2亿	1亿	380	2004
5	大华棉纺有限公司	刘玉华	私营	22	5330	2万枚	1700	500	250	2003
6	临西纺织印染厂	王登明	私营	26	8670	2万枚	900	720	186	1998
7	东留善固纺织厂	吕廷祥	私营	11	4670	10000枚	1400	1100	400	1984
8	隆泰纺织有限公司	赵玉林	私营	29.5	7000	10000枚	1700	700	130	2006
9	华飞服饰公司	修宗飞	私营	12	2000	46台	200	60	20	2001
10	兴达绒毛公司	李兴波	私营	16	3330	26台	500	300	38	1998
11	临西县嘉诚制衣有限公司	赵增群	私营	8	2000	26台	180	60	20	2001

三、建筑建材业

临西县的建筑建材业以生产红砖、机制瓦为主。全县97个砖厂，92%以上建于70年代中期到80年代中前期。2004年前，全县黏土红砖瓦企业达97个。2004年，县委、县政府根据省、市墙体材料改革文件要求采取了强制限产、限使土、限规模等措施，对部分厂家实行了停产复耕。2008年，全县建筑建材企业81家，其中，黏土红砖企业64个、玻璃企业2个、空心砖厂2个、地板砖厂1个、建筑企业1个。另外，还有12个投资不到50万元的小型节能降耗灰渣空心砖厂。小型空心砖厂的投产，弥补了因黏土砖厂部分停产而带来的建筑材料的不足。

临西县集体、民营经济建筑建材企业基本情况一览表

表 7-2　　　　单位：亩、平方米、台、万元、人

序号	企业名称	企业法人	企业性质	企业概况					
				占地面积	建筑面积	设备	固定资产	流动资金	用工人数
1	姚庄砖厂	张玉树	集体	120	2670	16	100	30	52
2	洪官营砖厂	黑振海	集体	110	2670	14	120	30	60
3	老官寨砖厂	陈保龙	集体	100	3200	12	100	30	62
4	前进预制厂	杨安霞	私营	32	2670	18	80	26	28
5	西马砖厂	邵兴跃	集体	82	2130	12	52	20	50
6	陈林空心砖厂	徐百广	私营	18	670	10	50	26	18
7	地板砖厂	郭殿山	私营	16	2670	8	90	30	22
8	东马鸣堂砖厂	秦明海	集体	90	2000	8	100	30	54
9	临西镇砖厂	郝仪杰	集体	90	2000	12	110	30	56
10	前进预制件厂	刘子臣	私营	26	2670	14	50	26	22
11	仓上砖瓦厂	孙书中	集体	102	2070	13	100	30	58
12	大刘庄乡砖厂	毕学庆	集体	110	1600	22	68	38	56
13	卫罗庵砖厂	孙祥宾	集体	110	1470	16	70	30	54
14	肖庄砖厂	刘俊河	集体	110	1400	14	80	30	60
15	纪庄砖厂	韩玉山	集体	90	1270	12	72	30	53
16	田庄砖厂	王学明	集体	80	1200	10	80	30	58
17	马店砖厂	王福成	集体	80	930	14	70	30	60
18	马刘庄预制件厂	马友超	私营	20	1730	16	50	22	12
19	吴老官寨砖厂	吴振凤	集体	80	1130	12	65	20	85
20	何老官寨村砖厂	何泽子	集体	70	1070	10	55	20	80
21	小老官寨砖厂	王振广	集体	60	1330	8	60	20	80
22	白地乡砖厂	李俊波	集体	80	930	10	60	20	85
23	林麻寨砖厂	刘计华	集体	85	930	10	70	22	90
24	前胡官庄砖厂	邓连可	集体	90	870	8	90	30	55
25	前于林砖厂	于建朝	集体	100	800	12	90	30	48
26	东郭七寨砖厂	宋俊奎	集体	90	930	8	80	30	50
27	后镇砖厂	杨清涛	集体	92	930	12	90	30	53
28	西袁庄预制件厂	张长峰	私营	6	930	22	63	20	28
29	樊庄预制件厂	邵书华	私营	8	1070	16	80	22	27

续表

序号	企业名称	企业法人	企业性质	企业概况					
				占地面积	建筑面积	设备	固定资产	流动资金	用工人数
30	东水波空心砖厂	王在广	私营	8	5000	22	120	40	48
31	殷庄砖厂	陈福之	集体	100	930	18	80	30	50
32	扈十二里砖厂	马忠旺	集体	100	870	12	90	30	45
33	东水波砖厂	于忠山	集体	79	930	8	120	40	36
34	苇子园砖厂	朱振河	集体	100	930	8	120	40	40
35	云冯砖厂	高长富	集体	100	930	12	130	42	49
36	大庙砖厂	李金山	集体	100	930	8	80	30	53
37	大庙东砖厂	李金波	集体	63	930	8	80	25	20
38	梁村砖厂	李景祥	集体	70	930	8	90	30	16
39	郑楼砖厂	吴凤海	集体	80	930	8	50	15	40
40	宁庄砖厂	张士宝	集体	60	930	6	90	30	30
41	单屯砖厂	闫庆华	集体	70	930	7	80	30	40
42	小屯砖厂	杨　慧	集体	60	930	9	64	22	52
43	相庄砖厂	李建民	集体	70	930	10	68	24	54
44	瓜厂砖厂	于金华	集体	60	930	8	62	22	52
45	老军营砖厂	侯尚生	集体	60	930	7	52	18	42
46	东台庄砖厂	王凤泽	集体	60	930	6	55	17	40
47	河西预制件厂	常瑞海	私营	13	620	12	60	22	18
48	初庄砖厂	滕崇玲	集体	60	930	12	58	22	52
49	南五里砖厂	赵书全	集体	70	1000	8	52	20	41
50	外环预制件厂	刘春喜	私营	11	670	12	60	20	18
51	范八里砖厂	范志生	集体	80	1000	12	72	20	62
52	汪江第二砖厂	叶长铎	集体	100	1070	14	70	20	68
53	汪江第一砖厂	王百芳	集体	100	1000	12	68	20	54
54	北孟庄砖厂	任方文	集体	90	1000	14	56	18	40
55	东枣园砖厂	张洪军	集体	80	930	12	56	18	52
56	东高庄砖厂	董中彬	集体	70	930	10	56	18	40
57	东枣园乡砖厂	杨明通	集体	80	1000	16	60	20	48
58	小芦砖厂	李有朋	集体	90	1000	12	95	30	36
59	郝村砖厂	郝家军	集体	90	1000	11	90	30	40

续表

序号	企业名称	企业法人	企业性质	企业概况					
				占地面积	建筑面积	设备	固定资产	流动资金	用工人数
60	保安预制件厂	张宝安	私营	11	670	16	70	20	18
61	西堤砖厂	张廷英	集体	70	1070	14	85	25	76
62	东张堤砖厂	侯登福	集体	60	930	12	75	20	45
63	乔屯砖厂	纪崇新	集体	70	1000	13	77	23	73
64	西尖冢砖厂	张长生	私营	60	930	10	83	21	60
65	东尖冢砖厂	鲍广奎	集体	66	930	8	55	18	56
66	蔡辛庄砖厂	蔡振奎	集体	60	930	10	50	19	74
67	华光玻璃厂	陈维群	私营	35	930	28	420	160	36
68	振华玻璃厂	陈维科	私营	30	8000	30	46	180	42
69	苗圃砖厂	何家岭	集体	90	1000	16	50	18	45
70	龙潭砖厂	王广伍	集体	80	1000	12	60	20	52
71	樊村砖厂	吴承和	集体	80	1070	14	100	30	40
72	东尚庄砖厂	王庆军	集体	70	930	8	50	15	27
73	丁庄预制件厂	孙建春	私营	11	670	12	50	20	16
74	三圣庙砖厂	吴玉轩	集体	70	930	8	70	20	56
75	邵庄砖厂	马敬明	集体	60	930	9	110	40	60
76	下堡寺镇第一砖厂	柴子桂	集体	70	930	10	110	40	58
77	下堡寺镇第二砖厂	杨占朝	集体	80	1000	12	110	30	59
78	来店砖厂	张书雨	集体	70	1070	16	85	30	76
79	党尔寨预制件厂	李新强	私营	8	930	16	65	20	8
80	河西镇建筑公司	马张路	股份			40	100	40	70
81	振华玻璃有限公司四分厂	陈祖国	集体	23	3070	26	1000	200	42

四、其他企业

临西县共有其他企业摊点1197家，85%的建于80—90年代。其中规模企业58家，96%建于1995年后，特别是1995年、1996年，所建的华春液压汽配公司、精密机床配件公司、福星化工有限公司等，在全县民营经济发展中起到了示范带动作用，河北金牛能源股份有限公司、水泥分厂是招商引资中引进的较大项目。

临西县民营经济其他产业企业基本情况一览表

表 7–3　　单位：亩、平方米、台、万元、人

序号	企业名称	企业法人	企业性质	企业概况						
				占地面积	建筑面积	设备	固定资产	流动资金	用工人数	建厂时间
1	河北华春液压汽配有限公司	黄培华	私营	75	25330	120	26000	3000	210	1996
2	临西县精密机床有限公司	黑云亮	私营	7	2800	46	1350	60	60	1998
3	千户庄精粉厂	赵庆荣	私营	8	2670	12	70	15	18	2000
4	洪官营建筑公司	黑振海	私营			38	60	20	58	1996
5	液压配件厂	樊学千	私营	12	2000	22	81	26	28	1998
6	仁庄面粉厂	王际良	私营	2	400	6	100	20	18	2000
7	车床配件厂	刘庆梅	私营	3	470	8	118	30	32	2000
8	液压配件厂	黑振奎	私营	4	530	10	108	30	28	2001
9	临西县佘智彩印厂	张君芝	私营	22	6670	43	500	160	60	1998
10	河北金牛能源股份有限公司	刘玉祥	集体	100	26670	80	5000	1200	500	2005
11	临西县务头酒厂	杨世峰	私营	22	5330	18	116	40	30	1996
12	临西县酿造厂	杨玉章	私营	23	6000	21	100	40	28	1996
13	马登华面粉厂	马登华	私营	13	2000	16	101	40	12	1998
14	东留善固玉兰酒业有限公司	程银龙	集体	12	2000	22	153	37	32	1999
15	西马鸣堂纸箱厂	谭明国	私营	10	3330	26	65	20	120	1996
16	明显塑料布厂	刘春生	私营	4	670	10	70	20	18	1998
17	赵礼塑料布厂	赵　礼	私营	4	670	12	80	20	20	1997
18	西马鸣堂面粉厂	杨九华	私营	10	1330	26	300	80	22	1994
19	毕庄制钉厂	毕长青	私营	6	1330	18	56	18	26	2000
20	东水波酱园厂	于广明	私营	3	400	9	120	29	19	2002
21	桂临铁栅栏配件厂	张继合	私营	7	1330	22	56	16	15	1999
22	乡荣升面粉厂	刘逢云	私营	3	400	8	50	15	15	2000
23	江东铝粉厂	王现生	私营	4	530	12	70	20	25	1998
24	前胡面粉厂	李玉林	私营	4	670	8	110	30	18	2002
25	河北保健品公司	刘传哲	私营	3	530	6	80	20	21	2003
26	榆阳橡胶厂	陆广厚	私营	4	400	12	50	12	6	1998
27	西岭钢垫厂	张西岭	私营	3	530	11	60	20	15	2002
28	临西县曲轴厂	张继贵	私营	30	11330	62	500	210	52	1996
29	恒达丝网配件厂	王宝君	私营	5	1330	26	176	50	22	1985

续表

序号	企业名称	企业法人	企业性质	企业概况						
				占地面积	建筑面积	设备	固定资产	流动资金	用工人数	建厂时间
30	佳明机械厂	史传明	私营	4	530	24	82	30	18	1993
31	丝网印刷厂	寿建民	私营	5	1330	26	80	30	14	1985
32	华丰农业配件厂	李庆华	私营	6	670	12	60	20	12	1989
33	恩会电机加工厂	李恩会	私营	6	1330	16	80	20	10	1988
34	永击机床配件厂	张继录	私营	6	1330	18	60	20	14	1991
35	河西镇浸出油厂	刘春喜	私营	12	4000	18	120	30	52	2001
36	圣奥配件厂	柏学刚	私营	16	4000	22	220	60	41	1997
37	明泰机床厂	赵恩志	私营	15	2670	26	180	60	30	1998
38	河西镇机械厂	金　明	私营	16	2670	28	140	46	18	1996
39	慈华机床配件厂	张　岐	私营	20	2670	30	140	50	22	1999
40	慈华机床配件厂	邓万慈	私营	13	2670	26	180	60	20	1989
41	邢台绿洲农肥有限责任公司	张玉峰	私营	80	5330	22	100	40	50	2003
42	大众精密铸造厂	马凌云	私营	19	2000	19	120	20	50	2005
43	岱泽配件厂	李家敬	私营	20	2670	26	180	60	20	2003
44	祥云集团公司	刘庆云	私营	12	2000	16	60	20	10	2002
45	学法铸造厂	邢学法	私营	6	1330	22	50	12	8	2003
46	福星化工有限公司	闫一方	集体	40	5330	30	400	60	28	1992
47	福莱斯特科技有限公司	卢泽生	私营	60	14670	46	800	120	42	1998
48	顺义脱绒厂	宋保立	私营	13	1330	16	58	18	25	1998
49	金星塑钢厂	郭金星	私营	4	670	12	60	16	12	2002
50	尖冢四合院粉皮厂	左玉玺	私营	6	1330	14	60	20	21	2003
51	乔屯纸板厂	李海华	私营	22	2000	18	70	20	20	2002
52	东旺塑料制品有限公司	王月军	私营	18	1330	16	50	18	10	2003
53	徐樊村拔丝厂	徐志龙	私营	8	1330	12	60	19	11	2003
54	龙潭板厂	王广雷	私营	9	1330	14	60	20	14	2002
55	华剑重型汽配有限公司	王振祥	私营	102	2670	25	600	700	45	2006
56	晶艺玻璃制品有限公司	孙殿义	私营	20	4000	16	800	300	30	2004
57	水波贵明豆制品有限公司	于贵明	私营	3	400	20	52	14	10	2003

第四节 重点企业

一、河北华春液压汽配有限公司

创建于1996年，位于老官寨镇政府驻地东2公里处，占地面积5万平方米，建筑面积12000平方米，拥有各种设备120多台，检测手段齐全，固定资产2415万元，有职工200多名，各类专业技术人员70多名，其中高级工程师5名、中级工程师10名。

产品发展到30多种，其中华春牌气控举升阀、多功能气控举升阀、二位三通气控举升阀等12个品种获国家专利。2001年，气控举升阀、气控分配阀获英国伦敦国际专利金奖。1999年通过了ISO9001:2000标准质量管理体系认证。2002年，被中国质量检验协会命名为“全国行业质量示范企业”。2006年，被中国质量检验协会命名为“全国质量检验校定合格产品”(1996—2006)；被邢台市政府命名为“邢台市重点企业”；获河北省高新技术企业证书、河北省“AAA”级信用企业证书、河北省重合同守信用企业。公司30多种产品远销全国10个省市120多家企业。是年，销售收入2000多万元、实现利税270多万元。1997年，公司投资1.9亿元，扩大规模生产，达到年生产20万套液压气配、齿轮泵、油箱、传动轴、取力器等多种产品，项目新增用地180亩，新增建筑面积43520平方米。2008年，年产值3562万元，销售收入3513万元，实现利税600万元。

二、黑马机械有限公司

黑马机械有限公司(原精密机床附件厂)，位于黑庄村东南1公里处，老官寨镇高科技园区，有员工260名，占地7亩，建筑面积2800平方米。

公司分为机床和机床附件两大经营板块，拥有国家专利产品薄型永磁吸盘(专利号2L 01 260372.4)，机床类产品有各类型轻便龙门铣床、炮塔铣床、精密平面磨床、永磁起动器、退磁器等。公司可根据需要订制特殊规格强力超大型磁力吸盘，并代理各种精密成型平面磨床。产品畅销广州、深圳、云南和东北三省，远销法国、日本、马来西亚等地，并在广东虎门、江苏昆山设有办事处。

2007年，公司投资1000多万元进行扩建。2008年，年产值2413万元，销售收入2384万元，实现利税405.3万元。

三、河北金牛能源股份有限公司临西分厂

河北金牛能源股份有限公司水泥厂临西分厂位于东留善固村南。2006年10月19日正式投产。总投资5000万元，占地100亩，建筑面积2万平方米，拥有员工500人，年生产能力60万吨，年销售收入1亿元以上。

该厂采用管式闭流磨生产工艺，从原料调配水泥入库全线采用封闭式集散型计算机控制系统，属国内领先水平。可生产普硅42.5、普硅32.5、矿渣32.5等品种的水泥。市场覆盖范围：邯郸市馆陶、曲周、邱县，邢台市广宗县、威县、清河县、临西县及山东省临清市等地。2008年，年产值6812万元，销售收入6765万元，实现利税1150.1万元。

四、河北隆润纺织有限公司

河北隆润纺织有限公司是以县供销社为投资主体的股份制企业。公司位于县城北部阳光大道东侧，占地106亩，有精纺纱锭6万枚，为国内外最新纺纱装备。总投资1.2亿元，有员工460名，其中高、中级技术人员100多名，年产各

隆润公司生产车间(2006年摄)

河北隆润纺织有限公司（2007 年摄）

种高档精梳、普梳纱 7200 吨。2008 年，年产值 6657.3 万元，销售收入 6750.5 万元，实现利税 1080.1 万元。

五、润园纺织有限公司

润园纺织有限公司位于范八里村北、肃临公路东侧，占地 25 亩，建筑面积 4100 平方米，总投资 2167 万元。

企业有纱锭 10000 枚，有大型生产设备 40 多台，生产 40—60 支纯棉纱，年生产能力 1400 吨。公司有员工 186 名，2008 年产值 6829 万元，销售收入 6788 万元，实现利税 1086.1 万元。

六、邢台路达棉纺有限公司

邢台路达棉纺有限公司，位于县城西 5 公里邯临公路北侧。总投资 4000 万元，占地 20 亩，建筑面积 8738 平方米，年纺精细纱 2.4 万吨。形成集纺纱、织布于一体的中型轻纺企业。2008 年，实现产值 4832 万元，销售收入 4786 万元，实现利税 765.8 万元。

七、邢台大华纺织有限公司

邢台大华纺织有限公司，始建于 2003 年 7 月，位于县城西 0.5 公里邯临公路北侧。占地面积 22 亩，建筑面积 3800 平方米，一期工程投资 1200 万元，新上纱锭 1 万枚，年产值 3000 万元，年均利税 200 万元。公司技术力量雄厚，具有省级资格认证，拥有员工 250 名，其中技术人员 56 名，高级技术人员 12 名。主要生产 32 支高档细棉纱。

2005 年，投资 1200 万元，进行二期工程扩建，纱锭达到 2 万枚。2008 年，实现产值 8917 万元，销售收入 8917 万元，利税 1426.7 万元，居全县民营企业纳税榜首。

八、润兴纺织有限公司

润兴纺织有限公司，始建于 2005 年 2 月，位于临西镇林沟村北邯临公路南侧，占地 24.3 亩，建筑面积 3000 多平方米，固定资产 700 万元，有纱锭 7000 枚，主体设备有清花机、梳棉机、并条机、粗纱机、细纱机，主要生产高档 32 支细棉纱。2008 年，实现产值 4632 万元，销售收入 4598 万元，利税 735.7 万元。

九、东留善固棉纺织厂

东留善固棉纺织厂，始建于 1998 年，位于东留善固村中，占地面积 11 亩，建筑面积 5000 平方米，总投资 850 万元，有纱锭 10000 枚、布机 30 台，配有完整的合线车间，生产 32 支内各种规格的棉纱和各类白平布、小帆布及灯芯绒布。年产棉纱 1200 吨、棉线 500 吨、棉布 80 万米。

该厂隶属东留善固实业总公司。产品销往冀、鲁、豫、东北三省及江、浙近十几个省区的 50 多个厂家，年产值 4000 万元、利税 100 多万元，吸收农村剩余劳动力 400 多名。企业多次被省、市、县评为先进典型。1994 年以来，连年被省政府命名为“明星企业”。2008 年，实现产值 4465 万元，销售收入 4453 万元，利税 712.5 万元。

十、隆泰纺织有限公司

隆泰纺织有限公司位于河西镇政府西侧。占地 30 亩，建筑面积 7000 平方米，总投资 1700 多万元，其中固定资产投资 1000 万元，有设备 38

台件，纱锭10000枚，生产32支精纱。

公司有员工180多名，其中高、中级技术人员20名，年生产粗细纱1569吨，产值3000多万元、利税336万元。2008年，实现产值3682万元，销售收入3677万元，利税588.3万元。

十一、临西县曲轴厂

临西县曲轴厂位于河西镇北环路，是一个30多年的老企业，有职工300多名，其中工程师6名、技术员38名，设生产、加工、检测一条龙流水线。生产各种型号的曲轴，年产16万多条。同时，生产自行设计改装的CBG—L系列、CB系列、CBG系列齿轮曲泵，性能良好，很受客户欢迎。企业占地17亩，建筑面积600平方米，固定资产投资500万元，流动资金210万元，有各种先进的机械设备62台（件），技术力量雄厚，质量检测设备齐全，产品畅销全国各地及东南亚国家。

2002年，被评为“省级产品质量信得过企业”。“常动牌曲轴”“CBG—L液压泵”被评为“市级新产品”，定为合法权益重点保护单位。2008年，实现产值1678万元，销售收入1662万元，利税282.5万元。

十二、玉兰酒业有限公司

玉兰酒业有限公司位于东留善固村西。企业建于1999年，占地12亩，建筑面积2100平方米，拥有设备22台件，固定资产153万元，员工32名。

主要生产浓香型玉兰春系列白酒，利用先进的生产工艺，精选小麦、优质高粱为原料，把传统的酿造工艺与现代科学配方融为一体，泥池发酵、长期贮存、精心调味而成。

“玉兰”系列白酒，先后荣获“邢台市质量信得过产品”“邢台市级新产品”“河北省质量信得过产品”等荣誉称号。2008年，完成产值1120万元，销售收入1083万元，实现利税184.1万元。

十三、振华玻璃有限公司第四生产厂

振华玻璃有限公司四厂—振华格法玻璃厂，位于尖冢镇工业园区，始建于2005年8月，合作投资方沙河市振华玻璃有限公司。总投资1200万元，占地23亩，建筑面积3060平方米，2006年1月投产。日产原生民用玻璃4000—4500平方米，年产玻璃1400万平方米，产值2380万元、利税200多万元。2008年，完成产值1416万元，销售收入1387万元，实现利税235.8万元。

十四、邢台恒达印刷设备有限公司

邢台恒达印刷设备有限公司（原临西县恒达丝印器材设备厂），建于1995年，系中国丝网印刷及制像协会、中国印刷行业协会常务理事单位，曾荣获中国丝网印刷及制像协会“客户信得过产品单位”“行业协会评选理事会荣誉奖”“河北省消费者信得过产品单位”。

公司位于临西镇驻地，占地5亩，建筑面积1300平方米，有员工22名，固定资产176万元，流动资金50万元。主要生产铝合金网框、印花机、晒板机、晾晒架、磨刀机及各种型号绷网机、烘版箱、手印台及周边设备和各种材质网灰、铝合金拉网钳、不锈钢上浆器等器材，是一家集生产销售为一体的企业，经营各种国内外网印材料。产品曾出口澳大利亚、德国、日本等国家和地区。2008年，实现产值897万元，销售收入869万元，利税147.8万元。

十五、华剑重型汽配有限公司

华剑重型汽配有限公司位于老官寨镇政府东2公里邢临公路北侧。始建于2006年，占地面积6800平方米，建筑面积2500平方米。有设备25台件，其中大型设备15台件。固定资产600万元，流动资金700万元，从业人员45名。2008年，实现产值2912万元，销售收入2875万元，利税413.3万元。

第四章　名优产品

一、轴承

临西轴承产业起步于上世纪70年代初期，经过30多年发展，已形成产业基础雄厚、发展优势明显、生产体系完备、经销辐射全国的特色支柱产业。现拥有4个专业工业园区，386家轴承加工企业，186家规模以上企业，年产六大类、从微型轴承到特大轴承、1300多种型号的产品4亿套，年产值19.6亿元，产品应用领域覆盖农业机械、工业机械、电子设备、航空交通等领域。有中国（临西）轴承大世界等大型专业交易市场4个，年交易额达22亿元，并在全国各地设有轴承经销公司3600多家。有46家企业的产品通过了国际质量体系认证，产品打入国际市场，行销美国、加拿大、德国等50多个国家，年出口总值3.5亿元，占全国同类产品出口额的76.5%。全县轴承业年销售额50多亿元，已成为中国三大轴承加工制造基地之一，中国最大的碳钢轴承生产出口基地。临西轴承产业已被河北省授予“十强特色产业”，临西县被中国技术市场协会命名为“中国轴承之乡”。

二、棉纱

临西县土壤、气候适宜棉花生长，植棉历史悠久，是全国棉花生产基地县，棉花年产量15000吨上下，棉花资源雄厚、棉纺行业比较发达，全县拥有棉花加工企业70余家，其中规模以上棉纺企业10家，拥有纱锭22万枚。年加工皮棉能力9万吨。年产21、32、40、60、80支棉纱2万吨，年销售收入6亿元。河北润园纺织、博华纺织等龙头企业不断进行技术改造、设备更新，采用高效紧密纺、紧密赛络纺等先进生产工艺和嵌入式、低扭矩纺纱技术，产品畅销山东、浙江、江苏、广东等省市。

三、通便灵（复方芦荟胶囊）

1984年，临西县制药厂聘请省中医院院长、主任医师李恩复联合开发研制新产品。1985年3月研制出中成药“通便灵”（复方芦荟胶囊），并取得省卫生厅的生产批文。1986年6月，通过省专家鉴定，该药填补了我国新剂型中药治疗便秘的空白。12月，通便灵胶囊获河北省科技进步四等奖、省医药公司科技进步二等奖。同年，被认定为河北省优秀新产品。1991年，获“振兴河北经济”奖。1994年12月，改名“复方芦荟胶囊”。1997年12月，被省政府批准为高新技术产品。2000年9月20日，在欧洲国际中药销售科研评比会上以其质量高、疗效好、价格合理获国际金奖。复方芦荟胶囊畅销全国各地，并出口东南亚、俄罗斯、蒙古等国家和地区，受到用户的广泛赞誉。

四、PVA抛光砂轮

1985年5月，临西县抛光砂轮厂成功研制生产新型磨具—PVA抛光砂轮，达到国际同类产品水平。1986年，获河北省新产品科技进步二等奖；1990年，获国家科技进步三等奖。其产品具有缓冲性、微孔性、韧性高等特点，广泛使用于手表、印刷、木器、电镀等行业。远销上海、武汉、云南、北京等地。1990年，打入国际市场。

五、王一摸镰刀

王一摸镰刀，系地方历史名牌产品，其发祥地在赵樊村。清中叶，赵樊村王成功、王成显兄弟二人以锻打镰刀为业，自产自销。其产品料精质优，工艺精湛，钢口硬而不崩，刀锋利而不卷，经久耐用。销售时，将镰刀装进搭袋内，买主随手摸出一把，都能达到质量要求，人送外号“王一摸”。中华人民共和国成立后，组织生产合作社。1965年，在合作社的基础上建起县镰刀厂。1966年，“王一摸”牌机制平口钉镰被轻工部、农业部、供销总社联合定名为国家名牌产品。1979年、1984年又被评为地区、省优质产品，畅销全国15个省市自治区，出口东南亚国家。

六、“兴临”牌火柴

临西火柴厂生产的兴临牌火柴

临西县火柴厂，生产的兴临牌火柴，由于严格管理，质量可靠，1988 年，获省优质产品称号，全国质量联查第 9 名。产品畅销河北、山东、山西、河南等省市。其中“临西”牌普通 GB393—801 型日用安全火柴和“兴临”牌中档 GB393—80 型安全火柴还被评为国标优级产品。

七、临西酱菜

临西酱菜厂设酿造、腌制、豆制品加工、蒜米出口 4 个车间。生产 50 多个品种的酱菜。所生产的包瓜、磨茄、青方（臭豆腐）、红方（豆腐乳）为独具特色的地方产品，与临清济美酱菜齐名，产品远销全国各地。包瓜：以小茄瓜为主料，配以 4 仁（花生仁、枣仁、核桃仁、芝麻仁）、4 丝（姜丝、橘丝、青红丝、玫瑰丝）近 20 多种原料精制而成，含有多种氨基酸、维生素及钙、磷、铁等微量元素，色鲜味美，香甜可口；磨茄：用特制工具加工，咸甜适口，保持原有风味；青红方：质地细腻，味道鲜美，有降低胆固醇，预防心血管病之功效。年产酱菜 3200 多吨，畅销京津、冀鲁和两湖、两广。

八、机制红砖

临西县生产砖瓦历史悠久，早在明清时期，沿河的陈窑，就立砖窑数座，烧制进京贡砖，号称“临清砖”。烧好的贡砖用黄纸封好装船，漕运至北京，修筑故宫、十三陵等重大工程。

1957 年，在临清城西五里（今临西）建砖窑两座，习称“五里窑”，生产机制红砖。因烧制红砖所用的原料为上乘的莲花土，烧出的砖瓦质地优良，被评为地级优质产品。机制红砖后改进为内燃砖，既缩短了烧制时间，又增加了砖的强度和耐压性、防碱性，质量越来越好。改革开放后，工、民用建筑迅速崛起，所需建材与日俱增。临西县先后建起砖窑 70 多座。在满足临西县用砖的前提下，大量机制红砖销往临清、清河、威县，支持了周边市县的城乡建设。同时，也为当地群众带来了一定的经济效益。

九、空心手工挂面

空心手工挂面产自尖冢，历史悠久。明清时期，尖冢是临清州的水陆码头，官府设局派员，在此查验收税，是当时的经济重镇，百业兴盛。空心挂面随着畅通的漕运渠道进入京津。传说，乾隆年间被指定为“贡品”。

该产品选用优质面粉做原料，配以鸡蛋、精盐、菜汁为原料，全手工制作。经“和、轧、搓、揉、盘、拉、挂、晾”八个环节、“五醒、两抻、两盘、八绕、两切”等 16 道工序精制而成。做出的挂面，面条匀称、中空细长、亮白如丝，久煮不化、滑爽筋斗、味美适口，富含钙、铁、磷、蛋白质、碳水化合物等多种营养成分，是产妇、幼儿、老人的最佳保健食品，也是馈赠亲朋的最佳礼品。从业最多的为王、鲍、曲三姓，最多时达到上百家，其工艺各有所长。

尖冢村王敬达，传承空心面加工技术，创办空心面加工厂，建标准厂房 3000 多平方米，培训员工 40 余名，进行专业化生产。设有更衣、消毒、和面、挂杆、烘干、切割、包装、质检、仓储等车间，每年生产“京卫”空心挂面 100 多吨，畅销周边市县，并远销北京、天津、济南、郑州、石家庄、太原等大中城市，产品供不应求。

2007 年，京卫空心挂面加工技术，被确定为市级“非物质文化遗产”。

十、水波臭豆腐

临西县水波村沈氏始祖，于明永乐年间，由山西洪洞县迁居隆尧沈韩庄，后其一支移居清河县王官庄。六世宗圣、宗孔、宗舜由王官庄再迁居临清（今临西）西水波。其叔沈贵因家境贫穷流落他乡并学会了做臭豆腐的手艺，后回到西水波开起了臭豆腐坊。因生产的臭豆腐色、香、味俱佳，成为地方名产，一直卖到西安。清光绪年间，麒昌、麟昌兄弟带人在临清创办了“园香斋”酱菜厂，与临清的“济美”“茂盛”齐名，制作的臭豆腐被选为进京贡品。1956 年公私合营，“园香斋”与“济美”“茂盛”合并为“临清济美酱菜厂”。1961 年，沈氏后人玉贵、善德二人被邢台酱菜厂聘请传艺，其制作工艺传到邢台。改革开放后，臭豆腐坊在水波迅速发展，由 1978 年的 6 个发展到 1987 年的 15 个。1991 年达到 20 多家。由手摇磨改为驴拉磨，再改为机动磨、电动磨，产量大增。其制作手艺传到隆尧、巨鹿、平乡、冀县、南宫、曲周、衡水、馆陶及山东的聊城、德州、冠县，产品销往江苏、沈阳、北京、太原、西安、济南、天津等地。1988 年，仅水波就发展到 90 多家，每户每天加工大豆二、三百公斤，年加工大豆 250 余万公斤。其产品通过汽车、机动三轮车、自行车远销江苏、浙江、北京、天津、内蒙古、山东、河南、河北、山西、湖北、湖南等省市，仅当地营销人员就达数千人，带动了一方经济的发展。

第八编 轴承产业

临西县轴承产业起始于20世纪70年代初期，经过30多年的发展，临西轴承产业伴随着改革开放，经历了由“地下”转“地上”、由翻新仿制到制造加工，由作坊生产、拎包兜售到现代化生产、销售辐射全国的嬗变，生产能力、产业规模、产品质量、市场知名度、市场占有率，都实现了重大突破，已成为县域特色支柱产业，撑起县财政的半壁江山。同时，拉动了建筑、运输、包装、物流等相关产业，吸纳了6万多城乡劳动力就业，为县域经济社会发展做出了重要贡献。

第一章 发展历程

第一节 产业起步

70 年代初期，受计划经济体制影响，轴承作为机械化工业生产零部件，货源紧缺，供不应求。为满足当时工农业生产需要，临西老官寨公社的白庄、仁庄，童村公社的前堤口、后堤口，单屯公社的常屯、单屯、赵村、马村，先锋桥镇的大米庄等村一些头脑灵活的农民，从废旧轴承中拆下可以利用的套圈、珠粒和卡子等，经过抛光、上油等简单处理后，再手工组装起来，然后拿到市场上去销售，还有一些具有一定经商头脑的农民，到大城市工矿企业中收购废旧轴承，买回后经过简单打磨组装后，拿到集市上去销售。这样不仅解决了工农业生产中轴承产品紧缺的问题，而且让早期从事轴承加工的农民尝到了致富的甜头，临西轴承产业至此萌芽起步。

第二节 产业整合

中共十一届三中全会以后，党的富民政策和开放政策，使临西轴承产业逐步从地下转到地上，收购和加工轴承也由老官寨、河西等传统乡镇逐步向吕寨、大刘庄、临西镇、尖庄镇等县城东部 4 个乡镇发展，形成了几十个轴承生产专业村。1986 年 6 月老官寨乡白庄率先建起了轴承市场，随后童村、仓上、河西、蒋庄轴承交易市场相继成立。约有千余农民走出家门，到各地设立门店销售轴承，呈现出“千家万户搞加工，千军万马闯市场”的可喜局面，临西的轴承经销门店逐渐成为中国各大中城市一道特有的风景。

在轴承产业迅猛发展的形势下，县委、县政府敏锐地意识到仅靠翻新组装产品将被市场淘汰的危机感，从当时的实际生产能力出发，确立了“以生产中低速碳钢轴承为主，以为大中型企业配套为主”的产业发展战略，把临西轴承的市场定位定在面向农牧渔业机械和生活日用设备上，重点培育了鑫泰、临汾、江裕等 10 家轴承规模企业。从此，临西轴承产业逐步结束了废旧轴承加工翻新的历史，开始了向临西制造推进的新征程。由于产品市场定位准确，在抑制假冒伪劣行为的同时，较快地抢占了国内外市场。

第三节 规范发展

为大幅度提高轴承产品质量和市场占有率，从 90 年代中期开始，临西县进一步加大了对重点企业的扶持力度，帮助和引导企业加大资金投入，扩规模，上档次，研制开发新产品，开拓市场营销渠道，并在土地、税收、服务等方面先后制定出台了一系列优惠政策，优化经济发展环境、筑巢引凤、招商引资，促进了轴承产业的快速发展。国内一些知名轴承大中型企业及经销客商纷纷前来建立分厂和销售网点，并将配套产品的订单交给地方企业生产。鑫泰、亚鑫、联友、临汾等 20 家企业逐步发展成为全县轴承产业的领头企业。中迪、蓝天、中天、岗山、瑞日瓦、河北光扬等十几个投资千万元以上的轴承企业相继投产，轴承产业从原材料制作到各种成品生产，形成了一条龙的产业化发展链条。这一阶段，重点企业发展势头强劲，通过扩大生产和技术改造，逐步在县域经济中崭露头角。企业规模迅速扩张，行业合作日益密切，产业链条日趋成熟，交易渠道不断完善，企业自营出口能力不断加强，国际市场逐步打开，产品出口多个国家和地区。临西县成为中国最大的碳钢轴承生产出口基地。

第四节 转型升级

2000 年以来，临西轴承产业开始了新一轮转型升级。

1、企业聚集

坚持“全县一盘棋”和“拳头效应”思想，加快产业聚集步伐，以阳光工业园区和运河工业园区为载体，大力推进轴承企业向园区聚集，引进现代化规模企业，努力打造国内外影响力较大的骨干企业群，构建了轴承产业超常发展的强大平台。阳光工业园区依托中国轴承大世界，重点引进投资大、效益好、科技含量高的项目入园发展，形成了集生产加工和市场销售于一体的现代化轴承产业园区。2011年7月，被省政府命名为“省级工业园区”。

2、产品升级

逐步调整产业结构，把高精尖产品作为主攻方向，加快中低速产品的更新换代步伐，逐步实现了中低速向高速精工产品的转型。同时，强化质量意识，严格质量监督，优化产品结构，努力提高产品的科技含量和市场竞争力。2007年11月12日，全省唯一轴承检测机构——河北省滚动轴承监督检验站在临西正式投入运行，为临西轴承产业升级带来了新的契机。另外，通过高薪聘请、与大专院校联合、赴知名企业挂职培养，积极引进和培训轴承专业技术人才，为轴承产业上档升级和长远发展提供了强大的科技力量支持。

3、自主研发品牌

积极鼓励企业走品牌化发展之路，加大临西轴承商标和名牌申报力度，着力培育一批国字号、省字号知名产品，力创“名牌名企”。规模企业纷纷加入品牌研发大军，依靠科技创新，与行业高端对标，从微型轴承到特大轴承，从农用机械轴承到火车、飞机、电子计算机等高精尖轴承，全面开拓出一片新天地，86家企业注册了自己的商标，46家企业通过了国际质量体系认证，十余家企业拥有了自己的品牌。

第五节 产业现状

经过30多年的原始积累和滚动发展，临西轴承无论在企业规模、产品质量、营销网络，还是在产品知名度和市场占有率上都实现了重大突破。具体表现为“三大三多”。

1、生产规模大，从业人员多。截至2011年，全县轴承产业固定资产投资24.2亿元，从业人员6万余人，拥有轴承企业386家和辐射全国各大中小城市的3600余家经销门店，有各类轴承生产加工、检测设备5.4万台，可生产加工3000多个型号的轴承及零部件，年产轴承7.5亿套。拥有亿元企业6家，千万元以上企业84家，50家企业通过了国际质量体系认证，46家企业获得了自营出口权，注册商标20多个，产品遍销全国各地，并出口50多个国家和地区。是全国最大的轴承加工生产基地之一，全国最大的轴承商贸集散地。2009年12月被中国技术市场协会命名为“中国轴承之乡”。2011年3月被中国商业企业联合会命名为“中国国际轴承市场”。

2、专业市场大，销售网点多。轴承经销网络广是全县轴承产业的一大特点，其一，临西县拥有投资2.44亿元，占地500亩，建筑面积24万平方米的轴承交易市场—临西中国轴承大世界。另

意大利客商在恒泰瑞欣考察

外还有仓上、白庄、河西三个轴承交易市场，年交易额达22亿元，已成为华北地区轴承产品交易额最大、交易时间最长、经销轴承品种最全、带动范围最广的轴承集散中心。其二，县内拥有轴承经销门市1100多家，县外轴承经销门市3600多家，从业人员超过1.62万人，经销门市遍布全国大中城市（除港、澳、台）。2008年，全县轴承业实现营业收入48亿元，占全国销售额的9%（全国2006年度销售额为532亿元左右），占华北地区的31.9%（华北地区2006年度销售额约为152亿元左右）。

3、外贸数量大，出口国家多。2006年底，全县拥有出口企业46家，加工出口1200多个型号的轴承产品（70%的为碳钢轴承）；产品出口东南亚、美国、加拿大、德国等50多个国家和地区。2008年底，出口产品交货值达3.5亿元（六大类1200多个型号），直接出口创汇1000万美元。

第二章　产品与经销

第一节　主要产品种类

临西县生产的轴承产品种类齐全、型号繁多，主导产品以滚动轴承为主。主要种类：

飞龙牌轴承获中国著名品牌称号

一、深沟球轴承。是最具代表性的滚动轴承。用途广泛，可承受径向负荷与双向轴向负荷。适用于高速旋转及要求低噪声、低振动的场合，带钢板防尘盖或橡胶密封圈的密封型轴承，轴承内预先充填了适量的润滑脂，外圈带止动环或凸缘的轴承，既容易轴向定位，又便于外壳内的安装。最大负荷型轴承的尺寸与标准轴承相同，但内外圈有一处装填槽，增加了装球数，提高了额定负荷。

主要适用的保持架：钢板冲压保持架（波形、冠形单列；S形双列）、铜合金或酚醛树脂切制保持架、合成树脂成形保持架。

主要用途：汽车后轮、变速器、电气装置部件；通用电动机、家用电器；仪表、内燃机、建筑机械、铁路车辆、装卸搬运机械、农业机械、各种产业机械等。

二、调心球轴承。由于外圈滚道面呈球面，具有调心性能，可自动调整因轴或外壳的挠曲或不同心引起的轴心不正。调心滚子轴承在有两条滚道的内圈和滚道为球面的外圈之间，装配有鼓形滚子的轴承。外圈滚道面的曲率中心与轴承中心一致，所以具有与自动调心球轴承同样的调心功能。在轴外壳出现挠曲时，可以自动调荷及两个方向的轴向负荷。径向负荷能力大，适用于有重负荷、冲击负荷的情况。内圈内径是锥孔的轴承，可直接安装，或使用紧定套、拆卸筒安装在圆柱轴上。保持架使用钢板冲压保持架、聚酰胺成形保持架及铜合金车制保持架。

适用于承受重载荷与冲击载荷、精密仪表、低噪音电机、汽车、摩托车、冶金、轧机、矿山、石油、造纸、水泥、榨糖等行业及一般机械等。

三、圆柱滚子轴承。圆柱滚子与滚道呈线接触，径向负荷能力大，既适用于承受重负荷与冲击负荷，也适用于高速旋转 。N型及NU型可轴向移动，能适应因热膨胀或安装误差引起的轴与外壳相对位置的变化，最适应用作自由端轴承。

NJ 型及 NF 型可承受一定程度的单向轴向负荷，NH 型及 NUP 型可承受一定程度的双向轴向负荷。内圈或外圈可分离，便于装拆。NNU 型及 NN 型抗径向负荷的刚性强，大多用于机床主轴。

主要适用的保持架：钢板冲压保持架（Z形）、铜合金切制保持架、销式保持架、合成树脂成形保持架。

主要用途：中型及大型电动机、发电机、内燃机、燃气轮机、机床主轴、减速装置、装卸搬运机械、各类产业机械。

四、调心滚子轴承。该类轴承外圈是以轴承中心为球心的球面，具有自动调心性，滚动体与内、外圈滚道之间是线性接触，能承受大的径向载荷。

主要适用的保持架：铜合金切制保持架、钢板冲压保持架、销式保持架、合成树脂成形保持架。

主要用途：造纸机械、减速装置、铁路车辆车轴、轧钢机齿轮箱座、轧钢机辊道子、破碎机、振动筛、印刷机械、木工机械、各类产业用减速机、立式带座调心轴承等。

五、滚针轴承。分离性轴承由滚道圈与滚针和保持架组件构成，可与冲压加工的薄型滚道圈或切制加工的厚型滚道圈任意组合。非分离型轴承是由经精密冲压加工的滚道圈与滚针和保持架组件构成的整体型轴承，可承受单向轴向负荷。

该类轴承占用空间小，有利于机械的紧凑设计。

主要适用的保持架：钢板冲压保持架、合成树脂成形保持架。

主要用途：汽车、耕耘机、机床等的变速装置等。

六、角接触球轴承。可以同时承受径向载荷和轴向载荷，单列角接触球轴承只能承受单方向轴向载荷，一般都常采用成对安装。成对使用时，以预先调整好间隙的配对角接触球轴承最为方便。保持架的材质有黄铜、合成树木脂，依轴承形式、使用条件而区分。DB 组合、DT 组合、DF 组合成四点接触、双列角接触球轴承可承受径向和双向轴向负荷。角接触球轴承适用于高速及高精度旋转。此类轴承主要应用于机床主轴、高频马达、油泵、空气压缩机、印刷机等。四点接触球轴承多用于轧钢机的油辊箱以承受轴向负荷。

七、圆锥滚子轴承。该类轴承装有圆台形滚子，滚子由内圈大挡边引导。设计上使得内圈滚道面、外圈滚道面以及滚子滚动面的各圆锥面的顶点相交于轴承中心线上的一点。单列轴承可承受径向负荷与单向轴向负荷，双列轴承可承受径向负荷与双向轴向负荷，适用于承受重负荷与冲击负荷。

主要适用的保持架：钢板冲压保持架、合成树脂成形保持架、销式保持架。

产品主要用于汽车的前轮、后轮、变速器、差速器小齿轮轴；机床主轴、建筑机械、大型农业机械、铁路车辆齿轮减速装置、轧钢机辊颈及减速装置。

八、推力球轴承。由带滚道的垫圈形滚道圈与球和保持架组件构成。推力球轴承为分离型轴承，可很方便地分别在机轴或轴承座孔中进行安装和拆卸。推力球轴承根据结构的不同分为单向推力球轴承和双向推力球轴承，单向推力球轴承可以承受单一方向的轴向负荷，单方向限制轴的轴向位移；双向推力球轴承可承受两个方向的轴向负荷，限制轴的双向位移。

主要适用的保持架：钢板冲压保持架、铜合金或酚醛树脂切制保持架、合成树脂成形保持架。

主要用于汽车转向销、机床主轴等。

九、推力滚子轴承。包括推力圆柱滚子轴承、推力滚针轴承、推力圆锥滚子轴承和推力调心滚子轴承。

推力圆柱滚子轴承。由垫圈形滚道圈（轴圈、座圈）与圆柱滚子和保持架组件构成。圆柱滚子采用凸面加工，因此滚子与滚道面之间的压力分布均匀。可承受单向轴向负荷，轴向负荷能力大，轴向刚性也强。

推力滚针轴承。分离型轴承由滚道圈与滚针和保持架组件构成，可与冲压加工的薄型滚道圈或切制加工的厚型滚道圈任意组合。非分离型轴承是由经精密冲压加工的滚道圈与滚针和保持架组件构成的整体型轴承，可承受单向轴向负荷 。该类轴承占用空间小，有利于机械的紧凑设计，

大多仅采用滚针和保持架组件，而把轴及外壳的安装面作为滚道面使用。主要适用的保持架：钢板冲压保持架、合成树脂成形保持架。主要用途：汽车、耕耘机、机床等的变速装置。

推力圆锥滚子轴承。该类轴承装有圆台形滚子（大端为球面），滚子由滚道圈（轴圈、座圈）挡边准确引导，设计上使得轴圈和座圈滚道面以及滚子滚动面的各圆锥面的顶点相交于轴承中心线上的一点，单向轴承可承受单向轴向负荷，双向轴承可承受双向轴向负荷，双向轴承将中圈与轴配合，但由于采用间隙配合，因此必须用轴套等使中圈轴向定位。主要适用的保持架：铜合金切制保持架。主要用途：单向起重机吊钩、石油钻机转环、双向轧钢机辊颈等。

推力调心滚子轴承。该类轴承中球面滚子倾斜排列，由于座圈滚道面呈球面，具有调心性能，因此可允许轴有若干倾斜，轴向负荷能力非常大，在承受轴向负荷的同时还可承受若干径向负荷，使用时一般采用油润滑。主要适用的保持架：铜合金切制保持架。主要用途：水力发电机、立式电动机、船舶用螺旋桨轴、轧钢机轧制螺杆用减速机、塔吊、碾煤机、挤压机、成形机等。

第二节　生产流程及加工工艺

一、产品基本构造

县内生产轴承种类繁多，现仅以滚动轴承中普通滚珠轴承为例，主要由密封圈、内圈、外圈、钢球、保持架、防尘盖六个部件构成。

二、加工工艺

县内轴承生产工艺经历了由萌芽初期的手工、半手工、作坊式生产到机械化、规范化、企业化生产和生产工艺流程标准化几个阶段。

生产流程

钢材——退火——锻造——车削——热处理——深层探伤——磨削——检验——产品组装——清洗包装。

三、零部件加工

（一）套圈（内圈、外圈）

套圈是滚动轴承的重要零件。套圈的加工质量对轴承的精度、使用寿命和性能有着重要的影响。由于滚动轴承的品种繁多，所以对不同类型轴承的套圈尺寸、结构、制造使用的设备、工艺方法等要求也各不相同。

套圈制造的原材料为圆柱形棒料或管料，根据不同的成型工艺，滚动轴承套圈一般有以下几种制造过程：

1、（棒料）下料—锻造—退火（或正火—车削）—热处理淬、回火—磨削—零件检查—退磁、清洗—提交装配；

2、（棒料、管料）下料—冷辗成型—热处理淬、回火—磨削—零件检查—退磁、清洗—提交装配；

3、（管料）下料—车削成型—热处理淬、回火—磨削—零件检查—退磁、清洗—提交装配；

4、（棒料）下料—冷（温）挤压成型—车削—热处理淬、回火—磨削—零件检查—退磁、清洗—提交装配。

（二）钢球

1. 伸线（拔丝）：将购入的线材用拉丝机拉伸至所需要的线径；

2. 冷镦（锻压）：将拉好的线材置入钢球冷镦机，由机内的钢模镦打成球胚；

3. 光球：光球机内的两块铸铁磨球圆板将冷镦球胚子加压锉磨，去除球胚上的外环带和两极点；

联友轴承公司生产车间

4. 软球：软球机内的两块铸铁磨球圆板将光球球胚子锉磨使球胚子磨成所需球径及表面粗糙度；

5. 热处理：将球装入热处理炉内加以渗碳后淬火再回火，使球具有一定的渗碳层及硬度、韧性和压碎负荷；

6. 硬磨：研磨机内的砂轮圆板将热处理球胚加压磨削，以去除球表面的黑色氧化层及修正球的精度；

7. 精研 / 抛光清洗：精研即将研磨球胚在精研机内精研磨，使球达到成品所需要的精度和光洁度；抛光清洗即将球倒入抛光滚筒内转动并用抛光清洗剂加水清洗使球面清洁光亮；

8. 外观选别：用人工目测检查钢球表面有无瑕疵，并用千分尺测量真圆度，批直径变动量及用表面粗糙度仪检测表面粗糙度来作为终检。

（三）保持架加工

铁皮入库——下料——成形——整形。

（四）防尘盖加工

铁皮入库——下料——打字——成形——整形。

（五）密封圈加工。

第三节　产品销售

轴承产品经销是伴随着生产生活水平的提高、生产力的发展和生产规模的不断扩展而逐步发展完善的。

一、“货郎式”买卖

70 年代，轴承加工业在县内刚刚兴起，少数从业者从工矿企业购买使用过的废旧轴承（俗称“落套”轴承），经过翻新加工后，再走村串巷、赶集上会进行出售。此阶段生产水平低下，轴承产量小、产品不成体系，交易方式原始陈旧。

二、专业市场交易

80 年代，随着改革开放政策的实施，临西轴承业迅速发展，涌现出一批专业户、专业村，规模产量购销需求日益增大，原有的“货郎式”买卖已远不能满足要求，专业集市应运而生。先是在河西、白庄、童村、仓上等原有集市基础上形成一条街式的轴承专业集市，集日在农历一六、二七、三八或四九等。因为当时对轴承翻新、轴承粗加工的认识上、政策上、管理上都不很明晰、不太统一，所以直到 90 年代初期，轴承集市一直处于“半地下”状态，都是半夜赶集、凌晨三四点钟开市、天亮散集，故称“夜猫子集”。赶“夜猫子集”一般是头天夜里出发，骑自行车、拉地排车、赶畜力车从十里八里、几十里甚至上百里外赶往集市所在地，夜半前后到达，沿街路两旁摆好地摊，地摊成百上千、绵延一二里，摊主都自备电灯、汽灯、马灯等照明工具，赶集购货的人都带着手电筒，以备挑选轴承时照明之用。凌晨之时，交易开始，集市上灯光闪烁、人声鼎沸，买卖双方的讨价还价声，挑拣轴承发出的叮当声，还有饮食摊贩的叫卖声，三五里外均可听到。后来在政策支持和政府引导下，先后将几个专业集市改建扩建成大型的轴承专业市场，市场规模不断扩大、交易时间逐渐延长、经销种类更加齐全、辐射范围日趋广大，逐渐形成了华北地区知名的轴承产品集散中心，年交易额达 20 多亿元。

三、门店式经销

在完善专业市场销售的同时，为了进一步拓展产品市场、扩大产品辐射范围，临西人开始到全国各地开设轴承经销门店。经过十几年的发展，到 2008 年创建轴承经销门店 3600 多家，遍布全国各地大中城市，形成了覆盖全国的轴承销售网络，产品销往全国各地。

四、外贸出口

在占领国内市场的同时，临西轴承开始向国际市场进军。2008 年，全县有 46 家企业获得外贸自营出口权，每年有 1200 多个品种的轴承通过外贸出口到欧美、东南亚 50 多个国家和地区，销售收入 2000 多万美元，并涌现出“飞龙”“宝鑫”等一批国优、省优品牌。

五、办节参展

临西县每年举办轴承节，吸引国内外客商参展交易，并且经常组织企业参加国内重大轴承产品交易会、博览会，提升影响力、扩大产品销售。

第三章　园区建设

第一节　河北临西轴承工业园区

河北临西轴承工业园区　位于县城珠江路以北，阳光大街东侧，规划面积 14 平方公里，储备工业用地 7000 余亩，是河北省确定的十大装备制造基地之一。园区内中国轴承大世界占地 500 亩，是全国最大的现代化轴承专业交易市场，年交易额 60 亿元，2007 年被中国市场协会授予“中国名牌市场”称号。

园区按照市场化运作、公司化经营、园林化建设、物业化管理的省级园区标准建设，实行封闭式管理。内设工商、税务、质监、警务等单位。园区以轴承加工制造为主，同时含有棉纺织园区、高新技术园区、物流配送园区。园区内已有投资 1.6 亿元的河北隆润纺织有限公司、投资 1.2 亿元的河北光扬轴承有限公司等 17 家规模企业落户。

河北临西轴承工业园区入驻主要企业一览表

表 8–1

企业名称	建立（入驻）时间	总投资额（万元）	主要产品	备注
哈尔滨轴承集团河北轴承锻造有限公司	2012. 10	40000	轴承锻件	招商引资项目
河北光扬	2007. 4. 10	10000	轴承	
玉良滚动体	2005. 6. 2	1000	滚动体	
河北恒星	2009. 6. 26	3000	轴承	
科华传动件	2009. 6. 17	2800	轴承	
河北飞龙	2009. 2. 18	3018	轴承	
沪临特种轴承	2008. 5. 6	2500	轴承	
恒泰瑞欣轴承	2007. 12. 5	4000	轴承	
河北蓝天汽车轴承	2005. 6	1000	轴承	
河北五丰钢构	2010. 6. 4	2500	钢构生产加工	
河北书浩轴承	2010. 3. 29	3500	轴承	
河北安驰轴承	2010. 9. 9	3500	轴承	
临西金泰森轴承制造	2010. 12. 9	3500	轴承	
河北金佳特精密机械	2010. 9. 29	600（万美元）	直线导轨	
河北宝鑫轴承	2010. 8. 26	11000	轴承	

续表

企业名称	建立（入驻）时间	总投资额（万元）	主要产品	备注
华北中诚科技	2009. 10	26000	电气设备	
河北润和	2010. 4. 11	10000	轴承	
河北新概念	2011. 1. 11	3000	轴承	
龙兴电缆厂	2006. 1. 25	2000	电缆	
河北中伟	2011. 12. 9	5000	轴承	

第二节 运河工业园区

位于县境最东部河西镇辖区内，与山东省临清市隔卫运河相望，是临西县实施全方位经济发展战略，优化产业布局，实现产业集群，依托轴承特色产业和地理区位优势而建设的工业聚集区。

园区规划面积5.6平方公里，是市级工业聚集区。园区以优化产业布局、展现产业集群为目标，努力打造高科技含量、高附加值、高投资密度、低能耗、低污染、自主创新的现代化生产型企业发展平台。入园企业13家，以轴承加工、轴承机械制造、机电数控等为主，固定资产达25.63亿元。

运河工业园区项目建设现场

运河工业园区入驻主要企业一览表

表8–2

企业名称（全称）	建立（入驻）时间	总投资额（万元）	主要产品	备注
河北海蓝轴承制造有限公司	2010年7月27日	6000	带座外球面、七类、0类	
临西县凯康轴承有限公司	2010年9月11日	1600	0类、外球面轴承	
临西县博威轴承有限公司	2011年4月18日	3000	三类、七类	
河北亿泰克轴承有限公司	2011年6月17日	8000	带座外球面、七类、0类	

第三节 杜洼轴承工业园区

位于老官寨镇杜洼村东。园区占地260亩，南邻邯临路，北接邢临路，姚白路贯穿南北。始建于2002年，到2008年，已形成集套圈生产、钢球生产、出口创汇为一体的综合性工业园区。入驻企业20家，产品畅销全国二十几个省市，还出口到美洲、非洲、中亚、东南亚等几十个国家和地区，年销售收入上亿元，实现利税近千万。

杜洼轴承工业园区主要入驻企业

表 8–3　　单位：万元

序号	企业名称	产值	销售收入	建立（入驻）时间	备注
1	临汾轴承厂	4000		1996	
2	腾飞轴承厂	2000		2000	
3	中飞轴承有限公司	600			
4	恒泰钢球厂		900	2003	
5	鑫源钢球厂		450	2004	

第四节 单屯轴承工业园区

单屯轴承工业园区　由以相庄为中心的轴承生产区和以瓜厂为中心的轴承加工区组成。

相庄轴承生产区　始建于2001年，位于单屯工作站的相庄村西，占地200亩，入驻企业10家，其中规模企业有洪海、士海、志民、国庆、金山等轴承公司。固定资产投资5000多万元，有高级磨床500多台套，从业人员850人，其中高级技术人员375名，管理人员80名，园区交通便利，各种配套设施完备，功能齐全。产品主要有“0”“V”类各种型号轴承，并获得ISO2000、ISO2001国际质量体系认证，年生产轴承成品3000万套，产值近亿元，产品主要出口东南亚、东欧、非洲等国家和地区。

单屯轴承工业园区主要入驻企业

表 8–4　　单位：万元

序号	企业名称	产值	销售收入	建立（入驻）时间	备注
1	洪海轴承有限公司	3000		2001	
2	士海轴承有限公司	3000		2001	

瓜厂轴承加工区　始建于2006年，位于单屯工作站瓜厂村西，交通便利，配套设施完备。占地150亩，入驻企业15家，有加工设备400多台。主要从事轴承管件加工，有轴承管件切、割、锻、压、缩等主要生产环节，是临西轴承产业的第一生产线基地，年加工能力3000多吨，年销售额8000万元。规模企业有爱华轴承厂、瑞彬管件厂、恩宝管件厂、恩刚管件厂等。

第四章 市场建设

第一节 中国（临西）轴承大世界

临西县中国轴承大世界是省级重点工程，是华北地区最大的轴承集散中心。2000年3月开始规划设计，8月一期工程动工兴建，2002年5月28日投入使用。二期工程2004年5月动工兴建，2006年建成招商。

中国轴承大世界占地500亩，总投资2.44亿元。建筑设计以现代风格为主，经营门店与单元式居住相结合，楼房以二、三层为主。“五纵十三横”的棋盘式规划把商业街道及市场分为57个花园式小区，2500多间门店，可容纳2000多家商店入驻经营。供暖设备先进完善，是临西县首处采用地暖供热的建筑群。

为优化投资环境，县政府专门成立了大世界管理委员会，制定了一系列优惠政策。凡投资者所购房屋，都有独立的房屋所有权、使用权、出租权、买卖权和继承权。在此经营的固定商户和流动商户，工商税、企业管理费、固定资产方向调节税等也予以政策倾斜。凡入驻中国轴承大世界的外地客商，管理委员会将协助办理户口迁移手续，子女入托、入学享受县城居民同等待遇。

在中国轴承大世界入驻的除散户外，美国（上海）优必胜轴承公司在邢台辖区内唯一的经销处设立于此。2001年7月，临西隆泰轴承有限公司成立，是浙江万向集团总代理，在市场内建设了全国第一家轴承超市。到2008年，市场年营业额达到20亿元。

第二节 仓上轴承市场

仓上轴承专业市场位于县城平安大街南段，是以轴承交易、加工、改装为一体的综合性市场，由仓上村委会独资建设。1993年4月筹划建设，同年11月完工并投入使用。

市场占地130亩，总投资720万元。有轴承交易大棚16个，摊位600多个。2003年，为满足交易需求，改建二层临街门市210间。2005年，市场向北延伸扩建了140间临街门市。

仓上轴承专业市场是县内较大的轴承集散中心，客商主要来自山东省临清市、烟台和县内。每逢农历三、八大集，上市客商达万人以上。市场建成初期，午夜上市，黎明交易，买卖兴隆。后改为凌晨上市，中午休市。市场内品种齐全，交易方便安全，日成交额在30万元以上。轴承市

中国轴承大世界鸟瞰

场内外有旅馆、饭店、小吃铺、物流、搬运站等，交通便利，运输方便。

第三节　白庄轴承市场

白庄轴承专业市场形成于1986年6月，位于县城东9公里，邯临公路北侧。该市场集生产加工和销售于一体，每逢农历四、九集日，商贾云集，上市万人以上，成交额数十万元以上。客商来自辽宁、吉林、黑龙江、山东等全国各地。市场摊位1000多个，交易品种数千种。

白庄轴承市场对内覆盖面大。商户以白庄、仁庄、童村、前堤口、后堤口、大刘庄、大庙、杜洼、孙庄、龙旺、吕寨等30多个专业村为主，波及全县5200多个轴承加工户。对外辐射广，和全国各大中城市数千家门店都有着购销联系。轴承产品加工从钢材进厂，到成形包装可一条龙式完成。市场周围建有旅馆、饭店、百货、寄存、物流等基础设施和服务机构。2000年以后，随着交通、通讯的便利，市场直接交易的有所减少，网络经营、门店联系、固定交易的不断增多。

仓上轴承市场

白庄轴承市场

第五章　管理服务

第一节　行业协会

一、临西县轴承行业协会

2011年7月30日，临西县轴承行业协会成立并召开第一次会员代表大会。

大会审议通过了《临西县轴承协会行业章程》；通过了《临西县轴承行业协会关于设立第一届理事会的议案》及理事名单，选举李金贵为临西县轴承行业协会第一届理事会理事长。

临西县轴承行业协会的成立，标志着县内为振兴轴承产业的发展构筑了一个全新的平台，它的成立结束了临西县三十多年有轴承行业没轴承协会的历史，宣告了县内各轴承企业之间优势互补、协作发展时代的到来。

附：

临西县轴承行业协会章程（草案）

第一章 总 则

第一条 本会的名称：临西县轴承行业协会。

第二条 本会的性质：是临西县轴承行业的制造、流通企业、事业单位和其他相关行业的有关单位和个人自愿参加组成的不受地区、部门和所有制限制的行业性、非营利性、全县性的社会组织。

第三条 本会的宗旨：以邓小平理论和“三个代表”重要思想为指导，深入贯彻落实科学发展观，以国家和省、市产业政策为指导，以服务为核心，以协调、交流、发展、维权、自律为主轴，全心全意为会员、为企业、为行业、为政府提供双向服务，反映会员的意见、愿望和要求，代表和维护会员的合法权益，全力推动轴承行业持续健康发展，为建设经济强县做出贡献！

第四条 本会的业务主管部门是临西县轴承产业管理服务中心，登记管理机关是临西县民政局。本会接受业务主管部门和登记管理机关的业务指导和监督。

第五条 本会的住所设在临西县。

第二章 业务范围

第六条 本会具有调查研究、提出建议、组织协调、行业自律、信息引导、咨询服务、业内交流基本职能，主要业务范围是：

（一）跟踪、调查、研究轴承行业改革发展及有关的技术、经济政策和法规、规章的运行情况，及时向县政府和省轴协反映会员、企业的意见和要求，为制定行业改革与发展方案、产业政策、技术政策、法律法规等重大决策提供建议和服务；

（二）对行业及企业的技术经济指标与运行态势进行收集、分析、研究和交流，采取多种方式及时了解轴承产品的国内外市场动态和技术进步趋势，进行市场预测预报，发布行业信息，为政府和会员、企业决策提供信息服务；

（三）协助有关部门推进国家标准的贯彻实施，开展行检、行评，对不符合标准的产品和企业，建议政府有关部门采取行政措施；

（四）组织企业开展技术交流与联合开发活动，受委托组织行业产品技术鉴定，大力推广新产品、新技术、新工艺、新材料，为企业提供技术咨询及各种形式的技术服务，不断促进行业技术进步；

（五）大力推行品牌战略，树立本县品牌，打击假冒伪劣产品，向用户推荐行业产品，为用户的采购、项目招标提供推荐意见；

（六）开展企业管理和改进产品质量诊断咨询服务，推进企业按市场机制进行体制创新、管理创新、技术创新，促进企业建立现代企业制度，不断提高企业的市场竞争能力；

（七）根据需要组织多种形式的职工培训和专项培训，提高行业职工队伍素质，分析行业职工素质，为会员、企业、政府提供加强职工队伍建设的建议；

（八）沟通信息、协调关系，为企业资产重组、专业化协作等牵线搭桥，促进行业结构的合理调整；

（九）制定本县轴承行业的“行规行约”，建立自律性机制。规范行业自我管理行为，做好行业内部的价格协调和价格自律工作，维护行业整体利益和会员单位及消费者的合法权益，促进企业公平竞争；

（十）承担政府交办的相关工作。

第三章 会 员

第七条 本会的会员主要为企业会员和个体会员。

第八条 申请加入本会的会员，必须具备下列条件：

（一）拥护本会的章程；

（二）自愿申请加入；

（三）在行业内具有一定的影响；

（四）具有法人资格；

（五）具有相应的生产经营手段，企业管理有一定基础，产品质量有信誉。

第九条 会员入会的程序是：

（一）向本会提交入会申请书；

（二）经理事会讨论通过；

（三）申请入会单位填写会员登记表后，履行入会手续；

（四）由理事会或理事会授权的机构发给会员证。

第十条　会员享有下列权利：

（一）本会的选举权、被选举权和表决权；

（二）参加本会的活动；

（三）获得本会服务的优先权；

（四）对本会工作的批评建议权和监督权；

（五）入会自愿、退会自由。

第十一条　会员履行下列义务：

（一）执行本会的决议；

（二）维护本会的合法权益；

（三）完成本会交给的工作；

（四）按规定缴纳会费；

（五）向本会反映情况，提供有关资料。

第十二条　会员退会应书面通知本会，交回会员证。

第十三条　会员如有严重违反本章程的行为，经理事会或常务理事会表决通过，予以除名。

第四章　组织机构和负责人产生、罢免

第十四条　本会的最高权力机构是会员代表大会，会员代表大会的职权是：

（一）制定和修改章程；

（二）选举和罢免理事；

（三）审议理事会的工作报告和财务报告；

（四）决定终止事宜；

（五）决定其他重大事宜。

第十五条　会员代表大会须有2/3以上的会员代表出席方能召开，其决议须经到会会员代表半数以上表决通过方能生效。

第十六条　会员代表大会每届四年。因特殊情况需提前或延期换届的，须由理事会表决通过，报业务主管单位审查并经社团登记管理机关批准同意，但延期换届最长不得超过1年。

第十七条　理事会是会员代表大会的执行机构，在闭会期间领导本会开展日常工作，对会员代表大会负责。

第十八条　理事会的职权是：

（一）执行会员代表大会的决议；

（二）选举和罢免理事长、副理事长、秘书长；

（三）筹备召开会员代表大会；

（四）向会员代表大会报告工作和财务状况；

（五）决定会员的吸收或除名；

（六）决定设立办事机构、分支机构、代表机构和实体机构；

（七）决定副秘书长、各机构主要负责人的聘任；

（八）领导本会各机构开展工作；

（九）制定内部管理制度；

（十）推举名誉会长、聘请顾问；

（十一）审查理事的增补和变更；

（十二）决定其他重大事项。

第十九条　理事会须有2/3以上理事出席方能召开，其决议须经到会理事2/3以上表决通过方能生效。

第二十条　理事会至少每年召开一次会议；特殊情况，也可采用通讯形式召开。

第二十一条　本会的理事长、副理事长、秘书长必须具备下列条件：

（一）坚持党的路线、方针、政策，政治素质好；

（二）在本会业务领域内有较大影响；

（三）理事长、副理事长、秘书长最高任职年龄不超过70周岁，秘书长为专职；

（四）身体健康能坚持正常工作；

（五）未受过剥夺政治权利和刑事处罚的；

（六）具备完全民事行为能力；

（七）热心轴承行业协会工作，办事公正，具有本职务需要具备的业务素质和开拓进取精神，是会员单位的现职主要负责人。

第二十二条　本会理事长、副理事长、秘书长如超过最高任职年龄的，须经理事会表决通过，报业务主管单位审查并经社团登记机关批准同意后，方可任职。

第二十三条　本会理事长、副理事长、秘书长任期四年。理事长、副理事长、秘书长任期最长

不得超过两届，因特殊情况需延长任期的，须经会员代表大会2/3以上会员代表表决通过，报业务主管单位审查，并经社团登记管理机关批准同意后方可任职。

以会员单位领导身份担任副理事长以上职务，在任期内离开单位领导岗位的，要在三个月内主动提出辞职。

第二十四条　本协会秘书长为本会法定代表人。本会法定代表人不兼任其他团体的法定代表人。

第二十五条 本会理事长行使下列职权：

（一）召集和主持理事会；

（二）检查会员代表大会、理事会决议的落实情况；

（三）代表团体签署有关重要文件；

（四）其他须由理事长行使的职权。

第二十六条 本会秘书长，行使下列职权：

（一）主持办事机构开展日常工作，组织实施年度工作计划；

（二）协调各分支机构、代表机构、实体机构开展工作；

（三）提名副秘书长以及各办事机构、分支机构、代表机构和实体机构主要负责人，交理事会决定；

（四）决定办事机构、代表机构、实体机构专职工作人员的聘用；

（五）组织收集整理协会的有关信息，向理事会报告工作和财务预决算情况；

（六）实行理事会领导下的秘书长负责制；

（七）处理其他日常事务。

第五章 资产管理、使用原则

第二十七条 本会经费来源：

（一）会费；

（二）捐赠；

（三）政府资助；

（四）在核准的业务范围内开展活动或提供服务的收入；

（五）利息；

（六）其他合法收入。

第二十八条　本会按照国家有关规定收取会员会费。

第二十九条　本会经费必须用于本章程规定的业务范围和事业的发展，不得在会员中分配。

第三十条　本会建立严格的财务管理制度，保证会计资料合法、真实、准确、完整。

第三十一条　本会配备有专业资格的会计人员。会计不得兼任出纳。会计人员必须进行核算，实行会计监督。会计人员调动工作或离职时，必须与接管人员办清交接手续。

第三十二条　本会的资产管理必须执行国家规定的财务管理制度，接受会员代表大会和财政部门的监督。资产来源属于国家拨款或者社会捐赠、资助的，必须接受审计机关的监督，并将有关情况以适当的方式向社会公布。

第三十三条　本会换届更换法定代表人之前必须接受社团登记管理机关和业务主管单位组织的财务审计。

第三十四条　本会的资产，任何单位、个人不得侵占、私分和挪用。

第六章 章程的修改程序

第三十五条 对本会章程的修改，须经理事会表决通过后报会员代表大会审议。

第三十六条　本会修改的章程，须在会员代表大会通过后15日内，经业务主管单位审查同意，并报社团登记管理机关核准后生效。

第七章 终止程序及终止后的财产处理

第三十七条　本会完成宗旨或自行解散或由于分立、合并等原因需要注销的，由理事会或常务理事会提出终止协议。

第三十八条　本会终止协议须经会员代表大会表决通过，并报业务主管单位审查同意。

第三十九条　本会终止前，须在业务主管单位及有关机关指导下成立清算组织，清理债权债务，处理善后事宜。清算期间，不开展清算以外的活动。

第四十条　本会经社团登记管理机关办理注销登记手续后即为终止。

第四十一条　本会终止后的剩余财产，在业务主管单位和社团登记管理机关的监督下，按照国家有关规定，用于发展与本会宗旨相关的事业。

第八章 附 则

第四十二条 本章程二O一一年七月三十日会员代表大会修订并表决通过。

第四十三条 本章程的解释权属本会的理事会。

第四十四条 本章程自社会登记管理机关核准之日起生效。

二、河北省轴承协会

2007年9月16日，河北省轴承行业协会成立大会暨第一次会员代表大会在临西县召开。中国轴承行业协会、河北省工经联、省民政厅有关领导、邢台市委、市政府有关领导及来自全省的60多家单位的代表和个人会员出席会议。

河北省轴承行业协会的成立，对促进全省轴承行业发展与振兴、在政府与行业之间、行业与企业之间、行业与用户之间发挥桥梁和纽带作用，对省内轴承企业合作，省内企业与国内、国际轴承企业合作，起到积极的推动作用。同时，对进一步提升临西轴承业的产品档次、整体水平和市场竞争力，打造临西轴承品牌名片，做强、做大轴承产业，具有重要意义。

2012年3月1日，河北省轴承行业协会第二次会员代表大会在临西县召开，会议听取了协会第一届理事会工作报告，选举产生了以河北省（临西）鑫泰轴承锻造有限公司董事长李金贵为理事长的第二届理事会。并且会议决定，省轴承协会驻地迁到临西。这一举措使临西县轴承行业与上级业内沟通交流渠道得到进一步畅通，进一步推动了临西轴承产业的管理、交流和发展。

第二节　服务机构

一、河北省滚动轴承产品质量监督检验站

河北省滚动轴承产品质量监督检验站是在河北省计量科学研究所长度鉴定研究室的基础上，经河北省质量技术监督局批准成立的省级质检站，于2007年11月正式在临西县质量技术监督局落户。检验站有检验工作人员12人，其中正高级工程师3人，高级工程师1人，工程师3人。实验室面积150平方米，其中恒温室面积100平方米。站内配有轴向游隙检查仪、测长仪、立式光学计、跳动检查仪、测磁仪、圆锥滚子测量仪、金相试验镶嵌机、显微镜、激光沟道粗糙度测量仪等52台（套）轴承检测设备，固定资产110多万元，基本具备对滚动轴承的检测能力。

河北省滚动轴承产品质量监督检验站对外是一个依法独立活动的质检机构，挂靠在河北省计量科学研究所。设有技术室、业务室、人事室、财务室、检测室等职能科室。

检验站自成立以来，坚持贯彻执行“管理科学，运行高效，行为规范，数据准确”的质量方针，通过对产品外观、尺寸、硬度、游隙、残磁、振动、金相等20个项目的检验，对产品质量做出公正、科学、准确的评价。每年对1000多件（套）产品进行检验，为质量监督部门的正确决策提供详尽、准确的信息和依据，对提升产品质量、促进企业发展发挥了积极作用。

二、洛阳轴承高级技工学校临西分校

随着轴承产业的迅猛发展，技术力量相对薄弱制约产品质量稳步提升的问题日益突显。县委、县政府及时与国内轴承行业规模最大的国家级重点技工学校——洛阳轴承高级技工学校联手，创办了“洛阳轴承高级技工学校临西分校”。2011年6月20日，学校正式挂牌成立。

分校借助洛阳轴承高级技工学校的品牌优势、师资优势、办学优势、培训优势，依托临西职教中心办学资源，开设轴承专业中级工中专班，培训技术人才，培育后备人才，实现优势互补，互利互赢，资源整合，共同发展。

分校采取行政上接受县职教中心领导，业务上由洛阳轴承高级技工学校指导的双重管理体制，教学方法上采取理论和实践相结合的模式。设有数控、普通车工等专业共计8个教学班400多名学生。校内建有校园轴承厂和轴承加工生产线，拥有16台普通车床，15台数控车床、数控铣床，20台数控磨床等生产加工设备。

三、中国（临西）国际轴承展示中心

中国（临西）国际轴承展示中心位于县城北部，阳光大街东侧，总投资5800万元，占地15.8亩，展示中心主体四层，框架结构，建筑面积5500平方米。整体建筑结合轴承形状设计，前圆后方，前窄后宽，前低后高，寓意凝聚财气；两侧如同展开的双翼，寓意轴承产业的腾飞。设计风格新颖大气，主题鲜明，由北京工艺美术师李书邦设计，河北建工集团施工，2010年6月底开始动工建设，2011年11月竣工。

展示中心一层为轴承产业展馆，布展面积1100平方米，主要展示轴承的起源、沿革以及临西轴承产业的发展历程和发展前景。共分为三个单元：延续千年的轴承历史、蒸蒸日上的临西轴承产业、高瞻远瞩的轴承产业规划。

展示中心二层为世界轴承博览区，布展面积1150平方米，通过大量图文与实物的展示，集中介绍临西重点轴承企业、国内知名轴承企业、世界八大著名轴承企业及其生产的产品，以灵动的展示空间、高科技的展示手段、个性化的展示形式，使参观者全面了解国内国际轴承企业和产品的发展趋势。

展示中心三层为城市规划展馆，布展面积1150平方米，共分为临西印象、指点江山、多彩今朝、临西展望四个展区，设有110平方米大型互动式沙盘，全方位展示临西丰厚的历史文化底蕴、辉煌的发展成就和宏伟的建设蓝图。

展示中心四层为河北省轴承行业协会、临西县轴承产业管理服务中心的办公区域。

展示中心作为国内最大的轴承专业展馆，在介绍轴承产业发展历程、发展前景的同时，还对国内外知名轴承企业进行集中展示，同时还具备着轴承年会论坛、学术交流、产品研发、品牌交流等功能。

四、临西轴承网

临西轴承网（www.linxizhoucheng.cn）是临西轴承产业窗口服务平台网站。设有产业资讯、企业动态、轴承行情、产品展厅、业务知识、名气风采等栏目。通过网络平台，轴承从业人员和社会各界人士可以了解产业发展形势，发布信息，宣传产品，并且可在网上游览中国最大的轴承专业展馆——中国国际轴承展示中心。

中国国际轴承展示中心展厅

临西轴承产业窗口服务平台按照国家和省市产业窗口服务平台的要求，结合临西县轴承特色产业发展实际和需要建设，由县轴承产业管理服务中心承建和维护，是整个服务平台建设的重要组成部分。根据业务需要，还可与省、市、县有关部门联合，陆续开通网上业务申报办理、电子商务等栏目，真正成为集信息、宣传、资源共享、业务交流于一体的快速联动的综合性服务中心，为轴承企业提供多层次、全方位服务。

第六章 重点企业

一、河北鑫泰轴承锻造有限公司

河北鑫泰轴承锻造有限公司创建于1996年9月，是一家专业从事轴承锻造和套圈车削企业，是中国轴承工业协会、中国锻压协会会员单位。公司下设轴承锻造厂和锻件车削加工厂两个主体企业，固定资产6800万元，员工460名，其中高、中级技术人员116名。主导产品：1、2、3、5、6五大类和N、NN系列各种非标轴承锻件，是“全国轴承行业锻造年会”推荐产品。公司有标准化钢结构厂房2万平方米，专用大型设备150多台套，锻件全部使用优质棒料中频加热锻造而成，品质好、精度高，年产轴承锻件1800万套、精车套圈1000万套，与国内十几家知名轴承企业保持着密切来往，产品远销海内外市场。2008年，产值8783.2万元，销售收入7937万元，实现利税1350万元。

公司先后被省政府、省有关部门授予“明星企业”“科技明星企业”“重合同守信用企业”和“AAA级信用企业”，并通过了IS09001:2000质量管理体系国际认证。

二、临西县临汾轴承厂

临西县临汾轴承厂始建于1996年，位于老官寨镇杜洼工业园区，是以0类轴承为主导产品的生产厂家。有员工286名，其中高中级专业技术人员88名。企业占地46亩，建筑面积15931平方米，固定资产1686万元。

该厂严格按照国际ISO9000质量体系标准组织生产管理，技术雄厚、工艺先进、检测完备，产品畅销全国20多个省、市、自治区，出口欧洲和东南亚20多个国家和地区。2008年，完成产值2673万元，销售收入2612万元，实现利税444万元。

三、河北光扬轴承制造有限公司

河北光扬轴承制造有限公司，前身是由日本富田株式会社大连光扬轴承制造有限公司和河北德瑞博轴承销售有限公司合资兴建的特大型轴承制造企业，属河北省重点项目。公司总投资2.3亿元，占地189亩，建有2400平方米的钢架结构彩色拱顶加工车间10个，5000平方米的大型锻造车间1个，5600平方米的办公大楼和4600平方米的职工公寓和餐饮休闲中心。

产品已通过ISO9001和104000认证，注册商标为“ZWVA”，生产的中特大型2、3、7、9类轴承广泛用于冶金、轧机、矿山、石油机械、造纸、陶瓷、工程机械等企业，其中圆柱滚子轴承、圆锥滚子轴承和调心滚子轴承为公司的优势产品，200—2000公斤的大型轴承为本公司的主打产品，在中国首家成立了中大型轴承技术维修中心。

公司拥有轴承自主进出口经营权，产品出口到意大利、波兰、南非等十几个国家和地区。

四、河北玉良轴承滚动体有限公司

河北省玉良轴承滚动体有限公司，位于县城东北太行路南侧，公司始建于2005年，是生产“2、3、7”类轴承滚子的轴承企业，占地16000平方米、建筑面积7200平方米，拥有冷镦挤压热处理、高精度检测仪器等大型设备20多台。年生产1200吨轴承滚动体，年产轴承150万套，固定资产投资1500多万元，以生产“神久”牌¢10—25mm的圆柱滚子、球面滚子、圆锥滚子三大系列，有员工90多名。2008年，完成产值3632万元，销售收入3314万元，实现利税563万元。

五、河北蓝天汽车轴承制造有限公司

河北蓝天汽车轴承制造有限公司，始建于2005年，2006年竣工投产。公司位于县城北太行路南侧，占地14000多平方米，建筑面积4200多平方米，固定资产1200多万元，是以生产汽车专用轴承为主的生产企业，公司设计年生产轴承180万套，年产值3400多万元。2007年，被浙江万向集团列为定点生产单位，年需求量200万套，价值1600余万元。2008年，完成产值2640万元，销售收入2244万元，实现利税381万元。

六、河北宝鑫轴承制造有限责任公司

河北宝鑫轴承制造有限责任公司（以下简称“宝鑫轴承”），是邢台市重点建设项目，投资1.1亿元，占地72亩，固定资产5416.85万元，职工248人，2012年实现销售收入15128.66万元，利税2018万元。

宝鑫轴承生产的圆锥滚子轴承、深沟球轴承、短圆柱滚子轴承及外球面轴承，广泛应用于重型汽车、精密机床、工程、纺织等机械领域，同时定做各类轴承锻件、热处理件和非标准轴承。

宝鑫轴承注重生产设备自动化建设，近年技改资金投入3000多万元，引进高精密数控磨床、车床和轴承滚子自动化连线设备等180余台（套），先进的机外检测仪、投影光学比较仪、激光粗糙度轮廓仪等检测设备46台（件）。并与科研单位合作，开发轴承制造全过程自动化机外检测，实现了一人多机，减少了劳动力的投入，提高了装备的数控化、自动化程度，由劳动密集型向高科技企业转型，生产的高精密轴承性能达到国家先进水平。

宝鑫轴承是“河北省轴承行业协会会员单位”，河北省“特级质量诚信单位”“轴承产品质量合格单位”。“宝鑫”牌轴承，荣获“邢台市知名商标”“河北省中小企业名牌产品”“河北省名牌产品”称号。通过了ISO/TS 16949:2009汽车零部件生产相关质量管理体系认证。

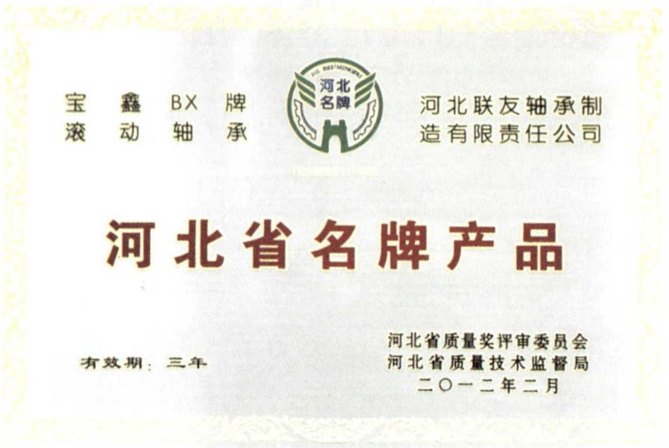

宝鑫牌轴承获河北省名牌产品称号

七、亚鑫钢球厂

亚鑫钢球厂始建于2004年7月，2005年1月投产。现已形成钢球生产、加工基地，是市、县级“明星企业”和“质量信得过单位”。

工厂占地30亩，有职工266名，建钢架结构厂房1500平方米，拥有国内最先进的专业制造设备35台。企业通过了ISO9000质量认证，产品销往全国各大城市和46家大型企业。

2006年，投资2000万元，进行二期扩建，新建钢架结构厂房1500平方米，购置高精尖端设备50台。2008年，完成产值2140万元，销售收入2102万元，实现利税357.3万元。

八、河北洪海轴承有限公司

河北洪海轴承有限公司，位于单屯工作站相庄工业园区，占地26亩，拥有设备166台件，固定资产520万元，流动资金220万元，员工75名。产品严格按照国家GB307—94标准生产，经国家轴承技术部门检测，质量噪音达到Z.Z组标准，是各种机械的理想配套产品。

公司主要生产0类深沟球轴承（内径12—50mm），年生产能力240万套，经销0类、1类、3类及英制非标外球面轴承。产品远销东南亚、中东、西欧等十几个国家和地区，畅销国内十几个省市。2008年，完成产值3984万元，销售收入3812万元，实现利税648万元。

九、河北鑫宇轴承有限责任公司

河北鑫宇轴承有限责任公司，始建于1999年7月。公司占地10000平方米，建筑面积6000平方米，有员工228名，高中级技术人员72名，固定资产1257万元，流动资金600万元。从事轴承锻造、车加工、内外精细磨、清洗、装配的生产。主要生产6206—6213、6306—6314、6406—6412等系列30多个规格型号的轴承锻件、精车件、磨加工件和轴承成品。

公司拥有8条生产线，有全自动加工配套设备及台表检测仪器80多台件。轴承锻件、精车件和磨加工产品常年给各轴承生产厂家提供配

套供应，广泛用于电机、纺织机械、矿山机械等行业，产品与新昌、洛阳、西平、辽阳、鞍山、哈尔滨等十几个轴承厂家有长年供应合同关系。2002 年，企业通过了 ISO9001 国际质量体系认证。2008 年，完成产值 2418 万元，销售收入 2316 万元，实现利税 393.7 万元。

十、兴海轴承厂

兴海轴承厂（原世海轴承厂）系独资私营企业，常年生产各种出口轴承，年出口额 2000 多万元。产品远销东欧、东南亚、韩国、非洲、中东等十几个国家和地区。

该厂位于单屯工作站相庄工业园区，占地 12656 平方米，建筑面积 7326 平方米，拥有设备 72 台件，固定资产 380 万元，流动资金 160 万元，从业人员 96 名。

产品为铬钢、高碳钢两种材质，主要有：6005—6028、6205—6218、30205—30220、30305—30316 等型号及各类非标产品。产品形式有 Z、ZZ、RS 和 ZRS，另外还生产“12”“3”“6”“8”“9”等各类轴承，也可按来样图纸加工生产。2008 年，完成产值 2682 万元，销售收入 2598 万元，实现利税 441.7 万元。

十一、河北五环轴承有限公司

河北五环轴承有限公司（原名临西县民生轴承厂），位于单屯工作站相庄工业园区，系独资民营企业。公司占地 20 亩，建筑面积 7950 平方米，始建于 2004 年。主导产品为“0”类、“7”类轴承。2007 年，投资 1100 万元进行技改扩建。2008 年，完成产值 2638 万元，销售收入 2609 万元，实现利税 443.5 万元。

十二、邢台中迪轴承有限公司

邢台中迪轴承有限公司（原森立轴承厂），位于大刘庄乡北邯临公路南侧，投资 2400 万元，其中引进阿联酋 ZWZ 贸易公司资金 1000 万元。占地 45 亩，建筑面积 6752 平方米，设备 120 余台套。年产“0”类、“7”类汽车专用轴承 900 万套。有职工 330 多名，其中高、中级技术人员 60 多名。公司连年被省、市、县评为先进单位，被省轴承行业协会评为“质量信得过单位”。产品通过了 ISO9001 质量体系认证，远销西亚、欧洲等国家和地区。2008 年，完成产值 1892 万元，销售收入 1881 万元，实现利税 319.8 万元。

十三、凯达轴承进出口有限公司

凯达轴承进出口有限公司，占地 20 亩，建筑面积 7000 平方米，固定资产 520 万元，流动资金 200 多万元，位于河西镇工业园区，有职工 138 名。主要生产各种铬钢、碳钢深沟球轴承、圆锥滚子、英制圆锥滚子轴承、调心球轴承、推力球轴承、调心滚子轴承、圆柱滚子轴承、球面滚子推力轴承、外球面带座轴承、再接触球轴承、关节轴承、滚针轴承、直线运动杆端轴承等 13 大类轴承，产品具备质量优、精度高的特点，适用于汽车、农用机械、电机、电器、工程、矿山机械等配套产品。2001 年通过了 ISO9002 质量管理体系认证。

产品出口欧洲、东南亚、中东、非洲等 30 多个国家和地区，年出口量 3000 多万套、创汇 1000 多万美元，是省、市命名的“出口创汇重点企业”。公司研发生产的“DDT”牌高碳钢轴承，广泛适用于东南亚、中东、非洲等发展中国家的农业、渔牧业、建筑、玩具等中低速机械配套，具有经济、实用等特点。2008 年，完成产值 2826 万元，销售收入 2793 万元，实现利税 474.8 万元。

十四、冀东轴承厂

冀东轴承厂始建于 1992 年。主要生产大型、特大型高速重载轴承和结构复杂的高难度轴承。主要产品：深沟球轴承、调心球轴承、圆柱滚子轴承、调心滚子轴承、再接触轴承、推力球轴承、推力调心滚子轴承、圆锥滚子轴承、回垫支撑轴承；尺寸范围：内径 2800mm 以下。各项技术指标均达到国际标准，2004 年通过 ISO9002 质量管理体系认证，获国际认证组织颁发的 ISO9002 质量认证证书。

企业固定资产 500 多万元，流动资金 200 多万元。拥有各类专业设备 136 台套，年产销轴承 300 多万套，有职工 50 多名。2008 年，完成产值 3122 万元，销售收入 3083 万元，实现利税 524.1 万元。

十五、环通轴承厂

环通轴承厂是一家私营独资企业，始建于1996年。该厂位于黎博寨工作站后尚村北，占地8亩，固定资产800万元，流动资金375万元，有职工300名，其中技术人员70多名。企业产品型号齐全，年生产能力2000余万件，畅销国内30多个省、市。产品性能已达到国家规定标准，经河北省产品质量监督部门检验合格，于2001年通过了ISO9001国际质量体系认证。2008年，实现产值2129万元，销售收入2106万元，利税358万元。

十六、腾飞轴承厂

腾飞轴承厂系个体私营企业。始建于2001年，位于杜洼工业园区，占地5300平方米，建筑面积1800平方米；拥有设备48台件，其中大型设备28台件；固定资产600万元，流动资金700万元；职工50名；主要生产各种型号的铬钢“0”类轴承。2008年，实现产值2033万元，销售收入2010万元，完成利税342万元。

十七、邢台恒耐斯轴承有限公司

邢台恒耐斯轴承有限公司系个体私营企业。2002年建厂，位于老官寨镇西0.5公里处，占地6500平方米，建筑面积3200平方米。有设备38台件，其中大型设备22台，固定资产500万元，流动资金600万元，职工48人，主要生产各种型号的“0”类轴承。2008年，实现产值1870万元，销售收入1866万元，利税317.2万元。

十八、飞达轴承厂

飞达轴承厂系个体私营企业。位于仁庄村东，始建于2004年，占地5300平方米，建筑面积1800平方米，有设备36台件，其中大型设备12台件，固定资产380万元，流动资金500万元，员工32名。以生产各种型号的出口轴承为主，产品远销东欧、东南亚、挪威、瑞典等20多个国家和地区。2008年，实现产值1984万元，销售收入1962万元，利税333.5万元。

十九、鸿达轴承厂

鸿达轴承厂位于白庄村东邯临公路北侧，系个体私营企业。2004年建厂，占地5600平方米，建筑面积2400平方米，有设备36台件，其中大型设备15台，固定资产400万元，流动资金500万元，员工38名，生产各种型号的出口轴承。产品远销东南亚、西欧、法国、英国等20多个国家和地区，年均利税180多万元。2008年，实现产值2033万元，销售收入2010万元，利税341.7万元。

二十、临西县伍贵轴承厂

伍贵轴承厂系个体私营企业。始建于2005年，有员工70名，其中技术人员15名。固定资产1250万元，占地5亩，建筑面积2667平方米，有设备35台件，其中自动磨3台、无心平面4台、超精机5台、清洗机4台，全部为现代化机械设备。主导产品为107—309型号的轴承，全部出口到东南亚。2008年，实现产值864万元，销售收入852万元，利税144.8万元。

二十一、邢台东方滚动轴承有限公司

邢台东方滚动轴承有限公司位于仁庄村东，系个体私营企业。2004年建厂，占地5300平方米，建筑面积1800平方米，有设备40台件，其中大型设备14台件，固定资产370万元，流动资金480万元，员工35名。以生产各种型号的出口轴承为主，产品远销日本、韩国、美国、英国等十几个国家和地区。2008年，实现产值2048万元，销售收入2032万元，利税345.4万元。

二十二、裕隆轴承有限公司

裕隆轴承有限公司位于老官寨镇高科技园区。始建于2005年5月，总投资500万元，占地6000平方米。主要生产7类、1类、3类轴承。公司拥有磨削一条龙生产线，PC控制自动生产设备20余台，与山东、浙江等十几个外贸公司及十余个国家的公司有着密切的合作关系，有自营进出口权，年创产值1200多万元、利税130多万元。公司有员工70余名，技术和管理人员18名。2008年，实现产值2463万元，销售收入2441万元，利税415万元。

第九编 商贸服务业

改革开放以来，随着市场经济的发展，商品购销日趋繁荣，消费需求日趋增长。计划分配、统购统销、定量供给的经济模式逐渐被打破和退出，出现了开放经营、市场调节、自由贸易的新局面。粮油购销渠道和价格放活，棉花市场陆续放开，商业、供销、物资等机构由政府序列退出，成为自主经营、自负盈亏、自由发展的经济实体。在经营体制上，由国营、集体的单一经营模式发展为国家、集体、民营多种经营形式并存。加之民营经济的跨越式发展及国有、集体商业体制的改革，民营资本已成为商品市场经营的重要组成部分，商品市场空前繁荣。金融保险业改革不断深入，服务日臻完善，业务不断发展。

第一章　商贸

第一节　管理机构

1978年，临西县设有商业局、物资局、外贸局。到1996年，原商业局、物资局、外贸局分别更名为商业总公司、物资总公司、外贸总公司，其性质也由原来的政府行政部门改为企业。2000年，商业总公司改为商贸行业办公室，由企业改为事业。2003年6月，与物资总公司合并，改名为商贸物资行业办公室，办公地点在原商业局院内。2004年7月，搬迁到原制药厂三楼办公。2005年8月，原商贸物资行业办公室、外贸总公司、招商局合并为商务局。同时，将废旧物资回收、成品油市场管理纳入到商务局管理范围。商务局下设办公室、综合业务股、综合执法大队，同时和县酒类监督管理局、县畜禽定点屠宰管理领导小组办公室三块牌子一套人马，为自收自支的事业单位。

商贸部门开展维权宣传活动

第二节　物资经营

一、管理机构

1979年，临西县设有物资局，位于县城榆阳南街西侧，下设政办室、业务股、财务股、木材组、保管组、仓储组。1983年，局机构调整为一股一室两个公司，即政办室、财务股，物资公司、木材公司。1984年1月，商业局所属煤炭公司划归物资局，改名为燃料公司。1985年，局机构调整，下设办公室、业务股、财务股，增设金属机电化工公司。1996年，改为物资总公司。2005年8月，划归商务局。

二、统配物资经营

1979年1月，开始经营工业用煤。1980年，除钢材、木材、水泥、玻璃、煤炭仍实行统配经营外，其余物资均逐步放开。1981年，物资系统开始实行“以计划经济为主，市场调节为辅”的经营方针，年统配经营物资比1980年增加37%。1984年，煤炭公司由商业局划归物资局，生产生活用煤均由物资部门经营。此时，物资经营品种增加到2000余种。1985—1988年，物资局下属4个公司，在实行经济责任制的基础上，推行经理负责制，统配物资品种逐年减少，除钢材、木材、水泥、生铁、煤炭实行统配经营外，其余物资和计划外产品经营权下放。1988—1994年，为深化企业改革，增强企业活力，按所有权、经营权分离的原则，物资局对所属4个公司实行承包经营负责制，并保证统配物资经营。1995年后，统配物资经营取消，改为市场调节。

三、物资调剂交流

物资局在进行统配物资购销的同时，注重与外地县(市)物资部门进行物资余缺的交流，组织县内生产、业务单位之间进行物资调剂。1979—1994年，为加快资金周转，提高经济、社会两大效益，在开展购销服务的同时，每年都与县内外有关单位进行物资余缺调剂，直到1995年物资经营市场化。

四、议购议销

1979年，物资局本着“买得进，卖得出，高来高走，随行就市”的原则，开展物资议购议销，从邢台、邯郸等地购进钢材、生铁、轮胎、水泥、玻璃、汽车及部分机电、化工产品，投放县内市场，由于当时物资相对短缺，议价购进的物资供不应求。1982年，物资局按公司实行承包经营负责制，在物资供应方面发生了较大的变化，针对统配的物资不能满足需要的情况，各公司在搞好基本业务的前提下，主动加强外联，议价购进物资销售。1983—1987年，实行经理负责制，各公司主动加强横向经济联合，在统配物资日趋减少的情况下，加大市场调剂力度，经营效益明显提高。1988—1994年，各公司把目标任务层层分解，落实到班组或个人，公司在搞好统配物资管理的同时，大力开展远购远销。

五、经营机构

1、燃料公司。1984年1月，由商业局划归物资局，位于县城平安南大街西侧，占地13986平方米。河西镇设有东、西两个煤厂，主营居民计划供应用煤。1990年以后，改为市场调节经营，业务量逐年减少。2001年3月，公司破产，46名干职工置换身份。统配物资放开后，燃料允许个体经营，个体煤厂大量出现。

2、木材公司。1983年3月，在原木材组的基础上组建成立，地址在河西镇火柴厂东侧。1986年，搬至河西镇政府西侧，占地16317平方米。主营钢材、木材、建筑材料。2001年3月，公司破产，40名干部职工置换身份。木材公司改由个体经营，主要木材购于山东临清的松林市场。

3、经贸公司。1983年成立，位于县城平安南大街西侧。主营钢材、木材、机电产品、建筑材料。2001年3月，公司破产，39名干部职工置换身份，改由个体商户经营。

4、金属机电化工公司。1985年成立，位于县城平安南大街西侧。主营钢材、木材、建筑材料、机电、化工产品。2001年3月，公司破产，29名干部职工置换身份，改由个体经营。

第三节 商业企业

一、私营个体商业

1979年后，个体商业得到恢复和发展。1989年，全县个体工商户发展到2122户，从业人员3042人；1990年，发展到2950户，从业人员6020人；2000年，发展到5168户，从业人员10260人；2008年，发展到9931户，从业人员2万余人。经营范围：覆盖日用商品、机电化工、广告装修、粮油食品、饮食服务业等各个领域。经营方式：批发、零售。固定门店、流动摊点、特许店、加盟店、连锁店、各类超市等多种多样。县城设有商贸城、博利商城、站南街食品批发、轴承大世界等大型专业市场。个体商业的迅速发展，繁荣了城乡经济，方便了城乡群众生活。

二、国营商业

1979—1994年，国营商业是流通领域中的主导力量。1978年9月，商业供销分开后，商业局下设办公室、业务科、财务科、人保科，设有百货公司、五金公司、煤炭公司、食品公司、饮食公司、食品加工厂。1980年3月，糖烟酒公司从食品公司划出。1984年1月，煤炭公司划归物资局。1983年，药材公司移交给经委系统。1984年6月，河西百货商场、人民商场从百货公司划出。1985年8月，纺织品公司从百货公司划出。1986年9月，增设石油化工站。1988年7月，烟从糖烟酒公司划出设烟草公司，原公司改名为糖酒公司。1994年，国营商业下属公司共有10个(百货公司、五金公司、纺织品公司、糖酒公司、食品加工厂、河西商场、人民商场、食品公司、石油化工站、饮食公司)，干部职工545人。

1、百货公司。位于河西镇顺河街路西，占地6030平方米，仓储面积2690平方米，零售面积2300平方米。1979年，有干部职工120名，经营百货、针织、文化用品、五金、交电、化工7类近2000个品种，以批发为主，兼营零售。五金、纺织品公司和两个商场划出后，有职工38名，占地面积3618平方米，仓储面积1200平方米，经营大百货、小百货、文化用品3类近1300个品种。1994年，分为第一百货公司、第二百货公司。2000年4月，为39名干部职工进行身份置换，公司宣告破产。

2、食品公司。1980年3月，食品公司迁到县城玉兰西路北侧，占地2680平方米，下设河西、下堡寺、吕寨、尖家、童村5个食品站和2个零售部，主营猪肉、牛羊肉及其他食品。1990年起，由于个体私营商户的兴起，价格放开，食品公司的经营逐年递减。1995年5月，国家对生猪实行定点屠宰后，定点执法归食品公司。1997年8月，该执法职能划归商业局。2000年4月，为46名干部职工进行身份置换，公司宣告破产。

3、五金公司。位于河西镇顺河街路西百货公司北邻，占地面积2613平方米，仓储面积640平方米，设有2个批发部、3个零售部，主营五金、交电、化工3大类近1500多个品种。1995年，分为五金公司和五金有限公司。由于经营不善，2000年4月，为72名干部职工进行身份置换，公司宣告破产。

4、纺织品公司。1985年8月，由百货公司划出组建，与百货公司在同一个院内，占地面积2010平方米，仓储面积850平方米，有两个批发部，主营针织、纺织两大类近800多个品种。1994年，公司经营出现滑坡，营业额和利润逐年递减。2000年4月，为31名干部职工进行身份置换，公司破产。

5、糖烟酒公司。1980年3月，由食品公司划出组建而成，位于河西镇顺河街路东，占地面积3618平方米，仓储面积1200平方米，下设3个批发部和3个零售部。1988年7月，烟草划出后更名为糖酒公司。主营红糖、白糖、白酒、啤酒、葡萄酒等。1994年后，经营状况逐年下滑。2000年4月，为99名干部职工置换身份，公司破产。

6、食品加工厂。1980年3月，从食品公司划出成立食品加工厂，位于河西镇顺河街东侧，南与副食品公司相邻，主要加工食品、糖果，生产葡萄酒。2000年4月，为9名干部职工置换身份，食品加工厂破产。

7、石油化工站。1986年9月，商业局增设石油化工站，位于平安北大街路西石油公司对过，占地4087平方米。在石油化工站南邻设有一个加油站，在县砖瓦厂（五里窑）西设有一个占地面积40亩的储油库和加油站。1990年11月，石油化工站停止营业。2003年6月，为25名干部职工置换身份，宣告破产。

临西第一座加油站

8、饮食公司。1965年1月成立。1979年，从业人员60人，主营餐饮服务业，下设饭店4个、旅店2家、理发馆2家、照相馆2家（分别设在县城和河西）、浴池1家、冰糕厂1家。2000年，企业改制时全部停止营业。同年10月，由17人组成董事会，成立饮食股份合作公司，为48名干部职工置换身份，2001年，在公司原址建37间两层门面楼。

9、人民商场。位于县城玉兰东路南侧，占地3819平方米，营业面积800平方米。1993年火灾后，在原址建成3层商业楼，营业面积扩大到3000平方米。2001年停业。2003年10月，为57名干部职工置换身份，宣告破产。2004年8月，该商业楼拍租给香港彭氏集团，组建为澳琪购物广场，为县城最大的购物超市。

10、河西商场。位于河西镇商业街东段南侧，占地1809平方米，营业面积1500平方米，主营家电、百货、五金、副食、纺织、服装等系列。2000年10月，改为股份合作公司，由20人组成董事会，为34名干部职工置换身份，是河西镇最大的商业零售商场。

人民商场内景

临西县1979—2008年社会消费品零售总额表

表9–1

单位：万元

年度	社会消费品零售总额	年度	社会消费品零售总额
1979	4185	1994	19500
1980	4919	1995	22055
1981	5516	1996	27890
1982	5589	1997	36500
1983	6338	1998	41500
1984	6495	1999	46550
1985	6559	2000	51600
1986	7618	2001	57400
1987	7135	2002	64805
1988	7961	2003	71510
1989	7290	2004	81000
1990	5068	2005	92000
1991	13292	2006	95727
1992	12853	2007	111802
1993	16358	2008	130165

第四节 商品经营

一、副食

食糖：1979—1994年，食糖供应由糖酒公司经营，1994年后，个体商贩成为供应主体。

糕点、小食品：1979—1994年，一般为国营、集体商业部门自己生产传统糕点，并且以自产自销为主，外采为辅，花样品种单调，但基本能满足市场需求。1994年后，个体经销成为主体。截至2008年，全县有生产厂家32家，产品销往县内和外地。外地知名厂家的食品在县内也有较大的销售市场，品种多样、货源充足、购销两旺。

肉食：1979年起，肉类购销渠道和价格放开，个体肉摊逐年增加，县食品公司经营量逐渐减少。1993年，县食品公司停止销售肉类食品，公司依靠外调生猪维持干部职工工资。个体肉类经营者成为销售主体。1995年5月商务部颁布《生猪屠宰管理条例》后，生猪屠宰的执法工作划归商业局，商业局设执法管理机构，肉类市场经营秩序进一步好转。2008年，生猪进厂屠宰率达到90%。

酒：1979—1988年，名优酒实行计划分配，由糖酒公司根据计划采购销售。1988年7月后，名优酒价格放开，全部实行自购自销，地方酒大部分在本地销售。1989年，建啤酒厂，生产“青艺”啤酒，后因亏损停产。1994年5月，国家对酒类商品实行专卖，县糖酒公司执法管理。1996年5月，执法权归属商业局，商业局为8家符合条件的批发部办理了“酒类批发许可证”；为500余户零售户办理了“酒类零售许可证”。2008年，县内畅销的白酒有：五粮液、剑南春、泸州系列、临清卫河系列、衡水老白干系列、承德山庄系列等；啤酒有：三孔、银麦、青岛、雪花、燕京、崂山等。果酒销量仍居次之，一般有烟台长城干红、张家口长城干红等。

二、百货、纺织、服装

1994年前，日用百货、纺织、服装的销售以国营商店为主，个体商户为辅。1995年起，个体商户迅速发展为经营主力军。个体户经营灵活、价格自控、质优价廉、服务热情，根据市场的变化随时调整经营策略，赢得了广大消费者的认可。2008年，全县有各种品牌专营店47家，其他同类门店上百家，遍布城乡。

三、家用电器

1979年，国营企业按国家分配计划供应。1985年，出现了个体经营户，但销售主体仍以国营企业为主。随着市场、价格的放开，个体经营户逐渐成为销售主体。2008年，全县有三联家电、太平家电、海尔专卖店、国美家电等大的经

人民商场（2001年摄）

商贸城南门（孙晓林摄）

营店8家。主要经营：彩电、冰箱、洗衣机、电冰柜、空调、小家电等电器。

随着人民生活水平的提高，2000年后电脑开始进入家庭，普及面越来越大。县内设有各种品牌的经销代理点，畅销的品牌有联想、方正、神舟、海尔、清华同方等。

四、家用代步工具

八九十年代，自行车是人们主要代步工具，之后摩托车逐渐兴起，到2000年后汽车开始进入家庭，特别到2005年后电动自行车风行城乡，成为大多数家庭必备的代步工具。到2008年，全县共有摩托车经营店9家，主要分布在县城和河西镇。全县有各种品牌电动车专营店近百家，款式、品种、质量等方面也逐年提高，售后服务逐步完善。自行车专卖店以经营轻便、时尚的名牌车为主。

五、废旧物资

废旧物资的收购以大宗废旧金属收购为主。1987年以前主要由邢台地区下达废钢材收购和外调计划。1986年，县计委拨出200吨钢材指标分配给县属有关厂家，换购废钢材228吨。全县所收购废钢铁按地区计划调往上钢、首钢、邯钢、邢冶等厂家。1995年，市场放开，全县经营废旧钢材网点由县城扩展到乡镇。2008年，全县有废旧钢材收购点30余家，其中较大型的有汪江钢材市场、河西钢材市场、隋五里钢材市场、童村钢材市场、高村钢材市场等8家。进货渠道主要有天津、山东、聊城及周边县市区。产品销往定州、保定钢厂及本地民用建筑，年吞吐量达3000吨左右。

第五节　生活服务业

一、超市

2003年起，连锁型或自办型民营超市陆续开办。到2008年，全县有较大型超市6家，分布在县城和河西镇。

1、澳琪购物广场。位于县城玉兰东路西端南侧（原人民商场）。2004年12月开业。营业面积5000余平方米，从业人员150名，投资400多万元，主营食品、百货、化妆品、服装、快餐等33类5万余种商品，平均日销售额近3万元。是一个集休闲、购物、餐饮为一体的大型综合超市。

澳琪购物广场（孙晓林摄）

2、华联超市。位于县城迎宾路中部东侧。2004年8月，加盟上海华联超市。营业面积1500平方米，从业人员65名，总投资近200万元，经营食品、日用百货、烟酒等30类近3万种商品，平均日销售额2万元。

3、北国超市。位于迎宾路与运河路交叉口西北角。2005年2月正式营业。营业面积1000平方米，从业人员46名，投资近150万元。经营食品、百货、化妆品等25类近2万个品种。

北国超市（2008年孙晓林摄）

4、天润商城。位于县城玉兰东路北侧，2008年9月开业。营业面积2000平方米，从业人员20名，投资200多万元。主要经营各种烟酒食品、日用百货、办公用品、服装等30多类上万种商品。

天润商城（2008年孙晓林摄）

5、大旺超市。位于河西镇商业街北侧，为临清市大旺超市第四分店。2005年10月开业。营业面积3500平方米，从业人员96名，经营30类近4万余种商品。是河西镇及周边乡镇居民的主要购物场所。

6. 曼都购物中心。位于县城清泉街，2000年开业。有员工20人，营业面积1000平方米，是一家主营文化、体育、办公用品和家用电器的购物超市。

另有分布在城市、乡镇、农村的小型华联超市连锁店近300家。

二、餐饮业

1979年，县内共有国营饭店4家，集体饭店24家，个体饭店几十家。从80年代末开始，餐饮业进入快速发展时期。90年代中期，饭店兴起设专职服务员、餐厅，包间配置音响设备，各大饭店都以配备卡拉OK设备和擅长歌舞的服务人员，作为上档次的体现，各种公务接待和聚餐都以到有卡拉OK设备的餐厅为时尚。客人可以边餐饮边欣赏服务人员演唱，也可以合作歌舞或自娱自乐，饭局气氛热烈，食客络绎不绝。进入21世纪后，饭店经营理念重点向提高菜品水平、改进服务质量、改善就餐环境方面发展，小饭店开始向特色小吃方向发展，洋快餐也开始设立分店。

1、国营饭店。2000年前，共有4家，从业人员56名，分布在县城和河西镇。主要有：东风饭店、古月春饭店、回民饭店、和祥饭店，现都已转为个体经营或改行。

2、集体饭店。90年代前，有集体饭店24家，主要是供销社系统经营的，从业人员148名，分布在县城和各乡镇。90年代后，均改为个体承包、个体经营。

3、个体私营饭店。1979年有个体私营饭店63家；1989年191家；2000年564家；2006年890家，从业人员5400余名。除县城和各乡镇拥有个体餐饮企业外，80%以上的村庄都设有饭店或饮食摊点。

2008年，全县已形成一批规模比较大的或较有特色的餐饮企业。位于县城的有：泰山大酒店、

中源大酒店（孙晓林摄）

龙城大酒店、博利大饭店、中源大酒店、新村饭店、文明饭店、临西大饭店、宴宾饭店、四海宾饭店、鑫龙涮锅、大胖涮锅等15家；位于河西镇的有华艺饭店、临西大酒楼、蔡家酒楼、世昌酒家、水云阁饭店等7家。酒楼、饭店在日常经营的同时都还承办婚宴、庆典筵席等。

三、住宿业

1、个体旅店。1979年后，个体旅店有所发展。1990年，共有个体旅馆6家，从业人员15名。1996年，发展到19家，从业人员56名。2006年，发展到35家，从业人员153名。主要分布在县城和河西镇。比较大的旅店有：临西大酒店、华雨招待所、隆达旅馆、河西镇汽校旅馆、汽车站旅馆等10家。

2、集体旅馆。1979年，有集体旅馆3家。1990年，发展到5家。2006年，发展到8家。比较大的旅馆有：县一招、县二招（又名泰山大酒店）、博利大饭店、三招。部分旅馆装饰考究，食宿兼营。

3、国营旅馆。与个体、集体相比，国营旅馆发展较慢，只有两家。2000年改制时停止营业。

四、理发业

随着社会的发展，理发业已由单纯的理发发展为美容美发，除个别仍称理发店外，大部分此类店铺都冠以美发厅、美容院等。同时，还提供美容、纹眉、养颜、美体方面的服务。

1、国营理发馆。1979年，县城有2家。1990年，发展到6家。1996年，拥有4家。2000年，全部转为个体理发馆。

2、个体理发馆。个体理发馆发展较快，1979年有17家。1990年有26家，从业人员44名。2000年有168家，从业人员480名。2006年，发展到216家，从业人员683名。理发馆大都分布在县城和河西镇及各乡镇，部分较大的中心村也设有理发馆。县城的春光理发店历史最为悠久。

五、照相业

1、国营照相馆。①童村照相馆，在县城玉兰西路南侧，占地110平方米，从业人员2名。2000年改为个体，建两层门面楼，更新器材，从业人员4名，2006年转营其他。②阳光照相馆。在河西镇商业街南侧，占地280平方米，从业人员2名。2000年，转为个体经营。2003年，改建两层门面楼，购进大批器材，改名阳光照相，是河西镇最大的照相馆，从业人员6名。

2、个体照相馆。1979年后，逐年增加。1990年有12家，从业人员26名。2000年有32家，从业人员76名。2006年有69家，从业人员256名。其中规模较大的有：

金夫人婚纱影楼。位于阳光大街中段西侧。原为1981年开设的全县第一家民营照相馆—工业楼照相馆。2002年，改设为金夫人婚纱影楼。

恒星照相馆。位于运河路北侧。营业面积260平方米，从业人员7名，经营项目：承接各种个人、团体照相，艺术照、婚纱照、快照，扩放各种照片，承办新娘盘头、结婚用品、刻制摄像光盘等业务，是县城规模较大的摄影中心。

东方婚纱影楼。位于阳光大街中段东侧。营业面积120平方米，从业人员6名，经营项目：彩色婚礼照、化妆照、黑白照相、冲洗胶卷、放大各种照片，制作各种效果照片、修复残损照片、新娘盘头、摄制录像、刻光盘等业务。

六、洗浴业

1979年，临西县只有一家国营浴池，有职工4名。因连年亏损，1981年停止营业。1990年后，重新开业。2000年，有大小洗浴18家。2006年，发展到37家。部分乡镇和较大的村庄也建有浴池。比较大的洗浴场所分布在县城和河西镇，县城有：博利洗浴中心、三招洗浴中心、临西大酒店洗浴中心、大禹洗浴中心、龙泉浴池；2003年，高村打出温泉井一眼，并建有温泉洗浴。河西镇有：振华洗浴中心、水云阁、世昌洗浴、清溪浴池。

七、旅游

随着大众生活水平的提高，旅游作为大众文化消费，日渐在普通民众中开始兴起。2000年，

临西县出现了第一家旅行社代理机构——胜安旅行社代理点，之后陆续设立数家旅行社的代理网点，到2008年，全县旅行社代理已增至8家，它们是：邢台胜安旅行社代理点、邢州旅行社代理点、金太旅行社代理点、航空旅行社代理点、北方航空旅行社代理点、电力旅行社代理点、海天旅行社代理点、铁通旅行社代理点等。它们代办旅游业务，服务民众旅游出行，对于提升人们旅游观念，促进全县旅游业务发展，发挥了重要作用。2005年之前，旅游主要是部分条件好的机关单位作为一种福利和文化活动集体出资组织，2005年后个人、家庭自费出游人数逐年增长。2005—2007年，年均出游人数可达2500人次，2008年，全县外出旅游人数达3000多人次。同时，随着旅游业的兴旺和人民群众精神文化消费需求的提高，临西境内文化景观建设也在不断发展，一批革命纪念地和文化景观陆续建成，“四·二九”烈士陵园、吕玉兰纪念馆、万和宫等已逐渐成为境内旅游热点。

第六节 “万村千乡”工程

为更好地为“三农”服务，商务部决定从2005年起在全国选择部分县市开展“万村千乡”市场工程建设试点。其目标是：从2005年开始，力争用三年时间，在试点区域内培育出25万家左右“农家店”，形成以城区店为龙头、乡镇店为骨干、村级店为基础的农村消费经营网络，逐步缩小城乡消费差距。

2006年3月，临西县被省商务厅确定为“万村千乡”市场工程试点县，县政府制定了《临西县“万村千乡”市场工程实施方案》，对民营企业三联百货有限公司进行政策扶持和优惠。2006年，共改造、新建华联超市167家，对每家连锁店给予3000元的国家财政补助，统一进行装修、安装牌匾、配备开放式超市货架等，使超市形象与环境都有很大的改观，全部通过省市验收。各超市商品品种达到800种以上，农民不出村就能够买到货真价实、优质的生活用品。同时，带动了农村综合流通能力的提高。2008年，扩展范围遍布全县299个村。配货中心购置送货车辆，定期给各网点送货，扩大服务范围，较好地方便了农民生产生活需求。

第七节　烟草专卖

1988年，成立临西县烟草专卖局，又称临西县烟草公司，负责境内卷烟的销售和市场管理工作。局内设办公室、业务科、财务科、专卖科，在县城和河西镇分别设第一批发部和第二批发部，负责区域内的卷烟销售。当时经营的主要品牌有：迎宾、红灵芝、北戴河、官厅及政策内购进的部分外烟。

1998年，局下设办公室、专卖科、市场部、配送部，公司有职工259人。根据市场发展需求，设立临西镇、尖冢镇、下堡寺镇、河西镇4个网点，负责区域内的卷烟销售，同时成立了临西镇、尖冢镇、下堡寺镇、河西镇4个专卖所，负责卷烟市场的监督检查。此时，市场经销的主要品牌为迎宾、红灵芝、北戴河、石家庄、石林、吉庆等系列品牌的卷烟。

2004年，烟草行业进行重大改革，按照“深化改革、推动重组、走向联合、共同发展”的要求，和省局建立了完善成熟的卷烟市场体系，培育市级公司在市场主体的地位，统一取消了县级烟草公司的法人代表资格，县级烟草公司更名为卷烟营销部，企业由分级管理、分散经营转变为集中管理、统一经营。县营销部实行卷烟零存库，市级公司成为经营主体、纳税主体和决策主体。企业经营由商业流通向物流供货转变。2006年，实现“电话访销、网上配货、电子结算、物流供货”为特征的网络运营，卷烟零售户达到928家。近年来，营销的主要品牌是石家庄、钻石、北戴河、白沙、大丰收、云烟等系列卷烟。2004年，销售卷烟44540.69件，毛利651.66万元；2005年，销售卷烟44512.328件，毛利760.37万元；2006年，销售卷烟44538.52件，毛利895.75万元；2008年，卷烟销售总量4.6万件，销售总额6232万元，毛利1250万元。

第八节 外贸

80年代，生产流通均由计划调节，临西县外贸出口主要有棉花、大豆、花生、大蒜、酱菜等农副产品和镰刀厂、机械厂生产的镰刀、果树锯等轻工业品，且数量较小。1990年后随着轴承加工行业的崛起，轴承出口不断增加，到1995年已成为外贸出口的主要商品。到2006年，全县具有出口资格的轴承企业14家。到2008年出口总值达1333万美元。

2000—2008年轴承出口总值统计表

表9-2

单位：万美元

年度	2000	2001	2002	2003	2004	2005	2006	2007	2008
出口总值	73	116	116	499	474	444	472	704	1333

2005—2006年轴承出口统计表

表9-3

单位：千美元、%

出口企业＼年度	2005年	2006年	同比增减
临西县群英轴承厂	1731	0	-100
邢台洪海轴承有限公司	562	231	-58.98
邢台微子轴承有限公司	197	83	-57.73
临西县凯达轴承进出口有限公司	870	2934	237.29
临西阳光轴承有限公司	3	0	-100
河北华宇绒业有限公司	840	0	-100
临西县航天轴承有限公司	105	199	89.8
临西县鸿达轴承厂	45	97	112.83
临西县裕隆轴承有限公司	81	1096	1257.62
邢台东方滚动轴承有限公司	0	18	——
临西县桂临铁栅栏配件厂	0	63	——
合计	4434	4721	6.47

第九节 新型购销方式

新型购销方式是市场经济发展到一定水平的必然产物，是新型流通格局的构成要素。其主要表现有：

1、连锁店、加盟店。城乡共有各种形式的连锁、加盟店近400家。其中三联百货有限公司开设的有加盟日用品农家店300余家、农资农家店40余家；农华种业公司有连锁店50余家；其他各种形式的加盟连锁店50余家；特许经营店36家。多实行商品的系统内调拨配送。

2、物流配送中心。全县有配送中心5家。其中比较大的是位于河西镇西环路南首的三友物流快运有限公司，拥有运输车辆160余部，建有日吞吐量500吨封闭式货台一个，能将货物以一票到底的方式运送到全国各地。其次是位于范八里南的八方快运有限公司和轴承大世界物流配送中心，担负各种商品流通的运送。

3、电子商务。通过计算机上网进行网上交易，在临西县已具有一定规模，政府网、商业网、集团网遍布全县，主要应用于轴承、棉纱、皮棉、水果等物品，商户不出家门，就能将产品销出去、购进来，商品购销已进入现代化营销新时代。

第十节　集市庙会

赶仓上会的人们

集市、庙会是农村群众走亲访友、购销物资的重要载体，并且有着悠久的历史。旧时还有“穷赶集、富赶会”之说。70年代末，由于政策限制和物资匮乏，集市规模较小，庙会几近消亡。中共十一届三中全会后，随着工农业生产快速发展，商品物资日益丰富，农民群众物质文化生活需求的增长，集市、庙会得以快速发展，极大丰富和方便了群众的物质文化生活，并且形成了全县东部多集市、西部多庙会的特点。集市以生活用品购销、牲畜家禽买卖和农用物资交流为主，多为半日（上午）。而庙会则以走亲串友为主，兼行市场购销。日出开市，日落闭市，全天经营。赶会者走亲访友一般要带上礼品。八九十年代多以馒头、挂面、点心为主，进入21世纪由于人民群众生活水平提高，赶会礼品多以油条、糕点、方便面、烟酒为主，遇会的村庄家家设宴，接待亲朋好友。

县内集市一览表

表9–4

地　点	时间（农历）	兴起时间	地　点	时间（农历）	兴起时间
单　屯	三、八		汪　江	二、七	
老官寨	一、六		张　庄	一、六	
姚　楼	二、七		大十二里	三、八	
樟柳寨	四、九		范八里	四、九	
郝　村	五、十		尖　冢	四、九	
姚　庄	三、八		张　堤	每天下午	
白　庄	四、九	1986年6月	仓上村	大集三、八，小集一、六	
白　地	二、七		水　波	大集五、十，小集三、八	
范　庄	五、十		摇鞍镇	三、八	
林麻寨	一、六		贺伍庄	一、六	2002年10月
东赵庄	二、七		黎博寨	五、十	
东枣园	五、十		东留善固	四、九	

县内庙会一览表

表 9-10

地点	时间（农历）	兴起时间	地点	时间（农历）	兴起时间
姚　楼	正月十四 八月二十九	古会	吕　寨	三月二十七、九月十七	古会
樟柳寨	正月十八	古会	司　寨	六月二十四	
郝　村	二月初十 七月初十 十月初十	古会	杨　集	三月初三	
白　地	十月二十七		三教堂	四月初八	
罗　庄	正月二十二	古会	曹　村	六月十三	
党尔寨	九月十五	1952 年	石佛寺	四月初八	
林麻寨	五月二十八	古会	常　庄	三月初八	
赵樊村	十月十一	古会	蒋　庄	三月二十八	古会
尖　冢	三月初四 四月二十九 九月二十九		张三寨	八月二十四	
南　队	三月初一		西倪庄	十一月十二	二十世纪 80 年代中期
仓　上	三月十八 九月十三		务　头	十一月初八	二十世纪 80 年代中期
西马鸣堂	四月初一		邵　庄	十一月十八	二十世纪 80 年代中期
水　波	十月二十	2007 年	肖子堌	十月十五	二十世纪 80 年代中期
摇鞍镇	二月初二		修子堌	十月十五	二十世纪 80 年代中期
贺伍庄	三月十五， 四月初三、十三、 二十三，十月二十三		宋子堌	十月十五	二十世纪 80 年代中期
柴　庄	十一月二十八		赵子堌	十月十五	二十世纪 80 年代中期
车　庄	腊月十五		闫子堌	十月十五	二十世纪 80 年代中期
颇　庙	原六月二十八改为 二月二十八		李子堌	十月十五	二十世纪 80 年代中期
马尔寨	二月初十		彭子堌	十月十五	二十世纪 80 年代中期
西大屯	十月初六		三圣庙	十月十五	二十世纪 80 年代中期
胡官庄	正月二十		下堡寺	正月十六、二月二十、三月初十、四月初十、五月二十、六月二十、七月初十、八月二十、九月初十、十月二十、十一月十五、腊月初五	

续表

地点	时间（农历）	兴起时间	地点	时间（农历）	兴起时间
黎博寨	二月十五 三月二十五 十月十五	古会			

第二章　粮油经营

第一节　管理机构

一、县粮食局

1979年，设有临西县粮食局，办公地点在玉兰西路27号。局下设办公室、政工股、仓储股、会统股、业务股。1984年，下设办公室、人事股、财会股、审计股、仓储股、计调股、保卫股、议价公司。1992年增设工业股。1999年8月，成立临西县粮油附营总公司。2000年，县粮食局迁至泰山东路北侧新建的粮贸大厦办公。2003年，内设机构有办公室、财审股、业务股、人教股。2006年，设立国有资产管理中心。

县粮食局办公楼玉兰西路旧址

二、粮食局所属企业

1979年，粮食局负责全县粮油收购、储存、调运、城乡供应等项职能，下属企业有童村粮站、大刘庄粮站、黎博寨粮站、单屯粮站、河西（原先锋桥）粮站、枣园粮站、水波粮站、老官寨粮站、吕寨粮站、姚楼粮站、下堡寺粮站、摇鞍镇粮站、白地粮站、樊村粮站、尖冢粮站。各粮站负责所在公社粮油收购、供应。为保证城镇居民粮油供应，在县城（童村）、河西分别设立了第一粮油供应店、第二粮油供应店。

随着改革开放政策的落实，粮食部门由单一的粮油收购、供应向多种经营转化，先后设立了第一粮油食品厂、第二粮油食品厂（原河西粮油食品厂）、河西面粉加工厂、饲料公司等企业。一、二食品厂为前店后厂，能自制酱油、醋、小食品、面条等粮油副食品。

1992年，国家放开粮油购销，粮食系统改革进一步深化，多种经营格局逐渐形成，粮食系统为了创收增效，先后设立了石化销售公司、家电公司、建筑安装公司、果蔬脆片厂、冷库、淀粉厂、浸出油厂、面粉厂。全系统共有独立核算企业26家，员工近3000名。其中果蔬脆片厂是临西县第一家合资企业。2003年，随着粮食体制改革的进一步深化，下属企业陆续实施破产，仅保留10家具有粮食收储资格的企业：省级临西储备粮库、吕寨粮油购销有限责任公司、老官寨粮油购销有限责任公司、东枣园粮油购销有限责任公司、河西粮油购销有限责任公司、黎博寨粮油购销有限责任公司、临西镇粮油购销有限责任公司、尖冢粮油购销有限责任公司、摇鞍镇粮油购销有限责任公司、下堡寺粮油购销有限责任公司。

职工队伍：1979年，粮食企业仅有十余家，公社基层库站多者十几人，少者5—6人。随着粮食企业的增加，业务量扩大，职工队伍不断壮大。1996年，全系统人员达到800多人。随着粮食企业多种经营业务的开展，全系统具有独立法人资格的企业达26家，人员最多时达3000余人，粮食系统成为县内较大行业之一。2000年后，根据国家粮食体制改革要求，下属企业由于改制、破产、重组，数量大幅度减少，人员也随之减少。目前，全系统干职工只有300余人。县粮食局有会计师、统计师、工程师52名。

第二节 粮油购销

一、粮油收购

1、收购。粮食收购是国家掌控粮源的重要手段，征粮是财政部门征收农业税实物中的粮食部分，习称“公粮”。公粮由粮食部门代为接收。1979年，粮食购销政策进行了改革，国家调减了粮食征购基数，提高了粮食统购价格和加价幅度。1979年5月1日起，粮食统购价格提高20%。粮食的加价平均统购价由每50公斤11.68元提高到14.02元；超购部分，在此基础上由过去的加价30%提高到50%。1982年，国务院决定实行粮食征购、销售、调拨“一定三年”不变的政策，取消粮食统购制度，并决定从1985年起改为合同定购，这是粮食经营体制的一项重大改革。1985年，粮食合同定购政策的主要内容是：国家对小麦、玉米实行合同定购，其余粮食品种自由购销。合同定购的小麦、玉米按“倒三七”比例计价（即30%按原统购价，70%按原超购价）。合同定购任务完成后，农民仍有余粮愿交售给国家，如果市场价格低于原统购价，国家则按原统购价敞开收购。当时全县夏、秋两季定购任务920万公斤。1985—1992年，临西县连续8年一季完成全年定购任务。1992年以后，粮油收购全部放开。

2、收购加价。为了缩小工农产品交换差价，粮食统购价从1979年夏粮上市起，提高20%，超购部分再加价50%，该政策执行到1984年。1985年，粮食由统购改为合同定购，粮食定购价格按“倒三七”比例计价。

3、收购奖售。国家为了鼓励农民多卖粮、卖好粮。1974—1982年，对粮食超征购部分，每超购100元的粮食，奖售化肥60公斤。1983年、1984年，国家每征购100元的粮食，奖售化肥40公斤。对人均交售粮食500公斤以上的专业户，按统购价计算，每交售100元的粮食，除享受规定的奖售化肥外，另增加奖售平价柴油10公斤。1985年，合同定购的粮食，按比例收购价计算，每收购100元的粮食，奖售化肥40公斤、柴油3公斤。

二、粮油销售

城镇粮油供应是粮食分配工作的一个重要组成部分。1979—1992年，城镇居民实行定额粮油供应。为解决粮食问题，国家颁布了《市镇粮食定量供应暂行办法》，对城镇居民口粮、工商行业用粮、军队粮食供应全面实行凭证定量按月供应。

城镇居民供应

粮食定量标准，根据不同行业、不同工种、不同年龄、不同劳动强度规定每月粮食定量。

特重体力：一级56斤/月，二级52斤/月，三级49斤/月。

重体力：一级46斤/月，二级43斤/月，三级39斤/月。

轻体力：一级36斤/月，二级34斤/月，三级32斤/月。

脑力劳动者：一级33斤/月，二级30斤/月。

大中学生：一级35斤/月，二级32斤/月，三级30斤/月。

居民及10周岁以下儿童：27斤/月。

食油供应，非农业人口食油供应标准一律按每人每月半斤供给。重大节日十一、元旦、春节增加半斤，并有少量花生、大豆供应。

军粮供应

部队供应包括财政供应和事业供应。财政供应是指凭“供给粮票”付出的粮食；事业供应指部队凭“价购粮票”购买的粮油。主要包括供应新兵入伍集结期间的粮油，军人复员、转业、探家凭部队发给的粮票购买粮油。根据规定，驻地部队凭“军用供给粮票”“军用价购粮票”在驻地

购买粮油，当地粮食部门必须保证供应。军用粮票，由粮食部和中国人民解放军总后勤部发给。军用供给粮票为部队战士购粮之用，粮票含有价款，属于财政供应；军用价购粮票，专为部队干部、职工购粮之用，必须付款，属于事业供应。

工商行业粮油供应

工商行业的粮油供应是指国家对饮食业、糕点业、副食业、酿造业等部门计划供应的粮油。工商行业用粮品种供应比例为食品业细粮70%、大豆15%、杂粮15%；饮食业小麦70%，杂粮、大米30%；酿造业细粮20%、大豆40%。1981年，实行粮食购销差额调拨包干办法，行业用粮均在各县包干销售指标以内。1985年，取消供应工商用粮。

粮食补助

粮食补助是在口粮标准以外，因劳动强度增加，工作时间延长，劳动状况临时发生变化，在本人定量标准外采取的一种补助措施。补助粮是在市镇非农业人口实行定量供应后所发生的一项业务。1979—1984年粮食补助标准如下：

出差补助：原定量每人每天不足1.3市斤的补到1.3市斤。

劳动补助：每人每天补助粮食0.5市斤。

会议补助：地、县党委和政府召开的农村非脱产人员会议，除自带粮票外，不足部分每人每天在不超过1市斤的范围内予以补助。

临时工补助：经县以上劳动部门批准调配的临时工，凭劳动部门的调配证件，按实际劳动天数补助。非农业人口按同工种定量标准补助差额。农业人口，根据参加劳动的工种等级，按“农业人口临时工补助标准”补助。

学生补助：凡在省内跨县上学，口粮按居民定量供应的中学生，均需户、粮关系所在地粮食部门每学期出具证明，由就地粮食部门凭证明和学校介绍信，经核实后，按中学生定量标准予以补助差额。

1985年，县粮食主管部门对厂矿、企事业单位、城镇居民办厂、店人员的口粮补助，在核实人口、工种的基础上，按同工种粮食定量标准实行差额补助包干到单位的补助办法。

农村粮油供应

农村粮油供应是指按国家政策规定供应和补助农业人口的口粮、食油。包括缺粮供应、受灾供应、种子粮供应、饲料供应、奖售粮油、民工补助等。

①缺粮供应：按照粮油统购统销政策，规定农村每人年平均口粮300市斤以下的为缺粮户。对缺粮村、户贯彻“生产自救为主，国家救济为辅，低标准瓜菜代”的方针。然后进行民主评议，按照各户不同情况，进行具体安排，确定缺粮供应的粮食数量后，填制“农村粮食统销花名册”，政府批准后，发给各户“粮食购买证”。缺粮户持“粮食购买证”，到指定粮站购买粮食。1979年，农村实行联产承包责任制后，粮食产量增加，人均粮食占有量大大提高，对缺粮户一般不再安排供应，而采取发动群众互助互济、借销和销售议价粮等方式解决。

②饲料供应：农村饲料供应，主要是为了促进畜牧业的发展，由国家供应的一部分饲料。随着联产承包责任制的推行而取消。

③奖售粮油供应：奖售粮油是指凭国家收购农、副、土特产品的奖售票证供应的粮油。奖售粮油的范围包括：收购粮油奖售。指国家向生产队或个体社员收购粮油所进行的奖售；收购生猪奖售。指国家向生产队或个人收购生猪所进行的奖售；收购棉花奖售。指国家向农村社队或社员收购棉花所进行的奖售。1979年后，国家每超购1市斤皮棉奖售粮食2市斤。其中50%奖售现粮、50%找补差价款。1985年，随着农村产业结构的调整，国家取消收购棉花奖售粮。

④民工补助：民工补助是指民工参加三线建设、大型水利、筑路和其他基本建设工程，按照规定的补助标准补助的口粮差额部分。

补助范围和标准：凡是政府统一调配的民工、技工、杂工、聘干和城镇居民机关、团体、企业、学校的职工，一律按自己的留量和定量标准带足口粮，国家予以补助差额。农业人口按自己的留量标准带足口粮，不足部分国家予以补助。

粮票、油票管理

1992年前，在县内流通的票证主要有：全国通用粮票、河北省地方粮票和只限县内驻军使用的军用粮票。全国通用粮票的领取和使用：本地区凡出省探亲和因公出差的工作人员，持单位介绍信和购粮证以及地方粮票，可到当地粮管所、库、店换取全国通用粮票，持全国通用粮票，可以在全国范围内购买成品粮、糕点及粮食制品。地方粮票的领取和使用：凡在省内的流动人口，使用地方粮票，凡机关干部、工人外出需用粮票，可持居民供应证到当地粮站、库、店领取，农村社员外出需换取粮票可经大队开具证明，到当地粮食部门换取。军供粮票的领取和使用：军供粮票有军用供给粮票和军用价购粮票两种，由部队后勤机关发给。军用供给粮票为部队战士购粮之用；军用价购粮票为部队干部、职工购粮使用。国家和省、地所发行的各种粮油料票证，均系无价证券。对于粮油料票证，地、县（市）粮食局和各粮管所、库、店都配备专职人员负责。粮油料票证的收付，各粮管所、库、店日清月结，按票种、面额、数量5日一小结，10日一旬报，月终向县（市）粮食局填报粮油料票收、支、存月报表，由县（市）粮食局汇总报送地区粮食局，然后逐级汇总上报。

粮证管理

1992年前，按照《河北省城镇粮食定量供应凭证使用规定》，县粮食部门负责签发市镇居民粮食供应证、工商行业用粮供应证、市镇居民粮食供应转移证、农村粮食供应转移证。

①市镇居民粮食供应证。是城镇非农业人口的购粮凭证，只限在指定粮店使用。1992年停止使用。

②工商行业用粮供应证。是以粮食为原料或辅料的工业、酿造业、糕点业、副食业等购粮时使用的凭证。1985年4月，工业用粮改供议价粮。

③市镇居民粮食供应转移证。是市镇居民迁居时转移粮食关系的凭证。1987年，河北省印制“市镇居民粮食供应转移证”，开始实行公斤制计量单位。

④农村粮食供应证。是农村缺粮户向国家指定的粮站购买粮食的凭证。1982年，河北省粮食局规定，农村居民迁居时只转移当年口粮的剩余部分，按每人每天0.5公斤办理转移证。

城镇居民粮食供应转移证（式样）

户主姓名（或单位名称）：　　字第　　号			
原住地址：			
迁往地址：			
迁移原因：			
迁移人姓名	性别	工种（或儿童年龄）	定量标准
合计：　人，定量　　斤。			
停止供应日期：　年　月　日			
签发日期：　年　月　日			

市镇居民粮食供应转移证

户主姓名（或单位名称）：　　字第　　号							
原住地址：							
迁往地址：							
迁移原因：							
迁移人姓名	性别	工种（或儿童年龄）	定量标准	迁移人姓名	性别	工种（或儿童年龄）	定量标准
合计人数（大写）：　　合计定量数量（大写）　市斤							
迁出地停止供应日期：　　年　月　日							
备注：1、本证明填写的“工种”和“定量标准”两栏，仅供迁入地核定粮食定量标准时参考。 2、食油供应随粮食转移，按迁入地规定标准供应。							

农村粮食供应证存根

户主姓名（或社名）		类别		供应号码		字第　　号					
核定供应量											
分　月　供　应　计　划											
年	月	斤数	调整数	年	月	斤数	调整数	年	月	斤数	调整数
实　际　供　应　粮　数											
年	月	日	粮种	供应斤数	累计斤数	年	月	日	粮种	供应斤数	累计斤数

农村粮食供应转移证

字第　　　号

户主姓名		迁移人数	大小　　口共　　人	户别		类别	
迁出地址	省　　县（市）　　区　　乡　　村						
迁入地址	省　　县（市）　　区　　乡　　村						
转移供应斤数	（大写）						
开始供应时间	年　　月　　日			填发日期	年　　月　　日		

签发机关＿＿＿＿＿＿＿＿　　填写人＿＿＿＿＿＿＿＿

第三节　粮油仓储

一、仓储设施

1979年前，县粮食部门在公路沿线和公社驻地，建设了部分土圆仓、砖拱仓、房式仓等储粮设施。

1979—1992年，随着农村联产承包责任制的实施，农业生产连年丰收，粮食收购量大幅度增长，仓容严重不足，不少库（站）只好露天存粮，造成一定的损耗。加之过去建的土圆仓、砖圆仓的损坏和坍塌，兴建标准粮仓、解决仓容不足问题成为粮食部门的紧迫任务。

1992年，粮食局筹集资金50万元，征地10亩，兴建临西县直属粮库。新建的直属库有标准仓房50间。各基层库（站）也不同程度地改建、扩建粮仓，全县改建、新建标准仓200余间，缓解了储粮难问题。2000年，县粮食主管部门争取到“河北省国家粮食储备库”建设项目，投资1590万元兴建了国家粮食储备库。2007年，筹集资金200万元，改建标准仓房，储粮条件大大

粮食局直属粮库

改善。

二、粮油保管

1、入库。农村实行以家庭联产承包为主的责任制后，粮食产量稳定增长，定购入库量加大，为方便农户售粮，粮食部门实行“分村排日”入库。

2、检查。河北省粮食局在贯彻商业部《国家粮油仓库管理办法》的同时，规定了河北省粮油安全储存的水分标准。仓储人员按照要求，携带检验仪器下站入库，检查入库粮油质量，发现问题及时解决。由于制度健全，执行严格，全县入库粮食中等以上，水分、杂质符合标准，未出现坏粮事故。

摇鞍镇粮站七十年代兴建的粮仓（孙晓林摄）

3、防治。为确保入库粮食安全，仓储人员对储粮进行科学保粮、防治虫害，先后推广使用压沙保粮法、塑料薄膜密闭储粮法、低残留药物防治法，使粮食科保率达90%以上。

4、“四无粮库”。按照“无虫、无霉、无鼠雀、无事故”粮仓的要求，粮食部门积极开展创建“四无粮库”活动，连续20多年被评为“四无粮库”。

第四节 粮油加工

1979年，全县没有大型粮油加工企业，城镇居民和驻军供应的面粉、油脂主要靠从外地调运，农村群众碾米磨面主要依靠小加工作坊和小电磨加工。1969年，县粮食局在先锋桥镇（今河西）投资8万元兴建小型面粉加工厂，加工面粉设备为小对辊。该面粉厂是县域内第一家面粉加工企业，年加工小麦300万公斤。加工的面粉除供应县内城镇居民外，同时对外开展兑换业务。河西面粉厂的设立，对缓解临西县的军需民用起到了重要作用。1972年、1975年粮食部门分别在河西、童村设立第一、第二粮油食品加工厂。食品加工厂实行前店后厂经营模式，自行加工的糕点、酱菜、面条、挂面、醋、酱油等产品深受城乡群众欢迎。随着形势的发展，特别是实行家庭联产承包责任制后，粮食产量激增，仅靠河西面粉加工厂已远远满足不了城乡居民和工副业使用面粉的需求。1983年，县粮食局投资24万元，在县城（童村）兴建年加工能力500万公斤的面粉加工厂。由于采用了先进的加工设备，生产的面粉不仅满足了县域内城乡群众的需求，还销往邢台、威县、邱县等市、县，成为粮食加工的龙头企业，

年创利税30多万元，拥有员工近百人。1995年注册生产的“雪花”牌面粉，远销东北三省、山西、内蒙古等省区。后来由于受市场影响，加上管理原因，河西面粉厂、童村面粉厂先后于2000年和2001年停工破产。到2008年，县域内具备一定规模的民营面粉加工企业有5家，分别是西马鸣堂2家，太平、东枣元、河西各1家，这些个体面粉加工企业，除满足县内城乡用粮外，还销往周边县市。七八十年代，县内食用油只能靠小作坊用原始榨油工具自行土法压榨，既不卫生，产油率也低。为解决城乡群众和工副业产品加工用油，1989年在县城东2公里卫罗庵村南投资200多万元，兴建临西榨油厂，主要原料为大豆、花生、棉籽，企业职工130多人，年创利润30多万元。1991年，投资300多万元新上万吨浸出油项目，油脂加工达到鼎盛时期，年创利税100多万元，拥有员工300多人。2002年由于受市场影响，企业改制，2004年企业破产。

第五节　粮油议价经营

1979—1992年，粮食部门在保证城乡居民供应完成合同定购的同时，积极开展粮油收购、加工等项业务。1984年3月，成立临西县粮油议购议销公司，负责全县除定购粮之外的粮油购销业务，积极开展外购外销活动。议价粮油经营业务的开展，不仅保证了库存量，而且大量收购县内的余粮，为群众提供生产生活资金，同时也取得较好的经济效益。议价工作在全市、全省名列前茅。

1992年后，随着粮食改革进一步深化，国家放开粮食市场，粮食部门发挥主渠道作用，平抑市场、搞活流通、广设网点、积极收购，年购销量在7500万公斤左右。2000年，随着《粮食收购条例》的颁布实施，粮食部门依托市场积极收购，满足了群众的售粮需求，年购销量在1亿公斤左右。

1979—1986年统购统销（公粮征购）统计表

表9-11　　单位：吨

年度 / 购销量	1979	1980	1981	1982	1983	1984	1985	1986
公粮征购	920	920	920	920	920	920	920	920

1987年—1997年合同定购、议价收购统计表

表9-12　　单位：吨

年度 / 购销情况	1987	1988	1989	1990	1991	1992	1993	1994	1995	1996	1997
合同定购	920	920	920	920	920	920	920	920	920		
议价收购	16385	17125	19513	17052	18437	20125	21085	22145	22397	35768	38095
销售数量	14050	15043	16074	18125	20318	22347	19132	17025	18513	25038	23583

1998—2003年粮食收购销售情况统计表

表9-13　　单位：吨

年度 / 购销情况	1998	1999	2000	2001	2002	2003
保护价收购	56387	90315	150138	107160	91817	36331
市场收购	21085	17025	22397	18513	30031	16255

续表

购销情况 \ 年度	1998	1999	2000	2001	2002	2003
销售量	38481	99833	135089	114690	106344	78502

说明：1998 年国家出台保护价收购政策，粮食部门按保护价大量收购群众余粮，同时积极开展市场收购。

2004—2008 年粮食收购、销售情况统计表

表 9–14　　单位：吨

购销情况 \ 年度	2004	2005	2006	2007	2008
托市收购	28764	22456	68378	14782	14295
市场收购	18820	8595	8043	4387	28381
销售量	48443	13953	65169	4536	27637

说明：2004 年粮食收储企业开展托市收购，完成托市任务后，积极开展市场收购。

第六节　粮油管理

一、计划管理

1979 年前，实行“统一征购、统一销售、统一调拨、统一库存”的“四统一”管理。1982 年，实行粮食购销调包干“一定三年”政策。1985 年，取消统购改为合同定购，实行比例计价。1986 年，中央对各省实行粮食购销包干。

二、粮油统计

粮食局内设统计股，基层粮站设统计员，专门负责粮食购销调存业务统计报表，并建立及时、逐级上报制度，以利国家掌控情况。

三、财务管理

1979 年前，粮食财务体制由中央集中统一管理，列入中央财政预算。1979—1982 年，中央将粮食企业财务收支，包括粮油超购加价款支出，下放地方，列入省级财政预算。省级未对市（地）、县下放，实行全省集中统一管理体制。1982—1984 年，实行粮食超购加价款按完成征购基础的比例实行包干办法。1985—1988 年，粮食企业全部财务收支统一由省财政管理。

四、价格管理

1979 年前，国家对粮油价格实行“统一领导、分别管理”的管理体制。有关粮食价格、政策、调价由国务院统一制定，县粮食局严格执行国家有关价格政策。改革开放后，逐步放开，实行市场调控。

五、市场管理

1979 年后，粮油市场开放，群众在完成征购任务后可在自由市场出售余粮，农村粮油集市贸易活跃。1983 年，中央对农村经济政策再次调整，完成国家粮食征购后，允许企业、个人参与收购。县粮局在积极从事议价粮油收购的同时，采取代销联营方式，扶持粮食专业户、运销户的发展，支持其正当业务活动。在粮油市场活跃的同时，一些单位和个人抬价抢购粮油，干扰国家征购。1988 年，河北省出台《关于加强粮油管理、稳定粮食市场的决定》，采取措施，严禁抬价抢购，对违反政策规定而被查处的粮油，由粮食部门按比例价收购，工商部门予以 5% 的罚款。为净化粮油市场，1998 年，按照《粮食收购条例》精神，县粮食局组建粮食稽查大队，配合工商部门，查处各类违法粮食交易。其后，粮油购销市场全面放开。

第三章　供销经营

第一节　机构设置

1978年8月，设县供销合作社。后改称县供销合作社联合社，内设办公室、业务科、计财科、人事科、物价科、副业科。1983年6月，设供销理事会。1984年8月，撤销物价科、副业科，增设计划财务科、基层物价科、安全保卫科、生产服务情报科。1987年5月，内部科室为办公室、业务科、人保科、计财科、物价科、纪检会、体改办。1989年，改设办公室、业务科、人事科、计财科、基层物价科、生产科、审计科。1995年7月，内部机构调整为办公室、财务科、人事科、政工科、业务基层科、纪审科。

1985年前，县供销合作社联合社下属单位有棉麻、生资、副食、土产、贸易5个公司和童村、先锋桥镇、下堡寺、白庄4个油棉加工厂及机关消费社和15个基层供销社（分设在15个乡镇驻地），共25个独立核算单位。1985年后，增设酱菜厂、富达轴承有限公司、第一供销劳动服务公司（加油站）、第二供销劳动服务公司（供销大饭店）、第五油棉加工厂（原太平庄）、博利大饭店、纺纱厂（原织染厂）、隆润纺织有限公司。

县供销合作社联合社（2002年摄）

第二节　基层厂站建设

一、油棉收购、加工企业

1、1982年，投资430万元，在白庄村西占地84亩，建白庄油棉加工厂。1987年1月，更名为第四油棉加工厂。1994年5月，投资120万元，增建浸出油车间，生产大豆、花生、棉籽等植物食用油，日产量15吨。

2、1982年，白地、摇鞍镇、吕寨、尖冢四个基层供销社分别投资4–6万元，各建收棉站1处。

3、1984年，投资149万元，在县砖瓦厂（五里窑）西侧建棉站1处，后改建为供销纺织厂。同年，枣园供销社投资8万元，在范八里建棉站1处。1986年7月，投资53万元，在五里窑棉站建棉花储存仓库3栋，面积2982平方米，可储存皮棉2000吨。

4、1985年，老官寨供销社投资3万元，建收棉站1处。

5、1986年，水波供销社投资120万元，建收棉站1处。2002年，增上加工设备。同年，姚楼供销社投资3万元，建收棉站1处。

6、1987年5月，第二油棉加工厂投资90万元，将轧花、脱绒等18间厂房改造为高标准的加工车间。

7、1987年，黎博寨、单屯、下堡寺三个基层供销社，分别投资3–5万元，各建收棉站1处。

8、1999年，第一油棉加工厂投资80万元，在马兰建棉花收购加工分厂1座。

9、2001年，棉麻公司投资

240万元，在吕寨乡驻地东（邢临公路北侧）小刘庄西建棉花加工厂1座。

二、商品经营企业

1、1988年8月，副食果品盐业公司投资174.7万元，在县砖瓦厂（河西五里窑）西侧，占地8.6亩，建面积2182平方米的恒温库1座，1989年5月投入使用。可储存水果、蔬菜200万公斤。

2、1992年3月，投资170万元兴建临西县农资综合服务中心、临西县果品服务中心、临西县棉花服务中心3座营业楼，建筑面积3400平方米。

3、1997年8月，投资143万元，在玉兰西路南侧建面积3000平方米的临街供销综合楼，1998年6月投入使用。主营饭店、通讯器材、灯具等。

4、1996年，临西镇供销社分两次投资78万元，将玉兰东路旧门市17间和永济北路门市18间改造为高标准二层楼门市，建筑面积1200平方米。

第三节　棉花经营

临西县产棉历史悠久，质量上乘，是河北省优质棉基地。棉花的生产、收购、加工、销售在县内经济总量中占有重要地位。1965年，成立县供销合作社棉麻生产服务站，后陆续改名为棉麻经理部、棉麻生产经理部、棉麻公司，是指导全县棉花种植、收购、加工、销售的专业机构。办公地址在原童村供销社北邻，初有宿办室两排20间。1982年，建二层办公楼1座，面积460平方米。1999年，迁往运河东路南侧新建办公楼。设办公室、业务股、财务股、加工股、棉检股、化验室，在册职工140名。

1982年前，县内棉花收购、加工企业有童村油棉加工厂（1956年建）、下堡寺油棉加工厂（1960年建）、先锋桥镇油棉加工厂（1969年建），后改为第一、三、二油棉加工厂。实行家庭联产承包责任制后，棉花种植、产量大幅度增长。为缓解棉农卖棉难，1982年后增建了16个厂、站，从事棉花经营的干职工1208名。1982–1990年，平均每年收购籽棉24.5万担，年均加工销售棉籽（卫生）油800吨左右，每年完成利税300万元以上。

1980年后，国家调整棉花统购统销政策，棉花市场出现了较大变化。在“要发家，种棉花”的号召下，县、乡政府对棉花种植实行奖励机制，与种棉户签订《棉花定购合同》，全县植棉面积由1980年前的8万亩，逐年增加到10万亩、15万亩、20万亩、25万亩。加之多施肥、细管理、品种好，棉花生产迅速增长。在1984年、1985年、1986年，出现了“卖棉难”，每个收棉点前都排起了长长的车队，有的农民带着被子日夜排队。原县级收购的棉花一律按棉包标识品级全部上调上级棉库，货款回归及时。“卖棉难”出现后，调出皮棉无计划性，且压级压价，长期拖欠货款，银行对收棉贷款严格控制，使各厂、站的棉花收购、销售受到限制，严重地挫伤了农民种棉的积极性。

1990年后，市场放开搞活，但棉花经营政策仍未放开，社会上出现倒卖、加工棉花的商贩和摊点。县供销合作社同县工商行政管理局，采取查、扣、收、罚等方式，对非法经销、加工棉花的商户进行治理，一直未得到彻底控制。在棉花主产地的下堡寺镇、姚楼乡经营棉花的商户逐年增加，北杏园、马兰两个村有个体收购加工企业20多家。

2002年9月，县供销合作社联合社牵头，成立临西县棉花协会，把棉花经营的“对手”变为“联手”。协会订立了《棉花协会章程》及管理制度，设理事25名，常务理事9名，会员单位有国有、集体企业12个，个体私营企业13个，入会会员1300多人，在棉花管理上一度发挥了积极作用。棉花市场放开后，国有企业、集体企业、私营企业多家经营，供销社厂、站棉花收购、加工数量逐年减少，连年亏损，县供销合作社下属各油棉加工厂及基层供销社收棉站陆续停业、破产。而私营收购、加工企业日趋兴盛。

1979—2006年棉花收购表

表9-15

单位：万公斤

年度	收购量	年度	收购量
1979	116	1993	402
1980	400	1994	740
1981	371	1995	755
1982	708	1996	788
1983	1104	1997	1080
1984	1743	1998	1170
1985	981	1999	930
1986	974	2000	1146
1987	1429	2001	1440
1988	1392	2002	1440
1989	1278	2003	1286
1990	1189	2004	1422
1991	1368	2005	1375
1992	655	2006	1496

第四节　农资经营

一、计划经济时期

1、经营机构。1973年，成立供销合作社生产资料公司，设业务股、财务股、保管股、牲畜组，有河西分库（公司旧址在今河西镇驻地偏北），第一、第二零售门市部，综合营业楼。各公社驻地设生产部门市，隶属所在地供销社管辖。

2、经营品种。主要经销化肥、农药、农机具、地膜、牲畜等。化肥品种有尿素、硝酸铵、硫铵、地方产碳酸氢铵（俗称气肥）、过磷酸钙（磷肥）等，平均每年销售3000吨左右；农药分乳剂、粉剂两类，乳剂类有1605、1059、3911、4049、敌敌畏、乐果、锌硫磷、亚胺硫磷、久效磷、甲胺磷、氧化乐果、进口菊酯类等，粉剂类有六六六粉、滴滴涕粉、敌百虫粉、乐果粉、硫酸铜等，每年平均销售农药200吨左右；农机具类有铁锨、木杈、把柄、人力车圈、人力车内外胎、喷雾器、粉碎机、碾米机、铡草机、七寸步犁、双轮双铧犁、锄头、镰刀等，每年平均销售中小农机具5200台（件）。早期销售的塑料布，主要用于苫盖防雨，后来在行政扶持下销售农用地膜，用于覆盖棉花、蔬菜。1971—1980年，购销耕畜近千头（匹），品种为牛、马、骡、驴、骆驼。

3、经营方式。①计划内调拨、转账结算。公司根据往年经营数量，向上一级公司申报购货计划，按上级（地区）公司给货通知组织车辆调运入库，再批发给基层社生产部。②一级对一级，执行统一批零价格。每一品种的批、零销价，均由地区公司核定，每一级差价率（毛利）甚少，农资经营单位不缴税金，不定年度的利税指标任务，主要是发挥农业服务职能的作用。

4、经营场地。1965年，县生产资料公司在先锋桥镇（今河西镇）驻地偏北处，占地70亩，建宿办室12间、仓库三栋27间、敞棚8间。

1974年，借用县土产杂品公司房舍和童村油棉厂的仓库，维持营业2年。1975年，在站南街西侧，建宿办室20间、仓库三栋30间、简易敞棚14间、露天化肥垛台2个。1985年，将仓库改造为公司第一门市部，河西镇商业街零售门市（5间）为第二门市部。1992年，建临西县农资综合服务中心营业楼，三层20间。1997年后，在泰山东路十字路口西北角新建办公楼，在玉兰西路建有零售门市楼。各基层供销社生产部有门市3—5间、仓库5—8间。

二、改革转轨时期

80年代初，农资流通仍在计划经济体制框架下运行，所经营的农资仍属计划内供应。

1、化肥经营。1980年，执行粮棉油“三挂钩”奖售化肥政策。农户每向国家出售百斤皮棉，奖售标肥17.5公斤（标肥：以含氮量20%测算，尿素折标肥1公斤，进口磷酸二铵折标肥1.5公斤）；每出售50公斤大豆、花生果，奖售标肥10公斤。地区公司以政府统计部门上报的年度粮、棉、油征购数为依据，分期分批分配调拨化肥。奖售指标内化肥为国产或进口尿素、磷酸二铵、过磷酸钙。1982年前，奖售化肥经营方式是：县政府下发分配化肥文件，发至生产公司及各公社供销社，各村以生产队为单位，到当地供销社生产部购买。1982年，全县普遍实行家庭联产土地承包责任制后，农户持售粮、棉、油证，到基层供销社门市购买。

1984年后，仅靠奖售化肥缺口很大，县公司及基层社派出业务人员，到生产厂家采购。自采化肥，报县联社、物价局审批销售。“三挂钩”化肥为平价，自采化肥为议价。1984年，销售各种化肥5720吨。1986年，增加到14655吨。1984年起，市场上出现“双轨制”（指平、议价格），其品种增加“六国”牌二铵（铜陵）、磷酸一铵（沙河）、硝酸磷肥（山西）、撒可富（秦皇岛中阿合资）、氯化钾（俄罗斯、加拿大、青海）、进口硫酸钾及含氮、磷、钾标准不等的复合肥。80年代中期，化肥品牌、质量相对稳定，优质化肥一直紧俏。

1991年5月，实行“三挂钩”，化肥平转议差价返还。即以当年棉花定购任务12620吨为基数，按奖售化肥标准测算，年度奖售标肥4417吨，按照市场尿素议价核定，每百斤皮棉应享受差价补贴7.21元，棉农在结算售棉款时获取差价补贴。至此，市场上所销售的化肥全部转为议价。此时，销售的化肥批、零价格仍执行物价局审批制度，农资部门微利经营。

2、农药经营。农资部门为满足棉农需求，采取计划分配与自采相结合的方法组织货源。把国产、进口的名牌农药纳入计划分配渠道，如：敌敌畏、久效磷、甲胺磷、氧化乐果、进口菊酯（俗称“一扫光”）、呋喃丹等。为弥补农药缺口，公司派员到上海、杭州、青岛、宁阳、沧州等地采购。据统计，公司和基层社采购农药63个品种，每年销售200吨左右。

3、农资专营。1988年，国务院下发了〔1998〕68号文件《关于化肥、农药、农膜实行专营的决定》，次年，省政府印发了冀政〔1989〕13号文件《关于做好化肥、农药、农膜专营工作的通知》，1994年，国务院下发《关于改革化肥等农业生产资料流通体制的通知》，文件规定：各级农资公司及基层供销社是农资专营的主渠道，县及县以下农业“三站”（植保站、土肥站、农技推广站）以及生产企业自销是辅助渠道，其他单位和个人一律不得经营化肥、农药。

4、推广白地供销社经验。1985年，河北省供销社在全省开展学习白地供销社活动，推行白地供销社“预约定购、送货下乡、测土施肥、科学用药”的系列化服务方式。立足支农从物资供应、传授技术、沟通信息、扶持资金方面跟踪服务。

三、市场经济时期

随着大市场、大流通、放开搞活大环境的形成，农资流通体制改革逐步深入。90年代后期，县内农资流通形成多渠道、多网点供应，供销社下属企业、农业部门的“三站”，镇、村摊点，遍布全县。

1、经销单位性质。2000年前后，农资经销

单位或摊点个体私营占大部分。县生产资料公司改为股份制企业；各基层供销社农资门市部改为个人承包经营；农业部门的“三站”归属个体经营；各自然村的化肥、农药销售点，均属农民季节性临时购销。

2、货源及渠道。生产资料放开经营以来，化肥、农药货源日趋丰富，产品品牌更新较快，出厂价、批零价变化灵活，经销商进货时可任意挑选。每到施肥、用药季节，田间地头销售农药、化肥的车辆随处可见。

3、品牌及质量。新品牌的专用肥、专用药越来越多，且质量好、效率高、价格低，特别是灭草剂、微肥的使用，给农业生产带来极大的方便。市场上化肥品牌有 40 种以上，农药近百种。

第五节 盐业专营

食盐是国家专控商品。原由各基层供销社统一销售，分食用盐和畜用盐两种。根据国务院颁布的《食盐专营办法》和省人大常委会通过的《河北省食盐加碘消除碘缺乏危害监督条例》有关规定精神，1998 年 6 月，成立县供销合作社联合社盐业专营公司，并建立盐政管理所，实行盐业专营。盐业专营公司成立后，平均每年销售食用盐 100 吨、工业用盐 1000 吨。

为净化盐业市场，加强盐业专营管理，公司对全县 495 个食盐零售专供点核发了特许经营证牌，与各零售专供点签订了《食盐特许零售》协议书，实行责、权、利共担，有效防止了非碘食盐的销售以及危害健康事件的发生。

第六节 副食 土产

一、副食果品

1979 年，设有供销合作社副食品公司。1989 年，改设为供销合作社副食果品盐业公司，移址河西镇卫运河左堤西侧。公司占地 18 亩，固定资产 31 万元，流动资金 59.8 万元，有干职工 78 人。经营：烟、酒、糖、茶、干鲜果、调味品、食盐、蔬菜、禽蛋、肉食品、糕点、屠宰等。平均年销售 384.7 万元，实现利税 4.2 万元。1986 年，糖、酒、烟、肉食归口专卖。公司转营其他，因经营困难，于 2000 年依法破产。

酱菜厂。建于 1965 年。1985 年，经县政府批准由工业系统移交给县供销合作社。1990 年末，有干职工 86 人，其中技术员 26 人。固定资产原值 122 万元，净值 114 万元。设有酿造、腌制、豆制品加工、蒜米 4 个生产车间。主产包瓜、磨茄、青方（臭豆腐）、红方（豆腐乳）、酱油、食醋等 50 多个品种，年生产能力 3200 吨。

县酱菜厂分东、西两厂，东厂位于河西镇米市街东侧；西厂在县五里窑厂西侧。两厂占地总面积 32423 平方米，建筑面积 6233 平方米。该厂属县供销合作社管辖的集体所有制企业。1990 年，完成产值 72 万元，创外汇 7.5 万美元，实现利税 3.3 万元。后由于市场原因，企业亏损，于 2000 年破产。

二、土产杂品

1978 年，土产杂品公司有固定资产 80 万元，流动资金 220 万元。主营土产、杂品、畜产、废旧物资回收四大类物资。品种有日用杂品、炊具用具、把柄家具、苇席帚苗、竹竿棕片、木桩草袋、木材柳编、床垫估棉、皮毛废品、蜂蜜蚕茧等 200 余种，兼为国家储备防汛物资。

1988—1989 年，增营木材（梁、檩、椽、板），两年销售额达 400 万元，实现利润 30 万元。1988 年起，专营烟花爆竹，销售额逐年增加。

2003 年，因资不抵债宣告破产。单位 64 名职工，“双解”49 名、“等退”8 名，其余 7 名被新组建的土产部聘用。土产部专营烟花爆竹，2006 年，销售额达 60 万元。

1965—2008年供销社系统经济指标完成情况统计表

表 9-16 单位：万元

年度	商品购进	商品销售	年度	商品购进	商品销售
1965	583.4	800.3	1987	5584.0	6002.0
1966	288.0	626.4	1988	6893.0	7063.0
1967	461.4	646.7	1989	8051.0	7455.0
1968	579.8	816.5	1990	11581.0	11344.0
1969	604.5	910.5	1991	14314.0	11816.0
1970	639.7	905.5	1992	7607.0	13801.0
1971	396.4	867.3	1993	8917.0	11650.0
1972	268.6	1090.2	1994	7081.0	7913.0
1973	665.6	1151.4	1995	8115.0	10072.0
1974	885.4	1536.3	1996	9839.0	12282.0
1975	755.7	1137.3	1997	13542.0	9371.0
1976	827.6	1462.4	1998	18875.0	21500.0
1977	973.0	1775.5	1999	22802.0	21847.0
1978	1091.8	1789.7	2000	25083.0	23492.0
1979	1337.6	2271.8	2001	26673.0	23150.0
1980	2313.6	2460.1	2002	33574.0	28828.0
1981	2330.4	2540.5	2003	36625.0	31759.5
1982	3461.1	2404.6	2004	36627.0	31069.5
1983	5061.9	2426.8	2005	43952.0	38971.4
1984	5958.0	2785.0	2006	50012.0	45371.6
1985	3618.0	4666.0	2007	53013	50023
1986	4022.0	5353.0	2008	55001	50111

第十编 金融 保险

1979年初，临西县设有的金融机构只有县人民银行和设在各公社驻地的农村信用合作社，全县各项存款余额667万元，各项贷款余额2514万元。1979年9月成立中国人民建设银行临西支行，10月恢复设立中国农业银行临西县支行。1983年9月，国务院正式明确人民银行专门行使中央银行职能。1984年1月正式成立中国工商银行临西县支行。1990年后，各家金融机构基层网点增设较快，工、农、建行下设网点曾分别达到6个、13个和5个。1996年10月，县农村信用联社与县农行脱钩并独立设置，同年中国农业发展银行临西县支行成立。从20世纪九十年代末开始，金融体制改革，工、农、建各专业银行退出财政职能、裁撤机构、压缩人员，向商业银行转轨。2003年11月，设立银行业监督管理委员会邢台分局临西县办事处。2008年6月成立中国邮政储蓄银行临西支行。到2008年末，全县金融机构有县人行、县银监办、县工行、县农行、县建行、县农发行、县邮储银行、县农村信用联社8家。从业人员413人。全县各项存款余额25.2亿元，各项贷款余额8.9亿元。

1980年国家恢复保险业务。1981年中国人民银行临西县支行设立保险代理处，代理全县财产保险业务。1982年10月成立中国人民保险公司临西县支公司。1996年根据保险机构改革精神，中国人民保险公司临西支公司更名为中保财产保险有限公司临西支公司。1997年保险公司实行产、寿分业经营，成立中保人寿保险公司临西支公司，人寿保险业务划归人寿保险公司。2000年以来，陆续又有平安保险公司、太平洋保险公司、大地保险公司、泰康保险公司等在辖内设立机构。各家保险公司不断拓展险种，财险险种有80年代的企业财产保险、机动车保险、家庭财产保险几个单一险种发展到40多个险种；人寿保险险种已发展到养老保险、意外伤害保险、医疗保险、学生平安保险等50多个险种。

第一章　金融

第一节　金融机构

中国人民银行临西县支行　1978年，县内只有人民银行一家银行，既负责实施货币政策、办理发行、结算、国库等中央银行业务，又担负办理存款、贷款等商业银行业务。1983年9月，国务院决定人民银行专门行使中央银行职能。1984年人行与县工行业务分离。1986年5月，县人行正式与县工行分设，并相继设立会计国库股、计划调统股、金管股、稽核股、保卫股、人秘股和监察室。1999年内设机构为综合业务股、综合金融管理股、合作金融管理股、综合办公室和监察室。2003年11月，从县人行分离出部分人员和职能，组建成立中国银行业监督管理委员会邢台监管分局临西办事处，行使对金融机构准入和业务监管。2004年，县人行内部机构改设为会计国库股、金融管理股、金融调查统计股和综合办公室。2008年10月，县人行内部机构改为综合办公室、综合业务部、金融管理部、纪检内审室，人员24人。

县人民银行办公大楼（孙晓林 2007 年摄）

中国银行业监督管理委员会邢台监管分局临西办事处　成立于2004年5月，人员由县人行划转。至2008年末，办事处有成员4人。其中主任1人、副主任1人、科员2人。主要负责按照银监分局授权，对辖内银行业金融机构的业务活动进行全面监测；对辖内银行业金融机构及派出机构的设立、变更、终止及业务变动提出初审意见；对辖内金融机构违法、违规行为进行查处；对辖内金融机构高级管理人员任职资格提出初审意见；对辖内经济金融数据和信息进行监测统计。

中国工商银行股份有限公司临西县支行　1986年5月县工行成立，内设人秘股、储蓄股、计划股、信贷股、会计股、出纳股，下设一个办事处（先锋办事处）、两个储蓄所（童村储蓄所、先锋二所），共有职工67名，其中女职工37名。到1999年底，经营规模、网点数量、职工队伍都有了较大发展，正式职工达82人，临时工达25人。2000年后金融改革加速，撤并低效网点，压缩机构人员。到2008年末，内设部门3个，分别为核算部、客户部、办公室；下设河西分理处；员工总数40人。各项存款余额56881万元，各项贷款余额2485万元。

中国农业银行股份有限公司临西县支行　1979年10月1日，临西县农业银行恢复成立，内设会计计划股、农贷股、秘书股、人事股4个股室。1980年后，逐步发展增设为工商信贷股、农业信贷股、计划股、保卫股、审计股、信用合作股、会计出纳股、存款股、人秘股、办公室、监察室、营业室、工会等13个股室，下设先锋镇、老官寨、吕寨、下堡寺、童村、尖冢6个营业所。1986年先后在乡村设立白庄、白地储蓄所，在县城设立西街、北

农业发展银行营业楼

街、东街储蓄所，在河西镇设立西街、商业街储蓄所。1993年，行内部门合并为“四部三科”，即资金组织部、资金运用部、结算核算部、人事秘书部和稽察科、保卫科、计划科。1996年，县农村信用联社与县农行正式脱钩，成立独立法人企业，并从农行抽调8名工作人员组建领导班子。1996年10月，县农业发展银行成立，从农行抽调20名工作人员。是年底，县农行共有员工127名。2000年，根据改革要求，县农行进行“三定”（定岗、定职、定编）“两聘”（行长聘中层、中层聘员工），内设部门精简为“三部一室”，即信贷管理部、计划财会部、客户经理部和综合办公室。2001年，将河西镇、老官寨、下堡寺、尖冢、白庄6个营业所和县城北街、宏盛、河西西街三个储蓄所全部撤销。2005年，西街储蓄所撤并。2006年，东街储蓄所撤并。并有69名员工于2001至2006年间自愿内退或解除劳动关系。到2008年末，临西县农行共有4个部门，1个营业网点，49名员工。各项存款52670万元，各项贷款2172万元。

中国建设银行股份有限公司临西县支行 1979年9月1日，临西县建设银行成立，称中国人民建设银行临西县支行。1980年设立营业室。1987年9月设储蓄专柜，营业室改为会计出纳股。1988年先后设立西街储蓄所、办公室、业务股、站北街储蓄所。1989年设立储蓄股、人保股。1993年设立房地产信贷部、高村储蓄所、北环储蓄所、河西办事处。1994年，建设银行将担负的财政职能移交给财政部门。1995年设立信用卡部。1996年设立金鑫储蓄所，同年更名为中国建设银行临西县支行。至此，县建行共下辖8个部室、6个储蓄所、1个办事处，在职员工62人（其中临时员工26人）。伴随着金融体制改革的逐步深入，1997年行内部室整合为“四部一室”，即储蓄部、业务部、营业部、保卫部和办公室。1999年至2003年，先后撤并北环储蓄所、信用卡部、西街储蓄所、河西办事处、高村储蓄所、金鑫储蓄所、站北街储蓄所。临时工全部清退，正式职工有5人内退，11人自愿解除劳动合同。2000年，县建行更名为中国建设银行股份有限公司邢台临西分理处。到2008年末，临西县建行共下辖营业部、客户部、办公室、保卫部四个部室，在职员工19人，各项存款余额11329万元，各项贷款余额1889万元。2011年改称中国建设银行股份有限公司临西县支行 。

中国农业发展银行临西县支行 1996年12月15日，中国农业发展银行临西县支行成立，属国家政策性银行，下设计划信贷部、营业室、办公室，定员20人。2000年，实行“定人员、定岗位、定责任”为内容的人事管理制度改革。临西支行为“三类行”，下设综合会计部、计划信贷部两个科室，定员仍为20人。2005年10月，农发行内设机构更名为办公室、客户部、会计出纳部。到2008年末，临西县农业发展银行共下辖3个部室，有员工19人，各项存款余额1280万元，各项贷款余额17728万元。

中国邮政储蓄银行有限责任公司临西县支行 中国邮政储蓄银行有限责任公司临西县支行成立于2008年6月30日，暂时在县人民银行租用办公用房和营业厅，有员工24人，设有四个部室，

即：综合业务部、综合管理部、会计核算部和信贷部。下设营业网点3个，开办存款、贷款、中间业务等银监局批准的各项业务。

临西县农村信用联社 1978年5月，人民公社设立农村信用合作社，生产大队以及经济条件好的村庄、街道设立信用站，实行人民银行县支行和人民公社双重领导。有农行营业所的人民公社实行（营业）所（信用）社合一，两套资金、两套账目、两套人员、分别核算。信用社独立核算，银行贷款交给信用社发放收回，银行进行补贴。盈余转为信用社的公积金，充实信用社的自有资金，不再提取公益金。职工纳入集体劳动用工计划。1979年，中国农业银行恢复后，农村信用合作社交给农业银行具体管理，继续沿用人民银行总行确定的管理模式和制度。1982年成立县信用联社，农村信用社实行农业银行和县联社双重领导。1996年8月，国务院下发《关于农村金融体制改革的决定》，农村信用合作社逐步改为由社员入股，实行民主管理，为入股社员服务的农村合作金融组织。1996年10月，农村信用合作社与中国农业银行临西县支行脱钩独立设置，下设营业部、办公室、会计科、业务科、审计监察科、资金保全科、电脑科、保卫科、营业部。1998年11月9日，召开独立后的第一次社员大会，选举产生了理事会和监事会。2004年，各基层法人社分别召开社员大会选举产生了各信用社的理事会和监事会。到2008年末，临西县农村信用联社共下辖10个内设部门和26个基层信用社，员工总数272人，各项存款余额10.4亿元，各项贷款余额6.4亿元。

第二节 金融业务

一、货币业务

货币发行 1979至1998年临西县人民银行设有国库发行库负责货币发行，1998年根据省人民银行精简县级发行库精神，临西发行库撤销，但临西人行仍履行辖内人民币的流通管理职能。1979年到1986年全县流通使用的是第二套和第三套人民币，纸币有面值拾圆、伍圆、贰圆、壹圆、伍角、贰角、壹角、伍分、贰分、壹分10种，硬币有面值壹圆、伍角、贰角、壹角、伍分、贰分、壹分7种。1987年4月人民银行发行第四套人民币与第三套人民币同时流通，并采用一次发布分次发行的办法，在一年多的时间里，陆续发行壹圆、贰圆、伍圆、伍拾圆、壹佰圆6种主币和壹角、贰角、伍角3种辅币。1992年6月1日，发行1991年版壹角、伍角、壹圆流通金属币。同年8月20日，开始发行1990年版带安全防伪线的伍拾圆和壹佰圆券。1995年3月1日起，发行1990年版壹圆券。1999年9月20日，为庆祝中华人民共和国成立五十周年，发行面值伍拾元纸制流通纪念钞1套（1张），属首次发行纪念钞。同年10月1日，发行第五套人民币，与第三、四套人民币同时流通。第五套人民币仍采用一次公布分次发行的办法，壹佰圆券首先流通。2000年7月1日，第三套人民币停止流通使用。2000年10月16日起，陆续发行第五套人民币纸币贰拾圆和硬币壹圆、壹角券。2005年发行第五套人民币纸币贰拾圆券，同年10月1日起第二套人民币纸分币开始只收不付，2007年停止流通。

货币流通 六七十年代，临西县的货币流通一直是回笼大于投放。随着国民经济发展加快，投放不断上升。到1987年，全县投放现金5750万元，1989年投放6283万元，1991年纯投放13747万元。到1999年，全县投放现金达到52775万元，回笼现金达到40061万元。2008年，全县现金纯投放117523 万元。

现金管理 1979年以来，县人民银行每年制定下达现金投放回笼计划，开展辖区内货币流通调查。对企业单位核定现金限额、定期检查、防止和查处坐支现金。根据1997年人民银行发布《关于大额现金支付管理的通知》和2003年发布的《金融机构反洗钱规定》，制定了《临西县金融机构大额交易报告制度》《临西县金融机构可疑交易报告制度》，明确规定，支付金额在规定以上的交易，不论是否异常，都要向人民银行报告。单位之间金额为100万元以上的单笔转账支付；金额为20万元以上的单笔现金收付；个人银行结算账户之间，以及个人银行结算账户与单位银行结算账户之间金额为20万元以上的款项划转，均为大额支付交易，均应报告金融监管部门。全县各金融机构在满足单位和个人现金正常供应的基础上加大了现金管理和反洗钱力度。到2008年末，共核查可疑和大额现金交易215笔，金额19403万元，有效遏制了现金管理中的漏洞和洗钱行为的发生。

反假币 临西县坚持开展反假币工作，由县人民银行、各家金融机构、县公安局、县工商局等部门协作联动，配备专职或兼职反假币人员，广泛开展反假币宣传，提高人民群众真伪鉴别能力，取得了明显效果。1993年收缴假人民币57张，2117元。1994年收缴假人民币56张，3115元。1995年收缴假人民币54张，2985元。2008年收缴假人民币10张，450元。

金银管理 1996年，临西县人民银行设立金银营业厅，实行统管、统售、统配。2000年，国家放开政策，实行个体经营，人民银行撤销金银营业厅。

二、存款业务

存款业务是商业银行主要业务之一。存款种类主要有企业存款、储蓄存款和邮政储蓄等。

企业存款 主要包括工商企业的结算户存款和专项存款。1979年全县工商企业存款215万元，占全县各项存款总额的32%；1991年全县企业存款余额1704万元，占全部存款余额的7.7%；2000年全县企业存款余额23205万元，占全部存款余额的20.6%；2008年全县企业存款余额42351万元，占全部存款余额的17％。

储蓄存款 主要包括活期储蓄和定期储蓄。1979年全县各项存款余额667万元，其中城镇储蓄存款63万元，城镇储蓄存款占全县各项存款余额的9.4%。1981年全县城镇储蓄存款余额134万元，占全县各项存款余额的9.5%。1987年出现通货膨胀，城乡居民争相挤兑存款，储蓄存款一度下滑。1988年，开办保值储蓄、有奖储蓄，存款逐渐增加。1990年全县储蓄存款余额14450万元，占全部存款余额的80%。1996年4月，保值储蓄停办。2000年全县储蓄存款余额85733万元。2008年全县储蓄存款余额201152万元，占全县各项存款余额的83%。

邮政储蓄 1987年，县内恢复办理邮政储蓄业务，在县城邮电局和河西邮电所分别设立邮政储蓄网点。当年储蓄余额187万元。1990年邮政储蓄余额682万元。到2000年全县有邮政储蓄网点2个，存款余额4255万元。2008年6月，成立邮政储蓄银行，邮政储蓄余额17789万元。

三、贷款业务

工行、农行、建行贷款分两个阶段：80年代至90年代中期，工、农、建行定性为国家专业银行，贷款按各自分工领域筛选发放，工行以工商企业贷款为主，农行以农业贷款为主，建行以基本建设贷款为主。到90年代末，工、农、建行都改制为国有商业银行，业务领域均已打破，各商业银行和农村信用社贷款都可面向各行各业开展信贷业务。

临西县工商银行在专业银行时期，围绕工商企业，贷款支持以县氮肥厂、织染厂、制药厂等为骨干的35家工业企业和以百货公司、糖酒公司、烟草公司、纺织公司、百货商场为骨干的26家商业企业。各项贷款余额1986年时为1450万元，到1998年达到9292万元。在商业银行时期支持了县制药厂技改、电力系统农网改造、邮电程控电话扩容和一批企业改制项目，支持了以轴承生产经营为主的个体、民营企业发展，同时开办了工资卡信用贷款、临街门店抵押贷款、住宅楼按揭贷款等。2008年末，各项贷款余额为2485万元。

临西县农业银行在专业银行时期，发放的农业贷款主要包括救灾贷款、农业生产贷款、贫农合作基金贷款、支持信用社贷款、农业专项无息贷款、灾区口粮贷款、国营农业贷款、乡镇企业贷款、农村个体工副业贷款，主要用于支持农民生产自救、家庭养殖、购买农业生产设备、生产费用、水利配套设施、社队副业等。1989年末，农行各种农业贷款余额达到2258.8万元，其中集体农业贷款586.6万元、农户贷款822.3万元、乡

镇企业贷款812.9万元。同时，发放工商信贷，包括商品流转贷款、集体企业小额设备贷款、个体工商业贷款、农副产品预购定金、农副产品收购贷款，主要用于支持国营商业、供销合作、粮食、农机、农副产品收购、粮油深加工等。1989年底，此项贷款余额达到11057万元。截至1993年底，农行共发放供销合作社贷款2700万元、乡镇企业贷款2200万元、国营其他贷款1700万元、集体个体企业贷款1300万元、农副产品收购贷款18000万元，其中棉花收购贷款10100万元、粮食收购贷款7900万元、农村及农户贷款1100万元。1998年11月，完成了向农业发展银行划转粮、棉、油附营业务贷款9800万元。商业银行时期农行在信贷投入上，全面实施“双优战略”。支持了资源较丰富的棉花加工、纺纱、榨油、面粉加工以及具有地方特色、信誉度高的小酿造行业，以及电力、邮电、交通等优势行业和汽车液压件厂、河西卫河酱园、柏庄面粉厂、PVA抛光砂轮厂、东留善固实业公司等优良客户。21世纪初，组织完成了本息额度5000万元不良贷款向长城资产管理公司实施剥离。2001年底，各项贷款余额为18173万元，其中不良贷款占70%。2002年后，陆续开办了门店抵押和小额质押贷款。支持了制药厂二期工程、兴隆纸品厂扩建、鑫泰轴承有限公司扩建等龙头项目。到2008年末，各项贷款余额为2172万元。

临西县建设银行从1979年至1994年为专业银行时期，主要履行财政职能，负责基本建设拨款和后期的拨改贷工作，支持了各行政专业单位的始建拨款，如机关、学校、医院的拨款建设等。支持了国家拨款兴建的骨干企业，如氮肥厂基础建设等。支持了一批基础设施项目建设，如县农技中心、县棉库、尖冢扬水站、邢临公路临西段、京九铁路临西段和引黄入冀工程等，同时办理建筑企业流动资金贷款业务。1995年以来，转制为商业银行后，陆续开办了固定资产贷款、工业流动资金贷款、商业流动资金贷款、国际“福费廷”贷款、个人信用贷款、小额质押贷款、个人住房贷款等。贷款先后支持了织染厂印花生产线、邮电程控扩容、城区道路建设、氮肥厂技改项目、玉良轴承有限公司扩建项目、银光化工有限公司技改项目等一大批各行业骨干项目。到2008年末，各项贷款余额1889万元。

临西县农业发展银行成立后，从农业银行划转信贷资产30531万元，其中粮食收购贷款13827万元、棉花收购贷款16453万元、农业综合开发贷款251万元，实现了业务自营。1997年，清收挤占挪用资金1199万元，发放收购贷款8700万元，其中粮食收购贷款3640万元、棉花收购资金3640万元、农业综合开发37万元、地方经济开发390万元。1998年3月，根据国务院决定将承办的农村扶贫、农业综合开发、粮棉企业附营业务等项贷款业务划转到有关国有商业银行，县农发行的主要工作是集中精力加强粮、棉、油收购资金封闭管理。1999年，共发放收购贷款19962万元，其中发放粮食收购贷款9154万元，支持企业收购小麦4405万公斤、玉米1386.5万公斤；发放棉花收购贷款10808万元，收购棉花1320万公斤、棉籽1860万公斤，全年实现销售收入10903万元。2000年，共发放收购贷款16507万元，收购小麦3816万公斤、玉米1596.5万公斤、棉花275.9万公斤，实现销售收入14736万元。2003年，发放粮食收购贷款3810万元，支持企业收购粮食1992万公斤；发放棉花收购贷款1486万元，支持企业收购皮棉191.68万公斤。2004年，各项贷款余额34821万元，累计发放粮食收购贷款2332万元，支持企业收购粮食1636万公斤；发放棉花收购贷款1380万元，支持企业收购棉花176.59万公斤。2005年，各项贷款余额43152万元，累计发放粮食收购贷款3644万元，支持企业收购粮食2606万公斤；发放棉花收购贷款7015万元，支持企业收购棉花808.75万公斤。2008年，各项贷款余额17728万元。

临西农村信用联社的贷款投向在1990年之前主要是以三农为主，支持农业生产、农村产品加工和畜牧养殖等，后来随着经营理念和信贷体制的改变，投资领域拓展到交通、电力、特色产业等领域。先后贷款1.8亿元，支持了波尔山羊基地、白地养猪基地、西夏庄山羊改良基地、枣园乡奶牛养殖场、李圈肉鸡养殖场、北杏园棉花市场等一大批三农建设项目。贷款2000万元支持了乡村公路建设。贷款1000万元支持县城道路和轴承大世界建设。贷款2亿多元，支持了轴承特色产业发展，扶持了临汾轴承厂、亚泰轴承厂、腾飞轴承厂、鑫泰轴承有限公司、晨光轴承厂等一批骨干企业和东留善固织布厂、罐头厂、水泥厂等一些乡村企业。到2008年，各项贷款余额64285万元。

临西邮政储蓄银行2008年6月成立后，遂开办了小额贷款业务。是年末，贷款余额为605万元。

四、结算业务

结算方式 1979年，全辖金融机构遵照《中国人民银行结算办法》，使用的结算方式有托收承付、信用证、汇兑、托收无承付、支票共五种。1985年4月1日，全国银行的联行往来实行“自成联行系统，跨行直接通汇，相互发报移卡，及时清算资金”的办法。1987年4月1日起，对省辖跨系统往来按照全国联行的规定办理，停止跨行代签报单。对汇出行为双设机构地区的办理跨系统汇划款项，通过人民银行往来存款户办理转汇和结算（即先横后直）；汇出行为单设机构的，由人民银行办理跨系统汇划款项，发有全国联行行号的行、处、所可以按照“先直后横”的办法，顺畅了跨系统结算渠道。山东省临清市与临西县相邻，为加强横向经济联合，疏通结算渠道，1987年9月，经两地人民银行商定，临西县各专业银行参加临清市人民银行票据交换所的同城票据交换业务，一笔业务由原来几天缩短为当天办理完毕。1989年，实行结算制度改革，废止了托收无承付、国内信用证、委托付款、保付支票、省内限额结算和托收承付六种结算方式。汇兑方面取消了信汇自带，确定了银行汇票、商业汇票、银行本票、支票、汇兑、委托收款六种信用支付工具和结算方式。1989年，为保证商业银行汇路通畅，人民银行相继代理交通银行、中信实业银行、广东发展银行、中国光大银行、华夏银行、深圳发展银行、招商银行、福建兴业银行、上海浦东发展银行9家商业银行跨系统的转帐银行汇票兑付业务。2001年1月1日，上海浦东发展银行的跨系统转账银行汇票改由工行代理兑付。1996年1月1日，《中华人民共和国票据法》颁布实施，所知票据包括：银行汇票、商业汇票、银行本票和支票。1997年9月1日，人民银行出台《支付结算办法》，对票据、信用卡、汇兑、托收承付、委托收款等结算方式进一步进行了规范。2001年，人民银行电子联行系统普及到县，异地汇兑业务的电子化，真正实现了“地上几天，天上几秒”的工作速度，结算的方便和通畅，大大提高了资金周转速度，当年联行业务达到13000笔，比上年同期增长6000笔。2005年6月，中国人民银行大额支付系统在全国推广应用。2006年6月，小额支付系统普及到县，这两大系统在临西县分别同期顺利上线运行。临西农行、建行、工行、农发行、信用联社先后于1996年10月、1996年11月、1997年9月、2002年10月和2005年6月陆续开通了全国电子汇兑业务，传统的电汇方式被取代。

账户管理 1979年，全县结算账户不足300户。开户单位主要是机关团体、企业单位、各社村组织等。1988年结算制度改革，放宽了开户条件，个体工商户、城镇承包户、专业户等均可持营业执照或证明在银行和信用社开立结算账户。当年结算户增至680户。1989年11月中旬，由县人行牵头组成由人、工、农、建4家银行和县工商局、税务局、财政局参加的领导小组，对全县的多头开户进行了清理。1996年，总行印发《账户管理暂行规定》，对账户的开立进行了规范。按照规定，将银行存款账户分为基本存款账户、一般存款账户、专用存款账户、临时性存款账户4类。中国人民银行负责协调、仲裁银行账户开立和使用方面的争议，监督、稽核开户银行的账户设置和开立，负责开户许可证的核发和管理。1997年，辖内实现账户管理电子化，完成了数据库建设。2003年9月1日，实施了《人民币银行结算账户管理办法》。依据新账户管理办法，2004年初，县人行对单位银行结算账户进行了进一步规范和清理，对单位基本账户、临时账户和预算单位一般账户的开立、变更和撤销严格审核。

同时，加强了对全县单位银行结算账户开立和使用情况的检查力度。到 2007 年 5 月，全县单位银行结算账户共 959 户，其中基本结算账户 722 户、一般结算账户 130 户、专用结算账户 86 户、临时结算账户 21 户。2008 年，有基本结算账户 770 个，一般结算账户 182 个，专用结算账户 88 个，临时结算账户 12 个，全县单位银行结算账户共计 1052 户。

第三节 金融监管

县人民银行 1983 年依据国务院发布的《关于中国人民银行专门行使中央银行的职能的决定》，开始专门行使中央银行职能。1986 年，县人民银行正式分设。1 月 7 日，国务院颁布《中华人民共和国银行管理暂行条例》规定，中国人民银行是国务院领导和管理全国金融事业的国家机关，是国家的中央银行。根据暂行条例规定，人民银行主要职能有：管理存款和贷款的利率；集中管理信贷资金和国有企业流动资金；经理国库；代理发行债券；管理银行金融事业等。

1995 年 3 月 18 日，《中国人民银行法》颁布实施，人民银行专门行使中央银行职能。主要业务：在国务院领导下制定和执行货币政策；依照法律、行政法规的规定经理国库；代理国务院财政部门向各级金融机构组织发行、兑付国债和其他政府债券；根据需要为金融机构开立账户；组织或者协助组织金融机构相互之间的清算系统、协调金融机构相互之间的清算事项、提供清算服务；对商业银行进行再贷款；对金融机构及其业务实施监督管理，维护金融业的合法、稳健运行。实行独立的财务预算管理制度。

2003 年 12 月 27 日，十届全国人代会第六次会议，对 1995 年《中国人民银行法》进行修正，中国人民银行在国务院领导下，制定和执行货币政策；防范和化解金融风险；提供金融服务三大职能。履行职责：一、发布与履行其职责有关的命令和规章；二、依法制定和执行货币政策；三、发行人民币，管理人民币流通；四、监督管理银行间同业拆借市场和银行间债券市场；五、实施外汇管理，监督管理银行间外汇市场；六、监督管理黄金市场；七、持有、管理、经营国家外汇储备、黄金储备；八、经理国库；九、维护支付、清算系统的正常运行；十、指导、部署金融业反洗钱工作，负责反洗钱的资金监测；十一、负责金融业的统计、调查、分析和预测；十二、作为国家的中央银行，从事有关的国际金融活动。县人民银行认真履行各项职能，确保了全县金融发展和金融稳定。

2004 年 2 月 1 日，《中华人民共和国银行业监督管理法》实施，5 月 10 日，“邢台银行业监管局临西办事处”成立，履行辖区内的银行业监管职责。

县银监办 自 2004 年成立后，认真履行职能、积极开展银行业监督管理工作。在机构管理方面，2007 年 11 月份，根据邢台分局要求，对临西县农村信用合作社联合社的资产、负债、所有者权益等业务进行了全面审核清理，经邢台银监分局批准，核准临西县农村信用合作社联合社更名为临西县农村信用合作联社，完成了临西县农村信用合作联社的二级法人向一级法人变更。2008 年 6 月，对临西县邮政储蓄的各项资产、负债、所有者权益进行了审核清理，经邢台银监分局批准，成立了中国邮政储蓄银行临西县支行。在高管人员管理方面，2004 年 5 月，对中国工商银行临西县支行行长的任职资格进行审核、核准。2007 年 10 月，对中国农业发展银行临西县支行行长任职资格进行了审核、核准。2007 年 9 月，对中国建设银行股份有限公司邢台分行临西分理处主任任职资格进行了审核、核准。2007 年 8 月，对中国农业银行临西县支行主要负责人任职资格进行了审查、核准。2007 年，对临西县农村信用合作社联合社理事长、主任任职资格进行了审核、核准。2008 年 6 月，对中国邮政储蓄银行临西县支行行长任职资格进行审核、核准。同时，按照河北银监局要求，对信用社系统在同一信用社任职超过五年的主任全部进行了交流。在业务监管方面，2004 年 5 月，按照上级安排，对辖内农行、工行钢铁、电解铝、水泥、房地产、汽车工业和汽车消费贷款进行现场检查，在现场检查中发现了有个别贷款存在问题，及时下发了纠改通知，查实了辖 内不良贷款，其中农行为16256万元，占比为62%；工行为1432万元，占比为53.47%。2004年8月，对农村信用社联合社民主管理组织进行了调查，发现存在理事会成员中内部理事超规定人数2人、监事会超规定人数3人、县联社高级管理人员兼任农村信用社高级管理人员等问题，及时下发了纠改意见。2006年8月，做好了停业整顿信用社退市工作，临西县西街城市信用社由于经验不足，出现了支付危机，根据人行天津分行安排，要求该社停业整顿，后经河北银监局批准，该信用社按照规定程序退出市场。银监办先后制定了西街城市信用社撤销实施方案、清算方案，与县政府协商，成立了协调领导小组、清算小组，进行了清产核资，完成了退市工作，受到了省局和分局的表扬。2007年4月，对县辖银行业金融机构安全工作进行了全面评估，组织辖内金融系统安全保卫人员及有关主要人员进行实弹射击训练，提高了金融系统安全保卫人员的安全防范意识和实际战斗力。在案件治理方面，通过对银行业金融机构的检查，查出各类违规和隐藏问题20多件，及时下发了限期整改通知书，使大多数违规问题得到了遏制，同时对个别问题较为严重的单位和个人进行了严肃处理。在信息及调研方面，积极搜集掌握经济金融第一手资料，报送调研文章和信息。上报各类信息和调研文章67余篇，被上级转发36篇，其中被河北银监局监管简报转发6篇，被邢台银监分局监管简报、金融动态、党建等转发30篇。监督管理和日常监管工作有序开展，促进了县辖银行业的健康发展，支持了县域经济的持续快速发展。

第二章 保险

第一节 保险机构

中国人民财产保险股份有限公司临西支公司 1982年10月，经中国人民银行河北省分行批准，成立中国人民保险公司临西县支公司，有工作人员4名。1985年，迁至北大街中段路东办公，1984年，保险人员增加到8名，设立业务股和计财股。1986年，增设了业务二股。

1989年，保险员工增加到14人，公司下设业务一股、业务二股、车险股、计财股、人秘股。业务一股主要负责企业财产保险业务；业务二股主要负责人身保险业务；车险股主要负责机动车保险业务；计财股主要负责计划财务工作；人秘股主要负责人事文秘和行政工作。

1991年，经中国人民保险公司邢台中心支公司批准，撤股改科，设立了城险科、农险科、车险科、人险科、会计科、人秘政工科，增设了河西镇保险服务所。

1996年，根据保险机构改革的精神，中国人民保险公司临西支公司更名为中保财产保险有限公司临西支公司，公司下设业务一科、业务二科、营业室、财务科和人秘科。1997年，保险公司实行产、寿分业经营，抽调3名人员成立人寿保险公司。1999年，公司名称恢复为中国人民保险公司临西县支公司。2003年，实施股份制改革，中国人民保险公司临西支公司更名为中国人民财产保险股份有限公司临西支公司。下设综合部、业务部、营销部和河西保险营销服务所。2006年3月，增设了临西县交警队远程出单点、临西县检车线远程出单点、太平庄保险咨询服务站。到2008年，公司总人数增加到19人。

中国人寿保险股份有限公司临西支公司 1996年底，人寿保险业务与财产保险业务分营，1997年1月成立中保人寿保险公司临西支公司，下设业务科、个险部、综合部、中介科、团险科。1999年1月，更名为中国人寿保险公司临西营业部。2003年7月，改称中国人寿保险股份有限公司临

中国人保临西支公司（孙晓林摄）

西支公司。2004 年 11 月，增设客户服务部。2008 年，公司设有办公室、业务科、团险科、中介科、营销部、营业室、保全科、查勘科、收展部 9 个科室。下设河西、下堡寺、东枣园、大刘庄、白地、尖冢 6 个网点。公司员工人数 20 人，营销员 60 人。开办险种 50 多种，承保人数 19 万人，保费收入 4600 万元。

中国大地财产保险公司临西营销服务部　2006 年 12 月 28 日，中国大地财产保险公司临西营销服务部正式成立。中国大地保险股份有限公司是国务院直属企业国有独资金融集团——中国再保险（集团）公司的子公司。临西营销服务部内设理赔部、业管部，有工作人员 6 名。

泛华保险代理公司临西分公司　于 2008 年 11 月成立，是具有独立法人资格的保险中介机构。公司位于运河路西段路北，有工作人员 38 人。

第二节　保险业务

1981—1985 年，是保险业恢复创业时期。1980 年，国家恢复国内开办保险业务。1981 年，县人民银行设立保险股，开始经营保险业务，开办了企业财产和机动车险两项业务。1982 年，中国人民保险公司临西分公司成立，开办的险种有企业财产、机动车辆、货物运输、麦场火灾、家禽、牲畜等保险业务，年保费收入 29 万元。

1986—1995 年，是保险快速发展时期。由于改革开放政策的落实，县域经济得到快速发展，为满足社会对保险的需求，保险公司结合经济发展的实际需求，在原开办险种的基础上增加了家庭财产、自行车、麦场火灾、家财长效还本、棉田雹灾保险、人身意外伤害、学生平安、养老金等险种业务，使保险从城镇发展到农村，从工厂企业发展到家庭，全县有 60 多家企业、10 万户家庭财产、3500 人、500 多辆机动车、54 万亩农作物参加了保险。1995 年，保费达到 251 万元，提供风险保障 5.2 亿元。10 年间，累计处理赔案 3150 起，支付赔款 1800 万元。

1997—2008 年，为竞争发展时期。1997 年，根据保险法的规定，财寿险分业经营，临西县成立人寿保险公司，人身保险业务划归人寿保险公司，财保将全部精力集中在产险业务上，及时增办责任保险。全县企事业单位 4000 余人参加了保险，保费收入 24 万元，成为保险业务新的增长点。1998 年，由于追求业务发展规模，忽视了经营管理，业务质量下降，赔付率达 60% 以上。1999 年，业务走向稳定健康发展的轨道。2003 年，公司进行机构改革和股份制改造，人保发展进入了一个新的发展时期。在人身险业务方面取得重大突破，团体人身意外险、学生幼儿意外险保费收入 30 万元，成为业务发展的一个亮点。2005 年，在县教育部门的支持下，在全县各学校开办了校园方责任险、教职员工校方责任保险，保费收入 25 万元。为全县 2000 多名教师、6 万多名学生提供了近亿元的风险保障。

中国人民财产保险公司临西支公司是经营财产险业务的国有控股公司。保险险种由初建时的企财险、机动车险、家财险几个单一险种，发展到财产综合险、责任险、人身意外险在内的 40 多个保险险种，保费规模及利税每年以两位数的速度递增。1984—2006年，累计处理保险赔案11652起，支付赔款5820万元，为保障全县工农业生产、发展县域经济、安定群众生活发挥了重要作用。到2008年，当年保费收入997万元，承担风险额度29.25亿元。

中国人寿保险公司临西县支公司作为县内唯一一家国有人寿保险专业公司。1997年成立以来，已开办的保险业务有：以康宁终身、康宁定期、康恒重大疾病等险种为主的健康险；以国寿英才少儿保险、祥和定期保险、国寿松鹤养老金保险、国寿金色夕阳养老金保险等险种为主的传统险；以国寿鸿鑫两全保险、鸿宇两全保险、千禧理财两全保险、鸿寿年金保险、鸿运少儿两全保险等险种为主的分红保险；以永泰团体年金、人身意外综合、安心、驾乘、安达、安康、家庭幸福、学生平安等险种为主的团体保险；以国寿鸿丰、美满人生、国寿裕鑫、国寿鸿禧年金等险种为主的中介保险等50多个险种。到2008年，当年保费收入3200万元，累计承保人数达18.9万人。

大地保险临西营销服务部自开业以来，开展的主要业务有：企业财产损失保险、家庭财产损失保险、建筑安装工程保险、货物运输保险、机动车辆保险等多项保险业务。到2008年末，当年保费收入达210万元，承保金额达2200万元。

泛华保险代理公司临西分公司，主要代理中国人寿、中英、民生、海康、生命、平安、嘉禾等多家寿险公司的寿险、团险、建工险、意外险。代理人保、天平、永诚、渤海、大地、安邦、中华联合等多家财产保险公司的车辆强制保险、车辆商业险和财产保险等。

第十一编 财政 税收

1979年，设有县财税局，全县全部财政收入531万元，其中工商税314万元、农业税65万元、其他收入105万元、预算外收入47万元。1981年4月设立县税务局。随着中共十一届三中全会精神的落实，经济快速发展，到1988年，全县全部财政收入达到1014万元，其中工商税701万元、农业税139万元、其他收入142万元、预算外收入32万元。1994年，改革分级包干财政体制，实行分税制财政体制，按照税种划分中央与地方的收入范围，并成立临西县国家税务局和临西县地方税务局。县对乡实行“划分税种、核定基数、超收全留、短收自负”的办法。1996年，全部财政收入实现跨越增长，达到6073万元，比上年增长近一倍。其中工商税收2700万元，农业税449万元，其他收入和预算外收入2866万元。1998年至2005年，全县财政收入稳定在7000多万元。2006年突破亿元。2008年，全部财政收入完成10804 万元。

第一章　财政

第一节　机构设置

1979年，县财政局下设办公室、预算股、企业财务股、会计股、房产股、农税股、税征股。1981年9月，财税分设。财政局下设办公室、预算股、企业财务股、农业财务股、综合股。1989年，增设农业税务股、行政事业股。是年，税收、财务、物价大检查办公室定为常设机构，设在财政局。1991年，增设国有资产管理局。1994年2月，增设会计事务所，为财政局代管单位，实行自收自支。1996年11月，设人秘股、综合股、预算股、企业股、行政财务管理股、农财股、国有资产管理办公室和财政监察室（挂临西县税收、财务、物价大检查办公室牌子）、农税征收管理站、国债服务部、会计事务所4个事业机构。1997年6月，成立收费管理局（二级局）。1998年7月，撤销财政监察室，成立财政稽查大队。1999年7月，增设政府采购中心。2001年4月，成立农业税征收管理局（二级局）。10月，增设预算执行股和集中支付中心。2002年8月，机构改革，财政局内设办公室、预算股、农业股、企业股、文教行政股、综合股和农税股。同时，设收费管理局和农业税征收管理局2个二级局。2005年6月，增设契税征收管理所。2006年6月，增设社会保障股、财政信息中心。2007年7月，县编委核定财政局内设社会保障资金管理中心、财政稽查大队、会计管理中心、预算执行中心、契税征收管理所、政府采购中心、政府集中支付中心和财政信息中心8个事业机构和收费管理局、国有资产管理办公室2个二级局。

乡镇财政机构：1985年前，乡镇设财政助理员，各项收支由财政局统管。1985年12月，设15个乡镇财政所。2007年，有吕寨乡、老官寨镇、河西镇、临西镇、摇鞍镇乡、下堡寺镇、大刘庄乡、尖冢镇、枣园乡9个财政所。是年底，财政系统共有干部职工105名，其中局机关40名、乡镇财政所65名。

第二节　财政体制改革

一、县级财政体制改革

1980年，国家实行“划分收支，分级包干”的财政体制。财政收入和支出分别划分为中央、省、地、县四级，各级收入按照所属范围划归各级所有，支出自行安排。

1982年起，邢台地区对各县实行“总额分成”的财政体制，临西县留成比例为73%。

1985年，实行“划分税种、核定收支、分级包干”的财政体制。1986年，对县级财政体制作了进一步改进和完善，临西县实行“比例上交，增收部分地区不分成”的管理办法。参与分成的收入按地区核定的上解比例上解。比上年增收部分除按规定上交中央外，地区不分成。1987年，在继续实行包干办法的基础上，作了适当调整，实行“总额分成，增长定额上解”的办法。即参与分成收入，按19.3%上解地区，比上年增长部分定额上解3万元。1988年，实行“定额上交、递增包干、超收全留”的财政体制。是年，上解110万元。1989—1993年，实行“定额上交”的财政体制，包干数额为每年60万元。

1994年起，根据中央改革分级包干财政体制精神，实行“分税制”财政体制。根据事权和财权相结合的原则，按税种划分中央与地方的收入范围，中央固定收入为：增值税75%部分，消费税、地方银行及非银行金融企业所得税。地方固定收入包括：增值税25%部分，营业税、地方企业所得税、地方企业上缴利润、个人所得税、城镇土地使用税、固定资产投资方向调节税、城市维护建设税、房产税、车船使用税、印花税、屠宰税、农牧业税、农业特产税、耕地占用税、契税、国有土地有偿使用收入等。以1993年为基期年，按分税后地方净上划中央的收入数额作为中央对地方的税收返还基数。1994年后，税收返还额在1993年的基础上逐年递增，递增率按缴入中央金库增值税的75%和消费税增长率的1∶0.3系数确定。设中央与地方两套税务机构，分别收税。1998年，将金融企业营业税划入地方固定收入。其中，国有商业银行营业税上缴省，集体和股份制金融企业营业税归县。

2002年，进行所得税改革，实行“四税”分享制度。在原税制的基础上，对企业所得税、个人所得税、营业税进行分享。以2001年收入为基数，对增值税、营业税、企业所得税、个人所得税分享比例进行划分。资源税和城镇土地使用税全部下划地方，经市核定后定额上解市。其他财政收入市与县划分范围不变。同时，市与县政府职责权限与支出责任划分暂不做变动。

增值税：中央75%、省10%、市5%、县10%。

营业税：中央0、省10%、市10%、县80%。

企业所得税：中央50%、省25%、市5%、县20%。

个人所得税：中央50%、省15%、市10%、县25%。

2003年，进一步完善“按税种比例分享的收入划分体制”。即市、县财政收入划分格局保持原定体制不变，适当调整市分成“四税”增量返还政策。2004—2008年，财政体制没有变化。

二、乡镇财政体制改革

1991年，县对乡实行“核定基数、超收分成、短收倒挂、一定二年”财政体制。1992年，县对乡财政实行“核定基数、收支挂钩、超收分成、短收自负”，此体制执行3年。1995年，根据分税制财政体制改革的要求，县对乡实行了“划分税种、核定基数、国税超收分成、短收倒挂；地税超收全留、短收自负，一定二年”。1997年，实行“划分税种、核定基数、超收全留、短收自负、上解（补贴）递增（递减）、一定二年”。2001年，实行“核定收支、定解定补、超收全留、短收不补、一定三年”。2004－2005年实行“分税分成、收支挂钩、核定基数、确定解补、有保有压、统分结合”的财政管理体制。2005年底，取消乡级金库。2006年，根据《河北省财政厅关于深化县乡财政体制改革试点工作指导意见》和市统一部署，对乡镇实行以“收支统管、核定收支、增收奖励、节支留用”为主要内容的“统收统支加激励”财政体制，在保证乡镇正常运转和调动发展经济积极性等方面收到了良好效果。

第三节　财政收支

一、财政收入

临西县财政收入主要来自工商税收、农业税收、企业收入和其他收入。其中，工商税收入是财政收入的主体，占财政总收入的一半以上。临西县曾是财政收支困难县，1998年全部财政收入完成6990万元，公教人员工资难以发全。近十年来，临西财政一方面坚持发展是第一要务，积极支持经济建设，努力做大财政蛋糕。另一方面加强对国税、地税、财政三部门组织收入考核奖惩力度，大力推行综合治税，建立起“政府领导、税务实施、部门配合、司法保障、信息支持、社会参与”的税源监控体系，实现依法治税、应收尽收，提高财政收入占GDP的比重，提高税收占全部财政收入的比重，促进了财政收入节节攀升。2006年，全部财政收入突破亿元大关，完成10304万元。2007年，全部财政收入完成10774万元，其中税收占全部财政收入的80%。2008年，全部财政收入完成10804万元，其中，税收占全部财政收入的86%。

二、财政支出

随着经济发展和财政收入的增长，全县财政支出逐年增加。2007年，财政支出10804万元。近年，县财政支出坚持“五个优先”：优先安排工资发放和政权运转资金；优先解决关系民生的重点问题；优先安排“三农”所需资金；优先安排教育、卫生等社会事业发展资金；优先安排社会保障资金，尽最大努力为群众办实事、解难题。

解决“低工资、发放难”问题。2001年，县财政部门设立工资专户，全县公教人员工资统一由银行代发，并将编制内农村中小学教职工和离退休教师工资发放权上收到县，由县财政统一标准，统一管理和发放，保证了县、乡在编公教人员工资全部按月发放。2004年，将乡镇统筹人员工资纳入县财政统一管理，实行银行化发放，彻底解决了个别乡镇拖欠工资的问题。全县公教人员工资全部达到了国家规定工资标准，当年工资性支出同比增长16%。2007年，财政千方百计调剂资金，全面落实工资改革政策，全县公教人员工资水平提高到平均1300元/人左右，人均月增资240元。

落实义务教育政策。2003年，《国务院关于进一步加强农村教育工作的决定》提出，要建立健全资助家庭经济困难学生就学制度，争取到2007年全国农村义务教育阶段，家庭经济困难学生都能享受到“两免一补”（免杂费、免书本费、补助寄宿生生活费），努力做到不让学生因家庭经济困难而失学。按上级部署，从2005年起，落实“两免一补”政策，当年，支出76.5万元，惠及困难中小学生5508人。2006年，支出101万元，惠及困难中小学生7696人。为贯彻落实《国务院深化农村义务教育经费保障机制改革的通知》，2007年，临西县全面实行农村义务教育经费保障机制，全年共安排1346万元用于免杂费补助、公用经费补助、免费教科书、寄宿生生活补助费和校舍维修改造。全县小学生年均减负162.4元，初中生年均减负247元，共惠及义务教育阶段学生6.3万余人。

完善城乡社会保障体系。目前，国家财政承担的覆盖城镇职工和居民的社会保障制度有：企业职工养老保险和失业保险，工伤生育保险，下岗再就业，城镇职工医疗保险，城镇居民最低生活保障金，城镇医疗救助等制度；覆盖农村的社会保障制度有：救灾救济，农村优抚对象定期定量补助，农村五保户供养，新型农村合作医疗，农村医疗救助，农村居民最低生活保障金等制度。

1986年，实行企业养老保险和失业保险制度。1998年，财政设立专户对该项资金代管，不足部分由财政“兜底”。2002年，根据河北省省长令（〔2001〕25号），该项资金由地方税务局代征，全额缴入国库。2006年，企业参保人数达到7721人，两金收入1046万元，其中财政补贴445万元，支出1008万元。

2005年以来，财政拨付下岗再就业资金125万元，有1091名下岗职工实现了再就业；2006年，发放城镇居民最低生活保障金154万元，受益家庭为814户，受益人数达2677人；2005年，根据县政府印发的《临西县城镇职工基本医疗保险实施方案》，在全县财政供养人员中推行职工医疗保险制度，财政按参保职工工资总额的5%负担医疗保险资金，基本解决了职工的就医用药问题。

救灾救济。财政部门每年都要安排资金用于春荒、风雹、冬冷等灾情的救助。2004年夏秋之交，姚楼、黎博寨区域遭受严重雹灾，玉米、棉花等秋苗被毁，由财政部门紧急拨付资金20万元，解决灾民的燃眉之急。2006年，救灾支出达67万元。

农村五保户供养。目前，全县享受五保供养人数达到1049人，人均补助金额每月50元，年支付63万元。

在乡伤残军人、复员、带病还乡退伍军人、三属人员定期定量补助。目前，在册529人，年支付160万元。

实施新型农村合作医疗。2006年底，县政府印发了《临西县新型农村合作医疗制度实施方案》（政字〔2006〕130号），2007年1月正式实施。参合人数14.846万人，占全县农业人口的52%，当年财政投入资金594万元，用于对农民进行大病补偿，解决了农民因病致贫、因病返贫的问题。

农村低保。2007年，县政府印发了《临西县农村居民最低生活保障暂行办法》（政字〔2007〕5号），在全县推行农村低保制度，对农村无生活来源、无劳动能力的特困户给予生活补助，保证他们的最低生活水平，受益人数1800人，年支付53万元。

支持经济和社会事业发展。财政部门全力支持县域经济建设，促进社会事业发展。在经济建设方面，一是推进国有企业产权制度改革。按照“国退民进”的原则，把加强企业管理和企业改组、改制和改造有机结合起来，采取股份制、股份合作制、破产出售、嫁接联合、拍卖等多种形式，先后为商业、粮食、供销等系统置换资产近2000万元，依法核销债务7000多万元，支持了企业发展，防止了国有资产流失。二是支持民营经济发展。千方百计筹集资金，加强县城和工业园区基础设施建设，优化发展硬环境，全面落实政府制定的招商引资和鼓励民营经济发展的各项优惠政策，并通过推行“诚信贷款”、建立“项目建设基金”等方式，吸引金融资本、民间资本参与经济建设，促进民营经济快速发展。三是加快新农村建设。全面取消农业税，认真落实种粮补贴、良种补贴、农机补贴等各项惠农政策，调剂资金支持农业产业化、乡村道路改造、水利基础设施及文明生态村建设，改善了农民的生产生活条件。在社会事业发展方面，不断加大对文教科、计划生育和医疗等社会事业的投入，逐年增加社保基金、送温暖、低保等社会保障支出，保证了政法防控体系建设、防灾抗灾、重大疫病防控等公共服务和社会管理方面的支出。

第四节　财政管理

一、财政预决算

预算管理

临西县是财政困难县，同时又是体制上解县，收支矛盾十分突出，属“吃饭”财政。因此，编制预算一直坚持“量入为出、确保重点”的原则，在确保工资发放的前提下，尽量安排资金用于社会事业发展支出。

2002年以后，制定出台了《临西县人民政府关于加强经费支出管理的意见》(临政〔2002〕2号）和《临西县人民政府关于规范财政资金管理的规定》(临政〔2003〕3号）等规范财政支出管理的办法和规定。对各种财政资金实行“国家所有、政府支配、财政管理”，按预算办事，“一支笔”审批，统一管理，统筹安排，从严控制，合理使用。财政预算采用“零基预算”法编制草案，由财政局审核汇总，报县政府审定，提交县人大审查批准后执行。对没有预算安排的拨款申请，财政部门一概不予办理。在预算执行中，已安排的各项支出按照预算指标、事业计划、项目进度拨付。属政策件增支减收，确需追加预算的，报经县人大批准后方可调整。2003年，预算管理改革，实行财政预算编制、资金管理、预算执行、财政监督三分离、一监督“四位一体”的管理模式，提高了财政资金的使用效益。同年，推行了部门预算改革，增强了预算管理的透明度和约束力。

决算管理

财政决算是经法定程序批准的年度财政预算执行结果的会计报告，是预算年度内预算收入和支出的最终结果。决算收入数以本年度1月1日至12月31日实际收到缴入国库数为准。决算支出数以本年度国库实际划拨的支出数为准。财政决算由财政部门汇总所属行政事业单位决算、企业财务决算、基本建设财务决算以及税收年报等组成。总决算一般包括预算数、决算数和基本数字3项内容。决算编制完成后，次年报人代会审批。

1979–2008 年县财政收支统计表（含预算外收支）

表 11–1 单位：万元

年度	全部财政收入						财政支出							备注
	合计	工商税	农业税	农林特产税	其他收入	预算外收入	合计	农林水气	文教科卫	抚救和社救	行政管理	其他支出	预算外支出	
合计	102357.26	65198.010	12409.400	410.0	15872.73	8467.1197	150841.6	11701.9	58145.8	4725.6	20972.2	47020.7	8275.5	
1979	531.0	313.6	65.4		105.4	46.59	748.7	426.8	159.7	34.6	61.9	48.3	17.38	
1980	497.4	296.34	60.0		75.71	65.3	567.8	152.40	196.79	46.99	73.84	37.26	60.5	
1981	562.6	290.58	70.4		149.05	52.59	477.1	96.42	205.28	38.7	77.05	28.23	31.38	
1982	586.2	302.19	72.4		154.87	56.72	547.4	100.91	240.38	36.58	95.42	24.11	49.96	
1983	708.5	307.9	94.0		234.5	72.1484	611.9	78.7	307.4	34.0	112.1	48.5	31.1802	
1984	793.7	329.6	100.4		266.5	97.2	807.3	98.3	316.3	41.0	141.8	58.9	151	
1985	690.3	475.9	121.0		78.8	14.6	802.3	106.7	319.1	76.1	126.0	139.4	35	
1986	763.2	535.8	112.0		82.4	32.9647	888.5	89.7	396.6	64.9	160.7	161.6	14.9714	
1987	874.3	613.6	127.1		107.6	26.0013	905.1	93.4	396.4	77.1	176.6	144.0	17.63	
1988	1013.9	701.4	138.5		142.1	31.8653	1162.1	187.2	492.5	64.2	281.0	112.7	24.51	
1989	1173.3	832.6	124.0		186.3	30.4	1208.5	100.9	52.7	76.9	229.8	730.5	17.7	
1990	1309.4	944.0	167.2		174.8	23.4	1456.5	154.9	670.1	72.8	285.1	254.6	19	
1991	1677.0	1046.2	133.0	35	295.6	167.22	1776.2	195.6	689.5	81.9	340.9	310.4	157.87	
1992	1745.9	1191.0	160.0	31	201	162.85	1907.9	189.0	795.0	99.5	366.0	277.5	180.92	
1993	2064.4	1656.3	161.0	31	184.1	32	2290.0	278.0	1007.0	131.0	484.0	380.0	10	
1994	3080.5	2070.0	263.0	30	181	536.54	2986.8	290.0	1151.0	110.3	574.0	509.7	351.78	
1995	3349.0	2242.0	277.0	39	686	105	3472.0	364.0	1320.0	141.0	750.0	709.0	188	
1996	6073.0	2701.0	448.0	58	833	2033	5653.0	531.0	1644.0	148.0	894.0	838.0	1598	
1997	6123.0	3191.0	433.0	66	1191	1242	5937.0	527.0	1756.0	138.0	995.0	1123.0	1398	

续表

年度	全部财政收入						财政支出							备注
	合计	工商税	农业税	农林特产税	其他收入	预算外收入	合计	农林水气	文教科卫	抚救和社救	行政管理	其他支出	预算外支出	
1998	6990.9	4654.0	430.0	60	696	1150．85	6669.8	445.0	2087.0	162.0	1151.0	1875.0	949.82	
1999	7142.9	4774.0	442.0	60	992	874.88	7044.9	576.0	2395.0	156.0	1272.0	1718.0	927.86	
2000	7013.0	4317.0	1757.0		561	378	7621.0	608.0	2525.0	172.0	1260.0	2521.0	535	
2001	7256.0	4274.0	1697.0		1087	198	11036.0	521.0	4772.0	201.0	1378.0	3693.0	471	
2002	7458.0	4710.0	1902.0		668	178	10999.0	755.0	5230.0	264.0	1445.0	3127.0	178	
2003	7841.0	4992.0	1793.0		866	190	11803.0	687.0	5686.0	415.0	1800.0	3025.0	190	
2004	7364.0	5078.0	865.0		1218	203	12971.0	882.0	6384.0	374.0	2178.0	2950.0	203	
2005	7371.0	5731.0	396.0		1024	220	16508.0	1614.0	7293.0	596.0	1979.0	4806.0	220	
2006	10304.0	6627.0			3431	246	31983.0	1553.0	9658.0	872.0	2284.0	17370.0	246	
2007	10774	8650			1866	258	29205	2638	12799	1342	4578	7590	258	
2008	10804	9310			1210	284	35774	6277	17233	2259	5212	4509	284	

二、支出管理

预算外资金管理

1990年，省财政厅《关于行政事业单位建立1990年预算外资金账簿的通知》，要求凡有预算外资金的行政事业单位，必须严格按修订后的会计科目建立总账。全县各单位根据实际需要按有关规定自行设立明细科目，但必须以能满足填报预算外资金报表为原则。

1992年，县政府印发《关于加强预算外资金管理的暂行规定》的通知（临政字〔1992〕2号），财政局在有关银行开立“预算外资金代管专户”，对非经营单位的预算外资金在资金所有权不变和保证单位用款的前提下，一律实行全额管理、收支两条线的办法。

1993年，根据《河北省预算外资金管理条例》，为进一步加强对预算外资金的管理，制定了《临西县收支两条线管理办法》，基本做到了预算外资金全部由财政代管，并实行专户储存。

1997年10月，试行综合预算，重新界定了财政预算外资金范围，改进和加强了预算外资金的管理办法，实行预算内外资金统管，彻底扭转了收费资金所有权归部门、归单位的旧观念，将各种非税收入，包括罚没收入、行政事业性收费以及各种基金收入等，实行“三权归位”，即：所有权归位于国家，调控权归位于政府，管理权归位于财政。是年，县财政设立收费管理局，专门负责各种罚没收入、行政性收费以及各种预算外资金的管理工作。

2000年，县政府印发《临西县行政事业性收费、罚没收入票款分离管理试行办法》，在收入上，通过推行“罚缴分离”“票款分离”，实施部门开票、银行收款、微机联网、专户汇缴，确保了各种非税财政收入的及时上交。在管理上，通过统一账户、统一票据、统一开展专项监督检查，有效地堵塞了各种管理漏洞。在支出上，通过“保存量、拿增量，适度调控、比例返还”，在确保部门必要支出的基础上，财政宏观调控能力不断增强。

2006年11月，财政局印发《关于进一步加强财政票据管理的通知》，实行“领导审批、以旧验新、票据代开、票据签章”的财政票据管理制度，有效填补了财政票据管理上的空当。同时，杜绝了收费单位任意坐支、截留、挪用预算外资金及私设“小金库”等违法行为，防止了财政资金“跑、冒、滴、漏”，增加了财政收入。

政府采购管理

1999年，县政府印发《关于实行政府采购制度的通知》，要求在全县推行政府采购，设立政府采购中心，明确了政府采购的原则、范围和标准。政府采购实施以来，范围和规模逐年扩大，为国家节约了资金，提高了财政资金的使用效益。

1999—2008年政府采购情况表

表11-2　　单位：万元、%

年度	政府采购预算	实际政府采购额	节约资金	资金节约率	备注
1999		89			没有政府采购预算
2000		136			
2001		210			
2002	300	250	50	16.7	
2003	1000	870	130	13	
2004	1890	1587	303	16	
2005	2193.5	1937.5	256	11.67	
2006	4446.5	3904.85	541.65	12.18	

续表

年度	政府采购预算	实际政府采购额	节约资金	资金节约率	备注
2007	4299	3859.9	439.08	10.21	
2008	8190.5	7273.6	916.98	11.2	

控购管理

1984年，成立社会集团购买力办公室，主要职责是核定专控商品指标和专控商品审批。1993年4月23日，河北省人民政府控购办公室转发全国控制社会集团购买力领导小组《关于调整专项控制商品品目的通知》(冀控字〔1993〕第6号)规定，从5月1日开始，专项控制商品由29种调减为8种。1997年，按上级要求对全县行政事业单位的公务用车进行核定编制，对单位购买车辆严格把关。2001年，取消非国有企业购买8种专控商品的审批、控制社会集团购买6种专项商品(未含小汽车、移动电话)的审批、专项商品指标管理和省属企业购买控购商品涉及的财务核准事项。2003年1月1日起，取消国有及国有控股企业购买小汽车的控购审批，保留对行政事业单位小汽车编制管理和控购审批。2004年10月27日，取消行政事业单位小汽车控购审批。

邢台市人民政府控制社会集团购买力办公室《关于取消行政事业单位小汽车控购审批后小汽车购置管理有关问题的通知》(邢市控〔2004〕2号)明确要求，对全市行政事业单位小汽车继续实行编制管理，超编和无编制单位不允许购车。车辆配置标准仍按河北省委办公厅、河北省政府办公厅《关于全省党政机关行政事业单位小汽车编制管理暂行规定》(冀控字〔1997〕32号)和邢台市委办公室、邢台市政府办公室《关于邢台市党政机关事业单位小汽车编制管理暂行规定》(邢办字〔1997〕52号)继续执行。

1987—2008年社会集团购买力情况表

表11-3　　单位：万元、%

年度	全年指标数	实际执行数	执行数为全年指标
1987	55	58.7	106.7
1988	49	52.2	107.6
1989	86	116.9	136
1990	247	280.7	113.6
1991	250	290	116.
1992	280	320	114.3
1993	280	310	110.7
1994	300	320	106
1995	280	318	113.6
1996	320	300	93.75
1997	350	385	110
1998	350	350	100
1999	380	410	107.8

续表

年度	全年指标数	实际执行数	执行数为全年指标
2000	420	420	100
2001		400	
2002		382	
2003		98	
2004		285	
2005		350	
2006		380	
2007		380	
2008		400	

政府集中支付管理

2001年，实施政府集中支付制度改革，县政府制定了《临西县政府集中支付制度实施方案》(临政〔2001〕8号)，成立临西县政府集中支付中心。该中心为事业股级机构，隶属县财政局。财政局制定了《临西县政府集中支付制度实施细则（暂行）》(临财〔2001〕16号)，政府集中支付采取“责权不变、集中支付、分户核算、封闭运行”的管理办法，统一办理各预算单位所有资金的收付结算。纳入政府集中支付的行政事业单位共计65个。2001年12月31日，取消所有行政事业单位帐户75个，存款余额全部转入支付中心帐户。2002年1月1日，政府支付中心正式运行，截至2007年，共审纠不合规票据2000余笔，拒付不合理支出170余万元。

粮食直补及综合直补资金管理

为了保护农民种粮利益，稳定和提高粮食生产能力，确保粮食安全，2004年，对种粮农民直接补贴。县政府按照省市要求，制定了《对种粮农民直接补贴方案》。补贴品种主要是小麦、玉米等粮食作物。当年，县财政向农民兑付种粮直补资金395万元，受益农民达6.8万户，29万人。2005年，向农民兑付种粮直补资金460万元，每亩均补贴10元。自2006年起，按农业税计税土地面积进行补贴，兑付粮食直补资金520万元，亩均10元；综合直补资金651万元，亩均13元。2007年，为确保直补资金安全及时发放到农民手中，财政局全体干部职工利用半个月时间，下村入户直接发放直补款，共兑付种粮直补资金517万元，亩均11元；综合直补资金1266万元，亩均27元。2008年，通过“一折通”形式向农民种粮补贴和综合补贴3145.7万元，亩均70.5元。

企业财务管理

1980年，在企业开展了清产核资工作，对全县国营企业进行了清查。之后，对企业使用的财政资金实行资金占用费制度。同年，工业企业实行企业利润超计划部分按20%~35%提取留成的办法，商业企业增加10%的利润留成。1983年7月，国营企业的流动资金全部划归中国人民银行管理。同年，盈利企业实行第一步利改税，企业上缴利润改为征收所得税，较大企业上缴55%的固定所得税，小企业采用8级超额累进税率交纳所得税的办法，对税后利润较多的企业再征收一定数额的调节税。1985年后，实行第二步利改税，完全以税代利。同时规定，凡是国家预算安排的基本建设投资，由国家拨款改为银行贷款。1988年，在第二步利改税的基础上，采取超收多留、欠收自补的办法。1993年7月1日，财政部颁发《企业财务通则》《企业会计准则》，对企业财务制度进行了重大改革。2001年，财政部颁发《企业会计制度》，企业的财务管理执行国家规定。

财政监督管理

1979年始，设财政监察员，财政监督工作由临时设置的机构负责，按照既定的范围、内容和方法步骤进行。1985年，国务院决定每年进行一次税收、财务、物价大检查，县政府在财政局设立税收、财务、物价大检查办公室。根据国务院、省、地（市）安排，成立大检查工作领导小组，明确检查范围、内容、方法、步骤和要求，以及对违纪问题处理的政策界限。大检查工作一般在每年的第四季度进行，历时两个月左右，对查出的各类违纪资金，按政策规定分别做出处理。

1998年，国务院取消了一年一度的税收、财务、物价大检查，财政监督由年终检查向围绕预算执行和财政管理的日常监督转变；由大检查向围绕财政收支中的重点、难点及群众关注的焦点问题，有针对性开展专项检查转变；由强化外部监督向内外监督并重、强化内部约束机制转变；由事后监督向事前、事中、事后全方位监督转变。1998年底，经县政府批准，县财政局设立财政稽查大队。其主要职能是：草拟全县财政监督制度和办法；监督检查财税方针政策、法律法规的执行；组织协调全县财政监督工作；组织全县重大和专项财政监督检查活动，查处重点违反财经纪律案件；组织对财政部门内部财经制度执行情况的监督检查。

村级财务管理

村级财务管理始终是形成基层干群矛盾，影响农村稳定的根源之一。实施税费改革以来，成为广泛关注的热点、焦点问题。一方面村级收入大大减少，据统计，全县村级总收入由改革前的1172.9万元减少到目前的385.8万元，减收787.1万元，减幅达67.1%，杜绝了一些不规范收入项目，村级可支配财力受到限制；另一方面，税费改革一系列政策的出台，扩大了农民对农业税附加和转移支付资金使用以及“一事一议”项目的知情权、参与权和监督权。因此，加强村级财务管理，使有限的资金“财尽其用”，发挥其应有效益成为当务之急。财政局根据这一情况，制定了以“村财乡管”为主要内容的《临西县村级财务管理办法》，并以县政府文件印发，自2002年10月1日起，在部分乡镇推广实施。

“村财乡管”的具体内容：遵循“三权（所有权、使用权、收益权）不变、统一管理、规范程序、加强监督”的原则，对村级收支管理、账务处理以及会计人员任免等均作出明确规定。乡镇农经站具体负责村级财务的管理，分村单独建账、独立核算。收入管理：村级各项收入包括固定收入、上级拨入收入和其他收入，及时交入乡镇“村级财政管理”专户，实行专户储存，统一管理；村组织向单位和农户收取各种款项时要手续完备，并及时开具统一收款凭证。支出管理：实行村级支出报账制，各村可预留1000元以内备用金，用于日常支出，村级大宗开支项目报农经站，视款额多少分别经村支部书记、主任、民主理财小组和村民代表大会审批，每月持有效单据到乡镇农经站报账；村干部报酬方面，严格控制村干部职数，提倡交叉任职，其报酬由乡镇根据实际情况和各村经济发展状况采取结构工资、定额工资和误工补贴等形式分季或年终考核兑现。往来款项管理：村组织一般不允许举债借款，因兴办集体性、公益性事业确需举债的村级举债，一律经民主理财小组或村民代表大会讨论决定并将债务分解落实，所借款项缴入村级财务管理专户，专款专用，并按期偿还。会计管理：乡镇农经站负责本乡镇会计人员的管理、培训和考核；村级会计人员要保持相对稳定，任免和调换要经乡镇主管部门批准报县财政局备案。民主理财：各村建立村民理财小组，会计人员每月向村民理财小组和财政所通报本村的财务收支情况，自觉接受群众监督；各村年初要编制年度收支计划，经村支两委和村民代表大会通过报乡镇政府批准后实施。在此基础上，县财政局联合有关单位对乡镇主管领导和全县299个行政村的会计人员进行集中培训，经考核合格发给上岗证，不合格者进行再培训，确保村财乡管各项管理制度落实到位。

“村财乡管”办法的实施，为解决农村财务管理问题，实现依法理财、科学理财找到了一条有效途径。各乡镇制定了一些符合本地实际情况的规章制度。同时，建立健全了民主理财小组和村财监督小组，形成了较为科学严密的财务管理运

作体系。为加强农村基层政权建设，减轻农民负担，改善党群、干群关系，促进农村经济和各项事业健康发展发挥了重要作用。2002 年，省农村费税改革会议上推行了临西“村财乡管”管理办法，《农村财政与财务》《河北财政》等刊物对该办法的调研材料给予刊发。

2006 年，根据省、市财政部门关于《推广村财乡管管理办法的要求》，进一步调整完善了《临西县村级财务管理办法》，制定了《临西县村级财务基本账务处理办法》(临财〔2006〕14 号)，使全县村级财务管理走上了规范化管理轨道。

第五节 会计管理

1989 年，经河北省教委、河北省财政厅批准，临西县建立了中华会计函授学校临西县函授站。临西函授站遵循“从严治学、质量第一”的办学方针，加强教学管理，健全组织机构，建立规章制度。对全县在职财会人员进行普及中专教育，提高财会干部素质，以适应新形势下改革开放的需要。1992 年 3 月，根据财政部、人事部文件，会计专业技术资格，实行全国统一考试制度，财政局负责组织报名工作。1993 年，为保证新会计制度在本年 7 月顺利实行，实现新旧会计制度的平稳过渡，县财政局在加强自身学习，积极培训教员的基础上连续组织了 3 期会计人员培训班，共培训会计骨干 200 余人，为新会计制度的实施打下了基础。同时，财政局还积极组织会计专业技术资格考试。1997 年，县财政局根据《河北省会计证管理办法》规定及邢台市财政局的要求，对全县党政机关、社会团体、企业事业单位、私营企业、个体工商户和其他经济组织，以及市直部门委托县发放会计证的驻临单位进行了会计证年检注册工作。对未参加年检的会计证一律作废。8 月，组织了《河北省企业会计基础工作规范化实施细则》培训班。

2000 年 7 月，县财政局对全县会计人员进行了《会计法》培训。全年组织新《会计法》培训班 2 期，培训财会人员 356 人。2001 年，县财政局会同有关部门，成立了《会计法》执法情况检查领导小组。各单位按照《会计法》和国家统一会计制度的规定认真开展自查自纠，针对存在的问题和薄弱环节，进行整改。2007 年，县出台了《会计从业资格管理实施办法》，对会计从业人员的从业要求进行了明确规定。

第六节 国有资产管理

一、机构及职责

1991 年 8 月，成立国有资产管理局，为副科级事业单位，隶属财政局，由 1 名副局长兼任局长。主要负责全县预算内外国家投资的工业、商业、粮食、物资、供销、行政、事业国有资产的监督检查、国有资产产权登记、清产核资、资产评估立项、结果确认、监缴国有资产产权收益、国有企业改革等国有资产的归口管理。2002 年，撤销国有资产管理局，由财政局行使国有资产管理职能。2007 年，成立国有资产管理办公室，为副科级事业单位，隶属财政局。负责国有资产配置事项的审批，按规定进行资产处置和产权变动事项的审批，组织产权界定、产权纠纷调处、资产统计报告、资产评估、资产清查等工作，对本级行政事业单位和下级财政部门的国有资产管理工作和国有资产收益进行指导、监督、检查。监督管理尚未脱钩的经济实体的国有资产，负责监督享受县优惠政策的新办企业投资和生产经营情况。

二、资产统计

1992—2005 年，先后进行行政事业单位、国有投资企业、城镇集体、企业清产核资及年度国有资产报表汇总分析等项工作。1992 年，县政府成立了国有资产清查和建账建制工作领导小组，对行政事业单位进行清产核资。

此后，在逐年清查的基础上，按照财政部 1998 年《行政事业单位预算会计制度》的要求，对各行政事业单位重新设置国有固定资产总账和二级分类账，财产管理部门设置了固定资产明细账；按照财产名称记载固定资产的收、付、存数量和金额，建立固定资产领用登记簿，对流动资产设置了相应账簿卡，并定期核对账、卡、物。各行政事业单位全部建立了资产登记、保管、领用、交还、检查、维修及赔偿制度。改变了“家底”不清，账物不符现象，保证了国家财产的安全完整。

2006年5月，财政部发布《行政单位国有资产管理暂行办法》（财政部令第35号）和《事业单位国有资产管理暂行办法》（财政部令第36号），县财政局制定《临西县行政事业单位资产清查实施办法》，按照办法规定和省、市统一部署，从2006年10月起，对全县96个行政、事业单位国有资产进行全面清理登记。截至2007年12月底，经核准确认，全县46个行政单位固定资产6489.37万元，50个事业单位固定资产18625.6万元。

三、产权登记

国有企业产权登记

国有企业产权登记是国有资产管理部门代表政府对占有国家资产各类企业的资产、负债、所有者权益等产权状况进行登记，依法确认产权关系的法律行为。县国有资产管理局根据国家国有资产管理局、财政部、国家工商行政管理局1992年5月11日印发的《国有资产产权登记管理试行办法》规定和省、市财政部门、国有资产管理部门的文件精神，1992年9—10月，首次对全县国有企业及企业管理的事业单位进行登记。国有资产产权登记分为开办登记、变动登记、注销登记。国有资产产权登记，实行年度检查制度，在以后的每年第一季度对上年的国有资产进行一次年检。

行政事业单位产权登记

为加强行政事业单位国有资产的管理，1996年，财政局、国有资产管理局制定了关于《行政事业单位国有资产产权登记实施办法》。1997—2007年，连续对行政事业单位国有资产进行产权登记，确保了行政事业单位国有资产的安全完整。行政事业单位国有资产随着经济的发展不断增多，保障了政府机关正常的运转和各事业单位职能的发挥。2007年，国有资产管理办公室成立后，使用专业软件，对行政事业单位国有资产实行信息化动态管理，确保了监督国有资产的合理配置、有效使用和安全完整。

第七节 国债

1981—1991年，国债发行采取分配方式。按个人工资额的1%安排给职工或单位。1991年5月，县财政局成立国债服务部，采取代保管、回购、抵押贷款等措施，保证了国债顺利发行。据统计从1981—1996年，共发行国债620万元。1996年，国家改变派购发行方式，采取自愿购买方式，由银行代为发行。

1999年，根据上级有关指示，对国债发行机制进行改革，取消各国有商业银行发行国债资格，由县人民银行统一管理，各国有独资商业银行、财政局协助、督促人民银行临西县支行做好临西县国家债券收款单的清理移交工作，国债发行步入以市场为导向健康发展的良性轨道。

第二章 税收

第一节 机构设置

1979年时县设有财税局，负责全县的财政、税收工作。1981年4月，建立税务局，下设办公室、税政股、人教股、稽查队。1990年，增设征管股、会计股、监察室。1994年8月，国、地税分设，成立临西县国家税务局和临西县地方税务局。

临西县国家税务局成立时，内设办公室、税

位于农机路的国税局（孙晓林摄）

政股、稽征管理股、计划会计股、政工股、监察室、老干部股、稽查队及直属一分局、直属二分局。1995年，稽查队改称稽查局。1999年3月机构改革，局内设办公室、政策法规股、税政征管股、计划财务股、人事教育股、监察室及稽查局。2001年8月，计划财务股改为计划统计股，税收征管股改为征收管理股，政策法规股改为综合业务股，办税大厅为内设机构，全局共有干部职工272名。在部分乡镇设有机构：1981年，设童村、城关、老官寨、吕寨、尖冢、下堡寺税务所。1984年4月，童村税务所改为城关镇税务分局、城关镇（河西）税务所改为先锋税务局。1986年9月，老官寨、吕寨、尖冢、下堡寺税务所，统一改称税务分局。1990年，下设直属分局、城关分局、先锋镇分局、吕寨分局、老官寨分局、尖冢分局、下堡寺分局和东枣园、水波、单屯、黎博寨、大刘庄、樊村、姚楼税务所。1993年机构改革，合并为城镇、河西、老官寨、大刘庄、吕寨、尖冢、摇鞍镇、下堡寺8个税务所。2001年3月，大刘庄税务所合并到老官寨税务所；尖冢、摇鞍镇税务所合并到城镇税务所，改名为城区分局。2003年1月，下堡寺税务所并入城区分局。2005年8月，城区分局升格为副科级单位。2007年3月，河西税务分局、大刘庄税务所、老官寨税务所、吕寨税务所撤销。

临西县地方税务局成立时，有工作人员42名，内设办公室、税政股、计划会计股、政工股、监察股、稽查队及临西、河西、老官寨、吕寨、下堡寺、尖冢、白地、姚楼、大刘、摇鞍镇、黎博寨、樊村、水波、单屯、东枣园、县直一分局、县直二分局17个征收单位。1995年3月，内设机构为办公室、税政股、计划会计股、政工股、征管股、稽查局及临西、河西、老官寨、吕寨、下堡寺、尖冢、白地、姚楼、大刘庄9个基层所。摇鞍镇、黎博寨、樊村、水波、单屯、东枣园6个基层征收站和县直一分局、二分局（后合并为县直分局）。

1996年1月，扩镇并乡，地方税务局按乡镇设9个基层所。即临西、河西、下堡寺、尖冢、吕寨、老官寨、东枣园、大刘庄、摇鞍镇税务所。1997年5月，增设监察股。12月机构改革，地税局内设办公室、政工股、计会股、税政征管股、监察股、稽查局、直属分局，临西镇税务所、河西镇税务所、下堡寺税务所、尖冢税务所及税警队5个基层征收单位。2001年9月，设城区税务分局、河西镇税务所、下堡寺税务所、尖冢税务所、老官寨税务所5个基层征收单位。2003年3月，增设计算机管理股和社会保险费征缴办公室，撤销城区税务分局，设立管理股；撤销计会股，设立征收计会股。2004年2月，税政征管股分为税政管理股和征管法规股。2005年8月，撤销老官寨税务所。2006年12月，地税局内设办公室、政工股、征收计会股、税政管理股、征管法规股、监察股、计算机管理股、稽查局及管理股、社会保险费征缴办公室、河西所、下堡寺所、尖冢所，有员工67名。

第二节 税制改革

中共十一届三中全会以后，实行对内搞活、对外开放的新政策，在国营经济为主导的前提下，鼓励多种经济形式的发展，新的生产形式和经营方式不断出现。1979年，对税制进行全面改革，逐步建立起多税种、多环节、多层次调节的税收体系。先后制定颁布了《中外合资经营企业所得税法》《个人所得税法》《外国企业所得税法》三个涉外税法。1982年7月，对生产农机具、机器机械、缝纫机、自行车、电风扇等企业征收增值税。1982年7月起，征收燃油特别税。1983年，对国营企业进行利税改革，将国营企业应上交的财政收入，分别按11个税种向国家纳税，由“税利并存”过渡为“以税代利”，税后利润由企业自行安排使用。改革后留有的税种有27种，临西县实际征收的有19种，即产品税、增值税、营业税、国营企业所得税、国营企业调节税、城乡个体工商业户所得税、集体企业所得税、个人收入调节税、奖金税、建筑税、城市维护建设税、城镇土地使用税、车船使用税、屠宰税、牲畜交易税、印花税、国营企业工资调节税、私营企业所得税。

1994年，按照统一税法、公平税负、简化税制、合理分权、理顺分配关系、规范分配方式、保障财政收入、建立社会主义市场经济的要求，进行了流转税制改革、企业所得税制改革、个人所得税制改革和其他税种改革。新税制分七大类、26个税种。属于税务部门征收的有五类、18个税种，分别是，流转税类：增值税、消费税、营业税；资源税类：资源税、土地使用税；收益税类：企业所得税、外资企业和国外企业所得税、个人所得税、土地增值税；特定目的税类：固定资产投资方向调节税、城市维护建设税、筵席税；财产行为税：房产税、车船使用税、印花税、证券交易税、遗产和赠予税、屠宰税。1995年1月10日，开征屠宰税。2000年，实施再就业工程所得税优惠政策，规定所有企业（不分类别），凡安置下岗、失业人员50%以上的，享受免征企业所得税三年；非公有制企业、乡镇企业和城镇集体企业兼并、租赁困难国有企业，安置原企业职工80%以上的，享受劳服企业优惠政策；农民带资进城，收购破产国有、集体企业或兴办经济实体，安置下岗、失业人员50%以上的，享受劳服企业优惠政策。2001年起，停征屠宰税。同时，金融、保险业的营业税每年下降一个百分点，分三年由8%降至5%。同时规定，对娱乐业的营业税一律按20%征收。2003年，在“非典”时期，对大部分税收项目，从5月1日—9月30日，减半征收。2005年12月19日，财政部、国家税务总局下发《关于个人所得税工资、薪金所得减除费用标准有关政策问题的通知》规定，纳税人自2006年1月1日起，就其实际取得工资、薪金所得，按照1600元/月的减除标准计算缴纳个人所得税。按照国家财政部、发展改革委、工商总局联合通知，自2008年9月1日起，停止征收个体工商户管理费和集贸市场管理费。

地税局（孙晓林摄）

1978年，国家沿袭1973年改革后的工商税制。全县开征的税种有：工商税、工商所得税、盐税、屠宰税、牲畜交易税、车船使用牌照税共6种。1982年，开征燃油特别税。1983年，开征企业所得税和带有税收性质的国家能源交通重点建设基金。同年4月24日，国务院批转财政部《关于国营企业利改税试行办法》，从1月1日起，在全国范

围内对工业、商业、交通企业实行利改税第一步改革，即将企业上交的利润改征所得税，税后利润一部分上缴国家，一部分按核定的留利水平留给企业。上缴部分，根据企业情况，分别采取递增包干和固定比例或缴纳调节税的办法。第一步利改税体现了“国家得大头，企业得中头，个人得小头”的原则，扩大了企业财权。但存在税种单一，税后利润分配办法仍然繁琐，企业之间留利悬殊等问题。1984 年 9 月 18 日，国务院批转财政部《关于在国营企业推行利改税第二步改革的报告》和《国营企业第二步利改税试行办法》，从同年 10 月 1 日起，在全国推行。国营大中型企业所得税，仍统一适用新制定的八级超额累进税率；对国有大中型企业缴纳所得税后的一部分利润，统一征收调节税，取消递增包干、固定比例等上缴办法；调整国有小型企业划分范围，扩大适用国有小型企业征税办法的范围，适当减轻国有企业负担。同年，完成工商税制全面改革。全县开征产品税、营业税、资源税、国营企业调节税、国营企业奖金税。80 年代末，除关税、农业税、耕地占用税和契税以外，工商税收共有 33 个税种，即工商统一税、产品税、增值税、盐税、营业税、资源税、国营企业所得税、国营企业调节税、国营企业奖金税、国营企业工资调节税、集体企业所得税、集体企业奖金税、事业单位奖金税、中外合资经营企业所得税、外国企业所得税、私营企业所得税、城乡个体工商户所得税、个人所得税、个人收入调节税、固定资产投资方向调节税、建筑税、燃油特别税、国家能源交通重点建设基金、特别消费税、屠宰税、牲畜交易税、车船使用税、城市维护建设税、集市交易税、印花税、房产税、筵席税、城市土地使用税，以流转税为主体的多税种、多层次、多环节课征的复合税制体系初步建立起来。

1993 年 12 月 9 日，根据国务院《关于组建国家税务总局在各地直属税务机构和地方税务局有关问题的通知》，国家税务机构分设为国家税务局和地方税务局两套机构。在合理划分中央和地方事权的基础上，将维护国家利益和实施宏观调控所需的税种列为中央税，同经济发展直接相关的主要税种列为共享税，并充实地方税种。同年 12 月 25 日，国务院批转国家税务总局《工商税制改革实施方案》，从 1994 年 1 月 1 日起，对工商税制进行全面改革。改革后，工商税制中的税种由 33 个减少到 18 个，即增值税、营业税、消费税、资源税、个人所得税、企业所得税、外商投资企业和外国企业所得税、遗产税和赠予税、土地使用税、农牧业税、城市建设维护税、房产税、车船使用税、印花税、股票交易税、土地增值税、屠宰税、农林特产税。

一、分税前的税种税率

1、税种

分税前征收的税种有：产品税、增值税、营业税、工商所得税、集体企业所得税、城建税、建筑税、屠宰税、国营企业资金税、国营企业所得税、能源交通基金。1986 年，增加集体企业奖金、工业单位奖金、个体所得税、车船使用税、教育费附加。1987 年，增加盐税，停征事业单位奖金税。1988 年，开征印花税，停征集体企业奖金税、工商所得税。1989 年，开征国营企业工资调节税、城镇土地使用税、调节基金。1990 年，开征粮食补贴基金，停征国营企业奖金税。1991 年，开征固定资产投资方向调节税，停征国营企业所得税、能源交通建设基金、调节基金、粮食补贴基金。1992 年，停征建筑税。1993 年，开征资源税。

2、税率

①产品税。1984 年 10 月 1 日开征，最低税率 3%（复合肥），最高税率 60%（甲级卷烟）。②增值税。1984 年 10 月 1 日开征，规定 4 个税目。1986 年增加 8 个。1987 年增加 7 个。1988 年增加 3 个。1989 年增加 1 个。最低税率 6%，最高税率 16%。③营业税。1950 年开征，随着第三产业的发展逐年增加。营业税采用比例税率，交通运输、建筑、邮电通讯、文化体育为 3%；金融保险、无形资产转让、不动产销售、服务业为 5%；娱乐业为 5%—20%。④工商所得税。1950 年开征，按 8 级超额累进税率计算应纳税额。⑤集体企业所得税。1985 年开征，税率按大、中、小企业分别定税。大中企业实行 55% 的税率；小型企业实行 8

级超额累进税率，全年纳税额在1000元以下的税率为10%，20万元以上的部分税率为55%。⑥城市维护建设税。1984年开征，税率为：临西镇、河西镇所在地5%，其他乡镇与农村1%。⑦建筑税。1983年开征，税率为10%，超计划投资按20%征收，未列入国家计划的楼、堂、馆、所税率为30%。投资在2万元以下的不征。1991年，开征固定资产投资方向调节税，停征建筑税。⑧屠宰税。1950年开征，1985年猪每头由2元改为4元、羊由每只0.5元改为0.8元、牛由每头3元改为6元。1988年猪由每头4元改为6元、羊由每只0.8元改为1元、牛由每头6元改为8元。回民三大节日（尔代、圣祭、古尔邦节）宰食的牛羊免征屠宰税。⑨城市房地产税。1950年开征，1978年停征，1986年复征，依照房产价值计征1.2%。⑩土地使用税。1988年11月起，按土地使用面积征收，从事生产使用的土地，每平方米征0.2元；从事商业经营使用的土地每平方米征0.3元；下堡寺、尖冢镇商业用地每平方米征0.14元。国营企业奖金税。1985年开征，税率为：企业全年发放奖金总额不超过标准工资4个月部分免征；4—5个月部分税率为20%；5—6个月部分税率为50%；6—7个月部分税率为100%；7个月以上部分税率为200%，后又放宽半个月。1992年1月，改征企事业单位工资调节税。国营企业所得税。1984年10月开征，与集体企业所得税相同。集体企业奖金税。1985年开征，与国营企业所得税相同。事业单位奖金税。1985年开征，免税限额。依据经费自立程度，分别为1个半月、2个月、2个半月、3个半月、4个半月基本工资的奖金。超过部分，比照国营企业奖金税的税率征收。城乡个体所得税。1986年开征，税率实行10级超额累进税率。全年税额1000元以下的税率为7%；超过3万元以上部分，税率为60%；超过5万元部分，每增加1万元加征10%。车船使用税。1950年开征，1986年规定，乘坐10人以下的汽车，年税额110元；11—30人，年税额120元；31—50人，年税额150元；50人以上，年税率180元。货车，每吨年税额42元。三轮摩托每辆年税额48元。两轮摩托每辆年税额36元。轻骑每辆年税额24元。因境内无船舶运行，故无船舶税征收。教育费附加。1986年开征，是产品税、增值税、营业税的1%。1989年调整为2%。盐税。1992年开征，每吨征收由152元调整为122元，粉精盐每吨95元，粉洗盐每吨110元。印花税。1950年开征，1988年10月1日，国务院重新颁布《印花税暂行条例》，列举13种证、照、书据，50个细目征收印花税。按照金额比例按件定额，印花税率分别为0.5‰、5‰、3‰、1‰等4种。按件定额贴花者，每件5元。国营企业工资调节税。1985年开征，规定：工资增长7—13%部分，税率为20%；13—20%部分，税率为50%；20—27%部分，税率为100%；27%以上部分，税率为200%。1992年1月，改征企事业单位工资调节税。固定资产方向调节税。1991年开征，税率为5%、10%、15%、30%。工商税。1973年开征，有税目44个，税率82个，最高税率66%，最低税率3%。1984年10月，税制改革，分解为产品税、营业税、增值税、盐税。私营企业所得税。1988年开征，税征对象是企业生产经营所得和其他所得，税率为35%。个人收入调节税。1987年开征，征收项目为：工资收入、承包转包收入、劳务报酬收入、财产租赁收入。牲畜交易税。中华人民共和国成立后开征，税率为5%。1966年，对集体交易免税。1983年1月复征，税率为5%。

二、分税后的税种税率

1、税种

1994年8月，县国家税务局和地方税务局分设后，国税局负责征收的主要税种有：消费税、进口产品消费税和增值税、直接对台贸易调节税（委托海关代征）；铁道、各银行总行、保险总公司集中缴纳的营业税、所得税和城乡维护建设税；中央企业所得税；地方和外资银行及非银行金融企业所得税；海洋石油企业所得税、资源税；证券交易税（暂未开征）；对境内外商投资企业和外国企业的各项税收以及外籍人员（华侨、港澳台同胞）缴纳的个人所得税（按税种分别入中央库和地方库）；集贸市场和个体户的各项税收；中央

税的滞补罚收入；按中央税、共享税附征的教育费附加（属铁道、银行总行、保险总公司缴纳的入中央库，其他入地方库）；国家能源交通重点建设基金、国家预算调节基金。

地税局负责征收的主要税种有：营业税、个人所得税、土地增值税、城市维护建设税、车船使用税、房产税、屠宰税、资源税、城镇土地使用税、企业所得税（包括地方国有、集体、私营企业）、印花税、筵席税（未开征）、城市房地产税（涉外企业征收）、车船使用牌照税（涉外企业征收）、地方税的滞补罚收入、教育费附加（按增值税、营业税、消费税附征）、副食品价格调节基金、义务教育费、乡镇企业管理费、人防建设工程费、文化事业建设费、基本养老保险费、失业保险费。并根据河北省地方税务局和有关部门安排，分别从2002年、2003年、2006年开始代征社会保险费、残疾人就业保障金和工会经费。

2、税率

主要税种税率

税种	税目	税率
增值税		17%、13%、零税率，小规模征收率3%
	一、烟	
	1、卷烟	
消费税	（1）甲类卷烟	45%加0.003元/支
	（2）乙类卷烟	30%加0.003元/支
	2、雪茄烟	25%
	3、烟丝	30%
	二、酒及酒精	
	1、白酒	20%加0.5元/500克（或者500毫升）
	2、黄酒	240元/吨
	3、啤酒	
	（1）甲类啤酒	250元/吨
	（2）乙类啤酒	220元/吨
	4、其他酒	10%
	5、酒精	5%
	三、化妆品	30%
	四、贵重首饰及珠宝玉石	
	1、金银首饰、铂金首饰和钻石及钻石饰品	5%
	2、其他贵重首饰和珠宝玉石	10%
消费税	五、鞭炮、焰火	15%
	六、成品油	
	1、汽油	

续表

税种	税目	税率
	(1) 含铅汽油	0.28元/升
	(2) 无铅汽油	0.20元/升
	2、柴油	0.10元/升
	3、航空煤油	0.10元/升
	4、石脑油	0.20元/升
	5、溶剂油	0.20元/升
	6、润滑油	0.20元/升
	7、燃料油	0.10元/升
	七、汽车轮胎	3%
	八、摩托车	
	1、气缸容量（排气量、下同）在250毫升（含250毫升）以下的	3%
	2、气缸容量在250毫升以上的	10%
	九、小汽车	
	1、乘用车	
	(1) 气缸容量（排气量，下同）在1.0升（含1.0升）以下的	1%
	(2) 气缸容量在1.0升以上至1.5升（含1.5升）的	3%
	(3) 气缸容量在1.5升以上至2.0升（含2.0升）的	5%
	(4) 气缸容量在2.0升以上至2.5升（含2.5升）的	9%
	(5) 气缸容量在2.5升以上至3.0升（含3.0升）的	12%
	(6) 气缸容量在3.0升以上至4.0升（含4.0升）的	25%
消费税	(7) 气缸容量在4.0升以上的	40%
	2、中轻型商用客车	5%
	十、高尔夫球及球具	10%
	十一、高档手表	20%
	十二、游艇	10%
	十三、木制一次性筷子	5%
	十四、实木地板	5%
企业所得税		25%
		非居民企业20%

续表

税种	税目	税率
营业税	一、交通运输业	3%
	二、建筑业	3%
	三、金融保险业	5%
	四、邮电通信业	3%
	五、文化体育业	3%
	六、娱乐业	5%—20%
	七、服务业	5%
	八、转让无形资产	5%
	九、销售不动产	5%

第三节 征收管理

一、国家税收征管

（一）纳税申报

1996年，进行征管机构改革，建立纳税人自行申报纳税制度，开展税务代理，建设专业稽查体系。1997—1998年，加快计算机应用和税银联合进程，改变专管员管户的传统征管模式，变“专管户”为“专管事”，完善纳税人自行申报制度。改善办税服务场所，设置税务登记、发票发售、税务咨询、申报征收等窗口。建成与市国税局连接的县局、基层分局三级主干网，计算机初步应用于税收征管的各个主要环节。2002年，加强税源管控，提高计算机应用水平和能力，推行电子报税。一般纳税人实行网上报税，小规模纳税人实行电话报税。全县实行网上报税系统的一般纳税人116户，实行电话报税的小规模纳税人82户，简易报税79户。2005年，推行中国税收征管信息系统（CTAIS），全面改革征收核算方式，一切业务全部通过计算机进行，实现现代化的集中征收核算。随后，相继完善了CTAIS的各项功能，推进电子报税，推行基于CTAIS的纳税评估、个体双定户定额管理系统，加强对税源和税收执法的动态监控和管理，巩固和完善征收改革和信息化建设成果。逐步建立起“多元申报、集中征收、分类管理、一级稽查”的税收征管新格局。实现对管理服务、征收监控、税务稽查、税收执法四个系统的税收管理与监控功能。税收执法工作由单纯的人管人转变为制度管人、机器管人，减少了执法的随意性。

国税局新办税大厅（阳光大街北段东侧）

1998年，对在册的87户增值税一般纳税人进行了年度审

地税局组织参观学习

核，有74户年审合格，13户被取消。2001年，推行增值税防伪税控系统，全县新上防伪税控企业37户。同年，全县17个加油站全部安装税控机，总计36台。2002年，全县127户增值税一般纳税人告别了手工开票。2003年，推行“一窗式”服务和多元化电子报税管理模式，所有小规模纳税企业全部实行“12366”电话语音报税。2004年，加强“四小票”管理，将全县138户使用“四小票”的企业纳入严格管理的范围。2005年，推行国家税收征管信息系统（CTAIS），全县纳税人全部纳入微机登记，实现了现代化的集中征收管理。

（二）增值税管理

1994年，根据省国税局《增值税一般纳税申请认定办法》，将增值税纳税人划分为一般纳税人和小规模纳税人进行管理。年底，税收票证填写差错率由机构分设时的10%下降到5%。

1995年，实行《一申四附表管理办法》，加

宣传税收政策

强增值税一般纳税人申报的管理。对从事废旧物资经营的增值税一般纳税人实行增值税先征后返政策。1996年，实行增值税一般纳税人年检制度和分类管理制度。按增值税一般纳税人的生产经营规模、财务管理水平、纳税意识以及增值税专用发票管理使用等情况，将增值税一般纳税人划分为A、B、C三类，采取不同的办法进行管理。1997年，开展商业企业增值税专项检查，进行增值税一般纳税人年审。1999年，完善增值税一般纳税人纳税申报办法，进行增值税一般纳税人年审。2000年，开展增值税期初存货已征税款余额抵扣工作，进行纳税评估，加强税收管理。2001年，开展纳税评估，完善评估办法，增强评估效果。2002年，为基层所搭建新的信息网络，使全县增值税一般纳税人彻底告别手工开具发票。2005年，推行国家税收征管信息系统（CTAIS），全面改革征收核算方式，实现现代化的集中征收核算。随后，相继推行CTAIS的纳税评估、个体双定户定额管理系统，建立起税收征管新格局。

（三）消费税管理

1994年，开展消费税纳税人的认定及税收征收管理工作，并做好税法宣传和培训。开展国家计划内统配汽柴油库存数量的核定工作，开展金银首饰消费税纳税人认定工作。1995年，对全县酒类产品生产企业销售酒类产品收取的包装物押金，均并入酒类产品销售额中，依酒类产品的适用税率征收消费税。1996年，进行酒类企业的税源调查，加强日常管理。1997年，要求企业按季报送《酒类产品计税价格季报表》，对酒类生产企业进行税源监控，开展消费税源情况调查。1998年，启用新的《消费税纳税申报表》，对达到汽油、柴油消费税规定标准的标号及非标号油一律征收消费税。

（四）个人所得税管理

1999年11月1日起，对全县从储蓄机构取得人民币、外币储蓄存款利息所得的个人，对取得的利息按20%的比例税率征收个人所得税，纳入征收管理。

（五）企业所得税管理

1994年，开展企业所得税纳税人的认定工

作。正确划分国、地税征收管理范围，明确管理对象。1995 年，按照《国家税务局关于企业所得税征收管理范围的通知》，对所辖企业所得税纳税人进行重新核定。按照规定的程序和权限，进行企业所得税税前扣除项目的审核审批工作。1997 年，对企业所得税汇算清缴办法进行改革，由以前的汇算清缴检查改为由企业自行核缴，税务机关进行汇算清缴的办法。1998 年，规范企业所得税减免税、税前弥补亏损以及企业财产损失税前扣除的审核审批工作。1999 年，使用新企业所得税纳税申报表，组织实施企业所得税汇算清缴工作，汇总纳税企业所得税的检查工作。2001 年，启用新的企业所得税纳税申报表，做好金融企业应收未收利息核定工作。2002 年，所得税收入分享体制改革，自 1 月 1 日起，在工商管理部门或监察行政管理部门办理登记，由国税部门负责其所得税的征收管理。

（六）增值税专用发票管理

1994—1995 年，开展增值税专用发票启用工作，对增值税专用发票的印制、领购、开具、保管进行具体规定，做好大面额专用发票的改版工作。1996 年，取消百万元版手写专用发票，推行防伪税控开票子系统。对所辖增值税一般纳税人票管人员实行持证上岗，并进行辅导培训及考试，根据考试成绩，核发上岗证和《培养增值税专用发票管理人员资格证书》。1997 年，进行 1994 年版增值税专用发票作废清理工作，扩大推行防伪税控系统范围，62 户增值税一般纳税人纳入增值税防伪税控开票子系统，建立健全增值税专用发票管理制度。1998 年，进行新版专用发票的启用及增值税专用发票的日常检查工作。扩大推行防伪税控开票子系统范围，建立异地交叉稽核制度。1999 年，停止发售、使用手写十万元版增值税专用发票，将开具十万元版专用发票的增值税一般纳税人全部纳入防伪税控系统。

（七）金税工程管理

2001 年 7 月 1 日，成功运行金税工程，全县 37 户增值税一般纳税人纳入防伪税控系统。建立了“四级催报制”，确保了无漏采、无错采数据现象的发生，全年存根采集率达到了 100%。

二、地方税收征管

（一）纳税申报

1995 年进行征管机构改革，建立纳税人自行申报纳税制度，建设专业稽查体系。1997—1998 年，加快计算机应用和税银联合进程，完成纳税人自行申报制度。改善办税服务场所，设置税务登记、发票发售、税务咨询、申报征收等窗口，建立与市地税局连接的县局、基层分局（各股室）三级主干网，计算机初步应用于税收征管的各个主要环节。2002 年个体工商户实行税银联网。2006 年，加强税源管理，提高计算机应用水平和能力，对查账征收企业实行网上报税。同年一并推行双定户软件，个体工商户根据典型调查，由系统自动确定应纳税额。为一步深化征管改革，建立科学、简捷的税收征管体系，结合临西县实际，2007 年实行了集中征收。2008 年，推行“一窗式”综合服务窗口，减少办税流程，方便了纳税人，并实行财税库银横向联网，现已成功签约三方协议 515 户。

（二）发票管理

2005 年 1 月 1 日，网上发放发票系统正式运行。同年，对发票进行换版，使用全国统一的发票代码及发票号码，保证了发票号码的统一性。

临西县国税局 1994 — 2008 年税收任务完成情况统计表

表 11-4　　　　单位：万元

年度	增值税	消费税	企业所得税	个人所得税
1994	1629	37	19	
1995	1780	37		120
1996	1902	17	5	

续表

年度	增值税	消费税	企业所得税	个人所得税
1997	2186	10	10	
1998	2454	6	10	
1999	2647	8	33	
2000	2608		2	61
2001	2240		3	122
2002	1992		17	534
2003	2053		62	540
2004	2304		52	424
2005	2677		3	461
2006	3336		13	408
2007	4243	1	149	492
2008	4933	1	91	475

临西县地税局1994—2006年税收完成情况统计表

表11-5 单位：万元

项目 \ 年度	1994	1995	1996	1997	1998	1999	2000	2001	2002	2003	2004	2005	2006
总计	698	942	1529	1692	2139	2224	2371	2123	2556	2847	3125	3279	3644
一、税收收入合计	682	937	1509	1691	2137	2220	2366	2107	2211	2371	2539	2604	2884
营业税	224	237	286	245	307	338	377	401	424	445	605	1220	1621
企业所得税	174	427	651	682	904	1053	1035	810	732	763	817	730	810
个人所得税	85	51	329	462	619	585	755	841	840	878	939	462	222
固调税	27	76	60	78	70	27	13						
城设税	46	27	41	48	65	71	63		7	161	89	90	124
房产税	54	61	70	73	91	104	46	26	26	37	37	55	58
印花税	2	6	7	7	15	22	8	8	3	9	9	9	12
土地使用税	47	31	17	18	29	5	36	19	3	24	24	25	25
土地增值税	5		14	32						14	5		
车船使用税	18	19	30	30	30	9	28	2	176	40	14	13	12
屠宰税		2	4	16	7	6	5						
二、其他收入合计	16	5	20	1	2	4	5	16	345	476	586	675	760
教育费附加	16	5	20	1	2	4	5	16	21	34	47	83	109

续表

年度 项目	1994	1995	1996	1997	1998	1999	2000	2001	2002	2003	2004	2005	2006
基本养老保险									308	408	495	542	600
失业保险费									16	31	35	40	40
残疾人就业保障金										3	9	10	11

临西县国税局 1994—2008 年税收收入入库分企业类型、纳税户数统计表

表 11-6　　单位：户

类型 户数 时间	合计	国有企业	集体企业	联营企业	股份公司	私营企业	外商投资企业	个体经营
1994	2278	80	100	0	0	0	0	2098
1995	2476	47	79	0	0	0	0	2350
1996	2447	50	100	0	1	0	0	2296
1997	1840	60	95	10	1	16	0	1658
1998	2011	55	116	10	2	21	1	1806
1999	1745	51	122	10	1	49	0	1512
2000	1794	57	117	8	3	77	2	1530
2001	1810	60	112	8	23	77	0	1530
2002	1665	41	80	0	36	112	0	1396
2003	1254	37	35	0	51	205	0	926
2004	930	24	86	0	69	78	0	673
2005	1025	10	113	0	80	111	0	711
2006	1557	10	163	0	31	192	0	1161
2007	1263	5	81	0	37	152	1	987
2008	1268	5	81	0	37	152	1	992

临西县地税局 2002—2008 年税收收入入库分企业类型、纳税户数统计表

表 11-7　　单位：户

时间 户数 类型	2002	2003	2004	2005	2006	2007	2008
国家企业	21	32	39	43	45	46	51
集体企业	98	113	129	131	158	174	174
股份合作企业	4	4	4	4	4	4	4
其他有限责任公司	9	14	15	38	52	83	127

续表

类型 \ 户数 \ 时间	2002	2003	2004	2005	2006	2007	2008
股份有限公司	6	8	10	11	13	15	18
私营独资企业	18	20	22	24	26	26	26
私营合伙企业	10	12	12	12	12	12	12
私营有限责任公司	28	29	33	35	40	56	58
个人独资企业	27	36	38	40	44	62	71
其他内资企业	2	2	2	2	2	2	5
（港澳台商）投资股份有限公司							1
中外合资经营企业						1	1
外资企业	1	2	3	4	4	5	5
个体工商户	637	952	1019	1076	1078	1078	1078
内资个体	380	473	498	603	800	1357	1954
个人合伙	1	1	1	1	1	1	1
内资合伙				1	1	1	1
个人	183	213	235	235	235	235	235
内资个人				4	5	18	23
事业单位				1	2	3	3
民办非企业单位（个人）			1	1	1	1	1
社会团体				1	1	1	1
合计	1425	1911	2061	2267	2524	3181	3850

第十二编 综合经济管理

1978年，中共十一届三中全会后，经济体制改革不断深入，突破“一大二公”的所有制形式，逐步建立起以公有制为主体、多种所有制经济形式共同发展的经济制度。伴随这一重大变革，经济管理的机构、职能的改革不断深化。1983年正式设立物价局，陆续改革了物价管理办法，放活了收费标准。同年，成立审计局，逐步开展了财政、财务收支审计，资产负债损益审计、经济责任审计、专项审计、固定资产投资审计、外资运用审计及调查审计等。1984年以来工商局先后增设了个体经济管理、经济合同管理、商标广告管理、消费者协会、个体劳动者协会等专门管理机构并实行省级以下垂直管理。1985年成立标准计量局。1987年成立土地管理局。1995年成立环境保护局。1996年组建招商局。2002年计划委员会改建为发展计划局，2005年改建为发展改革局。2003年成立安全生产监督管理局。政府对经济领域的管理服务日臻完善。

第一章　计划

第一节　机构设置

1979年4月，设立临西县计划委员会，编制6人。1984年1月，城乡建设局并入计划委员会，编制25人，设办公室、计划股、建设股、房产股，辖自来水公司。1988年5月，城乡建设局析出。1996年11月，计划委员会更名为计划局，行政编制8人，下设人秘股、计划股。2002年7月，更名为发展计划局，行政编制8人，下设综合股、招商合作局、开放办公室、重点项目办公室。2005年7月，更名为发展改革局，行政编制6人，设办公室、综合计划股。工业促进局设在发展改革局内，归发展改革局管理。2008年，行政编制10人。

第二节　计划编制

临西县编制的计划有长期计划（10年以上）、中期计划（5年）和年度计划3种。涉及经济、科技和社会发展三个方面。经济方面的计划是指生产、分配、交换、消费等社会生产各个方面的计划；科技方面是把科学技术作为国民计划的一个重要组成部分；社会发展计划是指教育、文化、体育、卫生等社会发展事业计划。

1981年以前，临西县编制国民经济计划主要侧重于工业、农业、物资供应和基本建设。1982年起，编制的国民经济计划的内容包括工业、农业、物资、固定资产投资、财政收支、信贷、商品流通、对外贸易、交通运输、科技、文化教育、卫生、体育、广播电视、劳动工资、人民生活、社会购买力与商品可供量平衡、环境保护、经济技术协作、经济效益计划等内容。由偏重生产建设转为兼顾社会发展和人民生活。同时增加了经济效益计划指标，将原来的基本建设计划改为固定资产投资计划（包括基本建设和技术改造两部分）。2005年后，将建设和谐社会的有关民生问题和发展循环经济作为重要内容纳入了计划。计划的编制实行自上而下、自下而上、上下结合的程序，逐级上报与下达。第一步，自上而下地下达编制计划控制数字。由县计委会同有关单位进行调查研究，听取各方面的意见，在初步综合平衡的基础上，制定编制计划的控制数字，把数字具体化并下达到各有关单位；第二步，自下而上地编制计划草案。基层各有关单位依据上级下达的控制数字，结合本单位的实际情况编制计划草案，按照规定时间和隶属关系上报，经汇总和平衡，编制成计划草案，报送县计委，县计委在全县各部门计划草案的基础上，经过综合平衡，会同各部门反复协商以后制定统一的全县计划草案，上报县政府审查；第三步，计划的批准和下达。县政府常务会审查并同意县计委编报的计划草案后，提请县人民代表大会审议批准即成为正式计划，下达到各单位予以落实。本县除编制年度计划外，编制过五年的中期计划（如“六五”至“九五”计划等）。1995年后，编制五年中期计划改为编制五年发展总体规划。

第三节　规划编制

规划是政府履行宏观调控、经济调节、市场监管、社会管理和公共服务职能的重要依据和手段。临西县编制的规划有总体规划、专项规划和区域规划三种。其中，总体规划的内容包括工业、农业、财政、项目建设、科技、文化、卫生、教育、人民生活、社会就业等方面的内容，是指导全县社会经济全面发展的纲领性文献。专项规划和区域规划的制定服从服务于总体规划。编制总体规划分三步：一是做好基础调查信息搜集、调查研究及纳入规划重大项目的论证等前期工作，全面掌握全县国民经济和社会各行业的现状和发展态势；二是编制规划草案，规划草案编制完成后，与有关方面进行沟通，认真听取各方面的意见和建议，经过与各部门协商同意修改完善后，将规划草案上报县政府常务会审查；三是将审查同意的规划草案，提交县人民代表大会审议批准，草案经审议批准即成为正式规划，下达到各单位和各乡镇落实实施。专项规划和区域规划的编制在调查研究，做好论证的前提下，全面分析全县经济发展现状及存在问题，充分体现县委、县政府的发展思路。临西县除编制了“十五”和“十一五”发展总体规划外，还编制了“十一五”期间项目发展规划、黑龙港流域特色产业重点建设项目发展规划、临西县主体功能区划规划等专项规划和区域规划。同时，研究制定了临西县1988—2000年的科技、经济和社会发展规划。

临西县全民创业大会（2008年摄）

第四节　计划实施

计划下达后，乡镇和职能部门根据计划要求制定措施方案加以落实，对计划确定的重点建设项目和影响全县经济的重要工作，分解落实目标任务，明确责任主体，加强跟踪督导。同时，搞好年度计划与长远规划的衔接。县政府组织有关单位检查计划的落实和执行情况。计划的检查和评价是保证计划实现的重要手段，是计划管理的重要环节。它可以保证经济和社会发展不偏离计划目标和方向，对计划执行情况检查和评价，可以及时发现执行中实际偏离计划的情况和薄弱环节，以便及时采取措施纠正偏差。加强薄弱环节管理，进行补充修正计划，使计划与实际相符合，使计划目标得以实现。计划执行情况的检查和评价是对计划和计划方法本身的科学性和有效性的验证，从而总结经验教训，不断提高计划管理的质量和效果。主要方法是：通过统计全面反映和检查计划执行情况，定期公布计划的完成进度，并把情况反映到上级有关部门，以便为领导决策提供依据；通过组织力量深入基层和现场进行检查，掌握主要建设任务实施进度，进行督导。通过月调度、季小结、半年观摩、定期要账、年终考核等措施，确保全县重大建设项目能够顺利实施，并如期完成。计划一经下达，一般不准变动，但在计划执行中如遇有特大自然灾害、国家重大决策改变或市场供需情况发生重大变化时，方可修改计划。修改计划的时间一般在第三季度后期，修改计划必须经批准计划的机关审批。由于计划执行单位经营管理不善等主观原因造成的计划与实际脱节，则不允许修改计划，以保证计划的严肃性和权威性。

第五节　重点项目建设

组织谋划实施重点项目和争取国家建设资金

项目观摩考核

项目建设和经济形势分析会

项目是发展改革局的两项重点工作。2005年，中国轴承大世界被列为省级重点建设项目；上海复星临西药业有限公司、硝酸铵扩能技改、临绍纺织印染公司、单屯工业园区、东留善固实业集团公司、隆润纺织有限公司等6个项目，被列入市级重点项目。2006年，列入省市级重点项目10个。隆润纺织有限公司和中天轴承有限公司被列入省级重点建设项目；东留善固实业集团公司、阳光工业园区、贝林轴承有限公司、邢台鑫铭高速电机轴承厂、恋日花都住宅小区、润园纺织有限公司、亚鑫钢球厂、华春液压汽配有限公司8个项目，被列入市级重点项目。2007年，隆润纺织有限公司、临西县中天轴承有限公司被列入省级重点项目；邢台鑫铭高速电机轴承厂、华春液压汽配有限公司、河北南洋铜业、玉良滚动体有限公司、河北蓝天汽车轴承制造有限公司5个项目被列入市级重点建设项目。2005年，争取各类专项资金590万元。2006年，争取各类国家建设资金1350万元，涉及良种棉花繁殖基地、乡村公路建设、人畜饮水工程建设、农村两室建设、乡镇卫生院建设、基层司法所建设、农村沼气池建设等项目。2007年，争取各类国家建设资金1406万元。2008年，争取各类国家建设资金2761.5万元，主要用于民生工程，涉及农村安全饮水、群众文化中心、司法所、县医院等项目建设。

第二章　统计

第一节　机构设置

1979年4月，设立县革委统计局。1982年3月，更名为县政府统计局。1987年3月，局内设办公室、农业股、工商股。1992年8月，更名为统计委员会，内设政策研究室、检查室、工业调查队、人口调查队、农村社会经济调查队、商业调查队。1996年11月，恢复统计局名称，行政编制11人、事业编制7人，保留人口调查队，撤销其他科室，设立人秘股、工商股、农业股和农村社会经济调查队及计算室。1997年7月，人口调查队升格为副科级，列同级事业编制，隶属统计局领导。2002年5月，局下设办公室、统计股两个行政股室和人口调查队、农村社会经济调查队、计算中心3个股室。2003年6月，县人口调查队更名为县普查中心。

第二节　统计项目

统计报表始于50年代初期，逐步在行政事业和企业中建立了较为完善的统计报表制度。截至2006年底，统计部门具体承担的专业有：农业、工业、GDP核算、资产负债、企业调查、贸易抽样、城镇监测、利用外资、劳动工资、建筑、固定资产投资、农村经济调查、统计执法、交通邮

电、统计网络建设与管理、服务统计、民营统计、能源消耗、科技等专业的49个调查项目。统计报表由基层单位填报，经主管部门审查，统计局汇总后上报。

随着社会的进步和发展，统计范围不断扩大，统计调查对象日益复杂，调查专业个数与1996年相比翻了两番，调查项目日益广泛、细化。为适应经济发展，相继开展了城镇化监测、农业产业化调查，加强了对民营经济、服务业、贸易抽样、工业发展速度、企业调查。统计信息化建设得到了快速发展，2006年，局内拥有奔腾计算机5台。是年，完成了与全市统计系统2兆光纤联网，实现了统计系统上报数据的安全性和高速度。

第三节　专项调查

一、职工生活

1999年，对城镇居民随机抽取的30户家庭进行收入、支出调查。结果显示：30户居民家庭人口103人，户均3.43人；全年人均收入4780元，生活消费支出2754元，占总收入的58%，其中食品占47.1%、衣着占15%、家庭设备用品及服务占4.5%、医疗保健占8.9%、交通通讯占10.2%。调查结果显示，城镇居民收入来源较为单一，在生活消费上属节俭型。

二、农民生活

改革开放后，农民收入快速增长，农村居民生活质量显著提高。经历了摆脱贫困、过渡温饱、迈向小康的历程。2006年底，全县农民人均纯收达到3760元，是1978年的78倍。食品占生活消费支出的比重为49%，呈逐年下降趋势。2008年底，全县农民人均纯收入4360元，每百户农民拥有彩电116台，电冰箱38台，空调机10台，电话机84部，移动电话51部，与城镇居民相比还有一定差距。部分农村企业家、专业户的收入和生活水平又远超出城市居民生活水准。

第四节　大型普查

根据国家统一部署，先后共完成了9次普查工作。分别是1982、1990、2000年7月1日进行的全国第三、四、五次人口普查；1986、1995年进行的全国第二、三次工业普查；2001年进行的全国基本单位普查；1997、2006年进行的第一、二次全国农业普查；2005年进行的全国第一次经济普查。普查经历了从无序到建立，从单项到多项，从不定期到实施周期性普查的过程。

2003年8月11日，国家统计局、国家发展改革委员会、财政部联合下达了《关于调整国家普查项目和周期安排的通知》，通知决定，将全国第二、三产业普查、基本单位普查合并，并将建筑业纳入普查范围，形成全国经济普查。每10年分别进行两次，在逢3、8的年份实施；农业普查每10年逢7的年份进行一次；人口普查在逢0的年份实施。

一、人口普查

第三次人口普查，1981年8月，建立县人口普查领导小组和办公室，1982年11月结束，历时12个月。组织普查员、普查指导员2100余人。普查按行政区域划分，共包括1个镇、14个公社；两个居民委员会、12个居民小组；295个生产大队、1351个生产小队。普查登记：1981年，全县住户数5.4728万户，总人口23.785万人，其中男性12.1658万人；出生人数6280人、死亡人数1989人；总人口中大学毕业生267人、在校21人，高中文化程度1.1636万人、初中文化程度3.6800万人、小学文化程度8.3436万人；总人口中少数民族2771人，其中回族2762人、满族8人、壮族1人。

第四次人口普查，1990年7月1日开始，普查资料显示：全县总户数6.6934万户，总人口为28.3495万人，其中男性14.3379万人；1989年7月1日—1990年6月30日，出生5285人、死亡1739人；总人口中汉族28.0341万人、回族3085人、彝族25人、满族22人、壮族13人、苗族3

人、蒙古族2人、布依族2人，瑶族1人、土家族1人。总人口中具有大专以上文化程度的733人，具有高中（含中专）文化程度的1.1589万人，具有初中文化程度的5.0944万人，具有小学文化程度的12.0283万人。其中少数民族人口增加的原因是，南方少数民族妇女嫁到临西农村。

第五次人口普查，2000年11月1日零时开始，普查结果显示：全县总户数7.9302万户，总人口31.3118万人，其中男性15.9328万人；总人口中汉族30.9757万人、回族3124人、蒙古族62人、藏族11人、维吾尔族1人、苗族11人、彝族19人、壮族6人、布依族2人、朝鲜族20人、满族98人、侗族4人。

二、工业普查

1986年，进行第二次全国工业普查。普查结果：全县工业企业单位56个，其中全民所有制工业企业13个、全民与集体联营的工业企业1个、县集体所有制工业企业9个、乡镇集体所有制工业企业33个。

全县工业拥有固定资产原值3618万元，工业总产值8085.5万元，实现利税506万元。主要产品有：氮肥、砖瓦、镰刀、中成药、面粉、豆腐乳、坯布等75种，其中机制平口钉镰被评为河北省优质产品。

1995年4月，进行第三次工业普查。普查结果：1995年末，全部工业企业和生产单位达到1961个，从业人员20913人，工业总产值（当年价）96298.7万元，是第二次工业普查时的11.9倍。

三、经济普查

全国第一次经济普查的标准时间为2004年12月31日，为2004年全年的资料。普查对象是县辖区内从事第二产业、第三产业的全部法人单位、产业活动单位和个体经营户。普查结果显示：2004年末，全县共有从事第二、三产业的法人单位642个，从业人员18847人。其中企业法人189个、事业法人90个、机关法人63个、社会团体法人4个、其他法人296个。产业活动单位158个，个体经营户13611户。

第五节　统计资料

县统计局根据统计研究的目的，将统计调查所得的资料进行科学的分类、汇总、加工整理，编印《临西县国民经济统计资料》（精装本）。1979—2008年，共辑印分年度《临西县国民经济统计资料》共计15本，资料详细记录了全县每年的总人口、耕地面积、农业、林业、渔业生产情况、全县工业生产运行情况以及交通运输邮电、基本建设、物资供应、商业、财政金融、劳动工资、文教卫生等情况。自2001年《临西县国民经济统计资料》改为《临西县经济年鉴》精装16开本。截至2008年共编印《临西县经济年鉴》（2001—2003）和《临西县经济年鉴》（2004—2006）。年鉴在原有资料的基础上增加了政府工作报告、社会发展计划报告、财政执行报告、临西大事记和部分企事业单位的彩色图片及文字材料。年鉴更加系统地反映了临西经济和社会发展进程，是各界人士了解临西、研究临西、投资临西、建设临西的工具书，对推动临西县经济发展、提高知名度发挥了积极作用，为部门工作和领导决策提供可靠的依据，为研究历史发展留下了翔实的资料。

第三章 工商行政管理

第一节 机构设置

1978年1月，设临西县工商行政管理局，配干部7名。1984年1月，局内设办公室、市场管理股、企业管理股、经济合同管理股、个体经济管理股。1986年，成立临西县个体劳动者协会、临西县消费者协会。1987年，增设经济检查股。1998年，工商行政管理实行省级以下垂直管理，局内有办公室、人教股、法制监察股、财务审计股、注册登记股、市场合同股、综合执法股，同时设有消费者协会、个体劳动者协会、私营企业协会、维修行业管理办公室、拍卖行5个挂靠单位。2005年9月，综合执法股改设为公平交易股，增设企业监管股、经济检查执法大队，人教股与办公室合并。

基层工商管理所：1978年1月，城关（今河西镇）市管会改为先锋工商行政管理所，童村市管会改名为城关工商行政管理所。1984年1月，设有城关（今临西镇）工商行政管理所、先锋（今河西镇）工商行政管理所、尖冢工商行政管理所、下堡寺工商行政管理所、老官寨工商行政管理所、吕寨工商行政管理所。1986年，城关工商行政管理所更名为临西工商行政管理所、先锋工商行政管理所更名为河西工商行政管理所。1995年，增设大刘庄工商行政管理所、摇鞍镇工商行政管理所、东枣园工商行政管理所。2004年，按照省局撤并整合基层所的要求，将基层所撤并调整为临西工商行政管理分局、河西工商行政管理分局、下堡寺工商行政管理所、吕寨工商行政管理所。

第二节 体制改革

1979年，在计划经济体制下，工商行政管理主要是对企业经营、个体商户、市场、合同、商标广告进行监管，以整顿、惩罚为主，重点打击走私贩私、倒卖票证、买空卖空、掺杂使假、以假充真、短斤缺两、哄抬物价、破坏金融市场等投机倒把行为，严厉制止违法经营活动。

改革开放以来，随着市场经济体制的建立和完善，工商行政管理体制进行改革。1995年下半年，工商从监管集贸市场和商贩经营转移到监管社会主义大市场，促进市场经济的发展。1998年，国家对省以下工商部门实行省级垂直管理，同时，接受地方党委、政府的领导，进一步强化了工商职能，优化了工商行政管理依法行政环境。垂直管理后，实行统一领导、分级负责的管理体制，人、财、物统一由省直接管理，并对内部机构设置进行了调整。在职能上，把发展作为履行职责的第一要务，鼓励、支持和引导个体、私营经济的发展，积极帮助企业做好冠名、商标注册、政策咨询、实施名牌战略，建立起适应市场多元化的管理体制；在登记制度上，推行服务大厅一站式服务，减少审批环节、减少办事程序。为方便群众从事经营活动，企业登记实行“一审一核”制，将个体登记权下放到工商所，由群众在辖区内直接办理，营造了公开透明、快捷有序的准入环境；在市场监管上，坚持整顿和规范同步，惩恶与扬善并举，治标与治本并重，从根本上规范市场经营秩序，建立公平、公正的市场经营环境。为切实保护广大消费者和企业的合法权益，1998年建立了12315消费者保护网络体系。2003年，在各乡镇建立了“一会两站”，即：消费者协会分会、消费者投诉站、12315联络站；在推进依法行政上，坚持以规范行政权力为着力点，以便民、利民、惠民为落脚点，以行政权力公开透明运行为重点，通过全面清理权力行使项目，工商部门共有7项行政许可职能、10项非行政许可的行政审批职能、4项行政事业性收费职权、104项行政处罚职权。

第三节　企业登记

工商企业登记，是企业市场准入的关口，负责企业的市场准入和市场退出。对各类企业的兴建、停业、转业、迁移、合并及生产经营活动依法进行审查、登记，进行监督与管理。对于符合条件的企业，根据企业申请，随时办理手续、颁发营业执照。对国家有前置审批条件的新上企业，需待前置许可手续完备后，方可核发营业执照。2005 年，根据国家规定，棉花、化工、食品、医药、成品油等行业的新上企业，必须经省、市有关部门批准，办理营业执照后，方可生产经营。

1995 年以来，全县轴承产业发展迅猛，轴承经销和加工大户纷纷设立营销门市部、兴建轴承企业。2000 年，国家棉花收购政策放开，下堡寺、姚楼、吕寨等棉花主产乡镇的群众，积极兴建棉花收购加工企业。2005 年，全县有登记在册的轴承企业 126 户、棉花加工企业 47 户。随着改革开放的不断深入，企业性质发生了根本性变化，原国有企业有的破产注销、有的破产改制、有的招商出售改为股份制企业。尤以适应现代企业制度的股份制企业、合资企业发展较快。2005 年，登记注册的国有企业 60 家、有限责任公司 130 家、其他企业 26 家。2008 年，登记注册的国有企业 14 家、有限责任公司 261 家、其他企业 424 家。

2006 年省、市级冠名企业统计表

表 12–1

企业名称	法人代表	企业住址
河北隆润纺织有限公司	赵绍杰	阳光工业园区
河北环升轴承有限公司	王东升	江村
河北玉祥美魔石有限公司	周纪伦	常园
邢台通联轴承有限公司	呼凤仙	河西镇北环路
河北斯乐诺化科技有限公司	李忠华	五里窑
河北新昊元液压元件有限公司	胡玉明	站南街
河北鑫宇轴承有限公司	蔺秀霞	来店
河北飞龙轴承有限公司	党军成	宏毅街
邢台飞达轴承有限公司	方祖平	仁庄
邢台冀鲁广告有限公司	赵增祥	河西
邢台华奥轴承有限公司	张秋兰	相庄
邢台延寿天然调味品有限公司	徐清刚	尖冢
邢台鑫泰轴承有限公司	李金贵	县城东郊
邢台振华玻璃有限公司	陈维志	乔屯
河北蓝天汽车轴承制造有限公司	姜玉平	轴承大世界
河北华春液压汽配有限公司	黄培华	黑庄
河北联友轴承有限公司	夏树宝	西夏庄
邢台洪海轴承有限公司	张洪海	相庄
邢台森力轴承有限公司	王立兴	榆阳北街

续表

企业名称	法人代表	企业住址
邢台微子轴承有限公司	王子春	河西西环路
邢台恒耐斯轴承制造有限公司	王树荣	老官寨
邢台保友轴承制造有限公司	李保友	迎宾路
邢台创佳轴承有限公司	许　伟	相庄
河北隆达轴承制造有限公司	郭金峰	白庄
河北德瑞博轴承销售有限公司	秦凤平	迎宾路
河北龙兴电缆有限公司	樊天玲	太行路
河北玉良轴承滚动体有限公司	李玉良	太行路
河北博润饲料有限公司	张金高	河西镇
河北华剑汽车配件有限公司	王振祥	河西镇
河北神龙轴承有限公司	侯五贵	江村
河北飞驰轴承有限公司	方祖贞	白庄
河北恒星轴承有限公司	杜明亮	杜洼
河北五环轴承有限公司	李忠民	相庄
河北金光汽车配件有限公司	焦金国	河西北大街
河北银光化工有限公司	孙柏文	县城西郊

2005 年注册资金 500 万元以上企业统计表

表 12-2

企业名称	法人代表	住址	备注
临西县电力局	马一骏	泰山东路	国有
河北鑫泰轴承锻造有限公司	李金贵	县城东郊	民营
临西县龙升房地产开发有限公司	徐长龙	县城	民营
临西县鑫鑫水利工程有限公司	张　华	河西镇	民营
临西县粮油购销公司	沈洪福	泰山东路	国有
河北环升轴承有限公司	王东升	常屯	民营
邢台润发特种漆业有限公司	刘立顺	陈林	民营
邢台锦鑫源轴承有限公司	夏树青	吕寨工业园区	民营
临西县利民典当有限公司	李金贵	玉兰东路	民营
临西县华城房地产开发有限公司	张新辉	泰山路	民营
河北隆润纺织有限公司	赵绍杰	阳光工业园区	民营
河北斯尔诺生化科技有限公司	李忠华	五里窑	民营

续表

企业名称	法人代表	住址	备注
临西县中天轴承有限公司	李玉梅	曹村	民营
河北双庆棉业有限公司	刘庆林	姚楼村	民营

第四节　个体工商

1979 年，国家允许个体经营，支持个体企业的发展。到 1980 年，共办理个体工商户营业执照 1564 户。为了促进个体经济的发展，保护个体工商户的合法权益，1983 年 9 月，成立临西县个体劳动者协会（简称个体协会）。个体协会以自我教育、自我管理、自我服务为宗旨，培育、引导、支持和促进个体经济的发展。

1993 年，《中华人民共和国宪法（修正案）》颁布，其中明确规定，国家保护个体经济、私营经济等非公有制经济合法的权利和利益。国家鼓励、支持和引导非公有制经济的发展，并对非公有制经济依法监督和管理。在国家政策的鼓励支持下，个体经济发展很快。2000 年，全县个体工商户发展到 2721 户，从业人员 7755 人，注册资金 4218 万元。随着经济政策的进一步放开，个体经营的领域越来越宽，一些资金雄厚的个体户转为建公司、办企业。个体工商户的经营场所、规模迅速扩大，各类超市大量涌现。2008 年，全县个体工商户发展到 5554 户，从业人员 3 万余人，注册资金 1.5 亿余元。

1979—2008 年各类工商户统计表

表 12-3　　单位：个

年度	国营	集体	民营	年度	国营	集体	民营
1979	35	53	8	1994	67	104	91
1980	39	54	9	1995	109	105	96
1981	46	58	11	1996	137	136	103
1982	49	62	18	1997	156	202	112
1983	54	72	21	1998	162	247	125
1984	63	76	29	1999	165	256	131
1985	69	78	34	2000	169	267	136
1986	70	84	42	2001	67	118	145
1987	72	85	47	2002	62	119	167
1988	71	83	51	2003	51	129	173
1989	71	89	57	2004	52	129	179
1990	71	90	62	2005	45	112	183
1991	59	92	68	2006	36	112	187
1992	60	97	72	2007	32	110	192
1993	64	98	84	2008	32	115	239

第五节 市场监管

1979年后，临西县集贸市场迅速恢复和发展，各类市场相继放开，经济贸易日趋活跃。市场经营主要涉及轴承、农副产品、建筑建材、日用商品等。在计划经济时期，工商市场监管主要是对集贸市场上出现的欺行霸市、短斤少两、买空卖空、非法倒卖、控购物资等行为进行处罚。80年代中期，轴承市场活跃，仓上轴承市场于凌晨5时开市，早晨8时交易基本结束。上市货物主要是翻新轴承、落套轴承、轴承零部件及全国各地的品牌轴承，有大批的国内客商参与市场交易。工商监管对轴承市场实行管而不死、活而不乱的原则，重点打击销售假冒伪劣轴承的不法行为，以促进轴承业的健康发展。

二十世纪九十年代，集贸市场进一步壮大，建起了仓上、白庄、蒋庄、河西镇、童村5大轴承市场。工商市场监管以引导、教育和整顿规范为主，重点引导轴承经营业户从事守法经营，打击假冒伪劣产品和交易中的欺诈行为，维护轴承市场的经营秩序。市场经济体制建立之初，全县各类市场进一步放开，从事粮食、棉花交易的商户日趋增多，市场正常经营秩序受到影响。工商局按照国务院1998年《粮食收购条例》和《粮食购销违法行为处罚办法》的规定，对个体经营粮食行为进行整治。同时，取缔个体棉花经营商户，以维护市场经营秩序。2000年后，市场经济体制逐步完善，县集贸市场逐步走上了开放发展的轨道。轴承市场以新兴建的中国轴承大世界为依托，由集市交易转为在专业市场内坐商交易、电话交易、网上交易。2005年，临西中国轴承大世界被省评为“三星级诚信市场”。为营造规范有序、和谐诚信的市场环境，工商市场监管坚持依法行政、从严执法，组织开展了以红盾护农、食品安全、虚假广告、商标注册权保护、打击传销、治理商业贿赂、无照经营清理等专项执法行动，及时查处和打击了各种违法经营行为。在农资市场监管上，每年都查处一批不法经营者销售的不合格化肥、农药和种子，其中有2起制售假冒化肥案件被省列为2004年、2005年十大案件之一。2005年，全县共清理无照经营户859户，补办执照600余户。2008年，全县共清理无照经营户1702户，补办执照1248余户。

第六节 商标监管

改革开放后，随着经济的快速发展，企业生产经营者开始重视对其生产的商品进行商标注册，注册的主要类别有轴承、医药、食品加工、商业服务等。在计划经济时期，已注册的12种商品，随着企业的停产，其商标因未续展而废止。商标监管重点支持企业实施品牌带动战略，帮助企业对其生产的产品进行商标注册。同时，严厉打击销售侵权注册商标专用权的违法行为，对制造侵权商品伪造注册商标的行为进行强行制止及处罚，以保护企业注册商标的合法权益。

2005年部分注册商标统计表

表12-4

注册单位	产品名称	注册商标名称	注册日期
临西县绿佳油脂有限责任公司	植物油	绿佳	1996.5.7
临西县临西镇龙华面粉加工厂	食用面粉	冀临	2003.10.21
临西县酿酒厂	白酒	十指全	1997.2.21
临西县华峰砂轮有限公司	砂轮	恒发	2004.2
邢台润发特种漆业有限公司	油漆\涂料	傲松	2004.8.21
临西县玉兰酒业有限公司	白酒	玉兰	2001.9.28

续表

注册单位	产品名称	注册商标名称	注册日期
临西县福星化工有限公司	砂轮	临光	1997.9.28
邢台联友轴承有限公司	轴承	宝鑫	
临西县临汾轴承厂	轴承	临轴	2002.6.28
临西县亚泰轴承有限公司	轴承	东升	
临西县鸿达轴承厂	轴承	CKG	2004.5.28
临西县航天轴承有限公司	轴承	HTBB	2004.11.21
临西县兴玖轴承厂	轴承	兴玖	2002.11.28
上海复星临西药业有限公司	中药	星泉	2003.3.1
临西县粮油集团总公司	啤酒	绿洲	1997.7.28
临西县粮油集团总公司	水果罐头	恒绿	1997.8.7
临西县粮油集团总公司	加工坚果	翠佳	1997.8.7
临西县粮油集团总公司	食物蛋白	绿洲	1997.7.21
临西汽车液压件厂	汽车液压件	华春	2001.2.21
邢台隆达轴承有限公司	轴承	HBL	2002.3.7
临西县群英轴承厂	轴承	群艳	2002.12.07
邢台恒耐斯轴承有限公司	轴承	恒耐斯	2005.1.21
临西县卫河酱菜厂	酱菜	卫河	2001.3.21
临西县江裕轴承厂	轴承	HJY	2000.6.14
临西县松青轴承厂	自动加油轴承	卫青	2003.7.7
临西县环通轴承厂	轴承	环通	2002.11.14
临西县冀民轴承厂	轴承	K	2002.10.28
临西县冀民轴承厂	轴承	ZZ	2002.10.28
临西县冀民轴承厂	轴承	VBF	2002.10.28
临西县洪海轴承厂	轴承	Fe	2004.7.7
临西县洪海轴承厂	轴承	FKD	2003.11.7
临西县长城长农机配件厂	轴承	NTN	2004.5.21
临西县金豹轴承加工厂	轴承	兴临	2004.1.7
临西县明泰机械厂	轴承	明信	2004.5.21
邢台绿洲农肥有限责任公司	肥料	得立格	2004.9.28
临西县江裕轴承厂	柴油机＼轴承	HJY	2000.6.14
临西县腾飞轴承厂	轴承	金鸟	2005.7.28
临西县火柴厂	安全火柴	兴临	
临西县氮肥厂	碳酸氢铵	兴临	

第七节 广告监管

1982年5月1日，国家的《广告管理暂行条例》公布实施，工商部门开始对广告实行监管，对广告制作、广告宣传品进行审核监管。1994年10月，国家颁布实施《中华人民共和国广告法》，工商部门对辖区内涉及制作、发布广告的法人、其他经济组织或个人进行监管。广告形式涉及广播电视、报刊、路牌、印刷品、霓虹灯等。对违反国家法律法规、损害民族尊严、有反动、淫秽、迷信、荒诞、弄虚作假、贬低同类产品等不法广告不得刊播、设置或张贴，违者严厉处罚。对在市场上出现的“降价处理”“有奖销售”和对标注“专利产品”“名优产品”“消费者信得过产品”等进行严格审查和鉴别，严厉查处和取缔各类欺诈消费者的广告，维护消费者的合法权益。2005年，县内经营广告业务的单位共40多家，其中广播电视1家、报刊2家、广告装潢单位20多家、广告印刷单位12家。

第八节 经济合同监管

1981年，国家《经济合同法》颁布之后，工商部门设立合同监管股，对各类经济合同进行管理，合同签订涉及买卖、赠予、借款、租赁、融资、承揽、建设工程、运输、技术、委托等种类。到2000年，共鉴证合同10余类120余份，鉴证金额5000多万元。1995年，国家工商总局颁布《企业动产抵押物登记管理办法》后，为加强对企业动产抵押物的登记管理，防止重复抵押，保障抵押债权的实现，工商部门开展了企业动产抵押物登记工作。到2005年，共输录企业动产抵押物登记150余份，价值9000余万元，抵押贷款6300余万元。为加强市场信用管理，保障交易安全，在全县组织了9次“守合同重信用”宣传教育和评选活动，先后有200家（次）企业被评为“守合同重信用”企业，其中省级“守合同重信用”企业30家、市级“守合同重信用”企业72家。

第四章 物价管理

第一节 机构设置

1979年，恢复县物价委员会，与县计划委员会联合办公。1982年底，物价委员会独立办公，有管理人员3名。1983年底，设物价局。1984年，建立物价检查所，为局属事业单位。1995年10月，增设价格事务所和信息服务中心。1996年11月，行政编制11名、事业编制20名，办公室改为人秘股，增设物价股、收费股。2002年，设有办公室、价格收费管理股、市场价格监测股，编制15人。设检查所、价格认证中心、价格信息服务中心3个事业科室，编制20人。

第二节 商品价格

按照中央有关政策，从1979年粮、棉、油等农产品收获上市起，大幅度提高国家收购价格，畜产品、水产品和其他经济作物的收购价格也相应提高，提价幅度在20%以上。粮、棉、油完成统购任务后的超购部分，另有30%—50%的加价。1981年11月18日起，降低涤棉布价格，平均每米0.66元。同时，提高优质酒和高级卷烟价格，国家名酒提价2元/市斤，地方名酒提1元/市斤，粮食散装白酒提0.1—0.2元/市斤；甲级烟平均提价0.27元/盒，乙级烟提0.08元/盒，丙级烟提0.02元/盒，丁级烟不提价。按当时市区商业库存测算，涤棉布降价减值203.7万元，烟

酒提价增值51.2万元，相抵后净减152.5万元。1983年1月，调整纺织品价格，涤棉布零售价格由每米1.20元，下调28%；纯棉布每米提价0.3元，涨幅为20%。1984年4月起，先后有71个种类的日用品实行价格浮动。1983—1984年，分三次对1130种日用品价格放开。1985年4月，调整粮油价格，取消统购统销，实行合同定购，超购按比例加价。同年3月，调整生猪购销政策，取消派购，实行议购议销。1986年9月，放开黑白电视机、收录机、洗衣机、电冰箱、自行车、80支以上纯棉及针织物品的价格。1988年7月，放开13种名酒、13种名烟价格。此后，市场价格全面放开。近年来，石油、钢铁等价格提倡与国际接轨，物价部门只作市场调查，为国家宏观管理提供依据。

物价补贴：由于国家几次提高销售牌价，从1985年起，财政以附加工资的形式用于干部职工的粮价补贴、副食补贴、交通补贴及专业津贴等。从1985年起，肉食提高销售价格，对城镇居民每人每年补助12元，对行政事业单位工作人员每人每月补助3元，回民每人每月补助4元。另有粮油加价、蔬菜市场价差、民用煤销售价差、化工制皂用猪油价差、工矿产品价差等项补贴。1988年5月开始，试行主要副食品零售价格变动补贴，职工每月补贴8元。是年，全县累计发放补贴596万元，占人均工资的14.5%。其后，随着几次大的工资改革、各种补贴被工资涨幅所取代。

第三节 价格改革与管理

一、价格改革

1984年7月12日，邢台市物价局下发了《关于物价改革的意见》，将市局定价的64个种类商品中的29个种类的价权下放到区和业务主管局（公司）；按省规定对54个种类的日用工业品实行浮动价，上下浮动幅度一般掌握各10%；进一步放开三类日用小商品的定价权；完成统、派购以外的农副产品可以多渠道经营，议购议销；允许企业自销完成国家计划后超产的工业生产资料，一般在不高于牌价20%的范围内自行定价。1985年开始，国家本着“放调结合，小步前进”的方针，对煤炭、农村粮油购销、生猪收购和猪肉销售、铁路短途客货运等进行了价格调整和改革。1985年1月1日，放开蔬菜价格。3月14日，取消生猪派购。5月10日，猪肉价格由1.17元/市斤，上调为1.35元/市斤。11月20日，市物价局确定肉、蛋、菜、果的指导性销售价：猪肉去骨冻肉每市斤1.40元、鲜肉1.45元、牛肉1.75元、羊肉1.80元；鸡蛋凭票每市斤1.55元；大白菜、苹果、梨也作了相应规定。1985年，国家取消了企业计划外自销价不得超过牌价20%的限制。从此，出现了生产资料的计划价格和市场价格并存的“双轨制”局面。农业生产资料同样实行“双轨制”，农资经营部门计划外自采部分，报请当地物价部门按纯利不超过1—3%的微利，原则一次一批准。1986年9月，放开了黑白电视机、收音机、洗衣机、电冰箱、自行车、80支以上纯棉纱及其织物、中长纤维布七种工业消费品的价格。1987年1月，又放开了毛巾、袜子的价格。1988年5月，上调了糖、牛奶、肉、蛋的指导价格及相关产品价格。7月，放开了13种全国名烟、13种全国名酒的价格，提高了部分高中档卷烟和优质白酒、普通白酒及啤酒的价格。1989年4月，同比指数达到126。物价局严格控制提价，对放开的黑白电视机、洗衣机、电冰箱、自行车等10种重要工业消费品，严格实行价格申报制度，对16种农副产品及副食品实行提价申报制度，对10种大路菜实行指导价格，对议价粮油实行利润率与售价双控制。同时，对计划外钢材、水泥、化肥、农药、农用地膜等重要工农业生产资料，从生产到流通的各个环节的价格都加以控制，一是限价、二是专营、三是实行价格申报。1990年3月，零售物价指数开始下降。市局陆续调整了一些明显不合理的商品价格和经营性收费标准，如馒头、油条、酱油、醋、面酱、牛奶、木制家具和自来水价格，中小学杂费、高中学费、幼儿园收费、理发费等。3月，提高了石油和成品油价格。8月，提高了煤炭价格。继1989年9月提高铁路、水运、客运价。1990年3月，再次提高货运价。1990年4月1日起，全省统一提高汽车客运价。10月20日起，提高汽车货运价。7月31日起，提高邮政资费150%。1989年11月，提高了食盐价格。1990年7月，提高了洗衣粉、肥皂价格。10月，提高了棉纺织品价格。11月，提高了食糖价格。是年，国家部分调整了粮油收购价格和皮辊棉收购价格。1990年，再次提高棉花收购价格。1991年后，本着“既要稳定物价，又要振兴经济”的指导思想，继续深化价格改革。除了按照国家部署落实铁路货运及成品油、煤炭、钢铁系列产品的价改措施外，精心组织了1991年4月份提高粮油统销价格和7月份放开卷烟三级批发和零售价格两次大的行动。除一度出现过市民购粮集中外，没有出现大的波动。年初，放开服装价格，市场平衡，群众满意。物价局还取消了13种商品的价格申报制度，恢复了6种商品的经营差率，对计划内黑色金属、部分轻化产品实行综合平均价管理，对三类机电产品试行综合差率等。1992年，价格改革迈出较大步伐：一是4月1日、8月1日，分别提高了粮食统销价格、民用燃料价格以及相关产品价格，使其逐步接近市场形成的价格水平；二是放开了省以上管理的166种（类）和市管的40种（类）商品价格；三是放开了城市居民定量供应的猪、牛、羊肉价格；四是取消了工业消费品、议价粮油、议价饲料原有的差率控制；五是调整了地方产啤酒和部分市管产品的价格；六是改革了饮食行业的价格管理办法；七是放活了部分经营性收费标准。

二、价格监督检查

1984年10月，成立物价检查所，作为同级物价部门领导下专门从事价格监督检查的机构。检查范围不断扩大，由粮、油、肉、蛋、菜、煤、气等生活必需品到家电等日用工业品，由烟、酒、糖、醋到餐饮服务，由存车、住宿到车票、电话，由生活资料到生产资料，由零售环节到批发生产环节，由商品价格到各种收费，由医疗教育等向居民的收费到各个行政部门对企业和各类经营者的收费。检查方式：一是平时的市场检查，包括受理群众举报；二是重要节日前和重大价改项目出台前后或价格有大的波动时为保持市场稳定而进行的检查；三是根据上级的统一部署或辖区内的热点问题组织的对某些行业或部门的专项检查；四是从1985年开始的根据省、市安排进行的一年一度的税收、财务、物价大检查。对查出的价格违法问题，依照相关的法规，由物价检查所给予行政处罚。处罚内容主要有责令退还用户、没收非法所得和罚款。专职物价检查人员从事的和人大、政府组织的价格监督检查称为国家监督。此外，还有社会监督和企事业单位内部监督。

企业内部监督，是帮助较大型的企业设立物价机构，小型企业设专职或兼职物价员，经常组织学习物价政策法规和合理的作价办法，以保障本企业在经营中不出价格差错。

三、明码标价

1985年1月，为配合“双信”活动，市物价局下发文件要求国有商业、服务业实行明码标价制度。针对当时存在的国家定价、浮动价和协商定价（即议价）三种价格形式，标价签分为红、绿、蓝三种颜色。1990年2月1日，国家物价局发布《关于商品和收费实行明码标价制度的规定》，要求国家定价用红色标价签、国家指导价用蓝色标价签、市场调节价用绿色标价签，统一由物价检查机构监制，违反该项制度的由物价检查机构处罚。

四、价格收费

1996年6月，增设收费股，主要负责研究拟定工业品价格改革，调整方案并组织实施；直接管理水、电、药、煤气、天然气等重点垄断性的工业品价格，对关系国计民生的主要农副产品价格进行监审；负责管理国家机关及公益事业收费项目和标准，并按规定办理、审验收费许可证；负责管理城市建设、土地系统收费，负责交通运输价格、邮政通信资费、房地产价格、物业管理、取暖等经营性收费和公用事业收费，并按规定办理、审验收费许可证。2002年，更名为价格收费管理股，其工作职责不变。

五、农产品成本调查

1995 年，农产品调查队建立后，长年系统地开展有关粮、棉、油、菜、果、药的种植业成本的调查和猪、牛、羊、鸡、鸭、兔、鱼等养殖业成本的调查。

六、价格信息服务

随着社会主义市场经济目标的确定，价格信息的重要性愈加明显。为突出物价部门的信息服务功能，县物价局 1995 年 10 月成立价格信息咨询服务中心，与全国各省、地、市、县建立了直接和定期的信息交流，建立固定网络用户。当年，为县内 48 家企业提供信息 80 余条。1998 年，实现了全省微机联网。到 2008 年服务企业达 760 家，提供信息达 3200 条。

七、价格事务

随着对价格评估、价格仲裁、价格认证需求的增多，1995 年 10 月，物价局启动价格事务工作，其目的是建立正规的价格中介机构，更好地为县域经济服务。2002 年，价格事务所更名为价格认证中心，负责公、检、法、司等执行机关扣押物品、以物抵款、赃物等物品的评审作价工作；为工商企业传递价格信息，协调部门、企业之间商品价格和收费的标准争议。

第五章　审计

第一节　机构设置

审计体系由 3 部分组成，即国家审计、社会审计、内部审计。国家审计即审计机关；社会审计为审计事务所，属中介组织；内部审计为各单位的内审机构。

国家审计：临西县审计局自 1983 年 5 月成立，内设机构逐步建立和完善，审计队伍逐步壮大。1983 年仅有工作人员 2 名，1984 年设有办公室，工作人员增至 6 名，1986 年增设河西办事处，1990 年工作人员增至 15 名，1994 年增设综合股，工作人员增至 20 名，1996 年机构改革后内设机构为：人秘股、行政事业审计股、工商企业审计股、财政金融审计股，工作人员为 17 名，2002 年再次机构改革，内设机构调整为：办公室、行政事业审计股、经贸金融审计股，工作人员 13 名，截至 2008 年底机构设置未改变。

社会审计：临西县审计事务所 1988 年 4 月成立，事业单位，1999 年 12 月与审计局脱钩，更名为临西县宏毅会计师事务所。

内部审计：1989 年以来，经委、粮食局、供销联社、金融系统等部门设立了内部审计机构，共设专职内部审计人员 57 名。

第二节　审计业务

建局以来，逐步开展了财政、财务收支审计、资产负债损益审计、经济责任审计、专项审计、固定资产投资审计、外资运用审计及调查审计等。1995 年《审计法》颁布实施以来，每年对县本级财政预算执行情况进行审计监督。采取的审计方式：一是就地审计，即审计人员亲临被审计单位进行审计；二是送达审计，即被审计单位把会计账簿、凭证等会计资料送到审计局，必要时二者相结合。审计局每年按照省市审计机关安排和县政府的年度计划，对县内部分行政事业单位、乡镇和企业等进行审计，出具审计报告，对违反财经法规行为给予处理处罚，出具审计决定书，并配合、协助纪检、检察等部门对有关经济案件进行审查。审计方法主要采取顺查法、逆查法、抽查法、盘点法，同时使用计算机辅助审计，提高了工作效率。

第三节 审计成果

1983年至2008年，临西县审计局先后对1122个单位进行了业务审计，查处各种违纪违规行为金额累计23723.72万元，增加财政收入538.83万元，向司法机关移交案件线索1件，向县委、县政府和上级审计机关提交各类审计报告和综合报告485篇。尤其近三年来，查处挪用专项资金343万元，政府投资项目审计审减工程造价867万元。连续多年被评为工作“实绩突出”单位。

财政审计方面，自1995年《审计法》颁布实施以来，每年对临西县财政预算执行情况进行审计，并对地税系统的预算执行和税收征管情况进行审计，逐步加大对财政、税务部门“依法治税”“依法理财”的审计监督力度和对预算执行部门执行意识的审计监督，促进各部门财政收支真实、完整、合法、有效，维护预算严肃性和权威性。2007、2008连续两年受县政府委托向县人大常委会作了关于临西县本级预算执行及其财政收支情况的审计工作报告。

经济责任审计方面，1999年中办、国办关于经济责任审计两个暂行规定颁布后，根据两办文件精神，县委颁布了《关于进一步加强对干部任职经济责任审计及离任审计监督的意见》，明确了相关要求，领导干部经济责任审计逐步步入了制度化、规范化轨道，做到了逢离必审。2008年在开展离任经济责任审计的基础上，开展了任中经济责任审计。2007—2008年共完成经济责任审计项目12个。

专项资金审计方面，随着惠农政策的落实，政府不断加大对各类专项资金的投入，各级政府转移支付的各类专项资金日益增多，专项资金审计成为近年来的审计工作重点。特别是对涉及群众切身利益的涉农资金、社保资金和群众关注的基础设施建设资金及国土资金等，每年都要进行专项审计，监督相关政策的落实，确保专款专用，发挥资金应有的效益。仅2007—2008年共对8项专项资金进行审计，发现各种违纪违规资金626万元。

固定资产投资审计方面，1994年固定资产投资审计起步，委托社会审计部门进行审计。2002年县政府印发了《关于对基本建设项目实行审计的通知》，做出了对政府投资基本建设项目进行竣工决算审计的决定。审计部门进一步加大政府投资审计力度，取得了新的突破。2008年县政府印发了《关于加强建设项目审计工作的实施意见》。县政府专门成立了领导小组，加强了政府投资项目审计工作，审计机关提前介入，参与招投标，实行跟踪审计，并坚持建设项目未经审计不得竣工决算。近两年，共完成固定资产投资审计项目38个，审计项目总额12720万元，通过审计为国家节约建设资金856万元。

其他审计方面，围绕中心工作，积极配合有关部门搞好各类专项审计，发挥应有的作用。1985年配合县纪委、检察院对县棉织厂的财务进行了专案审计，对利用掌管财务工作之便、损公肥私、贪污公款5.1万元的会计人员给予了严肃处理。1988—1990年，配合财政、税务等部门进行了财税大检查。1991—1995年，对34户企业、92家承包单位的经营情况、粮食企业挂账情况及计生系统计划生育费进行了审计。1996—2000年对火柴厂、砖瓦厂等企业进行清产核资。2001—2005年受县政府委托对制造厂、造纸厂、供电局等申报受奖企业的利税实现和上交情况进行审计；对粮食系统和供销系统的破产、改制企业进行财产清理。配合县纪委对各执收执法单位的“小金库”进行专项清理。2006—2007年配合市审计局对县城电网改造工程项目资金决算、2003—2005年涉农专项资金、农村公路建设资金、2005—2006年度各类社保资金、土地的报批、征收、供应等各环节的管理情况及国土资金的征收、管理和使用情况、中小学“两免一补”情况等项目进行了专项审计。2008年完成了涉及15个乡镇、工作站和教育系统21个单位的普九债务的清理工作。

1983—2008 年审计成果统计表

表 12-5

年度	审计单位数（个）	违纪金额（万元）	应上缴财政（万元）	已上缴财政（万元）	备注
1983					组建、培训、配合有关部门检查
1984	5	123.2		1.57	
1985	12	160.8	66	56.1	
1986	9	59	8.9	14.7	包括补交 1985 年违纪款
1987	4	17.8	12.1	11.44	
1988	17	81.43	3.24	2.66	
1989	29	184.35	8.2	7.49	
1990	33	150.64	25.72	3.79	
1991	53	139.96	24.48	13.79	
1992	36	802.1	70.7	60.9	
1993	67	385.5	8.58	4.95	
1994	47	173.94	54.4	24.44	
1995	73	703	33	27	
1996	69	1310	28	10	
1997	97	610	20	19	
1998	17	408	49	17	
1999	64	6751	79	20	
2000	83	3785	14	12	
2001	80	1524	30	28	
2002	67	2334	35	35	
2003	51	640	136	16	
2004	26	380	80	25	
2005	40	695	95	28	
2006	40	812	47	19	
2007	48	365	42	37	
2008	55	1128	53	44	
合计	1122	23723.72	1023.32	538.83	

第六章 质量技术监督

第一节 机构设置

1985年5月，建立临西县标准计量局，设在河西镇县经委院内，下设办公室、计量所、质检所。1989年，质检所搬至县城永济街（今阳光大街）。1993年3月，标准计量局更名为技术监督局，下设办公室、综合业务股、质检所、计量所。1995年，技术监督局搬至县城质检所院内。1999年，实行垂直管理，更名为质量技术监督局，同年，成立打假办公室。2000年，特种设备安全监察职能从劳动局划转到质量技术监督局。2004年，食品企业及小作坊日常监管职能划转质量技术监督局。2005年，设立特种设备监察股。2006年11月，质量技术监督局搬至清渊街2号原国税局驻地。2007年，成立食品办、财务股和河北省滚动轴承产品质量监督检验站。

质监局

质监局视频会议

第二节 工作职能

建局之初，质量技术监督部门的工作重点是开展全县计量升级认证和标准计量工作。随着社会主义市场经济体制的日趋完善，质量技术监督的职能得到了加强。主要职责转变为对全县标准、计量、质量工作的宏观管理，强化质量管理和质量监督工作；加强技术监督执法队伍建设，强化执法和打假力度；加强对生产、修理、经销计量器具的监督管理和对计量器具、标准器具的监督检查；查处计量违法案件，对强制性标准实施监督；强化质量检测、计量测试、产品标准、科技情报、技术信息等服务功能。同时，强化了企业标准和计量工作。通过监管，企业自觉依法加强管理，自愿申请确认，职能部门由行政干预转向指导服务。2003年，西药、中药质量监督管理、流通领域商品质量监督管理、产品质量纠纷仲裁划出；参与或组织质量技术监督法律、行政法规执行情况，增加锅炉、压力容器、压力管道、电梯、起重机械、厂（场）内机动车辆、游乐设施、客运索道、防爆电器等特种设备安全监察监督管理。

第三节 标准化与计量管理

1985—1995年，利用标准器对全县磅秤、木杆秤、天平、卡尺、千分尺、直尺、压力表、血压表8种计量器具进行强制检定。指导企业修订标准，督促产品创优升位。组织全县13个企业进行了标准工作培训。1991年，对全县28个企业、

44个品种的工业产品质量进行普查，帮助企业制定标准5个。1992年，对全县强制检定的计量器具进行摸底排查，县内强制计量器具共3项、13种、6927台（件）。1993年，在河西镇增设电表检测、修理服务中心，解决了群众校表难的问题。

1995—2003年，对七项计9000台（件）计量器具进行了周期定检，合格率为98.5%。加强以商品计量为重点的市场监管，打击短秤缺量的计量违法行为。每年麦征期间，对粮站所用的计量器具进行检测，集中进行调整。

2003—2006年，加强以商品计量和定量包装为重点的产品、商品进行监督，严厉打击侵害消费者利益的计量违法行为。开展计量合格认证工作，帮助20家企业完善了计量检测体系。对全县工业产品标准实行动态管理，更新了标准台账。实施农业标准工作，推广了棉花加工、大棚蔬菜生产标准，为企业和业户提供标准文本60多份。

2006—2008年，计量监管快速发展，在计量检测方面，投资5万元新建电能表检测项目；投资2万余元新购砝码，扩大衡器检定范围，完善并重新认证了压力表、血压计等10多项计量检测项目。在“查农资、保生产”的执法检查活动中，重点打击农资短斤少两、计量器具作弊、坑害农民利益的行为。在商贸领域，加强对电子计价秤、汽车衡、加油机、出租车计价器以及电能表、水表、燃气表、热量表的监督检查，打击缺斤短两和利用计量器具进行作弊的不法行为。在医疗卫生领域和眼镜制配场所，加强医用计量器具和配镜验光用计量器具的监督检查，维护人民群众的身体健康。推进农业标准化工作，为东留善固申报建立了芦笋、黄金梨标准化生产示范园，帮助村民按标准化组织生产，为产品走出临西、拓宽市场奠定了基础。

第四节　质量监督

二十世纪八、九十年代，重点开展流通领域商品质量的监督检验以及无证、劣质商品的查处工作。在完善质检所综合化验、检定设备的前提下，投资2万元增上棉检项目、农药检验项目和里程表测试仪项目。采取花钱买样的方式，对罐头、酒类、冷饮、糕点、柴油、农药、化肥进行抽检，查处伪劣产（商）品20多个批次，查封了两个个体罐头厂，没收劣质罐头100多件；查处县药材公司经销无证药品10种，对临西镇周楼农民制造的120吨假磷肥进行了集中销毁，切实维护了农民的利益。

2000年，质量监督检验工作得到加强。对具备检验手段的产（商）品，定期进行监督检验。暂不具备检测手段的，进行抽验送检。对群众购买率高的日用品、食品及农资产品进行不定期抽检。对质量不合格的产（商）品依法进行处理。共查处质量大案20余起，价值70余万元。伴随县域经济发展步伐的加快，适时提出了“质量兴县、名牌兴企”战略。积极帮助企业建立健全质量管理和质量保障体系，引导、扶持企业争创名牌，提高产品知名度，为230家企业备案了产品标准；为70家企业规范了标识；为8家企业申报了河北省名牌产品。2001年，锅容管特安全监察职能增加后，立即组建机构，定编定岗，认真履行职责，加强监管。每年组织两次专项检查，消除事故隐患，并对司炉工进行操作培训。

2002年以来，积极实施“质量振兴”战略，围绕区域产品——轴承，大力推行和宣传品牌化战略，突出品牌意识和标准意识。督促、帮助企业按照有关标准组织生产，开创品牌、建设品牌、发展品牌，以品牌产品占领市场、拉动经济，千方百计提高轴承产品的市场竞争力和企业持续发展力。2007年，投资100万元，建成了“河北省滚动轴承产品质量监督检验站”，满足了轴承企业检测需要。到2008年，全县有25家轴承企业通过了ISO90001-2001质量体系认证，46家企业拥有自营出口权。

2007年，在全县范围内深入开展产品质量和食品安全专项整治活动，将区域产品轴承列为重点产品质量整治对象，把水波豆制品、尖冢空心面列为食品安全整治重点。成立了轴承、食品、特种设备、标准计量四个专项整治小组，出动车辆150辆次、执法人员400人次，检查食品企业及小作坊30余家；帮助京卫手工挂面厂进行了车间改造，建立了实验室，完善了制度；帮促中原面粉厂等3家证照齐全的企业进行了整改，完善质量监管链条。食品生产企业发证率100%；食品小作坊企业普查建档率100%；取缔小食品作坊3家，小作坊签订承诺书100%；轴承产品标识造假现象得到有效遏制。

特种设备监察围绕“降事故、保安全”，对在用锅炉25台、容器101台全部进行了检验；检查特种设备使用单位42家，设备150余台次，消除事故隐患13处，下发安全指令书4份，确保了特种设备的安全运行。

临西县8家河北名牌产品单位一览表

表12-6

序号	企业名称	产品名称	企业规模	企业性质	地址
1	临西县华春液压汽配有限公司	气控分配阀	小型	有限公司	老官寨镇黑庄
2	临西县华春液压汽配有限公司	气控举升阀	小型	有限公司	老官寨镇黑庄
3	邢台恒耐斯轴承制造有限公司	轴承	小型	有限公司	老官寨镇仁庄
4	河北航天轴承有限公司	轴承	小型	民营	大刘庄乡
5	临西县凯达轴承进出口有限公司	轴承	小型	有限公司	河西镇西环路
6	河北贝林轴承有限公司	轴承	小型	有限公司	大刘庄乡马刘庄
7	临西县临汾轴承厂	轴承	小型	民营	老官寨镇杜洼
8	河北鑫宇轴承有限公司	轴承	小型	有限公司	大刘庄乡

临西县25家通过ISO认证单位一览表

表12-7

序号	企业名称	产品名称	企业规模	企业性质	地址
1	临西县五环轴承厂	轴承	小型	民营	单屯工作站相庄工业区
2	临西县阳光轴承有限公司	轴承	小型	股份有限公司	河西镇西环路
3	邢台恒耐斯轴承制造有限公司	轴承	小型	有限责任公司	老官寨镇仁庄
4	河北飞达轴承有限公司	轴承	小型	民营	老官寨镇仁庄
5	河北飞驰轴承有限公司	轴承	小型	民营	老官寨镇仁庄
6	河北航天轴承有限公司	轴承	小型	民营	大刘庄乡
7	临西县鹏鑫轴承有限公司	轴承	小型	民营	大刘庄乡
8	邢台鑫泰轴承有限公司	轴承	小型	民营	县城东郊
9	河北联友轴承有限公司	轴承	小型	有限责任公司	吕寨乡西夏庄
10	河北蓝天汽车轴承制造有限公司	轴承	小型	有限责任公司	县城
11	临西县凯达轴承进出口有限公司	轴承	小型	有限责任公司	河西镇西环路
12	邢台创佳轴承有限公司	轴承	小型	有限责任公司	单屯工作站相庄工业区
13	临西县裕隆轴承有限公司	轴承	小型	有限责任公司	老官寨镇

续表

序号	企业名称	产品名称	企业规模	企业性质	地址
14	河北贝林轴承有限公司	轴承	小型	有限责任公司	大刘庄乡马刘庄
15	临西县临汾轴承厂	轴承	小型	民营	老官寨镇杜洼
16	河北鑫宇轴承有限公司	轴承	小型	有限责任公司	大刘庄乡
17	临西县恒泰钢球有限公司	轴承	小型	有限责任公司	老官寨镇杜洼工业区
18	河北玉良轴承滚动体有限公司	滚子	小型	有限责任公司	县城
19	临西县恒胜钢球有限公司	钢球	小型	有限责任公司	老官寨镇杜洼工业区
20	邢台联通轴承有限公司	轴承	小型	有限责任公司	河西镇
21	邢台县兴海轴承有限公司	轴承	小型	有限责任公司	单屯工作站相庄工业区
22	邢台亚鑫钢球厂	钢球	小型	民营	吕寨乡杨圈
23	河北飞龙轴承有限公司	轴承	小型	有限责任	县城
24	邢台洪海轴承有限公司	轴承	小型	有限责任	单屯工作站相庄工业区
25	邢台置信轴承有限公司	轴承	小型	民营	河西镇

临西县出口企业情况一览表

表 12–8

序号	企业名称	产品名称	企业规模	企业性质	地址
1	临西县五环轴承厂	轴承	小型	民营	单屯工作站相庄工业区
2	临西县阳光轴承有限公司	轴承	小型	股份有限公司	河西镇西环路
3	临西县环通轴承厂	轴承	小型	民营	黎博寨工作站尚庄
4	邢台恒耐斯轴承制造有限公司	轴承	小型	有限责任公司	老官寨镇仁庄
5	临西县兴业轴承厂	轴承	小型	民营	单屯瓜厂工业区
6	临西县国庆轴承厂	轴承	小型	民营	单屯相庄工业区
7	临西县恒利轴承厂	轴承	小型	民营	单屯工作站瓜厂工业区
8	临西县龙基伟业轴承有限公司	轴承	小型	民营	临西镇运河西路
9	河北飞达轴承有限公司	轴承	小型	民营	老官寨镇仁庄
10	临西县兴玖轴承厂	轴承	小型	民营	老官寨镇仁庄
11	临西县双力钢球厂	轴承	小型	民营	水波工作站高洼村
12	河北飞驰轴承有限公司	轴承	小型	民营	老官寨镇仁庄
13	河北航天轴承有限公司	轴承	小型	民营	大刘庄乡
14	邢台东方滚动轴承有限公司	轴承	小型	有限责任公司	老官寨镇仁庄
15	临西县鹏鑫轴承有限公司	轴承	小型	民营	大刘庄乡
16	临西县华临轴承有限公司	轴承	小型	有限责任公司	县城

续表

序号	企业名称	产品名称	企业规模	企业性质	地址
17	邢台鑫泰轴承有限公司	轴承	小型	民营	县城东郊
18	临西县金潮轴承厂	轴承	小型	民营	河西镇西环路
19	临西县江裕轴承厂	轴承	小型	民营	河西镇
20	临西县海轴轴承厂	轴承	小型	民营	老官寨镇杜洼
21	临西县祥利轴承厂	轴承	小型	民营	尖冢镇
22	临西县朝阳轴承厂	轴承	小型	民营	河西镇
23	临西县茂源轴承有限公司	轴承	小型	有限责任公司	白地工作站罗庄
24	临西县腾飞轴承厂	轴承	小型	民营	老官寨镇杜洼
25	河北联友轴承有限公司	轴承	小型	有限责任公司	吕寨乡西夏庄
26	河北蓝天汽车轴承制造有限公司	轴承	小型	有限责任公司	县城
27	临西县凯达轴承进出口有限公司	轴承	小型	有限责任公司	河西镇西环路
28	临西县冀东轴承厂	轴承	小型	民营	河西镇西环路
29	临西县中飞轴承有限公司	轴承	小型	有限责任公司	老官寨镇杜洼工业区
30	邢台创佳轴承有限公司	轴承	小型	有限责任公司	单屯工作站相庄工业区
31	邢台微子轴承有限公司	轴承	小型	有限责任公司	河西镇
32	临西县裕隆轴承有限公司	轴承	小型	有限责任公司	老官寨镇
33	临西县建国轴承厂	轴承	小型	民营	单屯工作站东温
34	河北贝林轴承有限公司	轴承	小型	有限责任公司	大刘庄乡马刘庄
35	临西县临汾轴承厂	轴承	小型	民营	老官寨镇杜洼
36	河北鑫宇轴承有限公司	轴承	小型	有限责任公司	大刘庄乡
37	临西县恒泰钢球有限公司	轴承	小型	有限责任公司	老官寨镇杜洼工业区
38	河北玉良轴承滚动体有限公司	滚子	小型	有限责任公司	县城
39	临西县恒胜钢球有限公司	钢球	小型	有限责任公司	老官寨镇杜洼工业区
40	邢台联通轴承有限公司	轴承	小型	有限责任公司	河西镇
41	邢台县兴海轴承有限公司	轴承	小型	有限责任公司	单屯工作站相庄工业区
42	邢台亚鑫钢球厂	钢球	小型	民营	吕寨乡杨圈
43	河北飞龙轴承有限公司	轴承	小型	有限责任公司	县城
44	邢台洪海轴承有限公司	轴承	小型	有限责任公司	单屯工作站相庄工业区
45	邢台置信轴承有限公司	轴承	小型	民营	河西镇

第七章　国土资源管理

第一节　机构设置

1985年，在县农业局内设有土地管理股，编制6人，负责全县的土地管理工作。1987年，设立土地管理局，在玉兰东路与农业局、林业局、农业开发办公室同在一个院内办公，编制8人。1990年，增至18人，下设地政地籍股、建设用地股、监督监察股、办公室、档案管理室。1997年，迁往泰山路东段南侧新办公楼。2002年，改称国土资源局，有工作人员41名。2003年6月，实行省以下垂直管理，有工作人员67名。局机关设办公室、土地监察股、业务股。2005年12月，办公地点迁往泰山西路北侧。

第二节　土地概况

临西县土地总面积54777.71公顷，占邢台市土地总面积的4.4%。1996年土地利用变更调查资料记载，全县土地利用现状结构为农用地面积41905.17公顷，占全县土地总面积的76.5%。其中，耕地面积为3.936407万公顷，占全县土地总面积的71.9%；园地面积为877.83公顷，占总面积的1.6%；林地面积为351.71公顷，占总面积的0.6%；水面面积为1311.56公顷，占总面积的2.4%。全县各类用地中，耕地所占比重最大，垦殖率高达71.9%，高出全市平均值19.4个百分点。历年粮食播种面积占农作物总播种面积的70%左右，棉花播种面积占20%。粮、棉生产占有主导地位，是河北省粮、棉生产基地。建设用地面积10248.26公顷，占全县土地总面积的18.7%。其中，居民点及工矿用地面积6433.75公顷，占全县土地总面积的11.8%；交通用地面积1654.87公顷，占全县总面积的3.0%；水利设施用地面积2159.64公顷，占全县土地总面积的3.9%。全县非农业建设用地占土地总面积的11.8%，高出邢台市（9.4%）2.4个百分点，主要是农村居民建筑用地偏大所致。农村居民点用地占非农业建设用地的75.3%。未利用地面积2624.28公顷，占全县土地总面积的4.8%。

在外延开发方面，全县未利用地2624.28公顷，需因地制宜合理开发利用。在内涵开发方面，全县中、低产田比重较大，增加对农业的投入，改善农业生产条件，提高土地生产力，是土地开发的主要方面。

土地资源破坏和浪费现象：一是八九十年代，全县有砖瓦厂近百座，砖瓦窑用地致使大量土地资源遭到破坏，复垦难度大；二是土地污染在一定范围内存在，使土地资源遭到不同程度的破坏；三是部分农村建房无规划，占地超标，形成一些“空心村”，造成土地资源的浪费。

第三节　地籍管理

地籍管理主要指地籍的初始调查和变更调查。调查的内容包括土地权属和地籍测量以及填写调查表等。

一、土地变更调查

经过对1996年10月20日至2006年10月20日的地籍调查，建设用地占用耕地面积和年内补充耕地面积两者相抵，实现了耕地面积总量占补平衡，全部进行了权属变更。

二、国有土地证书年检

根据国土资源部《关于开展土地证书年检工作的通知》（国土资发〔1999〕78号），1999年，在全县范围内开展国有土地证年检工作，共计3600余宗，1042公顷土地。

年检的范围：县辖区内的各建制镇及独立工矿区的国有土地。

年检的内容：一是查验使用土地的单位和个

人是否办理了土地登记，特别要查处无证用地；二是查验土地登记的内容是否完整、准确、规范；三是查验对土地使用权擅自转让、出租、抵押等交易行为或改变用途等是否依法办理变更土地登记手续。尤其要检查企业改制、商品房开发中涉及的土地转让、抵押行为；四是查处土地证书年检范围内的违法批地、违法用地行为。

八十年代农村宅基地证（孙晓林摄）

三、开展城镇地籍调查及数据库建设

为强化城乡地政统一管理，建立健全地籍管理制度，加快本县国有土地使用制度改革步伐，更好地为经济建设服务，根据《中华人民共和国土地普查法》和《城镇地籍调查规程》规定，按照省、市土管部门的要求，2001年5月开展了县城地籍调查工作。调查范围：县城规划区，东至浸出油厂，西至王路寨村西，南至仓上村南，北至县交警队，约计5.7平方公里。调查对象：凡在上述调查范围内使用土地的单位和个人。包括县建成区内的国有土地和集体土地以及在规划区内的童村和仓上两个村的居民居住地。历时3个月的时间，对县城3746宗土地进行了全面的初始调查，为城区土地登记发证及土地管理工作奠定了基础。

2003年12月，完成了3.57平方公里城镇地籍数据库的建设工作。该数据库采用“瑞得城镇地籍数据库管理系统”，对全县2001年完成的58幅1∶1000标准分幅地籍图、58个街坊3746宗地属性数据进行了录入，完成了本县的城镇地籍初始数据建设。

四、土地利用更新调查及数据库建设

根据河北省2003年下发的《河北省土地利用现状更新调查暂行规定》(试行）的通知，从2004年4月30日开始，开展了土地更新调查工作。共涉及图幅34幅，从试点到全面铺开，历时70天，完成了全县外业地类调查工作，检查率、合格率达到百分之百。同时，还完成了与周边6个县、市的地界接边工作，及时进行了数据库信息建设。2006年10月13日，一次性通过专家组验收。为全县土地管理、土地利用变更调查、动态监测、土地利用总体规划和新一轮的国土资源大调查提供了基础数据和科学依据，为农用地转用制度、建设项目用地审批管理制度、农村地籍管理制度以及全国农业普查数据的建立奠定了基础。

第四节　用地征管

建设用地征管是国土资源管理部门保护耕地、落实土地用途管制制度、服务地方社会经济发展的一项重要工作。主要包括：分批次城市建设用地、单独选址的建设项目用地、农村宅基地、临时用地、土地储备、国有土地使用权出让转让管理等方面的业务工作。

建设用地报批分为单独选址建设项目用地报批和城市分批次建设用地报批两种类型。

农用地转为建设用地，先由省级人民政府批准农用地转用后，再报国务院批准征收土地；省级人民政府批准农用地转用的文件，作为国务院批准征收土地的依据。

征收土地必须依法对被征地单位和个人进行补偿，对造成的剩余劳动力必须组织安置。征收土地及补偿方案必须公告，接受社会监督。

近年来，对传统的土地行政划拨、无偿无限期使用和禁止土地使用者转让土地的制度进行了一系列的改革。国有土地依法实行有偿使用，并建立和培育地产市场。有如下三种形式：①征收土地使用税，税额标准按照土地等级每年每平方米0.5元至7元；②征收土地使用费，此项土地使用费是指外商投资企业在投资经营期内向地方政

府缴纳的用地费，不包括征地、拆迁和基础设施建设费用；③实行土地使用权出让和转让，同时实行城市国有土地使用权和土地上房屋所有权的主体一致的原则。

临西县 2000—2008 年征用土地分类表

表 12-9　　　　单位：公顷

年度	合计	机关事业	重点项目	民营企业
2000	16.938	3.598	13.34	
2001	0.279			0.279
2002	10.38	7.257	3.124	
2003	15.48	11.992		3.475
2004	63.62		3.333	0.908
2005	4.241	8.675	0.907	0.365
2006	2.18	0.36	1.69	0.128
2007	37.114		5.73	
2008	6.689		8.504	

说明：2004 年，邢临高速公路占地 161.733 公顷。

第五节　土地保护

一、土地规划

1997—2000 年，规划占地面积为每年 15.7 公顷，2001—2010 年，规划占地面积为每年 20 公顷。具体规划目标：

省国土资源厅领导验收砖瓦窑复垦现场（2007 年摄）

1、耕地面积稳步增加。完成补充耕地 508.0 公顷，各项建设占用耕地 230.2 公顷，净增耕地 277.8 公顷，实现耕地动态平衡有余。

2、建设用地得到有效控制。新增非农建设用地控制在 278.8 公顷以内，保证能源、交通、水利等国家重点项目和基础设施建设用地。城镇、村及工矿建设用地以盘活存量、内部挖潜为主，其中城镇建设增加用地控制在 208.15 公顷以内，工矿建设用地控制在 53.33 公顷以内。

3、开发、复垦、整理土地资源。开发耕地 150.0 公顷，土地复垦整理 354.0 公顷，完成补充耕地指标。开发林果用地 866.67 公顷，提高林木覆盖率，改善土地生态环境。

4、加强基本农田保护。基本农田保护区面积稳定在 35034.1 公顷。

二、耕地保护

贯彻“十分珍惜、合理利用土地和切实保护耕地”的基本国策，确保一个时期内一定的耕地面积和质量，促进农业生产和社会经济的全面、协调和可持续发展。耕地是指种植农作物的土地。基本农田是耕地的一部分，而且是高产优质的耕地，是依据土地利用总体规划确定的不得占用的耕地。目前，全县基本农田建立了598个保护区，其中一级保护区380个、二级保护区193个、三级保护区25个；设立450个标志牌；各乡镇都建立了基本农田保护档案；县政府与各乡镇政府签订了保护目标责任书，乡镇政府与村委会、村委会与村民小组都相应签订了目标责任书。

三、执法与监察

一是依法对单位和个人执行和遵守国家土地法律法规情况进行监督检查；二是对土地违法者实施法律制裁。县国土资源局设有监察股（执法监察大队），下设5个监察中队（国土所），共同承担全县国土动态巡查及土地监察日常工作。全县有土地监察执法人员19名。执法监察机构的主要职责：1、监督检查国土资源法律法规的执行和遵守情况；2、受理对国土资源违法行为的检举、控告；3、调查处理国土资源违法案件。自1987年以来，共查处各类土地违法案件1000余宗，拆除违法建筑300余处，保护耕地330多公顷。

第六节　土地市场

为抵制土地交易中的不正之风，防止商业贿赂等腐败现象的发生，临西县于2003年6月，建立土地交易大厅，逐步规范了土地市场。对经营性土地使用权全部实行了招标、拍卖、挂牌的方式出让。自2007年开始，对工业用地采取招标、拍卖、挂牌方式出让，出让价格不得低于国家规定的工业用地出让最低价标准。8年来，以招、拍、挂方式出让经营性土地和一宗工业用地使用权共50多公顷，收缴出让金近1.2亿元。

土地交易大厅

临西县招拍挂出让土地使用权统计表

表12-10

年度	出让面积（公顷）	收缴出让金（万元）
2003	5.659	1641.5
2004	41.164	6461.8
2005	9.868	1775.3
2006	3.711	856.5
2007	28.8	6983.6
2008	29.969	6740
合计	119.171	24458.6

第十三编 中国共产党临西县委员会

1979—2008 年，中共临西县第二、第三、第四、第五、第六、第七、第八届委员会带领全县广大党员干部群众，全面贯彻执行党的路线方针政策，紧紧围绕富民强县和全面建设小康社会总目标，解放思想，锐意改革，促进了全县经济社会各项事业的不断进步和跨越式发展。全县经济总量和综合实力逐步增强，社会主义精神文明建设不断深入，民主和法治建设成效显著，党的组织能力和执政能力全面加强。特别是通过改革开放、“三讲”教育、“三个代表”重要思想和科学发展观学习教育，各级党组织的战斗堡垒作用和共产党员的先锋模范作用不断增强，为确保全县政治安定、经济发展、社会稳定、文化繁荣发挥了决定性作用。

第一章　党员

第一节　党员发展

十一届三中全会以来，临西县委严格按照《中国共产党章程》和《中国共产党发展党员细则》，认真遵循“坚持标准、保证质量、改善结构、慎重发展”的十六字方针，坚持有领导、有计划、有重点的原则，围绕组织建设、经济建设、党的中心工作搞好党员发展。

1979年，临西县共有党员9072名，随着党员队伍的不断壮大，截至2008年底，党员人数14120名，比1979年增加5048名。

1991年，中组部印发《关于加强在企业、农村生产一线发展党员工作的意见》，从1992年起，把发展党员的重点放在生产第一线，吸收优秀青年、工人、农民、知识分子入党，从1992年至2002年共发展党员4049名。其中，35岁以下的2105名，占发展总数的52%；高中以上文化的2158名，占发展总数的53.3%；农民2008名，占49.6%；一线工人323名，占8%；专业技术人员445名，占11%。

随着社会主义市场经济的发展和社会阶层结构的变化，非公有制经济已成为全县经济和社会发展的一支重要力量。党的十六大把新的社会阶层中的先进分子与个人、农民、知识分子中的先进分子一起列入申请入党的对象，不断增强党的阶级基础和扩大党的群众基础。2004年至2008年，共发展党员2146名，其中35岁以下的1577名，占党员总数的75.3%；大专以上文化的184名，占8.6%；中专、高中文化的1275名，占59.4%；农民1533名，占71.4%；工人135名，占6.3%；专业技术人员169名，占7.9%；非公有制企业中企业主、管理人员、技术人员共计147人，占6.8%；35岁以下、高中以上农民党员的比例明显增加。

第二节　党员结构

（一）党员职业

2008年底，全县共有党员14120名。其中，农村党员7839名，占55.5%；党政机关工作人员1094名，占7.8%；企事业单位管理人员、专业技术人员1825名，占13%；学生党员23名，占0.16%；非公有制企业工人1325名，占9.4%；管理人员及专业技术人员953名，占6.7%。

（二）学历构成

大专以上文化程度的党员4357名，占党员总数的30.9%。其中，研究生109名，大学本科1832名，大专2416名。中专2214名，占党员总数的15.7%；高中3037名，占党员总数的21.5%；初中及以下4512名，占党员总数的31.9%。

（三）年龄构成

全县35岁以下党员4942名，占35%；36至45岁2920名，占20.6%；46岁至60岁4379名，占31%；61岁以上1879名，占13.4%。

（四）性别构成

全县男性党员11083名，占党员总数的78.5%；女性党员3037名，占21.5%。

（五）民族构成

全县汉族党员13997名，占党员总数的99.1%；少数民族党员123名，占0.9%。

第三节　党员教育

不断加强对党员的思想教育工作，是保持共产党员先进性的必要手段。改革开放以来，县委始终注重对全体党员的教育工作，充分发挥党员的模范带头作用。2000年以来，先后开展了“三讲”“三个代表”重要思想、“保持共产党员先进性”教育活动。

1、"三讲"教育

2000年6月10日始，在全县领导干部中进行以"讲学习、讲政治、讲正气"为主要内容的党性党风教育。通过"三讲"教育，推动县级领导班子和领导干部提高政治素质，加强党性修养，端正思想作风，在改造客观世界的同时努力改造主观世界。"三讲"教育的主要对象是县委、县人大、县政府、县政协中的党员领导干部。

"三讲"教育共计70天的时间，分四个阶段进行。第一阶段思想发动，学习提高；第二阶段自我剖析，听取意见；第三阶段交流思想，开展批评；第四阶段认真整改，巩固成果。

县级"三讲"教育在县委统一领导和驻县巡视组的指导下进行。县成立有"三讲"领导小组，并设领导小组办公室。县委、人大、政府、政协分别成立了"三讲"教育秘书组。通过"三讲"教育，提高了党员干部执行党的路线、方针、政策的自觉性。

2、"三个代表"重要思想教育

2001年3月初开始，利用两年的时间，分层次、有计划、有步骤地对乡镇办事处、县直部门、村级领导班子和基层干部开展"三个代表"重要思想学教活动。

学教活动的指导思想是：以马列主义、毛泽东思想、邓小平理论为指导，按照"三个代表"的要求，贯彻落实中共十五大和十五届三中、五中全会精神，围绕农村改革发展稳定的大局，着力解决基层干部群众观念淡薄的问题和农村中的突出矛盾，创建"五个好"党支部、"六个好"乡镇和农村基层组织建设先进县。

学教活动的原则是：坚持学教活动与推动当前工作相结合；坚持正面教育，自我教育为主；坚持从实际出发，分类指导；坚持上下结合，综合治理，标本兼治。

学教活动的目的是：推动农村经济发展，在增加农民收入上有新的进展；在减轻农民负担上见成效；基层干部的民主思想得到加强；精神文明建设和法治民主建设进一步提高。

学教活动的对象是：乡镇办事处机关的所有干部，重点是领导干部；乡镇办事处直管和县直系统垂直领导的站、所，重点是领导班子成员；县直部门所有干部，重点是领导班子成员；县人大、政协工作委员会的所有干部，重点是领导干部；属于垂直领导的驻县单位；村委会和党支部的成员。每个层次的学教人员，集中学习教育时间为2个月，整改时间为6个月，"回头看"时间为2个月，整改时间为2个月。东留善固作为市委直抓的村级班子，"三个代表"学习教育试点，与乡镇办事处、县直部门的学教活动同步进行。

3、保持共产党员先进性教育

2005年2月开始，利用一年半的时间，在全县各级党组织和广大党员中开展以实践"三个代表"为主要内容的保持共产党员先进性教育活动。

开展先进性教育活动的原则是：坚持理论联系实际，多求实效；坚持正面教育，认真开展批评与自我批评；坚持发扬党内民主，走群众路线；坚持领导干部带头，发挥表率作用；坚持区别情况，分类指导。

开展先进性教育的目标要求是：提高党员素质；加强基层组织建设；服务人民群众。

临西县深入学习科学发展观动员大会（2009年摄）

全县先进性教育共分三批，每批利用半年左右的时间。从2005年2月开始，到2006年6月结束。第一批：县直党政机关、部分事业单位及党组织关系在临西的垂直管理部门；第二批：城镇基层和乡镇办事处机关；第三批：农村基层。活动分为：学习动员、分析评议、整改提高三个阶段。

第四节　党员作用

改革开放以来，临西县委不断加强党的建设，党员队伍的整体素质普遍提高，广大党员在各条战线充分发挥了先锋模范作用，为全县经济社会发展做出了巨大的贡献，同时在各行各业涌现出一大批优秀党员代表，充分显示出党的先进性。2003年，面对突如其来的“非典疫情”，全县各级党组织和广大党员，以对人民高度负责的精神，沉着应对、率先垂范、扎实工作，最终取得了抗击非典的全面胜利。2008年，5·12四川汶川大地震发生后，全县各级党组织和广大党员，发扬“一方有难、八方支援”的优良传统，以实际行动支援灾区建设，广大党员在踊跃捐款的同时，又以“特殊党费”的形式向灾区伸出援助之手，全县共收缴“特殊党费”50余万元，通过上级党组织汇至灾区，支援灾区建设。

临西县委每年“七一”隆重召开庆祝建党节大会暨“一先两优”表彰大会，对全县各级党组织和优秀共产党员进行表彰，号召和激励广大党员干部充分发挥先锋模范作用，牢固树立和落实科学发展观，团结和带领广大群众，为促进经济发展及构建和谐临西做出应有的贡献。

1979—2008年临西县中共党员数量统计表

表13-1　　单位：名

年度	总数	性别		民族		年度	总数	性别		民族	
		男	女	汉	少数民族			男	女	汉	少数民族
1979	9072	7995	1077	8960	112	1994	12255	10987	1268	12121	134
1980	9498	8411	1087	9384	114	1995	12400	11110	1290	12270	130
1981	9593	8535	1058	9477	116	1996	12635	11326	1309	12500	135
1982	9672	8629	1043	9556	116	1997	13044	11718	1326	12903	141
1983	9726	8679	1047	9609	117	1998	13077	11738	1339	12928	149
1984	10101	9051	1050	9973	128	1999	13088	11635	1463	12984	114
1985	10640	9617	1023	10511	129	2000	13122	11321	1801	12986	136
1986	10847	9796	1051	10719	128	2001	13339	12033	1306	13215	124
1987	11197	10031	1166	11079	118	2002	13467	11778	1689	13342	125
1988	11399	10163	1176	11217	122	2003	13674	12371	1303	13545	129
1989	11546	10364	1182	11423	123	2004	13866	12513	1353	13734	132
1990	11639	10455	1194	11522	117	2005	13879	12518	1361	13747	132
1991	11759	10542	1217	11630	129	2006	13912	12546	1366	13777	135
1992	11853	10650	1203	11721	132	2007	13999	12485	1514	13874	123
1993	12138	10891	1247	12004	134	2008	14120	12681	1439	13997	123

1979—1992年临西县中共党员基本情况统计表

表 13-2　　单位：名

年度	总数	性别		民族		年龄				文化程度					
		男	女	汉	少数民族	25岁以下	26至35岁	36至55岁	56岁以上	大专以上	中专	高中	初中	小学	文盲
1979	9072	7995	1077	8960	112	334	2818	3843	2077	65		608	1963	4199	2237
1980	9498	8411	1087	9384	114	423	3156	2737	1023	69	201	602	2240	4341	2045
1981	9593	8535	1058	9477	116	368	3176	2868	1256	78	209	698	2247	4290	2071
1982	9672	8629	1043	9556	116	397	3200	2897	1324	92	245	747	2345	4316	1927
1983	9726	8679	1047	9609	117	268	3141	2017	2496	89	275	804	2345	4335	1878
1984	10101	9051	1050	9973	128	272	3102	2033	2684	151	440	930	2535	4292	1735
1985	10640	9617	1023	10511	129	416	3131	2260	2609	241	559	1144	2736	4251	1709
1986	10847	9796	1051	10719	128	421	2951	2246	2671	241	623	1212	2962	4216	1593
1987	11197	10031	1166	11079	118	448	2652	1998	2945	307	752	1380	3015	4259	1477
1988	11399	10163	1176	11217	122	387	2472	5414	3066	312	786	1472	3112	4237	1420
1989	11546	10364	1182	11423	123	383	2313	5704	3146	335	800	1584	3266	4195	1366
1990	11639	10455	1194	11522	117	513	2481	5674	2971	362	827	1666	3325	4078	1381
1991	11759	10542	1217	11630	129	497	2531	5783	2984	384	877	1744	3403	4040	1311
1992	11853	10650	1203	11721	132	512	2469	5907	2965	411	892	1864	3618	3903	1165

1993—2002年临西县中共党员基本情况统计表

表 13-3　　单位：名

年度	总数	性别		民族		年龄结构						文化结构					
		男	女	汉	少数民族	25岁以下	26至35	36至45	46至55	56至60	61岁以上	研究生	大学本科	大学专科	中专	高中	初中以下
1993	12138	10891	1247	12004	134	527	2463	4101	2064	1032	1951	455	956	2001	3733	3885	1108
1994	12255	10987	1268	12121	134	571	2508	4129	2093	1048	1906	512	1002	2069	3799	3822	1051
1995	12400	11110	1290	12270	130	390	2689	4014	2367	1118	1822	551	1074	2167	3904	3662	1042
1996	12635	11326	1309	12500	135	673	2664	4039	2361	1224	1674	609	1155	2353	4033	3640	845
1997	13044	11718	1326	12903	141	778	2762	4173	2477	1238	1616	695	1247	2469	4186	3625	822
1998	12877	11538	1339	12728	149	449	1972	3421	3715	846	2474	0	356	671	1223	2420	8207
1999	12988	11535	1463	12884	114	526	2248	3591	3185	1163	2285	0	398	721	1456	2860	7563
2000	13022	11221	1801	12886	136	568	2551	3784	2684	1294	2124	0	582	798	1864	2672	7106
2001	13339	12033	1306	13215	124	654	2604	3832	2735	1353	2123	0	562	923	1925	3200	6792
2002	13467	11778	1689	13342	125	629	2711	3924	2799	1423	1981	13	872	1544	2034	2445	6559

第二章　党员代表大会

第一节　中共临西县第二次代表大会

1982年3月13—16日，中共临西县第二次代表大会在县招待所召开。全县439个党支部、9498名党员，选出代表405名，其中农民党员代表255名、工人党员代表31名、知识分子党员代表22名、解放军党员代表2名、干部党员代表95名；男328名、女77名；少数民族7名。会议听取并讨论了上届县委所作的《加强党的建设、提高党的战斗力，为加快我县四化建设而努力奋斗》的工作报告；听取并审议了县纪律检查委员会《关于党的纪律检查工作的报告》；听取、审议、通过了《关于党费管理、使用情况的报告》。大会设秘书处、代表资格审查委员会、提案审查委员会。大会采取无记名投票的方式，选举产生了中共临西县第二届委员会和中共临西县纪律检查委员会。会议选举县委委员35名、候补委员5名，其中县委常委9名、书记1名、副书记3名。

第二节　中共临西县第三次代表大会

1985年4月23—25日，中共临西县第三次代表大会在县招待所召开。应到会代表300名，实到277名，其中各级领导干部代表（含农村支部书记）177名，占59%；各类专业技术人员代表62名，占20%；各条战线先进模范人物代表58名，占19.3%；45岁以下的代表183名，占61%。

大会听取、审议、通过了滑福恒代表县委所作的工作报告；付学礼代表纪检会所作的《中共临西县委纪检会工作报告》；听取、审议、通过了《关于党费管理、使用情况的报告》；通过了县委《关于在经济体制改革中充分发挥党组织的领导作用的决定》；选举产生了中共临西县第三届委员会和中共临西县第三届纪律检查委员会。选举产生县委委员25名、候补委员4名，其中县委常委9名、书记1名、副书记4名。

第三节　中共临西县第四次代表大会

1989年11月22—24日，中共临西县第四次代表大会在县招待所召开。应出席代表136名，其中各级领导干部代表89名，占65.44%；各类专业技术人员代表21名，占15.44%；各条战线的先进模范人物代表25名，占18.3%；武警代表1名，占0.74%。在全体代表中妇女26名，占19.12%；40岁以下50名，占36.76；少数民族3名，占2.2%。大会列席代表89名。大会听取、审议、通过了张立孔代表县委所作的《中共临西县委工作报告》；付学礼代表县纪委所作的《中共临西县纪委工作报告》；刘登九所作的《关于党费收缴管理、使用情况的报告》。大会通过了《关于加强精神文明建设的决议》《关于加强廉政建设的决议》和《关于加强基层组织建设的决议》。大会选举产生县委委员27名、候补委员5名，会议选举县委常委9名、书记1名、副书记3名、书记助理1名。

第四节　中共临西县第五次代表大会

1993年3月1—2日，中共临西县第五次代表大会在县招待所召开。出席会议的代表140名，列席代表137名。其中各级领导干部代表84名，占代表总数的60%，比上届减少5.44%；各条战线先进模范和各类专业技术人员代表55名，占代表总数的39.3%，比上届增加6.26%；武警代表1名，占代表总数的0.71%；少数民族代表4名，占代表总数的2.9%，比上届增加0.7%；妇女

1998年2月中共临西县第六次代表大会召开

代表21名，占代表总数的15%，比上届减少4.12%；离退休干部、职工代表5名，占代表总数的3.5%；45岁以下代表82名，占代表总数的58.5%；高中以上（其中大专以上31名）文化程度代表102名，占代表总数的72.9%；中华人民共和国成立前入党的代表4名，占2.9%。列席大会的有县人大常委会和县政协的主要负责人、县直属单位和部分企业的负责人共72名。大会听取、审议、通过了刘力代表县委所作的《中共临西县委工作报告》；任树堂代表县纪委所作的《中共临西县纪委工作报告》；赵炳坤所作的《关于党费收缴管理、使用情况的报告》。通过了《关于团结一致大上经济的决议》。

大会选举产生了中共临西县第五届委员会委员29名、候补委员5名；中共临西县纪律检查委员会委员13名。在县委委员、候补委员中有13人连选连任，占全体委员总数的38.2%；女委员3名，占8.9%，均为汉族。平均年龄43.5岁，40岁以下的13名、41岁至50岁的17名、51岁以上的4名，最大年龄56岁，最小年龄29岁；具有大专以上文化的18名，占52.9%；高中、中专文化的10名，占29.4%；初中文化的6名，占17.6%。中共临西县纪律检查委员会委员，平均年龄为45岁，大专以上文化程度6名，中专、高中文化程度5名，初中文化程度2名。会议选举产生县委常委10名、书记1名、副书记4名。

第五节 中共临西县第六次代表大会

1998年2月18—19日，中共临西县第六次代表大会在县招待所召开。出席会议的代表229名，列席183名。其中各级领导干部代表137名，占代表总数的60%；各条战线上的先进模范和各类专业技术人员代表90名，占代表总数的39.3%；解放军、武警代表2名，占1%；少数民族代表4名，占代表总数的1.7%；妇女代表46名，占20%；离退休干部、职工代表6名，占代表总数的2.6%；45岁以下代表115名，占50.2%。大会听取、审议、通过了中共临西县第五届委员会的工作报告、中共临西县纪律检查委员会的工作报告；听取和审议了党费使用和管理情况的报告；选举产生中共临西县第六届委员会和临西县纪律检查委员会。

大会选举产生了中共临西县第六届委员会委员29名、候补委员6名，中共临西县纪律检查委员会委员13名。在县委委员、候补委员中，妇女2名，占5.7%，均为汉族。40岁以下的10名、41岁至50岁的21名、51岁以上的4名，最大年龄54岁、最小年龄35岁、平均年龄43.5岁；具有大专以上文化的26名，占74.3%；高中、中专文化的9名，占25.7%。纪律检查委员会委员平均年龄43岁，大专以上文化程度6名，中专、高中文化程度7名。会议选举产生县委常委11名、书记1名、副书记3名。

第六节 中共临西县第七次代表大会

2003年4月18—19日，中共临西县第七次代表大会在县电教中心召开。出席会议的代表

229名，其中各级领导干部代表138名，占60%；各条战线先进模范和各类专业技术人员代表89名，占39%；解放军、武警代表2名，占1%；少数民族代表5名，占2%；妇女代表46名，占20%；45岁以下代表115名，占50%。大会听取、审议、通过了任树堂代表县委所作的《中共临西县委工作报告》；景卫平代表县纪委所作的《中共临西县纪委工作报告》。

县委八届六次全会（2010年12月摄）

大会选举产生了中共临西县第七届委员会委员31名（女2名）、候补委员6名、中共临西县纪律检查委员会委员15名（女1名）。会议选举产生县委常务委员11名、书记1名、副书记4名。

第七节　中共临西县第八次代表大会

2006年6月15—16日，中共临西县第八次代表大会在县电教中心召开。出席会议的代表229名，实到225名。其中各级领导干部代表138名，占60%；各条战线先进模范和各类专业技术人员代表87名，占39%；解放军、武警代表4名，占2%；少数民族代表5名，占2%；妇女代表45名，占20%；45岁以下代表115名，占50%。大会听取、审议、通过了尹全峰代表县委所作的《中共临西县委工作报告》；吴建英代表县纪委所作的《中共临西县纪委工作报告》。

大会选举产生了中共临西县第八届委员会委员31名、候补委员6名、中共临西县纪律检查委员会委员15名。会议选举产生县委常务委员11名、书记1名、副书记2名。

1979—2008年中共临西县委书记、副书记、常委一览表

表13–4

届次	职务	姓名	任职时间	籍贯
第二届	书记	焦振友	1982.3—1983.12	巨鹿县
		滑福恒	1983.12—1985.4	巨鹿县
	副书记	岳申贵	1982.3—1983.12	沙河
		曹同权	1982.3—1983.12	宁晋县
		赵信良	1982.3—1983.12	南宫市
		宗振荣	1983.11—1985.4	范八里
		李铁民	1983.12—1985.4	大庙
		张金铸	1983.12—1985.4	南宫市

续表

届次	职务	姓名	任职时间	籍贯
第二届	常委	王振岭	1982.3 — 1983.3	清河县
		杨其震	1982.3 — 1982.5	山东临清
		周保卫	1982.3 — 1983.12	周楼
		于洪厚	1982.3 — 1982.5 1984.1 — 1985.4	山东夏津
		程化芳	1982.3 — 1983.4	隆尧县
		常洪顺	1982.5 — 1983.8	南宫市
		曲文祥	1982.5 — 1983.12	西曲庄
		付学礼	1983.12 — 1985.4	付庄
		李增渠	1983.12 — 1985.4	马兰
		甄志国	1983.12 — 1985.4	窦庄
		赵炳坤	1985.4 — 1987.10	河南南阳
		李清波	1985.4 — 1987.10	任丘市
第三届	书记	滑福恒	1985.4 — 1987.10	巨鹿县
	副书记	宗振荣	1985.4 — 1987.10	范八里
		李铁民	1985.4 — 1987.10	大庙
		张金铸	1985.4 — 1987.10	南宫市
		石书明	1987.9 — 1987.10	威县
	常委	付学礼	1985.4 — 1987.10	付庄
		李增渠	1985.4 — 1987.10	马兰
		甄志国	1985.4 — 1987.10	窦庄
		赵炳坤	1985.4 — 1987.10	河南南阳
		李清波	1985.4 — 1986.6	任丘市
		于洪厚	1986.6 — 1987.10	山东夏津
		刘登九	1987.9 — 1987.10	王路寨
第四届	书记	张立孔	1987.10 — 1993.2	广宗县
		刘　力	1993.2 — 1993.3	武邑县
	副书记	张金铸	1987.10 — 1992.10	南宫市
		武振坡	1992.10 — 1993.3	宁晋县
		郭凤集	1989.3—1992.10	清河县
		阎九旭	1989.11—1993.3	北蔡辛庄

续表

届次	职务	姓名	任职时间	籍贯
第四届	副书记	史振荣	1992.12 — 1993.3	威县
		焦生辰	1992.12 — 1993.3	清河县
	常委	乔有恒	1991.4 — 1993.3	八里庄
		任树堂	1992.12 — 1993.3	清河县
		原振兴	1992.12 — 1993.3	隆尧县
		王跃东	1992.12 — 1993.3	范八里
		付学礼	1987.10 — 1992.12	付庄
		刘登九	1987.10 — 1992.12	王路寨
		甄志国	1987.10 — 1992.12	窦庄
		于洪厚	1987.10 — 1992.12	山东夏津
第五届	书记	刘　力	1993.3 — 1998.2	武邑县
	副书记	武振披	1993.3 — 1995.3	宁晋县
		阎九旭	1993.3 — 1994.8	北蔡辛庄
		史振荣	1993.3 — 1998.1	威县
		焦生辰	1993.3 — 1998.1	清河县
		邢之剑	1994.8 — 1998.2	柏乡县
		任树堂	1998.1 — 1998.2	清河县
		鞠朝武	1998.1 — 1998.2	广宗县
	常委	赵炳坤	1993.3 — 1998.1	河南南阳
		乔有恒	1993.3 — 1995.8	八里庄
		原振兴	1993.3 — 1998.2	隆尧县
		任树堂	1993.3—1998.1	清河县
		王跃东	1993.3 — 1998.1	范八里
		景卫平	1996.12 — 1998.2	元氏县
		王卫征	1998.1 — 1998.2	郑庄
		李金行	1998.1 — 1998.2	司寨
		单清波	1996.6 — 1998.2	山东东阿
		郑金峰	1997.7 — 1998.2	郑湾
		顾立增	1994.4 — 1996.6	清河县
		郭廷增	1995.8 — 1998.1	黎博寨
		毕士杰	1995.8 — 1998.2	广宗县

续表

届次	职务	姓名	任职时间	籍贯
第六届	书记	刘　力	1998.2 — 1999.12	山东武邑
		张栋才	1999.12 — 2003.3	巨鹿县
	副书记	鞠朝武	1998.3 — 2001.8	广宗县
		邢之剑	1998.3 — 1998.4	柏乡县
		任树堂	1998.3 — 2003.3	清河县
		李全保	1998.6 — 1999.12	秦皇岛
		曹明印	2002.5 — 2003.4	西赵庄
		高建民	2003.3 — 2003.4	任丘市
	常委	毕世杰	1998.3 — 1998.9	广宗县
		原振兴	1998.3 — 2002.9	隆尧县
		景卫平	1998.3 — 2003.4	元氏县
		单清波	1998.3 — 2000.7	山东东阿
		郑金峰	1998.3 — 2003.4	郑湾
		王卫征	1998.3 — 1998.4	郑庄
		李金行	1998.3 — 2003.4	司寨
		姜桂莲（女）	1998.6 — 2002.3	姜庄
		王喜林	1998.6 — 2003.3	邢台县
		宋洪起	2002.2 — 2003.4	清河县
		王福江	2000.6 — 2003.1	深州市
		李洪涛	2002.9 — 2003.4	宁晋县
第七届	书记	任树堂	2003.4 — 2006.2	清河县
		尹全峰	2006.2 — 2006.6	临城县
	副书记	高建民	2003.4 — 2004.6	任丘市
		曹明印	2003.4 — 2006.4	西赵庄
		郑金峰	2003.4 — 2006.6	郑湾
		景卫平	2003.4 — 2006.4	元氏县
		葛兴敏	2004.7 — 2006.6	内丘县
	常委	董英明	2003.4 — 2004.7	冀州市
		王西文	2003.4 — 2006.6	琉璃庙

续表

届次	职务	姓名	任职时间	籍贯
第七届	常委	宋洪起	2003.4 — 2006.4	清河县
		李建东	2003.4 — 2005.1	隆尧县
		李洪涛	2003.4 — 2006.4	宁晋县
		张树旗	2003.4 — 2006.6	南宫市
		王新伟	2005.10 — 2006.6	平乡县
		安庆杰	2006.4 — 2006.6	邢台县
		张志英	2006.4 — 2006.6	邢台县
		吴建英	2006.4 — 2006.6	任县
		王清飞	2006.4 — 2006.6	邢台县
		蔡普辉	2006.4 — 2006.6	清河县
第八届	书记	尹全峰	2006.6 —	临城县
	副书记	葛兴敏	2006.6 —	内丘县
		郑金峰	2006.6 —	郑湾
		范存江	2006.6 —	宁晋县
	常委	王新伟	2006.6 —	平乡县
		王西文	2006.6 — 2007.4	琉璃庙
		安庆杰	2006.6 — 2007.6	邢台县
		张志英	2006.6 —	邢台县
		吴建英	2006.6—	任县
		张树旗	2006.6 —	南宫市
		王清飞	2006.6 —	邢台县
		蔡普辉	2006.6 —	清河县
		王献民	2007.6 —	馆陶县

第三章　基层党组织

第一节　乡镇村党组织

1979 年，临西县委下属 15 个人民公社党委。1984 年 4 月，撤销人民公社建制，13 个人民公社党委均称乡党委。童村、先锋桥镇人民公社改称城关镇、先锋桥镇党委。12 月，尖冢乡、下堡寺乡党委改称镇党委。自此，全县有城关、先锋桥、下堡寺、尖冢4个镇党委和大刘庄、黎博寨、单屯、水波、吕寨、老官寨、樊村、白地、摇鞍镇、姚楼、东枣园11个乡党委。1989年3月，城关镇、先锋桥镇党委改称临西镇、河西镇党委。1996年，并乡扩镇，全县有临西镇、河西镇（原单屯乡并入河西镇）、下堡寺镇、尖冢镇（原樊村乡并入尖冢镇）4个镇党委和老官寨乡（原水波乡并入老官寨乡）、大刘庄乡（原黎博寨乡并入大刘庄乡）、吕寨乡（原姚楼乡并入吕寨乡）、摇鞍镇乡（原白地乡并入摇鞍镇乡）、东枣园乡5个乡党委。2007年12月，老官寨乡更名为老官寨镇。2008年，全县有5个镇党委、4个乡党委、6个工作站党总支、299个村党支部。

第二节　县直单位党组织

县直单位党组织有基层委员会、总支委员会、支部委员会三种形式。一般在规模较大的县直单位设基层委员会（简称党委），在中等规模的县直单位设总支委员会（简称党总支），在规模较小、人员较少的县直单位设支部委员会（简称党支部）。还有个别规模很小或党员人数不够成立支部条件的单位经批准可以和另一单位联合成立党支部（简称联合支部）。县直单位系统较大的如工业、商业、粮食、供销、公安等，一般其党组织（党委或总支）还下辖总支或支部。

中共临西县基层组织统计表（1979—2008）

表13-5

单位：个

组织 数量 年度	党委	总支部	支部	组织 数量 年度	党委	总支部	支部
1979	17	8	437	1994	16	16	551
1980	15	7	437	1995	16	16	560
1981	15	7	442	1996	12	17	560
1982	15	10	440	1997	12	17	560
1983	16	8	443	1998	13	18	544
1984	17	8	453	1999	13	18	544
1985	17	8	478	2000	13	18	548
1986	17	15	502	2001	20	22	563
1987	17	16	508	2002	16	22	563
1988	18	16	522	2003	15	23	442
1989	18	16	533	2004	20	33	451
1990	18	17	546	2005	13	40	451
1991	19	17	550	2006	14	33	461
1992	19	16	551	2007	14	33	461
1993	16	16	551	2008	14	33	578

临西县基层党组织发展情况统计表（1979—1987）

表 13-6

年度	项目	合计	工业	交通	农业	财贸	文卫	科研	金融	机关	其他
1979	支部	437	37	3	302	35	26			30	4
	总支部	8	2		2	2	1			1	
	党组										
	党委	17	1		15					1	
1980	支部	437	24	2	303	31	27		7	3	5
	总支部	7	2		2	2	1				
	党组										
	党委	15			15						
1981	支部	442	28	2	304	31	28		6	38	5
	总支部	7	2		2	2	1				
	党组										
	党委	15			15						
1982	支部	440	28	3	302	32	26		4	39	6
	总支部	10	2		1	2	2			3	
	党组										
	党委	15			14						1
1983	支部	443	32	3	37	28	29		5	37	2
	总支部	8	1	1		1	2			3	
	党组	6								6	
	党委	16			14					1	1
1884	支部	453	26	4	303	40	33		7	37	3
	总支部	8	1		1	2	2			2	
	党组	7								7	
	党委	17			14	1				1	1
1985	支部	478	24	3	302	48	36		6	48	11
	总支部	8	1		1	2	2			2	
	党组	7								7	
	党委	17				1				16	

续表

年度	项目＼数字＼系统	合计	工业	交通	农业	财贸	文卫	科研	金融	机关	其他
1986	支部	502	34	6	303	43	42		10	63	3
	总支部	15	1	1	3	3	3			4	
	党组	8								8	
	党委	17				1				16	
1987	支部	508	35	4	304	47	41		10	62	5
	总支部	16	1	1	3	3	3			5	
	党组										
	党委	17				1				16	

中共临西县委基层党组织发展情况统计表（1988—1992）

表 13-7

年度	基层党组织＼数字＼项目	合计	国家机关政党机关和社会团体	农林牧渔水利业	工业	建筑业	地质普查勘探业	交通运输邮电通讯业	商业公共饮食物资供销和仓储业	房地产管理公用事业居民服务咨询服务业	卫生体育社会福利事业	教育文化艺术广播电视事业	科学研究综合技术服务事业	金融保险事业	其他
1988	支部	522	68	305	36	1		8	48	1	11	30		11	
	总支部	16	4	3	2			1	3		1	2			
	党组	1	1												
	党委	18	16		1				1						
1989	支部	533	73	314	33	1		8	48		12	30		11	3
	总支部	16	4	3	2			1	3		1	2			
	党组	1	1												
	党委	18	16		1				1						
1990	支部	546	85	320	33	1		7	40	3	14	31		11	1
	总支部	17	4	3	2			1	4		1	2			
	党组	1	1												
	党委	18	16		1				1						

续表

年度	项目/数字/基层党组织	合计	国家机关政党机关和社会团体	农林牧渔水利业	工业	建筑业	地质普查勘探业	交通运输邮电通讯业	商业公共饮食物资供销和仓储业	房地产管理公用事业居民服务咨询服务业	卫生体育社会福利事业	教育文化艺术广播电视事业	科学研究综合技术服务事业	金融保险事业	其他
1991	支部	550	85	308	33	1		7	52		15	33		13	
	总支部	17	4	3	2			1	4		1	2			
	党组	1	1												
	党委	19	17		1				1						
1992	支部	551	90	307	33	1		6	51	2	14	34		13	
	总支部	16	3	3	2			1	4		1	2			
	党组														
	党委	19	17		1				1						

临西县基层组织情况统计表（1993.3—1997.12）

表 13-8

年度	系统/数字/项目	合计	农林牧渔水利业	工业	建筑业	交通运输邮政通讯业	商业公共饮食业物资供销仓储业	房地产管理公用事业居民服务咨询服务业	卫生体育社会福利业	教育文化艺术和广播电视业	科学研究和综合技术服务业	金融保险业	国家机关政党机关社会团体	其他	备注
1993	党委	16	1										15		
	总支	16	3	2		1	4		1	2			3		
	支部	551	307	33	1	6	51		16	34		13	90		
1994	党委	16	1										15		
	总支	16	3	2		1	4		1	2			3		
	支部	551	307	33	1	6	51		16	34		13	90		
1995	党委	16	1										15		
	总支	16	3	2		1	4		1	2			3		
	支部	560	312	28	2	8	54		18	34		12	92		
1996	党委	12	1				1						10		
	总支	17	4	2		1	4		1	2			3		
	支部	560	312	28	2	8	54		18	34		12	92		
1997	党委	12	1				1						10		
	总支	17	4	2		1	4		2	2			2		
	支部	560	312	28	2	8	54		18	34		12	92		

中共临西县基层组织情况统计表（1998.3—2002.12）

表 13-9

年度	项目	合计	教育文化艺术和广播电影电视业	农林牧渔业	卫生体育和社会福利业	社会服务业	电力煤气及水的生产和供应业	建筑业、地质勘察业、采掘业、制造业	金融保险业、房地产业	水利管理业	交通运输业	仓储业	邮电通信业	批发零售贸易、餐饮业	科学研究和综合技术服务业	国家机关、党政机关和人民团体	其他	备注
1998	党委	13						1								10	2	
	总支	18		2				3		1	1			1		10		
	支部	544	31	305	12	21	1	28		7	5	4	3	25	2	53	31	
1999	党委	13								1						10	2	
	总支	18		2				3		1	1			1		10		
	支部	544	36	305	15	20	2	32		7	5	4	3	25	2	53	31	
2000	党委	13								1						12		
	总支	18		2				3		1	1			1		10		
	支部	548	36	309	15	20	2	32		7	5	4	3	25	2	53	31	
2001	党委	20								1						19		
	总支	22		2				3		1	1			1		12		
	支部	563	36	308	15	20	2	21	4	6	6	10	3	25	2	105		
2002	党委	16								1						15		
	总支	22	1	2	1			3		1	1			1		12		
	支部	563	36	308	15	20	2	21	4	6	6	3	3	25	2	105		

第四章　重要决策决定

1979年至今，中共临西县委坚持认真贯彻党的各项方针政策，坚持以经济建设为中心，坚持改革开放，坚持不断加强党的组织建设和队伍建设，带领全县人民不断开创经济社会建设新局面。充分发挥领导核心作用，自觉把党的方针政策和临西的实际情况相结合，审时度势、民主议政、科学决策，1979—2008年，县委先后做出了一系列重大决策，制定发布了一系列决议、决定、规定、细则、方案、办法等决策性文件，其中1989—1998年，440件；1999—2008年，536件。为政府施政、为全民创业、为全县各项事业发展指明了方向、制定了措施、注入了活力，为实现各项目标奠定了基础，确保了全县国民经济和社会各项事业的持续健康发展。决策内容的制定和落实在政府施政概要当中都得到了充分体现。

1979年，印发《关于组织先进队开展真理标

准讨论情况的报告》。1981 年，制定《关于推行生产责任制的做法》。1982 年，印发《关于贯彻中共中央（82）1 号文件稳定完善农业生产责任制的意见》《关于深入开展五讲四美活动的意见》。1984 年，印发《关于发展乡镇企业的意见》。1985 年，制定《关于推进科技体制改革工作的决定》《关于减轻农民负担的几项具体规定》。1986 年，制定《关于加快工业发展步伐的若干规定》。1988 年，制定《关于进一步发展经济若干问题的暂行规定》。

县四大班子联席会

1989 年，制定印发《关于夺取今年农业丰收的十项规定》《关于廉政建设的十项措施》《关于进一步治理整顿和深化改革的意见》。1990 年，制定《关于向白地供销社学习，开展助民兴农活动的决定》《关于在全县农村妇女中深入开展“学文化、学技术、比成绩、比贡献”竞赛活动》。1991 年，印发《关于集资建设临西县乡级公路的意见》。1992 年，制定《临西镇、河西镇经济开发方案》《关于“八五”后三年经济发展计划》。1993 年，制定印发《关于搞好对外引进工作，促进经济发展的暂行规定》《关于加速发展乡镇企业的意见》《关于加快县办工业发展步伐的暂行规定》。1995 年，制定印发《关于加强党的基层组织建设的意见》《关于加快小康建设的意见》《关于各级领导干部保持廉洁的规定》。1996 年，印发《1996 年抓好 30 件大事》《关于在全县农村推行村务公开的意见》。1997 年，印发《关于开展纠风减负专项治理工作的意见》。1998 年，制定印发《关于努力加快临西县企业改革步伐的意见》《关于实施“一把手工程年轻干部工程专业干部工程”的意见的通知》《关于加强干部管理的若干规定》。

1999 年，制定印发《关于进一步开展依法治县的规定》《临西县高新技术产业园区管理暂行规定的通知》。2000 年，制定印发《关于深化教育改革全面推进素质教育的意见》《关于进一步加大招商引资的决定》。2001 年，制定印发《关于在全县开展“三个代表”重要思想学习教育活动的实施方案的通知》《关于进一步加快个体私营经济发展的若干规定》《关于建设县科技工业园区的政策规定》。2002 年，制定印发《关于加强重点项目建设工作的决定》《关于县乡机构改革的实施意见》《关于培育轴承特色产业“龙头”工程的实施意见》。2003 年，制定印发《关于进一步深化国有集体企业产权制度改革意见》《关于进一步优化经济发展环境的实施意见》《关于加快县阳光工业园区建设的若干规定》《关于在全县农村普遍开展“讲科学、讲文明、全面建设小康社会”教育活动的安排意见》。2004 年，印发《关于在全县农村广泛开展创建文明生态村活动的意见》《关于认真落实党的农村政策的意见》。2005 年，制定印发《关于加强党的基层组织建设，进一步提高执政能力的决定》《关于深入开展保持共产党员先进性教育活动的总体方案的通知》。2006 年，制定印发《关于强力推进招商引资项目建设工作的意见》《关于在 2007 年度开展以抓落实为核心的作风建设的决定》。2007 年，制定印发《关于人口和计划生育工作若干问题的处理规定》。2008 年，制定《关于加强作风效率廉政三大建设的实施方案》《关于建立健全惩治和预防腐败体系 2008—2012 实施方案》《关于鼓励招商引资的八项规定》。

第五章 组织工作

第一节 机构设置

1978年3月，撤销县革委政治部，重建县委组织部，下设办公室、干部科、组织科。1989年7月，增设目标管理科。1991年10月，设立电教室，干部科更名为干部一科，目标管理科更名为干部二科。1992年5月，增设研究室。1992年12月，下设办公室、干部一科、干部二科、组织科、电教室、研究室。1995年9月，干部考核委员会办公室挂靠组织部。1996年11月机构改革，县直工委、老干部局并入组织部，县委组织部设秘书股、研究室、干部一股、干部二股、组织股和3个事业单位（党员电化教育办公室、关心下一代工作委员会办公室、老干部门诊部）。1998年1月，组织部下设秘书股、干部一股、干部二股、研究室、组织股，挂靠单位有考核办。2002年7月机构改革，秘书股改为办公室，撤销研究室、考核办。事业单位有党员电化教育办公室、关心下一代工作委员会办公室、老干部门诊部。2003年4月，县委组织部有4个职能科室：办公室、干部一股、干部二股、组织股，3个直属事业单位：党员电化教育办公室、关心下一代工作委员会办公室、老干部门诊部。

第二节 干部管理

县委组织部是县委的重要职能部门，是县委在组织工作方面的助手和参谋。在干部的任免、奖惩和考核方面，负责向县委和上级组织部门报告关于“贯彻执行党的干部路线和干部政策，干部制度的改革，干部任用的原则，干部的考核及奖惩”等有关情况，向县委提出全县正副乡局级领导干部的任免、调整、考核、奖惩方案，经县委批准后组织实施；做好县直党群系统与人大、政协、法院、检察院和乡镇一般干部的调配，对干部人事工作进行宏观管理；根据中央和国家有关规定，协同有关部门做好离退休干部的管理，办理乡局级领导和县直党群系统与人大、政协、法院、检察院及乡镇一般干部的离退休手续，做好干部离退休后有关待遇的审批、报批；落实干部政策，搞好干部审查工作，抓好后备干部的队伍建设，抓好乡局级领导班子及领导干部的年度考核，加强对后备干部的培养和管理；落实党的知识分子政策，做好知识分子的管理教育工作，及时发现和选拔拔尖人才，管好、用好拔尖人才等项工作。

干部任免。改革开放以来，选拔干部以年轻化、知识化及德才兼备为必备条件，并重视选拔专业人才从事科技单位的领导工作，充分体现了干部制度的改革与社会发展的现实需要。对干部的任用、调整、免职，始终以工作大局为着眼点，注重干部的实绩，严格按照《干部任用条例》选拔、任用和调整干部。

干部作风建设年讲评会议（2009年摄）

干部考核。严格按照有关规定及相关程序每年对全体干部进行一次考核，正科级干部由组织部考核，副科级及以下干部由人事局考核，县级干部由上级组织部门考核，副科级及以上干部每年都要写出当年工作的《述职报告》，并接受组织部门的审评。同时，根据工作需要，在市委组织部门的指导下，选拔培养县级后备干部队伍，重点考察他们的德、能、政绩。干部考核是干部提拔、任用的可靠依据，是上级领导掌握基层干部情况的一种方式。

村支部书记培训班（2011 年摄）

干部奖惩。从注重实绩、群众认可入手，以干部考核的结果为依据，严格按照程序，客观、公正的原则对待干部，兑现奖惩，激励干部开拓进取创大业的精神。主要有立功、立大功、晋升工资等精神和物质奖励。

第三节　基层党建

党的基层建设是加强党对全面工作管理的一个途径。改革开放 30 年来，县委始终把党的基层组织建设放在首要位置来抓，坚持以马列主义、毛泽东思想、邓小平理论和“三个代表”重要思想为指导，全面加强党的基层组织建设工作，确保党的方针、政策在全县全面贯彻落实，使党的基层组织凝聚力和战斗力不断增强。深入开展了“社教”“三学三讲”“三个代表”重要思想学习教育和保持共产党员先进性教育活动。全县党员干部队伍建设、党员教育培训、村级组织活动场所建设、“三级联创”（县、乡、村三级联动，创建农村基层组织建设先进县、优秀乡镇党委和优秀村党支部）建设、制度建设和思想建设得到全面加强，为全县经济社会发展提供了组织保证。注重加强党员干部队伍建设。不断改善党员干部队伍结构，创新提出了“优秀农村党组织书记论坛”，培树了东留善固典型村，印发了《吕廷祥工作方法论》一书，在全市乃至全省引起高度关注。创新提出了“全程推荐优秀青年入党”制度，规范了发展源头，现有党员 8839 名；加强农村党员教育。坚持“干什么、学什么，缺什么、补什么，需要什么、培训什么”的原则，抓了农村党支部书记、村委会主任、青年干部、妇女干部的培训；强化村级组织活动场所建设。全县 299 个建制村的组织活动场所全部实现高标准；开展基层党组织“三级联创”活动。开展以领导联点、支部联建、党员联帮为主要内容的“三联促三创”活动，全县有 1 名村支部书记个人被中组部命名为“优秀共产党员”、1 个村级党组织被省委命名为“五个好”（班子、队伍、机制、业绩、群众反映）村党支部、1 个乡镇党委被省委命名为“五个好”乡镇党委，全县基层党组织的凝聚力、号召力、战斗力不断增强；加强制度建设。先后建立健全了“三会一课”等 30 余项党建制度，全县党建工作步入了规范化轨道；加强党的思想建设。以开展党的各类教育活动为契机，建立健全了“党员长期受教育，永葆先进性”的长效机制，制定了党员教育规划和年度培训计划，将党员经常性教育工作纳入年度党建工作考核内容，深入开展了党组织和党员先进性双承诺活动，建立了流动党员双向联系机制，全县党员的先进代表、先锋旗帜意识不断增强。

第四节　老干部工作

一、机构设置

1982年11月，成立临西县老干部管理局（简称老干局），隶属县政府领导。1983年4月，改名为中共临西县委老干部管理局（简称老干部局），隶属县委领导。1995年7月，成立老干部医疗门诊。1996年10月，老干部局划归县委组织部。2002年7月，下设行政股和老干部安置股及服务中心、老年教育办公室、关心下一代工作委员会办公室、老干部医疗门诊4个事业股室。行政编制4人，工勤编制1人，事业编制12人，实有16人。

二、老干部活动

1、文体活动。老干部局院内设有门球场、台球室、乒乓球室、排演室，为离退休干部提供活动场所和服务，常年参加文体活动的老干部近百人。

2、老年大学。1997年8月，成立老年大学，刘力、史振荣任名誉校长，宗振荣任校长。2000年4月4日，张栋才、任树堂任名誉校长，宗振荣任校长。2002年8月13日，张栋才、原振兴任名誉校长，宗振荣任顾问，李铁民任校长。2003年7月20日，任树堂、景卫平任名誉校长，宗振荣任顾问，李铁民任校长。2006年7月至2008年，尹全峰、张志英任名誉校长，宗振荣任顾问，李铁民任校长。

2000年，下堡寺镇东留善固成立老年学校。2006年11月2日，下堡寺镇成立老年学校。2007年11月9日，摇鞍镇乡成立老年学校。2008年12月，河西镇成立老年学校。

县老年大学成立以来，共设有七个班，即：政治、法律、保健、文学、书画、戏剧、歌舞和体育班。学校制度建全，教材教具齐全，定时开课。老年大学每年分为两个学期：上学期3月中旬—6月底；下学期9月初—11月底。2008年，老年大学共有学员230名。

3、老年书画研究会。2004年10月11日，成立临西县老年书画研究会。宗振荣任名誉会长，赵炳坤任会长，有会员45名。2006年3月26日，河西镇老年书法研究会成立。2006年4月24日，吕寨乡老年书画研究会成立。2007年6月19日，老官寨乡老年书法研究会成立。2007年10月15日，下堡寺镇老年书画研究会成立。2007年10月16日，大刘庄乡老年书画研究会成立。2008年，尖庄镇、摇鞍镇乡、东枣园乡、临西镇相继建立了老年书画研究会，全县9个乡镇共有会员150名。

书画研究会经常举办各种活动。2005年举办了迎新春书画展、研究会理事书画笔会和临清、曲周、威县、广宗等县市书画交流活动。2006年举办纪念红军长征胜利70周年书画展。2007年，老干部局、老年书画研究会联合举办迎十七大书画展、《邢台民间收藏—历代书画珍品》一书的征集编辑工作。2008年5月，举办干部迎奥运书画展，共展出了精心创作的“八首诗”“八首词”“八幅画”“八副对联”32幅作品，受到各界广泛好评。

三、老干部待遇

1、定期走访。春节期间，对担任过县处级实职的离退休人员由县四大班子领导进行慰问，一般干部由原单位进行慰问。重点慰问正在养病、住院的老干部及其遗属。各级领导组成慰问组，到老干部家庭、干休所、医院和疗养院走访看望。每年重阳节，县委、县政府举行庆祝活动，组织离退休老干部参观县重点企业、观看文艺节目、召开座谈会，征求老干部的意见和建议。

2、参观学习。一是组织参观活动。原则上限于在河北省、市、县范围内进行。跨省参观一般每年组织一次，以开阔老干部的眼界，观光国家发展的大好形势。二是组织身体检查。老干部局对所管辖的离退休人员每年组织进行一次身体检查，此项工作由县医院、中医院承担，对于检查出来的病症及时给以治疗，以保证老干部的身体健康。

3、组织活动。对于离退休干部中的党员，原则上由其所在单位安排组织生活；异地安置的离

退休党员干部由接受单位安排过组织生活；有病住院、卧床的党员老干部由所在单位支部定期深入病房、家庭传达党的重要方针，征求意见。

4、医疗服务。老干部局只负责离休干部的医疗保健工作。离休干部的医药费据实报销。1995年前，老干部医疗由县医院、县中医院为定点医院，需转院治疗的病症由医院出具证明，老干部局签字即可生效。1995年，成立老干部门诊部，医院抽调两名医术精湛、医德高尚的医务人员到老干部门诊工作。

老干部生活待遇的有关标准一览表

表13–10　　单位：元

项目	内容	内容	执行情况	执行情况
生活补贴	离休干部	按本人当年12月份的基本离休费数额（职务工资、级别工资、基础工资、工龄工资）每年增发一个月的生活补贴		
生活补贴	行政事业单位退休干部	县处级	年	500
生活补贴	行政事业单位退休干部	其他	年	300
交通补贴	市级（含享受待遇的）离休干部		月	40
交通补贴	县处级（含享受待遇的）离休干部		月	15
交通补贴	一般离休干部		月	10
交通补贴	退休干部	市级干部	月	15
交通补贴	退休干部	县级干部	月	10
交通补贴	退休干部	一般干部	月	5
电话费补贴	离休干部及财政开支退休干部	副处级离休干部、正处级退休干部	月	48
供暖补贴	离休干部及财政开支退休干部		年	28
享受护理人员条件及标准	抗日战争时期及以前参加革命工作的离休干部		月	200
享受护理人员条件及标准	解放战争时期参加革命工作的离休干部		月	120
特需费	离休干部	主要用于特殊困难补助和必要的活动经费		500
丧葬费	机关、企事业单位老干部		一次性	400
遗属补助费	机关、企事业单位老干部遗属生活困难补助费每人每月150元，其中，遗属中的孤老、孤小人员；经组织确认因公牺牲、死亡的遗属；符合离休条件的老干部的遗属在以上标准的基础上再增加20%。			
抚恤金	党政机关、企事业单位离休干部病故后，按其病故时的10个月工资计发抚恤金；因公牺牲的计发20个月抚恤金。计发的基数为行政机关单位：职务工资、级别工资、基础工资和工龄工资四项；事业单位：职务工资、按比例发放的生活津贴两项。			
安置补助费	易地安置到城市的离休干部。		一次性	150
安置补助费	回农村安置的离休干部。		一次性	300

附：　中共临西县委　临西县人民政府
《关于离休干部公费医疗管理暂行办法》

为保障离休干部看病就医，更好地为离休干部提供服务，便于公费医疗管理，借鉴外地经验，结合我县情况，经县委、县政府研究，特制定本办法。

一、自一九九五年七月一日起在县老干部活动中心设老干部医疗门诊，专门服务于离休干部的公费医疗。老干部医疗门诊由老干部局具体管理，县公疗办、财政局负责检查监督。原设在县级医院及各分院的离休干部公费医疗点即行撤销。

二、凡居住在县境内的离休干部一律到县老干部医疗门诊就医。因突发急病可就近原定点医院抢救治疗，但要在三日内由本人或家属到老干部医疗门诊报告并补办有关手续，需到县医院、县二院、中医院检查的由老干部医疗门诊主治医生建议，老干部局批准；到县外检查、外购药由老干部医疗门诊主治医生建议，老干部局同意，报县公疗办批准。

三、对病情较重、活动不便、孤寡老人不能到老干部医疗门诊就医的，老干部医疗门诊医生带药巡诊，设置家庭病床，送医送药上门。

四、对危重病患者，医药费开支数额较大，适财力情况经研究酌情报销。

五、离休干部的医药费实行现金结算，由老干部局逢单月的15～25日收集审查医药费单据，登记造册，经公疗办审核后据实报销。

六、离休干部需住院治疗的，要由老干部医疗门诊建议，老干部局批准。

七、老干部医疗门诊要建立老干部病历档案，对老干部进行定期体检。

八、居住外地的离休干部自选一个医疗点，逢单月的15～25日把医药费单据送老干部局审验。外出探亲访友期间患病住院的，要在一周内通报老干部局，补办有关手续。

九、对医药费开支情况将定期张榜公布。对报销药费较少的离休干部给予奖励，同时对弄虚作假、虚报冒领等违纪行为，一经发现，除不予报销医药费外，还要公开处罚。

十、本办法适用于我县享受公费医疗的行政事业单位的所有离休干部。

十一、本办法自一九九五年七月一日起执行。由公费医疗办公室和老干部局负责解释。

第六章　纪律检查工作

纪律检查委员会，是党风、党纪的检查、监督机关。自成立以来，每年在党政干部中开展廉政建设教育，查处党政领导中的违法违纪案件，开展行风评议活动，促进了党风的不断好转。

第一节　组织机构

一、县级纪检组织　1965年1月，设立中共临西县工作委员会监察委员会。4月，改称中共临西县委监察委员会，设正、副书记各1名，委员、秘书、干事5名。“文化大革命”初期受冲击，机构陷于半瘫痪状态，继而失去职能。1968年，县革委政治部设纪监组。1973年，改称监察组；1979年9月，设立中共临西县委纪律检查委员会。1982年，内设办公室、信访组、检查组、审理组，有工作人员13名。1984年1月，升为县级领导班子，改称中共临西县纪律检查委员会（简称纪检委），内设办公室、信访科、纪律检查科、案件审理科，人员16名。1984年5月，中共临西县委打击经济领域犯罪办公室（简称打办室），列县委常设临时机构，由县纪检委管理。1987年12月，打办室撤销，人员、工作并入县纪检委。1988年1月，设立经济检查科，同年12月撤销。1988年12月，信访科、纪律检查科、案件审理科分别改称信访室、纪律检查室、案件审理室，室主任级别由正股级调整为副科级，并在纪

检委机关内配备正、副科级纪检检查员（1993年3月后改称纪检监察员）。1989年10月，信访室改称控告申诉室。1990年，增设教育研究室。

1993年3月，县纪检委与县监察局合署办公，两块牌子，一套人马，履行纪律检查和政府监察两项职能。合署后，纪检委、监察局内设办公室、信访室、案件审理室、纪检监察一室、纪检监察二室、党内廉政建设室（中共临西县委廉政办）、执法监察室、教育研究室。1996年12月，参照《国家公务员管理条例》，核定行政编制20名，其中书记1名、副书记3名（1名兼任监察局局长）、监察局局长1名、副局长2名，机关内设8个室，各设副科级主任1名。2002年7月机构改革，核定纪检委、监察局行政编制18名、工勤编制3名，设书记1名、副书记3名（其中1名兼任监察局局长）、监察局局长1名、副局长2名，副科级职数8名，下设办公室、信访室、纪检监察室、案件审理室、干部管理和教育研究室、执法监察室、廉政办、纠风办。2003年7月，县优化经济发展环境办公室列县政府常设临时机构（事业单位），由县纪检委管理，聘任主任、副主任各1名，工作人员3名。2005年12月，纪检委、监察局机关在职干部18名（女性1名）、工勤人员2名（女性1名），在职干部中副县级干部1名、正科级干部8名、副科级干部4名、科员5名。

二、县监察机构　1988年1月成立县监察局，是县政府行使监察职能的工作机构，负责监督检查县政府各部门及其工作人员和乡镇人民政府及其工作人员贯彻执行国家、省、市、县政策、法律、法规以及决定、命令的情况。按照管理权限，对违法违纪的单位及工作人员提出监察意见和政纪处理。监察局内设办公室、信访股、监察股、审理股，设局长1名、副局长2名、支部书记1名、工作人员8名。1993年3月，与县纪检委合署办公。

三、乡镇纪检组织　1983年初，全县15个公社陆续设立了专、兼职纪检委员。1989年9月，乡镇专职纪检委员享受副科（乡）级待遇。1991年5月，15个乡镇成立乡镇纪律检查委员会。乡镇纪检委设委员3—5名，配备副科（乡）级书记1名。2005年，全县15个乡镇调整为9个乡镇，设立乡镇纪检委9个，配专职纪检干部26名（其中副科级干部15名），兼职纪检干部30名。

四、县直单位纪检组织　1984年1月，设立中共临西县直属机关纪律检查委员会，后改称县直属机关纪律检查工作委员会（简称县直纪工委）。1985年，先后设立县经济委员会纪律检查委员会（后机构改革改称县经贸局纪律检查委员会）。2005年8月，设县供销合作社联合社纪律检查委员会。1991年12月，设县公安局纪律检查委员会。2006年，有县直基层纪检委3个，有专职纪检干部5名（其中副科级干部3名）。

县纪检委自1993年3月始，向县直单位派驻纪检组，纪检组设副科级组长1名，组员1—3名。1993年3月—1998年2月，向卫生局、供电局、教育局、质量技术监督局、法院、物价局、审计局、畜牧水产局（后改称畜牧局）、中国人民银行临西县支行、计划生育局、科技局、工商行政管理局、水利局（后改称水务局）、交通局、林业局、二轻工业局（二轻集团总公司后撤销）、粮食局、农业局、地方税务局19个单位派驻纪检组。1998年3月—2003年4月，又向民政局、广播电视局、检察院、人事劳动局（后改称人事劳动和社会保障局）、财政局、建设局、司法局7个单位派驻纪检组。2005年12月机构改革，设立纪检组或监察科（股）的单位有16个，分别是司法局、质量技术监督局、物价局、人口和计划生育局、水务局、农业局、交通局、人事劳动和社会保障局、检察院、粮食局、教育局、林业局、国土资源管理局、地方税务局、工商行政管理局、中国人民银行临西县支行，配备专职纪检监察干部19名，其中副科级干部14名。

五、基层党支部纪检组织　为端正党风，加强纪检工作，没有设立纪检组的县直单位党支部普遍设立兼职纪检委员。全县302个农村党支部普遍设立兼职纪检委员和纪检小组长。

第二节 历届纪律检查委员会

第一届县委纪律检查委员会 于1979年9月成立，设书记1名（兼）、副书记1名、委员6名。

第二届县委纪律检查委员会 于1982年3月16日由中共临西县第二次代表大会选举产生，选举书记1名（兼）、副书记2名、常委7名、委员13名。

第三届县纪律检查委员会 于1985年4月25日由中共临西县第三次代表大会选举产生，选举书记1名、副书记2名、常委6名、委员11名。

第四届县纪律检查委员会 于1989年11月24日由中共临西县第四次代表大会选举产生，选举书记1名、副书记2名、常委7名、委员11名（其中专职9名、兼职2名）。

第五届县纪律检查委员会 于1993年3月2日由中共临西县第五次代表大会选举产生，选举书记1名、副书记3名、常委9名、委员13名（其中专职10名、兼职3名）。

第六届县纪律检查委员会 于1998年2月19日由中共临西县第六次代表大会选举产生，选举书记1名、副书记3名、常委7名、委员13名（其中专职10名、兼职3名、女性1名）。

第七届县纪律检查委员会 于2003年4月20日由中共临西县第七次代表大会选举产生，选举书记1名、副书记2名、常委7名、委员15名（其中专职11名、兼职4名、女性1名）。

中共临西县纪律检查委员会历届书记、副书记一览表

表13-11

届次	职务	姓名	任职时限	籍贯	备注
第一届 1979.09－1982.03	书　记	潘邦坤	1979.09-1981.11	清河县	兼职
		岳申贵	1981.11-1982.03	沙河县	兼职
	副书记	刘兰州	1979.09-1982.03	西曲庄	
		郝友会	1981.12-1982.03	郝　村	
第二届 1982.03－1985.04	书　记	岳申贵	1982.03-1983.12	沙河县	兼职
		付学礼	1984.01-1985.04	付　庄	
	副书记	刘兰州	1983.02-1983.07	西曲庄	
		郝友会	1982.03-1985.04	郝　村	
		齐玉海	1984.01-1985.04	汪　江	
		王满堂	1984.01-1985.04	后　冯	
第三届 1985.04－1989.11	书　记	付学礼	1985.04-1989.11	付　庄	
	副书记	齐玉海	1985.04-1989.11	汪　江	
		王满堂	1985.04-1988.01	后　冯	
		郭万杰	1988.04-1989.11	台　庄	
第四届 1989.11－1993.02	书　记	付学礼	1989.11-1992.12	付　庄	
		任树堂	1992.12-1993.03	清河县	
	副书记	齐玉海	1989.11-1992.12	汪　江	
		郭万杰	1989.11-1991.04	台　庄	
		柏学诗	1991.09-1993.03	柏　庄	

续表

届次	职务	姓名	任职时限	籍贯	备注
第五届 1993.03 — 1998.02	书　记	任树堂	1993.03-1998.01	清河县	
		原振兴	1998.01-1998.02	隆尧县	
	副书记	柏学诗	1993.03-1998.02	柏　庄	
		张昭录	1993.03-1998.02	蒋　庄	
		陈述林	1993.03-1998.02	仓　上	
		谢庆荣	1996.08-1998.02	杨　楼	
第六届 1998.02 — 2003.04	书　记	原振兴	1998.02-1998.06	隆尧县	
		王喜林	1998.06-2003.04	邢台县	
	副书记	谢庆荣	1998.02-2001.03	杨　楼	
		张昭录	1998.02-2002.04	蒋　庄	
		陈述林	1998.02-2003.04	仓　上	
		柏学诗	1999.01-2001.03	柏　庄	
		杜立文	2001.12-2003.04	杜　洼	
第七届 2003.04 — 2006.06	书　记	景卫平	2003.04-2006.05	元氏县	
	副书记	杜立文	2003.04-2006.06	杜　洼	
		刘明义	2003.04-2006.06	肖　庄	

说明：第一届、第二届称中共临西县委纪律检查委员会，1984年1月改称中共临西县纪律检查委员会。

第三节　廉政建设

贯彻落实《建立健全教育、制度、监督并重的惩治和预防腐败体系实施纲要》；组织党员干部学习和贯彻执行《中国共产党党员领导干部廉洁从政若干准则》等廉洁自律的各项规定；召开民主生活会，进行自查自纠。在此基础上，对一些重点问题进行专项治理。一、治理“大吃大喝”歪风。全面实行招待费领导审批、定点招待、总量控制、科目单列、专项审计制度；二、狠刹婚事大操大办歪风。以禁止动用公车、下发红帖、大摆宴席为切入点，明察暗访，公开曝光处理。会同有关部门，倡导婚事新办，丧事简办；三、狠刹企业“五乱”、公路“三乱”以及吃拿卡要等行业歪风。清理涉企收费、罚款项目，推行集中收费和持卡施政制度，维护企业合法权益，优化经济发展环境；四、加强对领导干部的监督。对领导干部提拔前、上任前、任期内、离任时四个环节进行全程化监督。组织开展领导干部“述廉、评廉、考廉”工作；五、加强农村党风廉政建设。制定农村干部行为规范，推行农村财务委托管理和村干部任期经济责任审计制度，开展民主评议村干部活动；六、落实“收支两条线”规定。建立集中支付制度，实行“罚缴分离、票款分离”；七、推行经营性土地出让、建设工程招投标、政府采购、产权交易等四项制度，实行“阳光作业”；八、推行村务、政务、厂务、校务四公开。扩大群众知情权、监督权；九、治理教育乱收费。建立健全教育收费管理制度，落实“一费制”；十、纠正医药购销和医疗服务中的不正之风。实行药品集中招标采购，查处收受“回扣”、开单提

成行为，加强医德医风建设；十一、聘请部分政协委员、人大代表、离退休老干部及社会各界人士为党风廉政监督员，加强社会监督和舆论监督。

第四节 案件查处

一、严肃党纪，惩治腐败。查处违法违纪案件，保护经济建设成果和群众利益不受侵蚀是纪检监察机关的重要职责。依照《中国共产党纪律检查机关案件检查条例》《中国共产党纪律处分条例》和《中华人民共和国行政监察法》，1982—2005年，共计立案查处各类违纪案件1645件，处理违纪党员1402名，涉及乡科（局）级干部91名、一般党员干部186名、一般党员1125名，其中开除党籍177人名、留党察看379名、撤销党内职务71名、严重警告307名、警告468名；1993—2005年，政纪处分违纪人员110名，涉及乡科（局）干部10名、一般干部58名、其他人员42名，其中开除公职人员6名、开除留用察看5名、行政撤职37名、降级3名、记大过19名、记过10名、警告30名。

二、打击经济领域犯罪活动。根据中央关于开展打击经济领域犯罪活动的指示精神，1984—1987年，共计立案查处各类经济犯罪案件75件，立案审查256名。给予党纪处分19名；给予政纪处分26名，其中开除公职6名；追究刑事责任27名。为国家、集体挽回经济损失18万余元。

三、坚持实事求是原则，开展案件复议工作。自1982—2006年，对107件提出申诉要求的案件进行了深入、细致的调查、复议。这些案件涉及建国前的12件，建国后至文化大革命的28件，文化大革命中的27件，粉碎“四人帮”以后的40件。人员涉及县处级干部8名，乡科（局）级干部21名，一般党员干部44名，一般党员34名。经过复议，撤销原处分的15件，减轻处分的21件，维持原处分的71件。

第五节 党风党纪教育

在党风党纪教育中，坚持预防为主、教育为主的原则。重点抓了四个方面的教育：一是开展马列主义、毛泽东思想、邓小平理论、“三个代表”重要思想和科学发展观中关于党风党纪的基本理论教育；二是党规、宪法教育；三是党的路线、方针、政策和国家法律、法规教育；四是开展以“艰苦奋斗、廉洁从政”“立党为公、执政为民”“访贫思廉”为主题的党的优良传统和作风教育。

在党风党性教育中，采取机动灵活、形式多样的方式方法。召开生活会、举办报告会和演讲会、收看电视录像、举行知识竞赛和开办短期培训，在报刊开辟纪检专栏等形式，对党员进行经常性教育；根据不同时期可能出现的苗头性、倾向性问题，采取下通知、通报和发文件的形式，对党组织和党员提出要求，防患于未然，对党员进行预防教育；坚持正确舆论导向，把惩治腐败与扶持正气结合起来，大张旗鼓地宣传和树立克己奉公、清正廉洁、艰苦奋斗、勤政为民的先进典型；举行案件发布会，公开处理和通报典型案件，进行典型教育；对犯错误的党员登门谈心，使他们放下包袱，振作精神，积极为党工作，做好回访教育；深入推进廉政文化进机关、进农村、进学校，举办廉政歌曲比赛、廉政文艺演出、征集廉政文艺作品、创作廉政格言警句、举办廉政文化书画展等活动，宣传“八荣、八耻”，营造浓厚“以廉为荣、以腐为耻”的舆论氛围。邢台市纪检监察系统于1994年1月、1996年8月和2004年4月三次在本县召开宣传教育现场会。

第六节 执法监察

监督检查乡镇、县直各部门贯彻执行国家法律、法规、决定、命令的情况；监督处理监察对象在行政执法中违法违纪行为；受理个人或单位在行政执法中违法违纪行为的检举控告；根据上级安排，结合本县实际，对重大问题开展专项监

察；对有关行政执法存在的问题，提出改进意见。

1993年以来，紧紧围绕群众反映强烈的热点、难点问题，立足服务于本县的改革、发展、稳定大局，积极开展执法监察。

一、加强对土地市场的监督管理。督促国土资源管理局等有关部门，规范土地市场秩序，加强对征地程序、出让行为以及征地补偿和出让金管理使用等情况的监督管理；加强对经营性土地招拍挂制度的落实、深化情况的监督检查；认真查处各类违反土地管理法律法规的行为。

二、加强对工程建设招投标活动的监督检查。配合建设局等有关部门，加大监督检查力度，规范招投标行为，创造公平、公正、公开的建设环境，严肃查处工程建设领域中的商业贿赂行为。

三、加强对环境保护工作的监督检查。配合环境保护局等部门加强对企业违法排污的监督检查，督促有关地方和部门严格执行环境保护法规和政策规定。加大对违反环境保护法规行为的责任追究力度，严肃查处因环境污染引发社会问题的案件。

四、整顿和规范市场经济秩序。配合有关部门，经常性地开展农资打假、药品食品市场整顿、烟酒副食市场打假等活动；开展文化市场整顿，取缔非法音像、书店和“黑网吧”等。

五、调查处理重大特大事故，严肃查处事故背后的腐败问题。督促各级各部门落实安全生产责任制，遏制和防止重特大责任事故的发生。

六、监督检查有关国计民生专项工作。配合上级下达的专项工作进行专项监察，如粮食直补、社保资金、优抚、赈灾款、“两免一补”等优惠政策的实施，保证专用款项落实到位。

七、加强机关效能监察，整顿机关作风，提高工作效率和服务质量。对国家计划生育政策落实情况、政府采购、专项资金、减轻农民负担、落实教育收费“一费制”等进行监督检查。

第七节　信访工作

严格按照党的政策规定处理问题，坚持实事求是的原则。一是加强信访组织建设。在建立县、乡、村三级信访监报网络的基础上，加强“乡镇信访服务中心”和“村信访接待室”的建设，畅通信访渠道；二是加强对信访条例宣传，疏导群众上访，遏制违规上访；三是认真对待群众上访，对上访人反映的问题，急查急办，不推不拖，做到事事有回音、件件有着落；四是全面排查、消除信访隐患。坚持开展下访活动，解决苗头性问题，防止矛盾激化。对群众关注的农村财务管理等问题进行集中整治，消除隐患，减少上访。1982—2005年，县纪检委共受理申诉控告案件3715件（次），其中重信重访975件（次），占26.2%。来信来访中，控告案件2490件（次）、申诉案件250件（次）。通过信访工作，沟通县委、县政府和人民群众的联系，听取人民群众的意见和要求，对全县的政治安定起到了积极作用。1996年10月，县纪检委、监察局被中纪委、监察部授予“全国纪检监察基层信访工作先进单位”称号。

第八节　行风评议

行风评议工作始于2002年，是河北省政府开展的民主评议各职能部门的一项重要活动。民主评议工作以“三个代表”重要思想为指导，深入贯彻中共十六大精神，认真落实省、市民主评议办公室会议的各项要求；围绕县委、县政府中心工作以解决制约经济发展和严重损害群众利益的不正之风为重点；促进各部门、各单位进一步转变职能、转变作风，提高执法水平、行政效率和服务质量，树立行业新风，优化发展环境，推进经济跨越式发展。民主评议工作在县委、县政府的统一领导下，按照省、市评议办的要求，认真组织县人大代表、县政协委员、部分企业、村干部及群众代表作为评议代表，通过走访、调查、问卷测评等形式对全县司法和行政执法、综合管理、社会服务三类部门单位做出公开、公正、透明的正确评价。参评单位围绕群众反映的难点、热点问题进行公开承诺、听证质询和集中整改，促进各单位转变职能、转变作风、提高工作效率和服务质量。在开展民主评议活动中，创新地开展了“双十佳”（即十佳实事、十佳高效工作）评选活动，健全完善首问负责、限时办结、大厅式办公、一条龙服务等“行风建设十项制度”，并在全省推广。

第七章 政法工作

第一节 机构设置

1981年8月，成立中共临西县政法委员会（简称政法委），编制4人。1991年5月，成立社会治安综合治理办公室（简称综治办），与政法委合署办公，增编至6人。2002年3月，机构改革，政法委下设办公室和综合股2个科室，编制7人。

第二节 社会治安综合治理

临西县建立健全了各级综合治理组织，构建了县、乡、村三级治安防控体系，能够及时有效地化解各种矛盾纠纷、预防刑事案件的发生。

1994年，在全县开展了“遵纪守法光荣户”10条、“遵纪守法小康户”12条评选活动。各村成立了评选小组，严格按照评选标准和评选程序进行，被评为“两户”的，由领导小组和村民代表一起为该户在大门口挂“两户”的牌子。评选活动实行动态管理，一年一评，第一年被评上，第二年未被评上“两户”的，要摘掉“两户”的牌子。“两户”评比是家庭表现好差的晴雨表，有的家庭儿女到谈婚论嫁的年龄，若大门口没有“两户”的牌子，就觉得脸上无光。因此，村民参与“两户”评选活动的积极性很高。这项活动纯正了村风、民风，化解了邻里、家庭之间的矛盾，减少了刑事案件的发生。

1998年，在全县开展了安全乡镇、村委会和机关、企事业单位的基层安全创建活动。目的是：进一步建立健全社会治安和控制违法犯罪的工作机制，提高全民的法制观念，为社会治安综合治理工作打下坚实的基础，为两个文明建设提供有力的保障。是年底，全县安全单位达到80%、安全乡镇达到73%、安全村达到85%，社会治安形势明显好转。

2004年，开展了“三所一庭”规范化建设，即：基层派出所、看守所、司法所和法庭建设。到2005年底，共投入资金150多万元，建设达标率达90%以上。为有效地化解矛盾纠纷，促进社会和谐稳定，在全县普遍建立了人民调解、行政调解、司法调解相结合的“三位一体”社会矛盾纠纷调解中心。由综治部门牵头，对重大复杂矛盾纠纷组织调解，从根本上消除引发群体性事件的隐患。

2008年，为做好奥运安保工作，4月29日，召开全县政法干警“与奥运共命运”大会。5月1日起全县政法干警取消节假日，并组建了240名反恐应急队员，组织了6268名群众参加奥运安保志愿者，重点对党政机关、供水、供电等重点部位和7类467名重点对象实施了24小时专人监控，死盯死守。同时，加强了县城出入口、火车站、汽车站的安保检查，切实做好了辖区铁路护路工作。奥运安保期间，对发现的156处各类隐患，及时进行了整治，实现了“任何问题不出”的目标，省委副书记车俊8月18日来临西视察，对临西县的奥运安保工作给予了充分肯定。

第三节 严打专项治理

依法从重从快严厉打击严重刑事犯罪，是遏制犯罪急剧上升的有效措施。政法部门把“严打”贯彻到侦查、起诉、审判、执行等各个环节。从实际出发，针对重点区域的突出问题，确定打击重点，适时组织开展严打专项斗争。打掉了一批犯罪团伙，深挖了一批犯罪分子，维护了社会稳定。

1983年7月，按照中央提出“三年为期、三个战役，从重从快、严厉打击”的方针，部署严打行动。政法部门联合办公，破获刑事案件269起，抓获犯罪分子126名。

1985年2月，以“先大案后一般，先现案后积案，先易后难，由近及远”的原则，开展了“破案战役”。在第一次破案战役中，破获了1983年4月24日下堡寺镇邯临公路上发生的重大拦路抢劫案；在第二次破案战役中，破获了1981年白地乡修老官寨重大杀人案。此次战役共破获刑事案件152起，抓获犯罪分子72名。

1990年，开展了扫除“六害”、打击“车匪路霸入室盗窃”的专项斗争，共破获刑事案件99起，抓获犯罪分子72名。

1998年3月，开展了以保“两会”安全为核心的“集中统一清查行动”；5月，开展了“五·五统一搜捕行动”“闪电集中搜捕统一行动”；8月，开展了“打击走私专项斗争”“打击高速公路车匪路霸专项斗争”；9月，开展了“严打”统一行动百日会战、“9·14严打集中搜捕统一行动”；10月，开展了“黄赌毒”专项打击斗争；11月，在“打击走私、盗抢机动车犯罪集中统一行动”中，抓获伤害致死犯罪嫌疑人刘东渠，打掉了一盗窃电力设施犯罪团伙，共破获刑事案件69起，抓获犯罪分子51名。

2001—2002年，共开展了9次严打整治战役，共破获刑事案件916起，抓获犯罪分子18名。

2005年，开展了以城区为中心，以“打现行、除恶霸、强防范、破积案”为内容的“利剑”行动。破获了“4·30”杀人案、“1·19”持刀入室抢劫案，打掉犯罪团伙3个，共破获刑事案件363起，抓获犯罪分子109名。

2006年，侦破了“5·14”杀人案、“10·18”雇凶杀人案，打掉犯罪团伙13个，涉及成员54名，共破获刑事案件358起，抓获犯罪分子123名。

2007年，开展了全省“天鹰行动”“天网行动”、打击“两抢一盗”犯罪专项斗争、“打恶除霸”和冬季严打整治会战等专项行动。侦破命案2起，打掉犯罪团伙33个，涉及成员141名，共破获刑事案件952起，抓获犯罪分子358名。

2008年，开展了严打整治专项斗争、全省“破大案攻坚战迎奥运抓逃犯”行动、全市集中清查统一行动、“冬季亮剑”严打整治斗争等专项行动。共侦破命案3起，打掉犯罪团伙8个，涉及成员39名，共破获刑事案件695起，抓获犯罪分子195名。严打专项治理工作的进一步加强，极大地震慑了犯罪分子，保障了社会稳定，使群众有安全感，为全县经济建设和改革开放创造了良好的社会环境。

第八章　宣传工作

第一节　机构设置

1978年3月，县委重设宣传部。1989年11月，下设秘书科、宣教科、新闻报道科和理论教育科。1993年3月，下设人秘股、报道科、理论教育科、宣传科。1996年8月，精神文明建设办公室并入宣传部。11月，人秘科、报道科、理论教育科、宣传科改为人秘股、报道股、理论教育股和宣传股，行政编制10名。1998年2月，宣传部编制13名。2002年7月，机构改革，人秘股更名为办公室，宣传股和理论教育股合并为宣教股。2003年4月，下设办公室、宣教股、报道股3个职能科室，编制8人。同时，临西报社归属宣传部，事业编制9人。

第二节　理论学习

1987年，对党员干部进行思想教育，采取培训骨干、抓好试点、集训党员、宣传教育等步骤，

宣传工作培训会（2013 年 6 月摄）

学好党的十三大文件，用社会主义初级阶段理论武装全县党员干部的思想，达到通晓基本路线、排难释疑、鼓励劳动致富等目的。

1989 年春夏之交的政治风波后，采取联系思想实际、回忆对比、典型教育等方法，对广大党员群众进行共产主义理想、党的四项基本原则教育，爱国主义、社会主义、集体主义的革命传统教育。并响亮地提出反对个人主义，提倡克己奉公；反对拜金主义，提倡无私奉献；反对享乐主义，提倡艰苦奋斗；反对铺张浪费，提倡过紧日子；反对本位主义，提倡顾全大局；反对盲目崇外，提倡自尊爱国。

1991 年至 1994 年进行社会主义教育活动，通过宣传邓小平南巡讲话和十四大精神，进一步解放思想，更新观念，解决热点问题，提高了党员干部觉悟，发展了经济，促进了社会稳定，更加坚定了全县广大干部群众走社会主义道路的自觉性和坚定性。

2000 年进行“三讲”教育活动，制定了全县“三讲”教育方案，集中精力、集中时间深入扎实地开展了以“讲学习、讲政治、讲正气”为主要内容的党性党风教育。

2001 年 2 月至 2002 年 5 月进行“三个代表”重要思想学习教育活动。

2005 年，全县开展了保持共产党员先进性教育活动，按照部署，依托县电视台、电台、报社，报道临西县党员优秀感人事迹，激励广大党员干部争先创优。

2007 年 10 月，组织全县党员干部深入学习胡锦涛在中国共产党第十七次全国代表大会上的报告，号召全县干部群众深入贯彻落实科学发展观，继续解放思想，深化改革开放，推动全县经济社会和谐发展。

第三节　宣传报道

1978 年以来，国家级、省部级媒体刊登临西县新闻稿件 2000 多篇。其中《请养牛专业户王继英任国营畜牧场场长》在人民日报头版头条刊发并加短评。《从“小而全”到“大而专”——“王一摸”镰刀今胜昔》人民日报二版头条刊发，时任河北省委书记高扬批示：“写得好”。河北日报刊发的《临西县城关镇为好媳妇娘家送喜报》获全国地方报好新闻二等奖。中国青年报刊发的《临西维护权益理事会撑起青少年“保护伞”》引起共青团中央的重视，并在全国推广。农民日报头条加编者短评刊发的《给农民的优惠被农资涨价吃掉了》对平抑当时市场物价起到了积极作用。广播局录制的专题《赛羊》《运河古渡》《绿染运河畔》获省广播电视新闻奖，其中《赛羊》获省一等奖。《吕廷祥工作方法论》在国家和省媒体刊发后，引起了中央和省委领导的重视，并先后作出了批示。

第四节　精神文明创建

十一届三中全会后，临西县成立了精神文明建设委员会，主任由县委和政府主要领导担任，精神文明建设委员会下设办公室，为正科级机构，主要负责全县群众性精神文明创建活动。

2000 年，开始组织创建文明行业“文明执法、优质服务、便民利民”三杯竞赛活动，由最初的二十多个单位发展到现在的四十三个单位参加。

2000 年 10 月，组织“十星”级文明农户年终总评活动，全县 90% 以上的农户参加创建评比。

2002 年，开始做好“西部大开发助学工程”和高中“宏志”班实施工作，临西县先后有 3 名大学生和 2 名高中生受到资助。

2003 年 5 月，以防治“非典”为契机，围绕创建文明县城和卫生城市为目标，出台县城环境卫生责任制的意见和实施方案，在较短的时间内改善了县城容貌，增强了居民的城镇意识、卫生意识、文明意识。

2004 年，围绕贯彻落实《公民道德建设实施纲要》，宣传部、文明办等部门联合编写出版了《公民道德歌》一书。在全县城乡村户、党政机关掀起了广唱道德歌的高潮，进一步加大了公民思想道德建设力度。

2004 年 5 月，开始文明生态村创建活动。2006 年，在全县一批、二批文明生态村中开展建设“村民中心”活动。2008 年，全县 30% 以上的村参与了创建，其中东留善固、西袁庄、前闫、大米庄、候庄、北镇、郝村、仓上、林沟等村成为省市标杆村。在全省村级公益事业建设“一事一议”财政奖补工作中，临西县有 27 个村得到奖补，文明生态村创建工作再掀高潮。

2006 年，组织开展社会主义荣辱观宣传教育活动，在全县形成了知荣辱、树新风的良好风尚。经县文明办推介，下堡寺镇东留善固村 1985 年以来，连续被省委、省政府命名为“文明先进村”，1999 年被中央文明委授予“全国创建文明村镇先进单位”，2008 年被授予“全国文明村镇”。

第九章　县委办公室

1979 年，县委办公室下设秘书科、行政科、信息科、党史科、研究室。1983 年，成立保密委员会办公室，属县委办公室领导。1987 年 3 月，党史科升格为党史资料征集办公室，内部科室调整为秘书科、资料科、行政科、督查科。1993 年，县委办公室代管信访局、保密局、机要局、党史资料征集办公室的工作。1995 年，设秘书科、资料科、信息科、督查室，代管信访局、保密局、机要局、政策研究室、党史研究室。

第一节　综合性工作

负责中共临西县委日常文书的处理，县委重要工作的部署、落实、督查，县委领导对各项工作的批文的传达、催办、落实，县委重要会议、重大活动的组织安排；负责中共中央、河北省委、邢台市委文件的核收、分发、回收、销毁及县委领导的传阅工作；负责县委和市委及其工作部门机密文电的传递和密码保密工作；围绕县委总体工作部署，对上进行信息反馈，对下进行综合调研；承担县委文件、领导讲话的起草、修改及印发工作；负责系统经费预算的编制管理及领导的后勤工作；负责与上下级部门的协调、联系及接待工作；围绕县委的中心工作搞好服务。

第二节　保密工作

1993 年，设保密局，由县委办公室代管。

保密局的主要职责是：1、在县委、县政府领导下，主管全县行政区域内保守国家秘密的工作。2、全面贯彻执行党和国家关于保密工作的方针、政策和县委、县政府关于保密工作的指示、决定。及时向县委、县人大、县政府、县委办公室请示、报告工作。3、组织开展保密宣传教育活动和保密法规培训工作，增强全民保密意识和法制观念。4、组织并指导《中华人民共和国保密法》及其配套法规的贯彻执行，组织保密执法检查，督促依法治密。

第三节 机要工作

1990年11月，县委办公室机要室改为机要局。

机要局的主要职责是：1、做好机要密码通信工作，确保中央、省、市、县的政令畅通。2、承办县委、县政府和上级业务主管部门交办的其他事项。

第四节 政策研究

1998年，设县委政策研究室，由县委办公室代管。

政策研究室的主要职责是：1、围绕县委中心工作，对全县经济建设、社会发展及党的建设的全局性、战略性问题和改革开放中的重大问题进行调研和咨询论证，为县委决策提供依据、建议和方案。2、收集、整理反映国内外经济、政治、文化发展情况的各类资料，为县委决策提供信息服务。3、组织撰写或参与撰写宣传阐释党的路线、方针、政策的文章和著作。4、组织、协调和指导全县的调研、咨询工作，完成县委交办的其他工作。

第五节 党史研究

1998年3月，设党史资料征集办公室。1998年改称党史研究室。

党史研究室的主要职责：征集、编研中国共产党在临西县领导民主革命、社会主义革命和新时期改革开放的曲折历史和光辉业绩。大力拓宽党史宣传教育的思路，紧紧围绕全党工作大局，真正发挥党史在教育干部和群众，资政育人之中的教科书作用。同时，完成市党史研究室下达的各项任务。党史研究室成立以来，整理出版了《卫运河畔的烽火》《宏毅县革命斗争史》《中国共产党临西历史》等历史资料。

第十章 农村工作

第一节 机构设置

1980年10月，恢复县委农村工作部。1984年2月，农村工作部更名为农村政策研究室，6月，再更名为农村经济指导部。1986年9月22日，农村经济指导部更名为经济工作部。1988年2月，经济工作部改名为农村政策研究室。1989年1月，恢复农村工作部名称。1998年4月7日，农村工作部升格为农村工作委员会。2006年7月18日，农村工作委员会撤销，其工作职能分解到县委办公室、民政局、农业局等单位，人员随之分流。2007年9月28日，重设农村工作委员会、农村工作办公室，两块牌子，一套人马，编制5人。

第二节 推行农业生产责任制

临西县的农业生产责任制，自1978年开始，在生产条件、经济条件较差的生产队试行。1979年，在全县推行。是年，探索出了四种形式：一是联产到组。其中，实行粮田联产到组的有298个生产队、实行棉田联产到组的有46个生产队；二是联产到劳。其中粮食476个生产队、棉花655个生产队；三是小段包工。其中粮食455个生产队、棉花84个生产队；四是大包干。到1982年底，全县1325个生产小队全部实行了“大包干”。是年，在农民中出现了“万元户”37个，万斤粮户171个。1982年11月13日，县委召开三级干部大会，20名乡、村领导干部和农民代表作了典型发言，并给勤劳致富的“劳动状元”颁了奖。

随着形势的发展，农业生产责任制由选择形式转变到稳定、完善责任制上来。1983年，全县295个生产大队与55125户农民订立了土地承包合同，发放了土地使用证，承包期在15年以上。同时，在大稳定的基础上，进行小调整，以解决人口增减变化和地块零散问题，多数村庄将土地划分为一、二、三类，通过抓号等形式调整土地，使各家承包的土地化零为整，便于“耕作”。

为贯彻落实《河北省农业承包合同管理条例》和《河北省农业承包合同仲裁规定》，1995年1月3日，县政府印发了《关于加强农业承包合同管理的通知》，并成立了由主管副县长任主任，农业、林业、畜牧、水利、司法等部门主要负责人为成员的临西县农业承包合同仲裁委员会，在县农业局设立了办公室，明确了6名仲裁员，具体负责农村土地承包合同的纠纷处理问题。1999年1月6日，县政府召开土地二轮承包工作会议，就土地延包工作进行了具体安排，一是第一轮承包合同到期后，征得大多数群众同意，在原承包期的基础上，再延长30年不变；二是1995年以来调整过土地的，不再调整，从1999年起再延长30年不变。是年底，全县完成了30年不变的土地承包合同的签订工作，并发放了承包证书。

第三节　小康建设

1994年6月22日，县成立了以县委书记任组长的农村小康建设领导小组。县委、县政府制订了《临西县农村小康建设规划纲要（1994—2000）》。1995年3月，县委、县政府又提出了小康建设总体规划。1996年8月，县委、县政府印发了《关于小康建设规划的调整意见》。1997年6月9日，县委、县政府作出了《关于命名表彰1996年度小康村的决定》，命名表彰1996年度小康村52个，其中河西镇14个、临西镇3个、老官寨乡5个、东枣园乡4个、摇鞍镇乡5个、吕寨乡4个。

1998年3月，邢台市委、市政府命名临西镇、河西镇为1997年度小康镇。1998年7月27日，县委、县政府再次调整小康建设规划。

1999年4月26日，调整县小康建设领导小组，县委副书记任组长。全县进行了小康村自查。2000年3月16日，县委、县政府向省小康建设办公室上报了《关于小康县综合考核验收的申请报告》。报告中主要指标完成情况：①人均收入：农民人均纯收入2476元（现价），城镇居民人均生活费收入4548元，恩格尔系数为47%。②国内生产总值：全县年内生产总值实现16.04亿元，人均5050元。③教育事业：“普九”教育在1994年小学阶段适龄儿童入学率、巩固率、完成率全部达标的基础上，1998年通过了“普九”达标验收。高中阶段学龄人口入学率已达51%。④住房：城镇人均住房面积达15平方米，农村人均住房面积达21.5平方米。住房多为砖木结构或砖混结构，住房质量和设施有较大改善。⑤文化、体育、医疗设施：拥有文化馆、图书馆、体育场、影剧院、医院。居民家庭电视机、收音机普及率达到99%。⑥城乡居民平均预期寿命达到71.5岁。⑦城乡社会秩序良好，重大刑事案件发生率为万分之零点六。⑧绿化：全县林木覆盖率达17.8%，被评为全省甲级绿化县、全国平原绿化“百佳县”。⑨计划生育：计生率达94%。⑩第三产业占国民生产总值的比重为25.5%。小康乡镇建设：1997年，建成小康乡镇2个；1998年，建成小康乡镇5个；1999年，建成小康乡镇1个。全县9个乡镇8个达标，占乡镇总数的89%。2000年5月，省、市小康建设办公室对临西县小康县实施了联合验收，经省小康办研究，批准临西县进入小康县序列。

第四节　文明生态村建设

2004年5月21日，召开全县文明生态村建设大会，县委、县政府出台了《关于在全县农村广泛开展创建文明生态村活动的意见》，本着“统筹规划、分步实施、因地制宜、实事求是”的原则，确定三好（经济基础好、班子状况好、群众素质好）、三沿（沿铁路、沿省道、沿县道）、两所（县城所在地、乡镇工作站所在地）、一中心（规模较大的中心村）为建设重点。2004—2005年，确定30个行政村为创建示范村；2006—

2010年，使20%的行政村进入文明生态村行列；2011—2020年，全县实现文明生态村建设。

到2008年，第一批的30个村、第二批的30个村、第三批的18个村、第四批的10个村，已完成创建任务，占全县总村数的30%。在创建中，硬化街外道路30公里、村内硬化街道150公里；对住宅、厨房、厕所、猪舍、饮水进行了净化改造；村庄的四周栽种了树木，街道种植了花草；完成了农村电网改造，安装了路灯；完善了综合活动室，规范了农村医疗室，设置了村务公开栏和科普文化宣传栏；空心村拆迁近百户，修建文化广场9座。

第五节 组织社会化服务

1987年2月，县委抽调400名干部下村扶贫，帮助完善合作经济组织，组织社会化服务。1990年1月，县委作出《关于向白地供销社学习，开展助农兴农活动的决定》，推广了白地供销社服务“三农”的经验。1990年2月22—23日，中共邢台地委、邢台地区行署，在临西县召开全区推广白地经验现场会。地委、行署和省农研室、农业局、供销社的领导出席了会议。白地供销社以《牢记供销社办社宗旨，真心真意为农业服务》为题介绍了经验。行署主要领导作了《大力推广“白地经验”，广辟“利农兴商”之路，为推进全区农村经济发展而努力奋斗》的报告。

在“白地经验”的推动下，县委开展了“村级服务达标升级竞赛活动”，县委制定了《关于在全县开展村级服务达标升级竞赛活动的实施办法》和《临西县村级服务达标升级竞赛活动考核评审实施细则》，以强化村级干部的服务意识，明确村级服务的任务和要求，激励农村干部认真搞服务的自觉性。

2007年7月1日，《农民专业合作社法》施行。2008年，临西县经工商部门注册的各类农民专业合作社发展到23个，涉及种植、养殖等产业。

第六节 减轻农民负担

农村实行责任制后，乡、村两级实行“三提五统”（村提留包括公积金、公益金、管理费，称“三提”。乡统筹包括乡、村两级办学、计划生育、优抚、民兵训练、修建乡村道路，称“五统”），分夏、秋两季，直接向农民收取。20世纪80年代后，农业收成逐年增加，多数乡镇一季（夏季）完成全年提留任务。个别乡、村任意增加提留额度，随意安排农民义务工，增加了农民负担，从而引发了农民上访等一系列社会问题，引起了各级领导的重视。

1992年，国务院下发了《农民承担费用和劳务管理条例》。是年6月19日，县委、县政府作出了《关于贯彻实施〈农民承担费用和劳务管理条例〉的意见》，要求做好农民负担项目的审核工作，并派出工作组逐村检查落实，严把农民负担关，进一步明确村提留、乡统筹和义务工的政策标准和使用范围。

1994年夏季，全县实行了“农民负担明白卡”制度，规定本年度提留统筹不得超过上年人均纯收入的5%，一定三年不变。村提留、乡统筹的额度逐项列入“明白卡”，农户持卡交费，超出部分可以拒交。县、乡两级严格开展农民负担专项审计执法检查。

1997年，全县农民负担基本上控制在上年人均收入的5%以内，全县11%的村未超过3%（时年全县行政村295个）。

进入二十一世纪后，国家进一步加快了对“三农”扶持力度，出台了多项惠农政策。临西县认真贯彻落实：

1、2002年，取消了对“三提五统”的征收。

2、种粮补贴和综合补贴。从2004年始，每年对种粮户按种植面积由财政直补到户。标准是2004年每亩10元，2005年每亩18元，2006年每亩23元，2007年每亩38元，2008年每亩65元。

3、减免农业税。2005年减半征收农业税，2006年，全部取消了农业税的征收。

4、良种补贴。2005—2006年，连续两年小麦良种补贴10万亩，每亩补贴10元；2008年小麦良种补贴20万亩，玉米良种补贴15万亩，每亩补贴均为10元。

5、农机补贴。国家对农户购置农业机械予以补贴。临西县2006年补贴50万元，2007年补贴80万元，2008年补贴88万元。

第十一章　信访工作

第一节　机构设置

1977年，成立临西县信访科（副科级），有工作人员5名。1984年机构改革，信访科降为股级，有工作人员3名。1986年，信访科升为正科级，改称临西县来信来访办公室。1996年8月，改称中共临西县委、临西县人民政府信访局，有工作人员6名。2000年，下设办公室。2002年3月，信访局编制3人，实有工作人员12名，全县45个乡局级单位建立信访工作机构，确定45名副局（科）级干部为单位信访工作直接责任人。在295个行政村建立信访接待组织。由395名县、乡（科局）、村干部组成了县、乡（科局）、村三级信访网络。2008年，下设办公室、督查室，共有工作人员17名。

第二节　信访接待

1995—2008年，上访群众反映拖欠工资、养老保险问题、农村干群矛盾和村务管理问题、土地承包和征用问题、教师待遇问题、职教毕业生分配问题尤为突出。2000年后，上访总量呈上升趋势。2002年，发生群众上访590户次，3479人次；2003年，发生群众上访205户次，2071人次；2004年，发生群众上访673户次，4988人次；2005年，发生群众上访220户次，1506人次；2006年，发生群众上访152户次，1205人次；2007年，发生群众上访251户次，1410人次。2008年，发生群众上访210户次，1461人次。

1998年5月，白地乡林麻寨村民300余人几次来县上访，反映村里的经济问题，县领导亲自接待，并派出工作组入村调查处理。

2004年夏天，姚楼办事处因受雹灾，发生围堵县委、县政府集体上访7批次，693人次。县委、县政府领导认真接待上访群众，按照国家政策，结合实际情况，进行了妥善处理。

1998年，实行县级党政领导接待日工作，每周四为县级党政领导接待时间，并制作公示牌向社会公示。每个接待日，县级党政领导轮流到信访局接待室值班，接待上访群众，并由涉案单位领导进行陪访。每年接待上访群众70余户，300多人次。2004年，党政领导共接待群众53个工作日，接待上访群众289户，2416人次；2005年，党政领导48个接待日，接待上访群众91户，737人次；2006年，党政领导48个接待日，接待上访

接访中心（孙晓林摄）

群众62户，298人次；2007年，党政领导48个接待日，接待上访群众552人次。党政领导接待日的实施，有效化解处理了大量信访问题。

2008年7月，开展县委书记大接访活动。每天有一名县四大班子领导在信访接待大厅接待信访群众。到2008年底，县级领导共接待上访群众125批858人次，签批交办信访案件67批304人次。其中，县委书记接访34批296人次。

第三节　信访事项办理

1995—2008年，共办理信访问题630件次，涉及农村土地调整112件次，农村干部经济违纪110件次，宅基纠纷98件次，土地征用95件次，企业改制90件次，教师待遇81件次，其他问题44件次。其中,2000年共办理49件次,涉及农村土地调整18件次，土地征用15件次，宅基纠纷10件次，农村干部违纪6件次；2001年共办理58件次，宅基纠纷20件次，农村干部违纪15件次，土地征用14件次，计划生育9件次；2002年共办理37件次，教师待遇14件次，农村干部违纪12件次，企业改制11件次；2003年共办理46件次，企业改制16件次，教师待遇12件次，土地调整10件次，农村干部违纪6件次；2004年共办理72件次，企业改制21件次，土地调整和征用18件次，农村干部违纪14件次，涉法涉诉9件次；2005年共办理45件次，企业改制17件次，农村干部违纪14件次，计划生育8件次，教师待遇6件次；2006年共办理47件次，土地征用19件次，农村干部违纪15件次，企业改制13件次；2007年共办理40件次，企业改制13件次，农村干部违纪12件次，计划生育10件次，教师待遇5件次；2008年共办理37件次，企业改制13件次，土地调整10件次，农村干部违纪9件次，教师待遇5件次。

第十二章　统战工作

1980年2月，成立临西县委统战部，下设办公室、对台办公室、707办公室（民族、宗教）。1982年8月，成立对台领导小组办公室，其业务并入统战部。2002年2月，707办公室更名为民族宗教工作领导小组办公室。2002年7月至2008年，下设办公室、对台办公室（对外保留名称）、民族宗教领导小组办公室。

第一节　落实统战政策

中共十一届三中全会以后，首先为92名错划右派干部进行了平反，为其受株连的亲属安排了工作，为其子女进行了“农转非”。1985年，为32名起义投诚人员颁发了起义证书，对生活困难人员给予了生活补助。同时，落实知识分子政策，提拔和重用大批有大、中专学历的行政干部。吸收优秀知识分子加入中国共产党，出现了“知识分子做花轿”的局面。2007年，经多方协调，为1962年下放农村的台属丁洪业解决了多年遗留的生活待遇问题。

第二节　协商安排党外领导职务

统战部会同组织部，按照德才兼备的干部标准，通过召开党外人大代表、政协委员座谈会、民主协商会，发现和推荐优秀党外人士担任各级领导职务，发挥了积极作用。

1979年至2008年，全县共安排党外副县级领导干部6人，党外副科级领导干部7人。

第三节　民族宗教工作

1985年，为落实宗教政策，陆续开放了5处清真寺和宗教活动场所。先后帮助修复了洪官营

清真寺和小芦天主教堂，使教民过上了正常的宗教生活。2008年，经批准全县宗教活动场所增至53处，其中寺庙7座，道观1座，清真寺6座，天主教堂1座，基督教堂38座。全县从事宗教教职人员20名，其中有比丘9人，阿訇6人，神甫1人，修女1人，长老3人。全县信教群众16195人。其中，伊斯兰教5419人，基督教5236，佛教4260人，天主教1000人。落实民族政策，积极帮助和扶持少数民族发展经济。2003年，帮助回族村洪官营争取省、市专项扶持资金3万元，用于修路、养殖项目建设。2005至2006年，争取省、市扶持资金40万元，用于少数民族新农村建设，取得了显著成效。民族宗教政策的落实，进一步加强了民族团结，保护了宗教活动的合法有序，维护了社会稳定。

第四节　台侨工作

1987年，台湾省开放两岸探亲。到1990年，先后接待回乡探亲台胞25起32人，安排出境探亲2人。1990年，临西县在册华侨11人，其中，美国2人、印尼2人、日本7人。在册外籍华人14人，其中美国5人、朝鲜8人、印尼1人。去港澳台人员16人；境内居住侨眷20人、外籍华人眷属20人、港澳台属33人、归国华侨11人。1999年，县对台办向全县台属和海外侨胞发出公开信，欢迎台胞、海外侨胞回故乡探亲考察，招商引资，为故乡的经济建设贡献力量。2008年，临西县在册台胞42户、120人；台属71户、326人。

第十三章　党校工作

中共临西县委党校建于1965年10月。下设办公室、教研室。1996年，下设人秘股、教研室、后勤股，事业编制14人。2002年6月，改为事业科级单位，事业编制14人。

第一节　干部培训

县委党校充分发挥县委教育阵地作用，采取请进来、走出去等形式培训党员、干部。党校除独立办班外，积极与县直各部门、乡镇党委联合开办不同类型的培训班。

1982 -1987年，举办党员干部轮训班，学习中共十二次代表大会精神，提高党员干部对社会主义经济体制改革的认识，倡导社会主义精神文明建设；1988 -1989年，举办党训、党建班，学习中共十三届三中全会提出的治理经济环境、整顿经济秩序、全面深化改革的方针和政策。1990年9月，根据中共中央《关于加强党校工作的通知》，对全县党员干部分期培训，进行了以治理整顿、深化改革为中心内容的形势教育。1991年，举办轮训班10期，培训入党积极分子、乡镇企业领导、行政工作人员4100人。学习内容为中共十三届七中全会《中共中央关于制定国民经济和社会发展十年规划和“八五”计划的建议》的精神，以及江泽民总书记的“七一”讲话。1992年，开办了党史、党建培训班，主要讲授中共党史、党的基本知识、马克思主义的建党学说和科学社会主义内容。1993年，举办党员干部轮训班，辅导学习邓小平重要讲话精神和中共第十四次全国代表大会上江泽民代表十三届中央委员会所作的《加快改革开放和现代化建设步伐，夺取有中国特色社会主义事业的更大胜利》的报告。1994年，辅导学习《邓小平文选》第三卷，讲解《中共中央关于建立社会主义市场经济体制若干问题的决定》。1995年，对机关单位入党积极分子和预备党员进行培训，重点学习党史和党的基本知识。5月，举办乡（镇）局级领导和乡直干部轮训班，开展向孔繁森学习活动。1996年，重点辅导中共十四届五中全会《中共中央关于制定国民经济和社会发展“九五”计划和2010年远景目标的建议》精神，学习“九五”农业和经济发展的基本思路。1997年，辅导学习中共十四届六中全会精神和中共中央关于精神文明建设的一系列方针、政策，举办了9期学习班，共培训党员干部2600人。1998年，举办轮训班6期，重点学习邓小平理论、中共十五大精神，共培训党员干部2400人。1999年，举办学习班5期，以县级党政领导班子为重点，在党员干部中深入开展以“讲学习、讲政治、讲正气”为主要内容的党性党风教育，培训党员干部1600余人。2000年，举办培训班6期，开展讲学习、讲政治、讲正气的“三讲”教育，培训党员干部2400人。2001年，重点在农村基层党组织举办培训班，开展以“三个代表”重要思想学习内容的教育，使广大党员认识“三个代表”重要思想对加强和改进党的建设的重大指导意义。2002年，培训党员干部1200名，培训内容为十六大精神。2003年，举办4期培训班，培训党员干部1913名，培训对象有入党积极分子、村支书、村主任、县直干部，从贴近实际、贴近生活、贴近群众入手，贯彻十六大精神和“三个代表”重要思想。2004年，举办培训班5期，培训党员、干部和入党积极分子1240名。2005年，主办、联办培训班27期，以开展保持共产党员先进性教育活动为主要培训内容，培训党员干部和入党积极分子共计3050名。2006年，主要进行了农村第三批“保先”教育和较快发展县域经济为主要内容的培训，并协助组织部、县直工委举办了预备党员、入党积极分子培训班，共主办、联办各类培训班6期，培训党员干部1520人。2007年，为认真贯彻落实十七大精神，聘请市委党校教授、讲师来临西巡回演讲。同时，组织党校全体讲师深入乡（镇）村及县直部门进行演讲辅导，共举办培训班8期，培训干部570人。2008年，把贯彻落实十七大精神，学习落实科学发展观作为主要培训内容，采取多种培训形式，先后与县直、乡镇等基层党组织联合，共主办、联办培训班21期，培训党员干部830人。

第二节 函授教育

函授教育是党校教育的重要组成部分，是多渠道培训在职党员干部的一种有效形式。党校函授教育的创办，进一步拓宽了干部教育渠道。

1985—2005年，共举办中专、专科、本科班13期，招收学员1121名。

1、中专教育。干部中专班共计三期，招收学员115人，其中：1985年9月—1987年7月，招收脱产一期学员25人；1990年9月—1992年7月，招收函授半脱产一期学员45人；1991年9月—1993年7月，招收函授半脱产二期学员45人。

2、专科教育。与河北省委党校合办大学专科班，共计五期，招收学员513人，其中：1997年9月—2000年7月，招收经济管理专业学员257人；1998年9月—2001年7月，招收经济管理专业学员221人；1999年9月–2002年7月，招收经济管理专业学员35人，法律专业学员56人。

3、本科教育。与中共中央党校合办大学本科班，共计5期，招收学员493人，其中：1999年9月—2001年12月，招收法律专业学员167人；2000年9月—2002年12月，招收法律专业学员135人；2001年9月—2003年12月，招收法律专业学员126人；2002年9月—2004年12月，招收法律专业学员65人；2003年9月—2005年12月，招收法律专业学员62人。

第十四编 临西县人民代表大会

1966年1月，召开临西县第一届人民代表大会。文化大革命期间，县人民代表大会制度中断。1979年，五届全国人大二次会议通过了《地方组织法》和《中华人民共和国选举法》，规定县级设立人大常委会。1981年11月临西县部署首次人民代表大会代表选举工作，由选民直接选举产生县、乡人大代表。1982年3月召开临西县第二届人民代表大会第一次会议。选举产生了临西县人民代表大会常务委员会，也是临西县历史上首次设立人大常务委员会。从那时起，随着人民代表大会制度的不断完善，县人民代表大会的工作、民主选举制度、人大代表作用、人大自身建设不断得到加强。临西县人大常委会不断加强制度建设，履行人大决定重大事项、联系人大代表、监督“一府两院”工作和人事任免职责，为推进政治民主进程，推行依法治县，促进经济社会发展发挥了重要作用，取得了显著成效。

第一章　人民代表

第一节　第二届人民代表

第二届人民代表选举，于1981年11月初开始，至12月10日结束。此次选举是根据第五届全国人大二次会议通过修改后的《中华人民共和国选举法》关于县、乡人民代表同时由选民直接选举产生的规定进行的。整个选举分准备、宣传、选民登记、推荐确定代表候选人和投票选举五个阶段。县直和15个公社共设选区196个，选民总数为147261名，参加选举的145761名，参选率为98.9%。共选举公社人民代表1279名，其中妇女269名、中共党员665名；选举县人民代表235名，其中妇女53名、中共党员124名、干部64名、知识分子4名、少数民族8名。

第二节　第三届人民代表

第三届人民代表选举，于1984年7月24日开始，至9月4日结束。全县设选区193个，选民总数为155515名，参加选举的154404名，参选率为99.3%。共选举乡镇人民代表1348名，选举县人民代表231名。其中，妇女49名、中共党员129名、干部39名、知识分子18名，并有一定比例少数民族、民主人士代表。第一次出现了农村专业户、重点户和联合体代表。在这次选举的同时，开展了建乡建镇工作，于5月上旬到10月上旬，全县15个乡镇分别召开了人民代表大会，选举产生了乡镇人民政府组成人员。

第三节　第四届人民代表

第四届人民代表选举，于1987年2月23日开始，至4月1日结束。这次选举的主要依据是第六届全国人民代表大会常务委员会第十八次会议通过修改后的《选举法》和《地方组织法》，以及河北省第六届人民代表大会常务委员会第二十四次会议第二次修正的《选举实施细则》。全县设选区90个，选民总数为164137名，参加选举的160690名，占选民总数的97.9%。共选举县人大代表154名，其中妇女33名、中共党员102名、脱产干部28名、知识分子53名、少数民族5名。

第四节　第五届人民代表

第五届人民代表选举，于1990年1月开始，至2月结束。全县设选区90个，选民总数为169682名，参加选举人员165431名，参选率为97%。选举县人大代表188名。其中，妇女38名、中共党员113名、干部68名、少数民族4人。

第五节　第六届人民代表

第六届人民代表选举，于1992年11月开始，至1993年1月结束。全县选民总数为173921名，全县共设选区91个，参加选举的选民173548名，参选率为95%。选举县人大代表190名。其中，中共党员128名、妇女40名、工人7名、农民85名、少数民族4名。

第六节　第七届人民代表

第七届人民代表选举，于1997年10月开始，至1998年1月结束。本次换届选举是《宪法》《地方组织法》和《选举法》修改后的第一次。全县设选区195个，选民总数为180392名，参加选举的选民180175名，参选率99.8%。选举县人大代表178名。其中，中共党员代表115名，占68.6%；非党员代表60名，占31.4%；妇女代表39名，占23%；农民代表96名，占56%；少数民族代表4名，占2.2%。

第七节 第八届人民代表

第八届人民代表选举，于2003年4月初开始，至4月底结束。本次换届选举是新世纪的第一次。全县共设选区195个，选民总数为200412名，参加选举的200137名，参选率为99.8%。选举县人大代表178名。其中，中共党员代表121名、非党员代表57名、妇女代表38名、少数民族5名。

第八节 第九届人民代表

第九届人民代表选举，于2007年2月28日开始，4月10日进行投票选举。全县共设选区79个，选民总数220323名，参加选举的220215名，参选率为99.9%。选举产生县九届人大代表173名。其中，党员代表152名、非党员代表21名、妇女代表34名、少数民族代表3名。

填写选票选举人大代表

第二章 人民代表大会

由于临西县是由临清县析出的历史原因，1989年之前临西县人民代表大会的届次，仍是接续临清县人民代表大会届次顺排的。1989年11月29日临西县人大常委会第十八次会议决定：临西县人代会的届次改为以建县为起点排序。1966年1月26—28日在第二中学召开的县人代会为临西县第一届人民代表大会，之后依次顺排。

第一节 第二届（原第八届）人民代表大会

第二届人民代表大会第一次会议，于1982年3月3—7日在县招待所举行。应出席会议的代表235名，实际出席216名，缺席19名。县委、县革委及其各部门的负责人列席了会议。会议听取并审议了《临西县革命委员会工作报告》《临西县财政预决算报告》《临西县人民法院工作报告》和《临西县人民检察院工作报告》，并相应地作出了决议。会议采取无记名投票方式，选举产生了县人大常委会主任1名、副主任10名（其中党外人士1名、少数民族1名）、委员6名；选举产生了县长1名、副县长8名（正副县长平均年龄49.5岁，党外人士2名、妇女1名、大专文化程度的2名）；选举县人民法院院长1名、县人民检察院检察长1名。

1982年3月县二届人大一次会议在县招待所召开，图为代表步入会场

第二届人民代表大会第二次会议，于1983年3月21—24日在县招待所举行。出席会议代表176名，缺席58名。县委、县政府及县直各部门的负责人列席了会议。会议听取并审议了《临西县人民政府工作报告》《临西县1982年财政预算执行情况和1983年财政预算草案的报告》《临西县人大常委会工作报告》《临西县人民法院工作报告》和《临西县人民检察院工作报告》。会议通过无记名投票方式，选举曹同权、刘明杰、张百柱、盛保兰（女）为出席河北省第六届人代会的代表。

第二节　第三届（原第九届）人民代表大会

第三届人民代表大会第一次会议，于1984年10月11—14日在县招待所举行。出席会议的代表231名。县委、县政府及县直部门正职负责人和县政协全体委员列席了会议。会议听取和审议了《临西县人民政府工作报告》《关于临西县1984年国民经济和社会发展计划草案的报告》《关于临西县1983年财政决算和1984年财政预算草案的报告》《临西县人民法院工作报告》和《临西县人民检察院工作报告》，并作出了决议。会议选举县人大常委会主任1名、副主任5名、委员9名；选举产生县长1名、副县长4名；选举县人民法院院长、县人民检察院检察长各1名。

第三届人民代表大会第二次会议，于1985年7月15—17日在县招待所举行。出席会议的代表179名，缺席52名。临西县出席省人大的代表、县政协全体委员、县委县政府及其所属各部门的主要负责人以及部分乡镇政府的代理乡镇长列席了会议。会议依照法律程序，听取和审议了《临西县人民政府工作报告》《关于临西县1984年财政决算和1985年财政预算的报告》《关于临西县1985年国民经济和社会发展计划草案的报告》《临西县人民法院工作报告》《临西县人民检察院工作报告》，通过了关于上述报告的决议。

第三届人民代表大会第三次会议，于1986年5月22—23日在县招待所举行。出席会议的代表181名，缺席50名。列席会议的有县委各部室委办、县政府督导员及政府所属各部门的负责人、出席省六届人大的代表和县政协委员。会议听取和审议了《临西县人民政府工作报告》《关于临西县1985年财政决算和1986年财政预算的报告》《关于临西县1986年国民经济和社会发展计划草案的报告》《临西县人民法院工作报告》《临西县人民检察院工作报告》，通过了关于上述报告的决议。

第三节　第四届（原第十届）人民代表大会

第四届人民代表大会第一次会议，于1987年5月6－7日在县招待所举行。应出席会议的代表154名，缺席6名，实际出席148名。应邀列席会议的有临西县出席省六届人大的代表、县政协全体委员、县委县政府各部门的主要负责人。会议听取和审议了《临西县人民政府工作报告》《关于1986年财政决算和1987年财政预算的报告》《关于1987年国民经济和社会发展计划草案的报告》《临西县人民法院工作报告》《临西县人民检察院工作报告》，并通过了关于上述报告的决议。采取无记名投票方式，选举县人大常委会主任1名、副主任4名、委员10名；选举县政府县长1名、

1987年5月县四届人大一次会议在县招待所召开，图为代表们在投票选举

副县长4名；选举县人民法院院长、人民检察院检察长各1名。

第四届人民代表大会第二次会议，于1988年3月22—24日在县招待所举行。应出席会议的代表154名，缺席32名，实际出席会议的代表122名。列席会议的有县政协全体委员和县委、县政府各部门的主要负责人。会议听取和审议了《临西县人民政府工作报告》《关于临西县1987年财政决算和1988年财政预算的报告》《关于临西县1988年国民经济和社会发展计划草案的报告》《临西县人民法院工作报告》《临西县人民检察院工作报告》，通过了关于上述报告的决议。会议以无记名投票方式，差额选举张金铸、谷玉生、李珍宜为临西县出席省七届人大的代表。

1990年3月县五届人大一次会议在县招待所召开

第四届人民代表大会第三次会议，于1989年3月22—24日在县招待所举行。出席会议的代表121名，缺席33名。列席会议的有临西县出席省七届人大的代表、县政协全体委员和县委县政府各部门主要负责人。会议听取和审议了《临西县人民政府工作报告》《关于临西县1988年财政决算和1989年财政预算的报告》《关于临西县1989年国民经济和社会发展计划草案的报告》《临西县人民法院工作报告》《临西县人民检察院工作报告》，通过了关于上述报告的决议。

第四届人民代表大会第四次会议，于1989年5月9日在县招待所举行。出席会议的代表108名，缺席46名。会议根据有关法律规定，补选宗振荣为县人大常委会主任。县委副书记郭凤集代表县委就《加强人大工作，发挥人大职能作用》作了讲话。

第四节　第五届（原第十一届）人民代表大会

第五届人民代表大会第一次会议，于1990年3月14—16日在县招待所召开。应出席会议代表188名，缺席3名，实际出席185名。应邀列席会议的有县政协委员、县委县政府各部门的主要负责人。会议听取并审议了《临西县人民政府工作报告》《关于临西县1989年财政决算和1990年财政预算的报告》《关于临西县1990年国民经济和社会发展计划草案的报告》《临西县人民法院工作报告》《临西县人民检察院工作报告》，通过了关于上述报告的决议。采取无记名投票方式，选举县人大常委会主任1名、副主任4名、委员10名；选举县政府县长1名、副县长5名；选举县人民法院院长、检察院检察长各1名。

第五届人民代表大会第二次会议，于1991年3月28—29日在县招待所举行。应出席会议代表188名，因事、因病请假的代表39名，实际出席149名。列席会议的有县政协全体委员和县委县政府各部门的主要负责人。会议听取和审议了《临西县人民政府工作报告》《关于临西县1990年财政决算和1991年财政预算的报告》《关于临西县1991年国民经济和社会发展计划草案的报告》《临西县人民法院工作报告》《临西县人民检察院工作报告》，通过了关于上述报告的决议。同时，听取了县政府县长、副县长的述职报告。

第五届人民代表大会第三次会议，于1992年3月20—21日在县招待所举行。应出席会议的代表188名，自五届二次人代会后，去世2名，因事、因病请假的代表48名，实际出席138名。列席会议的有临西县出席省七届人大的代表、县政

协全体委员和县委县政府各部门的主要负责人。会议听取并审议了《临西县人民政府工作报告》《关于临西县1991年财政决算和1992年财政预算的报告》《关于临西县1992年国民经济和社会发展计划草案的报告》《临西县人民法院工作报告》《临西县人民检察院工作报告》，通过了关于上述报告的决议。听取了县政府县长、副县长的述职报告。

第五节 第六届人民代表大会

第六届人民代表大会第一次会议，于1993年3月3—4日在县委组织部电化教育中心举行。应出席会议的代表190名，因事、因病请假5名，实际出席185名。应邀列席会议的有县政协委员，县委、县政府各部门的主要负责人。会议听取并审议了《临西县人民政府工作报告》《关于临西县1992年财政决算和1993年财政预算的报告》《关于临西县1993年国民经济和社会发展计划草案的报告》《临西县人民法院工作报告》《临西县人民检察院工作报告》，通过了关于上述报告的决议。会议采取无记名投票方式，选举县人大常委会主任1名、副主任6名、委员9名；选举县政府县长1名、副县长5名；选举县人民法院院长、检察院检察长各1名。同时，以无记名投票方式，差额选举了本县出席省八届人大代表5名，即：王金城（省直）、李玉珍（省直）、张立印（省直）、武振坡、王冬梅。

第六届人民代表大会第二次会议，于1993年8月20日在县招待所举行。应出席会议的代表190名，因事、因病请假19名，实际出席171名。会议采取无记名投票方式，差额选举吴英才（市直）、赵海成（市直）、李淑芳（市直）、钱大林（市直）、刘力、武振坡、张金铸、苏金莲、关玉荣、张立成、史纪平、姜炳远、叶长铎、吕廷祥、曲熙元、孙彩田、高素娥、寿金章、马雪梅、郑福贵、王学儒、陈中霞、张连珠、李新民、修宗文25人为邢台市第十届人民代表大会代表。

第六届人民代表大会第三次会议，于1994年3月17—18日在县招待所举行。应出席会议的代表193名，自六届二次人代会后，因工作需要补选代表3名，因事、因病请假的代表18名，实际出席175名。列席会议的有县政协全体委员和县委、县政府各部门的主要负责人。会议听取并审议了《临西县人民政府工作报告》《关于临西县1993年财政决算和1994年财政预算的报告》《关于临西县1994年国民经济和社会发展计划草案的报告》《临西县人民法院工作报告》《临西县人民检察院工作报告》，通过了关于上述报告的决议。审查并批准了《临西经济振兴纲要》。会议补选鲍斌田为县六届人大常委会委员。根据有关法律规定，对林金河辞去县人大常委会委员进行了大会备案。会议期间，县委书记刘力代表县委、县政府就振兴临西经济、实现“富民、强县、升位”目标作了重要讲话。

第六届人民代表大会第四次会议，于1995年4月18—19日在县招待所举行。自六届三次人代会后，有1名代表去世、3名代表调离临西县、10名代表因工作需要辞去代表职务，补选代表15名。应出席会议的代表194名，因事、因病请假24名，实际出席170名。应邀列席会议的有县政协委员，县委、县政府各部门的主要负责人。会议听取并审议了《临西县人民政府工作报告》《关于临西县1994年财政决算和1995年财政预算的报告》《关于临西县1995年国民经济和社会发展计划草案的报告》《临西县人民法院工作报告》《临西县人民检察院工作报告》，通过了关于上述报告的决议。会议采取无记名投票方式，补选焦生辰为县人民政府县长；苏金莲、杨志雪为县六届人大常委会委员。根据有关法律规定，对武振坡辞去临西县人民政府县长，高素娥、孙春生辞去县六届人大常委会委员进行了大会备案。

第六届人民代表大会第五次会议，于1996年4月5—6日在县招待所举行。会议听取并审议了《临西县人民政府工作报告》《关于临西县1995年国民经济和社会发展计划执行情况和1996年国民经济和社会发展计划（草案）的报告》《关于临西县1995年财政预算执行情况和1996年财政预算（草案）的报告》《临西县人大常委会工作报告》《临西县人民法院工作报告》《临西县人民检察院工作报告》，通过了相应的决议。

第六届人民代表大会第六次会议，于1997年3月10—11日在县招待所举行。会议听取并审议了《临西县人民政府工作报告》《关于临西县1996年国民经济和社会发展计划执行情况和1997年国民经济和社会发展计划（草案）的报告》《关于临西县1996年财政预算执行情况和1997财政预算（草案）的报告》《临西县人大常委会工作报告》《临西县人民法院工作报告》《临西县人民检察院工作报告》，通过了相应的决议。

第六节 第七届人民代表大会

第七届人民代表大会第一次会议，于1998年2月16日在县招待所多功能厅召开。应出席会议代表178名，因事、因病请假4名，实际出席174名。应邀列席会议的有县政协委员，县委、县政府各直属部门及其他各部门主要负责人。会议听取并审议了《临西县人民政府工作报告》《关于临西县1997年财政决算和1998年财政预算的报告》《关于临西县1998年国民经济和社会发展计划草案的报告》《临西县人民法院工作报告》《临西县人民检察院工作报告》，通过了关于上述报告的决议。会议采取无记名投票方式，选举县人大常委会主任1名、副主任7名、委员11名；选举县政府县长1名、副县5名；选举县人民法院院长、县人民检察院检察长各1名。会议以无记名投票方式，差额选举了临西县出席邢台市第十一届人大代表20名，即：王中东（市直）、王建明（市直）、张思岚（市直）、王兴奎、吕廷祥、任秀芬、刘力、关玉荣、孙玉波、孙彩田、杨改柱、李金贵、吴凤陀、张立成、张清奎、赵炳坤、侯广明、耿金海、董文修、鞠朝武。

第七届人民代表大会第二次会议，于1999年3月11日在县招待所召开。应出席会议代表178名，因事、因病请假8名，实际出席170名。应邀列席会议的有县政协委员，县委、县政府各部门及其他部门的主要负责人。会议听取并审议了《临西县人民政府工作报告》《关于临西县1998年财政决算和1999年财政预算的报告》《关于临西县1999年国民经济和社会发展计划草案的报告》《临西县人民法院工作报告》《临西县人民检察院工作报告》，通过了关于上述报告的决议。县委书记刘力就加快临西经济发展作了重要讲话。

第七届人民代表大会第三次会议，于2000年2月16日在县招待所召开。自七届人大二次会议后，有2名代表调出临西县，补选代表5名。应出席会议代表181名，因事、因病请假17名，实际出席164名。应邀列席会议的代表有县政协委员，县委、县政府各部门及其他部门的主要负责人。会议听取并审议了《临西县人民政府工作报告》《关于临西县1999年财政决算和2000年财政预算的报告》《关于临西县2000年国民经济和社会发展计划草案的报告》《临西县人民法院工作报告》《临西县人民检察院工作报告》，通过了关于上述报告的决议。县委书记张栋才作了《团结奋进，拼搏实干，为建设经济强县而努力奋斗》的重要讲话。

第七届人民代表大会第四次会议，于2001年1月15日在县招待所召开。应出席会议代表181名，因事、因病请假21名，实际出席160名。应邀列席会议的有县政协委员，县委、县政府各部门及其他部门的主要负责人。会议听取并审议了《临西县人民政府工作报告》《关于2000

1998年2月县七届人大一次会议在县招待所召开

年财政决算和2001年财政预算的报告》《关于2001年国民经济和社会发展计划草案的报告》《临西县人民法院工作报告》《临西县人民检察院工作报告》，通过了关于上述报告的决议。审查批准了《临西县国民经济和社会发展“十五”计划和到2010年长期规划纲要》。县委书记张栋才作了《扭住中心不放松，齐心协力上经济，为全面实现“十五”计划和强县目标而奋斗》的重要讲话。

第七届人民代表大会第五次会议，于2002年1月28日在县招待所举行。自第七届四次会议以来，人大代表死亡1名、调出1名，补选代表2名，应出席会议的代表181名，因事、因病请假的代表15名，实际出席166名。列席会议的有县政协全体委员和县委、县政府各部门及其他部门的主要负责人。会议听取并审议了《临西县人民政府工作报告》《关于临西县2001年财政决算和2002年财政预算的报告》《关于临西县2002年国民经济和社会发展计划草案的报告》《临西县人民法院工作报告》《临西县人民检察院工作报告》，通过了关于上述报告的决议。会议以无记名投票方式，补选任树堂为县人民政府县长。县委书记张栋才作了重要讲话。

第七届人民代表大会第六次会议，于2003年3月11日在县委、县政府办公大楼六楼会议室举行。自七届人大五次会议后，代表调出4名、死亡1名，补选代表5名，应出席会议代表181名，因有事、有病缺席32名，实际出席149名。会议以无记名投票方式，差额选举市人大代表19名，即王离湘（市直）、鞠朝武（市直）、原振兴（市直）、吕廷祥、孙殿芳、李金贵、杜福荣、张立成、杨清海、夏洪祥、王金香、任树堂、张栋才、刘寒青、任俊青、邢桂峰、宋万强、胡士成、侯志贵。县委书记张栋才、县人大主任赵炳坤分别作了重要讲话。

第七节　第八届人民代表大会

第八届人民代表大会第一次会议，于2003年4月28日在电教中心召开。应参会代表178名，因事、有病请假18名，实际出席代表160名。应邀列席会议的有县政协委员和县委、县政府各部门及其他部门负责人。会议听取并审议了《临西县人民政府工作报告》《关于临西县2002年财政决算和2003年财政预算的报告》《关于临西县2003年国民经济和社会发展计划草案的报告》《临西县人民法院工作报告》《临西县人民检察院工作报告》，通过了关于上述报告的决议。会议采取无记名投票方式，选举产生县人大常委会主任1名、副主任5名、委员13名；选举县政府县长1名、副县长6名；选举县人民法院院长、县检察院检察长各1名。新任县长高建民作了表态发言，县委书记任树堂作了重要讲话。

第八届人民代表大会第二次会议，于2004年2月2日在电教中心召开。应出席会议的代表178名，因事、因病请假11名，实际出席167名。应邀列席会议的有县政协委员和县委、县政府各部门及其他部门的主要负责人。会议听取并审议了《临西县人民政府工作报告》《关于临西县2003年财政决算和2004年财政预算的报告》《关于临西县2004年国民经济和社会发展计划草案的报告》《临西县人民法院工作报告》《临西县人民检察院工作报告》，通过了关于上述报告的决议。县委书记、县人大主任任树堂作了总结讲话。

第八届人民代表大会第三次会议，于2005年1月18日在电教中心召开。自八届人大二次会议后，5名代表调出，补选代表3名，应出席代表176名，因事、因病请假13名，实际出席163名。应邀列席会议的有县政协委员和县委、县政府各部门及其他部门的主要负责人。会议听取并审议了《临西县人民政府工作报告》《关于临西县2004年财政决算和2005年财政预算的报告》《关于临西县2005年国民经济和社会发展计划草案的报告》《临西县人民法院工作报告》《临西县人民检察院工作报告》，通过了关于上述报告的决议。会议采取无记名投票方式，补选葛兴敏为县人民政府县长、刘汝海为县人民法院院长。县委书记、县人大主任任树堂作了重要讲话。

第八届人民代表大会第四次会议，于2006年4月6日在电教中心召开。八届人大三次会议代表178名，由于工作变动，3名代表调出，补选尹全峰、李晓波为县人大代表，应出席代表177名，因事、因病请假6名，实际出席171名。应邀列席会议的有县政协委员和县委、县政府各部门及其他部门的主要负责人。会议听取并审议了《临西县人民政府工作报告》《关于临西县2005年财政决算和2006年财政预算的报告》《关于临西县2006年国民经济和社会发展计划草案的报告》《临西县人民法院工作报告》《临西县人民检察院工作报告》，通过了关于上述报告的决议。同时，审查批准了《临西县国民经济和社会发展第十一个五年规划纲要》。会议采取无记名投票方式，补选尹全峰为县人大常委会主任、李晓波为县人民检察院检察长。县委书记、县人大主任尹全峰作了重要讲话。

九届人大四次会议（2010年3月摄）

第八节　第九届人民代表大会

第九届人民代表大会第一次会议，于2007年4月18日在县委会议室召开，应出席代表173名，因事、因病请假9人，实际出席代表164名。会议听取并审议了《临西县人民政府工作报告》《关于临西县2006年国民经济和社会发展计划执行情况与2007年国民经济和社会发展计划草案的报告》《关于临西县2006年县本级预算及总预算执行情况和2007年县本级预算与县总预算草案的报告》《临西县人民代表大会常务委员会工作报告》《临西县人民法院工作报告》《临西县人民检察院工作报告》，通过了关于上述报告的决议。会议采取无记名投票的方式，选举县人大常委会主任1名、副主任4名、委员14名；县人民政府县长1名、副县长6名；县人民法院院长1名、县人民检察院检察长1名。

第九届人民代表大会第二次会议，于2008年3月3日在县委会议室召开。会议听取并审议了《临西县人民政府工作报告》《关于临西县2007年国民经济和社会发展计划执行情况与2008年国民经济和社会发展计划草案的报告》《关于临西县2007年县本级预算及县总预算执行情况和2008年县本级预算及县总预算草案的报告》《临西县人民代表大会常务委员会工作报告》《临西县人民法院工作报告》《临西县人民检察院工作报告》，通过了关于上述报告的决议。县委书记尹全峰作了重要讲话。

第三章　人民代表大会常务委员会

第一节　工作机构

1979年，五届全国人大二次会议通过了《地方组织法》和《选举法》，规定县级设立人大常委会。1982年3月召开的临西县第二届人民代表大会第一次会议，选举产生了临西县人民代表大会常务委员会，也是临西县历史上首次设立人大常务委员会。之后，每届人代会都要选举产生新一届人大常委会。县人大常委会作为县人民代表大会的县级常设机构，对县人民代表大会负责并报告工作，依照法规在县人民代表大会闭会期间履行人大职责，议决重大事项、监督决议落实、督促依法行政、研究人事任免。县级人大常委会的

设立是政权组织形式的重大改革，是人民代表大会制度的一个重大发展，从制度上、组织上保证了国家权力机关作用的充分发挥。临西县人大常委会经第二届人民代表大会第一次会议选举产生后，于1982年3月8日正式开展工作。县人大常委会下设办公室、农村工作科、政法科、科教文卫科，有工作人员9名。1984年4月，改设为经济科、政教科。1989年5月，改设为办公室、财经科、政法科、科教文卫科、代表联络科。1990年底，共有工作人员15名。2003年，下设办公室、代表工作室、法制工作室。2007年5月，人大常委会机关设一室四委，即办公室、选举任免工作委员会、政治法律工作委员会、科教文卫工作委员会、财经工作委员会，共有工作人员15名。

按照《地方组织法》关于常委会会议每两个月至少举行一次的规定，到2008年年底，县人大常委会共举行会议145次，听取和审议县政府有关工作报告315项，听取县法院、县检察院工作报告82项，作出审议意见、相关决议25项，讨论决定了各个年度县财政预算和国民经济及社会发展计划的部分变更。同时，依法任免县政府、县法院、县检察院负责人1026人（次）。对于发展社会主义民主、加强和健全社会主义法制、推进经济社会事业的发展，发挥了重要作用。

1979—2008年临西县人大常委会正、副主任任职情况一览表

表14-1

	姓名	职务	任职期间	籍贯
第二届	杨其震	主　任	1982.3—1983.12	山东临清市
	赵信良	主　任	1984.1—1984.10	南宫市
	郝元夫	副主任	1982.3—1984.10	山西陵川县
	孙鸿恩	副主任	1982.3—1983.12	樟柳寨
	郭华轩	副主任	1982.3—1983.12	江　村
	王　波	副主任	1982.3—1983.12	山东莘县
	杨玉修	副主任	1982.3—1983.12	西赵庄
	张茂修	副主任	1982.3—1983.12	吕　寨
	景永忱	副主任	1982.3—1983.12	小　芦
	胡景然	副主任	1982.3—1983.12	天津市
	赵荫池	副主任	1982.3—1984.10	宋子堌
	刘广强	副主任	1982.3—1984.10	山东阳谷县
	夏树平（女）	副主任	1984.1—1984.10	西夏庄
	赵桂华	副主任	1984.1—1984.10	山东临清市
第三届	赵信良	主　任	1984.10—1987.5	南宫市
	刘广强	副主任	1984.10—1987.5	山东阳谷县
	郝元夫	副主任	1984.10—1987.5	山西陵川县
	赵荫池	副主任	1984.10—1987.5	宋子堌
	赵桂华	副主任	1984.10—1987.5	山东临清市
	夏树平（女）	副主任	1984.10—1987.5	西夏庄

续表

	姓名	职务	任职期间	籍贯
第四届	赵信良	主　任	1987.5—1989.5	南宫市
	宗振荣	副主任	1987.5—1990.3	范八里
	单林峰	副主任	1987.5—1990.3	山东东阿县
	夏树平（女）	副主任	1987.5—1990.3	西夏庄
	侯殿锋	副主任	1987.5—1990.3	老军营
	赵桂华	副主任	1987.5—1990.3	山东临清市
	王福友	顾　问	1988.11—1990.3	北蔡辛庄
第五届	宗振荣	主　任	1990.3—1993.3	范八里
	单林峰	副主任	1990.3—1993.3	山东东阿县
	侯殿锋	副主任	1990.3—1993.3	老军营
	赵桂华	副主任	1990.3—1993.3	山东临清市
	赵金荣	副主任	1990.3—1993.3	郭　村
第六届	张金铸	主　任	1993.3—1998.2	南宫市
	付学礼	副主任	1993.3—1998.2	傅　庄
	刘登九	副主任	1993.3—1998.2	王路寨
	孙松滋	副主任	1993.3—1998.2	山东龙口市
	赵金荣	副主任	1993.3—1998.2	郭　村
	葛友明	副主任	1993.3—1996	山东济宁市
	宗振荣	顾　问	1993.4—1995.9	范八里
	单林峰	顾　问	1993.4—1993.12	山东东阿县
	侯殿锋	顾　问	1993.4—1996	老军营
第七届	赵炳坤	主　任	1998.2—2003.4	河南省南阳市
	付学礼	副主任	1998.2—2003.4	傅　庄
	乔友恒	副主任	1998.2—2003.4	山东省临清市
	王跃东	副主任	1998.2—2003.4	范八里
	梁之才	副主任	1998.2—2003.4	山东省临清市
	侯志贵	副主任	1998.2—2003.4	老军营
	秦兴贵	副主任	1998.2—2003.4	曹　村
	龚长芹	副主任	1998.2—2003.4	东来寨

续表

	姓名	职务	任职期间	籍贯
第八届	任树堂	主　任	2003.4—2006.4	清河县
	尹全峰	主　任	2006.4—2007.4	临城县
	秦兴贵	常务副主任	2003.4—2007.4	曹　村
	龚长芹	副主任	2003.4—2007.4	东来寨
	夏洪祥	副主任	2003.4—2007.4	夏　庄
	赵安荣	副主任	2003.4—2007.4	仓　上
	段书玲（女）	副主任	2003.4—2007.4	西　马
第九届	王西文	主　任	2007. 4—	琉　庙
	马一骏	副主任	2007. 4—	北孟庄
	夏洪祥	副主任	2007. 4—	夏　庄
	赵安荣	副主任	2007. 4—	仓　上
	吕燕伟	副主任	2007. 4—	保定市雄县

第二节　履职行权

法律赋予县级人大常委会的职权主要是对“一府两院”及职能部门的工作监督权、人事任免权、重大事项决定权。1984年12月，临西县三届人大常委会第一次会议审议通过《临西县人大常委会工作制度》，对人大常委会会议制度、主任办公会议制度等做出了明确的规定。1987年6月，县四届人大常委会第一次会议审议通过《临西县人大常委会工作试行条例》。1993年4月，县六届人大常委会第一次会议审议通过《临西县人大常委会议事规则》和《临西县人大常委会主任议事规则》。2007年6月，县第九届人大常委会第一次会议对《临西县人大常委会议事规则》再次修订。修订后的规则对常委会议事范围、会议召开、听取审议工作报告、议案的提出和审议、质询、发言和表决、议定事项的办理等进行了更加具体明确的规定。按照《地方组织法》关于常委会会议每两个月至少举行一次的规定，到2008年年底，县人大常委会共举行会议145次，听取和审议县政府有关工作报告315项，听取县法院、县检察院工作报告82项，作出审议意见、相关决议25项，讨论决定了各个年度县财政预算和国民经济及社会发展计划的部分变更。同时，依法任免县政府系统、县法院、县检察院负责人1026名。

一、依法监督。围绕全县中心工作、经济发展的重大事项、法律法规的贯彻执行、群众反映的焦点问题不断加大监督力度，不断完善监督措施。1982年3月，县二届人大常委会第一次会议第一次行使监督职责，听取审议了县革命委员会、县财政局、县计划委员会、县法院、县检察院工作报告。此后，人代会和人大常委会定期听取审议政府及工作部门和政法部门报告形成制度。1985年5月，县三届人大三次常委会议通过《关于加强人大监督工作的意见》。1992年3月，县五届人大十四次常委会议审议通过《临西县人大常委会监督工作条例》。2005年7月，县八届人大十四次常委会议审议通过《临西县人大常委会关于监督员试点工作决议》，同年10月县八届人大十六次常委会议审议通过《临西县人大常委会关于垂直部门监督暂行办法》，12月县八届人大二十二次常委会审议通过《临西县人大常委会关于评议工作实施意见》。2007年6月，县九届人大一次常委会审议通过了《临西县人大常委会关于重大事故、重要案件报告办法》。同年8月县九届人大二次常委会审议通过《临西县人大常委会关于对垂直部门和政府直属部门实施法律监督的暂行办法》《对经济工作监督的暂行办法》《对预算审查监督的暂行办法》和《对司法机关个案监督暂行办法》。上述办法的实施，不断完善了人大监督职能。除了在每年召开的人民代表大会上听取审议上年度国民经济和社会发展计划执行情况及预算执行情况两个报告外，县人大常委会还听取县政府半年预算执行情况的报告和有关部门的专项专题报告。自二届至九届人大常委会召开听取审议政府及有关部门工作报告的会议91次。

把法律监督放在突出位置，有计划、有组织、有重点地开展执法检查，维护法律的权威。20世纪80年代以来，国家立法工作加快，县人大积极组织法律学习、督导普法工作，并重点对政府、法院、检察院、公安、民政、土地管理、计划生育、食品卫生、环境保护、教育、税收等重点执法部门，围绕宪法、刑法、民法、刑事诉讼法、行政诉讼法、地方组织法、土地法、食品卫生法、教育法、环境保护法等法律的执行情况进行重点监督，定期或不定期地听取审议工作报告，涉及监督执法内容的会议共49次。为了推进依法治县，1987年3月县三届人大一次常委会议审议通过作出《关于加强法制教育维护安定团结的决定》。1998年5月县七届人大常委会第三次会议审议通过《临西县人大常委会关于依法治县的决议》。

综合运用听取审议工作报告、组织代表视察、调研、评议部门工作等手段，努力提高监督水平。1990年11月，县五届人大常委会第四次会议作出《临西县人大常委会关于加强纠正行业不正之风监督的决定》。1996年2月县六届人大常委会第十九次会议首次对政府所属公安、交通、商业、卫生、林业五个部门及主要负责人进行工作评议。从2004年11月县八届人大常委会第九次会议起，县人大常委会定期对法院、检察院和政府21个部门工作情况进行评议。人大常委会还多次组织代表分组视察、实地监督。1988年7—12月，县人大常委会以宪法和有关法律为依据，检查了县政府和县法院、县检察院系统的执法情况；1989年7—9月，组织开展了对统计法规和计划生育法规执行情况的检查。查处了个别违法问题，提高了执法人员的法制观念；1982年3月—1990年6月，县人大常委会先后对农村中小学、棉花收购、市场物价、城镇卫生、水利建设、基层派出所进行了视察活动，组织各项专题调查上百次。每次视察或调查，都写出了有情况、有分析、有建议的报告，有的以县委名义转发，很快加以落实。1985至1986年，县人大常委会组织近百人的视察团，分组视察了河西、下堡寺、临西、尖冢4个集镇的食品卫生和环境卫生，发现问题30多个，提出建议和意见45条，转交、督促有关部门办理。1999年，开展了以《中华人民共和国农业法》为重点的农业和农村工作法律法规执法检查，发现四个方面的26个问题。如土地承包过程中，村与户签订合同，发放证书与公证未能同步进行；村务公开不规范现象。对以上问题，督促有关单位采取措施，认真整改。2001年，在打击制售假冒伪劣商品、土地管理两项重点执法检查中，成立了执法检查领导小组，从动员部署、自查自纠、重点检查到总结评议，历时5个多月。在自查自纠期间，共查处制假、售假案件11起，涉及资金20余万元。查出违法占地3000多亩，按照有关规定进行了自纠处理，监督相关执法部门对泰山路两侧村民非法抢占土地的房屋建筑进行了强制拆除。

2003年后，每年12月市人大组织部分省、市、县三级人大代表集中视察，先后深入到行政服务中心大楼、隆润纺织公司、鑫泰轴承有限公司、轴承大世界等重点工程现场进行视察，就处理好项目建设与环境保护、项目建设与循环经济等关系提出意见和建议。2007年4月至2008年12月，县人大常委会开展了《中华人民共和国婚姻法》《中华人民共和国审计法》《中华人民共和国森林法》等十余部法律、法规执法检查。在《中华人民共和国审计法》执法检查中，对审计机关严格审计程序、审计监督与人大监督的有机结合等方面提出了建议。在《中华人民共和国森林法》

执法调研中，人大常委会委员、人大代表深入到县林业局机关、黎博寨工作站，采取听、看、议等方式，指出存在的问题，并提出进一步开发林业资源、发展养殖业等建议，促进了林业生产的发展。

二、决定重大事项。推进决策民主化、科学化，坚持抓大事、议大事，围绕全县发展稳定的重大问题，行使好重大事项决定权。认真贯彻执行上级人大的有关规定，使重大事项决定工作程序化、规范化、制度化。1983年3月，县二届人大常委会第九次会议讨论通过了撤销关闭临西煤矿的决议。1984年3月，县二届人大常委会第十三次会议，研究批准了政府机构改革方案。1986年7月，县三届人大常委会第十一次会议研究批准了县政府提交的《临西县城发展规划》。1988年5月，县四届人大常委会第七次会议审议批准《临西县全民工业、集体工业、乡镇工业发展纲要》。1993年11月，县六届人大常委会第五次会议研究批准《临西县公有制企业转换经营机制方案》。2001年6月，县七届人大常委会第二十二次会议研究批准《临西县国企改革方案》。2002年4月，县七届人大常委会第二十七次会议审议批准县政府机构改革方案。2003年10月，县八届人大常委会第三次会议审议批准县政府关于建立阳光工业园区的报告。2008年12月，县九届人大常委会第十次会议研究批准了《临西县城镇医疗保险发展规划》《临西县新型农村合作医疗发展规划》和《临西县关于生态县建设的规划》。另外，二届至九届人大常委会，每个年度都对县财政预算和国民经济及社会发展计划等重大事项进行讨论表决。

三、人事任免。坚持依法任命与加强民主法制教育相结合，不断完善任前法律知识考试、拟任职承诺、颁发任命书等工作程序；坚持依法任命与加强任后监督相结合，逐步研究、建立对任命干部的考评机制，增强常委会任命干部的责任意识和群众意识。1982年7月，县二届人大常委会第三次会议首次研究人事任免事项，开临西县人大常委会研究人事任免之先河。1993年11月，县六届人大常委会第五次会议研究通过了《临西县人大常委会人事任免工作办法》，对人事任免工作做出了专项具体规定。1999年10月，县七届人大常委会第十八次会议通过《临西县人大常委会任免干部评议考察办法》。1999年12月，对县政府所属26个科局的局长、主任进行了述职评议，常委会组成人员从依法行政、工作实绩、接受监督、廉洁勤政四个方面量化打分，评出8名年度“依法行政模范”。县人大对任命人员述职评议的经验在省内外引起较大反响，天津、浙江、山西等省市一些县市前来学习经验。2006年11月，组织县人大委员、代表分别对国税局、工商局、质监局、电力局等执法执纪和服务窗口单位进行了评议。2007年6月，县九届人大常委会第一次会议通过颁布了《临西县人大常委会关于人事任免工作暂行办法》《临西县人大常委会关于对“一府两院”被任命人员进行考察的暂行办法》《临西县人大常委会关于对被提请任命人员进行法律考试的暂行办法》，使人大的人事任免工作进一步制度化、规范化。二届至九届县人大常委会议中有关人事任免的会议92次，被任命人员达1026人次。2007年11月至2008年12月，县人大委员、代表先后三次对全县60多个执法执纪部门、综合管理部门和社会服务部门工作进行评议。通过评议，增强了被评部门的人大意识、法律意识、公仆意识和执政为民意识，受到了县委和社会各界的一致好评。

四、联系代表。树立对代表负责、为代表服务、受代表监督的观念，把密切联系人大代表、充分发挥代表作用作为一项基础工作来抓。坚持和完善联系代表制度，认真督办代表提出的议案和建议，落实代表履行职务的保证措施，努力为代表履行职责营造宽松环境，创造有利条件。加强对代表的培训，提高代表行使职权的能力，抓好闭会期间的代表活动。1984年12月，县三届人大常委会第一次会议审议通过《临西县人大常委会工作制度》，对视察制度、代表联系制度等做出明确规定。1985年至1986年，县人大常委会组织近百名代表分组对四个乡镇的食品卫生、环境卫生进行视察。1988年3月，各乡镇相继建立代表联络组。1990年6月，县人大常委会先后组织代表对全县农村小学建设、棉花收购、市场物价、城乡卫生水利建设等开展了视察活动。1995年，围绕经济建设中心，开展代表工作，推行“一联两卡”制度。2003年，强化代表培训，发放《代表履职手册》，促使代表活动日趋规范。2007年6月，县九届人大常委会第一次会议修订了《临西县人大常委会联系县人大代表办法》《临西县人大代表视察办法》。二届至九届人大常委会坚持通过各种形式每年至少对每位人大代表联系一次，先后走访代表5724人次、召开座谈会523次、组织代表视察127次，提出建议2644条，对促进县域各项工作起到了积极推动作用。1985年12月，县人大常委会关于《加强代表联系工作，发挥代表作用》的经验，在省人大作了经验交流，并进行推广。

在办理代表议案、提案方面，1982年3月至2008年，共收到代表批评、意见和建议1711件。1989年3月，县四届人代会第三次会议，决定由提案改为议案，规定了议案立案的条件，代表建议和意见数量相应增加。此次会议，共收到代表10名以上联名提出的议案6件，代表建议和意见69件。代表议案全部在当年10月底办结，97%的问题得到解决，如加强农村用电管理、制止乱占滥用耕地、完善棉花返还工作、修复陈庄生产桥等实际问题。2008年3月3日，九届人大二次会议，共提出建议和意见41件，6月底全部办理完毕，县人大及时答复代表满意率达100%。

五、指导乡镇人大工作。1982年3月，撤销人民公社革委会，恢复人民公社管委会。1984年4月，根据《中华人民共和国地方各级人民代表大会和地方各级人民政府组织法》规定，将人民公社管委会改称乡（镇）人民政府。1988年3月，全县15个乡镇相继设立了代表联络组，后改为人大主席团，作为乡镇人民代表大会闭会期间的常设工作机构。县人大常委会正、副主任分工联系各乡镇人大、定期组织交流、宣传典型经验，精心指导乡镇人大工作，使乡镇人大密切了同乡镇代表和群众的关系，促进了乡镇政府工作，推动了基层政权建设。1989年10月，县人大常委会以《指导乡镇代表联组工作，促进了基层人代会建设》为题，在邢台地委召开的人大工作交流会上介绍了工作经验。1990年2月，15个乡（镇）设人民代表大会主席团常务主席。1996年，改设乡镇人民代表大会主席团主席、副主席。2002年10月，邢台市依法治理暨基层民主政治建设研讨会在临西县召开，县人大在会上作了《我们是如何开展依法治村工作的》典型经验介绍。

1990年至2006年，乡镇人大换届每三年进行一次。2007年，按照十届全国人大二次会议通过的宪法修正案，将乡镇人大的任期由3年改为5年，与各级人大的任期保持一致。

全县各乡镇人大普遍建立了实习制度、联系选民制度、评议工作制度、视察调查制度。人大主席根据有关法律法规开展工作。

第十五编　临西县人民政府

1979年时，临西县的政权机构为临西县革命委员会。1982年3月，县革命委员会取消，恢复组建临西县人民政府。1982年至2008年，临西县历经了第二至第九届共八届县人民政府。历届县政府认真贯彻党和国家的路线、方针、政策，稳步推进改革开放，逐步调整经济结构，大力优化发展环境，认真履行经济调节、市场监管、社会管理和公共服务等各项职能，较好地完成了全县国民经济和社会发展“六五”至“十五”等5个五年计划，全县经济和社会事业快速健康发展，综合经济实力显著提高。2006年，财政收入突破亿元。特别是在工业化进程、第三产业培育、城镇建设和社会保障体系建设等方面取得了显著成效，全县人民群众安居乐业，幸福指数不断提高。

第一章　县政府组织体系

第一节　历届县政府组成人员

1979年元月，刘庆山任县革委会主任。4月，焦振友任县革委会主任，张士钧、杨其震、程化芳、曹同权、赵信良任副主任。

1982年3月，恢复县人民政府体制，曹同权任政府县长，赵信良、李高明、夏树平、侯殿锋、刘光华、单林峰、赵桂华任副县长。1984年1月，增补谭定华、成殿奎为副县长。

1984年1月，宗振荣任政府代县长。10月，宗振荣当选为政府县长，单林峰、谭定华、孙松滋、李凤朝当选为副县长。1986年11月，增补阎九旭为副县长。1987年3月，增补张增才为副县长。

1987年4月，张金铸任代县长。5月，张金铸当选为政府县长，孙松滋、阎九旭、张增才、张素华为副县长。1988年8月，陈金昌任科技副县长。1990年1月，增补史振荣为副县长。

1990年3月，张金铸再次当选为政府县长，孙松滋、杜荣征、史振荣、王仁信、陈金昌当选为副县长。1991年4月，增补姜桂莲为副县长。1992年12月，增补毕世杰、杨继平、范永丰为副县长。

1992年10月，武振坡任代县长。1993年3月，武振坡当选为政府县长，史振荣、毕世杰、杨继平、姜桂莲、范永丰为副县长，王仁信任督导员。10月，王德荣任科技副县长。

1995年3月，焦生辰任政府县长。9月，曹明印任副县长。1996年12月，王西文任副县长。1997年7月，尹景义任副县长。

1998年1月24日，鞠朝武任政府代县长。1月25日，郭廷增、刘明磊增补为副县长。2月16—17日，县第七届人民代表大会第一次会议，选举鞠朝武为政府县长，毕世杰、姜桂莲、郭廷增、王西文、刘明磊为副县长。

2001年9月11日，任树堂任政府代县长。2002年1月28日，县七届人大第五次会议，选举任树堂为政府县长。10月28日，增补杨清江为副县长。

2003年3月20日，高建民为政府代县长，4月28日，县八届人大第二次会议，选举高建民为政府县长，王西文、单清波、马凤阁、杨清江、李金行、侯志贵为副县长。

2004年7月23日，葛兴敏任政府代县长，增补杨正学为副县长。2005年1月18日，县八届人大第三次会议，选举葛兴敏为政府县长。2006年5月24日，增补安庆杰、韩建敏为政府副县长。

2007年4月20日，县九届人大第一次会议，选举葛兴敏为政府县长，范存江、安庆杰、单清波、李金行、韩建敏、侯志贵为副县长。6月26日，增补王献民为政府副县长。

1979—2008年临西县革委会主任、政府县长一览表

表15–1

届次	姓名	职务	任职时间	籍贯	备注
第一届 1979.1—1982.3	刘庆山	主　任	1977.12—1979.4	唐　县	临西县革命委员会
	焦振友	主　任	1979.4—1982.3	巨鹿县	临西县革命委员会
第二届 1982.—1984.10	曹同权	县　长	1982.3—1984.1	宁晋县	临西县人民政府
	宗振荣	代县长	1984.1—1984.10	范八里	临西县人民政府
第三届 1984.1—1987.5	宗振荣	县　长	1984.10—1987.4	范八里	临西县人民政府
	张金铸	代县长	1987.4—1987.5	南宫县	临西县人民政府

续表

届次	姓名	职务	任职时间	籍贯	备注
第四届 1987.5—1990.3	张金铸	县　长	1987.5—1990.3	南宫县	临西县人民政府
第五届 1990.3—1993.3	张金铸	县　长	1990.3—1992.10	南宫县	临西县人民政府
	武振坡	代县长	1992.10—1993.3	宁晋县	临西县人民政府
第六届 1993.3 — 1998.1	武振坡	县　长	1993.3—1995.3	宁晋县	临西县人民政府
	焦生辰	县　长	1995.3—1998.1	清河县	临西县人民政府
第七届 1998.1—2003.4	鞠朝武	县　长	1998.2—2001.8	广宗县	临西县人民政府
	任树堂	代县长	2001.8—2002.1	清河县	临西县人民政府
	任树堂	县　长	2002.1—2003.3	清河县	临西县人民政府
	高建民	代县长	2003.3—2003.4	任丘市	临西县人民政府
第八届 2003.4—2007.4	高建民	县　长	2003.4—2004.7	任丘市	临西县人民政府
	葛兴敏	代县长	2004.7—2005.1	内邱县	临西县人民政府
	葛兴敏	县　长	2005.1—2007.4	内邱县	临西县人民政府
第九届 2007.4—	葛兴敏	县　长	2007.4—	内邱县	临西县人民政府

1979—2008 年临西县革委会副主任、政府副县长一览表

表 15-2

届次	姓名	职务	任职时间	籍贯	备注
第一届 1979.1—1982.3	焦振友	副主任	—1979.4	巨鹿县	临西县革命委员会
	王振岭	副主任	—1981.3	清河县	临西县革命委员会
	张士钧	副主任	1978.12—1982.3	威　县	临西县革命委员会
	杨其震	副主任	1978.4—1982.3	山东临清	临西县革命委员会
	程化芳	副主任	1979.3—1981.5	隆尧县	临西县革命委员会
	曹同权	副主任	1980.3—1982.3	宁晋县	临西县革命委员会
	赵信良	副主任	1982.1—1982.3	南宫市	临西县革命委员会
第二届 1982.3—1984.10	赵信良	副县长	1982.3—1984.1	南宫市	临西县人民政府
	李高明	副县长	1982.3—1984.1	山东高唐县	临西县人民政府
	夏树平（女）	副县长	1982.3—1984.1	西夏庄	临西县人民政府
	侯殿峰	副县长	1982.3—1984.1	老军营	临西县人民政府
	刘光华	副县长	1982.3—1984.1	山东临清	临西县人民政府
	单林峰	副县长	1982.3—1984.10	山东东阿县	临西县人民政府
	赵桂华	副县长	1982.3—1984.1	山东临清	临西县人民政府
	孙松滋	副县长	1983.7—1984.10	山东龙口	临西县人民政府
	谭定华	副县长	1982.3—1984.10	湖北秭归县	临西县人民政府
	成殿奎	副县长	1982.3—1984.10	涿鹿县	临西县人民政府

续表

届次	姓名	职务	任职时间	籍贯	备注
第三届 1984.10—1987.5	单林峰	副县长	1984.10—1987.4	山东东阿县	临西县人民政府
	谭定华	副县长	1984.10—1986.8	湖北秭归县	临西县人民政府
	成殿奎	副县长	1984.10—1984.11	涿鹿县	临西县人民政府
	李凤朝	副县长	1984.10—1987.4	龙　旺	临西县人民政府
	孙松滋	副县长	1984.10—1987.4	山东龙口	临西县人民政府
	阎九旭	副县长	1986.11—1987.4	北蔡辛庄	临西县人民政府
	张增才	副县长	1987.3—1887.4	新河县	临西县人民政府
第四届 1987.5—1990.3	孙松滋	副县长	1987.5—1990.3	山东龙口	临西县人民政府
	阎九旭	副县长	1987.5—1990.3	北蔡辛庄	临西县人民政府
	张增才	副县长	1987.5—1990.1	新河县	临西县人民政府
	张素华（女）	副县长	1987.5—1990.3	东张堤	临西县人民政府
	陈金昌	副县长	1988.8—1990.3	广宗县	临西县人民政府
	杜荣征	副县长	1989.3—1990.3	清河县	临西县人民政府
	史振龙	副县长	1990.1—1990.3	威　县	临西县人民政府
第五届 1990.3—1993.3	孙松滋	副县长	1990.3—1992.2	山东龙口	临西县人民政府
	杜荣征	副县长	1990.3—1992.12	清河县	临西县人民政府
	史振龙	副县长	1990.3—1993.3	威　县	临西县人民政府
	陈金昌	副县长	1990.3—1991.8	广宗县	临西县人民政府
	王仁信	副县长	1990.3—1992.12	大黄庄	临西县人民政府
	姜桂莲（女）	副县长	1991.4—1993.3	姜　庄	临西县人民政府
	毕士杰	副县长	1992.12—1993.3	广宗县	临西县人民政府
	杨继平	副县长	1992.12—1993.3	高　村	临西县人民政府
	范永丰	副县长	1992.12—1993.3	范　庄	临西县人民政府
第六届 1993.3—1998.2	史振龙	副县长	1993.3—1995.8	威　县	临西县人民政府
	毕士杰	副县长	1993.3—1998.2	广宗县	临西县人民政府
	杨继平	副县长	1993.3—1998.1	高　村	临西县人民政府
	姜桂莲（女）	副县长	1993.3—1998.2	姜　庄	临西县人民政府
	范永丰	副县长	1993.3—1998.1	范　庄	临西县人民政府
	王德荣	副县长	1993.10—1998.2	邢台县	科技副县长
	曹明印	副县长	1995.10—1996.5	西赵庄	临西县人民政府
	王西文	副县长	1996.12—1998.2	琉璃庙	临西县人民政府
	尹景义	副县长	1997.7—1998.2	西赵庄	临西县人民政府
	郭廷增	副县长	1998.1—1998.2	黎博寨	临西县人民政府
	刘明磊	副县长	1998.1—1998.2	山东临清	临西县人民政府

续表

届次	姓名	职务	任职时间	籍贯	备注
第七届 1998.2—2003.4	毕士杰	副县长	1998.2—1998.9	广宗县	临西县人民政府
	姜桂莲（女）	副县长	1998.2—2003.4	姜　庄	临西县人民政府
	郭廷增	副县长	1998.2—2003.4	黎博寨	临西县人民政府
	王西文	副县长	1998.2—2003.4	琉　庙	临西县人民政府
	刘明磊	副县长	1998.2—2003.4	山东临清	临西县人民政府
	李建东	副县长	2001.2—2003.4	隆尧县	临西县人民政府
	单清波	副县长	2000.7—2003.4	山东东阿县	临西县人民政府
	杨清江	副县长	2002.9—2003.4	徐　屯	临西县人民政府
第八届 2003.4—2007.4	王西文	副县长	2003.4—2007.3	琉　庙	临西县人民政府
	单清波	副县长	2003.4—2007.4	山东东阿县	临西县人民政府
	李金行	副县长	2003.4—2007.4	司　寨	临西县人民政府
	马凤阁	副县长	2003.4—2006.5	清河县	临西县人民政府
	杨清江	副县长	2003.4—2006.5	徐　屯	临西县人民政府
	侯志贵	副县长	2003.4—2007.4	老军营	临西县人民政府
	杨正学 （挂职）	副县长	2004.6—2006.5	邢台县	临西县人民政府
	安庆杰	副县长	2006.5—2007.4	邢台县	临西县人民政府
	韩建敏	副县长	2006.5—2007.4	满城县	临西县人民政府
第九届 2007.4—	范存江	副县长	2007.4—	宁晋县	临西县人民政府
	安庆杰	副县长	2007.4—2007.6	邢台县	临西县人民政府
	单清波	副县长	2007.4—	山东东阿县	临西县人民政府
	李金行	副县长	2007.4—	司　寨	临西县人民政府
	韩建敏	副县长	2007.4—	满城县	临西县人民政府
	侯志贵	副县长	2007.4—	老军营	临西县人民政府
	王献民	副县长	2007.6—	馆陶县	临西县人民政府

第二节　政府机构设置

1989年，县政府工作部门共有56个：政府办公室、劳动人事局、经济协作办公室、科学技术委员会、计划委员会、经济体制改革委员会、公安局、司法局、监察局、审计局、统计局、财政局、民政局、商业局、标准计量局、粮食局、经济委员会、乡镇企业局、交通局、物价局、工商行政管理局、建设局、土地管理局、农业局、林业局、畜牧局、水利局、教育委员会、文化局、卫生局、地方病防治办公室、体育运动委员会、计划生育委员会、农业开发办公室、爱国卫生运动委员会办公室、农业区划办公室、新能源办公

室、档案局、地方志编纂委员会办公室、广播电视局、供电局、供销合作社联合社、第二轻工业局、农机服务公司、对外经济贸易局、物资局、税务局、气象局、邮电局、烟草专卖局、河北省石油公司临西公司、中国人民保险公司临西县支公司、中国人民银行临西县支行、中国工商银行临西县支行、中国农业银行临西县支行、中国人民建设银行临西县支行。

至1993年2月，县政府工作部门除省石油公司临西公司于1991年10月更名为石油产品销售公司临西县公司和统计局于1992年8月更名为统计委员会外，其他部门均无变化。

1993年3月，县政府工作部门设置为常设工作部门、直属企事业单位、双重领导部门三类单位（见表15-3）。是年12月，标准计量局更名为技术监督局。1994年8月，税务局分设为国税局和地税局。1996年1月，临西县信用合作社联合社正式独立经营；1996年9月，文化局和体育运动委员会合并为文化体育局；1996年10月，建设局、教育委员会分别更名为建设环境保护局、教育局；10月，设中国农业发展银行临西县支行；临西县保险公司改称中保财产保险公司临西县支公司。

1996年11月，进入机构改革，县政府工作部门设置为常设工作机构、直属企事业单位、双重领导单位三类单位（见表15-4）。11月，计划委员会、统计委员会、计划生育委员会分别更名为计划局、统计局、计划生育局；畜牧局改称畜牧水产局，农机服务公司改称为农机局，商业局改组为商业总公司，物资局改组为物资总公司，外贸局改组为外贸总公司，第二轻工业局改称二轻集团总公司。

1998年3月，工商行政管理局、技术监督局管理权上划；林业局、农业局合并为农业局；教育局与文化体育局合并为教育文化体育局；建设环境保护局分设，成立建设局和环境保护局。

2002年7月，进入机构改革，县政府机构设置为工作部门、议事协调机构的办事机构、政府直属事业机构三类单位（见表15-5）。

县政府工作部门设置20个。监察局与纪律检查委员会机关合署办公；开放办公室（招商合作局、重点项目办公室）设在发展计划局内，对外保留名称；卫生局内保留爱国卫生运动委员会办公室名称；政府法制办公室、政府经济体制改革办公室、人民防空办公室设在政府办公室内，对外保留名称；扶贫开发领导小组办公室设在民政局内，对外保留名称。

县政府议事协调机构的办事机构设置：机构编制委员会办公室为县机构编制委员会的常设办事机构，既是县委的工作机构，又是县政府的工作机构。

县政府直属事业机构设置6个。

农业开发办公室改为由财政局管理的事业机构。

7月，计划局更名为发展计划局，水利局更名为水务局，人事劳动局更名为人事劳动和社会保障局，土地管理局更名为国土资源局，畜牧水产局更名为畜牧局。粮食局、物价局、乡镇企业局改为县政府直属事业局。

2005年，县政府机构设置为工作部门、议事协调机构的办事机构、部门管理机构、政府直属事业机构四类单位（见表15-6）。

县政府工作部门设置20个。监察局与纪律检查委员会机关合署办公；科学技术局与科学技术协会合署办公，不占政府机构限额；政府法制办公室、人民防空办公室设在县政府办公室内，对外保留名称；重点项目办公室设在发展改革局内，对外保留名称；扶贫开发领导小组办公室设在民政局内，对外保留名称；农业局保留林业局名称；卫生局保留爱国卫生运动委员会办公室名称；教育文化体育局挂新闻出版局（版权局）牌子。

县政府议事协调机构的办事机构设置：机构编制委员会办公室为县机构编制委员会的常设办事机构，既是县委的工作机构，又是县政府的工作机构。

县政府部门管理机构设置1个：工业促进局由发展改革局管理。

县政府直属事业机构设置4个。

表 15-3

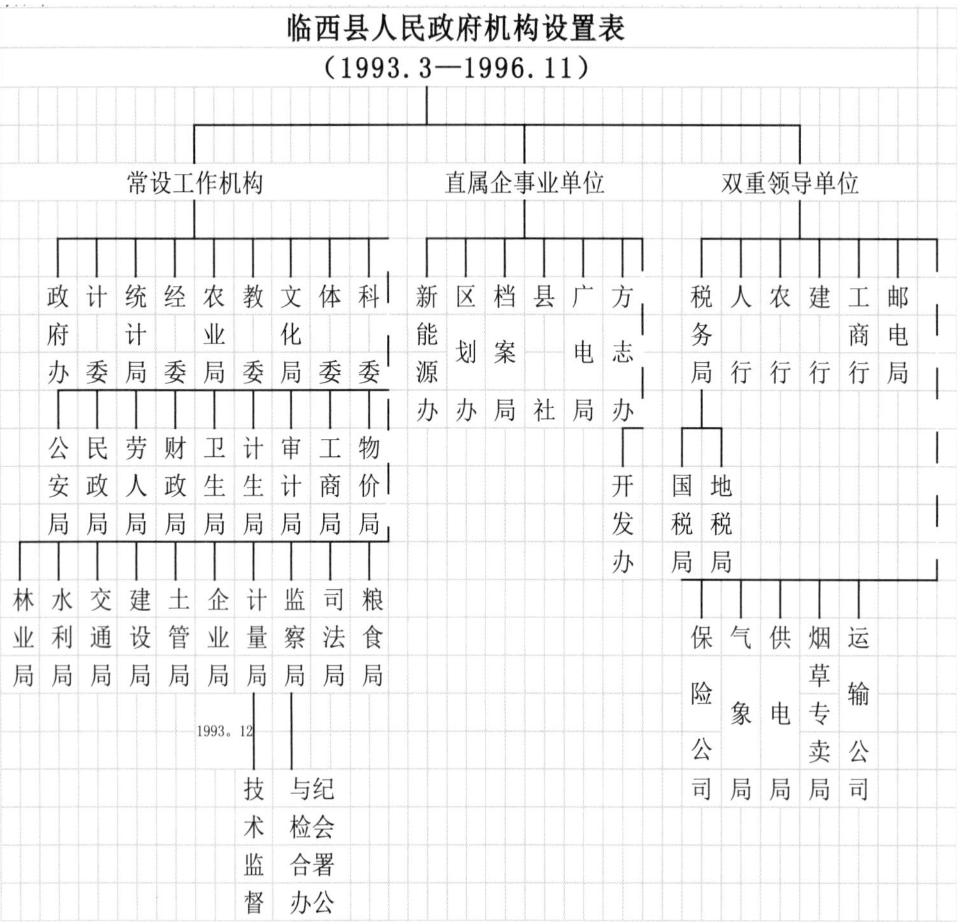
临西县人民政府机构设置表
（1993.3—1996.11）
常设工作机构
直属企事业单位
双重领导单位
政府办
计委
统计局
经委
农业局
教委
文化局
体委
科委
公安局
民政局
劳人局
财政局
卫生局
计生局
审计局
工商局
物价局
林业局
水利局
交通局
建设局
土管局
企业局
计量局
监察局
司法局
粮食局
1993。12
技术监督
与纪检会合署办公
新能源办
区划办
档案局
县社
广电局
方志办
开发办
税务局
人行
农行
建行
工商行
邮电局
国税局
地税局
保险公司
气象局
供电局
烟草专卖局
运输公司

表 15-4

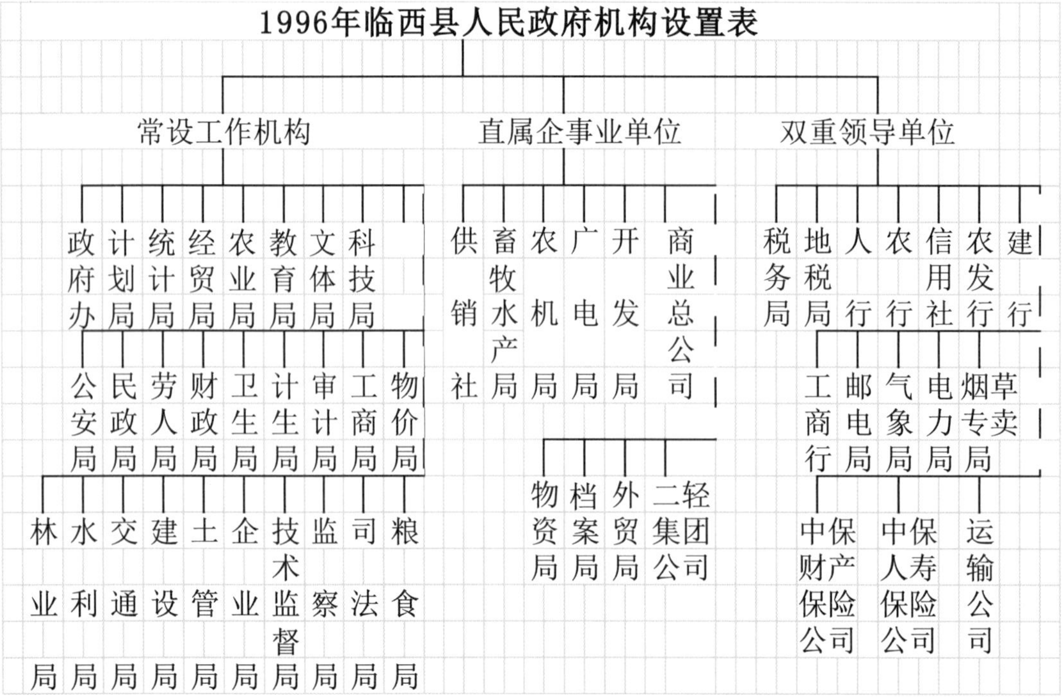
1996年临西县人民政府机构设置表
常设工作机构
直属企事业单位
双重领导单位
政府办
计划局
统计局
经贸局
农业局
教育局
文体局
科技局
公安局
民政局
劳人局
财政局
卫生局
计生局
审计局
工商局
物价局
林业局
水利局
交通局
建设局
土管局
企业局
技术监督局
监察局
司法局
粮食局
供销社
畜牧水产局
农机局
广电局
开发局
商业总公司
物资局
档案局
外贸局
二轻集团公司
税务局
地税局
人行
农行
信用社
农发行
建行
工商行
邮电局
气象局
电力局
烟草专卖局
中保财产保险公司
中保人寿保险公司
运输公司

表 15-5

2002年临西县人民政府机构设置表

- 工作部门
  - 办公室
  - 发展计划局
  - 经济贸易局
  - 财政局
  - 教育文化体育局
  - 科学技术局
  - 公安局
  - 监察局
  - 民政局
  - 司法局
  - 人事劳动和社会保障局
  - 审计局
  - 统计局
  - 国土资源局
  - 建设局
  - 交通局
  - 环境保护局
  - 农业局
  - 水务局
  - 卫生局
  - 计划生育局
- 议事协调机构的办事机构
  - 机构编制委员会办公室
- 政府直属事业机构
  - 广播电视局
  - 档案局（馆）
  - 畜牧局
  - 乡镇企业局
  - 粮食局
  - 物价局

表 15-6

2005年临西县人民政府机构设置表

- 工作部门
  - 办公室
  - 发展改革局
  - 商务局
  - 财政局
  - 教育文化体育局
  - 科学技术局
  - 公安局
  - 监察局
  - 民政局
  - 司法局
  - 人事劳动和社会保障局
  - 审计局
  - 统计局
  - 国土资源局
  - 建设局
  - 交通局
  - 环境保护局
  - 农业局
  - 水务局
  - 卫生局
  - 人口和计划生育局
  - 安全生产监督管理局
- 议事协调机构的办事机构
  - 机构编制委员会办公室
- 部门管理机构
  - 工业促进局
- 政府直属事业机构
  - 广播电视局
  - 档案局（馆）
  - 粮食局
  - 物价局

第三节 基层政权建设

1982年3月，全县撤销人民公社革委会，恢复人民公社管理委员会，大队革命委员会亦改为大队管理委员会，全县设15个人民公社管理委员会。1984年4月，根据《中华人民共和国地方各级人民代表大会和地方各级人民政府组织法》规定，将人民公社管理委员会设为乡镇人民政府，下设村委会，全县设11个乡、4个镇人民政府。乡镇设乡镇长1人、副乡镇长1—3人。村委会设主任1人、副主任1—2人。1989年3月，城关镇、先锋桥镇改称临西镇、河西镇。1990年，乡镇政府下设机构有：办公室、司法、民政、农业、林业、土地管理、水利建设、统计、财政所、公安派出所、计划生育办公室、经联委。1996年1月，并乡扩镇，改设4个镇、5个乡，分别为临西镇、河西镇（原单屯乡并入河西镇）、下堡寺镇、尖冢镇（原樊村乡并入尖冢镇）和东枣园乡、吕寨乡（原姚楼乡并入吕寨乡）、老官寨乡（原水波乡并入老官寨乡）、大刘庄乡（原黎博寨乡并入大刘庄乡）、摇鞍镇乡（原白地乡并入摇鞍镇乡）（见表15-7）。2000年12月，被并乡改设为办事处（见表15-8）。办事处设主任、副主任职务，负责办事处政务工作。2005年7月，各乡镇所辖区域未变，原办事处改称工作站并入原乡镇管理。全县辖4个镇、5个乡、6个工作站。工作站设站长、副站长职务，负责工作站政务工作。2007年11月，经省政府批准，老官寨乡撤乡建镇。至此，全县辖5个镇、4个乡、6个工作站（见表15-9）。

临西县人民政府所辖各乡镇人民政府机构设置表（1993.3—1998.2）

表15-7

	乡镇政府名称														
合乡扩镇前15个（1989.3—1996.1）	临西镇政府	下堡寺镇政府	东枣园乡政府	河西镇政府	单屯乡政府	尖冢镇政府	樊村乡政府	老官寨乡政府	水波乡政府	大刘庄乡政府	黎博寨乡政府	吕寨乡政府	姚楼乡政府	摇鞍镇乡政府	白地乡政府
合乡扩镇后9个（1996.1—1998.2）	临西镇政府	下堡寺镇政府	东枣园乡政府	河西镇政府		尖冢镇政府		老官寨乡政府		大刘庄乡政府		吕寨乡政府		摇鞍镇乡政府	

临西县人民政府所辖乡镇人民政府、办事处序列表（1998.03—2003.04）

表15-8

时间	乡镇政府办事处名称														
1998.3—2000.12	临西镇政府	河西镇政府	下堡寺镇政府	尖冢镇政府	东枣园乡政府	吕寨乡政府	老官寨乡政府	大刘庄乡政府	摇鞍镇乡政府						
2000.12—2001.3	临西镇政府	河西镇政府	下堡寺镇政府	尖冢镇政府	东枣园乡政府	吕寨乡政府	老官寨乡政府	大刘庄乡政府	摇鞍镇乡政府	樊村办事处	黎博寨办事处	姚楼办事处	白地办事处		
2001.3—2003.4	临西镇政府	河西镇政府	下堡寺镇政府	尖冢镇政府	东枣园乡政府	吕寨乡政府	老官寨乡政府	大刘庄乡政府	摇鞍镇乡政府	单屯办事处	樊村办事处	黎博寨办事处	姚楼办事处	白地办事处	水波办事处

临西县人民政府所辖各乡镇人民政府、工作站机构设置表

表 15-9

时间	乡镇政府办事处名称														
2005.7—2007.10	临西镇政府	河西镇政府	下堡寺镇政府	尖冢镇政府	东枣园乡政府	吕寨乡政府	老官寨乡政府	大刘庄乡政府	摇鞍镇乡政府	单屯工作站	樊村工作站	黎博寨工作站	姚楼工作站	白地工作站	水波工作站
2007.11—2008	临西镇政府	河西镇政府	下堡寺镇政府	尖冢镇政府	东枣园乡政府	吕寨乡政府	老官寨镇政府	大刘庄乡政府	摇鞍镇乡政府	单屯工作站	樊村工作站	黎博寨工作站	姚楼工作站	白地工作站	水波工作站

第四节　政府办公室

1982 年 3 月，成立县人民政府办公室。

1984 年 4 月，政府办公室下设秘书资料科、农业生产科、工交财贸科、政法文教科、行政事务科。1987 年 11 月，政府办公室下设秘书科、农业生产科、工交财贸科、政法文教科、资料科、法制科、行政事务科。1990 年 9 月，原工交财贸科撤销，增设工交科、财贸科。1993 年 3 月，办公室下设秘书科、资料科、工业交通科、财贸金融科、农业生产科、政法文教科、法制科、行政科及招待所，编制 30 人。1996 年 1 月，地方志编纂委员会办公室挂靠政府办公室；8 月，成立招商局（正科级），挂靠政府办公室；11 月，机构改革，秘书科改为秘书股、资料科改为资料信息股、工业交通科改为工业交通股、财贸金融科改为财贸金融股、农业生产科改为农业生产股、政法文教科改为文教卫生股、法制科改为法制宗教股、行政科改为行政事务股，增设体改综合股，县招待所未作调整。1998 年 3 月，督查室、法制办公室、人民防空办公室设在政府办公室；经济体制改革办公室（正科级）、地方志办公室、外事侨务旅游办公室、招商局挂靠政府办公室。2002 年 7 月，招商局并入计划局，资料信息股改为综合资料股、工业交通股改为工交城建股、农业生产股改为农业股、法制宗教股改为政法民政股，撤销行政事务股、体改综合股、招待所，增设督查股、法制股。政府法制办公室、政府经济体制改革办公室、人民防空办公室设在政府办公室内，对外保留名称。2007 年 4 月，法制办公室、人民防空办公室、政府督查室升为正科级单位。至 2008 年，设在政府办公室内的科级单位有：

一、经济体制改革办公室

1985 年 9 月，企业整顿办公室改为经济体制改革办公室。1988 年 5 月，改设为经济体制改革委员会。1996 年 8 月，复设经济体制改革办公室。11 月，成立体改综合股。2002 年 7 月，撤销体改综合股，经济体制改革办公室并入政府办公室，对外保留名称。体制改革办公室主要职能是：贯彻执行党和国家关于经济体制改革的方针、政策，抓好全县经济体制改革工作，协调解决经济改革中的重大问题，探索、推广、总结各项改革的成功经验。

二、地方志办公室

1984 年，成立地方志编纂委员会办公室，为政府办公室所辖股级单位。1990 年，升为副科级，先后编纂出版了《临西县地名志》《临西县志》《临西图志》，整理出版了《临西稽古》。1994 年起，每年向省、市地方志办公室提供年鉴资料。1999 年升为正科级单位。2006 年 12 月，启动第二轮修志，编纂《临西县志》（1979—2008）。

三、人民防空办公室

2001 年 7 月，成立人民防空办公室，为副科级机构。2007 年 4 月，升为正科级机构。2006 年，印发了《临西县人民政府关于加强人民防空工作的实施办法》。为落实防空警报试鸣制度，2007 年 11 月在城区安装了两台防空警报设备，每年 7 月 7 日进行人防警报试鸣。

四、政府督查室

1995年1月，成立政府督查室，为副科级机构。2002年7月，督查室下设督查股。2007年4月，督查室升为正科级机构。2006年，政府督查室重点对全县秸秆禁烧情况和重大动物疫病防治情况进行了督查，全县未发生一例秸秆焚烧事件，动物防疫率达到100%。2007年，对全县沼气池建设情况进行了督查，全县共建成沼气池206个；是年8月，对全县黄顶菊除治进展情况进行了督查，使黄顶菊除治率达到97%；2007年，对全县“8812”工程（八项民心工程、八个城建项目、十二个重点项目）进行了全程跟踪督查，有效促进了工程的顺利完成；2008年，重点对“奥运”安全保卫情况和争取国家资金项目实施情况进行了督促检查，全年办理各级领导批示件85件，解决群众关心的热点难点问题36件。

五、政府法制办公室

2002年5月，成立法制办公室，为副科级机构。2007年4月，升为正科级机构。建章立制，规范文件制发。2003年5月，出台了《临西县制定规范性文件程序规定》。在规范性文件制发的实际运作中，县法制办负责把好法律关、内容关和语言关。强化监督职能。2002年至2005年，每年组织一次以持证上岗为重点的监督检查。先后对10名无证上岗和13名持无效证件上岗的行政执法人员进行了处理；2006年，结合罚没许可证年检工作对行政执法部门的行政处罚案件进行了抽查，通过抽查案卷，监督行政执法人员的执法情况。建立统一的培训考试制度。法制办从2002年起至2008年，每年对全县各类行政执法人员组织一次公共法集中培训考试。7年来，先后系统学习了《国家赔偿法》《行政处罚法》《行政复议法》《行政诉讼法》《行政许可法》《信息公开条例》等，有效地提高了全县各类行政执法人员依法行政整体水平。依法办理行政复议和行政应诉案件。2002至2008年底，共收到行政复议申请25起，立案20起，办结20起。主要涉及国土管理、治安处罚、城建规划等。其中，依法维持的具体行政行为12起，撤销的具体行政行为7起，终止复议1起。受县政府委托参加行政应诉4起，切实维护了公民、法人的利益。

六、外事侨务旅游办公室

1994年成立临西县外事侨务旅游领导小组，下设办公室。1998年，改设外事侨务旅游办公室。是年6月，对全县65处历史遗迹进行了考察。1999年，编印出版了《国际知识交流手册》，供县内出国人员参考。

七、机关事务管理局

1991年1月，成立机关事务管理局，隶属县委、县政府双重领导，内设办公室，后勤股。机关事务管理局主要负责政府办公大楼、政务中心大楼的保安、保洁、水、电、气的安装维修，院落的美化、绿化，县四大班子公务接待、车辆保险、机关工作人员就餐及消防、会议室管理工作，同时代管政府所属科局的水、电、暖工作。

第二章　施政辑要

一、1979年1月至1984年11月县革命委员会、第二届县人民政府施政概要

遵循党的十一届三中全会和十二大确定的路线、方针、政策，贯彻执行调整、改革、整顿、提高的方针，集中精力，大胆探索，进行改革，狠抓了以提高经济效益为中心的经济建设，使全县各条战线都出现了新的局面，大力实施农业联产承包责任制，极大地调动了农民生产积极性，粮食、棉花双丰收，商品生产大发展。1983

年，粮食总产达到8548万公斤，比1982年增长6.1%；棉花总产达到了1144.4公斤，比1982年增长51.1%。农村商品生产发展较快。商品生产项目发展到137个，乡镇企业发展到230多个，从业人数达13400多人，乡镇企业总收入1205万元。工业生产持续上升，经济效益明显提高。1983年，通过深入开展企业整顿，解决企业吃国家的“大锅饭”，职工吃企业“大锅饭”的问题，大胆探索，给企业松绑放权。在劳动人事管理方面，企业的厂长、经理由原来的上级任命改为民主选举或实行招聘。在经营方式上，允许企业行使自主权，并鼓励企业推行各种形式的联营和经营承包责任制，有效地调动了企业和职工的积极性，取得了较好的经济效益。1983年，全县完成工业总产值5228万元，与1982年增长28.5%。

二、1984年11月至1987年5月第三届县人民政府施政概要

坚持把改革开放放在首位，以经济建设为中心，充分发挥各职能部门的作用，调动各方面的积极因素，促进了全县国民经济和社会发展。1986年，全县完成工农业总产值19533.6万元，财政收入完成730.2万元，农村人均收入达到334.26元。农业生产在旱情风雹等自然灾害较为严重的情况下，创历史最高水平，总产值达到9915万元，粮食总产达到101613吨。工业生产在工业原材料涨价，能源紧张的情况下，总产值仍达到9618万元。大力推进乡镇企业发展，全县发展到4176个摊点，从业人员达到17162人，基本形成了以建材业、轴承加工业、农产品加工业、运输业、服务业为骨干的五大行业。1986年，全县完成产值5003万元。科技工作，积极推进横向技术联系，大力推广实用技术，完成了科技研究和推广项目37项，推广科技成果22项。列入地区以上的4个“星火计划”项目和县级15个“星火计划”项目，建设和经营情况良好。

三、1987年5月至1990年3月第四届县人民政府施政概要

坚持治理整顿、深化改革的方针，以经济建设为中心，充分调动各方面的积极因素，全县国民经济和社会事业快速发展。1989年，全县实现工农业总产值32392万元，比1986年增长65.8%。财政收入完成1142.9万元，比1986年增长56.5%。农村人均收入达到480元，比1986年增长43.6%。

进一步完善了农村联产承包责任制，不断加强村级组织的服务功能，为农民提供更好的产前、产中和产后服务，集中力量加大对农业生产的投入。三年中，共投资1982万元资金，大搞农田水利基本建设。组织动用劳动积累工413.9万个，进行了尖冢扬水站的配套工程建设、乡村级引水渠道清淤开挖工程及配套设施建设，使水浇地面积扩大到43.8万亩，大大增强了农业抗旱排涝保丰收的能力，农业生产连年丰收。1989年，全县农业总产值达到12119万元，比1986年增长22.2%；粮食总产达到112031吨，比1986年增长10.25%；棉花总产达到12033吨，比1986年增长31.9%。坚持深化企业改革，大胆引进竞争机制，加强企业内部管理，调整企业产品结构，扎扎实实地狠抓新建、技革、技改项目的建设，使列入计划的万吨啤酒厂、万吨浸出油厂、通便灵生产线、火柴厂技改续建工程、织染厂5000锭纺纱车间等项目，相继竣工投产，有效地增强了全县工业发展实力。工业生产持续稳定发展。1989年，全县工业生产在全区综合评比中名列第四名。氮肥厂生产的卫河牌碳酸氢铵被评为省优产品，抛光砂轮、JL多用取暖炉等被评为省优新产品。1989年，全县完成工业总产值20273万元，比1986年增长1.1倍；乡镇工业完成产值3415万元，比1986年增长2.12倍。

四、1990年3月至1993年3月第五届县人民政府施政概要

紧紧围绕经济建设中心工作，坚持改革开放，认真实施“五举兴邢”的发展战略，全县经济建设和各项社会发展事业都取得了较好的成绩。1992年，实现工农业总产值50805万元，比1989年增长6.9%；财政收入完成1582.5万元，比1989年增长38.5%；农村人均收入达到472元。

坚持把发展农业放在全县经济工作的首位来抓，通过继续稳定和完善农村联产承包责任制，坚持科技兴农，大力推广和普及农业科学技术，坚持不懈地抓好农田水利基本建设，深化改革，建立和完善农村社会化服务体系，实现粮食产量持续十一年增长，棉花总产获得有史以来的第二个高产年。1992年，农业总产值达到17179万元；粮食总产达到9495.7万公斤；棉花总产达到654.8万公斤；油料总产达到28.3万公斤。工业生产稳步增长。强化技术进步，抓好重点项目建设。三年中，先后筹建了氮肥厂二期工程、制药厂片剂生产线和纺织印染厂印花生产线等技改项目，有效地增强了企业的竞争能力。组织企业深入开展了“质量、品种、效益年”活动，收到了明显成效。氮肥厂生产的卫河牌碳酸氢铵和二棉厂的皮棉，分别被化工部、商业部评为优质产品；县织染厂生产的色条绒布荣获省优质产品；五金厂出口斧头荣获轻工部铜牌奖。1992年，全县完成工业总产值33626万元，比1989年增长27.3%；乡镇工业完成产值4909万元，比1989年增长19%。

五、1993年3月至1998年2月第六届县人民政府施政概要

紧紧围绕“富民、强县、升位”的战略目标，以经济建设为中心，以小康建设总揽全局，务实创新，全县经济建设和各项社会事业都取得了很大成绩。1997年，全县国民生产总值达到14亿元；财政收入完成4881万元；农村人均收入达到2269元。

以小康建设总揽农村工作全局，狠抓科技兴农和农田水利基本建设，进一步提高了农民科学种田水平，改善了农业生产条件，实现了粮棉油等基本农产品生产和农民收入两个较快增长。1997年，全县粮食总产达到23.23万吨；棉花总产达到1.08万吨；油料总产达到0.37万吨。狠抓了企业改组、改制和改造，进一步强化了企业经营机制，较好地焕发了企业的生机和活力。五年间，全民技改投资累积达到2.4亿元，先后完成了硝铵、甲醇、高档火柴、窄幅织机改造、片剂生产线等20多个技改项目，开发新产品30多种，其中获得省市级以上新产品7个。复方芦荟胶囊被列入国家中药保护品种。1996年，县氮肥厂实现利税突破千万元大关，成为全市十强企业之一；县制药厂闯入全国中医药企业50强。乡镇企业快速发展。狠抓轴承龙头项目建设，先后投资3000多万元，培育新上了15家规模企业，使临西轴承出现了由经销向加工发展，由家庭生产向规模企业发展，由生产低档产品向中高档产品发展，由国内市场向国际市场发展的四个可喜变化，轴承出口企业达到13家，出品范围扩大到18个国家和2个地区，出口产品总值突破1亿元。同时，投资5000万元建成了白庄、仓上、童村三个成交额超亿元的轴承专业市场，进一步方便了广大客商。1997年，乡镇企业营业收入达到了33.2亿元。基础设施建设成绩显著。投资近亿元，开辟了泰山路、影院北路等12条街道，建成了站北街、北大街等6条商业长廊，县委政府办公大楼、公安局、教育局、乡镇企业局、县医院、计生局、土管局、保险公司等多项建筑相继建成竣工，并投入使用。城区面积由原来的1平方公里扩大到3平方公里。交通建设发生了根本性变化，完成投资1亿多元，修建、改造了两条省级公路，扩建了童吕公路，新建了部分村级公路，同时建成完善了京九铁路临西站配套设施建设。教育工作，兴建了高标准的职教中心，新建了一中、二中教学楼，新建标准化乡中2所，标准化小学80所，办学条件有了明显改善。

六、1998年2月至2003年4月第七届县人民政府施政概要

坚持以邓小平理论和“三个代表”重要思想为指导，团结和带领全县人民大胆改革，锐意进取，扎实工作，较好地完成了各项任务目标，经济建设和社会发展迈出了新的步伐。2002年，全县国内生产总值由1997年的13.8亿元增至20亿元；财政收入完成7733万元；农民人均纯收入达到2760元。

全面发展农业经济、特色产业。2002年，全县粮食总产达到19.1万吨；棉花总产达到1.44万吨；油料总产达到0.55万吨。棉花总产比1997年

增长33%。加强棉花产业优势，被命名为国家优质棉生产基地县。加强农田水利基本建设，全县共新打机井2146眼，扩挖渠道258条，新增节水灌溉面积5.3万亩，建成高标准农业开发区15万亩。实施乡村供水工程，解决了53个村2万多农民群众的饮水难问题。全县森林覆盖率达到12.7%，被国家绿委评为“全国造林绿化百佳县”。工业运行质量明显提高，重点支柱企业初具规模。不断加大企业改革力度，依法破产企业42家，终结38家，组建股份制和股份合作制企业7家，拍卖出售企业12家，租赁企业16家。加大企业技术改造力度。2002年，县制药厂实现利税1800万元；兴隆纸品厂实现利税800万元。全县工业已初步形成制药、造纸、化工、食用油、棉纺等5大支柱企业。轴承产业得到较大发展。全县新建投资100万元以上的规模企业18家，轴承出口企业由1997年的8家发展到42家；轴承产品出口交货值达到2.5亿元，比1997年增长3.5倍，累计直接出口创汇300多万美元。投资8000万元的中国轴承大世界一期工程竣工并投入使用。继续推进基础设施建设。县城建设，先后投资4亿多元兴建了明珠广场、综合商贸城、农民进城一条街、隆兴花园、安居工程楼等一批重点工程，完成了泰山路、太行路及环城路等一批骨干道路建设，“城外成环、城内成网”的县城道路建设格局初步形成。城区面积达到6.2平方公里。电信事业，全县交换机总容量发展到3.5万门，是1997年的4倍；固定电话用户将近3万户，是1997年的5倍；移动电话用户突破1.2万户，比1997年翻了两番。交通运输，改建了邢临、邯临两条公路，扩建了童吕路，境内平原二级路总里程达到51公里；新修乡村联网路150公里，全县204个村通了油路；城乡客运、县城公交全面开通，货运全国联网，交通运输和出行条件得到改善。

七、2003年4月至2007年4月第八届县人民政府施政概要

坚持以科学发展观为统领，以实现更好更快发展为目标，解放思想，开拓进取，强化措施，勤奋实干，圆满完成了各项目标任务，综合实力明显增强。到2006年，全县生产总值完成28.7亿元，比2002年增长41.5%；财政收入完成10058万元，比2002年增长30%；农民人均纯收入达到3760元，比2002年增长36%。

强力推进项目建设。2003年至2007年全县共完成重点项目投资56亿元，累计引进外资1800万美元，引进内资11.7亿元。建成了百万元以上的重点项目380个，千万元以上的51个，亿元以上的3个。特别是复临药业、隆润纺织、金牛水泥、华春液压件等一大批重点项目相继投产。这些项目的引进、建设和投产，极大地增强了临西发展后劲，壮大了经济实力。大力抓好基础建设。在城市建设上，完成投资7.2亿元，建成了43个重点工程。完成了阳光大道、明珠广场、轴承大世界、汽车站搬迁、博利商城等一大批基础建设和城市配套项目。新建或改造了泰山路、玉兰路、运河路、文化大街等一批主要街道，并全部进行了绿化、亮化和美化。城区面积已达到10平方公里，比2002年增加了4平方公里；城镇化率达到30%，比2002年提高了3个百分点。在交通建设上，共完成投资5.4亿元，新修各类道路380公里，全县通车里程达到了590公里，基本实现了“一条高速、两条县道、三条省道、四纵四横、村村通油路”的交通格局。推进农村经济稳步发展。先后投资2亿多元，进行大规模的农田水利基本建设，完成了4万亩的土地综合治理任务、1.6万亩农田林网建设和8000亩的防风治沙项目，新打机井270眼，铺设地下防渗管道21万米，扩挖河渠63公里，新建生产桥54座，极大地改善了农业生产条件，保障了农业增产、农民增收和农村稳定。2006年，全县农业总产值达到14.9亿元，比2002年增长了59.8%。努力提高教育教学水平，先后投资8000万元，新建校舍28万平方米，改造危房17万平方米，建成标准化中小学84所。教师队伍素质明显提高，教学质量稳固攀升，全县小学和初中适龄儿童入学率分别达到99.9%和98%，大专以上上线率达到75%以上。2005年被省政府评为普九巩固提高先进县、幼教工作先进县。

八、2007年至2008年12月第九届县人民政府施政概要

临西县第九届人民政府，认真践行县域经济和社会发展的总体指导思想，高举科学发展的大旗，弘扬艰苦创业的精神，围绕一个目标（跨入全省中等县市行列），突出两个重点（项目建设和基础设施建设），发挥三大优势（轴承优势、棉花优势和工业基础优势），加快四个步伐（轴承产业上档升级、棉纺产业规模扩张、工业园区建设和明星城镇建设），大力推进依法行政，确保社会稳定，构建和谐临西，努力实现经济和各项社会事业全面发展。

一是抓住更好更快发展这一主题，推动经济社会切实转入科学发展的轨道。坚持把发展作为第一要务，把提升综合经济实力作为政府工作的主线，切实搞好“五个统筹”，推进新农村建设，加强社会事业发展和生态环境建设，促进城市与农村、经济与社会、人与自然的协调发展，不断增强发展的全面性、协调性和可持续性。

二是始终把项目建设作为经济工作的重中之重，以项目建设带动和活跃全局。认真落实市委、市政府“全党抓经济、突出抓项目、强力抓环境”的总要求，千方百计引进和新上了光扬轴承、银光化工、隆润纺织二期等一批大项目，为以项目求生存，以项目求发展，以项目上台阶奠定了新的基础。

三是坚定不移地深化改革，扩大开放，不断增强经济发展的活力。坚持把招商引资作为加快发展的有效途径，注重发挥自身优势，主动参与国内外产业分工和区域经济协作，借助外力优化产业结构，壮大经济实力。以加快形成科学发展的良好机制为目标，积极稳妥地推进行政体制改革、国有企业改革和财税体制改革，靠改革解决存在的矛盾和问题，靠改革增强经济社会发展的活力。

四是坚持以人为本，更加自觉地把维护群众利益、提高人民生活水平作为最高准则。带着感情、责任、追求做好群众工作，每年都要集中力量解决一批关乎群众切身利益的实际困难和问题，不断增强农村后劲，提高群众收入，使全县人民都能共享改革发展的丰硕成果。

2008年，全县生产总值完成31.1亿元，同比增长10.5%；规模以上工业增加值完成2.5亿元，实现利税1.4亿元；全部财政收入完成1.052亿元；社会消费品零售总额达到12.5亿元，同比增长11.6%；城镇居民人均可支配收入达到8400元，同比增长16%；农民人均纯收入达到4360元，同比增长8.2%；粮棉产量稳步增长，畜牧养殖发展迅速；围绕项目建设，全年引进县外资金4.1亿元，实际利用外资688万美元，创历史新高。

临西县三级干部大会（2012年摄）

农村面貌提升动员大会（2013年摄）

第十六编 政协临西县委员会

中国人民政治协商会议临西县委员会（以下简称县政协），于1984年4月10日正式成立。县政协成立以来，高举爱国主义和社会主义两面旗帜，认真履行“政治协商、民主监督、参政议政”职能，紧紧围绕县委、县政府中心工作建言献策、奉智出力，为促进临西县政治、经济和社会各项事业的飞速发展，做出了应有的贡献。

第一章　政协委员

第一节　委员选举

县政协一届一次会议，女委员12名，占委员总数的21%；知识分子22名，占委员总数的39%；中共党员21名，占委员总数的37%。二届一次会议，女委员14名，占委员总数的17.6%；知识分子28人，占委员总数的33%；中共党员30人，占委员总数的35%。三届一次会议，女委员15名，占委员总数的14%；知识分子48名，占委员总数的54%；中共党员42名，占委员总数的40%。四届一次会议，女委员18名，占委员总数的16%；知识分子39名，占委员总数的35%；中共党员65名，占委员总数的59%。五届一次会议，女委员16名，占委员总数的13%；知识分子25名，占委员总数的20%；中共党员54名，占委员总数的46%。六届一次会议，女委员36名，占委员总数的21%；知识分子50名，占委员总数的29%；中共党员87名，占委员总数的51%。七届一次会议，女委员40名，占委员总数的19.6%；知识分子105名，占委员总数的51%；中共党员110名，占委员总数的54%。七届二次会议，女委员40名，占委员总数的19.6%；知识分子106名，占委员总数的51%；中共党员111名，占委员总数的55%。

第二节　委员界别

临西县政协历届委员会委员界别构成情况统计表

表16-1

届次 / 人数 / 界别	第一届委员会				第二届				第三届			第四届					第五届					第六届				第七届	
	第一次会议	第二次会议	第三次会议	第四次会议	第一次会议	第二次会议	第三次会议	第四次会议	第一次会议	第二次会议	第三次会议	第一次会议	第二次会议	第三次会议	第四次会议	第五次会议	第一次会议	第二次会议	第三次会议	第四次会议	第五次会议	第一次会议	第二次会议	第三次会议	第四次会议	第一次会议	第二次会议
党政	6	6	6	6	9	9	9	9	19	19	19	10	10	10	10	10	31	31	31	31	31	97	97	97	97	58	58
工会	2	2	2	2	2	2	2	3	1	1	1	1	1	1	1	1	1	1	1	1	1	1	1	1	1	1	1
共青团	1	1	1	1	1	1	1	2	1	1	1	1	1	1	1	1	1	1	1	1	1	1	1	1	1	3	3
妇联	2	2	2	2	2	2	2	2	1	1	1	1	1	1	1	1	1	1	1	1	1	1	1	1	1	1	1
农业	1	4	4	19	10	8	8	12	16	16	16	21	21	21	22	22	20	24	24	24	26	20	20	20	20	49	49
工交	3	4	4	6	11	11	11	11	11	11	11	16	16	16	16	16	17	17	17	18	18	10	10	10	10	11	11
教育	4	6	6	8	8	8	8	8	8	8	8	7	7	7	7	7	6	6	6	7	7	10	10	10	10	15	15
科技	5	5	5	7	8	7	7	8	11	11	11	13	13	13	13	13	5	5	5	5	5	1	1	1	1	5	5
医卫	5	7	7	7	8	7	7	9	8	8	8	7	7	7	7	7	6	6	6	6	6	2	2	2	2	5	5
文化	3	3	3	5	5	7	7	8	7	7	7	6	6	6	6	6	8	8	8	8	8	5	5	5	5	5	6
财贸	2	6	6	8	12	12	13	13	12	12	12	12	12	12	12	12	14	14	14	14	14	13	13	13	13	15	15

续表

界别 \ 人数 \ 届次	第一届委员会				第二届				第三届			第四届					第五届					第六届				第七届	
	第一次会议	第二次会议	第三次会议	第四次会议	第一次会议	第二次会议	第三次会议	第四次会议	第一次会议	第二次会议	第三次会议	第一次会议	第二次会议	第三次会议	第四次会议	第五次会议	第一次会议	第二次会议	第三次会议	第四次会议	第五次会议	第一次会议	第二次会议	第三次会议	第四次会议	第一次会议	第二次会议
少数民族	3	3	3	3	3	3	3	4	4	4	4	7	7	7	7	7	2	2	2	2	2					4	4
台属	2	2	2	2	2	2	2	2	2	2	2	3	3	3	3	3	2	2	2	2	2	1	1	1	1	1	1
归侨	1	1	1	1	1	1	1	1	1	1	1	1	1	1	1	1	1	1	1	1	1						
宗教	3	3	3	3	1	1	1	2	2	2	2	2	2	2	2	2	5	5	5	5	5	6	6	6	6	2	2
民企																										23	23
其他	14	14	14	14	2	2	2	2	3	3	3	2	2	2	2	2	3	3	3	3	3	1	4	7	7	7	7
合计	57	69	69	85	85	83	84	96	107	107	107	110	110	110	111	111	123	124	124	126	128	169	172	175	175	205	206

第二章 政协全体委员会议

第一节 政协临西县第一届委员会

县政协一届一次会议于1984年4月10日至12日在县招待所召开。地委统战部长孟根计、副部长吴英俊，县委、县人大、县政府、纪检委和武装部的主要领导到会祝贺。会议听取了《政协临西县筹备委员会工作报告》，选举出主席1名、副主席4名，常务委员14名，组成了第一届政协常委会；听取并审议了《政协临西县第一届委员会关于今后工作的报告》；通过了《政协临西县第一届委员会第一次会议政治决议》。会议要求全体委员认真贯彻落实中共十二大和中发〔1984〕1号文件精神，积极参加机构改革。

1984年4月县政协一届一次会议

县政协一届二次会议于1984年10月10日至15日在县招待所召开。会议认真学习了全国政协六届二次会议精神；听取并审议了《政协临西县第一届委员会常务委员会工作报告》和《政协临西县第一届委员会常务委员会关于一届一次会议以来提案工作情况的报告》；列席了县人大三届一次会议；增选成殿奎为县政协副主席；通过了《政协临西县第一届委员会第二次会议关于常务委员会工作报告的决议》《政协临西县第一届委员会第二次会议关于一届一次会议以来提案工作情况报告的决议》《政协临西县第一届委员会第二次会议政治决议》。会议号召全体委员关心改革、参与改革，为经济体制的改革献计献策。

1987 年 5 月县政协二届一次会议

县政协一届三次会议于 1985 年 7 月 15 日至 17 日在县招待所召开。会议听取并审议了《政协临西县第一届委员会常务委员会工作报告》和《政协临西县第一届委员会常务委员会关于一届二次会议以来提案工作情况的报告》；列席了县人大三届二次会议；通过了《政协临西县第一届委员会第三次会议关于常务委员会工作报告的决议》《政协临西县第一届委员会第三次会议关于一届二次会议以来提案工作情况报告的决议》《政协临西县第一届委员会第三次会议政治决议》。会议要求全体委员认真贯彻落实全国政协六届三次会议精神，为实现国家八九十年代的三大任务做出新的贡献。

县政协一届四次会议于 1986 年 5 月 21 日至 23 日在县招待所召开。会议听取并审议了《县政协第一届委员会常务委员会工作报告》和《政协临西县第一届委员会常务委员会关于一届三次会议以来提案工作情况的报告》；列席了县人大三届三次会议；通过了《政协临西县第一届委员会第四次会议关于常务委员会工作报告的决议》《政协临西县第一届委员会第四次会议关于一届三次会议以来提案工作情况报告的决议》《政协临西县第一届委员会第四次会议政治决议》。会议号召全体委员紧紧围绕“七五”计划的贯彻实施而努力工作，为胜利完成“七五”计划，加快四化建设而奋斗。

第二节　政协临西县第二届委员会

县政协二届一次会议于 1987 年 5 月 5 日至 7 日在县招待所召开。会议听取了《政协临西县第一届委员会换届筹备工作报告》；听取并审议了《政协临西县第一届委员会常务委员会工作报告》和《政协临西县第一届委员会常务委员会关于一届一次会议以来提案工作情况的报告》；列席了县四届人大一次会议；选举出主席 1 名、副主席 4 名，常务委员 13 名，组成了第二届政协常委会；通过了《政协临西县第一届委员会常务委员会工作报告的决议》《政协临西县第二届委员会第一次会议关于一届一次会议以来提案工作情况报告的决议》《政协临西县第二届委员会第一次会议政治决议》。会议对反对资产阶级自由化和开展“双增双节”运动提出了安排意见。

县政协二届二次会议于 1988 年 3 月 22 日至 23 日在县招待所召开。会议听取并审议了《政协临西县第二届委员会常务委员会工作报告》和《政协临西县第二届委员会常务委员会关于二届一次会议以来提案工作情况的报告》；列席了县四届人大二次会议；通过了《政协临西县第二届委员会第二次会议关于常务委员会工作报告的决议》《政协临西县第二届委员会第二次会议关于二届一次会议以来提案工作情况报告的决议》《政协临西县第二届委员会第二次会议政治决议》。会议号召全体委员解放思想、大胆创新、积极探求政协工作新经验。

县政协二届三次会议于 1989 年 3 月 22 日至 23 日在县招待所召开。会议听取并审议了《政协临西县第二届委员会常务委员会工作报告》和《政协临西县第二届委员会常务委员会关于二届二次会议以来提案工作情况的报告》；列席了县四届人大三次会议；通过了《政协临西县第二届委员会第三次会议关于常务委员会工作报告的决议》《政协临西县第二届委员会第三次会议关于二届二次会议以来提案工作情况报告的决议》《政协临西县第二届委员会第三次会议政治决议》。会议要求全体委员认真贯彻落实中共十三届三中全会精神，发挥协商监督作用，发挥人才优势，服务经济建设，加强政协自身建设，努力开创工作新局面。

县政协二届四次会议于1989年5月8日在县招待所召开，会议选举李铁民为第二届县政协主席，学习了省政协六届二次会议精神。

第三节 政协临西县第三届委员会

县政协三届一次会议于1990年3月1日至3日在县招待所召开。会议听取了《政协临西县第二届委员会换届筹备工作报告》；听取并审议了《政协临西县第二届委员会常务委员会工作报告》和《政协临西县第二届委员会常务委员会关于二届一次会议以来提案工作情况的报告》；列席了县人大五届一次会议；选举出主席1名、副主席6名，常务委员11名，组成了第三届政协常委会；通过了《政协临西县第二届委员会常务委员会工作报告的决议》《政协临西县第三届委员会第一次会议关于二届一次会议以来提案工作情况报告的决议》《政协临西县第三届委员会第一次会议政治决议》。

县政协三届二次会议于1991年3月27日至29日在县招待所召开。会议听取并审议了《政协临西县第三届委员会常务委员会工作报告》和《政协临西县第三届委员会常务委员会关于三届一次会议以来提案工作情况的报告》；列席了县五届人大二次会议；通过了《政协临西县第三届委员会第二次会议关于常务委员会工作报告的决议》《政协临西县第三届委员会第二次会议关于三届一次会议以来提案工作情况报告的决议》《政协临西县第三届委员会第二次会议政治决议》。

县政协三届三次会议于1992年3月19日至21日在县招待所召开。会议听取并审议了《政协临西县第三届委员会常务委员会工作报告》和《政协临西县第三届委员会常务委员会关于三届二次会议以来提案工作情况的报告》；列席了县五届人大三次会议；通过了《政协临西县第三届委员会第三次会议关于常务委员会工作报告的决议》《政协临西县第三届委员会第三次会议关于三届二次会议以来提案工作情况报告的决议》《政协临西县第三届委员会第三次会议政治决议》。

第四节 政协临西县第四届委员会

县政协四届一次会议于1993年3月3日至4日在县电教中心召开。会议听取了《政协临西县第三届委员会换届筹备工作报告》；听取并审议了《政协临西县第三届委员会常务委员会工作报告》和《政协临西县第四届委员会第一次会议关于三届一次会议以来提案工作情况的报告》；列席了县人大六届一次会议；选举出主席1名、副主席5名，常务委员14名，组成了第四届常务委员会；通过了《政协临西县第三届委员会常务委员会工作报告的决议》《政协临西县第四届委员会第一次会议关于三届一次会议以来提案工作情况报告的决议》《政协临西县第四届委员会第一次会议政治决议》。设立了政协之友联谊会。

县政协四届二次会议于1994年3月17日至18日在县招待所召开。会议听取并审议了《政协临西县第四届委员会常务委员会工作报告》和《政协临西县第四届委员会常务委员会关于四届一次会议以来提案工作情况的报告》；列席了县人大六届二次会议；通过了《政协临西县第四届委员会第二次会议关于常务委员会工作报告的决议》《政协临西县第四届委员会常务委员会关于四届一次会议以来提案工作情况报告的决议》《政协临西县第四届委员会第二次会议政治决议》。会议增选夏秀梅、徐金鹏为常务委员。

县政协四届三次会议于1995年4月18日至19日在县招待所召开。会议听取并审议了《政

协临西县第四届委员会常务委员会工作报告》和《政协临西县第四届委员会常务委员会关于四届二次会议以来提案工作情况的报告》；列席了县人大六届三次会议；通过了《政协临西县第四届委员会第二次会议关于常务委员会工作报告的决议》《政协临西县第四届委员会常务委员会关于四届二次会议以来提案工作情况报告的决议》《政协临西县第四届委员会第三次会议政治决议》。会议增选任伍章、赵明文为常务委员。

县政协四届四次会议于 1996 年 4 月 5 日至 6 日在县招待所召开。会议听取并审议了《政协临西县第四届委员会常务委员会工作报告》和《政协临西县第四届委员会常务委员会关于四届三次会议以来提案工作情况的报告》；列席了县人大六届四次会议；通过了《政协临西县第四届委员会第四次会议关于常务委员会工作报告的决议》《政协临西县第四届委员会常务委员会关于四届三次会议以来提案工作情况报告的决议》《政协临西县第四届委员会第四次会议政治决议》。

县政协四届五次会议于 1997 年 3 月 10 日至 11 日在县招待所召开。会议听取并审议了《政协临西县第四届委员会常务委员会工作报告》和《政协临西县第四届委员会常务委员会关于四届四次会议以来提案工作情况的报告》；列席了县人大六届五次会议；通过了《政协临西县第四届委员会第五次会议关于常务委员会工作报告的决议》《政协临西县第四届委员会常务委员会关于四届四次会议以来提案工作情况报告的决议》《政协临西县第四届委员会第五次会议政治决议》。

1996 年 4 月县政协四届四次会议在县招待所召开

第五节　政协临西县第五届委员会

县政协五届一次会议于 1998 年 2 月 16 日至 17 日在县招待所召开。会议听取了《政协临西县第四届委员会换届筹备工作报告》；听取并审议了《政协临西县第四届委员会常务委员会工作报告》和《政协临西县第四届委员会常务委员会关于四届一次会议以来提案工作情况的报告》；列席了县人大七届一次会议；选举主席 1 名、副主席 6 名，常务委员 18 名，组成了第五届常务委员会；审议通过了《政协临西县第五届委员会第一次会议提案审查情况的报告》；通过了《政协临西县第四届委员会常务委员会工作报告的决议》《政协临西县第四届委员会常务委员会关于四届一次会议以来提案工作情况报告的决议》《政协临西县第五届委员会第一次会议政治决议》。

县政协五届二次会议于 1999 年 3 月 10 日至 11 日在县招待所召开。会议听取并审议了《政协临西县第五届委员会常务委员会工作报告》和《政协临西县第五届委员会常务委员会关于五届一次会议以来提案工作情况的报告》；列席了县人大七届二次会议；审议通过了《政协临西县第五届委员会第二次会议提案审查情况的报告》；通过了《政协临西县第五届委员会第二次会议关于常务委员会工作报告的决议》《政协临西县第五届委员会常务委员会关于五届一次会议以来提案工作情况报告的决议》《政协临西县第五届委员会第二次会议政治决议》。

县政协五届三次会议于 2000 年 2 月 15 日至 16 日在县招待所召开。会议听取并审议了《政协临西县第五届委员会常务委员会工作报告》和《政协临西县第五届委员会常务委员会关于五届二次会议以来提案工作情况的报告》；列席了县人大七届三次会议；审议通过了《政协临西县第五届委员会第三次会议提案审查情况的报告》；通过了《政协临西县第五届委员会第三次会议关于常务委员会工作报告的决议》《政协临西县第五届委员会常务委员会关于五届二次会议以来提案工作情况报告的决议》《政协临西县第五届委员会第三次会议政治决议》。会议表彰了1999年度先进政协联络组及模范政协委员，选举夏秀梅为第五届委员会秘书长。

县政协五届四次会议于2001年1月14日至15日在县招待所召开。会议听取并审议了《政协临西县第五届委员会常务委员会工作报告》和《政协临西县第五届委员会常务委员会关于五届三次会议以来提案工作情况的报告》；列席了县人大七届四次会议；审议通过了《政协临西县第五届委员会第四次会议提案审查情况的报告》；通过了《政协临西县第五届委员会第四次会议关于常务委员会工作报告的决议》《政协临西县第五届委员会常务委员会关于五届三次会议以来提案工作情况报告的决议》《政协临西县第五届委员会第四次会议政治决议》。

县政协五届五次会议于2002年1月27日至28日在县招待所召开。会议听取并审议了《政协临西县第五届委员会常务委员会工作报告》和《政协临西县第五届委员会常务委员会关于五届四次会议以来提案工作情况的报告》；列席了县人大七届五次会议；审议通过了《政协临西县第五届委员会第五次会议提案审查情况的报告》；通过了《政协临西县第五届委员会第五次会议关于常务委员会工作报告的决议》《政协临西县第五届委员会常务委员会关于五届四次会议以来提案工作情况报告的决议》《政协临西县第五届委员会第五次会议政治决议》。

第六节 政协临西县第六届委员会

县政协六届一次会议于2003年4月27日至28日在县电教中心召开。会议听取了《政协临西县第五届委员会换届筹备工作报告》；听取并审议了《政协临西县第五届委员会常务委员会工作报告》和《政协临西县第五届委员会常务委员会关于五届一次会议以来提案工作情况的报告》；列席了县八届人大一次会议；选举出主席1名、副主席5名、秘书长1名，常务委员20名，组成了第六届常务委员会。审议通过了《政协临西县第六届委员会第一次会议提案审查情况的报告》；通过了《政协临西县第五届委员会常务委员会工作报告的决议》《政协临西县第五届委员会常务委员会关于五届一次会议以来提案工作情况报告的决议》《政协临西县第六届委员会第一次会议政治决议》。

县政协六届二次会议于2004年2月1日至2日在县电教中心召开。会议听取并审议了《政协临西县第六届委员会常务委员会工作报告》和《政协临西县第六届委员会常务委员会关于六届一次会议以来提案工作情况的报告》；列席了县八届人大二次会议；审议通过了《政协临西县第六届委员会第二次会议提案审查情况的报告》；通过了《政协临西县第六届委员会第二次会议关于常务委员会工作报告的决议》《政协临西县第六届委员会常务委员会关于六届一次会议以来提案工作情况报告的决议》《政协临西县第六届委员会第二次会议政治决议》。

县政协六届三次会议于2005年1月17日至18日在县电教中心召开。会议听取并审议了《政

1998年2月县政协五届一次会议在县招待所召开

协临西县第六届委员会常务委员会工作报告》和《政协临西县第六届委员会常务委员会关于六届二次会议以来提案工作情况的报告》；列席了县八届人大三次会议；审议通过了《政协临西县第六届委员会第三次会议提案审查情况的报告》；通过了《政协临西县第六届委员会第三次会议关于常务委员会工作报告的决议》《政协临西县第六届委员会常务委员会关于六届二次会议以来提案工作情况报告的决议》《政协临西县第六届委员会第三次会议政治决议》。

县政协六届四次会议于2006年4月5日至6日在县电教中心召开。会议听取并审议了《政协临西县第六届委员会常务委员会工作报告》和《政协临西县第六届委员会常务委员会关于六届三次会议以来提案工作情况的报告》；列席了县八届人大四次会议；审议通过了《政协临西县第六届委员会第四次会议提案审查情况的报告》；通过了《政协临西县第六届委员会第四次会议关于常务委员会工作报告的决议》《政协临西县第六届委员会常务委员会关于六届三次会议以来提案工作情况报告的决议》《政协临西县第六届委员会第四次会议政治决议》。

第七节　政协临西县第七届委员会

县政协七届一次会议于2007年4月18日至19日在电教中心召开。会议听取了《政协临西县第六届委员会换届筹备工作报告》；听取并审议了《政协临西县第六届委员会常务委员会工作报告》和《政协临西县第六届委员会常务委员会关于六届一次会议以来提案工作情况的报告》；列席了县九届人大一次会议；选举出主席1名、副主席4名、秘书长1名，常务委员35名，组成了第七届常务委员会。审议通过了《政协临西县第七届委员会第一次会议提案审查情况的报告》；通过了《政协临西县第六届委员会关于常务委员会工作报告的决议》《政协临西县第六届委员会常务委员会关于六届一次会议以来提案工作情况报告的决议》《政协临西县第七届委员会第一次会议政治决议》。

县政协七届二次会议于2008年3月3日至4日在县委大会议室召开。会议听取并审议了《政协临西县第七届委员会常务委员会工作报告》和《政协临西县第七届委员会常务委员会关于七届一次会议以来提案工作情况的报告》；列席了县九届人大二次会议；增选常务委员1名；审议通过了《政协临西县第七届委员会第二次会议提案审查情况的报告》；通过了《政协临西县第七届委员会第二次会议关于常务委员会工作报告的决议》《政协临西县第七届委员会常务委员会关于七届一次会议以来提案工作情况报告的决议》《政协临西县第七届委员会第二次会议政治决议》。

第三章　政协常务委员会

第一节　工作机构

临西县政协委员会于1984年4月10日正式成立，同时设立常委会、党组。政协临西县委员会从1984年至2008年共召开七届委员会。各届设主席1名，副主席4至6名，常务委员11至35名。主席、副主席主要行使下列职权：协商讨论临西县重大方针、政策及政治、经济、文化和社会生活中的重大问题，提出意见和建议；议定以县政协或常委会、主席会议名义向县委、县政府提出的重要建议案；决定召开常委会议的日期，提出会议议程，审议提交常委会议的文件和需常委会议决定的人事任免事项；讨论决定委员视察参观和调研等重要活动；讨论决定机关各科室工作安排；处理常务委员会其他重要日常工作。

1984年，政协机关设党支部、行政办公室。机关支部由5人组成，设书记1名、委员4名。行政办公室由6人组成，设正、副主任各1名，工作人员4名。是年底，设立文史资料科。1988年6月，增设组宣科。1990年，有工作人员10名。2005年，工作人员增至12名。2006年，设置“三委一室”（提案委、文史委、财经委、办公室），有工作人员8名。2008年，有工作人员9名。

第二节 历届政协领导成员

1984—2008年临西县历届政协正、副主席一览表

表16-2

届次	职务	姓名	籍贯	任职时间	备注
第一届 1984.4-1987.5	主　席	岳申贵	沙河市	1984.4—1987.5	驻　会
	副主席	孙松滋	山东龙口市	1984.4—1984.10	不驻会
	副主席	葛友明	山东济宁市	1984.4—1987.5	不驻会
	副主席	任殿启	山东冠县	1984.4—1987.5	不驻会
	副主席	陈普彬	清河县	1984.4—1985.7	不驻会
	副主席	成殿奎	涿鹿县	1984.10—1986.4	不驻会
第二届 1987.5-1990.3	主　席	宗振荣	范八里	1987.5—1989.5	驻　会
	主　席	李铁民	大　庙	1989.5—1990.3	驻　会
	副主席	李增渠	马　兰	1987.5—1990.3	驻　会
	副主席	葛友明	山东济宁市	1987.5—1990.3	不驻会
	副主席	任殿启	山东冠县	1987.5—1990.3	不驻会
	副主席	李凤朝	龙　旺	1987.5—1990.3	不驻会
第三届 1990.3-1993.3	主　席	李铁民	大　庙	1990.3—1993.3	驻　会
	副主席	李增渠	马　兰	1990.3—1993.3	驻　会
	副主席	葛友明	山东济宁市	1990.3—1993.3	不驻会
	副主席	任殿启	山东冠县	1990.3—1993.3	不驻会
	副主席	李凤朝	龙　旺	1990.3—1993.3	不驻会
	副主席	宋秀华	威　县	1990.3—1993.3	不驻会
	副主席	董文修	清河县	1990.3—1993.3	不驻会
第四届 1993.3-1998.2	主　席	李铁民	大　庙	1993.3—1998.2	驻　会
	副主席	李增渠	马　兰	1993.3—1998.2	驻　会
	副主席	宋秀华	威　县	1993.3—1998.2	不驻会
	副主席	李凤朝	龙　旺	1993.3—1998.2	不驻会
	副主席	董文修	清河县	1993.3—1998.2	不驻会
	副主席	侯志贵	老军营	1993.3—1998.2	不驻会

续表

届次	职务	姓名	籍贯	任职时间	备注
第五届 1998.2-2003.4	主　席	杨继平	高　村	1998.2—2003.4	驻　会
	副主席	任伍章	下堡寺北镇	1998.2—1999.5	不驻会
	副主席	李凤朝	龙　旺	1998.2—2003.4	驻　会
	副主席	董文修	清河县	1998.2—2003.4	不驻会
	副主席	王长生	王铎寺	1998.2—2003.4	驻　会
	副主席	马一骏	北孟庄	1998.2—2003.4	不驻会
	副主席	王　滩	陆　村	1998.2—2003.4	不驻会
第六届 2003.4-2007.4	主　席	甄志国	窦　庄	2003.4—2007.4	驻　会
	副主席	马一骏	北孟庄	2003.4—2007.4	不驻会
	副主席	王禄峰	后堤口	2003.4—2007.4	驻　会
	副主席	吴凤陀	郑　楼	2003.4—2007.4	不驻会
	副主席	由诗京	杨　集	2003.4—2007.4	驻　会
	副主席	徐金鹏	山东临清八岔路	2003.4—2007.4	驻　会
第七届 2007.4-	主　席	秦兴贵	曹　村	2007.4—	驻　会
	副主席	王禄峰	后堤口	2007.4—	驻　会
	副主席	吴凤陀	郑　楼	2007.4—	不驻会
	副主席	由诗京	杨　集	2007.4—	驻　会
	副主席	徐金鹏	山东临清八岔路	2007.4—	驻　会

第三节　主要活动

县政协成立以来，团结各民主党派、人民团体，坚持实行与共产党“长期共存、互相监督、肝胆相照、荣辱与共”的方针，在县委领导和上级政协的指导下，高举爱国主义和社会主义两面旗帜，坚持以邓小平理论和“三个代表”重要思想为指导，牢牢把握团结和民主两大主题，围绕中心，服务大局，充分发挥自身优势，认真履行政治协商、民主监督、参政议政职能，发动各界人士，参加政治、经济改革，开拓创新，扎实工作，为促进临西县社会主义政治文明、物质文明和精神文明建设事业做出积极的贡献。

一、政治协商

县政协常委会按照“围绕中心、服务大局、精心组织、务求高效”的要求，不断探索和完善政治协商方式，紧紧围绕县委、县政府的重大决策贯彻落实情况，切实搞好政治协商，为县委、县政府的决策科学化、民主化提供有力参考。抓好全委会集中协商。共举行全委会议 31 次，听取并审议会议报告、列席人大会议、通过会议决议并号召委员围绕各个时期的工作重点献计献策，努力奋斗。每年全会重点抓好会前下发调研提纲，组织好调查研究；会中组织委员搞好讨论发言，引导委员撰写更多更好的提案，积极建言献策；会后组织委员对全会文件进行系统再学习抓好落实，达到了组织严密、程序严谨、标准严格、效果明显的目的。坚持常委会重点协商。县政协坚持选择县委政府重大决策的贯彻落实和解决群众生活需求的热点、难点问题，作为协商的重点内容，先后围绕民营经济发展、农村普九、农村老干部卸任后老有所养、乡村公路建设、工商队伍建设、经济发展环境、县城城区规划与管理、社会主义新农村建设、加强公厕建设、科技服务三农、项目建设、营造良好高考环境、公路交通上档升级、科技服务三农、优环境保稳定强安保促和谐、重点项目建设、示范性高中建设、县“十二五”规划的制定实施等议题在调查研究的基础上，召开52次常委会议，共形成高质量调研报告120余份，可操作性的建议案52份，提出切实可行的意见和建议848条，及时送交县委县政府，为领导科学决策提供依据。2004年，围绕建成示范性高中进行调研，召开常委会议，形成了《尽快建成县示范性高中的建议案》；2007年，围绕民营企业应对金融危机召开常委会议，形成《关于解决制约临西经济发展的建议案》；2008年，围绕临西职业教育发展召开常委会议，形成《关于加快临西职业教育发展的建议案》；2009年，对科技服务三农召开常委会议，形成《县政协关于落实科学发展观，推进科技服务‘三农’的调查报告》；围绕营造宽松的高考氛围、提高全县教育教学质量，召开常委会议，形成高质量的调研报告，又围绕加快示范性高中建设召开常委会议，形成了《关于加快示范性高中建设的建议案》，受到重视并采纳了部分建议。组织好专委会对口协商。县政协专委会先后选择县四化建设、调整产业结构增加农民收入、如何搞好国有企业、解决乡镇企业滑坡、民营经济发展、环境保护、经济发展环境、村村通工程、项目建设、交警执法、农田基础设施、农村人畜饮水工程、公厕建设、教师队伍建设、乡镇卫生院建设、小区物业管理、食品卫生与安全等议题进行对口协商100余次。

二、民主监督

县政协采取多种方式方法，不断拓宽民主监督渠道，认真履行民主监督职能。通过政协例会、视察调研、提案信息、民主评议、政情通报等形式，针对宏观管理部门、执法执纪部门和社会服务部门存在的问题，搞好民主监督。充分发挥委员中聘请的党风党纪监督员、政务公开监督员、执法执纪监督员的作用。高质量办理委员提案。历届政协始终把提案工作放在经济发展、关注民生、优化环境、实现和维护好最广大人民群众的根本利益上，高度重视对提案的答复、落实、催办工作，不断提高提案办理质量，努力促进委员提案的成果转化。狠抓提案落实。采取了主席包办督办委员提案责任制、组织开展“三见面”现场办案活动、实行重要提案专件专办制度督办重点提案、健全和完善提案工作制度促进提案工作的规范化建设等系列措施，高质量办理委员提案。县政协第一届委员会共收到委员提案83件，办复81件；第二届委员会共收到委员提案98件，办复98件；第三届委员会共收到委员提案229件，办复221件；第四届委员会共收到委员提案299件，办复291件；第五届委员会共收到委员提案506件，办复426件；第六届委员会共收到委员提案371件，办复332件；第七届委员会截至2008年3月共收到委员提案226件。

县政协一届至八届一次共收到委员提案2148件，办复2006件。

三、参政议政

县政协选择县委政府中心工作和群众反映强烈的难点问题，利用开例会、座谈会、调查走访等形式，共开展视察调研活动150余次，认真听取各界人士的意见、建议和呼声，搭建了县委、县政府和各界联系的桥梁。在关注热点和改善民生方面，先后形成高质量的调研报告120份，提出可操作性的意见和建议860多条，受到县委、县政府的高度重视，部分被采纳。

1986年5月，召开了由40人参加的党外人士座谈会。1988年底，召开了高级知识分子献计献策会，提出合理化建议53条。1990年1月，召开了各界人士为两个文明建设服务经验交流会。参加会议的有全县各条战线为两个文明服务做出优异成绩和突出贡献的代表80余名。这次会议对于进一步推动全县人民学习贯彻中共十三届四中、

五中全会精神，搞好治理整顿和深化改革，促进临西县两个文明建设和实现祖国统一大业，起到积极的作用。1996年前后，围绕总结“八五”、谋划“九五”开展一系列调查研究，不少建议被吸收采纳到全县远景规划和1998年国民经济和社会发展规划。2003年，针对农村卸任干部养老问题进行调研，形成《农村卸任老干部要老有所养》的建议，被省政协研究室转发。2005年，县政协与县政府联合召开了座谈会，委员共提出意见、建议15条，县政府一一作出答复。《抓好农村九年义务教育的对策和建议》和《关注一般农户增收，实现农村共同富裕》两篇文章，分别被市政协确定为2005年和2006年全会发言材料。充分发挥委员主体作用。县政协通过多渠道、全方位搭建委员履职平台，在全体委员中开展“六个一”“五个一”活动，充分发挥各界委员的示范带动作用。让委员多参与各类专题座谈会、情况通报会、联谊会和视察调研等活动，搭建知情明政平台。做好民营企业家联谊工作，召开不同形式的经验交流会和献计献策会28次，为委员搭建互相学习发展的平台，充分发挥委员在全县经济建设和构建富裕、文明、和谐临西中的模范带头作用。为促进全县经济社会快速发展，县政协配合县委县政府中心任务，经常深入基层和所包乡镇、村庄，调查研究指导工作。2003年，政协干部包乡镇抗非典工作成绩突出。2004年，特大冰雹灾害，姚楼受损严重，政协牵头平息群众上访，调动了抗灾自救的积极性。2005年11月，县政协与县政府联合召开了座谈会，县长主持会议，认真听取各界委员、代表的意见，进行了政府、政协面对面的协商，增强了委员履行职能的责任感、荣誉感。座谈会共提出意见、建议15条，县政府领导一一作了答复，与会委员对此表示非常满意。县政协一直积极探索民主监督的新形式、新方法，多年来先后通过政协例会、视察调研、提案信息、民主评议、政情通报等形式来监督各执法执纪部门和社会服务部门，促进了行业风气的不断好转。2007年，政协包村干部为临西镇倪庄村养猪户提供科学指导，促进养猪形成规模化养殖，并建立了养猪协会，促进了畜牧业发展。

四、自身建设

为全面提升工作水平，县政协采取多种形式和方法，不断加强自身建设。开展各种形式的学习培训活动，不断提升机关人员和政协委员的理论水平、业务能力。加强组织建设，七届政协成立了三个专门委员会，乡镇都明确了一名副职干部分管政协工作，组织乡镇政协委员开展活动。八届政协对机关三委一室工作进行了具体分工，政协组织健全、关系协调、责任明确，工作热情高涨。积极推进“三化”建设。逐步建立、修订、完善了《政协临西县常务委员会工作规则》《专门委员会通则》《提案工作办法》《进一步发挥委员主体作用的意见》等10多项规则、规章和制度，使政协历年工作履行职能做到有章可循、有据可依。重视抓好委员队伍建设。通过建立委员联系制度、全会上表彰优秀委员、优秀委员提案等活动，增强委员履职的热情。通过开展“党的先进性教育”“干部作风建设年”“创先争优”等活动，促使机关形成良好的工作作风。历届政协重视委员走访，共开展委员走访活动50余次，了解他们的反映和呼声，为他们解决实际困难，充分调动委员履职的积极性和主动性。采取多种措施和形式，不断完善信息宣传工作机制。一方面多措并举提高信息宣传工作人员素质，另一方面通过加强与报社、电视台等媒体联系、创办机关刊物等形式，积极为信息宣传工作人员搭建写作平台，并通过明确分工、量化考核、奖惩激励等机制激发和调动信息宣传工作人员的责任感和积极性。政协还充分利用报纸、广播和《委员之声》等媒体，积极宣传政协委员的先进事迹。通过对先进典型的宣传，增强委员们的荣誉感，激发委员们的工作积极性，扩大政协影响。自建政协以来，各方面信息报道累计达到500余篇。

五、指导乡镇政协工作

各乡（镇）政协工作联络组始设于1990年3月。是年，全县有15个乡（镇）政协联络组。1996年1月合乡并镇，改为9个政协联络组。2000年12月，增至15个联络组。2005年7月，

再合并为9个联络组。各联络组设正、副组长，享受正、副科级待遇。2006年6月，撤销乡镇政协联络组。乡镇政协工作由乡镇一名副科级干部管理。

县政协常委会积极指导乡镇政协工作开展，组织政协委员和联络组成员就当地的大政方针、经济建设和人民群众普遍关心的热点、难点问题进行协商、监督、参政议政；搜集委员提案、建议；征集当地的文史资料；做好民族宗教工作和对台工作等。

六、文史工作

县政协文史资料科，配备专职人员2名，聘请业务文史资料员10名。到2008年，共征集文史资料420余篇，印发《文史资料》50期。编辑出版《临西文史》6辑，近115万字，共发行9500册。

《临西文史》第1辑，编纂于1986年，主要内容分为八部分：政区沿革、革命史料、企业概貌、历史人物、文化源流、社会名流、艺苑花卉、名胜古迹。收录资料25篇，共78000字，印发1000册。

《临西文史》第2辑，编纂于1989年，主要内容是抗日战争时期的革命斗争史。收录资料19篇，共15万字，印发1000册。

《临西文史》第3辑，编纂于1991年，内容主要以抗日战争时期的回忆录为主，兼有古迹、古人等。收录资料26篇，共12.5万字，印发1500册。

《临西文史》第4辑，编纂于1996年，内容主要是人物专辑，收录了原籍为临西县，在本县或外地战斗、工作，担任副县（团级）以上领导职务，现已病故或离退休人员，具有副高级以上专业技术职称且具有突出贡献的；担任副地厅级以上领导职务的现职人员；原籍为外地人，在临西县战斗和工作过，担任副县（团级）以上领导职务，已病故或离退休，具有副高级以上专业技术职称且具有突出贡献者；革命战争时期，受到县级以上人民政府表彰的英模人物；临西籍革命烈士。收录资料127篇，共30万字，印发1500册。

《临西文史》第5辑，编纂于2002年，主要内容分为两部分：一是中华人民共和国成立以来临西县经济、社会发展的主要行业和重要单位的发展简史；第二部分是古迹、古人、古事。具体细化为沧桑巨变、名优特产、史海钩沉、历史考证、人物春秋、文物古迹、史料研讨七篇目。收录资料29篇，共18万字，印发2500册。

政协调研活动一览表

表16-3

时间	调研内容
1984	围绕临西县四化建设开展调研
	围绕临西县旱地小麦种植远赴西安开展调研
1986	对县一中、城关镇中学、育才小学师资、教学质量进行调研
	对吕寨、党尔寨村民收入情况及调整产业结构、增加农民收入情况进行调研
1988	对城关镇前堤口小学进行全方位考查调研
	对白地乡乡镇企业发展情况进行考查调研
1990	围绕“富民、强县、升位”目标任务的实施，对农业、工业、科技、教育、联谊开展一系列调研
1991	对农村清财情况进行调研
	对政法部门廉政建设情况进行调研
	对临西县文化市场进行调研

续表

时间	调研内容
1992	围绕如何提高全县教学质量开展调研
1993	对全县社会治安情况进行调研
1994	对落实《教师法》情况进行调研
1995	围绕增加经费投入、发展临西县基础教育开展调研
	围绕总结“八五”、谋划“九五”开展一系列调研
1996	对县医院筹建病房楼进行调研
	对加强新闻宣传硬件建设投资情况进行调研
	围绕如何解决乡村企业滑坡开展调研
	围绕如何搞好国有企业开展调研
1997	围绕金融、市场、对外开放、企业改革、棉花生产、乡镇企业发展开展一系列调研
1998	围绕如何实现农业科技兴县开展调研
1999	围绕国有企业改革开展调研
2000	围绕农业结构调整开展调研
	围绕城镇规划和建设开展调研
2001	围绕如何加快乡镇企业发展开展调研
	围绕优化经济发展环境进行调研
2002	对全县环境保护情况进行调研
2003	对民营经济发展进行调研
	对乡镇财税完成情况进行调研
	围绕农村卸任老干部老有所养问题开展调研
2004	围绕如何促进民营经济发展开展调研
	对环境保护情况进行调研
	对示范性高中建设情况进行调研
	对《行政许可法》的执行情况进行调研
	对民营企业人才状况进行调研
2005	对工商队伍建设情况进行调研
	对经济发展环境进行调研
	围绕加强“村村通”工程全面联网开展调研

续表

时间	调研内容
2006	对民营经济发展情况进行调研
	对农村“普九”情况进行调研
	对乡村公路建设情况进行调研
	围绕社会主义新农村建设开展调研
	围绕城区城镇居委会建设开展调研
	围绕“十一五”规划的制定和实施开展调研
	围绕如何实现农村共同富裕开展调研
2007	对县城城区规划情况、管理情况进行调研
	对道路交通安全情况进行调研
	对城区公厕建设情况进行调研
	围绕解决民营企业融资难、促进民营企业经济发展开展调研
	围绕基金购买过热开展调研
	对临西县当时道路交通事故频发现象进行调研
	对临西县新型农村合作医疗情况进行调研
2008	围绕加快临西县职业教育发展开展调研
	围绕如何抓好提案办理开展调研
	围绕发展现代农业、促进农民增收开展调研
	围绕帮助我县中小企业渡过金融危机开展调研
	对全县治安防控情况进行调研
	调研工商行服务建设情况
	对县域人畜饮水状况进行调研
	对人民调解员队伍建设情况进行调研

第十七编 社会团体

1979年，临西县社会团体组织主要有临西县总工会、共青团临西县委、临西县妇女联合会等。1980年后，陆续设立了临西县科学技术协会、临西县文学艺术界联合会、临西县关心下一代工作委员会、临西县工商联、临西县经济团体联合会、老区建设促进会等团体组织。广大团体组织紧紧围绕改革开放、发展经济、精神文明建设等各项中心工作，积极开展社会主义理想信念教育、希望工程、春蕾计划、文艺下乡、光彩事业、扶贫助残、科普培训、科技成果推广等各种活动，为促进全县经济社会发展和精神文明建设发挥了积极作用。

第一章 工会

第一节 组织机构

1979年，县总工会下设办公室，有工作人员5名。1992年，县总工会下设办公室和职工俱乐部，有工作人员9名。1998年，增设财务部、职工维权部和劳动安全监督部，有工作人员13名。2008年12月，县总工会下设办公室、财务部、职工维权部、劳动安全监督部和职工俱乐部，共有工作人员16名。

一、工会代表大会

1979年3月，召开临西县工会第三次代表大会，出席代表153名，选举产生临西县总工会第三届工会委员会，云兆玲任总工会主席。

1987年12月，召开临西县工会第四次代表大会，出席代表201名，选举产生临西县总工会第四届工会委员会。工会委员会共有委员21名、常委7名，选举主席、副主席各1人。

1992年11月，召开临西县工会第五次代表大会，出席代表183名，选举产生临西县总工会第五届工会委员会和县总工会主席，闫禄平为总工会主席。

1996年11月，召开临西县工会第六次代表大会，出席代表135名，选举产生临西县总工会第六届工会委员会。

2005年11月，召开临西县工会第七次代表大会，出席代表120名，选举产生临西县总工会第七届工会委员会和工会经费审查委员会。工会委员会共产生委员31名、常委9名，郭立亚当选总工会主席。

二、基层工会组织

改革开放以来，随着民营企业的蓬勃发展，1979年，全县共有基层工会组织35家，会员5500名；1992年，全县基层工会组织发展到140家，会员8582名；2003年，建立了12个街道工会联合会，基层工会组织发展到351家，会员14669名；2008年，全县共有系统工会5家，乡镇工会9家，街道联合会12家，村工会5家，基层工会组织共计582家，会员33082名。全县各乡镇、县直各部门、企事业单位全部配备了专、兼职工会主席。其中，粮食、教育、交通、卫生、县社等5个较大系统，8个乡镇配备了专职工会主席。

1979—2008年基层工会组织及会员统计表

表17-1

年度	系统工会（家）	乡镇工会（家）	街道联合会（家）	村工会（家）	基层工会总数（家）	会员数（人）
1979	4	15			35	5500
1980	4	15			40	5800
1981	4	15			45	6010
1982	4	15			50	6250
1983	4	15			55	6300
1984	4	15			60	6550
1985	4	15			65	6700
1986	4	15			70	7000

续表

年度	系统工会（家）	乡镇工会（家）	街道联合会（家）	村工会（家）	基层工会总数（家）	会员数（人）
1987	4	15			80	7400
1988	4	15			90	7650
1989	4	15			100	7800
1990	5	15			116	8068
1991	5	15			130	8432
1992	5	15			140	8582
1993	5	15			160	8798
1994	5	15			180	9103
1995	5	15			200	9412
1996	5	15			220	9600
1997	5	15			230	9750
1998	5	15			240	9805
1999	5	15			260	10236
2000	5	15			300	10804
2001	5	15			325	11356
2002	5	15			340	12040
2003	5	15	12		351	12669
2004	5	15	12		361	13567
2005	5	9	12		448	21937
2006	5	9	12	3	496	24172
2007	5	9	12	5	536	29797
2008	5	9	12	5	582	33082

第二节　工会工作

一、工会组织建设

按照“哪里有职工，哪里就要建立工会组织”和“组织起来、切实维权”的工作方针，临西县不断强化工会组织建设工作，县委专门印发了《关于进一步贯彻全心全意依靠工人阶级和加强工会工作的意见》《关于加强企业党的建设和工会工作的意见》，县委组织部和县总工会联合印发了《关于加强基层工会组织建设的意见》，多次召开基层工会组织建设工作会议，对工会组建工作进行具体的安排部署。县总工会对各部室下达建会目标任务，分组分片实行工效挂钩制度，每月按照任务完成情况兑现奖惩。每年都按行业确定建会重点、集中攻关，并做到“挂三牌、建四档”，使工会组织建设逐步走向法制化、规范化的轨道。同时，抓好以点带面，在非公企业相对密集的乡镇选择了3—5个规模相对较大的企业，对他们的

省总工会调研（2010年摄）

工会组织规范化建设进行具体指导，培养典型，指导其他企业现场观摩学习，以点带面，推动工会组织建设的开展。2004年，临西县被评为河北省“基层工会组织建设先进县”。县总工会制定的《临西县乡镇工会“五好”标准评比验收办法》被省总全文转发，得到全总的肯定。

二、帮助指导职工签订劳动合同

帮助指导职工签订劳动合同，是维护职工合法权益的一项重要措施。县总工会制订了《临西县劳动合同和劳动用工监督检查办法》《帮助指导职工签订劳动合同操作手册》，并采取有力措施：加强领导，建全组织。建立县、乡、企三级领导网络。搞好宣传，加强培训。创造职工积极参与劳动合同签订的良好氛围。同时，还针对农民工和外出务工人员的实际情况进行劳动合同知识培训，向他们发放明白卡，使他们在务工之前首先掌握维护自身合法权益的本领。分类指导，整体推进。指导企业和员工签订符合劳动法律、法规、职工和企业能够接受的劳动合同书，确保合同规范，内容充实，使职工的合法权益得到有效保护。截至2008年底，全县411家企业建立了劳动合同制度，建制率100%，职工劳动合同签订率达92%。《临西县工会帮助指导职工签订劳动合同操作手册》被中华全国总工会办公厅业务工作通报转发，向全国推广。县总工会两次应全国总工会之邀，参加全国工会工作会议，做经验介绍。

三、厂（校）务公开、集体合同、工资集体协商

企事业单位实行厂（校）务公开、企业工会代表职工和企业签订集体合同，进行工资集体协商是新时期工会维护职工合法权益的重要手段。强化领导，明确责任。各级工会抽调人员建立专门的办事机构，制定工作规划，明确责任，切实加强组织领导和协调。以点带面，全面推开。在全县国有集体改制企业、外资企业、私营企业中抓了十个试点企业，在摸索经验的基础上，在全县全面推开。到2008年底，全县432家企事业单位推行了厂（校）务公开，占应推行单位的86%；380家企业签订了集体合同，占应签订企业的83%；412家企业签订了工资协议，占应签订企业的90%。2008年8月，中华全国总工会办公厅业务通报全文转发《临西县工会签订集体合同操作手册》，向全国予以推广。

四、劳动模范管理

评选表彰先进模范人物，是党和政府交给工会的重要任务，也是法律赋予工会的重要职责。1999年5月，临西县出台了《临西县劳动模范暂行管理办法》，办法规定：县级劳模每月享受津贴20元，市级劳模每月享受津贴40元，省级劳模每月享受津贴60元，国家级劳模每月享受津贴80元。同时，制定了“五不一有”（不欠发职工工资、不欠缴税金、不欠缴养老保险金、不欠缴工会经费、不违反计划生育政策，有单位职代会或村民代表大会讨论同意的意见。）评模原则，这一做法被《河北工运》转载。截至2008年底，全县共有全国劳模1名，省级劳模25名，市级劳模（含享受待遇者）68名，县级劳模87名。劳模津贴全部落实到位。同时，县总工会制定了《临西县“五一劳动奖章”评选暂行管理办法》，在全县开

展了“五一劳动奖章”评选表彰工作，截至2008年底，共有187名职工获得县“五一劳动奖章”。

五、“劳动关系和谐企业”创建、“职工之家”建设

创建“劳动关系和谐企业”，是构建和谐社会的重要组成部分，对维护职工合法权益、促进企业健康发展具有重要意义。2004年，根据省提出开展创建“劳动关系和谐企业”精神，临西县成立临西县创建工作领导小组，制定下发了《临西县创建“劳动关系和谐单位”实施办法》《关于定期评选十佳“劳动关系和谐单位”的通知》和《关于对创建“劳动关系和谐单位”进行检查验收的通知》。每年年底，临西县都对各单位创建工作进行检查验收。对创建活动搞得好的“十佳”单位进行表彰，有力地促进了创建活动的深入开展。同时，县总工会还在全县开展了“职工之家”建设工作，制定了《临西县“职工之家”建设标准》，指导各单位按照标准搞好创建工作。到2008年底，全县有20家企业获得A级“劳动关系和谐企业”荣誉称号，4家企业获得AA级“劳动关系和谐企业”荣誉称号，电力局、河北华春液压汽配有限公司、上海复星临西药业有限公司3家企业获得AAA级“劳动关系和谐企业”荣誉称号。2008年，临西县委荣获河北省推动“劳动关系和谐企业”创建活动先进单位荣誉称号。

县电力局、河北华春液压汽配有限公司、河北隆润纺织有限公司3家企业工会分别被评为“全国模范职工之家”“河北省模范职工之家”和“河北省模范职工之家”。

六、受理职工信访、帮扶困难职工

县总工会努力做好职工信访帮扶工作，明确各单位工会主席为第一预警责任人，对于上访的职工，工会职工维权部专门负责接待，对反映的问题，积极会同有关部门妥善处理，努力化解矛盾，促进社会稳定。同时，积极开展困难职工救助工作，成立了困难职工帮扶中心，对全县困难职工情况进行了重新摸底调查，健全了困难职工帮扶档案，有针对性地开展帮扶工作。截至2008年底，县总工会先后为500余名下岗职工安置了工作，为200余名困难职工发放了《就医优惠卡》，为65名特困职工发放了《子女就学优惠卡》，帮助76名特困职工享受了低保，使下岗职工、困难职工享受到了再就业、就医、子女就学等各方面的优惠。

第二章 共青团

第一节 组织机构

一、中国共产主义青年团临西县委员会

1984年，中国共产主义青年团临西县委员会（简称团县委）内设办公室、宣传部、组织部、学少部。

2008年，有行政编制6人，其中书记1人，副书记2人

二、基层团委

1984年，全县共有基层团委15个，7个县直团委，均设团委书记。

2008年，全县有15乡镇团委，10个县直团委，各设专职书记1人。

各村、机关、企事业单位、学校，凡有共青团员3人以上的单位，均建立基层团总支或团支部。1984年，全县共有团总支12个，团支部338个，团员9055名。

1986年，全县团组织584个，其中农村297个，学校216个，企业67个，机关4个。2008年底，全县团组织增加到685个，其中农村310个，学校308个，企业99 个，机关15个。

三、青年联合会

2005年8月，成立县青年联合会（简称“县青联”）。第一届青联委员共计140人。

2005年10月，召开临西县青年联合会第一届委员会第一次会议。会议选举产生主席一名，专职副主席1名，兼职副主席14名，常务委员30名。

四、中国少年先锋队临西县工作委员会

成立于1987年，设主任1名、副主任2名。启用“中国少年先锋队临西县工作委员会”印章。1995年，全县共有少年32774名，其中少先队员32683名，入队率达99.4%。全县296所小学中，有校内外辅导员947名。2008年底，全县共有少年31124名，其中少先队员30986名。

1986—2008年临西县团组织分布表

表17-2　　　　单位：个

年度	团委					团总支					团支部				
	合计	农村	学校	企业	机关	合计	农村	学校	企业	机关	合计	农村	学校	企业	机关
1986	32	26	4	2		37	15	20	2		515	256	192	63	4
1987	32	26	4	2		38	16	20	2		515	256	192	63	4
1988	32	26	4	2		38	16	20	2		523	256	200	63	4
1989	32	26	4	2		41	17	21	3		540	261	203	70	6
1990	34	28	4	2		42	17	22	3		543	261	206	70	6
1991	34	28	4	2		42	17	22	3		543	261	206	70	6
1992	32	26	4	2		40	16	22	2		540	260	203	70	7
1993	33	25	5	3		39	18	19	3		541	260	204	70	7
1994	34	26	5	3		38	17	18	3		543	261	205	71	6
1995	34	27	5	2		38	18	17	3		543	260	207	70	6
1996	32	26	4	2		41	19	19	3		542	260	206	70	6
1997	34	28	4	2		41	17	21	3		540	261	203	70	6
1998	34	28	4	2		42	17	22	3		543	261	206	70	6
1999	32	26	4	2		42	17	22	3		543	261	206	70	6
2000	33	25	5	3		40	16	22	2		540	260	203	70	7
2001	34	26	5	3		39	18	19	3		541	260	204	70	7
2002	34	27	5	2		38	17	18	3		543	261	205	71	6
2003	32	26	4	2		38	18	17	3		543	260	207	70	6
2004	33	25	5	3		41	19	19	3		542	260	206	70	6
2005	32	26	4	2		42	16	22	4		543	261	205	71	6
2006	32	26	4	2		42	17	22	3		543	261	206	70	6
2007	34	25	5	3	1	42	16	22	2	2	550	260	203	70	10
2008	30	23	4	2	1	62	25	25	10	2	593	256	260	70	12

第二节 共青团员及代表大会

一、共青团员情况

1984年以后，团县委在发展团员中，注意加强对青年积极分子的培养与考察，严格执行《中国共产主义青年团章程》规定，坚持入团条件，履行入团手续，成熟一个发展一个，不断为团组织输送新鲜血液，壮大团队伍。1986年，全县有团员20000人。其中农村10700人，学校7001人，企业1210人，机关252人。到2008年，全县有团员30252人，其中，农村15632人，学校14210人，企业3896人，机关596人。

凡年满28周岁的共青团员，向支部委员会递交退团书面报告，由支部大会决定批准，并报上级委员会备案。至2008年末，超龄退团累计3321人。

二、共青团代表大会

1982年8月29日，召开共青团临西县第三次代表大会。出席代表大会的正式代表335名，代表着全县各条战线的团组织和全县共青团员。大会号召全县团员青年与时俱进，争做时代的先锋。

1987年2月10日，共青团临西县委召开全委扩大会议，参加人员：团县委常委、委员、基层团委书记、县直团总支书记，共31人。讨论、安排共青团组织紧紧围绕党中央的方针政策配合县委的中心工作。

1987年7月21日，召开共青团临西县第四次代表大会。出席代表大会的代表257名，代表着全县13000名共青团员。大会是在坚持四项基本原则，反对资产阶级自由化，搞好改革开放，加强社会主义精神文明建设的新形势下召开的，对全县的团员青年提出了新的任务和要求。

1991年2月4日，召开共青团临西县第五次代表大会。出席大会的代表231名，第五届委员会召开了第一次全委会议。会议采取无记名投票的方式选举出书记、副书记各1名，常务委员9名。

1995年7月11日，召开共青团临西县第六次代表大会。出席会议代表213人。这次大会是在国家“抓住机遇、深化改革、扩大开放、促进发展、保持稳定”二十字总方针指导下召开的。大会审议并通过了关于团费收缴、管理、使用情况的报告和致全县青年的倡议书。

1986–2008年临西县团员数量分布表

表17–3

单位：人

年度	团员总数	农村	学校			企业	机关	接收新团员	超龄离团
			合计	中专	初高中				
1986	20000	10700	7001		7001	1210	252	2560	1350
1987	20086	10801	7629		7629	1563	287	2789	1429
1988	20634	10928	7652		7652	1564	289	2862	1546
1989	21153	11075	7723		7723	1623	293	1963	1624
1999	22263	11207	7856		7856	1789	296	2001	1756
1990	23569	11396	7958		7958	1856	301	2233	1856
1991	24563	11548	8002		8002	1963	358	2569	1945
1992	25648	11785	8888		8888	2022	359	2698	1949
1993	26897	11856	9001		9001	2365	364	2789	1969

续表

年度	团员总数	农村	学校			企业	机关	接收新团员	超龄离团
			合计	中专	初高中				
1994	27456	11998	9233		9233	2489	369	2897	1955
1995	28956	12123	9456	800	8656	2522	381	2963	1999
1996	29562	12235	9666	890	8776	2653	396	3045	2028
1997	29787	12345	9888	920	8968	2789	401	3125	2123
1998	29899	12458	10010	960	9050	2896	456	3656	2236
1999	30112	12569	10211	1000	9211	2986	496	3890	2356
2000	32365	12685	11526	900	10626	3111	501	4010	2489
2001	33456	12789	12053		12503	3256	521	4360	2569
2002	34521	12811	12204		12204	3356	530	4560	2652
2003	25489	12968	12376		12376	3456	540	4780	2759
2004	26489	13062	12501		12501	3562	554	4856	2890
2005	27533	13122	13392		13392	3623	562	4956	2960
2006	28142	13965	13562		13562	3698	571	5123	3011
2007	29010	14523	13968		13968	3756	587	5269	3211
2008	30252	15632	14210		14210	3896	596	5396	3321

第三节　主要工作

一、开展思想政治教育

团县委从提高政治觉悟、强化团员意识入手，依据社会发展和团员的思想变化，认真加强思想政治教育。

上团课。团县委从加强共青团干部理论学习和团章教育入手，以乡镇为单位成立函授团校，坚持长时间、大面积、分散型上团课培训团干部。对行政机关、企事业单位团干部采取边建边举办小型培训班的形式上团课。然后通过各级团组织举办共青团员培训班上团课，使广大共青团团员在自学团的基本知识的同时得到系统辅导，增强争当合格共青团员的意识。

进行“四有”教育。为培训“四有”（有理想、有道德、有文化、有纪律）青年，各级团组织每年利用广播、橱窗、板报等宣传阵地外，还在集市上设立法律宣传站、召开案例分析会、组成法律宣传团到学校宣讲等形式，宣传法律知识，使广大共青团员增强法制观念，自觉守法、用法。期间，团县委共组织全县广大团员青年观看《焦裕禄》《孔繁森》《雷锋》等教育意义的影片百余场，增强广大团员青年的先锋模范意识。

进行“党史、国情”教育。为让广大团员了解中国革命的曲折道路，继承和发扬革命传统，聘请参加过抗日战争、解放战争的老党员、老干部举办革命事迹报告会。1985年初，号召全县青少年捐款，在县城东修建了“四·二九”烈士碑，为县城青少年扫墓、进行革命传统教育创造了良好的条件。每年清明节之前，组织广大团员青年祭扫革命烈士墓，开展新团员入团仪式和成人仪式。

二、开展特色活动

文化、技术培训。截至2008年，团县委共组织举办各类技术培训班312期，培训人员3万余人。2003年，成立锐捷电脑青少年培训基地，举办培训班38期，培训团员3600余人。

学雷锋、树新风。1990年，团县委成立学雷锋活动小组和服务队260个。每年3月5日前后，团县委组织开展“学雷锋、树新风、做好事”活动。义务清扫街道、公共设施，为烈士军属、五保户拆洗被褥、担水磨面、打扫院落等活动。至2008年，“学雷锋、树新风、做好事”活动小组做好事3万余件。

青少年维权。1988年，团县委创办了全国第一家维护青少年权益理事会，全县共设乡级维权理事会22个，村级维权小组347个，受理青少年维权事件1万余件。

希望工程。2000年9月，团县委被团省委、河北青基会授予“希望工程贡献奖”。全县18个校区建立健全了辅导员队伍，保证了每期救助金发到受助人手中。截至2008年，全县已有378名贫困学生得到希望工程救助，救助金达9万余元。团县委联合有关部门，捐资建成希望小学2所，有2名贫困儿童被送到邢台希望工程儿童村学习。

青年志愿者活动。全县已建成县志愿者协会、乡志愿者服务站、村志愿者服务队三级服务网络，每年组织上万名青年志愿者开展以打扫卫生、扶困济贫、为孤寡者和军烈属献爱心、植绿护绿为主要内容的服务活动，至2008年，已有3万余人参加了青年志愿者活动。

文化体育活动。每年“五四”青年节前后，团县委主动联合县教委、县广播局等部门，组织广大团员青年举办演讲、知识竞赛、歌咏、绘画、拔河、乒乓球、象棋等文化体育活动。2007年，专门成立了“临西县青年志愿者艺术团”，招募来自各行各业的文艺爱好志愿者近六十名，精心编排了歌曲、舞蹈、快板、朗诵等群众喜闻乐见又切合时代潮流的节目。艺术团成立至今先后举办了20余次专场演出，在发掘和培养青年文艺人才、丰富地方舞台、打造特色精品节目的同时，也对传播文明新风、促进和谐社会建设起到了积极的推动作用。

三、少年先锋队活动

1996年8月26日，团县委组织全县少先队员开展了“手拉手情系灾区小伙伴献爱心”活动，共捐献衣服2547件、书包564个、铅笔盒1597个、课本2692个、练习本3100个、各种笔4571支。

1999年4月5日，组织县一中、职中、四中、一完小、二完小、技工学校、县直各单位近千名共青团员、少先队员，为“四·二九”烈士碑扫墓，共同缅怀英烈的英雄事迹。

青年志愿者集中活动启动仪式（2012年摄）

2000年4月5日，组织县城一、二完小全体学生到烈士陵园扫墓，进行爱国主义教育。

2002年3月5日，组织少年儿童进行“学雷锋、献爱心”活动，义务清扫街道垃圾，美化环境。

2003年，开展了“争当健康小公民”活动。

2005年3月，开展了“雷锋精神火炬接力启动仪式”活动，有1000多名少先队员参加了此

次活动。

2006 年 9 月，在全县少先队员中开展“红领巾知荣明耻争当文明小使者”活动。

2008 年 7 月，举办“踏青齐欢笑”主题夏令营活动。

第三章 妇联

第一节 组织机构

一、县妇联

1973 年，成立县妇女联合会（简称妇联），设主任 1 名，副主任 1 名，同时成立 15 个公社妇联组织，设基层妇联主任 15 名，兼职副主任 24 名，各大队设妇女主任 1 名。

1984 年 5 月，公社妇联改称乡镇妇联，大队妇女主任改称村妇女主任。1991 年 6 月，成立县直、县社、农业局、粮食局、卫生局、教育局、经委 7 个妇委会。1996 年，随着乡镇合并，保留临西镇、河西镇、下堡寺镇、尖冢镇、东枣园乡、老官寨乡、大刘庄乡、摇鞍镇乡、吕寨乡 9 个乡镇妇联组织，全县有村级妇女主任 290 多名。

二、代表大会

1973 年 5 月 18 日，成立县妇联，召开临西县第一次妇女代表大会，会议选举副主任 3 名、常委 10 名、委员 37 名，组成第一届妇女联合会。1979、1983、1988 年，分别召开第二、三、四届妇女代表大会，选举产生主任、副主任、委员，组成二、三、四届妇女联合会。1995 年，召开第五届妇女代表大会，选举主任 1 名、副主任 2 名。

第二节 主要活动

一、“双学双比”

1985 年，河北省妇联提出在全省妇女中开展“我为振兴河北学文化、学科学技术”（简称“双学”）活动。1989 年，全国妇联与国家有关部委等 13 个单位共同发起在农村妇女中开展“学文化、学技术、比成绩、比贡献”（简称“双学双比”）竞赛活动。县妇联结合临西县实际，联合 12 个单位下发了《关于在全县农村妇女中深入开展“学文化、学技术、比成绩、比贡献”竞赛活动的意见》，在全县农村妇女中开展“双学双比”竞赛活动。自活动开始，各级妇女组织开展了多层次、多门类、多形式的培训。对文盲妇女进行边扫盲边学技术；对有一定文化的妇女进行种植、养殖、加工等实用技术培训；对掌握一定技术的妇女进行专业技术培训；组织达到相应技术水平的妇女，参加农技校、农广校、农函大学习，考核合格者，获“绿色证书”和农民技术员职称。基本形成了扫盲、实用技术培训、农函校、农广校和“绿色证书”培训、学历教育、女农民技术员职称评定等系列化的农村妇女培训教育体系。

据统计，活动开展 15 年来，全县有 2000 名妇女脱盲，近 4 万名妇女接受了实用技术培训，2000 名妇女参加了农函校、农广校和“绿色证书”的学习，900 多名妇女获农民技术员职称。全县以妇女为主的科技示范户达 800 户。技术培训围绕产业结构调整，开展劳动竞赛，紧紧围绕农业发展的总体规划，发挥妇女的优势和特长，开展区域性、专业性的劳动竞赛，陆续组织了“吨粮田”“双百棉”“红旗庭院”“三八绿色工程”“科学养鸡”“绿色企业”“植桑养蚕”“艺品创汇”八大专业竞赛。2000 年至 2006 年，实施了“巾帼科技致富工程”，开展了“科技女状元”评选活动，促进了农村经济的繁荣。至 2006 年底，全县有 50 人获省、市“双学双比”女能手称号，县、乡级“双学双比”女能手达 600 人。

各级妇联和有关部门充分发挥部门的职能作用与行业优势，为农村妇女提供服务。同时，深入乡镇、村庄举办高新技术培训班30期，受训妇女1500余名。依托县“双学双比”科技指导站，成立了20人参加的农家女新技术推广培训讲师团，下乡传递科技信息，指导农村的养殖、种植工作。

庆祝三八妇女节表彰会（2013年摄）

二、“巾帼建功”

1990年，响应全国妇联号召，组织城镇妇女开展“做‘四有’（有理想、有道德、有文化、有纪律）‘四自’（自尊、自信、自立、自强）女性，为‘八五’计划建功”（简称“巾帼建功”）竞赛活动。成立由主管群团的县委副书记任组长、15个有关单位负责人为成员的“巾帼建功”协调领导小组。县妇联不断加强对城乡妇女进行“四有”“四自”教育，组织妇女学文化、学科技、学管理，有计划地开展岗位培训、技术练兵、技术比武和以“岗位建功、岗位成才”为主要内容的行业竞赛等，使广大女职工的竞赛意识进一步增强，建功技能不断提高。

为拓展竞赛领域，扩大参赛面，提高竞赛质量，充分发挥示范岗和巾帼建功明星的示范带头作用，促进参赛行业的两个文明建设和女职工的自身发展，县妇联与县金融系统联合举行了“巾帼杯”金融法律法规知识竞赛活动，举办了县级“巾帼文明示范岗”培训班，培训窗口岗位妇女800多名，评出“巾帼文明示范岗”30个。

三、维护妇女儿童合法权益

县妇联积极完成《“九五”妇女发展规划》《“九五”儿童发展规划》的终期监测评估；制定了临西县的《“十五”妇女发展规划》《“十五”儿童发展规划》，认真宣传新《婚姻法》；下发了《关于广泛开展学习宣传〈婚姻法〉活动的意见》，并为《农村法律基本常识》撰写了“婚姻家庭篇”的资料。在全县少年中开展了“不让毒品进我家”活动；举办了“远离毒品、珍惜生命”文艺晚会；与禁毒办签订了禁毒帮教承诺书。为防止家庭暴力的发生，在“国际消除对妇女暴力日”举行了防暴力宣传咨询，成立了“临西县法律援助中心妇联联络处”。近年来，接访354件、来信83封，结案率达99%。

四、实施“春蕾计划”

“春蕾计划”是全国妇联发起的旨在救助失学辍学贫困女童返校园的重要工程。自1994年以来，全县募集资金3.6万余元，资助失缀学或面临失辍学儿童300余人。

五、创建文明家庭

1996年起，在全县城乡妇女中大力开展“星级”文明家庭创建活动，以提高家庭成员的整体素质，培养有理想、有道德、有文化、有纪律的“四有”新人。大力倡导尊老爱幼、男女平等、夫妻和睦、勤俭持家、邻里团结的家庭美德和相信科学、移风易俗、新事新办、厚养薄葬的社会新风尚，鼓励城乡家庭守法经营、勤劳致富，反对封建迷信、红白事大操大办、赌博、卖淫嫖娼等不良倾向和社会丑恶现象，把社会主义的道德观念、文明新风、科学知识、卫生保健常识等送进千家万户。在部分村镇建立妇女禁赌会、红白理事会、反家庭暴力协会和道德评议会等妇女群众自治组织。同时，开展“家庭环保”“我为创模出

份力”“千名好妈妈喜看临西新面貌”和“强素质，树形象，争做新世纪优秀母亲”座谈会、“科普进家庭”咨询服务和“交通法规常识”竞赛以及家庭教育讲座和女性心理卫生讲座、家庭美德讲座等一系列群众性精神文明创建活动，传播科学思想，丰富群众生活，抵制封建迷信的侵袭，促进家风、民风和社会风气的好转，全县共评选表彰各类文明家庭4000余户。

第四章　科学技术协会

第一节　机构设置

1982年6月，成立临西县科协筹备小组，组建15个公社科普协会。11月，召开临西县科学技术协会第一次代表大会。会议通过了县科协工作报告和工作章程；选举产生了临西县科学技术协会第一届委员会（简称县科协）。此后于1984年、1987年分别召开了第二、三届科学技术协会。县科协设主席、副主席、秘书各1名。

1983年以来，在县科协的指导下，建立了林学会、工学会、农学会、畜牧学会、文教学会、医学会。1984年，成立了辅导员协会、气象学会、食用菌开发学会。1986年12月，成立蔬菜协会。各学会、协会设理事长、副理事长、秘书，共有各类会员633名。2003年8月1日，根据农业技术发展变化的新形势，由农华公司组织成立了农民技术协会，制定了章程，目前已发展会员5000余名，会员定时参加农华公司举办的科技知识培训，并凭会员卡享受各种优惠待遇。

第二节　主要活动

一、培训农业技术。投资近30万元，建成了300平方米的多媒体教室（购买了电视、投影机、影碟机、音响、高档桌椅、录放像设备，自制、购买教学片），聘请省内知名专家授课，每月培训三期（6日、16日、26日），平均每期学员300余人次。据统计，农民运用学到的技术直接增收6000余万元。

二、传播农业技术。（1）投资5万余元，聘请石家庄农科院、省农科院等专家学者，编纂出版了十七期《农华科技》共40万余册（份），赠送给农民、会员，宣传农业科技知识，备受广大农民欢迎。（2）根据不同季节农业生产需求，印发各种技术资料57万份，指导农民科学种田。（3）与县电台合办《农民之友》栏目，常年播出，覆盖半径50多公里。截至2008年底，该栏目已播出581期，成为临西县普及农业技术的主渠道、主阵地。（4）开通专家电话热线，配合《农民之友》栏目，由专家候听农民咨询，即问即答，一人发问，解众人之疑。热线电话号码成为广大农民敲开技术之门的“金钥匙”。

三、开展科普下乡。聘请省、市、县农业专家，组成了技术下乡队伍，配置科技下乡专家直通车和新品种配送车辆，开通了24小时专家咨询电话，专家随叫随到，把技术送到田间、地头；在农家院里举办技术讲座，加快了农业技术普及的步伐。

四、建设信息网络。2004年成立了“科普信息网络中心”，十五个乡镇、工作站成立分中心，部分村成立科普信息站，乡村均建科普宣传栏，每十天更换一次内容，信息网络由固定会员代表专人值守，全县统一调度指挥。

五、建立示范基地。以租地的方式，建立了近百亩集中试验示范区，进行播期、密度、品种、单株、种植模式、施肥、植保等试验项目，推广成熟技术；进行优种示范栽培，让农民直观地观看田间表现、产量表现；集中试验示范区的模式，在全县建立了100个试验示范点，进行专项技术示范，方便农民就近学、就近看。全县试验、示范基地总面积达到1000余亩，在推广新技术、新品种上发挥了明显的示范带动作用。

第五章 工商联

第一节 组织机构

1996年5月7日，召开临西县工商联第一届会员代表大会。选举通过了工商联第一届执行委员会。县委副书记刑之剑、副县长姜桂莲当选为第一届执委会名誉会长，鑫泰轴承有限公司总经理李金贵当选为会长，同时选举副会长8名。

2001年12月25日，召开第二届会员代表大会，选举产生了第二届执行委员会，共31人。李金贵继任会长，选举副会长15人。

2006年12月15日，召开第三届会员代表大会。会员代表94名。会议选举产生执行委员41名。李金贵再次当选为会长，选举副会长16人。

第二节 主要活动

参政议政 是新时期工商联的一项重要职能，每年都注重围绕县委、县政府中心工作，针对非公有制经济发展中存在的问题，组织人员深入企业进行调研，在掌握了大量翔实材料的基础上，发挥会员在人大、政协中代表和委员的作用，以议案和提案的方式向“两会”和有关部门反映县内政治、经济、社会各个方面的热点难点问题，得到了有关方面的重视，发挥了应有的作用。截至2008年底，在各级人大、政协会议上提出议案、提案120余份，均受到有关领导重视和有关单位的认真答复和办理，许多意见得到了采纳。

服务会员 是立会之本。树立“人员少、大作为，部门小、大服务”的理念，不断加大会员服务的力度，拓宽服务领域。积极参与支持非公有制经济的协调发展，每年都深入到十几家会员企业进行调研考察，并积极为他们出主意、想办法、协调多方面的关系，促进企业的发展。积极为会员企业牵线搭桥，组织会员企业参加各类项目洽谈会、订货会、产品推销会等。为广大会员搞好企业文化建设服务，在民营企业中广泛开展了“以人为本，关爱员工，和谐发展”的企业文化建设活动，使广大民营企业家自觉地把企业的发展与国家的发展结合起来，把个人富裕与共同富裕结合起来，为构建和谐社会做出应有的贡献。为会员提供信息服务，提升会员企业形象，先后帮助7家规模轴承企业在“上海中国国际轴承展览会”上参展，并组织三十多家轴承企业到展会参观。通过高规格的行业窗口，向世人展示了临西轴承企业的风貌，拓宽了临西轴承企业当家人的眼界。

开展社会公益活动 几年来，共安排下岗职工和农村剩余劳动力近千人。广大会员还向扶贫开发、修路建校、新农村建设等捐款、捐物共计500余万元，向贫困大学生和贫困失学儿童捐款资助20余万元。在2003年春季“非典”期间，积极发出倡议捐款20余万元，支持防“非典”战役。2008年5月12日，四川发生特大地震，县工商联积极组织工商业户向灾区捐款，共向灾区捐款40余万元。

第六章 文联

第一节 机构设置

1986年6月6日，组建临西县文学艺术界联合会（简称县文联）。首届县文联主席由县委副书记张金铸担任，设常务副主席1名、秘书1名。1996年，县文联的工作并入县文体局，由1名副局长代管。2004年，由县委宣传部1名文化干部

春节团拜会暨联欢晚会

代管。

第二节　主要活动

1986年县文联成立以来，每年"十一"、春节期间都举办美术、书法、摄影展，成功举办21次，展出美术、书法、摄影作品965幅，挖掘艺术新秀135人。1986年至1989年，每两月出版一期《卫河柳》文学报纸，共出版17期。1999年，参与"科技、文化、卫生"三下乡活动6次，为群众送上丰富的精神食粮。2006年以来，县文联组织诗词爱好者每年举办两次诗词研讨会。

第七章　经济团体联合会

第一节　机构设置

1996年6月，按照省市指示精神，经中共临西县委批准成立临西县工业经济联合会（简称工经联）。该组织是服务县域经济的群众性团体组织。

2000年8月，按照省工经联指示，更名为经济团体联合会（简称经团联）。联合会由县各行业协会、经济主管部门及国有企业、私有企业、经济界知名人士、专业技术人才和热心并熟悉经济工作的离退休干部自愿联合组成。县经团联基本职责是：搞好经济领域的调查研究，当好县委、县政府指导经济工作的参谋；通过联结上下，沟通左右，发挥好桥梁纽带作用；为企业、农户、商户排忧解难，办好实事，解决经济发展中的具体问题。

县经团联日常工作机构为理事会。

第一届理事会（1996.6—2003.8）：会长宗振荣，副会长17名，理事66名。2000年8月，办公地点由河西镇迁到县城。

第二届理事会（2003.8—2011.1）：会长杨继平，顾问宗振荣（驻会），副会长8名，有会员124名，其中理事79名。

经团联下设秘书处，为正科级事业单位，编制3人。

第二节　主要活动

一、调查研究

经团联成立后，始终注重围绕全县经济发展、社会稳定的热点问题开展调查研究工作。坚持每

年都要搞一至二个专题调研。先后进行了砖瓦生产企业调查、“双十工程”进展情况调查、《临西县砖瓦生产管理暂行办法》执行情况跟踪调查、轴承专业市场调查、临西县经贸局系统企业生产经营和职工下岗情况调查、窑坑废弃地复耕典型调查、县办工业企业改制情况调查、轴承规模企业情况调查、农业产业结构调整情况调查、轴承行业发展情况调查、全县棉花生产种植情况调查、王庙村农民经商情况调查、东留善固协会情况调查、仓上村创建社会主义新农村调查、鑫泰轴承锻造有限公司发展情况调查等，撰写调研报告30多篇，为领导决策提供了参考依据。

二、建言献策

经团联通过深入调查，针对临西县的“焦点”问题，向政府提出自己的意见和见解，帮助政府制定重大决策。

1998年初，针对全县企业管理上存在的问题，向县委、县政府提出了“外学邯钢，内学制药厂”的建议，受到高度重视。当年的《政府工作报告》和《县办工业一九九八年发展实施重点》中都增加了开展“外学邯钢，内学制药厂”的内容，并下发了《关于在全县开展向制药厂厂长张立成同志学习活动的决定》，掀起了苦练内功、严细管理、勤俭办厂、全面提高经济效益的活动。

2000年，针对产业结构调整和种植存在的问题，提出了《关于开发耐寒蔬菜，实行棉菜一体种植，进一步调整种植结构的建议》。县领导批示后，政府办予以转发，该《建议》获省科技论文三等奖。

2001年5月，针对秸秆焚烧的现象，提出了《关于做好麦秸收贮工作的调查与建议》。政府转发至县直各涉农部门及乡镇办事处，既改善了环境质量，又提高了农民收入。7月，对二轻局系统所属集体企业的改革，提出了《关于搞活原二轻局系统所属集体企业的建议》。11月，针对轴承行业发展现状，提出了《关于加快轴承行业发展步伐的五点建议》，并起草了《关于在轴承大世界组建“虚拟”轴承股份公司应对入世挑战的设想》。

2003年3月，针对临西县《2003年工作指导纲要》及“双十工程”提出了落实建议。12月，提出了《关于尽快打通临西县轴承外运销售通道的建议》，两项建议均得到县委、县政府的高度重视。

三、宣传典型

经团联从不同角度、不同侧面总结推广典型经验。10年来，先后总结推广了县饲料公司的《要生存、求发展，全靠自己救自己》的典型经验、制药厂《善“抠”事业兴》的典型经验、浸出油厂《紧紧围绕市场转，步步跟着市场干》的经验、液压件厂《厂小志气大，定位标准高》的典型经验、联洋化工有限公司抓好生产经营的做法、摇鞍镇乡养羊协会促进养羊业发展的典型经验、白地办事处抓好种植业的做法、县农村信用社服务三农的典型做法、东枣园乡张庄獭兔养殖的典型经验、临西镇和河西镇招商引资的典型做法、农华种业公司服务三农的做法、白地工作站种植金银花的经验、县农业技术协会服务三农的典型做法等。

四、服务企业

经团联成立以来，先后为企业协调解决资金800多万元，寻找项目50多个，帮助办理商标、申请专利8个，协助5家企业通过ISO9000质量体系认证，帮助企业上规模、上档次。1997年，县兴隆纸品厂扩产遭遇资金瓶颈，县经团联多次和金融部门协调，经过努力，信用社分两次贷给企业320万元，使该厂年生产能力达到1万多吨，成为临西县的骨干企业；1998年，县活性炭有限公司生产的产品供不应求，企业准备扩建活化炉，但资金有缺口，经协调该企业在信用联社下堡寺分社落实贷款55万元，年产能力由150吨增加到350吨。帮助企业协调与有关部门的关系。1996年，县磷肥厂在拌制磷肥时，酸气体污染了附近村庄的农作物，引起了企业与村民之间的矛盾，致使企业无法正常生产。经团联深入村庄和乡镇，共同调解村民与企业的矛盾，使问题得到合理解决。帮助企业搞外联。1999年，帮助织染

厂与山东临清一家企业签订来料加工合同，解决了200多名下岗职工的就业问题。2006年，帮助汽车液压件厂把“华春”商标申报批准为河北省著名商标。帮助蓝天型煤机厂、华春公司申报批准了四项国家专利。协助活性炭有限公司、砂轮厂、鑫泰公司、华春公司、航天公司等企业通过了ISO9000国际管理质量体系认证。开展专项活动，服务经济发展。2004年，为规范种子经销单位的行为，筛选出适合临西种植的优质棉种和诚信经营企业，组织开展了棉种优质高产评比竞赛活动。2008年，为调动工商企业的积极性，联合工业局、商务局、统计局、国税局、地税局，开展了2007年度十强企业排序活动。

五、组建指导行业协会

对原有的销售员协会、蔬菜协会等10家协会按照“整顿、规范、培育、提高”的原则进行了整顿和完善。1998年8月，组建了临西县砖瓦协会；1999年12月，组建了临西县轴承协会；2001年，协助筹建了摇鞍镇养羊协会和白地养猪协会；2002年，组建了临西县棉花协会；2005年，协助筹建了临西县农资协会；2006年，改建了临西县农技协会；2008，协助筹建了酒类、屠宰、成品油、“万村千乡”市场工程四个专业性行业协会。

第八章 关心下一代工作委员会

第一节 机构设置

1989年4月19日，成立临西县关心下一代协会，郭风集任名誉会长，郝元夫任会长。

1996年12月，改为临西县关心下一代工作委员会（简称关工委）。刘力、史振荣任名誉主任，宗振荣任主任，副主任14名。

2001年5月，张栋才、任树堂任名誉主任，宗振荣任主任，副主任15名。

2003年7月，任树堂、高建民任名誉主任，李洪涛任主任，宗振荣任第一副主任，副主任15名。

2006年7月，尹全峰、葛兴敏任名誉主任，张志英任主任，宗振荣任第一副主任，副主任15名，专职副主任1名。

第二节 主要活动

关工委是为全社会培养教育青少年工作的组织机构，是党委、政府管理教育青少年的助手。在教育、团委、妇联、政法、科技、文体、卫生等部门的配合下，经常开展各类活动，对青少年从思想道德、文化知识、科学技术等方面进行教育，培育“四有”新人，使青少年一代成长为社会主义革命和建设的合格人才和可靠接班人。

1、每年在儿童节、国庆节和重大纪念日、重要纪念日（抗日战争胜利纪念日、红军长征胜利纪念日、香港回归纪念日等），开展全县思想教育活动，对广大青少年进行爱国主义、集体主义、革命传统、遵纪守法等方面的教育。针对青少年思想状况，撰写宣讲材料，召开座谈会、报告会。

2005年，举办纪念毛泽东主席“向雷锋同志学习”题词42周年活动，在全县中小学开展了“学习雷锋，做时代先锋”活动，撰写辅导材料，并在全县各学校、各校区巡回宣讲。2006年5月，由县级离退休干部组成报告团，在全县中小学开展了宣讲“八荣八耻”的教育活动。10月，为纪念长征胜利60周年，关工委联合县教育局举办了百名“三好学生”模拟长征拉练活动。从县委门前出发，途经玉兰路、临西镇、白地工作站、摇鞍镇乡、下堡寺镇至东留善固玉兰纪念馆，以弘扬长征精神。2007年4月，在全县中小学中举办“英模事迹”巡回展出。9月，关工委和教育局、司法局组织法制教育报告团，在全县27所中小学开展为期2个月的“法制进校园”普法教育。11

月，在全县青少年中开展了“十七大”精神的宣讲活动。

2、发挥“五老”(老干部、老战士、老教师、老专家、老模范)队伍的作用。全县有“五老”702名，县、乡两级直接建档管理的112名，其中老干部47名、老战士7名、老教师37名、老专家8名、老模范2名、其他11名。在“五老”中选拔组建了由24人组成的三个宣讲报告团，即：爱国主义教育报告团、法制教育报告团、科学技术教育报告团，深入到各学校、各校区，向青少年进行思想道德教育。

3、协助教育局办好家长学校。实现学校、社会、家庭三力合一，对孩子进行“双教”“双管”，为青少年提供一个良好的成长环境。

4、加强对青少年的法制教育。为了挽救失足青少年，结合政法部门开展帮教活动。

第九章 老区建设促进会

第一节 机构设置

老区建设促进会是县委领导下的社会团体组织。临西县老区建设促进会(简称老促会)，于2006年6月成立。名誉会长宗振荣，首任会长赵炳坤，继任会长郭廷增。中国革命老区，是指第二次国内革命战争时期和抗日战争时期，在中国共产党领导下，创建的革命根据地。临西县老区以下堡寺镇、摇鞍镇乡和白地工作站的部分村庄为主。县“老促会”的主要任务是：宣传老区人民革命战争年代的重大贡献，弘扬老区精神，增强老区意识，倾听老区人民的呼声；以老区人民的意愿为载体，通过与有关部门沟通、协调，帮助老区引进人才、技术、资金及项目；联系国内外热心于老区开发建设的企事业单位、社会团体，到老区开发、扶贫、助学，为老区建设服务；调查、总结、推广老区发展的经验；研究扶贫开发中出现的新情况、新问题，提出建议、措施，帮助老区人民改善生产和生活环境。

第二节 主要活动

县老促会成立后组织对全县革命老区进行了调查摸底，全县共有1945年前建立党组织开展革命工作的村庄184个，占全县的60%以上，其中属革命根据地的村98个，并分别对不同类型的老区村的发展问题向县委、县政府提出了建议和对策。2007年，协调县民政局、水务局，解决了老革命根据地贺伍庄等村1.5万人的吃水问题；2008年，筹集资金分别为革命根据地吕寨乡、下堡寺镇、摇鞍镇乡共5万余人建了三个供水站，使老区人民告别了吃苦水、咸水的历史。协调县林业局对革命老区黎博寨大力扶持，建成了农田林网。2008年起，帮助下堡寺镇植树造林，帮助老区人民发展林果致富。协调县交通局积极筹措资金修建了张贺公路及各乡镇的乡间公路，硬化了大部分村的街道，受到了老区人民的普遍赞誉，为老区的经济发展打下了基础。

第十八编 政法

随着国家依法治国方略和法制建设的不断推进，县委、县政府对政法工作的领导进一步强化。公安局、检察院、法院、司法局在班子建设、队伍建设、设施建设、条件改善方面都得到了进一步加强。公、检、法、司各部门立足职能，严格执法，在刑事案件的侦查、拘留、执行逮捕和预审方面，在批准逮捕、提起公诉、审判方面，在普法宣传、法律援助、社会矫正等方面认真履行职责，为增强全民法制观念，打击各类违法犯罪活动，维护全县经济建设和社会治安稳定，创造良好的社会环境发挥了重要作用。

第一章　公安

1978 年十一届三中全会后，全党工作重点转移到社会主义现代化建设上来，公安机关工作重心随之转移到保卫社会主义现代化建设上来。2001 年，临西县公安局进行了派出所改革，实行了“一区一警、一警多能、一包到底”的管理体制。2004 年，县公安局按照公安部要求，围绕提高民警的政治、业务、体能三大基本素质开展了大练兵，民警队伍的综合素质和战斗力得到全面提高。2005 年至 2007 年，开展了为期三年的抓基层、打基础、苦练基本功活动。2008 年，县公安局破获各类刑事案件 606 起，3 起命案全部破获，共抓获犯罪嫌疑人 161 名，刑拘 161 名，逮捕 71 名，移诉 75 名，打掉犯罪团伙 5 个。

第一节　机构队伍

一、县公安局

1979 年，县公安局办公地址在县城南大街（今阳光南大街）中段西侧。1996 年，投资 140 万元，在泰山中路南侧新建办公大楼，同年 12 月迁入。

1978 年，公安局内设办公室、政保股、治安股、预审股和看守所。1980 年，组建刑侦队。1983 年，成立收容审查站和消防股。1984 年，增设保卫股。1987 年，接管交通监理站，成立临西县公安交通警察大队。1988 年，增设居民身份证办公室。1991 年 9 月，成立户政股、法制股。1997 年 1 月，成立了 110 指挥中心、巡警防暴大队和警务督察队。1998 年 1 月，预审股并入刑侦队。1999 年，机构改革，设办公室、政工股、法制股、政保股、内保股、刑侦大队（下设四个刑侦中队）、治安股、户政股、警务督察队、看守所、巡警大队、110 指挥中心。2001 年，户政股、法制股、政保股、内保股、治安股改名为户政科、法制科、政保科、内保科、治安科。2002 年 7 月，机构改革，公安局设办公室、政治处、计财审计科、110 指挥中心、法制科、户政科、内保科、治安警察大队、刑事侦查大队（改设三个刑侦中队）、国内安全保卫大队、巡警大队、经济警察大队、看守所，撤销警务督察队。2005 年 6 月，增设出入境管理科和警务督察队。

二、派出机构

1978 年后，设立河西、老官寨、尖冢、童村、下堡寺 5 个公安派出所。

公安局（孙晓林摄）

1985年，河西派出所升格为河西公安分局。

1988年，增设摇鞍镇、姚楼、樊村、吕寨、大刘庄、水波、东枣园、单屯、黎博寨和白地10个派出所；河西镇、临西镇增设集贸市场治安派出所。

1996年9月，全县15个乡镇公安派出所，合并为9个乡镇公安派出所。白地派出所并入摇鞍镇派出所、樊村派出所并入尖冢派出所、姚楼派出所并入吕寨派出所、水波派出所并入老官寨派出所、黎博寨派出所并入大刘庄派出所、单屯派出所并入河西公安分局。

2001年，白地派出所、樊村派出所、姚楼派出所、黎博寨派出所、水波派出所、单屯派出所重新设立，2个集贸市场派出所被撤销。时设，河西公安分局、临西派出所、下堡寺派出所、摇鞍镇派出所、尖冢派出所、姚楼派出所、樊村派出所、吕寨派出所、大刘庄派出所、老官寨派出所、水波派出所、东枣园派出所、单屯派出所、黎博寨派出所、白地派出所，共14个派出所和1个分局。同年，进行了派出所改革。实行了“一区一警、一警多能、一包到底”的管理体制。全县15个派出机构设立32个警务区，划分了52个责任区，在全县299个行政村建立了治保会组织。2005年至2007年，全国公安机关开展为期三年的“三基”工程建设活动（抓基层、打基础、苦练基本功），期间，县公安局争取财政资金200余万元，改建了吕寨、下堡寺、摇鞍镇、白地、尖庄、大刘庄、老官寨、单屯8个派出所，增配车辆15部，电脑50余台。

三、警员队伍

1993年，国家在公安系统实行警衔管理，并对参加公安工作多年，符合授衔条件的干警给予授衔。首批被授警衔49人，其中一级警督4人、二级警督16人、三级警督29人。1996年，二次授衔，被授一级警督3人、二级警督27人、三级警督38人，一级警司7人。

2000年后，对新增公安人员进行入警考试，凡符合考试条件的工作人员，经考试考核合格，由省厅批准入警。2004年，全国公安机关开展“大练兵”活动，县公安局按照公安部“人人参与练兵、人人受到教育、人人得到提高”的要求，围绕提高民警的政治、业务、体能三大基本素质展开练兵，突出了基本知识、基本技能、基本战术和专业技能，民警应知应会训练内容，民警队伍的综合素质和战斗力得到全面提高。

2006年，全县有一级警督3人、二级警督26人、三级警督21人；一级警司5人、二级警司37人、三级警司26人；二级警员18人。共有录警人员126人。至2008年，全县有一级警督6人，二级警督24人，三级警督25人；一级警司35人，二级警司10人，三级警司36人。共有录警人员136人。

第二节　治安管理

一、特殊行业管理

1985年以前，国家规定的特殊行业有旅店、旧货、修理业。1985年，把印刷业列入特种行业管理范围。1994年，公安部《废旧金属收购业管理办法》颁布施行，收购生产废旧金属的企业，应当向县公安局申请核发特种行业许可证。是年，公安机关向废旧金属收购业发放特种行业许可证13本。1995年，公安机关对全县142家特种行业，进行了大规模的清理整顿，查封旅店2家、废旧金属收购点3个、发廊1个。2002年，根据国务院下发的《关于取消第一批行政审批项目的决定》精神，公安机关取消了部分特种行业的治安审核许可制度，保留了旅店业、刻字业、典当业等特种行业的治安审核许可制度。2005年，公安机关对全县19家拆车场、26处废旧金属收购点、33家旅馆、52家饭店、9家洗浴中心、21家打字复印业进行了清理整顿，并核发了证照。2006年后，公安特殊行业只有旅馆、刻章业和典当行，全县共有旅馆14家、刻章业3家、典当行1家。2007年，按照公安部的要求，公安局为全县11家旅馆安装了治安管理系统，是年，通过该系统抓获3名网上逃犯。2008年，全县旅馆增至16家，并通过旅馆业治安管理系统抓获逃

犯 1 名。

二、危险物品管理

1984 年，国务院颁布《中华人民共和国民用爆炸管理条例》，公安机关通过调查，全县共有火柴厂、磷肥厂、氮肥厂 3 个危险爆炸物品使用储存单位，生产烟花爆竹个体户 654 家，鞭炮生产厂 3 个，储存鞭炮仓库 11 座，鞭炮销售点 1605 个。是年，公安机关对上述单位进行清理整顿，检查发现安全隐患 78 处，随时进行了整改。

1988—1992 年，公安机关相继取缔非法生产鞭炮个体户 361 户，查处整顿安全隐患 49 处。

1996 年，公安机关在对民用爆炸物品的日常管理外，根据不同时期的特点，对非法生产、储存、销售烟花爆竹的窝点组织专项行动，依法取缔；对涉爆单位坚持生产、储存、销售、购买、运输、使用严格审批，办理许可证。

1998 年，取缔非法烟花爆竹生产销售储存点 142 个，收缴烟花爆竹 165 箱。2001 年，开展收缴剧毒鼠药专项整治工作，收缴毒鼠强 56 公斤，液体鼠药 8000 余支。2004 年，取缔非法生产烟花爆竹窝点 1 个，收缴烟花爆竹 26 万头。2005 年，以公安部《剧毒化学品购买和公路运输许可证件管理办法》颁布实施为契机，进一步规范了剧毒物品的安全管理。2006 年后，临西县的危险品主要有医疗科研及学校试验用化学药品，即：过氧化氢、硫酸、盐酸、钠、钾、液氯、X 光放射源等，公安局对这些危险品实行捆绑式管理，将安全责任落实到具体领导和管理人员。另外易燃易爆物品有，银光集团（原氮肥厂）生产的硝酸铵（生产炸药的原料）和县土产公司的烟花爆竹仓库，县公安局对银光集团实行了产量底数清，储量情况明，销量核对准，并在每辆运输硝酸铵的车辆上安装了卫星定位系统，对土产公司的烟花爆竹严格审查购买资质，并对仓库进行经常性的安全检查，至 2008 年未发生一起责任事故。

三、农村治安

1983 年，在农村中实行治安承包责任制，制定承包措施，并在先锋桥镇召开了治安承包现场会，在 12 个村委会落实了治安承包和单项承包，95% 的行政村建立了治保会。1988 年，全县有 547 个治安小组，1642 名治安承包人员，对 9435 台大型农机具、30199 头大牲畜、530000 棵树木、91 处物资场所、54 处金融武器弹药库加强了重点保护。1989 年，公安局对全县 297 个治保会主任进行了培训。1990 年，在强化农村治安管理中，全县涌现出 50 个文明村、1423 个遵纪守法光荣户、7815 个五好家庭。1994 年，以“建一流班子，带一流队伍，创一流业绩”为奋斗目标，不间断地开展严打斗争，从严治理复杂村镇、路段及易发案部位。对暂寄住人口、重点人口及爆炸物品进行了严格管理，加强了基层防范工作和内部保卫工作。在治安情况复杂村镇建立青年联防队和季节性联防队。对内保负责人进行培训，多次开展安全大检查，以消除隐患、堵塞漏洞。1995 年，全县 15 个派出所建立了治安联络网，295 个行政村建立了治安巡逻小队，调整治保会 78 个，充实治保干部 64 名。1997 年，公安机关在全县开展“百村安全联系网活动”，对全县 200 个行政村进行了“一村一图一档，一户一牌一簿，一人一表”的登记统计。2001 年，将全县 15 个所划分为 32 个警务区、52 个责任区，在每个责任区派驻 1 名责任区民警。2005 年，公安局实行了以 110 巡警为龙头、乡镇联防队为骨干、村级巡逻队为基础的三级巡逻机制。2008 年，县公安局大力实施农村警务，在全县 60 个中心村，建立了 60 个警务室，负责受理村民的报警、求助、咨询，并带领各村的护村队、联防队进行治安巡逻。

四、城镇联防巡逻

1987 年，公安局在城关镇、先锋镇各建立了一支 8 人的巡逻队，进行治安巡逻。1995 年，全县 15 个乡镇分别建立了 8—12 人的治安巡逻队。1996 年，经县政府批准，成立了一支 20 人组成的城区巡逻队，在城区进行治安巡逻。1997 年，开通了“110”报警服务台，成立巡警大队，加强对城镇主要交通干道的巡逻。2005 年，将县城、河西镇两个城区和全县的主要交通干道划分为 9 条巡逻线、6 个巡逻区，组织交警、巡警、派出所

民警和机关民警进行巡逻。是年，通过巡逻打掉犯罪团伙11个、抓获犯罪分子53人、破案150多起。2008年，县公安局向社会公开招录了60名大专以上学历的巡防队员，负责县城和河西城区的治安巡逻，并在县城的主要路口安装了10个监控探头，设立了三个治安岗亭，对各类违法犯罪分子形成了有力的威慑，城区的治安实现了进一步好转。

五、110服务

1997年，按照公安部的统一安排，投资30万元，购置一批先进的集接处警、指挥调度、录音、电子排队等功能为一体的高科技设备，建立110指挥中心。2006年9月，根据全国第二十次公安工作会议精神要求，县公安局投资40万元，购置110、119、122三台合一系统。该系统由“110”接处警及指挥调度系统、无线调度系统、电子地图显示系统、录音系统、技术防范系统、办公自动化系统组成，实现了综合报警、求助、协调指挥的自动化、智能化、系统化。

1997—2005年，县公安局“110”报警服务台共接各类有效警情18951次，其中刑事类警情2183次、治安类警情9248次、交通事故类警情3730次、火灾事故类警情956次，受理群众求助2834次。“110”服务台共出动警力354802人次、出动车辆9805台次、破获案件1876起、抓获违法犯罪嫌疑人1438名、救助群众3276名、处置各类群体性事件145起。2006年至2008年，110指挥中心共接到有效报警4828次，其中刑事类警情1692次，治安类警情1548次，交通类警情1440次，火灾类警情58次，求助类警情60次，出动警力24240次，出动车辆7242次，破获各类案件1119起，抓获各类犯罪嫌疑人1224人，救助群众70余人，处置各类群体性事件53起。

六、出入境管理

1995年，临西县始有人员出境，公安机关负责出入境人员的审查、办证工作。为加强出入境人员的管理，2005年6月，特设出入境管理科。2008年，更名为出入境管理大队，并被授予“省级出入境文明窗口”称号。是年，查处一尼日利亚人在临西县育英中学非法居留、非法就业案件，将其遣送出境。

1995—2008年临西县办理因私出国（境）证件情况统计表

表18-1　　　　单位：人/次

1995	1996	1997	1998	1999	2000	2001	2002	2003	2004	2005	2006	2007	2008
3	4	4	3	5	7	13	15	19	23	81	112		33

第三节　安全保卫

一、内部安全保卫

内部安全保卫工作最初由治安股负责，主要对本县机关、团体、企事业单位、金融机构进行安全监管和检查，指导机关、团体、企事业单位安装铁窗、铁门、铁保险柜、报警器，建立专职保卫机构，健全安全保卫制度，落实各项安全保卫措施。

1999年，增设内保股，后改称内保科，每逢春节、元旦、两会及重大节日、重大活动期间，都要对内部单位进行拉网式的安全隐患大排查，发现隐患立即整改，对不能立即整改的单位发放《限期整改通知书》，对内部单位的专职保卫人员进行定期培训。

内部单位发生案件后，属刑事案件的移交刑事侦查大队，属一般治安案件的由内保科依法处理。1979—2006年，全县内部单位共发生各类案件159起，有10人被公安机关进行劳教、85人被治安处罚。

二、国家安全保卫

1985年10月，公安局根据省公安厅的安排部署，着重打击“四人帮”残余势力和敌、政、刑嫌疑分子的预谋活动。是年，破获治安案件1起；1989年，在制止动乱、防止暴乱、清查反革命分子上做了大量工作，查获反动信件1封；1992年3月，破获了“耶稣家庭”案，取缔了黄庄、张八庄等“振兴会”3个黑活动窝点。同年，打掉“门徒会”非法传教窝点1处，行政拘留门徒会违法人员18名，收缴反动宣传品1180份。

三、其他安全保卫

1984年，为保证国庆35周年的安全，公安局组织38名民警在先锋桥镇、城关镇、吕寨乡、下堡寺镇设立卡点，执行盘查任务；组织21名民警把守卫运河9个渡口；组织78名民警在6个乡镇的12个旅店、3个汽车站、5个影剧院进行统一清查。

1987年3月18日，公安局组织86名民警、13部车辆，圆满完成了“四二九”反扫荡胜利四十五周年纪念活动的保卫任务。同年，还完成了中共十三大的安全保卫任务。1990年，第十一届亚洲运动会在北京召开，公安局先后组织开展了扫除“六害”、打击“车匪路霸”等专项斗争。1997年，公安局以开展民间纠纷排查、严格控制重点人口、防止各类案件为重点，完成了“香港回归”、中共十五大召开的安全保卫工作，妥善处置了一批上访事件，确保了全县的政治稳定。2001年，完成了南方商品批发市场开业庆典和临西二中50周年校庆的安全保卫任务。2002年，完成了中共十六大的安全保卫任务和王旭东、钮茂生、冯文海等省领导来临西县视察的安全保卫工作及中国轴承大世界开业庆典的安全保卫任务。2005年，全国公安机关开展“大接访活动”，县公安局按照“人人得到局长接待，件件得到依法处理”的要求，妥善解决各类信访案件20余起。同年，完成了县项目建设万人大会、隆润纺织公司开业、明珠花园建设等安全保卫任务。2007年，完成了党的“十七大”期间辖区内安保及临西宾馆、轴承大世界二期工程建设安全保卫任务。2008年，县公安局历时4个月，圆满完成了以“维护政治稳定、反恐防暴、严打整治、治爆缉枪、交通火灾事故隐患排查治理、治安隐患排查防控”六大战役为主要内容的奥运安保任务。

第四节　案件侦破

一、刑事案件侦破

刑事案件以杀人、抢劫、爆炸、强奸、伤害、盗窃、诈骗为主。其发案率有逐年增加之势，其中尤以抢劫、盗窃、诈骗、伤害为最，此类刑事案件出警最多，工作量最大。

上世纪八九十年代的刑事案件主要是以偷盗牲畜、农机具为主的侵财案件和由矛盾纠纷引发的伤害案件，公安局的主要破案手段就是摸排走访，以案找人。1980年1月1日，《中华人民共和国刑法》和《中华人民共和国刑事诉讼法》公布施行后，公安局以“两法”为武器，一手抓防范、一手抓破案，严厉打击各类刑事犯罪。1981年后，连续开展了围剿流窜分子的战役。1983年7月，依据中央提出的“三年为期，三个战役”“从重从快，严厉打击”的方针，拉开了“严厉打击刑事犯罪”的序幕。此后，发动群众揭发检举，公、检、法联合办公，1983年7月20日至1987年1月31日，共进行了三个战役、数十次统一行动，挖出各种犯罪团伙54个，破获刑事案件1148起，抓捕犯罪分子873名，收缴赃款、赃物折价53.97万元。1992年，贯彻邓小平同志视察南方重要讲话和中共十四大精神，把“一切为了稳定”作为指导思想和中心工作。以破大案、挖团伙为主攻方向，不断开展专项打击，上半年以破获大要案为主攻方向，下半年开展了打击盗窃自行车、机动车战役。1993年，按照“从严打击，从严管理，从严治警”的指导思想，1–3月份，以打现行、破大案、挖团伙、抓逃犯为重点，开展了春季攻势；5–7月份，开展了打拐禁娼、围歼车匪路霸的专项斗争。

2000年以后，刑事案件主要是以抢劫、抢夺、盗窃为主的侵财类案件以及由矛盾纠纷引发的打架斗殴和致人死亡案件，其中抢劫类案件对人民群众的生命财产安全危害最为严重，偶有抢劫伤人、杀人案件发生，大多为两个以上犯罪分子骑摩托车携带砍刀、棍棒进行拦路抢劫。对此，公安局坚持“打防并举，以打促防”，收效明显，技术侦查、网上追逃、网上比对、现场勘查等技术手段开始得到普遍应用。2001年，开展了“破大案、追逃犯、打团伙”为重点的严打攻势。成功侦破了“83·1”黎博寨前尚庄周某杀人案、“99·12·12”吕寨乡常庄一家3口被杀案和系列抢劫加油站案；组织开展了治爆缉枪专项行动，共收缴各类枪支93支、子弹9873发、炸药50公斤。

2003年，县公安局组织开展了“严打整治第九战役”“打击现行犯罪专项斗争”“围歼现行犯罪，攻克重特大案件”百日会战、“抓打击、抓基础、促防范”（两抓一促）及“打盗窃、打抢劫、防范各类刑事案件”（两打一防）专项行动，成功侦破了“6·17”东留善固恶意焚烧银行贷款抵押客车案、“7·07”县一完小学生王某被杀案，打掉了以李某为首的在卫运河大堤上抢劫10余起的9人犯罪团伙。防“非典”战役开始后，公安局把“防非维稳”作为首要的政治任务，全力配合卫生防疫部门在城区、河西大桥、吕寨收费站设立了7个服务站，协助防非指挥部在乡镇主要干道和各行政村主要路口设立检查站。4月26日，河西公安分局一举抓获了清河籍冒充省“防非”领导小组人员进行招摇撞骗的犯罪嫌疑人黄某某、石某。

2005年，县内先后发生“3·26”何某雇凶杀人案、“4·30”褚某抢劫杀人案、“11·13”江某故意杀人案、“12·26”徐某故意杀人案，公安机关攻坚克难、全部侦破。进入秋季，抢劫、抢夺、盗窃犯罪十分猖獗，公安局组织大批警力上街巡逻，全力打击，仅20天就打掉8个犯罪团伙，抓获犯罪嫌疑人33名、破获案件86起，社会治安秩序得到进一步好转。

2008年，县公安局开展了一系列的奥运安全保卫活动，破获各类刑事案件606起（含外省案件443起），抓获犯罪嫌疑人161名，刑拘161名、逮捕71名、移诉75名，打掉犯罪团伙5个，涉案225起，3起命案全部破获。

临西县公安局历年刑事案件发破统计表

表 18–2

年度	全部案件		其中重大刑事案件（起）																		特大刑事案件（起）															
			合计		杀人		抢劫		爆炸		强奸		伤害		盗窃		诈骗		其他		合计		杀人		抢劫		爆炸		强奸		伤害		盗窃		诈骗	
	立	破	立	破	立	破	立	破	立	破	立	破	立	破	立	破	立	破	立	破	立	破	立	破	立	破	立	破	立	破	立	破	立	破	立	破
1985	71	69	48	48	1	1	2	2					10	10	12	12	23	23	23	19																
1986	50	46	32	30			7	6	1	1	2	1	13	13	2	2	7	7	18	16																
1987	67	51	30	28			12	10			4	4	8	8			6	6	37	23																
1988	69	56	36	35			13	12			4	4	12	12	6	6	1	1	33	21																
1989	62	54	37	34			9	9			5	4	10	10	2	2	11	11	25	20																
1990	77	56	41	28			11	7			3	3			21	12	6	6	36	28																
1991	71	53	30	23			7	7	1	1			1	1	17	10	4	4	40	29	1	1									1	1				
1992	74	60	39	17	2	1	8	2			4	4	1	1	23	8	1	1	35	26																
1993	52	39	26	17			11	5					2	2	13	10			26	22																
1994	66	39	18	12			8	4			2	2			3	2	5	4	38	27																
1995	55	49	12	10	1	1	7	5					4	4					42	38	1	1	1	1												
1996	51	46	16	15			9	9			5	4			2	2			35	31																
1997	90	60	6	6	1	1					3	3			2	2			47	21	4	4													4	4
1998	67	54	30	23			7	7	1	1			1	1	17	10	4	4	36	30	1	1									1	1				
1999	86	71	30	28			12	10			4	4	8	8			6	6	56	43																
2000	168	37	41	13	9	2	17	2	1	1	1	1	12	7	84	10			43	14																
2001	171	99	45	35	3	3	16	8	1		12	12	12	12	100	40			25	23																
2002	150	106	31	23	2	2	7	3			3	3	15	15	77	43	5	5	37	35																
2003	209	81	50	28	4	3	19	4			5	4	21	16	122	28	4	3	32	22																
2004	197	98	46	33	4	3	25	16			2	2	15	12	120	48	2	0	29	17																
2005	192	122	63	43	1	1	52	33			1	1	9	8	93	55	1	1	35	23																
2006	178	131	56	31	3	3	38	14	0	0	4	4	9	9	58	40	2	1	59	57																
2007	212	188	62	54	2	2	41	34			8	7	9	9	107	95	1	1	41	38																
2008	129	84	46	38	3	3	21	14					21	20	51	19	1	1	30	26																

二、治安案件查处

治安案件以流氓滋事、打架斗殴为主，虽无大的伤害，但严重扰乱社会治安，是临西县治安管理的重点之一。上世纪八九十年代的治安案件以打架斗殴、聚众赌博及数额较小的偷盗案件为最多，是时，由于执法较为随意，公安机关偏重于处罚，对此多做罚款处理。九十年代后，治安案件仍然以由矛盾纠纷引发的打架斗殴案件为最多，公安机关执法日趋严格规范，以追求法律效果和社会效果、政治效果的和谐统一为最高执法标准，对此类案件多以调解为主。

临西县公安局历年治安案件统计表

表 18–3

年度	发现受理（起）							查处（起）							查处违法成员
	合计	扰乱秩序	流氓滋扰	殴打他人	偷盗财物	毁坏财物	其它	合计	扰乱秩序	流氓滋扰	殴打他人	偷盗财物	毁坏财物	其它	
1985	13	3	2	2	4		2	13	3	2	2	4		2	
1986	49		3	28	9		9	49		3	28	9		9	
1987	54		1	40	9		4	54		1	40	9		4	
1988	125		1	108	13		3	123		1	106	13		3	
1989	38		2	33	3			38		2	33	3			
1990	45		5	38	2			45		5	38	2			
1991	115		5	110				115		5	110				
1992	80		3	71	6			80		3	71	6			
1993	62	1	4	50	7			62	1	4	50	7			
1994	71	1	2	60	8			71	1	2	63	8	3	17	121
1995	110	3	5	70	12	3	17	110	3	5	70	12			97
1996	84	4	6	63	11			84	4	6	63	11		12	71
1997	64	2	2	42	6		12	64	2	2	42	6		7	
1998	89	3	2	48	19		17	86	3	2	48	16		17	
1999	54	1	2	23	15		13	53	1	2	23	15		13	
2000	10	1		9				9	1		8				16
2001	137	10		94	14	10	9	128	14		79	17	9	9	220
2002	101	5		68	9	10	9	101	5		68	9	10	9	212
2003	151	10		77	10	8	46	129	9		57	9	8	46	233
2004	239	10		76	15	9	129	213	9		51	15	9	129	315
2005	175	7		54	26	3	85	151	4		33	26	3	85	255
2006	242	46			15	5	101	232	45		66	15	5	91	272
2007	205	29		112	11		144	184	27		94	11		52	223
2008	133			80	11	6	28	122			69	11	6	36	136

第五节　监所管理

一、监所设施

县看守所原设在公安局内，时有监室 10 间，外值班室 1 间，内值班室 1 间，办公室 2 间，民警宿舍 1 间。1999 年 12 月，搬迁至县城东北部，监狱占地 15 亩，有监室 10 间，设计关押人犯 100 名，办公用房 22 间，配备电网、监控、锅炉、水塔等设施。2007 年，县政府投资 10 余万元，对看守所进行了改扩建，投资 50 余万元建成行政拘留所，配备了囚车。是年，看守所、拘留所均达到三级标准。

二、人犯教育

监所配有电教设备，定期播放时事内容和法制宣传知识，对在押人员进行法治教育。监所管理人员经常聘请离退休政法干部到监所对在押人员进行思想教育。同时，看守所实行人性化管理，尊重在押人员的人格尊严，保障在押人员的合法权益，改善在押人员的生活条件，关注在押人员思想情绪，满足在押人员的合理要求，适当安排在押人员与家属见面，引导在押人员悔过自新、重新做人。

三、人犯羁押

临西县公安局看守所 1985—2008 年在押人员情况统计表

表 18–4

年度	治安拘留（人）		刑事拘留（人）		共计（人）
	男	女	男	女	
1985	13	0	23	2	38
1986	49	0	23	1	73
1887	54	0	44	4	102
1988	125	0	28	2	155
1989	38	0	33	4	75
1990	45	0	38	3	86
1991	115	0	27	4	146
1992	80	0	36	3	119
1993	62	0	24	2	88
1994	71	0	16	2	89
1995	110	0	12	1	123
1996	84	0	13	3	100
1997	64	0	41	2	107
1998	45	0	39	2	86
1999	54	5	26	4	84
2000	57	2	39	2	103
2001	64	6	119	14	199
2002	56	0	177	8	247

续表

年度	治安拘留（人）		刑事拘留（人）		共计（人）
	男	女	男	女	
2003	133	4	126	3	266
2004	243	0	77	2	322
2005	210	13	105	4	339
2006	228	13	116	19	376
2007	242	0	145	12	399
2008	297	0	152	0	449

第六节　户籍管理

一、常住人口管理

1981年，县公安局进行户口集中整理，消除户口管理上的混乱现象，纠正重、漏、差、错等问题，健全了以常住地登记常住人口和以家庭立户为原则的户口管理制度。1988—1998年，户籍管理先后进行了几次较大的改革。1988年，首次发放居民身份证；1994年，实行农村户口城镇化管理；1997年，按照公安部的统一要求，开始为期三年的换发常住户口登记表和户口本工作；1998年，全县15个派出所、分局建立了人口信息微机管理系统，普遍使用电脑进行人口统计和管理。

二、流动人口

1979年，县公安局根据《中华人民共和国户口登记条例》第15、16条规定，恢复城镇暂住人口申报登记制度。凡城镇居民家中来客暂住5天以上者，必须向城关派出所申报暂住户口。1985年，全县普遍实行暂住人口和寄住人口登记制度。对暂住时间超过3个月的16周岁以上的人员发“暂住证”；对外来经商、办厂、从事服务行业暂住时间较长的人，由所在地派出所登记为“寄住人口”，发给“寄住证”。1990—1993年，全县暂住人口管理逐步走上正常化、制度化，外地来临西县3天以上，3个月以内的，必须办理暂住人口登记手续；3个月以上的需填写“暂住人口登记表”，经公安机关审查后领取“暂住证”。私房出租，须经派出所同意并签订治安承包合同书，房东有责任和义务向租房人员宣传有关法律、法规，向公安机关提供信息、汇报情况。1995年3月14日，建立了由政府牵头，公安、工商、城建、劳动人事、卫生、民政、计划生育等部门参加的暂住人口管理领导小组。1995—2006年，全县15个派出所、分局建立了暂住人口管理服务站，以“主动服务，加强管理，保障合法，取缔非法，打击犯罪”为指导思想，按照“谁主管谁负责”“谁用工谁负责”“谁留宿谁负责”的管理原则，加强了暂住人口管理工作，促进了社会稳定和经济发展。

三、身份证

1985年9月6日，第六届全国人大常务委员会第十二次会议审查通过并公布了《中华人民共和国居民身份证条例》，决定在全国实行居民身份证制度。居民身份证由公安机关统一印制、颁发和管理。申领范围为居住在中华人民共和国境内的年满16周岁的中国公民。

1989年初，县公安局在城区开始发放居民身份证试点。经过宣传发动、核对户口、组织照相、核签《常住人口登记表》，按人编码、填卡、检查验收、制证和发证几个阶段，半年共登记发证23000张。随后，身份证发放工作在临西县全面铺开。9月15日，公安部颁布《临时身份证管理暂

行规定》。10月，县公安局对应申领居民身份证而尚未领到或因原证遗失、损坏尚未补领到居民身份证的公民，以及16周岁以上常住户口待定公民，制发临时身份证，有效期为3个月和6个月。是年底，全县制发临时身份证3000张。1999年，全县进入10年期满居民身份证换证期。全县共有11.68万公民需换发新证。11月底，全县共换发居民身份证6.54万张。

1999年8月26日，国务院发出《关于实行公民身份号码制度的决定》，自10月1日起，在全国建立和实行公民身份号码制度。

1999—2002年，根据省政府《关于编制公民身份号码工作的通知》精神，在做好居民身份证号码清理纠错工作的基础上，开展公民身份号码编制工作。2005年，根据公安部的统一要求，县公安局在全县开展了第二代居民身份证的换发工作。是年，换发二代居民身份证53639张。截至2008年末，已累计换发227198张。

四、农转非

改革开放之初，农业户口转为非农业户口的管理十分严格。除升学（大学）、招工办理非农户口外，每年只有少量的指标，要经过个人申请、群众评议、派出所审查、集体审批四道程序。1985年，按照国家有关政策，凡大学本科毕业的国家干部和中级以上知识分子，按规定可将配偶及正在上学或年龄在18周岁以下的子女转为非农业人口。1995年，全县农转非12人。1998年，公安局根据县政府有关文件规定，进行了大批量有偿农转非工作。是年，有6300个农业户口转为非农业户口。此后，农转非每年以2000人的数量增长。2003年，随着县城的扩大，有24652人转为非农业人口。2004年，取消农非户籍差别。

1979—2008年常住人口、流动人口、非农业人口及办理身份证情况统计表

表18–5

单位：人、张

年度	常住人口	流动人口	非农业	办理身份证
1979	214070			
1980	220782			
1981	225305			
1982	230670			
1983	237173			
1984	242605			
1985	246731			
1986	251863			
1987	256986	6578	15593	
1988	261590	6135	15693	23000
1989	264192	6267	15773	5470
1990	268509	6328	15863	3000
1991	273009	6850	15983	2500
1992	277789	7965	16295	2600
1993	282489	8100	16505	3050

续表

年度	常住人口	流动人口	非农业	办理身份证
1994	286689	8865	16862	4000
1995	291589	8796	17076	4300
1996	296089	9245	17489	4500
1997	300289	11070	18657	4500
1998	304335	13256	20356	6000
1999	307365	14305	22262	65400
2000	309091	13075	24253	8000
2001	316130	17325	26300	9000
2002	322965	19756	29943	11000
2003	327910	29943	54595	11500
2004	330632	31476	取消非农区别	22500
2005	330858	49832		53639
2006	338855	59480		46527
2007	347054	65000		60000
2008	356393	63080		120000

第七节　消防管理

县内火灾每年都有发生，多数小的灾害因损失较小而无专门记载。近年来发生的汽车着火、汽油着火、变压器着火、失电着火屡有发生，并造成了一定的经济损失。公安消防部门逐年加大防控力度，使火灾损失得到有效的控制。

一、防火措施

1、宣传消防知识。每年夏收、秋收、春节期间，公安局消防科印发防火宣传材料，向群众宣传《消防条例》和防火、灭火知识，要求重点消防单位统一订购消防报刊，定期在消防重点单位播放消防宣传录像带，展出防火安全图片，进行防火警示教育。

2、健全消防组织。在重点消防单位建立消防科，成立义务消防队。1988年，全县有消防组织120个、义务消防员3650名、专职消防干部64名。

3、配备消防器材。要求重点消防单位配备机动消防泵、消防栓、消防水带、灭火器、防火水池、石棉被、铁锹、水桶、沙子等必要的消防器具，并每年组织检查和检验。

4、定期排查火灾隐患。公安局消防科每年在春节、五一、十一、夏收、秋收期间，结合有关部门对消防重点单位进行火灾隐患排查。对发现的安全隐患，能当场整改的当场整改，不能整改的责令限期整改，有重大安全隐患的，责令停业整改。

5、加强建审工作。1984年，地区计委、供电局、公安处联合下发了关于在全区开展建筑设计防火审核的文件，对新建建筑实行防火建审制度，对消防条件不达标的建筑，不允许开工使用。是年，全县有6个新建棉站，通过建审。此后，凡大型建筑必须通过公安消防建审合格，才能投入使用。

二、火灾扑救

由于防火措施得利，火灾隐患越来越少，损失越来越小，但也不排除有特种火灾的发生。2007年县政府投资130万元在县城东邯临路北侧，原浸油厂西邻建成二级消防站，投资53万元配备一辆水罐消防车和泡沫消防车及必要的消防设备。2008年，县政府招录了28名合同制消防队员，增设消防栓26个，火灾扑救能力大大提高。

消防队员在救火

1982—2008年火灾情况统计表

表18-6

年度	起数	损失（元）	死亡（人）	伤（人）
1982	3	8911.26	0	3
1983	2	16485.35	0	0
1984	3	6553	0	1
1985	1	448	0	0
1986	0	0	0	0
1987	2	8700	1	2
1988	2	4100	0	0
1989	2	1100	1	2
1990	3	8600	0	0
1991	0	0	0	0
1992	1	1300	0	1
1993	0	0	0	0
1994	2	16000	0	0
1995	1	800	0	0
1996	0	0	0	0
1997	0	0	0	0
1998	1	9500	0	1
1999	0	0	0	0
2000	1	4200	0	1
2001	2	5000	1	0

续表

年度	起数	损失（元）	死亡（人）	伤（人）
2002	3	11000	0	0
2003	0	0	0	0
2004	0	0	0	0
2005	0	0	0	0
2006	15	75690	0	0
2007	23	87693	0	0
2008	20	137680	0	0

第八节　专项治理

一、扫黄打非

1985年，公安局开展了查禁复制、贩卖、播放淫秽录像犯罪活动。是年，关闭录像厅9个、拆除播放设备11套、没收淫秽录像带7部；1986年7月，公安机关在吕寨乡一个体旅馆内查获3名外省市的卖淫女青年；1992年，公安局开展了“禁娼扫黄”专项行动。端掉卖淫窝点4个，查处卖淫妇女6名、嫖客15名，收缴淫秽录像带3盘；1994年，公安局端掉卖淫窝点4个，查处卖淫妇女7名，嫖客22名，查封录像厅3个，书刊摊点8个，收缴淫秽录像带8盘、淫秽书刊33本；1996年，公安局端掉卖淫窝点6个，查处卖淫妇女12名，嫖客31名。由于管理严格、打击得力，全县涉黄场所和涉黄事件日趋减少。

二、打击拐卖人口

1986年，公安局开展“打击拐卖妇女儿童”专项治理。是年，解救被拐卖妇女23名；1989年，公安局破获拐卖妇女儿童案20起，解救被拐卖妇女27名、儿童1名，抓获拐卖妇女儿童犯罪分子24名；1992年，抓获拐卖妇女儿童犯罪分子19名，解救被拐卖妇女儿童25名；1994年，抓获拐卖妇女儿童犯罪分子14名，解救妇女儿童27名；1996年，抓获拐卖妇女儿童犯罪分子18名，解救妇女儿童19名；2000年至2004年，全县公安机关共查处收买儿童案件22起。2007年，侦破了温总理亲自批示的系列盗抢婴儿案，将犯罪嫌疑人王某某抓获归案。2008年，县公安局打掉一个3人拐卖儿童犯罪团伙，破获拐卖儿童案件10余起。

三、打击车匪路霸

1993年，公安局开展“围歼车匪路霸”专项行动。是年，打击处理违法犯罪分子13人；1996年，公安局打掉1个车匪路霸团伙；1997年，公安局抓获5名在一辆中巴客车上持刀抢劫的东北籍犯罪分子，当场缴获匕首3把、BP机2部、人民币1630元、越南盾6000元；2000年，公安局开展打“四霸”专项治理。是年，打击处理“街霸、村霸、市霸、路霸”52人。

四、治爆缉枪

为了保障人民群众生命财产的安全和社会稳定，1992年以来，按照上级政法部门的指示，对民间散藏的枪支、弹药进行收缴。

1992年，收缴各种枪支73支、手榴弹2枚、炸药60公斤；1993年，收缴各类枪支400余支；1995年，收缴各类枪支30支、手榴弹5枚；1996年，《中华人民共和国枪支管理法》颁布实施，公安局开展了大规模的治爆缉枪行动，共收缴各类枪支1389支、雷管118枚、手榴弹26枚、子弹1980发；1999年，收缴各类枪支400多支；2000

年，收缴火药枪14支、电击枪15支、自制手枪2支、手榴弹5枚；2001年，收缴各类枪支90支、子弹4645发、炸药50公斤、雷管12枚、导火索20米；2003年，收缴各类枪支93支、子弹4672发、拉火管7个；2007年10月20日，下堡寺南镇村一村民在拆除旧房时，在地基下发现一批战争时期遗留的123枚手榴弹、2枚迫击炮弹，县公安局将其集中销毁；2008年，收缴各类管制刀具245把。

五、网吧管控

2001年，公安局成立公安信息安全监察科，专门从事公共信息网络安全监察工作。是年，通过调查登记，全县共有网吧13家，其中县城8家、河西镇5家，证件齐全的3家。公安局对无证经营的10家网吧责令停业整顿。2002年，网监科重点开展查处利用网吧传播有害信息、非节假日接纳未成年人上网及网吧管理制度不落实等问题。是年，查封网吧6家。2003年，非典期间，公安局责令全县10家网吧全部暂时关闭停业。2004年，公安局通过清理排查，取缔了4家黑网吧。2005年，全县共有网吧9家，公安局对其中2家违规网吧进行查封。2007年，各类无证网吧由明变暗，由城市转到城乡接合部及部分乡镇和农村，对广大青少年造成一定的危害。2008年，全县共有登记网吧8家，县公安局全部为其安装了“实名登记”系统和电子监控设备。

第九节 交通管理

1973年6月，县交通局成立监理站，负责

交通安全宣传活动（2011年摄）

全县的交通管理工作。1987年，监理站划归县公安局，改称县公安交警队。1988年，改称交警大队。1992年，划归邢台市交警队直辖。下设车管站、政办室、宣传科、事务科、财务装备科。交警大队的主要任务：机动车辆检验、驾驶员执照审核、交通法规宣传、交通事故处理等项工作。

一、驾驶员、车辆管理

1987年，车辆年审及驾照审核步入正规化管理。有车辆的客户和有驾照人员，按时自觉到交通管理部门审核验证。2007年，由于车辆增多，市局对年审、验证实行统一安排。在临西县城东建起了车审站，自2007年3月始，临西县车审在县内进行。

驾驶员培训是交管部门一项重要任务。在河西镇及县城设有两个驾校，常年培训驾驶员。通过学习，经市驾照管理部门考试、考核合格发给临时驾照，一年后换发正式驾照。到2008年，全县驾驶员协会有会员4600余名。

1987—2008年驾驶员及车辆检审情况统计表

表18–7

年度	汽车驾驶员审验（人）	摩托车农用车驾驶员（人）	汽车检验（辆）	摩托车农用车挂牌（辆）	培训摩托车农用车驾驶（人）
1987	637	376	167	654	445
1988	708	418	186	770	495
1989	787	465	196	856	551

续表

年度	汽车驾驶员审验（人）	摩托车农用车驾驶员（人）	汽车检验（辆）	摩托车农用车挂牌（辆）	培训摩托车农用车驾驶（人）
1990	875	517	218	951	613
1991	973	575	230	1057	682
1992	1082	639	243	1175	758
1993	1203	711	256	1306	843
1994	1337	790	270	1452	937
1995	1486	878	285	1614	1042
1996	1652	976	3001	1794	1158
1997	1836	1085	317	1998	1287
1998	2041	1206	353	2220	1431
1999	2268	1341	372	2467	1591
2000	2520	1490	392	2742	1768
2001	2801	1569	413	2887	1862
2002	3113	1744	459	3208	2069
2003	3277	1836	484	3377	2178
2004	3724	2086	550	3834	2475
2005	3772	3561	580	4034	3267
2006	3960	4273	696	5244	3757
2007	4500		557	331	1811
2008	1450			556	

二、交通事故处理

交警大队担负全县辖区城乡道路交通事故的接警、勘察、责任认定、事故处理工作。

1987年以来，随着经济日益发展，人民生产、生活水平日益提高，机动车辆不断增多。同时，交通事故出现上升趋势，20世纪80年代每年发生交通事故30—40起，到90年代每年发生交通事故150—190起，增长了近5倍。近年来，交警部门以“压事故、保畅通、建设和谐社会”为己任，搞好事故排查、整治交通违章、完善安全设施、常抓交规宣传，取得了明显成效，事故起数、伤亡人数、经济损失都呈现下降态势。并且在事故调解中注意维护当事人合法权益，重视科技手段，重视事故证据，重视思想工作，有效地化解了各种矛盾，事故调解处理成功率达95%以上。近年来，未发生一起投诉案件，被省公安厅命名为“全省公安调解工作基层示范单位”。

特别是在宣传教育方面，交警部门针对交通事故多为交通违法、交通安全意识淡薄、非交通占道而造成的这一情况，有针对性地开展宣传教育工作。一是利用当地“二台一报”将交通宣传教育经常化。以县电台、电视台、报纸《今日临西》为宣传阵地，在电视台黄金时段经常性地播发活动通告、电视讲话、宣传标语滚动字幕等，并根据依法整治交通违章活动与县电视台合作制

作了专题节目，同时与县广播电台联合，开办《整点播报》交通新闻节目，每天定期播放有关交管动态信息和安全驾驶知识。还在《今日临西》报上不间断地刊发各种动态消息，让交通法规和安全知识通过媒体进入到千家万户。二是依托群众喜闻乐见的宣传教育形式，创新载体，把交通安全教育工作做实。聘请了中国曲艺协会会员、民间艺人刘明贵组成交通法规宣传队，把交通法规和车祸实例编成艺文，利用坠子说唱的形式，常年性地开展下乡演出活动。同时，与县电影放映队联合，让他们在县直和各乡镇巡回放映过程中，通过播放交通安全警示片、幻灯片等，向群众宣传交通安全常识和法律法规。三是集中宣传教育与严厉整治行动互动结合，取得了良好的社会效应。在每次专项行动前，均以宣传教育开路，采用悬挂条幅、发表电视讲话、张贴政府通告、散发材料、新闻媒体报道等多种形式进行广泛宣传教育，然后开展专项整治，这种虚实结合、教育与整治并举的方法，产生了良好的社会效应。比如在整治酒后驾驶时，先利用两天时间集中对酒后驾驶的违法性危害性进行宣传，接着在县城开展拉网式酒后驾驶专项整治，治理行动以点带面，不留死角，短短2个小时，动用警车16辆，查处各类违法行为54起，其中酒后驾驶2起，依法刑拘7人，让宣传教育产生了刚性的社会效果，大大提高了群众强烈的交通法制意识。四是针对重点群体，强化中小学生的交通安全教育。在县内各中小学校建立了安全教育领导小组，由校长任组长，民警任辅导员，开展“小手拉大手”工程建设，以点带面推动学校和社会的交通安全教育。同时，对重点学校严格落实了每周一课和每校一警制度，加强对在校学生、幼儿的交通安全教育。以此为基础，还对省道沿途重点村即交通安全村，采取写板报、集中上课等形式，以点带面，加强对农民群体的交通安全教育，提高了他们交通安全意识。在此基础上，发挥积极能动作用，推进交通安全管理社会化进程。结合平安畅通县创建活动，完善了交通安全联席会议制度，参与帮助政府部门制定出台了《临西县交通安全责任制》《临西县道路交通安全机制》《临西县交通安全教育规划》《临西县“十一五”交通安全发展规划》《县政府交通安全监督检查制度》，并深入到全县15个乡镇工作站，分别制定了全县各乡镇工作站交通安全工作计划和责任制，大大推进了交通安全管理的社会化进程。

1987—2008年交通事故四项指数统计表

表18-8

年度	事故（起）	死亡（人）	受伤（人）	直接经济损失（万元）
1987	35	3	36	0.974
1988	38	5	45	2.841
1989	41	6	51	3.270
1990	46	8	53	6.470
1991	59	8	64	3.120
1992	65	8	72	1.510
1993	79	10	76	2.670
1994	87	12	76	3.511
1995	98	13	79	2.430
1996	109	13	98	6.530
1997	126	15	135	8.900

续表

年度	事故（起）	死亡（人）	受伤（人）	直接经济损失（万元）
1998	141	17	155	17.170
1999	159	18	122	5.780
2000	158	28	174	12.308
2001	122	39	127	1.545
2002	108	31	143	1.625
2003	95	15	109	2.476
2004	167	32	184	1.665
2005	184	35	191	4.545
2006	195	38	202	6.78
2007	11	4	11	0.16
2008	12	4	8	0.13

第二章 检察

1982年至2006年，县检察院内设机构变化较大，先后成立检察委员会，增设法纪检察科和监所检察科、控告申诉检察科，成立侦查监督科、公诉科，增设民事行政检察科，成立临西县反贪污贿赂局，增设职务犯罪预防科，成立反渎职侵权局，增设人民监督员办公室，职责范围、工作内容同样发生了较大变化。

检察院（孙晓林摄）

第一节 机构设置

县人民检察院于1965年6月12日成立，初有工作人员5名。1968年实行军管，公、检、法合并为保卫部。1978年7月检察院复设，有工作人员5名。1982年，检察院下设办公室、刑事检察科、经济检察科，人员增至12名。1982年7月，成立检察委员会，同年增设法纪检察科和监所检察科，人员增至25名。1987年10月，增设控告申诉检察科，撤销刑事检察科，成立侦查监督科（批捕科）、公诉科（起诉科）。1990年底，有干警25名。1994年，增设民事行政检察科。1997年，撤销经济检察科，成立临西县反贪污贿赂局，定编7人。同年，增设检察技术科。2000年，增设司法警察大队、职务犯罪预防科。2003年4月，增设政治处（副科）。2006年，撤销法纪检察科，成立反渎职侵权局，增设人民监督员办公室。2008年底，检察院共有干警29人，其中检察长1人，副检察长4人，纪检组长1人。下设办公室、政治处、反贪污贿赂局（综合科、侦查科、特侦科、职务犯罪预防科）、侦查监督科、公诉科、反渎职侵权局、民事行政检察科、控告申诉检察科、监所检察科、检察技术科、人民监督员办公室、法警大队等15个科室。

第二节 刑事检察

刑事检察工作，是人民检察院对公安机关提请批准逮捕、检察机关立案侦查案件决定逮捕以及移送起诉案件进行审查，对侦查活动、审判活动是否合法实行的监督。刑事检察包括侦查监督、立案监督、提起公诉、出庭支持公诉和审判监督等内容。1978—1990年，县检察院共审查批准、决定逮捕各类刑事犯罪嫌疑人412人，不捕13人。审查起诉各类刑事案件266件368人，免于起诉26件52人。1991—2006年，共审查批准、决定逮捕犯罪嫌疑人605人，审查起诉各类刑事案件424件594人。

2007—2008年，共审查批准、决定逮捕犯罪嫌疑人172人，不捕5人。审查起诉各类刑事案件115件156人。认真贯彻宽严相济的刑事司法政策，坚持依法办案、区别对待、宽严适度、注重效果。对严重刑事犯罪贯彻依法从严要求，做到该严则严。2007—2008年，共追加逮捕7人，追加起诉1人，重刑轻判抗诉1件1人。对轻微犯罪案件，贯彻依法从宽要求，做到当宽则宽，依法对涉嫌犯罪但无逮捕必要的3人，决定不批准逮捕；对犯罪情节轻微、社会危害较小的4人，决定不予起诉，收到良好的法律效果和社会效果。

第三节 惩治职务犯罪

职务犯罪包括国家工作人员贪污贿赂犯罪、国家工作人员渎职犯罪、国家机关工作人员利用职权实施的非法拘禁、刑讯逼供、报复陷害、非法搜查的侵犯公民人身权利的犯罪以及侵犯公民民主权利的犯罪。按照《中华人民共和国刑事诉讼法》管辖规定，贪污贿赂犯罪和渎职侵权犯罪由人民检察院直接立案侦查。检察院经济检察科专司贪污贿赂犯罪案件的侦查工作，1997年升格改局后，由反贪污贿赂局专司这项工作。检察院法纪检察科专司渎职侵权犯罪案件侦查工作，2006年成立反渎职侵权局后，专司这项工作。

1978—1990年，县检察院共受理经济案件167件183人，立案侦查75件79人，按程序逮捕犯罪嫌疑人65人，提起公诉50件50人。1991—2006年，立案侦查贪污贿赂案件51件51人，为国家挽回经济损失1000多万元。2007—2008年，立案侦查贪污贿赂案件13件13人。按照上级工作部署，认真开展治理商业贿赂专项斗争，积极开展涉农检察工作，严厉打击涉农职务犯罪，服务新农村建设。

1978—1990年，共受理渎职侵权案件55件，立案侦查16件，决定逮捕6人，提起公诉6件6人。1991—2006年，立案侦查渎职侵权案件21件21人，为国家挽回经济损失300多万元。2007—2008年，立案侦查渎职侵权案件3件6人，并重点查处国家机关工作人员的侵权案件。

第四节　民事行政检察

民事行政检察是人民检察院依照法律规定，对人民法院的民事审判活动和行政诉讼活动实行法律监督。民事行政检察的主要方式是由人民检察院依法对人民法院生效的民事、行政判决或者裁定提出抗诉或检察建议，由人民法院启动审判监督程序对民事行政案件进行再审。1994—2006年，共受理民事行政申诉案件130件，提请邢台市人民检察院抗诉65件，法院改判21件。2007—2008年，共受理民事申诉案件23件，提请邢台市人民检察院抗诉17件，法院改判6件；向临西县人民法院提出再审检察建议3件，改判3件。同时，认真办理不服已生效判决或裁定的民事行政案件，积极做好当事人的服判息诉工作，有力的防止了民转刑案件的发生，维护了当事人合法权益，促进了社会和谐稳定。

第五节　监所检察

监所检察是对刑事案件的判决、裁定的执行和看守所活动是否合法进行监督；对缓刑、保外就医、假释、管制的人犯实行考察；并配合监所对人犯进行思想教育。1978—1982年，县检察院对看守所进行定期和不定期的检查。但当时县检察院没有专设监所检察机构和专职人员，多由检察院抽调人员同公法部门派出的人员组成临时性小组进行检察。1982年7月，县检察院增设监所检察科，确定了专人负责监所检察工作，制定了有关制度，并派人员进驻县看守所，使监所检察工作的方法、步骤、内容日趋完善，监所管理更加规范。1978—1990年，找犯人谈话488人次，消除事故隐患14起。1991—2006年，联查85次，抽查150次，个别谈话264人次，阻止未决犯接见120人次，上法制课255次，纠正违法行为60件。2007—2008年，对看守所清号23次，给在押犯人做思想工作80余人次，上法制课12次，下达检察建议书10份。检察员驻所检察，帮助看守所开展文明管理，及时纠正犯罪苗头，向在押人员进行法制宣传，同时对监外的缓刑、假释、保外就医人员进行监督检查。

第六节　控告申诉检察

控告申诉检察，其主要内容是通过公民信函举报或口头举报等方式受理职务犯罪线索、不服检察机关诉讼终结的案件和人民法院已经发生法律效力的判决或裁定的申诉。1987年9月以前，县检察院所受理的控告、申诉、信访等案件均由办公室进行归纳转交。同年10月，增设控告申诉检察科后，控告申诉检察工作由该科负责。1978—1990年，共受理控告申诉案件407件，自查自办29件，转有关部门处理91件，为政法其他部门提供线索35件。1991—2006年，共接待群众来访1530人次，受理来信340件次，为群众提供法律咨询1700次，初查线索85件，转有关部门350件。2007—2008年，控告申诉工作，受理来信来访88件150多人次，按信访程序进行受理、转办、督办工作，做到事事有记载，件件有结果。

第三章　法院

人民法院是案件的审判机关，人民法院的任务是审判刑事案件和民事案件，并且通过审判活动，惩办犯罪分子，解决民事纠纷，维护社会主义法制和社会秩序，保护社会主义的全民所有的财产、劳动群众集体所有的财产、保护公民私人所有的合法财产，保护公民的人身权利、民主权利和其他权利，保障国家经济、社会全面发展的顺利进行。人民法院独立行使审判权，审判工作

受上级人民法院监督。县人民法院院长由县人民代表大会选举，副院长、庭长、副庭长和审判员由县人民代表大会常务委员会任免。1979 年至 2007 年，临西县人民法院合议庭审结的各类案件占总数的 68%，提高了审判案件的质量和效率。临西县人民法院审判委员会对 1030 件重大疑难案件进行了集体讨论，严肃了执法行为。

第一节　机构设置

一、县人民法院

1979 年，县人民法院机关设在玉兰东路北侧、原县一招东侧。院内设有办公室、刑事审判庭、民事审判庭。其中刑庭有审判员 2 名，民庭有审判员 2 名。1982 年 5 月，增设经济审判庭，有审判员 4 名。1986 年 7 月增设执行庭，有审判员 3 名。1990 年，增设行政审判庭，有审判员 3 名。1993 年 4 月，增设交通法庭（行政庭兼）。1994 年，增设金融法庭。1995 年 1 月，增设市场巡回法庭（行政庭兼）。1997 年 6 月，成立法警队，有法警 4 名。1997 年，增设告诉申诉庭，有审判员 2 名。2000 年 1 月，县法院机关迁至泰山路东段北侧县二招西侧。2002 年 7 月，经济审判庭更名为民事审判二庭，设立案庭。执行庭更名为执行局。2003 年 4 月，临西县法院内设 10 个庭室：办公室、政治处、刑事审判庭、民事审判庭、民事审判二庭、行政审判庭、审判监督庭、立案庭、执行局、法警大队。2004 年 3 月增设监察室。2008 年 11 月增设立案二庭。到 2008 年，法院内设 12 个庭室。

二、基层法庭

1979 年，县法院设有先锋镇人民法庭和下堡寺镇人民法庭。1983 年 6 月，增设尖冢镇人民法庭，有审判员 2 名。1984 年 5 月，增设老官寨人民法庭，有审判员 2 名。1986 年 7 月，增设城关镇人民法庭，有审判员 4 名。2002 年 7 月，城关镇法庭更名为临西镇法庭，先锋镇法庭更名为河西法庭。尖冢、老官寨、下堡寺法庭合署法院办公。到 2008 年，县法院共设有 5 个基层法庭。

三、队伍建设

临西县人民法院以人为本，以规范化管理为主线，加强干警队伍建设。

（一）完善规章制度，把队伍建设引入科学

法院（孙晓林摄）

化、规范化管理轨道。县法院制定了《加强班子建设严格队伍管理的若干规定》和《关于审判和执行等项工作的奖惩规定》等规章制度，并建立了司法档案、业绩档案和廉政档案，对审判人员的工作实绩，以结案数为基础，参考结案率、调解率、当庭宣判率、人民陪审员参与率等，进行综合考核，并将考核结果作为评先创优和晋职晋级的主要依据。

（二）加强政治思想教育，提高干警的政治素质和业务素质。认真开展“规范司法行为，促进司法公正”专项整改活动，提高了干警的政治素质。同时，采取多种措施，鼓励支持干警参加各种业务培训，强化学历教育和在职教育，提高干警学历层次。

（三）强化外部监督，确保司法公正。邀请部分人大代表、政协委员到法院座谈，进行庭审观摩，监督指导审判工作。班子成员带头走访县域重点企业，征求意见。要求每个审判人员每年必须办理两件以上有人民陪审员参加审理的案件，强化外部监督，确保司法公正。

（四）加强廉政教育，确保法官队伍的纯洁性。县法院按照上级法院提出的“确保领导班子不出问题，确保法官队伍不出问题，确保承办案件不出问题”的要求，制定法官行为规范，强化“一岗双责”，从院长到一般干警层层签订廉洁自律目标责任状。

四、基层基础工作

（一）加强两庭建设，改善办公条件。近几年来，县法院多方努力，积极筹措资金，克服重重困难，先后完成了审判楼二期工程、下堡寺法庭建设及尖冢法庭改造，有效改善了法院干警的办公环境。

（二）建立网络化管理系统，提高审判管理水平。根据上级法院要求及现代化审判工作的需要，县法院共投资40余万元建立健全了网络化管理系统，实现了上下级法院和本院各庭室之间的联网办公，推进了审判工作的现代化、信息化管理进程。

第二节　审判制度

一、两审终审制度

人民法院实行两审终审制。临西县人民法院审理案件做出的判决和裁定，如当事人不服，可在法定期限内向邢台市中级人民法院上诉，经二审做出的裁决为终审。当事人对终审不服，可向有关部门申诉。1979年至2007年，临西县人民法院一审审结各类刑事案件887件、民事案件7465件、经济案件1225件、行政案件47件。当事人向邢台市中级人民法院上诉465件，二审维持原判302件，发还重审95件，改判68件。

二、公开审判制度

临西县人民法院审理案件，除涉及国家机密和个人隐私、未成年人犯罪、离婚当事人申请不公开的案件外，一律公开进行；不公开审理的案件，宣判公开。法院设有一个大审判庭（即数字化法庭），3个中型审判庭。1979年至2007年，先后召开宣判大会58场次。

三、合议制度

1979年至2007年，临西县人民法院合议庭审结的各类案件占总数的68%，提高了审判案件的质量和效率。

四、审判委员会制度

1979年至2007年，临西县人民法院审判委员会对1030件重大疑难案件进行了集体讨论，严肃了执法行为。

五、错案追究制度

1992年10月，临西县人民法院制定《错案追究制度》，1999年9月，县法院执行最高人民法院关于《人民法院审判人员违法审判责任追究办法》和《人民法院审判纪律处分办法》。至2007年，对4名干警进行责任追究。

六、陪审员制度

1994 年 7 月，县法院聘任 6 名人民陪审员。

2005 年 3 月，临西县人大常委会正式任命 11 名人民陪审员。

第三节 案件审判

一、刑事审判

刑事审判庭依法审理由本院管辖的第一审普通刑事公诉案件（不包括可能判处无期徒刑、死刑的普通刑事案件）；审理上级人民法院指定管辖的刑事案件。

1979 年以来，县法院共受理各类刑事案件 887 件，审结 887 件，结案率 100%。在刑事审判中，深入开展“严打”整治斗争，严厉打击杀人、抢劫、绑架、强奸及带有黑社会性质的严重暴力性犯罪，从重从快处理盗窃、抢夺等常见性、多发性犯罪，稳定了社会秩序，保障了人民群众的生命财产安全。同时，加大对国家工作人员涉嫌贪污贿赂及渎职案件的审判，既惩处了犯罪分子，也警示教育了广大党员干部。

1979—2008 年县人民法院刑事案件审判情况表

表 18–9　　　　单位：件

年度	旧存案件	新收案件	审结案件	未结案件
1979	7	19	20	6
1980	6	14	16	4
1981	4	36	34	6
1982	6	19	23	2
1983	2	108	104	6
1984	6	34	40	
1985		20	20	
1986		25	23	
1987	2	19	17	4
1988	4	11	15	
1989		19	19	
1990		17	17	
1991		21	21	
1992		14	14	
1993		12	12	
1994		27	27	
1995		30	30	
1996		58	58	
1997		9	9	
1998		27	27	

续表

年度	旧存案件	新收案件	审结案件	未结案件
1999		27	26	1
2000	1	30	31	
2001		34	32	2
2002	2	20	20	2
2003	2	41	43	
2004		41	40	
2005	1	43	44	
2006		52	52	
2007		53	53	
2008		62	62	

二、民事审判

民事审判庭依法审理本院有管辖权的一审民事案件，指导基层人民法庭的民事审判工作。

1979年以来，县法院共受理各类民事案件7465件，审结7465件，结案率100%。民事审判中，坚持平等原则，公平高效地审理好每一起案件。坚持“能调则调，当判则判，调判结合，案结事了”的原则，加大案件调解力度，依法调节民事关系，最大限度地化解社会矛盾，促进社会的和谐、文明与进步。

1979—2007年县人民法院民事案件审判情况表

表18-10　　单位：件

年度	旧存案件	新收案件	审结案件	未结案件
1979	24	57	57	24
1980	24	200	144	80
1981	80	111	112	79
1982	79	154	167	66
1983	66	247	264	52
1984	52	223	226	49
1985	49	174	202	21
1986	21	177	170	28
1987	28	78	88	18
1988	18	120	120	18
1989	18	184	188	14
1990	14	237	241	10

续表

年度	旧存案件	新收案件	审结案件	未结案件
1991	10	190	193	7
1992	7	169	171	5
1993	5	144	146	3
1994	3	440	436	7
1995	7	388	387	8
1996	8	336	336	8
1997	8	188	188	8
1998	8	334	337	5
1999	5	345	341	9
2000	9	330	332	7
2001	7	314	302	19
2002	19	399	406	12
2003	12	557	560	9
2004	9	317	319	7
2005	7	389	390	6
2006	6	289	290	5
2007	5	350	352	3

三、经济审判

经济审判庭依法审理合同纠纷诉讼案件、债务纠纷诉讼案件、破产案件；办理其他有关经济审判工作事宜。

1979 年至 1997 年，县法院共受理各类经济案件 1225 件。

四、行政审判

行政审判庭依法审理第一审行政案件。立案审查、执行本院管辖的非诉行政申请执行案件；依法立案、审查应由人民法院赔偿委员会作出决定的赔偿案件，办理赔偿委员会日常事务；办理其他有关行政审判工作事宜。

自 1996 年至 2007 年，县法院共受理行政案件 47 件，审结 47 件，结案率 100%。通过行政审判，既监督和支持了行政机关依法行政，又注意保护公民、法人和其他组织的合法权益。

五、执行工作

执行局统一组织、使用全院执行力量，协调全院执行工作；执行本院已经发生法律效力的判决、裁定、调解书中有执行内容的决定；受理国家行政机关申请强制执行应由本院执行的案件；受理当事人申请执行仲裁机关的裁决和具有强制执行效力的公证文书；接受外地人民法院委托执行案件和协助执行案件；办理其他有关执行工作事宜。

自 1979 年至 2007 年，县法院共执结执行案件 2127 件，为当事人挽回经济损失 5100 余万元。1、超前考虑执行，提高执行效率。县法院要求办案干警在诉讼阶段就要考虑执行工作，注意采取保全措施，保障法律文书确定的当事人的权利义务能够得以兑现，缩短执行期限，提高执行效率。2、采取各种措施，提高执行工作透明度。积极推行执行情况通报制度，定期向申请执行人通报案件执行情况。坚持对涉及当事人重大利益情形的案件举行听证会，确保当事人合法权益不受侵犯。3、用足用全执行措施，确保执行效果。在执行工作中，执行人员尽力用足、用全、用活查封、扣押、冻结、拘留等各项强制措施，确保执行工作的实际效果。

第四节 审判监督

审判监督庭依法审理本院已经发生法律效力的判决、裁定的各类再审案件；审理上级人民法院指定的案件；复查交办的案件；审理检察机关依审判监督程序提起抗诉的各类再审案件；办理审判监督的其他工作；负责全院各类案件质量和法律文书评查工作。

第四章 司法行政

县司法局成立于1981年2月。近三十年来，司法机关在法制宣传、人民调解、公证事务、法律援助、村民自治等方面开展了大量工作，取得了较大成效。1998年，全县9个乡镇建立司法所，配备所长9名，司法所工作所人员125名。1982年至2008年，基层司法所处理各类民事纠纷3576件，代表基层政府处理案件843件，进行法制宣传1629场次，受教育人数45万人次，协助基层政府审查修改制定行政文件153件，参加行政政法检查283人次，为基层政府提供法律建议65条，为政府依法行政和社会和谐稳定做出了重大贡献。

第一节 组织机构

一、临西县司法局

1981年2月，成立县司法局，内设办公室、公证处，办公地点在原县委大院内。1984年迁至运河路中段北侧。1987年，增设民调股、宣教股。1995年，设基层股，辖冀南律师事务所、法胜律师事务所。2002年，投资28万元，在农机路原县检察院旧址兴建办公楼并迁入办公。2005年，成立县法律援助中心。2006年时，设有办公室、公证处、基层股、宣教股，辖冀南律师事务所、法胜律师事务所、法律援助中心。2007年5月，成立司法鉴定中心。

二、基层司法机构

1982年，全县15个公社各配备司法助理员1名。1998年，全县9个乡镇建立9个司法所，配备所长9名，司法所工作所人员125名。后又利

司法局（孙晓林摄）

用 28.5 万元国债资金，为 5 个司法所新建办公场所。

第二节 法制宣传

一、“一五”普法（1986–1990 年）

在“一五”普法之前，司法局已经积极投入人力物力大力开展法制宣传活动，1984 年，就开始在全县中、小学广泛开设法制课，在交通不便利的情况下，宣教股干警骑自行车下乡进行法制宣传。“一五”普法期间，司法局全局干警利用集市、庙会等特殊日期，大力宣传《宪法》《法理学理论知识》《刑法》《刑事诉讼法》《民事讼诉法》《婚姻法》《继承法》《经济合同法》等法律法规，并把一些与人民生产生活相关的案例编成小册子，进行以案释法的宣传教育，散发宣传资料 5000 多份。1990 年，通过普法教育，全县干职工已全部学完“十法一条例”并经过考试、考核颁发了普法合格证书。

二、“二五”普法（1991–1995 年）

在“二五”普法期间，司法局组织骨干力量建成了“普法宣讲团”，深入到农村、小学中进行巡回普法宣传 30 余次，组织法律考试 1 次，考试人数达 700 余人，及格率达 90%，优秀率达 75%，全县受教育面达 85% 以上。“二五”普法期间，还出资出人编写了普法宣传教材，并发放普法教材 2 万余册，收到了良好的社会效果。1995 年下半年，通过省“二五”普法验收，荣获省“普法先进县”称号。

三、“三五”普法（1996–2000 年）

在“一五”“二五”普法的基础上，努力推进依法治县、依法治村。对农村“两委”成员进行巡回培训。东留善固村利用冬春农闲时节，集中 1 个月对村支两委干部进行培训，并学以致用，被省委、省政府命名为“村民自治模范村”。对党政相关及有关执法职能的事业单位 1150 余人进行了培训。以《义务教育法》《未成年人保护法》等法律法规为主要内容，对全县中小学师生进行巡回授课，全县受教育学生达 3.1 万余人次，参学率达 100%。

四、“四五”普法（2001–2005 年）

“四五”普法期间，组织全县各单位订购、自编各类普法教材 2.5 万余册，印发各类宣传资料 30 万余份，动用宣传车辆 1210 余台（次），出板报专栏 16500 余块（次），举办各类普法培训班 500 余期，培训人员 7000 多人，普法教育面达 25 万余人，依法治理工作面达 99% 以上。

为贯彻《关于开展“12.4”全国法制宣传日活动的通知》精神，坚持开展了以“依法治国、执政为民”为主题的 12.4 法制宣传周活动。全县 50 余个执法单位在县城东、玉兰西路设立咨询台，道路两侧贴标语、挂横幅，发放宣传资料 40 余万份。为加强领导干部学法、用法，贯彻落实《关于加强领导干部学法、用法工作的意见》精神，规定领导干部每月学习时间不少于 2 天，每年不少于 40 个学时，对公务员分 30 批进行了培训，确保公务员学法时间不少于 40 个学时，考试及格率 100%，优秀率 90% 以上。为预防青少年犯罪，以在校学生为突破口，充分发挥法制副校长、法制专职教员的作用，把法制课纳入正常的教学计划，学校每周不少于 1 节法制课，并做到了计划、课时、师资、教材“四落实”。对各中小学法制副校长、法制专职教员进行集中培训，并建立了 50 平方米的“青少年法制教育基地”，完善了社会、学校、家庭三位一体的法制管理模式。在农村法制教育方面，以乡镇办事处为单位，每年对村支“两委”人员进行法律知识培训。为加强企业经营管理者的法制教育，贯彻落实《关于推动企业经营管理者学法、用法的若干意见》精神，确保了经营管理者学法时间每年不少于 40 个学时。

第三节 人民调解与安置帮教

一、人民调解

1982年，全县15个公社299个大队和两个居委会全部建立了人民调解委员会，其中设有人民调解员1002名、十户调解员5042名。形成了乡、村、户三级人民调解网络。2008年，对1043名优秀骨干调解员进行了培训、考试，持证上岗。1982—2008年，共调解各类民事纠纷5198起，消除隐患2774起，防止矛盾激化1642起。

二、安置帮教

为对刑满释放、解除劳动教养5年之内的人员进行强制性引导、扶助、教育和管理，县专门成立了安置帮教工作领导小组，办公室设在司法局，负责安置帮教的日常工作。帮教人员对全县87名刑满释放和解除劳动教养人员进行了帮扶和管理，全部得到安置，定期对其回访，所有人员工作、生产、生活稳定，无一起重新犯罪现象发生。

第四节 公证事务

公证处自1982年成立至今，严格依照法律程序为当事人办理公证事项1万余件，并为贫困及孤寡老人减免公证费8000余元。同时，拒办不真实、不合法公证事项200余件，为企事业单位挽回经济损失8000余万元。除此之外，公证处还积极参与县维护经济秩序、预防矛盾纠纷、塑造社会诚信等方面社会活动，为维护法律尊严、维护社会的公平正义发挥了积极的作用。

第五节 律师事务

冀南律师事务所成立于1982年6月，原为司法局法律顾问处，兼职担任机关团体、企事业单位及个人法律顾问和办理刑事、民事、经济、行政案件，隶属于县司法局领导。共有律师6名，全部为取得律师资格的法律专业院校毕业生。法胜律师事务所始建于1987年10月20日，原名为临西县青年律师事务所，隶属于团县委，专职为青少年维权，兼职担任机关、团体、企事业单位及个人法律顾问，办理民事、经济、行政案件，1989年3年更名为临西县第二律师事务所，1992年5月更名为邢台法胜律师事务所。两所自成立以来，共办理案件4000余件，办理法律援助案件600余件，为贫困及孤寡老人减免诉讼费150万余元，为企事业单位挽回经济损失2.1亿元。

第六节 村民自治和法律援助

一、村民自治

1994年2月，民政部下发了《全国农村村民自治示范活动指导纲要（试行）》，要求每个县建成一个村民自治示范乡，东留善固为临西县村民自治示范村。5月，县政府出台了《临西县村民自治示范活动总体发展规划》，规定了村民自治示范单位的标准、活动规划和措施，并大力组织实施。1996年，东留善固被省政府命名为“河北省村民自治示范村”。1998年，临西县被省政府授予“村民自治模范县”光荣称号。

二、法律援助

2005年3月，成立了法律援助中心。法律援助是由政府设立的机构，组织专业人员和社会志愿者为经济困难的公民或特殊案件的诉讼当事人提供无偿的法律援助，让有理无钱的人打得起官司，从而更好地维护公民的合法权益。法律援助中心挂靠司法局办公室，自成立以来，联合律师事务所及法律服务所积极为我县困难群众办理法律援助案件80余件，接受法律指定案件40余件，为当事人减免诉讼费用1万余元，改善了经济困难者和特殊案件当事人打官司难的状况。

第十九编 军事

临西县人民武装部作为军事工作主管单位，认真履行职责，坚持军民共建，促进了各个时期军事工作的开展，无论是在正规化建设、“双兴”基地建设、民兵组织建设、军事训练方面，还是在军民共建、民兵参建、维稳抢险等方面都取得了可喜成绩。1986—1997 年，连续 11 年被上级军事机关评为“先进人武部”，3 次被邢台市委、市政府、军分区评为“民兵参建先进单位”。1990—1999 年，连续 10 年被邢台市人民政府、军分区评为“征兵工作先进单位”。1993 年，被河北省军区评为“民兵装备库正规化建设达标先进单位”。 1996 年，被邢台市委、市政府、军分区评为“抗洪抢险先进单位”。1996 年至今，临西县连续 13 年被河北省委、省政府和省军区评为“双拥模范县”。

第一章　组织机构

第一节　县人民武装部

1979年时，临西县人民武装部，为军队编制序列，正团级单位，设部长、政委及副部长各1名，部长任县委常委。机关内设作训科、动员科、政工科。1986年4月，根据中共中央、国务院、中央军委中发〔1986〕5号文件《关于县（市）人民武装部改归地方建制有关问题的通知》和国务院办公厅、中央军委办公厅国办发〔1986〕25号文件《关于做好县（市）人民武装部交接工作的通知》的精神，临西县人民武装部于1986年4月由军队建制改为地方建制，全称为“河北省临西县人民武装部”，由正团（县）级单位降为副县级单位，受中共临西县委、县人民政府和邢台军分区的双重领导，设部长、政委、副部长各1名。机关内设办公室、军事科、政工科。1987年11月，增设“民兵装备库”。1996年，根据中共中央、国务院、中央军委中发〔1995〕12号文件《关于县（市、区）人民武装部收归军队建制的通知》、中共河北省委、河北省人民政府、河北省军区冀发〔1996〕1号文件《关于落实中共中央、国务院、中央军委关于县（市、区）人民武装部收归军队建制的通知的通知》和邢台市委〔1996〕9号文件精神，1996年4月，临西县人民武装部由地方建制收归军队建制，为正团级单位，编制11人，隶属于邢台军分区，受邢台军分区和县委、县政府双重领导，设部长、政委、副部长各1名，部长任县委常委。机关内设军事科、政工科、后勤科。1989—2003年，武装部政委同时担任县委常委；2005年至今，武装部长同时担任县委常委。

1979—2008年临西县人民武装部部长、政委一览表

表19-1

姓名	职务	任职时间
于洪厚	部　长	1978.08—1992.10
李清波	政　委	1983.07—1986.04
王英波	政　委	1986.04—1988.11
魏国栋	副部长	1983.07—1985.10
顾立增	副部长	1985.11—1989.10
单清波	副部长	1993.04—1994.04
顾立增	政　委	1989.10—1996.04
成相臣	副政委	1986.04—1990.12
单清波	部　长	1994.04—2000.03
王福江	政　委	1998.03—2003.01
郭廷洗	部　长	2000.03—2002.03
董英明	部　长	2002.03—2004.03
闫杏坡	政　委	2002.01—

续表

姓名	职务	任职时间
王新伟	部　长	2004.02—
李芳锋	副部长	1998.03—2002.03
甄建稳	副部长	2002.03—2005.03
刘祥生	副部长	2006.03—

第二节　县国防动员委员会

根据省政府、省军区冀政〔1995〕84号文件《关于成立河北省国防动员委员会的通知》和邢台市政府、军分区邢政〔1996〕33号文件《关于成立邢台市国防动员委员会的通知》精神，于1996年12月，县委、县政府、县武装部印发了《关于成立临西县国防动员委员会的通知》，成立了由县委书记为第一主任，县长为主任，县人武部部长、政委、主管副县长为副主任、有关单位领导为成员的县国防动员委员会。县国防动员委员会下设三个办公室："临西县人民武装动员办公室"设在县人武部军事科；"临西县经济动员办公室"设在县计划委员会；"临西县交通战备办公室"设在县交通局。2000年3月，县国防动员委员会增设"临西县人民防空办公室"，设在县政府办公室。2003年，县国防教育办公室划归县国防动员委员会，负责全县国防教育工作。2004年，县国防动员委员会办事机构调整为8个，分别为综合办公室、人民武装动员办公室、国民经济动员办公室、交通战备办公室、人民防空办公室、科技动员办公室、信息动员办公室、国防教育办公室。

第三节　县人民武装委员会

临西县人民武装委员会成立于1964年。1987年起，县武装委员会由县长任主任，县委副书记、常务副县长、人武部部长任副主任，委员由有关部、委、办、局的主要领导担任。

第四节　基层武装部

1979年，15个人民公社全部设有公社武装部，设部长、副部长，负责区域内的征兵和民兵训练工作。

1985年，临西县设有16个基层武装部，分别为：童村、河西、下堡寺、尖冢、东枣园、水波、老官寨、吕寨、姚楼、摇鞍镇、白地、樊村、大刘庄、黎博寨、单屯公社和县直机关武装部。1986年4月，撤销县直机关武装部；1987年4月复设。1987年11月，设临西、河西、下堡寺、尖冢镇人民武装部和东枣园、水波、老官寨、吕寨、姚楼、摇鞍镇、白地、樊村、大刘庄、黎博寨、单屯乡人民武装部和县直机关武装部。1996年1月并乡建镇后，合并为10个乡（镇）武装部，分别是临西、河西、下堡寺、尖冢镇人民武装部和东枣园、老官寨、吕寨、摇鞍镇、大刘庄乡人民武装部和县直机关武装部。2001年，增设6个办事处武装部。2007年，老官寨乡人民武装部改称老官寨镇人民武装部。

第二章　兵役

第一节　兵员征集

1979—1988年期间，为冬季征兵。兵员的文化程度以初中、高中为主，以农村青年为主。所征集的新兵均由县人武部派人送往部队。1989年，改为春季征兵，并实行部队派干部来地方接兵制度。1990年，全县春、冬季两次征兵。1991年，恢复为冬季征兵。此时期，由于农业生产责任制的落实及受农村弃农经商的影响，整个社会出现劳动力紧张的现象，且人民生活水平的不断提高，农村青年报名应征人数减少。由于城镇青年就业压力增大，报名参军踊跃。1995年，河北省人民政府办公室、河北省人民政府退伍军人安置办公室联合下发《严格控制非农业户口征集数量的通知》，1999年河北省实行了非农业参军入伍安置卡，有效地控制了非农业超指标征集兵源情况的发生。此间的兵役制度仍然实行义务兵与志愿兵相结合的兵役制度。县政府、县人武部依据《兵役法》制定了《临西县征兵工作暂行规定》。1998年12月29日，第九届全国人民代表大会常务委员会通过新修改的《中华人民共和国兵役法》，规定义务兵服现役期限为2年。1999—2006年，实行2年义务兵制，为国防建设输送了血液，为地方建设培育了人才。2008年，征兵对象主体由过去的农村和城镇居民适龄青年转向各类普通高中以上学历的应届毕业生。征集男青年年满18至20岁，高中以上文化程度的青年和企业事业单位职工可放宽到21岁，大专以上文化程度的可放宽到22岁；家居农村的应征青年，应具备初中以上文化程度，家住城镇的应征青年，应具备高中（含职高、中专、技校）以上文化程度。并对所有应届毕业生，实行"优先报名应征、优先体检政审、优先审批定兵、优先安排使用"的政策。对依法应当缓征的正在全日制高等学校就学的学生，本人自愿应征并且符合条件的，可以批准入伍，原就读学校应当按照有关规定保留其学籍，退伍后准其复学。政审实行基层推荐，村、乡、县三级政审、区域联审的制度，做到谁审查、谁签字、谁负责。体格检查继续实行封闭式体检，按照每科由两名医生交叉检查、共同签字，主检医生复查把关。2008年8月，全国征兵办下发《关于调整部分征兵体检标准问题的通知》的规定，在新规定中增添了心电图和B超等检查项目，同时对一些具体内容进行修改和重新规定，2008年征集新兵162名。

第二节　征兵体检

1979—1990年，实行先由各乡镇（公社）卫生院负责目测初检，县人武部派员督导，然后由全县实施统一体检，体检站设在县人民医院。1991年，为适应征兵工作的新形势、新特点，在人武部专门设立了体检站，实行封闭式体检，并制定了《临西县征兵工作程序图》《征兵政审工作流程图》《征兵体检工作流程图》。体检医生在县人民医院、县第二人民医院、县中医院抽调，并由县级医院的院长担任主检。

第三节　征兵政审

1979—1995年，新兵政治审查由新兵所在村或所在单位派出所负责。1996年，根据上级指示，进一步加大了新兵政治审查力度。1998年，实行了征兵政审分县、乡（单位、学校）、村（居委会）三级联审制度。30年间，县人武部确保兵员质量，为部队输送了大批优秀青年。

第三章 民兵工作

第一节 民兵组织

1979年，临西县组建有基干民兵独立团，下辖5个营。1981年，贯彻中共十一届三中全会精神，对全县民兵组织进行整顿改革。缩小组建范围、压缩民兵年龄、简化组织层次、减少民族数量、建立专业分队，由单一兵种发展为多兵种，使民兵队伍更加强干。同时，把民兵预备役制度、民兵工作、战时兵员动员相结合，加强了后备力量建设。

1985年，根据“减少数量、提高质量、抓好重点、打牢基础”的方针，在所有行政村全部建立民兵连。基干民兵一般以乡镇为单位编连（营），行政村编班（排）；县非农业民兵，由县直武装部管理，其下属单位组建民兵连（排）。1987年，组建了临西县民兵应急分队，编制为每150人为一个连。1997年后，按照“合理负担，突出重点”的原则，基干民兵数量有所减少，编组逐步向重要目标和交通干线转移，农村民兵编组向乡镇企业转移。1998年后，逐步加大对专业技术分队、对口专业技术分队编组和民兵连（营）部的建设力度。2003年，开始在建有党组织的民营、合资企业建立民兵组织。2004年底，全县基层武装部，达到了正规化建设标准，东留善固民兵连被上级军事机关评为民兵工作“三落实”先进单位。2008年民兵组织工作，以科学发展观和胡锦涛同志关于加强后备力量建设一系列重要论述为指导，以参动〔2006〕110号文件和省整组通知为依据，着眼应对多种安全威胁、完成多样化军事任务需要，按照“平时服务、急时应急、战时应战”的要求，坚持任务牵引、建用一致、人装结合、便于动员的原则，进一步优化力量结构，调整组织布局，建强重点队伍，夯实基层基础，努力实现职能定位以作战功能为主向维稳救援、支援保障、兵员补充相结合转变，整体结构以人力密集型向科技密集型转变，编组方式以行政区域编组为主向按区域编组、跨区抽编和成系统成建制编组相结合转变，切实打牢民兵队伍遂行多样化军事任务的组织基础，推进后备力量建设又好又快发展。在队伍建设上，勤务保障队伍：新组建1个保交护路分队。应急救援队伍：新组建1个消防灭火分队和1个防化救援分队。应急维稳队伍：在“县建连、乡（镇）建排”的基础上，每个行政村采取基干民兵与普通民兵混编的办法组建1个班。情报信息建设：按照“县建站、乡建点、重点目标有内线”的要求，组建民兵信息网，少数民族地方、信教群众聚居地和社情民情复杂地区做到村村编有民兵信息员。应急分队建设水平普遍提高，人员在位率达到90%，重点配全配齐了各类装备器材，尤其是新组建的专业应急救援分队，合理确定了编组单位和人员，配备部分专业救援设备，进行必要的训练和演练，确保了当年组建当年形成遂行任务的能力。在民兵组织布局上，按照“建用一致、提高质量”的要求，民兵组织坚持在人员相对集中、经济社会发达的地方多编，进一步推进组织布局由农村向城镇转移、由偏远地区向铁路和重要公路等交通沿线地区转移、由普通企业向政府部门、直属事业单位和科技行业以及高新技术开发区转移。进一步改革编组办法，基干民兵由零星分散编组改为整班、整排、整连的相对集中编组。在地方行业系统中成系统、整个行业、全员全装、成建制组建民兵分队。在普遍抓好非公有制企业民兵组织建设上，系统摸索党管武装、组织建设、政治教育、军事训练、人员管理、力量使用的方法路子。

第二节 民兵教育

1979年以来，民兵教育重点由之前的防备第三次世界大战转为在经济建设中大显身手，争当模范。

1986 年，在认真落实每年 4 次民兵政治教育课的基础上，重点开展了战备教育和《兵役法》教育。1987 年，在全县民兵中开展了“生产突击队、文明服务队、文化宣传队、值勤应急队”及“青年民兵之家”为主要内容的“四队一家”活动。1988 年后，每年结合民兵整组、训练、征兵和重大节日，利用报刊、电视、广播、标语、板报等形式，开展学政治、学科技、学文化系列活动。1991 年，在民兵中开展了党的基本路线、依法服兵役和争当合格民兵教育。1995 年，为适应新时期军事战略方针和建设社会主义市场经济的要求，在各乡镇建立了“民兵政治教育流动学校”。2003 年开始，开展了“学习新理论、掌握新知识、担当新任务”的三新教育，两次被中国民兵杂志社评为刊授教育先进单位。2004 年，在民兵中开展了“让‘三个代表’重要思想在本职岗位闪光”活动和以“强化战斗精神，做好战斗准备”为主题的职能任务教育，增强了广大民兵应急作战的紧迫感和使命感。2005 年以来，充分利用基层理论学习“六件事”学习教育平台，狠抓了民兵思想政治教育在“四类队伍”中的普遍落实，有效激发了广大民兵做好军事斗争准备和投身经济社会发展的政治热情，应急应战能力进一步得到提升。2006 年开始，依据中发〔2006〕13 号文件精神，积极构建政治教育课、报刊、广播、影视、网络、主题实践活动“六位一体”思想政治教育模式。

在民兵整组活动中进行民兵点验

第三节　民兵训练

1979 年以来，民兵训练时间为每年 15—29 天，训练内容为有线电、无线电、六〇迫击炮、四〇火箭筒、高射机枪等专业技能的掌握。

1986 年，实行周期训练，每年两期，每期训练 30 天。训练方法：本着劳武结合的原则，采取集中和分散的方法，广泛开展官教兵、兵教官、兵教兵的训练方法，每期训练结束，县、乡分别进行比武检阅，给优胜者颁奖。集训的主要对象是排以上民兵干部、军事教练员、专业技术分队和基干民兵。乡镇武装干部由军分区培训。每期集训结束后，县、乡参训的骨干再分别组织民兵训练。训练场地方面：1984 年，县财政拨款 10 万元，在大刘庄乡王菜瓜庄南建民兵训练基地。基地占地 57 亩，建房 55 间，教学、生活设施齐备，一次可容纳训练民兵 300 余人。在龙旺村北建设民兵武器装备仓库，后于 1999 年武器装备统一改由军分区代管。训练时间：一般安排在农闲时的 1–3 月份。训练内容：步兵战术、四 O 火箭筒、八二迫击炮、通信技术、专业技术、对口专业和民兵应急等。到 1990 年，6 年间，参训民兵共计 2974 人，实弹射击合格率达 95%，其中优秀占 25%、良好占 35%。通过军训，参训民兵不但提高了技术，同时也加强了组织纪律性。

1990 年 3 月，成立民兵应急分队，共计 150 人。2005 年，根据上级有关文件要求，本着便于快速集中、便于执行任务、便于落实装备器材的原则，在县直成立了 125 人的民兵应急连。2006 年，按照总参动员部要求，把基干民兵分成 4 支队伍。2007 年 3 月，正式完成整组任务，县建立民兵应急分队、县城设应急连、乡镇设应急排。应急连和应急排中包括应急维稳分队和应急救援分队。县人民武装部结合社会情况对应急人员在整组后，进行了相应的训练和演练，以应对突发事件。

2003年起，按照上级部门的要求，县人武部每年暑期开学后组织学生军训，对全县4所中学的新生进行为期一周的军训，每年参加军训的学生达6000多人。

第四节 民兵参建

1985年，贯彻中央〔1985〕22号《以经济建设为中心，组织民兵积极参加两个文明建设》文件的精神，先后组织民兵开展了“脱贫致富，建功立业”“以劳养武”“立足岗位学雷锋、做贡献”等活动，全县建成了“青年民兵果园”12个，植树24万棵；建立民兵致富联合体41个、民兵之家330个，被市委、市政府评为“扶贫共建先进单位”；同年9月，被省委、省政府、省军区评为“发动民兵参加两个文明建设先进单位”。1995年，临西县出现了罕见的旱情，县人武部立即下发了《关于组织发动民兵带头参加“一抗双保”的紧急通知》，发动民兵1.6万人，开展生产互助和帮助五保户、军烈属搞好春播夏收活动；同时开展了“科技之春”“科技支农”宣传活动。1999年，组织民兵参加护厂、护村、护路等维护社会治安活动和发动民兵积极为小康建设做贡献活动。在全县培育了养殖、种植、产品加工多个先进典型。东留善固位于县境西部，属平原地貌，共有525户，2312人，2966亩耕地。该村民兵连努力适应农村、农业特点，主动抓好民兵思想政治教育和文化学习，提高民兵思想道德素质和科学文化素质，树立了新时期知识民兵的良好形象。在农业结构调整中发挥带头作用，大力发展养殖业和特色产业。在改善村风、村貌中起带头作用。2000年7月26日，张白地33岁的青年基干民兵张新华因抢救落井儿童而英勇献身，县委、县政府、县武装部进行了表彰，并报请省批准为“革命烈士”。2003年“非典”期间，人武部向全县基层武装部和民兵连发出了“关于积极组织民兵预备役人员抗击‘非典’的倡议书”，调动和发挥民兵在抗击“非典”中的作用，号召民兵要当好宣传员、战斗员，设立防“非典”咨询站，发放传单2万余份，解答群众咨询1500余人次。2004年，全体民兵积极投身“文明生态村”建设，为改变农村环境面貌积极工作，临西县民兵参建工作被省、市授予“民兵参建工作”先进单位。

在2003年防“非典”期间，武装部组织出动1万多民兵参与抗击非典活动

第四章 国防教育

1986年4月至1996年10月，人武部归属地方的10年间，县国防教育办公室为人武部的一个科室。1996年，人武部恢复部队建制。11月份，县国教办被定为独立的正科级行政单位。2007年，人员编制定在县委宣传部，工作由宣传部、人武部领导，办公地点设在人武部，称县委国防

教育领导小组办公室。主要职能为负责指导全县国防教育工作的开展；制定掌握各部门国防教育规划；督导《中华人民共和国国防法》《河北省国防教育工作条例》《中华人民共和国国防教育法》等各项法规的实施。

第一节　教育阵地

20 世纪 80 年代，全县采取多种形式对在抗日战争、解放战争中留下的多处革命遗址、纪念地进行开发和利用，先后建起四・二九烈士陵园、六大惨案遗址、吕玉兰展馆、周长明事迹展馆、国防教育展厅等国防教育阵地 9 处。2005 年，在县三中建立了第一所省级少年军校—临西县少年军校，被省国教办授予“省级先进少年军校”，是临西县有史以来第一个达到省级标准的先进少年军校。

第二节　教育活动

临西县坚持以“七・一”“八・一”“十・一”“国防教育日”等重大纪念日为契机，通过组织征文、知识竞赛、文艺演出、军事夏令营、学军习武、学生军训、模拟长征、领导干部过军事日、参观吕玉兰展馆、革命遗址及爱国主义教育基地等活动，有重点地对在校学生、青年民兵、党政干部强化国防教育，使全民的国防意识普遍得到

县人武部开展国防教育活动

增强，接受国防知识教育面达 99%以上。1997 年以来，先后参与了首届国防教育征文、《华北民兵》杂志社举办的“人武杯”知识竞赛、纪念抗日战争胜利 60 周年国防知识竞赛、“长城杯”国防知识竞赛及全国国防知识竞赛等活动，获国家级纪念奖 1 人、省级奖 6 人、市级奖 68 人。1997 年，国防教育办公室获全国国防知识竞赛先进单位。2004 年，在全市组织开展了以“爱中华、奔小康、强国防”为主题的国防知识竞赛和“勿忘国耻、固我国防”国防教育征文活动中，有 6 人获奖，县一中被评为市级先进单位。2006 年，在邢台市国防教育“双十佳”评选活动中，东留善固党总支、职教中心校长郭立志被评为全市先进单位和先进个人，双双进入“十佳”，成为全市的先进单位。

第二十编 综合政务管理

改革开放以来，临西县不断推进综合政务管理改革。在人事劳动方面，大力推进机构人事改革、干部考核管理改革、劳动用工制度改革；民政方面，积极开展军民共建、加大优抚力度、开展救济帮扶、推行村委直选、做好民族宗教工作；在安全管理方面，不断完善制度，加强培训，严格督查；在史志档案方面，加强基础工作、推动史志整理编纂、抓好档案管理利用。不断完善提高社会管理水平，为经济社会全面发展提供了保障。

第一章　劳动人事

1979年10月，复设临西县人事局，编制6人，负责干部管理工作。1979年12月，成立临西县劳动局，编制8人，负责全县劳动力的调配和工资管理工作。1984年1月，人事局和劳动局合并为劳动人事局，下设劳动服务公司、干部股、劳动股、办公室、编制委员会办公室、安全生产委员会办公室、考核奖惩股，有干部职工29人。1993年9月，劳动股改为计划劳动科，增设工资科、保险福利科、劳动保护科、科干科。1995年3月，成立劳动监察大队。1996年8月，劳动人事局更名为人事劳动局，下设秘书股、干部股、劳动关系与法规监察股、工资计划股、保护保险股、考核奖惩任免股、科技干部股、劳动争议仲裁股，行政编制18名。1997年1月，增设5个下属事业单位：技工学校（职业技能鉴定中心、人事劳动培训中心、就业训练中心）、社会保险事业管理所、劳动服务公司、人才劳动力市场、劳动监察大队。临西县编制委员会办公室挂靠人事劳动局。2002年4月，按照省市机构改革方案，人事劳动局更名为人事劳动和社会保障局，下设办公室、人事人才股、劳动管理监察股、工资计划股、劳动争议仲裁股，有行政编制19名，所辖事业单位有社会保险事业管理所、劳动监察大队、技工学校、就业服务局、人才劳动力市场、老龄委办公室、泰山大酒店、医保中心。是年8月，安全生产委员会办公室划归经济贸易局。2006年9月，成立事业单位登记管理局，属县编制委员会办公室管辖。2007年9月，成立工伤生育保险管理所。

第一节　机构人事改革

一、县乡机构改革

从20世纪80年代改革开放以来，随着政治经济体制改革的不断深化，临西县县级党政机关和办事机构进行了多次改革。

（一）1996年党政机构改革

按照省、市关于机构改革的要求，制定了改革的指导思想和任务。改革的指导思想：认真贯彻党的十四大和十四届三中全会精神，以建设有中国特色的社会主义理论为指针，以推进改革开放，促进经济发展，保持社会稳定，适应社会主义市场经济体制的要求，加快建设经济强县为目标，按照政企分开和精简、统一、效能的原则，转变职能，理顺关系，精兵简政，提高效率，逐步建立结构合理、运转协调、灵活高效的行政管理体制。改革的主要任务：按照建立社会主义市场经济体制的目标要求，转变政府职能，建立健全宏观调控体系；理顺上下之间和部门之间的关系，建立和完善新的行政运行机制；根据省、市确定的机构限额和人员编制精简机构；按照政事分开的原则推进事业单位改革，增强事业单位活力；改革机关办事程序和办事规则，加强机关制度建设，提高工作效率。

经过改革，全县党政机构由原来的42个精简为31个，精简比例为28.6%，在31个党政机构中，县委工作部门5个；县政府工作部门26个，挂靠机构3个（不占机构限额）；群团机构3个；县委、县政府直属事业机构6个。

1、县委所属组织机构

县纪律检查委员会机关与监察局合署办公，廉政办并入纪律检查委员会。机要局、保密局、党史资料征集办公室、督查室并入县委办公室，在县委办公室内设置相对独立的机构，对外保留名称，信访办公室并入县委办公室，对外保留名称。县直工作委员会、老干部局并入组织部，对外保留名称。干部考核委员会办公室是县干部考核委员会的常设办事机构，挂靠组织部，为正科级。精神文明建设办公室并入宣传部。对台工作办公室并入统战部。政法委与司法局合署办公，社会治安综合治理办公室并入政法委。农村工作部与农业局一个机构，两个名称，列政府序列。

调整后的工作部门设县委办公室、组织部、宣传部、统战部、政法委。

2、县政府所属组织机构

撤销商业局，成立商业总公司；撤销物资局，成立物资总公司；撤销二轻局，成立二轻总公司。三个总公司均为正科级经济实体，直属县政府管理。国有资产管理局并入财政局，对外保留名称。区划办归农业局管理，列事业编制。体制改革委员会办公室、政府督查室并入政府办公室，对外保留名称。撤销经济协作办公室，成立招商局，同开放办公室、重点项目办公室，一个机构，三个名称，挂靠政府办公室，为正科级。机构编制委员会办公室是机构编制委员会常设办事机构，既是县委的机构，又是政府的机构，列县委序列，挂靠人事劳动局，为正科级单位。撤销计划委员会，成立计划局，为政府工作部门。撤销经济委员会，成立经济贸易局，为政府工作部门。撤销外贸公司，其行政职能划归经济贸易局，重新组建外贸总公司，为局级企业，隶属县政府管理。撤销统计委员会，成立统计局，为政府工作部门。撤销教育委员会，成立教育局，为政府工作部门。撤销文化局、体育运动委员会，成立文化体育局。文联并入文化体育局，对外保留名称，列事业编制。爱国卫生运动委员会办公室、地方病防治办公室，并入卫生局，对外保留名称。撤销计划生育委员会，成立计划生育局，为政府工作部门。劳动人事局更名为人事劳动局。撤销建设局，成立建设环境保护局，保留建设局、环保局名称，为政府工作部门。撤销科学技术委员会，成立科学技术局，科学技术协会并入科学技术局，保留科学技术协会名称。新能源办公室与县能源办公室一套人马两块牌子，列事业编制。

调整后的工作部门设：政府办公室、计划局、经济贸易局、农业局、教育局、公安局、民政局、财政局、人事劳动局、卫生局、计划生育局、审计局、工商行政管理局、统计局、司法局、监察局、技术监督局、文化体育局、土地管理局、建设环境保护局、乡镇企业局、交通局、粮食局、水利局、林业局、物价局。

3、群团组织机构

团委、妇联、工会。

4、直属事业单位

党校、畜牧水产局、广播电视局、农机局、农业开发办公室、档案局。

（二）2002 年县、乡机构改革

2002 年 7 月，根据邢台市委、市政府《关于市县乡机构改革的实施意见》，结合临西县实际，制定了改革的指导思想和任务。改革的指导思想为：适应社会主义市场经济发展的需要，进一步加强和改善党的领导，巩固党的执政地位，提高党的执政水平；进一步加强社会主义民主和法制建设，在宪法范围内履行权利和义务；进一步转变政府职能，实现政企分开，理顺各方面关系，加强基层政权建设；精干队伍、提高素质、降低行政成本，减轻财政负担，提高工作效率，建立廉洁高效、运转协调、行为规范的管理体制。改革的主要任务为：坚持政企、政事、政社分开，切实转变政府职能；改革行政审批制度，规范行政审批权力；改革行政执法体制，整顿行政执法队伍；进一步理顺各方面关系，改进和完善行政运行机制。精简机构和人员编制，优化组织结构和干部队伍结构；从实际出发，认真搞好乡镇机构改革。经过改革调整，县委工作部门设 8 个，议事协调机构的办事机构设 2 个，部门管理机构设 2 个。县政府工作部门设 20 个（不含监察局），直属事业机构设 6 个。

1、县委所属组织机构

保留纪律检查委员会机关（监察局与其合署办公）、办公室、组织部、宣传部、统一战线工作部、政法委员会（社会治安综合治理委员会办公室与其合署办公，不再与司法局合署办公）、农村工作委员会（不再保留农业委员会名称）。县直属机关工作委员会由在组织部保留名称改设为县委工作部门。撤销干部考核委员会办公室，职能并入县委、县政府相关部门。机构编制委员会办公室是县机构编制委员会的常设办事机构，既是县委的工作机构，又是县政府的工作机构。信访办公室更名为信访局，由在县委办公室保留名称改为由县委办公室、县政府办公室管理，以县委办

公室管理为主；老干部局由在组织部保留名称改为由组织部管理；台湾工作办公室（政府台湾事务办公室）设在统一战线工作部，对外保留名称；机要局（密码工作领导小组办公室）、保密委员会办公室（保密局）设在县委办公室内，对外保留名称；精神文明建设委员会办公室设在宣传部，对外保留名称；国防教育办公室设在人民武装部，业务由宣传部和人民武装部共同负责。原在县委办公室内相对独立设置的督查室、党史资料征集办公室不再设置相对独立机构。党校不再列为直属事业机构。

2、县政府所属组织机构

保留财政局（不再保留国有资产管理局名称）、经济贸易局。计划局更名为发展计划局。农业区划办公室并入发展计划局。开放办公室（招商合作局、重点项目办公室）由挂靠政府办公室改为设在发展计划局内，对外保留名称。

保留农业局（保留林业局名称）、交通局。撤销建设环保局，设立建设局，为政府工作部门。水利局更名为水务局。

设立环境保护局，为政府工作部门，管理体制实行上级业务部门与县政府双重领导，以县政府为主。

保留办公室、科学技术局、公安局、民政局、司法局（不在与政法委合署办公）、审计局、统计局、卫生局（保留爱国卫生运动委员会办公室名称）、计划生育局、监察局（与纪律监察委员会机关合署办公）。

人事劳动局更名为人事劳动和社会保障局。土地管理局更名为国土资源局，测绘行政职能划转到国土资源局。上级国土资源主管部门对下级国土资源主管部门实行业务领导。政府法制办公室设在政府办公室内，对外保留名称。经济体制改革委员会办公室更名为政府经济体制改革办公室，设在政府办公室内，对外保留名称。人民防空办公室为国防动员委员会的常设办事机构，设在政府办公室内，对外保留名称。扶贫开发领导小组办公室为扶贫开发领导小组的常设办事机构，设在民政局内，对外保留名称。

机构编制委员会办公室是县机构编制委员会的常设办事机构，是县委、县政府的工作机构。

保留广播电视局、档案局（馆）。畜牧水产局更名为畜牧局。粮食局、物价局、乡镇企业局由政府工作部门改为政府直属事业机构。撤销农机局，其行政管理职能由农业局承担。农业开发办公室改为由财政局管理的事业机构。

（三）2005年县级政府机构改革

2005年7月，根据省委办公厅、省政府办公厅《关于县级政府机构改革的意见》的要求，结合临西县实际，制定了改革方案。改革的指导思想：以邓小平理论、“三个代表”重要思想和党的十六大精神为指导，按照完善社会主义市场经济体制和推进政治体制改革的要求，进一步完善县级政府组织结构，既要保持政府机构的相对稳定，又要抓住重点，解决行政管理体制中的一些突出矛盾和问题，进一步转变政府职能，全面、正确履行政府职责，创新管理方法，提高执政能力，降低行政成本，减轻财政负担，逐步形成行为规范、运转协调、公正透明、廉洁高效的行政管理体制，为全面建设小康社会提供强有力的保障。改革的原则：从临西县经济和社会发展需要出发，在规定的行政限额内，因地制宜地调整政府行政机构，大力精简直属事业机构，建立与上级政府职能配置相链接、组织框架总体协调、又有临西县特点的政府组织体系；既积极推进政府机构改革，又切实保持社会稳定，做到机构设置不要突破规定的机构限额，人员编制不要突破核定的行政编制总额，领导职数不要突破现有规定；加强政府管理的规范化、制度化、法制化建设，提高依法行政的能力和水平，逐步实现政府职能、机构、编制和工作程序的法定化。

按照改革的原则，通过职能整合和机构调整，临西县政府设工作部门20个（不含监察局），部门管理机构1个，直属事业机构4个。

将发展计划局、经济贸易局、乡镇企业局、政府经济体制改革办公室合并，设置发展改革局。设置工业促进局，为发展改革局管理的部门管理机构。重点项目办公室设在发展改革局内，对外保留名称。将商业、外贸、物资管理职能进行整合，组建商务局，为县政府工作部门，负责对外开放和招商引资。将农业局与畜牧局合并，设置农业局，为县政府工作部门，对外保留林业局名称。将安全生产监督管理局调整到政府工作部门。将计划生育局更名为人口和计划生育局。教育文化体育局增挂新闻出版局（版权局）牌子。科技局与科学技术协会合署办公。将县政府有关部门承担的食品、保健品、化妆品安全管理监督及依法组织协调和组织开展对事故查处的职能划归省垂直管理的食品药品监督管理局。不再保留发展计划局、经济贸易局、乡镇企业局、政府经济体制改革办公室、开放办公室（招商合作局）、畜牧局等机构。

（四）乡镇机构改革

1982年3月，临西县撤销人民公社革委会，恢复人民公社管理委员会，大队革命委员会改为大队管理委员会，全县设15个人民公社管理委员会。1984年4月，根据《中华人民共和国地方各级人民代表大会和地方各级人民政府组织法》规定，将人民公社管理委员会设为乡镇人民政府，下设村民委员会，全县设11个乡、4个镇人民政府。1990年，乡镇政府下设机构有：办公室、司法、民政、农业、林业、土地管理、水利建设、统计、财政所、公安派出所、计划生育办公室、经联委。1996年1月，并乡扩镇，全县设4个镇、5个乡，分别为临西镇、河西镇（原单屯乡并入河西镇）、下堡寺镇、尖冢镇（原樊村乡并入尖冢镇）、东枣园乡、吕寨乡（原姚楼乡并入吕寨乡）、老官寨乡（原水波乡并入老官寨乡）、大刘庄乡（原黎博寨乡并入大刘庄乡）、摇鞍镇乡（原白地乡并入摇鞍镇乡）。2000年12月，被撤并的单屯乡、樊村乡、姚楼乡、水波乡、黎博寨乡、白地乡分别改设为单屯办事处、樊村办事处、姚楼办事处、水波办事处、黎博寨办事处、白地办事处。2005年7月各办事处改称河西镇单屯工作站、尖冢镇樊村工作站、吕寨乡姚楼工作站、老官寨乡水波工作站、大刘庄乡黎博寨工作站、摇鞍镇乡白地工作站。2008年底，全县辖4个镇、5个乡、6个工作站。

二、推行公务员制度

1993年，国务院颁发实施《国家公务员暂行条例》，国家公务员制度自此建立。2000年，中共中央颁发《深化干部人事制度改革纲要》，明确提出研究制定国家公务员法。2005年4月27日，第十届全国人大常委会第十五次会议审议通过《中华人民共和国公务员法》，并于2006年1月1日生效实施。随着上述法规的颁布，临西县开始全面实施公务员录用、考核、职务任免、职务升降、奖励、惩戒、培训、交流回避、工资福利保险、辞职辞退、退休、申诉控告等各项管理制度，公务员管理逐步依法规范；公务员管理的法治意识逐渐强化；公务员队伍素质有所提高；公务员的责任感明显增强。2006年7月，县成立实施公务员法工作领导小组。同年，县政府制定《临西县公务员法实施方案》，并按照严格编制、严格条件的规定进行了公务员登记。2007年，全县有在册公务员859名。2008年，全县在册公务员926名。为了把住“进口”，落实公务员考试录用制度，临西县始终坚持凡是进入行政机关工作的人员，都必须经过省、市公务员管理机关的考试考核，按照“公开、平等、竞争、择优”的原则，公开操作，不拘一格选拔人才。2006年以后，全县共有166名同志进入公务员队伍，其中经主管部门考试考核登记公务员的101名；选调生6名；农村支部书记录用为公务员1名；通过省委组织部、省人事厅、市人事局公开招考录用公安人员2名、法院人员5名、检察院人员6名；调任44人。为了提高公务员素质，先后多次组织全县公务员参加信息化与电子政务、WTO知识、公共管理MPA核心课程、《中华人民共和国公务员法》、创新知识、法律法规等知识培训，共开展培训60期，参加培训人员达5000余人次，考试及格率达100%，优良率85%以上。同时，加强对公务员的管理考核，将考核结果作为调整公务员职务、级别、工资以及公务员奖励、培训、辞退的重要依据。自公务员登记起至2008年底，共3500人次接受考核，523人次考核优秀，2742人次考核称职，6人考核基本称职，不称职7人；授二等功奖励80人

次，三等功奖励 227 人次，嘉奖 705 人次。

三、推行政务公开制度

1997 年，由县纪委、监察局组织推行“政务公开”，目的在于发展社会民主政治，提高执政能力，优化发展环境。1999 年 10 月，临西县人民政府印发了《关于进一步推进和深化政务公开的意见》，成立了政务公开领导小组，各单位、各部门也相应成立了领导机构和工作机构，主抓政务公开工作。各部门及驻县有关单位都把政务公开工作纳入本部门领导和岗位责任制，列入年度考核内容。认真落实公开范围、公开内容、公开形式、公开程序及监督评议办法，相继建立了公开制、承诺制、目标责任管理制和工作过错追究制。2000 年 1 月，县政务公开领导小组制定实施了政务公开百分考核办法，对政务公开进行量化考核。2000 年 7 月，在全县推行内部事务实行申请条件、申请材料、办理程序、办理时限、收费依据和标准、联系方式“七公开”。同月，县委、县政府制定下发了《关于进一步健全和完善乡镇政务公开制度的通知》，乡镇政务公开内容步入规范化。在实施政务公开过程中，各部门先后采取了“一条龙办公”“一站式服务”“一个窗口对外”等措施，推行了首问责任制、“三牌”办公、双休日预约、限时办结、工作反馈等制度，在全县掀起了一个创建文明行业、廉洁机关、三讲机关、文明高效机关的热潮。

第二节　干部管理

一、干部来源

1979 年改革开放以来，为充实干部队伍，陆续从社会上招收录用了一批干部，并实行“以工代干”制。1984 年，根据上级精神，对全县以工代干人员进行转干考试，通过考试、考核、固岗定员，有 244 名以工代干人员转为国家正式干部。其中，行政机关 127 名、事业单位 13 名、企业单位 104 名，使干部管理逐步走上规范化管理。其后，干部的来源主要是大中专毕业生分配和军队干部转业。

对于大中专毕业生招录为国家公务员和事业单位干部，在《国家公务员暂行条例》出台前，临西县实行凡进必考制度，通过笔试、面试、答辩、考察等程序，进行招录。2000 年，国家停止大中专毕业生分配制度，临西县按照省市文件编制核编定岗，严格控制行政事业人员数量。根据工作需要，在县行政、事业财政工作人员中，通过考试、考核，为县委、政府机关选拔了一批年轻干部。同时，在大学本、专科毕业生中，为政法机关招录了一批年轻干部。此后，县招录公务员均经省级组织人事部门批准后统一招录。

2007 年，按照邢台市实施公务员法工作领导小组办公室文件精神，集中进行了公务员登记，登记人数为 803 名。2009 年，按照邢台市实施公务员法工作领导小组办公室（邢公组〔2007〕6 号）文件要求，组织在公务员岗位未登记人员参加了邢台市举办的考试考核，101 名同志进行了公务员登记。2009 年，经省、市人事部门考核选拔，6 名选调生分配到我县党政机关工作。2009 年，1 名农村支部书记经过省、市考试考核登记为公务员。2008 年 11 月，经市人事局、公安局联合考试，2 名公务员到县公安局工作。2008 年 11 月，经省、市联合考试，5 名同志考试合格分配到法院工作，6 名分配到检察院工作。2009 年 12 月，接收政策性安置军转干部 1 人。

事业单位招聘：2007 年 11 月为公安局招聘治安巡防队员 45 人；2008 年 3 月为计生部门招聘四术员 16 名；2008 年 10 月为教育部门招聘教师 41 名；2009 年为乡镇卫生院招聘卫生人员 45 人；2010 年为事业单位招聘事业人员 20 人，为实验中学招聘教师 78 人。

二、干部培训考核

随着社会的发展和进步，对干部素质的要求越来越高，1993 年以来，每年对全县公务员、事业人员进行分散、集中培训。其中大规模培训，包括公务员行政能力、法律知识、执业素质、电子政务、计算机基础知识及上机操作培训。通过一系列培训，使全体干部不断更新知识、更新观念、提高干部的业务素质和工作能力。

县人事劳动和社会保障局设考核任免奖惩股，每年对行政事业单位的全体干部进行总评。对工作成绩优异者按适当比例，分别给予记功、记二等功、授予模范工作者和通令嘉奖。每年对干部进行有重点地考核1–2次，对不称职的给予通报批评、降级降职处分，并在当年考核表上填不称职，装入本人档案，不计入工资套改增长年限。对纳税大户奖励财政录用人员指标。对劳动模范进行奖励，全国劳模每月享受奖励100元、省级劳模每月享受奖励50元、市级劳模每月享受奖励30元、县级劳模每月享受20元。1994年始，对行政事业单位的干部职工实行优秀、称职、不称职考核，凡连续3年被评为优秀者，晋升一级档案工资，在考核中，干部职工分比例、按职别进行考核。2007年，全国实行工资套改，取消所有奖励工资，每年度评比的劳动模范享受一次性物质奖励和荣誉奖励。

三、技术干部管理

临西县设有初级以下职称评定委员会，中、高级职称由市评委或省中高职评委代评。1986年起，评聘同时进行，1990年，职称由评审转为考评结合，截至2008年底，全县已有卫生、会计、统计、经济等7个专业技术资格，39个职（执）业资格、2个专项职称考试，由考试获得。1992年后评聘分开，凡由资格的技术人员都可参评，评定后作为一种资格入档保管，县人事劳动部门根据工作需要，设定中、高级职数，由用人单位出具条件，进行竞聘。2006年开展企业人员、农民等非公职人员的技术职称评聘工作，办法参照公职人员进行，条件放宽。

（一）职称评定

1、职称评定办法改革。1979年，临西县科委负责对全县行政事业等单位的专业技术干部进行职称评定。1989年，职称管理工作移交县劳动人事局管理。1990年，全县行政机关停止职称评定。1992年始，会计专业实行全国统考、统一发证。1993年，完成全县职称改革四项基础工作（复查、指标清理、设岗定责、履职考核）的总结验收，建立部分初级评审组织。5月，经济、统计、会计、审计等专业技术职务一律通过考试公开选录，停止任职资格评审。1994年，对各类专业技术人员实行职称评聘分离。12月，对拟报评审中、高级专业技术职务任职资格的人员进行全省外语统一考试。1995年，县职称评定委员会改为县职称改革工作领导小组。职称评定工作分别为复查、考核评定、晋升三个方面。1996年，开始注册资产评估师执业资格考试，7月，为长期从事卫生技术工作、但不具备规定学历、有一定专业技术水平和临床工作经验的卫生技术人员，进行初级资格考试。2000年，对拟报评审中、高级专业技术职务任职资格的人员进行计算机应用统一考试。2002年起，在医疗卫生机构内从事临床医疗、预防、保健、医学、护理和其他卫生技术专业的专业技术工作人员的初、中级资格，由评审认定制度改为实行全国统一考试制度。2005年10月，制定了《关于民营企业职称及技术等级评定的暂行办法》，对在民营企业中从事专业技术工作的专业技术人员进行职称评定。

2、技术职称评定。1986年，实行专业技术聘任制后，技术职称演变成“专业技术职务”。

担负专业技术职务的依据是专业技术资格。专业技术资格是专业技术人员学识、技术水平、业务能力的标志。在专业技术职务评定工作中，一要引导专业技术人员做好本职工作；二是要注重工作实绩；三是要为优秀中青年人才脱颖而出创造条件，不论资排辈，不拘一格选拔人才。

评定专业技术职务任职资格，须本人申请并经单位推荐，提交《申报评审专业技术职务任职资格审查推荐表》《技术职务任职资格评审表》、毕业证、继续教育证明、《职业技术职务呈报表》或《职业技术职务任职资格评审表》、资格证、聘任证书、任现职以来历年的《专业技术人员年度考核表》、外语（古汉语）考试合格证或免试审批表、任现职以来的专业技术总结、科技成果、奖励证件、论文。临西县分口设有初级以下职称评定委员会。中、高级职称由市评委或省中高职评委代评。初起，评聘同时进行。其后评、聘分开，凡由资格的技术人员都可参评，评定后作为一种

资格入档保管，县人事劳动部门根据工作需要，设定中、高级职数，由用人单位出具条件，进行竞聘。

对于企业、农业方面非公职人员的技术职称评聘工作，由主管部门主管。视其工作能力和需要，由主管部门进行聘任，并按照规定兑现生活待遇。

2008年底，全县在岗专业技术人员总计4364名。事业单位4088名，其中高级86名、中级896名、初级2822名；企业单位286名，其中高级1名、中级25名、初级266名。

人社局举办高校毕业生就业见习岗前培训班（2007年摄）

（二）技术人员待遇

1、凡被评聘的工程技术人员，一律享受国家规定的工程技术职务工资及其津贴，工资与职称挂钩。

2、临西县遵照选拔人才、引进人才、运用人才、尊重人才的原则，不断提高工程技术人员的待遇，在生活上给予岗位补贴或补助。同时，每年对评选为优秀知识分子的技术人员进行表彰。文化馆副高职馆员赵敏被评为邢台市技术拔尖人才。1992年，农业局技术站高级农艺师刘海云，享受国务院津贴。2008年，全县共有市级 拔尖技术人才6名，享受国务院津贴的科技人员1名。

3、继续教育。技术人员升职，除符合国家规定的条件外，还要参加由县主管部门举办的继续教育，并发给继续教育证书。继续教育的目的是根据社会的发展，给工程技术人员进补新知识，使其更新知识、更新观念，更加符合社会的需求。

四、人才流动与管理

1995年3月，临西县建立人才劳动力市场。市场位于玉兰西路，原县政府门口西侧，占地面积63平方米。1999年，搬至泰山路泰山大酒店西侧，占地面积682平方米。

人才劳动力市场是集劳动力输出、人才招聘、人才引进、人事代理、人才交流、人才信息、人才培训为一体的综合性服务机构。1995年至2008年，共接管各类人才674余名，保管人事档案636卷，人事代理7家，代理人数284人，输出人才118名，引进各类人才422名，推荐大中专毕业生就业320名。

临西县农村劳动力资源丰富，通过劳动力市场中介，每年有近万人到京、津、沪、浙、鲁等地务工，务工者主要从事建筑、电子、服装、出租车司机等项工作，月收入在千元以上，年创收亿元以上。2008年，全县在外务工者达7780人。务工地由珠江三角洲地区逐渐向胶州半岛和渤海湾地区转移，为当地经济发展注入了活力。

第三节　工资福利

一、机关事业

随着改革开放的深入和社会主义市场经济的建立，企业职工、机关干部、离退休人员工资日趋增长。本县按照国家规定，对全县干部职工进行工资调整和改革，根据县域经济的发展和财政实力，落实工资政策。

1985—2008年工资调整文件一览表

表 20-1

文号	起薪时间	内容简要
冀发〔85〕36号	1985年7月	1985年工资改革
冀政办〔86〕92号	1986年7月	调整工资区类别
冀劳人薪〔86〕212号	分配时间	工改1989年9月退伍战士工资待遇
冀劳人机薪〔87〕105号	1985年7月	1978年底前工作职工补升级工资
冀劳人机薪〔87〕153号	1986年10月	解决部分工作人员工资问题
中办发〔87〕1号		工作人员职务变动后工资待遇问题
冀劳人机薪〔88〕257号	1987年10月	解决部分专业技术人员工资问题
冀劳人机薪〔88〕258号	1987年10月	执行定级工资的部分人员提升工资
冀劳人机薪〔89〕36号	1988年10月	部分老专家、老干部调资问题
冀劳人机薪〔89〕157号	1989年10月	部分职工调资问题
冀劳人机薪〔89〕316号	1988年10月	职工在机事与企业单位间调动工资确定
冀政〔90〕20号	1989年10月	普调工资
冀政〔90〕74号	1989年10月	解决普通工资中突出的问题
冀劳人机薪〔90〕219号		五大毕业生、工人、退伍战士等工资待遇
冀财综〔91〕68号	1991年5月	粮食补贴
冀人薪〔92〕48号	1992年7月	工人技术等级考核合格后发给工资性待遇
国办发〔1993〕79号 国办发〔1993〕85号 冀政〔1994〕29号文件		1993年工资改革
冀人发〔1997〕352号	1997年7月1日	调整基础（职务）工资标准
冀政办〔1999〕13号	1999年7月1日	调整基础（职务）级别工资标准
冀政办〔2001〕10号	2001年1月	调整基础（职务）级别工资标准
冀政办〔2001〕20号	2001年10月	调整职务工资标准
冀政办〔2003〕37号	2003年7月	调整职务工资标准
冀政〔2006〕88号	2006年1月1日	机关事业单位工资改革

1993—2008年全县职工年平均工资统计表

表 20-2

单位：元

时间	平均工资	时间	平均工资	时间	平均工资
1993年	3034	1999年	5421	2005年	10490
1994年	3185	2000年	5843	2006年	10896
1995年	3839	2001年	6664	2007年	13748
1996年	4286	2002年	6959	2008年	18424
1997年	4692	2003年	8189		
1998年	4820	2004年	10925		

1993—2008 年全县机关事业单位离退休人员平均工资统计表

表 20-3　　单位：人、元

时间	离退休人数	平均工资	调资依据
1993 年	583	658	冀政〔1994〕2 号
1995 年	798	734.39	冀政〔1996〕27 号
1997 年	824	731.10	冀人发〔1997〕371 号
1999 年	810	884.58	冀人发字〔1997〕352 号
2001 年	897	847.12	冀政办〔2001〕10 号
2001 年	897	954.17	冀政办〔2001〕20 号
2001 年	897	1068.93	冀人发〔2003〕5 号
2003 年	996	1145.71	冀政〔2003〕37 号
2006 年	1151	1127.12	冀政〔2006〕88 号
2008 年	1217	1593	邢纪通〔2007〕37 号、邢纪通〔2008〕19 号

二、企业

20 世纪 80 年代，职工工资是由国家统一制定的标准。九十年代，随着全县国有、集体企业的转轨变制，对企业职工工资进行了全面改革，生产型企业普遍推行了计件工资制，流通企业普遍推行基本工资加销售提成和承包经营等工资制度，福利奖金纳入工资部分，一般不再单独发放。随着企业改革的不断深入和市场经济体制的不断完善，职工工资大都与企业效益挂钩，各种按劳取酬工资发放制度实施，职工工资收入差距拉大。

人劳社保局上门换证，方便企业退休人员（2003 年摄）

1979—2008 年职工月平均工资统计表

表 20-4　　单位：元

年度	全民	集体	全县
1979	46.2	40.33	
1980	54.31	46.15	
1981	54.41	46.52	
1982	57.63	45.78	
1983	58.83	45.3	
1984	66.95	54.34	
1985	75.99	57.33	

续表

年度	全民	集体	全县
1986	87.86	74.52	
1987	94.62	74.66	
1988	119.62	79.95	
1989	132.89	101.12	
1990	224.91	112.4	
1991			156.88
1992			166.75
1993			187.98
1994			274.31
1995			229.53
1996			312.62
1997			339.37
1998			363.26
1999			438.7
2000			480.7
2001			539.81
2002			595.9
2003			629.8
2004			639.4
2005			780
2006			978.42
2007			1107
2008			1428.25

第四节 劳动用工

1979年以来，随着改革开放的不断深入和市场经济体制的不断完善，临西县劳动制度改革逐步迈入以服务经济建设为中心，以提高企业活力，提高劳动效率为目的上来，不断改进劳动管理，完善用工制度，提高对在职和离职职工劳动补助，扩大社会性福利。

一、劳动就业

1980年8月，转发了中央《进一步做好城镇劳动就业工作》的文件；1981年10月，中共中央、国务院又发布了《关于广开门路、搞活经济、解决城镇就业的若干决定》。其后，国务院还对城镇非农业体制经济、城镇集体所有制经济做出了若干政策规定。临西县通过调整产业结构，特别是所有制结构，发展生产，搞活经济，多方面

开辟就业门路，解决城镇就业问题，提出了在国家统筹规划和指导下，实行劳动部门介绍就业、自愿组织起来和自谋职业相结合的就业方针。自1985年起，由劳动人事部门统一组织，按照面向社会、公开招收、全面考核、择优录用的原则，招收全民合同制工人6372名、集体合同制工人640名。国有集体企业的合同制工人由企业自主招聘，按照要求到县劳动就业部门办理相关手续，按时缴纳养老保险金。民营企业的用工自主协商，没有养老保险。

大力发展劳务输出，组织农村青年赴昆山等地务工（2007年摄）

二、用工制度

上世纪八十年代，临西县劳动用工制度基本上采用的是统招统配的固定用工模式，招收固定工、合同工，还实行退养换工制度。1995年《中华人民共和国劳动法》颁布实施，各项配套法规陆续发布，以全县（员）劳动合同制为内容的劳动改革逐步完善，劳动管理摆脱了计划束缚，初步建立了“个人自主择业，单位自主用人，市场调节供求，社会服务完善”的新型用工体制，私营企业、个体商户自行招用工人。

1979—2008年全县职工人数一览表

表20-5　　单位：人

年度	全部职工	固定工	合同工	临时工	计划外用工	其他
1979	7699	4748		287	2664	
1980	8190	5092		287	2811	
1981	8382	5265		287	2830	
1982	8404	5500		287	2617	
1983	7725	5626		287	1812	
1984	6409	4678	294		1437	
1985	7038	4964	620		1454	
1986	7498	5126	774		1598	
1987	7790	55294	959		487	1050
1988	8420	5426	1164			1830
1989	8250	5607	1170		1473	
1990	8522	5750	1297	309	1166	
1991	9387	5823	1611	309	1644	
1992	9819	5915	2378	197	1329	
1993	10222	6031	2759			1432

续表

年度	全部职工	固定工	合同工	临时工	计划外用工	其他
1994	9486		3011			6475
1995	10165		4891			5274
1996	9399		4389			5010
1997	9259					
1998	9882					
1999	9017					
2000	9147					
2001	8950					
2002	8506					
2003	8786					
2004	9314					
2005	9280	9250		30		
2006	9234	8872		362		
2007	9967	8667		925		1300
2008	9991					

三、农民工

随着农村经济体制改革的稳步推进，全县农村开始出现大量剩余劳动力，他们户籍在农村，主要从事非农业产业。耕作之余，在农闲季节外出务工，亦工亦农，流动性强；有的长期在城市就业，已成为产业工人的重要组成部分。2008年，临西县33万人口中，农村剩余劳动力3.5万余人，除在县内从事工商业生产的人员外，常年在外务工人员2.9万人。

为完善劳务输出体系，加强对农民工的输出和管理，成立了劳务输出领导小组，建立完善了劳务输出工作责任制，将劳务输出目标任务量化到各乡镇、工作站，分解到村，定期调研分析，及时解决输出工作中存在的问题。县投资20余万元，建立了就业培训中心和劳动力市场，负责劳务输出信息的采集、发布以及劳动力资源的培训与整合，理顺了劳务输出信息网络。在15个乡镇、工作站配备了15名劳动保障信息员，负责辖区内劳动力有序外出，形成了县、乡、村三级劳务输出网络。2006年8月，县人劳社保局通过市场考察，报请上级劳动部门批准，成立了“天成劳务有限公司”，公司集职业介绍、职业指导、就业训练、劳务输出为一体，通过内部招标方式，设童村、白庄、吕寨、下堡寺4个片区，由熟悉业务的工作人员承包经营。公司采取多输送、多收益的原则，由承包方在业务许可范围内放手经营，政府部门只提供政策指导及公司的管理。

进入21世纪，随着临西县招商引资步伐和经济建设快速发展，临西县境内开始出现外来农民工，主要分布在轴承、建筑、修路等行业。2007年、2008年，外来农民工分别占外来人员总数的83%、90%以上。对外来农民工的管理，公安部门采取现场办公，随时免费办理暂住证，做到了来人登记，走人注销，底数清，情况明，既方便管理又维护了社会稳定。

农民工情况统计表

表 20-6　　单位：人

年度	外来务工人员数	外来农民工数	外出农民工数量
2006	482	140	12900
2007	694	170	15800
2008	776	260	7780

四、劳动监察与劳动争议仲裁

（一）劳动监察

在计划经济体制下，临西县劳动者的合法权益是由各级工会组织负责维护，没有劳动监察组织。1995 年 3 月，经县编委批准在全市率先建立了第一家县级劳动监察机构，即劳动监察大队。劳动监察大队为行政机构，定编 6 人，设 3 个职数。1995 年 4 月，正式挂牌开展工作，主要负责行使国家劳动和社会保障监察职权。具体职责是：宣传劳动保障法律、法规和规章，督促用人单位贯彻执行；检查用人单位遵守劳动保障、法律、法规和规章的情况；受理违反劳动保障法律、法规或者规章行为的举报、投诉；依法纠正和查处违反劳动保障法律法规或者规章的行为。同时，对下列事项进行劳动保障监察：1、用人单位制定内部劳动保障规章制度的情况；2、用人单位与劳动者订立劳动合同情况；3、用人单位遵守禁止使用童工规定情况；4、用人单位遵守职工和未成年工特殊劳动保护规定的情况；5、用人单位遵守工作时间和休息休假规定的情况；6、用人单位支付劳动者工资和执行最低工资标准的情况；7、用人单位参加各项社会保险和缴纳社会保险费的情况；8、职业介绍机构、职业技能培训机构和职业技能考核鉴定机构遵守国家有关职业介绍、职业技能培训和职业技能考核鉴定的规定的情况；9、法律、法规规定的其他劳动保障监察事项。劳动监察大队创建以来，共处理劳动纠纷 385 起，依法为农民工追讨工资 675 万元。

（二）劳动争议仲裁

20 世纪 50 年代国家设立劳动争议仲裁制度。2005 年，临西县成立人事劳动争议仲裁委员会，设主任 1 名、副主任 2 名、委员 3 名，办事机构设在县人事劳动和社会保障局。其主要职责是：负责处理管辖范围内的劳动和人事争议；聘任专职和兼职仲裁员，并对仲裁员进行管理；领导和监督仲裁委员会办事机构和仲裁庭的工作，指导企业和事业单位调解委员会的业务工作；总结并组织交流劳动争议处理工作。

到 2008 年，县仲裁委员会，共受理劳动争议仲裁纠纷 58 起，调解 58 起，结案率 100%。

第二章　民政

1979 年时，设有民政局。内设办公室、优抚股、安置办、政权股、救灾救济股，下属三个事业单位：残疾人联合会、光荣院、火化厂。1996 年 11 月，民政局内设机构调整，设置为人秘股、优抚股、民政股、救灾救济股；事业股室有残疾人联合会、地名办公室、农村社会养老保险管理所和光荣院、火化厂两个事业单位。2002 年 6 月，民政局内设机构再次调整，设置为优抚安置股、民政股、救灾股；事业股室有残疾人联合会、地名办公室、老龄工作委员会办公室及光荣院、殡仪馆两个附属单位。1978 年 5 月，各乡镇设立民政所，民政所设民政助理员，负责区域内的结婚登记和民事调解工作。1999年4月，乡镇民政所改称民政办公室，民政助理员改称民政办公室主任。

1978年5月至1996年10月，民政局在县城东幸福街办公。1996年10月，迁至运河东路东头北侧新址办公。

第一节 拥军

一、开展军民共建

1979年以来，每年元旦、春节和“八一”建军节，县党政领导亲自带领有关部门负责人到部队驻地和县光荣院对现役军人和荣退军人进行慰问，举办军民联欢活动，邀请人民解放军驻临部队官兵召开座谈会、茶话会，征求意见，以改进拥军工作。同时，各乡镇在节日期间开展各种类型的拥军活动，对烈属、军属、伤残军人进行慰问，召开各种形式的会议，征询意见。并发动群众修订拥军优属公约，检查落实拥军措施。1984年始，在全县范围内广泛开展军民共建精神文明活动，驻临部队积极支持临西的生产建设、民兵训练，并参加公益活动，军民亲如一家，有军民共建单位30多个。军民共建单位中，县制药厂跨入全国中药企业50强，电信局连年被评为全市先进单位，县人民医院被评为市甲级医院，县城泰山路成为全县的文明样板街。军民共建活动中，县人武部和武警中队出动义务工2700多个，义务植树10余万株，建成军民共建林190亩、蔬菜大棚16个、养羊场3个。1998年8月，县政府投资300万元兴建办公大楼，完成了人武部和县中队的搬迁；投资10余万元，为县人武部和县中队购置了10台电脑和2万多册图书，配备了文体器材，丰富了驻临官兵的业余文化生活。

二、优待军属

改革开放以来，县委、县政府为全县烈军属家庭悬挂“光荣牌”，在医院、车站等社会服务行业设有“烈军属优先”窗口，境内各存车点普遍实行了军人免费。1995年7月，县政府下发《关于在乡二等乙级伤残军人的公费医疗管理办法》，关注伤残军人的生活、就医问题。对烈属、三等伤残军人、老复员军人实行了医疗费减免政策，烈属每户每年80元；三等伤残军人每年200元；老复员军人每年60元。1979年以来，先后为住房难的优抚对象翻新和新盖房屋200多间，并分别在2003年、2004年、2006年、2007年、2008年5次为优抚对象提高了标准。城镇义务兵家属优待金由每年360元提高到500元；农村义务兵家属优待金由乡镇发放改为县民政局统一发放，并提高了标准。

1996年10月，被河北省委、省政府、省军区授予“双拥模范县”，1999—2005年，连续6年被省委、省政府、省军区授予“双拥模范县”称号。

民政局（孙晓林摄）

三、做好复退安置

1979年以来，按照“妥善安置、各得其所”的原则，对复员、退伍、转业军人和干部进行安置。1984年，全国人大制定通过了《中华人民共和国兵役法》。1987年，国务院颁布了《退伍义务兵安置条例》。根据条例，家住农村的义务兵退出现役后回

到农村；家居城镇的义务兵退出现役后，由县政府安排工作。城镇退伍军人待安置期间，由县政府按照不低于当地最低生活水平标准的原则发给生活补助费。城镇退伍军人自谋职业的，由当地人民政府给予一次性经济补助，并给予政策上的优惠。

城镇退役士兵及转业军官安置，由劳动人事局、武装部、民政局共同协商，根据本人特长及在部队的任职情况和当地用人单位的需要，分别安置在行政事业单位或企业单位。

1981—2008 年复退军人安置统计表

表 20-7　　　　单位：人

年度	总数	安置情况	年度	总数	安置情况
1981	471	25	1995	318	68
1982	365	22	1996	327	51
1983	400	8	1997	290	71
1984	455	35	1998	276	50
1985	267	28	1999	251	68
1986	428	60	2000	232	50
1987	203	43	2001	221	26
1988	260	65	2002	213	36
1989	301	98	2003	218	34
1990	460	15	2004	196	25
1991	420	62	2005	185	14
1992	389	53	2006	179	19
1993	360	55	2007	150	18
1994	320	50	2008	147	25

四、开办光荣院

1979 年元月，临西县烈属养老院改称临西县光荣院，地址在县城东部龙旺村南，占地 12 亩（其中菜地 4 亩），建房 58 间，其中宿舍 41 间、医务室 2 间、仓库 2 间、伙房 3 间、餐厅 5 间、办公室 3 间。配备院长、副院长、厨师、服务员。入院老人 34 名。

1984 年 10 月，增建房舍 11 间，打机井 1 眼，老人生活费用每月增至 40 元，口粮每年 210 公斤。烈属每月零花钱 14 元，复员军人 4 元。1995 年、2002 年、2004 年，老人生活费用分别每月增至 105 元、150 元、240 元。院内设医护室、医疗室。重病号送县医院治疗，并设专人护理。每逢重大节日，县委、县政府领导亲临慰问。

1996 年 10 月，光荣院迁至运河东路东头北侧新址，添置新家具 90 多套，彩色电视机 3 台，房间内配有吊扇、暖气；伙房内配有冰箱、液化炉、消毒柜等器具；浴室内配有太阳能热水器；娱乐室内有麻将、象棋等娱乐品。2006 年 5 月，投资 60 万元，对光荣院进行改建，新建宿舍、活动室、娱乐室、卫生间共计 36 间。

1979 年以来，光荣院共收养烈属老人和荣复军人 124 名，去世 92 名。2008 年，光荣院有在院老人 30 名，其中男 25 名、女 5 名，年龄最高的 82 岁，平均年龄 73 岁。

五、烈士褒扬

1985年3月，临西县为了纪念在抗日战争中"四·二九"死难的烈士，缅怀革命烈士的业绩，在县城东2公里邯临公路北侧建成"四·二九"烈士纪念碑，供全县人民瞻仰纪念。全县青年团员及干部职工积极踊跃捐款7260元。纪念地占地10亩，纪念碑正面是时任省委书记高扬的亲笔题词"四·二九烈士永垂不朽"，背面是由共青团县委编撰的"四·二九"铭文。

1986年10月，省政府拨款16万元，临西县在摇鞍镇乡中贺伍庄村北建设"四·二九烈士陵园"。10月20日举行奠基仪式，省顾委、邢台地委行署、军分区、邯郸市人大、县五套班子成员、部分离退人员、干部代表及当地群众1800余人参加了仪式。陵园1987年4月30日落成，坐东朝西，东西长155米，南北宽110米，总面积17050平方米。陵园内建有"四·二九"烈士纪念塔，塔身高12.719米，塔基高1.5米，塔座高1.45米。塔身刻着徐向前、宋任穷、陈再道、刘志坚、王任重等革命先辈的题词。陵园内安葬着300多名在反扫荡战役中牺牲的烈士遗骨。纪念塔北面建有纪念堂。

2003年，县民政局投资3万元，对"四·二九"烈士陵园大门口进行改造，修建成仿古建筑。2006年，投资20多万元，对陵园进行绿化。2007年，投资5万元，对纪念堂进行维修。每逢清明节，全县中小学生扫墓祭奠，举办各种纪念活动。2005年，"四·二九"烈士陵园被中共邢台市委、市人民政府授予"爱国主义教育基地"。

第二节 优抚

1979年以来，临西县坚持按标准对革命伤残军人和烈士家属、病故军人家属等实施抚恤优待。2008年，全县共有优抚对象1.1675万人，其中"三属"（烈属、因公死亡、病故家属）274人、复员军人223人、带病回乡272人、在乡伤残军人266人（其中六级以上98人）、现役军人402人、历年来退伍军人1.0238万人。

一、烈士抚恤和因公牺牲、病故抚恤

抚恤的主要对象是革命烈士家属，因公牺牲、病故的现役军人和部队在编及正式职工、人民警察、党政机关工作人员、参战的民兵、民工家属。

此类抚恤分烈属、因公牺牲军人家属、病故军人家属，1979—2006年抚恤标准共作过4次调整，标准逐次提高。

烈士家属、因公牺牲军人家属、病故军人家属定期抚恤金标准

表20-8

单位：人、元/月

	2002年	2003年	2004年	2006年
烈属（农村）	160—165	195	220	260
烈属（城镇）	195—200	190	360	425
因公牺牲军人家属（农村）	160—165	190	210	245
因公牺牲军人家属（城镇）	195—200	260	335	395
病故军人家属（农村）	155—160	185	195	230
病故军人家属（城镇）	190—195	255	310	365

二、伤残抚恤

对革命伤残军人按不同伤残等级实行终身抚恤。

根据伤残者的伤残轻重和丧失劳动能力的程度，制定抚恤标准。2004年前，伤残等级划分为四等六级。2004年1月后，按照伤残程度划分为十级。伤残抚恤证每隔10年换证一次。临西县于

1982年、1992年、2002年曾三次换证。

伤残抚恤标准，根据伤残者有无固定收入区别对待。2004年前，分为在职、在乡两类。2004年1月起，伤残抚恤标准不再分为在职、在乡。

1979—2008年发放优抚款统计表

表20–9　　单位：万元

年度	款数	年度	款数
1979	22.10	1995	98.00
1980	26.58	1996	154.90
1981	26.12	1997	195.40
1982	29.69	1998	203.50
1983	24.81	1999	256.70
1984	25.10	2000	321.60
1985	31.66	2001	275.00
1986	43.90	2002	389.00
1987	40.96	2003	216.00
1988	39.77	2004	541.70
1989	49.06	2005	292.20
1990	46.60	2006	402.00
1991	57.00	2007	248.00
1992	68.00	2008	417.00
1993	85.00	合计	4739.35
1994	112.00		

革命伤残军人抚恤标准

表20–10　　单位：人、元/年

伤残等级		伤残性质	2002年抚恤标准	2003年抚恤标准	2004年抚恤标准	2006年抚恤标准
一级	特等	因战	8400（1800）	9960（2140）	11200	14560
		因公	8240（1770）	9800（2140）	10800	14040
		因病			10440	13570
二级	一等	因战			10080	13100
		因公			9600	12480
		因病			9200	11960
三级		因战	6480（1440）	7680（1720）	8960	11650
		因公	6350（1400）	7550（1680）	8400	10920
		因病	6220（1390）	7420（1670）	7800	10140

续表

伤残等级		伤残性质	2002 年抚恤标准	2003 年抚恤标准	2004 年抚恤标准	2006 年抚恤标准
四级	一等	因战			7280	9470
		因公			6600	8580
		因病			6000	7800
五级	二等甲	因战	3330（690）	3880（810）	5600	7280
		因公	3220（670）	3770（790）	5040	6550
		因病	3130（650）	3680（770）	4560	5930
六级	二等乙	因战	2230（580）	2600（680）	4480	5820
		因公	2150（560）	2520（660）	4200	5460
		因病	2110（550）	2480（650）	3600	4680
七级	三等甲	因战	1360（440）	1560（510）	3360	4350
		因公	1340（420）	1540（490）	3000	3880
八级	三等乙	因战	1210（370）	1390（430）	2240	2880
		因公	1210（360）	1390（420）	1920	2480
九级		因战			1680	2180
		因公			1440	1870
十级		因战			1120	1460
		因公			960	1250

第三节 救济帮扶

一、救灾救济

（一）境内救灾

境内自然灾害多数年份都有发生，主要有风、雹、洪、涝、旱、虫等灾害。每当发生重大自然灾害，政府部门首当其冲察看灾情，组织救灾活动，解决人民群众的生活、生产问题。然后报请上级部门，给以救济和援助。

1979—2008 年发放社会救灾款统计表

表 20–11　　单位：万元

年度	金额	年度	金额	年度	金额
1979	12.50	1990	34	2001	84
1980	15.71	1991	36	2002	96
1981	15.70	1992	40	2003	62
1982	8.19	1993	47	2004	59
1983	9.00	1994	43	2005	64

续表

年度	金额	年度	金额	年度	金额
1984	11.53	1995	45	2006	77
1985	11.95	1996	52	2007	60
1986	14.60	1997	72	2008	112
1987	11.95	1998	62	合计	1316.49
1988	13.36	1999	57		
1989	18.00	2000	71		

（二）支援灾区

1979年以来，临西县发扬“一方有难，八方支援，团结互助，共渡难关”的社会主义大家庭精神，对外阜地区发生的重大灾害都及时给予人力、物力援助，以解决灾区人民燃眉之急。特别是近年来南方水灾频繁，县民政局每年都组织救灾捐助活动。2008年的冰雨、汶川大地震，临西县各级党政领导带头捐款，全县群众积极响应，组织部门还在党员中开展了交纳“特殊党费”活动，全县共捐款193万元。在捐款予以经济援助的前提下，积极组织建设人员、医务人员奔赴灾区，帮助进行抗灾救灾。

二、扶贫开发

1984年，县成立扶贫领导小组，研究部署“双扶”工作，动员各方面力量，实行领导带头，建立干部包干制度。1985年，全县共有贫困户4307户，占农户总数的3%。全县共扶持贫困户2807户，发放无息贷款15.9万元，乡镇、村自筹扶贫资金38.4万元，当年脱贫614户。

1999年，国家加大对贫困村的扶持力度，全县17个村、1个乡镇被列入全省扶贫计划，10年分三批进行重点扶持。第一批扶贫村洪官营、马龙、西郭七寨、司寨、琉庙、范庄、东苟、范八里、江庄、指挥屯、李园，分两年拨付扶贫款71万元，用于修路、建校、养殖等；第二批扶贫村有郑庄、海尔寨、商庄，上级拨付扶贫款16.5万元，用于打井、修桥等基础设施建设；第三批扶贫村为来店、陈庄、毕庄。摇鞍镇乡为省级扶贫乡镇，上级拨付扶贫款3万元，用于发展种植、养殖业。

三、落实农村五保户政策

1979年至2006年，对农村丧失劳动能力和无依无靠的老、弱、孤、寡、残农民，本着“依靠国家、依靠集体保障和群众互助”的原则，以分散供养为主，资金由乡镇政府自筹，部分乡镇成立有敬老院，收养辖区内的孤寡老人，实行保吃、保穿、保烧、保住、保医（孤儿保养）的供给政策。2006年3月1日，按照国务院颁发新的《农村五保供养条例》规定，开始对农村五保老人实行集中供养和分散供养。2006年，全县五保人数1552人，集中供养78人、分散供养1474人。供养标准：集中供养每人每年1500元；分散供养每人每年1200元，资金由省市财政部门转移支付。2008年12月，全县有乡镇敬老院3处，分

东留善固村民低保听证会

河北省推进阳光低保现场会在临西召开（2012 年 7 月摄）

别是老官寨镇敬老院，住院人数 13 人；黎博寨工作站敬老院，住院人数 5 人；单屯工作站敬老院，住院人数 10 人。

四、关爱老人

2001 年开始，临西县对全县百岁老人进行生活补助，补助标准由每人每年 500 元提高到每人每年 1200 元。2006 年 5 月，根据上级部门分工，老龄工作归口县民政部门进行管理，县老龄工作委员会办公室由人事劳动部门划归民政局，为事业编制，设股级管理干部 1 名。至 2008 年，为老年人办理优待证 600 余个，老年人持证可以享受国家、省、市有关部门规定的优惠待遇。2001—2008 年，全县共有百岁以上老人 13 名，发放生活补助金 3.8 万元。村级老龄事业发展迅速，仓上村凡年满 60 岁以上的老年人，每月补助生活费 30 元。东留善固村每人每月发零花钱 5 元。东留善固、仓上被国家老龄委授予“全国敬老模范村”。

五、关爱残疾人

（一）建立残疾人联合组织

1989 年 11 月 1 日，成立临西县残疾人联合会（以下简称残联）。设理事长 1 名、副理事长 1 名，下设办公室，定编 7 人，负责全县残疾人的福利、生活、就业管理工作。1989 年 12 月 5 日，召开第一次残联代表大会，通过了县残联关于《中国残疾人联合会章程》的实施细则（草案）。1993 年 10 月 5 日，召开第二次残联代表大会，总结残联成立以来各项工作的开展情况。1997 年 7 月 1 日，成立县残疾人调解委员会。1998 年 3 月 15 日，成立乡镇残疾人联合会，由主管副乡镇长任理事长，设专职干事 1 名。1998 年 12 月 1 日，召开第三次残联代表大会。2003 年 7 月，召开第四次残联代表大会。2004 年 7 月 14 日，成立县盲人协会。2005 年 3 月 5 日，成立村级残疾人协会。2005 年 10 月 11 日，由县民政局、统计局、卫生局、财政局联合成立残疾人联合办公室，办公地点在民政局。2006 年 4 月，开展全国第二次残疾人抽样入户调查工作，抽查村庄有大庙、东段、西水波、杨庄、单屯、黄庄、张三寨、李六寨 8 个村庄。是年 6 月 1 日，圆满完成调查任务。

（二）帮助残疾人就业

1996 年 12 月 2 日，成立县残疾人就业劳动服务所，按照国家政策安置残疾人的就业，对残疾人开办的工商企业给以税收减免和政策扶持。1999 年 1 月，县政府出台《按比例安排残疾人就业办法》并组织开办残疾人福利事业。2002 年 10 月 1 日，对全县残疾人进行大普查。2006 年 6 月，召开全县按比例安排残疾人就业动员大会。

1998 年，安置就业 20 人；1999 年，安置就业 9 人；2001 年，安置就业 9 人；2002 年，安置就业 5 人；2003 年，安置就业 30 人；2004 年，安置就业 34 人；2005 年，安置就业 21 人；2006 年，安置就业 32 人；2007 年，安置就业 25 人；2008 年，安置就业 31 人。

（三）落实残疾人福利

1996 年 12 月 1 日，各乡镇根据县政府《关于扶助照顾残疾人的有关规定的通知》精神，相继出台制定了《关于扶助照顾残疾人的有关规

定》，对残疾人在就业、就医、教育、经营方面给予扶持、照顾。1999年5月10日，县残联与县农业银行发放贴息贷款50万元，扶持贫困残疾人进行种植、养殖、工副业加工等经济项目。2003年7月，由地税局向社会代征残疾人就业保障金。2004年，在县委、县政府支持下，在医院、学校等重要场所铺设盲道5000多米，以方便盲人的出行。2002年，税费改革后，为残疾人节省税费5万多元。2003年，县残联、农业局、第二人民医院到黎博寨对残疾人进行技术培训和免费体检，为全县残疾人发放就医优惠卡200多张，对残疾人就医的常规检查按比例给予减免费用。2004年，市残联对本县32户贫困残疾家庭发放慰问金3200元；县残联分别在2005年3月、2007年8月举办了两期残疾人电脑培训班，参加培训20多人。2005年，县残联对10名考入高等院校的贫困残疾大学生进行资助，发放扶残助学金1.2万元。

第四节　民政管理

一、婚姻登记

（一）结婚

1979年，婚姻登记实行民政局主管，各乡镇办理。男性青年年满22周岁、女性青年年满20周岁，先向村委会提出申请，由村委会出具证明，到乡镇政府办理婚姻登记手续。2003年8月8日，国务院《婚姻登记条例》发布，男女双方持身份证、户口簿可以到乡镇政府办理结婚登记。2004年5月，为加强婚姻管理，保护当事人的合法权益，河北省民政厅下发了《关于全省婚姻登记机关设置的通知》，临西县设置民政局婚姻登记处，撤销15个乡镇人民政府的婚姻登记处。符合法定条件的男女，只需提供身份证、户口簿原件、复印件即可到民政局婚姻登记处办理登记手续。结婚高峰期一般为每年的5月1日、10月1日及春节前。

婚姻登记处（孙晓林摄）

（二）离婚

凡经调解无效、双方同意且对离婚协议内容无异议者，县民政局婚姻登记处即可给予办理离婚手续，发给双方离婚证，解除夫妻关系。如有一方提出离婚，另一方不同意，须经法院受理，做出调解和判决。离婚后，再要求复婚的，如双方同意可重新办理结婚登记手续。

1985—2008年结婚、离婚统计表

表20-12　　单位：对

年度	结婚	离婚	年度	结婚	离婚
1985	1518	14	1997	1530	28
1986	3268	72	1998	1786	32
1987	1664	53	1999	3053	43
1988	868	25	2000	2321	54
1989	1620	8	2001	2228	69

续表

年度	结婚	离婚	年度	结婚	离婚
1990	521	6	2002	2450	76
1991	2560	9	2003	2608	95
1992	1920	13	2004	2686	104
1993	2600	15	2005	2512	141
1994	4645	18	2006	2490	183
1995	1696	19	2007	2955	212
1996	1720	25	2008	2606	236

二、殡葬改革

1979年以来，临西县大力开展移风易俗、破除迷信，倡树社会新风活动，积极推行殡葬改革。成立专门组织，制定有关文件，加大殡葬服务设施的更新改造，取得了一定的成效。1985年，县政府组织民政、公安、司法、交通、宣传、纪检、卫生等部门，成立了红白理事会，督导全县殡葬事宜。县政府颁布了《临西县殡葬管理规定》，要求所有机关、团体、学校、企业、事业单位的干部、职工（包括离退休的干部、职工）去世后都必须实行火葬，废除土葬，丧事简办。在农村大力推行火葬，限制土葬。同时，对火化厂进行了扩编扩建，使火化厂职工人数达到24人，占地面积达到9.22亩，建筑面积达到900.6平方米，建有火化间、休息室、接待室、登记室、停尸房、骨灰堂等，配备有殡葬服务车1部。

1989年，全县共火化尸体2472具。由于部分群众对火化这一先进丧葬制度暂时不够理解，还有部分群众将去世者尸体火化后再回家装棺入殓，再行土葬。对个别拒不火化、擅自土葬的，也一度实行过干部带队强制起尸火化的措施。1999年，县政府成立了殡葬改革领导小组，在全县实行火葬，平坟扩耕。1999—2000年，共火化尸体3700多具，火化率达80%以上；平坟3566墩，扩耕土地375亩。近年来，火化率逐年走低，土葬占比呈上升趋势。

三、社团登记

从1978年1月14日，民政局开始履行社团登记职能。1979年以来，民政局对于社会上各种社团组织，先后进行了摸底排查、清理整顿等项工作，对合法组织进行备案发证，确定其合法地位，每年进行验证审核。此项工作包括社团组织和民办非企两项内容。

（一）社团组织

从1979年始到2008年，临西县社团组织经历了从无到有、不断发展的阶段。到2008年底，登记验证的社团组织共有17个，分别是：临西县用水协会、临西县农业技术协会、临西县农业技术推广协会、河西镇兴旺犬类养殖训练协会、临西县酒类行业协会、临西县肉类行业协会、临西县金融行业协会、临西县成品油行业协会、临西县奶牛养殖协会、临西县个体劳动者协会、临西县机动车驾驶员协会、临西县周易协会、临西县龙潭古刹临清潭腿研究会、临西县万村千乡协会、临西县轴承质量促进会、临西县农村经济合作组织联合会、临西县伊斯兰教协会。

（二）民办非企业单位

对于以社会效益为主，经济收入为辅的民办非企业单位，2003年也纳入到民政社团登记管理范围。这部分单位主要以农村卫生所和私立学校、特种教育为主。2001年，国家对非民办企业进行登记发证，其证件每年验审一次，视为有效证件。2002年，开始全面清查登记工作，当年登记、审

核、发证230多个单位。其后，每年例行工作检查、证件审验核定工作。2008年，全县共有民办非企业单位4个。分别是：临西县天合婚姻介绍所、临西县生产力促进中心、临西县机动车驾驶员培训学校、临西县福雨医院。

第五节　推行村委会直选

党的十一届三中全会之后，全国进入了改革开放的新时期。改革率先从农村突破，取得了举世瞩目的成就，家庭承包经营责任制的推进使农村的生产方式和分配方式发生了根本性变化。在这种情况下，建立与农村经营体制相适应的基层管理体制，成为了亿万农民的迫切要求。1982年颁布的宪法规定了村委会的任务，明确了村委会是群众自治组织的法律地位，从此农村开始走向村民自治的新阶段。村民委员会是自我管理、自我教育、自我服务、自我监督的基层群众性自治组织，村民自治的基本内容是民主选举、民主决策、民主管理、民主监督。

1987年全国人大通过的《中华人民共和国村民委员会组织法》(试行)做出了“直接”选举的法律规定。根据省委、省政府的部署安排，从1988年临西县按照《中华人民共和国村委会组织法》(试行)开始了村委会成立以来的第一次换届选举。由于这一时期的村委会工作基本处于摸索阶段，对怎样实行基层民主选举等一些基本原则没有详细规定，又缺乏民主选举的经验，村委会产生出现多样化，有全村选民参加选举的，有以户为代表或村民代表选举的，选举程序很不统一。有的村委会与过去的生产队相比只是换了牌子，但毕竟是农村基层组织民主选举的开始，意义重大。1991年全省第二届村委会换届选举，省政府进行了统一部署，统一了届次，作出了具体要求，省人大颁发了《河北省村民委员会组织条例》，选举的规范性前进了一大步。选举的具体办法是由各县市自行制定，所以选举程序仍不统一。1994年第三届村委会换届选举，省民政厅在总结上届选举经验的基础上，制定了《河北省村委会换届选举试行办法》，下发各地参照执行，在规范选举、保障村民行使民主权利方面起到了积极作用。不足的是实行以户为代表或村民代表会议选举村委会的情况仍然存在。

1996年底，按照省委、省人大、省政府部署，依照河北省人民政府《关于做好第四届村民委员会换届选举工作的通知》要求，临西县进行了第四届村委会换届选举工作。在这届选举中，各级党委认真贯彻《中华人民共和国村委会组织法》(试行)和《河北省村委会选举暂行办法》，遵循民主、平等、差额、直接、无记名投票等原则，实行村民直选，严格依法办事，圆满完成了选举任务。这次选举规范了选举程序，统一了选举时间，初步构筑了符合农村基层民主政治要求的直接民主选举的新框架。

1999年，省人大出台了《河北省村民委员会选举办法》，规定村民委员会由主任、副主任和委员三至七人组成，由选民直接选举产生，每届任期三年，可以连选连任。有选举权和被选举权的村民一般应在户籍所在的村进行选民登记。村民委员会成员候选人由本村选民直接提名。村民委员会主任、副主任和委员实行差额选举。举行选举时要由村民选举委员主持召开选举大会，采取无记名投票方式进行选举。选举现场应设立发票处和秘密写票处。投票结束后集中投票箱，当众开箱、公开唱票、计票、当场公布选举结果。2002年，又对选举办法进行了修改，之后，省人大内司委与省民政厅又对村委会换届选举中一些具体问题作出了明确规定。临西县于2000年、2003年、2006年和2009年进行的第五、六、七、八届村委会换届选举，更加规范有序。这四届村委会换届选举从思想认识分歧较多到思想认识逐步统一，从间接民主到直接民主，从等额选举到差额选举，从具体操作办法不规范到逐步规范，突破了旧的选举模式，真正实现了由任命制和村民间接选举到直接选举村委会的重大转变。对于不断巩固基层党组织领导的充满活力的基层群众自治机制，扩大基层自治范围，完善民主管理制度，把城乡社区建设成为管理有序、服务完善、文明祥和的社会生活共同体，有着重大而深远的意义。

第六节 民族宗教

全县共有少数民族村8个，分别是洪官营、八里圈、马店、邢庄、小芦、殷庄、黑庄、百户寨，以回民为主。2008年，回民人数为5462人。全县有五大宗教，即：天主教、伊斯兰教、佛教、道教、基督教，信教人数16195人。

一、民族构成

从第四次全国人口普查资料分析，临西县共有10个民族。汉族占全部人口的98.9%。回族占全部人口的1.1%。其他8个民族分别是蒙古、彝、满、苗、壮、布依、瑶、土家族，总人口不过100人。回族主要分布在北居委、洪官营、邢庄、黑庄、小黑庄、小芦、百户寨、八里圈、殷庄、郑庄、北三里、朱庄、刘口等村，其中八里圈、殷庄全村都是回族。回族信奉伊斯兰教，生活中爱清洁，禁食猪肉和死后屠宰的肉食，不和外族通婚。由于人口比例较小，宗亲联姻比较普遍。回族的男子娶汉族女子为妻的现象偶有发生，而回族女子外嫁汉族的现象，颇为少见。其他8个少数民族多数是随着南北通婚嫁入临西县的四川、云南、贵州等地的妇女，全部为女性公民。

二、宗教信仰

中共十一届三中全会以来，临西县落实国家宗教信仰自由的政策，在“三自一爱”的原则下，对教民的活动场所实行自办、自用、自管的方针，教民活动逐渐恢复。1979年改革开放以来，首先恢复活动的是伊斯兰教，并在上级宗教部门的大力支持下，对伊斯兰教寺院进行了整修和扩建，继而，在市宗教局的批复下，相继对不同宗教的净域寺（月洼寺）、石佛寺、红寺（念佛堂）、卫罗寺、万通寺进行修复和重建，教民活动逐步走向规范。

临西县宗教活动场所分布情况一览表

表20-13

宗教名称	活动场所	场所地址
佛教	净域寺（俗名月洼寺）	临西镇仓上
	石佛寺	吕寨乡石佛寺
	红寺（念佛堂）	河西镇黄庄
	千佛寺	单屯工作站瓜厂
	万苑寺（万家圆）	河西镇南队
	卫罗寺	大刘乡卫罗庵
	万通寺	白地工作站万庄
道教	真武庙	摇鞍镇乡马尔寨
伊斯兰教	洪官营清真寺	老官寨镇洪官营
	黑庄清真寺	老官寨镇黑庄
	八里圈清真寺	东枣园乡八里圈
	殷庄清真寺	水波工作站殷庄
	小芦清真寺	姚楼工作站小芦
天主教	小芦天主教堂	姚楼工作站小芦

续表

宗教名称	活动场所	场所地址
基督教	白庄耶稣教堂	老官寨镇白庄
	高洼耶稣教堂	水波工作站高洼
	堤口耶稣教堂	临西镇后堤口
	河西耶稣教堂	河西镇南居委

基督教在全县共有38个活动场所，教民2000多人。

基督教活动场点一览表

表20–14

辖区	活动场所（村庄）
河西镇	南居委182号
东枣园乡	范八里
水波工作站	高洼　水波　马龙
临西镇	前堤口　西马鸣堂　仓上　王路寨
老官寨镇	白庄　汪庄　东老官寨
下堡寺镇	丁庄　北杏园　南镇　东留善固　张三寨
白地工作站	王庄　杨黄营　秦白地　李庄　西大屯　张白地　张堂
大刘庄乡	马店　来店　卫罗庵
摇鞍镇乡	前胡官庄
姚楼工作站	郝村　指挥屯
黎博寨工作站	尚庄　老军营
尖冢镇	尖冢　郝庄　赵庄　樊村
吕寨乡	吕寨
单屯工作站	单屯

1979—2008年宗教活动场所及信教群众基本情况一览表

表20–15　　单位：个、人

年度	佛教场所	信教人数	道教场所	信教人数	伊斯兰场所	信教人数	天主教场所	信教人数	基督教场所	信教人数
1979	5	1907	1	71	5	3088	1	313	24	1834
1980	5	1939	1	95	5	3095	1	319	24	1843
1981	5	1945	1	102	5	3141	1	322	24	1924
1982	5	1948	1	103	5	3157	1	327	24	1935
1983	5	1979	1	109	5	3170	1	327	24	1957

续表

年度	佛教场所	信教人数	道教场所	信教人数	伊斯兰场所	信教人数	天主教场所	信教人数	基督教场所	信教人数
1984	5	1983	1	110	5	3179	1	335	24	1989
1985	5	1986	1	116	5	3184	1	337	24	1994
1986	5	1994	1	123	5	3196	1	339	24	2004
1987	5	1996	1	126	5	3197	1	341	24	2015
1988	5	1998	1	128	5	3199	1	344	24	2019
1989	5	1999	1	128	5	3201	1	347	24	2030
1990	5	1995	1	130	5	3210	1	349	24	2035
1991	5	1997	1	132	5	3215	1	352	24	2041
1992	5	1925	1	135	5	3219	1	355	24	2047
1993	5	1928	1	134	5	3229	1	353	24	2050
1994	5	1929	1	132	5	3230	1	351	24	2055
1995	5	1932	1	135	5	3234	1	353	24	2061
1996	5	2037	1	138	5	3335	1	355	24	2566
1997	5	2039	1	138	5	3339	1	358	24	2669
1998	5	2042	1	139	5	3342	1	360	24	2772
1999	5	2047	1	142	5	3551	1	362	24	2776
2000	5	2059	1	145	5	3557	1	366	24	2784
2001	5	2194	1	157	5	3555	1	369	30	2844
2002	5	2255	1	168	5	3559	1	377	31	2856
2003	5	2364	1	186	5	3562	1	398	32	3175
2004	5	2507	1	214	5	3570	1	477	36	3440
2005	5	2711	1	273	5	3614	1	554	38	3525
2006	6	2901	1	300	6	3782	1	694	38	3914
2007	6	3728	1	260	6	4739	1	824	38	4916
2008	6	4260	1	280	6	5419	1	1000	38	5236

附：小芦天主教堂

据民国《临清县志》和新修《威县志》载：小芦天主教堂于清咸丰七年（1857年），由法国传教士费云龙创建，教堂占地面积189平方米，系砖木结构建筑。光绪二十六年（1900年），义和拳二次起义，打着“助清灭洋，杀尽天主教”的旗帜，四处攻打教堂，追杀教民和传教士。他们兵分三路，一路由乜头领率领，在景县、阜城一带进攻教堂；一路由阎书芹带领，由运河东往恩城、武城一带攻打十二庄教堂；一路由赵三多带领，向晋州、无极、正定进发，沿途杀洋人，烧教堂。农历六月十三日，赵三多的队伍由南宫回威县，攻打小芦天主教堂。清兵见义和拳人多势众，保着传教士逃往济南。在攻打过程中，有13名教民被杀，其中包括贞女李马利娅和她不满周岁的孩子尹玛窦。光绪三十二年（1906年），地方稍事平定，由教民重建寺院，占地面积45.6亩，教堂面积684平方米，同时建有宿舍、客厅、餐厅、伙房、修道院、马棚、磨坊。1967年春，教堂被当作“四旧”拆毁，教事活动全部停止。中共十一届三中全会后，国家落实宗教政策，提倡群众“信仰自由”，教事活动逐步恢复。1989年—1990年，由教民捐款，重建教堂。新建教堂占地面积520平方米，为钢混、砖木相结合的结构。其后又于西面建二层小楼一座，在南面建砖瓦脊房一排，以满足教民活动之需求。

第三章　安全生产

第一节　机构设置

1984年1月，设立县安全生产委员会，由主管副县长兼任主任，各相关科局的主要领导人为成员，办公室设在劳动人事局。2002年7月，县安全生产委员会办公室划转到县经贸局。2003年11月，成立县安全生产监督管理局，行政编制8人，下设办公室、安监股。2005年，行政编制增至10人。

第二节　安全监督

一、安全宣传

为在全县普及安全生产法律常识，增强群众的安全生产意识，贯彻“安全第一，预防为主，综合治理”的指导方针，县安全生产监督管理局采取多种形式开展安全生产宣传教育。设立专职安全生产宣传员2名，深入生产经营单位进行安全生产法律、法规知识的宣传。采取开设安全生产法律法规知识讲堂、印发宣传资料等多种形式，普及安全生产常识。以每年6月份的“安全生产宣传月”为契机，动员全县所有存有生产隐患的单位和安全管理机构全体出动，在县城主要街道两旁采取悬挂条幅、张贴标语、展示事故、播放安全生产事故案例影像、发放安全生产宣传资料等多种形式，普及安全生产知识，营造“人人讲安全，人人要安全”的浓厚安全氛围。

安全生产大检查部署大会

二、安全培训

县安监局负责组织、指导并监督全县特种行业作业人员（特种设备作业人员除外）的考核工作，生产经营单位的主要经营管理和安全管理人员的安全资格考核工作。2004年始，县安监局组织培训特种作业人员1097人，其中电工764人、电焊工333人、生产经营单位法人和安全管理人员126人。培训后，经考试、考核合格，全部颁发了上岗资格证书。根据上级规定，特种作业上岗证书每两年一审验。取证8年后，4年一审验。

如逾期未审验，视为无效证件，无上岗资格。

安全培训情况一览表

表 20-16　　单位：人

年度＼人数＼类别	合计	培训对象			
		法人代表	管理人员	电工	焊工
2004	65			50	15
2005	398	18	21	282	77
2006	760	42	45	432	241
2007	368	73	76	124	95
2008	226	46	52	68	60
合计	1817	179	194	956	488

三、安全监察

每年定期开展烟花爆竹、危险化学品、道路交通、锅炉压力容器、人口密集场所消防等安全生产专项检查，督促各类生产经营单位建章立制，完善安全生产基础设施，提高安全生产主观意识，从根本上消除各类生产经营单位安全意识淡薄、基础设施不完善等多种生产安全隐患。各类生产经营单位的安全生产条件和职业卫生得到明显改善。

安全监察执法情况一览表

表 20-17

年度＼内容	检查单位数	发现安全隐患数（条）	整改隐患数（条）	整改率%
2003	185	1115	1115	100
2004	245	836	836	100
2005	276	1104	1104	100
2006	282	927	927	100
2007	290	570	570	100
2008	294	543	543	100

四、安全事故查处

为有效防范重大安全事故的发生，保障人民群众生命财产安全，规范安全生产处罚工作，保证生产经营单位依法进行安全生产，根据《中华人民共和国行政处罚法》《中华人民共和国安全生产法》及其他有关法律、行政法规的规定，国家安全生产监督管理局于 2003 年 5 月 19 日颁布了《安全生产违法行为行政处罚办法》，从而为安全事故的查处做到了有法可依、依法行政。在此期间，依法对高村造纸厂高压热容器爆炸伤亡事故等进行了追责查处，并通报全县予以警示。

第四章　史志工作

第一节　党史研究

1982年，县委成立党史资料征集办公室至今，虽然机构数次归并、专职人员较少，但仍在党史研究工作方面取得了很大进展。

一、党史资料征集出版

1987年，县委党史研究室组织撰写出版了《宏毅县革命斗争史》。该书通过老干部回忆录和调查搜集整理历史资料，从不同的侧面反映了抗战时期宏毅县干部群众发展生产、支援前线、抗击日寇的奋斗历史。宏毅县从成立到撤销只有短短三年多的时间，但宏毅精神代代相传。该书的出版为后人了解宏毅县历史提供了宝贵的史料。1995年7月，党史研究室经过两年的调查走访，搜集历史资料，出版了《卫运河畔的烽火》一书。该书记录了临西早期党组织的发展和临西人民在抗日战争、解放战争时期的光辉业绩，是一部珍贵的历史资料。

2006年，按照县委安排着手编写《中共临西县历史》一书 。党史工作人员通过查阅资料、实地调查、外地走访、召开座谈会等形式，搜集整理了几十万字的档案资料，于2009年8月正式出版。全书共九章、17万字，通过大量详尽的资料，叙述了临清（临西）党组织整个的发展历程。

二、党史专题调研

2005年5月至2006年12月，临西党史研究室参与了省、市党史部门组织的“中国抗战时期人口伤亡和财产损失”大型课题调研。成立了抗战课题调研工作领导小组，下设课题调研办公室。调研深入到30个重点村，走访群众220多人，整理笔录40余份，填写表格20多份；各乡镇深入全县299个行政村，走访群众2700余人，签字证人900多人，填写表格2000多份。搜集内查外调查阅资料3000余册，圆满完成了调研任务。2006年7月，参与完成了省党史办组织的“口述历史，见证光荣，根治海河的伟大壮举工程”回忆录课题调研。两篇调研专题刊登在中共党史出版社出版的《热血铸辉煌——海河壮举忆当年》一书。同时，完成了冀南革命史编审委员会部署的《日军在冀南暴行录》一书的部分资料征集任务。

第二节　地方志编纂

1984年10月，成立临西县地方志编纂委员会办公室，与县地名办公室为一套人马，两块牌子。

1991年，编撰出版《临西县地名志》，该书共分八章，第一章综述；第二章政区地名；第三章聚落地名；第四章自然地名；第五章经济地名；第六章文化地名；第七章历史地名；第八章附录。由河北科学技术出版社出版发行，共计336页，24.9万字，该书获河北省社会科学优秀成果一等奖。

1996年，编纂出版了首部《临西县志》。该志书采用大编设置，共分十卷，卷一概述；卷二大事记；卷三地理；卷四经济；卷五政治；卷六军事；卷七文化；卷八社会；卷九人物；卷十附录。全书929页，150万字，获河北省优秀志书一等奖。

2000年，编撰出版《临西图志》。该志设概况、政治、地理、经济、文化、人物、附录七部分，以图表的形式展示了临西历史的发展变化。正文147页，各类照片1500余幅，是一本图文并茂的历史画卷。

2006年9月，开始《临西县志》（1979—2008）的编纂工作。

在此期间，按照省市的要求，参与了《河北省市县概况》《中国风光物产大全》《河北省地名辞典》《聊城人物辞典》《燕赵游子录》等书籍的编写

临西金融志续志编纂启动会

工作。辑印了《临西稽古》。县直有关部门先后编辑出版了《临西县交通史》(1989年出版)、《临西县体育志》(1993年出版)、《临西县水利志》(1994年出版)、《临西县建行志》(2003年出版)、《临西县电力志》(2005年出版)、《临西金融志》(2005年出版)等部门专业志书。

第三节　组织史编录

1985年10月,开始编撰《临西县组织史资料》(1926—1987)。编撰人员查阅各类档案1100多卷,走访老干部330多人次,函调570多人次,召开各种座谈会14次,先后到河北省档案馆、邢台地区档案馆、山东省临清市档案馆、组织部、党史办、史志办,进行考查征集资料2.9万件,计2153万字。经过三次审稿,于1990年最终完成编撰工作,并于1991年10月印刷。该书为《中共河北省临西县组织史资料》《河北省临西县政权系统组织史资料》《河北省临西县地方军事系统组织史资料》《河北省临西县统一战线系统组织史资料》《河北省临西县群众团体系统组织史资料》的合订本,全书296页,43万字。

1992年6月,开始《临西县组织史资料》(1987—1992)的编撰工作。历时3年,于1995年编撰成册,并付梓印刷。该书为《中共河北省临西县组织史资料》《河北省临西县政权系统组织史资料》《河北省临西县地方军事系统组织史资料》《河北省临西县统一战线系统组织史资料》《河北省临西县群众团体系统组织史资料》《河北省临西县部分企事业单位组织史资料》六部分资料合订而成。计191页,26.7万字。

1998年6月,开始《临西县组织史资料》(1993—1998)的编撰工作。历时3年,于2001年11月付梓印刷。该书主卷共分五章,第一章县级地方党组织;第二章县级纪律检查机关;第三章县政军统群组织党组;第四章乡镇党委、纪委;第五章部分企事业单位党组织。附编有五,附编一河北省临西县政权系统组织史资料;附编二河北省临西县地方军事系统组织史资料;附编三河北省临西县统一战线系统组织史资料;附编四河北省临西县群众团体系统组织史资料;附编五河北省临西县部分企事业单位组织史资料。该书计330页,36.9万字,精装印刷。

第四节　文史编撰

县政协于1984年4月设立文史科,配备专职人员2名,聘请业务文史资料员10名。到2008年,已编辑出版《临西文史》5辑。

《临西文史》第1辑,编纂于1986年,主要内容分为八部分:政区沿革、革命史料、企业概貌、历史人物、文化源流、社会名流、艺苑花卉、名胜古迹。收录资料25篇,共78000字,印发1000册。

《临西文史》第2辑,编纂于1989年,主要内容是抗日战争时期的革命斗争史。收录资料19篇,共15万字,印发1000册。

《临西文史》第3辑,编纂于1991年,内容主要以抗日战争时期的回忆录为主,兼有古迹、古人等。收录资料26篇,共125000字,印发1500册。

《临西文史》第4辑,编纂于1996年,内容主要是人物专辑,收录了原籍为临西县,在临西县或外地战斗、工作,担任副县(团级)以上领导职务,现已病故或离退休人员,具有副高级以上专业技术职称且具有突出贡献的、担任副地厅级以上领导职务的现职人员;原籍为外地人,在临西县战斗和工作过,担任副县(团级)以上领导职务，已病故或离退休，具有副高级以上专业技术职称且具突出贡献者；革命战争时期，受到县级以上人民政府表彰的英模人物；临西籍革命烈士。收录资料127篇，共30万字，印发1500册。

《临西文史》第5辑，编纂于2002年，主要内容分为两部分：一是中华人民共和国成立以来临西县经济、社会发展的主要行业和重要单位的发展简史；第二部分是古迹、古人、古事。具体细化为沧桑巨变、名优特产、史海钩沉、历史考证、人物春秋、文物古迹、史料研讨七篇目。收录资料29篇，共18万字，印发2500册。

同时，政协文史科还印发《文史资料》内部期刊50期，征集文史资料420余篇，省政协选用12篇，其他刊物选用9篇。

第五章　档案工作

1978年，建临西县档案馆，属县委办公室中层机构。1986年5月，成立临西县档案局，定为县政府的行政管理部门，下设档案馆。1989年8月，增设办公室。1996年机构改革，档案局为县政府直属事业机构，局、馆合一，一套人马，两块牌子，编制7人。

第一节　档案管理

按照“遵循档案形成的特点和规律，保持档案文件之间的历史联系，使档案反映历史活动的真实面貌，便于保管和利用”的原则，县档案馆对进馆档案进行了系统的整理。从门类上分：有文书档案、科技档案、财会档案、人事档案、声像档案；从载体上分：有纸质档案、照片档案、

档案馆工作人员在整理档案

实物档案、磁性材料档案。全县档案有63个全宗，每个全宗划分若干类别。县委、县政府的档案分为13大类：综合、组监、宣传、群团、武装政法、工交、农业、文教卫生、财贸、民政、计划统计、科技、民政、简报等类别。县直机关及各乡镇、企事业根据本单位的机构设置、工作任务或职能进行分类。此外，馆内还保存有部分图书、资料、历年的报纸杂志、上级和临西县编印的统计资料、临西县的县志、图志、地名志、大事记和各机关编写的史料等。全宗档案经价值鉴定后，按国家规定的档案保管期限划分保管期限，分为永久、长期（16–50年）、短期（15年以下）3种，进行统一组卷、编目、排列。1989年，全县已建立机关档案室71个（含乡镇）、企业档案室8个，占全县应建单位的82%。75个档案室配备了专、兼职档案管理员。按照国家规定，全县实行了党政档案统一管理的立卷归档制度，各机关档案室都建立了“定期立卷、安全保管、积极利用、按时移交”的档案管理制度。1997年，县档案局搬迁到县委、县政府联合办公大楼五层，建筑面积350平方米，其中库房200平方米、办公用房150平方米。

第二节　档案升级

为适应全省档案工作规范化管理和档案事业发展的要求，实施信息化带动战略，经过全体档

案工作者的努力，自1995年以来，县档案工作以“抓好乡镇、强化县直、带动农村”为工作指导思想，深入机关、工厂、农村、学校，全县60多个单位，进行档案的管理指导。从1995—1998年底，整理档案1000多卷（册）、资料4000多册。县直有34个单位达到省三级档案室标准，有10个单位达到了省一级档案室标准。乡镇建档工作以年30%的速度递增，乡镇档案管理工作均达到了省三级标准，在全市率先实现了乡镇档案升级。到2002年，全县15个乡镇、工作站，全部建立了档案室，有16名专兼职档案员。在农业和农村档案工作中，实行“抓典型、带一片”的工作方式，以东留善固、仓上、大米庄为典型，抓了村级建档试点工作。1999年，为顺利实施农村第二轮土地延包合同进馆工作，县档案馆接收了全县68800户土地延包合同书，立卷834卷（册），为农民放心大胆地走致富道路和减少土地纠纷提供了最重要的原始凭证。到2002年，全县90%的村庄建立了基础资料档案，县级示范联系点9个、市级1个、省级1个。乡镇、工作站档案管理规范化率达到80%，农业经济园区建档率达到75%。2006年底，全县299个村，有254个村建有档案室，村级建档率达85%。在企业、乡镇（工作站）、金融、农业系统等80多个单位中，一级档案室15个、二级档案室8个、三级档案室17个。县档案局依据升级标准，对升级单位进行宏观指导和业务服务。

第三节 档案利用

提供档案资料，开发档案信息资源，为各级经济建设服务是档案工作的重要内容，也是体现档案价值的表现形式。县档案局紧紧围绕县委、县政府的中心工作，深挖档案信息资源，全力搞好提供利用工作，为县域经济的发展提供了大量可靠的证据和数据。1995年以来，据不完全统计，向社会开放档案1303卷，提供利用档案资料18660卷（册），接待查卷6700人次，在本县经济建设、工作考查、编史修志、学术研究、接续工龄等工作中，发挥了重要作用，产生了一定的社会效益和经济效益。县档案馆年均为领导机关、企事业单位和团体、个人提供利用档案资料1500人次，1700多卷（册）。

县直机关、企事业单位档案室在为本机关工作服务中，年均接待查档4.1万人次，5.5万卷（册），除产生社会效益外，创间接经济效益30多万元。

第四节 档案保管

县档案馆是永久保管档案的基地，也是全县科学研究和利用档案史料的中心、爱国主义教育基地。档案馆馆藏主要包括：上级领导机关发来的文件资料，撤销机关的文件材料，历届党政会议的文件材料，历次政治运动中形成的文件材料，家谱、族谱、文史资料等。

全县共有72个立档单位，馆藏63个全宗，其中，接收1980年的2个全宗、1985年的26个全宗、1990年的20个全宗、1995年的3个全宗、2000年的12个全宗。2003年实行新法立卷以来，接收县委、县政府文件共计4700件，其中，永久档案1072件、长期3628件。档案馆保存着自1964年建县以来的县委、县政府及各机关单位的文书、科技、书画、族谱、声像等门类档案资料13119卷（件、册）。以传统方法立卷的档案有8316卷，资料总量7444册，其中文书档案7815卷、科技档案441卷、声像档案10卷、书画档案50册、照片档案500张、图纸档案108张。2006年，档案资料排架总长415米。

为了维护档案的完整与安全，县档案馆努力做到防止档案的损坏，延长档案的寿命，维护档案的安全。1、配置硬件设施，优化档案保存管理环境。先后投资近30万元，配备微机2台、空调2台、温湿度仪1台和灭火器材，购置了58套铁皮柜及装订档案用的软硬卷皮。为防止档案损坏和延长档案寿命，按照“十防”的要求，进行了库房内温湿度记录，定期对档案库房调节温湿度，使库房温湿度达到标准要求；对于破损档案、载体变质的档案及时进行裱糊修补和恢复；定期更换灭火器，局（馆）工作人员，人人掌握消防知识，会正确操作使用灭火器，每人都能及时处

理应急事故，确保档案安全；定期进行安全检查，发现漏洞及时解决；每天下班前对库房进行检查，切断空调、微机、复印机等设备的电源。2、严格档案借阅利用制度。凡查阅档案的人员，一律严格履行登记手续，凡查阅机密档案及重要材料者，须持单位介绍信或主管领导批件方可查阅，查阅档案一律在阅览室进行；借出档案，必须经馆长签字批准，并进行登记写明借阅时间、归还时间及借阅人的单位、姓名。借阅者对档案必须妥善保管，用后及时归还。借阅单位和个人不得损坏和丢失档案，不得在案卷内涂改、勾画，不得裁剪、拆抽、拍照档案材料或将档案转借他人。出现问题，追究相应责任。

第二十一编 教育 科技

1979年，临西县文教局作为县教育管理机构。1986年3月，文化、教育分设，设教育委员会。1996年，撤销教育委员会，改设教育局。1989年，临西县被省政府命名为“改善办学条件模范县”。1998年，全县“普九”工作通过省政府验收。2000年，“普九”工作通过省政府第一轮复查验收。2004年，通过二轮复查验收。2004年，临西县被省教育厅授予“河北省普及学前三年教育先进单位”称号。2006年，农村中小学实施现代远程教育工程。1999年至2002年，临西一中每年都有学生考入清华、北大、南开、科大、交大等全国名校，被评为省级“创新教育实验学校”。2000年，临西县第二中学荣获河北省“体育传统项目学校”称号。2008年，临西县职业技术教育中心被国家教育部评定为“国家级重点中等职业学校”。1974年10月，成立临西县科学技术委员会。1996年10月，撤销科委，成立科学技术局，县科学技术协会并入科技局。1979年，全县15个公社全部配备有科技副社长，1980年后改称科技副乡镇长，各乡镇下设科学技术委员会，各大队设置有农业试研机构，形成了县、乡、村三级科技工作网络。

第一章　教育

第一节　学前教育

1979年，全县共有幼儿园36个，其中教育部门办1个，农村集体办35个，入园幼儿1266名。后农村设立的“育红班”并入村小学，易名“学前班”，由农村小学代办幼儿教育。1985年9月，第二油棉厂建幼儿园，占地面积360平方米，建筑面积110平方米，设幼儿床20张、幼儿桌椅20套及手风琴、脚踏琴等教学用具，有滑梯、转椅等大、中、小玩具60余件，以招收本厂职工子女为主，兼收厂外幼儿。1990年，全县有学前班75处，共175个班，有教师201名，入学儿童3822名。1995年起，幼儿教育发展迅速，到1997年，全县建成示范性幼儿园12所，村级标准幼儿园51所。1996年，邢台市学前教育现场会在临西召开，推广临西的办园经验。1997年，被评为“省幼教工作先进县”。2000年，全县共建幼儿园188个，入园幼儿达4724人。2004年，被省教育厅授予“河北省普及学前三年教育先进单位”称号。

幼儿园选介

县直机关幼儿园：县直机关幼儿园创建于1978年，是临西县最早的一所县办幼儿园。位于县城阳光南大街东侧。2008年6月，迁至县城清泉大街中段东侧，原县第二完小旧址。有大、中、小型玩具和音乐、体育器材200多件，设大、中、小三类班级。

县直幼儿园注重教师队伍建设，通过进修学习、业务培训、函授自修等方式，使幼儿园的保教水平名列前茅。1989年、1996年，先后被地区教委、市教委授予“一类幼儿园”称号，并被确定为幼师教育教研基地。2004年，通过了省级学前三年教育验收评估。2005年，在创建普通话达标县活动中，该园的推普档案、教职工的普通话水平受到市督导组的好评，受到教育部、省教育厅的表扬。2006年，幼儿园编排的舞蹈《喜娃闹春》被邢台电视台新闻转播。2008年，通过省教育厅“省级一类园”验收。

龙旺幼儿园：龙旺幼儿园是一所村办幼儿园，附属于龙旺小学。建于1996年2月，投资70余万元，占地面积8000平方米，建筑面积850平方米。幼儿园设有大、中、小3个幼儿班，有幼儿教师6名，在园幼儿120名，入园率100%，学历达标率100%。

该园有大型玩具5种，建有设施齐全的多功能室及琴室，各教室均配备有彩电、VCD、消毒柜、饮水机、幻灯机、录音机、脚踏风琴等保教设施；有植物角、自然角、图书角、多种小型玩具及各种各样的幼儿手工制作。

1997年，被评为县级“示范性幼儿园”。2004年12月，通过省级“普及学前三年教育”达标验收。2008年，被邢台市教育局评为“市级一类园”。

太平庄幼儿园：太平庄幼儿园是一所村办集体幼儿园，由太平完小统一管理。建于1994年2月，投资20万元，占地面积230平方米，有大、中、小3个幼儿班，有幼儿教师4名，在园幼儿68名，入园率100%，教师学历达标率100%。

幼儿园有大型玩具5种，各教室配备有彩电、VCD、录音机、脚踏琴、电子琴、保温桶、洗涮池等设施，有植物角、自然角、图书角及多种小型玩具。

1998年，被县委、县政府评为“示范性幼儿园”。2008年，被邢台市教育局评为“市级一类园”。

杨圈幼儿园：杨圈幼儿园创办于2004年，是多方集资兴建的一所规范性幼儿园。幼儿园有大型玩具6件，配有脚踏琴、手风琴、幻灯机、收录机等器材300多件。之后，又陆续添置了中型玩具，增设了多功能室，配备了钢琴、彩电、VCD、录音机、消毒柜等学习、生活用品。

该园有专职教师10名，均为大专水平。入园幼儿由当初的30多名，增加到近百名。2004年，被县政府评为“示范性幼儿园”。2008年，被邢台市教育局评为“市级一类园”。

第二节 小学教育

1976年，县教育部门调整小学布局，建立城镇完全小学和农村中心小学。全县大部分村庄都设有初等小学校，方便适龄儿童能就近上学、读书。1979年，全县共有小学288所，教职员工1187人，在校学生32264人，其中女生14355人。1983年，学制由五年制改为六年制。1988年，开展全民集资办学，临西镇前堤口率先集资12万元，建起全县第一座农村小学教学楼。1989年，临西县被省政府命名为“改善办学条件模范县”。1990年，全县有小学295所、1121个教学班，在校学生37489名，教师1370名。1993年，在全市率先通过普及初等教育验收。1995至1997年，全县建成100所农村标准化小学。1994年，建立县第二完全小学，招12个教学班，有教师36名。1998年，全县“普九”工作通过省政府验收。2000年，“普九”工作通过省政府第一轮复查验收。2004年，通过二轮复查验收。2006年，农村中小学实施现代远程教育工程，为62所农村小学和70个教学点装备了远程教育设备。2008年，在市教育局督导评估中名列第九。

普通小学选介

临西县第一完全小学：临西县第一完全小学位于玉兰东路南侧，是临西县建校最早的县直重点小学。占地面积8333平方米，先后建教学楼两座，建筑面积3597平方米。

第一完全小学（孙晓林摄）

该校创建于1979年11月，始称“育才小学”。建校初期，有教师9名，在校学生105名，招收县直单位干部职工子女入学。1993年，河北省教委、共青团河北省委、河北省少工委授予该校“全国少先队红旗大队”称号，并荣立集体二等功。1995至1997年，连续三年获临西县百优比赛小学语文、数学团体总分第一名。1997年，有4名学生获全国奥林匹克数学竞赛二等奖。1997至1999年，连续三年被省、市教委评为“德育先进单位”。1998年，先后有12名学生在全国奥林匹克竞赛中获奖，被省、市评为“先进单位”和“文明校园”。

2001年后，先后建成远程教育卫星接收系统、有线外语听力系统，配置了现代化的计算机

庆六一暨优秀小公民表彰会

教室、语音室和电子多媒体教室。2005年，有教职工75名，其中全国特级教师1名、省骨干教师1名、市优秀教师3名，大学本科学历教师6名，教师学历达标率100%。全校有15个教学班，在校生820名。

临西县第二完全小学：临西县第二完全小学建立于1994年，校址位于文化大街中段东侧。2001年，将二完小、四完小合并为临西县第二完全小学。主校区位于泰山西路北侧，并先将四、五、六年级迁至主校区。校内有教学楼2栋，建筑面积8458平方米；24个教学班，在校学生1300余名；配有电脑室、语音室、多媒体教室、图书室、阅览室、仪器室、实验室、音乐室、舞蹈室、美术室、少先队活动室。

学校有教师99名，大、中专以上学历占98%以上。其中，小学高级教师10名、一级教师83名。1998年6月，获“邢台市教学管理先进单位”称号。1999年，获“邢台市青少年科技发明先进单位”称号。是年12月，获“邢台市文明单位”称号。2002年11月，获“邢台市绿色学校”“邢台市文明单位”称号。2003年5月，获全国“红领巾手拉手助残先进集体”称号。2006年5月，获“邢台市卫生校园”称号。2008年，搬迁到珠江路新校区，原址由县直幼儿园迁入。

玉兰完全小学：玉兰完全小学是一所村级完全小学，原名东留善固小学。

1995年，更名为玉兰完全小学，由原河北省委副书记闫达开题写校名。1998年，河北省书协主席旭宇题写“河北省玉兰学校”匾额。

玉兰完全小学位于东留善固村南，玉兰公园东侧。占地面积20亩，有教学楼1座，建筑面积2536平方米，可容纳15个教学班。2008年，有13个教学班，在校学生510名，教师20名。其中大专学历6名，其余皆为中师学历。学校连年被市、县评为“德育工作先进集体”“教育教学先进单位”。1999年4月，获县政府“普及九年义务教育工作先进学校”“教学管理先进学校”称号。2000年12月，通过省普九验收，获县政府“达标学校”荣誉称号。

仓上小学：仓上小学位于富仓东路北侧，建于1988年，占地面积1.86万平方米，建筑面积3982平方米。有13个教学班，在校学生475名，适龄儿童入学率100%；有教师30名，学历达标率100%；普通话水平达标率100%。学校有图书1万册，教学仪器达到一类标准。配有音乐室、图书室、阅览室、仪器室、美术室、档案室。1999年，投资32万元，为学校配置了微机室、语音室。2001年，投资14万元，建起了多媒体教室。

仓上小学，坚持“德育为首，全面发展”的办学指导思想，注重校园文化建设，实现了校园环境“四化”，辟设了宣传橱窗、名人名言牌，营造浓厚的校园文化氛围，激发学生的学习动力。

学校先后荣获“河北省教育教学管理先进学校”“河北省校园环境管理先进学校”“河北省德育示范学校”“邢台市德育工作先进学校”和“县级示范性学校”称号。

2008年县办普通小学基本情况统计表

表21-1

校班人 数量 乡镇	学校（所）	班级（个）	在校学生（名）	教职员工（名）	专任教师（名）
河西镇	9	62	1750	152	145
单　屯	5	70	2115	82	82
东枣园	8	82	2586	113	109
老官寨	10	72	2714	112	111

续表

校班人数量 乡镇	学校（所）	班级（个）	在校学生（名）	教职员工（名）	专任教师（名）
水　波	6	60	1486	107	107
吕　寨	11	66	2348	146	146
姚　楼	12	58	1545	100	96
下堡寺	13	87	2496	155	145
摇鞍镇	8	65	1599	84	83
白　地	11	107	2582	104	98
尖　冢	7	70	1550	88	86
樊　村	5	62	1760	87	87
临西镇	14	103	3045	235	230
大刘庄	8	51	1645	94	93
黎博寨	12	66	2077	113	113
一完小	1	16	903	82	75
二完小	1	24	1321	105	90
三完小	1	13	764	39	35
合　计	142	1134	35297	1998	1931

第三节　中学教育

1977年，全县有高级中学（以下简称高中）43所，在校学生6466名；初级中学（以下简称初中）77所，在校学生1.0785万名。1979年，全县有初中86所、高中20所，教职工1061人，在校学生13602人。1982年，经过压缩调整，仅保留临西县第一中学、临西县第二中学两所完全中学，共有教学班18个，学生781名，教师55名；保留初中19所，共有教学班114个，学生5551名，教师355名。1990年，全县共有初中105个教学班，学生5252名；高中15个教学班，学生902名。有初、高中教师615名。同年，县政府投资208万元，兴建临西二中教学楼，建筑面积3600平方米。1994年2月，下堡寺镇中学、城关镇（今临西镇）中学、先锋桥镇（今河西镇）中学分别更名为临西县第三、第四、第五初级中学。

1995年起，为实现“普九”目标，加大了县直学校和乡镇中学建设力度，投资上千万元，兴建了县职教中心、一中、二中教学楼、宿舍楼；投资5600多万元，完成了15所乡镇中学的软硬件建设。“普九”验收达标后，狠抓完善、巩固与提高工作，投资460万元，加强基础建设，进一步改善办学条件。

2000年，临西县高考取得建县以来最好成绩，专科以上上线人数379名，其中本科线69名、重点线39名。全县高考录取率57.5%，高出全市平均录取率17.7个百分点。2005年，本科上线学生664名，其中本一54名、本二103名、省专以上1139名，上线率75.5%。2006年，有19所中学装备了远程教育设备，城乡教育向着信息化轨道发展。

1979—2008 年升入中高等院校人数统计表

表 21-2　　　　单位：名

院校 人数 年度	中专	大专	本科		
			一批	二批	三批
1979	46	28			
1980	79	19			
1981	55	8			
1982	62	27			
1983	30	42			
1984	69	35			
1985	74	39			
1986	77	52			
1987	78	44			
1988	95	143			
1989	107	107			
1990	89	96			
1991	97	112			
1992	106	103			
1993	132	135			
1994	109	109			
1995	124	118			
1996	155	65	10	13	24
1997		68	14	25	21
1998		9	21	33	82
1999		163	32	45	23
2000		210	39	69	271
2001		293	10	70	106
2002		443	57	173	412
2003		597	57	157	522
2004		528	49	120	586
2005		475	54	103	507
2006		492	51	179	514
2007		518	48	156	493
2008		485	46	65	340

1998年前后，中等职业学校曾一度以易考取、好就业的优势受到追捧，招生规模骤增，全县每年都有1000多名初、高中毕业生参加各类中等职业学校报考。

普通中学选介

临西县第一中学：临西县第一中学位于县城运河路南侧，是一所全日制完全中学。学校有高标准的教学楼、宿舍楼、办公楼、实验楼、学生餐厅、伙房等设施。学校占地3.2万平方米，建筑面积2.03万平方米，全校有教职工174名，其中中教高级职称18名、中教一级职称33名、中教二级职称79名，全日制本科学历教师85名、专科学历30名，有46个教学班，在校学生3400名，学校规模位居全县之首。

高考上线率稳居邢台市25所重点高中前列。1999年以来，清华、北大、南开、科大、交大等全国名校均有该校考入的学生。1999届，秦江（清华大学）、邱文超（中国人民大学）、彭吉辉、张锦秀（南开大学）；2002届，周鑫（清华大学）。

该校在各类学科竞赛中，有77名学生获市级以上奖励，其中获国家级奖励18名、省级奖励23名、市级奖励36名。2002年，学校被评为省级“文明学校”。2003年，被评为省级“创新教育实验学校”。2004年，被列为全国教育科学“十五”规划项目重点课题子课题实验基地。2005年，校团委被评为“河北省五四红旗团委”。2008年，被县教育局评为先进单位。

临西县第二中学：临西县第二中学位于河西镇南1.5公里处，卫运河左岸西侧，学校占地135亩，建有四层教学楼2座，建筑面积5900平方米，专用教室19座，有高中部宿舍楼2座、初中部宿舍楼1座，建筑面积8000平方米。学校建有高标准餐厅2座，占地面积2100平方米，可同时容纳2300人就餐。有小礼堂1座。学校配有图书馆、语音室、微机室等先进的教学设施。学校有40个教学班，有初、高中学生2500余名，教职员工180余名，其中副高职8名、中职24名、初级职称64名。1977年恢复高考以来，该校共培养高中毕业生5300余名，初中毕业生4500余名；考入高等院校2132名、考入中等专业学校1780名。临西二中是河北省体育传统项目学校，音、体、美教学成绩在邢台市一直处于领先地位。1991年至2001年，向高校输送音、体、美学生260多名。1998年，被评为邢台市“教学管理规范化学校”“德育工作先进学校”和“素质教育先进学校”；1999年，被评为邢台市“教学管理先进学校”；2000年，荣获河北省“体育传统项目学校”称号；2008年，被县教育局评为先进单位。

临西县第三中学：临西县第三中学系县属初级中学，位于下堡寺镇政府驻地西部。学校紧临邯临公路，交通便利。该校占地2.11万平方米，建筑面积7200平方米。有16个教学班，在校学生近千名，教师31名，其中本科学历24名，学历达标率100%。学校配有微机室、多媒体教室、图书室、远程教育教室。

该校被命名为“市心理健康教育实验学校”，先后荣获“市体育卫生管理先进单位”“县文明单位”“县教学管理先进单位”“县教学目标量化管理先进单位”“县推普工作先进集体”“县教育教学实绩突出单位”。2005年，被县武装部定为“临西县业余少年军校”，增设军事教育、军事训练课程。

育英中学：育英中学是省、市教委批准成立的临西县第一所民办中学，创办于1996年9月，学校位于县城西部，占地面积2.38万平方米，建筑面积1.2万平方米。学校有20个教学班，在校生1300名，教职工82名。学校以“让每个孩子成材”为办学宗旨，采用封闭式“半军事化”的管理模式。坚持“两习一课”，实行“分层施教”的教学方式。2000年，被市教委授予“管理模范学校”“市级达标学校”。2001年，被县教委评为“示范性学校”。2002年，被县教育局命名为“社会力量办学示范性学校”。2003年，被团省委学生中心命名为“河北省学生实践工作先进单位”；被邢台市环境保护局、邢台市教育局命名为“绿色学校”。2004年5月，被共青团邢台市委命名为“邢台市五四红旗团委”。2008年，被邢台市教育局命名为“优秀民办学校”。

春雨学校：春雨学校创办于1998年，是一所集小学、初中为一体的寄宿式私立学校，位于

仁庄村东部。学校占地 29.6 亩，教学楼建筑面积 1274 平方米，宿舍楼建筑面积 2184 平方米。2003 年，初中招收学生 144 名，3 个教学班。后初中部不断扩大。2005 年，招收初中 14 个班。学校有教师 45 名，学历均在大专以上。

第四节　普及九年义务教育

临西县普及九年义务教育（简称普九）从 1995 年至 2003 年分三个阶段进行，普九期间，县委、县政府认真贯彻落实国家有关政策，加大教育投入，提高办学条件，促进了全县普九各项工作的顺利达标，并取得了显著成果。

第一阶段（1995—1997 年）

基本情况：全县共有各级各类学校 331 所。其中普通小学 298 所，在校生 3.91 万名，专任教师 1266 名；普通初中 16 所，在校生 1.71 万名，专任教师 732 名。

普及程度：小学阶段适龄儿童 3.91 万名，入学率达 100%。1995 年在校生 3.88 万名，无人辍学，年巩固率为 100%。15 周岁人口为 5647 名，全部完成初等义务教育，完成率为 100%；初中阶段适龄少年为 1.76 万名，初中在校生为 1.71 万名，入学率为 97.3%。1996 年在校生为 1.54 万名，学年末在校生为 1.53 万名，年巩固率为 99.1%，辍学率为 0.9%。1997 年毕业年级人数 4335 名，毕业人数 4322 名，毕业率 99.7%。17 周岁人口 4720 名，完成初级中等教育 4294 名，完成率为 91%。

教师队伍：小学阶段有专任教师 1266 名，其中中师、高中以上学历 1097 名，取得专业合格证书 66 名。1986 年前，任教满 20 年现已评聘职务的 78 名，学历达标率达 98.1%。初中阶段有专任教师 732 名，其中取得专科以上学历的 589 名，取得专业合格证书的 16 名。任教满 20 年现已评聘职务的 15 名，学历达标率为 84.7%。

教育投入：投资 561.5 万元，小学新扩地 249.4 亩，新增建筑面积 1.32 万平方米。投资 155 万元，购买图书、仪器、文体器材等。投资 1665.5 万元，全县乡镇中学建设新扩地 365.08 亩，新增建筑面积 3.64 万平方米。投资 584 万元，购置图书、仪器、文体电教器材、书架、仪器橱等。累计投资 2965.5 万元。

办学条件：全县小学、初中生占地面积、建筑面积均达到要求。小学生人均占地面积 20.8 平方米、初中生人均占地面积 26.5 平方米；小学生人均建筑面积 3.26 平方米、初中生人均建筑面积 4.6 平方米。

仪器、电教、音乐、美术、体育器材按类配备齐全。3 所县直小学按一类标准配备；30 所乡镇中心小学按二类标准配备；265 所村小学按三类标准配备；一所县直初中和 15 所乡镇初中全部按二类标准配备。小学演示实验开出率 100%，初中演示实验开出率 100%，分组实验开出率 90%。学生能够写出实验报告。

全县小学、初中均有固定的劳动基地，结合实际情况配备了劳动器材。

全县小学共有图书 41.11 万册，人均 10.5 册；初中共有图书 35.86 万册，人均 21 册。

县财政对教育的经费拨款做到了三年连续较大幅度增长。

1995—1997 年教育经费表

表 21-3

项目/数额/年度	财政经常性收入（万元）	年增长率（%）	教育拨款（%）	年增长率（%）
1995	3244	27.5	1098	29
1996	4040	24.5	1384	26
1997	4881	20.8	1673	21

1995—1997年教育经费分配表

表21-4 单位：元

年度＼人均费＼类别	教育经费（每位学生）		事业公用支出（每位学生）		实际公用经费（每位学生）	
	小学	初中	小学	初中	小学	初中
1995	123	380	3.8	16.6	51	91
1996	161	389	4.1	26	53	101
1997	181	390	4.4	40	66	120

第二阶段（1998—2000年）

基本情况：全县共有各级各类学校302所，其中教师进修学校1所、职教中心1所、完全中学2所、初中17所、小学281所。小学在校生4万名，专职教师1668名；初中在校生1.85万名，专职教师965名。

普及程度：全县小学阶段适龄儿童4万名，入学率达100%。1998年在校生4.05万名，在校生巩固率达100%。15周岁人口为6221名，全部受完初等教育，完成率为100%。初中阶段适龄少年1.91万名，初中在校生1.85万名，入学率为96.8%。2000年在校生为1.83万名，学年末为1.79万名，年巩固率为97.53%，年辍学率为2.47%。16周岁人口为6321名，初中毕业5895名，按期毕业率为93.3%。17周岁人口为6175名，完成初级中等义务教育5792名，完成率为93.8%。全县共有残疾儿童、少年25名，随班就读21名，入学率为85%。

教师队伍：全县小学共有专职教师1668名，其中中师以上学历1668名，学历达标率达100%。初中阶段有专职教师965名，其中专科以上学历879名，学历达标率为91%。全县中小学校长均接受了岗位培训，并取得了相应的合格证书。

教育投入：投资3200万元，完善了县进修学校和下堡寺中学的专用教室"普九"收尾工程；新建了县第四完全小学、单屯、西尖冢、水波、吕寨、蔡辛庄等20多所小学；扩建了临西镇等乡镇中学的专用教室；建设了一中、二中的综合实验楼；为37所中小学建起了快乐健身园地，为30所中小学装备了微机室、语音室，为中小学购买了仪器、图书和文体器材。

办学条件：全县小学由原来的298所调整为281所，提高了学校的办学规模和办学效益。全县小学、初中用房齐全，能够及时消除危房。全县小学人均占地面积20.9平方米，人均建筑面积3.3平方米；初中生人均占地面积26.8平方米，人均建筑面积4.6平方米。全县小学共有图书76.44万册，生均19.1册；初中共有图书52.35万册，生均28.3册。全县小学、初中均有固定的劳动基地，配备了劳动器材。

全县仪器、电教、音乐、美术、体育器材按类基本配齐。4所县直小学和15所乡镇中心小学按一类标准配备；50所完全小学按二类标准配备；212所小学按三类标准配备；4所县直初中、1所民办初中和11所乡镇初中完全按一类标准配备。另外，4所乡镇初中也达到二类标准。

全县小学、初中演示实验开出率100%、分组实验开出率100%，学生实验报告书写规范。

全县共添设语音室30座、微机室30座、安装微机760台。

教育经费：一是教育拨款的增长高于财政经常性收入的增长。1998—2000年，县财政经常性收入分别为3311万元、3396万元、4106万元，年增长率分别为13.7%、2.6%、20.9%。对教育拨款分别为1904万元、1961万元、2373万元，年增长率分别为13.8%、3%、21%，教育拨款的年增长率分别比财政经常性收入的年增长率高0.1、

0.4和0.1个百分点。二是在校生人均事业费逐年增长。1998年，小学220元、初中460元；1999年，小学221元、初中463元；2000年，小学290元、初中626元，小学分别比上年增长39元、1元、69元，初中分别比上年增长70元、3元、163元。三是学生人均公用经费逐步增长。1998年，小学4.5元、初中41元；1999年，小学4.5元、初中41元；2000年，小学5元、初中43元。生均公用经费实际支出数为：1998年，小学70元、初中121元；1999年，小学73元、初中125元；2000年，小学80元、初中140元。

第三阶段（2001—2003年）

基本情况：全县共有各级各类学校164所，其中教师进修学校1所、职教中心1所、完全中学2所、初中17所、完全小学142所、特教学校1所。小学在校生3.53万名，专职教师1734名；初中在校生1.83万名，专职教师1024名；特校在校生8名，专任教师2名。

普及程度：小学适龄儿童3.53万名，入学率、巩固率均达到100%。15周岁人口6395名，完成初等教育率100%。初中适龄少年1.90万名，在校生1.83万名，入学率96.3%。上学年初中在校生1.84万名，学年末1.79万名，年巩固率为97.5%，辍学率2.5%。15周岁人口6395名，初中毕业5966名，按期毕业率93.3%。17周岁人口6221名，完成初级中等义务教育5785名，完成率93%。

残疾儿童、少年25名，特校在校生8名，随班就读13名，入学率85%。

教师队伍：小学专职教师1734名，学历均达标，专科以上学历1142名，占62%。初中专职教师1024名，其中专科以上学历1009名，本科以上学历439名，学历达标率98.5%，本科率43%。

教育投入：一是县财政投资626万元，作为新一轮“普九”巩固提高的专项建设资金，其中255万元用于28所完全小学语音室、微机室和多媒体教室的建设，215万元用于购置仪器、音乐器材和桌凳，156万元用于购置图书。乡镇政府投资310万元，用于15所初中理化生教室和多媒体教室的兴建和修缮；二是争取上级扶持资金，争取危改、寄宿制项目学校32个，到位资金649万元，吸取乡村配套资金239万元；三是实施部门帮扶，县直和驻县部门与乡镇结对子，帮扶资金105万元；四是大力推行学校后勤社会化改革，投资880万元（一中500万元、二中380万元），新建县一中餐厅和公寓楼、县二中教学楼和女生公寓楼；五是出台政策，积极鼓励社会各界兴教助教，临西镇、尖冢镇、老官寨乡、白地办事处、水波办事处、樊村办事处通过个人出资、村民自发联合捐资等形式投入资金270万元，新建9所标准化完小；六是动员全县干部职工捐资，采取“一次安装、分期付款”方式，投资600万元，装备了35座微机室、33座语音室和28座多媒体或电化教室。3年中，全县用于新一轮“普九”巩固提高改善办学条件的资金3679万元，办学条件得到全面改善。

办学条件：全县小学由281所调整为142所，学校布局日趋合理。

全县学校新增建筑面积6.3万平方米，用房齐全；新增占地面积2万平方米，均有固定的劳动基地；小学、初中生均建筑面积分别为4.6平方米和5.3平方米，生均占地面积分别为24平方米和27.1平方米，均达到要求。

图书、仪器、电教、音乐、美术、体育、劳动器材按类配备。15所乡镇初中、15所中心小学、3所县直小学达到了一类标准；124个完小达到了二类标准。小学、初中演示实验和分组实验开出率分别达到100%。全县小学共有图书81.18万册，人均23册；初中共有图书56.22万册，人均31册。

全县新建微机室35座，安装微机786台；语音教室33座，多媒体教室19座，电化教室15座。

2001—2003年教育经费表

表21-5

单位：万元、%

年度	财政经常性收入	年增长率	教育拨款	年增长率
2001	5714	5.8	4001	67.8
2002	6054	6	4248	6.2
2003	6031	-0.4	4483	5.5

2001—2003年教育经费分配表

表21-6

单位：元

年度	教育经费（每位学生）		事业公用支出（每位学生）		实际公用经费（每位学生）	
	小学	初中	小学	初中	小学	初中
2001	545	825	6	45	45	157
2002	592	836	16	50	48	165
2003	631	944	29	68	55	170

第五节 职业教育

临西县职业教育学校主要有：县教师进修学校、县卫生学校（简称县卫校）、县职业教育中心（简称县职教中心）、县劳动技工学校（简称县技校）、电大工作站。

一、教师进修学校

临西县教师进修学校始建于1979年2月，初址在运河西路北侧。2001年7月，迁至泰山路西段北侧，占地10亩，建筑面积3100平方米，建有教学办公综合楼、餐厅、车库、学生宿舍。卫星地面接收站可实现联网教学。建有教学实验室、仪器室、微机室、多媒体阶梯教室、图书室（藏书2.3万册）、阅览室。2008年，有教职工30名，其中教师27名，全部为本科学历，中级职称19名、高级职称1名。

临西县教师进修学校，设置小学教育专业专科学历，学制3年；设置中文、教育管理、数学、物理、化学、英语、政治思想教育、体育、美术9个专业，本科学历，学制3年。1996年至1998年，教师进修学校共培养专、本科毕业生700余名。1996年，临西县教师进修学校与邢台师范高等专科学校、河北师范大学联合招生，承担全县中小学教师的学历提高任务。

二、卫生学校

临西县卫生学校（简称县卫校）建于1977年，由邢台地区卫生局投资，位于县人民医院北邻，1978年、1979年，办医务人员培训班4期，招收学员400名；1979—1982年，招收学员50名，办专职护理班。同时，举办了三期在职医生提高训练班，参加学员100多名；1985—1988年，县卫校招收学员129名，分护士班、医士班。卫校学生毕业后部分充实到县级医院、部分成为乡村医生。1989年，县卫生局与县劳动人事局联合招收护士班学员46名，毕业后分配到临西县卫生系统。1989年，举办了两期中药鉴别剖灸学习班，培训医药管理人员50余名。是年，医护人员的培训办班在县职教中心进行，纳入职业教育序列。

三、职业技术教育中心

临西县职业技术教育中心建于1984年，其前身是“县农业技术中学”，位于县城西1.5公

职教中心学员在工厂实习

里处，占地251亩，其中校园占地151亩、实习实验基地100亩。1984年，为省政府首批重点装备的43所重点农业中学之一。1988年，更名为“职业技术中学”。1994年3月，更名为临西县职业技术教育中心（简称职教中心），是一所融中专（普专、职专）、职高、短期培训、技术指导、生产经营于一体的综合性职业技术学校。建校以来，累计投资1200万元，先后建设了综合教学大楼1座、学生公寓2座、教师公寓2座、学生食堂1座、多功能大厅1座、封闭式标准化体育场1座；设有多媒体教室、语音室各2个，大型理、化实验室2个，有计算机260台，并安装了校园网；装备图书室1座，藏书8万余册，电子图书10万册；体育器材室、音乐室均达到国家一级标准。学校有30个教学班，在校学生1500余名，有教职工135名，其中教师100名，高级教师6名，中级教师10名，教师学历合格率100%。相继开设了数控、电气焊、纺织等十余个专业，先后培养出一万多名学生。

1986年，被省政府授予“河北省职业技术教育先进单位”称号；1998年，被评为邢台市“安全文明先进单位”；2000年，被评为邢台市“体育卫生工作先进单位”；2003年，被共青团邢台市委授予“五四红旗团委”称号；2004年，被授予“河北省园林式单位”；2005年，被邢台市政府授予“邢台市文明单位”，被市教育局评为“教育工作先进单位”“职业教育、成人教育工作先进单位”；2006年，通过“省重点职教中心评估组”的综合检查验收，授予“河北省重点职教中心”称号；2008年，被国家教育部评定为“国家级重点中等职业学校”。建校以来，学生参加国家、省、市级各类竞赛48人次，其中5人获全国一等奖、6人获全国二等奖、18人获全省一等奖、14人获全省二等奖、10人获全市一等奖。教师在国家、省级学术刊物上发表论文116篇，其中38篇获国家级奖励。

四、技工学校

临西县技工学校隶属于临西县人事劳动和社会保障局，成立于1986年9月，是经河北省劳动厅批准的集技工教育、职业培训为一体的专业学校，原校址位于运河西路，1996年9月迁址到泰山路东段路北，2000年12月迁址到玉兰东路月华街，建有二层教学楼一座，标准化教室三个，高标准微机室一个；学校配有学员宿舍、食堂、实验室等各种设施设备。2008年，有教职工15人，其中高级讲师1人，讲师6人，助讲2人。教师学历均达大学本科。1986—1990年开设专业有会统、护理、棉纺，共招收学员234人；1991—2008年先后开设了化工、土建、微机、会统、锅炉管道维修、市场营销、畜牧兽医、医士等专业，共培养学员1006人。技校的办学宗旨是“发展职业技术教育，培养技术合格人才”。建校20多年来，共为当地和周边省市培养了一千余名合格学员，为县域经济的发展做出了一定贡献。

1995年，临西县技工学校被河北省劳动厅授予“先进技工学校”称号；2000年，被邢台市劳动和社会保障局授予“先进技工学校”；先后有8名教师荣获省市技工教育系统的“优秀教师”“先进工作者”等称号。

第六节　成人教育

一、农民教育

1979年，全县农民教育以扫除文盲为主，组织农民参加政治夜校和农民业余中专。1985年7月，经邢台地区行政公署检查验收，被定为基本无文盲县。此后，工作重点开始向学习农业科学技术知识方面转移。1986年，部分乡村成立业余成人学校，传授农业实用知识，社会效益和经济效益良好。1988年，河北省教育厅颁布《关于改革和发展乡镇成人学校意见的通知》，对成人学校的管理体制、学校设施、教育内容、教育形式、教师选聘、办学经费等都作了具体规范。1988年，国务院颁发《扫除文盲工作条例》，全县再掀农民扫盲高潮。1989年，全县共有农民夜校295所，学员7500人，其中各种技术培训班131个，学员3400人；举办各种有偿技术讲座17期，学员852人。1993—1995年，共举办培训班1451期，开设专业23个，培训学员15.2万人（次）。同时，县教委还把扫盲任务具体规划到各乡镇，落实到各村庄。

1996年，全县共扫除文盲14221人。是年12月，省政府对扫盲工作进行验收，全县已基本达到省定扫盲工作各项标准。1996年后，农村成人教育的重点再次转移到农业产业化技术培训上来，成教干部、教师通过撰写教材，创办科技小报，播发科技录像，发送科技图书资料，交流成教经验，积极为社会培养有用人才。

2001年后，在继续加强扫盲成果的巩固和提高基础上，还通过县9所成人学校及286所成人教学点、县职教中心、县技校及民办职业技能学校，加大农村劳动力转移培训和农村实用技术培训力度，到2008年，全县农村劳动力转移共1.2万人（次），农村实用技术培训共22.4万人（次），有力推动了县域经济的发展。

二、职工教育

1979年，党政机关、企事业单位重视职工教育，均设机构或专人具体负责。1980年，县供销社系统先后建立5所职工党校、15所职工夜校；县农机局成立农业机器化学校，配备了3名专职教师；县教育系统先后建立职工夜校21所，举办了数十期的培训班，利用业余时间对职工进行业务培训。

1981年，全县职工队伍文化结构摸底普查发现，71%以上是初中以下文化程度，其中文盲、半文盲占10%—11%。是年9月，县委、县政府召开全县职工教育工作会议，安排部署职工文化补课和岗位职务培训，大力开展职工文化补课活动，提高了干部职工的文化水平和业务素质。1989年，全县业余职工学校有专职教师17人，兼职教师45人。1990—2008年，职工教育的重点是岗位培训、中级专业技术培训和学历教育。

三、电大工作站

1984年，成立临西县电大工作站，面向全县成人招生，属成人高等教育。校址设在县一中。1988年，迁至县师范西侧。1996—2005年，先后投资50余万元改善办学条件。2000年，装备了微机室，有微机25台。2002年，购置了电教设备。2004年，装备了两个多媒体教室。2005年，安装了卫星地面接收系统远程教育、在线教育平台。

电大工作站设置汉语言文学、法律、财务会计、英语、行政管理、数学、政史、小学教育、金融、护理学、经济法、计算机等12个专业，专科学历，学制2—3年。2002年6月，设汉语言文学专业，本科学历，专升本，学制2年。2003年6月，开设经济法、金融等专业，本科学历，学制2年。2005年3月，举办开放教育，设置护理专业，本科学历，专升本，学制2年。2006年3月，开放教育设置汉语言文学专业，专、本科学历，学制2—3年。电大工作站自建站以来，共培养本、专科毕业生1970名。

第七节　特殊教育

一、聋哑学校

2004年10月，县直二完小幼儿园改建临西县特殊教育学校，招收特殊残疾儿童入学。学校有教职工6名，教师学历全部达标。县政府投资6万余元，购置了电视机、影碟机，装备了微机室、律动室和远程教育室。特教学校占地面积1500平方米，建筑面积250平方米，教室6间，其中专用教室2间。2005年，招收学生8名，均来自县内。学校按照“教育—康复—培训—娱乐—发展”五位一体的办学模式，采取分类教学，实行医、教、练相结合，利用主体综合法、情景教学法、直观形象教学法、游戏活动教学法，对三类残疾儿童、少年实施全面发展教育，补偿生理和心理教育，使学生在德、智、体、美、劳诸多方面得到全面发展和提高。经过治疗和训练，多数聋哑患者有明显的好转，有效率达90%，治愈率达25%。部分患者能说生活用语、唱歌、表演节目，有的能写短文、日记或书信。

二、河北特色关爱教育学校临西分校

河北特色关爱教育学校临西分校设于2007年，位于临西县万庄村。

学校关爱教育课程主要内容有：教育子女的十二大误区和十二个全新教育理念；如何培养孩子的自信心、责任心、自尊心；如何改善亲子关系帮助孩子改正缺点；家长与孩子交流的方法；如何激发孩子学习的原动力等。

同时，学校设置训练课，通过作风训练、吃苦训练、创造训练，让学生自己找到学习的动力源泉，明白自身存在的价值和生命意义，激发学生的学习热情和学习技巧，培养孩子的特长，使所有孩子都能成长为社会的有用之才。

第八节　教师队伍

1979年，全县有教师1499名，大部分文化程度偏低。1983年，文教局对所有公、民办教师进行文化和工作考核，为1228名合格者颁发了准聘证书。

1979年后，大量师范院校毕业生充实教师队伍。1988年，全县教师达1987名，其中公办教师1300名。1998年至2000年，职教中心师资班毕业生627名，全部充实到教师队伍中。1987年，首次对教师进行专业技术职称评定，至2005年，评定高级职称教师39名、中级职称教师390名、初级职称教师2645名。

2008年，经县委、县政府研究决定招录本科毕业生43人。全县共有教师3269名，其中小学教师1981名，学历合格率100%；初中教师1092名，学历合格率100%；高中教师196名，学历合格率95%。

国培计划大培训提高教师素质

被授予省级以上荣誉称号教师名单

表21-7

时间	姓名	学校	荣获称号
1984	于贵翠	育才小学	河北省优秀园丁
1984	张玉山	范八里完小	河北省优秀园丁
1984	王树仁	临西镇校区	河北省优秀园丁
1984	于润和	育才小学	河北省优秀园丁
1984	祝维玲	三完小	河北省优秀园丁

续表

时间	姓名	学校	荣获称号
1984	邱子经	姚楼完小	河北省优秀园丁
1984	袁保元	姚庄完小	河北省优秀园丁
1985	李西文	东台庄小学	河北省优秀园丁
1985	江好芬	县直幼儿园	河北省优秀园丁
1985	景金山		河北省优秀园丁
1985	王瑞昌	仓上中学	河北省优秀园丁
1985	田佰禄	河西镇中学	河北省优秀园丁
1985	王伯荣	育才小学	河北省优秀园丁
1985	杜心武	育才小学	河北省优秀园丁
1985	马国增	马刘庄完小	河北省优秀园丁
1985	姚呈秀	县一中	河北省优秀园丁
1986	戴子钟	一完小	河北省优秀园丁
1986	张振服	大刘中学	河北省优秀园丁
1986	王宪庭	马刘庄中学	河北省优秀园丁
1986	谷子文	大刘中学	河北省优秀园丁
1986	于长荣	水波完小	河北省优秀园丁
1986	段凤祯	水波完小	河北省优秀园丁
1986	王玉奇	西台庄小庄	河北省优秀园丁
1986	蒋克山	苟庄完小	河北省优秀园丁
1986	于长利	洪官营完小	河北省优秀园丁
1986	钟振华	老官寨中心校	河北省优秀园丁
1986	田金发	姚楼完小	河北省优秀园丁
1987	郝性琴	育才小学	河北省优秀园丁
1987	张祥瑞	李圈小学	河北省优秀园丁
1987	杨红霞	常屯小学	河北省优秀园丁
1987	张玉江	姚庄完小	河北省优秀园丁
1987	李保生	三完小	河北省优秀园丁
1987	孟樊孝	姚楼中学	河北省优秀园丁
1987	曾艳玲	东袁庄小学	河北省优秀园丁
1987	宗之江	简庄小学	河北省优秀园丁
1987	赵广月	东枣园中学	河北省优秀园丁

续表

时间	姓名	学校	荣获称号
1987	李晓军	西马鸣堂小学	河北省优秀园丁
1989	徐珍媛	西台庄完小	河北省优秀园丁
1989	张佰柱	县一中	全国优秀教师
1989	杨家楣	县二中	全国优秀教师
1989	于润和	三完小	全国优秀教师
1989	夏成雨	姚庄完小	河北省优秀教师
1990	杨秀娥	育才小学	河北省优秀教师
1991	李广学	河西镇	河北省优秀园丁
1991	王秀兰	东枣园	河北省优秀园丁
1991	郑炳君	水波	河北省优秀园丁
1991	孟凡孝	姚楼	河北省优秀园丁
1991	任振山	下堡寺	河北省优秀园丁
1991	王芹朝	摇鞍镇	河北省优秀园丁
1991	王书梅	白地	河北省优秀园丁
1991	张祥瑞	尖冢	河北省优秀园丁
1991	孙希平	樊村	河北省优秀园丁
1991	李晓军	临西镇	河北省优秀园丁
1991	赵明武	临西镇	河北省优秀园丁
1991	陈玉山	大刘庄	河北省优秀园丁
1991	李家庆	黎博寨	河北省优秀园丁
1991	秦保昌	单屯	河北省优秀园丁
1991	杨秀娥	一完小	河北省优秀园丁
1991	吴凤梅	三完小	河北省优秀园丁
1991	徐光宗	一中	河北省优秀园丁
1991	张元凯	师范	河北省优秀园丁
1991	刘书敏	幼儿园	河北省优秀园丁
1991	文宏勃	二中	全国优秀教师
1992	郑丙君	马庄小学	河北省优秀园丁
1993	李玉兰	太平庄小学	河北省优秀园丁
1993	王旭亭	县二中	全国优秀教师
1994	彭玉芝	郝村完小	河北省优秀园丁

续表

时间	姓名	学校	荣获称号
1995	陈宝贵	县二中	全国优秀教师
1997	赵先河	县一中	河北省优秀园丁
1997	汪书静	县二中	河北省优秀园丁
1998	党耕全	县一中	全国优秀教师
1998	张东田	县二中	河北省优秀园丁
2004	李其福	县一中	河北省优秀园丁
2004	张立国	县一中	河北省优秀园丁
2004	汪书静	县二中	河北省优秀园丁
2004	赵明武	临西镇	师德个人
2005	李登海	县二中	省级德育先进工作者
2007	鲍金峰	县一中	全国优秀教师
2007	秦玉山	县二中	河北省优秀教师
2007	沈红霞	临西镇	河北省优秀教师
2008	张立国	县一中	全国科研优秀教师
2008	江银昌	县一中	全国教育科研先进工作者
2008	王保祥	县一中	全国教育科研先进工作者

第九节 教学研究

1980年，文教局教研室有教研人员18名，分为语文、外语、史地、物理、化学、数学等8个小组。同时，各乡镇中学分科建教研组，中心小学设教研组长。1996年，设普教教研室，分为中学文科、理科，小学文科、理科四个组，各校区教导处下设教研组。

1979年，中小学教学继续实行以课本教材为主、以教师讲授为主的“五环教学”模式。1980年后，全县中小学逐步转变应试教育体制下的教育理念和教学模式，同时注重关注对学生心理素质的培养。教师尝试改变过去“填鸭式、满堂灌”的陈旧教学方法。树立“教”与“学”的辩证关系，教师发挥主导作用，克服过去让学生死记硬背的学习方法。小学教学改革走在全市前列，探讨研究“趣味教学”“启发式教学”等教育教学模式。

1985年，全县中小学教学围绕培养学生能力，建立了县直、乡镇小学两级实验教改网络，开展教研活动，探索以“四步训练法”为主的程序教学模式。邢台地区在临西县召开教学改革实验汇报现场会，此项改革实验在全地区推开。县教研室小学语文组进行“小学语言思维训练”实验，成绩显著。中国小学语文教学研究会理事长袁微子先生于1987年听取了实验情况的汇报，充分肯定了实验成果。1988年，河北省教育科学研究所组织专家论证，认定了实验结果，颁发了“科研成果奖”证书。小学数学组所作的“算理教学”的教改项目也取得了较好成果。1988年，此项改革实验逐步发展为以“语言思维核心训练”的训练型课堂模式，代表邢台地区参加河北省小学语文青年教师大选赛荣获一等奖，1991年，荣

获河北省优秀教育科技成果奖。为扩大此项科技成果的推广，“训练型课堂教学模式”的研究在中学逐步展开。1992年，“小学自然实验教学”实验被河北省教育委员会、河北省教育学会授予“优秀科研成果”二等奖。是年，邢台市教育委员会印发邢地〔1992〕36号文件，将该成果在全区推广。1992年至1993年，小学数学、中学语文和数学教师先后代表市参加省优质课比赛，取得了省一、二等奖的好成绩。

1995年，引入外省市教改成果经验，中、小学主要开展“说课”活动，并确立以学生为主体，主要进行目标教学的实验探索，为全县中小学教学质量的全面提高打下基础。

2000年，中、小学认真贯彻省、市关于“课堂教学如何落实素质教育”的教改精神，广泛开展“自主学习”教学研究。开展公开课、示范课、优质课、说课、评课活动，深化课堂教学改革，即以学生为主体、教师为主导，素质为目标、育人为目的，优化教学目标的制定、优化教学过程的设计、优化教学方法的组合、优化教学手段的运用等一系列教改探索，取得了较好效果。

2004年，全县中小学进入新课程改革，使用新课标教材，教育局加大教师培训力度，成立了以各级校长为组长的“校本教研”机构。县直中小学、乡镇学校联片分学科、年级成立了“校本教研”组，规定每周开展教研活动不少于3个小时。

2005年，开展减轻学生课业负担过重和提高教学质量的辩证关系大讨论。2006年至2008年，全县教师积极投身新课程改革，落实《新课程标准》规范，改革教学方法，转变学生学习方法，大力实施素质教育，努力培养学生创新意识和实践能力。2007年，教育局加强了教研力量，公开招聘7名教研员，开展了“听评讲”“三百评比”推门听课活动，教研活动成效明显。

自课改以来，教研员有多人参与国家级、省市级课题研究。全县教师先后申报了“十一五”市级课题100多个，现大部分已结题，发表论文30多篇。“十二五”省级课题立项4个。临西二中教师陈宝贵的“大语文作文的理论研究和教学实践”研究课题获省资助重点课题。全体教研员深入基层、走进课堂、辅导新教材、开展专题报告，多次开展“送教下乡”活动，大大提高了全县教师的教学能力和综合教学质量。

第十节　教育管理

一、管理机构

1979年，临西县文教局作为县教育管理机构，下设教研室和业务教育办公室。1984年，增设办公室和电大工作站。1986年3月，文、教分设，设教育委员会，下设办公室、人事股、教育股、教研室、职教股、业教教育工会、电大工作站。1990年，增设计财审计股、老干部股，人员增至82名。1996年，撤销教育委员会，改设教育局，下设秘书股、人事股、计财审计股、普教幼教股、体卫师教股、招生办公室6个行政股室，普教教研室、成教教研室、职教教研室3个事业股室，撤销临西电大工作站，组建临西电大分校。全局行政编制21名、事业编制40名。1996年7月，成立教育法制建设办公室，设专职人员2名，与局办公室合署办公，2000年11月，教育法制建设办公室更名为政策法规股，2007年2月，政策法规股更名为法制安全股。

二、管理体制

（一）办学体制改革

临西县于1982年进行了教育机构改革，取消了社办高中和村办初中。1983年，小学五年制教育改为六年制教育。2000年以后，由于全县小学生人数逐年下降，农村小学撤点并校步伐加快，学校布局不断调整。2008年，全县有县直属小学3所（第一、二、三完小）；普通小学由74所调整为43所，教学点由172个调整为137个，撤销小学及教学点的学生向乡镇或中心村集中。2007年，乡镇初中根据生源减少的实际情况，撤销了樊村中学、姚楼中学、黎博寨中学。2008年，撤销了东枣园中学、水波中学、下堡寺中学、白地中学、单屯中学。经过调整，全县有初中11所，完全高中2所（临西县第一中学、第二中学），职业高中1所。1986年，国家教委颁布《关于社会办学的若干规定》，放开了私人办学的渠道。1996年9月，临西县第一所民办中学“育英中学”诞生；1998年，创办了“春雨学校”。到2008年，全县共有民办学校5所，其中中学2所，小学3所。教育局对民办学校的招生工作加强了管理，促进了民办教育在规范中发展。

（二）学校管理体制

1985年5月，《中共中央关于教育体制改革的决定》进一步明确“分级办学、分级管理”的范围。是年，临西县教育实行县、乡、村三级管理，即实行统一计划，分级管理：县教育行政部门负责指导全县教育工作，直接管理高中和其他县直学校；乡镇管理初中，村管理小学。县、乡、村对所管理的学校负责，解决经费、校舍、设备、师资等问题。同时，积极支持社会力量办学，并在教学业务上给予指导和帮助。

1979年至2008年，临西一中、临西二中、临西三中、临西四中、河西中学、临西县教师进修学校、临西县职业技术教育中心、第一完全小学、第二完全小学、第三完全小学、县直第一幼儿园，为教育局直属学校。除临西镇、河西镇外，其他7个乡镇共设置13个校区，管理辖区1所中学和各村小学；校区受教育局和乡镇双层领导。2000年，教育局制定了《学校安全工作和管理细则》，局领导班子成员实行包校管理制度。

（三）考试制度改革

1980年，全县中、小学毕业生实行统一升级、升学统一考试制度。小学各年级和初中一、二年级期末考试基本以学校年段为单位统一命题，统一评卷。初中毕业参加省中考招生统一考试。期末考由校区组织统一考试、统一评卷。初一、初二年级期末考实行全县质量检测。初中各年级主要学科实行月考制度。1995年，学年质检考试实行全县统一抽考制度，初中、高中采用多县联考排名的考试形式。2000年，实行全县统一质量检测制度。初中又把物理、化学实验操作，初二地理、生物及学生操作评定作为考察科，成绩划分为A、B、C、D四个等级，作为升普通高中的录取条件。2004年后，为配合素质教育，各学科的考试题目从知识型逐步转变为智力型、能力型题，突出考查学生分析问题和解决问题的能力，取消了中、小学升级、升学考试，各年级改为结业考试。在改革考试制度的同时，转变对中小学教学质量的评估理念，从单纯追求期末考试的平均分、及格率、优秀率、毕业考的升学率转变为对学校工作的全面考评，除教学成绩外，增加了思想政治、学校管理、班级工作、寄宿生管理、课外兴趣小组活动、学科竞赛、教研教改、特长生等方面的表现内容考察。2007年，每学期开展中小学质量抽测活动，实行等级加特长的素质评价模式。

三、行政管理

（一）人事管理

1979年至2008年，教育局对全县中小学教师每年度进行一次年终考核；教育系统人事集中暑假调整一次，股级干部有组织部、人事局考核、选拔和任用。师范院校毕业生分配由教育局提出具体分配方案，报请县政府研究批准，2000年，取消了大中专毕业分配制度。教师调外县、教师改行需提交县委常委会议研究。1989—2003年，全县教师队伍中新分配大中专毕业生2561人，其中本科42人，专科495人，中专2024人；教师退休398人。

（二）经费管理

1、经费来源

县教育经费来源主要有政府财政拨款（国拨经费）、向学生收取学杂费、群众集资捐款、勤工俭学。主要用于校舍建设、教学设备添置、办公费与教职员工工资。

国拨经费 1985年5月，中共中央《关于教育体制改革的规定》中指出：“在今后一定时期内，中央和地方政府的教育拨款的增长要高于财政经常性收入的增长，并使在校学生数平均的教育费用逐年增长”。是年，临西县基本实现了“两个增长”。乡村学校实行了分级办学、分级管理。县直学校仍由政府财政拨款。乡镇实行集资办学，县财政把国拨乡镇经费返还给乡镇，以解决改善

办学条件经费不足的矛盾。1986 年 7 月，改“集资”办学为征收教育附加费（即城市工商企业按增值税、营业税总额的 1% 征收教育费附加），以补充办学经费不足的矛盾。

1979—2008 年临西县财政教育投入统计表

表 21-8

年度	教育经费金额（万元）	人均教育经费（元）	学生人数（人）
1979	25.6	25	10236
1980	35.1	33.8	10399
1981	39.7	37.4	10602
1982	45.3	41	11042
1983	57.6	36.6	15720
1984	61.5	36.2	17003
1985	83.4	44	18960
1986	97.9	49.6	19748
1987	125.1	61.8	20250
1988	187.4	86.7	21610
1989	210.2	94.8	22172
1990	251.3	103.3	24320
1991	356.7	124	28762
1992	465.2	151.9	30625
1993	589.6	172.4	34203
1994	731.8	202.1	36212
1995	902.5	222.1	40628
1996	1206.7	258.2	46728
1997	1408.1	275.9	51045
1998	1752.4	334.4	52410
1999	2010	346.3	58040
2000	2339.3	394.3	59325
2001	4414.6	602.7	73241
2002	3927	532.3	73768

续表

年度	教育经费金额（万元）	人均教育经费（元）	学生人数（人）
2003	4483.3	668.7	67046
2004	5838.4	812.3	71872
2005	5834.6	858.9	67930
2006	7573	1155.8	65522
2007	10940.3	1826.9	59886
2008	13732.4	2315.9	59295

学杂费　1978年，小学1—3年级，每人每年3元；4—5年级4元；初中生5元；高中生8元。学杂费的20%上交，80%由学校自己支配。1986年，贯彻《中华人民共和国义务教育法》，小学和初中不再收学费，只收杂费，个别中小学存在乱收费现象。1990年，为弥补教育经费不足，确保教学工作正常运转，促进教育事业持续稳定发展，切实制止学校乱收费，在考虑物价上涨和群众承受能力基础上，对全县中小学收费标准进行了适当调整，县直小学1—3年级，每生每学期收杂费5元；4—5年级6元；县直初中每生每学期收杂费10元；乡镇初中每生每学期收杂费12元。1997年，再次调整，县直小学每生每学期40元；农村每生每学期25元。县直初中每生每学期60元；农村初中每生每学期40元。普通高中每生每学期180元。2007年，按照教育部、财政部联合下发的关于保障义务教育机制的文件精神，义务教育阶段不再收取学杂费。

勤工俭学　1979—1989年，县一中办有印刷厂，年纯收入1.5万元。1981年，学校把利润分成确定为四、三、三的比例，用以扩大再生产、改善办学条件和师生福利。1989年，有固定资产4.1万元、流动资金5.5万元，机器7台，工人21名，管理人员3名。后因体制改革，印刷厂整体转让，并搬出学校。

1983年，县职业技术中学，有实验田155亩。1984年，引进、繁育、推广“冀麦15”“冀棉九号”等优良品种。是年，地区教委在该校召开现场会，对该校办学成绩予以肯定。1988年，又办起脱绒厂、壁毯厂、种兔场、养鸡场。1989年，办起织布厂，年收入6万余元。学校把勤工俭学的收益用于校舍维修和师生福利。

2000年，东枣园乡中、县一中、县二中通过了省教育厅校园经济验收。

2、经费使用

教育经费的使用主要分为预算内收支（国家预算及地方财政的投资与支出）和预算外收支（集资、勤工俭学、学杂费及其他资金的收入与支出）两部分。预算内支出用于各级各类学校的经费，一般以学生人数为标准；预算内支出分为人员经费和公用经费。人员经费指直接用于学生和教职工个人的经费，包括国办教职工工资、补助工资（包括取暖补贴、教龄津贴、特级教师津贴、班主任津贴）、职工福利费（工资福利、工会经费、丧葬、遗属补助、独生子女保健费、公费医疗费）、离退休人员经费（离休、退休费）、民办教师补助费、人民助学金及主要副食品补贴等。公用经费，主要包括公务费（办公、邮电、水电、取暖、会议旅差费等）、业务费（教学、科研、资料费）、设备购置费（教学仪器、图书、一般设备、体育设备费）、修缮费等。

第二章 科学技术

第一节 管理机构

一、临西县科学技术局

1974年10月，成立临西县科学技术委员会（简称科委），有工作人员2名。1984年，下设情报站、科技干部管理科、综合技术开发中心，有工作人员11名。1996年10月，撤销科委，成立科学技术局（简称科技局）。县科学技术协会（简称科协）并入科技局，下设办公室、工业股、农业股、综合技术开发中心、情报站、科技市场管理办公室。2003年4月，下设办公室、科普股（含地震测报）、综合技术开发中心。2008年，有工作人员13名。科技局全面提高科技管理水平和发展能力，全县科技发展环境得到根本改善，科技下乡和科技扶贫成效显著，科技项目的申报和实施力度进一步加大，不断探索和创新科技服务机制，形成了各方支持、上下联动、左右协调、齐抓共管的科技工作格局。

二、乡镇科技机构

1979年1月，全县15个公社全部配备有科技副社长，1980年后改称科技副乡镇长，各乡镇设科学技术委员会，各大队设置有农业试研机构，形成了县、社、大队三级科技传播网络。2000年起，不再设科技副乡镇长，原有科技副乡镇长，逐年转职消化，到2008年，各乡镇科技副乡镇长转职工作全部完成。

第二节 科研机构

一、植保植检站。1985年，成立县植保植检站，有技术研究人员5名。1988年，站址由临西镇王路寨村北迁入农业局。植保植检站以研究、观测农作物病虫害的发展规律及防治方法为主要课题，及时向社会发布农作物病虫害信息，指导农民防病除害。

二、原种场。建于1980年，由原县良种场改建。场址位于周楼村北1公里处，有良种培育基地500余亩。主要从事粮、棉优良品种的对比试验和原种繁育。2003年撤销。

三、农业科学研究所。建于1975年6月，1979年迁至王路寨北1公里处。主要从事省、地区农科院（所）下达的良棉高产栽培及抗病虫新品种试验项目。1983年撤销。

四、农机研究所。成立于1977年，有研究人员5名，主要从事拖拉机配套设施及农机具的研制和推广。1981年，更名为农机化研究所，工作人员增至6名。1984年4月撤销。

第三节 科技队伍

1979年以后，县委落实知识分子政策，平反冤、假、错案，将知识分子视为工人阶级的一部分，吸收知识分子入党，选拔优秀知识分子从事领导工作，为科技人员解决农转非90户239人。实行专业对口，科技人员归队，新毕业的专业人才不断充实到各专业岗位，科技队伍逐渐壮大。1981年，对科技人员进行套改、晋升、评定职称。1989年，全县科技人员2654名，其中高级职称30名、中级职称523名、初级职称1485名、技术员616名。2008年底，全县科技人员4088名，其中高级职称86名、中级职称896名、初级职称2822名、未定职称技术员284名。

2008 年科技人员职称情况统计表

表 21-9

单位：人

单位	合计	正高职称	副高职称	中级职称	初级职称	未定职称
全县合计	4088	1	85	896	2822	284
教育系统	3386	0	55	725	2519	87
卫生系统	358	0	15	115	182	46
其他部门	294	1	15	56	109	113
乡镇政府	50	0	0	0	12	38

第四节 科技活动

一、科技普及

1983—1995 年，县科技部门利用科普车下乡传播科技知识，放映科技影片 1000 多场，放映科技录像 500 多场，发放科技资料数万份。1987 年，成立“科技信息服务中心”，与省、地科研机构互通信息，与全国 250 多个科技单位建立了信息联系，把有关指导农业生产的信息，通过乡镇科普协会迅速反馈到科技示范专业户。同时，县科协、科委与山东省部分县科协、科委共同成立了两省 6 县科技信息协作网，创办了“网刊”进行技术和成果的交流。1990 年，印制了《麦棉一体化种植技术》手册 1000 多册，免费发放到农民手中。还根据不同关键农时季节，聘请省、市专家深入果园、地头进行农业生产指导数百场，解决农业种植中遇到的实际问题。2003 年 7 月，成立了农业技术协会，在每年的 9 月 1 日，举办棉花高产田观摩会，进行技术传播和良种推广。2004 年，成立了县“科普信息网络中心”，十五个乡镇、办事处成立分中心，部分村成立科普信息站。县、乡、村三级建成科普展览栏，县科普展览栏 40 平方米，乡镇 20 平方米，每村 8 平方米，每十天更换一次内容，固定专人看管，收到了良好效果。2006 年，县科技局与民营农华公司合作，投资 5 万余元，聘请石家庄农科院、省农科院等部门的专家学者，编纂出版了十七期《农华科技》共 40 万余册（份），赠送给农民。

二、科技咨询与培训

科技咨询 2002 年，县广播电台开办了《农民之友》栏目。每天播出时间是上午 9 点至 10 点、晚上 9 点至 10 点两个黄金时段。为配合《农民之友》栏目，还开通了“临西热线”和“全国免费技术咨询热线”，聘请农业专家对农民朋友的咨询及时进行解答。到 2006 年，共为农民咨询解答 1.6 万人（次）。

2003 年，县电视台开办了《大地艺苑》。2005 年，开办了《田园季风》栏目。根据农时，及时为农业、农民服务。

2007 年 11 月，县科技局、农业局等单位组织科技人员，组成“科普之冬、服务三农”宣讲队，在全县 15 个乡镇、工作站进行巡回宣讲，受到广大农民的好评。

科技培训 1985 年 4 月，成立“临西县在乡中学生技术培训领导小组”，对全县 1.53 万在乡中学生进行了农业技术培训，同时对全县 2750 名复退军人进行了专项技术培训，传授实用技术 1052 项，使他们成为农村建设的带头人。

2003 年始，县农业部门利用冬春农闲季节举办农业技术培训班，聘请省、市农业专家讲课，到 2008 年，共举办培训班 143 期，培训农村技术骨干 3 万多人（次）。

三、地震测报

1976 年 8 月 17 日，县成立地震办公室，有工作人员 5 名，设地震测报站 12 个，测报员 21 名。以后逐渐增加，1983 年测报网点发展到 21

个。地震测报站点采用定期观测，主要观测依据为地磁场、地应力、地电、水井、地倾斜自记仪等。1984年地震办公室撤销，业务由县科委兼管。1996年11月，县科技局下设地震办公室，负责地震监测工作。2005年6月，筹建地震通信网络。2008年5月，成为与科技局合署办公的机构。下设办公室、监测预报股、震害防御股。是年6月，编制了《临西县地震应急预案》。

四、新能源开发利用

（一）沼气开发。1979年1月，成立沼气办公室。1980年8月，改为新能源办公室，有工作人员4名，后划入县经贸委。2003年10月，划归县农业局，属股级单位。

1982—1985年，先后建设“独眼龙式”沼气池3000多个，由于池型落后，利用秸秆发酵，效果欠佳。2000年后，随着国家对新能源工作的重视，新型沼气池逐渐发展。2005年，争取并实施农村沼气国债项目。建设任务1310户，涉及全县15个乡镇、工作站的34个村。建设内容为“一池三改”，即建设一个10立方米的沼气池，改厕所、改猪圈、改厨房，每户总投资2300元左右，其中国家补贴800元。建设池型为底层出料水压式和旋流布料式。填料为畜禽粪便，利用牛粪发酵启动后，添加其他畜禽粪便均可。2008年，在20个建池户进行了压块秸秆产气技术示范，获得成功。

2007年沼气池建设情况表

表21-10　　单位：户

村庄名称	建池户	村庄名称	建池户
初　庄	131	任颇庙	41
教　场	12	李颇庙	29
郑　庄	20	马尔寨	25
八里圈	30	前胡官庄	15
东　水	21	罗　庄	32
十八里堡	30	吴老官寨	34
千户庄	50	史　庄	10
曹　村	30	尖　冢	17
陆　村	20	蔡辛庄	53
窦　庄	21	西苟庄	20
马　兰	67	东苟庄	20
东留善固	100	赵樊村	30
西倪庄	50	西马鸣堂	90
东高尔庄	40	倪　庄	50
修子堌	20	卫罗庵	27
大黄庄	57	马刘庄	43
相　庄	40	赵　村	50

（二）太阳能利用。1985年后，城镇居民开始使用水包晒水，借助太阳的能量，实现家庭洗澡的目的。2000年后箱式太阳能热水器、真空管热水器相继出现，城市居民安装使用率较高，农村安装户逐年增加，太阳能在城乡得以广泛使用。使用太阳能热水器成本低、使用方便、安全可靠。

（三）地热利用。随着全县经济发展和社会的进步，地热资源的开发和利用逐步加快。2000年，临西镇高村首口地热井开发成功，井深1280米，水温53度。同年，建成温泉洗浴中心。2002年，临西中国轴承大世界商住区开发利用地热井，供热面积14万平方米。2006年，恋日花都住宅区，以地热为能源，解决了小区冬季供暖问题。

第五节 科研成果

一、科研成果

80年代后大力推进科研成果转化，不断提升科技发展整体水平，围绕产业结构调整和振兴，重点培育自主知识产权和自有品牌，大力推进产学研结合和成果转化，精心组织和申报各级科技计划项目，取得了显著成果。

1、小麦模式化栽培技术（省级研究项目）。1986年开始推广，1988年发展到50万亩，获河北省农业厅丰收计划一等奖。

2、苹果短枝型开发（市级研究项目）。1982年开始试验，推广3000多亩，1989年获邢台地区科技进步一等奖。

3、黑龙港流域小麦节水降耗再增产技术研究（市级研究项目）。1987年通过市级验收，获邢台市科学技术进步奖。

4、碳钢钢球生产技术研究（市级研究项目）。项目由鑫泰钢球厂承担，经市级以上专家组织验收，符合国家生产标准，通过验收。

5、高级轿车前轮辊轴承研究（市级研究项目）。2003年立项，由联友轴承有限公司承担，已经通过市级专家验收。

6、液压举升阀研究（市级研究项目）。2000年立项，由华春液压有限公司承担，已通过专家鉴定，并获邢台市科技进步二等奖。

7、高级轿车变速轴承研制（市级研究项目）。2004年立项，由联友轴承有限公司承担，已通过市级专家验收认证。

8、轴承淬火技术研究（市级研究项目）。2001年立项，由临汾轴承厂承担，已通过市级专家验收认证。

9、波尔山羊产业化建设项目（省级研究项目）。2002年立项，建立波尔山羊胚胎移植中心，获省、市科技研究资金100余万元。

10、精密机床研制（市级研究项目）。2000年立项，由河西精密机床厂承担，已通过专家验收认证。

11、轴承产业生产力促进中心项目（市级研究项目）。2003年立项，促进中心设在临西轴承大世界，已通过市级验收。

12、临西粮食产业科技传播站（市级研究项目）。2006年立项，传播站设在农华公司，已通过验收。

13、引进美国抗虫棉新品种33B项目（市级研究项目）。1988年立项，由老官寨乡承担，种植示范田2万亩，当年通过专家验收认证。老官寨乡被市政府命名“科技示范乡”。

14、SARS与中医外感病诊治规范研究（省级研究项目）。由本县老干部副主任医师赵世通与省中医研究院专家共同完成，登记号：20060769，获2004—2006年，河北科技成果奖。

二、专利项目

临西县注重对知识产权保护相关法规的宣传普及，增强了全民专利意识，并在专利实施、专利申请及企业知识产权保护等方面进行了认真的组织和引导，有力地促进了全县科技进步和经济发展。

1、调速汽控换向阀。由华春液压公司申报，2005年申报，2006年获专利证书，证书号：827780，专利号：ZL200520024519.X。

2、限位汽阀。由华春液压公司申报，2005年申报，2006年获专利证书，证书号：806430，专利号：200520024520.2。

3、汽车衡拱型予应力承载台及其制作方法。由鲁西电子厂申报，申报人：张百福，申请号200410012491.1。2006年5月发证，2007年9月23日在廊坊召开的全国第十七届发明博览会上展出，被载入《全国发明集锦》。

4、汽控换向阀（外观设计）。由华春液压公司申报，2006年申报，2007年获专利证书，证书号：655152，专利号：200630022871.X。

5、改进的限位汽控分配阀。由华春液压公司申报，2007年申报，2008年获专利证书，证书号：1050753，专利号：200720101722.1。

6、汽控阀。由华春液压公司申报，2007年申报，2008年获专利证书，证书号：768317，专利号：200730106939.7。

7、一种无焦油、防架空、连续投料秸秆气化炉。由李学文申报，2008年申报，2009年获专利证书，证书号：1289482，专利号：ZL200820134420.9。

8、人造风力发电装置。由刘俊同申报，2008年申报，2009年获专利证书，专利号：200810081414.6。

第六节　气象测报

一、机构设置

1967年1月1日，建立临西县气象服务站。1982年6月，更名为临西县气象站。1988年，更名为临西县气象局（为正科级机构）。2006年，临西县气象局内设观测业务股、法制股、科技服务中心，人员编制6人。

临西气象局观测场全景（2007年摄）

二、气象测报

1987年4月，开通了市县高频电话对讲机，进行传输气象报文。1999年7月，新上微机两台，开始用X.28通讯网向河北省气象台传输气象报文资料。2002年，建成省、市、县气象内部网络，实现了业务发报、公文传输微机化；2002年9月，改为X.25通讯网传输，现代化水平不断提高；2004年，地面测报软件升级，网络传输由原来的X.25改为2兆光纤传输；2006年5月和2007年4月分别建成尖冢、东枣园、下堡寺、吕寨、河西镇、大刘庄6个DSD2型温度、雨量两要素自动观测站。

三、天气预报

1982年8月，开始接收天气图表传真接收工作，主要接收北京的气象传真和日本的传真图表，利用传真图表独立地分析判断天气变化，取得较好的预报效果。

1987年4月，开通了市县高频电话对讲机，每天进行两次全地区天气预报会商，结合传真图分析主要天气系统，结合省气象台各类预报、市气象台预报及当地气象要素的变化作出临西县的相应预报，预报准确率得到了进一步的提高。

1999年6月，地面卫星小站建成并正式启用，预报所需资料全部从网上接收，建立新一代预报操作平台，适时接受处理卫星云图、各类气象资料、各类天气预报，制作气象周报、短时预报。

四、气象服务

1、公众气象服务。1989年，各乡镇、村配备了气象警报接收机。每天上、下午各广播1次，通过气象预警接收机定时接收气象服务。1997年1月16日，开通“121”天气预报自动咨询电话。2003年，邢台市“121”咨询电话实行集约经营，主服务器由邢台市气象局建设维护。2005年电话升位为“12121”。1998年6月1日，县电视台开播临西天气预报节目，气象局负责利用多媒体系统制作天气预报节目。2007年升级为非线性编辑系统。

2、决策气象服务。决策气象服务主要以书面文字发送为主，充分利用气象现代业务网络平台，搜集每日的气象信息，为领导的科学决策提供服务，为全县的工农业生产及重要活动提供气象资料。2008年2月，通过网通公司开通了网上短信发布平台，以手机短信方式向全县各级领导发送气象信息。

3、专项气象服务。2000年6月，由县政府投资，购置了人工影响天气车载式火箭1台。利用车载式火箭发射碘化银火箭弹作业，每年进行人工增雨三至五次，发射火箭弹20枚左右，有效地缓解了临西县旱情，为农业丰产农民增收发挥了积极作用。1998—2007年，气象局连续10年被邢台市委、市政府评为市级文明单位。

第二十二编 文化

临西县文化历史悠久、底蕴深厚，诗文、书画、戏曲等载誉史册。建县之后文化事业继续发展。“文化大革命”中传统文化受到冲击，改革开放后文化热潮再度兴起，政府和文化部门加强政策引导、加大扶持力度、加强业务指导，促进了群众文化活动、艺术创作活动不断繁荣，文物保护工作和非物质文化遗产挖掘整理保护等工作不断取得新成绩。2008年第三次全国文物普查确定全县不可移动文物63处。有三处文物被批准为河北省重点文物保护单位。有三项文化遗产被确定为省级非物质文化遗产。临西县先后被命名为河北省文化先进县、河北省基层文化建设先进县。

第一章　机构设施

第一节　管理机构

1979 年至 1984 年，文化工作由县文教局主管。1985 年成立县文化局。1996 年 9 月县文化局与县体育运动委员会、县文学艺术界联合会合并，成立临西县文化体育局，办公地点设在体委院内。1985 年全县 15 个乡镇建起了文化站，负责乡村文化活动的管理指导。文化站均设在乡镇机关院内，有图书室、放映队、活动室组成。90 年代后，文化市场不断开放，非法出版、盗版、不法网吧等相伴而生，为了规范文化市场，县委、县政府组织文体局、工商局、公安局、广播局、政法委等多家单位共同组成了临西县文化市场管理委员会，同时组建了文化市场纠察队，负责文化市场管理、打击非法出版、盗版、不法网吧等不法文化活动，不断规范净化文化市场，保证了文化事业的健康发展。

第二节　文化机构

一、新华书店

县新华书店大楼始建于 1974 年，承担全县的课本、图书的销售工作。1985 年后，隶属县文化局管辖。1993 年，改属县委宣传部管辖。1999 年 5 月新华书店的人事、业务等全部隶属于河北省新华书店统一管理，并改为事业单位、企业化管理。2007 年，店址迁至运河路中段南侧。

二、文化馆

1985 年以前，文化馆隶属于县文教局领导。1985 年后县机构改革设置文化局，文化馆改为文化局下属单位。初址在原新华书店北侧，有二层宿办楼一座。1998 年，原办公场所开发，迁至原县影剧院内、图书馆楼上办公。文化馆下设美术室、戏剧室、舞蹈室、创作室、图书室、音乐室，共有职工 12 名。2007 年，文化馆随影剧院全部拆除，暂时在县文体局办公。

三、电影公司

电影公司是全县电影事业的管理机构。1985 年前，属于文教局下属单位；1985 年后，隶属于文化局；1996 年后隶属于文体局领导。1979 年有经理、副经理各一人，工作人员 8 人，设有发行组、拷贝管理组、放映技术组、财务室。放映影片由地区（市）公司提供。公司地址在县城南大街（今阳光南大街）中段东侧。1979 年至 1992

县文化体育局（2001 年摄）

年，放映队由开始15个发展到69个。

七八十年代观看电影是城乡文化活动的重要内容，县影剧院每周都有电影放映，县电影公司放映队由15个发展到60个，常年活跃于城镇各个影院和广大农村、工厂、学校。在农村放映时除放映电影外，还根据工作需要和农时加演幻灯片、科教片等，为宣传党和国家方针政策、进行爱国主义教育、宣传科普知识、活跃人民群众精神文化生活发挥了重要作用。九十年代后随着电视等文化活动形式的兴起，电影行业逐渐萎缩。90年代后期，县城影院很少放演电影，农村电影放映偶有活动。2008年文化部出台了促进电影放映的有关政策，电影下基层、电影下农村开始有所回升。

四、图书馆

1995年，建县图书馆，为文化局下属事业单位，地址在县影剧院内东侧。图书馆有工作人员5名。有各类馆藏书籍5000余册。2007年，图书馆因原址开发迁至文体局内办公。

在县城，县文化馆于1995年建立了图书馆，购置各类书籍5000余册，面向广大读者提供阅览、借阅等服务。近年陆续出现了文心书苑、荟萃书社等数家以经营图书为主的个体门店。

在乡镇，从1985年起普遍建立了图书室。藏书总计过万，订阅报刊达450多份。

在农村，随着经济条件的改善和生产生活的需要，图书室近年从无到有，不断发展。其中，最具代表性的是田庄村“树德书屋”。

“树德书屋”位于田庄村中，由田庄籍作家田树德捐资20万元于1998年兴建，占地250平方米，建筑格局仿农家院落。书屋始建时主要收藏田树德捐赠的个人珍藏著作3万余册，价值50余万元。之后国内几十家出版社及一些作家学者陆续捐赠了图书，使收藏书内容更加丰富，涵盖马列著作、经济、金融、党史、文学、音乐、电脑、医学、法律、军事以及大、中、小学生读物等十几个门类。

五、文保所

1995年，成立县文物保护研究所（简称文保所），和文化馆两个单位一个牌子，由1名副馆长主抓文物保护、普查工作。有馆藏文物62件，多为出土文物。1980年，县政府确定下堡寺惨案井、“四·二九”烈士墓群、临清旧城月洼寺遗址为县级文物保护单位，由县政府立碑。2007年，申报北魏临清县旧城遗址和八里圈清真寺为省级文物保护单位。是年，北魏临清县旧城遗址被批准为河北省重点文物保护单位。此为临西县唯一的省级文物保护单位。

六、县文工团（县剧团）

县文工团创建于1965年，演出剧目以歌唱时代新风、自编剧目为主。1979年改革开放以后，先后排演了豫剧《花木兰》《墙头记》《卷席筒》等多部历史剧目。1987年，县文化馆创作员赵敏创作了《墙头记后传》，县剧团排演后，被省电视台全场录制播放，获河北省文艺振兴奖。其后，文艺演出逐渐减少。1988年，文工团曾改称县卫河歌舞团到外地巡演。1989年，文工团解散、人员分流，部分演员被解聘后，自己组织了吹唱班等。

第三节　文化设施

一、县影剧院

县影剧院建成于1973年10月，位于玉兰西路中段南侧，占地13.4亩，建平房21间，两层楼房14间，影剧院内设有1611个座位，是临西县电影、戏剧演出的主要场所，并承担县内各种大型会议。2005年，因年久失修停止使用，是年11月，被县政府置换给邢台市市政公司。2007年10月，市政公司出让开发。

1979年以来，先后有京剧、评剧、豫剧等不同剧种不同流派的表演艺术家前来演出，活跃了人民群众的文化生活，为宣传党的各项方针政策，交流文化艺术，做出了贡献。

二、河西电影院

河西电影院又称先锋影院，建于1974年，位于河西镇东西主街东段北侧，占地2000平方米，

临西影剧院

建筑面积523平方米，设有986个座位，是县域东部的主要文化活动场地。2000年，由于城区开发改造，电影院被拆除。

三、职工俱乐部

职工俱乐部位于河西镇西部，建于1983年5月，占地面积3400平方米。设有图书、棋艺、展览、乒乓球等活动室和影视礼堂。90年代后改为工会活动室。

四、仓上文化娱乐中心

仓上文化娱乐中心，始建于1980年秋，原名仓上新村影剧院，设有1240个座位。2006年，进行了整修改造，扩建了广场。

五、文化体育活动中心

1997年，县文体局在影院北路（今文化大街）中段西侧租赁童村60亩土地新建办公场所的同时，建设了文体活动中心，修建了游泳池、滑冰场、篮球场、儿童娱乐场等文体娱乐设施，并修建了休闲亭、假山、钓鱼池等。2005年，因县城开发而变更了该地块用途。

六、临西会堂

2005年，县政府决定建设集会堂、影剧院、文化馆、图书馆等文化设施于一体的县文化体育活动中心——临西会堂，地址在泰山路县委、县政府办公大楼西侧。2007年正式开工建设，2008年完成主体工程。

七、万和宫

万和宫坐落在万庄村西部，是由万庄籍企业家王殿明投资兴建的文化旅游园区。2006年3月破土动工，2007年5月落成，占地2万多平方米，建筑面积1万多平方米。万和宫的建设理念是以构建社会主义和谐文化为主旨，以古今中外历史文化为载体，以千尊雕塑为特色，集曲径花木、亭台楼阁、山石湖面、小桥流水为一园，是一处历史文化、民俗文化、和谐文化相融合的旅游胜地。万和宫门楣两侧上书“纵横八万里中外文化融贯新农村；上下五千年古今圣贤汇聚万和宫”的楹联。

万和宫共有和谐文化广场、和谐廊、宗教文化区、民俗文化区、和谐碑林区、幽默文化园区、名人园区、心平湖景区、孝悌园区、诗园景区、

万和宫园区

朝圣居、醉仙楼景区等十一大景区。各景区内以雕塑、洞窟、绘画、瓷板画等形式，介绍、展示了中外文化的博大精深。

第四节 革命纪念地

一、吕玉兰纪念馆

吕玉兰纪念馆位于东留善固村南玉兰公园之内，始建于2006年，投资760万元，2008年3月31日正式开馆。玉兰公园位于东留善固南1公里处，在通往村中的南北大道的西侧。公园坐西朝东，占地40亩。园内绿地、硬化相间，花草林木茂盛，北面建有和谐碑，安装有各种健身器材及条椅、便坐；南面建有人工湖、假山、八角亭、六角亭、石拱桥、曲榭环廊，湖内亭台倒映，湖面白鹅成群，湖边环廊、栈道、石桥相连，清新雅静。

吕玉兰纪念馆位于玉兰公园的西半部，系砖混、钢混结合建筑。拾阶而上，是朱红的大门，门口宽阔高大，门楣上有舒同体“吕玉兰纪念馆”的金字匾额。台阶周围是汉白玉护栏，每块栏板上都雕有不同样式的玉兰花。纪念馆门前是4米多高的半身石雕玉兰塑像，座落在2米多高的基座之上，纪念馆是一个宽阔明亮的四合大院，占地3236平方米，建筑面积1500平方米，四周环廊相接，院内青色大理石铺地，正中是吕玉兰手握铁锨的全身汉白玉雕像。北厅是吕玉兰生平事迹展厅，展厅为回环式布局，面积350平方米，共展出照片214幅，实物58件，再现了吕玉兰由一个农民的女儿成长成为一名党的好干部、人民的好公仆的过程，重点展示了她“植树造林、锁风固沙、平整土地、兴修水利”，把一个贫穷落后的穷沙窝改造成林茂粮丰的社会主义新农村的全过程；西厅北半部是党史展厅，南半部是国防教育展厅；南厅是劳模展厅。吕玉兰纪念馆是邢台市爱国主义教育基地、河北省红色旅游的重要景观之一。

二、“四·二九”烈士陵园

“四·二九”烈士陵园，位于摇鞍镇乡中贺伍庄村北。1986年10月20日奠基，1987年4月30日落成。以纪念1942年4月29日，日军对冀南抗日根据地大扫荡中牺牲的烈士。

陵园坐东面西，东西长155米、南北宽110米，占地25.3亩，四周青砖围墙肃穆壮观。陵园中心为“四·二九”纪念塔。分为塔基、塔座、塔体三部分。塔基高1.5米。三层台阶，第一层4阶、第二层2阶、第三层9阶，寓含了“四·二九”的数字；塔座高1.45米，四面用“草白玉”大理石镶嵌，正面（西面）铭记了“四·二九”反扫荡概况；塔体为六棱体，用“泰山红”花岗岩镶面，从顶到底为汉字“四·二九”的造型。塔体六面刻有老一辈革命家的题词，正面为徐向前元帅题词：“四·二九”反扫荡牺牲的烈士永垂不朽；西南面为宋任穷题词：向坚持抗日平原游击战争而英勇牺牲的烈士致以崇高的敬意；西北面为王任重题词：“四·二九”狂风助战惊天地，红五月阴雨洒泪吊英魂；东南面为陈再道题词：烈士业绩、永垂青史；东北面为刘志坚的题词：业绩永存，启迪后人。整体塔高12.719米，取1942年4月29日的1.942米和4.29米；事件距陵园落成45周年，取4.5米；陵园建于1987年，取1.987米，数字相加为12.719米，含有多方面的纪念意义。纪念塔西面是陵园大门，两个侧面中间书有“四·二九”烈士陵园的金色大字。大门与纪念塔之间是主题为《胜利突围》的花岗岩英雄群雕。纪念塔北面是纪念堂，为5间古典四坡顶建筑，堂内以图片、绘画的形式展示了“四·二九”反扫荡的过程和抗日根据地军民的精神风貌。纪念塔东面是烈士墓园，园内有140个墓冢，立有青石墓碑一方，上书“四·二九烈士之墓”。纪念碑南面是一片苍松翠柏，松柏掩映之中有一通“泰山青”花岗岩石碑，上书“四·二九”烈士陵园的建设过程及捐款名单。

“四·二九”烈士陵园是临西的一块圣地，也是冀南抗日根据地的一块圣地。这里掩埋着八路军冀南四军分区司令员杨宏明、政治部主任孙毅民及他们的战友计200多位烈士的忠骨。

三、吕寨烈士祠

为缅怀在抗日战争和解放战争中英勇牺牲的革命先烈而修建。1942 年 4 月 29 日，日军对冀南抗日根据地进行“铁壁合围”，战斗中四分区一位孙姓领导人牺牲在吕寨。同时期在抗战中吕寨及周围村有 40 多位干部、战士牺牲。为了纪念先烈，1942 年 10 月，吕寨村的耿老重向县、区领导提出修建烈士祠的建议被采纳，村民利用拆吕寨大戏楼的木料在戏楼北盖起了 3 间烈士祠堂。杨宏明、孙毅民等 40 多位抗日英烈的英灵在此受到群众的供奉。1963 年发洪水，烈士祠被冲毁。1964 年，旧址重建。1980 年，县食品公司在吕寨东建食品购销站，烈士祠南移 5 米后重建。1997 年 4 月 16 日，再次重建。重建后的烈士祠北房 3 间，古典式建筑。祠堂及院落呈正方形，占地 484 平方米。是当地群众怀念先烈，进行革命传统教育的革命纪念地。

四、下堡寺惨案井

位于邯临公路南侧下堡寺东北角。1944 年 4 月 18 日，驻高村据点的几个日伪军在樊村被八路军击毙。日军纠集了几个县的日伪军，于 4 月 19 日向八路军根据地下堡寺一带合围，进行疯狂的报复。包围圈逐渐缩小至下堡寺村东北角后，日伪军将 13 名群众活活扔进水井里，并投砖石砸死，造成了骇人听闻的“三・二七”（农历）惨案。为教育后人、牢记历史，此井保留至今，并于 1985 年被县政府列为县级重点文物保护单位 。

第二章　文化活动

第一节　文艺展演

一、文艺晚会

1．消夏晚会

1999 年起，每年夏季都要在明珠广场举办数十场消夏文艺晚会。晚会由县直各单位和部分企事业单位组织轮流出演，内容形式包括歌曲、戏剧、曲艺等多种多样。

2．迎春晚会

1995 年始，每年大年三十举办迎春晚会。晚会由各单位推荐优秀节目参加演出，质量逐年提高。其节目多数为自编自演的舞蹈、合唱及文化部门组织的戏曲、演唱等，以增添春节期间的欢乐气氛。

3．焰火晚会

罗庄村制售烟花和春节期间举办烟火表演历史悠久。2000 年前后又有数年恢复了此项活动，届时方圆几十里的人们都去观看烟火表演。

1993 年始，仓上每年在正月十五晚上举行焰火晚会。2000 年后，龙旺、东留善固等村也都在正月十五举办焰火晚会。

龙腾虎跃——乡艺汇演

2002—2004年，县政府连续三年在县城举办大型元宵焰火晚会，观看群众达10万余人。

4. 元宵灯会

1993年始，每年正月十三至正月十六，县委宣传部门组织县直各单位、各乡镇在县城主要街道举办元宵灯会，每年参展彩灯、宫灯达2000余盏，观看群众达20万人次。每年都有以生肖为内容的彩灯和象征年年有余的富贵灯及企业的产品宣传灯。随着时代的发展，元宵灯展科技含量逐年提高，出现了声像宣传灯等。

5. 专场晚会

1979年以来，县内有关单位多次邀请中国京剧院、山东省京剧团、北京评剧团、天津京剧院、聊城京剧团、邢台豫剧团、邢台河北梆子剧团来临西县举办专场演出晚会。

仓上每年的三月十八、九月十三庙会期间，都请外地剧团演出助兴。

2001年，临西县二中举行五十周年校庆，举办专场庆典文艺晚会。邀请著名歌唱家董文华、王秀芬、克里木、程志和河北省歌舞团来县祝贺演出。

2002年4月28日，轴承大世界开业，举办专场文艺晚会，邀请著名京剧表演艺术家于魁志、李胜素、歌唱家孙浩和河北省歌舞团祝贺演出。

2007年9月25日，万和宫落成典礼，举办专场文艺晚会，邀请著名演员李如刚、刘伟、陈寒柏和邢台市豫剧团前来演出祝贺。10月3日，万和宫的侯公亭揭幕，邀请了中国铁路文工团说唱团、河北武警文工团的著名演员侯耀华、师胜杰、石富宽、李嘉存、奇志等联合举办了相声专场演出。

二、乡艺展演

1993年以来，县委、县政府为了活跃群众文化生活，每年正月十六，都安排有关部门组织各乡镇乡艺队伍在县城主要街道进行乡艺展演，表演队伍达千余人，观看群众数万人。表演形式主要有旱船、狮包、高跷、彩船、武术、杂技、秧歌等。

1. 旱船：西马鸣堂村部分群众，组织有旱船队，在遇有重大节庆日子进行表演，每年正月十六到县城参加汇演。

2. 狮包：玩狮包是春节期间的一项娱乐活动。姚楼、郝村、邵庄、西曲庄、西尖冢、岗楼、李园、小屯8个村有狮包队。表演的有地场、板凳场、绣球场、桌子场，其动作有打势、镇脚、跪场、望月、学插花、双插花、睡觉、啃玉圈、亲昵、探海、打滚、争球等。

3. 高跷：一般由12人组成，每2人为一组，其套路有开路鬼，身穿黑衣，手持木棒开场子；渔翁白蛇，表演扑鱼、撇叉；公子黑蛇，表演扑蛾、戏耍；书生小姐，表演爱情；傻小子、傻大姐，表演吃奶等丑相滑稽动作。瓜场村部分群众在春节、元宵节时进行表演，每年春节来县城汇报演出。

4. 彩船：该民间艺术主要流行商庄、小营村一带。一般由12人组成，驾船女旦、艄公各1名，花旦4名，老旦2名，拉纤旦4名，男丑1名。表演动作有起船、系锁链、长虫倒扒皮、蒙头阵、四门斗、三鱼争头、落船等。

红歌赛

三、乡村俱乐部活动

70年代中期，吕寨公社首建文化站。到1985年，全县15个公社都建起了文化站，公社文化站均设在公社院内，由图书室、

乡艺汇演

放映队、活动室组成。农村俱乐部活动较好的有蔡辛庄、邵庄、商庄、吕寨、老官寨、姚楼、东枣园、小营、乔屯等村。到1989年，全县有活动的俱乐部计95个。90年代后，农村俱乐部活动逐渐减少，只有少数村庄在春节时组织一些乡艺表演。2000年后，随着机构变更，各乡镇文化站也不再设专职编制。

2008年6月，经邢台市文化局批准，摇鞍镇乡建设综合文化站。该站是邢台市7个重点文化建设项目之一，总计投资32万元，其中国家投资12万元、地方配套资金20万元。该站建于临西县万庄村西，占地30亩，建筑面积800多平方米，设计为三层楼房建筑，一楼为放映室、二楼为图书室、三楼为娱乐室，楼前设文化广场。

第二节　书画

一、书法

临西历史上书风蔚然，传统悠久。清光绪丁丑科进士张东瀛曾以书风“挥翰淋漓，润劲苍浑”，有长史风。50至60年代书法家周惊湖才华横溢，楷、行、草、隶、篆皆精，尤善魏碑，书风雄健、丰筋厚骨、承前出新、大家风范。70年代以来，随着社会文化生活水平和大众文化素质的提高，研修书法之风日盛。1997年，东枣园乡作为群众性书法活动先进单位代表被河北省文化厅命名为“河北省书画之乡”。2004年，县书画研究会成立，赵炳坤首任会长，后又陆续成立书法协会、硬笔书法家协会等各类书法社团组织，社团会员达300余人，比赛、展览、交流等书法活动日趋活跃，推动了书法艺术的普及提高和书法人才的培养。范明宽、田佰禄等被中国书协吸收为会员，赵炳坤、董文修、孙玉琢、任启政、万广荣、王世哲、赵明武、孙小林等先后被吸纳为河北省书协会员，任玉涛、宋晨被吸收为中国硬笔书法协会会员，作品多次参加各级各类赛展并不断有作品获奖及著述出版。1993年，任玉涛《孙子兵法钢笔字帖》由河北人民出版社出版。田佰禄书法作品2000年获第五届全国中青年书法篆刻大赛二等奖，2002年获“小榄杯”全国书法大赛银奖，2005年获第八届全国书法大赛和呼和浩特市第六届昭君文化书画邀请赛银奖，2006年应邀参加中国书画名家书画精品邀请展。范明宽书法作品曾

临西硬笔书协成立大会

先后入展中国书协主办的第六、七届书法刻字艺术展。2003年，王连坤书法作品曾获纪念毛泽东诞辰110周年全国书画大赛银奖。2004年，赵炳坤书法作品获南阳“两节一会”全国书画大奖赛金奖，2005年出版《炳坤诗书集》。2006年，任启政书法作品获中国书法艺术节入展奖，2008年获天津重阳书画展入展奖，并先后编著出版《汉张迁碑教材》《书法基础知识》《隶书技法》等。2007年，王西文主编的周惊湖书法作品集《惊湖遗墨》出版，并被《光明日报》等专版报道。2008年，万广荣隶书作品、王世哲行楷作品获全国“和”字书法大赛优秀奖。

二、绘画

70年代以来，临西画坛，百花盛开，争奇斗艳。县文化馆研究员卢庆生走黄河、翻太行，作品享誉南北；残疾人青年画家杨云城徒步走长城写生作画，受到国家有关部门的表彰鼓励；陈萧被吸收为中国美术家协会会员；蔡益柱、李安君、蔺东光、陈祖河、王玉常等跻身为河北省美术家协会会员。农民刘其斌酷爱绘画，擅长工笔，被吸收为中国书画研究会会员。

卢庆生1989年作品《秋》，由河北省美术家协会选赴日本展览，获优秀作品奖；1984年作品《疑是云霞落山坡》获河北省美展金奖；1986年作品《家院生辉》获河北省美展金奖；1988年用7个月的时间徒步考察太行山，创作图画百余幅，并在冀鲁豫三省举办展览；1990年作品《太行人家》获河北省美展金奖；1991年春起徒步考察黄河，跋涉1300多公里，历时一年零四个月，创作了高2米、长108米的《母河吟》黄河画作长卷，中央电视台、《人民日报》等进行了报道；1994年作品《乌云里的光》，参加河北省美展被省博物馆收藏；1995年作品《荒原》参加山东省美展获金奖；1997年作品《梅花欢喜浸天雪》在香港展出获优秀作品奖；1998年12月由中国文化报、华夏文化促进会、河北省文化厅等六单位联办的卢庆生《母河吟》画展在中国美术馆举办，被著名评论家周令钊喻为“前无古人的力作”，《人民日报》报道称“‘母河吟’填补了黄河全景画作的空白”。

蔡益柱1998年作品《梦月》获河北省燕赵群星展优秀奖；1999年画作《坝上草原》获河北省迎澳门回归国画大展铜奖并被河北画院收藏；2002年画作《高坡梦》入选纪念《毛泽东同志在延安文艺座谈会上的讲话》发表60周年全国美术作品展；同年，两幅山水画作品入编《河北百名画家作品集》。

李安君1990年创作的国画《镜泊湖瀑布》在《中国书画报》发表；1997年创作的国画《黄河远上白云间》入选全国黄河魂艺术展；2005年获文化部第五届当代中国山水画“四百家”荣誉奖；1998年创作的国画《夺路黄龙争出巡》获1998年河北燕赵群星优秀奖；1999年创作的国画《浊流声高赛惊雷》参加中国美术协会主办的“纪念孔子诞辰2550周年书画大展”；2001年创作的图画《壶口走笔》获河北艺术联展二等奖；2003年作品《祖国颂》获中国当代美术家精品邀请展优秀奖；2005年巨作《黄河远上白云间》参加第五届当代中国山水画展获“中国当代山水画四百家”荣誉奖。

陈萧作品《冰山雪莲》被北京天安门艺术馆收藏。《西部的呼唤》获“走进西部”中国书画艺术邀请大赛展金奖。《尧壁清泉》入选“纪念毛泽东《在延安文艺座谈会上的讲话》发表60周年”全国美术作品展。《大漠飞歌》获中日首届浦乡樱花杯金奖。《惊吻罗布泊》入选“纪念中国工农红军长征胜利70周年”中国画作品展。《藏北人家》获中国美协第八届大连艺博会优秀奖。《西风秋韵》入选“纪念中国改革开放30周年”全国美术作品展。《秋漠如烟》获2008年全国中国画作品优秀奖。

杨云城1987年5月在北京举办“残疾青年杨云城徒步考察万里长城写生汇报展”；1992年4月作品《古长城》赴加拿大参展，被台湾名家收藏；1996年5月在广州举办个人画展；1997年8月在厦门举办个人画展；1999年6月参加国务院老年委组织的澳门回归大展；2001年3月向深圳市博物馆捐赠《长城万里图》。

蔺东光1996年国画《神威长存》入选“中国当代名家名作书画展”获金奖；1997年国画《月

是故乡明》《盼》分别入选河北省、深圳市“迎香港回归大展”；1999年国画《神威》入选河北省“迎国庆书画精品展”获优秀奖；2001年国画《太行秋韵》入选河北省庆祝建党80周年书画大展。

第三节　文学　戏曲

一、文学

1979年以来，临西县的文学创作日趋活跃。宗振荣、侯殿峰等政务之余、诗文双修，荣膺中华诗词学会会员，均有诗集出版。省作家协会会员王连坤1998年词作《一剪梅抒怀》获中华颂全国文学大奖赛一等奖，后出版有文集《涛头激浪》。2001年中华诗词学会会员赵津铭诗集《月明集》出版。2008年马一骏《参观毛主席旧居》《大运河》《书斋漫兴》等十首诗作在《中华诗词》发表，并出版诗集《运河流韵》，现为中华诗词学会会员、省作家协会、散文协会、诗词协会会员。1999年，马士江长篇报告文学《沧桑人生公仆情》，由改革出版社选集载入《中国世纪梦》出版发行，并被评为年度优秀报告文学一等奖。郭桂杰坚持散文创作，在《散文百家》《时代文学》《山东文学》《华夏散文》等国内外文学期刊发表作品百余篇，并获得第八届河北省散文名作奖一等奖、河北省“爱之梦”诗文征文大赛一等奖等奖项，数篇散文作品被选入《中国散文精选300篇》《河北散文家作品选》等多种选本，现为中国散文学会会员、省作家协会会员、省散文学会理事。王树强先后在《散文风》《诗词月刊》《现代教育报》等报刊发表文学作品百余篇，现为省散文学会会员。个体经营者耿志洁是女性文学爱好者之一，经商之余热爱诗词、散文写作，作品散见于《散文百家》《散文风》《燕赵诗词》《诗词世界》等，并数次获得河北省散文名作奖，现为省诗词协会、散文学会会员。

临西籍作家王友明，酷爱写作，长于散文，现为中国散文学会会员、山西省作协会员、河北省散文学会会员、临汾市作协名誉副主席、《世界王氏》杂志编委、《散文福地》杂志顾问、《东方散文》杂志签约作家。作品散见《散文选刊》《散文百家》《黄河》《火花》《北极光》《散文世界》《人民日报》《解放军报》等百余家报刊，百余篇作品在中国作家、中国散文学会等全国性各类赛事中获奖。出版作品专著10部，荣登中国散文排行榜。中国散文精英奖、中国当代散文奖、全国金奖作家、首届感动中国文化人物、十大临汾人获得者。作品传略载入《东方之子》《中国散文大系》《中国散文家大辞典》《临汾市志》等70余种选本。有散文入选初中毕业生学业水平模拟考试语文试卷、儿童百科·课外读物。

2002年12月梁振波等热心文化公益，自己筹募经费，发起创办冀南文学社，并于次年起编印临西第一份民办文学报刊《冀南文学报》，报纸为月刊，到2008年已发行60期，期发行量突破5000份，读者覆盖面由县内城乡辐射至周边市县，对文学宣传、创作、交流和发展起到了积极的促进作用。

参加国家级、省级文学社团组织的还有：蔺东光等为中华诗词学会会员；于俊祥等为省作协会员；孙连松、魏少勇、梁振波、王传秋、李秋君等为省散文学会会员。

二、戏剧

临西历史上有着爱戏唱戏的传统，京剧、豫剧、河北梆子较为流行，乱弹、二呼噜等本地剧种历史悠久。“文化大革命”时期传统戏剧受到压制，改革开放后传统戏剧开始复兴，但又受到电视等新兴文化娱乐形式的冲击，传承发扬工作任重道远。文化工作者不懈努力、成果不断。1988年，由县文化馆创作员赵敏创作的剧本《墙头记后传》，荣获“河北省文艺振兴奖”。1997年，由李兴洲编导的小品剧《夫唱妇随》，在河北省小康建设文艺汇演中获优秀奖。1998年，由王连坤等创编的戏剧《阿庆嫂迎亲》，获河北省纪念改革开放20周年戏剧创作二等奖。90年代起从县城到部分乡村各类民间戏剧社团兴起，有京剧、豫剧、河北梆子、乱弹等，多是自发组织、自愿结合、自筹资费、定期活动和应邀演出，为活跃群众文化生活、繁荣戏曲文化发挥了积极作用。2000年后，戏曲协会活动渐多，分为京剧协会、豫剧协会两个班。每班都有戏曲爱好者十数人，定期活动，并在遇有重大活动、节日时组织演出，活动较为经常的县城有以由传杰为首的豫剧班、以侯家俊为首的京剧班、河西镇的京剧班等。2005年后，又陆续建起了吕寨、老官寨、东枣园、下堡寺、摇鞍镇戏曲协会，并经常组织活动，活跃了农村的业余文化生活，活动经常的有前堤口村乱弹班、张八庄村乱弹班、李六寨村戏剧班等。

戏曲协会在排练节目（孙晓林摄）

三、曲艺

60年代至90年代，县文化馆设有曲艺队，经常到城乡演出，宣传时政形势，活跃文化生活。农民曲艺家刘明贵，致力于河南坠子的创作和演出几十年，1979年以来创作曲艺段子300多段，改编和整理流传书目67回，省级以上报刊、电台、电视台采用节目31个，获得省级以上奖项16项，荣膺中国曲艺家协会会员、河北省曲艺家协会理事、邢台市曲艺家协会副主席。2002年，县一中音乐教师井庆勋创作的歌曲《澎湃》被无锡市服装节开幕式选用。

第四节 摄影 收藏

一、摄影

70年代初，临西县及东留善固村常有《邢台日报》等媒体摄影记者驻地采访，县有关部门派员随同学习，培养了县内第一批摄影人员。八九十年代除宣传文化单位有少数专兼职摄影人员从事摄影报道外，多数摄影人员以从事摄影经营为主。后随着人们物质文化生活水平的提高，摄影爱好者群体逐渐壮大，摄影创作日渐活跃。2000年12月，临西县摄影家协会成立，促进了摄影艺术创作进一步发展。王西文、胡成江、蔺东光、马一骏、高程、李伟民、刘印发、代耕荣、马恩厚等12人先后被河北省摄影家协会吸收为会员，代耕荣被中国民俗摄影协会吸纳为会员。各级会员成为摄影创作的主要力量，创作并发表了一批优秀作品。1996年，代耕荣的人像摄影作品在《人像摄影》杂志发表，并获三等奖；2000年，胡成江的摄影作品《税之魂》获河北省国税系统“新千年艺术摄影大赛”二等奖；2002年，胡成江的摄影作品《税法进校园》获河北省“宣传贯彻十六大精神好图片”一等奖；2005年，胡成江的《搏击》《鱼水情》等摄影作品被河北工人报收入《劳动者风采》大型书画摄影艺术优秀作品集。

二、收藏

1、徽章收藏

梁村王金平从1968年开始收集、珍藏毛泽东主席像章，40年来集有30余种材质的毛泽东主席像章15万余枚，套章2000余套，对章600多对，香港、澳门、日本制作的毛主席像章500余枚。并收藏毛泽东选集、语录、诗词、刊物万余件，各种挂像数千件。1999年、2003年先后出版了《毛泽东像章收藏图鉴》上下集，收录毛主席像章、套章1500套，发表赏析、研究文章100余篇。2004年，创办《徽章世界》季刊，向社会介绍徽章收藏知识。2006年，编辑出版了《辉煌十

年》一书，系统地介绍了全国徽章收藏大家。王金平现任中国收藏家协会理事、中国藏协徽章委员会副主任，其藏品举办各种大型展览 30 余次，获全国金、银、铜奖 30 多个，入编《20 世纪中国收藏家大全》等名人书籍。

郭村郭自强从 1978 年开始，收集、珍藏毛泽东艺术纪念品。2001 年，成为中国收藏协会会员。收藏各种材质的毛泽东像章 3 万余枚，最大直径 40 厘米、最小直径几毫米。同时，收藏各种材质的毛泽东塑像 600 余件。

2、烟标收藏

县人大干部宋万强 1983 年起，开始搜集、珍藏各种烟标。现已集藏烟标 800 多种，1500 多个。按香烟产地有山东、河北、河南、云南、陕西、辽宁、吉林、四川、香港、台湾等十几个省区的国内烟标，有美国、英国、朝鲜、韩国等多个国家的国外烟标。最早收藏的有凤凰、大重九等六七十年代的品牌。在收藏的同时，他还涉足于对烟标文字、图案设计、产地文化的研究。

3、铜镜收藏

万庄万文礼毕业于河北医科大学中医学院中西医结合专业，在从医之余，热衷于铜镜收藏，现为河北省收藏协会会员。自 1998 年起 10 年间，已收藏上自春秋、战国，下至清代的各种铜镜上百面。其中包括春秋时代的双弦纹镜、战国时期的变形龙纹镜、汉代“长宜子孙”内连弧镜、直径 18 厘米的唐海兽葡萄镜、直径 25 厘米的唐八出万年青花鸟纹镜、直径 22 厘米的唐双鸾花鸟纹镜、唐八出宝相花镜、金双鱼纹镜等。在收藏的同时，致力于对历代青铜文化的研究。

第三章　著述

第一节　概况

1979 年以来，随着改革开放的深入和经济文化社会的发展，临西县图书编撰出版也逐渐走向繁荣，文史、文学、医学等领域各界人士积极开展探讨研究并将成果结集出版，县域内人士出版各类著述约近百部。部分在外工作的临西籍人士在学术著述方面也颇有成就。侯敬智现任解放军西安政治学院教研室主任、教授，主编、参编教材、专著 22 部，获 26 项科研成果奖，其中国家社科“七五”项目《军队政治工作学教程》获全军科研二等奖、全国光明杯优秀哲学社会科学学术著作三等奖。田树德现任职于湖南人民出版社，系中国出版社工作者协会副会长、中国作家协会会员。先后出版《蓝天颂》(诗歌)、《威震南疆》(报告文学)、《名人治学之道》《社会美论》和《曾国藩家世》(文史著作)等 9 部专著。谷子林供职于河北农业大学，教授、博士生导师，研究方向：家兔养殖、畜禽营养与饲料、动物生产与繁殖调控等。2000 年至 2005 年，主编出版《日光温室畜禽养殖技术》《家兔饲料的配制与配方》《肉兔多繁快育新技术》《特禽标准化生产技术》《瘦肉型猪高效养殖技术》等十余部专著。党更町、谷志科、夏之放等也出版多部专著。

表 22-1　临西县部分著述简况一览表

类别：史志类

书名	作者、主编	出版时间	出版社名称	备注（获奖情况）
临西县志	李夫燕、方海滨	1996 年 10 月	中国书籍出版社	河北省优秀志书奖一等奖
临西图志	李夫燕、方海滨	2000 年 1 月	中国对外翻译出版社	河北省优秀志书奖

续表

书名	作者、主编	出版时间	出版社名称	备注（获奖情况）
临西县地名志	李夫燕、方海滨	1991 年 12 月	河北科技出版社	河北社科院优秀志书一等奖
临西县水利志	徐登阶		天津水利出版社	河北省优秀志书二等奖
临西县电力志	方海滨	2005 年	内部发行	
临西金融志	孙小林	2005 年 6 月	内部发行	
临西体育志	尹保勤	1993 年	内部发行	
临西稽古（上、下）	王西文	2004 年 11 月	内部发行	
清渊寻古录	杨遵义	2006 年 1 月	香港明星国际出版公司	
宏毅县革命斗争史	党史办	1987 年 10 月	内部发行	
卫运河畔的烽火	党史办	1995 年 7 月	内部发行	
临西文史第一辑	政协文史科	1986 年	内部发行	
临西文史第二辑	刘兆章 任启攼	1989 年 6 月	内部发行	
临西文史第三辑	李铁民		内部发行	
临西文史第四辑	丰富元	1996 年 12 月	聊新出准字（1996）1—069 号	
临西文史第五辑	杨继平	2002 年 10 月	内部发行	
临西组织史资料 1926—1987	梁振波	1991 年 10 月	河北人民出版社	
临西县大事记 1964—1985	赵炳坤	1986 年 2 月	内部发行	
临西县地名志	地名办公室	1983 年 9 月	内部发行	
临西县交通志	刘东荣		内部发行	
聊城地区组织史资料	吕保明、刘东海	1988 年	山东新闻出版局	
东昌人物	吕保明	1990 年	聊城地区新闻出版局	
东昌人物·续集	吕保明	1994 年	中共中央党史出版社	
日伪军在鲁西北的罪行录	吕保明	1992 年	山东省新闻出版局	
中国人民解放军政治工作发展史	侯敬智	1995 年	国防大学出版社	
中国共产党历史讲义	贾蔚昌等	1984 年	山东人民出版社	山东省社科优秀成果一等奖
中共山东地方党史大事记	贾蔚昌等	1984 年	山东人民出版社	山东省社科研究优秀成果特别贡献奖
八路军纵队史	鲍奇辰等	1993 年	山东人民出版社	
杭州市志	任振泰	1997 年	中华书局	
临西县组织史资料 1993.3—1998.2	于宝玺	2002 年 12 月		
中国共产党临西历史（第一卷）	梁振波	2008 年	内部发行	

续表

书名	作者、主编	出版时间	出版社名称	备注（获奖情况）
临西县大事记（1986—2000）	吴桂真	2003 年	内部发行	
临西县组织史资料 1987—1993．3	梁灿豪	1995 年	内部发行	
真相：毛泽东史实 80 问	田树德	2002 年 1 月	中国青年出版社	
毛泽东像章、套章收藏图鉴（上、下册）	王金平	2000 年 9 月	中州古籍出版社	
辉煌十年	王金平	2006 年	河南省收藏协会徽章收藏委员会	

类别：传记类

书名	作者、主编	出版时间	出版社名称	备注（获奖情况）
龟志	王金锋、于俊祥	2005 年 6 月	北京燕山出版社	
弘愿立成	梁振波	2001 年 5 月	中医古籍出版社	
吕玉兰	江山	1998 年	花山文艺出版社	
韩起祥评传	胡孟祥			
金秋银苑	李家宝	1999 年 6 月	内部出版	
趟出高粱地	孟燕君	2002 年	远方出版社	

类别：学术类

书名	作者、主编	出版时间	出版社名称	备注（获奖情况）
临西太阳灶	赵　强		河北人民出版社	
微机汉字数据库教程	夏吾勇	1998 年	兵器工业出版社	
养兔手册	谷子林	1997 年	河北科技出版社	
致富方案（养殖卷）	谷子林等	1996 年	中国商业出版社	
鸡粪饲料加工及利用技术	谷子林等	1997 年	河北科技出版社	
现代养兔	谷子林等		中国农业出版社	
计量学辞典	陈宽基			
计量测试技术手册（1—13卷）	陈宽基			
科学技术标准语词典	陈宽基			
美学基本原理	夏之放		上海人民出版社	山东省教育厅著作一等奖
文学理论基础知识	夏之放	1981 年	山东人民出版社	
文学概论	夏之放	1983 年	山东教育出版社	
鲁迅论文学与艺术	夏之放	1979 年	山东人民出版社	

续表

书名	作者、主编	出版时间	出版社名称	备注（获奖情况）
中国现代作家说创作经验	夏之放	1980 年	山东人民出版社	
《孙子兵法钢笔字帖》	任玉涛	1993 年	河北人民出版社	
超稳结构应力分析之基本原理（上、下）	孟昭礼			
论家务劳动和社会化的意义	王文哲			
近代物理实验	范汝盐	1989 年	山东大学出版社	
光学	范汝盐	1994 年	中国科学出版社	
鲁迅杂文词典	柏庆禹等			
中学语文备课资料库	柏庆禹等			
军队政治工作学	侯敬智			
领导科学	侯敬智等			
管理心理学	赵英杭等	1990 年	山东教育出版社	
凉山彝族奴隶社会	赵树恂			
河北第四纪地质	倪明云等	1987 年	地质出版社	
全国病理学专科教材	常维平		北京科技出版社	
实用中医血液病学	焦中华			
教改集锦	赵明武	2002 年 11 月		
求索斋文集	谷志科	2005 年 11 月	中国社会科学出版社	
社会论美	田树德			
大众美学	田树德			
河北民间歌曲研究	江玉亭			
女性魅力与选美	田树德	1991 年	湖南文艺出版社	全国优秀图书二等奖
世纪冲击波	田树德	1993 年	福建人民出版社	
河北地方音乐	田树德			
中医药与非典防治	赵世通	2004 年		
中医群英战 SARS	赵世通	2004 年	中医古籍出版社	
赵世通医学文集	赵世通	2007 年		
马克思主义简明教程	王文哲			
胸部急症学	王金锋等			
马克思主义妇女解放理论概要	石巧兰			
中国特色社会主义理论学习与研究	石巧兰			

续表

书名	作者、主编	出版时间	出版社名称	备注（获奖情况）
中国当代农村妇女问题概观	石巧兰			
中外文史典故辞典	荆忠岭等	1996 年 8 月	天津人民出版社	
北美洲自然地理	彭庆祥			
物理海洋学导论	潘学良	1983 年	科学出版社	
水科学和渔业情报及系统数据	潘学良等	1990 年	海洋出版社	
海洋世界百科全书	潘学良等译著	1991 年	海洋出版社	
教学艺术新论	关秀峰	1995 年 12 月	军事论文出版社	
学海导航	关秀峰	1997 年 1 月	吉林科学技术出版社	
政策的制定与实施	谷志科等		河北人民出版社	
乡镇政治制度建设	谷志科等		海洋出版社	
中国农业地租理论初探	谷志科		专利文献出版社	
面对挑战的中国粮食问题	谷志科		中国农业出版社	
农村市场经济论纲	谷志科		专利文献出版社	
蒙学处世精华	田树德	1994 年 3 月	湖南人民出版社	
企业的进入退出与产业组织政策	杨惠馨			
西方发达国家宏观经济管理	杨惠馨			
国际金融	杨惠馨			
《颈和肩臂痛》译著	党耕町	1987 年	人民卫生出版社	
腰椎间盘突出症	党耕町　胡有谷	1998 年	人民卫生出版社	
临床骨科学	党耕町	1998 年	天津科技出版社	
《AO 脊柱内固定》译著	党耕町	2000 年	人民卫生出版社	
《脊柱外科学》译著	党耕町　胡有谷	2000 年	人民卫生出版社	
沃野撷英	赵国平		中国农业出版社	
围棋定式大辞典	吕苏生	1988 年 9 月	河北教育出版社	译著

类别：文学艺术

书名	主编	出版时间	出版社名称	备注（获奖情况）
泥土集	杨遵义	2004 年 7 月		诗歌
秋韵集	杨遵义	2008 年		
情窦初开（春、秋）	孟燕君	2001 年 5 月	内蒙古人民出版社	自传体小说

续表

书名	主编	出版时间	出版社名称	备注（获奖情况）
李之恋	万　达	2001 年 12 月	中国戏剧出版社	小说
心韵集	侯殿锋	2003 年	河北新闻出版社	诗歌
明月集	赵津铭	2001 年 11 月	中国戏剧出版社	诗词
写给小天鹅的书	孟燕君	1993 年 1 月	金陵书社出版公司	散文、札记
写给我的农家妻	孟燕君	1996 年 8 月	天津人民出版社	散文、札记
热望集	刘　放		上海科技出版社	
秋湖集	郭小湖			诗歌
悠悠岁月情	王玉堂	1995 年	海南驻济南出版公司	聊城“五个一”工程图书精品奖
洒向人间都是情	王玉堂	2002 年 1 月	山东文艺出版社	
蓝天颂	田树德			
威震南疆	田树德			
心声集	郝序震			
墙头记后传（戏曲）	赵　敏			河北省文艺振兴奖
姚怡创作歌曲选	姚　怡	2005 年 5 月		歌曲
中国民间歌曲集成河北卷	江玉亭			
沈阳部队曲艺作品选	朱光斗	1977 年	人民文学出版社	
朱光斗快板相声选	朱光斗	1982 年	春风文艺出版社	
俏与风流（上、下）	赵敏等			电视剧本
东留善固风云	写作组	1976 年	中国农业出版社	
胡孟祥说唱艺术论集	胡孟祥			
蒲松龄全集	田树德			
秋叶集	闫廷琛	1997 年 6 月	山东文艺出版社	诗歌
西方美学史	夏之放			电视片
张自忠碑林书法选	李夫燕	1991 年	山东人民出版社	
西湖	任振泰			
杭州史话	任振泰			
惊湖遗墨	王西文			书法集
清风吟	王喜林			书、画集
青山依旧在	万　达	2004 年 2 月	中国文联出版社	
金星盲点探秘	北　斗	2005 年 10 月	北京燕山出版社	

续表

书名	主编	出版时间	出版社名称	备注（获奖情况）
炳坤诗书集	赵炳坤	2005 年 9 月		
夫燕文集	李夫燕	2004 年 5 月	漓江出版社	诗、书集
希望之路	邢贵臣		聊城地区新闻出版局	
黄花集	闫廷琛	2002 年 4 月	山东文艺出版社	诗词
涛头击浪	王连坤	2006 年 12 月	中国文史出版社	报告文学集
母河吟	卢庆生	1998 年 12 月		大型画册
诗情书意	孙连松 任启政	2004 年 10 月	翰海出版社	诗、书集
珍奇集锦	杨继平	2006 年 12 月	中国文史出版社	
跨越海峡	石永奇	2005 年 10 月	海风出版社	报告文学
情系港澳名家艺术珍品丛书（1—5）	胡孟祥	1998 年	黄河出版社	大型系列画册
佰禄书法	田佰禄	2007 年 7 月	天津人民美术出版社	书法
宗振荣诗文集	宗振荣	2007 年		诗、文集
启明星	王友明	1997 年 9 月	山西经济出版社	散文集
提篮小卖	王友明	1998 年 12 月	吉林人民出版社	散文集
岁月如歌	王友明	2003 年 10 月	香港天马图书有限公司出版	散文集
心灵有约（上、下）	王友明	2007 年 8 月	山西古籍出版社	散文集
三乐堂随笔	赵维宇	2001 年	中国戏剧出版社	散文集
原来如此	赵维宇	2004 年 3 月	北京燕山出版社	
济南心声诗	夏兆芳	1994 年		
冒着敌人的炮火前进	夏兆芳	2005 年 12 月		
寿昌画集	王寿昌			
运河流韵	马一骏	2007 年 7 月	河北教育出版社	诗、书、摄影集
庄外集	牟春峰	2005 年 10 月	北京燕山出版社	诗、文集
凝思集	赵树岭	1994 年 10 月	内蒙古少年儿童出版社	
卫水秋韵	梁振波	2008 年	百花文艺出版社	文学作品集
秦国故事	吕苏生	1981 年 7 月	河北人民出版社	
话说秦王朝	吕苏生	1983 年 12 月	河北人民出版社	
秦汉宫廷秘史	吕苏生	1987 年 10 月	河北人民出版社	

第二节 诗歌

十唱农村新变化（外二首）

（宗振荣）

（一）

三中全会扭乾坤，
风雨过后气象新。
改革开放合天意，
洒向人间都是春。

（二）

土地承包万家欢，
沙荒盐碱变沃田。
农田方方林纵横，
银带条条镶田间。

（三）

农民树立新思想，
观念更新斗志昂。
热心钻研新科技，
重视信息和市场。

（四）

跨河过江喊多年，
单一种植成笑谈。
因地制宜民做主，
飞跃长江只等闲。

（五）

亦农亦工亦经商，
加工摊点遍各乡。
传统工艺放异彩，
农家产品走外洋。

（六）

农村教育面貌改，
标准校舍够气派。
园丁奋发勤耕耘，
祖国花朵争艳开。

（七）

科技致富喻财神，
三级网络布农村。
种田饲养讲科学，
户户都有明白人。

（八）

院落整洁屋高雅，
新橱新桌新沙发。
穿戴鲜艳样式新，
招待亲朋有鱼虾。

（九）

生活富裕乐趣多，
吹拉弹唱赛诗歌。
母子摆下军旗阵，
姑嫂学跳迪斯科。

（十）

自治自教正气扬，
勤俭持家新风尚。
家家争当文明户，
一人有难众人帮。

（作于1989年4月）

贺“京九”开通

9月1日，京九铁路全线开通运营。下午5点26分，京深105次第一列旅客列车，到达临西站。等候在站前的数百名干部群众，鼓掌欢迎，高歌劲舞，心情十分激动。我有幸前往，感受至深，喜作今韵律绝三首。

（一）

鼓乐喧天鞭炮鸣，巨龙吼叫震长空。
老少男女示敬意，喜泪滂沱望远行。

（二）

精英三载绘长虹，万水千山一线通。
惊世奇迹实可赞，改革开放立头功。

（三）

路通人活百业兴，大潮汹涌起乡城。
神州大地宏图展，国富民强永太平。

（作于1996年10月）

浴池感赋

一日去浴池洗澡，见一十岁顽童，从桑拿浴室出来，吆喝要搓背。耳闻目睹，感触颇深。闭目沉思，昔日洗澡情景，幕幕再现。虽区区小事

却折射出社会的变化和人民生活水平的提高。

四十年代闹坑塘

赤身裸体闹坑塘，背后偷袭水中藏。
坑底抓泥涂花脸，群鬼笑打泥水仗。

五十年代下运河

夜幕降临下运河，蛙泳仰浮乐趣多。
踩水横渡竞泳技，嫦娥窥视人间乐。

六十年代进澡堂

徒步进城去澡塘，温水浸透热池躺。
自洗自搓身爽快，更得书趣伴香茶。

七十年代太阳能

水包水箱置房顶，科学利用太阳能。
天天洗澡在自家，倍觉方便又卫生。

八十年代桑拿浴

芬兰国粹桑拿浴，小小木屋并无奇。
热气腾腾洒花香，高温熏蒸如水洗。

九十年代洗浴中心

洗浴中心攀高档，舒适文雅浴鸳鸯。
药浴盐搓香液抹，修脚足疗有女郎。

（作于 2003 年 9 月）

赞引黄入冀工程（外一首）

（侯殿峰）

引黄入冀，用倒虹吸之法，在山东临清从卫河底穿过，由河北临西刘家口涵洞流出，甚为壮观。

自古黄河东入海，
如今掉头奔西来。
钻过卫河腾空起，
涛涌燕赵声如雷。

贪官图

乌纱歪戴大腹圆，
大嘴张开面不全。
令狗快把心掏去，
空出肚子多装钱。

参观韶山毛主席故居（外一首）

（马一骏）

一

大鹏起五岳，雄气压三潭。
击水三千里，人生二百年。
秋收风卷地，旗举火燎原。
睹物哲人去，追思海浪翻。

二

乐舞韶魂在，溪流横翠山。
几间茅草屋，万世丰碑间。
油灯拨天亮，书笺定国安。
功绩昭日月，伟业铸青丹。

水调歌头　长城赋

直落九天上，铁壁锁铜关。炮火怒卷狂风，烽火曳狼烟。犹如巨龙飞舞，昂首东天山海，逶迤到壁滩。一夫当关立，万夫岂能攀。

斜阳里、抚断壁、叹残垣。敢问此险何用，几度起硝烟。昭君雁门洒泪，苏武北海啼血，何以挽狂澜。断肠杞梁泪，千古孟姜怨。

题卫河三桥（外一首）

（孙连松）

（一）

卫水长流千帆过，渡纤悠悠舟如月。
堤岸依旧柳色新，长桥飞架通途越。

（二）

波浪翻滚拍岸急，长桥巨步跨东西。
极目何处寻帆影，车流奔腾涌不息。

（三）

京九鏖战风雷动，飞越天堑展鹏程。
当年龙舟知何去？万里征途一日行。

乡　愁

乡愁，是一条长长的小路，
从村口老槐树下起程。
一路柔风习习，
一路步履重重。

路边细柳依依拂面，
闹枝啼鸟声声含情。
当年，我从家乡小路上走出，
离愁早已揉进泥土气息，
总是令人魂牵梦萦。
乡愁，是一把盈盈的织梭，
在棉絮里拉拉扯扯，
在纺车上缠缠绵绵。
一朝跃上织机，
便飞身牵丝引线。
夜以继日，孜孜不倦，
经纬出一匹匹锦帐秀绢。
无论走到哪里，
思绪总是浸透情温意暖。
乡愁，是一碗热腾腾的面条，
弯弯柔柔散发着芳香。
汗水伴着快乐，
期盼化作喜悦，
一团团，和着体温暖意，
一丝丝，撩着牵挂念想。
不管何时何地，
唯有这碗温情，
才能消解游子的百结愁肠。
乡愁，是一豆荧荧灯火，
闪闪烁烁，时隐时现。
是麦场的马灯迎风摇曳？
是疲惫的星斗坠落树间？
还有灯下听不完的故事
和唠不尽的家长里短。
每当夜深人静万籁俱寂，
在我的心灵深处，
总有一点不熄的灯火相伴而眠。

水调歌头·函谷关（外一首）

（魏少勇）

久有骋怀志，
今上函谷关。
风雨沧桑兴替，
屹屹立险川。
绝壁弹痕犹在，
沉沙折戟隐现，
峥嵘三千年。
争雄借强隘，
称霸一时间。
扬文明，
求发展，
是本原。
不事人道，
何来无端起烽烟？
芸芸众生同根，
萁豆不应相煎，
天地亦悲然。
呼唤和平鸽，
正气贯宇寰。

临清塔

沧桑五百年，
宝塔峙河川。
纵目瞰齐鲁，
袒襟纳舸帆。
为学行乞处，
广厦万千间。
武训应无恨，
庶民主江山。

登不老青山

（孙晓林）

2008年9月8日，组织率领单位员工开展文体活动，历时4小时攀越了位于河北内丘与山西昔阳交界处、海拔1822米的邢台第一峰——不老青山，心旷神怡，有感而作。

直上邢襄第一山，青峰不老立云端。
鸟飞足下群花舞，风俏林中绿树喧。
来路如丝缠峻岭，幽亭似梦洗尘颜。
天梯陡峻添豪气，人在淋漓翰墨间。

望海潮　游万和宫有感

（耿志洁）

栏桥如玉，池塘碧叶，田田漫举莲花。幽径

卵成，纤纤翠竹，疏荫暗罩袈裟，贝草已抽芽。静心立三圣，犹闻笙笳。绿瓦红墙，绣檐雕阁遮窗纱。

仙神汇聚新家。看祥云缭绕，皓月芳华。和合故园，乡村胜景，游人喟叹交加。心慧智无涯。乘兴抬望眼，吟醉烟霞。满苑诗情画意，归去目频斜。

水龙吟　咏柏乡汉牡丹

（赵津铭）

故园春启深闺，掩门独倚寒窗晓。
风揉曲径，桑麻成话，黄鹂芳草。
沐浴焚香，抚琴望月，清音缭绕。
任群芳争艳，霓裳褪色，浑然共，莼鲈老。
汉帝音容渐渺。望关河，胡笳声峭。
长亭雨后，几经魂断，悲心成调。
魏晋身残，元清蛮掠，劫灰难扫。
负沧桑，谩想寒枝冷碛，对斜阳笑。

第三节　散文

临西，可爱的故乡

（王友明）

只要说起或想起故乡临西，我的心底就会有一条情感的溪流奔腾激荡，许多美好的值得回忆的东西，也随之涌进脑海。常言说："日有所思，夜有所梦。"这些天，许是思念故乡的缘故，总是在梦中走近故乡，扑进故乡温暖的怀抱。真个是"故乡在梦里，夜夜梦故乡"啊！

"故乡"，这两个被浓郁乡情浸泡着的字眼，也许对那些从未离开过故乡的人来说，是极其普通、极其平常的。然而，在像我一样"身在异乡为异客"的人心中，却是一帘幽梦，一缕温馨，一分渴盼，一种牵挂。故乡，永远是一个让我魂牵梦绕的地方。故乡的风、故乡的云、故乡的雪、故乡的雨、故乡的星、故乡的月、故乡的树、故乡的草、故乡的路、故乡的水、故乡的屋、故乡的院，在我眼里都是最美的，就像是一组凝固了的水彩画一样，始终深深地嵌进我的心里。因为，那里有故土乡情，有至爱亲情，有真挚友情啊！

记得有位名人曾说过："故乡是你年轻的时候拼命想离开，而到中年以后又拼命要回去的那个让你一生都感觉既矛盾而又亲切的地方"。掐指算来，我在故乡临西仅仅度过了18载。自从为尽报效祖国之责当兵离开故乡，我客居他乡已整整40载。这么多年来，我一直深深地牵念着故乡临西、爱恋着故乡临西，对故乡临西怀有一种特殊的依恋之情。

故乡临西，位于冀东南部，属华北平原和海河流域。西临太行山，东接泰山，又地处京杭大运河之卫运河西岸，横贯中国南北的大动脉京九铁路西侧，可谓是华北之腹、运河之畔。卫运河，不仅是故乡大地上的一条母亲河，也是一条文化河、生态河、希望河。在故乡众多的文化脉系中，卫运河文化，以其跨越时空之长、流经地域之广、恩泽福祉之众、完整遗存之丰，而成为故乡历史文化中一朵亮丽的奇葩，并在中国大运河文化体系中占有一席之地。故乡深厚丰富的地域文化，确与古代伟大工程京杭大运河有着密切的关系。千百年来，大运河在军事、漕运、航运、灌溉、给水、泄洪、防涝、改善生态环境等方面，发挥了重要作用，促进了社会的发展和经济的繁荣。

如果说，自然河流是人类文明摇篮的话，那么，卫运河则是人类文明的结晶。清清的卫水以它清醇的乳汁孕育、创造和演绎了沿线的历史文明、历史文化、历史精神，依靠永济渠运道的繁盛，古临清县在唐宋时期迅速发展，古临清县的文化或者说临西县的历史文化就是古运河文化。孩提时代，我曾数次站在先锋桥上，观看往来穿梭的船只，聆听呜呜鸣叫的笛声，那一派"百舸争流、舟楫竞航"的繁忙景象，令我兴奋激动。现在回家，一有空闲，我还会在先锋桥上站立。尽管卫运河裸露出干涸的河床，波光粼粼的河水上穿梭的船舶已不见了踪影，但卫运河赋予故乡的历史文化，已成为我永不磨灭的记忆。漫步于卫运河堤岸，我仿佛听到了那些光着黝黑发亮的脊背，弯腰低头吃力拉绳的纤夫们，唉嘿唉嘿的号子声，清清的卫运河水依然在心底里流淌、流淌……

透过历史的尘烟，故乡是夏代兖州，西周三

监地，西汉初年清渊县（又称榆阳城），十六国时期的后赵建平元年临清县，北魏清渊县，隋、唐、宋、金、元临清县，明、清直隶州，民国、中华人民共和国临清县。1964年12月，析临清县卫运河以西的5个区权置临西工委，归河北省邢台专区管辖。1965年3月27日，国务院行文批准设立临西县，县政府驻河西街。因地处临清县西部、卫运河西岸，故名临西。1970年，县政府迁至童村。如果说故乡的神秘和历史，仅能从大运河和位于卫运河畔的舍利塔可略见一斑的话，就整个而言，这里依旧是一块未曾开垦的处女地。也许，这正是故乡临西的奥妙和潜力之所在。这里地势平坦，气候温和，四季分明，特产丰富，地美、水美、人更美！

故乡临西，人杰地灵，仁人志士，世代辈出。在古代，有元朝初年，跟随元世祖忽必烈南征北战、屡立奇功的兵马大元帅路通；有明神宗时，率众暴动，临刑神色不变的王朝佐；有清朝初年，一生戎马，累著战绩，受到康熙帝高度评价的著名将领孙维统；有抗日战争时期，率部与日军作战，不幸在前线作战中壮烈牺牲的张自忠等。在当代，有从一个普通的农村姑娘，逐步成长为我国著名劳动模范、中华人民共和国成立后第一位女省委书记吕玉兰；有以艰苦奋斗、求真务实、励精图治、科学发展精神和豪气，将东留善固打造成为“全国创建文明村镇工作先进单位”的全国劳动模范、东留善固村党委书记吕廷祥；有秉承祖传工艺，结合当前科学技术，将手工空心面发展成为地方著名传统特色食品，载入“河北省级非物质文化遗产名录”，荣获“影响中国第九届中国时代新闻人物”称号的第12代传人王敬达；有从军数十载，官至正团，退休后又艰苦创业，在临西这样一个古老神奇的地方，孕育生成出中国首座和谐文化宫的王殿明；有以“砺志、修德、笃学、进取”为校训，以“敬业求实、奉献进取”为校风，以“严谨扎实、开拓创新”为教风，以“刻苦勤奋、主动竞争”为学风，实行“封闭式、半军事化”管理模式，将学校打造成为“河北明星学校”的育英学校校长刘春华；有退休后，数年如一日，骑车走遍临西，探查临西古迹，寻查临西掌故，收集临西传说，已写出系列论文，出版系列图书，并对耿贵人墓与莲花池的传说、净土寺与元初的兵马大元帅路通之墓、龙潭寺与黑龙潭的传说，以及月洼寺兴衰的考证，皆有独到见解的杨遵义；有为办好《冀南文学报》，恪守“坚守、开垦、拼搏、进取”精神，冬顶严寒，夏冒酷暑，或步行或骑自行车或乘公交车，四处奔波，跑资金、拉赞助，苦心孤诣，痴情奉献的梁振波……每每忆起这些感人肺腑的人和事，我的心湖深处总会涌动起身为临西人的光荣感与自豪感。

父母在世的时候，不论工作有多忙，我每年都要回家一次，看一看故乡点点滴滴的变迁，摸一摸父母脸上憔悴的皱纹，抚一抚父母满头干枯的白发。只要回到故乡，回到父母身边，我就找回了久别的温馨。享受父母的慈爱，我就体会到故土的亲切。粗犷而朴素，纯粹而真挚的乡音、乡情，无一不令我感动和陶醉。在回家的时日里，我时常一个人或在早晨，或在黄昏，站在大门口那棵白杨树下默默地沉思。日出日落，叶绿叶黄，我痴痴地算计着下一次的归家之程。

如今，父母已去世数年。有人说，父母走了，客居异乡的儿女就会变成断线的风筝，故乡也会变得遥远模糊起来。此言，既不准确，也不全面。兴许有的人会是这样，我却不然。我常常会在夜里梦见父母，会在梦里回归故乡。每当想起故乡，想起父母的时候，心中总有无穷无尽的惆怅和思念。即使工作再忙，我也从来不忘经常打电话了解故乡的情况。只要听到故乡变化的消息，总是激动万分。每年，我也总要抽出时间回归故乡，探望父老乡亲和文朋好友。我常想，漫长岁月和千里江河，怎能阻隔一个赤子浓浓的乡思？怎能切断与故乡连接的纽带？怎能淡化对故乡深厚的情感？

人至老年的边缘，思乡的心情尤其浓郁，尤其迫切，尤其强烈，尤其深长。每每夜深人静，我都会思念故乡，思念故去的父母。有句古话说得好：“树高千丈，叶落归根”。我和老伴已做好了打算，百年之后，也要回归故乡，与那片黄土融为一体。从山西临汾至河北临西，不远也不近，

500余公里。可无论山有多高，路有多长，遮不住、隔不断的始终是我心中那缕对故乡浓浓的牵挂之情。

啊，临西，我可爱的故乡！

白发亲娘

（王友明）

夜静更深，我打开收音机，悠扬婉转的歌声传进耳鼓：“你可是又在村口把我张望？你可是又在窗前把我默想？你的那一根啊老拐杖，是否又把你带到我离去的地方？娘啊，娘啊，白发亲娘……”

歌声，如一股突如其来的热浪撞在心头，让我想起了我的亲娘，我那已经故去的白发亲娘。

娘是一个苦命人，14岁时就失去了母爱，而父亲又因经商在外，很少顾及家。因此，沉重的家庭担子就落在了娘那瘦弱的肩膀上。娘忍受着失去母爱的痛楚，把几个弟弟拉扯成人。

正因为自己从小没得到母爱，娘对自己的三个儿子很疼爱，一直把我们看作她的掌上明珠。

打我记事起，家乡就是远近闻名的“穷沙窝”。爹娘从春播忙到秋收，汗珠子摔成八瓣，撅着屁股干一年，到头来连口粮都不够。娘是个从小苦惯了的人，既勤劳，又俭朴，精打细算地过日子，但我们这个家庭仍然摆脱不了贫寒。平时就连掺着菜叶子的窝窝头，也是朝不保夕。我记得小时候，娘经常带着我们去挖野菜，摘树叶，省下点棒子面给我们吃。而最能让我领略贫寒这个词的真正含义的，却是这样一件事：一次，病中的娘听到街上有卖菠菜的喊叫声，想买点菠菜吃，我翻遍了家里的箱箱柜柜，也没找到一分钱，只好到邻居家借了一毛钱。菜炒好后，娘只吃了一口，剩余的全分别拨到我和弟弟的碗里。

每年一到收麦收秋的时候，娘天天都是天不亮就起床，跟着村里的人到几十公里外的地方去拾麦穗或谷穗。饿了，啃几口糠菜团子；渴了，喝几口凉水。回到家把捡来的谷穗或麦穗搓一搓，再用小拐磨子磨成面，包成饺子或掺些菜叶蒸成馍，给我们兄弟几个改善一下生活。每每这时，娘看着我们吃得那样香甜，笑了；我们却看着又黑又瘦的娘，哭了。

我和弟弟上学后，家里的光景就更难了。为了多挣点工分钱，供我们读书，娘一天工也舍不得误。我们那书包里，是娘殷殷的心血，沉甸甸的期望呵！那时，娘几乎每天晚上点着小油灯纺棉线，那纺车吱吱呀呀地一圈一圈地摇，摇着希冀，摇着梦想。我睡着了，灯花还在梦里跳跃，棉线还在梦里缠绕。一家5口人的穿戴更是娘在小油灯下，就着微弱的光线一针一线缝制的。常常是一觉醒来，看见娘在灯下不眠的眼睛；那长长的棉线，是娘无尽的爱意。生活是艰难的，可娘总对我们说：“孩子，你们是娘的全部希望，只要你们有出息，吃再多的苦、受再多的累娘也高兴。”

1970年冬，我应征入伍，离开了娘。离家那天，娘拉着我的手，送了一程又一程。可谁知，这一别竟是6年。6年，两千多个日日夜夜啊！

6年后，我事先没有通知娘，便回到了家。当还在田里劳作的娘听到我回来后，竟踮着一双小脚，抹着眼泪，小跑着奔向日思夜想的儿子。

我疾步迎了上去。

娘，您的儿子回来了，您的儿子回来看您来了！远远地，我扑向娘的怀抱，母子俩放声大哭起来。娘的头发已经全白了，皱纹爬满了她的脸，牙也几乎掉光了。记忆中的娘已然变换成了今日憔悴的老人！我的心沉甸甸的。

入夜，我睡在娘那条大炕上，跟娘聊着6年来的生活、工作。我说着，娘静静地听着；我躺着，娘坐着，满脸笑容地端详着我。娘的目光，一刻也没离开过我，仿佛我是一个小孩子，得需要她给我料理什么，又仿佛我会突然从她目光里，从她身边消失。就这样，说着说着，我便进入了甜甜的梦乡。一觉醒来，天已发亮，当我睁开蒙眬的眼睛时，我惊呆了，我的心被深深地震撼了：因为，娘还是那样坐着，还是那样目不转睛地端详着我，整整一个晚上，娘就那样看着自己心爱的儿子……

我的泪水夺眶而出。娘，我的亲娘，儿让您牵挂了。

一年初秋，娘患了青光眼，需到石家庄住院

手术，亲友们都劝娘给我发个电报。娘固执地瞒住了我，只是让小弟陪着住了一个多月的院。出院后，小弟才写信告诉了我实情。从内心来说，娘是非常想念我的，尤其是手术后的那几天里，娘一直担心眼睛失明，再也看不见我了，经常在梦中呼喊我的名字。看了信，我悄悄地哭了一场。

因工作关系，许多年，我一直没有回家过年。那年，上级首长得知娘已80岁高龄，特批我回家过年。就这样，我又一次见到了娘。只是，娘的头发更白了，脸上的皱纹更深了。我抓住娘枯树皮般粗糙的手，流下了两行泪水。我深知，娘那满头白发，是将纯洁无瑕的色素注入我的肌体，染得国防绿更绿的人生杰作；娘脸上那纵横的皱纹，是我安心军营，健康成长的阶梯！

那天晚上，我依旧睡在娘那条土炕上，娘又是那样坐在炕上看着我到天亮。可是，年刚过完，娘就催我回部队，说是不能因为家影响了部队工作。

我含泪离开了娘。很远了，娘还拄着那根老拐杖站在村口向我张望。寒风阵阵，我已是泪水满腮了。离家时，我无意中说了一句："娘，等秋天闲了，我再回来看您。"我本是为了安慰娘，可这句话竟被爱子如命的娘牢牢地记在了心里。我走后，娘不顾自己年迈体弱，买了十几只小鸡精心喂养着。我清楚娘的心思：等到秋天，小鸡长大了，儿子也该回来了，正好给儿子做鸡吃。

小鸡一天天长大了，秋天也到了，认定儿子一定会回来的娘，天天拄着拐杖到村口张望，一天，两天，一直到冬天，望眼欲穿的娘也没见到儿子的身影……

后来，娘叫人给我捎了一封信，告诉我：鸡长大了，如有空回来一趟，娘给你炖鸡吃……

捧着信，泪水，汹涌而出。娘啊，儿子对不起您！

秋风吹过了一年又一年。我脱掉军装，转业到了地方，因为工作缠身，仍旧不能经常回家陪伴娘。娘虽然时常拄着那根老拐杖在村口张望，却从未有过一丝的埋怨。

谁知，2000年端午节的凌晨，86岁高龄的娘悄然走了，没有留下只言片语，没有见我最后一面。娘留给我的是无尽的悲哀、无边的思念啊！

如今，我的眼前，时常会隐隐地幻化出一个手拄拐杖、翘首张望的身影。

那就是我的白发亲娘！

每个人心中都有一缕阳光

（郭桂杰）

古希腊的哲人第欧根尼喜欢每天破衣褴褛地坐在墙根下晒太阳，有一日亚历山大大帝碰到他，便对他说："我可以满足你一切要求，你有希望就告诉我。"而他只是平淡地丢给亚历山大一句话："站到一边去，不要挡住我的阳光。"在第欧根尼心中那一缕阳光比任何东西都重要。

实际每个人心中都有一缕阳光，那一缕阳光是生命的本真、是心灵的眼泪、是灵魂的震颤。那一缕阳光也许是恋情是亲情是友情是梦想是期待是隐私，也许是一段美好难忘的记忆、一个不懈追求的目标、一个情有独钟的爱好、一个壮志未酬的事业、一个不被人知的故事。那一缕阳光可能永远不愿意对人言说，可能永远不被人理解和接受，可能一生只能深埋在心底，可能只有孤独的守望终生。那一缕阳光却成为一生精神的寄托、生活的温暖、人生的幸福、永不熄灭的信念、用之不竭的力量，甚至是一个人生命的支撑。

司马迁冒犯了汉武帝，被处腐刑，作为男人蒙受了巨大的耻辱，几次想到死。可是他一想到父亲的遗愿还没有实现，又坚强地活下来。编写《史记》就是司马迁心中的一缕阳光，支撑着他忘掉耻辱，夜以继日地发愤著书，历经17年终于写成了一部不朽的历史巨著。《古文观止》中记载了"范蠡不殉会稽之耻，曹沫不死三败之辱"，前者终于"复勾践之仇"，后者实现"报鲁国之羞"。范蠡、曹沫心怀大志、不为小死，就是心中有一缕阳光，死在他们面前并不可惧，而是还有比死更重要的事情要做。南唐后主李煜腐朽昏庸地做着皇帝，政治上毫无作为，但他心中仍有一缕属于自己的阳光在熠熠生辉，那就是他酷爱读经填词。他被俘后写道："最是仓惶辞庙日，教坊犹奏别离歌，垂泪对宫娥！""独自莫凭栏，无限江山；别时容易见时难，流水落花春去也，天上人间。"

他还凄惨的写了“问君能有几多愁，恰似一江水向东流。”李煜在中国历史上是一个失败的君王，在文学艺术上却是一个大才子、一位著名的词人。

古往今来，爱情是很多人心中的阳光，于是有人说，生命诚可贵，爱情价更高。楚霸王项羽“百媚千红不入眼，只爱虞姬那一种”；唐玄宗李隆基不爱江山爱美人，杨贵妃在他面前“回眸一笑百媚生，六宫粉黛无颜色”。他们这种对爱情的专一也是难能可贵的，成为千古绝唱。说当今的，更是不胜枚举，著名歌唱家李娜一曲《青藏高原》唱红大江南北，在事业鼎盛时期，因为坚守爱情离开歌坛出家做了尼姑，在她眼里名利地位与爱情比起来一文不值毫无留恋。还有媒体上报道的，丈夫与3名毒贩殊死搏斗中成了“植物人”，妻子罗映珍在床前精心照料、无怨无悔，每天为丈夫反复按摩、翻身，并写下了600多篇爱情日记，终于用爱把沉睡的丈夫呼唤的苏醒了，这种不离不弃的忠贞，映照了爱情的珍贵。另外，还有一种爱，林秀贞30多年来赡养了6位非亲非故的孤寡老人；一位老战士几十年如一日为牺牲的十几名战友义务守墓。他们的事迹在CCTV《感动中国》报道后万众敬慕、九州动容，这种大爱无疆、人间真情，就是他们心中永远不会熄灭的阳光，温暖着别人，幸福着自己。

为了生存，每个人都在匆匆忙忙地挣银子、争位子，无权无势的上班族也在每日身心疲惫地工作，怕下岗、怕失业。这个社会没有几个真正轻松的人，包括那些被金屋藏娇的二奶们，她们也担心包养自己的男人或丢官或破产或另有新欢，说不准哪一天就会无依无靠了。但是无论地位高低贫贱、无论处在什么样的生活方式中，每个人心中都会有一缕阳光。当尘埃落定、曲终人散、一人独处的时候，每个人都会去回味和享受那一缕阳光，或许敝帚自珍或许孤芳自赏或许自得其乐，但那是内心深处最温柔最善良最纯真的一根心弦，那是快乐的源泉、幸福的归宿。那一缕阳光会终身温暖着自己，当每一个人走到生命的尽头，最留恋的也依然是那一缕阳光。

让我们静静地闭上眼睛，默默地想一想，你心中的那一缕阳光是什么呢?

人间烟火

（耿志洁）

向来喜欢有太阳的日子，阳光灿灿，心里暖暖。

当朝阳顶着晨露，从地平线上升起，把大片大片的银光洒向大地，温暖、喜悦便在心里弥漫、升腾，世间的美好便充盈眼底。

这样的日子里，我会做自己喜欢做的事情，比如洗衣服，比如晒被子，比如打扫庭院，又比如在浓荫的葡萄架下沏一杯香茶，读一本好书，或听一段音乐。或忙碌或娴静的身影在小院中穿梭，这样，便觉对得起这亮光光的日头了。

头顶白花花的日头，心里便有许多的美好在缠绕。路过一陌生的胡同，一陌生的人家，低矮的墙头齐肩高，爬满了碧绿的丝瓜秧，艳艳的黄花，在叶子的簇拥下，欢快的轻舞着。透过黄花向院子里望去，一切都静悄悄，一切都慵懒着。宽旷的院子里晒满了花花绿绿的衣服、被子、床单。还有大大小小的鞋子，像一只只船儿。还有几盆知名不知名的花花草草，齐整的摆放在北屋的抱厦台上，有开花，不开花的，在那里独自芬芳着、妩媚着。一个三花色的小猫咪咪着眼卧在一小马扎上，马扎的一侧放着一洗衣盆，盆里有半盆水，盆上横有一木质的搓板，盆的一侧有一只剩半块的肥皂，北屋门口的右侧里有一半新的扫帚，和一铁簸箕。院中的风景，看呆了我，击中了我，倘若，再有烟囱上袅袅升起的炊烟，这大概就是人间烟火的味道了吧。

院中的女主人，看来也是喜欢有太阳的日子。那些随风飘飘的衣服散发着一种淡淡的皂香，漂亮的自然是她的喽，她可能不一定漂亮，但一定有个好身材，从衣服的宽窄中就可以看出。他的爱人一定是个魁梧的男子汉，你看他那宽宽的裤腰，一定是。他们的小孩不算太大，有幼儿的衣服可以证明。不管是女儿还是儿子，想必都是可爱的。还有可爱的小猫咪，一定还有小狗，只是我没看见。

她的爱人去上班了，或者去了地里干农活，又或者去了外地，见天气好，就把自己弄得忙碌起来。听不见孩子的声音，一定是孩子想睡了，女主人在屋里用儿歌哄着呢！

女主人一定是个勤快的女子。把小院收拾得整整齐齐，把衣服洗得干干净净。把衣服、被子沐浴在阳光里，上面便浸染了太阳的味道。看过一篇文章，名为《太阳的味道》。说的是一位母亲喜欢在明媚的阳光里晾晒被子，女儿回娘家来，远远看见院中晾晒的被子，就知道母亲一定在家，晚上钻进温暖松软的被窝，吻着太阳的味道，拥抱着母亲的慈爱，便觉自己是最幸福的女儿了。女主人也一定是位慈母吧。

幸福是什么？往大了说就是国泰民安，往小处说就是好好过日子，过那种柴米油盐酱醋茶的贴心日子，过那种赤橙黄绿青蓝紫的温馨多彩的日子。

一个普通的庭院里，一对普通的小夫妻，在一日三餐的幽香中，在侍弄孩子的欢喜中，在侍弄小毛小狗的琐碎中，在花花草草的抽枝展叶中，在亲戚朋友来来往往的走动中，过着一份普通的日子，岁月在日复一日的轮换中沉淀起来，厚重起来，我们收获了亲情爱情友情，虽然这样的日子不总是阳光明媚，有时也会阴云密布，但生活的遗憾、忧愁只是美好生活的点缀和装饰，它使我们的小日子多姿多彩，过这样平平淡淡的日子才踏实、才贴心。这是一种实实在在的幸福，一种触手可及的幸福。

暖暖的阳光下，俗世凡尘里，平凡的人过着平凡的生活，享受着人间烟火的味道。

黄昏随想录

（王书亭）

一

遥望夕阳斜照，血一样深沉，火一样燃烧。那是黄昏的辉煌，是光照天际的壮美。走进这如画的意境，便走进了老年如海的情怀。

二

迈进老年便了却了人生的重负，了然了生活的甘苦，淡然了世间的名利，留给老年的只是一种单纯。童年的单纯是一种天真，老年的单纯却是一种智慧。这是更上一层楼的豁达。

三

老了，历尽沧桑，是非了然，知止有度，含蓄和谐。面对嫉妒成性，私立计较，付之一笑，泰然避之。洞悉了万千世象，原谅了一切可以原谅的人和事，谓之晚年的成熟。这是一种高品位的宽容。

四

晚年总习惯于走一条深深怀念的人生小路上。

无论同年摘取又脆又甜的红枣，还是成年度过咬文嚼字的日月，皆凝成了深深的思念，化作了晚年的拐杖，以缓缓的脚步去丈量温馨的路程。

怀念是一种感情的回味。漫漫人生路，极尽酸甜苦辣，无论是得意还是感伤，皆是发自内心的快乐。

怀念是赤诚的，也是神圣的。怀念常常是午夜梦回，是在自我倾诉中品尝绵长的人生滋味。

五

知人不易，自知更难。

人的一生往往到了晚年才认识自己，才以最舒适的方式接收自己，从而，找到钟爱自己的内容和方式。做自己喜欢做的事为智，干预过多为愚。适合自己的，才是最好的。适合自己是一种自得其乐的选择。做人谋事，立于自知，明于自我，就步入了人生可贵的境界。

有的人一辈子也不能接受自己。这是常有的事。

六

人的衰老往往是从不学习开始的，是从对生活的厌倦开始的。

用不懈地学习，不断地摆脱无知和庸俗，从而不断地铸造晚年生活的新质量。

总是以愉悦的心情审视生活。生活中常常有新的体验，新的发现。看无忧无虑的云，自由自在的风，感到舒适和安逸，进而“静看鱼读月，笑对鸟谈天”。这是一种赏心悦目的天趣。同时，在人际关系中，迈进“言或自成天趣，事当曲尽人情”的境界。这便是晚年高尚的情怀。

晚年应该有一个不断追寻的精神境界，因而，要善于学习。

七

迈进晚年，就渐渐放缓了生命的节奏。从容

从事似乎是老年人的行为规范。

事从容则有余味，人从容则有余年。谋事需紧事慢为，从容应变，事缓则圆；做人要度德而处，量力而行，尽力而为。始于从容，才能善待晚年真实的人生。

八

冬天是休闲的季节，晚年是享受的岁月。

孙辈绕膝嬉戏间，迸发出来的欢声笑语是一种享受，老友相聚谈笑有新意、往来无俗情也是一种享受。从点点滴滴的柴米油盐中调配出佳肴，从平平淡淡的衣食住行中装点出潇洒，还是一种享受。看天上一朵白云嬉戏另一朵白云；河里一个浪头追赶另一个浪头；地上一朵鲜花伴着另一朵鲜花，去领悟自然的雅趣，感受生活的兴致，这更是一种享受。

晚年的享受是物质的，更主要的是精神的。可贵的是有一颗不老的心，更可贵的是有一个平静而愉悦的心境。看到的和做到的皆为一种新鲜。精神世界需要不断地用来自生活的新鲜去调剂、营养。这将是受用无穷的至高享受。

九

秦柏汉槐，虽失却了昔日的峥嵘，却依然枝丫斑驳，每日游人驻足点头，构成一种仰视。老树枯枝残叶展示了厚重的美，有些老人驼腰弯背甚至行动不便，却显示了岁月在漫漫人生中雕琢的尊严。

十

如何看待生命过程中的死亡？

一位哲人说，生命是一条河，青年是上游，奔腾而湍急，老年是下游，平静而宽广。生命的死亡，谓之江河汇入大海。海接纳了江河，又结束了江河，形成宽广与浩渺。

百川归海，万物归一——寓意深远，发人深思。但也有“夕阳无限好，只是近黄昏”的感叹，悲凉而消沉。同时，更有“长河落日圆”的光辉写照，苍劲而豪迈。落日以光照天地的辉煌留于世间，形成“满目青山夕照明”的精彩画卷。

日落了，月升了。又迎来新的日出。这样，日落日出，周而复始，形成了宇宙间无穷的运行。人类从死和生中渴望生命的无限延续；岁月在茫茫的大海上期盼一次又一次的日落和日出的伟大奇观。

这就是生命汇成的大海，宇宙运行的无限。不是吗？

史话石说

——井陉石头村读后

（梁振波）

说要去石头村，乘车走山脚，穿山洞，透过车窗玻璃，总也见不到村影。当有人说，拐过这座山就是了，走过山口，真真的一幅盆中石景扑面迎来：依山而建的石屋，鳞次栉比；顺势而居的石村，错落有致。漫步石头街，踏进石头巷，仰望高空，云烟迷蒙。瞭望四野，峭壁隐约。满眼的石头世界哟，惊得我眼晕，唬的我瞠目。

尽管惊诧，却也稀奇。怀着惴惴的，怵怵的，翼翼的心境，随着导游趋径拐巷，来到一处门楣横石上雕刻着“石头博物馆”的去处。这是一个打麦场般大小的四合院。石墁的当院里，石碾石磨，石礤石砘，门墩石狮，石夯石锁，石笔石砚，如此等等，摆的满满当当，好像世间上凡能用石镂空凿成的家什，在这儿几乎应有尽有。厢房展室里，这厢，纺车风箱，升斗尺秤，火石火镰，提灯座灯，灯壶灯碗，罩子灯，洋油灯……；那厢里，绣花褡裢，对襟袍褂，毡帽铲鞋，绣枕披肩等，小院里，近代消失的，几近退役的农家生产生活用品，大都能找到它的踪影。那一张张似曾相识、谙熟的面孔，又把我带入了一个遥远的年代。

见到那双仅一拃长的绣花鞋了吗？奶奶正是穿了它，趁月高星稀的傍晚，坐在北屋的门墩上，一手搬着三寸金莲，一手指点着星空诉说着王母娘娘用金簪划出天河，让一对情侣世代苦望的故事，不时发出至今仍响在耳边的哀叹。那口石槽，爷爷的爷爷们用它喂过牲口，要不缰绳怎勒出山缝样深的沟壑，印记着岁月深深的年轮呢？“老骥伏枥”，三国曹操，不就用的这路石槽吗？

离开博物馆，走过寻常百姓家的窑式四合院，串进书香门第的四合楼。相比之下，藏身其间的于氏宗祠更显肃穆庄严，先不要说祠门上方金字大匾上“于氏宗祠”几字如何苍劲雄健，就于氏谱牒的完好保存就够振聋发聩的了。它告诉世人：这村的于氏先祖，明 初于谦的后代是也。于谦朝中居官时，因皇权纷争被牵扯其中，惨遭杀身之祸，其子为避追杀，逃进深山，后经辗转迁徙，长孙于有道来到这片深山旷野“与木行居，与鹿豕游”，距今已24代矣。

清凉阁，三层阁楼，又建在高坡上，在山上俯瞰，气势巍然，可谓独到一景。它是由于氏玄孙于喜春建造的。于喜春家贫好义，膀大力强，独立兴修。从明万历九年到二十年砌成下层，至二层竣工，即行病故。后人被他这种精神所感动，又续建第三层。建筑特点，在十几米见方的地基上，没夯实砸牢，仅凭清出的底石做基础，靠干打垒，干挤眼，巨石碎砾相间。有的巨石竟重达万余斤，在当时的条件下，它是咋运来，又靠啥搬上墙的呢？说是每逢巨石上墙，于喜春总要事前给有牲口的户主说借来用一用，可次日又不见来牵，到槽头一看，只见牲口浑身上下，大汗淋漓，气喘吁吁，大伙就明白了一切。至于于氏先祖为什么想倾毕生于一楼，虽说后人已请诸神入驻，可我还是觉得这并非建造者的本意。

正当我一路寻思，不觉爬坡登坎，来到满是残垣瓦砾面前。从景点的牌示上才知道这叫白庙遗址。于氏始祖择吉落户，大概就是为了这块风水宝地。庙宇的庙主是隋末瓦岗寨农民起义领袖李密。李将军发迹时就选这儿屯兵，才得以功成名就的。将军死后，百姓建庙，以示怀念之情。这个将军也够有人性的啦，清末一日，皇宫起火，他催动祥云驻足云端，霎时倾雨而下，火熄烟灭。谋臣掐指算来，李将军能耐，于是武则天拨巨资，扩建楼堂馆所，庙宇斋室，以谢将军普度之恩。怎奈各级贪官腐吏，级级克扣，层层揩油，到头来所剩无几，只盖了一个简陋的小庙。为掩人耳目，墙上抹白灰，坡上撒绿染料。白绿相衬，白者更白，故此庙又谓之白庙是也。后来还是靠了善男信女的香火施舍，规模才得到扩充。

离开白庙，攀岩而上，崎崎岖岖，来到葱绿滴翠的灌木丛前，拨拉开五颜六色的野花芳径，只见黑咕隆咚的一孔幽洞赫然入目。数十年前洞内还有老虎经常出没，上世纪末开发旅游景点，无意中在洞内发现了许多兽骨化石和新石器时代的石刀等。主管部门得到消息，让暂停开发，待专家发掘研究，大家只好望洞兴叹。为了弥补旅客的遗憾，导游戏谑到，经济危机不妨送给一景，也好拉动景点销售。说罢带队攀上离洞数十米的顶端。这是方圆30米的大石板，站到这里，举目眺望，就像踏上云端，又像站在四周隆起的盆沿上，村，就是盆底那幅画啦。不，就犹如盛藏在书匣里的一部书，随着不时响起的阵风又好似在不断掀动着书页，不时读到；于谦背难后，他的后人不得不四处躲藏，一个月高风轻之夜，一位威武 神将把他引领到一座庙前。自此，一家就在庙里安顿下来。于氏看着庙里青烟缭绕香火不断，也就帮着庙堂主持洒扫庭院、担水打食，深得佛家弟子厚爱。毕竟庙堂不是久留之地，就在山脚下的陡坡处选址，凿石，挖洞，垒墙。佛家弟子闻讯，时常也帮搬石平地，开荒种田。为了感念佛恩，就以庙名称村为白庙村了。后来，随着朝代更迭，战争滋扰，香客渐稀，白庙村却人丁兴旺，又因于家是大户，人们自觉不自觉的将村名叫做于家村了。于家村地处深山，蜗居山坳腹地，也就少了匪患战争，再说即便有战火，对于没有一点柴木的石屋又能何为呢。一代一代不断建造，一家一家不断创新，建筑样式别致的石砌城堡，才得以完好的保存。或许就是为了展示时间难以风化的这一独到风景，当地的智囊们又将它更名于家石头村作为名片正在打开的山门开始对外展示她的神韵啦。

如若说，石头村只是一个村落，或是一个部族，那孔老虎洞、早已颓废的白庙瓦砾又在诉说什么呢？他们从窑洞到平原，从火种到钻燧取火：今天的窑洞不是山顶洞人的遗迹吗？今天的打火机不是钻燧、火镰的发展吗？

人类文明，社会进步，一靠勤劳，二靠操守。勤劳的人民崇尚操守，谁对他们有好处，人们就爱他、护他、敬他，将他奉为神，诸如李密、岳飞、包拯，人们历代立碑奉祀。就连当今的毛泽东，不是走下神坛，又被请入红色景点的圣殿了吗？而那些克扣截留者们，只落得个用当地人的

话说一时的香嘴臭屁股眼子人们世代唾弃为不耻的恶煞。一个村不光有白庙，还有观音阁、真武庙、青山洞等五六处庙宇。青山洞内有五座庙景，其中一处供奉着岳飞，还雕有两条盘龙抓着秦桧夫妇头颅的泥塑。可见山里人的好恶，历史的崇尚，才有了社会的进步。

哟，“只留清白在人间”——清凉阁，于谦，这位一场京都保卫战挽救了国家保护了人民的功臣，背难抄斩时，家中却没有值钱的细软和像样的家什。清凉阁的创意者是另有寓意还是想警示后人什么呢？

站在高高的山岗上，倾听着石头的诉说，我觉得盆底匣中该是一部书，一部思想深邃的书！这书，我只是才品出点儿味来，丰厚的内涵让我难以离去。石头村，我还会再来品读的！

第四节　报告文学

吕玉兰的品德和风范（节选）

（于俊祥）

初春，卫运河畔冰雪还没融化，东留善固村已投入农忙之中。

“决口了，决口了！”村北突然传来一阵喊声。

正在忙着“大集体”积肥的24岁的大队党支部书记吕玉兰，听到这一喊声，急忙拿起铁锨，朝村北跑去。

村北，东风渠确实决口了。哗哗的渠水，带着薄冰直往麦田里灌。几个社员站在渠堤上，不知所措。

玉兰一见这情景，边跑边想：“决口堵不上，这一大片麦田就完啦！”她一到决口处，顾不得脱衣解鞋，“扑通”一声，跳进了冰水里。在场的社员，看到玉兰带头，都纷纷跳进水里。玉兰站在冰水里，一面强堵决口，一面打气加油：“抓紧干，坚决保住咱们的麦田！”“党团员同志们！带头干，考验我们的时候到了！”玉兰又喊道。

大家心齐劲足，浅水处的口子被堵住了。玉兰又领着大伙堵深水口。她带头走向水中心，只觉两腿发麻，全身发酸，手脚有些不听使唤，脚底一滑，一头栽倒在冰水里。这时，眼疾手快的吕世周急忙扑上前去，紧拉一把，说：“玉兰姑，快上去吧！这儿有俺们在，你只管放心！”吕玉兰挺住身子，抓起铁锨，大声说道：“共产党员在战斗时刻，哪能离开阵地！大家集中紧几下，都向俺脚底下扔土！快，快快！”20多个社员，一鼓作气，终于堵住了决口。

从堵口到堵住口，居高临下几丈长的决口，水宽湍急冰冷，玉兰足足在冰水里坚持了两个多小时。待玉兰上得岸来，下水时脚穿着的两只鞋不知啥时候甩掉了，她光着脚，跑回家去。当她上炕盖上棉被，才觉得浑身阵阵酸痛。原来，她下冰水堵口子时正带着“例假”。

玉兰受了风寒，一病不起，在炕上躺了好几个月才好。

“玉兰姑，为了维护群众的利益，连命都豁出去了！”吕世周每每提起这事，尽管是20世纪60年代初经历和亲眼看见的，但他至今都感动得流眼泪。

也是那年冬天，下大雪，吕玉兰接到通知到县城去开会，70里雪路走到临清时，脚上的棉鞋开了花。她踏着雪水，一走鞋底和鞋帮一张嘴，实在不能穿了，就找到了县妇联副主任白玉凤，开口说：“白大姐，有没有多余的鞋？先借俺双穿穿。”

“没有。”白玉凤一看她的脚，明白了，忙说：“这样吧，我给你钱，你自己去买吧！”

玉兰笑笑说：“不！俺长这么大，还没穿过买的鞋哩！”她朝床底下一瞧，“咦，这儿不是有几双吗？”

“那都是旧的。”

“旧的怕啥？没事。俺穿鞋，都是前头露着脚指头，后边露着脚后跟，才让它去休息哩！”说着，她拿起满尘土的旧鞋，就往自己脚上穿：“这不是挺好的吗？”

“咳！这些旧鞋，不是一个人的，都是调走的同志们扔下的，正准备叫通讯员清理清理，送废品收购站哩！”白玉凤说着，又从几间屋里，一下子拣出了20多双旧鞋来：“你瞧瞧这些鞋。”

“咋啦？这些鞋不都挺好的，扔了怪可惜的。”玉兰说：“大姐，就让俺‘收购’起来吧！”

"行，这咋不行！"白玉凤知道玉兰家里不富裕，她生活很简朴，又说："以后再有了旧鞋，我替你留着。"

"那敢情好，谢了，大姐！"

散会回家路过西王庄时，玉兰背着旧鞋，遇见远房亲戚王玉梅。这人感到很稀奇，便问："玉兰，背的啥啊！这么沉的东西。"

"俺背的是几双旧鞋。"

"哎呀，都当官了，还不要好啊！"王玉梅末了又补充了一句："俺真没见过！"

母亲见到玉兰从外面背来些旧鞋，先是责怪后是心疼，忙帮女儿洗涮、修补。

为支持玉兰工作，父母常常搭自家里的东西，因此给玉兰起了个"赔本干部"的雅号。

刚过了春节，县委召开四级干部大会，通知时间晚，后天就要开会。县城离东留善固远，这年已开通了临清到邯郸的长途公交车，坐车要买票，会上吃饭也要花钱，可玉兰手里没钱。要说因公外出，到大队拿几块钱，也无可非议，可她不愿这么做。玉兰自当干部以来，从未因外出拿过队里一分钱。她不是用自己的一点日常积蓄，就是让家里变卖鸡蛋啥的。在这青黄不接的时候，鸡还不到下蛋季节，可自己手里又没钱，咋办呢？玉兰坐在屋里望着门外出神。

这时，两只羊羔"咩咩"叫着从圈里蹦出来。"咦，有了！"玉兰眼睛一亮。

她走到母亲跟前恳求："娘，给俺只小羊，卖几个钱，作路费吧！"

"啥？你打小羊的主意。"母亲有点不高兴，说："妮儿，你当干部，老是出门开会，也不能光自个儿掏路费呀！几十斤鸡蛋给你搭进去了，三窝小猪也给你赔进去了。一床旧棉套子，也送到收购站给你换了钱，今儿，你又要算计这两只小羊，办不到！"

父亲也有意见，说："就你这样，傻妮子，啥都得赔进去。"

"嘿嘿！"玉兰朝父母笑笑，有点撒娇地说："俺不早说过嘛，俺能做点工作，爹娘给了很大的支持。你们叫俺'赔本干部'，为革命，把人都搭进去了，几只小猪小羊，还有啥舍不得的？"

其实，父母挺支持玉兰的，只是说说而已。第二天，父亲就牵着羊羔上街了，随之将钱给了女儿，又关心地问："够么？还用啥？"

"嘿嘿！"玉兰一笑，"爹娘开着'银行'啥时要啥时取呗。"

玉兰每次因公外出回来，都向父母交账，叫两位老人明白女儿的"开支"，对工作、对集体搭几个钱，"赔"得值。

玉兰的"赔本干部"思想，影响了村的其他干部，大小队干部都纷纷以当"赔本干部"为荣。他们外出开会，从不上队里领取出差补助；上级来的人，该谁接待谁接待，都是领到自己家里吃饭，从不到公家领补助费。由于玉兰带了好头，东留善固的干部形成了一个好的作风。无论到县上或公社开会，这个村的干部，从来没下过馆子，都是自带干粮。

一次，大队副书记贾俊刚跟着玉兰到县上开会，开玩笑地说："玉兰，撮一顿儿吧！"

"不沾！不沾！"玉兰摇着头说："咱可不能破这个例呀！"玉兰教育村干部，说："当干部就是要吃苦在前，享受在后。"

她还语重心长地说："社会主义刚开始建设，等把咱村搞好了，全国都好起来了，咱们再享福，也不晚。"

第五节　小说

近邻

（于俊祥）

他踉跄着回到家，骑着门槛唤媳妇拿酒来，媳妇骂一声没出息，一灌灌到黑。她要扶他上炕休息，可他那大胳膊一挥，媳妇一个趔趄，他又心痛地要去扶她。她不计较，又赶紧去抻铺。他晃荡到窗台，又看到白酒，有瘾。喝！不能喝酒算啥丈夫。他拿起酒瓶子，用牙咯嘣一声嗑开盖，咕咚一口下了肚。他一咂么嘴，娘的，咋变味了。现在有些人为了赚钱竟在酒上捣鬼。呸！这时媳妇从屋里忙出来，一看男人正在喝那瓶里的液体，她倏然瞪大惊恐的眼睛，啊地一声像从老远老远的地方响个闷雷。他又要喝，她急得一巴掌，那

棉堵似地嗓子蹦出声音：老天爷，那是灭多威。嗯？啧啧。我咋品的不是滋味。快，快喊人！他心里毛了。

初冬的黄昏，月亮懒散的还未出窝，辛勤的寒星早已恭候天穹，吃罢晚饭的村民成群打伙游哉云集电影场。当人们听到呼喊声流水似的涌至家院。村医顾不上多问，立即招呼大家备车上医院。

近邻，对门树魁家大人孩子像着了魔似的忙入飞飞。早上天不明就叮叮当当，晚上到深夜也不停。白天三日两头用自行车驮着鼓鼓囊囊、沉沉甸甸的塑料袋子，出出进进。嚯！那院里屋内，桌上地上，锅里盒里内都堆有钢圈圈；大的小的，厚的薄的，亮的乌的。还有大小不等的钢珠子、珠卡子、砂布、柴油等。这些钢圈圈先用锅煮去油污，再用柴油泡锈，锈严重的送去砂轮抛光，轻的用砂布、棉纱一擦银光闪亮。然后再大圈套小圈，中间放卡子。粘珠子，抹糊糊。轴承的组合，轴承的再生，轴承的世界。轴承——钞票——轴承——人民币。大孩子退学了，二孩子不念了。反正念到外国留洋也是为了挣钱，听说大学生不管分配自找门路，再说孩子也不是那块料。晚不念不如早不念。晚挣钱不如现挣钱。……叮叮当当，叮叮当当。

医院的急救室里，大夫、护士及送中毒者的人民脚毛手乱，围着被送来的人团团转。经检查中毒者瞳孔未散，心脏仍在跳动，人还有希望。快、快抢救！护士端来兑好的皂液，担架抬到了室中央，五个大汉分别搂住中毒者的四肢和头颅。有人把大盆放在了中毒者的头下，有人拿起了不锈钢的别棒，有人抓起了白瓷缸子。灌！大夫一声令下，各负其责。哗，哗！咕，咕！被灌者的肚子噌噌猛涨……现在农村有些不理智的人为屁大点的事就怄气抓起农药瓶就喝，闹得劳民伤财，得不偿失。灌！灌!! 医院里最讨厌的就是这些人。大夫抓起两根循环仪器上的胶管吱地一下从中毒者鼻孔插了进去，只听嚎地一声，中毒者浑身颤抖了一下；又一插，又一声，又颤抖一下。护士把电钮一开，便发出呼噜呼噜的声音，中毒者的肚子像被人弹动了的西瓜，颤动不已。

丈夫被男人们抬走了，带走她的整个心，她象失魂似的坐卧不安。女人们来了，这个问那个劝，使她欲答不能欲罢不休。她哭了，她伤心地放声大哭了。老太太们说：哭出来比窝在肚子里要好受，要不就会憋出病来哩；让她哭，让她痛痛快快地哭！呜，呜……

女人们不再问不再劝了，只是同情地抹着泪，尔后便喊喊喳喳，议论起男人们喝酒以及借酒风怄气喝药，错喝药酿成大祸；以及这家给对门老爷子祝寿喝酒又喝了药，矛盾没解反倒结扣；以及两家原本就没诚意，根源就在于那次浇地……

那是春上，麦苗刚刚返青，河水涨流，庄稼人的心又在冲动。一年之计在于春。他盘算着，一定要不失时机浇好返青水。晚浇不如早浇，小水不如大水，井水不如河水。可儿子却阻挠用河水浇，说那是邻县造纸厂放出来的废水，现在正在吃官司呢。长期用工业废水灌溉农田，会使发病率增高，还会出现田地板结，甚至变成盐碱地。这是科学，可老子不服，也有理论：科学、科学绑捆手脚。庄稼人不是不相信科学，是不迷信科学。曾有人不叫用带铅字的纸擦屁股。腚眼和嘴有啥相干？也就像国家明知尼古丁害人但还要生产烟卷一样。何道理？咱百姓不管大事，只知道：旱不择水。眼下冬季没下大雪，麦苗急需喝水，机井水位不高，河水又几天来一回，尽管脏，那也比不浇或晚浇强。妻子不理睬父子俩的争辩，先到田地里去了。

不一会儿，她怒气冲冲地回来了，丢掉铁锨，一屁股坐在椅子上。咋啦？他问。对门在咱头卡号了。树魁说啥？狗屁没放。不像话。现在有些人只要个人得劲，不顾鼻子不顾脸。找他去。

腾，腾，腾。他像排夯似地迈到浇水地，挥起锨在垄沟上咚地一下掘起一大豁口，水汩汩地流进他的田里，他又扑地一下截住了去树魁地里的水，将铁锨往地上重重一戳，锨颤颤地挺牢了。他两只大掌卡住腰，身子铁塔似地立在那里，眼睛直冒火焰。树魁像老鼠见了猫，提起锨一声不哼乖乖地蹭了。从此对门两家不往来，直到老爷子过寿辰他才看佛面进树魁门槛，但结果闹得不堪设想。

夜深了，疲劳的孩子们困得直点头，打哈欠，不是锤子砸偏，就是钢圈套错。妻子说：唉，我说天不早了，叫孩子们睡吧？他把眼球一瞪，睡、睡、睡，困死鬼托生的?！咋，老虎还打个盹呢?！钱迷心窍。啥？没钱啥也办不成。钱、钱、钱，对门喝酒喝成农药，这叫啥德性?！啥德行?！又不是在咱家灌他的。哼，没有走不着的路，用不着的人。说罢，她扔下工具领着孩子们径直上床去了。只剩下他叮叮当当……

翌日清晨，树魁妻瞒着丈夫，提着一篮鸡蛋，送到医院，又丢下200元钱。

他出院了，像大病一场，几天工夫苍老了许多，他碰见老少爷们就点头微笑，尽管不自在。笑是一种面纱。笑能掩盖内疚及羞愧。原来男人们也会用笑来表示各种感情的。他感觉到世界上一切都是新的。他对一切事物除了酒都亲近起来。他发誓一辈子不再喝酒，红火火地活它下半辈子。

他向妻子交代叫她给树魁家说，心情领了，鸡蛋留下，200元钱没用着送还回去，搞轴承是要点本钱的，不要影响资金周转。她依了，可搞得树魁丈二和尚摸不着头脑，只是言语吞吞吐吐，脸与猴腚一般。媳妇接过钱还情几句，送客出门。人得想前顾后。大丈夫混世处事要有人情味，不能鸡肠子小豆腐。常言道：远亲不如近邻，近邻不如对门。树魁不言语，点点头。

鬼！鬼！吊死鬼！

儿子晚上回来惊叫着一头闯进院里，咣当一声关住了门。父母对这突如其来的神色和举动大为惊诧。经一盘问，才知村边大槐树上吊着一个人。乖乖，是谁在寻找这条愚路？爹爹撒脚跑了出去，母亲急急随上，儿子也往回颠。

月黑头儿，村边槐树上，确乎吊着一条黑影。近些一瞧，那人披头散发，脖子被一条绳吊得细长。舌头伸出半尺多长。脚下几块砖歪在一旁。他细一瞧，呀呀，老天爷！这不是树魁妻，唉，咋这么憨！快，快，快去喊她家里人！儿子箭似的飞去了。他唤媳妇帮他卸下来。她不敢目睹，眼睛躲电焊光似的，背着脸低着头，帮他掩住腿。他蹬着砖，一只胳膊挟住树魁妻腰，一只手摘下绳套，一摸身子还热，上吊的会儿不大，能救！他迅速抠住树魁妻的耳根，又揉两腮，尔后又把长舌头塞回去。他叫她用手堵住树魁妻的腚眼，不让放屁。她直哆嗦，怕误事，又让他堵。他晓得时间的贵重，伸手就捂。哎呀！他手触电般的闪了回来。她责备他。他啧啧两声又去堵。救命当紧！他心想。他又用另一只手的大拇指刺树魁妻的人中。树魁妻从鼻腔里哼了一声，慢慢地睁开了眼睛。

他问她啥难事走这一步天地。她摇头叹息，一家人起早摸黑，汗水砸脚面，弄轴承赚些钱，可被人家订货单位砸了锅，说货不合格，人进了派出所，罚款九千五。电报说，钱不到人不归。俺的天呐，上那儿弄九千多。他劝她莫哭，当场拍板拿出五千块，街坊邻居又筹够了四千块。感动的树魁家老少磕头作揖，泪水如流。

树魁回来了，像输光了的赌徒，他一屁股瘫在椅子上，良久良久。他瞅瞅家，除那些倒霉的轴承运走外其他均为如故。他瞅瞅人，各个低着头，默默不作声，没有责备，没有哭啼。他难受，他要骂，他要哭，哭个天翻地覆。人到一定程度发泄也是一种慰藉。还是老爷子哀叹一声，把家里发生的事儿给儿子说了一遍，树魁才如梦方醒。

蹭，蹭，蹭！树魁旋风似的刮到对门，喊一声大哥大嫂，咕咚一下双腿跪下，哥嫂的大恩大德，树魁终生不忘。咳咳咳，说话外起了。两口子听到树魁声音赶忙出来。对门设户，有福同享、有难同当。起来，起来，快起来。往后呦，做人处事要讲个信誉，不要走一路迷一路。树魁惭愧至极。啥话甭提了，大哥您说咋办就咋办。咋办？买卖要做，要规矩；田地要种，要地道。走，进屋合计去。

宴灾

（王树强）

唉！望着办公桌上一小摞儿大红喜帖，张副局长不禁暗暗叫苦，虽说每个主人在帖上一再写明“敬请光临”，可这宴席实在不好消受，每张贴按目前行情至少随礼50元，这9张帖，多半个月的薪水就没了。这几天凡稍像点样儿的饭店，门口全贴着大红喜字，整个县城都洋溢着喜庆的

氛围。

中午十一点半，张副局长推着自行车出了单位大门，甭问，还是去赴喜宴。

大街上，许多饭店门前摆放着一排排摩托车、自行车，大红喜字直晃人眼。

“老张，等等！”忽听身后有人招呼，一转身，原来是农业局的副局长老刘，前几天在一次喜宴上才结识的。老刘赶上来擦着微秃的头顶，笑眯眯地问：“今天上哪吃席？”老张差点笑出声来，心想：“今儿个上哪吃席”都快成了这段时间人们见面的问候语了。

“老刘，你这几天也光改善生活吧。”

“快拉到吧！再这样下去，可真改善不起，这两个月光随礼就花了七百多块。”

“可不，现在这事闹的，越兴越不像话，不光儿子闺女结婚摆席，连孙子孙女侄子侄女结婚也都摆席，不瞒你说，我一见红帖就头晕。”

“真是的，咱们当副职的，平时没人请没人问，到发喜帖时跟正职享受一样待遇——一张不少！”

“可不，帖子满天飞，甭管俩人过去熟不熟，只要拉上关系，就发你红帖一张”。……

俩人愈说愈带劲，唾沫星子乱飞。

“真是的，我上次去一个饭店吃席，却怎么也想不起跟主人有什么交情，最后才恍然大悟：他到我们单位找别人时握过一次手。”

“你这不算什么，我跟XXX厕所里聊过几句天，这不，他儿子结婚也让人捎喜帖来了。”

在十字路口俩人要分手时，老刘从兜里掏出一张红帖，往老张面前一递，朗声道：“老张，下礼拜六我家二外甥在红星酒楼结婚摆席，别忘了去捧场！”

第六节　戏曲

河南坠子《自留地告状》

（宗振荣）

这个事儿稀奇真稀奇，
自留地，喊冤告状到县里。
办公室里见了张县长，
他抓住县长的两手泪水滴。
县长啊，我有冤来我有屈，
我今儿告状来找你。
县长说声“快请坐，
先别哭，有啥冤枉尽管提。
你家住哪里叫啥名，
把问题说清讲明我好处理。”
自留地说：“俺有名有姓有根底，
你听俺慢慢对你说仔细。
俺家住农业发展纲要四十条，
六〇年四月十日是俺出生期。
俺姓自名叫自留地名，
今年二十岁俺属农的。
你知道，俺一出生就合乎民意，
都说俺肥头大耳有福气。
男人们为俺没吵过累，
妇女们为俺没抱过屈。
老头们见俺都撅胡子笑，
小孩们经常给俺看着鸡。
俺真吃得饱来喝得足，
从不偷懒惜力气。
老人们要喝小米稀饭儿，
俺一使劲儿，就产谷子八百一。
年轻人有牙好吃瓜菜，
俺就长南瓜北瓜冬瓜西瓜菜瓜脆瓜甜瓜
黄瓜菠菜韭菜豆角带莴苣。
那地瓜，没丝儿没疤又甜又面，红白萝卜，
又粗又长又光又滑嗄崩儿
稀脆象大甜梨。
社员种啥俺长啥，
没别扭过人心调过皮。
集体经济俺补充，
人民生活俺调剂。
党中央看俺很忠厚，
《六十条》上又把俺提。
宪法上明文有规定，
报刊上，也不断表扬俺的成绩。
越表扬俺越起劲儿，
俺一分的收成顶一亩，
一年四季不休息。

俺正为人民把福造，
“四人帮”出了坏主意。
用极左的棍子把俺打，
胡说八道把俺批。
说俺是资本主义臭尾巴，
说俺是资产阶级滋生地。
说俺是私字的总祸根，
说俺和集体唱对台戏。
他们祸国殃民搞破坏，
强迫把俺归集体。
归集体，归集体。
还不准把俺的名字提。
谁要一提自留地，
不是“戴帽儿”就挨批。
县长啊，俺做好事有啥罪？
他把俺打到十八层地狱里！
自留地真是越说越愤恨，
张县长，心情沉痛地把话提：
“老自啊，我和你一样受迫害，
他们把我当仇敌，
说我是走资派，
说我把你来包庇。
就对我，又审查，又隔离，批了斗，斗了批，
批斗以后，又到五七干校去罚劳役。
唉，老自啊，这些都是过去的事啦，
咱应该眼往前看识大局。
党中央给咱平了反，
还把你按人分给各户里。
农村的政策都落实，
你告状还有啥冤屈？”
老自说：“党中央政策实在好，
可被那，歪嘴子和尚们念走了题。
我今天不把别人告，
告俺村的左书记。
他懒不愿意把俺种，
昧着良心倒说社员不通来欺上级。”
县长说：“这个事情我知道，
我把这事已处理。”
老自说：“你一处理可不要紧，
他可把俺来打击。
分俺时干部群众两样待，
给群众，专拣那兔子不拉屎的沙碱地。
群众刚把俺养壮，
他又收回好的换孬的。
自留地还没有自主权，
他还强调一刀齐。
芝麻棉花不准种，
更不准，种蓖麻和枸杞。
果树苗长了尺把高，
都要拔掉种红的。
说红高粱象征干革命，
只有它，才是以粮为纲没问题。
他还规定，农忙不准把俺管，
锄榜不准占劳力。
井水河水不叫俺喝，
粗肥细肥更甭提，
有病不准买药治，
不准用，集体的牲畜把俺犁。
说什么，自留地靠自己，
还说什么，俺丰收不显大队有成绩。
现如今，饿得俺面饥又瘦，
干得俺，浑身裂缝光暴皮。
俺满心为四化多贡献，
浑身没劲干着急。
县长啊，俺名又正来言又顺，
他为啥还把俺来欺？”
县长闻听心好恼：
“老左他屡教不改真成问题。
跟党的政策顶着干，
把党群的关系来割离。
随便自定土政策，
无法无天搞独立。
叫声老自走走走，
我马上跟你去处理。”
老自说声“好好好，俺一定丰收创奇迹！
誓为四化多贡献，
让社员们都早富裕。”
这本是，自留地告状一小段儿，
事虽小，可是实际生活中一个问题。
（1980年为艺人刘明贵参加河北曲艺会演而作）

独幕剧　探亲

（李兴洲）

时间：20 世纪八十年代

地点：华北某地

人物：爷爷，七十多岁，双目失明

虎子：二十多岁，现役军人

虎子妈：四十多岁

（幕启：台中花坛前有一长凳）

（虎子妈扶爷爷上）

虎子妈：爹，俺说不让你来吧，您偏要来，眼神又不好，又赶上星期天，上下车的人多，一路上俺提心吊胆，生怕您出点麻烦。

爷爷：你自己来，俺不放心哪。虎子从小就娇惯，如今当兵快两年，连个喜报都没见，我怕他在部队给咱周家丢了脸。

虎子妈：常言说“隔辈儿不管人儿”，虎子的事儿有我呢，您就少操点心，少费点神儿。您是革命功臣，就享点福，歇歇心吧。

爷爷：我能歇得了心吗？你们这些当爹、妈的，光知道叫孩子吃得香，穿得贵，玩得好，嚼得脆，到头来落个窝囊废。你看看，如今有些小青年是七两八两不醉，玩电脑一宿不睡，扭屁股跳舞从不说累，干起活来百么不会，回到家来还是他说啥都对！咱虎子要不是我抓挠得紧，说不定叫你们惯成啥样哩！

虎子妈：哎！爹！前边就是兵营了。您坐这儿歇歇脚，俺先去门岗登个记。

爷爷：好，好！快去快回。

（虎子妈扶爷爷坐在长凳上。下。）

（虎子肩挎吉他，边弹边唱，上。）

虎子：（唱）星星还是那个星星，月亮还是那个月亮……

爷爷：（反感地）哼！（扭向一边）

虎子：（故意大声地）山呦，还是那座山呦……

爷爷：（忍耐不住地大声唱）大刀向鬼子们的头上砍去……

虎子：（好笑地，唱）我不曾认识你，你也不曾见过我，我唱我的流行歌曲，你着的什么急……

爷爷：（针锋相对地唱）向前、向前、向前！我们的队伍向太阳……

虎子：（故意挑逗地唱）大冲击那个大流行……

爷爷：（气急地唱）雄赳赳、气昂昂……

虎子：（仔细看后，京白）啊！是爷爷！爷爷您怎么在这儿？

爷爷：怎么，这儿我不能来吗？俺是来看俺虎子的。

虎子：（京腔）爷爷，我就是虎子。

爷爷：你是虎子？没有的事儿，俺虎子说话不是这个味儿。

虎子：（察觉到不对味儿，忙改换地方口音）爷爷，我真的是虎子！

爷爷：（高兴地）哎！这才对上号啦！是虎子。虎子，我和你妈看你来了。来来来，让爷爷摸摸，（从头摸到腿）长高了，也壮实了。（摸到吉他）虎子！这是啥武器呀？

虎子：爷爷，这是吉他！

爷爷：吉他，哈哈！爷爷抗日那会使的是机枪，如今啥都科学啦，换成吉他了。

虎子：（好笑地）爷爷，这是唱歌用的吉他琴，不是武器，是乐器。

爷爷：噢，你们部队上每人都发这么个玩意儿？

虎子：不，这是连队俱乐部的。

爷爷：（不满意地）虎子，咱干么吆喝么，当兵不练武，打仗当俘虏，养兵千载，用兵一时，你整天拨拉这玩意儿，那不是拿着切菜刀剃头——瞎胡忤吗！

虎子：爷爷，今儿可是星期天，俺练练歌，准备到军里参加文艺汇演。这可是俺的业余爱好啊！

爷爷：虎子，你这爱好，可真不咋的。哼哼叽叽地，词不是词，调不是调，我就烦这个，还有个歌叫“跟着感冒走！”

虎子：爷爷，你弄错了，那叫“跟着感觉走！”

爷爷：当兵要跟着指挥走。跟什么感觉走，真是胡闹一锅粥。流行感冒更厉害。虎子，可别爱好这玩意儿啦！这回，爷爷把我的爱号给你带来了。

虎子：（不解地）爷爷，您有啥爱好？

爷爷：傻小子，记性不大，忘性不小。你小时候吹得这玩意儿就忘啦！（拿出军号）

虎子：军号？

爷爷：对！这可是咱家的传家宝啊！

虎子：爷爷，俺又不是司号员，您还是留着送博物馆吧！

爷爷：刘邓大军南下大别山，那会儿爷爷也不是司号员，首长下令打冲锋，可司号员牺牲了，俺接过这把号（吹冲锋号）部队冲上去啦！消灭了敌人两个团。

虎子：爷爷，现在都九十年代了……

爷爷：九十年代就不打仗了？没听匣子广播吗？前些日子，那个“克拉伊”不是打起来了？

虎子：那是伊拉克。

爷爷：别管什么克。反正天下还不太平。咱可不能刀枪入库，睡大觉啊！

虎子：爷爷！您就放心吧！俺们部队军事训练抓得可紧哩！

爷爷：这就对了！虎子，这二年在部队学了些啥绝招哇？

虎子：擒拿格斗，射击摔跤。

爷爷：我在家教你的那几手没忘吧？

虎子：爷爷，你教我的那几手可真神了，连队比武，我拿了冠军。

爷爷：今儿个，咱爷儿俩再比试比试，怎么样啊？

虎子：爷爷，你可要小心了。

爷爷：哈哈！别看爷爷上了几岁年纪，可我还不服老哇！

（二人比试）

虎子妈：（上）呦嗨！你这年青人，咋没礼貌，欺负老年人，这还了得，给我住手！

虎子：妈！是我！

虎子妈：诶哟！这不是俺虎子吗！

虎子：俺在比武。

（二人比武完毕，爷爷不敌虎子）

爷爷：好！好！虎子这两年进步真不小哇！

虎子妈：一个老糊涂，一个小糊涂，刚见面，比得哪门子武啊！爹，您坐那儿歇会儿吧！（扶爷爷坐）虎子，来，叫妈看看，呦！黑了，也瘦了。（心疼地）看！妈给你带来的啥？牛肉干、香酥鱼、红星苹果、大鸭梨。麦乳精、蜂王浆，还有维生素A、B、C，再给你二百人民币，想吃啥，就买啥，可别受了屈！

虎子：妈，部队里啥都有，生活可好哩。

爷爷：哼！俺当兵那会儿，小米加步枪，身体硬邦邦，爬山越岭过大江，净打大胜仗。抗美援朝眼睛受了伤，俺还一连气挑了他三个美国狼。

虎子妈：三句话不离老本行，净拉你那过五关斩六将！

虎子：妈，爷爷的光荣历史就得讲，我们一定要继承和发扬。

虎子妈：虎子（拉向一边）我跟你说，你舅舅当上外贸局长了，你要能提前退伍，工作就好安排了。

爷爷：哼！你是来看孩子哩？还是来拉后腿哩？虎子，可别听你妈的，听爷爷的错不了。

虎子妈：虎子，别听你爷爷瞎叨叨，听妈的准对。过了这个村可就没这个店啦！

爷爷：虎子，听爷爷的（拉虎子一边）。

虎子妈：虎子，听妈的（拉虎子另一边）。

虎子：妈，爷爷，我要服从祖国的需要，听从部队的安排，尽到我们青年人保卫祖国的神圣义务！

爷爷：好孙子，说得好，说得好哇！

虎子妈：虎子变了，真的变了！

虎子：爷爷，我们连队正在进行革命传统教育，你就跟我们讲讲吧！

爷爷：好，我讲！

虎子：咱们走！

爷爷：走

（虎子扶爷爷下）

虎子妈：虎子，等等妈——！

（虎子妈收拾东西追下）

第四章　文化遗存

第一节　可移动文物

一、谱牒

谱牒又叫族谱、家谱、家乘，是记载同宗共祖血缘世系的历史图籍，与方志、正史构成中华民族历史文化的三大支柱，是中国特有的历史文化遗产的一个重要组成部分。谱牒中蕴藏着人口学、社会学、经济学、历史学、民族学、教育学、人物传记等大量的地方史资料，有着重要的学术研究价值。境内最早族谱起于宋代，盛于明清。临西之民户多为明清移民，老户人家十不存一。明清时期，大运河漕运的兴盛，带动了地方经济和文化的发展，立谱、续谱之风蔚然成风。至民国末期，代有续修。多数族谱规定5年以记、10年一小修、20年一大修。建国后到80年代中期，续修谱录寥若晨星。80年代中后期，始有续谱面世。进入21世纪，经济发达、文化繁荣，续修族谱日见兴盛。一大批内容充实、体例齐全、装帧精美的谱录面世。

旧谱多为毛笔字手抄本和极少的石印本、木刻本，由于数量有限，多存放在家庙和族长家中。每有开卷，必净手焚香，顶礼膜拜，以示虔诚。民国期间，始有木刻本传世，由于印数较多，族内各支脉分别保存。近年来，印制的族谱多为激光照排、胶版印刷，有平装、精装之分。档次较高的精装加护封、彩印。旧谱开本不一，有横排本、竖排本、单行本、多卷本。近年新印族谱多为16开一卷本。

家谱可为编纂地方史志提供可靠的历史资料，对姓氏的溯源、移民的时代、村庄的变迁、人口的繁衍记载都较为详细。通过续修族谱启教人们尊祖敬宗，昭穆不乱，促进团结，由爱家庭推及到爱家乡、爱祖国；通过记载本家族在社会发展中作出的重大贡献，起到记述历史、宣扬美德、激励后人的作用。

县内较有影响的族谱除前志介绍的赵圈《赵氏族谱》、东留善固孙楼《孙氏族谱》和后堤口《李氏族谱》外，还有东尖冢《太原王氏族谱》、陈辛庄《陈氏族谱》等。

东尖冢《太原王氏族谱》，2007年版，四卷精装套封。为一线谱，上溯黄帝，下止于今。有黄帝、帝喾、周灵王太子晋、鬼谷子、王翦、王贲、王霸、王通、王勃、王忠嗣的画像与简介。有唐玄宗的赞语：太原王氏，如日之彰，经历七朝，代有忠良；唐玄宗赐文嗣碑文：汉族干城，镇靖边疆，赐尔忠嗣，为王氏光。族谱设有：祭文、族规、徙居表、宗谱本源要录及序言22篇。该谱自创修以来，续修几次。其王氏后裔在县内分布的村庄有：邵庄、下堡寺、胡官庄、史庄、李圈、初圈、尖冢、乔屯、尚庄、白庄、龙潭、万庄、王庄（白地）、丁庄、西王庄。

陈辛庄《陈氏族谱》，一卷石刊本。始修于清道光二年，道光二十年、咸丰三年、光绪二十一年、民国十六年历有重修，1954年再重修。该谱有序言6篇，记其修谱之宗旨；继设世系图，支脉清晰；再设茔谱，记其先人在曲庄、陈辛庄、胡里庄（临清）、旧县（临清）、大堤（清河）的墓地山向；凡例，记其修谱规范要义；正谱，记述详细分明，重要人物随谱立传，文字简洁，内容丰实，后有跋语三篇，文字简约。

谱录登记表

表 22-2

谱名	村名	修谱情况
修氏族谱	修老官寨	乾隆四十二年始修；嘉庆十二年、嘉庆十四年、同治八年、光绪十年、民国二十五年先后续修
陈氏族谱	陈辛庄	始修清道光二年；续修道光二十年、咸丰三年、光绪二十一年、民国十六年、公元 1954 年
陈氏族谱	乔屯、仓上、陈庄	
郝氏族谱	郝　村	1987 年
谷氏族谱	仓　上	
孙氏族谱	孙　庄	
杨氏族谱	北杏园	续修
杨氏族谱	杨　圈	续修
杨氏族谱	高村、徐屯	始修
杨氏族谱	杨庄、务头、东赵庄、林麻寨、大寺堡	1952 年创修后又续修
柏氏族谱	柏　庄	
张氏族谱	东张堤	清嘉庆二十二年始修
李氏族谱	后堤口	清道光十八年始修；光绪八年、民国二十五年续修
李氏族谱	党尔寨	2008 年始修
赵氏族谱	仓　上	
孙氏族谱	东张堤	
牟氏族谱	杨　集	
任氏族谱	任颇庙	
赵氏族谱	赵　圈	民国五年始修；民国二十二年、1987 年续修
刘氏族谱	西高尔庄	续修
太原王氏族谱	西王庄	2007 年续修（四卷精装本），序言 22 篇，涉及尖冢、王白地、东苟庄、白庄、王集、邵庄、下堡寺、胡官庄、史庄、李圈、初圈、乔屯、尚庄、龙潭、丁庄等村王氏
李氏族谱	吕　寨	
胡氏族谱	东枣园	
侯氏族谱	老军营	民国三十六年始修
侯氏族谱	侯　寨	
鲍氏族谱	东尖冢	续修
龚氏族谱	指挥墓	
吴氏族谱	东来寨	

续表

谱名	村名	修谱情况
曹氏族谱	赵　庄	
孙氏族谱	东留善固、孙楼	清康熙十五年始修；乾隆四十年、咸丰二年、光绪十六年、民国七年、民国十四年、民国二十九年、民国三十八年、1986年、2005年先后续修
刁氏族谱	侯　寨	
于氏族谱	单　屯	
于氏族谱	江　庄	明永乐迁于洪洞，落户于常屯，清乾隆五十四年迁江庄，2004年修谱
方氏族谱	仁　庄	2002年始修
张氏族谱	秦白地	续修
马氏族谱	马刘庄	始修
赵氏族谱	郭　村	始修
周氏族谱	周　楼	始修
马氏族谱	北孟庄	始修
田氏族谱	田　庄	续修
商氏族谱	商庄、肖庄	续修
郭氏族谱	黎博寨	始修
车氏族谱	车庄、贺伍庄、东高尔庄	续修
路氏族谱	下堡寺	始修
崔氏族谱	吕　寨	清光绪十三年始修；1955年、1986年续修
冯氏族谱	冯　庄	
陆氏族谱	陆　村	续修
孟子世家流寓支谱	仓上、仁庄、马兰、童村	清光绪六年始修
王氏族谱	王铎寺	2007年始修
陈氏宗亲家谱	来　店	清光绪六年始修，1987年续修
童氏家谱	童　村	1987年始修
赵氏族谱	东老官寨	1962年始修
张氏族谱	西老官寨	1950年始修
王氏族谱	童　村	
杨氏族谱	仓　上	始修
夏氏族谱	西夏庄	续修
姜氏族谱	姜　庄	
钟氏族谱	钟　庄	

续表

谱名	村名	修谱情况
杜氏族谱	杜　洼	
李氏族谱	万户庄	
丛氏族谱	海尔寨	
胡氏族谱	胡　庄	1986 年始修
张氏族谱	邢　庄	
徐氏族谱	徐樊村	
乔氏族谱	乔　屯	
柴氏族谱	柴　庄	
李氏族谱	李　庄	
徐氏族谱	赵　村	
王氏族谱	东王庄	始修
潘氏族谱	潘　村	民国 13 年始修，1962 年续修
王氏族谱	西尖冢	1963 年始修，2006 年续修
宁氏族谱	仓　上	2006 年始修
万氏族谱	万　庄	续修
刘氏族谱	西曲庄	清始修，民国二十二年、民国三十八年、1963 年、1998 年四次续修
薛氏族谱	高村、郭村、傅庄	2006 年始修
万氏族谱	万　庄	民国二十五年始修，2008 年续修
高氏族谱	蒋　庄	道光八年始修，同治五年、民国十四年续修

二、出土文物

近年来，在平整土地和工程建设取土中，屡有古代器物出土。其中有墓志铭、石器、铁器、铜器、瓷器、陶器、玉器、钱币等，现择要记录。

商代·四系瓶　上世纪 80 年代，在东寨坑中村民取水时发现，瓶为砂胎，外施褐色原始瓷釉，高 35 厘米，小口，口下四系。胎较薄，旋痕明显。小平底，不施釉。为商代取水器。

战国·刀币　上世纪 90 年代，在万庄村前大坑内（今万和宫）出土。数量达 10 数枚，系战国时赵国所铸之刀币，其中有柏人币 1 枚。

汉·“军司马印”　2006 年，在万庄“万和宫”施工中出土。印面边长 2 厘米，印高 2 厘米，青铜质，印文为小篆体“军司马印”，为西汉早期遗物。

唐故临清令刘沿墓铭（2007 年于郝村东临威渠内出土）

唐故朝散大夫行博州武水县令摄贝州临清县令合祔墓志铭 并序

府君諱字沿其先彭城人也陶唐既襄其后封刘泊于彭城奄有天下……曾祖諱元祥皇任贝州临清县尉祖思瑞皇任桂州司法忝 中孝諱 □□皇任武卫率府兵曹参军……时魏博节度使田公择材莫彦……后褐授以贝州漳南县丞……祀表奏正授博州武水县令又请摄临黄临清县令……以大和二年

十二月二十七日终于临清县地……合柎于临清西地□□乡毛伯固村之平原礼也有嗣子三人孟曰聿文时魏国田公知其果敢授以金紫职当朝位爰及将领泊于泸江国公相举其劳 敕擢授甘陵中军将续授漳南永济武城镇使……仲曰丰季曰□眼皆温润其德仁孝之身诗书传闻礼乐咸备……

唐彭城刘氏夫人墓铭（2007年于郝村东唐墓群出土）

夫铭者所以称其德序□叙其……夫人国氏其先下邳□□案左传齐有国武代为守卿风俭通汉有国咸左校尉郑有国氏出曰穆公以王父字为氏魏志有大汉乐女国関字子居为尚书郎秦魏□思有国□□铭晋司徒掾国恒斯等□夫人之裔曾祖蒋□□皇□□□□舍人祖琦皇□□府新安县令孝谊皇咸佐武街单府兵曹参 军其为人也世天全其艺神授其义道高千古名震一时子之四曰文曰忠信兼有之及夫仁义礼智温良……以大中四年二月十八日终于漳南县……

南邻大邑西接广宗北……东连御水尚恐寺

唐太原郡王府君墓铭志（2006年“堂台子东南古墓群”出土）

自上祖因官遂任而生此焉 曾祖□□祖父 諱信府君諱仕□长兴二年□□正月五日腌殁於魏府天雄军兴唐府临清□善□□清化乡腌归私弟春秋七十有二於□东南三里有祖代茔城府□夫人虚□□□□□□泉台□□孙氏见好生世从子三人□□□□□□长子郑□因於兵仕殁在营中计女三人长女□□适裴郎中次二女□岁早亡□□□□出适郑郎有姪二人长曰近贵次曰近澄女姪□當□□室朝暮无□遂乃□其时日礼殡归茔□□□之思咸奔送终之矣去长兴四年岁次癸已十日□□□五日戌申用□时金门□故记

唐王氏墓铭（2003年“堂台子”东南古墓群出土）

唐故清河郡张府君太原王氏夫人墓志皇祖彦皇父虽夫实之质金玉为重仁余之本德行斯宗□□之后以聆光□载之铭以□不朽之远道皇祖諱银青光禄大夫殿中监察□君諱纹是幼子行拘仁德腹绝□浮外以温恭检其迹□正直柱心裨身之路孰兹焉惟以孝慈悌顺聿修所鉴道震光遐岂年痊疾所去大顺元年二月三日终于□学场□舍也享府君结婚□于王氏不幸早亡有子□□□行思有女二人长适□□次适崔氏女等情感□□ 兆礼备□□痛伤五内以景福二年二月二十五日迁葬□田□燮□谷□移□石题名□□后代□

唐·三彩炉 2007年5月，在仓上“堂台子”西北古墓群出土。炉高30厘米，口径29厘米，为三彩加蓝器，并有贴花装饰。为盛唐时期遗物。

唐·邢窑盏 2007年，在仓上“堂台子”西北古墓群出土。盏高5厘米，口径9厘米，平底，中心微内凹，胎质洁白细腻，釉色类银似雪。属北方白瓷系，唐代邢窑制品。

唐·越窑盏 2007年，在赵樊村南唐墓出土。盏呈斗笠状，45°斜出，碗高5厘米，口径14厘米。玉璧底，底心施釉，器身满施青釉，釉色葱翠、釉层均匀，深厚滋润，如冰似玉。属南方青瓷系，唐—五代越窑制品。

唐·塔式陶罐 2007年，在赵樊村村南唐墓出土。瓶为红陶质，分两部分。下部为高25厘米的陶罐，上部分为两层旋削台阶式攒尖顶盖。器身整体线条优美、流畅，器形生动活泼，器身满施彩绘，色彩鲜艳。为唐代冥器。

唐·海兽葡萄纹铜镜 2007年5月，在仓上“堂台子”西北古墓群出土。镜为青铜质，直径10厘米，背面海兽葡萄纹饰相间，生动传神，兽形钮。为盛唐时期遗物。

唐·绿釉执壶 2007年5月，在仓上“堂台子”西北古墓群出土。壶高20厘米，外撇长颈，短流，丰肩，与流对称处是双条形曲柄，平底。器身泼绿彩，彩色鲜艳。为盛唐时期遗物。

唐·铁质三足釜 1988年在姚楼南唐墓中出土。共两只，一只高17厘米，口径20厘米，足高10厘米，把长6厘米；另一只高19厘米，口径17厘米，足高7厘米，把长6厘米。均锈蚀严重、纹饰不清。仓上“堂台子”东南古墓群和西北古墓群亦发现多只此类器物。

唐·茶叶末釉三足炉 2003年6月，在仓上“堂台子”东南古墓群出土。炉高14厘米，口径13厘米。茶叶末釉，下承三兽足。器形雄浑，施

釉厚重。为唐代早期遗物。

宋·临汝窑刻花斗笠碗 2004年，在“堂台子”出土。碗呈斗笠状，外壁直刀、斜刀刻直线纹，内印缠枝莲花纹。碗高6厘米，口径14厘米。为宋代临汝窑作品。

宋·黑釉贴花三足炉 1999年，卫运河出土。炉高15厘米，口径10厘米，鼓腹，前后贴梅花六朵，双直板耳，下承三足，釉黑如漆，造型生动。

窖藏钱币 由于战争、迁徙等原因，先民们常将钱币埋藏于地下。上世纪80年代前后，境内不断有窖藏钱币出土。出土量较大，币种类较多者有大庙窑场、樊村窑场、陈庄三处。为村民取土时发现。所含品种上至汉代，历南北朝、唐、五代、宋数代，下限为北宋末年的徽宗时代。

金·徐军使军印 2005年，在下堡寺净土寺出土。印高4厘米，印面长3.5厘米。红黄铜质，直钮，印文为“九叠篆”书“徐军使印”。直钮两侧，一侧阴刻“徐军使印”，一侧阴刻“贞祐三年”（1215年）字样。为金代遗物。

元·铜权 2005年，在徐樊村元墓内出土。红黄铜质，权高6厘米，重0.5公斤，上半部横刻阴文“至元三年”。为元代遗物。

元·钧窑碗 1987年10月，在下堡寺南镇路通墓出土。口径18厘米，底径5厘米，施天青色釉，外部釉不及底。鉴定为元代遗物。

三、造像

石佛寺石佛造像 石佛寺因有唐代石佛而名，明弘治十年至清乾隆年间遗失。清乾隆十五年（1750年）重修石佛寺时，该村信士李玉书和室人张氏重舍释氏石佛1尊，此石佛高1.5米，下承莲花宝座，莲花宝座下的右侧面阴刻信士李玉书和室人张氏名字及舍佛时间。此佛于2004年被盗遗失。

卫罗庵石经幢 卫罗庵内遗物。原有4节白石雕刻经幢，民国期间拆庙时散失3节，现仅存一节。经幢残高1.5米，呈八棱柱体。其中四个大棱面上雕刻有大小不等、栩栩如生的佛像88尊，刻工精湛。四个小棱面上雕刻施主姓名。为明代早期遗物。现藏于卫罗庵。

东王庄石羊 石羊蹲卧在东王庄村东西大街南侧。长1米，高60厘米，双角弯曲粗大、体态雄健，青石雕刻，颈项上有一红色斑洞。传说，此系早年修建孙楼孙维统墓时所遗之物。

侯寨石狮子 石狮子共两只，蹲卧在侯寨村中心东西大街北首。高约1米，雕刻精致，神态雄健，砂岩雕就，系明代早年所遗之物。

后大屯石狮子 石狮子共两只，位于后大屯村东北古庙址前。狮子连座高约两米，青石雕刻，线条粗犷有力，为境内大型石雕，系明、清时期遗物，2000年被盗。

三教堂侍佛 三教堂村三教堂内原释迦牟尼佛两旁有大迦叶、阿难两侍佛，佛高1米，青石雕刻，体态修长俊美，为明代早期遗物，于2002年被盗。

仓上奶奶庙石佛座 奶奶庙石佛座为莲瓣宝座，青石雕刻，底为正方形座，上承垂莲花瓣，高40厘米，底边长60厘米，为仓上村奶奶庙所遗之佛座，考为晚唐遗物。

卫罗寺石匾额 卫罗寺石匾额系卫罗寺遗物，长85厘米，宽40厘米，青石阴雕横书“卫罗寺”三个楷书大字，左下为“嘉庆十二年（1807年）孟春立”八个行书小字，为清嘉庆年间遗物，现藏卫罗庵村。

四、清帝圣旨

孙楼保存康熙帝圣旨

孙楼孙氏家族于清前期家族显赫，屡受封赏。现存圣旨为孙维统任“河南抚标都司佥书管右营游击事”时康熙皇帝所颁。圣旨总长3.5米，宽0.31米，绢本横幅七色，书汉、满两种文字。圣旨原文如下：

奉天承运

皇帝制曰褒忠表义昭代之良规崇德报功圣王之令典时颁恩命以奖勤劳尔河南撫标都司僉书管右營遊击事孙维统起身行伍克自振拔授以都司僉书無忝厥职服勤戎务训练有方恪慎小心劳绩素著式逢庆典宜锡寵章兹以覃恩特授尔皆怀远将军锡之誥命於戏恩推自近乃宏将大崇階业广推勤尚克

承夫宠锡钦予时命勵尔嘉猷初任守备管山东范县营守备事二任都司僉书管山西嘉峪关守备事三任今职制曰夙夜维勤人臣甯遑内顧伉儷無忝国常豈靳隆施锡章服以酬勳念壶仪之媲美尔河南撫标都司僉书管右营遊击事孙维统妻刘氏克勤内德宜尔室家眷良臣靖共之猷頼淑女匡勷之助爰褒令范式沛新綸兹以覃恩赠尔为淑人於戏敬尔有官肃闺门而合好 恩其内尚黾勉以同心衹服殊恩用昭壶德

制诰

顺治十八年正月初九日制命之寳

奉天承运

皇帝制曰扬名显亲为子者愿以令德归之父考绩褒贤教孝者宜以高爵作之忠是用推恩特申休命尔孙呈光乃河南抚标都司佥书管右营游击事孙维统之父义方有训式穀无惭念尔嗣之勤劳既克家而报国俾尔泽之昌大爰锡赖以昭仁兹以覃恩尔为怀远将军河南抚标都司佥书管右营游击事锡之诰命於戏教诲尔子永无忝於家声聿修厥德尚无负于国恩钦承宠命慰尔幽灵

制曰国体劳臣必溯源而沛泽家崇喆胤爰归善于厥生盛典维新壶仪愈著尔河南抚标署都司佥书管右营游击事孙维统母刘氏帏范克端胎教居身教之先慈训惟勤能爱在能劳之后宜沛 封用昭母德兹以覃恩封尔为太淑人於戏子情罔极感顾复而敦孝国纶普被念劬劳以疏荣

嘉乃恩勤颁兹宠贲

制诰

顺治十八年正月初九日制命之宝

奉天承运

皇帝制曰恩彰下逮勉笃于群寮家有贻谋本恩勤于大父用溯源流之自爰推纶绋之荣尔孙天赐乃河南抚标都司佥书管右营游击事孙维统之祖父植德不替佑启后人绵及乃孙丕彰鸿绪休贻大父聿观世泽兹以覃恩赠尔为怀远将军河南抚标都司佥书管右营游击事锡之诰命于戏垂裕孙谋已沐优渥之典崇褒祖德用邀锡类之仁贻厥奕祚佩此……（缺）

东来寨保存康熙帝圣旨

东来寨吴氏家族于清早年四世六人为官，其始迁祖道治任汉军正红旗指挥；二世成龙仕至刑部员外郎，成凤仕至高雷廉镇总兵；三世大镕仕至四川夔州知府，大贵侯补江南桃园县同知；五世兆熊仕至河间知府，终于清河道尹。现存圣旨系吴成龙在四川重庆府南川县任知县时为康熙皇帝加封文林郎时所授。圣旨长1.2米，宽0.31米，绢本横幅，书汉、满两种文字。其圣旨原文如下：

奉天承运

皇帝制曰分符百里必遴出宰之材报最三年爰重懋官之典尔四川重庆府南川县知县吴成龙雅擅才能克宣慈惠抚绥有要常深疾痛在已之心怀保无穷不忘顾复斯民之责兹以覃恩授尔为文林郎锡之敕命於戏前劳已茂用褒制锦之能耒轸方遒益励饮冰之操

初　任

今　职

制曰良臣宣力于外效厥勤劳贤媛襄职于中膺兹宠锡尔四川重庆府南川县知县吴成龙妻刘氏终温且惠既静而专綦缟从夫克赞素絲之节蘋蘩主馈爰流彤管之辉兹以覃恩赠尔为孺人於戏敬尔有官著肃雍而并美职思其内昭淑慎之遗徽

制曰在公必敬臣心每待助于闺闈齐体维均国典必蔬荣于继续尔四川重庆府南川县知县吴成龙继妻陈氏以顺为正无成有终柔嘉克踵乎前徽珩璜流誉庆泽用昭其嗣美翟褘增光兹以覃恩封尔为孺人於戏如纶如绋勿忘象服之荣宜室宜家允副鸞书之锡

康熙二十三年九月二十四日

制命之宝

五、碑刻

（一）蒋庄义会碑

义会碑记

吕家寨旧有玉皇阁娘娘庙关帝庙碑石崩坏不知始于何时世相传范氏山主李氏为会首慕化相近村庄购买耕物修造戏楼年年三月二十八日屡在戏楼演戏□神花费钱文俱会中自备并无大小买卖人钱文世世如此已十数传矣至今烟火未缺同治十一年三月初三已将吕家寨会戏顾妥本庄并未有起会之心不意未至三月二十八之期于二十五六日大小买卖人等忽丛集于常蒋家庄出卖货物本庄寨推委

不去道士跪央不动万不得已暂且收留十二年十三年仍然会集于此本庄难阻止会由此起此固买卖人心所齐亦天意使然由是商人与会□合为一家为永无地基商人感有不下花费钱文俱出公向难则共济钱则公出戏则公唱因勒碑以铭其义。

□□□

大清光绪元年三月二十六日商人 □□□等公立

□□□

会中□□顺德府内邱县赵太和

（二）重修石佛寺记

赐进士出身刑部郎中马懋撰文

乙卯乡贡进士陶山武雷篆书

盖闻寺院之建设其来尚矣有寺必有殿有殿必有佛建不徒处所以祝延圣寿者在是所以看经念佛者在是所以修斋礼忏者在是其教门曰释氏三代而上未之闻也其道始于汉而盛于唐马然而明帝金身

是□而佛道始于三藏白马西来而佛法益著是则佛法流入中国者其亦此欤迨夫我

太祖高皇帝创业以来皆以佛道为重内而京师设僧録司□□府州县设僧纲僧正僧会司及乡村镇店有所建立小寺庵堂各有等第彼此皆有统属其设其建其□以数计乎哉余而东昌府临清州□士□郡也，去城西三十里许地名曰石佛村寺名石佛寺乃古刹也周围界域二十余亩有竹松苞密之茂盛有侍山□水之形势自

国朝洪武永乐以来屡经兵焚曾将寺院废□惟存石佛一尊风雨□震不堪□□正□闻有僧人如隐见其古刹荒芜遂住持发心从兹肇立功大力弱粗建殿宇廊舍有心不遂至成化十四年有住持□□与弟子□□同发处心□□衣盂之赢遍募十方于焉施钱帛谷粟者有矣于焉施金银钞贯者有矣伐木于材取石于山遂间材□□重□□□三□大□□正栋□峻起东西有廊伽蓝方丈焕然一新钟鼓有楼山门僧室森然罗列庄严圣像有佛曰毗庐傍有罗汉并诸神像又有三大师四天王等像光辉赫然炫曜人目是以讲经说法有其所修真养性有其方此镌诸石以垂不朽也周远辅见住持维俊来干□文以立碑于殿前予辞弗脱遂书此以为重修殿宇记

钦差镇守山东兼管临清地方都知监太监李全

北京敕封赐万善禅寺僧人德云德□钦差临清等处分□地方问理刑名整饰兵备山东按察司副使陈璧

临清州知州 僧正司僧正通恕衣钵法深真定僧明德 祖连 冯杰 同知王佐 致仕官 王昭

大明弘治十年岁次丁巳十月吉旦　立石

（三）重修石佛寺记

城西石佛寺东距圆觉寺西接下堡北当青龙南起围罗盖居八大寺之一清渊名刹也始于何代创自何年渺渺几不可考矣庙据东西之冲地居南北之要规模□□气象巍焕往来行商每借以寄憩焉非独为一方之保障寔可作一郡之巨观也自前明弘治十年众善重修

国朝乾隆十五年复为之重修所谓莫为之前虽为弗彰莫为之后虽盛弗传者其在□与迄今年□多历又阅八十余载风雨摧残庙宇颓坏规模难云如昨整伤□复旧观村居日击邻近心怆爱协力以敬募遂醵金而图成正殿配殿以及山门垣墙钟鼓楼禅堂废者修败者整焕然一新焉说者谓是不可以不誌僉应云曰然不仅□前徽因以表余善也□□□记

大清道光十二年岁次壬辰四月中浣之吉

首事 李万临 王清臣 杜金兆 李文魁 邱亮 李遐龄 王明臣 杜玉□ 刘大松

杜文元 王大德 孙大才 向禄　 敬立

辛巳科恩贡侯选儒学教谕 李懋德 撰 李长龄篆 诸阳 牛美庆 镌 住持僧 庆有

（四）侯文聪墓表

皇明勅授义民冠服乡饮大宾侯翁墓表

赐进士出身奉政大夫刑部山西清吏司郎中郡人林琼撰

鸿胪鸣赞丽泉侯子既葬其父翁之十有六年元配疾就木乃请于

天子得假归窆祖兆之次手状丐翁墓表状载侯为临清著姓大父林力田起家父旺绍之娶张于里生翁翁讳文聪字克敏性醇朴寡机居无伪言衣服饮食自奉不欲为奢侈妄作家累田数千亩弘治壬戌夏边饷急富民许捐粟入官有差翁如例与其弟文明俱授义民冠服正德庚辰春州值乡饮牧贾君智选隐德者宾之诸生必翁对自是每饮未尝无翁晚年益修行贷者弗量其产而与负贷者亦存其约而求偿翁遇负

贷于途避之或询其故翁曰彼人也见之宁无辱乎有相识而贫者求济于道翁不及归即假诸人以应其乐施类如此尝聚籍延师课鸿胪及从子义鸿胪既显义亦登仕版候选于家呜呼翁种德植义虽未获报于身而子若孙书香相禅孰非发翁之幽光哉翁以天顺六年十月二十六日生以嘉靖二年五月十七日卒春秋六十二兆在州城西四十里小樊村之原配李氏相翁作家懿行多可称述寿而康可徵也已子一曰仁即鸿胪娶王氏乡贡士廷琏公女今归窆者也孙男三长曰邦器皆颖异天之报翁尚有时已乎予与鸿胪少共师知翁为最悉翁其可表也夫

嘉靖十八年岁次已亥春二月吉旦立石

（五）路通墓碑

大元故兵马大元帅路氏先祖路侯讳通（？—1292 年）少有奇才长有奇志青年从军戎马半生为抗击金人和大元立国建不朽之功勋屡受元世祖封赏官至兵马大元帅之职事业有成后急流勇退回乡隐居诗书弓马教导子孙并捐资为贾法宗重建净土寺为光大佛教事业作出杰出之贡献 呜呼 路氏一脉泱泱大族世代簪缨尧封舜赠汉唐以继人才辈出世代显赫其流远矣其族昌矣当今盛世念木本水源之思尽追远报本之意路氏阖族立石表之以慰九泉之下英灵也夫 是为记

（六）东留善固村东南孙氏祖茔碑文

木本水源，永世不忘。吾东留善固孙楼等村孙氏、一脉相承、源远流长、勤劳忠厚、史册荣光。一世祖广，明嘉靖年间由山东即墨孙家官庄迁来东留善固立业生根。二世祖汉、三世祖杰，敦本农耕，德誉乡里。四世祖天赐，勤勉兴家，置良田三百顷，育后嗣六七门，旨大四六于北村续展祖业，派二三五设南院建立孙楼，且富而好施、博施济众、合郡赞彰、荣受皇封。六世祖维统，戎马一生，战功卓著，官至二品总兵，皇封怀远将军，无愧后人楷模。时至当今，沧海桑田五百年，后嗣繁衍二十一世，北村同族逾九百，南村宗亲六百余，跻身政农商学兵，各尽其能献社稷，虽久不忘报本追远，但仍不及祖国寄望。

敬祖承宗，励志图强。据吾族谱记载，自始建之初至上世纪中叶，北村东南、此碑周边、方圆二十八亩俱为吾族祖茔，一至五世等先祖皆安葬于此。曾几何时，陵园内墓茔高大、柏林苍翠、规模恢宏、闻名遐迩。惜因文革被毁，痛留永久之憾。今吾北南等村孙氏后人，同心共愿，群策众力，于吾祖茔之地，敬立先祖墓碑，祈逝祖安息、浩气长存，望生者发奋、继往开来，传承祖德、与时俱进、尊老爱幼、和亲睦邻、敬业尚学、建功树人。共铸兴家报国之大业，同谱民族复兴之华章。

第二节 不可移动文物

一、古遗址

（一）古城遗址

临清古城遗址位于县城东南 0.5 公里的仓上村东，东临古大运河（汉代屯氏别河基础上开凿，金代东移），西依鲧堤，南邻古齐、赵两国间的古驿道，北为今邯临公路。古城遗址内地势平坦，土地肥沃，粘质褐土。

临清古城始建于北魏太和二十一年（497 年），至金天会五年（公元 1127 年），因水患和大运河东迁等原因，临清城东迁 40 里至曹仁镇。临清县

临清古城遗址

后赵时属司州部建兴郡，北魏属司州部阳平郡，隋属冀州部清河郡，唐属毛州，宋属河北东路大名府。城内主要建筑自南而北主要有：古县衙、钟鼓楼、文庙、奶奶庙、净域寺等。城内建筑集中区在钟鼓楼和文庙之间。现遗址大部分为农田，部分区域因取土破坏，暴露出文化层。2007年，“临清古县城遗址”被河北省人民政府批准为“河北省重点文物保护单位”。

（二）水利设施遗址

鲧堤遗址

鲧堤传说为鲧治水时所修，故称鲧堤。鲧堤遗址南北纵贯临西县中部，南端从尖塚村东侧入县境，向北经乔屯、东张堤、龙潭、樊村、仓上、童村（县城）、龙旺、前堤口、后堤口、曹村、东村、高庄、吕寨、陆村等村附近，北入威县邵固镇，全长约25公里，将全县分为堤上、堤下两部分，堤上海拔36—33米、堤下海拔33—28米之间。“鲧堤”历经沧桑、原貌近失，堤上堤下接近拉平，或呈慢坡状，有较少地段保存尚好，如吕寨镇境内由邢临高速公路向北至县境一段，特别是陆村段，堤形明显，堤上堤下高差1.5-2米，远看如长龙。在该处大堤断壁暴露有文化层堆积，内包含较多的宋代遗物和少量唐代遗物，在该段大堤底部的土坑处发现较多的唐代沟纹砖、绳纹砖、陶片等。遗址采集遗物较多，主要是宋代遗物及少量唐代遗物，唐代遗物有楔形沟纹砖（长30-24.5厘米、宽15.2厘米、厚7.2厘米）、绳纹陶片（内有凸点纹）、绳纹砖（宽12.5厘米、厚4厘米）等；宋代遗物有陶器和瓷器，陶器为泥质灰陶，器形有侈口短束颈大罐、侈口鼓腹大罐、敞口平沿盆（内侧表面有黑色陶衣磨光装饰）、敛口钵等器物口沿；瓷器标本有高足灯（高足，直口，宽平沿略下折）、白瓷碗口沿、支钉烧瓷碗底、酱釉盆口沿、划刻花瓷片、内白外青灰釉瓷片等遗物。另外，2004年，在陆村段南1公里的邢临高速公路施工时，河北省文物研究所对古堤进行了发掘探查，古堤宽35米、高4.5米，并发现有唐宋砖瓦、陶瓷残片、残夯石等，文化层内遍布夯窝。上述发现或可印证此堤唐宋曾有加筑、补修。

鲧堤遗址吕寨至陆村段

（三）聚落遗址

庄科遗址 位于庄科村北100米的取土坑北侧的耕地处，东侧有变压器一座及南北向小土路一条，南为取土坑，西为连接东段村与邯临公路的土路，遗址西北500米为韩楼村。遗址现为耕地，地势平坦，东西长100米，南北宽60米，面积约6000平方米，遗址内未发现文化层堆积，地表散落较多的陶、瓷残片。采集遗物标本有白釉带涩圈或支钉痕迹的瓷碗底、黑釉罐残片、敞口尖唇青釉碗（可复原，唇沿较厚，圈足较矮，厚重，内底涩圈痕迹明显，外底中部呈乳突状，灰胎，无化妆土）、青釉碗残底部（胎略呈红色，圈足厚重，内有涩圈痕迹，器内壁用双竖向弦纹分为六区，内饰花卉纹图案）、灰陶盆残底等。根据埋藏环境及遗物特征推断遗址年代为元代。

东段遗址 位于东段村南200米、韩楼村东300米的耕地中，北侧、东侧为东段村通向韩楼村小路。遗址南北长100米，东西宽60米，面积约6000平方米，遗址地势平坦，上有多座现代坟，周围多处被取土，南侧因取土地势低洼，遗址断壁处未见文化层，地表散落少量布纹瓦及

陶瓷残片。遗址上采集遗物较少，有带支钉痕迹的白瓷碗底（腹下部及圈足无釉）、泥质灰陶罐口沿（口沿微内敛）等。根据遗物特征推断遗址年代为宋代。

西尖冢遗址　位于西尖冢村西北2500米的耕地中，南、北侧各有东西向小路，西邻分洪道（南北向），北侧500米有砖窑。遗址现为耕地，地势平坦，东西宽100米、南北长150米，面积约15000平方米。遗址西侧的渠道的断壁处暴露有文化层，深1–1.5米，厚0.2–0.3米，内包含物有砖、瓦、陶瓷片等。遗址地表散落遗物较丰富，采集标本有内白釉外酱釉碗口沿、黑釉带涩圈痕的瓷碗底、青釉碗底（碗底厚重，内无釉）、黑釉盆底、青花瓷碗底、泥质灰陶盆口沿、砖雕等。根据遗物特征推断遗址年代为元代。

西台庄遗址　位于西台庄村北1公里砖厂东侧的取土坑处，西100米为西台庄砖厂，西800米为老军营村，南临土路。在取土坑的西侧断壁暴露有黄褐色文化层堆积，南北长100米左右，距地表深0.5米、厚0.5–0.8米左右，内包含少量遗物。坑内地表散落少量遗物，主要是碎砖瓦等，采集标本有泥质灰陶片、泥质灰陶卷沿盆口沿（表面有黑色陶衣）、深腹碗口沿（腹部有凸棱纹）、撇口圆唇白瓷碗口沿、敞口尖唇白瓷碗口沿、沙堆烧瓷碗底等。根据遗物特征推断遗址年代为宋代。

小芦遗址　位于小芦村东南300米处的双庆棉花加工厂东侧的砖窑取土坑处，西临武馆公路，南有砖窑厂，北200米有东西向乡间公路。遗址所在的取土坑东西长80米、南北宽40米、深约15米，面积约3000平方米。在取土坑北侧中部断壁处暴露有文化层及残水井1座。水井砖砌，开口距离地表深4米，文化层为灰褐色，距地表深4米，厚0.3米左右，内含有少量青砖等遗物。遗址暴露遗物较少，遗物标本单一，均为泥质红陶片，器表多素面磨光，装饰手法有表面饰白色陶衣、细绳纹或戳印圈点纹（半圈点），可辨器型有盆、罐（口外撇，尖唇，沿略下折，沿边饰凹线纹一周，短束颈，器表饰斜向细绳纹，但因磨光，显得不甚清晰）等。根据文化层的埋藏环境及采集遗物的特征推断遗址的年代为唐代。

西老官寨遗址　位于西老官寨村南50米耕地处，东临南北向水泥路，路东50米处为老官寨镇中学，南为取土坑，坑南为东西向土路。遗址地势平坦，南北长60米、东西宽50米、面积约3000平方米，上有现代小庙一座。遗址南侧的取土坑断壁处暴露黄褐色文化层，距地表深0.2–0.5米、厚0.8米左右，内包含有大量青砖、板瓦等。取土坑内地表暴露大量砖瓦，采集遗址遗物标本有白釉瓷碗底（内有沙堆烧或支钉痕，圈足底无釉）、黑釉瓷片、青花小碗残片（可复原，外施花卉纹，内施云纹）、泥质灰陶布纹板瓦（细绳纹）、砖雕等。根据遗址埋藏环境及遗物特征推断遗址为明代。

范八里遗址　位于范八里村南100米砖窑取土坑处，西侧200米为肃宁公路，西南300米为弘贸源羊绒制品有限公司，南临小路（通往公路），东南300米为范八里村砖厂。遗址所在的取土坑南北长50米、东西宽50米，面积约2500平方米，坑深1米左右，四壁暴露黄褐色文化层，上层叠压红褐色胶泥土，文化层深约0.5米、厚0.4—0.5米，内含有大量砖瓦等遗物。遗址地表暴露遗物较丰富，采集有白釉敞口碗口沿、带支钉痕的白瓷碗底（圈足内壁外撇）、粗布纹板瓦、灰陶盆口沿（敞口平沿，沿边上翘）、盆底等遗物。根据遗物特征推断遗址年代为宋元时期。

修老官寨东南遗址　位于修老官寨村东南侧排水渠处，水渠宽10–15米，最深处深10米左右。遗址东西长150米、南北宽100米、面积约15000平方米，西侧、北侧临村，南侧、东侧为耕地，东100米为武馆公路。在东西渠道南侧断壁有文化层堆积，厚2米左右，内含有较多的砖瓦陶片等。遗址范围内暴露水井3眼，均用沟纹砖砌筑，年代为唐代，其中J1位于南北渠道东侧断壁，中部较宽，直径1.5米、上下略窄，开口距地表深5米左右；J2位于南侧断壁，圆形，破坏较严重；J3位于遗址西侧的南北向渠道西侧断壁处，圆形，直径1.5米左右。遗址内沟渠地表散落遗物丰富，主要为大量的砖瓦。遗址采集标本较多，主要为元代遗物，还有少量唐代遗物。唐代遗物有青瓷实足碗底，元代遗物有白釉敛口深腹碗（可复原，施白色化妆土）、白釉芒口尖唇碗、青釉敛口深腹涩圈碗、白瓷碗口沿、白地黑花瓷片、青釉涩圈碗底、灰陶布纹板瓦、灰陶盆口沿等。另在村民家中发现在遗址处收集的“开元七年”的佛座1件。根据遗迹及遗物特征推断该遗址为唐代寺庙遗址，元代村落遗址。

杨庄遗址 位于杨庄村南50米耕地处，东500米为武馆公路，西侧、南侧有乡间土路。遗址地势平坦，南北长300米、东西宽100米，面积约30000平方米。遗址北侧因取土破坏，暴露有黄褐色文化层，距地表深0.3米、厚0.5米，内含砖瓦等遗物。遗址地表散落遗物较多，采集标本主要有泥质红陶盆口沿（敞口，宽斜沿，沿边有凹槽一周）、泥质灰陶盆口沿（敞口，宽平沿，沿边凹槽一周）、大敞口盆（沿边较平，内有圆圈纹）、白釉厚圆唇碗口沿、内白外酱釉碗口沿（敞口，小平沿）、灯盏（内黑釉，平沿、流处有乳钉纹）、白瓷碗底（带沙堆、涩圈、支钉痕）、划刻花瓷片等。根据遗物特征及埋藏环境推断遗址年代为宋代。

仓上遗址 位于仓上旧村西南约100米的取土坑及耕地处，东20米有南北向小路，联结渠从遗址中部南北向穿过后，从遗址北侧往西绕行，遗址西侧为仓上村墓地，西南有该村砖厂，西北为河北省重点文物保护单位临清古城遗址。遗址面积较大，南北长200米、东西宽300米、面积近100000平方米，地势平坦，在遗址内的取土坑断壁耕地下暴露有文化层，文化层为黄褐色，厚1.5–2米，内包含大量的遗物。遗址地表及取土坑内散落大量的遗物，年代为唐、宋时期，以宋代遗物为主。遗址范围内采集的唐代遗物有实足底白瓷碗底、玉壁底白瓷碗底、泥质红陶敞口斜直沿方唇盆口沿及残片（腹壁有绳纹，因磨光不甚清晰）等，宋代遗物有泥质灰陶大板瓦、筒瓦、泥质灰陶罐口沿、泥质灰陶盆口沿、泥质红陶罐口沿、白瓷碗口沿、白瓷灯、黄釉碗口沿、支钉烧白瓷碗底等遗物。该遗址的年代为唐宋时期，与河北省重点文物保护临清古城遗址（南北朝—宋）关系密切，为该城址重要组成部分。

西苟庄遗址 位于西苟庄村西南。遗址东北400米为西苟庄村，西南500米为砖厂。遗址地势平坦，黄沙土质，范围为南北200米，东西150米，面积为30000平方米。遗址断崖处暴露有文化层，文化层厚20–30厘米，距地表50–60厘米，文化层内包含物均为砖瓦，现场采集的标本均为瓷片，瓷片均为内外施青釉、白釉，可辨器形为盆、碗。根据遗物推测，该遗址年代为元。

百户寨遗址 位于百户寨村东南450米处。遗址东邻临威渠，南为耕地，西有一个取土坑，北邻百户寨—砖厂的土路。遗址地势平坦，黄沙土质，范围为东西150米，南北100米，面积15000平方米。遗址断崖处暴露有文化层，文化层厚0.5–0.6米，距地表1.5米，文化层内包含物有瓷片、瓦片、青砖、灰坑。现场采集的标本有陶片和瓷片，陶片为两种，一种为泥质灰陶盆口沿残片，平口，外饰弦纹，另一种为罐口沿残片，卷沿撇口；瓷片均为碗底残片，一种为内外皆施白釉，内饰刻划花，另一种为内外皆施青釉，外饰连花纹。根据遗物推测，该遗址年代为元。

简店遗址 位于简店村东北450米处。东30米为东干渠，南50米为窑厂，西邻土路，北350米为乡间公路。遗址地势平坦，黄沙土质，范围为南北200米，东西200米，面积40000平方米。遗址中部有一取土坑，深约2.5米，断崖处暴露有文化层，文化层距地表约2米，厚0.4–0.6米，包含物较丰富，有布纹瓦片、绳纹陶片和单面绳纹砖。在取土坑西北断崖下暴露有一座墓葬，仅剩券顶一角，残高0.38米，残长0.5米，墓砖长28厘米，宽14厘米，厚7厘米，墓砖饰单面绳纹。根据文化层遗物的特征推测，该遗址年代为汉。

后大屯遗址 位于后大屯村北100米台地处。遗址东为农田，南100米为后大屯村，西邻排水渠，北邻土路；另台地东侧有一南北向土路穿过。遗址范围为南北长150米，东西宽100米，面积为15000平方米；地势平坦，黄沙土质；在台地断崖处暴露有文化层，文化层距地表10厘米，厚30厘米，文化层内包含物为素面砖和瓦；地表散落有大量的素面砖和瓦。根据遗物推测，该遗址

年代为民国。

西曲庄遗址　位于西曲庄村北250米处。遗址东50米为水渠，南邻土路，西、北为耕地，范围为南北长300米，东西宽200米，面积60000平方米。遗址地势平坦，黄沙土质。断崖处暴露有文化层，文化层距地表0.5米，厚约0.25米，文化层内包含物有：泥质灰陶片、酱釉瓷片、清花瓷片，可辩器形有：盆、罐、碗等。依此推断年代为：元、明。

西马鸣堂遗址　位于西马鸣堂村东南300米处的临馆渠内。东南800米为东马鸣堂，南为耕地，西200米为武馆路，西北300米为西马鸣堂，北为耕地。遗址区为黄沙土质。遗址东西长500米，南北宽200米，面积100000平方米。遗址断崖暴露文化层，地表散落大量瓦片。采集标本有板瓦残片、筒瓦残片、罐腹残片。板瓦残片外饰绳纹、弦纹，内饰网格纹、麻点纹、抹断绳纹；筒瓦残片外饰绳纹，内饰布纹；罐腹残片外饰“回”字形文饰。根据遗物特征推测，该遗址时代为汉。

修老官寨西北遗址　位于修老官寨村西北800米处。东南800米为修老官寨，南邻土路，西1000米为宋子堌，西北1000米为海尔寨，北为耕地。遗址区南北长200米，东西宽150米，面积30000平方米。无文化层暴露，地表散落瓦片、陶罐口沿残片、瓷片。瓦片外素面，内饰布纹，泥质灰陶；陶罐口沿残片，撇口、平口，圆唇，泥质灰陶和泥质红陶；瓷片内、外施酱釉，内有涩圈，足外撇且足底无釉。遗址中心高台种植榆树，周围为农田。根据遗物特征推测，该遗址时代为元。

范庄遗址　位于范庄村南。东邻范庄小学，南邻土路，西邻现代家族墓地，北邻范庄。遗址南北长150米，东西宽100米，面积15000平方米。遗址断崖暴露文化层，包含物有草木灰、红烧土颗粒及大量绳纹瓦。采集标本有板瓦残片、罐口沿残片、淘豆足残片。板瓦外饰绳纹，内饰布纹；罐口沿残片，撇口、圆唇；均为泥质灰陶。根据遗物特征推测，该遗址时代为汉。

（四）寺庙遗址

卫罗庵村遗址　位于卫罗庵村东北300米处。东为农田，南600米有两个窑厂，西邻水泥路，北800米为小黑庄。遗址范围南北50米，东西40米，面积2000平方米。地表散落大量琉璃瓦，琉璃瓦外施绿釉且有花纹。遗址上新建寺庙一座，内有石碑一块，上面刻有“卫罗寺嘉庆十三年”字样。根据碑记和琉璃瓦特征推测，该遗址时代为清。

三合村遗址　位于三合村东700米的大运河主河道西岸河堤处，东侧隔河为临清县城，东南侧隔河为大运河头闸口扬水站，西侧有东西向小路可通运河西大堤。遗址地势平坦，西侧为耕地，东侧为河堤，南北长50米、东西宽40米、面积约2000平方米，东侧断壁暴露文化层，内含有较多的砖瓦。遗址地表散落大量的青砖、碎瓦、陶器、瓷器等遗物，还发现有阶石，采集标本有云纹雕花青砖、菊花纹滴水、灰陶板瓦（细布纹）、筒瓦（上残存脊兽腿部）、灰陶盆口沿、瓷盆口沿（外酱釉内白釉）、黑釉罐口沿、青花瓷碗底等。根据遗物特征推断遗址为清－民国时期的寺庙遗址。

后镇村遗址　位于摇鞍镇后镇村东南50米的小台地处，东20米有南北向小土路，南侧80米为前镇村，西侧、南侧、北侧有取土坑，北侧200米有移动发射塔1座。遗址现为台地，南北长100米、东西宽150米，面积约15000平方米，高1.5米左右，上建有现代小庙（三观庙）。遗址断壁暴露有文化层，包含物为砖瓦残片及少量瓷片，地表散落遗物丰富。地表采集遗物标本为清—民国期间绿釉琉璃龙纹瓦当（后带板瓦）、琉璃脊兽残块（龙、鸟）等，地层内采集有元代的白釉碗口沿、白釉褐色彩圈碗口沿、白釉带支钉痕瓷碗底、瓷碗底（内底中部有圆形釉圈，外底中部外凸呈乳钉状）等。根据遗物特征推断遗址为寺庙遗址，年代为元及清－民国时期。

韩楼遗址　位于韩楼村东南角50米处的小台地上，东邻庄科村－韩楼的乡间小路，路东侧10米有大柳树一棵，南侧紧邻东西向小路，东南500米为庄科村，西南1000米处有信号塔一座。遗址为台地，东西长10米、南北宽10米、面积约100平方米，高出地表1–1.5米。遗址地表暴露大量碎砖瓦及少量砖雕残片，采集标本有白瓷碗、盆、罐的残底、圆形龙纹瓦当、如意形龙纹滴水、脊兽残件等。根据遗物特征推断遗址性质为寺庙遗址，年代为明清时期。

何寺遗址 位于何寺村西北。遗址东邻何寺—徐屯的土路，南为何寺村，西为农田，北邻农田灌溉渠。遗址地势平坦，黄沙土质；范围为南北50米，东西30米，面积为1500平方米；文化层不详。现场采集的标本有陶片、瓷片和砖雕；陶片均为泥质灰陶，卷沿撇口，可辨器形有盆和罐；瓷片均为碗底残片，内施白釉。根据遗物推测，该寺庙遗址年代为宋。

小高洼遗址 位于小高洼村东偏北100米的台地处，北侧200米处为云冯村，东200米为清临渠，东500米处为于庄，南50米有电信发射铁塔及土路，南500米处为孙槐庄村。遗址为台地，南北长40米、东西宽50米，面积约2000平方米，高出周围地表1.5米，上面种植有棉花。遗址东侧因取土破坏，耕地下暴露黄褐色文化层，厚1.2米左右，夹杂有红烧土块，内含有大量遗物。遗址地表暴露遗物丰富，采集标本分瓷器和陶器两种，陶器有泥质灰陶盆口沿（敞口，沿下卷，内壁饰黑衣磨光装饰）；瓷器标本丰富，主要有白瓷碗口沿残片（唇较厚）、盆口沿（外酱釉，内白釉，敞口，平沿，沿边上翘，内壁饰黑色彩圈纹及花卉纹）、酱釉罐口沿（带一桥形耳）、碗底（带沙堆烧痕迹）、白地褐花瓷片、白釉、黑釉瓷片等。根据遗址采集遗物的特征推断该寺庙遗址年代为元代。

净域寺遗址 位于仓上村，县城东南角。东50米为东环路。净域寺据记载始建于唐初，抗日战争时期毁于战乱。现遗址为一高台地，东西长120米，南北宽127米，占地面积15240平方米，平均高于地面50厘米，遗址上建有临时房屋，住有悲理大师。

（五）军事设施遗址

烽火台遗址 位于指挥墓村北1600米，西20米处为村级公路，北800米为东来寨村。烽火台遗址地处农田之中，现高1.8米，占地面积64平方米，顶部平整，周围长满杂草。据县志记载，此烽火台为战国时期齐国修建，现为临西县境内唯一保存下来的烽火台遗址，对研究战国时期的赵、齐两国的边界及军事防御设施有较高的价值。

（六）窑址

陈窑遗址 位于陈窑村东，东邻运河，南邻京九铁路大桥，北邻汪江村。自明嘉靖时起，陈姓始祖陈清与李姓人家分别在此立窑，建窑数座，后人增丁繁，形成村落。后逐渐发展，带动其他村庄也在运河两岸依托有力的水运优势形成规模，加上其他窑址（如运河对面山东的白窑、张窑等）有十里之遥，有“72窑”之称。匠人以陈窑村李文、陈清最为著名，但以陈清窑烧制的贡砖最有名，烧出的砖不蚀不碱，叩之如铜，每年通过运河向京城进贡御砖，用于皇家修建宫殿，为北京城的建设做出了贡献。卫运河沿岸临清一带窑业很受皇室器重，立为官窑。目前在陈窑村大部分村民家中，均可找到明清两代烧制的残余贡砖。现在的十三陵建筑物上，还能见到陈窑匠人烧制的贡砖。从勘探工作所掌握的资料分析，该区窑址很多，但大部分被修铁道取土破坏，现已探到20个窑址，残留窑址形状多为圆形，三或四个相近为一窑厂。大部分以烧砖为主，少数2个窑以烧瓦为主。此处窑址的发现，大大丰富了大运河研究的内容，为邢台段大运河保护规划编制暨申遗提供了丰富的资料。

（七）纪念地遗址

下堡寺惨案井 位于下堡寺镇北镇村东北角空地中，北距邯临公路300米。下堡寺惨案井为一圆形砖井，开挖年代不详，灰砖垒砌。一九四四年三月二十七日，日本侵略军曾在此残暴杀害13名当地村民并投入井中。现井周围种有树木，井东2米处有临西县人民政府于1982年8月1日建立的保护标志。井北部有一村民取土形成的大坑，西50米为民房。

四二九烈士陵园 位于贺伍庄村北，陵园占地面积为17000平方米，坐东朝西，陵园建有纪念馆和烈士纪念碑。

二、古墓葬

孙总兵墓　位于孙楼村东800米处，东距卫河干渠35米，北距邯临公路6000米。60年代兴修水利孙总兵墓被掩于卫西干渠西侧大堤之中，只露出墓顶，后因百姓周边取土墓形逐渐重现，现孙总兵墓封土位于高台地上，封土高1.5米，占地面积80平方米，墓前有一通后人所立墓碑。据《清史稿》《临清州志》《孙氏族谱》载有其业绩。孙总兵名维统（1617–1685年），字衡甫，孙楼村人，清初名将，一生戎马，转战南北，战功卓著。清康熙十四年特授浙江定海镇总兵，康熙二十四年因剿海寇中风染病而卒。

龚指挥墓　位于指挥墓村北1500米，东邻村级公路。龚指挥墓地处农田之中，封土高1米，面积8平方米。墓前有后人所立石碑。据县志记载，龚指挥名龚能，字言夏，明朝末年官至指挥使，顺治初年，为游击都司，阵亡于顺治二年。

蒋庄墓地　位于蒋庄村东的取土坑处（俗称蛤蟆坑），南500米为邢临公路（邢台–临清），西紧靠蒋庄，东北角为常蒋两庄立会碑（已知文物点）。墓地所在处的取土坑南北长80米、东西宽30米、深3米，内种植有棉花和树木。土坑内村民曾毁坏墓葬多座，后又用土掩埋，坑内地表暴露有较多的绳纹砖（长30厘米、宽14厘米、厚约5厘米）、各式板瓦、陶片等。遗址采集遗物标本较多，均为陶器，以泥质灰陶为主，有少量的泥质红陶。器型主要是大量各式板瓦（外饰抹断绳纹、弦断绳纹、绳纹、凸棱纹等，内为弦纹、布纹、方格纹等）、灰陶盆口沿（敞口，宽斜沿，圆唇，沿外侧有凹线纹，素面）、罐（残片，外饰菱形“回”字纹）等。根据采集遗物的特征推断墓地年代为汉代。

南镇墓地　位于南镇村南侧的取土坑处，南500米为刁庄，北靠南镇村，东北角有民居1处，东侧为南北向公路及废弃砖窑，南侧及西侧有土路，南侧土路南有砖窑。墓地所在地的土坑南北长50米、东西宽100米、深5米左右，内种植有棉花和杨树，东北侧坑底暴露圆形砖室墓两座，破坏严重，二者距5米左右。M1平面为圆形，直径2.28米，墓壁为顺砖错缝平砌，未见墓道。M2位于M1西南侧，平面圆形，墓室直径3.35米，墓道位于墓室南侧，宽0.75米，墓壁顺砖平砌，可见倚柱痕迹。墓地未见随葬品，仅见大量墓砖，墓砖多为素面（长32厘米、宽16厘米、厚5厘米），有少量的沟纹砖。根据墓葬平面形制及墓砖情况，推断墓地年代为唐宋时期。

东高庄墓地　位于东高庄村西1公里东高村砖厂的东南侧取土坑处，西南200米为东常庄，西500米为京九铁路，西北为东高庄砖厂，中部有南北向小路。墓地所在地土坑南北长100米、东西宽50米、深10米左右，西侧断壁上，暴露墓葬1座。墓葬为长方形砖室墓，开口距地表深4米，墓室南北长3米，残高0.5米，墓壁顺砖平砌。墓地未见随葬品，仅见墓砖，墓砖为单面绳纹，长26厘米、宽12厘米、厚4.5厘米。根据墓葬埋藏层位、墓室结构及墓砖特征，推断墓地的年代为汉代。

简庄墓地　位于简庄村南1500米的机排引渠西端的取土坑处，西靠东干渠渠道，南500米为张庄—简店的乡间公路，西南300米为简店村，西北侧150米为简店砖厂，中部有南北向的电话线穿过。墓地位于渠道西端，墓地内有耕地和许多树木，在南北长120米、东西宽100米、面积约15000平方米的范围内，地表散落大量的绳纹砖，但不见墓葬，墓葬形制不详。墓砖为单面绳纹，不见完整者，宽16厘米、厚4–5厘米。墓地地表采集遗物主要有外为斜向弦纹内为布纹的泥质灰陶板瓦、泥质灰陶罐口沿（口外撇，沿略下折，沿边有凹槽一周，短束颈，广肩，肩部有短划刻线组成的一周宽带纹）。根据墓地地表散落的墓砖、标本特征推断，墓地年代为汉代。

王庄墓地　位于王庄村西、中部的取土坑处，坑内种植树木，取土坑北邻王庄—西曲庄的东西向小土路，东紧邻王庄村，南、西侧紧邻耕地，北约300米为指挥墓村。在该取土坑底部暴露砖室墓葬1座，墓室平面呈长方形，东西残长1.3米、宽1.1米、存高0.4米，距地表深约4米。墓壁为顺砖平砌。墓砖为泥质灰陶，单面绳纹较粗，长26厘米、宽13厘米、厚5厘米。根据墓葬形制及墓砖特点，推断墓地年代为汉代。

西马鸣堂墓群 位于西马鸣堂村西南300米的馆临渠（馆陶－临西）渠道处，东300米处有桥梁1座，西南500米处为海尔寨村，北侧有变压器1座。在渠道内南北宽20米、东西长80米的范围内暴露有砖室墓3座，其中M1位于最东侧，墓室平面略呈椭圆形，南北长1.8米、东西宽2.0米，甬道位于墓室南侧，进深0.5米、宽0.4米，甬道南侧有封门砖，存高2米左右，墓壁为顺砖平砌。墓砖分沟纹砖和绳纹砖两类，泥质灰陶，沟纹砖尺寸较大，长31厘米、宽16厘米、厚6厘米，背面光滑平整；绳纹砖长26–27厘米、宽12.5–13.5厘米、厚6.5厘米。M2位于M1西北20米处，椭圆形墓室，东西长2.9米、南北宽2.4米，墓道位置不详，墓砖分红褐色沟纹砖和灰褐色沟纹砖，灰褐色纹砖较小，长27厘米、宽13厘米、厚5厘米，红褐色勾纹砖长29.5厘米、宽14厘米、厚5.5厘米。M3位于M2西50米处，墓葬形制不详。根据墓葬形制及墓砖特点推断，墓群的年代为唐代。

党尔寨墓地 位于党尔寨村东偏南的取土坑处，北侧为东西向土路，西侧紧邻党尔寨村，东、南侧为耕地，坑内种植大量树木。在取土坑内暴露大量的墓砖（集中在一起），距离地表深3米，但不见墓室，墓葬形制不详。墓砖为单面绳纹砖，长32厘米、宽16厘米、厚6厘米。据村民讲，在墓砖的北侧还有没有被破坏的墓砖。根据墓砖特点及埋藏的深度，推断墓葬的年代为唐代。

罗庄墓群 位于罗庄、吴老官寨两村之间的耕地处，北侧为两村间的水泥路，南侧为土路，东西各有大的取土坑，东北50米有中国移动信号发射铁塔。墓地南北长100米、东西宽80米，面积约8000平方米，原地势较高，因取土而变得平坦。墓地东侧土坑西壁暴露墓葬两座，M1位于北侧，圆形墓室，残径3米，距现地表深1.5米；M2位于M1南30米，破坏严重，形制不详；M3位于墓地西侧土坑东侧断壁，距地表深3米，圆形墓室，直径3.5米左右。墓葬墓壁均为顺砖平砌，墓砖为素面，长27厘米、宽17厘米、厚5厘米左右。墓地没有随葬品，根据墓室结构及墓砖特点，推断墓群年代为元明时期。

林麻寨墓群 位于林麻寨村东取土坑处。该墓群所在的取土坑北邻一条东西向土路，西、南侧为林麻寨村，东为耕地，坑内种植树木，坑深3–6米。墓群南北长50米、东西宽100米，面积约5000平方米，墓群范围内的土坑断壁暴露墓葬4座，其中M1位于最北侧，依残迹判断其为圆形，残弧长2米；M2位于M1南30米，墓室呈圆形，直径3.1米，残高2米，错缝平砌；M3位于M2东南侧8米处，依残迹推断，墓室平面应为六边形，现残存东面及东南两面墓壁，每面长1.3米，每面墓壁有复杂斗拱3组（有柱头斗拱2组，并有补间斗拱1组），有红、白色彩饰，绘制有仕女图，斗拱上有屋檐；M4位于M3东南50米，圆形砖室墓，墓室残径1.1米。墓葬墓壁均为顺砖平砌，开口距离地表深1.5–2米，墓砖为素面，长30厘米、宽15厘米、厚5厘米。根据墓葬形制及埋藏环境推断墓群的年代为金元时期。

西周庄墓地 位于西周庄村东南150米的南北向渠道处，东南200米为刘庄，西南300米为万庄，南侧有小路连接西周庄和刘庄。墓地所在的水渠为南北向，宽7–8米，渠边种有树木。在渠道东侧断壁暴露砖室墓葬1座，开口距地表深0.5米，从墓葬残迹看，墓室为圆形，残径2.5米左右，墓壁为顺砖平砌，墓砖素面，长30厘米、宽14.5厘米、厚7厘米。从墓葬形制及墓砖特点分析，该墓地的年代为明代。

东倪庄墓群 位于临西镇东倪庄村东南150米的临馆渠处。墓群西邻东倪庄至东马鸣堂的乡间公路，南、北为农田，东250米为史洼村至徐樊村的乡间公路。墓群范围为东西200米，南北200米，面积40000平方米；现M1长2.4米，宽1.95米，长方形圆角，墓道朝南，墓壁及封门砖已暴露，墓壁有一层扎砖，其他为错缝平砌，券顶已破坏，墓砖为单面绳纹，长32厘米，宽16厘米，厚5.5厘米；M2长2.7米，宽2.3米，长方形圆角，券顶、墓道、墓壁已破坏，墓砖为单面绳纹，长30厘米，宽15厘米，厚5厘米；M3破坏严重，墓葬形制不详；M4长2.8米，宽2.6米，长方形圆角，墓砖为绳纹交错，长32厘米，宽16

厘米，厚6厘米；M5长3米，宽2.6米，与M2、M4相同；M6仅剩券顶一角，为两面攒尖顶结构，破坏严重；M7破坏严重，墓葬形制不详；M8长2.3米，宽1.9米，与M1相同。根据墓葬形制和墓砖推测，该墓群年代为汉。

徐屯墓地　位于徐屯村西南取土坑处。墓地东邻徐屯－何寺的土路，南、西、北为农田。墓地范围为东西10米，南北10米，面积为100平方米；墓葬为圆形，开口距地表3.5米，直径2.3米，残高0.6米；墓砖长30厘米，宽15厘米，厚5厘米，砖饰沟纹。根据墓葬形制和墓砖特征推测，该墓地年代为唐。

陆村墓群　位于陆村村东赵王河处，东邻一水井泵房，西80米为陆村，另有一条东西向土路从墓群中部穿过。墓群范围为南北长150米，东西宽100米，面积为15000平方米；现M1东西墓壁破坏严重，南北为2米，墓壁残高0.5米，距地表4米，结构不详，墓砖饰单面绳纹，错缝平铺，长25厘米，宽13厘米，厚5厘米；M2破坏严重，墓葬形制不详；M3距地表4米，长2.2米，宽1.9米，残高0.6米，墓砖饰单面绳纹，长25厘米，宽15厘米，厚6厘米。根据墓葬形制和墓砖特征推测，该墓群年代为汉。

三圣庙墓群　位于三圣庙村西取土坑处，东为三圣庙村，南邻三圣庙－砖厂的土路，西南30米为三圣庙小学，西、北为农田。墓群范围为南北长150米，东西宽50米，面积7500平方米；现M1、M2、M4、M5、M6破坏严重，墓葬形制不详；M3仅暴露券顶一角，开口距地表3.5米，墓砖饰单面沟纹，长31厘米，宽15厘米，厚6厘米。根据墓葬形制及墓砖特征推测，该墓群时代为唐。

海尔寨墓地　位于海尔寨村北临馆渠处，东为农田和临馆渠，南距海尔寨村30米，西南距马庄600米，西距马庄－海尔寨的土路500米。墓地范围为东西10米，南北10米，面积为100平方米；墓葬为圆形，直径2.21米，券顶为攒尖顶，墓室残高1.6米；墓道朝南，墓道券顶为单层立砖发券，墓道宽0.85米，残高0.4米；墓砖饰单面沟纹，长31厘米，宽16厘米，厚5厘米，开口距地表3米。根据墓葬形制和墓砖特征推测，该墓地年代为唐。

高洼墓地　位于高洼村北取土坑处，东为农田，南邻高洼村教堂，西北500米为临西干渠，北邻乡间土路。墓地范围为南北长30米，东西宽20米，面积600平方米；M1为多墓室结构；前室长3.3米，方形，四角及两侧墓壁各有一仿木斗拱（斗拱为一斗二升），券顶为攒尖顶结构，券顶高3.1米，底残高1米；后室长1.7米，半圆形；墓道朝南，墓道顶部为单层立砖发券，长0.8米，残高0.6米；整座墓葬用沟纹砖垒砌，墓砖颜色为灰色和红色两种，错缝平砌；墓砖长32厘米，宽16厘米，厚6厘米。M2破坏严重，墓葬形制不详。根据墓制形式和墓砖特征推测，该墓葬时代为唐。

汪江新村墓群　位于汪江新村西北砖厂取土坑处，东50米有一水井泵房，南200米是汪江新村砖厂，西邻运河大堤，西北200米有一水闸，北邻土路。墓群范围为东西200米，南北200米，面积40000平方米；现M1、M2、M4、M5、M6、M8、M9、M10、M16、M17破坏严重，结构不详；M3呈长方形，长3.5米，宽1米，残高0.4米，墓砖长35厘米，宽18厘米，厚7厘米；M7墓室破坏严重，结构不详，墓砖长27厘米，宽14厘米，厚4厘米；M11、M12墓室已破坏，墓砖饰单面绳纹；M13呈圆形，为攒尖顶结构，券顶破坏一半且已盗掘，直径2米，残高1米，砖饰单面绳纹，墓砖长30厘米，宽14厘米，厚6厘米；M14墓室破坏严重，墓砖饰单面沟纹，墓砖长30厘米，宽15厘米，厚5厘米；M15呈圆形，直径2.5米，墓道宽0.5米，残高0.4米，砖饰单面沟纹，墓砖长29厘米，宽14厘米，厚6厘米。现场采集标本为：罐底残片外饰绳纹；罐口沿残片为撇口圆唇，素面；罐腹残片外施绿釉，外饰弦纹，胎呈红色。根据墓葬形制和墓砖特征推测，该墓群年代为汉、唐。

牛庄墓群　位于牛庄村东北150米处，东500米为京九铁路，南为农田，西南150米为牛庄村，西50米为砖厂，北邻清河县。墓群范围为东西100米，南北300米，面积30000平方米；墓群内地势高低不平，墓葬破坏严重。M1地表暴露大量素面砖和绳纹砖、绳纹瓦；素面砖表面平滑，砖角规整，残长40厘米，宽28厘米，厚12厘米；绳纹砖残长18厘米，宽13.5厘米，厚5厘米。该墓地被当地村民称为“皇姑坟”；M2破坏严重，仅剩一段墓壁残垣，长2.4米，宽不详，砖饰双面绳纹，长28.5厘米，宽14.5厘米，厚4.5厘米；M3破坏严重，墓形制不详。现场采集遗物有板瓦残片、筒瓦残片、陶罐口沿残片及耳杯底残片。板瓦残片外饰弦纹，内饰布纹；筒瓦残片外饰细绳纹，内饰布纹；陶罐口沿残片外为撇口尖唇，内为圆唇；耳杯底残片底厚边薄；采集遗物均为泥质灰陶。根据遗物和墓砖特征推测，该墓群年代为汉。

琉庙墓地 位于琉庙村西20米的取土坑处，东邻水泥路，南、西为农田，北邻土路。墓地范围为南北长30米，东西宽25米，面积750平方米；M1、M2位于取土坑东侧断崖处，距地表1.5米；M1破坏严重，结构不详；M2仅剩墓壁残垣，残长1.5米，残高0.5米；墓砖为素面砖，长29厘米，宽14厘米，厚5厘米。根据墓壁及墓砖特征推测，该墓地年代为明清。

教场墓地 位于教场村西取土坑处，东邻民宅，南为农田，西邻养鸡场，北邻土路。墓地范围为东西10米，南北20米，面积200平方米；现M1破坏严重，结构不详；M2、M3并排，为长方形，仅暴露券顶一角，内壁涂抹白灰，白灰抹缝；墓砖为素面，长24厘米，宽13厘米，厚8厘米；M3破坏严重，结构不详。现场采集遗物为镇墓瓦，外饰“镇墓”二字，内饰“□大姑之柩”。根据墓形、墓砖和镇墓瓦推测，该墓地年代为清。

东来寨墓群 位于东来寨村北30米处取土坑内，东为东来寨，南为农田，西邻水泥路，北邻公路。墓群范围南北长200米，东西宽100米，面积20000平方米。墓群范围内共有3座墓葬暴露，破坏严重，墓形制不详，仅剩墓砖。墓葬M1墓砖为单面勾纹；M2、M3为单面绳纹。根据墓砖特征推测，该墓群时代为汉、唐。

吴老官寨墓地 位于吴老官寨村东北400米处的取土坑内，东为农田，南邻窑厂，西邻街分洪道，北300米为通往徐屯的土路。墓地范围东西20米，南北20米，面积400平方米。墓葬破坏严重，仅剩墓壁残垣。墓道朝南，墓道为单层砖发券；墓顶为穹隆顶；墓砖为素面。根据墓葬形制推测，该墓葬时代为唐。

史庄墓地 位于史庄村南水渠内，东150米有一小桥，南为农田，北邻史庄村。墓地范围东西20米，南北20米，面积400平方米。墓葬严重破坏，墓形制不详，仅剩墓砖，墓砖为单面勾纹。根据墓砖特征推测，该墓地时代为唐。

陈庄墓地 位于陈庄村东北1500米处取土坑内，东邻土路，南、西为农田，北50米为磷肥厂。墓地范围东西20米，南北20米，面积400平方米。M1破坏严重，仅剩墓壁残垣，墓葬呈圆形，墓砖为单沟纹，长28厘米，宽14厘米，厚5厘米，颜色为灰色。M2破坏严重，墓葬形制不详，墓砖长28厘米，宽14厘米，厚5.5厘米，颜色为红褐色。根据墓砖特征和墓形制推测，该墓地时代为唐。

三、古建筑

八里圈清真寺 位于八里圈村西部，与大运河东侧的唐代舍利塔相望，坐西朝东，南北、东西各长57.50米，呈方形，占地面积3305平方米。

据县志记载该寺始建于明朝宣德年间（1425—1435年），中殿建于嘉靖年间，清道光年间增建抱厦，清代末年增建后大殿，东紧邻隋代大运河，为明清建筑风格，距今已有580多年的历史，主建筑西大殿面积360余平方米，四周建有南北讲堂及对厅、沐浴室共计二十一间。八里圈清真寺共有四进，一进为古棚出厦，古棚飞檐四出，上有盘龙卧兽；二进为前殿，始建于明代初年，为抬梁式木结构。西阔三间，长11米，进深11米，有明柱四根，暗柱四根，柱高3.3米。前殿分前后两部分，相互连通，俱皆起脊，青色方砖铺顶；古棚与前殿中间有十扇高大木隔栅，隔栅上部是别具一格的花窗棂，下部是木雕花纹，中间是两扇木质大门，大门上方有硬木大匾一块，上书“与天同体”四个镏金大字；三进为后殿，西阔三

间 9.7 米，进深两间 6.42 米，梁架为抬梁式结构；中部为攒间式天井，内有木质明柱四根；中间中部为钟楼，其西墙正中辟有一龛，为真主灵位所在，上书伊斯兰文；上部有一长方形墨书匾额，属伊斯兰文；再上部为砖砌道教风格的门扇建筑，两侧为桃形门簪，上部起栏额，两侧起变形栌斗；再上部为两层砖砌的油额；油额上部为飞子两层，门面为青色瓦垄、瓦当及滴水；四进为拱窑式殿堂，后殿与拱窑式殿中间有隔墙，隔墙中间有三个凯旋式拱形大门，殿顶用木料叠成方形突起，是全殿最高处，顶端距地面 23 米，从远看哇四角亭形，亭角相对飞檐耸立，尤为壮观。亭子顶端有花蕾形搪瓷琉璃瓦寺顶，寺顶下有搪瓷琉璃瓦荷叶。抱厦、前殿、中殿皆为原殿式，后殿中部有四角攒间，南北两侧屋面为歇山式，西山为单檐，下部南北各出小山一顶，有明柱支撑，所剩脊兽"文化大革命"遭到破坏，已残缺，刹顶为束腰仰莲火焰宝珠式，屋面皆为青色瓦垄、瓦当和滴水，后山部墙中辟有一长方形龛，白灰抹面，两面有"开天古教"和"清真教寺"八字，中间为伊斯兰文，其意待考。整个大殿内有明柱十六根，椽檩均为木质结构。2007 年由村民集资对寺院进行过大修。

殷庄清真寺　位于殷庄村西部。据县志记载始建于明代，现存门楼椽子上有墨书"民国贰拾叁年旧历三月上浣立"，由此可知曾于民国二十三年进行修葺。现寺院坐北朝南，现存有大殿、门楼、水房子、讲堂等建筑，讲堂和水房子为新建。大殿坐西朝东，分前、中、后三殿，三殿相通构成较大的活动空间，大殿自东向西分别为卷棚顶式、卷棚顶式和硬山顶式，硬山顶为五梁架，大殿南墙辟三窗一门，北墙辟四窗。大殿正面装饰于文化大革命时期被毁，现改用红砖垒砌，大殿后墙由于年久失修倒塌，现为红砖垒砌，其余墙体均为灰砖垒砌。

洪官营清真寺　位于洪官营村中部。据县志记载，该寺始建于明宣德至天顺年间（1426—1464 年），寺院呈长方形，东西宽 60 米，南北长 27 米，面积 1620 平方米，分正院（西）和外跨院（东）两部分。主体建筑西大殿南北 16.6 米，东西 21 米，进深三间，前为抱厦，歇山式瓦顶，脊高 7.5 米。中接前殿五间，硬山式瓦顶，其中大殿为四角攒尖顶，上罩以圆形绿色寺顶，高 15 米多。大殿系单檐青瓦顶，三顶逐一增高。殿后山墙镶嵌有清刘镛手书"开天古教"横碑一通。清咸丰四年（1854 年），太平天国起义军过此，将寺焚毁。清同治十三年（1874 年），由掌教、主事主持对该寺进行了重修。此后，寺渐有破损。中华人民共和国成立后，成立寺管会。"文化大革命"中，寺又遭损坏。1981 年，村中出资 8 万元，对寺进行了翻修。近年又屡有修缮。

四、古树木

仓上古槐　世称"元槐"。生长在仓上旧村址中间，树东原有"真武庙"（因系两层楼阁式建筑，故称高庙），树南原为东西大街，树西原为南北大街，树后为村民院落。古槐高约 9 米，主干周长 3 米多，冠幅 9 米多。1978 年，仓上老村北移，树周皆辟为良田，古槐生长环境得到改善，枯木逢春，老枝再吐新绿。新枝勃发，葱茏如伞盖，蔚为壮观。1989 年，仓上村委会在树北侧立碑一块，对古树进行保护。

吕寨古槐　生长在吕寨村西南东西大街南侧，树龄近千年，是境内生长最为旺盛的一株古槐。树高 12 米，主干周长近 5 米，冠幅 20 多米。西南一侧枝长约数丈，枝杈垂地，蔚为壮观，夏日许多村民都来树下乘凉。

仁庄古槐　生长在仁庄村西部一方姓村民院中。树龄约 300 多年，树高 5 米，主干围长 2 米多，冠幅 9 米，长势旺盛。

高洼古槐　生长在高洼村北一村民院中。树龄约 400 年，树高 10 米，主干围长 2 米多，冠幅 12 米，虽已中空，长势旺盛。1987 年 10 月，曾一度开花结实，世人称奇。

郑湾古槐　生长于郑湾村中南北主街西侧一村民街门旁，原为两株，后被车辆撞坏一株，今仅存一株。此槐树龄约 300 多年，树高 10 米，主干围长 3 米，冠幅 10 米，虽树干中空，但枝叶繁茂，生长旺盛。

第三节 非物质文化遗产

2008年，县文化部门按照《河北省文化厅关于非物质文化遗产普查的通知》"全面性、代表性、真实性"的要求，组织普查工作人员广泛深入地开展了非物质文化遗产普查工作，实现了"全面普查、摸清家底，健全机制、规范管理，整体保护、传承发展"工作目标，取得了阶段性成果。全县共收集非遗线索168条，调查项目24个，其中新发现项目占63%。通过挖掘整理、逐级审定，有3项被列入河北省非物质文化遗产保护名录，有3项被列入邢台市非物质文化遗产保护名录，有8项列入县级非物质文化遗产保护名录。

一、省级非物质文化遗产

临西"临清潭腿"

中国武术素有"南拳北腿"之称，"北腿"则以临西"临清潭腿"为代表。临西"临清潭腿"始创于唐末宋初时期，至今已有千余年的历史。创始人为五代时期后周著名将帅昆仑大师，他在山东临清龙潭寺（即现在的河北省临西县尖冢镇龙潭村）隐姓埋名，削发为僧，法号昆仑。大师身怀绝技并且医术精通，他是将武术同医术共溶一炉，研创出内外两功并用的拳脚—潭腿。潭腿的潭字是借用发源地临清龙潭寺的潭字所命名的，故称之为"临西'临清潭腿'"。并于2009年被列入河北省非物质文化遗产保护名录。

临西乱弹

乱弹，是深受临西人民喜爱的一个剧种，他大约产生于明正德至万历年间（1505—1620年）。乱弹，又有"东路西路"之分。东路乱弹以花腔取胜，声腔调式优美，所以又称"花腔乱弹"，临西乱弹则属东路乱弹。它的伴奏乐器以管乐为主，主要是笛子、唢呐、排笙等。从清道光三十年（1850年）的手抄本发现，乱弹的剧目有百多出，其中发生在临西县域的故事也有的被改编为乱弹戏，他们有《蓝天带》《拿谢虎》《清水河》《假金牌》《大闹石佛寺》《大闹莲花池》等。2009年，"临西乱弹"被列为河北省非物质文化遗产保护名录。

尖冢手工挂面制作工艺

临西尖冢手工挂面制作技艺主要分布在临西县尖冢镇，以尖冢村为中心向四周辐射。

明万历初年，尖冢镇王氏二十八世祖王垣，始创手工空心挂面，距今已有400多年的生产历史。尖冢手工挂面精选当地无污染、无杂质的优质小麦经过和面、五醒、一扎、二切、三搓、二盘、二拉、挂杆、晾晒、分类、检验、包装等二十九道工序纯手工精制而成，全程需18个小时。成品挂面自然晾干，不烘烤，细发如丝、洁白中空、细腻筋道、滑柔爽口、入锅即熟、回锅如新、久煮后不烂、气味芳香宜人，好消化、易吸收、易煮熟、含丰富维生素、食用方便、滋补健胃，是上好的传统面食。细如银丝、洁白中空的手工挂面制作步骤复杂，纯手工制作技艺是用现代技术和机械无法代替的，在中华大地上绝无仅有，凝聚着我们中华民族劳动人民的智慧，是中华民族饮食文化的一项传统绝活。2009年，"尖冢手工挂面制作技艺"入选河北省非物质文化遗产保护名录。

二、市级非物质文化遗产

罗竹林的故事 罗竹林的故事是流传于仓上村附近的一种民间口头文学，以仓上村为中心流传于临西县境内及其周边地区。罗竹林是仓上村人，生活于清朝同治、光绪年间，他幽默滑稽，诙谐开朗。仓上村（旧称旧县集、仓集镇）是后赵建平元年（公元330年）至金天会五年（公元1127年）间的临清县治所，是唐宋时期的县官仓所在地（村名由此而来），它西临古大运河、鲧堤和"白水滩"（京剧《白水滩》发源地），南邻战国时齐、赵古驿道。这里自古以来就是富庶繁荣之地，文化兴盛之乡。如今在仓上村，仍能感受到厚重的历史文化底蕴。罗竹林在临西人的心目中，是类似于新疆阿凡提那样幽默、智慧、聪明、善良的人物。罗竹林的故事反映出智慧、幽默的临西人民在这片沃土上辛勤劳作，不屈不挠，乐观处事，自强不息的精神。虽然罗竹林的幽默

故事甚多，但随着岁月的更迭，生存环境的改变，具有重要的口述价值的罗竹林的故事正慢慢淡出人们的记忆。近年，经杨遵义搜集、整理，共挖掘罗竹林的故事有45篇。

老虎鞋制作技艺　老虎鞋的制作是中华民族民间艺术上的一个组成部分，小孩穿虎鞋的历史源远流长。如今，临西县城乡仍保留着给小孩穿老虎鞋的习俗。老虎鞋又称虎头鞋，是集实用性、艺术性、观赏性为一体的手工工艺鞋。鞋头形似虎头，富有生机，传神威风，小巧玲珑，十分精美；鞋面通常用的是绸缎，颜色以红、黄、蓝、绿为主，鞋面采用缎面，色彩鲜艳，做成的各种鞋样栩栩如生、活灵活现。里子用的是棉布或绒布，这样穿起来比较柔软。老虎鞋做工复杂，从鞋面、鞋帮、衬里到鞋头的“五官”制作，一道道下来足有13道工序。每双虎鞋，均人工绣制，针线十分细腻，形象逼真，结实耐用，令人爱不释手。民间手工技艺缝制的老虎鞋作品，具有极高的实用价值、美学价值、民俗学价值、民族文化认同价值和收藏价值。它对美化和丰富人们的新生活，发扬光大我国民族民间优秀文化传统，意义深远。

贡砖烧制技艺　贡砖砖窑始于“明永乐初”，到清代末年才停烧，共延续500余年。临西县1965年以前属临清，据旧《临清县志》记载：“临清官窑创设最古，规模甚大，制造优良，列为贡品”。明清两代修建北京皇宫各大殿和紫禁城城墙，以及皇家陵寝所用大青砖，绝大部分是山东临清州烧造。陈窑村因其有优质的“莲花土”，且靠近卫运河，漕运方便，村民也是以皇窑来命名的。据陈窑村陈氏族谱记载，“大明嘉靖年间，陈氏始祖陈清与李姓人家在此立窑数座，为皇上烧贡砖。”2008年，省文物局组织勘探人员在陈窑村发现明清时期旧窑址二十余座，陈窑村烧造贡砖的事实得到有力证明。

明清时期所烧造的临清贡砖一般在二十五公斤上下，最重的有三、四十公斤。其烧造过程十分复杂精细，要经选土、碎土、澄泥、熟土、制坯、晾坯、验坯、装窑、焙烧、洇窑、出窑等18道工艺。首先是选土，即要选取黄河淤积的“莲花土”，当地由于黄河的多次冲击，很多地方的土往下挖1米多深后，就会发现一层红、一层白、一层黄的“莲花土”。这种“莲花土”细腻无杂质，沙黏事宜，烧成砖之后“击之有声、断之无孔，坚硬茁实、不碱不蚀”。

经过碎土、过细筛后，选出没有杂质和颗粒的精土放入池中，用水浸泡。浸泡一年后，再过滤出细泥膏，经过人或牲畜的踩踏后，去除泥内气泡。然后，还要经过“醒泥”（即将泥放置一段时间）、“摔泥”，再放入铺布的砖模内，以板拍打，用铁弓刮掉多余的泥后，成坯。将坯晾干后才可装入土窑。装窑后，用豆秸或棉柴烧30天左右，再用水慢慢洇窑（目的是为使砖由红变青），然后出窑。烧砖技艺只可意会，不可言传。烧砖烧到20多天的时候要停火，什么时候停火，熟练的窑工要去闻砖窑里冒出来的烟的味道，当烟发出香喷喷的气味时，就可以停火了。

三、县级非物质文化遗产

县级非物质文化遗产简表

表22-3

编号	项目类别	项目名称
1	民间文学	罗竹林的故事
2	民间文学	月洼寺的传说
3	民间文学	万庄的故事传说
4	民间文学	黑龙潭的传说

续表

编号	项目类别	项目名称
5	戏曲	张白地二呼噜
6	民间音乐	河西船工号子
7	民间手工技艺	臭豆腐制作工艺
8	民间手工技艺	初庄泥人制作工艺

第四节　民间故事传说

民间故事传说是地方文化的一种表现形式，她以文学的手法折射出了地方的风貌和历史，是历史文化得以流传的一种方式。今选录几则，以供赏析。

一、“卧牛坑”的传说

在仓上村东北有一个地方，人们叫它“卧牛坑”。

传说，老子骑着青牛出函谷关，信牛由缰，漫步周游，辗转来到“卧牛坑”这个地方。他见这里东瞻岱岳，西依大河，平畴千里，麦浪飘香，天高地阔，气脉旺盛，便想住下来歇歇脚。于是，把青牛拴在了一棵古桑树上，便在一块平光光的大青石上坐了下来。谁知抬眼一看，刚才拴下的青牛却猛地不见了，青牛卧过的地方出现了一片一、两百亩大的洼地，老子想，此地乃神仙宝地，不便久留。于是留下青牛，化一阵青风而去。

说来奇怪，自打青牛卧化在这里，这片土地便洒金泼银，处处现宝。在夜静更深的时候，人们会看到这里金光四射，恰似一头金牛卧在这片大洼之中。

也不知过了多少年，十六国后赵的创建者，羯族奴隶出身的石勒（274—333年）从山东起事，逐渐发展成为一支强大的军事力量。这石勒，早年丧父，孤儿寡母，生活艰难。少年时为人佣耕，年十四便行贩于洛阳。西晋太安元年（302年），石勒被卖到今山东省茌平县大地主师欢家为田奴，使他在青少年时期备尝艰辛与屈辱。苦难的经历使他的身心和智慧得到了磨炼，迫使他走上了起义反晋的道路。石勒是一位杰出的政治家、军事家，他一生驰骋疆场20余年，终于以智慧和勇武击败了一个又一个的对手，统一了中国北方，成为一代君主。

有一天，石勒带领主帅路通为首的一队兵马，转战到卧牛坑一带，遭遇到前赵一支强军的抵抗，进行了一场残酷的厮杀。当时，前赵兵力强健，号称百万。他们把石勒的骑兵团团围困在卧牛坑里。石勒的军队拼死抵抗，怎奈敌军越杀越多、越杀越勇，圈子越围越小，石勒的骑兵被死死地困在这里，已没有冲出包围圈的可能，眼看就要全军覆没。这时，只见骑兵队中忽地跃出一头金牛，它金光四射，金角盘绕。金光四射，如雷电射空；金角盘绕，似两把利刃。这头金牛四蹄生风，直朝西北方向的敌军冲去。它力敌千军，势不可挡，冲出了一条血路。石勒的骑兵紧随其后，一口气冲出了重围，跑到襄（今邢台）的地方。金牛狂奔到襄，冲进今天的“牛阴门”后，便头东南、尾西北地卧了下来。石勒知道金牛卧下的“襄”便是他发展的地方，于是，便屯兵于襄，招兵买马，重整旗鼓，誓灭前赵。

晋成帝咸和三年（328年），石勒在襄称帝，史称后赵，年号太和。太和元年（328年）底，石勒终于灭掉了前赵，取得了中国北方的大部分领土，建都于襄。公元330年，又改年号曰建平，是为建平元年。

石勒称帝后，给襄取别号“卧牛城”，他时刻不忘“卧牛坑”之战和金牛救主的功劳，在江山初定以后的建平元年，便在“卧牛坑”建县，因县濒临清河，故取名临清。

二、白水滩

北宋年间，仓集镇西南堤上有一个数百亩大的盐碱洼，这里常年积水，白茫茫一片，一眼望不到边。于是，人们称这地方为“白水滩”。

在“白水滩”西南五、六里的地方有个村庄叫史庄。传说村里有一位英武青年名叫史玉郎。因其弟兄们排行第十一，人们按谐音又称他为十一郎。这十一郎，瘦高身材，五官端正，阔面大耳，二目有神，为人正直，且有着上千斤的力气，专爱打抱不平，是个血性男儿。他少年丧父，母子相依，生活艰难，从小爱习枪棒，成人后武艺渐精。为生活所迫，做起了卖花的生意。每天早起挑上担子，到五、六里外的临清县城（时临清县治今仓上村）卖花。因为他在城里混得很熟，城里人又称他“卖花郎”。

有一天，十一郎吃了早点，收拾好担子进城，当他走到白水滩地界的时候，见一位男子正在对一位过路女子进行非礼。只见他拉拉扯扯，口中脏话不断。那女子一面啼哭，一面哀求。十一郎见状，怒火中烧，丢下担子，上去一把，扯开了那人，女子趁机挣脱。十一郎一看，这男子不是别人，正是市面上有名的恶棍“青面虎”。

这“青面虎”本名许起英，据说是邻村王庙人，因其长相凶狠，面色铁青，又因其游手好闲，专做些拦路抢劫、抢男霸女的勾当，所以人称“清面虎”。他见十一郎坏了他的好事，口中骂道：“她又不是你的老娘，管你甚事儿，敢在这里惹爷爷生气？”十一郎怒道：“光天化日之下，行此不仁，我就是要管！”青面虎说：“爷爷这拳头专打爱管闲事的东西！”于是，他挥起拳头朝十一郎的脑门打去。十一郎一见要打架，哪里怕他。只见他做了个卧虎蹲裆，轻轻地把腿一扫，早把青面虎扫翻在地，摔了个嘴啃泥。十一郎手疾腿快，上去骑在青面虎的身上，一顿铁拳，把青面虎打得鼻青脸肿，屁滚尿流，直叫爷爷饶命。十一郎喝道：“从今以后再不准干那些伤天害理的勾当，若再让爷爷碰上，非打断你的狗腿不可！”青面虎哀求道：“爷爷说的是！爷爷说的是！我要是再干坏事，让天打五雷轰！”十一郎见他发了毒誓，有心改过，便起身放了青面虎。这青面虎滚爬起来，拍了拍泥土，磕了个响头，辞别十一郎而去。望着青面虎那一身的狼狈相，十一郎自觉心里好笑。

十一郎毒打了青面虎，出了一口恶气，心里轻松了许多。于是，又挑起担子到县城卖花去了。

十一郎的故事在仓上一带广为流传，后人根据这一情节，改编了京剧剧本《白水滩》，并把宋代临清写成了明代临清。故事情节也有很大改动。从此，《白水滩》的故事从民间走上了京剧舞台。

三、观星庄的传说

在今仓上村东南有一古村落遗址，民国年间尚见遍地瓦砾，还有漫地的小酸枣树棵，一口歪歪井，人称此地为“观星庄”。据说，此村起于汉代，毁于清末民初。本地自古就有“刘秀走南洋，狗咬观星庄，鸡叫马鸣堂”的典故。

西汉末年，王莽祸乱朝政，农民起义风起云涌。刘秀起兵南阳，带领“绿林军”，拥刘玄为帝，年号更始。更始元年（23 年），刘玄派刘秀持节渡（黄）河宣抚河北诸州郡。刘秀带邓禹、冯异、姚期等人从洛阳出发，到邯郸，进入冀州地界。当时的邯郸太守拥王郎为帝，河北大部分州郡归附于王郎。王郎听说刘秀到了河北，悬重赏捉拿刘秀。刘秀初到河北，势单力薄，只好东躲西藏，疲于奔命。

后来，刘秀招募了数万兵勇，攻占了堂阳（今新河）、广阿（今隆尧西部），一连占领了二十多个县。一鼓作气，杀到邯郸，擒杀了王郎，收抚了铜马等起义军，改编降众十余万。刘秀控制了河北广大地区，最后成为拥有数十万武装的强大势力。更始三年（25 年），刘秀在鄗城（今柏乡县城北）千秋亭称帝，国号东汉，年号建武。

却说刘秀初到河北之时，日夜被王郎追赶，在一个月明风清的夜晚，他带领的人马被打散，单身独骑跑到观星庄村西一带。只听村里的狗叫成一团，原来是东南面来了敌兵。刘秀急中生智，一扑身躺在刚刚犁过的墒沟里。他的白马用蹄子扑打、扑打地趴着土，不一会，把个刘秀埋的严严实实。随后，白马扭头向东北方向奔去。追兵至此，直奔白马而去。他们一追几十里，却不见了刘秀。

再说刘秀躺在墒沟里，黄土埋的他喘不过气来。正在气闷之时，只觉着有个东西在鼻孔上拱，他伸手把那个东西撕成了两截。待敌兵远去，他从土里爬出来，却见是一只蝼蛄在他鼻孔上方拱了一个眼，使他能够正常呼吸，原来这蝼蛄是来救他的。但是，刚才把蝼蛄撕断了，怎么办？情急之下，他在身旁的小酸枣树棵上掰了个疙针，把蝼蛄的头和身子扎在了一起，蝼蛄又活了过来。蝼蛄活过来后却待在刘秀面前迟迟不走，刘秀说：“蝼蛄，蝼蛄，我封你吃边三垅！”蝼蛄误听为“遍地拱”，所以老百姓的庄稼地里到处是蝼蛄拱的痕迹。直到今天，蝼蛄的头和身子之间还有观星庄小枣树棵上的那根疙针呢。而观星庄的小枣树棵上，自打被刘秀掰了以后，至今都不长疙针。

再说刘秀从墒沟里爬起来，拍拍满身的泥土，看看到了天明时分，感到十分饥渴，回首间，发现身旁有一口井，井水映着星光、月光，一闪一闪，亮晶晶的。可是，井水很深，手头又没有打水的工具，他喃喃自语地说：“井啊，井啊！快给我仄歪过来，让我喝口水吧！”说着，用双手扒着井沿一用力，把井给搬倒了。刘秀喝到了清洌的泉水，心里十分畅快。从此，这里又留下了刘秀“搬倒井”的传说。至今，观星庄遗址西头还有那口歪歪井。

刘秀喝过水，精神了许多。他踉跄西行，当他走到白水西村（古时仓上村西南有地名“白水滩”，传说白水西村为今西马鸣堂）时，恰遇姚期前来“救驾”。这时，冯异、邓禹等将领也骑马从东北而来，他的那匹白马也跑了回来。原来是白马把他的将领们引领了过来。这时，只听雄鸡高唱，正是天明时分。

四、黑龙潭的传说

在尖冢镇龙潭村东北角有一深坑，人称黑龙潭，村以潭名。过去此坑常年积水，水色似墨，传说有黑龙生在其中。1970年前，在龙潭村中间尚有一条东北、西南走向的大沟，沟中间有一条高高的土埝，似游龙戏水，蜿蜒曲折，穿行于整个村庄，“龙”头伸向村东北的深潭之中。传说这一土埝是一条土龙，暴雨期间，水涨埝高，从来不被雨水淹没。

唐代，因黑龙潭之故，修寺于龙头左侧，因潭取名，称之为龙潭寺，供龙王诸神。五代时，龙潭寺又有昆仑大师在此隐居，创“临清潭腿”，流传至今。龙潭寺随着“潭腿”的传播而名声愈震。各种传说也不绝于耳。

传说古时候，龙潭村何家大户，有耕地千顷、家财万贯，家里喂养了99头耕牛。每到太阳快要落山的时候，何家长工就牵着膘肥体健的99头耕牛到黑龙潭边去饮水。每到这时，牛群里头总要多出一头油黑铮亮、滚瓜溜圆的大黑牛来。等饮完水回家的时候这头牛又不见了。开始时长工们并没在意，后来慢慢地有所察觉，每到饮牛时，他们总是数啊，数啊，99头牛总是变成了100头。日子长了，东家也知道了这件事，遂以为是龙牛出现，谁也不敢去惊扰它，并于每月的初一、十五到龙潭寺上供烧香，乞求神龙保佑，给家中带来平安吉祥。

有一年，在京城考中武举的何家大少爷载誉归来。他从长工嘴里听到了这件事，感到很奇怪。年轻气盛的何武举非要弄清这件事不可。在立春的这天下午，他背着家人，吩咐长工们按当地“打春”的风俗，给每头牛的牛角上系一条红布条。然后，他躲在一旁偷偷观看。果然，99头牛挨着头去潭边喝水，99条红布条在牛头上随风晃动，只有一头油膘黑亮往前挤的大黑牛头上没有红布条。只见它往前一挤，牛群顿时闪开一条缝，水边变成了100头牛喝水。何家大少爷看了个真切，于是，便偷偷地搭上了预先准备好的弓箭，一箭射中了这头大黑牛的左眼。只听，这头大黑牛哞的一声怪叫，便钻到了黑龙潭里不见了。这天晚上，人们听到了黑龙潭里波涛阵阵，犹如翻江倒海一般，并不断传出凄惨的叫声。

第二天的晚上，离龙潭村一百多里的大名县的一个村子里唱夜戏。半夜天散戏的时候，有一个穿黑衣裳、瞎了一只眼的白胡子老头还坐在戏台底下不走。会首前去询问，他说：“这里离我家太远，不想走啦，能不能在你这里借住一晚上”。会首说：“我家新盖了房子，还没派上用场，你到

那里住一晚上吧！”白胡子老头说：“太小了，住不开！”会首说：“前街上有五大间碾砸，大一点，能不能住开？”白胡子老头说：“还是住不开！”会首生气地说：“村后有一个苇子坑，那儿大，你去住吧！”白胡子老头一听，高兴地说：“好吧！那就谢谢你啦”。会首好奇地回家拿了草垫、铺盖，还用手巾包了两个干粮，送白胡子老头到苇子坑去睡。初春的天气还很冷，会首睡不着，在家里盘算，这老头真怪，大冷的天非把他冻死不可。等天一闪亮，会首便到苇子坑去看老头。谁知，看到的情景却让他大吃一惊。只见铺盖卷好好地放在草垫上，老头儿不见了踪影，可大苇坑却变成了一个黑水潭，足有好几丈深。这黑水潭形如龙摆尾，不时地听到水里有喤喤的响声。会首恍然大悟，这黑衣老头原来是条瞎了一只眼的黑龙变的。打这以后，这个村子便改名为黑虎龙潭。也就打这以后，黑虎龙潭村便风调雨顺，年年丰收。人们感谢黑龙带来的好年成，于是，便在黑虎龙潭边上修了龙王庙，塑了龙王爷的金身，年年香火旺盛。

再说龙潭何家，自打大少爷箭射黑牛，“神牛”入水以后，家里便不断遭事。不几年，日子穷了，牛也卖完了……人们说，是何家大少爷射走了黑龙，才有了何家之败。

第五节　童谣　谚语

一、童谣

小白菜，芯儿里黄，
三岁两岁没有娘。
起小跟着爹爹过，
就怕爹爹娶后娘。
娶了个后娘三年整，
生了个弟弟比我强。
弟弟喝面我喝汤，
端起碗来泪汪汪。
我想亲娘在梦中，
亲娘想我一阵风。

倒背，竖背，
葱花，芫荽，
疙瘩，蹲下，
韭菜，起来，
天上是么？是盆。
盆里是么？是花。
咱俩儿对拍呱儿。

炸，炸，炸果子，
腰里别着铁锁子，
带开，不开，
拿刀，剁开，
你一半儿，我一半儿，
咱俩作个小买卖儿，
你敲梆子我敲鼓，
咱俩玩个小老虎。

呱嗒板，四个眼，
中国造的好烟卷儿。
好烟卷儿，喷儿喷儿香，
中国造的盒子枪。
盒子枪打的远，
中国造的千里眼。

小板凳，四条腿，
我给奶奶嗑瓜子，
奶奶嫌我磕的脏，
我给奶奶擀面汤，
奶奶嫌我擀的稠，
我给奶奶加香油，
奶奶嫌我加的少，
我给奶奶包饺饺，
奶奶嫌我包的大，
我给奶奶说好话。

一二三四五，
上山打老虎，
老虎没在家，
打了小松鼠，
松鼠有几个，

让我数一数。
一二三四五，
上山打老虎，
老虎偷白面，
打死王八蛋！

一二三，上南关，
南关到，吹洋号，
洋号响，打老蒋，
老蒋派兵去站岗，
站岗的没留心，
那边来了个八路军，
八路军掏盒子，
先打死美国的老婆子。

憨二小，
砍花草，
砍了花草喂骡子，
给他说个大脚老婆子，
又会走又会扭，
又会插花描枕头！

小老鼠，拄拐棍儿，
摔下来，没有气儿，
大老鼠哭，小老鼠叫，
一对蛤蟆来吊孝，
给他孝衣他不穿，
蹦蹦跳跳下了湾。

月亮爷，嘎嘎嘎，
爹织布，娘纺花，
买个烧饼喂娃娃，
爹吃口娘吃口，
咬了孩子的手指头。

大苹果，香蕉梨，
马兰开花二十一，
二八二五六，
二八二五七，
二八二九三十一。

三八三五六，
三八三五七，
三八三九四十一

麻野雀，尾巴长
娶了媳妇忘了娘。
媳妇要吃大甜梨，
又去核，又削皮。
老娘要吃干烧饼，
没有闲钱堵窟窿。

一斗穷，
二斗富，
三斗、四斗卖豆腐，
五斗说媒，
六斗做贼，
七斗做官，
八斗抽烟儿，
九斗瞎喳喳，老喽喝巴巴，
十斗一簸箩，老喽吃馍馍。
（斗：手指头上呈圆圈状的指纹）

学习李向阳，坚决不投降。
敌人来抓我，我就跳高墙。
墙外也有兵，我就钻地洞。
地洞有枪子儿，打死小日本儿！

筛罗罗，打汤汤，
磨面面，蒸干粮，
叫谁吃？叫XX吃，
吃了干么去？
搬砖垒瓦，一垒垒个稀巴巴！

轱辘轱辘锤，
轱辘轱辘叉，
轱辘轱辘一个变成仨，
仨变五，五变八，
看谁是个唐老鸭。

新年到，新年到，

闺女家要花，小子家要炮，
老头子要双新棉鞋，
老嫲嫲要顶莲花帽。

二、谚语

一九二九不出手，三九四九凌上走。
五九半，凌消散。
春打六九头，遍地使老牛。
七九六十三，走路的君子把衣单。
年龄不饶人，节气不等人。
谷雨前后，种瓜种豆。
清明谷雨紧相连，种瓜点豆又种棉。
清明玉米谷雨花，谷子抢种至立夏。
冷在三九，热在三伏。
夏至三庚暑头伏。
头伏有雨，伏伏有雨。
头伏萝卜二伏菜，三伏还能种荞麦。
五月雾，鱼走路。六月雾，干死树。
六月十三雾蒙蒙，年景十成五谷丰。
有钱难买五月旱，六月连阴吃饱饭。
七月十五红眼（枣）圈儿，八月十五打一杆儿。
九月十五晒好了，十月十五吃了了。
燕子低飞雨来到。
早看东南，晚看西北。
云往南，雨连连。云往北，一阵黑。
云往东，一阵风。云往西，披蓑衣。
月亮挂大圈，有口是风天。
烟囱不冒烟，明日必阴天。
先下牛毛无大雨，后下牛毛不晴天。
夜晴没好天，连阴没好雨。
火烧云，晒死人。
立秋十八天，寸草结籽粒。
白露早，寒露迟，秋分种麦正应时。
底肥不足苗不长，追肥不足苗不旺。
三分种来七分管，十分收成才保险。
干草铡成碎瓣瓣，牲畜吃成肉蛋蛋。
寸草铡三刀，无料也上膘。
养羊要喂盐，每天二、三钱。
放羊稳住头，羊身长满油。
家兔不大利不小，脱贫致富离不了。
牛是家畜宝，种地少不了。
无牛不成农，无猪不成家。
猪吃糠、羊吃草，下本不大利不小。
秋耕田地地发埴，冬雪渗下不易干。
大雪不过三五日封地。
冬至十天阳历年。
大寒小寒，杀猪过年。

第二十三编 卫生 体育

1978年5月，县政府卫生科升格为卫生局。县人民医院是一所集医疗、预防、教学、科研、康复、急救为一体的大型综合性二级甲等医院。2007年，临西县被确定为河北省新型农村合作医疗试点县。1997年4月，设立临西县医药管理局，2006年6月，改称县食品药品监督管理局。2008年，药品管理对象有：3家县级医院、3家个体医院、15家乡镇卫生院、482家乡村个体诊所、4家医疗器械经营企业、47家药品经营企业和1家药品生产企业。

随着经济社会不断发展，人民生活水平不断提高，临西县城乡、学校、单位体育设施日益健全，组织指导不断加强，学校体育、竞技体育和群众体育都有了长足发展。

第一章　医疗服务

临西县医疗卫生服务机构主要分为县、乡、村三级。同时，近年民营医院、私营诊所从无到有，不断增加。县级医疗卫生服务机构：县人民医院、县中医院、县第二人民医院；乡级医疗服务机构：下堡寺中心卫生院、吕寨中心卫生院、尖冢中心卫生院、老官寨中心卫生院、临西镇卫生院、河西镇卫生院、东枣园乡卫生院、摇鞍镇乡卫生院、大刘庄乡卫生院、大刘庄乡黎博寨卫生院、吕寨乡姚楼卫生院、摇鞍镇乡白地卫生院；村级医疗机构：1984 年，有卫生所（室）200 余所。2008 年，有农村卫生所、卫生室 460 个。

第一节　县级医疗服务机构

一、临西县人民医院

县人民医院位于县城玉兰东路北侧，是一所集医疗、预防、教学、科研、康复、急救为一体的大型综合性二级甲等医院、邢台医学高等专科学校的教学医院、临西县城镇职工基本医疗保险定点医院、新型农村合作医疗县级定点医院。

1979 年，县人民医院门诊 5.5 万人次，住院 2140 人次；1988 年，门诊 9.48 万人次，住院 3782 人次；1998 年，门诊 4 万人次，住院 3860 人次，业务收入 486 万元；2006 年，门诊 5 万人次，住院 7540 人次，业务收入 1500 万元；2008 年，门诊 62310 人次，住院 18902 人次，业务收入 2800 万元。

1988 年，建门诊楼，面积 5500 平方米，1990 年底投入使用；1998 年，建病房楼和急救中心综合楼，面积 4500 平方米，1990 年投入使用；2006 年，建高标准病房楼，面积 6000 平方米，2007 年 8 月投入使用；2008 年，改建病房楼，在三层的基础上加高一层。县医院占地面积 1.5527 万平方米，总建筑面积 1.6 万平方米。

1979 年，县医院有医务人员 64 名，编制床位 80 张，设科室 15 个，有 200 毫安 X 光机、心电图机、显微镜、手术床、麻醉机等医疗设施；1989 年，有医务人员 114 名，编制床位 100 张，设科室 20 个，有 B 超机、胃镜、电动手术刀、高压消毒柜等医疗设施；1999 年，有医务人员 168 名，编制床位 200 张，设科室 25 个，有 CT、颈颅多普勒、彩色 B 超、双人高压氧舱、大型遥控 X 光机等大型医疗设备 30 多台（件）；2007 年，共有医务人员 212 人，其中副高级技术人员 15 人、中级技术人员 92 人，编制床位 200 张，设行政、临床、医技科室 30 个。1999 年以来，引进全自动生化分析仪、电子胃镜、结肠镜、微量元素分析仪等设备，实现了微机自动化办公。

1989 年，县医院神经内科、心脑血管、胸外、脑外、眼科、妇产科能顺利进行阑尾、剖腹产等一般手术和常见病、多发病治疗，并掌握了高压氧舱、血流变、光量子、放射、胃镜等先进

临西县人民医院门诊楼

仪器的使用；1995年，按照“二甲”医院要求逐步完善了工作制度102项、医疗技术操作常规89项、护理技术操作规程26项，建立健全了一套规范化、秩序化的运转机制。在技术方面，外科开展了颅内血肿清除、胃全切除等36项“二甲”必备项目；内科开展了肝功能衰竭、大咯血等29项必备项目；妇科开展了宫颈癌扩大根治术、卵巢癌手术18项必备项目；儿科开展了新生儿窒息、心肌病的诊治10项主要技术项目；放射科、检验科、病理科等医技科室完成了必备项目50项。到2008年，该院可开展肺叶切除，食管癌、贲门癌、胃癌根治，胆囊切除、甲状腺摘除、门脉高压分流、肾切除、子宫全切、股骨头置换、椎间盘摘除等高难度手术40多项。在心血管、脑血管、消化道、呼吸系统疾病的诊断，妇科、儿科、不育不孕疑难病症的诊疗方面达到了较高的水平。1995年以来，医务人员陆续发表学术论文130多篇，安排医务人员进修110人次，已形成了人才、设备、技术相互促进发展的新格局，较好地解决了人民群众的就医保健问题。

二、临西县第二人民医院

临西县第二人民医院位于河西镇顺河街7号，占地15亩，建筑面积6400平方米，属全民所有制事业单位。为临西县一所集医疗、预防、保健于一体的综合性医院。

1979年，为县人民医院河西分院，全院有干部职工52人，设有内科、外科、妇产科、中医科、针灸科门诊，设有内科病房、妇外科病房、护理组，有主治医师2名，能够处理常见病、多发病及常见的普外手术。年门诊1.3万多人（次），住院800多人（次），业务收入13万多元。

1984年，升格为县级医院，更名为河西医院。购置价值7000元的心电监护仪1台，建立老干部病房20间，内外科护理分设。1992年，与邢台眼科医院联合建立邢台眼科医院临西分院，开展白内障、青光眼、泪囊摘除等手术。邢台眼科医院专家轮流来院坐诊，年门诊1.8万余人，住院1100多人（次），业务收入96万元。1999年，医护人员达到126名，内聘48名，业务收入200万元。2000年，建5000平方米门诊病房综合楼1座，购CT机1台、彩超1台、脑电图1台、胃镜1台。妇外科护理分设，改善了医疗环境。2003年，建300多平方米的影像中心1座，建行政办公室13间及输液大厅、车库、仓库等用房，硬化了院落，进一步改善了医疗环境。2004年，设糖尿病专科，治疗糖尿病；外科开展普外、骨外及部分胸外手术；妇科开展横切口剖腹产术。2006年，年门诊2.3万余人次，住院2100人次，业务收入400余万元；2008年，年门诊3.1万余人（次），住院3805人（次），业务收入700余万元。

三、临西县中医院

临西县中医院新址位于县城泰山西路南侧，占地20亩，建筑面积5600平方米，属全民所有制事业单位，为临西县一所集医疗、预防、保健于一体的综合性二级乙等中医医院。

中医院原址在阳光大街南段东侧，1984年有医护人员32人，病床10张。下设门诊部、内科、外科、医务科、护理部、总务科及办公室。1991年，增建病房10间、床位30张。1997年，建80

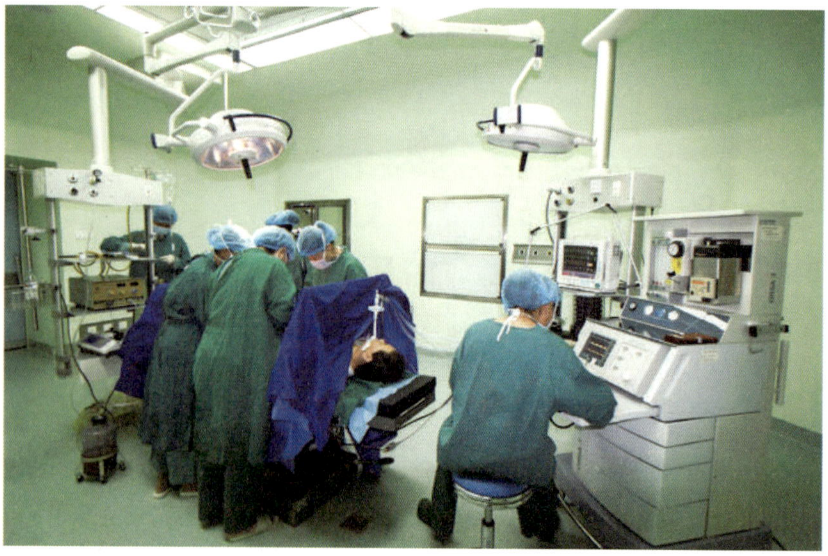

县中医院医护人员正在为患者进行手术治疗

平方米的手术室，添置300毫安X光机、B超机、心电图、脑电图仪等设备。2002年11月，自筹资金500万元进行迁建。一期工程建筑面积5000平方米，病床80张，同时，购置日立全身CT机，更新了血球计数仪、B超等诊疗设备。2003年10月，一次性通过国家“二级医院”评审验收。2005年，争取国债资金160万元，建传染病区1100平方米（二层），增设专科病床20张，诊疗设备15台。2006年底，全院有医护人员110名，中级及以上职称人员35名，开设内、外、妇产、骨伤、皮肤、五官、口腔、理疗等12个临床科室和放射、检验、心电图、B超、胃镜等10余个功能检查科室。拥有日立W450型全身CT机、智能B超机、颈颅多普勒、脑电地形仪、心电监护仪、心电工作站、血球计数仪、生化分析仪、电解质分析仪、尿分析仪、血凝仪、电子胃镜、遥控X机等大中型诊疗设备40多台及急救车1部。年收住院病人1300人（次），业务收入185万元。2008年，有临床科室6个，专科门诊4个，年门诊2.4万余人（次），住院1104人（次），收入257万元。

建院以来，积极引进开展新技术，不断拓宽医疗服务范围。内科开展了颅内血肿微创清除术、急性心梗早期溶栓术，在心脑血管疾病的诊治上取得了较好的疗效；外科开展了食管癌切除、胃癌根治术、甲状腺摘除术、椎间盘摘除术及四肢骨折内固定术；妇产科开展了剖宫产、子宫切除术及各种肌瘤的摘除术；五官科开展了扁桃体摘除术、鼻息肉摘除术；口腔科开展了矫形、陶瓷牙、医学美白等项目。

依靠中医药优势，着力于特色专科建设。1999年，创建糖尿病专科，采用中西医综合疗法治疗慢性肾炎、慢性肾衰、糖尿病及全身性并发症，取得了较好的疗效。成功地组织抢救了多例糖尿病酮症酸中毒昏迷、糖尿病高渗昏迷的危重患者，为邢台市重点中医专科；2000年，哮喘病专科与山东潍坊哮喘病医院联合办院，采用国际先进的治疗方案和该院独特的疗法对支气管哮喘、慢性支气管炎、肺气肿及其他呼吸系统疾病进行有效治疗，效果显著；理疗科采用针灸、推拿、药浴、小针刀等传统疗法，对脑中风后遗症、椎间盘突出、坐骨神经痛、面瘫、癫痫及各种颈肩腰腿痛治疗取得了较好疗效。2004年，开设了疼痛科。

第二节　乡村医疗服务机构

一、乡镇医疗服务机构

1979年至1997年，县内各公社都设有医疗服务机构，其中下堡寺、尖冢、吕寨、老官寨的医疗机构称县人民医院分院，其余公社医疗机构称卫生院。1997年6月，经县机构编制委员会批准，对乡镇医疗卫生机构的名称进行变更：临西县人民医院下堡寺分院更名为临西县下堡寺镇中心卫生院；临西县人民医院尖冢分院更名为临西县尖冢镇中心卫生院；临西县人民医院吕寨分院更名为临西县吕寨乡中心卫生院；临西县人民医院老官寨分院更名为临西县老官寨乡中心卫生院；临西县白地乡卫生院更名为临西县摇鞍镇乡白地卫生院；临西县樊村乡卫生院更名为临西县尖冢镇樊村卫生院；临西县水波乡卫生院更名为

临西镇卫生院

临西县老官寨乡水波卫生院；临西县单屯乡卫生院更名为临西县河西镇单屯卫生院；临西县黎博寨乡卫生院更名为临西县大刘庄乡黎博寨卫生院；临西县姚楼乡卫生院更名为临西县吕寨乡姚楼卫生院。2005年3月，省卫生厅发文，对乡镇卫生院的名称进行了规范，确认了临西县9家乡镇卫生院：下堡寺中心卫生院、尖冢中心卫生院、老官寨中心卫生院、吕寨中心卫生院、大刘庄乡卫生院、东枣园乡卫生院、河西镇卫生院、临西镇卫生院、摇鞍镇乡卫生院。2007年4月，其余6所原乡镇卫生院，统一改称为所在乡镇卫生院的分院，各乡镇卫生院均实行医务人员承包责任制。2007年7月，开始了改造建设，除临西镇卫生院外，8处乡镇卫生院的建设项目，规划建筑总面积7370平方米，其中新建6790平方米、改造580平方米。总投资425万元，其中中央财政投资310万元、省级配套资金51万元、县配套资金64万元，是年10月底，全部竣工。2008年，投资36万元，临西镇卫生院异地迁建。2008年1月，根据卫生工作需要和实际情况，县卫生局对乡镇卫生院体制进行了改革，具体步骤是清产核资、院长轮岗、设立主管和现金会计、建立健全财务账目，恢复了乡镇卫生院的公益性质。

（一）下堡寺中心卫生院 位于下堡寺镇北镇邯临公路北侧。1972年，为县人民医院下堡寺分院。1997年，改称下堡寺镇中心卫生院。1985年，有医务人员34名；2005年，有医务人员14名，其中主治医师1名、医师4名、工作人员9名。1992年，配置200毫安X光机、B超机、心电图机、尿10项自动分析仪、半自动系列生化分析仪、洗胃机、制氧机及钠钾氯钙分析仪等。2006年，医院设有内科、中医科、儿科、防保科、化验科、外科等科室，年业务收入25万余元。2008年，有医务人员17名，其中医师5名。年门诊达到9980人（次），业务收入70万余元。

老官寨中心卫生院

（二）尖冢中心卫生院 位于尖冢镇东尖庄村东。1995年12月，迁至原尖冢镇政府驻地，有医务人员15名，其中医师2名。1997年，改称尖冢中心卫生院，有医务人员12名，其中医师2名。2006年，有医务人员9名，其中医师1名；设有内科、防保科、妇幼科，备有电解质分析仪、制氧机、X光消毒灯等设备。2008年，院址迁建至张堤村南，有医务人员9名，其中医师1名。年门诊达到2861人（次），业务收入38万余元。

（三）老官寨中心卫生院 初址在老官寨村西北部，邢临公路北侧。1972年，为县人民医院老官寨分院。1997年，改称老官寨乡中心卫生院。2005年3月，改称老官寨中心卫生院。2006年，有医务人员8名，其中医师1名。设内、外、妇、儿、放射、化验、心电图等科室，备有血细胞分析仪、制氧机、抢救床、X光消毒等设备。2008年，有医务人员11名，其中医师2名。年门诊达到16500人（次），业务收入60万余元。

（四）吕寨中心卫生院 位于吕寨村东北部邢临公路北侧。1972年，为县人民医院吕寨分院。1997年，改称吕寨乡中心卫生院。2005年，改称吕寨中心卫生院。1995年，有医务人员14名，其中医师3名；2000年，有医务人员9名，其中医师2名。2001年，购置B超机、心电图机。2002年，增设200毫安X光机、美国进口血球计数仪

东枣园乡卫生院

及尿10项自动分析仪、半自动系列化分析仪、洗胃机、制氧机。2005年，引进日本进口纤维胃镜。2006年底，有医务人员18名，其中大中专学历14名，设内、外、妇产、儿科、急诊、防保、化验、B超、心电图、放射、胃镜、后勤等科室。2008年，有医务人员11名，其中医师4名。年门诊达到12827人（次），业务收入79万余元。

二、村级医疗服务机构

1984年，全县有村卫生所（室）200余所。2008年，有农村卫生所、卫生室460个。

第三节　私立医疗服务机构

一、私立医院

福雨医院　位于河西镇大米庄北首路东，2002年兴建，是一家综合性民营医院。总投资280万元，占地3180平方米，建筑面积3200平方米；有病房40间，床位80张，医护人员45名，其中医技人员35名；建有门诊楼、病房楼、伙房、餐厅；开设内科、外科、骨科、妇产科、儿科、急救科、预防保健科、医学检验科、医学影像等科室。配有300毫安大型遥控X光机、大型麻醉呼吸机、万能手术床、心电监护仪、婴儿培养箱、心电图机、B超机、进口血液分析仪、血液生化仪及血流变血凝仪、尿检仪、洗胃机、制氧机、病房呼吸仪等各种医疗器械。配有取暖用高压锅炉、柴油发电机组、整套消防设备及应急照明设备等。

医院聘请河北省第三人民医院原外科主任蒋晏教授、省三院妇产科原主任王子荣教授、聊城第二人民医院原外科主任杨振生教授及临清妇幼保健院妇幼专家亲自坐诊。聘用医科专业及护理专业的大中专毕业生20余名。能够完成胃癌、结肠癌、食管癌、胆囊切除、脾切除、门脉高压的各种治疗，开展甲亢手术、乳腺癌根治术、肾切除、膀胱肿瘤、前列腺摘除、四肢骨折的内外固定术、股骨头坏死的置换术、椎管减压、椎间盘摘除术、子宫肌瘤、子宫全切、卵巢肿瘤摘除术、剖宫产、子宫脱垂修复术及心脑血管疾病的诊断与治疗。2002—2006年，共救治住院病人、门诊病人2万余人次，成功抢救有机磷中毒及其他药物中毒80余例。

二、个体诊所

个体卫生所始于1984年，县卫生局对乡村医生进行考试、考核，合格者发给乡村医生证书，允许开办乡村个体诊所。同时，凡有卫生技术资格的人员均可申办城镇个体诊所。乡村诊所还承担着农村的防疫、妇幼保健工作。1989年，有295个村级卫生所，其中乡卫生院设点的有11个、乡村医生联办的239个、个体开业的45个；有城镇诊所16个。1995年，全县有360个乡村诊所和35个城镇诊所，此后逐年递增。2006年5月，乡村诊所达到494个，城镇诊所达到55个。是年，县卫生局为提高基层卫生服务水平，在全县开展了农村卫生室规范达标活动。12月底，全县规范化村卫生室达到466个。2007年在全县开展了城镇个体诊所清理整顿工作，到2008年底全县保留规范化城镇个体诊所19家。其中，县城有谷玉洞门诊、姜工农门诊、刘万政眼科、路氏牙科、朱氏骨科、赵世通中医诊所等10家。

第二章　卫生防疫

1965年1月，成立县卫生防疫站，属县财政全额拨款事业单位。2006年5月，县卫生防疫站正式分设为县疾病预防控制中心和县卫生监督所，两个单位均为财政全额拨款事业单位。其中，疾病预防控制中心事业编制17人，设领导职数3人；卫生监督所事业编制14人。

疾控中心（孙晓林摄）

县人民医院选派医生（左一）参加援非医疗队工作

第一节　传染病防治

一、结核病控制　1993年，世界卫生组织（WHO）宣布“全球结核病处于紧急状态”。国家利用世行贷款、英国增款、非达里斯等项目，实施“中国结核病控制项目”。是年，临西县成立了结核病防治领导小组。1994年7月1日，县“中国结核病控制项目”正式实施。县政府印发了关于免费治疗肺结核的通告，结核病人由原先医院治疗转向防疫站管理治疗。

1994—2008年结核病防治统计表

表23-1

年度	接诊人数	疾控人数	X光拍片数	管理病人数
1994	1098	566	497	109
1995	582	508	386	95
1996	1177	463	429	104
1997	665	554	480	103
1998	558	542	523	115
1999	612	510	409	90

续表

年度	接诊人数	疾控人数	X光拍片数	管理病人数
2000	817	601	511	114
2001	620	370	376	104
2002	320	194	208	86
2003	977	555	423	141
2004	640	740	408	109
2005	692	581	398	109
2006	602	507	510	176
2007	590	25	157	109
2008	547	24	149	101

二、霍乱防治 霍乱属国际检疫性疾病。由于传播迅速、病死率高，被国家列为甲类传染病。临西县历史上曾有霍乱病流行，抗战时期，日本侵略军曾炸开运河大堤，施放霍乱病菌，使数以万计的百姓死于霍乱。20世纪60、70年代，省、地防疫站，每年夏、秋季节协助县防疫站对卫运河水进行疫源检测，20世纪80年代后，由县防疫站对卫运河水定时定点采样检测。同时，对进入境内的海、水产品进行检测。每年5－10月份，县级医院、各乡镇卫生院的肠道门诊，对腹泻病人采样送防疫站检测，做到早发现、早报告、早防治。1984年、1988年，霍乱在临西县部分乡村流行，首例病人由肠道门诊采样发现。县卫生防疫部门及时制定防治措施、锁定疫区、控制传染源，并进行喷药灭菌使其被灭绝。2000年后，由于科学知识的普及，居民生活水平的提高，生活饮用水质的进一步改善，未发生霍乱病例报告。由于北方气候干燥少雨、河水断流，也是阻发霍乱的因素之一。

三、流行性出血热防治 出血热病是由鼠类传播的传染病。20世纪80年代，曾在临西县流行传播。防疫站积极采取措施，认真做好流行病学调查报告、鼠密度调查、采集鼠肺标本、鼠带毒本调查，制定防治措施，为疾病防治、科学灭鼠提供依据。每年春、秋两季，指导全县统一开展灭鼠活动，降低鼠密度，控制流行性出血热的发生。

四、非典型性肺炎防治 2003年，传染性非典型肺炎（简称“非典”）先后从广东、北京等地发生。由于人们对病因不清楚，防治措施不力，医、患病死率较高。根据上级指示，为抓好防治“非典”这一战役，县及时成立了非典防治指挥部，县委书记任政委，县长任指挥长，办公室设在防疫站。由主管副县长坐镇指挥，从各科局抽调骨干力量，组成了后勤组、资料组，并配备电脑、传真、复印机、专用电话等设备。医院、乡镇同时配备了电脑，村村安装专用电话，迅速建立起县乡村疫情报告网络。同时，成立了后勤、流调、资料、消毒等组织。县、乡医院设发热门诊。县医院设隔离病房，病房设在县招待所，负责全县发热病人治疗观察。各乡、村成立巡逻队，对在外经商务工人员登记造册。乡设隔离区，隔离区远离村庄。隔离在外工作的返乡人员，有专人负责，定时测体温、供饮食，隔离期限4、7、21天不等。各单位对院落、死角用白灰消毒，工作室每天喷洒“84消毒液”。县对交通路口设卡，对过往车辆盘查登记。行驶的车辆必须有特别通行证方可放行，司机及过往客商必须测量体温。村村设路障、挖路沟、拉缆绳、昼夜值班，禁止没有通行证的外来人员进入。取消集市、婚丧从简。防非办公室24小时值班，发现疫情及时上报。全县由于“防非”措施有力，未发现一例非典病例。

五、手足口病防治 手足口病是全球性传染病，1959年正式命名为手足口病，易感人群为0～5周岁的幼儿。2008年2—3月份，全国各地手足口病疫情呈爆发式流行，县政府采取有效措施进行防控，并积极开展救治工作，发现的31例手足口病患者经治疗后全部痊愈，无重症及死亡病例。

六、狂犬病防治 狂犬病又称恐水病，是由狂犬病毒侵犯中枢神经系统引起的一种急性传染病，人畜都可以感染。临西县在八十年代初开始狂犬病防治，年均接种疫苗人数100余人（次）。20世纪九十年代后，年接种疫苗人数500余人，但由于部分群众预防意识不强，每年都有个别死亡病例发生。2000年后，随着预防接种知识普及和群众预防意识提高，接种人数呈上升态势，2005年，接种600人（次），至2008年，接种达1010人（次）。疫苗接种人数大幅增加，狂犬病例明显下降。

第二节 地方病防治

一、脊髓灰质炎防治

脊髓灰质炎是严重危害儿童健康的急性传染病。1965—1990年，全县共发病35例，年平均发病10万分之0.593。1991年，临西县参加冀、鲁、豫、苏、皖五省组成的JICA中国北方五省消灭脊灰合作项目，建立了AFP监测系统，加强与周边地区的技术合作。是年10月，制定了“消灭脊灰实施方案”，开展强化服苗活动；1992年，把强化服苗活动命名为“秋季攻势”；1993年，命名为“壁垒行动”；1994年，命名为“攻坚计划”。1998年，第41届世界卫生大会确立2000年全球消灭脊髓灰质炎目标。2000年6月，县防疫站呈报临西县消灭脊灰文件《临西县无脊灰证实工作报告》。

临西县1991—2008年脊髓灰质炎预防服苗统计表

表23-2

年度	强化免疫				基础免疫					
					初种			复种		
	轮次	应服人数	实服人数	接种率(%)	应服人数	实服人数	接种率(%)	应服人数	实服人数	接种率(%)
1991		27358	26356	96.33	21318	20941	98.23	49624	48853	98.41
1992	一	26099	25856	99.07	18219	18080	99.23	33635	33630	99.98
	二	26009	25864	99.10						
1993	一	35603	35567	99.89	19596	19132	99.15	7106	7100	99.91
	二	35889	35882	99.80						
1994	一	24049	23897	99.74	10971	10948	99.79	13083	13071	99.91
	二	24049	24046	99.99						
1995	一	20214	20241	100	7908	7863	99.43	12028	1976	99.49
	二	20246	20241	99.97						
1996	一	22527	22374	99.32	6431	6216	96.65	11921	1792	98.91
	二	22530	22340	99.16						

续表

年度	强化免疫				基础免疫					
	轮次	应服人数	实服人数	接种率(%)	初种			复种		
					应服人数	实服人数	接种率(%)	应服人数	实服人数	接种率(%)
1997	一	12188	11884	97.50	5380	5248	97.54	10932	10624	97.18
	二	12201	11804	99.07						
1998	一	10116	9913	98.00	5724	5585	97.57	7792	7760	99.59
	二	10365	10186	98.20						
1999	一	5115	5041	98.44	6405	6173	96.37	5468	5266	96.31
	二	5151	5104	99.08						
2000	一	10788	10465	97.00	6694	6492	96.98	7944	7932	99.85
	二	10917	10684	97.87						
2001	一	5010	4938	98.56	6937	6879	99.16	4638	4495	95.98
	二	5023	4951	98.57						
2002	一	8406	8393	99.85	6574	6541	95.99	4929	4832	98.03
	二	8416	8403	99.85						
2003	一	10797	10754	99.14	6860	6781	98.85	4696	4606	98.08
	二	10847	10803	99.59						
2004	一	9213	9183	99.67	6993	6947	99.34	4698	4661	99.21
	二	9213	9195	99.80						
2005	一	11754	11651	99.12	9394	9311	99.12	5176	5136	99.40
	二	12049	11956	99.23						
2006	一	14528	14428	99.31	11176	11094	99.27	3211	3199	99.63
	二	14578	14478	99.31						
2007	一	18312	18271	99.77	11665	11585	99.31	3438	3405	99.04
	二	18481	18181	98.37						
2008	一	16883	16553	98.84	11593	11447	98.74	3952	3862	97.72
	二	17022	16929	94.45						

二、氟斑牙防治

1979年，县防疫站对全县1097眼饮水井进行测定，含氟量超国家限定标准1毫克/升的水井有16眼，占1.46%。其中摇鞍镇乡的姚尔庄饮水井，含氟量高达4毫克/升，全村769人，患氟斑牙的467人，占81.3%。是年，又对10个乡13个村的26眼饮水井进行测定，先锋镇（今河西镇）北队饮水井含氟量2.7毫克/升；单屯乡八里庄饮水井含氟量达2.5毫克/升。1985年，由县地方病治疗小组对全县588眼饮水井进行测定，测出含氟量超国家标准的水井109眼，占36.6%，涉及109个村。解除含氟量高的唯一办法就是改善饮水环境。1989年，姚尔庄、北队、童村、仓上、龙旺、徐屯、白庄、杨楼、赵疃、曹村、郝村、洪官营、殷庄、黑庄及县面粉厂、棉织厂相继打深井，解决饮水问题。此后，在县水利局的支持下，全县所有村庄都相继改善了饮水环境，在全县消除了氟斑牙病。

三、绦虫病防治

1979年，县防疫站对全县所有村庄进行绦虫病的普查，共检查2.31万人，查出绦虫病患者30例，其中男性23例、女性7例，对查出的患者及时进行了治疗。

第三节 预防接种

1986年，在卫生部、世界卫生组织（WHO）和联合国儿童基金会（UNECEF）的支持下，临西县开始装备冷链。儿童常规免疫接种逐步规范，接种质量和接种率不断提高。1988年、1990年、1995年，分别实现了以省、县、乡为单位儿童免疫接种率85%的目标。由于计划免疫工作的落实，提高了儿童的免疫屏障，传染病得到了有效控制。

家长带幼儿接受免疫接种（孙晓林摄）

1991—2008年儿童预防接种统计表

表23–3

类别 年度	麻疹			百白破			卡介苗			乙肝疫苗		
	应种人数	实种人数	接种率（%）	应种人数	实种人数	接种率（%）	应种人数	实种人数	接种率（%）	应种人数	实种人数	接种率（%）
1991	6938	6485	93.47	21135	20485	96.92	7135	7030	98.32			
1992	2680	2648	98.80	16092	15394	95.66	6888	6246	90.67			
1993	2018	1959	97.60	12048	11522	95.63	6045	5985	98.80			
1994	5047	5041	99.89	12928	11169	88.44	3647	3451	94.60	10941	6990	63.88
1995	3970	3844	96.82	6867	6372	92.79	3500	3374	96.40	8090	6660	82.32
1996	2573	2583	96.63	5721	5340	93.34	2794	2614	93.66	6324	4707	74.38
1997	2281	2165	94.90	5458	4929	90.30	2309	2101	91.00	6927	5124	74.00
1998	2344	2240	95.56	5430	5181	65.41	2398	2210	92.16	6241	4625	74.10
1999	2339	2254	96.36	6325	6013	95.06	2332	2188	93.82	5698	4807	84.36
2000	2416	2306	95.44	6671	6262	93.86	2479	2348	94.89	6379	4890	76.65
2001	2306	2272	98.52	6935	6643	95.78	2329	2220	95.31	6960	6120	87.93
2002	2142	2123	99.91	6476	6449	99.58	2245	2191	97.59	6626	6251	94.34

续表

年度＼类别	麻疹			百白破			卡介苗			乙肝疫苗		
	应种人数	实种人数	接种率（%）	应种人数	实种人数	接种率（%）	应种人数	实种人数	接种率（%）	应种人数	实种人数	接种率（%）
2003	2148	2119	98.64	6711	6612	98.52	2287	2216	96.89	6746	6513	96.54
2004	2237	2218	99.15	6897	6797	98.55	2610	2501	95.82	7449	7165	96.18
2005	2542	2512	98.81	8893	8771	98.62	3249	3189	98.15	9138	8894	97.32
2006	3644	3609	99.03	11324	11212	99.01	3704	3655	98.67	11148	11033	98.96
2007	3894	3869	99.36	11642	11547	99.18	4078	4047	99.23	11931	11846	99.28
2008	4175	4043	96.83	12602	12043	95.56	4233	4130	97.56	12692	12481	98.33

第四节　职业病防治

职业病防治，是为了预防、控制和消除职业病的危害，为劳动者创造良好的工作环境和劳动条件，保障劳动者获得职业卫生保护，防止职业病的发生。临西县从事接触职业病危害的作业劳动者主要是从事砖厂粉尘、化肥厂有害气体、轴承加工业金属粉尘、纺织业棉尘、医院放射的有害元素的工作人员。1975 年后，对有关人员定期进行体检和对作业环境进行监督监测，未发现急慢性职业病例。

1982 年后，卫生监督人员每年 2 次定期对全县各乡镇砖厂、轴承加工户、氮肥厂、造纸厂、砂轮厂等接害人员进行健康体检，并建立了个人健康档案。实行半年体检、两年回访制度。有 32 个企业建立了企业管理档案。对全县各乡镇的 78 个企业和 842 个加工户进行尘毒监测，年监测 1248 点次。1982—1999 年，先后对 11 家砖厂、22 家轴承加工户、加工企业和氮肥厂、高村造纸厂进行了处罚和整顿，并实行将监测结果予以公布。2002 年 5 月 1 日，《中华人民共和国职业病防治法》施行。2003 年 3 月至 2005 年 7 月，县防疫部门配备了各种现场快速监测仪器 5 件，进一步加大了检查执法力度。

第五节　食品卫生监督

1979 年，县卫生防疫站对全县辖区内的食品生产经营单位及个体经营户的从业人员进行健康体检、发证，开展定期无偿食品样品采集化验，餐用具消毒使用检查，共体检食品从业人员 1040 人，查出患有肺结核、痢疾、乙型肝炎患者 32 人，立即下达了调离岗位通知书。其后，每年对全县食品从业人员进行健康体检、发证，对查出有碍食品卫生安全的疾患病人，进行调离岗位。1982 年 11 月 19 日，《中华人民共和国食品卫生法（试行）》颁布实施，卫生防疫站有 6 名卫生监督员从事食品卫生执法。

1990 年至 1993 年，根据省卫生厅、市卫生局要求，对食品“六小”行业（即小餐馆、小商贩、小食品店、小肉食店、小食品加工作坊等）开展专项治理整顿，共查处假冒伪劣食品 5600 多公斤，予以公开销毁。查封“六小”行业 24 家，取缔 10 家，罚款 2300 多元。

2006 年 5 月，县卫生防疫站分设为县疾病预防控制中心和县卫生监督所，县卫生监督所负责全县医疗和食品卫生监督。2007 年 9 月，根据省、市要求，全县餐饮业、集体食堂实行食品卫生量化管理，分 A、B、C、D 四个等级，经过四个月的治理改造，有 32 家餐饮单位被评为 C 级单位。2008 年，全县 B 级单位达到 6 家，C 级单位达到 64 家。

第三章 妇幼保健

临西县妇幼保健站位于县城玉兰西路北侧，占地1700平方米，建有三层综合办公楼1座，建筑面积1320平方米。1989年，有工作人员19名，病床5张。2007年，有工作人员21名，病床21张。设妇保科、儿保科、优生咨询科、健康教育科、孕产期保健科、计划生育科、检验科、放射科、供应科、财务科、妇科、儿科、院办室、办公室、乳透室、B超室等17个职能科室；配备有万能产床、乳腺透照仪、B超、X光、冰箱、空调、二氧化碳激光、电动吸引机、分光光度计、显微镜、新生儿暖箱、心电图机等大型先进医疗设备。是年，被联合国儿童基金会列为妇幼卫生项目县。1996年6月，妇幼保健站开展了婚前医学检查工作。是年10月，开展了医学证明管理工作。

第一节 妇女病普查

开展妇女病普查，是贯彻“预防为主、防治结合”的卫生方针，做好妇女保健工作的重要内容之一。妇女病主要包括阴道炎、子宫糜烂、附件炎、附件囊肿、乳腺增生、子宫肌瘤、宫颈癌、乳腺癌等。通过普查，可做到早发现、早诊断、早治疗，提高治愈率，降低死亡率。同时，综合分析危害妇女身体健康主要疾病的发病因素，针对性地找出干预措施，降低发病率，解除妇女疾病痛苦，保护身体健康。

普查一般包括体格检查，询问月经情况，生育及既往史，妇科检查，乳房检查，宫颈刮片，细胞检查，必要时进行活体组织检查，化验肝功能等。

妇女病普查，由妇幼保健站统一领导部署，医疗单位共同承担，有计划、有组织地进行。将妇女分期分批集中到妇幼保健站进行普查；每年还组成下乡普查队，携带B超、心电图、化验、乳透、刮片等设备，深入到乡村、工厂送医送药上门进行普查。

1975年，建立县、乡、村三级保健网。1984年以来，每年都要开展妇女病普查。对查出妇科疾病患者及时对症治疗，对严重患者，建议到上级医疗保健单位进一步诊断治疗。每年普查结束后，及时对资料进行收集、汇总、分析、上报，普查结果向每名普查妇女反馈，掌握个人健康信息，针对危害妇女身体健康的主要因素，提出干预措施，确保妇女病普查工作达到预期效果。

1984—2008年全县妇科病普查统计表

表23-4

单位：人

年度	普查人数	患病人数	治疗人数	转治人数
1984	28973	9261	9260	0
1985	29765	9227	9227	0
1986	27981	9510	9510	0
1987	29087	8432	8431	1
1988	30127	9647	9647	0
1989	29865	9855	9850	0
1990	28994	8408	8408	0

续表

年度	普查人数	患病人数	治疗人数	转治人数
1991	29847	9252	9250	2
1992	31009	8372	8369	0
1993	29007	8992	8990	0
1994	31028	9618	9618	0
1995	29876	7469	7457	0
1996	30109	8129	8097	0
1997	28976	7823	7810	0
1998	29873	8663	8658	0
1999	31029	9619	9600	0
2000	31003	8376	8349	0
2001	29984	8095	8070	2
2002	32000	8320	8320	0
2003	29906	8970	8970	0
2004	31738	8257	8239	1
2005	30119	9030	9030	0
2006	29975	8695	8690	0
2007	30786	8623	8623	0
2008	32659	9471	9465	0

第二节　儿童保健

儿童保健系统管理就是根据儿童各年龄阶段的生理和心理发育特点，采取进行定期体格检查、心理发育检查、生长发育监测、营养指导、疾病防治等积极有效的措施，对儿童进行系统身心健康的管理。服务对象是0～6岁的儿童，重点是新生儿和3岁以下的婴幼儿。每年进行儿童健康体检，1岁以内体检3次，1～3岁半年体检1次，3～6岁的每年体检1次。

临西县妇幼保健站，下设儿保科，承担全县儿童保健工作，负责指导儿童常见病防治。儿保科及各乡镇妇幼人员定期到学前班、幼儿园为儿童上卫生课，指导饮食调配，采取多种形式宣传儿童常见病防治知识，建立健全各种儿童保健制度。1980年，县城有专职保健人员2名，保育员36人。随着教育事业的蓬勃发展，幼儿园数量逐年增加，保育员也随之增多，由20世纪80年代的几名发展到90年代的几十名，到2008年，保育员已有126人，入园儿童2700人。从1998年起，每年“六一”前夕，对全县幼儿园的集体儿童和散居儿童进行儿童体检，2008年体检率达到85%以上，同时对查出的患病儿童及时进行治疗。

1979—2008年新生儿检查登记表

表23-5　　单位：人、%

年度	登记人数	患病婴儿	百分比	备注
1979	3246	26	0.8%	
1980	3300	19	0.6%	
1981	2994	21	0.7%	
1982	3175	17	0.5%	
1983	3200	23	0.7%	
1984	3098	15	0.5%	
1985	3125	14	0.4%	
1986	3311	23	0.7%	
1987	2989	16	0.5%	
1988	3121	18	0.6%	
1989	3300	20	0.6%	
1990	3256	17	0.6%	
1991	3184	15	0.5%	
1992	3076	13	0.4%	
1993	3148	16	0.5%	
1994	3276	19	0.6%	
1995	2987	13	0.4%	
1996	3295	12	0.4%	
1997	3165	15	0.5%	
1998	2990	19	0.6%	
1999	3206	16	0.5%	
2000	3098	12	0.4%	
2001	3126	19	0.6%	
2002	3200	14	0.4%	
2003	2997	11	0.4%	
2004	3148	13	0.4%	
2005	3219	15	0.5%	
2006	2978	12	0.4%	
2007	3247	19	0.6%	
2008	3103	13	0.4%	

第三节　婚前医学检查

婚前医学检查，是《中华人民共和国母婴保健法》授权各级妇幼保健机构为公民提供婚前保健服务，是法律赋予的权利和义务。

婚前医学检查是对准备结婚的男女双方可能患有影响结婚和生育的疾病进行的医学检查。

婚前医学检查项目包括询问病史、体格检查、常规检查和其他特殊检查。

常规辅助检查应进行胸透、血常规、尿常规、梅毒检查，血转氨酶和乙肝表面抗体检测，女性阴道分泌物检查。

婚前医学检查的主要疾病

①严重遗传性疾病：由于遗传因素先天形成，患者全部或部分丧失自主生活能力，子代再现风险高，医学上认为不宜生育的疾病。

②指定传染病：《中华人民共和国传染病防治法》中规定的艾滋病、淋病、梅毒以及医学上认为影响结婚和生育的其他传染病。

③有关精神病：精神分裂症、狂躁抑郁性精神病以及其他重型精神病。

④其他与婚育有关的疾病，如重要脏器疾病和生殖系统疾病等。

医学意见：婚前医学检查单位向接受婚前医学检查的当事人出具《婚前医学检查证明》，根据检查结果，填写“医学意见”。如：建议不宜结婚、建议不宜生育、建议暂缓结婚、建议采取医学措施，尊重受检者意愿，未发现医学上不宜结婚的情形。在出具任何一种医学意见时，婚检医师都向当事人说明情况，并进行指导。

从事婚前医学检查的机构，必须取得《医疗机构执业许可证》《母婴保健技术服务执业许可证》方可从事婚检工作。另外，从事婚前检查的人员，必须取得《执业医师证书》和《母婴保健技术考核合格证书》。主检医师必须取得主治医师以上技术职称。

1996 年 6 月，县妇幼保健站开展了婚前医学检查工作。1996 年 6 月 — 2003 年 10 月，共有 14267 对新婚夫妇进行了婚前检查，体检率由 1996 年的 75% 上升到 2003 年 96%。查处生殖系统病患者 873 人、内科系统病患者 1013 人，暂缓结婚 563 人、不宜生育 23 人，对影响婚育疾病的患者分别提出了指导意见。2003 年 10 月 1 日《婚姻登记条例》实施，实行自愿婚前医学检查制度，婚检人数骤降为零。

1996—2003 年婚检情况统计表

表 23–6　　　　单位：人

年度	总人数	男性人数	患病人数	女性人数	患病人数
1996	1678	839	57	839	69
1997	3800	1900	120	1900	133
1998	3996	1998	117	1998	126
1999	4040	2020	123	2020	131
2000	4200	2100	131	2100	129
2001	4000	2000	108	2100	117
2002	4300	2150	98	2150	120
2003	2212	1106	73	1106	82

第四章 卫生医药管理

第一节 医疗卫生管理

一、管理机构

1978年5月，县政府卫生科升格为卫生局，下设办公室、人事股、业务股。1996年11月，经县机构编制委员会办公室审批，卫生局下设3个股：人秘股、医政药政股、防疫保健股，行政编制11名，事业编制5名。2002年7月，卫生局下设办公室和业务股，行政编制9人，工勤编制11人。2007年4月，下设办公室、人事股、业务股，有编制人员10人。

临西县红十字会成立于20世纪80年代初，历任会长由政府主管卫生领导或卫生局长担任。红十字会办公地点设在卫生局，日常工作主要有开展自然灾害救助工作、开展初级卫生救护培训和防病知识的宣传普及、开展无偿献血的宣传推动工作等。2007年5月，响应省、市红十字会的安排，在全县开展了“博爱一日捐”活动，历时半个月，共收到捐款5万余元，全部上交市红十字会，用于医疗救助活动。是年，红十字会开展了特困儿童重大疾病救助活动。凡18周岁以下儿童患有先天性心脏病、白血病、肾病综合征者，经过申请，可以得到2万～4.5万元的医疗救助。经县红十字会积极努力，共有13名儿童得到救助，其中12名先天性心脏病患儿已顺利实施了手术，恢复了健康。2008年6月，在全县开展了第二次“博爱一日捐”活动，共收到捐款6.5万元，全部上交到市红十字会。全年共有18名先天性心脏病患儿得到救助，争取到救助金58万元。

二、医疗卫生体制改革

（一）公费医疗改革

1984年，规定每人每月平均医疗费2.50元，由单位审核，卫生局核销。1986年，经县公费医疗管理小组研究，对享受公费医疗的单位，实行全额包干、分级管理、结余留用、超支不补的管理办法。同时还规定，离休干部和在乡二等乙级以上残废军人据实报销外，退休干部职工每年定额为120元，一般在职国家干部每年定额45元，建国以后至1966年期间参加工作者，每年定额80元；建国前参加工作者每年定额100元。1974年，全县公费医疗经费8.1万元，享受人数1831人，人均44.20元；1982年，公费医疗经费22万元，享受人数2137人，人均103元；1986年，公费医疗经费34.6万元，享受人数3275人，人均105.65元；1988年，公费医疗经费52.26万元，享受人数3413人，人均159.50元。

1993年，对人均医疗费定额进行补充规定：1966年至1982年期间参加工作者，每人每年定额60元；1983年以后参加工作

县卫生局办公楼（孙晓林摄）

者，每人每年 45 元。1994 年，全县公费医疗经费 80.27 万元，享受人数 2537 人，人均 65.05 元；2004 年，公费医疗经费 112 万元，享受人数 3115 人，人均 65.07 元。2005 年，财政供养人员均纳入医疗保险。2006 年，享受全额财政的在职工作人员纳入医疗保险；享受公费医疗人员为离休干部和二等乙级残废军人。是年，公费医疗经费 103 万元，享受人数 185 人。2007 年，公费医疗经费 110 万元，享受人数 178 人；2008 年，公费医疗经费 119.42 万元，享受人数 168 人。

（二）乡镇卫生院体制改革

下堡寺、老官寨、吕寨、尖冢四个中心卫生院所有制形式为全民所有，其余 11 所乡镇卫生院所有制形式为集体所有。1979 年至 1988 年，县财政负担下堡寺、老官寨、吕寨、尖冢四所分院 100% 人员工资，其余 11 所乡镇卫生院县财政只负担 60% 人员工资，剩余部分由卫生院自行解决。

1988 年，乡镇卫生院改革，推行承包责任制。全县 15 所卫生院实行了承包责任制，白地卫生院在全地区乡镇卫生院承包责任制经验交流会上做了典型发言。1988 年至 2008 年，四所中心卫生院人员工资县财政降为负担 80%，其余乡镇卫生院人员工资县财政不再负担，全部由乡镇卫生院自行解决。实行承包制之后，由于经营不善，大部分卫生院濒临倒闭，人员纷纷外出自谋职业。全县大部分卫生院逐渐演变为家庭式经营模式。2005 年，樊村卫生院停业倒闭。2007 年底，水波卫生院停业倒闭。为巩固三级预防保健网，充分发挥乡镇卫生院的枢纽作用，2008 年，乡镇卫生院重新进行改革，全县 13 处乡镇卫生院院长实行轮岗。由审计等部门全程监督，对各乡镇卫生院的资产进行全面清产核资，登记造册。乡镇卫生院设立现金和主管会计，建立了财务账，实行院长负责下的集体经营模式，恢复了乡镇卫生院的公益性质。

（三）新型农村合作医疗

2007 年，临西县被确定为河北省新型农村合作医疗试点县。全县县级定点医疗机构 3 家，乡级定点医疗机构 14 家，村级定点医疗机构 472

参加合作医疗农民住院就诊补偿流程图

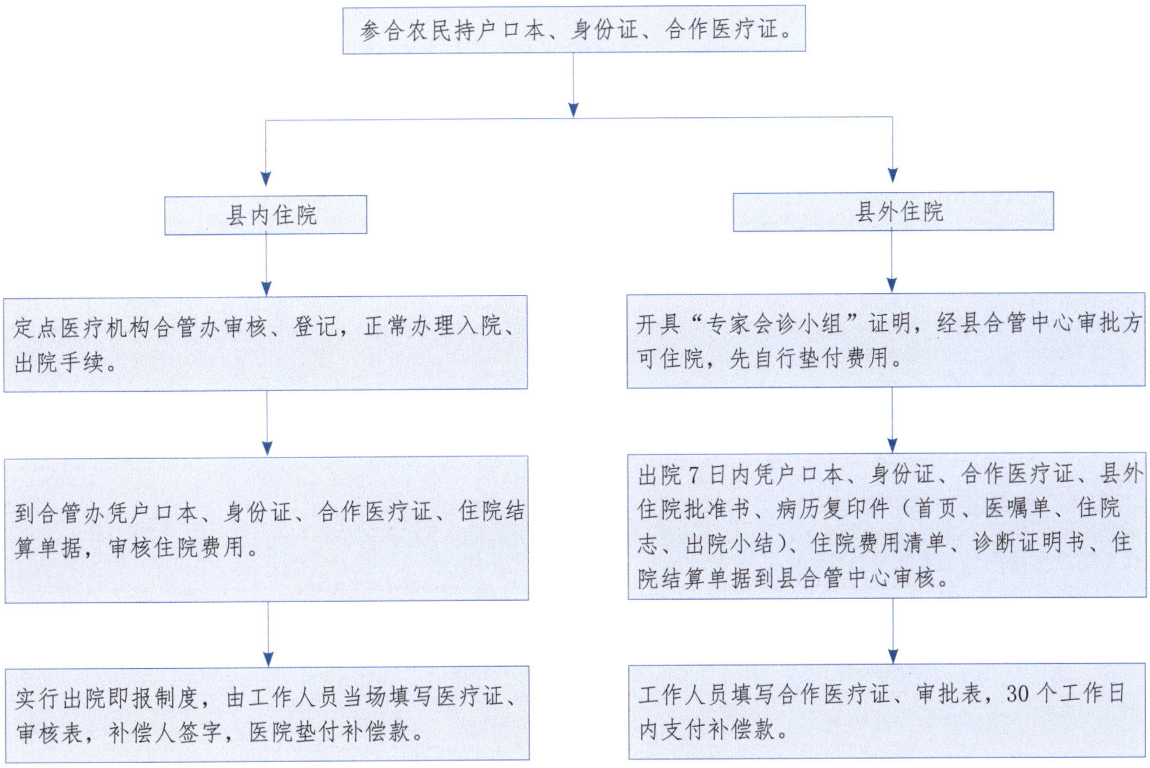

家；全县有14.85万农民参合，筹集个人参合资金148.46万元，中央、省、市、县分别按照每人补助20元、8元、6元、6元拨付参合资金。全年新型农村合作医疗门诊补偿人次6518人，补偿费用9.58万元；住院补偿人次769人，补偿费用30.48万元；特殊病慢性大额门诊补偿15人，补偿费用1.53万元。2008年，全县有24.9万农民参合，筹集个人参合资金249万元。全年门诊补偿人次55693人，补偿费用129.19万元；住院补偿人次18000人，补偿费用1457.39万元；特殊病慢性大额门诊补偿80人，补偿费用12.02万元。

2008年，新农合定点县级医疗机构有临西县人民医院；乡级医疗机构有临西县第二人民医院、临西县中医院、下堡寺中心卫生院、吕寨中心卫生院、老官寨中心卫生院、临西镇卫生院、河西镇卫生院、东枣园乡卫生院、大刘庄乡卫生院、摇鞍镇卫生院白地分院、吕寨中心卫生院姚楼分院、河西镇卫生院单屯分院、老官寨中心卫生院水波分院、大刘庄卫生院黎博寨分院；村级医疗机构共有299个，布局为下堡寺镇30个、吕寨乡26个、老官寨镇20个、临西镇18个、河西镇18个、东枣园乡23个、大刘庄乡15个、尖冢镇12个、摇鞍镇乡25个、单屯工作站16个、白地工作站27个、黎博寨工作站19个、水波工作站23个、樊村工作站13个、姚楼工作站14个。

三、经费管理

县卫生经费来源主要是财政拨款、卫生监督执法收入和医疗机构业务收入。

1、国拨经费。卫生局机关、县防疫站(2006年分设为疾控中心和卫生监督所)、妇幼保健站、新型农村合作医疗管理中心的经费由县财政全额拨付。县人民医院、县第二人民医院、县中医院、四处中心卫生院实行县财政差额补助，8处乡镇卫生院的防疫、妇幼保健工作人员由县财政拨付每人每月200元的工资补助。

2、卫生监督执法收入。卫生监督所（原防疫站法监科）对辖区内食品和医疗卫生进行监督执法，所得执法罚没收入全部上缴财政专户。根据实际工作需要，县财政按一定比例返还，作为卫生监督工作经费。

3、财政专项经费。主要包括结核病、艾滋病、地方病防治、计划免疫、农村卫生技术人员培训项目经费，以及卫生项目建设拨款。

2003—2008年财政拨付卫生专项经费情况表

表23-7　　单位：万元

项目		2003年	2004年	2005年	2006年	2007年	2008年
结核病	国拨经费		3.87	5.02	4.35	6.55	5.1
	县财政经费	1.8	3.67	3.78	3.31	3.09	3.80
艾滋病	国拨经费		1.22		2.1566	4.45	7.13
计划免疫	国拨经费		3.0	7.2	5.6	14.65	12.9
地方病	国拨经费					0.5	3.3
	市配套经费					0.1	0.2
八处乡镇卫生院建设	国拨经费					310	
	省配套经费				51		
	县配套经费				60		4
临西镇卫生院建设	国拨经费						35
	县配套经费						1

续表

项目		2003 年	2004 年	2005 年	2006 年	2007 年	2008 年
妇幼站迁建	国拨经费						50
县医院门诊楼	国拨经费						190

财政拨款由县政府支付中心统一拨付，用于人员工资、办公经费、项目经费等，医疗单位业务收入由本单位支配使用，用于本单位事业发展，卫生专项经费则用于专项支出，禁止挪用。

县卫生系统经费的管理实行“统一领导，分级管理，责权结合”的原则，由主管局长分管负责，做到职责分明、分工协作、各尽职能。各医疗卫生单位都配备了专门的会计人员，分工明确，确保各项财务制度的落实和经费使用的合理与安全，县卫生局组成专门财务审查小组，有计划地对各单位财务运行情况进行检查与监督。

四、医政管理

医政管理主要是对全县各级医疗机构医疗质量和医疗安全的管理，进行县、乡、村医疗机构的业务指导、监督等工作。

医院管理：1986 年，县级医院实行院长负责制和中层干部聘任制。医疗工作实行标准化管理和三级医师负责制，医务质量实行量化管理，定期考核。1986 年 11 月，邢台地区在临西召开医院管理现场会，临西县医院做了典型发言，地区卫生局肯定了临西的做法和成绩，推广了临西的经验。1994 年开展达标升级工作，经邢台地区卫生局考评，县医院、中医院分别被评为二级甲等医院和二级乙等医院；县二院经县卫生局考评为一级甲等医院。1999 年根据《执业医师法》的规定，医疗机构实行执业医师制度，到 2008 年底，全县已取得执业医师资格人员 170 名，执业助理医师资格人员 110 名。

卫生室管理：村卫生室是县、乡、村三级预防保健网的中心环节，承担全县农村人口的医疗保健任务，工作繁重，责任重大。

1986 年，对全县 225 个卫生室进行登记、整顿，核发《河北省村卫生室开业执照》。

1999 年，贯彻落实国务院《医疗机构管理条例》，实行一村一所，2000 人口以上的村设两所。

2004 年，按照国务院《乡村医生从业管理条例》的要求，对乡村医生实行执业证书制度，乡村医生执业证书、执业医师证书在农村具有同等效力。2008 年，有 567 人取得乡村医生执业证书。2006 年，对全县村卫生室开展“三室”（诊断室、治疗室、药房）达标工作。经严格考核，全县 560 所村卫生室全部达标。

2007 年，实行新型农村合作医疗，经县卫生局审核、各村村委会同意，全县 560 所村卫生室成为新型农村合作医疗定点医疗机构。

第二节　医药管理

1979 年以来，医药管理由卫生局医药科负责；1997 年 4 月，设立临西县医药管理局，有工作人员 2 名；2001 年 12 月，改称县药品监督管理局，有工作人员 3 名；2003 年，有工作人员 12 名；2006 年 3 月，下设办公室、药品稽查股、药品监督股。同年 6 月，改称县食品药品监督管理局，有工作人员 13 名，下设办公室、药品监督股、药品稽查股、食品安全股。2008 年，药品管理对象有：3 家县级医院、3 家个体医院、15 家乡镇卫生院、482 家乡村个体诊所、4 家医疗器械经营企业、47 家药品经营企业和 1 家药品生产企业。

2001 年，开展定期不定期的药品、医疗器械大检查，对查出的假、冒、伪、劣药品及经营单位进行吊销执照、停业整顿等处分。对医药经销门市进行资格认证管理，培训药品经销人员。2002 年对药品生产、经营人员以及医疗机构药剂人员进行体检，合格者发放健康证。2003 年，加强进药渠道管理，规定所有医疗机构要从有药品生产资质的企业进药，不得从证照不全的单位和个人手中进药。2003年防非典期间，查处一起冒充“省防非典办领导”进行诈骗事件，在公安部门的配合下迅速在威县将犯罪嫌疑人抓捕归案。2004年，查处一起非法邮递假药行为，查获假药价值5100元。2000年至2005年，监督检查医疗机构3000次，取缔药贩20家，立案查处无证生产经营药品及假劣药品100余起，没收药品货值5万元，销毁药品货值2万元，罚款10万元。2007年，抽验药品50批，其中西药45批，中药5批。2008年，开展了农村用药质量、中药材质量、医疗机构药剂及药品非法经营专项监督检查，出动执法人员1430人（次），检查药品生产、经营、使用单位604个。

第五章 体育

第一节 群众体育

临西县群众体育活动项目有田径、篮球、乒乓球、羽毛球、钓鱼、象棋、拔河、武术，还有流传民间的踩高跷、玩狮包、玩船（划旱船）等。1979年后，群众体育迅速开展。1982年，县体委把县育才小学定为武术人才重点培养基地，配备专职教练员，成立小学生武术队，常年坚持训练。1984—1986年，连续三年在邢台地区比赛中获得优异成绩。1987年，樊村乡在春节期间举行了首届全民运动会，项目有田径、篮球、乒乓球、羽毛球、武术、拔河、象棋等，有536名运动员参加了比赛。《邢台日报》作了报道。1991年后，童村董春蕾义务开场传授武艺，人员不固定，盛时达200余人。1994年农历正月十六，县体委组织举办了首届“春蕾杯”武术邀请赛。此后，每年

隆润公司员工进行拔河比赛

全民健身

坚持举办比赛。1996 年 3 月 27 日，临西县举办了首届万人长跑活动，此后，每年坚持举办此项活动。部分机关企事业单位经常自行组织举办小型的体育竞赛或运动会。1997 年 4 月，临西县被省体育运动委员会评为“双节”全民健身活动先进县。

1998 年 6 月，张武威（法人代表兼校长）创办了临西县首家武术学校——龙凤搏击武校。学校位于平安北大街东侧，占地 3370 平方米，内设学员宿舍、餐厅、训练场和练功房，学员人数 80—90 人，是一所集传统武术项目及搏击为一体的综合性武术学校。1999 年，在邢台地区武术比赛中获得团体第二名。2000 年，李洪涛投资 30 万元，创办洪涛武术学校。学校位于原县氮肥厂院内，有学员 200 多人。校内设有练功房、餐厅、宿舍，教学设备齐全，训练成绩显著。学员刘新福曾获河北省武术散打冠军。

2006 年，经县委、县政府的积极争取，国家体育局、省、市体育局对临西县农村逐年配备了一批体育健身器材，为增强群众体质，丰富群众的业余生活创造了条件。是年，仓上配备乒乓球案两台、篮球架一副；东留善固配备健身路径 10 件；2007 年，为实施农民体育健身工程，对全县 19 个村分别配备篮球架一副、乒乓球案两台。

随着人民生活水平不断提高，参加晨练的人越来越多，活动场地主要在明珠广场和一些宽敞、清静的街道。活动的主要项目有气功、太极拳、太极剑、慢跑、健身操、老年迪斯科等。县城周边的农民，也走出家门参加锻炼。活动人员自由结队，免费教、学，成为全民健身活动中一道亮丽的风景。打门球、下象棋、钓鱼是老年人闲暇之余修身养性的健身活动，县老干部局组织有老年门球队，每天下午活动。

自行车运动协会成立

第二节　学校体育

一、体育教学

1980 年，国家教育部和国家体委联合颁布《中小学体育暂行规定》，各中小学积极贯彻“规定”的“两操两课”制度，即每周两节体育课，每天有早操、课间操，每周至少有两节课外体育活动。是年，贯彻实施“新编中小学体育大纲”，试行体育教师的《教学常规》和体育课《课堂常规》，并在各中学推行《国家体育锻炼标准》。1998 年，在全县推行“中学生广播体操（一）”。进入二十一世纪，各高级中学开始注重学生自身素质的培养与锻炼，加强了专业体育教师队伍建设，把课堂上纯粹的“教与学”，发展成学生自发的“我要学，我要练”，努力提高学生学习兴趣，发挥学生特长。体育教师借助体育课挑选了大批运动员，通过精心的培养和锻炼，输送到高校，培养成优秀的体育人才。

二、课外活动

课外体育活动是学校体育主要形式之一。各级学校体育活动，每周两次以上，活动的项目有篮球、乒乓球、羽毛球、足球、踢毽子、跳绳、健美操等。活动的方式有两种：一是有计划性。即定锻炼小组、定活动内容、定时间、定场地器材；二是自愿性。学生根据爱好自行活动。课外活动的时间规定在 45—60 分钟。

三、体育训练及队伍

2008 年，县直中小学、乡镇中学

和完全小学都有自己的训练队伍和专职教练，有60个训练队。其中：田径队39个（县直中小学7个，乡镇、工作站中小学30个，职教中心1个，私立育英中学1个）；篮球队21个（县直中学4个，乡镇、工作站中学15个，职教中心1个，私立育英中学1个）。

所有训练队须参加每年一度的“全县中小学生田径运动会”，各中学参加“全县中学生篮球赛”。其中，一中、二中是全县体育人才培养基地，也是培养特长生向高校输送体育人才的学校，同时担负着市级以上各种比赛任务。另外，一中设有教练业余指导的足球队、健美操队、排球队等。

四、体育比赛成绩

县二中是省重点中学，每年都参加市级体育比赛。1987年8月，二中被省教委命名为“田径传统项目学校”。2004年5月，一中被市教委命名为“篮球传统项目学校”。两所学校的体育比赛成绩代表了全县的最高运动水平。学校体育成绩的表现形式主要是每年的县中小学生田径运动会。

临西县中小学生田径运动会小学组最高纪录

表23-8

组别/成绩/项目	男子				女子			
	单位	姓名	成绩	时间	单位	姓名	成绩	时间
100米	临西镇	石峰	12″54	1996.05	临西镇	王书华	14″23	1996.05
200米	姚楼	张增刚	26″6	1996.05	临西镇	王书华	29″22	1996.05
400米	一完小	马强	1′1″90	1996.05	河西镇	张玉磊	1′12″6	1996.05
800米	二完小	李中杰	2′21″72	1996.05	白地	任心梅	2′40″	1996.05
1500米	白地	王继中	4′45″29	1996.05	白地	任心梅	5′24″52	1996.05
4×100接力	三完小		52″24	1996.05	白地		1′0″60	1996.05
跳高	枣元	王召玲	1.39m	1995.05	下堡寺	刘芳芳	1.28m	1996.05
跳远	三完小	史家永	4.85m	1995.05	枣元	叶思春	4.08m	1996.05
铅球	白地	张成	13.58m	1995.05	一完小	郝红	9.07m	1985.05

临西县中小学生田径运动会初中组最高纪录

表23-9

组别/成绩/项目	男子				女子			
	单位	姓名	成绩	时间	单位	姓名	成绩	时间
100米	职教	李业	11″93	2005.04	一中	张晓燕	13″59	1997.05
200米	一中	徐宾	25″3	1987.05	一中	张艳姿	29″	1987.05
400米	一中	王宏伟	56″7	1987.05	一中	张桂娥	1′4″8	1987.05
800米	二中	张林	2′13″89	1999.05	一中	张桂娥	2′31″6	1987.05
1500米	一中	马建敏	4′36″6	1987.05	一中	张桂娥	5′15″2	1987.05
3000米	一中	马建敏	10′1″5	1987.05	二中	张英	11′14″59	1996.05

续表

项目＼成绩＼组别	男子				女子			
	单位	姓名	成绩	时间	单位	姓名	成绩	时间
80-110 米栏	一中	兴百成	15″ 6	1997.05	二中	袁仪军	13″ 67	1997.05
4×100 接力	二中		48″ 95	1997.05	二中		56″ 74	1996.05
跳高	二中	郑文庆	1.70m	1997.05	一中	刘芳芳	1.47m	1999.05
跳远	二中	郑文庆	5.95m	1996.05	一中	张艳姿	4.48m	1987.05
三级跳远	二中	石永军	12.63m	1995.05				
铅球	一中	王宏伟	12.06m	1987.05	一中	付学霞	9.72m	1987.05

临西县中小学生田径运动会高中组最高纪录

表 23–10

项目＼成绩＼组别	男子				女子			
	单位	姓名	成绩	时间	单位	姓名	成绩	时间
100 米	二中	石峰	11″ 53	1997.05	二中	蒋莉莉	13″ 29	2005.04
200 米	二中	周志强	24″ 50	1994.05	一中	宋书贞	28″ 50	1980.05
400 米	二中	周志强	52″ 90	1994.05	一中	宋书贞	14″ 30	1980.05
800 米	一中	许明祥	2′8″ 10	1988.05	一中	孙竹卿	2′27″ 51	2005.04
1500 米	一中	许明祥	4′22″	1988.05	二中	董玉芹	5′14″ 9	1985.05
3000 米	二中	孙福寿	9′24″	1981.05	二中	董玉芹	11′05″ 9	1985.05
5000 米	二中	王继申	16′46″ 5	1985.05				
100-110 米栏	二中	孟庆东	15″ 79	1980.05	二中	郑秀成	13″ 50	1980.05
4×100 接力	一中		47″ 22	2003.04	县联队		54″ 50	1980.05
跳高	一中	李景亮	1.70m	2002.04	一中	刘芳芳	1.46m	2002.04
跳远	职中	曹善峰	6.16m	1999.05	二中	蒋莉莉	4.79m	2005.04
三级跳远	二中	石永军	13.26m	1994.05				
铅球	二中	李祥全	12.74m	2000.04	一中	谷言	11.20m	1988.05
铁饼	职中	支玉坤	34.18m	1980.05	一中	谷言	34.98m	1988.05

五、体育器材

1990 年后，县直重点中学每年都自筹资金 5000 元以上更新体育器材，体育教学条件一直保持良好。针对乡镇中小学体育器材少、陈旧、更新慢等情况，1998 年，县教委分不同阶段，出资 60 多万元，给各乡镇中小学配备体育器材，逐步改善了乡镇中小学的体育教学条件。

2008年乡镇中小学体育器材配备表

表 23-11

器材名称	数量	器材名称	数量
起跑器	316 副	足球门	21 付
接力棒	530 根	实心球	900 个
跨栏架	420 付	哑　铃	390 付
发令枪	26 只	杠　铃	26 付
秒　表	156 块	皮　尺	78 个
跳高架	75 付	画线器	26 个
横　杆	300 根	海绵包	21 个
铅　球	792 个	跳　箱	126 台
木　尺	108 条	踏　板	108 块
高单杠	54 付	五步联合器	14 付
低单杠	108 付	拔河绳	66 条
山　羊	78 台	乒乓球（自制水泥）	66 个
体操棕垫	216 块	健身园地	48 个
肋　木	102 间	高双杠	126 付
彩　带	1620 条	低双杠	120 付
篮　球	660 个	毽　球	1300 个
排　球	600 个	长跳绳	630 根
足　球	300 个	短跳绳	1050 根
乒乓球拍	312 付	足球网	21 付
乒乓球	330 个	体操棒	840 根
篮球架	54 付	体操垫	226 块
排球架	54 付	小体操垫	420 块

第三节　竞技体育

1979年后，竞技体育在临西县逐步发展起来，县政府和体育主管部门经常组织各种体育比赛，并选派代表队多次参加县、市级的体育比赛活动，通过体育活动，增进了友谊，提高了竞技水平，丰富了全民文化体育生活。

1984—2008 年临西县各种体育竞赛成绩一览表

表 23–12

一、县级比赛

时间	地点	团体名次	名称	备注
1996 年 5 月 24—26 日	职教中心	小学组：第一名 白地　第二名 临西镇 初中组：第一名 二中　第二名 职中 高中组：第一名 二中	县中小学生田径运动会	
1997 年 5 月 10—12 日	职教中心	小学组：第一名 一完小　第二名 水波 初中组：第一名 一中　第二名 二中 高中组：第一名 二中	县中小学生田径运动会	
1997 年	四中	初中组：第一名 四中　高中组：第一名 二中	第一届“信合杯”中学生篮球赛	
1998 年	四中	初中组：第一名 四中　高中组：第一名 二中	第二届“信合杯”中学生篮球赛	
2000 年 4 月 15 日	职教中心	小学组：第一名 二完小　第二名 一完小 初中组：第一名 育英　第二名 吕寨 高中组：第一名 二中	县中小学生田径运动会	
2002 年 4 月 13 日	职教中心	小学组：第一名 四完小　第二名 二完小 初中组：第一名 建新中学　第二名 摇鞍镇 高中组：第一名 一中	县中小学生田径运动会	
2002 年 5 月 29—30 日	职教中心	小学组：第一名 临西镇　第二名 二完小 初中组：第一名 职教中心　第二名 育英中学 高中组：第一名 二中男队　一中女队	县中小学生软式排球赛	
2003 年 4 月 12 日	职教中心	小学组：第一名 二完小　第二名 临西镇 初中组：第一名 职教中心　第二名 摇鞍镇 高中组：第一名 一中	县中小学生田径运动会	
2003 年 11 月 1—3 日	职教中心	初中组：第一名 吕寨中学　第二名 四中 高中组：第一名 一中	县中学生篮球赛	
2004 年 4 月 10 日	职教中心	小学组：第一名 临西镇　第二名 二完小 初中组：第一名 职教中心　第二名 摇鞍镇 高中组：第一名 二中	县中小学生田径运动会	
2004 年 10 月 27—29 日	职教中心	初中组：第一名 吕寨中学　第二名 河西中学 高中组：第一名 一中男队　二中女队	县中学生篮球赛	

续表

时间	地点	团体名次	名称	备注
2005年4月15日	职教中心	小学组：第一名 临西镇　第二名 二完小 初中组：第一名 职教中心　第二名 二完小 高中组：第一名 一中	县中小学生田径运动会	
2007年	职教中心	小学组：第一名 摇鞍镇　第二名 临西镇 初中组：第一名 职教中心　第二名 摇鞍镇 高中组：第一名 一中	县中小学生田径运动会	
2007年10月14—16日	职教中心	初中组：第一名 职教中心　第二名 春雨中学 高中组：第一名 二中	县中学生篮球赛	

二、市级比赛

时间	地点	团体名次	项目名称	备注
1984年4月23—24日	邢台市	第十一名	邢台地区重点中学业训点田径运动会	
1985年5月26—27日	巨鹿一中	第十名	邢台地区重点中学业训点田径运动会	
1986年4月27—28日	巨鹿一中	第十一名	邢台地区重点中学、传统项目学校田径运动会	
1986年4月29—30日	内丘	第五名	邢台地区中学生田径运动会	
1986年11月3—5日	内丘	篮球第四名，武术表演奖	全民运动会	
1987年9月22—23日	邢台市	第五名	邢台地区第二届青少年田径运动会	
1987年10月27—30日	邢台市	田径第五名，武术第四名	全区第二届青少年运动会	
1988年1月27日	清河	第一名	全区冬季长跑比赛	
1988年4月25日	临城	第八名	邢台地区重点中学、传统项目学校田径运动会	
1989年5月	邢台市	第六名	邢台地区第三届青少年田径赛	
1990年4月23—25日	内丘	第四名	全区中学生田径运动会	
1990年11月	邢台市	男队第五名，女队第四名	邢台地区重点中学篮球赛	
1992年4月26—29	邢台二十冶	第七名	邢台地区中学生田径运动会	
1992年10月	邢台市	男子第五名	邢台地区重点中学篮球赛	
1993年	邢台市	第七名	邢台市田径运动会	
1993年4月18—25日	临西	第一名	邢台地区（东八县赛区）中学生篮球赛	
1994年	邢台市	第五名	邢台市田径运动会	

续表

时间	地点	团体名次	项目名称	备注
1994 年 5 月 8 日	邢台市	第四名	邢台市第九届中学生田径运动会	
1995 年 5 月 9 日	邢台市	第四名	邢台九运会暨中学生田径运动会	甲组
1995 年 10 月 18 日	邢台市	第二名	邢台市第九届全民运动会	
1996 年 10 月 2 日	邢台市	第四名	邢台市中学生田径运动会	甲组
1997 年 5 月 6 日	清河	第八名	邢台地区重点中学、职教中心田径运动会	
1998 年	邢台市	第六名	邢台市重点中学田径运动会	
1998 年 10 月		第六名：二中（中学组） 第二名：职教中心（职教中心组）	邢台市中学生田径运动会	
1999 年 5 月	邢台市	第五名	邢台市重点中学田径运动会	
1999 年 9 月	邢台县	男队第二名	邢台市重点中学篮球赛	
2000 年 5 月	邢台二中	第三名	邢台市重点中学田径运动会	
2000 年 7 月 1 日	邢台市	第三名	邢台市重点中学田径运动会	
2001 年 5 月	邢台市	第五名	邢台市中学生田径运动会	
2001 年 5 月 18—20 日	邢台二中	第五名	邢台市重点中学田径运动会	
2001 年 10 月 9—14 日		第二名	邢台市中学生篮球比赛	男高 A 组
2002 年 5 月	邢台八中	第八名	邢台市田径运动会	
2003 年	邢台一中	男队第五名，女队第五名	邢台市篮球赛	
2003 年	邢台一中	第五名	邢台市中学生田径运动会	
2003 年 10 月 8—12 日	邢台一中	第十名	邢台市中学生田径运动会	甲组
2003 年 11 月 9—15 日	邢台一中	第四名	邢台市中学生篮球赛	一中高中男队
2004 年	邢台一中	男队第七名	邢台市篮球赛	
2005 年	邢台一中	第六名	邢台市中学生运动会	
2006 年	邢台一中	第九名	邢台市中学生运动会	
2007 年	邢台一中	第八名	邢台市中学生田径运动会	
2007 年	邢台一中	男队第三名	邢台市中学生篮球赛	甲组
2008 年	邢台一中	男队第二名	邢台市篮球赛	甲组

第四节 体育设施

一、县级设施

文化体育娱乐中心 文化体育娱乐中心位于泰山路北县委政府西侧。2007年投资建设，占地12亩，建筑面积6581平方米，投资1300万元。主要设施有图书馆、文化馆、影剧院等。

室外游泳池 位于县文体局院内，2000年投入使用，总投资87万元。游泳池长50米、宽25米，占地面积3811平方米，建筑面积230平方米，场地1774平方米，配套设施齐全，有专门工作人员管理、养护，是临西县唯一的游泳场所。2003年关闭。

篮球场 县文体局共两个篮球场，其中一个为灯光球场。地面为水泥混凝土结构，占地面积1908平方米。

二、基层设施

临西县基层体育设施除个别企业外多建在学校。2005年，河北省第五次全国体育场地普查统计，全县共有体育场地70个，其中田径场3个（学校）、篮球场60个（学校56个，县直单位3个，企业1个）、排球场4个（学校3个，县直单位1个）、台球房馆1个（人行）、武术房馆2个（武校）；非标准场地41个，其中田径场15个（学校）、篮球场21个（学校20个，县直单位1个）、台球房馆2个（县直单位）、乒乓球房馆3个（县直单位）。

2007年，实施农民体育健身工程，共为全县9个乡镇的17个村配备了17副篮球架、34副乒乓球架。2008年，为老官寨乡25个村配备25副篮球架、50副乒乓球架。

第五节 管理机构

1972年，成立县体育运动委员会（简称体委），设主任、副主任各一名（均为兼职），设专职干事两人。1987年县体委人员增加至6人，主任、副主任各一人，干事4人。1989年临西县体育总会成立，设名誉主席1名，主席1名，副主席、秘书长若干名，委员21名，下设13个分会。1996年9月，县文化局和体育运动委员会合并为文化体育局。行政编制9人，下设人秘股、文化股、体育股。

奥运工作总结视频会（2008年10月摄）

第二十四编 社会生活

1979—2008年，临西县经济社会各项事业取得巨大成就，人民生活发生了巨大变化，居民收入不断增长，城乡居民消费水平不断提升，衣、食、住、行、用发生了前所未有的变化，家庭规模趋向小型，恋爱、婚姻注重质量，优良习俗传承发扬，陈规陋习不断革除，文明风尚蔚然成风，实现了社会主义物质文明和精神文明的共同发展，展现出富裕、文明、和谐、向上的时代风貌。

第一章 婚姻

第一节 婚姻状况

全县居民婚姻状况以有配偶为主。1990 年，全县有配偶人数 141764 人，占 15 岁以上人口的 73.4%；2000 年，全县人口 10% 户抽样调查有配偶人数 13952 人，占 15 岁以上人口的 70.4%；从 1990 年人口普查、2000 年 10% 户抽样调查资料看，有配偶和丧偶结构比重都呈下降趋势，未婚比率、离婚率、再婚率都呈上升趋势。

1990 年、2000 年临西县居民婚姻、性别情况调查汇总表

表 24-1

项目 / 指标		2000 年人口 10% 户抽样调查				1990 年人口普查			
		小计		男（人）	女（人）	小计		男（人）	女（人）
		15 岁以上人数（人）	结构比（%）			15 岁以上人数（人）	结构比（%）		
合计		19816		9955	9861	193099		96799	96300
未婚		4577	23.1	2583	1994	36001	18.64	21185	14816
有配偶	初婚	13767	69.47	6836	6931	141764	73.42	70472	71292
	再婚	185	0.93	91	94				
离婚		87	0.45	76	11	725	0.38	635	90
丧偶		1200	6.05	369	831	14609	7.56	4507	10102

第二节 结婚年龄

一、初婚年龄

1979 年，结婚年龄按照 50 年代国家颁布的《中华人民共和国婚姻法》规定，男青年 20 周岁后、女青年 18 周岁后允许登记结婚。同年修订的晚婚年龄为男性 26 岁、女性 24 岁，县域内居民普遍晚婚。1980 年，初婚男性 1961 人、女性 1439 人，全部达到晚婚年龄。1981 年实施新修订的《中华人民共和国婚姻法》，规定结婚年龄男不得早于 22 周岁，女不得早于 20 周岁，使婚龄人群大幅增加，是年结婚 2773 对，比 1980 年增加 809 对，其中不足晚婚年龄的 956 对。1985 年后，随着经济和生活水平的提高，东部农村中早婚现象日渐抬头，部分村庄甚至十一二岁开始订婚，晚婚率下降。1990 年，晚婚人数 4600 人。90 年代后，全县加大治理早婚、私婚力度，多数青年男女初婚年龄呈逐渐推迟趋势。不少青年为了提高自己的素质和竞争力，自觉延长受教育年限，推迟结婚时间，反映出现代年轻人追求科学文明的生活方式的态度。但在农村，早婚、未婚同居、私婚现象仍时有发生。

二、夫妻年龄差距

1990 年，第四次人口普查资料显示，全县居民夫妻 54136 对，年龄男长于女的共 33782 对，女长于男的共 12793 对，男女同龄有 7561 对，分别占总夫妻对数的 62.4%、23.63%、13.88%，可见男长于女为境内居民婚配主流形式。而在男长于女一项中，则以相差 1 年的为最多，结构比重

为20%；相差10年及以上的则以30岁以上男性占主体，为3676对。在女长于男一项中，则也以相差1岁为最多，结构比重为38.63%。

1990年临西县夫妻年龄差数表

表24-2　　单位：对

项目	差异年数									
	1年	2年	3年	4年	5年	6年	7年	8年	9年	10年及以上
男长于女	6728	5840	4471	3630	2916	2173	1806	1387	1192	3639
女长于男	4942	3399	2092	1131	522	299	164	95	57	92
男女同年	7561									

第三节　未婚

1990年，第四次人口普查资料显示，全县15岁以上人口193099人，其中未婚36001人、男性21185人、女性14816人，分别占同一年龄段人口的18.64%、10.97%、7.67%。20岁以上未婚人口占未婚总人口的45%，其中20岁以上未婚男性11337人，占未婚人口的31.49%；30岁以上未婚男性4245人，占未婚人口的11.79%，多是由于家境贫困所致。20岁以上未婚女性5007人，占未婚人口的13.9%；22—29岁未婚女性4961人，占未婚人口的13.78%，主要是由于自觉晚婚和个人择偶标准较高所致。

2000年10%户抽样调查资料显示，15岁以上人口19816人。其中未婚人口4577人、男性2583人、女性1994人，分别占同年龄段人口的23.09%、13.03%、10.06%，分别比1990年增长4.45、2.06、2.39个百分点。15—19岁人口为未婚人口主体。由于县域经济较快发展，农村城镇居民家境普遍经济水平提高，基本摆脱了因贫困而导致单身的困境，从而致使20岁以上未婚人口比例比1990年明显下降。

第四节　丧偶

1990年，第四次人口普查资料显示，全县丧偶人口14609人，其中男性4507人、女性10102人，分别占15岁及以上人口的7.56%、2.33%、5.23%。男性丧偶人口结构比重为30.85%，女性丧偶人口结构比重为69.15%，女性丧偶人口所占比重高于男性丧偶人口38.3个百分点。丧偶人口中55岁以上的占据主体，为12322人，其中男性3629人、女性8693人，分别占丧偶总人口的84.35%、24.84%、59.50%。

2000年10%户抽样调查资料显示，丧偶人口1200人，其中男性369人、女性831人，分别占15岁及以上人口的6.05%、1.86%、4.19%，分别比1990年下降了1.51、0.47、1.04个百分点。男性丧偶人口结构比重为30.75%，比1990年下降了0.1个百分点；女性丧偶人口结构比重为69.25%，比1990年上升了0.1个百分点。表明居民健康水平提高和平均寿命延长，同时女性人均寿命明显高于男性。

第五节　离婚

80年代初期，人们受传统观念影响较重，普遍对离婚持歧视鄙视态度，笼统的认为离婚都是不道德、人品差的表现，人们畏于社会舆论和社会压力，即使婚姻质量差也不想离婚、不敢离婚，域内离婚案例很少。1982年，《中华人民共和国婚姻法》修订颁布后，人们对离婚的认识逐渐客观化，对离婚的道德评价趋于理性。除某些离婚纠纷要经法院处理外，一般人们在所在乡镇人民政府或县民政部门即可办理协议离婚。80年代后

期，离婚率缓慢上升。1985 ~ 1989 年，平均离婚率为 2%。

1990 年，结婚 521 对，离婚 6 对，离婚率 1.2%。同时，第四次人口普查资料显示，全县 15 岁及以上离婚人口 725 人，其中男性 635 人、女性 90 人，分别占同年龄段人口总数的 0.38%、0.33%、0.05%。在离婚人口中，男性占 87.58%，女性占 12.429%，男性比女性高出 75.16 个百分点，是女性的 6.05 倍。

2000 年，结婚 2321 对，离婚 54 对，离婚率 2.33%。同时，10% 户抽样调查资料显示，全县 15 岁以上人口中，离婚人口 87 人，其中男性 76 人、女性 11 人，分别占同年龄段总人口的 0.44%、0.38%、0.06%。在离婚人口中，男性占 87.35%，比 1990 年下降了 0.23 个百分点；女性占 12.65%，比 1990 年上升了 0.16 个百分点，男性比女性高出 74.7 个百分点，比 1990 年下降了 0.46 个百分点。

2000 年后，工业化、城市化、信息化速度进一步加快，人们之间的交流更加广泛、直接、多样、频繁、快捷，婚姻双方维护自身权益的意识、婚姻自主的意识、追求婚姻质量的意识进一步增强。加之价值观多元化和腐朽的封建婚姻文化、西方性文化的影响渗透，致使离婚率较快上升。2005 年全县结婚对数 2512 对，离婚对数 141 对，离婚率 5.6%；2006 年全县结婚对数 2490 对，离婚对数 183 对，离婚率 7.35%；2008 年全县结婚对数 2606 对，离婚对数 236 对，离婚率 9.06%。

第六节　再婚

由于受传统封建礼教影响，70 年代，县域内女性离婚或丧偶后再婚现象很少，妇女丧偶后多是终生守寡或个人独居；男子丧妻后续娶者较多。新《婚姻法》主张男女平等，婚姻自由，丧偶或离婚后，男女均有再婚的权利。2000 年 10% 户抽样调查资料显示，全县共有再婚人数 185 人。其中男性 91 人，女性 94 人，分别占再婚人数的 49.19%、50.81%。在再婚者中，男性与女性所占比例基本持平；从婚姻地位看，男性与女性相比在基本条件相当的情况上稍优于女性。再婚者一般以中、青年人居多，丧偶或离婚时年龄越年轻，再婚的可能性就越大。也反映出"从一而终"的封建婚姻观念在人们思想中已不再是唯一原则，丧偶再婚逐渐增多，越来越多的人摈弃旧的封建礼俗的束缚，追求建立自由幸福的婚姻家庭。近几年，城镇 60 岁以上男性老人丧偶后续弦者也屡见不鲜。

1990 年临西县 15 岁及 15 岁以上人口分年龄、性别的婚姻状况统计表

表 24-3　　单位：人

年龄	合计			未婚			有配偶			丧偶			离婚		
	合计	男	女	小计	男	女	小计	男	女	小计	男	女	小计	男	女
总计	193099	96799	96300	36001	21185	14816	141764	70472	71292	14609	4507	10102	725	635	90
15—19 岁	21672	10887	10785	19657	9848	9809	2009	1036	973	4	2	2	2	1	1
20—24 岁	29983	14141	15842	10474	5789	4685	19437	8301	11136	33	17	16	39	34	5
25—29 岁	25664	12683	12981	1579	1303	276	23947	11279	12668	68	46	22	70	55	15
30—34 岁	19564	9868	9696	737	723	14	18657	9030	9627	127	75	52	43	40	3
35—39 岁	22266	11783	10483	872	866	6	21064	10704	10360	235	125	110	95	88	7
40—44 岁	17595	9402	8193	695	688	7	16447	8492	7955	380	157	223	73	65	8
45—49 岁	9783	5089	4694	447	443	4	8787	4434	4353	495	160	335	54	52	2
50—54 岁	10338	5506	4832	463	460	3	8863	4687	4176	945	296	649	67	63	4

续表

年龄	合计			未婚			有配偶			丧偶			离婚		
	合计	男	女	小计	男	女	小计	男	女	小计	男	女	小计	男	女
55—59岁	10862	5656	5206	449	448	1	8721	4640	4081	1601	487	1114	91	81	10
60—64岁	8723	4369	4354	299	299	—	6050	3307	2743	2279	681	1598	95	82	13
65—69岁	7000	3316	3684	170	164	6	4093	2316	1777	2688	798	1890	49	38	11
70—74岁	4895	2167	2728	80	77	3	2272	1317	955	2508	747	1761	35	26	9
75—79岁	2898	1259	1639	58	57	1	1014	650	364	1815	542	1273	11	10	1
80—84岁	1353	503	850	17	17	—	321	218	103	1014	268	746	1	—	1
85—89岁	440	155	285	3	2	1	78	57	21	359	96	263	—	—	—
90—94岁	56	15	41	1	1	—	4	4		51	10	41	—	—	—
95—99岁	7	—	7	—	—	—	—	—	—	7	—	7	—	—	—

第二章 家庭

第一节 家庭类型

70年代，全县居民家庭结构以二代户最多，父辈子辈两代同堂，子女成人后另立家庭。1990年度和2000年度人口普查资料显示：全县家庭户中，二代户占家庭总户数的65%以上，三代户占家庭总户数的20%，二代户、三代户家庭数量呈下降趋势，十年间分别下降了1.68和1.71个百分点。与此同时，一代户数量大幅增长，十年间提高了4.25个百分点。出现这种变化的主要原因是青年人独立意识愈来愈强，崇尚婚后建立小家庭，分门单过，导致一代户比重激增。

从全县家庭的民族构成看，单一民族家庭占绝大多数。2000年，全县单一民族户89384户，占总户数的99.87%，2个民族户112户，占总户数的0.13%，

临西县1990年、2000年家庭户类别对比表

表24-4

指标	1990年		2000年		2000年比1990年增减%
	户数（户）	结构比（%）	户数（户）	结构比（%）	
一代户	7142	10.71	11786	14.96	4.25
二代户	44707	67.01	51477	65.33	-1.68
三代户	13861	20.79	15031	19.08	-1.71
四代户	593	0.89	499	0.63	-0.26
五代及以上户		—	2		

第二节　家庭规模

1979年，全县家庭总户数为55704户，总人口231675人，户均4.2人。2008年，全县家庭总户数为102623户，总人口为356393人，户均3.5人。1990年度和2000年度人口普查资料显示：居民家庭以四人户最多，占总户数的30%；五人户位居第二，三人户位居第三，两者之和占全县家庭户数的40%；二人户、三人户和四人户数量呈增加趋势，十年间提高了约2个百分点，五人户及以上户型的比重都呈下降之势，可见全县家庭规模正向小型化发展。特别是五人户下降较快，十年间下降了3.24个百分点。

临西县1990年、2000年家庭户规模对比表

表24-5

指标	1990年		2000年		2000年比1990年增减（%）
	户数（户）	所占比例（%）	户数（户）	所占比例（%）	
总计	66665		78795		
一人户	2867	4.30	4115	5.22	0.92
二人户	6685	10.03	9453	12.00	1.97
三人户	11496	17.24	15124	19.19	1.95
四人户	19377	29.07	24728	31.38	2.31
五人户	15492	23.24	15757	20.00	-3.24
六人户	5678	8.52	6459	8.20	-0.32
七人户	2701	4.05	2270	2.88	-1.17
八人户	1087	1.63	617	0.78	-0.85
九人户	482	0.72	172	0.22	-0.50
十人及以上户	350	0.53	100	0.13	-0.40

第三节　家庭生育

一、生育观念

70年代末，国家对只生育一个孩子的夫妇执行奖励政策。80年代以后，全县落实国家计划生育政策，提倡“一对夫妇只生一个孩子”，每个家庭特别是城镇家庭一般生育1—2个孩子。90年代后，计划生育工作更加巩固和完善，计划生育作为基本国策已得到广泛实行，家庭生育观念发生了很大变化，晚婚、晚育、少生、优生成为时代主流。

二、生育年龄及孩次

据1990年、2000年人口普查资料显示：全县育龄妇女生育年龄推迟，出生人数下降。育龄妇女一般生育率由1989年的86.93‰降至2000年的12.81‰，下降了74.12个千分点。15—19岁育龄妇女一般生育率1989年为30.69‰，2000年为1.91‰，下降了28.78个千分点；生育年龄主要集中在20—34岁，其中20—24岁育龄妇女一般生育率由1989年的207.31‰降至2000年的112.97‰，下降了94.34个千分点；25—29岁育龄妇女一般生育率由1989年的157.40‰降至2000年的97.06‰，下降了60.34个千分点；30—34岁

育龄妇女一般生育率由1989年的50.41‰降至2000年的32.38‰，下降了18.03个千分点。有计划的生育和科学地选择最佳生育年龄逐渐为人们认同，早婚早育现象大幅度减少。

临西县1989年、2000年按年龄分段育龄妇女生育率对比表

表24–6

年龄段	1989年（‰）	2000年（‰）	2000年比1989年增减（‰）
15～19岁	30.69	1.91	-28.78
20～24岁	207.31	112.97	-94.34
25～29岁	157.40	97.06	-60.34
30～34岁	50.41	32.38	-18.03
35～39岁	20.67	7.58	-13.09
40～44岁	6.08	2.99	-3.09
45～49岁	2.34	1.41	-0.93

从1990年和2000年两个年度生育数据对比发现，十年间第一孩的生育率下降了22.06个千分点，第二孩的生育率下降了21.61个千分点，第三孩的生育率下降了16.12个千分点。到2000年，全县生育第四孩、第五孩及以上的家庭零星可数。生育孩次明显减少。

临西县1990年人口普查育龄妇女生育状况表

表24–7

项目/年度	育龄妇女人数（人）	出生人数（人）	生育率（‰）	第一孩		第二孩		第三孩		第四孩		第五孩及以上	
				出生数（人）	生育率（‰）	出生数（人）	生育率（‰）	出生数（人）	生育率（‰）	出生数（人）	生育率（‰）	出生数（人）	生育率（‰）
1990年	72057	6264	86.93	3021	41.93	2198	30.50	764	10.60	218	3.03	63	0.87

1990年、2000年人口普查数据还显示：文化程度越高的群体，生育率越低，生育子女数越少；反之文化程度较低的群体，生育率较高，子女数量相对较多。究其原因：一是文化程度高的国家工作人员占比较大、经济收入较高，社会福利和社会保障也比较优越，养老后顾之忧也较小；二是文化程度高的比较容易接受国家计划生育政策，其生育观念逐渐从过去的“生儿育女，传宗接代，多子多福”逐渐转变为比较自觉地服从计划生育、优生优育的要求，把生儿育女看成是社会责任，自觉少生优生。

第四节　家庭教育

一、教育理念

70年代末，农村家长对子女的愿望是健康成长、有好人品、意志坚强、善言谈交际、会干活等，县城家长还较注意培养良好的行为习惯和学习成绩。80年代中期以后，随着社会的进步，生活节奏的日益加速，生存竞争压力的加大，越来越多的家长把家庭教育的重心转移到关注子女的智力发展和学习成绩上来，希望通过对孩子的智力开发，促进学习成绩的提高，目标是未来考上

重点大学、找到理想工作。同时，男女平等接受教育的观念被广泛认同，但对男孩上学择业的期望值仍然略高。

90年代，县城居民中由于独生子女的增多，传统的“望子成龙”“望女成凤”的心理进一步增强，很多家长在孩子的学习教育上加大投资，有的甚至把自己未能实现的夙愿寄托在孩子身上，希望孩子样样拔尖，从小就让孩子参加各种兴趣班、才艺班、补习班、培训班等，加重了孩子的学习负担和心理负担，这在20世纪90年代后日渐突出。2000年后，初、高中择校风气开始风行，一些经济条件较好、子女学习程度较好的家庭，不惜支付高额学费，也要把孩子送到诸如邢台一中、衡水中学、石家庄二中等师资力量强、教学质量高的学校就读，并且这种择校风逐渐向农村、向低年级阶段蔓延，有的孩子小学开始就到外埠上学。

二、教育方式

80年代，家庭教育方式仍在很大程度上受到“棍棒底下出孝子”“不打不成才”的教育观念影响，父母多从主观意志出发，对子女采取严厉的高压命令式教育；或是父母只重视自己的生产工作学习，对子女的教育关心较少，甚至放任自流；或是教育态度缺乏一致性、连续性，随心所欲，以家长的情绪为转移。少数具有较高文化修养的家长，对子女耐心教导，言传身教，循循善诱，督促检查。

90年代中期以后，随着全社会科学文化素养的提高，先进的、科学的教育理念在较大程度上影响到家庭教育方法的改变。使得多数家庭日益重视言传身教、尊重信任、耐心说服、多表扬鼓励，重视家庭教育与学校教育、社会教育的配合，使全社会家庭教育方式呈现了较大进步。同时，随着独生子女家庭的增多，对孩子过分娇宠、溺爱的问题又有发生，凡事包办代替，导致孩子依赖性强，独立性差，生活能力弱，适应能力差。这种家庭教养方式在80年代中期以后组建的家庭中较为多见。

第五节　子女抚养

80年代，无论城乡婴儿多是母乳喂养。90年代后，母乳喂养人数有所减少，哺乳的时间逐渐缩短。原因大致有四：一是哺乳期妇女奶水少或没奶水的现象日益多见；二是哺乳期妇女外出工作就业者越来越多，由于工作原因不能为婴儿哺乳的增多；三是质量较高的奶粉和其他婴儿食品越来越丰富，为代乳方式和缩短哺乳期提供了方便条件；四是妇女保健爱美意识增强，有些嫌哺乳太累、怕哺乳影响身材而不愿以母乳喂养。

90年代以前，抚养幼儿子女的方式，在2岁至7岁上一年级前一般是由父母或祖父母看管，少部分城镇居民是雇保姆和其他方式看管。90年代以后，随着幼儿教育、学前教育事业的发展，过去那种孩子由父母或祖父母看管到上小学一年级的现象随之改变，逐步过渡到3周岁左右上托儿所、幼儿园或学前班接受学龄前教育。

第六节　老人赡养

随着和谐社会的不断发展，居民收入的不断增长，居民生活逐步提高，子女赡养老人的方式及费用也逐渐变化。

近二三十年，子女赡养老人，一般是老人身体尚好时首选居家养老。在农村子女一般是为老人提供米、面、粮、油、柴、煤以及医药费等，不定期回家探望，为老人购买点心、肉蛋类等慰问品。老人无生活自理能力后一般是跟子女生活或由子女轮流照顾。70年代，很少有子女定期给老人现钱，偶有家境宽裕的子女在逢年过节时给老人少量零花钱。80年代中期后，随着经济收入的提高，农村家庭普遍较为富裕，子女定期不定期给老人现钱的现象渐为多见，或由子女协商定期给老人现钱，几元或几十元数目不等，由子女均担；或由子女分别酌情掌握，不定期、不定额的给老人生活费。

90年代后，东留善固、仓上等一些经济基础好的村庄开始为本村60岁以上老人每人每月发放几元到几十元数额不等的老年补助。1999年后，县上开始为百岁老人每月发放生活补助金100元。2006年，开始对农村只有一个子女或两个女孩的夫妇年满60周岁以上给予每月60元的奖励扶助。加之国家各种形式的养老保险的出台，新型的“老有所养”模式和政策日益惠及城乡居民。

90年代后期，在城镇出现由子女或老人本人交纳养老保险金，到期每月领取养老金的新型老人养老方式。还有相当部分城镇家庭老人或为离休、退休人员或有其他经济收入来源，不仅婉拒子女的赡养资金，而且在子女购房、购车甚至日常生活大事中无偿给予子女资金援助。这部分老人衣食住行无忧，对儿女要求的是“常来常往”“尊老爱幼”的精神赡养。2000年后，开始出现少数家庭选择送老人去养老院养老。

第七节 家务劳动

70年代末，由于受“男主外、女主内”的传统观念影响，传统的家庭分工模式仍受大部分家庭认可，男人主要从事社会生产劳动，女人主要从事家务劳动，女性是所有家务劳动的承担者，大多男性认为较少承担或不承担家务劳动是天经地义的事。

80年代，一般家庭家务劳动分工中，洗衣、做饭、洗碗、照料孩子、打扫卫生、日常采购等繁重的家务劳动以妻子为绝对主体；女性老年人多辅助照料孩子、做饭、洗碗等家务，是在家庭成员中除妻子以外承担家务较多的人。除重体力家务活由男性承担外，男性很少承担家务劳动。

90年代，在城镇，男女平等意识逐渐增强，夫妻开始向共同承担家务劳动转变。其中文化程度越高者，夫妻共同承担家务劳动的比率越高。女性家务劳动负担有所减轻，但仍是家务劳动的主力。

2000年后，夫妻共同承担家务劳动的意识进一步增强，并为大多数人们认同，加之餐饮服务、服装干洗服务、家政服务、搬家服务、保洁服务等服务行业的迅速发展，全自动电饭煲、洗衣机等现代化家用电器陆续进入家庭，家务劳动日益电器化、机械化、自动化、社会化，在较大程度上减轻了家庭主妇和整个家庭的家务劳动负担。人们越来越多的享受到现代文明带给人们生活的便捷、轻松、安逸、幸福。

第三章 居民生活

第一节 农村居民生活

70年代，全县农村实行“三级所有、队为基础、生产队为基本核算单位”的政社合一的计划经济体制。农业生产发展缓慢，农民收入增长缓慢，农村生活水平较低。十一届三中全会后，随着推行家庭联产承包责任制，调整种植结构，增加对农业的投入，农村居民生活发生了翻天覆地的变化。

农民收入快速增加。1979年，全县农村人均纯收入仅有50多元。1990年，全县农村人均纯收入就达到了500元，10年间增长了10倍。到2008年末，全县农村人均纯收入达到4360元，较1979年增长了86倍。

消费水平大幅度提高。收入是消费的基础，随着收入的提高，农村居民的消费水平、生活水平“水涨船高”，消费领域不断扩大，消费结构日趋合理。第一、饮食质量大幅度提高。实现了由吃不饱到吃饱、再由吃饱到吃好的大步跨越。人均主食支出的比重由1979年时的84%下降到2008年的44%，下降了40个百分点。农村人均消费的油脂、肉禽、水产品比1979年分别增长了4倍、4倍和3倍多。第二、服饰实现了舒适高档。随着农民温饱问题的解决，服饰消费观念不断更新，农民在穿着上由过去讲究不起，变成

现在的越来越讲究。织土布做衣服和买布做衣服的大幅减少，购买成衣的大幅增加，并且越来越讲究款式、花色、质量。2008年，农村居民人均衣着支出达到142元，比1979年增长了8倍。第三、农民的住房状况有了极大改善。70年代，农村房屋十分简陋，多是土坯墙的草顶房、砖顶房，现在农村建的都是砖木结构、钢筋混凝土结构的宽敞砖瓦房，一般是北房五间、东西配房若干、院门都很宽大，能进出拖拉机、汽车。还有不少农户盖起了楼房。门窗多是木制、铝合金、塑钢质地，内外装饰多是白灰、水泥、墙砖、地砖、内外墙涂料等。农村人均居住面积由1979年的8平方米增长到2008年的32平方米，增长了4倍。第四、农村居民购置日用耐用品数量成倍增加。1979年前，农村居民家庭几乎没有任何家用电器，经过30年的发展，到2008年末，平均每百个农村住户拥有电视机110台、洗衣机79台、自行车156辆、电动车29辆、摩托车75辆、移动电话86部，一些农户购置了照相机、录像机、电冰箱、空调、电脑、农用车等，少数农户还购买了拖拉机、收割机、小汽车。同时，农村居民精神生活日益丰富，人均文化、教育、娱乐、保健方面的支出逐年增加。

生产条件改善，劳动强度降低。耕、种、收、打基本实现了机械化；打药、浇地半机械化；只有摘棉花等少数农活还需手工完成。

第二节　城镇居民生活

1979年时，县内城区居民的经济来源主要是工资性收入，且不同行业之间、不同所有制经济组织之间差距不大。当时全县职工年平均工资为515.36元。随着全县经济实力的增强，城区居民收入水平大幅提高，1986年机关事业单位开始实行以服务工资为主的结构工资制，企业职工逐步实行工资总额与经济效益挂钩。城镇居民人均收入先后于1988年、2000年和2007年突破了1000元、5000元和10000元。据抽样调查，2008年城区居民家庭人均可支配收入为12129元，比1984年的545元增加11584元，增长21.3倍，扣除物价因素，实际增长4.1倍，年平均递增7.1%。并且由于改革开放使就业渠道拓宽，加之政府鼓励一部分人先富起来的政策，个体经营不断发展，经营性收入不断增加，2008年城区居民人均经营性收入为1944元，占全部收入的15.4%。工资性收入虽然仍是城区居民家庭收入的主要来源，但所占比重开始呈现下降趋势。

由于收入水平的大幅提高，城区居民的消费质量有了显著提高，消费结构发生了明显变化。据抽样调查，2008年城区居民人均消费性支出为8779元，比改革开放初期的1984年的480元增长17倍，平均年增长7%。食品消费由改革开放前"凭票供给"、基本吃饱，发展为趋向"吃好"，讲究营养，粮食消费逐步下降、副食品消费逐步上升。衣着消费由改革开放前的面料低档、颜色单一、一件衣服多季穿，发展到款式多样、花色多样、张扬个性、质量高档。据调查，2008年城区居民人均用于衣着方面的支出为1403元，是1984年的18倍，且成衣化趋势已成主流。耐用品消费，70年代的"四大件"是手表、自行车、收音机、缝纫机；八十年代的"四大件"是电视机、电冰箱、洗衣机、电风扇；九十年代以来不仅原来的"四大件"已经普及，而且空调、电脑、音响设备、VCD、DVD、移动电话、数码相机、摄像机、微波炉、电磁炉、太阳能浴室、液晶电视进入大多数家庭。家用汽车不断增加，到2008年每百户拥有汽车数达到6辆。居民的住房条件不断改善，形式上由单一的公建或自建平房向购买商品楼房转变，从2000年县城第一个住宅小区安居工程小区建成，到2008年末，城区交付使用的新建住宅小区已有9个、建筑面积20万平方米，占城区原有居住面积的30%。居住面积不断扩大，20世纪80年代初人均居住面积7.6平方米，到2008年末人均居住面积达到30平方米，增长3倍，并且水、暖、电、电话、宽带、有线电视等配套设施齐全。

第四章 社会保障

1979年至20世纪80年代末，在以计划经济为主导的体制下，县社会保障工作基本上是由国家和企业包揽一切的社会保障机制。在企业转轨变制后，为适应社会主义市场经济体制发展的要求，临西县按照国家政策，实行单位、个人分别负担的企事业单位职工社会保险制度，以社会保险（养老保险、工伤保险、生育保险、医疗保险、失业保险）、职工解困、职工生活保障为主要内容的社会保障体制基本形成，确保了企业离退休职工基本养老金按时发放，促进了下岗失业人员再就业，为全县经济发展和社会稳定发挥了重要作用。

第一节 社会保险

一、企业养老保险

1986年，县设置社会保险事业管理所，开始经办全县国有、集体企业的养老保险业务。1992年，县级养老保险根据省市要求，实行省级统筹。2001年，实行社会化发放。2002年，养老保险费缴纳转地税局代征。按国家规定，养老保险费由企业和职工共同负担，企业负担20%、个人负担8%。临西县养老保险费缴纳状况不一，多数是根据其企业经济效益而定。有的企业出大头、个人出小头；有的个人出大头、企业出小头；亦有全部个人缴纳的现象。2008年，全县参保职工7969人，退休职工1716人。退休人员做到了养老金按时足额发放，累计为离退休职工发放养老保险金1亿多元。

1988—2008年临西县企业养老保险金征收、发放一览表

表24–8

年度	参保单位数（个）	参保职工数（人）	征收保金额（万元）	离退人员数（人）	发放养老金（万元）
1988	21	953	53.63	275	50.56
1989	21	1011	74.7	284	48.95
1990	26	1129	152.25	375	79.35
1991	26	1595	181	379	50.9
1992	29	1672	263.6	439	151.3
1993	31	2102	134.8	439	126.48
1994	37	2229	396.8	673	309.9
1995	39	2621	355.4	829	358.8
1996	47	2795	375	936	377
1997	47	3210	403	774	415
1998	47	3440	433	799	417
1999	52	3996	436	811	475
2000	52	4223	549	820	461
2001	52	4783	669	909	635
2002	56	5127	836	1340	586

续表

年度	参保单位数（个）	参保职工数（人）	征收保金额（万元）	离退人员数（人）	发放养老金（万元）
2003	56	5400	486	1372	476
2004	56	5773	721	1390	809
2005	56	6080	747	1440	914
2006	56	6198	570	1472	988
2007	56	7313	1754	1730	1477
2008	59	7969	982	1716	967

二、机关事业养老保险

1986 年，临西县实行机关事业单位养老保险，由县社会保险事业管理所负责。机关事业单位养老保险属于县级统筹。2002 年，机关事业单位保险费与企业养老保险费一起转至地税局代征。机关事业养老保险费由单位和个人负担，单位负担 20%、个人负担 8%。2008 年，全县机关事业养老保险参保职工 922 人，退休职工 112 人，为离退休职工发放养老金 51 万元。

1996—2008 年临西县事业养老保险金征收、发放一览表

表 24-9

年度	参保单位数（个）	参保职工数（人）	征收保金额（万元）	离退人员数（人）	发放养老金（万元）
1996	19	175	36.87	49	30.61
1997	21	243	32.5	53	30.79
1998	21	303	43.1	56	38.5
1999	23	362	35	57	42
2000	27	388	72	61	46
2001	27	470	48	72	34
2002	27	556	45	82	34
2003	32	615	64	89	42
2004	32	672	78	92	45
2005	34	740	121	98	86
2006	34	763	113	101	65
2007	34	831	107	114	102
2008	34	922	175	112	51

三、工伤保险

1995 年始，临西县实行企业职工工伤保险，由县社会保险事业管理所负责。2005 年，实行市级统筹。工伤保险费全部由单位负担，费率根据行业的不同划分为 0.5%、1%、2% 三个标准。2008 年底，全县参加工伤保险 6830 人，累计为 8 人发放工伤保险金 5.5 万元。

1996—2008年临西县工伤保险金征缴发放一览表

表 24-10

年度	参保单位数（个）	参保人数（人）	征收保金（万元）	发放金额（万元）
1996			3	0
1997			6.9	0.9
1998			4.5	0
1999			1	0
2000			1.02	0
2001			1.92	1.47
2002			1.11	0.33
2003			0	0
2004			1.09	0.9
2005			0.37	0.3
2006			0.52	0.48
2007	76	11620	37.97	0
2008	78	6830	25	0

四、生育保险

1995年，临西县政府制定了《临西县企业职工生育保险暂行办法》。生育保险根据“以支定收，收支基本平衡”的原则筹集资金，由企业按职工工资总额核定比例，按月向社会保险经办机构缴纳生育保险费，建立生育保险基金。2008年底，全县共有6142人参加了生育保险，共征缴生育保险金52万元，为职工报销生育保险费33万元。

1996—2008年临西县女职工生育保险金征、发一览表

表 24-11

年度	参保单位数（个）	参保人数（人）	征收保金（万元）	发放金额（万元）
1996			3	0.3
1997			7.6	0.6
1998			4.9	1.3
1999			2	1
2000			2.25	1.1
2001			0.85	1.64
2002			0.59	1.20
2003			0	0.31
2004			1.1	0.5

续表

年度	参保单位数（个）	参保人数（人）	征收保金（万元）	发放金额（万元）
2005			0.37	0.31
2006			0.48	0.52
2007	40	6142	25	2.2
2008	40	6142	25	2.6

五、失业保险

1986年，临西县成立待业保险经办机构，全县国营企业职工参加待业保险。企业按照全部职工标准工资总额的1%缴纳待业保险基金。1994年，待业保险改为失业保险，参保范围扩大到国有企业、县以上集体企业、劳动就业服务企业。企业按照全部职工工资总额的1%缴纳失业保险费。2001年，银行系统纳入失业保险。临西县因地制宜，分类指导，对国有企业下岗职工基本生活保障向失业保险并轨分流，对改制企业职工和关闭破产企业失业人员进行安置，建立失业预警机制，落实各项促进就业政策、强化就业服务、减少失业存量。2008年底，全县失业保险参保单位78个，参保人数9066人，为90人发放失业保险金43万元，失业保险基金累计结余320万元。

六、医疗保险

2005年5月，成立临西县医疗保险基金管理中心。是年8月，正式运行。全县县直机关事业单位、中直单位、市属单位以及部分企业等60余个单位3500余人参加了医疗保险。2006年，全县乡镇机关事业单位、县直教育、乡镇教育及部分企业4800余人纳入医保。2008年底，全县共有11016人参加了医疗保险。

基本医疗保险费，由用人单位和职工双方共同缴纳。用人单位缴费率按本单位上年度职工工资总额的5%缴纳，在职职工个人缴费率按上年度本人工资总额的2%缴纳，退休人员个人不缴纳基本医疗保险费。用人单位和职工缴纳的基本医疗保险费构成基本医疗保险基金。基本医疗保险基金划分为社会统筹基金和个人账户。个人账户由职工个人缴纳的基本医疗保险费和单位缴纳的医疗保险费中的一部分构成，在职职工个人缴纳的基本医疗保险费全部划入个人账户，用人单位缴费按照年龄段和比例确定。2006年，出台了《关于基本医疗保险费缴纳有关具体问题的通知》，进一步规范了医保费的征缴，统筹基金支付住院医疗费用执行起付标准和年度最高支付限额。参保人员在县定点医疗机构住院发生的住院医疗费用，由个人支付起付标准的医疗费用，超过起付标准的部分，由统筹基金和参保人员按规定的比例支付。统筹基金支付严格执行河北省基本医疗保险诊疗项目目录以及医疗保险药品目录。

为健全城镇职工医疗保障体系，解决职工因患大病超过基本医疗保险最高支付限额的大额医疗费问题，临西县联合人寿保险公司建立了大病统筹基金。第一个参保年度最高支付限额为8万元，以后参保年限每增加一年，最高支付限额增加1万元，连续参保的最高封顶线为12万元。

2005—2008年临西县医疗保险征发一览表

表24-12

年度	参保单位数（个）	参保人数（人）	征收保金（万元）	发放金额（万元）
2005	102	7236	229	75
2006	120	8656	416	205

续表

年度	参保单位数（个）	参保人数（人）	征收保金（万元）	发放金额（万元）
2007	128	10318	580	330
2008	138	11016	412	206

第二节 帮扶解困

一、困难职工帮扶

1979年改革开放以来，临西县在计划经济时期和计划经济体制向市场经济体制转型期，职工生活解困一般在企业内部解决。随着企业转体改制和劳动用工制度改革，下岗职工随之出现。因此，临西县把扩大、促进再就业，作为解决困难职工生活的重要举措。1997年以来，县人事劳动和社会保障部门每年举办再就业援助活动，结合实际制定促进再就业实施方案，成立了再就办、职介所、培训中心等机构，携手联动，援助生活困难职工。解困活动以“零就业家庭”和就业困难群体为主，以送温暖、送政策、送服务、送培训、送岗位、送补贴“六送”为主要援助内容，并实施了下岗失业人员创业工程，协调财政、工商、税务部门，在证照办理、税费减免等方面大开绿灯，对符合条件的1292名下岗失业人员办理了再就业优惠证，为18名下岗失业人员办理了小额信贷业务。同时，组织实施开展了再就业培训，为下岗失业人员办理培训班和举办再就业洽谈会22期。

二、职工生活保障

从20世纪90年代中期，随着计划经济体制向市场经济体制转轨转制的深入，企业改制力度加大，国有、县办集体企业开始出现下岗失业人员，在职工生活保障问题上，解决大龄下岗失业人员就业难便成为解决职工生活保障中的重要问题之一。1998年以来，县人事劳动和社会保障部门采取了法规宣传、免费咨询、提供就业岗位三大措施，累计向就业困难人员发放再就业政策宣传材料1.8万份，免费提供咨询和就业服务3600人次，举办下岗失业人员培训班40期，培训人员1200人。协调有关单位，大力开发公益性岗位，安置“4050”（下岗失业人员中，女性年龄达到40周岁，男性年龄达到50周岁的人员）就业困难对象到机关后勤等公益性岗位就业55人，按时发放“4050”灵活就业人员社保补贴，按时为他们缴纳社保补贴和岗位补贴。2008年，为630名“4050”人员发放社保补贴89.9万元，为全县191名企业特困下岗失业人员发放了“双节”生活救济金4.09万元。

第五章 民风民俗

第一节 饮食习俗

日常饮食 历史上，临西一带饮食以面食为主，20世纪70年代初，由于生产水平较低，粮食产量较低，农村完成上交征购后，人均口粮多在0.5公斤左右，不少乡村都是“吃八两”，农民日常饮食以稀饭和面食为主，面食主要是用高粱面、红薯面、玉米面等粗粮做的窝头、饼子、团子等，辅以蒸煮鲜红薯，蔬菜、油脂很少，多以自己腌制的咸菜下饭，白面（小麦面粉）馍馍只有过年时才能吃上几顿，肉品也只有逢年过节才舍得少

量购买，且主要是用于做饺子馅。机关单位、城镇居民口粮按粗细粮搭配供应，食油按定量标准供应，饮食水平高于农村。

改革开放以来，随着农村种植政策的改革放活，农产品产量增长、品种增加、流通活跃，农民收入不断增加，城乡居民饮食发生了重大变化。主食上由以粗粮为主转变为以细粮为主，面粉、面制品成为绝大多数家庭的主食，玉米、杂粮、红薯等成为辅助食品，大米等非本地产粮食进入家庭食谱，主食品种日趋多样，馒头、烧饼、面条、包子、水饺、大米饭都已成为日常食品。同时，副食品消费比重上升，肉、蛋、奶和水产品等的消费量逐年增加。猪、牛、羊、鸡、鸭等肉食，鱼、虾等水产品都已摆上百姓餐桌。种植技术不断进步，特别是温室大棚种植技术的应用，市场上菜品日益丰富，白菜、大葱、黄瓜、西红柿、茄子、豆角、韭菜、菠菜、青椒、土豆、萝卜、蒜苔、菜花、蘑菇等已成当家主菜，并且一年四季都能吃上各种新鲜蔬菜。

节日饮食　中秋节和春节是两个重大节日，传统上最重要的饮食标志是早晨要“喝菜”，中午、晚上要吃饺子。菜是用白菜、肉、粉条、自己炸的丸子、豆腐等炖制而成。中秋节晚上要吃月饼。除夕夜要喝辞年酒。酒水、酒菜的数量多少和质量高低，根据家庭条件而异。七十年代时，许多家庭过年过节也置办不起酒席。改革开放三十年来，人们的饮食水平大幅度提高，日常饮食已超过了过去的年节饮食，现阶段日常饮食和年节饮食的差距逐步缩小。节日饮食主要是更加讲究菜肴品种质量、营养搭配。2000年以来，饭店服务项目不断增加，一些家庭年节时开始从饭店叫菜或者在饭店订房订菜，全家老少到饭店聚餐过节。聚餐所用酒水，开始由单纯的酒精度50—60度的高度瓶装白酒、中低档散装白酒向档次较高、酒精度40—50度的白酒和啤酒、红酒发展，妇女儿童大多饮用果汁、牛奶、杏仁露、核桃露、碳酸饮料等。

婚宴　无论城乡对婚宴都特别重视和讲究。席面酒菜数量要是双数，如十道菜、十二道菜、十四道菜、十六道菜等。饭菜也要是双数，并特别讲究汤菜，曾以汤菜闻名四方。一般以“几鸡几鱼”和“几菜几汤”作为衡量酒菜饭菜档次的标准。菜品分凉热、荤素、甜菜、汤菜等，一般是先上凉菜，后上热菜，酒菜最后一道上甜菜。婚宴一般喝白酒、饮料。喝酒完毕，把酒菜撤下，再上饭菜吃饭。主食多为馒头、花卷，但必有一盘大米饭，意喻“吃饭”。城区居民一般在饭店筹办婚宴。农村多在家中建灶摆桌，聘请厨师烹制菜肴。

20世纪70年代，由于经济和时尚等原因，婚宴一般都很简单，饭菜质量很普通，宴请规模很小，一般都是几桌。近一二十年来，随着人们生活水平的提高，婚宴标准数量不断提升。2000年后在饭店设宴，一般一桌酒菜价格在100—150元左右，近两年在200—300元之间，宴请桌数一般都要几十桌，上百桌或百桌以上的也不鲜见。

第二节　传统名吃

十香面　八大碗儿
焖饼　杂烩　肉饼卷儿
苦累　焖子　尿泡肉
香油馓子　豆腐板儿

十香面　十香面是本域传统特色名吃，就是用十种菜卤拌面。面要用石磨磨出的本地小麦面，加鸡蛋和成面团，用擀面杖手工擀制出面条，入沸水煮至熟软爽滑捞起装盘，在炎热的夏季面条煮好后先要捞入凉开水中过一下再捞出装盘，使面条变得清爽温凉，拌上十余种菜卤食之，美味无比。菜卤一般有肉卤、鸡蛋卤和十数种各类菜码：炒茄丝、炒绿豆芽、炒蒜苔丁、炒西葫丝、炒韭菜丁、煎鸡蛋花、鲜黄瓜丝、芝麻盐、芝麻酱、香醋、蒜泥等。十香面工艺讲究、菜品多样，可谓荤素搭配、群英荟萃、五色交汇、五味俱全、营养丰富，色、形、味、养俱佳。是日常饮食和款待宾朋的一道地域特色浓重的美食。

八大碗儿　临西八大碗儿又分八大碗儿和清真八大碗儿。相传起源于元朝，起初只是大锅炖蒸牛羊肉盛入大碗分食，内容相对单一，经过700年的传承发展逐步演化为后来的食材丰富多样的固定菜式。八大碗儿集中了扒、焖、酱、烧、炖、蒸等烹饪手法，菜品内容有米粉肉、花椒肉、酥化鸡、滑里脊、瓦块鱼、黄焖鸡、方子肉、鸡蛋羹等。清真八大碗儿一般有烧肉、清炖羊肉、松花羊肉、黄焖鸡、清氽丸子、黄焖肉、杂拌、圈巧阁等。与八大碗儿相近似的还有蒸碗儿、扣碗儿，将挂糊炸制后的肉块、排骨、鸡块、鱼块等分别装入黑釉小碗儿，加上葱姜等作料，上笼蒸至软烂脱骨，装盘时将蒸碗反扣在大碗或汤盘中，淋上秘制汤汁，吃进口中，滑嫩软烂，齿颊留香，令人久久难忘。上述菜品可以用于设席、摆宴系列式享用，也可选点品尝、佐餐下酒，都是一种享受。

焖饼 焖饼是临西一道传统美食。先把烙好的白面薄饼，切成细条，然后起锅放油烧热，将葱姜蒜等入锅爆香后放入时令蔬菜炒至九分熟，加入适量高汤调味，将饼条轻敷菜上，盖锅焖制数分钟，掀去锅盖将另炒好的鸡蛋入锅颠翻几次至食材充分调匀，再淋上明油，一份柔软滑爽、鲜香可口的焖饼就可出锅了。如果喜欢吃肉焖饼那就在放菜前先炒好肉丝即可。这道美食营养实惠、雅俗共赏，既是居家差旅的大众美食，又可做迎宾宴客的酒后主食，是当地古往今来的名吃之一。

杂烩 临西人红白喜事、走亲访友、赶集上会、迎来送往，主人家招待客人许多时候都离不开杂烩菜。据传，杂烩菜源于北宋，奸臣秦桧把持朝政，陷害忠良，民怨至深，有人就创发了这种炖菜方法，把多种食材烩在一起，寓意将秦桧烩儿食之，以解心头之恨。同时又因这种作菜法简便易行、经济实惠、味道鲜美、营养丰富，因此这道菜便很快在民间流传开来直至当今。杂烩菜做法不复杂，县内各大饭店厨师及至家庭主妇都能娴熟烩制。首先炖好肥瘦适可的猪肉片，然后炖菜，白菜、冬瓜、黄瓜、西葫芦等各种时令蔬菜均可，同时放入粉条、豆腐、焖子、丸子等。炖菜将好时汇入炖肉，则大功告成。虽然烩菜的风味会因食材、火候的不同而丰富多彩，但其味道鲜香、营养均衡，确实为人们美食的一大享受，令人交口称赞，难以忘怀。

肉饼卷儿 肉饼卷儿一般指牛肉饼卷儿，是域内传统美食。因饼卷起来形状有些像喇叭，所以临西人又管吃饼卷叫“吹喇叭”。饼卷肉之所以流传久长，主要是因做工考究、食材秘制、味道丰厚、众口皆宜。先说烙饼，对面粉的选择、和面的水温和醒面的时间都有着严格的要求。牛肉的炖制更是师传秘制，口味独道。烙饼的工艺更非一日之功，因面团很软，烙饼师傅揪下一块面团，数秒之内擀成直径40–50公分的薄饼，迅速用擀面杖挑起，平铺到饼铛之上，刷油翻覆，半分钟左右薄饼已经烙好，趁热将牛肉碎摊铺饼上，再像包春卷一样将饼卷起，一个牛肉饼卷就可装盘上桌了。它饼薄如纸、色泽油亮、肉香四溢、绵软可口，让人得到一种美食美味的享受。时下县内做饼卷有代表性的店家有王三饼店、吴老胖饼卷和石头饼卷等。

苦累 “苦累”是一种亦菜亦饭的特色吃食。就是将适用蔬菜拌上少量面粉上笼蒸熟，蘸佐料食之。因当地将上笼加热食物叫“馏”，所以此做法俗名又叫“馏苦累”。过去生活条件差时，时蔬缺乏，人们都用嫩榆叶、榆钱、苜蓿芽馏苦累，后来陆续开始用菜豆角、扫帚菜、面条菜等时令蔬菜。苦累做法简单，但要获得上佳的风味口感，全凭火候的把控。把所选蔬菜洗净后切成小段，加上少量面粉、食盐等拌匀，放入笼屉，大火馏熟即可出锅，蘸佐料食用。佐料一般是蒜泥、香油、花椒油、酱油、香醋等，依个人口味选配调和。是一款绿色、营养、味道鲜美的诱人美食。

焖子 焖子是当地一种食材。其基本做法就是把地瓜粉条煮熟回软切碎后，加水、淀粉、调味料和成糊状，盛至笼屉上铺抹成2—3厘米厚，蒸熟即成。但当中所选食材及调味料搭配的比例秘籍，不同师傅不同手法，故而风味各有千秋。做好的焖子取出晾凉即可作为食材，凉拌、炒菜、炖菜均可。按炒菜而言，最具代表性的是溜烧焖子。起锅放油适量烧热，焖子切寸方薄片，挂湿淀粉糊，入锅溜炒后，加葱、姜、大料、酱油等烧透入味，淋上花椒油，出锅装盘即成。如果喜欢酸口，还可做成醋溜焖子。此菜品色泽红润，软韧可口，不腻不膻，是一道佐饭下酒的特色

菜肴。

尿泡肉　尿泡肉是当地一种风味菜肴，多用于佐酒。域内尿泡肉的基本做法，猪尿泡（膀胱）1只、猪五花肉约2000克，将肉洗净切成丁，加入精盐、香油、味精、花椒面、硝水、绿豆面、适量水、葱姜末调匀，作为馅料。把猪膀胱剪开一小口，内外用盐、醋反复搓洗洁净，将先前调匀的馅料装入，随装随揉，装满后呈圆球状，用竹签封口，放入锅内用慢火煮熟后捞出。另起熏锅，锅内放白糖，锅中架上篦子，将煮好的尿泡肉放在篦子上面，锅底点火加热使白糖生烟熏制至外表紧实油亮取出，再在表面涂上麻油，待晾凉后即可用刀切片装盘食用。夹一片浓香四溢的尿泡肉，品饮着醇香扑鼻的小酒，那真是美食和心情的双重享受。

香油馓子　香油馓子是域内名吃之一。临西馓子与众不同，有着自己的特色，其加工精细，香油炸制、馓丝纤细、颜色金黄、口感酥脆、香而不腻，它不仅现在颇受广大百姓的青睐，就是在临西过往习俗中，也都喜欢用鸡蛋茶泡馓子作为产妇的补养佳品，可见其在人们心目中的喜爱程度。油炸馓子过程复杂讲究，一是和面讲究，绵软适度。二是油温讲究，三是加工过程一般需要三人协作。一个人负责从油盆中将泡过的面条捋细并缠在手臂上绕十数圈、做出馓子初胚；第二个人双手各持长筷挑起前者做成的馓胚的两端并且拉抻，然后放到油锅里，先轻炸一下，同时将两只筷子迅速翻转，盘成绞丝的长方形，再入油复炸，成型后抽出筷子。这时另一人则接手不断将馓子翻动，炸熟捞出。馓子炸好后，还要轻轻叠放于簸箩里，以保持馓子的完整，不折不碎，整齐美观。上好的馓子，能保持三五天酥脆不绵。苏东坡曾在诗中这样描述馓子的美味："纤手搓来玉色匀，碧油煎出嫩黄深。夜来春睡知轻重？压扁佳人缠臂金。"形象地道出了馓子色如金丝、入口酥脆的特点。

豆腐板儿　豆腐板儿就是说的托板豆腐，是临西县东部河西镇一带一种传统名吃，多作早点食用，并因其放在木板儿上售卖而得名。其加工方法、售卖方式、进食方式都有着浓重的地域特色。加工方式就是做水豆腐，但要用优选黄豆，经脱皮、浸泡后，用石磨磨成汁，将豆渣滤出，倒入锅中烧开，加卤水精心点制而成，做出的豆腐豆香浓郁、嫩滑适口、营养丰富、老少皆宜。并且讲究的是现出现卖、鲜嫩热乎。售卖方法和进食方法别具一格，售卖虽有店家出售，更多的是推车或挑担流动叫卖，特别的是售卖者不用碗碟、食品袋之类的容器，而是备有一支支可供手把的长条型小木板，遇有食客购买，售卖者就把水嫩嫩、热腾腾的豆腐切成小块儿、摆放在木板儿上递给食客，食客则趁热端着木板半吸半喝、现场进食，既是一种美食享受，又有一种别样的文化情趣。

第三节　穿着习俗

服装　20世纪80年代中期以后，人们的服装逐步改变多年一贯的单一款式和单调颜色，西服、夹克、毛衣、裙装陆续成为穿着的主流。面料有化纤、棉麻、毛呢、丝绸、腈纶、涤棉等。到九十年代服装款式更趋多样化，有夹克衫、运动装、风衣、面包服、牛仔服、健美服、T恤衫、休闲服等。九十年代末，个性化、高档化服装以及以中式服装、唐装、旗袍为代表的传统民族服装款式受到青睐。机关、学校、企业、单位等许多中青年男子穿西装、系领带，老年人多穿宽松舒适的休闲装、运动装、中山装等，女装则以西装、裙装、短上衣、七分裤、九分裤、紧身衣裤为主，且款式、花色多样。冬季穿棉衣棉裤者逐

赶仓上会人们的着装

渐减少，穿毛衣、毛裤者增多，外套多为棉大衣、羽绒服、呢子大衣、皮衣、毛皮大衣、羊绒大衣等，且羽绒服占据主流。

鞋帽 20世纪80年代，春秋季以穿布鞋、胶皮鞋、旅游鞋为主，夏季穿塑料凉鞋、皮凉鞋、合成革凉鞋、泡沫底凉鞋、雨鞋等，冬季穿布棉鞋为主，皮鞋较少。布鞋多为平底，有圆口、方口、松紧口、系带鞋等，皮鞋有平底、半跟、三接头、盖鞋等，青年女子多穿半跟或高跟鞋、系带鞋等。农村多穿布鞋、胶底鞋。中老年人以穿舒适轻便的布鞋、旅游鞋居多。婴幼儿以手工制作的软底布鞋以及布面手工绣制虎头鞋居多。至九十年代，样式变化最大的是皮鞋，皮鞋日益普及，款式日趋多样，特别是女士皮鞋，高跟鞋、半高跟、粗跟、坡跟等品种繁多，除传统的黑、棕色外，红、黄、白、蓝、绿、紫等各种颜色时装鞋以及各种布质、皮质、草编、线编、塑料水晶凉鞋受到欢迎，并且青年男女开始流行穿高筒皮靴。中青年男子一般四季均不戴帽，少数有春秋戴鸭舌帽、冬季戴棉帽者。女子春秋季节戴帽者较少，冬季戴各种手工编织的毛线帽、时装帽等，夏季戴各式遮阳帽。

首饰 20世纪80年代前，佩戴金银饰物的多为少数家境较好的中老年妇女。进入八十年代，女性开始时兴戴耳坠（环）、戒指等饰物，九十年代项链、手镯、手链陆续兴起。2000年后，首饰品种进一步增加，不仅有黄金，而且还有铂金、钯金、珍珠、宝石等。

第四节 节日习俗

一、农历节日

春节 农历正月初一为春节，俗称“年”。过春节又称过年。从古到今，春节都是人们最重要的节日。农历腊月二十三，又称小年，家家户户打扫卫生，居室、庭院打扫一遍，刷炊具、茶酒具、洗衣服、晒被褥、理发、洗澡等。是夜，按传统习俗家家要设糖瓜祭灶、焚香烧纸。同时将灶王神像取下焚化，谓之“送灶王爷上天”，并祈祷灶王“上天言好事，回宫降吉祥”，给人们带来来年吉祥。腊月二十三以后，人们就开始筹备过年，置办肉、鱼、鸡、酒、油、面、米，购买各类干鲜蔬菜、鞭炮、烟花、灯笼、蜡烛等年货，买（做）新衣。有的农户还摊煎饼、做豆腐、蒸年糕，杀猪、羊、鸡。在外地工作打工的人们一般都要回老家，和家人一起过年。

腊月最后一天，称作“除夕”“大年三十”。人们都要换上新衣服、忙着烹饪菜肴、制作水饺馅等。下午，家庭主妇和面包水饺，男人们则忙着贴春联。城镇机关单位大门口亦都贴上“欢度春节”大字春联、挂灯笼、插彩旗等。傍晚，在农村，人们要到自家墓地祭拜，意为请过世的亲人们回家过年，谓之“请爷爷奶奶”。然后家中堂屋挂上记载本族过世先人名字的主案，摆上用面粉红枣蒸成的“枣山”“寿桃”、点心、水果等祭品。入夜，城镇建筑物上的景观灯、装饰灯及各种灯笼陆续点亮，气氛由热闹渐至静谧。城镇乡村，举家老小，欢聚一堂，围桌而坐，喝“辞年酒”，吃年夜饭，收看中央电视台春节联欢晚会等文艺节

民间春节时供奉的灶王神像（孙晓林摄）

目。近年亦有部分家庭在饭店订餐团聚，吃年夜饭，欢度除夕。县城各大饭店春节期间照常营业。

零点时分，家家户户燃放鞭炮、烟花庆祝新的一年到来。初一，传称“大年初一”，全家人都要早起，早饭传统是吃饺子，然后开始拜年。大致顺序是先拜祖先，后拜家中长辈，再拜族内长辈，然后拜街坊邻居。正月初二至十五之前，走亲访友，招待来客。一般是初二到外祖母、舅父、姑母、姨母家拜年；初三到岳父家拜年，又叫“请女婿”，新女婿首次给岳父拜年还要坐首席。少年儿童给长辈拜年时，长辈要给“压岁钱”，钱数因经济条件而异，20 世纪 70 年代一般是几角钱到几元钱，近年一般是 50 元、100 元，有的更多。在农村初二之后、初五之前，还要“送爷爷奶奶”，进行墓祭，日期根据习俗略有不同。拜年方式近年亦有创新，电话拜年、手机短信拜年、网上拜年逐渐兴起。也有的人家春节假日期间外出旅游过年。

元宵节　农历正月十五，俗称元宵节。此日家家吃元宵，夜晚观灯、看烟火。从二十世纪九十年代开始，县文化、宣传部门每年组织县直单位和各乡镇在县城主干道上布置元宵灯展，晚上举办焰火晚会。正月十六，组织秧歌、高跷、舞狮等乡艺表演，并组织各单位进行环城长跑。

二月二　又称“龙抬头节”。农村家家“打囤”、炒豆子、吃饺子。

清明节　清明是农历二十四节气之一，民间习惯在此日或前后数日上坟烧纸、祭悼祖先和过世的亲人。新中国成立后又为清明节赋予了祭奠革命先烈之内容。每至此节，有关单位、学校都要组织到革命圣地、烈士陵园扫墓、举行悼念仪式，缅怀先烈，进行爱国主义教育。2008 年，国家将此节列为法定节日，放假一天。

端午节　农历五月初五，俗称“五月单五”。为纪念屈原投江，人们在这天都要吃粽子。因屈原是伟大的爱国诗人，近年文化部门又把端午节称为诗节。2008 年，国家将此节定为法定节日，放假一天。

七月七　农历七月初七，传说是牛郎织女相会的日子，民间有此日夜晚在葡萄架下听牛郎织女对话的习惯，以示对美好爱情的追求。近年又将此节称为中国的情人节。

七月十五　农历七月十五，民间俗称“鬼节”，是人们上坟祭祖的日子。

中秋节　农历八月十五，有祭月、赏月、吃月饼的习俗，是中华民族重要的传统节日，一般在外人员都要回家和亲人团聚过节，故也称团圆节。2008 年，国家将此节定为法定节日，放假一天。

重阳节　农历九月初九，又称九九重阳节、敬老节。县直有关部门一般在此日组织老同志开展座谈、游览等活动。

十月一　农历十月初一，有上坟祭祖的习俗，并要烧纸做的衣裤等，意为给已故亲人送御寒衣物。

腊八节　农历十二月初八，此节主要习俗是吃腊八粥、腌腊八蒜。腊八粥一般用江米、红枣、花生米、莲子等熬制。腊八蒜是将蒜瓣放入食醋中腌制，腌好后呈青绿色，多用于春节吃水饺时食用。

二、公历节日

元旦　1 月 1 日，又称新年、阳历年。国家法定节日。机关、单位放假一天，门口悬挂张贴“欢度元旦”等横幅，有的举办文娱活动。过去民间特别是农村无过此节的习俗，近年来家庭过此节的亦有。

妇女节　公历三月八日，全称“三八国际妇女节”。妇联等有关部门每年此时组织各界妇女开展总结表彰、联谊娱乐活动。

植树节　公历三月十二日，是政府倡导全民义务植树的节日，每年县政府组织机关单位干部职工到乡村参加义务植树劳动。

劳动节　公历五月一日，全称“五一国际劳动节”，国家规定放假一天，后改为放假三天，加上调休相邻的双休日，一般安排连休七天。不仅使劳动者休假时间相对集中，而且有利于促进旅游，拉动消费。故又被人们喻称为“黄金周”。2008 年，此节又改为放假一天。城镇青年选择此日和十月一日结婚的较多。

青年节　公历五月四日，是为纪念 1919 年五四运动而设立的节日。共青团组织大都在节日举办庆祝会、报告会、开展志愿者公益活动等。

儿童节 公历六月一日，县教育、共青团部门在节日里组织城乡小学和幼儿园举行少先队入队仪式、开展文娱活动等。党政群团组织向学校赠送教学用品、纪念品。近年家长也给孩子赠送节日礼物。

建党节 公历七月一日，是中国共产党诞生纪念日，故又称“党的生日”。县委及各级党组织，组织党员开展组织活动，表彰先进、慰问老党员等。

建军节 公历八月一日，是中国人民解放军建军纪念日。临西驻军及武装部队现役官兵放假一天，或组织开展拥政爱民、文化娱乐活动。地方党政部门、民政部门组织开展拥军优属活动。

教师节 公历九月十日，是教师节。节日里教育部门每年都要开展尊师重教活动，召开教育工作会议，表彰先进单位和先进教育工作者。教师放假一天。学生多以贺卡等形式向老师表达敬爱之心。

国庆节 公历十月一日，是纪念中华人民共和国成立的节日。各单位、学校都要升挂国旗，举行升国旗仪式，举办文艺演出，表达爱国之情。人们亦多利用此节外出旅游，年轻人亦把此节作为结婚佳期。开始国家规定放假2天，后改为3天，加上调休前后相邻的双休日，一般安排连休7天，是又一个“黄金周”。

三、外来节日

改革开放以来，特别是二十世纪九十年代以来，随着国际文化交流的深入发展，一些西方国家法定或流行的节日开始传入。

从县内情况看，这些外来节日，近年来开始在各类商家和青年人中逐渐兴起。主要有情人节、愚人节、母亲节、圣诞节等。

情人节 公历2月14日。年轻人较为重视。此日，朋友、夫妻、恋人，互赠鲜花、工艺品、贺卡、巧克力等以示情思，或以约会、请吃饭等形式增进感情。

愚人节 公历4月1日。此日青少年往往开愚弄人的玩笑或者搞一些善意的恶作剧。

母亲节 公历5月第二个星期日。此日儿女为母亲送衣物、鲜花等礼品庆祝，以表示晚辈对母亲的尊敬热爱。

圣诞节 公历12月25日。信奉天主教、基督教者多在家中庆祝此节。而在社会上过此节者多在这一天给朋友、邻里发送贺卡、赠送小纪念品等。一些商店、饭店、宾馆等商家为招揽顾客、烘托气氛，都在显眼位置摆放圣诞树、圣诞老人，并赠送和营销圣诞小礼品等。

四、宗教节日

开斋节 伊斯兰教历10月1日。此时，回族人刚刚结束斋月，家家户户互相赠送“油香”，男女老少沐浴，长者做礼拜、青年人探亲访友，互相祝福、问候。

古尔邦节 伊斯兰教历12月10日。又称宰牲节和纪念穆罕默德的圣纪节。

圣诞节 公历12月25日为圣诞节，即耶稣降生纪念日。节日期间，教徒们自发排练节目，主要是诵唱《圣经》里的圣歌及按经文的意思排练舞蹈。基督教各活动场所之间还互相赠演节目。同时，教徒们自发凑钱买馒头、烧汤菜，在教堂或活动场所会餐。

复活节 农历“春分”月圆后的第一个星期天，即耶稣复活纪念日。

瞻礼节 公历8月15日，即圣母升天纪念日。

第五节 人生礼俗

一、生育礼俗

（一）取名。 生育子女后，一般由长辈请文化人给孩子取名。男孩取名要遵循族中辈分，一般名字为三个字，首字为姓，中字为辈，尾字为名；也有中字为名、尾字为辈的。近年来也有一些取两个字的名字，即前为姓、后为名；还有个别的三字名，首字为父姓，中字为母姓，尾字为名。女孩取名多不论辈分，名字一般为三字。女孩取名用字多是梅、兰、竹、菊、秀、娟、玲、

娥、香、君、平、莲、玉、霞等，近年来，用娜、莎、雅等一些带有西方文化气息的字和名的现象亦不断增加，如：娜娜、莎莎等。

在旧社会，家境尚好人家的男士不仅取名，还有取字、号，还有小名；女孩好多没有名字，按排行称呼大妮、二妮、三妮等，长大嫁人后，需用名字的时候称“某某氏”，首字为夫姓，次字为己姓。

（二）做（在此读 zòu）天儿（儿化韵）。时间一般在男孩降生后的第十二天，女孩降生后的第九天，故又俗称“做十二天”“做九天”。做天时亲朋好友要带上小孩用的服饰、玩具等礼品以示祝贺，女性亲朋可到产妇卧室看望婴儿，并且要给一定数额的礼金，名曰“看钱”，近年看钱一般为 50 元、100 元，婴儿姑姑、奶奶、姥姥、姨姨等近亲的“看钱”还要多。主家此日要摆设宴席答谢亲朋。

（三）住满月。妇女生小孩休养数日后，由娘家把女儿和孩子接去住养，一直到小孩满月才送回婆家，俗称“住满月”。

（四）百天儿。小孩出生满一百天时，家人要设宴庆贺，并要给小孩照相留念，称曰“百日照”。

（五）抓周儿。小孩满周岁时，亲戚前来庆贺，主家摆宴款待。宴席开始前，进行的一项活动叫“抓周”。在一个相对宽阔的地方随意摆上书本笔砚、玩具枪刀、官帽官服等若干种具有象征意义的玩具和物品，让小孩自由去抓，习惯说法是首先抓到的东西能预示孩子长大后的人生发展方向。如抓到了书本，预示孩子将来喜欢读书，抓到了刀枪，预示孩子将来会参军从戎，抓到了官帽，预示孩子将来会从政等等。因为是在满周岁时进行此项活动，故称“抓周”。实际是人们对孩子的一种祝愿和对美满生活的一种追求。

二、寿诞习俗

寿诞又称过生日。老人生日又称“寿辰”，为老人过生日又叫“做寿”。为小孩过生日有两层寓意，一是祝福孩子茁壮成长，二是纪念母亲“难日”，不忘母亲生身之恩。过去域内过生日风俗不浓，近年随着物质文化生活的提高，此项习俗逐渐浓厚。一般老人到 60 岁，儿女开始为老人做寿，每到老人诞辰之日，晚辈及亲朋好友要带上鸡、鱼、肉、寿糕、烟酒等礼物和礼金为老人祝寿，有的堂前悬挂“寿”字或“福如东海、寿比南山”贺幅，举行祝寿仪式，中午为老人摆寿宴庆贺、吃“长寿面”祝福。青年人过生日一般是同龄人、同学、朋友相邀聚会祝贺。小孩过生日，一般是家人给孩子送礼物、拍生日照片、做酒席祝贺，也有的亲朋好友送生日礼物示贺。近十几年来，亦有老人孩子生日时家人在电台、电视台点播歌曲送上祝福。

三、建房习俗

（一）铺地角　建房要选择吉日开工，当日工匠们清理好地槽，拉好施工标线，在四个房角砌好几层砖，象征着奠基开工，俗称“铺地脚”。同时，要燃放鞭炮，主家要宴请工匠，以示庆贺和预祝工程顺利。

（二）上梁　农村及县城个人盖房上木梁之日，要在梁上贴上写有吉祥祝语的对联，寓意吉祥安定。同时，要燃放鞭炮，并设宴款待工匠亲邻。待安放檩条、椽子时，要在堂屋后坡正中一

县城民居主要形式之一

根椽子上写注房屋建成日期。

（三）温锅儿 自建或购置新房入住后，亲朋邻里前往祝贺，称为“温锅儿”。过去此风俗在农村较为多见，祝贺者一般是携带烟酒、壁画等前往祝贺，主家则在家置办酒菜招待来客。20世纪90年代以来，城镇干部职工自建房和买房的越来越多，“温锅儿”之风亦日渐兴起，开始祝贺者是携带镜匾、花卉、花瓶、饮水机、电饭煲等日常用品作为礼品，近年送礼金者渐多，并且主家多在饭店设宴答谢。

四、酒宴礼俗

域内对宴席礼俗十分重视，宴席座次有上、中、下之分，民间多用“八仙方桌”，以迎门的座位为上，两个上座又以右坐为主，俗称“上把椅”，左座称为“下把椅”，这两个上坐多由主客或辈分大者、年长者坐，其他人依次坐两旁四个中坐和下首座位。县城或单位来客，饭局多设在饭店，餐桌多为圆桌，主宾落座面对门口的中间位置，九十年代后，有主陪、副主陪、主客、次客之分；主陪坐进门对面中心位置，主客分坐两旁，右上左下；副主陪坐主陪对面中心位置，客人分列两旁而坐。宴席开始主客同饮三杯后，主人招呼客人吃菜，并把夹菜称为“叨菜”，然后开始敬酒，敬酒方式，主人主陪敬酒由上坐到下坐、由主客至其他客人依次进行。席间敬酒时，平辈平级者可举杯与客人同喝，晚辈、下级则离席将客人的杯端起奉上，称为“端酒”，客人喝下后再给客人斟上一杯或数杯，称为“满酒”。上整条鱼时，一般鱼头朝向主客。吃鱼前鱼头朝向的人要喝鱼头酒，有的还有把鱼尾指向的人带上，喝鱼头鱼尾酒，并讲究“头三尾四”。喝酒临结束时，往往要求各人面前杯中酒一齐喝干，称为“通天乐”，然后吃饭。饭局期间每上一道菜，一般都请主客和客人先用，以示尊重。

五、婚嫁习俗

（一）订婚 男女青年通过自由恋爱或介绍人（也称媒人）牵线后交往，同意订婚，则可自己或通过介绍人和双方家长商定吉日订婚。订婚日男女青年要在双方亲友（一般是哥、嫂、弟、妹等）陪同下购买订婚礼品，男方要为女方购买“三金”（金戒指、金耳环、金项链）和衣物、床上用品等，并要给女方送上礼金，金额有1001元（寓意“千里挑一”）、1007元（寓意“千里挑妻”）等。女方要给男方买一套衣服，以示回礼。同时，男家要在家里或饭店设宴，并邀请双方单位领导和参加订婚的亲朋赴宴，以示见证和庆贺。

（二）试席 儿女婚嫁，宴请亲朋称为“摆席”。“摆席”前一两日，主家要按照拟定的摆席菜式标准，宴请帮忙操办摆席的人员，称作“试席”。操办摆席人员一般为家人所在单位领导、部分至亲好友，人数酌情，一般二三十人，也有的四五十人。操办负责人称作“总理”。“试席”主要内容：一是“总理”宣布摆席日期，进行人员分工，交代注意事项；二是征求对拟定菜式的建议和意见。

（三）摆席 七八十年代，摆席宴客都在结婚当天、规模较小。席面为8碗菜，俗称“八大碗”，以青菜居多。贺礼3—5元，多则10元。八十年代中期，礼钱升到10—20元，并送被面、脸盆、毛巾被、床单等生活用品。九十年代开始，宴客多是在婚前月余，多在饭店进行，席面升至12—14个酒菜，饭菜为4菜、4汤，席面以鸡鸭鱼肉为主，并讲究双鸡、双鱼，烟酒档次不断升格。宴客范围日趋扩大，席面数量由八十年代的十几桌，升为数十桌，有的上百桌。其礼金50元、100元不等，有的还多。九十年代始，宴客改在婚前举行，一般安排在节假日或公休日。

（四）陪送 闺女出嫁时娘家为闺女购置，由女儿带到婆家去的家居用品称为“陪送”，数量多少、价值大小根据不同的时代和不同的家庭经济状况而不同。二十世纪七、八十年代，一般陪送大衣柜、四床棉被、四条褥子（俗称“四铺四盖”）、自行车、缝纫机、电风扇、收录机和日常生活用品，总值在一两千元左右；90年代，一般陪送电视机、摩托车、组合家具、洗衣机、电冰箱、毛毯等高档生活用品；进入二十一世纪以来，一般陪送大屏幕平面直角电视机、摩托车、名牌组合家具、全自动洗衣机、空调机、电脑等，还有家境富

裕人家，陪送住房、家用汽车等陪嫁品。在结婚前一天（近年也有在结婚当天）由男方出车出人从女方家拉到男方家新房里，俗称“拉陪送”。并有女方的嫂子、侄子等向男方拉陪送者要“嫁妆钱”的习俗，数额少则数百元、多则上千元。

（五）结婚　男女双方本人须亲自到民政部门申请登记，经审查批准，领取结婚证，方为合法夫妻。然后择吉祥日子，举行结婚仪式。所谓吉祥日子一般是男方请人选定两个日子，再请女方从中选定结婚吉日，一般选农历的二、四、六、八、十等，俗称“双日子”，也有选择公历元旦、“五一”“十一”结婚的。结婚当日，男方要组成接亲团到女方家“接亲”，女方要组成送亲团送亲。接送人员一般为4男4女或6男6女。上世纪七、八十年代接送新娘多用自行车、摩托车，九十年代以来改用汽车，男方筹备接亲车队，一般为6辆、8辆、10辆或更多，新郎新娘乘坐的汽车要加装各种代表吉祥喜庆的彩色装饰，称为“彩车”，其他车辆也都要扎红绸、贴喜字。九十年代，一般选用红色轿车做彩车，寓意“红红火火”。近年来多用白色轿车做彩车，车队最后一部车亦为白色，寓意“白头到老”。接亲时间在早晨，由新郎和接亲团率接亲车队到新娘家接新娘。新娘由送亲团陪同，乘坐接亲车辆到男方，新娘下车时要红地毯铺地，婆婆给新娘下轿钱。结婚仪式俗称“拜堂”，由司仪主持，新郎、新娘共同鞠躬，一拜天地、二拜高堂、三为夫妻对拜。拜堂结束后，照“全家福”合影相，然后举行结婚喜宴，新郎新娘及其男方父母家人，依次向送亲的客人及前来祝贺的亲朋敬酒，表示谢意。喜宴多在饭店举办；距城镇较远的农村，多请厨师在家做菜，招待客人。喜宴一般在午前结束，新娘和送亲团一般要在午前乘接亲车回到娘家，当日下午再返回婆家，俗称“回门”。并且接、送新娘不得走同一条路，寓意“不走回头路”。近年结婚当日男方都聘请专业人员将结婚全程录像、摄影，刻录光盘，作为永久纪念。第二天清晨，新媳妇改口，称公公婆婆为爸爸、妈妈，婆婆要给改口钱。近年亦有在聘请的婚庆公司主持的婚礼上安排此项内容。也有一些青年选择旅行结婚或参加共青团部门组织的集体婚礼，倡导新风尚。

六、丧葬习俗

（一）发丧

1、备丧：域内有为六七十岁以上的老人，提前备好过世时要穿的衣服（俗称“寿衣”“送老衣”）的习俗，有的是老人自己准备，有的是儿女为老人准备。男人的寿衣有夹裤、夹袄、棉裤、棉袄，外有罩袍及鞋帽；女人的寿衣有棉裤、红棉袄、罩衣、裙子、呢绒帽、绣花鞋。也有提前准备做棺用的寿木、寿材的。近年来，在城镇出现了丧葬用品商店，为丧主提供丧葬全过程所需用品。

2、倒头：老人寿终称为“倒头”。一般要在老人即将咽气时穿上寿衣，抬到灵床上，往老人手中塞一手帕，内包一块干粮，俗称“打狗饼”。老人“倒头”后，用老人的裤子装上由闺女买的九斤四两烧纸在门前焚化，称为上路钱。用五彩线栓一铜钱放入老人口中，旧称“寝口钱”，现叫“口令”。然后，出丧牌、纸骨朵。丧牌按家中年长者出，纸骨朵上的纸条数按死者年龄每岁一条。扎制纸骨朵东部用白纸、西部用烧纸，按男左女右摆放在街门口。原先老人死后先要报庙，现各村多已无土地庙，报庙之俗渐免。

3、报丧：老人去世后，一般由本门支族长、长辈或者红白事理事会安排治丧。首先给亲戚、朋友报丧，亲戚报丧必须报到家门，单位、朋友多以电话通知。

4、吊唁：亲戚吊唁一般要带烧纸、果盒、礼布、鞭炮。朋友同事吊唁多是送花圈、上礼金。礼金标准由20世纪80年代的10元、20元发展到现在的50元、100元甚至更多。单位吊唁，多是送花圈。

5、停柩：县内东部多停灵5天，西部多停灵3天。停灵期间，亲朋好友前来吊唁，丧家在晚间举行辞灵、入殓、送盘缠等仪式。辞灵，为家人亲戚在柩前举哀，以示与死者诀别；入殓一般在出殡前日进行，则是将逝者装入棺木，揭开被单，由子女依次用新棉花蘸清水给老人擦脸，把蒙脸被单前头撕下，送给闺女，称为“扒福”。把灵床上的提带依次给长子、次子、三子、长孙。

然后盖棺钉扣；送盘缠，是家人和亲戚将纸骨朵放进纸轿内，一路哭着送到村西的十字路口烧掉。九十年代后，出现了有制冷防腐功能、带有透明罩的冷冻棺，供丧家租用，人在夏天去世，停灵期间先将逝者放在冷冻棺内，在出殡前才装棺入殓，其仪式照旧举行。人死之后，在柩前放有纸糊的花盆、花篮、碑、楼、童男童女及牛或马（女牛、男马），被称为“柩前七件”，由闺女花钱办理，同时闺女还有花钱请吹唱班。

6、**出殡**：出殡前一般先行祭，县内东部此俗浓厚，分为“家祭”和“路祭”。家祭于出棺前在院内柩前进行，又叫“行奠”。由吹鼓手配合祭奠。有的人家雇人哭灵，有艺人身穿孝服，在吹鼓手配合下，进行大段的哭唱，然后出棺。路祭，出棺后将棺停放在大街中心，按亲戚支脉的远近进行路祭，有五拜、九拜、二十四拜之分，最后由孝子祭奠。90年代后，改抬杠为灵车拉棺并播放哀乐。县内西部上午十点左右起柩，十二点前出完殡，然后答谢帮助操办的亲友。东部则先筵谢帮忙者和亲朋街坊再出殡，多数在十二点后起灵，于天黑前出完殡。出殡时，孝子在前执幡引路，女眷在后坐车，称为压灵。有的长媳压灵车，也有的长女压灵车。年轻妇人先于丈夫去世，要暂埋墓地之外，待丈夫去世后再一同葬入墓地。

（二）入葬

1、**土葬**　墓地分公墓和私人墓地，少数村在二十世纪七八十年代推行殡葬改革时划定了公墓，多数村仍在以家族门支为单位各自沿用祖上留传下来的墓地，又称坟地。一般在逝者去世的第二天，由孝子和治丧主事带领青壮年十余人到村中公墓或自家坟地，确定位置，开掘墓穴，俗称开坑。墓穴一般三四米见方，两米多深。出殡时灵车开到地头，再由众人将棺材抬至墓穴边上，将二至三条大绳从棺下横过，两边数人提紧绳子托住棺底，抬棺者慢慢走下墓穴，放稳棺材，经孝子（如逝者为女性，还要请娘家人）观察、指挥调整，最后确定棺位。棺位确定后，送葬的孝男孝女分别以逆时针、顺时针方向绕墓穴一圈，边走边抓土洒向墓穴内，然后跪在墓穴前举哀，其他帮忙人员即开始用铁锨填土，填平后继续向上堆土，直至堆起高两米左右、直径三、四米的坟丘，并插上若干花圈，入葬即为完成。

2、**火葬**　二十世纪六十年代至九十年代先后数次推行殡葬改革，一是开展平坟运动，把田地里坟头铲平；二是推行火葬，1977年在县城正东两公里处兴建了火葬厂。80年代县内去世者一律到县火葬厂进行火化，对于隐瞒去世偷偷土葬者，一旦发现要追究责任。火化时由亲属将过世者送至火葬场，停放在灵堂，先是前往送葬的亲朋、同事等进行遗体告别，然后亲人举哀诀别，再后入火化间进行火化，骨灰装入骨灰盒。绝大部分本地人都是将去世者火化后，再回老家村里下葬，只是程序比传统土葬有所简化。少数距原籍较远者，则将骨灰盒寄存在火葬厂内的骨灰堂，每到祭奠节日到骨灰堂前烧纸上香进行祭奠。90年代县火葬厂骨灰堂内存放骨灰盒近百个。2000年后传统土葬方式日渐恢复。

第六节　传统技艺

一、打铁

打铁是把熟铁坯料用炉火烧红变软后，再用锤、钳等工具手工制作加工成生产生活用具的过程。打铁的作坊又称铁匠铺。境内打铁业多是加工、改造翻新农具和日用铁制品等。冬天在室内作业，其余季节在室外搭棚作业。主要加工制作铁锨、三齿、扳厥、镰刀等农具和门环、门吊、门插、菜刀、锅铲、火钳等生活用具。樊村乡打造的“王一摸”镰刀二十世纪八九十年代一度成为享誉全国的名牌产品。熟铁的来源以破旧农具为主，打造镰刀的最好钢材为废弃的铁轨。打铁铺一般有2—3人，一个师傅，称为“把式”，其余为徒弟。师傅使小锤，徒弟轮大锤。师傅左手持火钳，将烧透的铁块夹到砧子上，右手用小锤轻轻敲击，徒弟用大锤，向师傅敲击的位置重砸，并据师傅敲击声音大小调整大锤力度，并发出有节奏的叮当声。器具将成，由师傅用小锤慢慢打造。一块坯料，在师徒的合作下，一会儿就变成了一件精美的器具。最后一道工序是淬火。这是

一项技术要求较高的活，一定要看好火候。由师傅把烧红的用具按部位慢慢放进水里，如火候不到，在使用时容易卷刃，如火候太强就会出现崩裂的现象。

二十世纪八十年代以来，各种机制农具越来越多，且做工精细、物美价廉，打铁行业日渐萧退。如今民间废旧钢材多作为废品卖给回收站，不再像过去一样拿到铁匠铺重新打造器具。

二、錾磨

在小型电动机械磨面机在普及之前，农村碾米磨面都要靠人力推碾子推磨，那时一个村里都有几盘石碾子、石磨。部分人家还有加工豆腐用的水磨和做菜饭用的小手磨。为了保持石磨功效，每隔数月就要錾一次磨。錾磨是用合金錾子，把磨平的磨槽錾深。年代久远的旧磨盘周边磨低后，还要把中间相对凸起的部分錾掉整平，叫做起盘。经錾过的磨磨面快而且细。由于磨的拥有量较大，錾磨也就成了石匠中的一个行当。他们带上工具走村串巷专门錾磨。二十世纪五六十年代，每錾一盘磨要 5 角钱，起盘另加 5 角钱。七八十年代，每錾一盘磨要 2—3 元钱，錾磨钱由经常用磨的农户均摊。六七十年代，小型电动米面加工机械开始进入农村，石磨渐受冷落，但仍在使用。随着粮食加工机械的普及和粮食加工企业的增多，国家对粮食加工销售政策的放活，人们开始直接将粮食送到电磨坊进行加工，或直接兑换、购买成品粮，逐渐告别石磨。80 年代末和 90 年代初，人们彻底告别了石碾、石磨加工米面的时代，推碾子拉磨已经成为成年人历史中的记忆。唯有手磨，因其加工方便，磨出的豆浆口感好，在部分家庭仍有使用，但錾磨这一行当早已销声匿迹。

三、补锅

隋唐以来，铁开始用于铸锅，服务于人们的生活。直到今天，在广大农村，多数家庭中还用铁铸锅，过去铁锅规格单位为“印”，因其容量较大，可用柴草做燃料做饭比较节省，深受农民喜欢。一张铁锅一般可用 3—5 年，铁锅用久了容易发生氧化，出现小漏洞，为了节省开支而又能延长铁锅的使用年限，就请人修补，于是就出现了补锅的行业。20 世纪五六十年代，在农村集市上有补锅的匠人，他们推一小车，带着煤炭、风箱、生铁片和特制的小炉子，在集头比较宽敞的地方生起火来，把坩埚放在炉火中间，坩埚里装上生铁片，待炉火上升到一定的温度，坩埚里的生铁片就会化为铁汁，老百姓把自家用坏的锅送到这里，补锅匠用小铁锤把漏洞周围打磨干净，在漏洞下面垫一湿布团，用铁勺舀出铁汁倒在洞口上，并迅速用一比较平整的物件把铁汁压平，随着温度的下降，铁饼就牢牢地堵住了漏洞。大的漏洞要连补几次才能成功。被补的锅用不了几个月又会出现漏洞，所以补锅业比较兴盛，多数集市散集后只有补锅的还在忙活。二十世纪七八十年代，铁制品价格下降，人们经济水平提高，补旧锅不如买新锅，传统的补锅行业逐渐退出了历史舞台。但随着铝锅的流行，又产生了换铝锅底为主的新的补锅行当，不过修补铝锅不需熔炼，只用钣金技术即可。另外，还出现了用废旧铝材熔化后铸造铝锅的行当。

四、锔盆锔碗

20 世纪中叶及以前，在农村由于经济条件较差，人们日常用的碗盆损坏后，只要不是粉碎性的，都是首选将损坏掉的部分用金属做的扒锔再锔上，继续使用。此种行当被称为锔盆锔碗，从事此行当的匠人不仅能锔碗，而是大到瓷缸、瓷盆，小到酒杯、烟壶，无所不锔，所用工具主要是弓钻、锤头等，先在要锔的缝隙两边用弓钻钻出小孔，然后将用铁、铜等金属做成的扒锔（也叫锔子）扒住，用小锤敲击牢固。锔盆锔碗讲究用锔子的大小一致、排列整齐、美观耐用。细瓷器用小铜扒锔；大缸、瓷盆用大铁扒锔。也有的文化人请匠人在完好的瓷器上打扒锔，作为装饰，如在新买的紫砂壶中装上豆子，用水浸泡把壶撑裂，按其自然纹路打上扒锔以求美观。

境内王铎寺、堤口、陈庄等村锔盆锔碗的手艺人比较多。每到农闲季节，他们便外出揽活，足迹遍及县内及周边县市，比较出名的锔匠是王铎寺的袁茂。据说该村庙宇大殿的后墙开裂，袁茂曾用一只如扁担大小的铁锔把裂缝锔住，成为一方美谈。

五、磨剪子抢菜刀

刀、剪是人们家庭生活的常用品，由于使用率高，每用一段时间锋利度下降，就要打磨一次，不然就会影响使用效果。因此，也就产生了磨刀、磨剪子的行业。

磨刀人肩扛一条板凳，一头固定着磨刀石，另一头是一个布褡，里面装的是锤子、戗子、钳子、铆钉、细石、布条等用具。细石是磨剃头刀用的。每到一村，高声吆喝“磨剪子来—抢菜刀！”人们听到喊声，就会拿出待磨的剪子、菜刀送出来。过去这个行业一般腊月最忙，匠人只要进到一个村，一天都有忙不完的活。因为快过年了，家家都要用菜刀剁肉，用剪刀剪窗花、做新衣服。磨刀人一般是先抢后磨，一边磨，一边不时地在布条上作着试验，直到客户满意为止。

境内从事此行业的以陈庄最多，他们的足迹踏遍周边县市。80年代以来，由于钢材质量的提高和剪子的使用率降低，磨刀磨剪的活路减少，且又不能挣大钱，从事此行当的已寥寥无几。现在的磨刀人，板凳上的磨刀石已变成了手摇砂轮。为数不多的从业者多为老年人，他们已不再是为了养家糊口，而是作为一种服务百家、利人利己、锻炼身体、增加生活情趣的活动。偶尔听到的“磨剪子、抢菜刀”的吆喝声，带给人们更多的是一种古朴的乡情。

六、缚笤帚

二十世纪80年代前，农民每年都要种少量的黍子。一是为春节时吃黏面枣窝窝；二是为收获黍苗缚笤帚用。从事此行业的匠人一般都同时会几套手艺，一是张罗，二是扎笼屉，三是修理厨房用具。此行当标志性唤头称作拎片，是由十数块小铁板用牛皮绳系连成串，匠人提在手中，前后一摇，发出哗啦、哗啦的响声。人们一听到此响声就知道是缚笤帚的来了，各家抱来黍苗交予匠人，匠人坐在矮凳上，手脚并用，借助专用工具，先勒后绑，然后裁剪成形。先缚扫地用的大笤帚，并把多出的原料缚成小笤帚，赠予客户扫炕用。也有缚炊帚的、换罗底的、修罗帮的、扎笼节的，有时在一个村就要忙上一两天才能完活。

缚笤帚

二十世纪八九十年代以来，随着土产制品企业化生产，产品种类日益丰富，购买日益方便，此行当日渐萧条，近年基本绝迹。

七、剃头

从前，从事剃头的人多游走于集市、庙会，也有的平时走村串巷。剃头匠担一副担子，一头是工具箱，剃头时也可当凳子用；一头是火炉和铜脸盆。所以，俗话说：“剃头的挑子一头热”。

剃头师傅每到一地，首先用白布支起一个三面挡风的围子，外面挂上一块幌子，手持由两片钢片做成的唤头，钢片上宽下窄，用铁棒插在两片钢片中间，猛力下滑，发出嗡嗡的振动声。到集市上剃头的多为老人和小孩，且多是剃光头，剃头的主要工具是剃刀。成人剃完头还要刮脸、掏耳朵、捶背。

二十世纪八十年代以来，理发美发门店遍布城乡，流动剃头业逐渐萧条，只是在乡村集市上仍可看到出摊剃头的，前去剃头的仍多是老年人。

八、打马掌

二十世纪六十年代以前，境内乡村赶集上会、走亲访友、拉运货物，多以马、驴、骡拉车来完成。由于马、驴、骡拉车、驮人，经常踏踩，脚掌容易磨损、开裂，为了保护牲畜的脚掌，人们通常会为牲畜蹄上钉掌，因此便产生了钉马掌的行当。操此行业的人多数是公社兽医站的医生。

集日，在牲口市设点经营，并兼治牲口的各种疾病。也有走村串巷专钉马掌的。他们在较为宽敞的场地上栽一门形拴马桩，将牲口拴在较高的横杆上，防止牲口蹦跳，然后用铲刀削去牲口脚掌上磨出的茧皮，再用特制的U形铁或其他形状的掌，钉在牲口的四个蹄子上。

随着时代发展，人们出行运物陆续普及了自行车、机动车，农田耕作实现了机械化，大牲畜逐渐从运输和农耕中退出。现境内已难觅骡马踪迹，打马掌行业亦随之消亡。

九、说书唱戏

听书、看戏是境内民众在农闲时的一种文化娱乐形式。1949年前后，县内老官寨、杜洼、高洼、白地等村都有自己的地方剧团，演出的剧种有西皮、乱弹、河北梆子、二呼噜、豫剧、评剧、吕剧、柳琴等，其剧目有武打和坐宫戏。在曲艺方面有著名的坠子艺人刘明贵、大鼓艺人胡振明、评书艺人赵驭骏等，并有一些曲艺爱好者，逢集过会在街头巷尾免费演出，活跃了地方的文化生活。有的人家结婚生子，要请上一台戏，或说上几天书，以示庆贺。有些经济条件好的农村一进腊月就请艺人说书，一说就是十天半月，多数说长篇书。老百姓通过听书既了解历史、增长知识、又愉悦身心。人们经常听的书目有《杨家将》《呼家将》《薛家将》《岳飞传》《施公案》《包公案》《刘公案》《狄公案》等长篇大书。二十世纪六七十年代后，城乡普遍成立了文艺宣传队，排演革命样板戏及小演唱、双簧、对口词、数来宝、三句半等。80年代以来，随着收音机、录音机、电视机越来越普及，人们足不出户就能听到、看到多种形式的文艺节目。传统的戏班演出、串村说书等艺术形式受到冷落，作为地方艺术的传承艺人越来越少，地方剧种二呼噜已经绝迹，乱弹很少能听到，坠子、大鼓等偶然在集市宣传时才能见到。有些传统艺人已改为从事丧葬时的吹唱演出。

十、货郎

货郎，又称货郎担，是以日用杂货、儿童玩具换取废旧物品的行当。从事此行业的人，用一根扁担挑着两只筐。一头装着针头线脑、儿童玩具（印模、泥人、陶哨）和糖果，一头装着换回来的旧鞋、废布、破棉絮、废铜、破铁、头发等。每进一村，手持拨浪鼓（上有一小铜锣，下有一小皮鼓）一摇，老人、孩子就知道来了货郎担，找出自己家中的旧物品，换回自己需要的东西和玩具。货郎把换回的废旧物品分门别类存放，累到一定数量后卖到指定的供销社或废旧物资收购站，从中取得微薄的利润。在物资、文化比较匮乏的年代，货郎担起到了物资交流的作用。随着社会的发展进步，商品购销渠道日趋便捷，货郎渐已消失。而随着日用品更新频率的加快，废旧物品回收已演变为一专门行当，收废品者多赶畜力车、蹬自行车、三轮车等走村串巷，吆喝收纳、现金交易，然后把收到的废品转卖给收购站，赚取差价。境内亦有经营废品收购站发家致富的，被送以“破烂大王”的美誉。

十一、茶馆

二十世纪六十年代前，县城和境内多数村庄都设有茶馆，有的较大的村庄设有几处。说是茶馆，其实只卖白开水。屋内盘一多火口的煤火炉，在炉子旁边安一手拉风箱，在部分炉口上用铁壶或砂壶烧水，其余炉口用作对已烧开的水壶保温。在当时，冬季是农村茶馆生意最旺的季节，由于许多人家不做晚饭，买一壶开水、吃上一块凉干粮就当作了晚饭。茶馆收现钱很少，因在开馆前已卖出去了很多水牌，以筹买炭的资费。水牌是用竹子做成的，上面刻有茶馆的字号。天黑后，各家的孩子，陆续抱着暖水瓶来茶馆买水，茶馆的长桌上排起了长长的壶队。附近的老头、小孩到茶馆来取暖。老年人天南海北，叙说着自己的见闻。较大的茶馆内还有讲故事、说评书的。因此，茶馆也就成了村子里的娱乐中心和新闻传播中心，老年人的聚会点和孩子们的乐园。由于孩子们爱吵闹，一次次地被主人撵出去，聪明的孩子总是抢着给老板拉风箱，既可以取暖，又能听到更多故事。

在靠交通要道的村口，有一些四季开设的茶馆，是为路人提供休息、打尖（以简单的食品充

修鞋匠（孙晓林摄）

烹爆米花的（孙晓林摄）

饥）服务的地方。这样的地方门店不大，收入不多，多数为老年人开设，聊以资补生活。

80年代后，由于生活条件日益改善，单位、家庭都有锅炉、电炉、煤炉烧开水，卖开水的茶馆逐渐消失。而路边的茶馆多转变成了饭店、旅馆。

第七节　四大稀罕

大人毛巾头上戴　娃娃穿着土布袋
蛤蟆不叫干鼓腮　半夜赶集做买卖

大人毛巾头上戴　在二十世纪八九十年代之前，临西境内中老年男女都喜欢用毛巾箍头，毛巾以白色为多，双手拿住毛巾两头、把毛巾从额头向后包、在脑后系一下，即可将额头、头顶、后脑及耳朵上半部包住。用毛巾箍头是域内人们在千百年劳动生产活动中形成的习惯，简便易行，经济实用，秋冬季可以御寒保暖，春夏季可以防尘、防晒，又可随时取下擦汗，也可在水中浸泡一把擦脸，还可以当作垫肩和小包袱用。在那年代的农田里和大型水利工程工地上，经常可以看见浩浩荡荡的头戴白毛巾的人们在紧张的忙碌着，远远望去那千百顶白毛巾就像一片花海荡漾，蔚为壮观。虽然这种习惯和情形现在已不多见，但那白毛巾陪伴的岁月却深深镶嵌在人们的记忆里。

娃娃穿着土布袋　在二十世纪八十年代之前，临西境内在养育婴幼儿时，有一种给婴幼儿穿土布袋的习俗，这种习俗在本地又称“穿土”。土布袋又称“土裤子”，多用棉布缝制，约一米长、半米宽，上半部像坎肩，下半部像口袋，两肩部有活扣便于穿脱，选取松散柔软的细沙土用细箩筛过，置于阳光下暴晒或用铁锅炒熟凉至适宜温度装进布袋，让婴儿呈仰卧姿势躺在土布袋里，绵软温爽的沙土铺垫于婴儿身下，婴儿在土布袋里，手脚活动自由，玩耍自如，入睡舒爽，有了排泄物就以换土的方法清理，简便、保洁又健康，穿土布袋的婴儿很少出现伤风、皮炎等不适。办法虽土，但闪耀着先人在育婴文化方面智慧之光。

蛤蟆不叫干鼓腮　临西县境内中北部在吕寨一带曾有个奇怪的现象，所有的蛤蟆都是干鼓腮却叫不出声。相传此事和司马迁有关，汉朝司马迁写《史记》时曾到过吕寨访查，和村上的人们聊到天黑。夜里就住在村上水坑旁边的一座闲屋里。吃罢晚饭，掌灯写作。恰巧刚下过一场大雨，满坑的蛤蟆鼓着肚子嗯啊乱叫，叫的司马迁心乱如麻，他就冲着窗外说道：“吾著国史，蛙儿莫叫如何？”那些蛤蟆好像听懂了他的话，叫声立刻停止了，干鼓腮不发声。司马迁就静心伏案通宵达旦，次日一早又去他乡查访去了，但坑里的蛤蟆不知他是何时离开的，所以仍然坚守着不出声的约定，久而久之蛤蟆不出声就成了当地一种特有的现象，同时有一句歇后语“吕寨的蛤蟆——不吭气儿”在县域内广为流传。由此可见，不仅临

西的人们热爱重视文化传承，就连域内蛤蟆这样的小生灵都知道为文史研究助力。

半夜赶集做买卖　半夜赶集是指“半夜开张，天明散集”的“夜猫子集”。夜猫子集的形成与史上运河漕运有关。临西史上，运河纵贯，漕运发达，码头繁忙。当时的商船多是白天航行、夜间停靠码头装卸货物、补充食物，夜猫子集便应运而生。每至半夜三更，码头附近街市，以餐饮、住宿等生意为主的夜市便火隆起来，天亮后商船起航，夜市的人们也就逐渐散去。但也许是历史灵感的启发和文脉传承的巧合，到了20世纪90年代，一种新式的夜猫子集又在临西萌生再现。70年代轴承加工行业在临西萌芽，到80年代迅速发展，规模产量购销需求日益增大，原有的“货郎式”买卖已远不能满足要求，专业集市应运而生。因为当时对轴承翻新、轴承粗加工的认识上、政策上、管理上都不很明晰、不太统一，所以直到90年代初期，轴承专业集市一直处于“半地下”状态，都是半夜赶集、凌晨三四点钟开市、天亮散集，故称“夜猫子集”。赶“夜猫子集”一般是头天夜里出发，骑自行车、拉地排车、赶畜力车从十里八里、几十里甚至上百里外赶往集市所在地，夜半前后到达，沿街路两旁摆好地摊，地摊成百上千、绵延一二里，摊主都自备电灯、汽灯、马灯等照明工具，赶集购货的人都带着手电筒，以备挑选轴承时照明之用。凌晨之时，交易开始，集市上灯光闪烁、人声鼎沸，买卖双方的讨价还价声、挑拣轴承发出的叮当声、还有饮食摊贩的叫卖声，三五里外均可听到。后来在政策支持和政府引导下，先后将几个专业集市改建扩建成大型的轴承专业市场，市场规模不断扩大、交易时间改为日间交易、经销种类更加齐全、辐射范围日趋广大，逐渐形成了华北地区知名的轴承产品集散中心。

第八节　美德新风

临西地处冀鲁交界，境内人民深受齐鲁文化熏陶，历来崇尚和传承豪爽乐善、正直勇敢的优良传统。近几十年来，随着社会主义精神文明建设不断加强，人们的思想境界和文明程度得到进一步提升，移风易俗、助人为乐、拾金不昧、见义勇为、舍己为人等义举已经成为时代风尚，模范人物层出不穷。

一、见义勇为

丰德贵破冰救儿童　1991年1月22日，县武装部训练基地职工丰德贵，在下班途中，发现有儿童落水，他奋不顾身，破冰救人，在2米多深的冰水中搏斗20多分钟，救出落水少年，受到县委、县武装部和邢台军分区的表彰。

田长忠下水救儿童　1993年1月5日下午4时，大刘庄乡田庄民兵连长田长忠，在检查群众浇地时，听到呼救声，发现一名4岁儿童掉进2米多深的水坑中。他奋不顾身，冒着零下14度的严寒，破冰救起儿童。2月23日，县政府发出《关于给予田长忠同志记大功奖励的通报》。

五村民舍己救人　2001年6月23日上午9时许，东留善固造纸厂，由于纸浆池缺氧，有两名职工晕倒在池内。村民郭春生、郭春岭、冯广亮、贾俊杰、李玉行得知情况后，急忙赶到出事地点下池救人。由于池内缺氧严重，先后献出了宝贵的生命。6月25日，县委、县政府在东留善固召开追悼大会，作出了《关于全县开展向见义勇为、舍己救人的五位同志学习的安排意见》。县见义勇为基金会奖励10万元、下堡寺镇政府奖励5万元，用以表彰他们舍己救人的先进事迹。

谭美媛勇救落水儿童　2003年8月16日，吕寨乡王铎寺村民谭美媛在河边洗衣服时，发现本村少年王新军、王新民落水，谭美媛奋不顾身下水救人，献出了宝贵的生命。8月22日，县委、县政府作出《关于开展向谭美媛同志学习活动的决定》，市妇联授予谭美媛市“三八红旗手”称号。

二、助人为乐

刘英才邢台献髓第一人　刘英才，仁庄人。2002年在河北大学上学时就加入了捐献骨髓行列，并在中华骨髓血库留下血样。毕业后，到北京新京报社做记者。2006年底，他的血样与一位山西籍血癌女大学生阿婵匹配成功。刘英才毫不迟疑，在母亲和爱人的陪同下到北京空军总医院为患者做骨髓移植手术。2007年4月5日、6日，两次分离造血干细胞100毫升，使受助患者获得了新生。成为邢台捐献骨髓第一人，他的行为受到社会各界的广泛赞扬，光明日报多家新闻媒体报道了他的事迹，被新京报社授予公益贡献奖。

三、捐资助教

江西亭致富助教 江庄江西亭，致富后不忘回报家乡、捐助教育。1986年，江西亭主动承担本村小学的烤火煤供应。1987年，出资5000元，承担本村小学的学费、书费、水电费，并对本村在高中读书的学生，每人每年提供学杂费100元。

鲍奇辰情系教育 1993年，中国人民解放军少将鲍奇辰，为家乡尖冢学校捐资5000元，用以改善本村的办学条件。

县交警资助失学儿童 1993年6月4日，公安交警大队杨继博等4名干警，资助西夏庄的2名失学儿童重返校园。

国税人捐资建校 1997年3月，县国税局干部职工捐款10万元，建立樊村国税小学，以改善贫困村的办学条件。

玉兰酒业资助寒门学子 2001年11月，玉兰酒业有限公司为本县一中贫困学生杨云平、王东焕等6名寒门学子资助学费，帮助他们完成学业。

四、移风易俗

十姑娘结婚拒彩礼 1986年，邢庄王秀娥等10位姑娘，倡导文明新风，婚事新办，订婚拒收高额彩礼。她们的行动受到社会各界的高度评价，《邢台日报》在头版头条进行了报道。

集体婚礼倡新风 1986年10月1日，团县委、县妇联为本县21对适龄青年举办集体婚礼，并组织他（她）们到石家庄、北京旅行参观，倡导婚事新办，先后受到团省委、团中央、全国妇联领导的接见。10月15日，《河北日报》以《带头移风易俗，自愿婚事新办，临西21对农村青年举行集体婚礼》进行了报道。

东留善固年轻人婚事新办 2001年11月20日，东留善固党总支、村委会为本村8对男女青年举办集体婚礼。原省人大常委张士英、市妇联副主席张志英及县有关领导参加了婚礼仪式。

龙旺移风易俗办丧事 龙旺村在村、支两委的倡议带动下，于2006年5月成立了白事理事会，统一负责村中丧事料理，实行丧事简办。不穿大孝，不动响器，不用木棺，停灵用公用活底棺，墓穴内砌砖棺，现已成为全村广大群众自觉遵守的新风尚。

制药厂青年婚事简办 2001年，县制药厂为抵制婚事大操大办的不良风气，规定职工或职工子女结婚时，一律不发请帖、不设宴席。由厂工会向当事人发贺信，职工们的贺礼统一交工会，由工会代表全体职工转给当事人，规定每人贺礼不得超过20元。

东留善固晒被节 东留善固村于1996年设立晒被节，于每年的农历三月和九月择日晒被。在这一天，所有人家都把自家老人所盖的被褥抱到街上指定地段搭绳晾晒。由村、支两委组织参观评比，以老人的被、褥干净程度、质量好坏、换季是否及时等来判定对老人的孝敬程度。通过参观评比，得分高的评为“好媳妇”“好儿女”进行表扬，对于得分低的进行批评教育，以此引导群众养成尊老、敬老的习惯，深受广大村民欢迎。

五、拾金不昧

王贵祥千元还失主 1985年10月8日，尖冢镇东尖退伍军人王贵祥在童村赶集时，捡到一手提包，发现里面有1000元现金和卖棉花的单据。当时1000元是一个家庭一个季度的收入。他按照包内单据提供的线索，主动找到失主将钱归还。为表彰王贵祥拾金不昧的精神，村委会奖励烟台产挂钟1台，并被村党支部评为模范共产党员。

王新芳捡到存折交失主 2001年10月，县人事局会计王新芳在上班路上捡到一个存有3600元的存折，她立即把存折送到发折储蓄所，让储蓄所的领导把存折转交给失主；2002年3月27日，王新芳在去银行办事的路上捡到一个余额为26.38万元的活期存折，她主动按照存款人的姓名找到失主将存折送还。

六、回报乡梓

胡孟祥情系家乡父老　2001年，中国石油天然气管道局研究员胡孟祥，捐资8万元，为家乡西杨庄打深井1眼，以解决家乡父老的饮水困难，受到社会和家乡父老的称赞。

王殿明成功不忘家乡　万庄籍企业家王殿明在石家庄创办产业，成功后不忘家乡。2005年投资3000余万元，在万庄修建和谐文化旅游园区——万和宫。同年，还投资15万元，为村中硬化道路4000多米。2006年，投资21万元为村中打深井一眼，并安装了自来水，供全村群众免费吃水。他还给村小学配置桌椅40套、电脑4台、黑板2块，改善村里的办学条件。另外，在村中开展了“858活动”，即在村中评选出8个困难户、5位品学兼优的学生和8个文明户，每年给每个困难户发送烤火煤、棉被等；给每位学生1000元的学习资助；给文明户送匾牌。2007年，对10个困难户、10个和谐家庭和10名品学兼优的好学生，进行了无偿资助。

第九节　迷信陋习

一、占卜　俗称算卦或相面。算卦即算命，人们称从事算命行当的人为“先生”，有的人遇有难事、大事，则请先生或到先生的卦摊儿算卦。“先生”问明生辰八字和要算之事，随机给出卦词，给以“指引”。特别是结婚订婚算卦，因先生的“属相不合”“相克”等批语，导致青年人忍痛割爱、中止婚恋之事时有发生。相面是看人的五官、指纹，根据麻衣相书的解释“判定祸福，给予指引”。中华人民共和国成立以来对这一行当虽然不断进行取缔，但未曾绝迹。近年在流动人口密集的街边、集市、庙会等场所，仍能看到三三两两的摆地摊算卦者。也有人到占卜网站去算卦。

二、看风水　一种迷信术。相信者一般在建房屋、修坟墓时要请风水先生“看”，由先生安排房屋布局，选定坟墓位，遇有不吉之处，告知破解方法。如遇房墙正对街巷，要在房墙镶上砖石，上刻“泰山石敢当”五字。

三、赌博　境内从80年代末起，小彩头的博彩娱乐开始再现萌芽，后逐渐兴起。娱乐方式以打麻将、打扑克为主，其他方式还有对骨牌、推牌九、掷骰子等。至2000年前后，人们闲暇之余打麻将、打扑克等在城镇乡村的家庭、店铺、街边以及酒店等场所已较为常见。一些棋牌室和家庭还用上了自动麻将桌。也有少数人沉迷其中，影响工作生活，甚至超越法律规定，或明或暗或在本地或去外地进行大彩头赌博活动，输赢动辄成千上万。为赌博输尽财产、挪用公款、欠款举债、畏罪外逃、家破人散和被罚、被拘、被捕者亦有发生。虽然公安机关和有关部门不断打击，但仍未绝迹。

四、网瘾　90年代以来，家用电脑、网络应用逐渐普及，网上游戏、网吧场所日渐流行。一些年轻人沉迷上网，作息紊乱，身心受累，对工作、学习和家庭生活产生不良影响，特别是少数青少年自制力差，经常长时间上网玩游戏、泡网吧、形成网瘾，难以自拔。进而出现逃学、旷课、夜不归宿、吃住网吧现象，甚至沉迷于网络电子游戏逞强、好斗、暴力、色情等情节中，导致心理颓废，荒废学业，甚至引发打架斗殴、偷盗、抢劫等社会治安问题，为广大群众特别是学生家长们深恶痛绝。近年来，由于有关部门和社会各界教育疏导，齐抓共管，情况逐渐好转。

第六章 方言

第一节 发音特点

临西地处冀鲁交界，为冀鲁官话区，境内方言与普通话大致相同，但略有差异。前志对临西方言与普通话在词汇上、语法上的差异等都进行了详细记述，这里仅就临西方言与普通话在发音读音方面的差异记述如下。

一、临西方言与普通话在声母上的差异

临西方言声母与普通话相比差异有二。一是县城周围几个乡镇方言中声母数与普通话声母数相同，都是21个辅音声母，但所包含的内容不同。这个区域多了一个普通话声母里没有的“ng”，少了一个普通话声母里原有的“r”；二是境内东部的河西镇、东枣园乡、老官寨镇、大刘庄乡的东部村庄，语言中存在着平舌音、翘舌音混淆现象。

1、平翘不分

平翘不分主要是指平舌音与翘舌音发生混淆。平舌音是指声母z、c、s，翘舌音指声母zh、ch、sh。如：

这（zhè）读成zè

吃（chī）读成cī

山（shān）读成sān

真（zhēn）读成zēn

车（chē）读成cē

手（shǒu）读成sǒu

2、零声母前加ng

境内大部分乡镇都存在着零声母音节前加ng的现象。也就是开口呼韵母独自成音节的字，在发音时读成了ng作声母的音节。如：

爱（ài）读成ngài

岸（àn）读成ngàn

俺（ǎn）读成ngǎn

其实，在普通话的声母中，ng不能作声母，只能和元音构成后鼻音韵母，作韵母的韵尾。

3、把某些团音误读成尖音

尖音：凡声母z、c、s与i、u、ü或i、ü开头的韵母相拼合的音节叫尖音。

团音：凡声母j、q、x与i、ü或i、ü开头的韵母相拼合的音节叫团音。

在普通话的语音系统中，只有团音，尖音是本县的误读现象。如：

“积、迹、济、际”读成（zī）。

“妻、七、齐、切”读成（cī）。

“惜、媳、细、席”读成（sī）。

“节、接、姐、借”读成（zie）。

“写、谢、泄”读成（sie）。

“瞧、俏”读成（ciao）。

“秋”读成（ciu）。

“修”读成（siu）。

“煎、尖”读成（zian）。

这种误读把本来是j作声母的音节读成z作声母的音节；把q做声母的音节读成c作声母的音节；把x作声母的音节读成s作声母的音节。

4、把普通话中所有r作声母的音节误读成l作声母的音节

此种现象在本县大部分区域存在，只有河西镇能分清r和l，而多数乡镇没有r作声母的音节，把r作声母的音节读成l作声母的音节。如：

然（rán）读成lán

荣（róng）读成lóng

让（ràng）读成làng

人（rén）读成lén

热（rè）读成lè

认（rèn）读成lèn

二、临西方言与普通话在韵母上的差异

在临西方言中，韵母的变化十分复杂，就其与普通话韵母的差异而言要大于声母。但从总体差异率上又低于声母。有时，一种类型所涉及的

音节仅仅几个，有的难以找到规律。

1、把韵母 o 的音节读成 e 的音节

在普通话中，o 作韵母的音节在本县读成 e 作韵母的音节中，其实 o 只能与 b、p、m、f 四个声母相拼，而不能与 e 相拼（me 除外），而本县把 b、p、m、f 与 o 相拼的音节统一换成了韵母 e。如：

波（bō）读成 bē

脖（bó）读成 bé

剥（bō）读成 bē

婆（pó）读成 pé

破（pò）读成 pè

摸（mò）读成 mē

模（mò）读成 mé

佛（fó）读成 fé

2、把某些韵母是 e 的音节读成 er 的音节

在普通话中，er 韵母不能和任何声母相拼，只能独自成音节，如：“二、耳、而”等，而本县方言中当 e 韵母与 zh、ch、sh 相拼时，把韵母 e 读成 er。如：

这（zhè）读成 zher

浙（zhè）读成 zhèr

扯（chě）读成 chěr

舌（shé）读成 shér

社（shè）读成 shèr

3、把某些韵母是 e 的音节读成韵母是 ai 的音节

普通话中 e 作韵母的音节，在本县方言中当遇到 z、c、s 时，往往把 e 换成了 ai。如：

责（zé）读成 zhái

泽（zé）读成 zhái

册（cè）读成 chái

色（sè）读成 shài

4、把某些韵母是 uei 的音节读成韵母 ei 的音节

在临西方言中，当韵母 uei 遇上声母 d、t 时，往往失去韵头，使 uei 变成了 ei。如：

腿（tuǐ）读成 těi

对（duì）读成 dèi

兑（duì）读成 dèi

队（duì）读成 dèi

推（tuī）读成 tēi

5、把某些韵母是 üe 的音节读成韵母是 iao 的音节

在临西方言中，把不少 üe 作韵母的音节读成了 iao 作韵母的音节。如：

略（lüè）读成 liào

觉（jüé）读成 jiao

约（yüē）读成 yao

学（xüé）读成 xiáo

6、把韵母 ie 读成 iai

在临西方言中，常把普通话 ie 作韵母的音节读成普通话中没有的 iai 韵母音节，特别是 j、x、ie 相拼时尤为明显。如：

街（jiē）读成 jiai

戒（jiè）读成 jiai

鞋（xié）读成 xiái

界（jiè）读成 jiai

届（jiè）读成 jiai

7、个别误读现象

个别误读不成系统，没有规律。如：

某（mǒu）读成 mǔ

堆（duī）读成 zuī

否（fǒu）读成 fǎo

去（qù）读成 qì

深（shēn）读成 chēn

三、临西方言与普通话在声调上的差异

临西方言与普通话在声调上存在明显的差异，这也是临西方言与普通话的最大差异。临西方言中的声调与普通话中的声调类型是一样的，分为阴平、阳平、上声和去声，但他的调值应用和普通话调值应用完全不同。

1、阴平

普通话阴平的调值是 55，而临西方言中阴平的调值是 23。如：在读“天高、丰收、青山”时把调值读成 23，声音居中，起音为 2，收音为 3。

2、阳平

普通话中阳平的调值是 35，而临西方言中阳平的调值是 53。如在读“河南”“邢台”“承德”“团结”时，把调值读为 53，起音最高，收尾

音在中间，是个降调，正好与普通话中的阳平的调值相反。

3、上声

普通话中上声的调值是214，而临西方言中上声的调值是55，如：在读“小手”“北斗”“勇敢”“巧手”时，把他们的调值读成普通话的阴平既高又平。

4、去声

普通话中去声调值为51，而在临西方言中去声调值为31，如：在读“胜利”“日夜”“电大”“放假”时，他们的调值都读成了31，起点不高。

第二节 语汇选集

方言语汇是一个地域文化的重要特征之一。近三十年来，随着生产方式、生活方式的巨大变化，境内方言语汇也在发生着明显变化，在原有方言语汇中有的在继续沿用，有的已经或者正在逐渐从使用领域退出，一些新生方言语汇在不断生成发展。这种沿用、退出和生成发展也从一个侧面反映出时代的变迁和进步，这里我们力求通过对一些方言语汇的记载，回味本土的味道，回望历史的印记，感受前进的脉动。

生产

钢铃——轴承

跑钢铃——从事轴承经销。也称干钢铃、掂钢铃

磨钢铃——在车床上加工轴承

抓货——采购轴承等货物

开门市——一般指开办经销轴承门市

上货——购进货物

走货——外销货物

来货——从外地发来货物

收账——收取欠账

顶账——用货物抵顶欠账

大棚菜——在塑料大棚中种出的蔬菜

打工——多指农村人离开家乡到经济发达地方的工厂、工地、企业去做工

跑大车——开大货车搞货运

跑车——为车主开车或搞客运

三马儿——农用机动三轮车

洋灰路——水泥路

油漆路——柏油路

铺地脚——建房子开始时四角定位放线开工

行夯——砸夯

创地槽——建筑物建造基础时在地面下开挖沟槽

头户——意为牛马驴骡等大牲畜

耧——播种的农具，由牵引杆、耧架、漏斗、扶手、耧腿等组成。使用时前边牵引，后边人扶，旁边一人往漏斗内撒种子，可同时完成开沟和下种

花包——用来包棉花或其他农产品的、丈八见方的棉布包袱

大布袋——能装百十斤粮食的粗布口袋

小布袋——能装几十斤粮食的粗布口袋

打药——给农作物喷药

拾花——摘棉花

棒子——粮食作物中的玉米

地排车——用人力、畜力牵拉的农用车。木制车辕、车厢，下装铁制车轴、车轮、橡胶轮胎

筲——水桶

冷子——冰雹

滚砣子——碌碡，石磙

勺子——农具中特指小锄头

小土牛儿——农用独轮木制小推车

小平车儿——类似小土牛车，个头稍大

大锄——一种除草农具，长把，长方形锄头

小锄——一种除草农具，把柄比大锄稍短，半圆形锄头

耘锄——带有扶手和牵引把柄的除草松土农具、锄身木制、锄头铁质成三角状，使用时一人扶锄，前面用人力或畜力拉动

耙地——以人力或畜力拉动用木制框架装上铁质耙齿做成的耙，在犁耕过的土地上通过，弄碎土块、平整地表

耢地——作用类似耙地。耢是用木框装上压平的荆条等制成。

杠场——麦收前将一片地经平整、洒水、碾

轧，作为收打小麦的场地

扦高粱——到田间收获高粱，拿专用镰刀头将高粱穗削下

蓟谷子——谷子收割后，一手抓起谷子，另一只手持镰刀将谷穗削下

拔花柴——用一种专用带镰将棉花秆连根拔掉

带镰——用人力拔棉花秆专用工具。镰头比一般镰刀厚实，镰把短粗，并拴有挎带，使用时右手持镰，并将挎带套在右肩上，手肩协同用力拔起棉花秆

窝棚——在地里看庄稼用的，用木棍和庄稼秸秆搭成的棚屋

秫秸——高粱秸秆

棒子秸——玉米秸秆

麦秸——小麦秸秆

秆草——谷物秸秆

花柴——棉花秸秆

车轱辘——车轮

马灯——煤油提灯，带罩，防风

水车——境内多是管链水车，又称“皮钱水车”“解放式水车”。一种由机架、锥形齿轮、链轮、链条、圆皮钱、水管和牵引杆等组成的水车。由人力、畜力带动，利用串在链条上的圆皮钱，从置于井中的水管中提水

辘轳——提取井水的起重装置。井上设立固定架，上装可用手柄摇转的轴，轴上绕绳索，绳索一端系水桶，摇转手柄，使水桶能起能落，能较为省力的提取井水

砘子——一种石制农具。砘子是石头做的，和现在的举重杠铃比较相似，不过中间连接的是木轴，两边是专门打做的中间有孔的圆石头砣子，每片直径 20 多厘米，宽约 10 厘米，根据播种的耧腿的距离确定砘子的间距，用人力、畜力牵引轧垄，压实小麦播种后种子上的覆土，起到保墒作用，以利出苗

工作

吃白本儿——有非农业户口的人的代称

吃工资——有正式工作的人的代称

吃财政——由财政供养或发工资

一头沉——夫妻双方中一方在单位上班、一方在老家农村务农

纳新——70 年代初通过“商业纳新”政策参加工作的人

写材料儿——表述工种时泛指做文秘工作

临时工——在计划经济体制下，区别于当时的长期固定工而言的一种用工形式，一般是指机关企事业单位临时聘用的没有正式手续的不在编制的短期工作人员

长期工——计划经济时期对通过学校毕业分配、部队转业、按政策招录等路径参加工作的有招工表（转正定级表等）的机关单位、企业在编的正式工作人员，也称正式工

混儿工——临时工的戏称

退居二线——新世纪初境内机关单位开始实行的、将五十一二岁科股级干部由领导职务改为非领导干部职务，提前离开一线岗位等待退休

买断工龄——一些国有、集体企业在改革过程中安置富余人员的一种办法，即参照有关条件，经协商、批准，由企业一次性支付给员工一定数额的经济补偿，从而解除企业和富余员工之间的劳动关系

大工——一般指建筑队伍里的砌墙师傅

小工——一般指建筑工地上从事搬砖、拌灰等辅助性活计者

看大门——门卫

上电视——在电视节目里播送

上报纸——在报纸上刊载

在党——一般指加入共产党组织

在团——一般指加入共青团组织

粉连纸——一种白色的一面光的纸，比较薄，半透明，可以蒙在字画上描摹

蜡纸——用蜡浸过的纸，刻写或打字后用来做油印底版

油印——先在特制的蜡纸上用打字机打字或者用铁笔刻字，然后将蜡纸嵌夹到印刷网框并附着到纸上，用墨滚在上面涂施油墨，油墨透过蜡纸上的打字或刻写孔洞，将文字或图案印刷到下面的普通纸上。又叫“誊写印刷”，是孔版印刷的

一种

找头儿——找工作

生活

吃低保——享受国家最低生活保障待遇

在农合——参加新型农村合作医疗

在保险——参加保险

土暖气——用煤炉加热内装水箱带动房内暖气管片中热水循环达到取暖效果的装置

地暖——在地面下铺设供暖管路的供暖方式

电暖器——以电能加热电热管、电热丝方式取暖的设备

烫头——烫发

染头——用焗油将头发染色

锔头——用焗油将头发染色

推头——（男士）理发

做头——一般指烫发、做发型

紮衣裳——用缝纫机缝制衣服

对子——对联

酒肴——下酒菜

酒场儿——饭局

电驴子——摩托车

小卧车——轿车

下礼——送礼

下馆子——到饭馆吃饭

下饭店——去饭店

喝二两——请喝酒

来一袋——请抽烟

信神——参加宗教组织

在好儿——参加宗教组织

在教——参加宗教组织

洋火——火柴

洋钉——机制铁钉

洋车子——自行车

洋布——机织布

洋油——煤油

洋袜子——机织袜子

铺的（di）——褥子

盖的(di)——被子

被单子——床单

提兜——手提包

裹腿——缠裹裤脚用的布带

围脖——围巾

大氅——大衣

缅腰棉裤——一种裤腰宽大的土布棉裤，穿上先把裤腰缅一下，再扎上布裤带，过去农村成年男女冬天都穿这样的棉裤

大襟儿袄——60年代以前流行领呈条状，一般小襟在右大襟在左大襟从左向右覆盖小襟一直伸到右腋下侧部然后在右腋下系扣，扣缀于大襟边沿扣门则在小襟与后襟结合处排列

红土染布——60年代及以前流行，用棉花织成白粗布后，用一种红土作染料，浸染粗布，染好的粗布呈浅土黄色，多用于缝制成年男人衣裤

被头——为防脏并且便于拆洗而加缝到被子上半部的一层布

布絉条子——布条

煎饼鏊子——烙饼的器具，用铸铁做成，平面圆形，中心稍凸，三根腿，腿高大约6厘米左右，在底下烧柴，烙厚薄煎饼等

地锅——一般指农村在厨房地上盘起的烧柴火的锅灶

锅头——灶台

大钻石儿——境内50–80年代在机关干部中时兴的一种自行车。德国原产、亮把黑圈、蓝车头、大轴头、倒蹬闸，轻便美观，经久耐用，风靡多年，好的时价千把块，当时拥有一款上好的钻石自行车甚至是一种地位和身份的象征

家属院儿——70–90年代时兴的由单位出资统一征地建造然后分配给干部职工或干部职工自己出资在县城建造的住房。一般是2—5间砖木结构的红砖瓦房

圈椅——一种后靠背呈半圆状的木制老式椅子

八仙桌——传统家具之一，是一种桌面较宽的方形木制桌子。配上凳子，每边可坐下两人，四边能坐下八人

吃购粮证——吃国家统销粮

吃五保——确定为五保户并享受有关待遇

吃救济——享受国家救助的钱、粮、物

换粮票——实行粮票时期，农民外出前先要

拿粮食到粮站换取粮票，以便外出时吃饭或购买粮食制品时使用

硬挑儿——一种出檐砖瓦房

八寸墙——70、80 年代由于经济条件所限，建砖房时墙体厚度设计较薄，一般为一块红砖的长度（八寸）

挂斗房——80 年代农村建房时有的采用在土墙外加上一层“砖皮”的方法

弄（读 neng 音）事儿——闹事儿

打吵子——吵架

不说话儿——不搭理

不过话儿——不搭理

当牌——多指打麻将

顶牛儿——对骨牌，一种博彩娱乐形式

眯一会儿——睡一会儿

哈眯会儿——睡一会儿

下医院——生病住医院

开刀——动手术

汤药——中药

扎旱针——针灸

打吊针——静脉输液

囱（chuang）屋——厨房

里间屋——卧房

窗户纸——糊窗户的绵纸

宅子——宅基地

胰子——香皂、肥皂

盖件儿——用针线将高粱秆穿成圆形盖状，用其作缸盖或摆放水饺

夜马虎——蝙蝠

姥娘——外祖母

牙花子——牙龈

眵马糊——眼屎

瓦缸子——陶质缸

尿憋子——男用尿壶

小板儿打墙——70 年代前一些农户建房时采用的一边垛湿土一边用木板拍打成墙的做法

托坯——将黄泥放入模具托成长方形泥块晒干即成，是 70 年代之前农村建房、垒墙、盘炕的主要建筑材料

泥房——过去对土房每年都要实施的一种重要养护措施。即用黄泥加麦秸和匀，用泥板将麦秸泥均匀涂抹于房顶和外墙，以防自然侵蚀和雨水冲刷所造成的剥落和渗水

八砖——一种烧制的约 40 厘米见方、厚约六七厘米的青砖，过去多用其铺屋地、墁房顶等

炕——用砖、坯砌成的睡觉的平台，下面有洞连通烟囱，冬季可烧火煸炕取暖

煸炕——将植物叶子等放入炕洞点燃不起火苗的烧，以烟气取暖

风门——过去在屋门外加装的用竹木制做的门，用以防风、防寒

土坯房——用土坯建造的房子

钢磨——电动或机器带动的磨面机

碾子——碾子由碾台、碾盘、碾滚和碾架等组成的，谷物类粮食脱壳、去皮时使用，多以人推或畜拉

磨——多义词。在传统粮食加工方法中指一种粉碎粮食的石质器具。主体由上下两片、直径 1 米左右、厚 30 厘米左右的圆形石头磨扇组成，下片固定并中心装轴，上片装有推柄可以转动并凿有直径五六厘米的两个圆洞，使用时将粮食倒在磨扇上，以人力或畜力推其转动，粮食顺孔洞不停流至两磨扇之间，利用石磨扇的重力和转动磨扇的碾轧力将粮食磨成面粉

劁猪——割去猪的卵巢或睾丸，也叫骟猪

寨门——用木棍做成的篱笆状的宅院门

跳房子——一种儿童游戏。在地上画若干方格，一只脚着地，沿地面踢动瓦片，使其依次通过各格，保持姿势又准又快者为胜

当枱（tai）——70 年代前一种青少年游戏。两人以上参加，在地上划一界线，玩者站于界线两侧，手持约 50 厘米长木棒，依次平抛向对方，对方则用同样的木棒拦击，将木棒拦击过界线，则拦击者赢，否则抛棒方赢

弹球儿——一种儿童游戏。在地上划定出发点，在离出发点一二米远的地方挖个小圆洞，玩家依次手握玻璃球用拇指弹出，谁先打进洞，谁就有了“吃”球权，然后打着谁、就把谁的玻璃珠“吃”掉。一般男孩喜欢这类游戏，并常互相攀比炫耀谁赢的玻璃球多

撞拐——80年代前一种青少年游戏。两人或多人参与均可，参与者身体站立、左腿向右抬起，右手抓牢左脚脖，左手扶住左大腿，整个身体靠右腿支撑并保持平衡，然后在右腿单腿弹跳的同时，以左腿膝部相互进攻，将对方掀翻在地为胜

打四角——80年代前一种少儿游戏。用较硬的纸张折叠成10厘米左右见方的“四角”，放在地上，相互用自己的四角煽拍对方的四角，以将对方的掀翻为赢

钢钟——80年代前一种少儿游戏，可一人或多人参加，选定一块砖墙，每人拿一轴承圈之类的圆形金属圈，依次用力掷向墙面，看谁的金属圈弹射的远，再由远而近依次拿起自己的金属圈投向邻近的金属圈，投准为赢

地八钮——80年代前一种青少年玩具，即木制陀螺。选好一段直径为七八厘米的圆木，取八九厘米长，一端锯平，另一端加工成椎状，椎尖部嵌入一粒钢珠则成。玩时将其椎尖向下放在地面或冰面上，旋转启动，然后用鞭子抽打使其能长时间转动不倒

下坑——下坑塘嬉水洗澡

凿杏核儿——80年代前一种少儿游戏。将杏核或桃核一侧挖小洞，掏出果仁，在填充上油泥等质量较重的物质，使杏核变重，玩时在地上挖个小坑，先有一方将杏核放入坑内，另一方手捏杏核瞄准坑内用力投掷，以能将坑内的杏核凿出来为赢

藏马乎儿——80年代前一种少儿游戏，即捉迷藏。藏的一方可任意藏到场院、柴草堆、房前屋后、胡同里等处，当找的一方问“根儿了没?”藏的一方回答“根儿了”即可开始找了

骨碌圈儿——80年代前一种少儿游戏。取一直径四五十厘米的铁圈，用粗铁丝做一推圈手柄，推动铁圈，边跑边推

拓模（mu）儿——60、70年代一种少儿娱乐活动。从集市上买来用胶泥烧制而成的直径八九厘米的上面带有各种动物、人物图案的模具，自己再将胶泥团按进模具复制出带图案的模具胚胎

走四颗子儿——90年代前农村老少皆宜的一种土棋玩法。在地上画出一个外圈为正方形、正方形内画个到边的“井”字的“棋盘”，两人对面蹲坐，随便取四颗土坷垃、小砖头、柴草棒等都可作棋子摆在自己一面，即可开战，横竖都能走，一旦出现一方的两颗棋子和对方的一颗棋子呈直线相邻排列，对方棋子即被吃掉，棋子先被吃光为输

听房——80年代之前农村青少年一种闹新房的做法。一般是管新郎叫叔叔或叫哥哥的人晚上结伴去新房窗外偷听新婚夫妇悄悄话等

爬瓜——70年代前农村少年一种要顽皮的玩法，夜间在场院睡觉，半夜睡醒，趁看瓜人熟睡，爬着去别人瓜田里偷摘瓜果

拉洋片——一种传统民间文娱活动形式，也称“十样景”“西洋景”。表演者通常为1人，使用的道具为四周安装有镜头的木箱，箱内装备数张图片，并使用灯具照明。表演时表演者在箱外拉动拉绳，操作图片的卷动，观者通过镜头观察到画面的变化，通常内置的图片是完整的故事或者相关的内容。表演者同时配以演唱，解释图片的内容。当然观看是要收钱的，过去庙会上、集市上经常看到

大盐——海盐

小盐——是过去民间弥补食盐不足用盐土加工出的一种土盐。加工过程也叫淋盐。一般在坑边斜坡上方做盐池，池下设有淋道，将刮来的含盐高的盐土放入池内，加水浸泡，盐分融入水，再通过淋道淋出来，然后将盐水放入大锅熬制，取得土盐结晶

撅杆提水——一种较省力的人工提水方法。井台边栽一根三四米高竖木桩，木桩顶部挂钩上挂一长木杆，木杆下头装有石块等作配重，平时呈下垂状，木杆上头固定井绳，提水人将水桶挂在井绳下端，拉动井绳将水桶放至井中水面打水，这时木杆后头已翘起，由于杠杆原理木杆后头重力的作用，人们就能较省力的将水桶提上来

人工打蜂窝煤——将碎煤加水及适量黏土和成稠煤泥，手持带手柄的蜂窝煤模具用力在煤泥中趸实，再轻轻推出手柄，一块蜂窝煤就打成了

拉鞭——燃放成挂的鞭炮

呱嗒板——说快板用的竹板儿

吹大笛——吹唢呐

斗（读“抖”音）子——棺材

灵床——入殓前停放尸体的床

二起——又叫两响，即双响炮、爆竹的一种

民俗

红事儿——喜事儿

做（读“揍”音）生儿——为小孩庆生日

做（读“揍”音）寿——为年长者庆生日

下帖——一般指办喜事送请帖

随礼——一般指参加亲朋婚宴并奉送礼金

坐席——赴婚宴

试席——在摆婚宴之前，事主提前宴请帮助主持操办婚宴的单位领导、亲朋好友，议定筵席菜谱、明确任务分工

摆席——设宴

抄席——饭店工作人员在筵席过后收拾餐具

换帖儿——男女双方同意订婚后互换的一种民间文书

扯衣裳——订婚当天、订婚宴开始前，男女双方要去商场买衣服赠送对方。一般男方要买得多

买三金——订婚当天、订婚宴开始前，男方要给女方买金项链、金戒指、金耳环，俗称三金

陪送——结婚时女方的陪嫁物品

过事儿——结婚

添小孩儿——生小孩

娶了——姑娘结婚了

看钱——亲朋看望新生儿时奉送的礼钱

见面儿——未婚男女经人介绍有意相处后，在媒人或亲朋陪同下首次会面

大大——县域东部人们对父亲的昵称

大舅子——妻子的兄长

小舅子——妻子的弟弟

大姨子——妻子的姐姐

小姨子——妻子的妹妹

小姑子——丈夫的妹妹

大姑子——丈夫的姐姐

小叔子——丈夫的弟弟

大伯哥——丈夫的哥哥及同辈份年龄长与自己的男士

老妈儿妈儿——老年妇女

小亲家儿——小姑娘

老丈人——岳父

老泰山——岳父

亲家——父母和岳父母之间一种相互称谓

小娃儿娃儿——幼儿

娘们儿——已婚妇女

爷们儿——成年男人

过河——过卫运河去临清

河东——一般指临清

城里——一般指临清

河南——狭义上一般指馆陶

河西——一般指临西或河西镇

上童村——一般指去县城

请客——请客人吃饭

做东——一般指饭局中的召集人或买单者

柴皮——下流

不沾——不行

够劲——可能不行，也称够呛

西乡——县城以西的地域

东乡——县城以东的地域

赶集——到集市上去

赶会——到庙会上去

擦布——毛巾

箍擦布——90年代前，农村成年男人有头上箍白毛巾的习俗

户临道儿——胡同

榜大地的——喻指种地的人

修理地球儿的——喻指种地的人

圪蹴——曲膝下蹲

晒暖儿暖儿——晒太阳

夜隔——昨天

黑家——夜里

咋治——怎么

年时隔——去年

天西——下午

晃黑儿——黄昏

白事儿——丧事

不在了——去世

倒头——（人）死亡

上坟——到墓地祭扫

烧纸——祭扫时焚烧纸钱

吊孝——吊唁

老人儿——指在某个单位或领域资历较深的人。特定环境下也指有人去世了

做（读“揍”音）周年——为过世的人举办逝世纪念日祭扫活动

欻空儿——抽时间

饮食

十香面——地方名吃。就是配有十种卤菜的捞面。将手擀面条入沸水煮熟，捞入碗碟，加入烹制好的肉炸酱、芝麻酱、炒鸡蛋、炒茄丝、炒韭菜段、红萝卜丝、黄瓜丝、酱菜丁、大蒜泥、辣椒酱、生抽、香醋等卤菜调匀食之，是县内传统的中晚餐名吃

杂烩——县内传统名吃。就是用白菜、青菜、肉片、粉丝、豆腐、丸子、炸货、焖子等作主要原料，加上食用油、姜、葱、香菜以及其他佐料烹饪熬制成的烩菜

白丸子——地方名吃。用主料肉末加上鸡蛋、淀粉、姜末、盐、花椒面搅拌均匀，做成丸子，氽入汤锅沸水煮熟，再向汤锅内放入盐、味精、胡椒粉等调味即成，配以馒头、大饼食之。早中晚餐皆宜

饼卷儿——地方名吃。用面粉加适量水、蛋液、芝麻油、盐等和成软面团，用擀面杖擀成薄饼，放在涂过油的饼铛上翻覆烙熟，趁热将剁碎的酱牛肉放于饼上，折卷成筒状，手持食之，配以蛋汤，实乃美食

豆腐脑——地方名吃。将黄豆吸饱水分后经打浆、滤渣、煮滚，复降温至90℃时放入石膏、内脂或其他凝固剂再静置片刻制成的豆制品。盛入碗内加入调制好的热汤，配以馒头、油条等食之，多作早餐

焖子——地方小吃。粉条煮熟切碎加水、淀粉、调味料和成糊状，在笼屉上铺成2—3厘米厚，蒸熟即成。晾凉后可切片用于凉拌、炒菜、炖菜等

鸡蛋糕——对各类蛋糕的称谓

鸡蛋膏儿——鸡蛋羹

粘窝窝——黍米面加红枣蒸的窝窝

枣花儿——面粉发面做成花朵状，花瓣、花心部位嵌入大枣蒸熟而成

白条鸡——是指宰杀后褪去鸡毛、去除肠子、清洗完毕的鸡

煎饼——用黍米或小米面在鏊子上摊成的饼

拌疙瘩——地方汤食。在面粉上边洒水滴边搅拌，使面粉成小疙瘩状，然后氽入沸水煮熟即成。吃时可加盐、葱花、芫荽、香油等调味

乱糊嘟——指用玉米面和成稀糊，倒入沸水锅中拌匀煮熟成稀糊糊状

面糊儿——地方小吃。面粉加盐、葱花、鸡蛋等和成稀糊，在淋上油的热锅上摊成薄饼、熟透即成

黄菜——大白菜

大锅菜——指用白菜、猪肉、粉条、豆腐做成的炖菜

细果子——传统糕点

粒糕——块糖

榆皮面儿——榆树皮粉碎而成，在水中它可以形成比较强的“食物胶”，过去生活困难时期，吃不上小麦面粉的人们，将它加入到玉米或者高粱面中，增加黏度后也就可以用玉米面、高粱面做出饺子皮来、吃上饺子

枣面儿——枣磨成面，压成块状，然后售卖

羊汤——地方小吃。用羊骨炖汤，盛入碗中，放入切好炖好的羊肉或羊下水，加盐、胡椒粉等调味后，配以火烧或馒头食之

涮锅儿——一般指涮羊肉

炸果子——炸油条

馍馍——馒头

手工面——指人工用擀面杖擀制的面条

第三节　特色三字

临西方言在发音、表意上具有许多特点。“么”“叨”“毦”三个字的用法最具代表性。具体表现为：

把“什么”说成“么”

把夹物叫作“叨”

把观看称作“眊”（māo）

把“什么”说成“么”　在临西疑问代词“什么”一般都用“么”表述。如问“干什么?”就说“干么?”；问“吃什么?”就说“吃么?”。因为此方言说话法引发过不少有意思的故事。上世纪六十年代初，部分临西干部被派驻邢台县山区驻村工作，到农户家轮流吃派饭。那时农村条件都很差，农户连白面都紧缺，一到有干部到家吃派饭，农户就作难。临西干部见此情景就劝慰老乡说：“不用客气，不用为难，有么吃么就行。”恰好邢台县方言管馒头叫“馍”，且“么”字和“馍”字发音相同，所以被老乡认为是要吃“馍”的意思，老乡便赶紧设法借来面粉蒸了馍馍，弄的临西驻村干部好不尴尬，连连道歉。

把夹物叫作“叨”　临西方言管夹东西叫“叨”。比如夹菜，在临西饭局上，菜一上桌就可听到主人用筷子指着菜肴不停劝请客人说：“叨，叨，您先叨。”意思就是请客人夹菜。不少外地宾客首次来临西做客都容易被“叨”字说懵，一经说明缘由，客人便破惑为笑，也学着说起“叨”来，饭局上顿时充满了欢悦的气氛。

把观看称作“眊”（māo）　临西方言表达观看时就说“眊”，不管远望近观一律说“眊”，如“看看去”就说“眊眊去”；“你看他这事儿做的多好”就说“你眊他这事儿做的多好”。其实字典上查不到表达观看意思的发 māo 音的字，“眊”字在这儿也是代用字。但把“看”说成“眊”，在临西人语言里早已约定俗成、根深蒂固，也是临西方言中使用率较高的方言词语之一。

第七章　精神文明建设

80年代以来，临西县坚持将社会主义精神文明建设纳入到全县经济和社会发展总体规划之中，相继在全县企业中开展了“四职达标”（职业理想、职业道德、职业技能、职业纪律）活动，在全县各行业、各部门开展“四职一纠”（树职业理想、讲职业道德、练职业技能、守职业纪律和纠正行业不正之风）和“三杯”（文明执法杯、优质服务杯、便民利民杯）竞赛活动，在全县农村开展“双户”（遵纪守法小康户、遵纪守法光荣户）挂牌活动和文明生态村创建活动等，为临西县精神文明建设注入了生机和活力，涌现出东留善固、税务局、电力局、交警大队等一批全国和省级文明建设先进典型，有力地促进了临西全面建设小康社会的发展进程。

第一节　思想道德教育

一、学雷锋树新风

1979年以来，县委宣传部、县社会主义精神文明建设办公室（以下简称文明办）、团县委、县总工会等在不同时期，结合不同行业，分别多次发出以向雷锋同志学习为核心内容的活动通知，不断创新活动载体，丰富学习内容，号召全县人民群众广泛开展学雷锋、树新风活动，要求大家从点滴做起、从小事做起、从我做起、从身边事做起、从现在做起，服务群众，建功立业。80年代初，在广大团员青年中开展读一本书（《雷锋的故事》或《雷锋日记》）、看一部电影（《雷锋》）、唱一首歌（《学习雷锋好榜样》）活动，使广大团员青年了解雷锋、熟悉雷锋、学习雷锋，并采取墙报、黑板报、宣传栏、报纸等方式进行宣传。在干部职工中，举行学雷锋报告会，谈体会、讲贡献。在商业服务行业中，开展“文明窗口”服务活动和学雷锋树标兵活动。90年代，开展了学雷锋、树新风、送温暖活动。号召团员青年帮助孤寡老人和有困难的群众，献上自己的一份爱心，部分单位和企业的团支部建立了学雷锋、做好事、献爱心登记簿，大力表彰先进模范青年。进入新世纪以来，临西县以雷锋为榜样，结合工作实际，开展了立足本职、爱岗敬业、无私奉献等各种活动，并每年组织开展“十大先进标兵”“十大模范青年”评选，使学雷锋活动推向一个新的高潮。

二、五讲、四美、三热爱

1983年3月，国家对全体公民提出了“五讲（讲文明、讲道德、讲礼貌、讲卫生、讲秩序）、四美（心灵美、语言美、行为美、环境美）、三热爱（热爱共产党、热爱祖国、热爱社会主义）”的公民思想道德行为标准，临西县迅速掀起学习、教育、落实高潮。县成立了“五讲四美三热爱”办公室（以下简称“五、四、三”办公室），广泛深入地在全县机关、学校、农村，进行以“五讲、四美、三热爱”为主导的思想道德教育，在各部门、各单位开展了创建“文明机关”“文明单位”评比活动。在每年3月份，在全社会广泛开展“全民文明礼貌活动月”活动，全县上万名党员、团员、学生、群众等，自发组成服务小组，利用节假日，开展义务服务和便民利民等公益活动。同时，每逢年度的“三·五”“三·八”“三·一二”“五·一”“五·四”“六·一”“七·一”“八·一”“中秋”“国庆”等节假日，全县各单位均开展以实践“五讲四美三热爱”为主题的宣传教育活动。县“五、四、三”办公室还结合全县实际，组织开展了“五提倡、五反对”（提倡节俭，反对大办婚事；提倡男女平等、敬养老人，反对歧视妇女、虐待老人；提倡相信科学，反对封建迷信；提倡健康的文化娱乐，反对赌博玩钱；提倡实行共产主义、爱国主义、集体主义的新思想、新道德、新风尚，反对资产阶级的旧思想、旧文化、旧风俗、旧习惯等不良风气）活动，制定了公民道德标准，在农村开展了多形式的“好婆婆”“好儿媳”“好妯娌”评选活动，大力宣传孝敬公婆、家庭和睦的好人好事。东留善固组织了每年一度的“晾被日”，让各家各户的儿媳，把公婆的被褥晾到大街上，让全村人来评议，看谁家对老人最孝敬，以此促进全村的精神文明建设。在此期间，团县委举办了两次集体婚礼，提倡新事新办，不要彩礼，受到团省委、团中央领导的重视和关注，《人民日报》《中国青年报》《农民日报》等进行了报道。

三、公民道德教育

1986年，为加强精神文明建设，培养“四有”（有理想、有道德、有文化、有纪律）新人，改变落后观念、提高公民的思想道德素质，国家开展了“文明公民道德教育”。是年，县委宣传部、县精神文明建设办公室（以下简称文明办），根据“四有”教育内容和目标要求，分别开展了党的基本路线教育、“五爱”（热爱祖国、热爱人民、热爱劳动、热爱科学、热爱社会主义）教育、社会公德教育、职业道德教育、科学文化教育、遵纪守法教育、家庭伦理教育七大教育活动。为了把落实公民道德教育落到实处，县文明办还制定了印发《文明公民行为规范》和《文明公民标准》，向全县机关、企事业单位、乡镇、村发放，并在全县广泛开展评选“文明标兵”和“十星级文明户”挂牌活动，一个争做文明公民的群众性活动在全县得到深入开展。大刘庄乡前阎村农民，自发编写印发了《新编公民道德歌》传唱，引发了良好的社会效应；国税局编写印发了《道德教育千字文》；县交警大队挂牌成立了驾驶员社会公德建设促进会和中小学生交通公德建设委员会等。

四、“八荣八耻”教育

2006年3月，在全国政协民盟、民进联组会议上，胡锦涛主席提出了“八荣八耻”的公民道德规范。是年，县精神文明建设委员会下发文件，立即在全县组织开展社会主义荣辱观的宣传教育活动。活动按照不同群体、不同岗位分别进行。在中小学生中，结合未成年人教育，在学校开展“知荣耻、树新风”活动和“我与祖国共奋进”“民族精神代代传”“城乡少年手拉手”活动，引导学生从小知荣耻，讲礼仪；在机关开展了争创文明机关、学习型机关、节约型机关，争当“人民满意的公务员”活动，对困难和弱势群体“送温暖”“献爱心”，并要求卫生、科技、文化等部门广泛开展“三下乡”活动，以实现社会进步、人际和谐；在企业开展了“诚信联盟”“重合同守信誉”“百城万店无假货”活动，建设诚信

社会；在农村开展社会主义新农村建设、“文明生态村”建设，培养有知识、有文化、有理想、有道德、有开拓精神的新型农民。

第二节　创建活动

一、军民共建活动

1979年至1982年，临西县军民共建活动主要是“双拥”传统教育，做好对部队的生活物资保障、军烈属的优抚和转业、复员军人的安置工作，并解决好随军家属的就业、子女入学、入托、住房问题。

1982年，临西县军民共建活动开始以社会主义精神文明、培养“四有”新人、深化改革开放为重点。从1984年开始，县委、县政府开展军地联谊活动，从此，把军民共建、拥军优属和拥政爱民结合在一起，开展规范化、经常化、制度化的“双拥”活动。在军民共建活动的示范带动下，公安、交通、金融等部门积极参与到共建活动中，全县形成了军民共建精神文明的良好局面，临西县年年被河北省评为“双拥”活动先进单位。1990年后，以“军民共建双拥文明城”为重心，围绕政治稳定、经济稳定、社会稳定的大局，军地共同开展学理论、讲理想；学雷锋，树新风；搞“双拥”，促团结；爱县城，做贡献为主要内容的“共学、共建、共育、共治”活动。

军民共建双拥文明城的十项措施：

1、共同开展“学习理论，坚定信仰，认清形势，坚定信心”的活动。

2、共同开展“学雷锋，树新风”的活动。

3、军地在中心工作上互相支援。

4、共同搞好“拥政爱民”“双军爱民”工作。军地共同抓好国防教育、兵役法教育、“双拥”传统教育，增强广大干群的国防观念和官兵的“全心全意为人民服务”的自觉性。部队官兵尊重地方领导，爱护人民群众；地方政府做好对部队的生活物资保障和军烈属的优抚工作，转业、复员军人的安置工作。解决好随军家属的就业、子女入学、入托、住房问题。

5、积极开展“军警联防共治”活动。

6、共同抓好城市建设的“净化、绿化、美化”。

7、共同开展健康向上的文化体育活动。

8、在军地两用人才的培养上相互支持。

9、共同抓好计划生育工作。

10、共同搞好民兵和学生的军事训练。部队根据地方的需要，积极选送训练教员，提供训练设施、器材和场地，共同完成民兵和学生的军训任务。

二、创建文明单位

80年代中期，在“军民共建”“五讲四美三热爱”等活动不断普及的同时，文明创建活动在全县逐步发展起来。1983年8月，邢台地委提出，要把县城逐步建设成卫生的、安全的、美化的、繁荣的、方便的新型城镇。1984年2月，地委提出加强建设城乡文明单位的要求。自此，全县正式拉开了“文明单位”建设和评选的序幕。1987年以后，省、市、县相继制定了《文明单位管理办法》，对文明单位的级别、基本条件（标准）、评比命名、表彰和奖励、日常管理等问题做出了明确规定，全县文明单位评比创建活动步入规范化轨道。文明单位实行“两年一评选、一年一复查”制度。2005年，东留善固被命名为全国文明生态村。

1985—2008年度省级文明单位表

表24-13

单位 年度	文明单位	文明乡镇	文明村
1985			北杏园
1987			东留善固

续表

年度 \ 单位	文明单位	文明乡镇	文明村
1989	白地供销社		东留善固、仓上
1991	白地供销社、纺织印染厂		东留善固、仓上
1993	税务局、财政局	河西镇	东留善固、仓上
1995 年	供电局、国税局、人行临西支行	下堡寺镇	东留善固
1997 年	交通局、供电局、邮电局、地税局、教育局	临西镇	东留善固
1999 年	邮政局、国税局、交通局、供电公司、交警大队	临西镇	东留善固
2001 年	财政局、通信公司、供电公司、交通局	河西镇	东留善固
2002—2003 年	交通局、通信公司、供电公司、农村信用联社、人行		东留善固
2004—2005 年	供电公司、财政局、中国网通（集团）有限公司临西县分公司、中国人民银行临西支行		东留善固
2006--2007 年	供电公司、交通局	临西镇	东留善固
2008—2009 年	供电公司、财政局、国税局、地税局	下堡寺镇	东留善固

三、创建文明县城

1995 年 8 月，临西县开始创建文明城活动。在县委、县政府的领导和大力推动下，按照文明县城的创建标准，即创建活动深入扎实，居民教育富有成效；社会稳定治安良好，城容城貌卫生清洁；主要街道路面平整，城市交通秩序井然；城建基础设施完善，绿化美化基本达标；各类市场繁荣兴旺，居民楼院整齐干净；沿街门店装饰美观，优质服务热情周到。采取了街道整修、楼房美化、旧房拆迁等一系列综合整治措施，对县城进行了美化、靓化建设。

1996 年底，通过省级验收达标，被授予省级文明城称号。

四、创建文明窗口示范单位

1998 年开始，在市委、市政府、市文明委的统一部署下，为把精神文明建设推向深入，县精神文明建设委员会以“文明执法”“优质服务”“便民利民”三杯竞赛为依托，在全县开展了“创建文明行业窗口示范单位”活动。“三杯”竞赛活动分别在执法部门、社会服务、垄断性行业中开展，县文明办每年向社会各界群众印发评议票数千张，组织服务对象对参赛部门的职业道德、职业技能、职业纪律和行风情况进行评议，根据评议情况，将窗口单位分为一星级、二星级、三星级。以“三杯”竞赛活动为载体的星级文明窗口创建活动，有效地促进了部门与行业的服务态度、服务质量和服务作风的提高。临西县共有 23 个部门的 38 个窗口单位参与了此项活动。

五、创建文明生态村

2003 年，根据省、市统一部署，临西县把文明生态村创建活动，纳入到新农村建设的主体内容，开始了文明生态村建设。根据县情和农村发展的实际，制定创建规划和目标，即：2004—2005 年，10% 的村庄达到文明生态村的标准；2006—2010 年，新增 20% 的村庄达到文明生态村的标准；2011—2020 年，全部建成文明生态村。文明生态村建设，以改善农村居住环境为突破口，以提高农民素质和生活质量为根本，以经济发展、民主健全、精神充实、环境良好为内容，协调推进物质文明、政治文明、精神文明建设，努力实现社会的全面发展。

文明生态村建设标准：

1、村容村貌整洁优美，生态环境得到改善。

2、思想道德风尚良好，文教工作设施齐全。

3、基层民主制度健全，社会治安秩序良好。

4、农村经济发展壮大，农民生活更加殷实。

5、领导班子坚强有力，干群关系和谐融洽。

2005—2008年文明生态村一览表

表24-14

创建年度	2005年	2006年	2007年	2008年
村庄名称	东留善固	侯庄	林沟	指挥墓
	仓上	卫罗庵	北镇	乔屯
	大米庄	千户庄	郝村	龙旺
	前闫庄	十八里堡	任颇庙	郭村
	西袁庄	常白地	吴寨	黑庄
	西马鸣堂	杜洼	万庄	卢庄
	窦庄	大黄庄	西倪庄	北队
	相庄	贾村		常园
		简庄		范庄
		曹村		肖庄

第二十五编 人物

此编包括人物传、人物表和伟人名人与临西共三部分。人物传，遵循“生不立传”原则，收录已故临西籍和外地籍终身在临西县工作的副县团级及以上职务人员、省级及以上劳动模范、学术界具有正高职称人员、英烈等人士的生平简介。人物表，收录临西籍担任或曾任副地师级及以上职务人员、大中型企业负责人、临西籍在外工作专家学者、临西县具有副高及以上职称人员、省及省以上劳动模范、人大代表、政协委员、全国先进个人等简要信息。伟人名人与临西部分，记载了古今伟人名人与临西的人文渊源。

第一章　人物传

傅生堂（1904—1979）卫罗庵村人。1948 年积极投身于农村土地革命斗争，同年加入中国共产党，并任卫罗庵村村长。1953 年至 1974 年，担任村党支部书记 21 年，自身清正、廉洁奉公，带领群众改碱造田，发展养牛，大幅度提高了粮食产量，改善了生产生活条件，并创造了圈埝平种、蓄淡压碱、巧耕晚耙、晒垡养坷垃的改碱办法。临清市委曾先后两次专门下发文件向全市推广卫罗庵新法改碱和发展养牛的先进经验。1963 年、1965 年傅生堂先后当选山东省劳动模范和河北省劳动模范。

薛冀民（1921.1—1980.10）曾用名薛庆安，庄科人。1940 年 5 月加入中国共产党，1943 年 3 月参加工作，历任临清县十一区、八区财经助理、秘书。曾被捕，在严刑拷打下保守党的机密，出狱后继续从事抗日工作。1948 年初，参加柳林整党，结束后任莘县七区财经助理。同年 12 月，任临清县第九区、四区区长、区委书记等职。1952 年 11 月，任中共临清县委宣传部副部长。1956 年 5 月，到济南党校学习。1957 年 6 月，任中共临清县委常委、宣传部长。1958 年 12 月，任中共临清市委常委、工业部部长。1961 年 7 月，任聊城专署办公室副主任。“文化大革命”中被停职。1972 年 7 月恢复工作，任聊城地区交通局革委会副主任、党的核心小组第一副组长、地区交通局副局长、党组副书记。1980 年 10 月病故。

周学臣（1924—1980.12.7）周马人。1939 年 6 月参军，1940 年 3 月加入中国共产党。在抗日战争和解放战争时期，历任文书、测图员、文化干事、政治指导员、政治教导员。解放后，先后任师政治部科长、团政治部主任、团政治委员、师政治委员、总政治部保卫部副部长、江苏省军区副政治委员。参加淮海战役和苗庄、东明、五双楼的战斗。在淮海战役中荣立战功。渡江战役后，和部队一起进军大西南，为保卫边疆建设边疆做出了贡献。1980 年 12 月 7 日因病逝世。

吕士银（1914.11—1981.11）东留善固人。1937 年 5 月加入中国共产党并在企之县参加工作。历任企之县公安大队副队长、县大队大队长、冀南军区四分区教导队队长、连长、教导大队大队长。1945 年 8 月后，先后任二野副营长、营长。1946 年，南下大别山。1948 年 3 月任河南省军区独立团副团长。1951 年 2 月任潢川军分区机干团团长。1952 年 5 月任河南省商城县人武部部长。1958 年 11 月转业，先后任商城县公安局局长、法院院长、检察院检察长、民政局局长、物资局局长、交通局局长。“文化大革命”中受冲击，下放劳动。1972 年任商城县商业局革委副主任。1973 年 10 月调回临西县，先后任商业局副局长、县供销社副主任。在革命战争年代，荣立二等功 2 次、三等功 1 次，被二纵司令部授予“模范营长”称号。1957 年 6 月，荣获国家授予的三级独立自由勋章、三级解放勋章。

马毅（1920—1982）原名马世铭，范八里人。1933 年高小毕业，入山东省平原乡村师范学校读书，1937 年毕业。“七七事变”后，在家乡参加抗日活动。1938 年 2 月加入中国共产党，被组织派往第六区十六支队做政治工作。1939 年 7 月后，任临清县青救会主任、卫河支队教导员、青年部长、中共临清县委常委兼县抗联主任。1943 年，赴太行山参加整风学习。同年 10 月，任临清武委会主任。1948 年，任河北省景县县委组织部长。1949 年，南下到湖北，任中共武昌县委副书记、代理书记。中华人民共和国成立后，任咸宁地委办公室主任。后调任长春第一汽车制造厂任供应处长、一机部瓦房店轴承厂厂长。“文化大革命”中受到冲击，后任大连机械局顾问。1982 年病逝。

张剑虹（1912.12—1983.8.13）原名张玉岗，曾用名张翠峰，司寨人。1920年至1930年2月，先后就读于司寨村私塾、临清县一高、吕寨高小。1930年3月考入临清县师范。1931年4月毕业，先后任老官寨、司寨小学教员。1938年5月，参加临清县抗日纵队十六支队。1939年任抗日六区吕寨民团书记、动委会主任，同年10月加入中国共产党。1940年5月，任临清县武装科教导员。1941年4月，任临清县十一区区长。1942年先后任宏毅县政府办公室主任科员、民政科代科长。1943年3月后，先后任宏毅县二区区长、威县一区区长。1946年9月，调冀南行署民政处任科员。1947年3月后，任柏乡县政府秘书、县长。1952年4月至1958年5月，先后任邢台专署秘书主任、副专员、地委委员。1958年6月，任邯郸专署副专员。1961年5月，复任邢台地委常委、专署副专员。1968年至1971年，到邢台地区留村干校、营头干校学习。1972年3月，任邢台地区工办副主任兼长征汽车厂第一书记。1976年1月，任地革委副主任。1978年10月，任地区行署顾问。1980年3月，任中共邢台地委常委、行署副专员。1983年8月13日病逝于邢台。

马世昌（1931—1984）范八里人。1947年加入中国共产党，同年参加中国人民解放军。于第一坦克学校毕业后，相继担任总参作战部机要员、66军74师干事、24军某团股长。后先后到华北农垦兵团、内蒙古生产建设兵团、南和县人民武装部工作，曾任南和人民武装部部长。

陈普彬（1917.12—1985.7.1）清河县孙庄人，高中文化程度，地方开明士绅。1938年，在清河战委会工作。1942年，任晋冀鲁豫边区参议员。后任宏毅县抗日政府科员、临清市政府科员、文化馆长、临清县司法科科员、临西县文教局副局长、文化馆馆长。1984年4月，任政协临西县第二届委员会副主席。陈普彬长期在文化部门工作，曾带领农民艺术团到北京怀仁堂为中央领导演出。1985年7月1日逝世。

李步霄（1921.2—1986.10.27）西马鸣堂人。1944年10月参加工作，任临清县供销社办公室办事员、主任。1947年加入中国共产党。1958年12月，任中共聊城地委党校行政科科员。1959年9月，任禹城生产资料供应站经理。1966年5月该站升格为县级后，任人秘科科长。1969年5月，任站革委会副主任。1972年8月，任聊城地区生产资料供应站副经理。1978年7月，任聊城地区农机公司副经理。1983年1月离休。1986年10月27日病故。

卢毅（1918—1986.11）曾用名卢世泰，卢庄人。1938年6月参加工作，同年9月加入中国共产党。历任聊城第六区政训处干事，临西县抗日游击大队连指导员、营教导员。1943年9月，任卫东县抗日民主政府公安局侦察股长、公安科长、公安局长。1946年春，任冀南行署公安局侦察科长。1947年，任冀南区情报站副站长。1948年，任冀南行署公安局干训班副主任。1949年8月，任河北省公安厅侦察队长。1950年1月，任广西省公安厅派遣处处长。1956年6月，任国家公安部东北办事处副主任。1965年7月后，历任化工部办公厅副主任、石油化学工业部研究总院副院长、化工部农副业办公室主任。1981年，任化工部进修学院党委书记。1986年11月于北京病逝。

胡勤英（1922—1986.12）女，赵疃人，12岁当童养媳。抗战爆发后，发动群众，进行生产自救，支援抗战。1943年加入中国共产党。1944年，被评为宏毅县“勤劳英雄”。1945年3月，出席冀鲁豫边区第一届群英大会，被评选为边区劳动英雄，受到边区政府主席杨秀峰的表彰。抗日战争和解放战争时期，历任宏毅县六区抗联主任、妇救会主任，临清县二区妇联会主任等职。新中国成立之初，仍担任临清县二区妇联会主任。1952年3月，任临清县一区（大辛庄）区长。1953年8月，任临清县四区（下堡寺）区委书记。1955年，入聊城文化干校学习。1958年12月，任临清市妇联主任。1960年5月起，先后任中共临清市（县）第二、三届委员会候补委员。1972

年8月，任县革委政治部群工组组长。1975年12月，复任县妇联主任。1983年12月离休。1986年12月去世。

卢云发（1921.10—1987.8）卢庄人。1942年加入中国共产党。抗日战争时期，先后任卫东县公安科科员、县政府通讯员。1945年11月后，任临清市公安局干事、副股长。1949年12月，调邯郸专署公安处任秘书。1953年4月，调大名县，历任公安局副局长、局长、中共大名县委常委。并在大名县一、二、三、四届人代会上连续当选为副县长。"文化大革命"中受到冲击。1975年恢复工作，先后任大名县医院院长、卫生局副局长。1979年，任大名县革委会副主任。1981年，任大名县人大常委会副主任。1987年8月逝世。

巩双珍（1908.11—1987.11.2）曾用名巩玉珂，化名顾荣，北郑庄人。1938年3月在威县邵固镇参加八路军，任战委会组织干事。1938年5月加入中国共产党，任威县三区区委组织干事。1941—1943年，先后任威县县委党训班大队长、敌工科干事、抗联总务科科长。1945年，任临清县县委组织委员兼抗联副主任。1948年，参加南下工作团，在邯郸铁路管理处任指导员。1949—1965年，先后任西安铁路分局政治处组织科科长、宝鸡铁路工厂党总支书记、郑州铁路局机务段段长、洛阳铁路分局检察院检察长、郑州铁路局第一工程处处长、黄河桥工处处长、河南省地方铁路处处长、郑州铁路局党委副书记兼工务处处长。1981年离休。1985年1月31日获批准享受正厅级生活待遇。

赵清安（1902—1987）赵圈人。1922年，任临清荆林小学教员。1923年，任尖冢完全小学校长并加入国民党。1925年，在南京文化学院读书。1929年，任南京国民政府宣传干事。1936年，任国民政府甘肃定西县县长。1937年，任甘肃省咨议。1940年，弃政从商，任兰州华伦商号经理。1947年回南昌岳父家以拉板车为生。"文化大革命"中曾和其妻被"驱逐"回老家接受劳动改造。1974年复回南昌。

葛苏堂（1925.10—1989.6）西倪庄人。1938年10月加入中国共产党。1939—1948年先后任临清县委文员、十一区秘书、县委办公室干事、县公安局司法股股长。1949—1968年先后任县委党校干事、县委宣传部干事、邯郸地委办公室干事、秘书、副主任。1968年12月，调地区海河指挥部工作。1972年8月任地区信访局局长。1981年7月任行署办公室副主任。1984年3月任办公室顾问。1986年1月离休，享受地师级政治、生活待遇。

张甲岑（1914—1990.3）又名张俊峰，东张堤人。1935年毕业于聊城师范。1936年，参加中国共产党领导的"中华民族解放先锋队"（简称"民先"），1938年初，转为中国共产党党员。1937年至1945年，先后任聊城十支队（范筑先部队）政治处主任，十支队中共负责人。临西工委一科科长，宏毅县秘书（长）。1946年始，相继担任临清县政府民政科科长、秘书长。1948年调冀南行署工业处任办公室主任。1949年任河北省工业厅计划处处长。1956年始，先后担任邯郸纺织印染联合企业筹备处负责人，邯郸钢铁公司副经理、邯郸市副市长。"文化大革命"中受到冲击。1977年任邯郸市政府顾问。

张利民（1919.4.28—1991.6）曾用名张其惠，西张堤人。1936年毕业于临清中学。在校期间，曾参加抗日救亡活动，随同学到南京请愿。1938年初，参加由共产党领导的战委会，4月加入中国共产党。1939年，参加鲁西卫河支队任连指导员。后编入八路军新四旅，参加对日作战。1941年转入地方，任宏毅县敌工站站长。1945年，任临清县大队大队长。参加了解放临清、柳林、高唐和东昌府的战斗。临清解放时，是接受临清工作的领导人之一。1946年末，县大队被编入第二野战军独立团三营，其任三营营长，随军南下，参加了解放永年、安阳、新乡的战斗，并负伤立功。1949年秋，到涿县驻防，改为高炮部队。

1950年6月，随部队开赴鸭绿江边，驻防拉古哨，多次打击来犯敌机。1951年，任沈阳军区空军司令部军务处处长。1957年，任空军高炮一师副参谋长。1965年，参加抗美援越战争，驻防谅山、温县、宋化一带，在数十次的战斗中，率部击落敌机69架。1967年，回师东北。1968年转师兰州，同年离职到兰州空军宝鸡干休所休养。

刘俊章（1923.8—1991.10.26）西高尔庄人。1940年10月参加革命，1945年9月加入中国共产党。战争时期，历任区财粮助理、小学校长、区文教助理。全国解放前夕随军南下，参加了剿匪反霸，土地改革。中华人民共和国成立后，主要在河南南阳地区工作，历任南阳县委办公室主任、南阳县委副书记兼县长、南阳县委第一书记、方城县委第一书记、社旗县委第一书记、南召县委第一书记、西峡县党的核心小组组长、南阳地区林业局局长。后任开封地区杞县县委第一书记。1980年3月任河南省中医学院党委委员、组织部部长。1982年7月离休。

吕忠恕（1915—1991.12.12）侯庄人。中共党员，植物生理学家，兰州大学博士生导师、教授。1940年毕业于西北农学院（现为西北农林科技大学）园艺系并留校任教，1948年留学美国。1951年1月在美国威斯康星大学获博士学位后，响应祖国号召，回到西北农学院任园艺系教授、系主任。1952年调兰州大学生物系任教授、植物生理教研室主任、校学术委员会委员、校学位评定委员会委员，1956年起担任硕士研究生导师，1978年获得全国科学大会技术进步奖，1981年被国务院学位办批准为博士生导师，1991年第一批获得国务院政府特殊津贴。发表学术专著、论文50余篇（部），并担任中国植物生理学会理事、甘肃省植物生理学会理事长，是《植物学报》《植物生理学报》《西北植物学报》《西北高原生物学集刊》等国家级学术刊物编委。曾任第六届全国政协委员，第五届甘肃省政协常委，九三学社中央委员会和中央参议委员会委员，九三学社甘肃省工委主任委员，是甘肃省和兰州市两级人大代表。

李高明（1923—1991.12.24）山东省高唐县四新村人。1938年参加工作，同年加入中国共产党。历任高唐县县社主任、临清市财办主任、临西县商业局副局长、县财办主任等职。1984年，任临西县政府副县长。1991年12月24日病逝。

景永忱（1915.8—1992.1.13）回族，中共党员，小芦人。1923年至1939年，先后在小芦小学读书、务农。1940年至1944年，任本村农会主任。1945年5月后，先后任太平庄、西马鸣堂小学教员、中心校长。1949年11月，任临清县仓上区助理员。1950年6月至1957年12月，先后任下堡寺区助理员、中共下堡寺区委宣传委员、区委副书记、书记。1958年1月，任摇鞍镇乡党委书记。1966年9月任临西县供销社副主任。“文化大革命”初期被“审查”。1970年6月，任临西小煤窑支部书记。1972年4月，任县商业局局长。1982年3月，任县人大常委会副主任。1983年12月离休。

谷玉生（1930.10—1992.2）仓上人。1946年参加工作。1955年12月加入中国共产党。历任仓上村团支部书记、互助组组长、初级合作社社长、高级农业社副社长、仓上乡党支部书记等职。1959年起担任仓上村党支部书记三十多年，率先垂范，勤奋工作，为全村发展农业生产、决策村庄迁址、发展多种经营、建设新农村做出了重要贡献。1986年被河北省委命名为“优秀党支部书记”。1987年至1989年连续三年被河北省委授予“优秀共产党员”称号。1988年，当选为河北省第七届人大代表。

王振邦（1924.8—1992.5）又名王五魁，田庄人。1931年，在临清县立优级学校读书。1934年回村读私塾后务农。1942年，在宏毅县做敌工工作。1945年1月，在冀鲁豫四分区五连任班长。9月，调热河省军区热中分区三大队二连任班长。1946年2月5日加入中国共产党。同年8月，任热中分区警备团二连任副排长、排长。1947年6月后，任冀热辽军区独立第六师

四八一团工兵营5连副指导员、指导员。1948年任四十八军一六一师司令部政治协理员、师直党委委员。1949年9月，任一六一师山炮营教导员、党委书记。1950年6月，任炮五师三十二团一营教导员、党委书记。参加过辽沈、平津、渡江战役。1950年赴朝参战，任志愿军炮三十二团组织股长、团党委委员。战争年代，两次立功，多次负伤。获解放东北、解放华北、解放中南、抗美援朝纪念章各1枚。1952年6月，转业到中国科学院东北分院应用化学研究所任人事科长。1955年7月，任副所长、所长。“文化大革命”中被关押、批斗。1977年恢复工作，任该所副处长、处长职务。1984年离休，享受副厅级生活待遇。

杨茂之（1919.1.2—1992.5.25）北郑庄人。1938年6月加入中国共产党，任北郑庄抗日小学教员。9月，任中共临清县五区区委组织委员。1939年10月，任十区区委书记兼抗日游击队政治指导员。1943年8月，在与日伪军作战中负伤，伤愈后任五区、六区区委书记。1948年任十区区委书记。1951年1月，调中共中央党校工作，任职工科、人事科科员、副科长、印刷所长。1958年5月，任天津市第四中学党支部书记。后任天津市正处级督导巡视员。1970年离休。1992年5月25日病逝。

孙兆林(1922.3—1992.10)孙楼村人。1939年10月加入中国共产党，先后任本村抗日自卫队队长、临清县十一区青年抗日救国会主任、中共临清县委总务秘书、十区区委委员等职。新中国成立后，历任临清县下堡寺区秘书、县委办公室秘书、卫生局长、政府办公室主任、文教局长、临西县文教局长、第二中学书记、第三中学书记、广播局局长等职。1984年初离休，并经地委批准享受县级政治、生活待遇。1992年10月病逝。

马云清（1921—1992.11）四川省绵竹县东关街人。1932年参加中国工农红军，在第四方面军第39军军部当通讯员、通信班班长。1935年，参加两万五千里长征。1937年，在中央军委总部骑兵师1团1营1连1排任排长。1938年12月加入中国共产党。1940年，任冀南军区四分区警卫连连长。1942年，任临清抗日游击大队副大队长兼抗日七区子弟连连长。1945年11月，任第二野战军2纵队1团1营营长。12月，任第二野战军13纵队27团团长。先后参加了兰州战役、广山战役、平良战役、大同战役、广阳战役、上党战役、神头战役、平汉战役、淮海战役，荣立一等功3次、二等功7次、三等功13次。1948年，在淮海战场上双腿受重伤，被安排到临清县民运部工作。1952年，被评为二等乙级残废军人，在临西县东苟庄落户，相继任村党支部书记、乡长、信用社主任、县革委副主任、民政局副局长等职。曾三次被评为山东省劳动模范，两次被评为河北省劳动模范。1985年离休。1992年11月去世。

李子荣（1913.10—1992.12）曾用名李学梦，樟柳寨人。1938年任村干部兼小学教员。1939年加入中国共产党。相继任村党支部书记、区委委员兼抗日中心小学校长，九区民政助理，十一区秘书、区长，新八区区长、区委书记。1950年调邯郸，先后任专区百货分公司物价科长、业务科长、地区百货站经理。1960年，任邯郸市区商业局局长。1962年后，先后任邯郸市百货公司副经理、经理、市日用工业品经理部经理、市百货公司（今阳光集团）经理等职。被评为河北省劳动模范。系邯郸市第二、三、四、五届人代会代表和第四届市、区人民委员会委员。

江琴堂（1916—1992）原名江书轩，又名秦堂，江庄人。1938年4月参加革命，8月加入中国共产党。历任临清县七区战委会组织股长、区委书记。1939年10月任临清县委书记。1941年后，历任企之县委书记、中共冀南区党委组织部干部科科长、密县县委书记。1948年随军南下，历任鲁山县委书记，郑州地委宣传部长、副书记、专员公署专员。1953年后任洛阳矿山机器制造厂第一副厂长、河南柴油机厂党委书记。1959年后，历任洛阳市委书记兼市长、河南省商业厅厅长、郑州工学院党委书记。1977年12月后，相继任洛阳市委代书记、革委会副主任、市委书记、市人大常委会主任。1984年10月任河南省顾问委员会委员。系第六届全国人民代表大会代表。

杨清山(1917.8—1993.5)高村人。1933年12月毕业于山东平原初级师范，1938年11月参加工作，1948年12月加入中国共产党。参加工作后先后在临清县战委会文教会、抗日政府文教科、秘书处工作。1945年任姚楼中心校校长。后历任临清大辛庄完小校长、临清二中教导员、冠县二中教导主任、副校长、党支部书记、临清四中副校长、临西一中革命委员会主任、校长、临西三中校长、临西县委党校副校长。1982年离休。1986年地委批准享受县级政治、生活待遇。

李芝林（1921—1993.9.2）大刘庄乡黄庄人。1938年6月入伍，在八路军129师卫生部五所任战士、班长。1938年12月，加入中国共产党。1943年4月，任华北第一野战医院司药部主任。1946年5月进华北医科大学学习，1949年4月毕业，任二野特种兵卫生部二所所长。同年9月，调高炮团卫生队任队长。1951年3月，任高炮五四二团卫生队队长。1959年12月，任空军三基地卫生处处长。1960年5月，任空军三基地卫生科科长。1966年2月，任聊城干部休养院党支部书记。1972年8月，任聊城地区精神病医院党支部书记、聊城地区人民医院党的核心小组副组长。1978年2月，任聊城卫生学校副书记、副校长。1982年10月离休。1993年9月2日病故。

孙伍纹（1938.7—1993.12.15）女，山东省临清市大辛庄人。1952年高小毕业，4月考入临清县供销合作社统计训练班，1952年6月后，先后任临清县供销合作社统计员、下堡寺区供销社营业员、实物负责人、门市会计。在此期间，为改进经营，加强管理，增加收入，搞好服务，工作中总结出了“门市记条法”，后探索改进为“快速盘点法”，受到山东省和全国供销合作总社的重视，在全国进行推广，在济南、北京多次作经验介绍。多次被评为区、县、地区先进个人，当选为临清县、市人民代表大会代表，县、市人民委员会委员及团县委、团市委委员。1956年，先后出席了山东省第一届先进生产（工作）者代表大会、全国先进生产（工作）者代表大会、全国供销系统先进生产（工作）者代表大会，被授予“山东省优等先进工作者”“全国供销系统先进工作者”“全国先进工作者”称号。在出席全国先进生产（工作）者会议期间，受到毛泽东主席、周恩来总理等党和国家领导人的接见，被推选为代表，参加了当年的“五一”天安门观礼。1959年后，调临清市百货第二零售部（简称“二零”），任大组组长、门市会计。1961年6月，调聊城百货公司，任批发员、统计。1975年7月，任东昌医院会计。1993年8月退休，同年12月15日病逝。

孙乃石（1922—1995.07）原名孙宗臻、孙玉珍，孙楼人。1939年加入中国共产党。先后任县委组织委员、区委书记等职。1947年南下，历任河南邓县县委组织干事、南阳地委工作团秘书、南阳供销社副主任、中南电力公司计划科科长。1955年，任水电部电力总局机关党委办公室主任。1969年，进“五七”干校劳动。1972年恢复工作，先后任水电部研究所副所长、电力科学研究院政治部副主任、电力规划设计院干部处处长（副厅级）。1985年10月离休。

张茂修（1922—1995.7）吕寨人。1938年，在村组织自卫队任自卫队长。1940年8月加入中国共产党，任民兵指导员。1949年后脱产到县工作，历任科长、局长、公社党委书记等职。1982年3月，任临西县人大常委会副主任。1984年1月离休。1995年7月病逝。

刘殿杰（1945.1—1995.7），大刘庄乡纪庄人。1961年8月在临清四中（今临西一中）初中毕业后入伍，在济南空军某团当战士。1962年加入中国共产主义青年团。1964年10月加入中国共产党。1965年8月始，先后任雷达十七团电台台长、连副指导员、指导员、营副教导员。1982年

3 月转业，到聊城地区中级人民法院经济庭工作。1985 年任经济庭副庭长。1986 年始，相继任庭长、副县级审判员、审判委员会委员。

王波（1922.9—1995.10.8）山东莘县南安头人。1943 年 12 月加入中国共产党。抗日战争时期，先后任鲁西北抗日联络站站长、文化救国会区主任、南峰县文化救国会干事等职。解放战争时期，先后任莘县司法科科员、冀南行署学院学员、冀南专署自新院秘书等职。建国后，先后任中共临清市委宣传部副部长、火柴厂厂长、统战部部长、宣传部部长等职。1964 年底，任中共临西县委常委、宣传部部长。1979 年后，先后任县第二中学党支部副书记、县机关党委书记、县委办公室主任、县人大常委会副主任。1995 年 10 月 8 日病逝。

杨笑一（1916.11.18—1995.10.24）郝村人。1939 年 3 月加入中国共产党，任郝村党支部宣传委员兼小学教员。1943 年，任抗日九区参议员。1944 年，参加临清小学教员集训班，结业后任大庙中心校长。1945 年，任九区文教助理员。1946 年，任小芦完小校长。1949 年，任县文教科督学、张堤完小校长。1951 年，任临清二中教导主任、党支部书记。1956 年 5 月，当选为中共临清县委委员。1957 年 3 月，任临清县政府副县长，兼尖冢区委第一书记。1958 年 10 月，任县委办公室主任。1959 年 1 月当选为县委常委。1963 年，任康庄区委书记。1965 年，调县水利局工作。1972 年，任汽车配件厂办公室主任。1978 年，调任临清县文教办公室副主任。1980 年，任临清县委统战部部长、县政协副主席。1984 年离休。1995 年 10 月 24 日去世。生前还兼任临清市书法协会主席。

兴东陵（1929.3—1995）后张八人。1948 年入伍。1949 年加入中国共产党。1951 年转业到辽宁省辽阳市公安局，先后任公安交通队副队长、派出所所长。1972 年任辽阳市公安局副局长。1989 年离休。

王振华（1921.8—1996.3.29）曾用名王厚亮，山东省东平县石庙人，初中文化。1938 年 9 月加入中国共产党。在东阿县二区地下交通站任交通员。1940 年 8 月，任章丘县公安局武工队员。1942 年 2 月后，先后任本村村长、党支部书记，章丘县二区武委会军事干事、武装干事。1947 年 2 月，任山东省寿张县人武部政工干事、股长。1951 年 5 月，入平原军事政治干部学校学习。1952 年 1 月，任寿张县人武部副部长。1953 年 11 月，任冠县人武部部长。1956 年，任临清市兵役局局长。1958 年 10 月，到济南军区文化干校学习。1960 年 11 月，任中共临清市委常委、人武部政委。1964 年底，任中共临西县委常委、人武部政委。1966 年 4 月至 1973 年，任邢台军分区党委委员。1968 年 8 月至 1973 年，任临西县革委会主任、县委副书记。1973 年，任唐山军分区政治部副主任。1983 年 11 月离休。1996 年 3 月 29 日逝世。

王广龙（1924.12.27—1996.8.18）贺伍庄人。1944 年随父逃荒到山东省济宁一带。1946 年 1 月在兖州参加中国人民解放军，曾任华东一纵二团一连班长、排长等职。1947 年 1 月加入中国共产党。曾参加泰安、莱芜、孟良崮等战役，先后被评为一级战斗模范、二级战斗模范、荣立三等功。1948 年 10 月后，任 20 军 58 师侦察参谋、侦察队副队长、队长。期间，参加了淮海战役、渡江战役、解放上海、抗美援朝，荣立三等功 1 次。1953 年 9 月，到解放军高级步校学习。1955 年 8 月，任 58 师 172 团 1 营副营长。1959 年 12 月，任 173 团 1 营营长、58 师侦察科长等职。1956 年 1 月授上尉军衔，同年 11 月，晋升大尉军衔。1963 年，晋升少校军衔。1966 年转业，任聊城地区农科所党支部书记。1972 年 9 月后，任聊城地区电业局副局长、副书记、调研员等职。1985 年 5 月离休。1996 年 8 月 18 日病逝。

牟冰如（1915.5.16—1997.7.7）又名牟清泉、字冰如，吕寨乡杨集人。毕业于临清乡师，后任乡村小学教员。1939 年 7 月加入中国共产党。先后担任临清六区战委会供给科长、六区助理员、九区（高村）区长、县民政科副科长，县公安局侦察股长、预审股长、副局长、局长。1940年、1946年荣立战功各1次。1949年8月后，相继担任魏县县委委员、县委社会部长兼公安局长。1951年，任邯郸专署公安处办公室主任、党组成员、副处长。1952年11月1日，毛泽东主席视察邯郸时受到接见。1953年后，先后担任大名县县长、县委第二书记兼县长。1958年12月，将魏县撤销，划归大名县，牟如冰任县委书记处书记，后任第二书记兼县长。1962年2月，任邱县县委第一书记。“文化大革命”后，任邱县革命委员会副主任。1986年离休，享受地厅级待遇。

阎黎明（1920.3—1997.7）贾村人。1939年加入中国共产党。1940年1月，任贾村抗日小学教员、区委分支委，9月进冀南四地委党校学习。1941年2月至1945年8月，任区游击队指导员。1945年9月至1946年3月，任县大队一连、东进支队一营一连指导员。1946年4月至1947年2月，任区委常委、区委宣传委员。1947年3月至1951年2月，任临清县公安局公安队指导员、审讯股股长。1951年3月至1952年6月，任邯郸专署公安处执行科副科长。1952年7月至1956年6月，任峰峰矿保卫科科长。期间，入中央公安学校学习。1956年6月至1961年9月，任峰峰煤矿基建局保卫处副处长。1961年9月至1965年8月，任邯郸市公安局副局长。1965年8月至1968年3月，任海河指挥部副指挥长，兼保卫局副局长。1968年4月至1982年12月，任邯郸市公安局副局长、顾问。1982年12月离休。

郑世斌（1920—1997.09）姚楼村人。1939年4月参加革命工作，同年加入中国共产党。历任姚楼村党支部书记、县青救会干部、敌工站干部。解放战争时期及中华人民共和国成立后，先后任临清市公安局秘书、副局长，邯郸专署宗教科副科长，永年县商业局副局长、供销社副主任，邯郸地区宗教处副处长（主持工作）。1982年离休。

郭庆余（1921—1998.4.16）郭村人。1935年至1937年秋，先后在郭村小学、临清武训高小读书。1938年7月，在临清县国共两党合办的动员干部培训班受训。10月，任马刘庄抗日小学教员。1939年10月，加入中国共产党。1939—1948年，先后担任临清县抗日六区游击队政治指导员、县委武工队政治指导员兼队长、临清抗日五区、九区区长、临清县敌工站干事、临清县二区区长、临清县武装部动员股负责人、临清县委土改组组长、县委组织部干事。1950年3月，任中共临清县委委员、组织部副部长。1952年4月，任邯郸地区企业公司生产科长、机关党支部书记。1953年4月，任邯郸市建筑公司副经理。1954年6月，任市计委副主任。1956年3月，任市委委员、基建部副部长。1959年12月，任邯郸专署计委副主任。1960年2月，任市委委员、基建部部长、建委主任。1961年5月，任邯郸市委委员、政府副市长。1962年10月至1964年4月，先后任市委委员、副市长、市“四清”工作团党委书记、政委。“文化大革命”中受审查。1969年10月，调邯郸市基建服务部工作。1970年3月至1971年7月，在市“五·七”干校劳动锻炼。1971年8月，任涉县天津铁厂邯郸地区代表。1973年3月至1977年2月，先后任邯郸钢铁基地办公室副主任、邯郸地革委副主任。1977年2月，任邯郸市委书记、市革委副主任。1978年12月，任中共唐山市委书记、市革委副主任。1980年5月，任中共邯郸市委书记、市革委主任。1983年8月，任市人大常委会主任。1988年3月离休。1998年4月16日逝世。

张绪新（1923.12——1998.5.11）原名张绍岳，小张庄人。1942年12月在邱县参加八路军，1943年4月加入中国共产党，曾任冀南军区警卫连战士、班长、排长，华北后方总医院管理员，第三军医学校给养科副科长。新中国成立后，他长期从事我军的后勤保障和行政管理工作，曾任总后第二预校物保处副处长、总后重庆办事处军需处副处长、业务管理部部长、成都军区后勤部顾问等职。抗日战争时期，张绪新参加了攻打冠

县、临清和高唐等战斗，荣立大功一次。解放战争中参加了淮海战役、渡江战役，荣立小功一次。1955年被授予大尉军衔，1962年晋升为少校军衔。1955年12月荣获独立自由奖章和解放奖章，1988年荣获中央军委授予的中国人民解放军独立功勋荣誉章。1983年离休。1998年5月11日在成都军区总医院病逝。

夏树平（1934.8.13—1998.5.24）女，中共党员，西夏庄人。1950年10月任小学教员。1953年至1971年，先后在临清大辛庄区、仓上乡、临西县尖冢区、尖冢公社任妇联主任。1971年，任临西县革委政治部群工组副组长。1974年，任临西县妇联会主任。1974年，出席河北省妇代会，当选为委员。1982年3月，任县政府副县长、县委委员。1984年10月，任县人大常委会副主任。1990年4月退休。1998年5月24日病逝。

胡代耕（1920.3—1998.6.28）原名胡崇禄，大十二里人。1936年在临清山东省立第十一中学读书，并参加进步学生运动。初中毕业后入北平山东中学高中部。1937年2月，入国民革命军29军当兵。后在对日作战中负伤，返回临清。同年10月，加入中国共产党，担任交通员。1938—1941年，先后担任临清《力报》记者、鲁西特委一中队副指导员、中共临清县委委员、武装部长、临清县抗日政府武装科长、中共临清县委副书记、代理临清县委书记、中共广曲县委书记。1944年8月，任中共邱县县委书记。1945年5月，任冀南四分区武委会主任。同年8月31日，率临清、宏毅县基干民兵武装2000多人，参加解放临清的战斗。嗣后，任冀南四分区独立团团长。1946年6月，任冀南独立四旅十二团副政委。参加了定陶、鄄南、濮滑、豫北等战役，多次受到纵队首长通报嘉奖。1947年9月，十二团改编为十纵队二十八旅八十四团；10月，奉命挺进大别山；12月，十纵队挺进桐柏建立根据地，任中共桐柏县委书记。1948年7月，任中共随县县委书记；10月，调任八十四团政委，1949年2月后，任五十八军一七二师五一六团政委、湖北军区独立四师十二团政委。1950年1月，任中共大冶地委委员兼崇阳县委书记；10月，任海军政治部干部部军衔科科长。1951年5月任任免处处长。1952年5月，任海军政治部干部部副部长。1954年9月—1957年底，在苏联彼得格勒伏罗希洛夫海军学院指挥系学习。回国后任海军潜水艇某支队副司令员、某支队支队长。1964年10月，任海军后勤部副政委。“文化大革命”中受到冲击。1975年9月，任海军后勤部顾问组组长。1955年，授予海军上校军衔，并授予二级独立自由勋章一枚、二级解放勋章一枚。1960年晋升大校。1982年11月离休。1988年，授予独立功勋荣誉章一枚。1998年6月28日于北京病逝。

孟达三（1908.4—1998.11）谱名昭灿，又名孟达，号达三，马兰人。初读私塾，后入临清中学读书，1925年，在东昌（今聊城）山东省立第三师范读书，期间加入国民党，后考入国民党中央军事政治学校学习。1928—1929年，任国民党临清县党务指导委员、整理委员会主任委员。1930年冬，去北平中法大学学习。1932年后，先后任青岛商品检验局股长、陕西省三原县、蒲城县、三原县、郃县国民党县党部书记长、军委会战运局山东代表办事处秘书、津浦铁路局科长专员、特别党部书记长。1950年去台湾。1954年11月当选为台“国民大会代表”。1991年退职，到美国定居。1998年去世。

冯子和（1911.1—1998.12.26）曾用名冯庆泰，吕寨人。1926年在临清“远芳斋”酱园当学徒。1942年11月参加革命，任宏毅县敌工站驻临清县城联络员。1946年2月，任临清市职工联合会主任兼店员工会主任，5月加入中国共产党。1949年后，任临清市供销社副科长、科长、副主任。1953年，任市手工业联社副主任。1954年，任山东省手工业联社聊城专区办事处科长。1958年，任聊城专署督导室督导员。1959年起，先后任聊城专区建委副主任、建工局副局长、党组成员，计委党组成员。“文化大革命”中受到冲击。1972年7月恢复工作，相继任地区建委革委会副主任、党的核心领导小组成员，建委副主任、党组成员。1984年5月离职。1985年6月离休。

巩双卿（1916—1998）原名巩玉坤，曾化名巩身修、巩慎修，北郑庄人。1938年8月加入中国共产党。1939年5月任曲周抗日中心学校校长。是年底，参加了冀南四分区军政受训班并参加八路军。1942年4月29日，日军对冀南抗日根据地进行“铁壁合围”，他带领基干连前去营救，经过激战，救出八路军的干部战士40多人及一些地方干部，在战斗中腿部负伤。在晋冀鲁豫军区庆功表彰大会上，邓小平亲手为他颁发抗日英雄大功荣立者毛泽东银质奖章和人民功臣证书。之后，历任企之县工作队队长、六区游击大队长兼基干连连长，宏毅县抗日民众救国会主任、武委会主任、游击大队长，冀南四地委整风班班长，五区救国会主任、武委会主任、区委书记，八路军东进纵队新编特务营营长，中国人民解放军五十八军特务营营长，临清县农工会主任等职。中华人民共和国成立后，历任中国花纱布总公司邯郸花纱布分公司主任，峰峰市福利公司副经理，峰峰矿区百货公司经理、五金公司经理、商业局局长、卫生局局长、矿区政协副主席等职。

刘际武（1934.4—1998）仁庄人。1952年在老官寨区参加工作。1976年调县氮肥厂工作，先后任副厂长、厂长。1981年，荣获“河北省劳动模范”称号。1983年，调县林业局工作。

杨其震（1924.2—1998）临清市东周店人，1939年参加工作，同年4月加入中国共产党。1939年9月，任卫东县地下游击小组组长。1942年10月，任卫东县武工游击队队长。1944年3月至1945年7月，入党训班学习。1945年8月，任临清县四区游击队中队长。1946年4月，任临清县公安局警卫队指导员。1949年11月至1958年10月，先后任临清县粮棉经理部经理、土产公司经理、临清卷烟厂党总支书记、二油厂厂长、临清市工业局局长。1958年11月，调任聊城专署农药厂厂长。1960年4月，任聊城专署工业局办公室主任。1961年4月至1963年6月，先后任临清市人委工业办公室主任、市委工委主任。1963年7月，任临清县委组织部副部长。1964年底，任临西县委组织部部长。1966年7月后，先后在“五·七”干校学习，任农村工作队队员。1970年8月，任临西县生产指挥部副主任。1979年4月，任县革委副主任。1982年3月至1983年12月，先后任中共临西县委副书记、县人大常委会主任。1983年12月离休。1998年逝世。

任伍洋（1923.4—1999.1.23）北镇人。1943年2月任村武委会主任、村长、交通员。1944年10月加入中国共产党。1945年5月参加冀南四专署工商训练班学习。8月后，相继担任临清县工商局干事、三区财政助理、堂邑县六区民政助理、区委宣传委员、秘书、区委副书记、书记，堂邑县委宣传部副部长、部长、县委常委。1956年5月后，先后任聊城县委常委、宣传部部长、垢固乡党委书记、农工部部长、北杨集公社党委书记、县委组织部部长。1965年2月，任高唐县委常委、组织部长。“文化大革命”中受到冲击。1970年5月，任高唐县棉纺厂革委会副主任。1972年4月后，先后任高唐县革委政治部副主任、县革委副主任兼文办主任、县委委员、县委常委、组织部部长。1980年10月，任聊城地区人民医院党总支书记。1982年8月，任地区卫生局顾问。1983年12月离休，享受地厅级待遇。

任伍章（1949.10—1999.4）南镇人。1972年6月毕业于河北师范学院。12月，任临西县党校教员。1978年10月，任临西县委宣传部干事。1983年12月，任县交通局副局长。1987年6月，任县工商局局长。1990年1月，任摇鞍镇乡党委书记。1994年9月，任县委统战部部长，县政协党组副书记，政协副主席。

王庆臣（1917—1999）又名王延普、王东光，东苟庄人。1941年参加工作。同年，加入中国共产党。1947年随刘邓大军南下，曾任信阳地区商业局局长、河南省商业厅副厅长等职。1977年离休。

侯殿锋（1935—2000.2.12）老军营人。1954年7月参加工作。1953年6月加入中国共产党。1954年7月临清师范毕业后，先后任临清市唐窑完小教员、林园中心校副校长、旧县乡中心校长。1958年，调临清市文教局教研室工作。同年秋，任临清五中教导主任，一面教课，一面做行政工作。同时，完成大专进修学业，函授毕业于山东师范学院。1962年夏，调临清市委宣传部任干事，翌年调市委组织部工作。1965年，调临西县委组织部负责文秘工作，所撰写的《模范妇女干部胡勤英》《东留善固大队党支部书记吕玉兰》等稿件，在《大众日报》《河北日报》发表。1969年，任县通讯报道组组长，先后在《人民日报》《红旗》《光明日报》《河北日报》和《邢台日报》发表文章百余篇。1976年，任县委办公室副主任。1982年春，当选为县政府副县长。1986年，任县人大常委会副主任。工作之余，爱好文学，研究诗词，作品颇丰。1989年加入中华诗词学会，并被载入《中华诗词学会人名辞典》《中国大百科专家人物传集》。著有诗集《心韵集》。1996年1月退休。2000年农历正月十八因病逝世。

史金生（1924.3—2000.2.15）蔡辛庄人。1943年2月在家乡参加八路军，成为一二九师战士，因作战英勇，同年5月火线入党。1949年任解放军一野某部连长，攻打兰州战役中，率部冲锋，被敌人子弹打碎右颧骨，击穿脖颈，身负重伤，坚持不下火线，继续战斗，直至战斗胜利。后被评定为二等甲级伤残。1950年随部队进疆，1951年任副营长，1952年任一野六军十七师五一团参谋长。1953年奉命参加抗美援朝，调任辽宁丹东防空军地监二〇二团参谋长。朝鲜停战后，先后到空军江西南昌预校和北京第二高级专科防空学校深造，结业后留校任班主任、作训科长、军务科长等职。1955年被授少校军衔、1956年被授解放奖章、独立自由奖章，后授中校军衔。60年代初，数次协同地空导弹部队参加击落国民党空军驾驶的美制U2高空侦察机的战斗，受到通令表彰，1965年1月17日和参战立功人员一起受到毛泽东、刘少奇、朱德、周恩来等党和国家领导人接见。“文化大革命”中受到冲击，1969年进五七干校，1973年恢复工作回京。1975年调任广州军区高炮十师副师长，1979年离休。1982年9月到北京南苑空军离职干部休养所休养。2000年2月15日去世。

侯靖学（1916—2000.3.3）西老官寨人。1942年入伍。1945年5月加入中国共产党。历任宏毅县县大队司务长、书记，二纵五旅政治部管理员、恩施军分区宣恩县人武部部长、鄂豫一分区总务股股长、武汉军区第一招待所所长、恩施军分区供应科科长、司令部供管科科长（正团职）。参加过淮海、渡江、大别山、平汉等16个战役，多次立功、负伤，数次荣获奖章。1964年1月转业，任聊城地区商业局副书记。1976年离休，享受地专级待遇。

张新华（1967—2000.7）张白地人。2000年7月26日9时许，张白地村9岁儿童张青峰到田间寻找母亲，不慎掉入4米多深的枯井中，其母任荣芳大声呼救，正在附近劳动的张新华闻声急速赶来，推开任荣芳，自己蹬着井壁下井救人。当下到井半腰时，他感到呼吸困难，对任荣芳说：“井下缺氧，孩子危险”，说着仍毅然跳到井底，吃力地抱起孩子向上攀爬，一连几次都被摔回井底。最后，已近窒息的张新华吃力地对任荣芳说：“快，快去叫人救孩子”，说完便倒在了井底。村民闻讯赶来，用绳索将二人救出，并迅速送往医院抢救。孩子得救了，而张新华却因奋力施救，缺氧过重，窒息过久，抢救无效，献出了年轻的生命。7月27日，组织批准他为中共预备党员。7月28日，县委、县政府作出了关于向张新华同志学习的决定，其舍己救人的事迹先后被多家新闻媒体传颂。是年，被省政府追授为烈士。

崔绍武（1915.9.4—2000.9.13）曾用名崔戟文，吕寨人。1936年3月，临清联立简易师范毕业。1938年6月参加革命。1939年2月加入中国共产党。在抗日战争时期，先后担任鲁西筑先纵队十六支队二团军需，临西地方工作团副团长，临清县抗日政府区长，临清县武装部部长，宏毅县政府秘书、代理县长。解放战争时期，历任冀南军区兵站部辎重科科长、后勤部利民公司副经理、冀南宁南县县长、中共冀南四地委办公室主任。中华人民共和国成立后，先后任河北省邢台地区秘书长兼办公室主任、河北省委办公厅副主任、一机部北京汽车附件厂代厂长，一机部哈尔滨轴承厂第一副厂长、代厂长、厂长，一机部生产调度局副局长，北京仪表局党委书记、局长，北京市一线指挥部生产组副组长、市计划综合组组长，北京市计委党组成员兼办公室主任，北京市经委副主任，建材部办公厅主任，中国汽车工业公司京津冀汽车工业联营公司筹备组组长、副董事长等职务。1985年离休。

栗继成（1927.2—2000.11.7）河南省濮阳县王城古乡姚庄人。1942年3月，加入中国共产党。1943年4月，任昆吾县一区抗联游击队长。1945年8月，兼任一区区长。1946年5月，任新兵团政委兼营教导员。1947年3月，任华北军区一〇一团政治部副股长。1947年6月，任一〇一团三营指导员。1948年2月，任第八纵队六十四团三营教导员。1949年10月，任平原省濮县二区副书记、书记。1950年2月，任山东濮县组织部副部长。1953年8月，在山东分局党校学习。1954年9月，任临清县合作部部长、县委常委。1957年被错划为"右派"，到临清工业局工作。1963年4月，任临清县金郝庄公社副社长。1964年2月，在临西县园艺场劳动。1979年9月，任临西县农机站研究所副站长、副所长。1981年4月，任临西县农林局副局长、党总支副书记。1981年11月，任临西县农办副主任。1982年8月，任临西县政府办公室主任、党总支书记。1986年1月离休，享受地专级待遇。2000年11月7日病逝。

王旭生(1916.11.26—2000.12.7)海尔寨人。1938年参加工作。1939年2月加入中国共产党，任本村党支部书记。1940年3月至1943年8月，先后任临清县抗日政府八、九、十、十二区区长。1943年8月至1947年底，先后任临清县民政科长、政府秘书、县委秘书长等职。1948年，任恩县（恩城）县长，后到中央华北党校学习。1949年1月，随军接管天津，先后在天津市法院、市人民委员会交际处担任领导职务。"文化大革命"中受迫害。1972年，下放到天津市河西区工作。1979年病休。1980年离休。2000年12月在天津病逝。

赵荫池（1925—2000）赵子堌人。1933年完小毕业。1942年9月加入中国共产党，任共青团（时称青抗先）书记。1944—1949年，先后担任下堡寺抗日中心校教员、东王庄学校教员、车庄中心学校校长、肖大寨中心校校长、下堡寺区（八区）教助、下堡寺区委秘书。1950—1962年历任尖冢区供销社副主任、临清县供销合作社加工企业科副科长、老官寨区供销社主任、临清报社编辑、童村人民公社副社长、单屯人民公社副社长、老官寨区副区长、区委委员。1965年初，任临西县农林局副局长、临西县人民政府党组成员。"文化大革命"中受到冲击。1972年7月，复任县农林局副局长，负责全面工作。1978年，任农林局局长。1979年，任县农办第一副主任兼农林局局长。1982年3月，当选为临西县人大常委会副主任。1987年4月离休。2000年去世。

张佰柱（1936.6—2001.2.10）山东省临清市尚店乡南仓上人，中共党员。1951年至1956年，在山东省临清二中、聊城师范读书。1956年至1960年，在曲阜师大数学系读书。1960年至1961年，在山东教育学院数学系任助教。1961年至1962年，在临清一中任高中数学教师。1963年至1997年，在临西一中任高中数学教师。1977年、1987年，当选为河北省第五届、第六届人大代表，第一届政协常委。1987年，被评为河北省优秀园丁。1989年，被授予全国优秀教师称号。1997年9月退休。2001年2月10日病逝。

刘子荣（1952.12—2001.8）赵樊村人。1970年12月入伍。1973年12月加入中国共产党。历任司务长、助理员、处长等职。1988年9月，授中校军衔。1992年9月转业到河北省饲料公司，

历任部门经理、公司副总经理、总经理。

田祖光（1950.5.12—2001.9）田庄人。1972年响应知青上山下乡号召到新疆新源县接受再教育。1974年3月提干，到新源县知识青年办公室工作。1982年，任县劳动服务公司经理。1990年，任县劳动局副局长。1995年，任新疆伊犁地区劳动就业保险管理局副局长。

邱俊海（1925—2002.1）又名邱会川，肖大寨人。1945年5月，任肖大寨抗日中心小学教员。1947年秋南下，先后在桐柏军区、湖北省光化县、桐柏行署总务科、省政府行政处总务科工作。1957—1966年历任潜江县干部农场三分厂三队党支部书记、省政府第二招待所副所长、省政府武汉市郊区农场场长、省政府印刷厂厂长。“文化大革命”中受到冲击。1968年任印刷厂革命领导小组组长。1973年，复任印刷厂支部书记兼厂长。1979年春，任湖北省人大办公厅秘书处副处长。1984年升正处级。1985年离休，2002年1月病逝。

葛友明（1937.9.5—2003.3）山东省济宁市人。早年就读于济宁市明德小学、济宁市一中，初中毕业后考入济南农业学校。1955年参加工作，分配到临清县农业局技术站，任农业技术员。1964年后，在临西县农业局、县科委、县农业开发办公室等单位工作，历任农业技术员、农业技术推广站副站长、农业局副局长、科委主任、农业开发办公室主任等职。1983年，当选为临西县第一届政协副主席，连任二、三届政协副主席。1993年，任县人大常委会副主任，系河北省第七届政协委员。2003年3月病逝。

周维贞（1922.5.19—2003）女，山东省临清市贾牌人。1931年至1936年，分别在临清市贾牌和荆林小学读书。1938年1月至1944年3月，在临馆堂地下党的交通站负责党的秘密联络工作。1944年加入中国共产党。1944年3月至1946年5月，任临清朱庄区抗联妇救会主任。1946年12月至1947年11月，在柳林师范读书。1947年11月至1950年5月，任馆陶县区妇联主任。1950年至1962年，历任临清县妇联主任、平原县副县长、聊城地区妇联福利部部长、莘县法院院长。1972年4月，任临西县革委会政治部副主任。1977年5月至1990年12月，任临西县科委副主任。1990年12月离休。2003年病逝。

江绍彦（1937.9—2003）江庄人，中共党员。1948年至1965年，先后在江庄小学、临清二中、青岛冶金建筑学院读书。1965年7月至1966年3月，在北京水泥、玻璃设计院任助理技术员。1966年3月至1998年，先后任建材部非金属局技术处技术员、河北省非金属设计室技术员、涞源石棉矿技术科技术员、副科长、河北354筹建处技术员、工程科长、河北省储备物资管理局基建处副处长、天津物资储备处处长、高级工程师、国家物资储备局天津办事处基建处处长、纪检书记兼838处党委书记（司局级）。1998年底退休。2003年病逝。

孙宗壁（1924—2003）孙楼村人。1947年响应组织号召南下。后在长沙市公安局工作，1958年起任长沙纸厂党委书记。2003年去世。

江景河（1918.5—2004.1.11）江庄人。1938年4月参加革命，同年6月加入中国共产党。1938年4月至1949年7月，先后任临清县民族革命战地委员会组织干事、第七区区委书记、县委组织部长、县武装部长、县委代理书记、冀鲁豫平原分局研究室研究员、冀鲁豫平原分局组织部干事、冀南区党委研究室干事、冀南区党委社会部一科副科长、冀南区党委社会部（公安局）干部保卫科科长。1949年7月至12月，任河北省公安厅保卫科长。1949年12月至1966年12月，历任广西省公安厅政保处副处长、公安厅办公室主任、中南公安局政保处副处长、中央华南分局社会部一处处长、广西壮族自治区人民委员会政法办公室主任、广西壮族自治区人民委员会副秘书长。1966年12月至1973年8月，历任自治区人民委员会办公厅革命领导小组副组长、区直毛泽东思想宣传队钦州队队长、都安队副队长、区革委会卫生服务站领导小组副组长、区革委会办事组处事组副组长。1973年8月至1984年12月，历任自治区党委、革委副秘书长兼外事办公室主任、党组书记、区人民政府副秘书长兼外事办公室主任、党组书记。曾任中国人民对外友好协会广西分会会长。1991年12月离休。2004年1月11日在南宁逝世。

刘广强（1924.4—2004.1）山东省阳谷县刘湾人，农民出身。1932年至1939年，在刘湾读书。1939年至1944年3月，先后任刘湾青年动员会主任、自卫队队长。1944年4月，参加阳谷县武委会训练班。同年6月，到阳谷县武委会工作。1944年12月至1948年9月，先后任阳谷县四区抗联工作员、二区联合会组长、组织委员、代理工委书记。1948年9月，任中共徐冀县组织部干事。1950年至1963年，先后任阳谷县县社干部科科长、阳谷县县社政治副主任、清平县县社政治副主任、临清县县社政治副主任、临清县刘垓子乡党委书记、代湾公社党委书记、临清县县社主任、吕寨区区委书记。1965年7月，任临西县尖冢区区委书记。1966年7月，改任尖冢公社党委书记。“文化大革命”初期受到冲击。1968年1月，任尖冢公社领导班子成员。1968年4月后，先后任尖冢公社革委会副主任、主任、党委书记。1973年10月至1981年4月，任县计委副主任、物资局局长。1981年5月，任县革委办公室主任。1982年3月，任临西县人大常委会副主任。1987年3月离休。2004年1月病逝。

寿金章（1930—2004.8.11）西温人。1950年加入中国共产党。1951年，响应党的号召，组织互助社，任社长。组织带领社员艰苦奋斗，大力兴修水利，改善生产条件。1953年被评为山东省劳动模范。赴京参加表彰会受到党和国家领导人的接见，被授予“劳动模范勋章”一枚。并受组织委派，赴苏联参观考察。为宣传他的先进事迹，1953年北京电影制片厂曾来县拍摄了以寿金章事迹为题材的电影纪录片《一件提案》。

孙鸿恩（1920.7.23—2004.10.20）樟柳寨人。1939年，加入中国共产党。1940年，任村党支部书记。1942年，任中共临清县九区区委委员兼党委秘书。1946年至1948年12月，先后任中共临清县第九区区委组织部长、武委会主任。1949年，任临清县第五区区长。1950年1月，任朱庄区区长。1950年6月，任尖冢区区委副书记兼区长。1952年11月，任吕寨区区委书记。1954年8月至1958年1月，先后任中共临清县委委员、统战部长、财贸部长。1958年2月，任临清县委委员、下堡寺公社党委书记。1960年12月至1966年1月，先后任临清县委委员、大辛庄公社党委书记、县供销社主任兼党委书记。1966年2月，任中共莘县县委委员、县供销社主任兼党总支书记。1973年9月，任临西县商业局副局长、总支副书记。1977年9月后，先后任县供销社副主任、总支副书记、总支书记。1980年3月，任中共临西县委统战部长。1982年3月，任县人大常委会副主任。1984年离休。2004年10月20日逝世。

薛宪章（1922—2005.2）庄科人。1940年加入中国共产党。任村党支部书记、抗日小学教员。1941年任临清县十二区支委，负责东半部的东高尔庄、肖大寨、丁庄、韩楼、马庄、海尔寨、马鸣堂、庄科等村党支部工作，1943年8月，任十二区抗日区公所财粮助理兼区公所文书。同年11月，代理区长。12月任区长。1945年冬，十一区、十二区合并为八区，任八区区长。1946年3月，任第三区区长。1948年柳林整党，调冠县民兵站任站长。1949年初，任建设科科长。1950年11月，调聊城专署建设科科员。1956年3月，任专署农业科副科长。1957年底，任平原县人民政府副县长。1959年10月，任聊城专署农林局副局长。“文化大革命”中被停职。1970年初，任农林局革委会第一副主任，后任农林局第一副局长。1978年夏，任行署棉办主任。1983年12月离休。2005年2月逝世。

李葵元（1909—2005.4.5）曾用名李魁元，姚楼人。青少年时期先后在聊城山东省立第三师范

附属高小、聊城山东省第二中学和临清山东省立第十一中学读书。在十一中学期间，开始参加抗日救亡活动。1929年春，因抨击国民党地方当局被校方斥退失学。后到北平，协办美术刊物《吼虹月刊》。1933年返乡，先后在冠县县立第二高小、临清县立第二高小、第七高小、第一完小任教。1936年秋，应聘任《临清日报》副刊编辑。1937年，加入中国共产党。后到八路军临汾学兵队受训，结业后分配到八路军一一五师三四三旅补充团（即六八四团）任宣传队政治教员、副队长、队长、团教育股长、教导二旅政治部秘书、统战科副科长、宣传科副科长、团俱乐部主任等职。1944年4月，调山东解放区工作，先后任山东滨海专员公署文教科副科长、战勤科科长、滨海建国学院教育长、滨海公学副校长兼党支部书记等职。1948年，先后调任中共滨海地委沿海工委书记、连云港市市委书记。1949—1952年历任鲁中南师范学校校长、鲁中南建国学校校长、山东省政府文教厅中教处长、高教处长等职。1952年6月调上海，历任上海机器制造学校校长、上海中等技校党委书记、国务院第一机械工业部上海办事处副主任等职。1955年秋赴中央党校学习，结业后留校工作，历任党史教研室讲师、副主任、顾问。1982年离休。

傅彪（1963.9.27—2005.8.30）卫罗庵人。自幼热爱文艺，高中毕业后考取艺术院校表演专业。擅长相声、山东快书，功力扎实。毕业后进入中国铁路文工团话剧团。1983年，首次在电影《北国红豆》中出演角色。后相继参加了电影《摇啊摇，摇到外婆桥》《甲方乙方》《春天的狂想》《没完没了》《幸福时光》《谁说我不在乎》《中国神探》《大腕》《老爸向前冲》《关中刀客》等多部电影的表演拍摄；参加了《居家男人》《吕布与貂蝉》《贻笑大方》《爱情与阴谋》《张灯结彩》《一场风花雪月的事》《梦开始的地方》《等你回来》等电视剧的出演拍摄。其中，因出演电影《没完没了》获中国电影金鸡奖最佳男配角奖提名；出演《押解的故事》获2001年中国电影金鸡奖最佳男配角奖。2002年罹患肝癌。2005年8月逝世。

张维良（1919.1—2005.12.28）东来寨人。1936年夏在临清山东省立第十一中学毕业后，在尖冢小学任教员。“七·七”事变后，参加抗日救亡活动。1938年3月，筹建八区战委会。7月，加入中国共产党。历任中共临清县第八区区委会委员，八路军一二九师军政干校学员，临清县委委员兼八区区委、五区区委书记。1940年8月，赴冀南公安总局训练班学习。同年12月，任临清县抗日公安局局长。1942年6月，任临清县委敌工部长兼敌工站长。1944年6月，赴太行山参加中共冀鲁豫区党委（又称平原分局）党校整风学习，任组长。1945年6月，任临清县委城工部长。1946年3月后，相继担任临清县委组织部副部长、县公安局局长，县委组织部、社会部部长等职。1948年1月，任冀南区党委社会部副科长。1949年8月，任河南省公安学校教育科长、教务副主任。1952年初，任河南省公安厅政治处处长。6月，任重工业部建材局监察室主任。1958年4月后，历任建材部办公厅副主任、邯郸水泥厂筹建处党委书记、建材科学研究院党委副书记、地质总公司代理书记兼政治部主任。“文化大革命”初期受到冲击。1973年重返工作岗位后，任建材部人工晶体研究所核心组副组长、党委副书记。1982年离休。2005年12月28日在北京逝世。

李俊（1916—2006.8.13）姚庄人。1938年参加抗日活动，在姚庄开展征收公粮、减租减息和记账工作。1942年任村农会主任，组织群众斗争恶霸地主。因抗日，曾被日伪军抓捕，家中财产被抢光。脱险后，于1945年2月任临清县六区组织委员。1947年7月任中共冀南一地委组织部干事。1949年9月调中共邯郸地委组织部任组织科副科长。1952年，任邯郸第一国棉厂党委副书记、组织部长。1957年，任邯郸纺织联合厂监委书记、组织部长。1960年，任邯郸国棉二厂党委书记。1971年，任邯郸印染厂党委书记、革委会主任。1982年，任邯郸纺织局党委副书记。同年10月离休。2006年8月13日病逝。

郭春辉（1983—2006.9.23）北居委人。网名

冷星峰，共青团员，中钢集团邢台机械轧辊有限公司职工。2006年9月18日19时许，郭春辉在邢台市桥西区台湾美食城附近发现两名男子行窃，勇敢上前制止，被其中一名男子用砍刀刺破颈部大动脉，他带伤追赶歹徒60多米后，因失血过多，倒在血泊中。同事和众人火速把他送到市第三医院救治。市委和省见义勇为基金会领导第一时间到医院看望慰问、组织抢救。社会各界纷纷捐款献血抢救郭春辉的生命。9月23日21时20分，郭春辉终因失血过多、伤势过重、抢救无效、不幸离世，年仅23岁。邢台市人民政府授予郭春辉“邢台市见义勇为模范”称号。市委、市政府领导和社会各界上万人参加了郭春辉的送葬仪式。《邢台日报》《燕赵都市报》《牛城晚报》追踪报道了英雄的事迹。公安机关迅速行动，于9月28日将杀害郭春辉的两名嫌犯擒获归案。10月20日，市委、市政府向全市人民发出“向郭春辉学习”的号召。10月27日，省政府授予郭春辉“河北省见义勇为英雄”称号，并批准为革命烈士。

刘兰英（1916—2006.9）女，西曲庄人。1935年初中毕业后在本村小学教书。1939年8月加入中国共产党，任村党支部委员。同年12月，任中共临清县十区区委宣传委员。1940年春，入中共鲁西北地委党校学习，之后任中共临清县委宣传部干事、临清县十区区委组织委员。1946年1月，入中共冀南区党校学习，前期在校学习，后期在恩县农村发动群众，贯彻“五四”指示，开展反封建斗争。1947年初，任中共临清县十区区委书记。1948年2月，任中共冀南区党委党校组教科科员。1949年后，任中共馆陶县委委员、组织部副部长，馆陶县税务局局长。1952年4月，任馆陶县县长。1954年5月后，任中共山东分局农工部干事、中共山东省委农工部副处长。“文化大革命”期间，下放劳动。1972年，任惠民地区基建局副局长。1974年春，调回省直机关，在山东省革委生产指导部政治工作办公室工作。之后，任山东省农委办公室主任。1983年10月离休。

刘明杰（1924.10—2006.11.5）北杏园人，农民出身。1945年，任北杏园民兵连长，参加了解放高唐的战斗。1958年成立初级合作社时，任合作组组长。1965年，任生产队长。1969年，任村党支部书记，带领群众艰苦创业，打井修路，平整土地，推广科学种田，发展机械化生产。1975年夏季，全村向国家交售小麦80多万斤，创全地区首位。同时，建立起了养鱼池、养貂场、养羊场、养鹿场、养猪场，发展牧业生产。1975年6月国务院副总理陈永贵到北杏园考察，赞扬了他们发展农牧业生产的做法。1975年，刘明杰被任命为下堡寺公社党委副书记。1977年，当选临西县人民代表大会代表、临西县人大常委会委员、河北省第五届人民代表大会代表。1979年，带领全村在全省率先实行了土地承包。1981年改为“大包干”，当年人均分配达到了755元，居邢台地区之首。《人民日报》在头版进行了报道。1981年，刘明杰被评为河北省劳动模范。

蔺文俊（1935.9——2006.11）来店人。1952年参加工作。1954年12月加入中国共产党。1959年10月任邯郸市商业局监委干事。1962年6月，任邯郸市供销社监事会监事。1964年11月任邯郸市供销社人事科长。1969年9月任邯郸市财贸工委政治部副主任。1972年12月始，相继任邯郸市商业局组织部副部长，商业局副局长、副书记。1989年4月，任邯郸市供销社理事会主任、党委书记。1992年11月，任邯郸市供销社党委书记。1995年11月退休。

王敬儒（1919—2006）肖子堌人。1938年加入中国共产党。先后任临清县九区区委干事、临清县青救会干事、县委总务科科长、县情报站站长、青平县县长秘书、冀南行署交通局总会计。中华人民共和国成立后，历任鸡泽县邮政局局长、大名县邮政局局长、河北省邮政局计财处负责人（副处级）。1953年被评为河北省劳动模范。1958年，因病离职疗养。1982年离休，享受正处级待遇。

修荣乾（1930.10—2006）修子堌人，中共党

员。1948年4月于山东省柳林师范（武训师范）毕业，从事教育工作。1974年6月，任临西县生产指挥部农业技术员。1975年，任临西县科委技术员。1976年，调新能源办公室任技术员。1982年7月调县科协，任办公室主任、技术员。1974年从事太阳能利用项目，试制成功了“箱式太阳灶”，并相继试制成功了管式、盒式、板式热水器及“太阳能灭菌箱”“太阳能猪食加温灶”等10多种实用灶具。1976年，研制成功了聚焦、反射式太阳灶。河北省科委在临西县召开了太阳能利用经验交流会。修荣乾还与赵强合编了《临西太阳灶》，由河北人民出版社出版。“临西太阳灶”在全省举办的太阳能利用学习班上进行了推广并参加了全国太阳能利用经验交流会。1980年，修荣乾被评为河北省劳动模范。

夏兆芳（1929.9—2007.1.29）西夏庄人。1948年12月在临清师范学校加入中国共产党。1949年1月师范毕业后到临清县委工作。1949年随冀南支队第一大队南下抵达湖南益阳，先后在沅江县政府、县委组织部、县委办公室，任统计员、研究员、秘书。1952年后，历任沅江县第四区区委副书记、第三区区委副书记、代书记、湖南省监察委员会监察专员、湖南省人事厅监察处长。1960年10月，任中共沅江县委书记。1964年8月，任益阳专员公署科委副主任。1966年8月，任益阳专员公署水产局局长。1968年3月，任益阳地区革委会农业组组长。1970年1月，任益阳船舶厂党委书记兼厂长。1974年8月，任益阳地区农村办公室党组副书记、副主任。1982年6月，任益阳地区计委党组副书记、副主任。1984年，任益阳地区行署办公室顾问。1991年4月离休。出版有诗集《泽南心声》和回忆文集《冒着敌人的炮火前进》。

杨玉修（1920.9—2007.1）东赵庄人。1940年3月加入中国共产党，任东赵庄抗日自卫队指导员。1948年12月至1955年9月，先后任尖冢区助理、民政助理、区委组织委员、区长。1955年到聊城地区干校学习。1957年至1963年，先后担任临清县老官寨区区长、教育局局长、水利局局长、松林公社社长、老官寨区区长。1966年8月，任临西县农林局局长。1968年1月，任县革委生产组干事。1971年8月，任县海河民兵团政委。1972年8月，任县交通局局长。1982年3月，任临西县人大常委会副主任。1983年12月离休。2007年1月逝世。

邢金岭（1923.5.24—2007.3.7）南付庄人。1936年考入临清第一高小读书。抗日战争爆发后，回乡参加抗日活动。1939年5月，加入中国共产党，同年9月，调临清县七区任执行委员。1941年至1949年，先后担任临清七区区委宣传委员、组织委员、七区区委副书记、抗联主任、清平县生产推进社经理。1950年至1957年，先后任清平县供销合作社副主任、清平县委副书记、县长、中共高唐县委书记、高唐县委第一书记。1959年7月至9月，以人民公社代表身份选入中国青年代表团，赴奥地利参加第七届世界青年大会。1962年，任中共冠县县委书记处书记、县委副书记。1963年至1967年，任聊城专署财贸办公室副主任。“文化大革命”期间受到冲击。1973年，任聊城地区新医医院（今东昌医院）党支部书记兼院长。1980年12月，任聊城行署文化教育卫生委员会副主任、党组副书记。1983年12月离休。2007年3月7日逝世。

马有祯（1941.11—2007.3）马刘庄人。1966年7月毕业于南京气象学院。1968年4月任林业部森林防火研究所负责人。1986年5月加入中国共产党。1971年12月始，先后任临西县气象局副局长、局长。1988年9月，任邯郸市气象局局长。1993年12月，任邢台市气象局调研员。2001年12月退休。

孙国安（1931.8—2007.4）又名孙俊安，东留善固人。1944年1月，在山东省茌平县王庄参加八路军，先后任冀鲁豫军区一、六分区卫生员、药剂员。1945年10月加入中国共产党。1949年3月起，先后任第二野战军51师卫生处司药、5兵团17军卫生队军医、中南空军第七航空预备学校卫生处助理员。先后参加了冀鲁豫军区的东辽战役、山东省张凤集战役、曹北战役以及淮海战役、渡江战役和解放大西南及剿匪战斗。先后荣立二等功2次、三等功3次。1955年，荣获中南空军颁发的解放奖章。1956年，任武汉空军后勤部卫生部助理员。1960年，入中国人民解放军第七军医大学学习。1964年，任武汉空军王家墩基地卫生科医疗所主治军医兼所长。1968年后，任空军五七0六、五七一九厂卫生所所长。1982年，任空军五七一九厂医院副院长（副师级）、副主任医师。1991年10月离休。

尹同法（1940—2007.4）东来寨人，中共党员。1956年至1958年，先后担任村会计、团支部书记、林麻寨乡团委组织委员、白地乡政府通讯员、尖冢公社通讯员、司务长等职。1958年12月入伍到济南军区警卫连。1959年9月起，任济南军区第二政委梁必业警卫员。1965年后，相继任总政治部管理局第六管理科出纳、营房管理员、军需助理、行政参谋等职。1979年任解放军总政治部管理局一科科长。1989年改为文职，定为副局级，在总政直属工程处工作。2000年退休。

任殿启（1929—2007.5）山东省冠县多庄人。1945年，在多庄担任儿童团团长。1946年至1949年，先后担任冠县华光医院护士部护理员、鲁西北人民医院卫生员、冀南地委警卫营卫生所卫生员、鲁西北人民医院护士、护士副班长。1950年，任临清县医院代理护士长。1953年，受组织委派筹建尖冢卫生所。1954年，进聊城地区人民医院进修。1955年，回临清县医院任外科医生。1956年至1957年，在山东省医院、卫生干校学习。1958年，筹建吕寨公社医院并任院长。1974年，评为主治医师。1984年起任临西县人民医院院长。1987年，晋升副主任医师。1992年，荣获全国县级医院优秀院长称号。1993年始，享受政府特殊津贴。1984年3月至1993年3月，任县政协一、二、三届副主席。1993年离休。

郝一河（1931.1—2007.5）曾用名郝洁涛，郝村人。1946年12月加入中国共产党。1947年7月在冀南四地委教导营工作，参加过土改。1948年8月至1949年1月，在临清简易师范读书后到姚楼任教。1950年10月至1965年7月始，先后任临清团县委干事、秘书、副书记。1965年8月至1976年1月，先后任金郝庄区区委书记、代湾公社革委会主任、临清县直工委办公室主任。1979年1月，任临清县委宣传部副部长。1981年6月，任临清县经委主任。12月，任临清市人民政府副市长。1984年9月任市人大常委会副主任。1990年5月任政府咨询员。1991年2月离休。

刘慧溪（1914.8—2007.8）女，山东省临清市人。1937年5月参加革命工作。1938年4月加入中国共产党。抗日战争时期历任临清县民族解放先锋队队员、临清县妇救会干事、冠县妇救会组织部长、临清县妇救会主任、冀南四分区妇救会宣传部副部长、四分区妇女干部学校校长。1945年，奉命随丈夫李悌光（临西党尔寨人）调往东北工作，先后任牡丹江省宁安县公安局秘书兼支部书记、宁安县三区区长兼区委书记、一区区委书记。建国后，历任黑龙江省延寿县委宣传部长、县委常委，省商业厅监察室主任、人事科长，省针棉纺织品供应站经理，省商业厅党组成员、机关党委副书记，嫩江专署机关党委副书记，黑龙江省政府机关党委副书记等职。文化大革命后，历任黑龙江省电子工业局副局长、公安部综合计划局副局长。1982年12月离休，享受副部级医疗待遇。1991年，被公安部授予人民警察一级金盾荣誉章。2005年，获抗日战争胜利60周年纪念章。

鲍奇辰（1916.11—2007.9.14）东尖冢人。1935年任村小学教员。1938年2月奔赴延安，入陕北公学学习；5月，加入中国共产党；8月入伍。抗日战争时期，先后担任八路军山东纵队政治部组织干事、副科长，第一纵队政治部组织部干部科副科长，山东军区政治部组织部干部科副科长，鲁中军区政治部组织部科长等职。先后参加了山东地区第三次讨吴战役，赞天固、黄庄、三岔店、薛庄等战斗。解放战争时期，先后担任鲁中军区政治部组织部部长，鲁中军区四师政治部主任，华东野战军第八纵队政治部副主任，华东野战军山东兵团组织部部长，第三野战军第八兵团政治部组织部部长，第三野战军组织部副部长等职。先后参加了章印、危子、莱芜、孟良崮、云山、沙土集、洛阳、土山集、开封、睢杞、豫东、淮海、渡江等战役、战斗。中华人民共和国成立后，先后担任华东军区、第三野战军政治部组织部部长，华东军区政治部秘书长，福建军区政治部副主任，总政治部群众工作部部长，济南军区政治部副主任，成都军区政治部主任，军政大学政治部主任，军事学院政治部主任，第六、七届全国政协委员等职。1955 年 9 月，被授予大校军衔。1961 年 8 月，晋升为少将军衔。1955 年，被授予二级独立自由勋章、一级解放勋章。1988 年，荣获中国人民解放军独立功勋荣誉奖章。2005 年 8 月，荣获抗日战争胜利 60 周年纪念章。主持编纂出版了《八路军山东纵队史》。

孟云荣（1923—2007.11）仁庄人。1939 年 10 月参加工作。1940 年 10 月加入中国共产党。历任临清县抗日游击队战士、冀南军区第四分区政治部警卫员等职。1944 年 5 月，随部队调延安，任八路军总政治部干部招待处会计。1945 年 9 月调东北，担任高岗警卫员。1947 年 10 月后，任哈东一军分区一团连指导员、东北独立二师一团保卫股长、东北野战军 20 医院协理员、中南工程兵司令部协理员、北京工程兵司令部协理员、北京工程兵部队参谋等职。1960 年 3 月后，任南京工程兵学校机械系副主任、主任。

郑毓鳌（1939.10—2008.12）赵樊村人。1952 年参加工作。1958 年 10 月入伍，曾任济南军区司令部警卫连班长、排长。1962 年 10 月加入中国共产党。1964 年至 1969 年历任曲阜县人武部动员科参谋、政工科副科长、县人武部副政委。1976 年 8 月，任山东省军区 55125 部队副师长。1979 年 9 月，入北京中国人民解放军军事学院学习。1980 年 10 月任山东省聊城军分区副司令员。1988 年 11 月转业，任聊城地委农工部副部长。1990 年 4 月任聊城地区农业委员会副主任、党组成员。1994 年 2 月任聊城地区建委主任、党组书记。1996 年被评为“全国模范军队转业干部”。2002 年 4 月退休。

梁之才（1942.10——2008.12）山东省临清市人。中共党员，初中文化。1958 年 7 月，在邯郸市峰峰矿区三处参加工作。1960 年 8 月入伍。1979 年 10 月转业，先后任临西县人民检察院检察员、刑事科副科长、科长、检察委员会委员、副检察长。1990 年 2 月任南宫市人民检察院检察长。1998 年 2 月，任临西县人大常委会副主任。2003 年 5 月退休。

刘放（1912—2007.11）曾用名刘堃，西曲庄人。青少年时代先后就读于聊城三师附小、临清武训小学、临清山东省立第十一中学、济南高级中学，1934 年考入上海复旦大学，同年 11 月加入中国共产党。1939 年任中共河南省竹沟地委常委、宣传部长兼统战部长，“竹沟事变”突围后，曾先后任新四军五师政治部宣传部长、统战部长，十五旅政治部主任，襄南指挥部政委兼襄南工委书记等职。解放战争时期，任中共辽吉省委宣传部长。1949 年初任抚顺矿物局第一副局长。新中国成立后，1952 年调任中央燃料工业部石油总局副局长。1954 年任中国驻苏联使馆商务参赞。1957 年任石油部部长助理。1959 年任石油工业部副部长。1964 年出任驻罗马尼亚大使。1966 年回国任第六机械工业部副部长、党组副书记。“文化大革命”期间在渤海造船厂“蹲点”，为我国第一艘核潜艇的建造做了大量工作。1982 年退居二线，享受正部级待遇。曾任第六届、第七届全国政协委员。

冉广耀（1910.6.10—2011）字光远，党尔寨人。幼读私塾，后在临清、济南、北京读书。1932 年，毕业于北平国民大学经济系。1937 年 2 月，任山东省第六区行政督察专员公署视导处民政视导员。1938年4月，任冠县抗日政府县长。7月，冠县抗日武装保安大队成立，兼任大队长。1939年6月，任筑先抗日游击纵队鲁西指挥部秘书。1941年7月，当选为晋冀鲁豫边区参议会参议，任冀鲁豫区水利委员会委员及临清县水利委员会主任委员。1949年8月，任安阳豫北纱厂秘书。1953年3月，任河南省纺织工业局郑州国棉三厂建厂委员会秘书、行政科长。1960年11月，任新乡化纤厂总务科长。"文化大革命"中受到冲击。1980年11月离休。

第二章 人物表

临西籍在外地工作任副地（师）级以上职务人员一览表

表 26-1

姓名	性别	出生年月	工作单位	曾任或现任职务	籍贯
马子龙	男	1930.8.20	安康基地兵站	副站长兼参谋长	孟村
马博夫	男	1948.5	上海工程兵学院工程监理站	主任（副师）	范八里
马树祯	男	1925.10	解放军二炮工程技术总队	副政委	樊庄
马卫红	女	1958.5	财政部机关党委	书记	范八里
马雅莎	女	1957.3	解放军总装备部	高级编审（正师）	范八里
马秀山	男	1958.4	国防大学教研室	主任（副师）	马刘庄
于学兰	男	1927	解放军汉口通讯学院	副师职教员	王路寨
于保群	男	1953.10	山西长治机械厂	副师	江庄
于天华	男	1967.10	新疆维吾尔族自治区公安厅	副厅长	东枣元
车玉森	男	1951.2	总政治部	副局长（副师）	西贺伍庄
王从善	男	1932.10	河北省统计局农调队	队长（副厅）	东王庄
付万里	男	1929	总参53所	副所长（副师）	付庄
石巧兰	女	1942.2	中华女子学院山东分院	副院长、教授	北三里
石永奇	男	1963.12	总政治部联络部	副师	简店
司玉佩	男	1952	东航西北公司	党委书记（正厅）	吕寨
田广远	男	1935.9	聊城地委	调研员	姜庄
关秀峰	男	1951.2	空军第二航空学院基础部	主任	小芦
江景岭	男	1951	石家庄七分部534仓库	政委	江庄
江　勇	男	1956	西安空军某部	大校	江庄
江玉亭	男	1937.3	河北省文化厅	正厅	江庄
江宗熹	男	1926	西安军医大学电教室	主任	江庄
江宗秀	男		广东省技术监督局	副书记	江庄
刘文祯	男	1918	原铁道兵15师	师长	西曲庄

续表

姓名	性别	出生年月	工作单位	曾任或现任职务	籍贯
刘明磊	男	1956.5	邢台市政协	副主席	大米庄
吕忠良	男	1926.11	原农机部生产局	副局长	侯庄
孙学良	男	1956.8	邢台市发改委	主任（副厅）	指挥屯
陈宽基	男	1940.3	中国标准出版社	社长	北三里
陈苏光	男	1917	北京旅游学院	党委书记	下堡寺
谷志科	男	1951.10	邢台学院	党委书记	前闫
何元锋	男	1953.10	河北省步兵预备役师	师长（大校）	何老官寨
李金湘	男	1953.8	解放军七分部713库	政委	东郭七寨
李广岚	男	1963.2	空军司令部机要局	处长（副师）	邵庄
杨柳青	男	1964.2	北京军区联勤部	副参谋长（师级）	前提口
张先义	男	1941.8	军政大学第三学员队	副政委	张堤
张元礼	男	1954.7	石家庄陆军学院	政委	宁庄
张忠孝	男	1949	民航华东空中交通管理局	局长	李六寨
张保强	男	1963	河北省委农工部	副厅	河西居委
范永丰	男	1955.8	邢台市政协	副主席	范庄
郝家奎	男	1944	辽河油田管理局	副局长（副厅）	郝村
侯尚锋	男	1949.12	福建省龙岩军分区医院	院长	老军营
侯广恩	男	1950	天津市水利局组织部	部长	老军营
姜桂莲	女	1954.11	邢台市高新技术开发区	书记（副厅）	姜庄
修月娥	男	1950	中组部机关党委	副书记	修老官寨
赵云生	男	1955.6	解放军总后军代局	副局长	贾村
赵长杰	男	1950.1	总参通讯研究所	党总支副书记（副师）	高洼
钟德志	男	1972	广西壮族自治区外办	纪检专员（副厅）	钟庄
郭梦华	男	1921.1	河北省冶金局	副局长	西尖冢
秦志辉	男	1966	工信部中小企业对外合作协调中心	厅级	单屯
夏树茂	男	1923	河北省公安厅政治处	处长（副厅）	西夏庄
崔京滨	男	1962.4	解放军301医院干休所	所长（副师级）	吕寨
隋振忠	男	1952.3	天津市儿童医院	党委书记	仓上
黑振江	男		北京日报编辑部	总编	洪官营
潘建树	男	1941	兰州空军政治部	处长（正师级）	潘村
戴庚寅	男	1916.2	原四机部十五研究所	副政委	姚楼

临西籍在外地工作专家学者一览表

表 26-2

姓名	性别	出生年月	工作单位	职称或职务	籍贯
丁文元	男	1964.3	河北省第三人民医院	主任、教授	丁村
马逢山	男		新疆建设兵团	高级工程师	
马继恩	男		河南郑州粮食学院	高级工程师	
于炳贵	男		山东省委党校	教授	
于善禄	男	1946.9	航空总公司汉中机械厂	高级工程师	东水波
方文俊	男	1958	石家庄铁路局	高级工程师	仁庄
方祖国	男	1956.5	山东淄博电视台	副台长、高级编辑	仁庄
王保国	男	1947.12	清华大学	教授	赵村
王凤岭	男		河北省人民医院	主任医师	前大屯
王　华	女	1948.8	国家知识产权局	高级工程师	王铎寺
王金锋	男	1940.8	山东省立医院	主任医师	姚庄
王青梅	女	1946.7	太原卫星发射基地	高级工程师、正师、大校	西王庄
王文哲	男	1931.8	河南师范大学	教授	田庄
王秀荣	男	1954	华北电力学院	高级工程师	后冯
王燕轲	男	1935.12	北京摩托车厂	高级工程师	琉庙
王玉平	男	1956	北京农业大学	高级实验师	西水
王泽雨	男	1944	清华阳江技术开发实业公司	副教授、总经理	常屯
王　萍	女	1955.11	天津大学电气与自动化工程学院	博导、教授	肖子堌
王文哲	男	1931.8	河南师范大学	政教系主任、教授	田庄
王福田	男	1961.10	河北省水利科学研究院	正高级工程师	北蔡辛庄
王谢桐	男	1965.8	山东妇产医院	副院长、博导、教授	时庄
白玉芝	女	1955.12	北京朝阳医院西院区	副院长、主任医师	汪庄
冯广兴	男	1963	河北省人民医院心外科	主任医师	东留善固
石尚群	男		聊城师范学院	教授	
田树德	男	1942.3	湖南人民出版社	编审	田庄
江玉亭	男	1937.4	河北省艺术研究所	音乐舞蹈室主任、研究员	江庄
刘焕荣	女	1951.12	河北中医院	主任医师、副院长	仁庄
刘子胥	男	1957	河北工业大学科研部	副部长、高级工程师	前堤口
刘春海	男	1972.9	阿联酋中央兽医研究所细胞生物室负责人	博士	王路寨
吕苏生	男	1950.7	河北人民出版社	编审	北胡庄
齐保申	男	1958.4	中国医学科学院基础研究所	副研究员、副教授	西夏庄

续表

姓名	性别	出生年月	工作单位	职称或职务	籍贯
兴连娥	女	1957.4	河北省农林科学院棉花研究所	研究员	后张八庄
孙　锐	男	1936.1	河北省高级人民法院	高级编辑、三级高级法官、正高	东留善固
朱光斗	男	1932	辽宁曲协	一级编剧、副主席	东袁庄
朱廷举	男	1973.11	美国国际粮食政策研究所	研究员	朱庄
朱敬山	男	1953.6	河北医科大学附属四院	主任药师	西倪庄
陈树森	男	1937.2	湖北襄樊科技情报研究所	所长、高级工程师	王庄
陈滨宁	男	1973	美国博通公司	硬件设计高级科学家	县城
谷子林	男	1954.6	河北农业大学	教授	前闫
谷凌云	女	1965	北京军区总医院	中医科主任、主任医师	仓上
李玉莹	男	1971.4	中国航天二院二十五所	四室主任、研究员	大营
李光远	男	1957.6	天津大学水利系	教授	党尔寨
李其廉	男	1965.10	河北科技大学建筑工程学院	博导、教授	樟柳寨
李连海	男	1936.3	南京工程兵学院教员	副师	姚庄
杨云城	男	1963.11	中国国际书画艺术研究院	研究员	东赵庄
杨惠馨	女	1962.5	山东大学管理学院	常务副院长、博导、教授	高村
杨全兴	男	1957.9	北京军区工程兵卫生所	所长、专业技术七级	务头
张继军	男	1966	核工业部第四研究院	高级工程师	朱庄
张继文	男		洛阳石油第二设计院	高级工程师	
张谨墉	男		山东中医学院	教授	
张里仁	男	1940	山东泰安医学院	教授	大十二里
张明生	男	1959.10	山西医科大学	教授	大十二里
张寿彭	男	1942.3	山东明天出版社	高级编辑	教场
范汝盐	男	1936.11	聊城师范学院	教授	范八里
侯登录	男	1965.1	河北师范大学物理学院	副院长、教授	曹村
侯维东	男	1949.3	天津武警指挥学院	副教授	侯寨
胡锋路	女	1947.3	海军装备研究院	高级工程师、文职二级	大十二里
胡宝祥	男	1956.5	深圳报业集团	总编室主任、高级编辑	大十二里
姜炳友	男		昆明市海口林业局	高级工程师	姜庄
姜丙元	男	1943	洛阳工程学院	教授	姜庄
姜一岩	男	1936	山东聊城卫生学校	高级讲师	姜庄
荆忠岭	男	1955.3	枣庄师范学院	教授	单屯

续表

姓名	性别	出生年月	工作单位	职称或职务	籍贯
倪明云	男	1942.7	河北省地质环境监测总站	高级工程师	西倪庄
修清贵	男		邯郸市718所	高级工程师	
修月侦	男		北京外国语学院	教授、副院长	修老官寨
修宗迪	男	1939	北京人民艺术剧院	国家一级演员	修老官寨
赵清田	男		济南铁路局	高级工程师	
赵树勋	男	1936.11	中科院民族研究所	研究员	赵圈
赵廷贞	男		江西南昌铁路局	高级工程师	
赵国平	男	1937.2	山东省畜牧兽医总站	研究员	赵圈
赵树恂	男	1936.11	中国社会科学院民族研究所	副研究员	赵圈
党耕町	男	1935.1	北京大学附属第三医院	教授、院长	王铎寺
郭明林	男		南京市跃进汽车集团公司	高级工程师	白庄
郭绍平	男	1941.11	河北邯郸教育学院	副院长、教授	江村
贾蔚昌	男	1924	山东教育学院	教授	西赵庄
夏之放	男	1939.11	山东师范大学	博导、教授	西夏庄
徐兴华	男		邯郸钢铁厂	高级工程师	
曹　静	女	1953.9	河北电视台	高级工程师、国家一级剪辑师	史庄
常维平	男	1942.11	山东聊城第三人民医院	放射科主任、主任医师	常白地
梁金国	男	1956.12	河北省建筑勘察研究院	总工程师、教授	蒋庄
蒋玉莲	女	1948.8	河北省水利设计院	高级工程师	西荀庄
焦中华	男	1937.7	山东中医药大学	主任医师	南队
彭庆祥	男	1928.12	北京师范大学	教授	大十二里
潘学良	男	1940.10	（天津）国家海洋局海洋情报研究所	研究员	马庄

临西籍在县外市内担任县处级主要领导职务人员一览表

表26–3

姓名	性别	出生年月	工作单位	现（曾）任职	籍贯
王玉春	男	1935.5	任县政协	主席	老官寨曲庄
王金锋	男	1955	邢台市政府研究室	主任	肖子堌
王殿银	男	1955.4	邢台市文化局	局长	万庄
刘汝福	男	1950.8	邢台市商务局	党委书记	范庄
任玉波	男	1958.10	邢台市商务局	局长	下堡寺
兴　国	男	1957.7	邢台市人大教科文卫委员会	主任	后张八

续表

姓名	性别	出生年月	工作单位	现（曾）任职	籍贯
闫九旭	男	1953.7	邢台市林业局	局长	北蔡辛庄
李家宝	男	1939.11	邢台市人民银行	行长	北三里
杨爱莲	女	1949.12	邢台市土管局	局长	北杏园
杨清江	男	1966.12	邢台市城市综合执法管理局	局长	徐屯
张保刚	男	1959	邢台市政府金融办公室	主任	河西居委
修振凌	男	1954.3	邢台市人大研究室	主任	修枣科
赵子庆	男	1960.4	中共任县县委	书记	郭村
赵增华	男	1966.12	中共南宫市委	书记	唐庄

临西县省级以上劳动模范、人大代表、政协委员、全国先进个人一览表

表 26-4

姓名	性别	出生年月	工作单位	荣誉称号及获奖时间	籍贯
王树祥	男	1965.1	县工业促进局	2000 年全国优秀团干部	邵庄
尹书君	女	1977.5	邢台水泥制品有限公司	全国关爱之心十大人物	尹户山
江东亭	男	1939	枣元乡	河北省劳动模范（1982）	江庄
刘传才	男	1949.6	白地乡林麻寨	河北省劳动模范（1989）	林麻寨
刘海云	女	1939.6	县农业局	河北省劳动模范（1989）	河南安阳
吕廷祥	男	1956.9	东留善固	河北省劳动模范（1998） 全国劳动模范（2005）	东留善固
李保寅	男	1962.10	县制药厂	河北省劳动模范（1999）	太平庄
孟书琴	女	1938.5	县民政局	省政协五、六、七届委员	马兰
杨清海	男	1956.11	摇鞍镇	河北省劳动模范（2004）	后镇
杨印福	男	1949.8	县制药厂	河北省劳动模范（2004）	毕庄
张金魁	男	1950.7	东马鸣堂	河北省劳动模范（1982）	东马
张敬安	男	1927	后寨	河北省劳动模范（1982）	后寨
张立成	男	1936.11	县制药厂	河北省劳动模范（2001）	临清康庄
曹连振	男	1966.4	县审计局	省十、十一届人大代表	小芦
翟文田	男	1944.8	县水利局	河北省劳动模范（1980）	张三寨
郑淑英	女	1944.11	樊村乡	全国三八红旗手（1983）	水波
徐玉平	女		瓜厂	全国三八红旗手（1983）	瓜厂
于润和	男	1961.10	育才小学	全国优秀教师（1989）	南三里
王旭亭	男	1935.5	临西二中	全国优秀教师（1993）	山东阳谷县
文宏勃	男	1939	临西二中	全国优秀教师（1991）	安徽肥东县

续表

姓名	性别	出生年月	工作单位	荣誉称号及获奖时间	籍贯
江银昌	男	1962.11	临西一中	全国优秀教师（2001）	江庄
陈宝贵	男	1960.4	临西二中	全国优秀教师（1995）	西水波
李秀兰	女	1941.2	河西镇教厂小学	全国优秀教师（1983）	范八里
杨家楣	男	1940.3	临西二中	全国优秀教师（1989）	山东即墨
党耕全	男	1965.1	临西一中	全国优秀教师（1998）	王铎寺
鲍金锋	男	1965.5	临西一中	全国优秀教师（2007）	东尖
谭桂荣	女	1943.3	县妇幼保健站	全国妇幼卫生先进工作者	山东东阿

临西籍大中型企业负责人一览表

表 26-5

姓名	性别	出生年月	工作单位	职务	籍贯
万福远	男	1953.10	朔黄铁路发展公司	副董事长	太平庄
于凤岐	男	1948.3	天津市石油总公司	书记	仓上
王殿明	男	1952	河北青华苑高校服务总公司	董事长	万庄
尹景义	男	1963.8	河北省粮油集团贸易部	总经理	东赵庄
田培安	男	1940	新疆八一钢厂	厂长	田庄
叶　锋	男	1964.11	南开大学高科技公司	总经理	汪江
关笑波	男		北京波特工贸总公司	总经理	小芦
江绍真	女	1939.11	清华大学紫光集团公司	总经理	江庄
刘晔华	男		北京麦喜顿有限公司	总经理	西曲庄
刘占海	男	1958.8	中色奥博特铜铝业有限公司	董事长	务头
孙殿春	男	1956.1	山西安特制药有限公司	总经理	指挥屯
孙明光	男	1959.12	河北建工集团房地产公司	总经理	孙槐
邢金秀	男	1937.12	天津市拖拉机厂	书记	付庄
朱学博	男		国家贸易部	总经理	苇子园
陈祖世	男	1943.3	香港中国投资有限公司	副总裁	乔屯
谷广朝	男	1953.2	北京朝谷国际贸易投资公司	董事长	指挥墓
吴玉凯	男	1952	天津凯威集团董事长	总经理	三庙
吴　彬	男	1964.10	中国人寿保险邢台分公司	总经理	河西镇
杨继安	男	1962.12	陕西博森制药集团公司	董事长	高村
张　琛	男	1929	重庆航天工业总公司102厂	厂长	大米庄
张启民	男	1922.12	北京市自来水公司	副经理	肖大寨

续表

姓名	性别	出生年月	工作单位	职务	籍贯
张福章	男	1954.1	大唐河北发电有限公司	副总经理	姚庄
范德和	男	1941.8	山东省二轻局 济南塑料一厂	副局长 副厂长	范八里
周英贤			冶金部邯郸矿山建设公司	书记	周楼
宗小松	男	1961	河北网络公司邢台分公司	总经理	范八里
秦少秋	男	1971.8	上海北孚集团有限公司	董事长	曹村
郝友鸣	男	1933	香港地联有限公司	总经理	郝村
郭　辉			邯郸钢铁基地	党委书记	尖冢
袁福珍	男	1939.1	河北省印刷总公司	总经理	水波
扈振衣	男	1954.1	中国铁建股份有限公司	副总裁 总经济师	扈十二里
董培成	男	1938.10	邯郸宇康集团	董事长	东枣元
谢金平	男		中国凯城国际工程公司	副总经理	郝村

临西县副高及以上专业技术人员一览表

表 26-6

姓名	性别	出生年月	工作单位	专业系列	职称	聘任时间	籍贯
王荣增	男	1958.05	临西县教育局教研室	教育	中学高级教师	2005.11	西王庄
田怀全	男	1967.08	临西县教育局教研室	教育	中学高级教师	2006.12	司寨
史有全	男	1960.08	临西县教育局教研室	教育	中学高级教师	2007.12	史洼
张传芳	男	1946.12	临西县教育局教研室	教育	中学高级教师	1997.12	童村
玄振海	男	1949.07	临西县教育局教研室	教育	中学高级教师	1998.12	前闫
陈祖林	男	1958.08	临西县教育局教研室	教育	中学高级教师	1994.09	郭村
耿秀珍	女	1955.10	临西县教育局教研室	教育	中学高级教师	2003.12	吕寨
田树禹	男	1958.05	临西县教育局教研室	教育	中学高级教师	2003.12	田庄
牛桂梅	女	1963.07	临西县教育局教研室	教育	中学高级教师	2003.12	童村
郭保亚	男	1964.02	临西县教师进修学校	教育	中学高级教师	2003.12	肖子堌
张元凯	男	1946.11	临西县教师进修学校	教育	中学高级教师	1998.01	后大屯
陈中月	男	1963.08	临西县职业技术教育中心	教育	中学高级教师	2008.12	东高庄
郭立群	男	1950.05	临西县职业技术教育中心	教育	中学高级教师	2002.12	贾村
王立新	男	1969.11	临西县职业技术教育中心	教育	中学高级教师	2006.12	苇子园
宋　玲	女	1966.10	临西县职业技术教育中心	教育	中学高级教师	2006.12	临清
崔学军	女	1949.08	临西县技工学校	教育	高级讲师	1999.09	聊城

续表

姓名	性别	出生年月	工作单位	专业系列	职称	聘任时间	籍贯
江银昌	男	1962.03	临西县第一中学	教育	中学高级教师	2001.02	江庄
赵清文	男	1954.01	临西县第一中学	教育	中学高级教师	2001.02	赵子堌
李月荣	女	1963.01	临西县第一中学	教育	中学高级教师	2001.12	万庄
党耕全	男	1965.01	临西县第一中学	教育	中学高级教师	2001.12	王铎寺
任俊清	女	1957.09	临西县第一中学	教育	中学高级教师	2001.12	苇子园
赵先河	男	1963.09	临西县第一中学	教育	中学高级教师	2002.12	前寨
张立国	男	1966.08	临西县第一中学	教育	中学高级教师	2002.12	宁庄
张凤娥	女	1964.11	临西县第一中学	教育	中学高级教师	2007.12	张白堤
王保祥	男	1967.07	临西县第一中学	教育	中学高级教师	2007.12	陆村
李其福	男	1967.05	临西县第一中学	教育	中学高级教师	2002.12	樟柳寨
张立祥	男	1962.03	临西县第一中学	教育	中学高级教师	2003.12	花牛张庄
张金保	男	1966.12	临西县第一中学	教育	中学高级教师	2003.12	张八
鲍金峰	男	1965.09	临西县第一中学	教育	中学高级教师	2004.11	东尖冢
陈祖奇	男	1958.02	临西县第一中学	教育	中学高级教师	2004.11	乔屯
谷广亮	男	1967.09	临西县第一中学	教育	中学高级教师	2004.11	汪江
汪秀春	女	1960.01	临西县第一中学	教育	中学高级教师	2005.11	汪江
孙培玉	男	1950.06	临西县第一中学	教育	中学高级教师	2005.11	商庄
张东田	男	1961.11	临西县第一中学	教育	中学高级教师	2006.12	西寨
张宏峡	男	1965.02	临西县第一中学	教育	中学高级教师	2006.12	初圈
闫志勇	男	1947.06	临西县第二中学	教育	中学高级教师	1998.11	简店
王玉良	男	1961.07	临西县第二中学	教育	中学高级教师	2006.12	于庄
王东梅	女	1961.12	临西县第二中学	教育	中学高级教师	2008.12	教厂
秦玉山	男	1964.03	临西县第二中学	教育	中学高级教师	2008.12	西温
张敬之	男	1953.03	临西县第二中学	教育	中学高级教师	2008.12	陆庄
袁清河	男	1963.07	临西县第二中学	教育	中学高级教师	2008.12	乔屯
刘连科	男	1948.12	临西县第二中学	教育	中学高级教师	1999.09	纪庄
杨玉花	女	1955.03	临西县第二中学	教育	中学高级教师	1997.08	郝村
周跃秋	男	1963.09	临西县第二中学	教育	中学高级教师	2001.12	前冯
巩恩立	男	1957.11	临西县第二中学	教育	中学高级教师	2002.12	郑庄
陈宝贵	男	1960.04	临西县第二中学	教育	中学高级教师	2002.12	樊庄
苏明远	男	1963.08	临西县第二中学	教育	中学高级教师	2003.12	东温
于润和	男	1961.10	临西县第三完全小学	教育	中学高级教师	2007.09	南三里
段福利	男	1956.08	临西县东枣园乡校区	教育	中学高级教师	2008.12	东郑庄

续表

姓名	性别	出生年月	工作单位	专业系列	职称	聘任时间	籍贯
赵金文	男	1955.03	临西县老官寨镇校区	教育	中学高级教师	2008.12	东寨
耿忠福	男	1947.11	临西县吕寨校区	教育	中学高级教师	1998.12	吕寨
赵心杰	男	1948.11	临西县吕寨校区	教育	中学高级教师	1998.12	杨圈
陈忠侠	男	1946.03	临西县水波校区	教育	中学高级教师	1998.11	殷庄
靳宝玉	男	1963.09	临西县党校	教育	高级讲师	2001.12	北三里
郝　芳	女	1971.06	临西县财政局	财经	高级会计师	2008.12	郝村
关玉荣	女	1949.11	临西县人民银行	财经	高级经济师	2001.10	小芦
邢桂锋	男	1951.10	临西县氮肥厂	化工	高级工程师	1996.07	付庄
王振坤	男	1948.11	邢台市临西灌溉试验站	水利	高级工程师	1998.10	岗楼
徐德润	男	1940.11	临西县人民医院	卫生	副主任中医师	1996.07	山东
田福凤	女	1946.07	临西县人民医院	卫生	副主任医师	1996.07	付庄
张凤兰	女	1944.03	临西县人民医院	卫生	副主任护师	1996.07	山东
李新民	男	1940.02	临西县人民医院	卫生	副主任中医师	1997.08	邯郸市
柏继璞	男	1951.08	临西县人民医院	卫生	副主任医师	2000.12	卢庄
张秀平	女	1954.12	临西县人民医院	卫生	副主任医师	2001.12	胡庄
马秀兰	女	1950.11	临西县人民医院	卫生	副主任医师	2001.12	北孟庄
贾泽阳	男	1949.06	临西县人民医院	卫生	副主任医师	2001.12	柴庄
王俊其	男	1956.09	临西县人民医院	卫生	副主任医师	2001.12	东苟庄
周金海	男	1965.12	临西县人民医院	卫生	副主任医师	2003.12	大十二里
李海亭	男	1966	临西县人民医院	卫生	副主任医师	2003.12	前于
王云录	男	1965.09	临西县人民医院	卫生	副主任医师	2006.11	修寨
何泽军	男	1964.09	临西县人民医院	卫生	副主任医师	2008.11	西来寨
李兰亭	男	1954.08	临西县人民医院	卫生	副主任医师	2008.11	前于
周书元	男	1963.03	临西县人民医院	卫生	副主任医师	2008.11	北三里
马慧敏	女	1965.03	临西县人民医院	卫生	副主任医师	2008.11	北队
李　永	女	1970.12	临西县人民医院	卫生	副主任医师	2007.12	大庙
梁振湖	男	1972.03	临西县人民医院	卫生	副主任医师	2007.12	大营
王跃华	男	1964.03	临西县人民医院	卫生	副主任医师	2005.12	小寨
李振明	男	1950.12	临西县疾控中心	卫生	副主任医师	2000.12	吕寨
赵世通	男	1964.06	临西县老干部局	卫生	副主任中医师	1998.10	新河
王秀芳	女	1963.10	临西县农业局	农业	高级农艺师	2002.12	西温
马银全	男	1968.03	临西县农业局	农业	高级农艺师	2003.12	孟村
李月英	女	1955.04	临西县农业局	农业	高级农艺师	2003.12	方庄

续表

姓名	性别	出生年月	工作单位	专业系列	职称	聘任时间	籍贯
刘桂荣	女	1966.03	临西县农业局	农业	高级农艺师	2003.12	肖庄
孙印祥	男	1964.07	临西县农业局	农业	高级农艺师	2003.12	孙楼
赵淑真	女	1964.03	临西县农业局	农业	高级农艺师	2004.11	沧州
刘振华	男	1961.11	临西县农业局	农业	高级农艺师	2004.11	前堤口
赵春蕊	女	1960.11	临西县农业局	农业	高级农艺师	2005.11	清河
郑宝柱	男	1966.10	临西县农业局	农业	高级农艺师	2005.11	西水波
李保俊	男	1968.01	临西县农业局	农业	高级农艺师	2005.11	太平庄
李　鹤	女	1970.01	临西县农业局	农业	高级农艺师	2008.11	大庙
杨改柱	女	1957.08	临西县科技局	农业	高级农艺师	1997.08	前镇

第三章 伟人名人与临西

鲧修长堤今犹在

鲧禹治水是中国最著名的治水传说。虽然它讲的是几千年前的故事，但它在临西留下的印记仍历历在目，这印记就是闻名遐迩的鲧堤。鲧，黄帝之曾孙、颛顼之子、大禹之父。4000多年前的五帝时期，黄河肆虐，涂炭生灵。尧帝召集四岳首领商议后命鲧治水。鲧采取堵的办法，历时9年，动用万众，筑成巨堤，抵御水患。据相关文字记载此堤南起河南滑县，向北经山东入河北，堤长千里，宽有三丈，高逾二丈，蜿蜒起伏，如丘似山，巍巍壮观，因传为鲧筑，故千百年来人们称此堤为鲧堤。鲧堤在临西县境中部纵贯南北，从尖冢入境，经张堤、仓上、堤口，从吕寨出境，现今在吕寨至陆村一带遗迹仍存。是临西重要历史遗迹，并已被列入邢台市重点保护文物。虽后来鲧治水失败，但为后人留下了宝贵的经验教训。没有鲧“堵”的失败教训，也就没有后来大禹“疏”的成功。鲧为民造福、鞠躬尽瘁、死而后已的壮烈之举仍为世代传颂。

康熙帝奖掖孙维统祖孙四代

爱新觉罗·玄烨（1654—1722），清定都北京后第二位皇帝，年号康熙。他在位61年，是中国历史上在位时间最长的皇帝，是康乾盛世的开创者。就是这位康熙皇帝曾数次颁旨奖掖孙楼村孙维统祖孙四代。

孙维统（1617—1685），临西孙楼村人，清初著名将领。“幼英敏，擅弓马，望而知为将帅才”（见民国《临清县志》），其弱冠从戎，顺治四年（1647年）任范县守备（正五品）。顺治六年（1649）任都司（正四品官）“管嘉峪关守备事”。后又奉三省总制调任省会，亲校骑射，任河南抚标右营游击（从三品官）。顺治十八年（1661年）正月初九康熙帝登基，颁发圣旨，嘉奖封赠功绩卓著之臣，孙维统因“服勤戎务、训练有方、恪慎小心、劳绩素著”被康熙帝圣旨嘉奖、诰封“怀远将军”，其夫人被封赠为“淑人”，同时颁旨追封其父孙呈光、祖父孙天赐为“怀远将军”，其母亲、祖母为“太淑人”，永享俸禄。圣旨至今仍存。受封后的孙维统遂被朝廷调任陕西黄甫路副

将（从二品官）。康熙十四年（1675 年）孙维统在平三藩和平定陕西提督王辅臣反叛中再立战功，康熙先授孙维统改镇神木，后又圣旨嘉奖特授定海镇总兵（正二品官）。升职履新后的孙维统，虽已为朝廷重臣，声名显赫，但其不负众望，忠贞报国，守卫海疆，年逾花甲，仍亲帅征战，直至康熙二十四年（1685 年）因剿海寇中风而卒，以身殉职，朝廷得报，康熙帝动容御诏，钦赐祭葬。孙维统不仅一人报国，而且满门忠烈，其弟孙绳统也在康熙朝为官，任至湖广荆州守备，殉职沙场，钦赐祭葬。康熙四十四年（1705）年康熙帝第 5 次南巡回程于临清停船，念旧部功绩召见孙维统之子孙谏，询家境、忆臣功、问年景、察民情，并遂下旨特授孙谏为御前侍卫随船进京。后孙维统之侄也奉诏从戎，任至千总，战死疆场。

毛泽东主席数次接见吕玉兰

吕玉兰（1940—1993）出生于东留善固村一个农民家庭。1955 年，15 岁的吕玉兰成为新中国最年轻的农业合作社社长。她带领群众战风沙，治盐碱，打井挖渠，开荒植树，把荒沙变成了一片片果林绿洲、高产粮田。70 年代，她走上县、省领导岗位后，保持本色，俭朴为官，廉洁勤政，被人们称为“头扎白毛巾的女省委书记”。她先后多次被评为山东省劳动模范、河北省劳动模范，多次受到毛泽东主席等老一辈革命家的接见。1966 年 10 月 1 日，吕玉兰作为全国各条战线先进代表的一员，应邀赴京参加国庆观礼，登上天安门城楼，受到毛主席接见，这是吕玉兰第一次见到毛主席。1969 年 4 月 24 日，在党的“九大”上，吕玉兰当选为主席团成员，在主席台上，毛泽东主席亲切接见了吕玉兰，握着吕玉兰的手说：“你就是吕玉兰，你的名字我记下了”。1970 年 7 月 12 日，毛泽东主席和周恩来总理等中央领导接见中央修改宪法起草委员会全体委员，吕玉兰作为委员之一，受到了接见。1973 年 8 月 24 日，吕玉兰赴京参加党的“十大”并当选为主席团成员，受到了毛泽东主席的接见。后来吕玉兰在赴京参加一些重大活动时多次见过毛主席，先后有十几次之多。吕玉兰作为一位从临西涌现并走出的全国著名劳动模范，受到毛泽东主席等党和国家领导人的亲切关怀，是她个人的光荣，也是家乡人民的光荣。

周恩来总理接见临西农民演出队

1966 年 3 月，邢台地区东部连续发生两次强烈地震，人民的生命财产遭受严重损失。周恩来总理不顾余震的危险，三次亲临地震中心隆尧等地，代表党中央、毛主席慰问灾区群众，号召灾区人民紧急动员起来，抗震救灾，生产自救。为了响应这一号召，临西人民立即投入生产自救和支援重灾区的战斗。并且为配合抗震救灾工作，县上和各公社都成立了业余宣传队，自编自演文艺节目，歌颂舍己救人、公而忘私的模范人物和先进事迹，鼓舞人们抗震救灾和生产热情。特别是临西农民演出队创编的短剧《征服自然人当家》在群众中引起了强烈反响，得到了上级好评，多次代表县、地区、省到外地巡回演出。周总理在百忙中得知这一情况后表示可以邀请他们进京演出，并说要亲自观看这部戏。到了 10 月国庆节期间，临西农民演出队果然被邀请进京参加国庆 17 周年庆祝活动。16 日上午，在京参加了数日庆祝演出活动的临西农民演出队接到通知，上午在住处待命，有重要活动，过了一会儿，来了一辆大轿车，将临西演出队的演员们接到人民大会堂。到大会堂时，已有来自全国各地的应邀来京参加庆典活动的各界代表们等在那里，工作人员让大家排好队，并告知中央首长要接见。10 点钟，周恩来总理身穿着灰色中山装，迈着矫健的步伐步入接见大厅，顿时全场爆发出雷鸣般的掌声。陪同前来的还有叶剑英、陈毅、李富春、陶铸、廖承志、杨成武等。周总理等中央领导和大家合影后又来到小礼堂，观看部分节目的演出，临西农民演出队最后一个出演，表演的节目是周总理点名的《征服自然人当家》，演员们热血沸腾，精神饱满，把对党中央、对毛主席和周总理的敬爱之情，把抗震自救的决心 完全倾注于表演之中。周总理看得很认真，并为剧中表现的灾区人民的精神风貌所感动，还不断用手势向身边的同志比划和讲述着什么。演出结束后，周总理快步走上舞台，一一和临西农民演出队员们握手，连连说道："了不起，了不起，灾区人民的压轴戏，压得有水平嘛！"并且握住洪官营村的演出队员吴凤苹的手问道："你是临西哪村人？"这位刚才在剧中英姿飒爽的女主角，此时却激动的热泪盈眶，一句话也说不出来。周总理笑着招呼吴凤苹和其他演员们站在他身边合了影，然后向大家挥手告别。演出队员们热烈鼓掌欢送，望着总理的背影，心情久久不能平静，仍沉浸在幸福的回忆中，她们深知这不仅仅是演出队的荣誉，也是临西人民的荣誉。

习近平主席撰文怀念吕玉兰同志

中共中央总书记、国家主席、中央军委主席习近平同志，1982年至1983年曾任河北省正定县委副书记，1983年至1985年任正定县委书记。1981年至1984年吕玉兰也在正定县任县委副书记，两人一起共事3年，结下了深厚的同志友谊。后来习近平同志到福建工作，吕玉兰到河北省农业厅工作。1993年3月时任福建省委常委、福州市委书记的习近平同志在获悉吕玉兰患病后携夫人专程到石家庄看望。在吕玉兰同志逝世一周年的时候，习近平同志撰写了题目为《高风昭日月，亮节启后人》的文章，深切怀念吕玉兰同志，在文中习近平同志回忆了他同吕玉兰在一起工作时的情景。习近平同志写道："玉兰同志逝世已经一年多了，但我的脑海里，时常还浮现着她的音容笑貌。我在正定与玉兰同志一起工作了3年，建立了浓厚的同志姐弟情谊。特别是我当县委书记时，她对于我的鼓励、支持和帮助，至今我想起来还心头热乎乎的。"习近平同志在文章最后写道："玉兰同志虽然离开了我们，但她给我们留下了宝贵的精神财富，她的品德和风范将激励我们为党和人民的事业努力奋斗！"

宋任穷上将曾在临西工作和战斗过

宋任穷（1909.7.11—2005.1.8），湖南浏阳人。1927年，参加毛泽东领导的秋收起义。后任红二十八军政委兼军长。中华人民共和国成立后，曾任中共南京市委书记，云南省委书记，国家第二、第三和第七机械工业部部长，东北局第一书记，中央政治局委员、书记处书记、组织部部长，全国政协副主席等。1996年5月2日，在湖南人民出版社任编审的临西籍作家田树德因编辑出版《八路军一二九师征战实录》的工作需要，到中南海宋任穷上将家中进行了采访。交谈当中，当宋任穷得知田树德是河北临西县人，并得知临西县是1964年底从临清县划出设县的，情绪顿时兴奋起来，他说"那你们县就是在卫运河的西边，我对你们那一带比较熟悉。抗日战争时期，我在你们那儿和周围的县工作过好长时间呢"。接着，他深情地回忆起当年在临西一带工作战斗的情况："1937年8月，党中央和中央军委根据抗日战争敌强我弱的形势，将红四方面军和陕北红军一部合编成八路军一二九师，由刘伯承任师长，邓小平任政治委员，徐向前任副师长，我任政训处（后改为政治部）副主任。1938年3月，我奉命率领一个骑兵团、一个独立支队和一个机枪连驻到南宫，以南宫为中心，向东、向南开展对敌斗争，先后收复了永年、曲周、成安、临清、高唐和夏津等县城，开辟了卫运河两岸大片地区。8月中旬，中共中央北方局为加快建设和巩固冀南根据地，进一步推动冀南地方政权的建设，在南宫县城召开了各界代表参加的会议，成立了冀南行政主任公署（简称冀南行署），下辖石家庄、邯郸、邢台、德州、聊城5个专员公署（简称专署），杨秀峰任冀南行政主任公署主任，我为副主任。下辖的51个县，其中包括临清县。1938年秋，冀南抗日游击军区（简称冀南军区）成立，我任司令员，王宏坤任副司令员。1940年11月，冀南行政主任公署改为冀南行署，我任主任。1942年5月，中共中央北方局又任命我为冀南区党委书记兼军区政委。1944年5月，冀南军区和冀鲁豫军区合并，组成新的冀鲁豫军区，也称平原军区，我任司令员。直到1946年6月，我调任晋冀鲁豫中央局组织部部长兼党校副校长，才离开冀南。我在冀南工作的8年里，经常住在南宫和临清等地，为了指挥战斗和建立革命政权以及组织军民

抢险救灾，我曾到过卫运河以西的老官寨、吕寨、下堡寺、江村、台庄、白庄、教场等许多村庄。那里的干部群众爱憎分明，听党的话，坚决抗日，在那艰难困苦的岁月里，党发出了号召，坚决执行。同时，我也感受到临西人民为人诚信，待人热情，民风纯朴，现在想起来仍记忆犹新，难以忘怀。请代我向他们问好！”田树德边听边记，很受感动，连连表示，一定向家乡人民转达问候，不辜负老一辈革命家的鼓励，把临西建设的更好。

杨得志上将支援临西公路建设

杨得志（1910—1994），中国人民解放军总参谋长、开国上将，1955 年 4 月任济南军区司令员，1969 年任中共中央军委委员、中共山东省委第一书记。期间 1959 年至 1963 年临西籍战士石广仁曾任其警卫员，因工作勤恳，深受首长喜爱，以至退伍后仍保持着密切的联系，关心着部下的工作情况及家乡临西的建设情况。1971 年之前临西境内公路全是土路，为了改善交通状况，临西计划把公路改建成沥青油路，但当时是计划经济，河北省内又没有油田，只有到外省求援沥青，1971 年 12 月经请示上级批准，地、县领导研究决定，派交通局负责人和当时已转业到临西武装部门工作的石广仁等同志赴山东省求援，找到时任济南军区司令员、山东省委第一书记的杨得志将军说明来意后，杨将军立即表示予以支援，安排省生产指挥部和胜利油田协调办理，很快落实了所需全部沥青，确保了临西县如期完成了全县公路升级建设，使临西县率先在邢台地区实现了“全县公路油路化”。

臧克家卫运河畔育桃李

臧克家（1905—2004），山东诸城人。中国当代杰出诗人、著名作家、编辑家、教育家。1934 年至 1937 年曾在临清（现今临西县当时属临清）省立十一中学任教，臧克家思想进步，热情如火，他以强烈的民族责任感不断地向青年学生灌输先进文化和革命思想，并创作了《自己的写照》《运河》《古城的春天》《大寺》等数百首诗歌，大部分以《运河》为书名结集出版。臧克家对运河文化发展做出了重要贡献。卫运河畔一大批热血青年在臧克家培育影响下，增长了才识，树立了爱国为民的人生观，走上了革命道路，成为国家各条战线栋梁之材。临清籍的革命志士颜竹林、姜冠三，后来任华东师大副校长的林远、任建设部人事司长的郭少英、美术教育家张延青等，临西籍的革命烈士孙仰周、建国前任青岛市市长的李书琴、中华人民共和国成立后任中央党校教研室主任的李葵元、任广西外办主任的江景河、任海军潜航部部长的胡代耕，以及在军政界任职的郭华轩、形希圣等等，都是臧克家先生在十一中任教时的学生。虽然臧克家离开后，再也未能故地重游，但情丝缕缕始终未断，十一中的学生们仍经常从全国各地到北京去看望他。70 年代末，鲁西北编写革命回忆录，向臧克家征文，先生回首往事、心潮澎湃，挥笔写下了《临清，你这运河上的古城》这首诗，表达了他久蓄心中的眷恋之情：“临清，你这运河上的古城，/ 像一只飞鸿，我曾在你身边留影，/ 留影也留声，我的几百首诗歌 / 就在你这块土地上产生。/……孩子们的天真，大仓的歌声 / 给了我欣喜，给了我无限诗情。……从此我胸怀里装着个临清……”

李苦禅与周惊湖因艺术交好

李苦禅 (1899—1983)，山东省高唐县人。中国近代大写意花鸟画宗师、美术教育家，自幼受到家乡传统文化之熏陶，1916 年入山东聊城省立二中学习国画。1922 年考入国立北京美术学校西画系，后拜齐白石为师。毕业后，由于时局动荡，30 年代到 40 年代在浙江、北平、山东等地颠沛流离，一面任教、作画，一面参加抗日救亡运动。与此同时，有一个同样酷爱艺术、痴迷书法、命运多舛的年轻人与其由相识、相知到交好，他就是后来成为诸体皆通、犹擅圆魏、承古出新、风格独到，被誉为无冕书法家的周惊湖。周惊湖 (1914—1975) 临西大十二里村人。他 8 岁学艺，一生求索，笔耕墨耨，直至临终。青少年时期在安徽、江苏等地读书，30年代后期至40年代颠沛于津、冀、鲁，曾任“北平儿童报社”和“临清琼光报社”编辑和政府职员等。正是在此期间受共同志趣的驱使，周惊湖请人引荐结识了亦师亦兄的同乡李苦禅先生。从此周惊湖虽在流离中但一有机会便去造访，探求艺术、切磋求教、共叙乡愁。50年代周惊湖回到原籍后，仍和先生保持着通信联系，直到60年代初。他致李苦禅的信，都特用毛边纸以毛笔书写核桃般大小的字，或魏、或隶、或草、或行，烟云满纸。苦禅先生阅后曾复云：“晤字如面，先生用笔骨法能悬针垂露，墨法圆浑不滞，笔笔含情。字字如锥划沙、满篇生辉，功力不减当年。”

乔羽第一篇成名作出自临西

人们都知道乔羽（1927—）是当代词坛泰斗，但很多人不知道乔羽最早的成名作不是歌词，而是一篇关于土地改革的调查报告，而乔老这篇报告就写于临西党尔寨（砦）村。1946年春正在济宁中西中学读书的乔羽，经共产党地下工作者的引荐，秘密进入设于邢台的晋冀鲁豫边区北方大学就读。这个时期的乔羽热心研读哲学、政治、经济学。也就在这时，他从学校里被抽调出来，随王任重任团长的土改工作团到冀南革命老区农村开展土改工作，在党尔寨等村，乔羽一边开展土改工作，一边总结土改经验，写出了十二万字的《党尔砦土改经验调查报告》。王任重对这篇观点鲜明、逻辑严密、文笔俊秀的调查报告颇为赞赏，并立即下令要把乔羽调到冀南区政策研究室。但因中共中央对这批学生的分配另有安排而未能实现。乔羽这篇调查报告被当时的《冀南日报》加版刊载，对推动当地的土改工作发挥了重要的引导作用，竟成了乔羽最早的“成名作”。这年乔羽二十岁。

赵德润新闻生涯起步于临西

赵德润（1946年—），吉林省长春市人。中国韬奋新闻奖获得者，享受国务院特殊津贴专家。曾先后担任新华社河北分社记者站站长、河南分社社长、光明日报社副总编辑、国际新闻摄影华赛奖评委会主席等职，积极倡导和践行文字报道与摄影报道并重，善于把握重大主题并写出了许多名篇，积极推动中国新闻摄影走向世界。现任国务院参事室新闻顾问、中央文史研究馆馆员。赵德润在新闻事业上取得的成就令人瞩目，但其走上新闻道路的渊源却和临西有关。1970年赵德润于北京大学哲学系毕业，他步入社会的第一站就来到了临西县，在老官寨公社赵疃大队劳动锻炼，一年后县委宣传部报道组在全县范围内选拔通讯报道人员时，把这个朴实好学的北大高才生选调到了报道组。从此，赵德润满腔热情投入新闻工作，学理论、钻业务、下农村、进工厂、搞采访、写稿子，一干就是四、五年，取得了骄人的工作成绩，也与领导和同志们结下了深厚的友谊。后来他被调到邢台日报，粉碎“四人帮”后又被选到新华社河北分社，但与临西这种纯真的情谊浓情依旧。他这棵中国新闻界的参天大树的根已深深扎在临西这片沃土中。1999年赵德润出版作品集时在后记中写道：“我1970年从北大哲学系毕业后，原以为将来会成为理论工作者。河北省卫运河畔的一个小县改变了我的命运。我在临西县劳动锻炼一年后，县委宣传部把我选去从事新闻报道。从此一发而不可收……我永远不会忘记我的第二故乡临西县，那里是我新闻生涯的起点，那里有我最真诚的朋友和同事。”

附录

附录一

限后大事记（2009—2016）

2009 年

1 月 6 日 《临西县城总体规划（2008—2020 年）》顺利通过邢台市规划委员会审查。这是临西县有史以来第一个通过法定程序完成的县城规划。

2 月 6 日 召开三级干部大会。认真总结 2008 年的工作，安排部署 2009 年的工作任务，动员全县干部群众，进一步振奋精神、抢抓机遇、勤奋实干，努力开创临西科学发展、富民强县的新局面。

2 月 26 日 召开“干部作风建设年”活动动员大会。动员各级干部进一步转变作风，全力打造一流的发展环境，促进全县经济社会健康快速发展。

3 月 5 日 召开深入学习实践科学发展观活动动员大会。市委检查指导组、县四大班子领导干部出席会议。

3 月 20 日 省农业厅副厅长、省农业产业化办公室主任刘立明在市委副书记张平陪同下，来临西县调研农业产业化发展情况。对传统种、养殖模式向企业化转型、采取科学先进措施增强农民种养积极性、做大做强企业、延长产业链，给予了高度评价。

4 月 15 日 政策性农业保险正式启动。

4 月 25 日 全国和谐文化与民俗传统研讨会暨河北省和谐文化研究会成立大会在万庄村举行。中国民俗协会、省文明办、省文化厅、省和谐文化研究会及省民俗文化协会的领导参加会议。

5 月 10 日 县散文学会成立。原河北省作家协会主席、省诗词协会常务副会长、省散文学会会长尧山壁，河北省散文学会副会长、秘书长、《散文风》总编梁剑章，邢台市委宣传部副部长、市文联书记刘英民，县委常委、宣传部长蔡普辉应邀出席成立仪式。县人大副主任、电力局局长马一骏当选为县散文学会第一任会长。

5 月 13 日 临西县示范性高中建设破土动工。

6 月 1 日 省军区、省民政厅双拥模范县检查验收组一行到临西县检查验收双拥优抚工作。

6 月 2 日 市委督查室、市政府督查室、市新居民建设办公室组成联合督查组，对临西县新民居工程建设工作进行督查。督查组到省级示范村下堡寺镇东留善固村和河西镇北队两个村进行了实地考察督导，提出了因地制宜、村企共建、就地改造、异地搬迁等指导性意见和建议。

6 月 23 日 临西县荣获“河北省文化先进县”荣誉称号。

6 月 28 日 中共中央政策研究室原局长、中国新农村建设《内参》编委会副主任艾云航，国家民族事务委员会副秘书长、办公厅主任莫向荣及河北省特色经济研究会会长张希望等领导同志来临西县进行轴承特色产业调研，并做出推荐临西为“中国轴承之乡”的决定，以提高临西县轴承知名度，促进特色产业更好发展。

6 月 30 日 县垃圾处理厂开工建设。该项目总投资 3398 万元，占地 120 亩，建成后日处理垃圾 150 吨。

7 月 14 日 市委书记姜德果、市长刘大群带领市四大班子领导及各县市区主要负责同志来临西县对项目建设情况进行观摩。参观了河北恒泰瑞欣轴承有限公司、华春液压汽配有限公司等重点企业。

7 月 14—16 日 临西县组织大学生村官到东留善固村学习锻炼。

7 月 24 日 全县城镇居民基本医疗保险启动大会召开。

8 月 25 日 全国“巾帼示范村”授牌仪式在东留善固村举行。省妇联副主席、省总工会副主席郭俊苓，中国红色旅游网总编江山，市人大常委会副主任赵庆钢及市妇联领导、县领导出席仪式并向东留善固村授牌。

9月16日　华北中诚科技有限公司举行奠基仪式。市人大副主任张华波、市政协副主席刘明磊参加奠基仪式。该项目是深圳惠程电器公司和邢台市政集团合资在临西兴建的一个特大电器项目，总投资2.6亿元，占地200亩，分两期建设。

9月23日　市委副书记、市长刘大群来临西县调研。先后到垃圾处理厂、污水处理厂、恒泰瑞欣轴承厂、县医院等处考察。并与鑫泰轴承有限公司、隆润纺织有限公司、华春液压有限公司、恒泰瑞欣轴承有限公司四家市长联系企业负责人进行了座谈。

9月24日　县人大、县政府领导王西文、吕燕伟、韩建敏和市、县人大代表视察县示范性高中、休闲娱乐广场、中心敬老院、乡镇综合文化站、城区供水工程、县医院门诊楼、汽车客运站及月洼寺公园等“八项民心工程”。

10月16日　《临西县人民政府关于旧城区禁止新翻建平房的通告》发布。

12月2日　解玉梅入围河北省十大新闻人物评选。大张庄村年过八旬的农民解玉梅，十二年如一日照顾瘫痪儿媳，其事迹先后被《新华社每日电讯》《河北日报》、河北电视台等30余家新闻媒体进行了专题报道，在社会上引起强烈反响。

12月8日　县政府与香港建亚集团正式签订机床制造工业园项目。

12月8日　召开2010年新民居建设会议，县长葛兴敏出席会议。

12月28日　市委书记姜德果、市长刘大群带领市四大班子领导及各县市（区）党政负责人和市直有关单位负责人来临西县就重点工业项目进展情况进行调研。

2010年

1月6日　临西县被中国技术市场协会命名为“中国轴承之乡”，轴承产业被命名为“河北十强特色产业”。是日，中国行业发展研究中心主任艾云航，河北省特色经济研究会、服务质量促进会副会长张希望专程前来授牌。

1月11日　在全国农业工作会议上，临西县被国家农业部评为二〇〇九年“全国粮食生产先进县”。

2月8日　中共临西县委作出《关于在全县开展向张清奎同志学习的决定》。

3月10日　县召开深入学习实践科学发展观活动和干部作风建设年活动总结大会，省、市委组织部对临西县开展的两项活动所取得的成果给予充分肯定。邢台市委巡查组组长乔桂敏、县委书记尹全峰等出席会议。

4月26日　15时19分至15时33分，临西县出现沙尘暴天气，虽时间持续不长，但沙尘严重、能见度低、天空一片昏暗，对人们生产生活和出行都造成了较大影响。

4月27日　市长刘大群来临西县就项目建设、园区建设、民生工作、城镇面貌三年大变样、农业产业化等重点工作进行调研。

4月27日　市人大调查组来临西县对地热及水资源管理情况进行调研。

5月12日　省总工会党组书记、常务副主席栗建华一行，就企业职工工资协商工作来临西县进行专题调研。

6月6日　邢临高速公路卫运河特大桥合拢。该桥全长约1.17公里，是邢台市跨度最大、长度最长的桥梁。该桥将邢临高速与山东境内的临高高速、青银高速连在一起，形成“东出西联”大通道。

6月19日　县畜牧业协会成立。

6月22日　市长刘大群来临西县就“三夏”工作进行专题调研。

6月25日　省政府督查室副主任江克军、省地方志办公室主任杨洪进来临西县检查指导地方志工作。县长葛兴敏、副县长侯志贵等陪同。江克军一行通过考察座谈，对临西地方志工作开展情况和二轮志书编修工作所取得的成果给予充分肯定，对下一阶段的工作提出了指导性意见。

7月11日　市委书记姜德果、市长刘大群带领市级四大班子领导及各县市区党政负责同志和市直各有关部门负责人，来临西县就重点项目建设情况进行调研、观摩。

7月29日 省计生委主任赵新、市计生委主任杨淑芳来临西县调研县、乡计生技术站创国优项目。

11月12日 中共河北省委第一巡视组到临西巡视工作。巡视组在庞瑞须正厅级巡视员带领下，开始对临西县全面工作进行半个月的巡视。

11月20日 中国轴承业协会理事长、原哈轴集团董事长刘恩施来临西县就轴承产业发展进行调研，提出五点建议，一要加大宣传力度；二要做好评价与规划，建立起集科研、实验、检测、物流、信息等内容于一体的系统的、全方位的公共服务平台；三要大力吸引吸收人才；四要把好质量关；五要培养知名品牌。

12月2日 张西军任临西县人民政府代县长。

是年 全县实现生产总值397645万元，规模以上工业增加值56629万元，财政收入15660万元，粮食总产298805吨，棉花总产12188吨，社会消费品零售额179862万元，农民人均纯收入5338元。

2011年

1月5日 市委书记姜德果、市长刘大群率各县市区负责人来临西观摩项目建设。

1月6日 临西县开展第一次水利普查工作。决定利用2011年至2012年两年时间，对全县河流、水利工程、水资源等基础水利信息进行全面普查。

1月31日 河北隆润纺织有限公司、临西润园纺织有限公司、临西美食客食品有限公司、河北玉良轴承滚动体有限公司、河北航天轴承有限公司被授予“省级信用优良中小企业”称号。

2月11日 国家防汛抗旱办公室副主任李坤一行来临西检查抗旱工作。

2月14日 临西县召开三级干部大会，总结2010年工作，部署2011年任务，确保实现“十二五”良好开局。

2月15日 国家工信部、省工信厅来临西就电子政务建设情况进行调研。

3月18日 县第九届人民代表大会第五次会议选举张西军为临西县人民政府县长。

3月22日 临西县召开城镇建设三年上水平动员大会。

3月26日 临西县2010年度“十大好人”评选揭晓，他们是精心照顾瘫痪儿媳的好婆婆解玉梅、免费为乡邻治病的好医生秦玉华、自愿立书捐献遗体的残疾人夏风江、义务帮助残疾同学上学回家的好学生刁艳红、为经济发展聚财献力的好税官刘延军、诚信经营的优秀企业家王健、优秀大学生村官王保光、白求恩式的好大夫赵晓林、带领群众致富的好村官王文才、城市建设中的巾帼模范赵红梅。

4月11日 市委书记姜德果来临西调研指导工作。

4月26日 临西县召开文联工作会议。组建成立临西县作家协会、书法家协会、美术家协会、摄影家协会、戏曲家协会。

5月2日 临西县举办迎接建党90周年书画作品展。

5月12日 市长刘大群来临西调研。

5月20日 18时许 县公安交通警察大队查获一起醉酒驾驶事件，并将司机依法刑事拘留。这是新交通法实施后，县内首例醉驾入刑案件。

6月10日 临西县全面展开夏粮收购工作。

6月16日 临西县召开招商引资百日会战动员大会。动员全县奋战三个月，掀起新一轮开放招商、大上项目的高潮。

6月17日 临西县硬笔书法家协会成立暨第一次会员代表大会召开，省、市协会领导和县委领导出席会议，会议聘请宗振荣、赵炳坤、董文修为协会名誉主席，选举孙小林为首任主席。

7月1日 临西县确定山东聊城市二院为城镇职工医疗保险定点医院，在全省率先实现医保跨省异地结算，极大地方便了人民群众看病就医。

7月13日 县政府与开元汽车有限公司签定投资合作协议。

7月22日 临西县林果协会成立。

7月28日 市委书记姜德果、市长刘大群率观摩团来临西观摩项目建设。

7月30日 临西县轴承行业协会成立暨第一次会员代表大会召开，会议审议通过了协会章程、选举了第一届理事会组成人员，李金贵为第一任理事长。

8月3日 临西首个重症医学科在县人民医院成立。

8月10日 由临西县书画研究会编辑的《临西县书画作品集》出版。

8月26日 全市低保听证现场会在临西召开。临西县民政部门就实施听证制度、确保城乡低保阳光操作做了经验介绍。

9月6日 中国共产党临西县第九次代表大会召开。会议通过了关于中共临西县第八届委员会工作报告的决议和中共临西县纪律检查委员会工作报告的决议，选举产生了中共临西县第九届委员会和中共临西县纪律检查委员会。

9月23日 临西县乱弹艺术研讨会召开。

11月18日 临西县隆重举行中国临西首届轴承节暨中国国际轴承展示中心落成庆典。中国轴承工业协会理事会王全清及市县领导、全国28家知名轴承企业客商，莅临参加。节庆期间举办了产业论坛、商贸洽谈和项目招商活动，取得了丰硕成果，实现了“以节为媒、共谋发展”的宗旨。

11月26日 第二中学举行建校60周年庆典。

12月14日 县工商联第四次会员代表大会召开，通过了李金贵代表第三届执委会所做的工作报告，选举产生了以董红云为主席的第四届工商联执委会。

12月20日 县农业技术协会会长、河北农华种业有限公司总经理张中斗荣获“河北省科普事业贡献奖”。

12月27日 市委、市政府领导带领市重点项目观摩团来临西河北润和轴承制造有限公司、兆新塑料制品有限公司观摩。

是年 公安机关围绕“破大案、抓逃犯、保平安”工作思路，依托“清网行动”和严打整治斗争，深入开展追逃行动。全年共抓获历年逃犯80名，占全部历年逃犯的92%，抓获2011年新上网逃犯38名，占新上网逃犯的75%，追逃战绩在全市名列前茅，受到邢台市公安局党委通令嘉奖。

2012年

1月10日 政协临西县第八届委员会第一次会议举行。会议通过了政协第七届委员会工作报告，选举李金行为政协第八届委员会主席，同时选出新一届政协副主席4人，秘书长1人，政协常委35人。

1月11—12日 临西县十届人大一次会议隆重举行。会议批准了关于县政府工作报告、县九届人大常委会工作报告等六个决议，选举出新一届临西县国家机关领导人，王西文当选为临西县第十届人民代表大会常务委员会主任、张西军当选为临西县人民政府县长，同时选举产生县人大常委会副主任4人，县人民政府副县长6人，县人民法院院长1人，县人民检察院检察长1人。

2月7日 一年一度的正月十六乡艺展演在县城珠江路举行。来自全县9个乡镇和县直单位的19支表演队，表演了舞龙、舞狮、秧歌、腰鼓、跑驴等节目，县四大班子领导和城乡群众一起观看了演出。

2月8日 临西县召开三级干部大会，总结2011年工作，表彰先进集体和先进个人，安排部署2012年各项工作。

3月1日 临西县乡镇卫生院综合改革通过省医改办验收。

3月5日 《今日临西》头版以《十岁女孩捐髓救弟》为题，报道了郝庄村十岁女孩郝玉洁主动捐献骨髓，救助罹患白血病弟弟的事迹。

3月31日 临西县在实验中学举行创建省级园林县城捐树认养活动。

4月13日 印度尼西亚东风集团机械制造项目正式在临西签约落户运河工业园区。该项目固定资产总投资5亿元人民币，以生产挖掘机等重型机械为主。

4月27日 临西县召开金融工作会议。会上，县政府和兴业银行奠定了战略合作协议，兴业银行将提供10亿元人民币贷款作为专项资金，

支持临西特色产业发展。

4月30日 县政府出台《农村中小学教师“安居工程”实施细则》，县财政拿出1400万元用于教师购买住房补贴。

5月30日 召开全县三级干部大会，部署干部下基层、推进农村班子建设、环境卫生整治、解决热点难点问题、推进社会治安综合治理等项工作。

6月14日 市重点项目观摩团来临西观摩，先后到河北亿泰克轴承有限公司和河北铭信重工机械有限公司进行实地观摩。

7月9日 兴业银行石家庄分行自4月与县政府签订战略合作协议至即日，已在临西县投放贷款近亿元。其中，贷款投向光扬轴承制造有限公司4000万元，书浩轴承有限公司1500万元，恒泰瑞欣轴承制造有限公司1300万元，华月轴承工贸公司700万元，汇润机械配件公司1000万元和河北玉良轴承滚动体有限公司1000万元。

7月30日 河北省推进农村阳光低保工作现场会在临西县召开。国家民政部党组副书记、副部长罗平飞、省人大常委会副主任宋长瑞、邢台市市长刘大群、省民政厅有关负责同志和来自全省11个设区市的有关负责同志、邢台市各县（市）主管领导、民政局长、乡镇党委书记参加会议。会上总结推广临西县从改革机制入手，大力推行阳光听证、阳光公示、阳光审批实现阳光低保的经验。此前国务院副总理回良玉、河北省委书记张庆黎、民政部领导分别对临西这一经验做法作出肯定性批示。

8月9日 临西县召开项目、财税、稳定三项重点工作百日攻坚活动动员大会。

9月20—23日 第十三届中国国际轴承及专用装备展览会在上海举办，临西县20余家企业参展，吸引上万人次咨询洽谈，与多家国内外企业达成合作意向。

9月22日 省委副书记赵勇来临西县东留善固村和光扬轴承公司调研，要求东留善固村发扬玉兰精神，老典型发挥新活力，把东留善固村打造成全省社会主义新农村示范村。

10月18日 临西县“古沙丘苑书画院”成立。县领导及来自京、津、冀和邢台市书画界人士100多人参加成立大会。会上通过了书画院章程，选举王西文为名誉院长，卢庆生为院长。

11月16日 临西县首届硬笔书法大赛获奖作品展暨颁奖典礼在县轴承展览中心举行。大赛以喜庆党的十八大为主题，由临西县硬笔书法家协会发起，县委宣传部、文联、硬笔书协联合主办，河北农华种业公司协办，并以“农华杯”冠名。

2013年

1月1日 《今日临西·教育专刊》创刊。

2月26日 临西县三级干部大会在临西会堂召开。会议任务是：全面贯彻落实十八大和省市重要会议精神，总结2012年工作，安排2013年任务，进一步统一思想，转变作风，提振士气，苦干实干，开创经济社会科学发展新局面。

3月5—7日 政协临西县第八届委员会第二次会议召开。

3月6—8日 临西县十届人大二次会议召开。

4月10日 县政府召开打击私屠滥宰强化肉品卫生安全专项治理工作会议，确保人民群众吃上“放心肉”。

4月25日 张西军同志任中共临西县委书记。李亚林同志任中共临西县委副书记、临西县人民政府代县长。

5月3日 位于仓上村东的“临清古城遗址”被确定为国家级重点文物保护单位。

5月26—28日 境内连续遭受暴风雨侵袭。下堡寺、东枣园、摇鞍镇等乡镇小麦大面积倒伏，受灾面积15000多亩。

5月30日 县委书记张西军率领由县四大班子领导、各乡镇党委书记、县直有关单位负责人和部分企业代表组成的党政考察团赴山东省滕州市考察学习。

6月15日 李亚林在临西县十届人大第三次会议上当选为临西县人民政府县长。

6月26日 临西县召开全县农村面貌改造提升工作动员会，落实省市要求，以提升农民生产生活条件为目标，分期分批开展农村配套改造，打造“环境整洁、设施配套、田园风光、舒适宜居”的现代化新农村。

是月 临西县教育局为全县1003名符合条件的高中生发放了国家助学金。一等助学金每生每年2000元，二等助学金每生每年1000元，补助面占在校高中生的20%。

7月1日 临西县正式启动县级公立医院改革。县人民医院是全县唯一一家公立医院改革试点医院。改革后的医院将实行“一取消两降低”，即：取消药品加成、降低大型医用设备检查价格和收费标准，加大惠民力度。

7月1日 市四大班子领导和各县市区、市直有关部门负责同志来临西就项目建设进行观摩。

7月6日 河北光扬轴承有限公司制造滚子轴承被省质量评审委员会评定为河北省优质产品。

7月8日 《临西人大三十年》出版发行。该书由县人大常委会主持编纂，记载了1982—2012年临西人大建立和发展历程。全书共七章，约50万字。

7月12日 副市长刘飚来临西指导卫运河防汛工作。

7月15日 副市长李博来临西考察城市和产业项目建设。

7月16日 临西县召开推进平安临西建设“百日行动”动员大会。

7月20日 临西县硬笔书法家协会被中国硬笔书法协会授予全国先进集体称号。

8月7日 省、市人大调研组到临西调研农业专业合作社运营情况。

8月26日 县人民医院介入导管室建成并投入运营。投资400万元引进了德国西门子数字血管造影机等设备，可开展心脏冠状动脉造影、心脏支架植入术、脑动脉支架成形术等项目。

9月3日 全市重点建设项目观摩团来临西观摩。

9月13日 临西县召开专题会议部署“吃空饷”专项治理工作。

9月16日 临西县青年书法家协会成立。

9月26日 市委副书记魏存计来临西就维护社会稳定、做大做强县域经济进行调研。

10月10日 市委常委、宣传部长王荣丽来临西就做大做强文化产业、促进县域经济发展进行调研。

10月10日 首届“财税杯”书画展在县财政局举办。

10月16日 县委宣传部、县文联、书法家协会、美术家协会在县老干部局活动中心联合举办“信合杯”国庆书画展。

11月6日 “引黄入冀”2013—2014年调水开始，这是自1993年首次从山东调黄河水入河北以来第17次调水。

11月8日 临西县召开大气污染防治行动推进会，部署严把煤质关、严控超标排放、严防扬尘污染，强化尾气和挥发性气体排放管理，坚决取缔违法排污企业，改善生态环境。

11月26日 临西县政府与河南科技大学签署战略合作协议。河南科技大学将定向为临西培训轴承专业人才，共建轴承研发中心，形成产学研结合，推动临西县轴承产业转型升级。

12月5日 《临西县城总体规划（2013—2030）年纲要》通过专家评审。

12月20日 《临西军事志》出版发行。该志系临西县有史以来首部军事志，由县人民武装部主持编纂，孙晓林主编，全书共9篇32章，计69万字。

12月底 全县农村集体建设用地使用权确权登记发证和建制镇区农村宅基地使用权确权登记发证工作全部完成。

是年 全县总人口38.21万人，人口自然增长率6.83‰。全年生产总值562059万元，同比增长10.2%。单位生产总值能源消耗0.463万元。民营经济增加值494893万元，同比增长12.18%。粮食总产量312051吨，棉花总产量10819吨。财政收入40376万元，同比增长21.5%。财政支出144071万元，同比增长15.9%。社会消费品零售总额277757万元，同比增长13.6%。固定资产投资548266万元，同比增长20.1%。职工年平均工资29477元，同比增长12.7%。农民人均纯收入8269元，同比增长13.9%。城镇居民人均可支配

收入17484元，同比增长11.8%。年末城乡居民储蓄存款余额420795万元，同比增长11.9%。

2014年

1月2日 常园引黄闸提闸放水，2014年度引黄补水正式启动。此次引水量为150万立方米，可解决沿途河西镇、大刘庄乡、临西镇、吕寨乡、尖冢镇和县城北湖、玉河两个公园的灌溉、蓄水，改善生态环境。

2月8日 临西县召开党的群众路线教育实践活动动员会。

2月28日 中共临西县委常委会就落实党的群众路线教育实践活动的要求，克服形式主义、官僚主义、享乐主义和奢靡之风，向全县人民做出九项公开承诺，接受监督。

3月28日 临西县15个重点项目集中开工，总投资50多亿元。

4月15日 临西县向京、津派驻以人大、政协领导挂帅的项目对接招商小组。

6月3日 县农村面貌改造提升领导小组发出通知，部署加快改善农村面貌、改善人文和居住环境工作，扩大省级示范村范围。以东留善固等8个省级示范村、河西岗等60个市县级示范村为重点，率先树标，带动全县，力争三年内完成农村面貌提升任务。

7月14日 河北梆子现代戏《吕玉兰》在临西县上演。该剧反映了全国著名劳动模范吕玉兰带领群众战风沙、治盐碱、植树造林、兴修水利、改变落后面貌的事迹。

8月14日 临西县被中国机电产品进出口商会确定为“中国轴承产品进出口共建基地”，并举行了授牌仪式。

9月30日 是国家把每年的9月30日法定为革命烈士纪念日后第一个烈士纪念日。临西县四大班子和各界代表一起在四·二九烈士陵园举行了隆重的烈士公祭仪式。

10月28日 临西县召开地下水超采综合治理工作会议。

11月14日 德国ALD公司来临西考察轴承产业。先后参观了鑫泰、哈轴、宝鑫、光扬等几家轴承生产企业，与企业家就产品上档升级、扩展市场进行了座谈交流。

2015年

4月9日 临西县吕玉兰精神研究会成立。

4月24日 光明食品集团食用菌河北基地项目在临西轴承工业园区奠基。该项目占地300亩，为国内最大的单体工厂化食用菌栽培生产基地。

6月10日 国家发改委就业和收入分配司副司长哈增友一行来临西调研。

8月25日 临西县召开领导干部大会，市委组织部有关领导宣布了省、市委决定，王海军同志任临西县委委员、常委、书记。

10月21日 总投资10亿元的亚洲单体最大食用菌生产基地——河北光明九道菇生物科技有限公司正式投产，出菇上市，日产金针菇90吨，畅销京、津、晋、冀、鲁、豫等地。

11月2日 临西县召开建设“经济强县、美丽临西”工作推进会。

11月13日 县城集中供暖在福皓热力公司举行启动仪式。实行集中供暖，共关闭城区地热井19眼，拆除取暖锅炉62台，每年可减少二氧化硫排放192吨，减少氮氧化合物排放70吨，减少煤烟粉尘排放105吨。

12月11日 中共临西县委九届四次全会召开。会议提出围绕“强县、富民、进位”目标，实施“创新发展、转型发展、绿色发展、跨越发展”战略，发挥“区位、产业、平台、环境、人脉、文化”优势，实现“项目建设、招商引资、协同发展、转型升级、城乡建设、民生和谐”六大突破，确保如期建成全面小康社会，加快“经济强县、美丽临西”建设进程。

2016年

1月8日 民建沧州市委、民建邢台市委与临西县人民政府签署新能源汽车生产合作协议书，并捐赠100辆新能源电动客车。民建河北省委副主委梁洪志、邢台市政协主席柴冠景出席签约仪式。

1月12日 中科院朱玉贤院士与临西县东苑农业发展有限公司共建的院士专家工作站正式签约。这是临西县推进民营企业与院士“联姻”，在更高平台上促进政、产、学、研、用协同发展采取的重要举措。

1月21日 临西县招商引资“百日会战”重点项目集中签约仪式隆重举行。签约的11个项目涵盖装备制造、生物制药、新能源汽车、基础设施等领域，预计总投资38亿元。

3月1日 临西县三级干部大会在临西会堂召开。

3月1—2日 政协临西县第八届委员会第五次会议召开，会议审议通过了《临西县第八届委员会第五次会议提案审查情况的报告》《政协临西县第八届委员会常务委员会工作报告》《政协临西县第八届委员会常务委员会关于八届四次会议以来提案工作情况报告的决议》《政协临西县第八届委员会第五次会议政治决议》。

3月2—3日 临西县第十届人大六次会议召开，大会听取、审议并通过了《临西县人民政府工作报告》《临西县国民经济和社会发展第十三个五年规划纲要》《临西县2015年国民经济和社会发展计划执行情况与2016年国民经济和社会发展计划》《临西县2015年预算执行情况和2016年预算报告》《临西县人民代表大会常务委员会工作报告》《临西县人民法院工作报告》《临西县人民检察院工作报告》《临西县第十届人民代表大会第六次会议议案审查委员会关于代表议案的审查报告》，并通过了相关决议。会议增补人大常务委员会副主任2名、常委2名。

3月15日 临西县总投资72亿元的19个重点项目集中开工。项目涉及装备制造、生物制药等领域。邢台市副市长郭旭涛和县四大班子领导参加有关活动。

4月 省委第六巡视组向临西县反馈巡视意见并传达了省委书记赵克志在省委“五人小组”听取2015年第三轮巡视情况汇报后的讲话精神。市委常委、市纪委书记陈玉祥对做好巡视整改工作提出了要求。县委书记王海军主持会议并代表县委作表态发言。

5月6日 市长董晓宇到河北光明九道菇生物科技有限公司调研，充分肯定了光明集团项目建设的“光明速度”和临西招商引资、服务项目的“临西态度”。

5月17日 临西县召开脱贫攻坚产业项目推进会，会议对贫困村脱贫攻坚工作重点进行了安排部署，确保全县65个贫困村整体脱贫出列。

5月20日 临西县2016年第二批重点招商项目集中签约。此次集中签约11个项目，有首农集团、普天新能源等京津产业转移项目，有易驰新能源汽车、神州自动化科技等高新技术项目，还有百米、WiFi、商脉汇电子商务平台等互联网科技项目，总投资174亿元。

5月31日 由邢台市委、市政府主办，临西县委、县政府承办的中国（临西）轴承产业科技对接活动暨轴承产业发展高峰论坛在河北（临西）轴承产业技术研究院隆重举行。副市长史书娥，工信部办公厅、省质监局计量测试研究院、中国轴承工业协会、清华大学、河北工业大学、北京信息科技大学、燕山大学、河北科技大学、河南科技大学等领导及专家教授出席仪式，并参加相关活动。

7月5日 临西县“玉兰式”标兵岗、好公民、魅力女职工命名表彰大会召开。会议表彰了10个“玉兰式标兵岗”、20名“玉兰式好公民”、16名“玉兰式魅力女职工”。

7月18日 市委书记张古江带领市四大班子领导、市直有关部门及各县市区主要负责同志，就重点项目建设情况到临西县观摩。

8月10日 河北省委副书记赵勇带领省直有关部门，就现代农业发展和美丽乡村建设工作，到临西县进行调研。

8月27日 上海市临西商会在沪成立。

8月30日 市长董晓宇带领市直相关部门负责人到临西县就产业发展、城区供热、光伏发电等工作进行调研。

是月 临西县轴承工业园区被评为河北省十大创新型示范园区。河西镇被省政府确定为全省

100个重点培育的特色小镇之一。

9月9日 临西县召开庆祝2016年教师节暨教育工作会议，表彰奖励了一批在全县教育工作中涌现出来的先进单位和先进个人。

是月 临西县出台《关于推进科技创新引领临西经济发展的奖励办法》。

12月2日 临西县举行光明食用菌河北基地二期项目竣工投产典礼仪式。该项目一期投资8亿元，日产31万瓶、年产42万吨金针菇；二期投资7亿元，日产25万瓶、年产175万吨白玉菇、蟹味菇等高端菌菇；提供就业岗位1200多个，年消耗当地玉米芯、棉籽壳等原材料约2万多吨，促进农户增收1100多万元。

12月18日 孟宪鹏任中共临西县委副书记，县政府代县长。

12月20—25日 邢台、邯郸六县市书画作品联展在临西县开展。展览共展出邱县、威县、清河县、临西县等六县市书画家创作的90余幅书画作品。

12月22日 临西县举行百辆新能源客车营运暨城乡公交一体化开通仪式。

是月 河北华春液压汽配有限公司的“华春”注册商标，被国家工商总局认定为中国驰名商标。

是年 全县总人口390254人，生产总值72.48亿元，全部财政收入49199万元，固定资产投资77.6亿元，规模以上工业增加值全年完成18.4亿元，规模以上工业实现主营业务收入57.7亿元，规模以上工业实现利润2.2亿元，城镇居民人均可支配收入22396元，农村居民人均可支配收入11365元，粮食种植面积49038公顷，粮食总产量达到32万吨，农林牧渔业总产值24.3亿元，社会消费品零售额完成38.7亿元，进出口总值2752万美元，实际利用外资1373万美元，金融机构各项存款余额910072万元，金融机构各项贷款余额386476万元。

附录二

文献辑存

中共临西县委
临西县人民政府
关于进一步发展经济若干问题的暂行规定

为进一步深化改革，加快经济发展步伐，根据邢台地委把我县作为经济试验区的决定，现借鉴山东经验，结合我县实际，特作以下规定：

一、调升企业级别，激励企业各级负责人奋力进取。凡连续两年实现下列目标的县属工商企业，可以调升级别：年产值在1200万元以上，利税率不低于15%，或实现利税200万元以上的企业，为中二企业（即副县级）；年产值在500万元以上，利税率不低于13%，或实现利税70万元以上的企业，为正局级企业；年产值在300万元以上，利税率不低于13%，或实现利税45万元以上的企业，为副局级企业。升级企业的各级负责人可以分档次享受相应的政治和经济待遇，承包合同规定的经济待遇不变。

二、对成绩突出的厂长（经理），实行特别优惠待遇。凡连续两年实现下列目标之一的县属工商企业，结合创业立功活动，厂长（经理）的基本工资上调一级，解决本人或配偶、子女“农转非”一人：

（一）年度承包利润2万元至5万元，实际完成超额90%以上；

（二）年度承包利润5.01万元至10万元，实际完成超额80%以上；

（三）年度承包利润10.01万元至20万元，实际完成超额70%以上；

（四）年度承包利润20.01万元至30万元，实际完成超额60%以上；

（五）年度承包利润30.01万元至40万元，实际完成超额50%以上；

（六）年度承包利润40.01万元至50万元，实际完成超额40%以上；

（七）年度承包利润50万元以上，实际完成超额30%以上。

三、为充分调动承包人员的群体积极性，凡连续两年实现下列目标之一的县属工商企业，副厂长（副经理）调升一级基本工资，解决本人或配偶、子女“农转非”一人：

（一）年度承包利润2万元至5万元，实际完成超额110%以上；

（二）年度承包利润5.01万元至10万元，实际完成超额一倍以上；

（三）年度承包利润10.01万元至20万元，实际完成超额90%以上；

（四）年度承包利润20.01万元至30万元，实际完成超额80%以上；

（五）年度承包利润30.01万元至40万元，实际完成超额70%以上；

（六）年度承包利润40.01万元至50万元，实际完成超额60%以上；

（七）年度承包利润50万元以上，实际完成超额50%以上。

四、乡镇、村、户办企业，年依法上缴税金15万元以上者，县委、县政府命名厂长（经理）为农民企业家，乡镇政府可给其2000元至5000元奖励。

五、具有初级以上技术职称的科技人员（含事业单位有一技之长的能人），停薪留职到乡镇承包、领办、创办企业，年利税在30万元以上者，可将配偶、子女“农转非”。

六、科技人员停薪留职在本县乡镇企业工作，工龄连续计算，三年内不交工龄费；其政治待遇、干部身份、户籍关系等不变。凡符合调资晋级范围的，原单位给晋升工资级别，记入档案；停薪留职期满回本单位工作后，按调资后的工资待遇执行。分配大中专毕业生到乡镇企业工作，关系落到县乡镇企业主管部门，取消见习期，工资上浮两级，连续工作五年后转为固定工资。

七、科技人员停薪留职为企业服务，收入归己，按规定交纳个人收入调节税；在职人员在做好本职工作的前提下，利用业余时间为企业搞技术服务，收入全部归己。

八、凡取得专业技术职称者，连续两年不被单位聘用或者不去企业、农村搞技术承包的，视为自行脱离职称，不再享受原职称待遇。

九、离退休专业技术人员，被聘到乡镇企业工作，原待遇不变，服务收入全部归己。

十、凡为我县引进一名急需人才，试用合格并做出贡献的，由用人单位付给牵线搭桥者200元至1000元酬金；来我县培训各类所需人才的外地科技人员，除按有关规定付给培训费外，另酌情给予奖励。

十一、县外工程技术人员来我县帮助企业技术攻关、经营管理和业务指导的，根据贡献大小给予一次性报酬，并积极为其创造较好的生活环境，来去自由，提供交通工具。调入县内企业工作的，视其工作情况，工资可上浮一至三级，生活上给予照顾，安置比较宽裕住房，配偶、子女是农业户口的，给予“农转非”，子女符合招工条件的安排就业。有特殊贡献而不愿在临西定居的，由双方协商，为本人所在居住城镇购买一套住房。

十二、来我县兴建“三资企业”（中外合资经营、中外合作经营、外商独资经营），在计划审批、土地征用、建筑交通、能源通讯等方面优先安排，并免征建筑税。合作、合资项目，实现利润按投资比例分成后，前三年从我方分得的税后利润中拿出5%到20%优惠客方。独资兴办的工业企业，由客方自主经营，产品和利润由客方支配。同时，产品税、增值税、所得税免征三年，保护其合法权益。

十三、鼓励科技人员研制开发新产品。凡研制开发的新产品，经有关科研部门确认后，由生产企业奖给研制开发人员一定酬金。填补省以上空白的新产品，给予重奖。使企业产品创优的，由生产企业给予一次性奖励：创地优的奖1000至3000元，创省优的奖3000至5000元，创部优的奖5000至10000元，创国优的奖10000至30000元。奖金可列入成本。

十四、广开流通渠道。除国家指令性计划供

应物资及国家明确规定的专卖商品外，其他商品均可跨行业经营；除国家明令最高限价商品外，其他商品，实行议购议销，价格高来高去。棉花也可在全县完成国家定购任务的前提下，实行自主经营。

十五、金融部门要积极扶持发展各种形式的民间信贷组织，可以与金融部门挂钩联办，也可自办。人民银行要及时审查报批，成熟一个，发展一个。以更大限度地吸收社会游资，变消费资金为生产资金。

十六、对“信得过”的国营、集体、个体企业，放宽贷款条件，不必担保，可直接从银行贷款；乡镇、村、联户、户办企业在银行贷款，实行联户担保或抵押担保的办法。对暂时经营困难的企业，银行应在资金上酌情予以扶持。

十七、从县外引入的资金，根据时间长短、利息高低，由使用企业从自由资金中付给引入者一定的手续费。一年以上的付给5—10‰，一年以内的付给1—4‰。手续费的使用，按邢署[1988]15号文件规定执行。银行部门从外地拆入资金，可从银行利润中提取适当手续费。对引入国外资金的，在考虑附加条件的前提下，付给更加优惠的报酬。

十八、新办乡镇、村、联户、户办企业，从产品销售之日起，免征产品税、营业税、增值税一年，所得税一至三年。因陈贷包袱过重而停产两年以上的企业，恢复生产或转产后，从产品销售之日起，免征所得税一年。

十九、对生产出口创汇产品的企业，在资金、能源、技术等方面重点扶持；凡开发的新商品打入国际市场，第一年所得留成外汇全部返还生产企业，并免征所得税。为促进我县外贸事业的发展，组建临西县外贸公司，统一管理全县对外贸易工作。

二十、此规定自公布之日起执行。由县政府办公室制定具体实施细则，并负责解释。

一九八八年五月二十日

中共临西县委
临西县人民政府
关于努力加快我县企业改革步伐的意见

为了深入贯彻党的十五大精神，切实搞活企业，促进全县经济持续、快速、健康发展，根据国家有关规定和省、市安排，现就加快我县企业改革步伐提出如下意见：

一、统一思想，形成改革共识

全县工业、流通企业是我县国民经济的重要组成部分，经过多年的发展，目前，形成了一定规模，已涌现出一批骨干企业，为我县的经济发展做出了重要贡献。但是从企业整体状况来看，企业经营机制不活，产权关系不明晰，产品结构不合理，企业市场竞争力低、效益差，活力不够，后劲不足。主要表现：一是企业产权制度改革进展迟缓，产权管理混乱，责权不明，没有真正形成自担风险的经营机制，企业负盈不负亏的问题严重存在，已不适应市场经济的需要。二是资产负债率高，包袱沉重。有的企业潜亏或亏损严重。三是有的企业管理者素质低，管理不善，造成企业挂账较多，资产损失、流失严重。四是部分企业停产、半停产，造成大量资产闲置，企业资产运营效益低下。五是企业资产经营监控不健全，处于放任自流的状态。形成这些问题的原因是多方面的，但最根本的问题是企业的经营机制没有得到根本转变，传统性的、习惯性的经营模式还没有被打破。如何解决这些问题，只能靠改革。否则就没出路。因此，我们认识改革，不是需要不需要改，而是必须改，采取什么形式改的问题。我们必须统一思想，形成改革共识，当机立断，立即行动，动员全县上下积极投入到改革中去，迅速形成参与改革、支持改革、服从改革、服务改革的良好氛围。

二、企业改革的指导思想、基本原则和目标任务

我县企业改革的指导思想是：以党的十五大精神为指针，进一步解放思想，调整和完善所有制结构，大胆探索公有制的多种实现形式，以产

权制度改革为突破口，加快建立现代企业制度，大力发展非公有制经济，努力提高其在全县经济中的比重，积极推行各项配套改革，务求使经济体制改革取得新突破，为促进全县经济持续、快速、健康发展提供体制和机制保障。

企业改革涉及面广、情况复杂，进行全面彻底的产权制度改革是一项全新的工作，因此在改革过程中应坚持以下原则：

一是坚持“积极、慎重、高效”的原则，在态度上要积极主动，做到真改；在工作方法上要稳妥、细致，减少震动；在改革效果上，要注重质量，追求高效。

二是坚持“三个有利于”原则，在确保国有资产不流失，妥善安置企业职工的前提下，一切能够搞活企业机制的形式、措施和办法都要大胆探索，一切有利于搞活企业经营的组织形式都可以大胆试验。

三是坚持一切从实际出发，实事求是的原则，尊重企业职工的意愿和选择，打破行业、企业、职工身份界限，因企制宜，发挥优势，使企业的组织结构、所有制结构、经营结构、人员结构适应参与市场竞争的需要。

四是坚持产权制度改革和强化内部科学管理相结合的原则，把企业改制与强化企业内部管理，调整产品结构、推进企业技术进步和资产流动重组结合起来，确保企业稳定发展。

按照上述指导思想和基本原则，确定今年我县企业改革的主要目标是：对列入省规划的2家企业确保年内完成改制任务，工业企业产权制度和产权流动重组面要达到80%以上，流通企业改制要达到50%以上，初步建立起以失业保险、养老保险、医疗和社会救济为主的社会保障体系，进一步增强工业、流通企业的生机和活力。

三、企业改革的主要形式

企业改革要因厂制宜，分类指导，一厂一策。从我县工业、流通企业的现状看，可主要选择以下主要形式：

1、股份制改造。对负债较少，经营状况较好，市场占有率较高，有发展远景的规模较大企业，符合条件的，依照《公司法》的规定进行股份改造，通过向社会出让部分或全部股权，准其改建为有限责任公司或股份有限公司。通过建立现代企业制度，优化企业经营机制、经营体制，适应市场经济的新要求。

2、股份合作制。股份合作制是社会主义市场经济中集体经济的一种新的企业组织形式，是采取了股份制的一些做法的合作经济，是一种能够促进生产力发展的公有制实现形式。股份合作制的设立分为改制设立和发起设立。现有企业改造为股份合作制可采取以下办法：（1）企业规模不大，净资产量较少，可由职工买断净资产；（2）净资产存量较大，职工难以全部买断的，可采取部分置换的办法，未置换部分转为国家或集体股；（3）总资产和总负债持平的企业可以“零”价向企业职工出让，并由企业职工承担与企业资产等额的债务；（4）对总资产小于总负债，不能整体改制的企业，可采取“稳一块，活一块”的办法，实行分立重组，切块改造为股份合作制企业；（5）在对股份制企业进行资产清核评估的基础上，根据企业不同情况，可以吸收企业内部职工参股，原来的公有资产拆成股份仍留原企业，也可以置换出一部分公有资产产权，保留一部分公有股权。

3、组建企业集团。以较大企业或资本雄厚的控股公司为核心，由多家法人投资入股，组建新母体公司，也可选择一些有利集团发展的产品接近但不景气的小企业改为子公司，将国有资产授权核心企业经营，组建集团公司；也可打破行业，条块分割，转让国有资产，或参加联合重组，组建跨行业、跨行政区域的专业公司。

4、抵债返租。对企业资产较多，债务也较多，还债无望，且重新评估后企业资产、债务基本相当的企业，经与债权人和主管部门协商同意，可以进行抵债返租。

5、破产。对那些长期亏损、严重资不抵债，不能清偿到期债务，符合破产条件的企业，要制定破产方案，通过有关部门论证同意，向法院提出破产申请，依法实施破产。

6、兼并。优势企业对劣势企业可实行兼并。企业兼并可以在本系统，也可以跨行业、跨部门、跨区域，实现企业组织结构和资产结构的优化

组合。

7、拍卖。对微亏小企业，在妥善安置职工的前提下，通过资产评估，可以向社会进行公开整体拍卖。内部职工可以优先购买。无论是内部职工还是外部人员购买，都要坚持公开、公平、竞争的原则，严防国有资产流失。

8、嫁接改造。利用现有企业的厂房、设备、厂地等无形资产折股，通过引进国内外资金、先进技术和管理经验，对企业进行整体嫁接或部分嫁接改造。

四、转变政府职能，理顺政企关系

为进一步转变政府职能，建立新型的政企关系，企业改制后，要尽快实现政企分开，围绕确定企业独立的法人地位和市场竞争主体这个重点，将企业的各项责、权、利落到实处，真正做到使政府和企业各司其职、各负其责。

（一）改制后企业的权利和义务

改制后企业作为独立享有民事权利和承担民事义务的法人实体，享有下列权利：

1、依照《公司法》，股份有限责任公司、股份有限公司、股份合作制企业相应实行董事会领导下的总经理负责制，董事会由公司股东会选举产生，并对股东会负责。董事长聘任经理，董事长是企业法定代表人。政府和企业主管部门不再任免企业法人代表，企业自主决定内部机构设置，并按公司章程规范运行。

2、依照《转机条例》和《公司法》的有关规定，企业可享有资产经营权、投资决策权、资金支配权、劳动用工权、人事管理权、工资奖金分配权，对企业法人财产享受占有、使用、处置权。

3、企业改制后，从原主管部门脱离出来，不再向主管部门上缴管理费，有权拒绝不合理的摊派。

改制后的企业应承担下列义务：

1、依法经营，照章纳税。

2、企业要自觉接受县委、县政府领导。

3、在劳动力市场和人才市场尚不健全的情况下，仍要按规定接受政府统配人员，落实好他们的各项待遇。

4、企业有义务参加县委、县政府组织的社会公益活动。

5、执行《劳动法》保障职工的权利，支付职工的劳动报酬及应得劳保福利费。

6、企业转制后的党组织、工会组织、共青团组织应按《党章》《工会法》《团章》规定设置。

（二）政府职能

按照政企分开的原则，政府依法对改制企业进行指导、监督、协调、服务。

五、企业实施改制过程中的有关政策

（一）资产清查、产权界定、资产评估、国有集体资产收缴管理与使用问题

1、资产清查。企业在改制前，政府委派国有资产、审计、物价和社会中介机构，会同企业主管部门和改制企业组成清产核资小组，对企业的全部资产进行核对查实。

2、产权界定。经资产评估确认后，由国资局按有关规定对企业资产进行产权界定，明确资产所有者及其数额。

3、资产评估。在清产核资的基础上，由社会中介机构对其资产进行评估，并由国资局提供评估报告，上报县企改委员会进行确认。

4、国有（集体）资产的收缴管理与使用。国有（集体）资产出售、折股资金由县国资局负责收缴与管理，由县政府安排使用。

（二）企业改制发起人问题

企业改制的发起人，一般以企业原班子为主，也可以由企业主管部门指定发起人。发起人必须首先拿出一定数额的抵垫金，由发起人组织募股。企业发起人可以采取竞争的办法进行确定，原则上谁出资数额多，谁就为主要发起人。

（三）股权设置问题

企业改制根据职工承受能力和入股的自愿性，可采取配股认购和自愿认购两种方式。职工配股或借股，每年要在股金分红时按一定比例逐年归返本金。所配所借股金，职工个人只享有分红权，不能继承、馈赠或转让。在不清所配所借股金后，可视为个人购买股。个人购买的股金其所有权归个人，可继承、馈赠或转让，但不得抽回。

（四）职工安置问题

1、企业改制后，因企业性质发生变化，原企业职工身份不再保留，应由改制后的企业与职工

双方商定，逐一签定劳动合同。

2、对企业改制过程中产生的富余人员和因企业解散（包括破产、拍卖、撤销）产生的失业、待岗、辞退和解除劳动合同的人员，以企业主管部门为主，劳动部门密切配合，尽量予以安置，并按有关规定发给一定数量的安置费或一次性买断工龄。鼓励他们自谋职业和多渠道就业。

3、原企业离退休职工及接近退休年龄的职工安置，按劳动部门具体规定办理。

（五）用人机制问题

股份制企业的用人机制，原则上按《公司法》及《股份合作制条例》的要求，依据公司章程进行运作。党组织负责人可与董事长、经理、副经理交叉任职。

（六）企业改制的优惠政策

企业在改制过程中尽量减少改制各项收费，降低改制成本。资产评估费、破产受理费、土地过户费、房地产转让费、工商登记变更等项收费尽量给予优惠。对特困企业，经县政府批准上述费用一律免收。

六、严肃改制纪律，保证改革顺利进行

为保证企业制改革工作健康有序地进行，在企业改制过程中要严明以下纪律：

1、严肃政治纪律。全县干部、职工都要正确认识和对待企业改制。把思想统一到积极支持改革，主动参与改革，自觉服从、服务于改革上来，都要严以律己，识大体、顾大局，不说不利改革的话，不做不利于改革的事，政治上与县委、县政府保持一致。

2、严肃组织纪律。全县干部职工都应当自觉遵守和执行组织做出的各项规定，无条件地服从组织安排，个人利益要服从国家利益，局部利益服从整体利益。对在企业改制中故意造谣惑众，制造事端，阻挠、干扰改革正常进行的人和事要从严处理。

3、严肃工作纪律。全县干部职工要坚守工作岗位，保证正常的生产经营秩序，任何人不准擅离职守或消极怠工。各企业要加强安全保卫工作，确保现有资产的安全完整。改制工作组成员要严守工作秘密，遵纪守法，坚持公开、公平、公正的原则，切实做到资产评估合理，产权交易公正，不准弄虚作假，营私舞弊。

4、严肃财经纪律。各企业严禁改革之机乱花钱、滥发奖金、实物或转移变卖资产。在企业进行财产清理过程中，对公有财产要全部移交，不准以任何理由据为己有，对弄虚作假侵蚀国有集体资产或玩忽职守造成公有资产流失的要依法查处。对哄抢、偷盗、破坏企业财产的行为按刑事案件加重处罚；任何部门不准利用企业改制乱收费、乱摊派，有关业务单位要尽量降低收费标准，严禁超标准收费，尽量降低改制成本。

5、切实加强对各项纪律执行情况的监督检查。纪检、监察、司法机关等有关部门要加强对各项纪律执行情况的检查，对出现的问题及时向县委、县政府报告，需要查处的要果断予以查处。对违犯法律、阻碍企业改革、危害社会安全或给企业造成经济损失的主要责任者，要给予经济处罚或党纪政纪处分直至追究刑事责任。

七、加强领导，确保企业改革顺利进行

今年是全面贯彻落实党的十五大精神的第一年，我县企业改制任务重，时间紧，重点突出，配套性强。因此，必须切实加强对企业改制工作的组织领导。各级各部门的主要负责同志都要亲自挂帅，亲自组织，亲自指挥，亲自协调，保证企业改制的顺利进行。县经贸局、粮食局、县联社、物资总公司、商业公司具体负责所属企业改制的实施落实工作，要明确一名副职专抓企业改制工作，并配备强有力的办事人员。具体组织所属企业改制的组织、协调、服务 工作，完不成所属企业的改制任务，主管及办事人员一律不许改做其他工作。体改、计划、财政、税务、金融、人事劳动、土地、审计、国资、城建、民政、工商、司法、法院、公安、宣传、广播电视等有关部门都要充分发挥职能作用，密切配合，通力协作，真正形成推进企业改制的强大合力，确保企业改制健康、有序、高效地进行，圆满完成今年的企业改革任务。

一九九八年六月十七日

中共临西县委
临西县人民政府
关于加快个体私营经济发展的实施细则

（1999 年 9 月 12 日）

第一章　总则

第一条　为了进一步加快我县个体私营企业发展步伐，促进全县经济更快发展，根据《中共邢台市委市政府关于加快个体私营经济发展的决定》（邢发〔1999〕9 号），结合我县情况，制定本细则。

第二条　以党的十五大精神为指针，以“三个有利于”为标准，解放思想，实事求是，坚持发展不动摇，改革创新不争论，尊重群众的首创精神，创造平等竞争环境，放手、放胆、放开发展。

第二章　政策与环境

第三条　鼓励各类人员积极从事个体经营，创办私营企业或到其中就业。企事业单位的下岗人员从事个体经营和创办私营企业，凭下岗证办理注册登记，并给予一年的试营期；党政机关干部和职工经批准离岗从事的，可保留干部或职工身份，其工资和其他待遇由本人与原单位协商确定，上述人员所在单位和个人凡按规定缴纳养老、事业、医疗等社会保险费的，工龄年限连续计算，达到退休年龄的，可按有关规定享受退休待遇。

第四条　转业干部、城镇退伍军人、大中专毕业生和研究生从事个体经营，开办私营企业或到其中就业的，其关系由县人劳局人才交流中心办理接收手续并管理其档案，有关部门办理其户口、粮食关系，三年之内保留安置或分配资格。

第五条　到县城新开办个体私营企业的业主，凡具有 50 万元以上资产规模的，经公安部门批准，可在县城落户。

第六条　对个体私营企业和私营业主中的纳税大户，依据纳税额的大小，按照县政府《关于对个体纳税大户考核办法（试行）》（临政〔1999〕6 号文件）规定奖励。

第七条　放宽经营范围，放活经营方式，除国家明文禁止的行业和商品外，都允许个体工商户和私营企业经营。

第八条　减少登记发照前的前置条件，除国家法律、法规有特殊规定外，可直接到注册机关办理登记手续，只收取最低限度的工本费。

第九条　对符合条件的私营企业和个体工商户，国税部门要认定其为一般纳税人。

第十条　下岗职工从事个体、私营经营的，一年内免收个体工商户管理费。

第十一条　对新开办的个体私营企业，从营业之日起，免征所得税一年，对从事社区居民服务业的，免征一年营业税、个人所得税及行政性收费。

第十二条　县外客商到我县独资或控股联办私营企业，税收方面的政策可按《临西县对外开放实施细则》（临西字〔1999〕27 号文件）办理。

第十三条　任何单位和部门不得随意侵犯个体私营企业的合法生产经营权益，不得干扰正常的生产和生活秩序。

第十四条　金融部门要适应个体私营经济发展的需要，不断拓宽服务领域，增加服务项目，提高服务水平。信用社、国有商业银行要从新增贷款中拿出一定比例资金用于发展个体私营经济的发展。

第十五条　大力提倡个体私营企业以股份制、股份合作制的形式集中资本办企业，鼓励互相参股和产权交易。

第十六条　鼓励和引导个体私营企业以多种形式安置和吸收国有企业下岗职工，凡安置下岗职工占本企业职工总数的 50% 以上，并签定两年合同的，经税务部门批准，免征企业所得税 2 年。

第十七条　对个体私营企业生产经营中在用地、用电、用水等方面的困难，有关部门要积极帮助解决，不得推办、拖办、拒办，并在价格上给予优惠。

第十八条　严谨向个体私营企业乱检查、乱收费、乱摊派、乱罚款、乱拉赞助。各有关单位和部门必须严格依法执行统一的收费标准，对于不合理收费项目，业主有权拒付，并向政府有关部门检举揭发。

第十九条　对个体工商户、私营企业开发的新产品及时申报、鉴定、发证，搞好服务。

第二十条 对个体私营经济中专业技术人员的专业技术职务同样进行评聘。

第二十一条 对异地到我县从事个体经营开办私营企业的，其子女可就近入托、入学，不得加价收费。

第二十二条 任何部门和单位不得随意改变个体私营企业的经济性质，不得平调其财产，不得进行非法改变业主产权关系。

第二十三条 私营企业托管或租赁、承包、收购、兼并现有亏损国有集体企业，签定合同3年以上的，经财政部门批准，全部返还企业所得税1年。

第二十四条 个体私营企业在申请科研成果鉴定和奖励、科技贷款和技术改造项目的贷款，科技型企业认定和知识产权保护等方面，享有国有科研单位同等待遇。

第二十五条 个体工商户、私营企业用于研究开发新产品、新技术、新工艺的各项费用，经市以上科技管理部门认定，同级财政部门批准，可以在税前列入成本。

第二十六条 私营企业开发的新产品，经省级以上经贸委、科委认定后，同级财政部门审核认定为先征后返项目的，连续3年返还其缴纳的企业所得税。

第二十七条 私营企业生产的省级和国家级新产品，自生产经营之日起，3—5年内经财政部门批准，其增值税新增部分的25%返还企业。

第二十八条 鼓励外向型私营企业发展，大力培育和扶持轴承出口私营企业，为其营造环境、创造条件、提供方便，并为其直接出口，享受退税返金服务。

第二十九条 对于发展个体私营经济做出突出贡献的人员，要给予应有的政治待遇和荣誉，可推荐到村、乡镇经济管理组织担任领导，或推荐作为各级人大代表、政协委员人选，还可当选劳动模范。

第三章 领导与服务

第三十条 各乡镇党委、政府，县直各有关部门要切实加强对个体私营经济工作的领导，列入重要议事日程，纳入发展规划，并成立发展个体私营经济领导小组。

第三十一条 县、乡职能部门都要为发展个体私营经济提供优质服务，保驾护航。每年在全县范围内开展个体私营企业评议政府职能部门的活动，评议结果在全县通报。

第三十二条 建立有权威的保护个体私营经营者合法权益办公室，确保经营者合法权益不受侵犯，纪检、监察部门要把各级党委、政府制定的支持个体私营经济发展的政策、措施和贯彻落实情况作为监察工作的重要内容。

第三十三条 各职能部门要加强对个体私营企业的监督管理，依法查处制造伪劣产品、偷税、抗税，给社会和消费造成危害的各种违法行为。

第三十四条 充分发挥工商联、行业协会、个体劳动者协会、私营企业协会对会员的教育、管理、服务职能，使个体私营者遵纪守法，文明经营，勤劳致富。

第三十五条 新闻单位要大力宣传个体私营经济的重要地位和作用，宣传鼓励支持个体私营经济发展政策和措施，宣传报道事迹典型；对阻碍和干扰个体私营经济发展的单位及有关责任人要予以曝光，使全社会形成一个关心、支持、参与个体私营经济发展的良好氛围。

第三十六条 每年要在全县范围内开展个体私营经济“民营企业家”评选表彰活动，通过培养典型，促进个体私营经济持续、快速、健康发展。

第三十七条 本细则适用于个体工商户、合作企业、私营企业和个人控股的各类股份制企业。

第三十八条 县委、县政府以及有关部门以前颁发的文件与本细则精神不符的，以本细则为准。本细则自颁布之日起执行。

中共临西县委
临西县人民政府
关于进一步深化国有集体企业产权制度改革的意见

按照党的十六大提出的“发展要有新思路，改革要有新突破，开放要有新局面，各项工作要有新举措”的要求，根据国家有关政策规定和省

市安排，现就进一步深化我县国有集体企业产权制度改革提出以下意见：

一、解放思想，与时俱进，充分认识产权制度改革的重要性和紧迫性

随着社会主义市场经济体制的确立和完善，国有企业在组织形式、产权关系、经营机制等方面都发生了深刻的变化。尤其是党的十六大明确提出："要深化国有企业改革，进一步探索公有制特别是国有制的多种有效实现形式，大力推进企业体制、技术和管理创新。除极少数必须由国家独资经营的企业外，积极推行股份制，发展混合所有制经济"之后，各系统连续出台了体制改革、企业改革、产权改革的新政策、新举措。近年来，我县国有、集体企业的改革虽取得初步成效，但从企业的整体改制情况来看，我县与一些先进县市还有一定差距，多数企业还停留在原来的生产经营模式，致使企业产权不清、责权不明、冗员过多、债务沉重，造成了国有集体资产的严重流失，阻碍了企业发展，影响了我县经济健康运行。早改早主动、晚改就被动、不改没出路，各级各部门都要充分认识加大产权制度改革力度的重要性和紧迫性，继往开来，与时俱进，采取超常举措，动员全县上下迅速形成大力推进产权制度改革的共识，努力营造一个参与改革、支持改革、服从改革、服务改革的良好氛围。

二、产权制度改革的指导思想、原则和目标

（一）指导思想。以党的十六大精神为指针，以产权制度改革为主线，锁定全县企业改革"一盘棋"，彻底实施"三个置换"，解放思想，与时俱进，大胆实践，积极探索公有制的多种实现形式，使企业真正成为自主经营、自负盈亏、自我发展、自我约束的市场竞争主体和法人实体。

（二）基本原则。企业产权制度改革涉及面广、情况复杂、难度较大，因此，在改制过程中，必须坚持以下原则：

1、坚持全县"一盘棋"，统一改革政策、统一核算标准、统一协调使用资金的原则，确保企业改制的顺利进行和社会稳定。

2、坚持实事求是、因企制宜、一厂一策的原则，鼓励和支持企业大胆探索、大胆创新。

3、坚持公开、公平、公正、透明的原则。杜绝"暗箱操作"，严肃纪律，确保国有资产不流失和职工的妥善安置。

4、坚持积极稳妥、依法有序、分类推进的原则。按照改革政策、法规、程序分步推进，保持稳定，大获全胜。

（三）任务目标。全县国有集体企业改革的任务和目标是：力争2003年底使国有集体企业全部置换企业性质和产权关系，实现国有资本的全部退出；全面调整职工劳动关系，彻底实现"三个置换"即：置换企业性质、置换产权关系、置换职工身份。粮食、供销等行业，在执行行业改制政策的同时，也要按照我县企业改革统一部署认真做好本系统的改制工作。

三、合理制定改革方案

（一）统一思想，认真做好宣传发动工作。各有关部门要认真学习国家和省、市、县出台的各项改革政策，深刻领会精神实质，明确改革的方向和目标，提高对产权制度改革重要性和必要性的认识，要利用多种媒体，采取多种形式，深入宣传改革政策，层层做好思想政治工作，取得广大干部职工的理解和支持，上下一致，形成合力，共同推进企业改革。

（二）理清思路，摸清底数。县深化企业改革领导小组，已组织人员对79家企业进行了资产清算，初步摸清了企业家底。各企业主管部门也要组织力量，在摸清企业资产、人员底数的基础上，认真分析企业现状，抓住主要问题，把握主要矛盾，理清改革思路，确定改革措施。

（三）合理制定企业改革方案。制定出切实可行的改革方案是企业改制能否顺利进行的关键。各有关部门要认真安排，精心组织，周密谋划。县深化企业改革领导小组办公室要在搞好企业资产、人员等基本情况摸底的基础上制定出全县企业改制整体实施方案。各企业也要根据县统一部署，结合自身实际，提前制定本企业的改制预案。

（四）改制方案内容及审批程序。各企业都要成立以产权归属为代表的领导小组（应有企业负责人和职工代表参加），并结合清产核资小组在资产清查评估的基础上，拿出本企业的改制实施方案，其内容主要是采取什么样的改制形式（拍卖、出售、股份合作制、有限责任公司等）、股份设置（国家股、集体股、个人股、法人股、优先等）、拆投设置（主要是指金额）、实施步骤等内容。企业改制形式应由企业职工大会讨论通过，经县深化企业改革领导小组审批之后，由县组织清产核资小组对改制企业进行资产清查、产权界定、资产评估，其清算评估结果，报县深化企业改革领导小组进行确认。经县深化企业改革领导小组批准后，由企业改制领导小组和清核小组人员，按照实施方案分步骤，共同组织实施。同时负责监督有关部门办理产权移交、置换资金、职工安置、资产剥离、档案保管等有关手续和有关法律文件。

四、认真落实改革政策

（一）严把三关，确保资产不流失。要严格按照临政〔1998〕6号文件，严把资产清查关。企业在改制前，要对改制企业的流动资产、固定资产、无形资产等各类资产及债权债务进行全面登记造册，核对查实；严把资产界定关。按照“谁投资、谁受益”的原则，根据资产界定有关规定，合理界定产权归属；严把资产评估关。在资产清查的基础上，按照评估有关规定对改制企业资产进行评估。其评估结果上报县深化企业改革领导小组进行确认。针对不同的评估项目，抓重点、强规范，确保各个环节科学、真实，确保国家、集体、个人的权益不受侵犯。

（二）规范程序，科学运作。要按照国家有关政策、法律规范运作。实施股份合作制改造的，按照《临西县人民政府批转县体改委关于国有集体企业实行股份合作制的意见的通知》(政字〔2000〕75号）文件执行；实施股份制改革的企业，要严格按照《中华人民共和国公司法》进行操作；出售、拍卖的企业，要按照《中华人民共和国拍卖法》进行出让；资不抵债破产企业可按《中华人民共和国破产法》实行破产，坚决杜绝暗箱操作，确保改制企业资产的完整。

（三）多方筹措资金，强化资金管理。改制企业的净资产所置换的全部资金纳入财政统一管理，专户储存，由县深化企业改革领导小组统一调控。主要用于支付欠发职工工资、养老保险、失业保险及解除劳动关系职工的一次性经济补偿等，任何部门和单位不得擅自截留或挪用。具体规定和管理办法，按《临西县人民政府关于改制企业置换资金剥离核销资产实行统一管理的暂行办法》（临政〔2002〕7号）执行。

（四）解除劳动关系，置换职工身份。凡改制企业的职工，都要按照“三个置换”的原则，统一解除劳动关系，经济补偿金标准可按临政〔1998〕4号文件执行。对没有纳入社会养老保险管理的县办集体企业的离退休老职工，可纳入城市居民最低生活保障管理，其资金可从改制、拍卖企业资产置换资金中支付，具体管理办法有县体改办结合民政部门制定。

（五）接近法定退休年龄职工问题。国有改制企业接近退休年龄的老职工，可参照《县长办公会议纪要》(政字〔2000〕79号）执行。

（六）实施阳光政策，切实维护好职工的合法权益。在国有集体企业产权制度改革中，要增强各项改革工作的透明度，真正把政策交给职工，把问题讲清，把方案亮明。特别是涉及职工切身利益的问题都要公诸于众，做到“三公开”即：政策和改革方案公开、安置和补偿标准公开、职工年龄和工龄公开，全面接受群众监督。企业职工解除劳动关系所需的各项资金，要根据政策规定详细算账，按规定及时兑现给职工，一次性结清，不留尾巴，不留后遗症，决不能损害职工的应得利益。

（七）企业改制优惠政策。在企业改制过程中，各职能管理部门要以改革大局为重，降低土地过户、房地产转让、工商登记等各项费用收费标准，提供优质服务。对特困企业，经县深化企业改革领导小组批准，上述费用一律免收。

（八）产权制度改革实行首长负责制。成立临西县深化企业改革领导小组，全权负责国有集体企业的改制工作，包括企业主要负责人的人事任免权。按照“不换思想就换人”的指导思想，打破原企业厂长、经理行政级别界限，凡工作不力，阻碍改制或违反改制纪律的厂长、经理，县深化企业改革领导小组可予以就地免职。

五、严肃改制纪律，保证改革顺利进行

为确保产权制度改革健康、有序进行，严明以下纪律：

1、严肃政治纪律。全县干部、职工都要正确认识和对待企业改制，把思想统一到积极支持改革，主动参与改革，自觉服从、服务于改革上来，都要严以律己，识大体、顾大局，不说不利改革的话，不做不利于改革的事，政治上与县委、县政府保持一致。

2、严肃组织纪律。全县干部职工都应当自觉遵守和执行组织做出的各项规定，无条件地服从组织安排，个人利益要服从国家利益，局部利益服从整体利益。对在企业改制中故意造谣惑众，制造事端，阻挠、干扰改革正常进行的，要从严处理。

3、严肃工作纪律。广大企业干部职工要坚守工作岗位，保证正常的生产经营秩序，任何人不准擅离职守或消极怠工。各企业要加强安全保卫工作，确保现有资产的安全完整。改制工作组成员要严守工作秘密，遵纪守法，坚持公开、公平、公正的原则，切实做到资产评估合理，产权交易公正，不准弄虚作假，营私舞弊。

4、严肃财经纪律。严禁各企业借改革之机乱花钱、滥发奖金、实物或转移变卖资产，在企业进行财产清理过程中，对公有财产要全部移交，不准以任何理由据为己有，对弄虚作假侵蚀国有集体资产或玩忽职守造成公有资产流失的要依法查处，对哄抢、偷盗、破坏企业财产的行为按刑事案件加重处罚；任何部门不准利用企业改制乱收费、乱摊派，有关业务单位要尽量降低收费标准，严禁超标准收费，尽量降低改制成本。

5、切实加强对各项纪律执行情况的监督检查。纪检、监察、司法机关等有关部门要加强对各项纪律执行情况的检查，出现问题及时向县委、县政府报告，予以查处。对违犯法律、阻碍改革、危害社会安全或给企业造成经济损失的主要责任者，要给予经济处罚或党纪政纪处分直至追究刑事责任。

六、切实加强领导，确保完成改革任务

各部门、各单位一定要从实践“三个代表”重要思想的高度，以强烈的政治责任感，切实加强对企业改制工作的领导，统一思想，提高认识，精心组织，周密安排，认真研究解决好改革中出现的新情况和新问题，切实落实好各项改革政策和措施。要实行行政首长负责制和分工明确的部门责任制，主要领导亲自抓，分管领导具体抓。要处理好改革、发展和稳定的关系，既保证改革目标的实现，又确保社会稳定。产权制度改革政策性强，涉及面广，情况复杂，各有关部门要通力协作，密切配合，形成推动企业产权制度改革的强大合力，把“树正气、讲团结、求发展”的主旋律落实到企业改革工作中去，确保我县产权制度改革的顺利进行。

二○○三年六月二十六日

中共临西县委
临西县人民政府
关于开展续修《临西县志》工作的通知

各乡镇党委、政府，县直各部门，驻县各单位：

为认真贯彻落实国务院颁布的《地方志工作条例》，全面反映我县自党的十一届三中全会以来改革开放和现代化建设所取得的重大成就，根据省、市政府的指示，县委、县政府决定续修《临西县志》（1979—2005年）。为高标准、高质量、高速度地完成《临西县志》的续修工作，特作如下通知：

一、充分认识续修《临西县志》的重要意义

编纂地方志，是中华民族优良的文化传统，是进行社会主义物质文明、政治文明和精神文明建设的需要。任何一部地方志书都是一个地方的“百科全书”，它系统地记载当地自然和社会的历史与现状。它是审视以往、服务现实和昭示后世最可靠的信史，是最具权威性的“官书”，其作用即在于存史、教化，更重要的是在于资政。续修《临西县志》，对于总结、展示我县改革开放和经济建设的伟大成果，激发全县人民爱国、爱乡、奋发向上的热情，对于各级领导指导改革开放、进行科学决策，对于进一步扩大临西县的知名度，加大招商引资和对外开放工作力度，对于提高全县人民精神文明水平都具有极其重要的现实意义和深远的历史意义。各乡镇、县直各单位要切实提高认识，增强做好续修《临西县志》工作责任感，将其列为重要工作日程，采取得力措施，真正履行好义不容辞的“官职、官责”。

二、编纂计划

新编《临西县志》上限为1979年，下限为2005年12月31日，总字数预计100余万字。新编《临西县志》工作计划是：新编《临西县志》的完成时间是2008年12月底，各分志的完成时间是2007年4月30日以前。各承编单位要按照《临西县志》编目和分配方案，明确各自任务和要求，组织人员进行撰写，2007年4月31日以前将撰写分志稿交县地方志办公室审定。同时，要报送能反映全县及本单位改革开放取得成就的新旧图片5—10幅。志稿要打印一式两份，并报送软盘。2007年5月至2007年10月为县志总编纂阶段。2007年12前召开评审会。2008年修改、补充、考证资料，报省级终审，2008年12月31日前付印出版。

三、编纂原则

1、本次续志工作坚持以马列主义、毛泽东思想、邓小平理论和“三个代表”重要思想为指导，认真贯彻党的路线、方针、政策，严格遵循辩证唯物主义和历史唯物主义的立场、观点和方法，牢牢把握续志工作的政治方向。

2、本次启动的续志工作，要以经济建设为记述重点，并与1996年版《临西县志》相衔接。要把这一时期我县经济建设取得的宏伟成果和实践经验，进行全面总结和记述。同时，还要注重对政治文明、精神文明建设的记述，充分体现全面、协调、可持续发展的科学发展观。

3、本次续志要以“高、新、全、深、实”为编纂基本思路，充分体现时代气息和地方特色，全面提高志书质量。

“高”。要从高起点上来考虑整个编写工作，从高层次上认识各方面的事物及其发展变化，辩证唯物地看待这一历史发展过程的改革开放成果。

“新”。要充分展示社会主义市场经济转变时期的新政策、新思路、新体制、新举措，以及由此而产生和带来的新变化、新成果、新事物、新人物、新观念、新风尚。

“全”。对篇目门类的设置以及内容要全面，做到“横不缺项，纵不断线”，门类合理齐全，内容严谨全面。

“深”。对收入志书的资料，必须经过严格的筛选，科学的考证，认真的消化和吸收，弄清事物的来龙去脉，反映和体现事物的发展规律。对所记事物，不仅要记述其表现形式，更要述明其背景、根源、发展脉络、结果和产生的影响。

“实”。真实是志书的生命线。凡入志的资料，都必须真实、可靠、可信，能经得起历史的考验。对正面事物、成绩，不虚夸、不扩大；对失误、反面事物不掩饰、不缩小，使志书真真正正地、实实在在地成为一部信史。

四、编纂体例

1、断限。本次续志上限一般始于1979年，下限一般止于2005年。但对某些有内在联系、不往前追溯不足以述明原委和彰明因果的事物，可引用原志资料或往前追溯；对有些连续性强、需要述明结果的大事、要事，则可越限至搁笔时止。

2、体裁。继续采用“述”“记”“志”“传”“图”（含照片、插图）、“表”“录”“考”等八种形式。以“志”为主，其他则据内容灵活运用，力争达到简洁明了、文图并茂。

3、文体。一般采用规范的现代语体文进行记述，个别地方，可根据需要引用原古汉语记述体，即“春秋”体。戒用公文式、书信式、文艺式、教科书式、论文式、技术规程式、新闻报告式、讲话总结式、汇报式等写法。使用第三人称，戒用第一、二人称。要直呼其职务、姓名，戒用同志、先生等。要实事求是，秉笔直书，述而不论。文风要严谨、朴实、生动、明了。

五、落实条件

各乡镇、各单位要认真落实“一纳入、五到位”的要求。“一纳入”，就是要把修志工作切实纳入各承编单位的议事日程。“五到位”，就是领导要到位、机构要到位、经费要到位、队伍要到位、条件要到位。各承编单位都要组建编写班子，要把本单位政治业务素质强、掌握综合情况的人抽出来做执笔人，主持资料征集和分志编纂工作，

必要时，还要把本单位的离退休人员或社会上其他人才吸收进来参与编修工作。大单位要配备2—3人，小单位1—2人。各单位参加分志编修的人员名单要于12月12日前报县志办公室备案。参与修志工作的人员，在业务上接受县志编委会的统一领导，修志期间不再承担其他工作，直至所承担的专业志稿通过评审。

六、强化领导

新编《临西县志》是一项浩繁的文化工程，是我县的百科全书，涉及到工农财文、党政群团，上下左右，方方面面。国务院办公厅《关于进一步加强地方志编纂工作的通知》要求“地方各级人民政府要继续重视地方志编纂工作，切实加强领导”。为了加强领导，县委、县政府将调整由主要领导及有关部门负责人参加的县地方志编纂委员会，加强对《临西县志》编纂工作的具体领导和指导。各单位也都要把这项工作当做一件大事来抓，一把手负总责，并配备一名副职主抓，在办公、经费、车辆等方面也要予以保障，以确保各单位分志按时完成。

七、加强督查指导

由县政府地方志办公室牵头，切实负起《临西县志》的编修责任。一要对各承编单位的修志人员进行培训和指导，使其业务能力胜任修志工作；二要加强对全县各承编单位的资料编写进展情况的调度和督查，使其按时完成修志任务；三要认真做好各交叉单位的协调工作，同时按时完成总纂、修改、评审等各项工作任务，确保新编《临西县志》在2008年付印出版。同时，要加强对续修县志工作的宣传，提高全社会对续修县志工作的认识和参与的积极性。社会各界知名人士、企业家也要积极解囊捐助，支持全县的方志事业，其功德将载入史册。

二〇〇六年十二月六日

附录三

前志补正

一、人物传补录

路博德　生卒不详，考临清旧志为汉代阳平郡清渊（即今临西）人。西汉武帝朝名将。元狩四年（前119年），时任右北平太守路博德跟随霍去病北征匈奴，立下战功，官拜符离侯。元鼎五年（前112年）路博德奉旨与杨仆等率领大军进击岭南，平定了叛乱，结束了南越国地方政权统治，并一路南征攻下海南岛，朝廷遂在此设立珠崖、儋耳两郡，这是中央王朝首次在海南设立行政建置。元鼎六年（公元前111年），路博德因战功卓著官拜西汉有史可查的第一位伏波将军。

盖苗（约1290—约1347），字耘夫。旧志乡贤有载。盖苗，元仁宗延佑五年（1318）进士，授济宁路单州（治单县单父城）判。之后，因政绩素著，备受重用，先后历任御史台辅佐、监察御史、御史台都事、户部侍郎、刑部尚书、中书参知政事等职。从政数十年，忠于职守，特别是担任御史时，遵规守制，体恤民情，抨击时弊，即是圣旨，如有不当，同样直言进谏，深为朝野敬畏，广为民众赞誉。在任单州判官时，正逢年饥，盖苗亲诣户部请赈，户部发难不允，苗便跪于中书堂下，拿出百姓所食糠饼，声泪俱下，诉求许赈，终得允准。任江南行台监察御史时，文宗诏建康潜邸为佛寺，需毁民居数百家，盖苗闻知进谏，据理阻止，帝诏罢之。任监察御史时，驾幸护国寺，引舟玉泉，盖苗上前劝曰：“频岁不登，正宜恐惧修省，以回天变，何逸豫为？”帝嘉纳之，赐衣一袭，即日还宫。盖苗清正为官，体恤民情，敢于直言，知难不退，是史上著名良吏，57岁辞官归里，次年逝世。获赠摅诚赞治功臣、中书左丞、上护军，追封魏国公。

张文明（1897—1930）史庄村人。幼读私塾，清光绪三十四年（1908年）临清高等小学读书。清宣统二年（1910年）入中学就读，后以优异成绩考入北京中国大学。曾任南京某学校校长，期间加入国民党。后任甘肃省正宁县县长，1928年任甘肃灵台县县长。因当地土、顽武装活动猖獗，其三位前任均被杀害。张文明上任后惩治贪腐，整顿治安，打击土顽，社会日趋安定，百姓颂之，匪恶恨之。1930年被土、顽武装杀害，年仅33岁。当地百姓为其树碑纪念，称其为“张青天”。

马玉田（1890—1937）马刘庄人。1918年入冯玉祥部刘汝明师当兵，历任班长、排长、营长、旅长，1931年，刘师被改编为宋哲元国民革命军第二十九军，马玉田任28旅旅长，驻防张北。1937年7月7日，卢沟桥事变发生后，日军大举南侵。8月14日，二十九军奉命南撤，马玉田旅负责断后，被日军包围在张北以南落马沟，马玉田指挥部队与日军拼死作战，终因寡不敌众，被日军机枪射杀，壮烈牺牲，后被追认为师长。

李守渭（1890—1942）字尚卿，万户庄村人。早年毕业于临清县师范，后考入山东省地方行政人员训练所区长班，结业后曾任临清县第五区区长、县参议员。后任临清县司法科主任，兼负抗日队伍的筹粮工作。1942年秋后到下堡寺区李六寨村开展筹粮工作时，被日本兵抓捕，后押送到高村日本炮楼上进行审讯，追问征收的粮款藏在哪里。面对鬼子的严刑拷打、灌辣椒水、用整柱的香点着烙胸膛，李守渭毫不畏惧、宁死不讲。鬼子恼羞成怒，残忍地用军刀砍下他的头颅，壮烈牺牲，时年52岁。地下党组织将其遗体运回万户庄，临清县政府、下堡寺区公所在万户庄召开了隆重的追悼会。抗战胜利后，县政府给其家门挂上了“烈士荣府”的匾牌。2013年临西县人民政府在李守渭墓前树立了烈士纪念碑。

孙仰周（1910—1942.9.27）东张堤人。1925年，在济南读书并加入共产主义青年团。1929年，考入北平私立中国大学西语系，加入进步组织“左联”，大学毕业后，任临清山东省立十一中学英语教师。1937年“七七事变”后，回乡组建民团抗日武装，曾说服王来贤部接受山东省第六区改编。1938年11月聊城失守后，中共鲁西北特委任命他为特委机关报《抗战日报》社社长。后任《鲁西日报》编辑兼特派员。1941年任冀鲁豫行署文化出版社社长、晋冀鲁豫边区参议。1942年9月27日，在范县麻口村突围时中弹牺牲。

马呈云（1907.1—1958.9）范八里人。1939年9月加入中国共产党，1945年5月参加革命工作，历任永智县一区区委组织委员、高唐县四区区委组织委员、八区区长。1949年2月南下至湖南省桃原县，任四区区委书记。1950年2月，任会同专区农委书记。1952年3月，任黔阳地委党校校长。1953年9月因病任芷江县人民医院监委。

邢希孟（1909.1—1961.1）号茂林，南付庄人。1938年3月加入中国共产党。1939年7月任中共临清县七区组织委员。1940年6月任区委书记。1947年8月任县委委员、七区区委书记。1948年2月任五区区委书记。1950年5月任县委委员、税务局局长。1952年10月任县委组织部部长。1954年2月任临清县委副书记。1957年，因病离职休养。

邓子玉（1920—1966.12.30）又名邓元勋，胡官庄人。1938年参加革命。1939年加入中国共产党。抗日战争时期任抗日村长。解放战争时期在区政府工作。1949年至1952年，先后任老官寨区副区长、区长。1952年任武安县副县长。1957年任邯郸专署秘书长。1960年任岳城水库办公室主任。1966年12月30日因心脏病突发，在工作岗位上去世。

刘文彦（1920—1967.9）西曲庄人。1939年参加八路军，后到延安抗日军政大学学习。解放战争时期，曾参加解放济南、解放上海的战役。上海解放后，被任命为上海警察第二总队政治委员（正师级）。“文化大革命”中任福建水产干部学校

校长，受到运动冲击，1967年9月逝世。

杜振全（1919—1967）杜洼人。中共党员。1939年入伍。牺牲前任新疆石河子生产建设兵团某团政委。

周东峰（1915.2—1968.10）周楼人。1939年参加革命，同年加入中国共产党，历任临清县九区游击队副队长、区支委、区委组织委员。1941年先后任临清县抗日民主政府第十区区长、公安局二股股长。1943年7月，任十二区公安助理兼民政助理。1946年任临清县公安局一股股长、派出所所长。1947年5月后，先后任十区、三区区长，十区区委书记。1952年10月，任中共临清县委组织部长。1956年5月，任聊城专署粮食局副局长、党组成员。1957年8月，任聊城一中党支部书记、副校长。1960年5月，任聊城农校总支副书记。1962年5月，任聊城专区邮电局副局长、党委委员。1968年10月病故。

修子峨（1905.3.15—1969.3.16）修子堌人。1912—1918年在修子堌读私塾，1918—1921年在临清育英小学读书，1921—1926年在河北通县潞河中学读书。1930年，于北平国民大学经济系毕业。1930—1932年在临清山东省立十一中学任英语教员兼体育主任。“七七事变”后投奔聊城第六专区抗日英雄范筑先，被派遣到冠县做人事宣传工作。后任聊城专署政治部总务科长。1938年11月，被派往鲁西游击七团扩建抗日队伍。后到冠县县大队工作，继之任临清抗日政府参议员。1944年3月，被馆陶县伪县长、伪警备大队长王来贤部捕押到临清，在严刑拷打下坚守秘密，释放后复回革命队伍。1945年4月复任临清县参议员。1946年，任地方国营农村油厂经理。1952年，“三反”运动中调到山东省农场任棉花试验场繁殖员。1955年当选为临清县人民委员会委员，任吕寨区农业站技术员。1956年，任临清县教育局局长、县体委主任。1958年当选为临清县政协副主席、山东省政协委员等职。1962年，任县棉科所所长。1967年改任农林场场长。1968年“清队”中被批斗，遭受迫害，于1969年3月16日寻短身亡，1980年组织上予以平反。

马重光（1913.11—1969）曾名马法明，马刘庄人。1937年2月，在张家口国民党29军刘汝明师马玉田部入伍，后参加范筑先抗日部队，任文书。1939年9月，加入临清县卫河抗日支队任参谋，同年10月加入中国共产党。1941年10月后，先后任冀南军区四分区临清县抗日大队指导员、政委，东进支队二连指导员，冀南军区临清收容所所长，营教导员。1947年5月，因功获毛泽东奖章。1948年2月后，相继任冀南军区十四纵队四十二旅政治部政工队队长、四十二旅一二五团组织股长。建国后，相继担任华北军区司令部招待处政工员，二机部人事科长，陕西宝鸡市第一工业局副局长、局长，劳动局局长，宝鸡市电焊机厂党委书记兼厂长。1963年1月，任陕西省供销社贸易货栈经理。1964年1月，任陕西省土产公司党委书记。

陈中山（1921.1—1970.1.17）仓上人。1938年2月参加工作，同年3月加入中国共产党。1947年随军南下，先后参加淮海战役、渡江战役。1949年4月，在解放南京的战斗中光荣负伤。1950年进藏，任十八军营建科科长。1954年，到重庆中国人民解放军第七速成中学学习3年。1955年授中校军衔。1957年，被授予三级解放勋章、三级独立自由勋章。1957年，任四川省阆中县武装部部长、县委常委。1970年1月17日在北京逝世。1971年被批准为革命烈士，骨灰安放于八宝山革命烈士公墓。

修恒生（1908.3—1970.8.23）修老官寨人。1933年高中毕业。1933年10月至1937年12月在临清县五中教书。1938年1月加入中国共产党；4月，任区战委会组织干事；5月，任区战委会组织部长；8月，任中共临清县委组织部长。1939年9月，任先纵一团组织干事。1939年12月，入抗日军政大学学习。1940年11月，任鲁西三专署生活指导员。1941年7月，任三专署公安局秘书。1942年4月，任冠县公安局局长。1943年7月，任堂邑县公安局长。1945年8月，任中共堂邑县委组织部部长。1948年1月到冀南党校学习，任党校党支部书记。1949年2月，任党校组教科副科长；10月，任中共永年县委副书记、书记。1952年北京政法学院成立，华北人民革命大学一部分并入政法学院，修恒生任学院行政处处长。1970年8月23日在北京逝世。

吴子英（1917—1972）庄科人。1940年2月加入中国共产党，任村党支部书记兼农会主任。1941年2月，任中共临清县十二区区委委员。1942年4月29日，因汉奸出卖被捕，被日军打昏，是夜苏醒被救回，后任区委组织委员。1943年1月，任区委书记兼区游击队政委。1946年2月，到中共冀南党校学习。1947年1月，任中共临清市一区区委书记、二区区委书记兼区长、市委委员。1949年2月南下，任湖南省汉寿县民运部长、青委书记。1951年8月，任汉寿县县长。1953年1月，任中共汉寿县县委书记、中共邵阳地委委员。1954年6月，任中共邵阳地委常委、农工部长。1956年8月，任中共邵阳地委副书记。1960年4月，任湖南省水利厅副厅长、中南区农委水电处处长、湖南省人委农村办公室主任、湖南省供销社副主任等职。1972年病故。

郑节文（1903.12—1974. 3）姚楼人。1939年3月加入中国共产党，参加革命工作，任临清县九区组织委员。1940年5月，任临清县敌工部干事。1941年9月，任冀南四分区临清敌工部干事。1945年9月，任临清县九区公安助理、区长。1948年6月，任清平县公安局副局长。1950年3月，入中共平原省党校学习。1951年任清平县公安局局长。1952年5月，任中共青平县委委员。1954年7月，任县委常委。1956年3月，任高唐县公安局局长。5月，任高唐县委副书记、县委书记处书记。1962年9月离休。1974年3月病故。

王继翔（1907.1—1976.1.16）姚庄人。曾任国民党中央委员会机要室主任、桂林干训团教务处处长、陈诚秘书，上校军衔。南京国民党政府溃退台湾时，安排其去台，其违令不从，在赣沪经商，后返回家乡。

杜月泉（1914—1976.9.14）原名杜克明，又名杜明平、杜再生、杜子俊、杜江华，石佛人。山东省济南市高中毕业后入黄埔军校十期学习。毕业后，在国民党军队历任排、连、营、团、旅长、师参谋长、师长。1948年9月，任国民党第96军特务旅少将旅长时，随吴化文部起义，改编为中国人民解放军特务师，任师长兼第三团团长。期间，争取伪六师在青岛薛家岛起义。1949年11月，奉命打入国民革命军黔西绥靖公署独立第四师任参谋长，促成该部起义。1950年转入地方工作，任贵州省人民政府参事、航运管理局局长。1952年后，历任民革贵州省委秘书长兼组织处长、省政协副秘书长、贵州省人民政府参事。系贵州省一、二、三届人大代表，省政协第三届委员会常委。1976年9月14日，因病去世。

邢雪峰（1910.9—1976.10.21）又名邢兆丰，邵庄人。1939年加入中国共产党，任临清县九区抗日自卫队队长、临清县抗日民主政府财政科金库主任。1941年8月，任临清县抗日民主政府财政科长。1945年9月1日临清解放，任临清市政府财政建设科科长。1948年，任冀南军区一分区战勤指挥部供应科长。建国后，任清平县人民政府财政科长、税务局长。1953年3月，任聊城专署税务局秘书、副局长。1955年7月，任聊城专署水利科长。1958年2月，任聊城专区水利指挥部副指挥、党委副书记。1964年夏，任水建指挥部党委书记。“文化大革命”中受到冲击。1973年，任聊城地区水利建设指挥部革委会副主任。1976年10月21日病故。

侯修忠（1919.1—1977.10.18）侯庄村人。1939年8月加入中国共产党并参加革命工作。在地方工作期间，历任山东省临清县委组织干事，临清县十一区委委员，八区组织委员、区委书记，县

公安队政治指导员、公安员、股长、派出所所长等职。1946年8月转入部队工作，历任冀南军区独立四旅三营副教导员，二野十纵队二十八旅三营教导员，湖北军区独立四师民运科副科长，中南军区工程兵政治部秘书科副科长，高级工程兵学校政治部青年科长、大队副政委、工程兵学院训练部副政委、政治教研室主任、工程兵“五七”干校副政委（主持工作）等职。抗日战争时期，他积极发动群众，组织抗日武装，开展对敌斗争。解放战争中，先后参加了汉阳阻击战、安阳崔桥攻坚战、邓县攻坚战、平汉线突围等重要战役。全国解放后，一直从事部队院校的政治工作。1955年4月荣立三等功一次，5月被授予中校军衔。1960年6月被授予上校军衔。曾荣获三级独立自由勋章和解放勋章。

傅玉崑（1903—1977）孙槐村人。1922年和1925年先后入山东省立第十一中学、省立第三师范就读。1928年开始从教，先后任临清县松林黄官屯小学校长、三高完小校长和县教育局督学。其笃志教育、治学严谨，深受政府和民众赞誉，即使曾被推举为县长人选也不为所动，坚持从教。1948年临清解放后，被举荐到省立武训师范任教并担任语文教研组长。1960年加入中国共产党。一生从教40余年，为国家建设培养了大批人才，把毕生精力献给了教育事业。并且言传身教，鼓励子孙从教重教，在其熏陶下，一门四代先后有20余人从事教学职业，并于1991年被河北省人民政府授予“河北省优秀教育世家”光荣称号。

二、人物传修正

首部临西县志（1996年版）人物传816页载有孙维统传，后经文史研究人员查阅族谱史料综合考证，发现文中生卒年代等数处重要信息皆存舛误，现将考证后整理生平传略载录于此，兼做修正。

清初名将孙维统

孙维统明朝末年出生于山东省临清州孙楼村（今属河北省临西县）。弱冠从戎，一生戎马，转战南北，累著战绩，为清朝著名将领，受到康熙帝的多次嘉封。为冀东南、鲁西北一带重要的历史名人之一。其生平业绩散见于《清史稿》、孙楼《孙氏族谱》、民国《临清县志》、首部《临西县志》《聊城人物大辞典》《临西文史（3）》《临西军事志》等典籍。但因诸多客观原因，之前入典的孙维统生平资料或言简意赅或有所侧重，均不够系统准确全面，特别是有些重要内容诸如生卒时间等多有疏漏、甚至错误。为了翔实记录，以史为鉴，资政育人，现将近年来考证资料梳理载入，以作补正。

孙维统（1617—1685），字衡甫，山东临清州（今属河北省临西县）孙楼村人。出身农家，自幼受到质朴的家风熏陶。其始祖自明初从山东即墨迁来，世代以务农为生，至其祖父天赐，家境富裕、人丁兴旺，但“富而好施”“博施济众”（见《孙氏族谱》）。每遇年饥赋重，主动出资代贫纳粮，布政使为表彰其善，亲书“种玉”匾额张挂其楼。孙楼村亦因此楼得名。上行而下效，孙维统自幼聪慧勤学，“幼英敏、善弓马”（见《临清县志》），弱冠从戎，“生具瑰异之姿，长负英毅之气，望而知为将帅才”（见孙氏族谱中《衡甫公寿屏文》）。

顺治四年（公元1647年），孙维统初任山东范县（今河南濮阳范县）守备（正五品），顺治六年（公元1649年），孙维统升任“都司佥书（正四品）管嘉峪关（今属甘肃）守备事”（见《孙氏族谱》中皇封诰文）。嘉峪关乃军事要塞，历朝历代都将其视为战略要地，孙维统恪尽职守、不畏艰险、练兵作战，出色地履行了镇守边关、抵御外敌入侵的重要使命。

孙维统既有将帅之谋略，又有兵士之忠勇，且刀枪弓马战法无不精通，“为所器重者已非一日”。故后又“曾蒙（三省）总制调赴省会（大名），亲较骑射”，教练三省各路兵马，收效绝伦，上下无不赞誉。遂升任河南抚标都司佥书管右营游击（从三品）事。

顺治十八年（公元1661年）正月初九，康熙帝登基庆典，颁发恩诏，封赠功绩卓著之臣，孙

维统因“服勤戌务、训练有方。恪慎小心、劳绩素著”(见《孙氏族谱》中皇封诰文)被诰封为“怀远将军”，其夫人被封赠为“淑人”，同时追封三代至其父母和祖父母。

康熙初年，为加强陕北黄河以西、长城一线的防御，被诰封后的孙维统遂调任陕西黄甫路(今陕西省府谷县黄甫川流域一带)协镇(又称协台，即副将，从二品)、兼镇波罗(当时的怀远，今陕西横山县波罗镇一带)。在任十余年，因智勇兼备、累著战功而威震塞内外。

康熙十三年(公元1674年)十二月，陕西提督王辅臣杀死莫洛起兵反叛，十四年(公元1675年)春，王辅臣部下定边(今陕西榆林市定边县)西协守将朱龙攻下平凉(今甘肃平凉市)，煽动西协所属，致使西协城池纷纷瓦解，归附叛军，并欲攻榆林，形势十分危急。孙维统面对叛乱尘嚣，矢志报国，并深知兼镇之波罗乃榆林之门户，门户不保势必危及中协，故率部由榆林经草地急援波罗，为稳定民心，率众焚香盟誓，誓与波罗共存亡，鼓舞了兵民士气。并将攻下新城(今陕西省靖边县新城乡一带)来犯波罗的朱龙击溃于波罗以北，军威大振，遂乘胜追击，连复怀远(今陕西省横山县)三堡，重固中协城卫。但朱龙余部仍顽据于蒙古交界的龙州(今靖边县龙州关)，孙维统便邀塞外蒙将达尔仗贝子协同直捣叛军巢穴，一举收复龙州，军政司速将大功奏报入朝。

西协叛乱方才平定，中协榆林叛事又起。叛军“窥我兵单，率万众来攻榆林”。孙维统虽已数日不得寝食，但仍再振精神，急赴榆林，并请来盟军相助，再次杀败叛军，榆林之围顿解。但溃逃之徒仍不甘败，纠集叛众围攻葭州(今陕西佳县)，孙维统与理藩院喇嘛率蒙汉官兵南下葭州，不料此时又得东协神木叛变消息，但孙维统志存报国，置生死于度外，其家口远在皇甫杳无音信亦全然不顾，一心剿平叛乱。率部北上神木(今陕西省神木县)，大战神木耳山，全歼叛军。遂又挥师南下直扑葭州，叛军闻听王师大至，出城迎战，被孙维统杀的片甲不留，幸存余部退缩城内，紧闭城门，不敢再战。孙维统为使城内百姓免遭涂炭，未行强攻，相持40余日，叛军献城投降，维统入城之后发仓廪赈饥民、释战俘还乡里，“其种种慈祥宽大之德”深令百姓感激。

此时恰逢“为地择人”，上下皆知孙维统久任延东，中外无不诚服，一致推举，“上宪题维统改镇神木，圣旨嘉奖后，又特授浙江定海总兵”(见《临清县志》。定海即今浙江宁波。总兵官正二品)。康熙二十四年(公元1685年)，孙维统虽年逾花甲，但仍身先士卒。“因剿海寇周云龙中风染病而卒”，以身殉职，卒年六十八岁。康熙帝闻得奏报，钦赐祭葬。

孙维统不仅一人报国，而且家门忠勇。其祖父母、父母均受皇封，名号“怀远将军”；其弟孙绳统任至湖广荆州守备，在茅麓山剿匪中殉难，钦赐祭葬；其子孙谏“康熙南巡，在籍迎驾”，“以父功诏授御前侍卫”；“侄斌随任千总，亦以出征死难”(见《临清县志》)。

孙维统弱冠从军，戎马一生，从一方守备到朝廷大将，转战南北，战功卓著，为清初时期的统一和安定做出了重要贡献。其铭记史册的业绩确使后人引以为荣，其忠贞报国的精神仍促令人为国发奋。

三、人物表修正

临西县志(1996年版)卷九中革命烈士英名录869页第9行“侯法增”应为“侯发征”。

临西县志(1996年版)卷九中人物表899页第14行“孙乃实，女”应为“孙乃石，男”。

索引

说明：

1. 本索引采用主题分析法，按分目首字汉字拼音字母顺序排列。若第一个字相同，则按照第二个字汉语拼音字母顺序排列，依此类推。

2. 索引的主题词后面的数字，表示内容所在页码。

3. 《总述》《人物》《附录》等类目未作索引。

D

E

F

G

K

L

M

N

P

Q

R

S

T

W

X

Y

Z

后记

《临西县志（1979—2008）》之编纂，启于丙戌，成于戊戌，十余载磨砺，数易其稿，终得告竣付梓。抚卷忆往，心潮澎湃，虽历尽征询之艰辛，饱尝文案之清苦，但却欣悦开颜、甘醇润心。

临西之域，人杰地灵，500 多平方公里热土，5000 年文明积淀，文脉久远，底蕴深厚，古临清在这里生长壮大，新临西在这里开创兴盛，创造了生生不息的社会文明，谱写了运河文化的灿烂篇章。1979—2008 年，恰是改革开放的 30 年，伴随着国家宏图大展、沧桑巨变，临西县以改革开放为统领，以经济建设为中心，经济社会实现了亘古未有的跨越发展，将这一时期的奋斗足迹载入史册，存史资政，教化育人，具有重大的现实意义和深远的历史意义。2006 年 12 月，中共临西县委、临西县人民政府按照国务院办公厅、省政府办公厅和市政府关于进一步做好地方志编纂工作的有关要求，决定启动二轮县志编修工作。当月召开了全县第二轮修志工作动员大会，县政府主要领导代表县委、县政府做了动员报告，印发了《关于开展续修〈临西县志〉工作的通知》(临西发〔2006〕4 号）文件，对开展编修《临西县志（1979—2005）》工作做出了具体部署。2007 年，各乡镇、县直各单位按照要求开展了搜集、撰写、上报分志资料工作。2008 年上半年，县地方志办公室对各单位上报资料进行梳理编辑，9 月基本形成了资料长编，10 月编撰出了县志初稿，10 月末，在泰山宾馆先后召开了由邢台市方志办领导和各县市区方志专家参加的临西县志初稿市级评审会、由部分县级老干部和县内文史专家代表参加的县志初稿征求意见会。会后，针对与会专家、领导在篇目大纲调整、语言风格扭转、部分资料增删等几个方面提出的百余条修改意见，开始进行资料补充和志稿改编。2009 年 8 月，根据上级指示精神，为了全面反映改革开放 30 年的发展历程，决定将续修县志的下限延至 2008 年。尽管只是后延三年，但是工作程序、工作量同样繁复、繁重，先后用了半年多时间，向全辖各单位进行延长时段的资料征集，同时进行全志续编。2013 年 10 月，县志第二稿编纂完成，12 月初在盛世酒店召开了由中国地方志指导小组、省地方志办公室、省内部分地市方志办领导、专家参加的《临西县志（1979—2008）》省级评审会，会议对志稿给予了充分肯定，同时提出了进一步修订意见。2014 年至 2015 年，主要编纂人员按照省评会提出的修订意见对志稿再次进行调整、增删、修改，同时进行了照片资料的征集、选编工作。2016 年 5 月，修编后的《临西县志（1979—2008）》第三稿经市办审批报送，通过了省政府地方志办公室终审。之后，按照终审建议又先后完成了两遍修改，最后经省市办核准《临西县志（1979–2008）》审定稿于 2018 年 6 月送出版社出版。

修志工作千头万绪、内容浩繁、工程浩大。幸有各级领导、编纂同仁上下同心，恪尽职守，使修志工作始终保持了强大的精神动力、浓厚的工作氛围、有力的物质支撑和坚实的业务拓展。修志期间，中国地方志指导小组专家张英聘、省地方志办公室主任杨洪进、方志指导处处长任丽英及有关专家、市方志办原主任张西服、主任孟朋文及各科室给予了热情指导；清河、威县、平乡、广宗等兄弟县市方志办提供了宝贵的经验借鉴；县四大班子领导都对修志工作十分关注，尹全峰、张西军、王海军等历任县委书记，葛兴敏、张西军、李业林、孟宪鹏等历任县长，都对修志工作给予了高度重视和大力支持，候志贵、刘金英、段书玲等主管领导亲临一线、组织指导，县人大常委会主任王西文、县政协主席李金行、县级老领导宗振荣、李铁民、赵炳坤、杨继平、付学礼、乔友恒、赵金荣等多次对修志工作提出宝贵建议；县委办、政府办、组织部、财政局、统计局、档案馆、报社、民政局、人社局、工信局、电视台等编委会成员单位和供稿单位为编修工作提供了大力支持；县地方志办公室张祥华、崔书昌、刘保林三任主任接力领班，身先士卒，既当指挥员又当战斗员，业务、保障两手抓，谋划、审编一齐做，带动和保证了修志工作的顺利开展。主要编纂人员是修志工作的重要力量，从修志启动到2008年8月，原县地方志办公室副主任方海滨、原县委农工部部长杨遵义和编辑部其他同志，开展了组织培训、征集编辑资料等方面的前期工作。2008年9月底，我在县建设银行领导岗位上到龄离岗，县地方志编纂委员会邀请我来地方志办公室担任县志执行主编，虽然我早年在县政府办公室从事过数年资料工作、平素也喜欢参与文史研究活动，但仍自觉才学浅薄且年过半百难以胜任，但是想到修志使命的光荣和组织领导的信任，还是斗胆接受了这一任务。当时因编辑部人事变动，编辑人员力量十分薄弱，从那时起到志稿完成，寒暑往复，十年光阴，我以勤补拙、身兼数岗，基本上承担了志书的篇目设计修订、分志资料的征集修改编辑、综合性志稿的撰写修改、图片的征集拍摄编辑、每次评审后的修改以及印刷过程中的审核校对修改等大部分编纂工作。特别是市级评审会、省级评审会和省方志办终审后，按照要求先后三次对志稿进行大幅度篇目调整、内容增删、志稿修订，付出了艰苦努力，确保了任务完成。虽有“十年修志历艰辛，一朝成书双鬓白”的由衷感叹，更有“辛劳换来粮仓满，五谷浓情报桑梓”的喜悦。同时，编辑部的编校、文印人员分工协同，勤勉努力，都为修志工作做出了积极贡献。在此，谨向所有关心、参与《临西县志（1979—2008）》编修工作的各位领导、各位专家、各位同仁、各有关单位和全体供稿人员一并表示崇高的敬意和诚挚的感谢！

凝结着所有参编者心血和汗水，包罗25编、115章、448节、150万字的《临西县志（1979–2008）》业已付梓面世，诚愿它肩负把历史告诉现在、把现在告诉未来的光荣使命，为鉴古揆今、资政育人、推动经济社会不断进步发挥积极作用。同时，本次修志时越三十载，事涉千条线，资料征集尚有缺憾，加之编纂人员水平有限，疏漏舛误在所难免，恳请各级领导、方志专家和广大读者不吝指正。

特此书后，复致谢忱。

执行主编　孙晓林

2018年12月28日